AF828226

SAMMLUNG GUTTENTAG

255

# Bundesbaugesetz

## mit Ausführungsvorschriften des Bundes, Hinweis auf die Ländervorschriften sowie mit Raumordnungsgesetz und Landesplanungsgesetzen

Kommentar

von

**Dr. Sebastian Heitzer**
Senatspräsident
beim Bayer. Verwaltungsgerichtshof
München

**Dr. Ernst Oestreicher**
Präsident
des Verwaltungsgerichts
München

Zweite, verbesserte Auflage

BERLIN 1965
WALTER DE GRUYTER & CO.
vormals G. J. Göschen'sche Verlagshandlung — J. Guttentag, Verlagsbuchhandlung — Georg Reimer
Karl J. Trübner — Veit & Comp.

Archiv-Nr. 2 955 65 1
Satz und Druck: Thormann & Goetsch, Berlin 44
Alle Rechte, einschließlich des Rechtes der Herstellung von Fotokopien
und Mikrofilmen, vorbehalten.

## Vorwort zur 2. Auflage

Seit dem Erscheinen der 1. Auflage ist eine sehr große Anzahl von gerichtlichen Entscheidungen ergangen, die eine weitgehende Klärung in verschiedenen strittigen Fragen des Gesetzes gebracht haben; das Schrifttum hat einen außerordentlichen Umfang erreicht. Mit Rücksicht darauf, daß unter den heutigen Verhältnissen eine ersprießliche Arbeit der Richter und Verwaltungsbehörden ohne eingehendes Studium dieser Entscheidungen und Abhandlungen kaum denkbar ist, war es ein besonderes Anliegen der Verfasser, die Angaben über Rechtsprechung und Literatur möglichst lückenlos zu gestalten, auf den neuesten Stand zu bringen und zu verwerten. Allerdings hat es die Fülle der Rechtsprechung und des Schrifttums nicht gestattet, sich mit sämtlichen Entscheidungen und Aufsätzen auseinanderzusetzen; es hätte ein solches Unterfangen den Zweck und den für den Gebrauch durch die Praxis bestimmten Umfang des Kommentars gesprengt. Die Anmerkungen wurden in den einzelnen Abschnitten ergänzt und erweitert; es wurden die Bundesvorschriften auf den neuesten Stand gebracht; vor allem konnte bereits das Raumordnungsgesetz des Bundes (mit Kurzkommentierung) aufgenommen werden.

Um dem Kommentar die Handlichkeit nicht zu nehmen, wurden die Ländervorschriften nicht mehr im Wortlaut aufgenommen, sondern nur zitatmäßig in Teil III A angeführt.

Die Verfasser hoffen, daß auch die 2. Auflage des Werks eine günstige Aufnahme finden und den Benutzern einige Hilfe bieten wird.

München, im Juni 1965 — Die Verfasser

# Inhaltsübersicht

## Erster Abschnitt

Seite

### Veränderungssperre und Zurückstellung von Baugesuchen

§§



## Zweiter Abschnitt

### Bodenverkehr



## Dritter Abschnitt

### Gesetzliche Vorkaufsrechte der Gemeinden



## DRITTER TEIL

### Regelung der baulichen und sonstigen Nutzung



## Erster Abschnitt

### Zulässigkeit von Vorhaben

Zweiter Abschnitt

Entschädigung



VIERTER TEIL

Bodenordnung



Erster Abschnitt

Umlegung

Dritter Abschnitt

Enteignungsverfahren



SECHSTER TEIL

Erschließung



Erster Abschnitt

Allgemeine Vorschriften



Zweiter Abschnitt

Erschließungsbeitrag

## SIEBENTER TEIL

Seite

### Ermittlung von Grundstückswerten

§§



## ACHTER TEIL

### Allgemeine Vorschriften; Verwaltungsverfahren



## NEUNTER TEIL

### Verfahren vor den Kammern (Senaten) für Baulandsachen

## ZEHNTER TEIL

Seite

§§ *Änderung grundsteuerlicher Vorschriften*



## ELFTER TEIL

Übergangs- und Schlußvorschriften

## Literaturverzeichnis


| | |
|---|---|
| Abreß | Hauptprobleme der BauNV, BayBgm 1965, 56 |
| Ackermann | Zur Problematik Bundesbaugesetz § 35 Abs. 2, DÖV 1964, 721 |
| Asal | Die rechtliche Sicherung großräumiger Erholungslandschaften, DVBl. 1961, 701 |
| Asmuß | Haftung für Planungsschäden nach dem Bundesbaugesetz, Württ. Gemeindezeitung 1961, 267 |
| Bachof | Beurteilungsspielraum, Ermessen und unbestimmter Rechtbegriff im Verwaltungsrecht, JZ 1955, 97 |
| Bartels | Bezieht sich § 133 BBauG auf Grundstücken, die bei Inkrafttreten des Gesetzes bereits bekannt waren?, DWW 1963, 372 |
| Baumbach-Lauterbach | ZPO, 25. Auflage mit Ergänzungsband |
| Baumeister | Freiheit und Bindung des Eigentums nach dem Bundesbaugesetz, DWW 1961, 154 |
| Beck | Die Aufstellung eines Bebauungsplans, BayVBl. 1962, 229 |
| Beisswingert | Entschädigungsansprüche für enteignende Eingriffe in Betriebsgrundstücke nach dem Bundesbaugesetz, BB 1961, 920 |
| Berg | Die Gebührenpflichtigkeit der Bodenverkehrsgenehmigung nach §§ 19 ff BBauG |
| Bertram | Die städtebauliche Umlegung als Enteignungstatbestand, DÖV 1957, 135 |
| Bielenberg | Die Rechtsnatur der vorbereitenden städtebaulichen Pläne, DVBl. 1960, 542 |
| Bielenberg | Gilt die reichsrechtliche Regelung der Raumordnung und Reichs- und Landesplanung aus den Jahren 1935 und 1936 heute noch ?, DVBl. 1961, 801 |
| Bielenberg | Die Baunutzungsverordnung vom 26. 6. 1962, DVBl. 1963, 199 |
| Bielenberg | Das Anerkenntnis nach § 33 BBauG, DVBl. 1965, 265 |
| Bitter | Probleme der Bodenverkehrsgenehmigung, DVBl. 1962, 41 |
| Blümel | Ungereimtheiten beim Rechtsschutz gegen Planfeststellungen, DÖV 1959, 665 |
| Blümel | Zur inhaltlichen Überprüfung des Bebauungsplans im nachfolgenden Enteignungsverfahren, DÖV 1965, 297 |
| Bodensteiner | Der Bürger und das Bundesbaugesetz, R. Boorberg Verlag, München 1961 |

| | |
|---|---|
| Bodensteiner-Spatz | Die Gemeinde und das Bundesbaugesetz, Wegweiser und Gebrauchsanweisung, J. F. Lehmanns Verlag, Stuttgart 1962 |
| Boesler | Strukturatlas und städtebauliche Grundkartei als Planungsgrundlagen, DÖV 1961, 597 |
| Böhmer | Zweifelsfragen des Erschließungsbeitragsrechts (eine Entgegnung), BayVBl. 1965, 10 |
| Böhmer | Nochmals Erschließungsbeiträge zu Lasten bebauter Grundstücke, BayVBl. 1964, 312 |
| Boldt | Gewerbeordnung und gewerberechtliche Nebengesetze, Münster 1951 |
| Bonczek | Die Baulandumlegung, Bestimmungen und Probleme, DÖV 1961, 571 |
| Bonczek | Das Bundesbaugesetz im Hinblick auf Bodenwirtschaft und Bodenordnung, Zeitschrift für Vermessungswesen 1960, 321 und 371 |
| Bonczek | Bodenpolitik im Bundesbaugesetz, Gemeinnütziges Wohnungswesen 1960, 33 |
| Bonczek | Bodenordnung im Bundesbaugesetz, Gemeinnütziges Wohnungswesen 1961, 33, 89, 153, 205 und 251 |
| Bopp | Geschützte Landschaft über nutzbarem Gestein, ein Beitrag zur Enteignungsfrage, DÖV 1961, 600 |
| Bormann-Flender-Thiele | Handbuch über Kosten und Wirtschaftlichkeit in der Wohnungswirtschaft |
| von Borries | Raumplanung und kommunales Finanzwesen in amerikanischen Stadtregionen (Metropolitan-Areas), Deutscher Verband für Wohnungswesen, Städtebau und Raumplanung, Köln-Mühlheim |
| Bosch | Baulandsteuer, Gemeinde (Zeitschrift f. d. Verwaltungs-, Finanz- und Rechnungswesen der badischen Selbstverwaltung), 1960, 292 |
| Boustedt | Die Stadtregion und ihre Bedeutung für Wissenschaft und Praxis, DÖV 1963, 797 |
| Bronsch | Zum Rechtsschutz gegen die Ausübung des Vorkaufsrechts nach §§ 24 ff BBauG, DVBl. 1964, 514 |
| Brückner | Der Verkehrswert im Bundesbaugesetz, NJW 1960, 2039 |
| Brügelmann | Die Ermittlung von Grundstückswerten nach dem Bundesbaugesetz, DÖV 1961, 595 |
| Brügelmann-Förster-Grauvogel u. a. | Kommentar zum Bundesbaugesetz, Kohlhammer-Verlag Stuttgart |
| Büchel | Erbbaurecht und Erschließungsbeitrag, DVBl. 1963, 208 |
| Büchel | Erschließungsbeitrag und Mieterhöhung, Zeitschrift für Miet- und Raumrecht 1964, 104 |
| Callesen | Gemeindliches Vorkaufsrecht nach dem Bundesbaugesetz, Bauamt und Gemeindebau 1961, 284 |
| Cholewa | Erschließung und Erschließungsbeiträge nach dem |

Bundesbaugesetz, 2. Aufl., Deutscher Gemeindeverlag GmbH, Köln 1962

Cholewa — Überleitung des Erschließungsbeitrags — nach der Rechtsprechung des Bundesverwaltungsgerichts — KStZ 1964, 236

Cholewa — Die Folgekosten als Ausgleichsproblem bei der Planung, Saarländische Kommunalzeitschrift 1964, 37

Clasen — Wann bedarf ein Vorhaben der Zustimmung der Umlegungsstelle nach § 51 des Bundesbaugesetzes?, Bauamt und Gemeindebau 1964, 66

Degmair — Nachfolgelasten bei neuen Wohnbaugebieten, Der Landkreis, 1965, 75

Die Fundstelle — Neue einheitliche Bundesbestimmungen über die äußere Gestaltung von Flächennutzungsplänen und Bebauungsplänen (PlanzeichenVO), 1965 Heft 6, RdNr. 132

Die Fundstelle — Erläuterungen und Fundstellenhinweise zu allen wichtigen Vorschriften für die Bayerische Gemeindeverwaltung, Richard-Boorberg-Verlag, München

Dietrichs — Raumordnungspolitik in Frankreich, BBauBl. 1965, 110

Dittus — Zum Problem der Bausperrenentschädigung, DÖV 1955, 161 und 196

Dittus — Baulandumlegung und Grenzregelung nach dem Bundesbaugesetz, Bauwelt, 1960, 1187 und 1222

Dittus — Die Bauleitplanung im Bundesbaugesetz, Bauwelt 1960, 1047, 1083 und 1103

Dittus — Die städtebauliche Enteignung im Bundesbaugesetz, Bauwelt 1960, 1250 und 1273

Dittus — Die Regelung der baulichen und der sonstigen Nutzung nach dem Bundesbaugesetz, Bauwelt 1960, 1144 und 1172

Dittus — Die Ermittlung von Grundstückswerten nach dem Bundesbaugesetz, Bauwelt 1960, 1384

Dittus — Die Erschließung im Bundesbaugesetz, Bauwelt 1960, 1410 und 1498

Dittus — Nachträgliche Besitzeinweisung und Zulässigkeit von Zwangsmaßnahmen, NJW 1963, 793

Dittus — Zur Frage der Entschädigungsfähigkeit der Wiederbeschaffungskosten bei der Enteignung, DWW 1965, 30

Dittus — Die Rechtsstellung des Betroffenen bei der vorzeitigen Besitzeinweisung und bei vorzeitigen Eigentumswechsel, Deutsche Wohnungswirtschaft 1964, 166 bis 174

Dittus — Zur Frage des Vollstreckungstitels einer baurechtlichen Enteignung, NJW 1964, 1556

Dittus-Zinkahn — Baulandbeschaffungsgesetz, Kommentar

Ebert | Die gesetzlichen Vorkaufsrechte nach dem Bundesbaugesetz, NJW 1961, 1430

Ebert | Gesetzliches Vorkaufsrecht der öffentlichen Hand, NJW 1956, 1621

Eckert | Der Grundstücksbegriff im Recht der Erschließungsbeiträge, KStZ 1964, 174

Eifrig | Baulanderschließung nach dem Bundesbaugesetz, DÖV 1961, 591

Englert-Mang | BayBauordnung, 11. Auflage mit Ergänzungsband

Eppig | Das Bundesbaugesetz in der notariellen Praxis, DNotZ 1960, 509, 523

Ernst | Das Bundesraumordnungsgesetz, BBauBl 1965, 94

Ernst | Der Plan im Verwaltungsrecht, DVBl. 1960, 344

Ernst | Das Bundesraumordnungsgesetz, BBauBl. 1965, 94

Ernst | Erneuerung der Gemeinden als Raumordnungsaufgabe, Bayer. Gemeindezeitung 1965 Nr. 9 S. 1

Ernst | Grundsätze der Neugestaltung des Baurechts, DÖV 1961, 561

Eulert-Grehn | Das Enteignungsvorrecht der Gemeinde nach dem Bundesbaugesetz, NJW 1961, 158

Eyermann-Fröhler | Verwaltungsgerichtsordnung, Kommentar

Fergg | Die Zwangsenteignung in Bayern, Kommentar

Fickert | Der Begriff Einvernehmen im Bundesbaugesetz und seine Handhabung im Baugenehmigungs- und Rechtsmittelverfahren, DVBl. 1964, 173

Finkler | Die Überleitung des Erschließungsbeitragsrechts, DVBl. 1962, 707

Finkler | Zur Überleitung des bisherigen Anliegerbeitragsrechts auf das Erschließungsbeitragsrecht des Bundesbaugesetzes, Bauamt und Gemeindebau 1961, 175

Finkler | Das Erschließungsrecht nach dem Bundesbaugesetz, Bauamt und Gemeindebau 1960, 453

Finkler | Vorausleistung auf den Erschließungsbeitrag und Baugenehmigung, DVBl. 1962, 331

Fischer | Der Erwerb der Erschließungsflächen durch die Gemeinde, DÖV 1964, 255

Fischer | Straßenkostenrückersatz und Bundesbaugesetz, BayVBl. 1964, 322

Fischer | Die Einheit des städtebaulichen Entschädigungsrechts, DÖV 1964, 725

Flehinghaus | Zur Auslegung und Anwendung des § 33 BBauG, NJW 1964, 387

Fock | Der Erschließungsbeitrag nach dem Bundesbaugesetz, KStZ 1960, 164

Förster | Erschließungsbeitrag für Grundstücke, die nach Form und Größe zur Bebauung ungeeignet sind, KStZ 1965, 41

Forsthoff — Verfassungsrechtliche Bemerkungen zum Bausperrenurteil des Bundesgerichtshofs, DÖV 1955, 193

Friedlein — Erschließungsbeiträge zu Lasten bebauter Grundstücke, BayVBl. 1964, 207

Friehauf — Die behördliche Zustimmung zu Verwaltungsakten anderer Behörden — Verwaltungsakt oder bloßes Verwaltungsinternum?, DÖV 1961, 666

Frischmann-Weingart — Zur selbständigen Anfechtbarkeit behördlicher Mitwirkungsakte, DÖV 1962, 721

Friesecke — Der Plan im neuen Wasserrecht, DVBl. 1961, 809

Fröhner — Die Baulandsteuer, R. Boorberg Verlag, München 1961

Frohberg — Zum Begriff der städtebaulichen Umlegung, Blätter für Grundstücksbau- und Wohnungsrecht 1955, 65

Frohberg — Die Erschließung nach den Vorschriften des Bundesbaugesetzes, DWW 1960, 365

Frohberg — Das Bundesbaugesetz, J. R. 1961, 1

Fuchs — Einzelfragen zum Erschließungsbeitragsrecht, BayBgm. 1963, 175

Füßlein — Zur rechtlichen Bedeutung der Baulasten, DVBl. 1965, 270

Galette — Probleme der überörtlichen Raumplanung, Der Landkreis 1965, 40

Gelzer — Zweifelsfragen zum Verfahren der Baulandgerichte, DVBl. 1962, 888

Gelzer — Das Neue Bauplanungsrecht, Köln 1964

Gelzer — Die Berücksichtigung gemeindlicher Planungsabsichten bei Anwendung der §§ 33 und 34 BBauG, DVBl. 1964, 129

Glatz — Zur Baulandsteuer nach dem Bundesbaugesetz, Die Baulandsteuer — eine neue Verwaltungsaufgabe, Württ. Gemeindezeitung 1961, 17

Gockel — Die Genehmigungspflicht für den Bodenverkehr nach dem Bundesbaugesetz, Bauamt und Gemeindebau 1961, 231

Gockel — Die Überleitung bestehender städtebaulicher Pläne als Bauleitpläne nach dem Bundesbaugesetz, Gemeinde 1961, 95

Graf — Nochmals: Überleitung des Erschließungsbeitragsrechts bei bebauten Grundstücken, DVBl. 1962, 711

Grauvogel-Schwamberger — Nochmals Enteigung und Umlegung, DÖV 1956, 229

Grüter — Die Planungskompetenzen des Oberkreisdirektors nach dem Landesplanungsgesetz von Nordrhein-Westfalen, DVBl. 1963, 848

Haarmann — Stand und Probleme des Raumordnungsrechts, DVBl. 1963, 833

Haas — Die Entschädigungsvorschriften des Bundesbaugesetzes, DVBl. 1961, 366

| | |
|---|---|
| Haas | Das Enteignungsrecht des Bundesbaugesetzes, DVBl. 1961, 257 |
| Haegele | Die Beschränkungen im Grundstücksverkehr, 2. Aufl., August Lutzeyer Verlag, Baden-Baden, 1962 |
| Haegele | Verkehrsbeschränkungen nach dem Bundesbaugesetz, Blätter für Grundstücks-, Bau- und Wohnungsrecht 1961, 17 |
| Hagemann | Überleitung des Erschließungsbeitragsrechts bei bebauten Grundstücken, DVBl. 1962, 330 |
| Hahlweg | Vorausleistung auf den Erschließungsbeitrag, BayVBl. 1964, 324 |
| Halstenberg | Die Planung und ihre Sicherung, DÖV 1961, 566 |
| Halstenberg | Die Raumordnungspolitik des Bundes und ihre Instrumente, DÖV 1963, 788 |
| Hamacher | Die Umlegung nach dem Bundesbaugesetz, Deutsche Wohnungswirtschaft 1960, 260 |
| Hamacher | Die Weiterführung eingeleiteter Umlegungsverfahren nach dem Bundesbaugesetz, DWW 1961, 36 |
| Hamacher | Die Überleitung bestehender Pläne und die Abwicklung eingeleiteter Verfahren nach dem Bundesbaugesetz, DWW 1961, 178 |
| von Hausen-v. d. Heide | Bundesbaugesetz, Kommentar |
| Hauser | Kommunaler Straßenbau und Erhebung von Erschließungsbeiträgen, Die Neuregelung nach dem Bundesbaugesetz, Der Landkreis 1961, 108 |
| v. d. Heide | Künftige Bauleitplanung und ihre Sicherung, Der Landkreis 1959, 379 |
| v. d. Heide | Grundsätze für eine Satzung Regionaler Planungsgemeinschaften, Der Landkreis 1964, 421 |
| Heinze | Der Zeitpunkt des Inkrafttretens von Rechtsvorschriften, NJW, 1961, 345 |
| Heitzer | Zum Entwurf eines Gesetzes über die vorläufige Bereitstellung von Bauland (Zweites Wohnungsbaugesetz), DVBl. 1951, 272 |
| Helmreich-Widtmann | Bayerische Gemeindeordnung, Kommentar mit Ergänzungsband |
| Hering | Verwaltungsverfahren und Gerichtsverfahren nach dem Bundesbaugesetz, DVBl. 1961, 217 |
| Hertel | Gemeinde und Wirtschaftsplan nach dem WSG, BayBgm. 1954, 151 |
| Herzog | Verfassungsgerichtliche und verwaltungsgerichtliche Normenkontrolle, BayVBl. 1961, 368 |
| Hofmann | Zur Anwendung des § 133 BBauG auf bebaute Grundstücke an vorhandenen Erschließungsanlagen, DVBl. 1963, 212 |
| Hoppe | Bauleitplanung und Eigentumsgarantie, DVBl. 1964, 165 |

Hornig — Einheitliche Planzeichen für Bauleitpläne, BBauBl. 1965, 106
Hosch — Zum Grundstücksbegriff des Erschließungsbeitragsrechts, DÖV 1964, 725
Hosch — Der Erschließungsbeitrag im Meinungsstreit, BayVBl. 1965, 6
Hucko — Die Übertragung von Folgelasten auf einen Unternehmer im Erschließungsvertrag nach § 123 Abs. 3 BBauG, KStZ 1964, 176
Hucko — Der Erschließungsvertrag nach § 123 Abs. 3 BBauG und der Mindestbeitrag der Gemeinde nach § 129 BBauG, KStZ 1964, 178
Hurst — Das Erschließungsbeitragsrecht nach dem Bundesbaugesetz, Kommunalpolitische Blätter 1960, 869 und 921
Hussla — Unzuständigkeit des BayObLG in Baulandsachen, NJW 1963, 1389
Isbary — Zur Gliederung des Bundesgebiets in Planungsräume, DÖV 1963, 793
Isbary — Der Standort der deutschen Städte in der Raumordnung, Schriftenreihe des Deutschen Städtebundes, Heft 2, Verlag Otto Schwarz & Co., Göttingen, 1964
Isenberg — Kräfte und Gegenkräfte im Ballungsprozeß, DÖV 1963, 807
Jacob — Das Raumordnungsgesetz, DVBl. 1965, 262
Jacob — Raumordnung und kommunale Selbstverwaltung in der Region — Zum Inkrafttreten des Bundesraumordnungsgesetzes, Der Landkreis 1965, 173
Jensen — Baurecht und Städtebau, DÖV 1961, 564
Jonak — Landesplanung und Bundesraumordnung, Bad.-Württ. Verw.Blatt 1965, 1
Jung — Wertermittlung und Baulandsteuer, Bauamt und Gemeindebau 1961, 116
Jung — Das Bauen im Außenbereich, NJW 1962, 617
Jung — Sicherung der Bauleitplanung, Bauamt und Gemeindebau 1961, 329
Jung — Die Ermittlung des Verkehrswerts von Grundstücken nach dem Bundesbaugesetz, BB 1961, 587
Jung — Keine Erschließungsbeiträge für früher bebaute Grundstücke, Staatszeitung von Rheinland-Pfalz Nr. 12 vom 22. 3. 1964 Seite 5
Jung — Die Bodenverkehrsgenehmigung und ihre Versagungsgründe, DVBl. 1964, 131
Just-Brückner — Der Verkehrswert von Grundstücken nach der Verordnung zum BBauG, NJW 1961, 1854
Just-Brückner — Verkehrswert von Grundstücken gemäß Bundesbaugesetz, Werner-Verlag, Düsseldorf
Kahlke — Der Rechtsweg bei Ausübung des gesetzlichen Vor-

| | |
|---|---|
| | kaufsrechts nach dem Bundesbaugesetz, NJW 1962, 1381 |
| Kanther | Das Anliegerbeitragsrecht nach den Übergangsvorschriften des Bundesbaugesetzes, KStZ 1964, 172 |
| Katzenstein | Enteignungsrechtsprechung beim Übergang zum Bundesbaugesetz, DÖV 1961, 581 |
| Kemnitzer | Das Bundesbaugesetz in der Verwaltungspraxis, BayBgm. 1961, 180 |
| Kienapfel | Die Fehlerhaftigkeit mehrstufiger Verwaltungsakte nach dem Bundesbaugesetz und dem Bundesfernstraßengesetz, DÖV 1963, 96 |
| Kleisl | Die Grunderwerbsgeschäfte der Gemeinden im Vollzug des Bundesbaugesetzes und ihre grunderwerbssteuerliche Behandlung, BayBgm. 1963, 27 und 60 |
| Klinger | Verwaltungsgerichtsordnung, Kommentar |
| Knaup | Kommentar zur Baunutzungsverordnung, Werner-Verlag, Düsseldorf |
| Knaup-Ingenstau | Bundesbaugesetz, Kommentar |
| Koch | Zur Rechtswirksamkeit des Wirtschaftsplans, BayVBl. 1955, 108 |
| Koehler | Verwaltungsgerichtsordnung, Kommentar |
| Koenig | Das gesetzliche Vorkaufsrecht der Gemeinden unter besonderer Berücksichtigung des Bundesbaugesetzes, Bauamt und Gemeindebau 1960, 496 |
| Körner | Das Bauen im Außenbereich, NJW 1965, 518 |
| Kratzer | Zusammenwirken von Behörden beim Erlaß eines Verwaltungsakts, BayVBl. 1964, 254 |
| Krieger | Wochenendhäuser in der Rechtsprechung der Verwaltungsgerichte, Der Landkreis 1965, 8 |
| Kröner | Die Eigentumsgarantie in der Rechtsprechung des Bundesgerichtshofs, DRiZ 1960, 422 und 1961, 10 (später als Broschüre bei C. Heymanns Verlag) |
| Kubles | Flughäfen und Raumordnung, DVBl. 1961, 808 |
| Kürzel | Das Vorkaufsrecht der Gemeinden nach dem Bundesbaugesetz, Blätter für Grundstücks-, Bau- und Wohnungsrecht 1960, 323 |
| Lösch | Der Bemessungsmaßstab für den Kanalbaukostenbeitrag, BayBgm. 1963, 82 |
| Lubbe | Zum Anwaltszwang vor den Kammern für Baulandsachen, NJW 1962, 701 |
| Lubbe | Das Verfahren vor den Baulandgerichten, DÖV 1962, 925 |
| Ludyga | Erschließung und Erschließungsbeitrag in Bayern nach dem Bundesbaugesetz, Kommunalschriftenverlag J. Jehle, München 1962 |
| Ludyga | Erschließung und Erschließungsbeitrag in Bayern 1963, Kommunalschriftenverlag J. Jehle, München |

| | |
|---|---|
| Lücke | Wohnungsbau-Städtebau-Raumordnung / Leistung und Aufgabe, BayVBl. 1965, 181 |
| Lutter | Vorkaufsrechte nach dem Bundesbaugesetz und Grundbuchsperre, MDR 1962, 177 |
| Lutz | Zur Vorverlegung der Fälligkeit des Erschließungsbeitrags, Blätter für Grundstücks-, Bau- und Wohnungsrecht 1961, 68 |
| Lutz | Bundesverwaltungsgericht zum Erschließungsbeitrag, DWW 1964, 203—205 |
| Lutz | Erschließungsbeiträge für nur teilweise bebaute Grundstücke?, DWW 1965, 12 |
| Mang | Die Rechtswirksamkeit des Wirtschaftsplans, BayVBl. 1955, 16 |
| Mang | Die Bauleitplanung, ihre Sicherung und ihre Bedeutung für die Baugenehmigung, BayVBl. 1960, 233 |
| Mang | Bebauungsplan und Normenkontrolle, BayVBl. 1961, 273 |
| Mang | Enteignung und Erschließung im Bundesbaugesetz, BayVBl. 1960, 274 |
| Mang | Bundesbaugesetz und Landschaftsschutz, BayVBl. 1960, 347 |
| v. Mangoldt-Klein | Das Bonner Grundgesetz, 1957 |
| Marschall | Bundesfernstraßengesetz, Kommentar |
| Maury | Das Verhältnis des Entschädigungswertes zum Verkehrswert nach § 95 Abs. 2 Nr. 1 und 2 BBauG, NJW 1964, 2048 |
| Meyer | Bauleitplanung, Sicherung der Bauleitplanung und Regelung der baulichen Nutzung nach dem Bundesbaugesetz, DWW 1961, 122 |
| Meyer | Der Nachbar im öffentlichen Baurecht, DWW 1962, 133 |
| Meyer | Zur Geltung des § 24 der Baunutzungsverordnung, DVBl. 1964, 516 |
| Meyer | Die Zulässigkeit von Bauvorhaben während der Planaufstellung, DÖV 1964, 376 |
| Meyer | Aktuelle Rechtsfragen der Bauleitplanung, DWW 1965, 92 |
| Meyer | Verfassungs- und Verwaltungsprobleme der Raumordnung und Landesplanung, DWW 1965, 148 |
| Müller | Die Bauleitplanung nach dem Bundesbaugesetz, Gemeindetag 1960, 218 |
| Müller | Das gesetzliche Vorkaufsrecht der Gemeinden nach dem Bundesbaugesetz, Gemeindetag 1961, 113 |
| Müller | Zur Problematik der Genehmigungsvorbehalte im Kommunalrecht, VerwArch. 1963, Heft 2, Seite 170 |
| Nagel | Zum Bundesbaugesetz, Deutsche Bauzeitschrift 1960, 1215 |

| | |
|---|---|
| Nau | Staatliche Raumordnung und gemeindliche Selbstverwaltung, DÖV 1962, 533 |
| Neflin | Erschließungsbeitragspflicht Erbbauberechtigter, ZMR 1964, 259 |
| Neufang | Der Siedlungsverband Ruhrkohlenbezirk (1920—1963), DÖV 1963, 812 |
| Neuffer | Das Bundesbaugesetz, 1960 |
| Niemeier | Regionalplanung und Landesplanungsgesetz, DÖV 1963, 803 |
| Niemeier/Müller | Raumplanung als Verwaltungsaufgabe, Gebrüder Jänicke-Verlag Hannover, 1964 |
| Obermayer | Die staatsaufsichtlichen Rechtsakte gegenüber den Gemeinden, BayVBl. 1962, 39 |
| Oestreicher | Gemeinde und Wirtschaftsplan, BayBgm. 1953, 223 |
| Oestreicher | Das Wichtigste aus dem neuen Bundesbaugesetz, BayBgm. 1960, 191 |
| Oestreicher | Das Bundesbaugesetz im vierten Jahr seines Vollzugs, JR 1964, 241 |
| Palandt | BGB, Kommentar |
| Paulus | Die Baulandbeschaffung nach dem Bundesbaugesetz, Württ. Gemeindezeitung 1960, 381 |
| Paulus | Die Bauleitplanung nach dem Bundesbaugesetz, Württ. Gemeindezeitung 1961, 241 |
| Peßler | Einzelfragen zum Vorkaufsrecht der Aufbaugesetze, NJW 1960, 1785 |
| Pietzonka | Probleme des Bundesbaugesetzes, NJW 1961, 1425 |
| Rädle | Altes und neues Straßenkostenbeitragsrecht, DÖV-Landesbeilage „Baden-Württembergisches Verwaltungsblatt" 1965, 69 |
| Rambeck | Die Bestimmungen des Bundesbaugesetzes über die Zulässigkeit von Bauvorhaben und ihre Auslegung durch die Rechtsprechung, BayBgm. 1965, 134 |
| Reinhardt | Das Vorkaufsrecht nach dem Bundesbaugesetz, Württ. Gemeindezeitung 1961, 217 |
| Reiß | Der Erschließungsbeitrag nach dem Bundesbaugesetz und § 436 BGB, DNotZ 1962, 307 |
| Richter | Zum Begriff des im Zusammenhang bebauten Ortsteils nach dem BBauG (an Hand der Rechtsprechung), DÖV 1964, 440 |
| Ringe | Bebauungsgenehmigung und Flächennutzungsplan, DVBl. 1953, 296 |
| Ringe | Zur Rechtsnatur des Wirtschaftsplans nach dem WSG, DVBl. 1954, 245 |
| Ripfel | Die Beschränkungen des Bodenverkehrs sowie die Vor- und Ankaufsrechte der Gemeinden nach dem Bundesbaugesetz, BB 1960, 1184 |
| Rosenberg | Lehrbuch des deutschen Zivilprozeßrechts, 8. Auflage 1960 |

Runge — Enteignungen und Entschädigungen nach dem Bundesbaugesetz, Bau-Wirtschafts-Blatt 1961, 3

Runge — Das Erschließungsrecht und seine Anwendung, Bau-Wirtschafts-Blatt 1961, Heft 9, Seite 3; Heft 10, Seite 3 und Heft 11, Seite 3

Rupprecht — Abfassung und Inhalt des Bebauungsplanes, BayBgm. 1963, 22

Sannig — Gewohnheitsrecht und Ortsbaurecht, Staats- und Kommunalverwaltung 1965, 24

Sauermann — Die Einordnung des Erschließungsbeitrags in das geltende Recht, DVBl. 1964, 509

Schaber — Anliegerleistungen bei Ortsdurchfahrten, BayBgm. 1960, 264 und 295

Schack — Das gesetzliche Vorkaufsrecht, DVBl. 1961, 229

Schemm — Muß der Beschluß über die Aufstellung eines Bebauungsplans (§ 33 BBauG) besonders öffentlich bekanntgegeben werden?, BayBgm. 1963, 81

Scheur — Erschließungsbeitragsrecht in der Überleitung (§ 180 Abs. 1 und 2 BBauG), BayBgm. 1962, 79

Scheur — Erschließungsbeiträge für bebaute Grundstücke, BayBgm. 1962, 291

Scheur — Erschließungsbeitragsrecht BayBgm. 1964, 9 (zum Urteil des VG Ansbach vom 7. 5. 1963 — BayBgm. 1963, 170)

Scheur — Wann ist eine Anbaustraße ordnungsgemäß erstmalig hergestellt?, BayBgm. 1964, 189

Scheur — Erschließungsbeiträge bei „vorhandenen" Erschließungsanlagen, BayVBl. 1964, 321

Schick — Das Urteil des Bundesverwaltungsgerichts vom 25. Februar 1964 — BVerwG I C 88/63 — und seine Anwendung in Bayern BayBgm. 1964, 165

Schick — Zweifelsfragen aus dem Erschließungsbeitragsrechts, BayBgm. 1965, 13

Schieder — Aktuelle Fragen aus dem Bodenverkehrsrecht und dem Bundesbaugesetz, BayVBl. 1963, 231

Schießler — Bauleitungsplanung und Bodenverkehr, BayBgm. 1964, 239

Schmidt — Das Bundesbaugesetz unter besonderer Berücksichtigung des Erschließungsrechts, Gemeindetag 1960

Schmidt — Der beitragsfähige Erschließungsaufwand in § 129 Abs. 1 BBauG, DÖV 1964, 155

Schmidt — Die Anwendung des neuen Erschließungsbeitragsrechts auf bebaute Grundstücke (zur Auslegung der §§ 133 und 180 Abs. 2 Bundesbaugesetz), KStZ 1963, 6

Schmidt — Erneut: Erschließungsbeiträge bei bebauten Grundstücken, DVBl. 1963, 210

Schmitz — Die Erschließung nach dem Bundesbaugesetz, Gemeindehaushalt 1960, 176

| | |
|---|---|
| Schneider | Das neue System der Erschließungsbeiträge nach dem Bundesbaugesetz, DVBl. 1962, 45 |
| Schneider | § 133 Abs. 4 Bundesbaugesetz und die Überleitung des Erschließungsbeitragsrechts, DVBl. 1962, 50 |
| Schnitzerling | Aktuelle Rechtsprechung des Bundesgerichtshofes zum Enteignungsrecht, DWW 1965, 137 |
| Schröder | Die Anwendung der Baunutzungsverordnung auf bestehende Bauleitpläne, DVBl. 1963, 616 |
| Schrödter | Das Zusammenwirken der Behörden im Baugenehmigungsverfahren, DVBl. 1962, 743 |
| Schrödter | Bundesbaugesetz, Kommentar, Verlag Franz Vahlen GmbH Berlin und Frankfurt am Main, 1964 |
| Schuegraf | Zusammenwirken von Baugenehmigungsbehörden und Gemeinden, NJW 1961, 1956 |
| Schütz-Frohberg | Bundesbaugesetz, Kommentar |
| Schulte | Enteignung und privatrechtliche Aufopferung, DVBl. 1965, 386 |
| Schupp | Die Baulandsteuer, JR 1964, 41 |
| Schwamberger | Enteignung und Umlegung, DÖV 1954, 396 |
| Schwering | Versagungsgrund für die Bodenverkehrsgenehmigung beim Verkauf von Grundstücken im „Außenbereich" und zur Auslegung des § 20 BBauG, DNotZ 1962, 236 |
| Sellmann | Das Vorkaufsrecht der Gemeinden nach dem Bundesbaugesetz, Deutsche Wohnungswirtschaft 1960, 255 |
| Sellmann | Die Enteignung nach dem Bundesbaugesetz, DWW 1960, 358 |
| Sening | Landschaftsschutz und Bauverbot, DVBl. 1963, 843 |
| Sening | Landschaftsschutz und Bebauungsplan, DVBl. 1963, 357 |
| Seufert | Bayerisches Zwangsenteignungsgesetz, Kommentar |
| Steffens | Bauvorhaben im Außenbereich, Verlag Otto Schwartz 1963 |
| Stein | Die Rechtsnatur der verschiedenen Kosten der Grundstückseigentümer für die kommunalen Entwässerungsanlagen, DVBl. 1962, 325 |
| Stich | Einvernehmen und Zustimmung, verfassungs-, verwaltungs- und verfahrensrechtliche Überlegungen zum Zusammenwirken von Baugenehmigungsbehörde, Gemeinde und höherer Verwaltungsbehörde nach dem Bundesbaugesetz, DVBl. 1963, 193 |
| Stich | Bundesbaugesetz und Naturschutz, Natur und Landschaft 1960, 141 |
| Stich | Bundesbaugesetz und Naturschutz. Bedeutsame Auswirkungen auf die Anpassung der Baupläne an Raumordnung und Landesplanung, Staatszeitung — Staatsanzeiger für Rheinland-Pfalz 1960, 12 |

| | |
|---|---|
| Stich | Bauen im Außenbereich und Eigentumsgarantie, BB 1965, 107 |
| Stossberg | Ermittlung des beitragsfähigen Erschließungsaufwands nach Einheitssätzen, DWW 1965, 11 |
| Süß | Genehmigungspflicht für den Bodenverkehr nach §§ 19 ff. Bundesbaugesetz, BayBgm. 1962, 73 und 108 |
| Süß | Das Vorkaufsrecht der Gemeinden nach dem Bundesbaugesetz, BayBgm. 1962, 241 und 276 |
| Süß | Die Stellungnahme der Gemeinde zu der Zulässigkeit von Vorhaben nach den §§ 29 ff des BBauG und den übrigen baurechtlichen Vorschriften, Schriftenreihe des Bayer. Gemeindetags, Heft 2, Teil II, 1964, Kommunalschriftenverlag J. Jehle, München |
| Süß | Zur Anwendbarkeit des § 180 Abs. 2 BBauG in Bayern, BayBgm. 1963, 63 |
| Sukow | Billigkeitsmaßnahmen bei der Heranziehung zu Erschließungsbeiträgen, KStZ 1964, 217 |
| Tiefenbacher | Bundesbaugesetz verkündet, BB 1960, 722 |
| Trimter | Besteht nach § 133 BBauG eine Erschließungskostenbeitragspflicht auch für solche Grundstücke, die nach Form und Größe nicht bebaubar sind? KStZ 1964, 241 |
| Troll | Die Baulandsteuer, BB 1960, 771 |
| Ule | Verwaltungsgerichtsbarkeit, Kommentar zur VwGO |
| Volk | Verfahren vor den Baulandgerichten; Bemerkungen zum Aufsatz Lubbe in DÖV 1962, 925 = DÖV 1964, 45 |
| Wagener | Genehmigungsverfahren nach dem Bundesbaugesetz, DVBl. 1962, 737 |
| Wambsganz | Die Bauleitplanung, DVBl. 1961, 461, 494 und 533 |
| Wambsganz | Planungsrecht und Planungspflicht der Gemeinde, BayVBl. 1963, 1 |
| Wambsganz-Zinkahn | Das Bundesbaugesetz, NJW 1960, 1321 |
| Weber | Die baugesetzlichen Vorkaufsrechte der Gemeinden und der Vertrauensschutz, DNotZ 1961, 236 |
| Weber | Raumordnung und Verwaltungsstruktur an dem Karlsruher Juristentag 1964, DÖV 1965, 361 |
| Weber | Raumordnung und Raumplanung, DÖV 1963, 785 |
| Wehgartner | Selbstverwaltung und Raumordnung, Bayer. Gemeindezeitung 1965 Nr. 10 S. 3 |
| Wimmer | Der räumliche Umfang des allgemeinen Vorkaufsrechts nach dem BBauG, DVBl. 1964, 512 |
| Wimmer | Über die Rechtsnatur kommunaler Generalverkehrspläne, DVBl. 1963, 885 |
| Wittig | Zur Auslegung des § 133 und des § 180 BBauG, BayBgm. 1964, 10 |
| Wittig | Die Abwicklung von Straßensicherungsverträgen bei Herstellung der Straße seit Inkrafttreten des Bundesbaugesetzes, BayBgm. 1965, 104 |

| | |
|---|---|
| Wünschel | Der Erschließungsbeitrag nach dem Bundesbaugesetz, BayBgm. 1961, 9 |
| Zabel | Die Umlegung nach dem Bundesbaugesetz, DVBl. 1961, 262 |
| Zinkahn | Das Bundesbaugesetz, DÖV 1960, 617 |
| Zinkahn | Die Regelung der Enteignung im Bundesbaugesetz, DÖV 1961, 578 |
| Zinkahn | Das Bundesbaugesetz in der Praxis der Landkreise, Der Landkreis 1961, 178 |
| Zinkahn | Die Schranken der gemeindlichen Planungshoheit, Blätter für Grundstücks-, Bau- und Wohnungsrecht 1963, 6 |
| Zuck | Enteignungsmaßnahmen und Mitverschulden, MDR 1962, 258 |
| Zuck | Verpflichtungsanträge vor der Baulandkammer, MDR 1964, 196 |

# Abkürzungsverzeichnis

| | | |
|---|---|---|
| aaO | = | am angeführten Ort |
| ABl. | = | Amtsblatt |
| Abs. | = | Absatz |
| aM | = | anderer Meinung |
| Anm. | = | Anmerkung |
| ASlg. | = | Amtliche Sammlung |
| AusfG | = | Ausführungsgesetz |
| AV | = | Ausführungsverordnung |
| B | = | Beschluß |
| BauLBG | = | Baulandbeschaffungsgesetz v. 8. 8. 1953 (BGBl. I S. 720) |
| BauNV | = | Baunutzungsverordnung v. 26. 6. 1962 |
| BauO | = | Bauordnung |
| BauRegV | = | Verordnung über die Regelung der Bebauung v. 15. 2. 1936 |
| BayBauO | = | Bayerische Bauordnung |
| BayBgm. | = | Der Bayerische Bürgermeister |
| BayBS | = | Bereinigte Sammlung des bayer. Landesrechts |
| BayStrWG | = | Bayer. Straßen- und Wegegesetz |
| BayVBl. | = | Bayerische Verwaltungsblätter |
| BB | = | Betriebsberater |
| Bd. | = | Band |
| BBaubl. | = | Bundesbaublatt |
| BBauG | = | Bundesbaugesetz |
| BewG | = | Bewertungsgesetz v. 16. 10. 1934 |
| BewDV | = | Durchführungsverordnung z. Bewertungsgesetz v. 22. 11. 1939 |
| BFH | = | Bundesfinanzhof |
| BGBl. | = | Bundesgesetzblatt |
| BGH | = | Bundesgerichtshof |
| BGHZ | = | Amtliche Sammlung der Entscheidungen des Bundesgerichtshofs in Zivilsachen |
| BO | = | Bauordnung (z. B. BayBO) |
| Buchholz | = | Sammel- und Nachschlagewerk der Entscheidungen des BVerwG, herausgegeben von Buchholz |
| BVerfG | = | Bundesverfassungsgericht |
| BverfGE | = | Amtliche Sammlung der Entscheidungen des Bundesverfassungsgerichts |
| BVerwG | = | Bundesverwaltungsgericht |
| BVerwGE | = | Amtliche Sammlung der Entscheidungen des Bundesverwaltungsgerichts |
| DGStZ | = | Deutsche Gemeindesteuerzeitung |
| DNotZ | = | Deutsche Notarzeitschrift |

| | |
|---|---|
| DÖV | = Die Öffentliche Verwaltung |
| DRiZ | = Deutsche Richterzeitung |
| DS | = Drucksache des Bundestags |
| DV | = Durchführungsverordnung |
| DVBl. | = Deutsches Verwaltungsblatt |
| DWW | = Deutsche Wohnungswirtschaft |
| Erl. | = Erläuterung |
| FlurbG | = Flurbereinigungsgesetz |
| FStrG | = Bundesfernstraßengesetz in der Fassung v. 1. 8. 1961 |
| GBl. | = Gesetzblatt |
| GBO | = Grundbuchordnung |
| GG | = Grundgesetz für die Bundesrepublik Deutschland |
| GO | = Gemeindeordnung |
| GVBl. | = Gesetz und Verordnungsblatt |
| i. d. F. | = in der Fassung |
| JR | = Juristische Rundschau |
| JW | = Juristische Wochenschrift |
| JZ | = Juristenzeitung |
| KStZ | = Kommunale Steuerzeitschrift |
| LandbG | = Landbeschaffungsgesetz |
| MBl. oder MABl. | = Ministerialamtsblatt |
| ME | = Ministerialentschließung |
| NatSchG | = Naturschutzgesetz v. 26. 6.1935 |
| NJW | = Neue Juristische Wochenschrift |
| OVG | = Oberverwaltungsgericht |
| PrGS | = Gesetzessammlung für Preußen |
| PrOVG | = Entscheidungssammlung des Preuß. Oberverwaltungsgerichts |
| Rechtspfl. | = Der Rechtspfleger |
| RFH | = Reichsfinanzhof |
| RG | = Reichsgericht |
| RGBl. | = Reichsgesetzblatt |
| RGZ | = Entscheidungssammlung des Reichsgerichts in Zivilsachen |
| RStBl. | = Reichssteuerblatt |
| Thiel | = Thiel, Baurechtssammlung |
| U | = Urteil |
| V | = Verordnung |
| VerwArch. | = Verwaltungsarchiv |
| VerwRspr. | = Verwaltungsrechtssprechung |
| VG | = Verwaltungsgericht |
| VGG | = Verwaltungsgerichtsgesetz |
| VGH | = Verwaltungsgerichtshof |
| VwGO | = Verwaltungsgerichtsordnung |
| WEG | = Wohnungseigentumsgesetz |
| WoBauG | = Wohnungsbaugesetz |
| WRV | = Weimarer Reichsverfassung v. 11. 8. 1919 |
| WSG | = Gesetz über die Aufschließung von Wohnsiedlungsgebieten (Wohnsiedlungsgesetz) v. 22. 9. 1933 i. d. F. d. G. v. 27. 9. 1938 |
| ZPO | = Zivilprozeßordnung |

| | |
|---|---|
| ZVG | = Gesetz über die Zwangsversteigerung und Zwangsverwaltung vom 24. 3. 1897 |
| ZweckVG | = Zweckverbandsgesetz v. 7. 6. 1939 |

# I.

# BUNDESBAUGESETZ

**Vom 23. Juni 1960 (BGBl. I S. 341)**

mit Änderung durch § 64 Abs. 5 des Personenbeförderungsgesetzes vom 21. März 1961 (BGBl. I S. 241) und durch die Gesetze zur Änderung grundsteuerlicher Vorschriften vom 12. April 1961 (BGBl. I S. 425) — Art. I Ziff. 8 — und vom 10. Juni 1964 (BGBl. I S. 347) — Art. 1 Ziff. 1 Buchst. a, Art. 2

## Einführung

### I. Geschichte des Bundesbaugesetzes

Seit der Wiedergewinnung der staatlichen Ordnung nach dem zweiten Weltkrieg sind die Forderungen staatlicher und kommunaler Stellen, von Organisationen des Wohn- und Siedlungswesens und aus der Wirtschaft heraus nicht verstummt, das Baurecht neu zu ordnen*). Im Anschluß an die 1948 und 1949 von verschiedenen Bundesländern durchgeführte Aufbaugesetzgebung, die eine weitere Zersplitterung der umfangreichen Materie bedeutete, versuchte der damalige Bundeswohnungsbauminister mit einem ersten Entwurf eines Bundesbaugesetzes, der 1950 veröffentlicht wurde, die Initiative zu ergreifen. Aber bis zur endgültigen Gestaltung des Bundesbaugesetzes war noch ein weiter und dorniger Weg, obwohl einige Leitgedanken dieses nach kurzer Zeit in der Versenkung verschwundenen ersten Entwurfs im endgültigen Gesetz wiederkehren.

Am 13. September 1951 ersuchte der Deutsche Bundestag die Bundesregierung (stenografischer Bericht der 162. Sitzung der 1. Wahlperiode S. 6583 D bis 6587 C), bis zum 31. Dezember 1951 den Entwurf eines Baugesetzes vorzulegen, der „das Bau-, Boden-, Planungs-, Anlieger- und Umlegungsrecht im Zusammenhang und bundeseinheitlich regeln soll". Die umfassende Problematik des Bau- und Planungsrechts, insbesondere die notwendige Klärung der Grenzen der Gesetzgebungszuständigkeit veranlaßte Bundestag, Bundesrat und Bundesregierung im Oktober 1952, in einem gemeinsamen Antrag das Bundesverfassungsgericht gemäß § 97 BVerfGG um ein Rechtsgutachten zu ersuchen. Dieses am 16. Juni 1954 (BVerfGE 3, 407) erstattete „Rechtsgutachten über die Zuständigkeit des Bundes zum Erlaß eines Baugesetzes" besagt, daß die Zuständigkeit des Bundes aus Art. 74 Nr. 18 GG zur Regelung des Rechts der städtebaulichen Planung, der Baulandumlegung, der Zusammen-

*) Bereits vor dem und im zweiten Weltkrieg führten ähnliche Forderungen zu Referentenentwürfen für ein „Reichsstädtebaugesetz" im Jahre 1931 und für ein „Deutsches Baugesetz" im Jahre 1942.

legung, des Bodenverkehrs, der Erschließung sowie der Bodenbewertung gegeben ist, nicht dagegen für das Baupolizeirecht im bisher gebräuchlichen Sinn und zur Einführung einer Wertsteigerungsabgabe.

Auf Anregung des Bayer. Staatsministeriums des Innern wurde 1952 eine Sachverständigenkommission aus Angehörigen der für Bauangelegenheiten zuständigen Ministerien der Länder, des Bundesministeriums für Wohnungsbau, ferner der Wissenschaft und Praxis mit der Ausarbeitung eines neuen Baugesetzentwurfs (zweiter Entwurf) beauftragt. Der Entwurf dieser Kommission wurde in einer vorläufigen Fassung vom Oktober 1954 Grundlage des Antrags einiger Abgeordneter für ein Bundesbaugesetz (Drucksache 1813 der 2. Wahlperiode), dem gegenüber ein eigener Regierungsentwurf (dritter Entwurf) ausgearbeitet wurde (Drucksache 3028 der 2. Wahlperiode), der jedoch gleich dem Kommissionsentwurf vom zweiten Bundestag nicht mehr abschließend beraten werden konnte. Der Bundesrat hatte in seiner 164. Sitzung am 19. Oktober 1956 unter Hinweis auf Art. 76 Abs. 2 GG beschlossen, die Regierungsvorlage überwiegend aus verfassungsrechtlichen Bedenken abzulehnen.

Am 16. April 1958 legte die Bundesregierung einen neuen Entwurf (vierter Entwurf) eines Bundesbaugesetzes vor, der — wie es in der Begründung (A. Allgemeine Einleitung; Drucksache 336 des 3. Bundestages) heißt — „die Änderungsvorschläge der beteiligten Bundesratsausschüsse weitgehend berücksichtigt". Ansonsten bringt dieser Entwurf gegenüber dem Regierungsentwurf aus der 2. Wahlperiode des Bundestags (= dritter Entwurf) keine wesentlichen Änderungen. Im Anschluß an die erste Lesung in der 33. Plenarsitzung des Bundestags vom 20. Juni 1958 wurde die Regierungsvorlage an den Ausschuß für Wohnungswesen, Bau- und Bodenrecht (24. — federführender — Ausschuß) überwiesen; der Rechtsausschuß wurde als mitberatender Ausschuß bestimmt; bei dem Teil „Änderung grundsteuerlicher Vorschriften" wurde auch der Finanzausschuß beteiligt. Der 24. Ausschuß hat in siebzehnmonatiger Arbeit in 56 Sitzungen den Regierungsentwurf erheblich verändert (allein die Regelung der Entschädigungsfragen und die Einführung der Baulandsteuer brachte grundlegende Änderungen gegenüber dem Regierungsentwurf) und am 12. April 1960 die Neufassung dem Bundestag vorgelegt (Drucksache 1794 und zu Drucksache 1794 der 3. Wahlperiode). Der Bundestag hat diesen Entwurf in der zweiten Lesung nur geringfügig geändert (Drucksache 1861). In der 116. Sitzung am 20. Mai 1960 fand die dritte Lesung statt; dabei wurde noch über eine Reihe von Änderungsanträgen eingehend debattiert; einige nicht unwesentlicher Art wurden — teils mit knapper Mehrheit — angenommen. So wurde auf Antrag des Abg. Dr. Arndt (SPD) der Anwaltszwang auch für die Behörde im gerichtlichen Verfahren vor den Baulandkammern der Landgerichte und den Baulandsenaten der Oberlandesgerichte durch Streichung einer Ausnahmebestimmung Gesetz, ferner wurde ein Änderungsantrag zu den Bestimmungen über die Baulandsteuer angenommen, der Antrag auf gänzliche Streichung der Bestimmungen über die Baulandsteuer verfiel jedoch der Ablehnung. Der Bundesrat verzichtete auf die Anrufung des Vermittlungsausschusses, so daß das Gesetz mit dem Datum vom 23. Juni 1960 am 29. Juni 1960 verkündet werden konnte.

Durch § 64 Abs. 5 des neuen Personenbeförderungsgesetzes vom 21. März 1961 (BGBl. I S. 241) erfuhr § 38 BBauG eine geringfügige Änderung. Weitere Änderungen erfolgten durch die beiden Gesetze zur Änderung grundsteuerlicher Vorschriften vom 12. April 1961 (BGBl. I S. 425) und vom 10. Juni 1964 (BGBl. I S. 347); letztere Änderung war tiefgreifend, da sie die umstrittene Baulandsteuer und damit den Zehnten Teil (§ 172) beseitigt hat.

## II. Ziele und Bedeutung des Bundesbaugesetzes

Die Grundziele des BBauG sind, wie Wohnungsbauminister Lücke in der 116. Sitzung des Bundestags vom 20. Mai 1960 darlegte:

„1. Schaffung rechtlicher Voraussetzungen und Handhabungen für eine zukunftsweisende Wohnungsbau- und Städtepolitik einschließlich der notwendigen Sanierung der Gemeinde und Städte.

2. Zusammenfassung der zersplitterten baurechtlichen Bestimmungen in einem Bundesgesetz und Anpassung dieser Bestimmungen an das Grundgesetz.

3. Festlegung der Inhaltsbestimmungen des Eigentums im Sinn des Art. 14 GG.

4. Beseitigung des Preisstopps für unbebaute Grundstücke und Überführung des Grundstücksmarkts in die soziale Marktwirtschaft; gleichzeitig Einbau von Bestimmungen, die sicherstellen, daß dem Bodenwucher wirksam entgegengetreten wird und ein Baulandmarkt entsteht, der Bauland zu gerechten Preisen anbietet."

Die Bedeutung des BBauG liegt somit sowohl in seiner rechtspolitischen als auch in seiner bodenpolitischen Zielsetzung. Es berührt seinem Inhalt nach in starkem Maße die Grundlagen der sozialen Ordnung, insbesondere in den Teilen, die Inhalt und Schranken des Eigentums an Grund und Boden bestimmen.

Der Ordnung des Bodenmarktes, die entscheidend mit der Baulandfrage verquickt ist, sollen folgende Maßnahmen des BBauG dienen:

a) die Vorverlegung der Fälligkeit des Erschließungsbeitrags,
b) die Einführung der Baulandsteuer — diese wurde inzwischen wieder beseitigt —,
c) die Vereinheitlichung des Planungssystems,
d) die Festlegung des Vorkaufsrechts der Gemeinde,
e) die Umlegung,
f) die Enteignung,
g) das Baugebot in Sanierungsgebieten.

In bezug auf die Rechtsvereinheitlichung hat das BBauG — wie aus § 186 Abs. 1 ersichtlich ist — tatsächlich eine beachtliche Bereinigung durchgeführt. Nicht weniger als 67 Gesetze, Verordnungen und sonstige Vorschriften verloren mit Inkrafttreten des BBauG ihre Gültigkeit.

Außer den zahlreichen Vorschriften, die sich mit der Planung, Umlegung und dem Wiederaufbau befaßten, traten mehrere bedeutende Reichs- bzw. Bundesnormen außer Kraft, nämlich das Wohnsiedlungsgesetz von 1933/38, die Verordnung über die Regelung der Bebauung von 1936, die Verordnung über die Zulässigkeit befristeter Bausperren von 1936, das Baulandbeschaffungsgesetz von 1953 und die Preisstoppvorschriften im Grundstücksverkehr von 1936/38/42/52/55 (vgl. §§ 185, 186 Abs. 1 Nr. 65 bis 67).

## III. Aufbau und Systematik des Bundesbaugesetzes

Der Titel „Bundesbaugesetz" trifft nicht den Kern, es handelt sich vielmehr um ein Bundes-Städteplanungs-, Erschließungs- und Enteignungsgesetz, wie es auch dem oben angeführten Gutachten des Bundesverfassungsgerichts entspricht; denn das Bauordnungsrecht im engeren Sinn ist Ländersache.

Wie sich aus der Aufgliederung des BBauG ergibt, enthält es sieben Schwerpunkte: die Vorschriften über die **Bauleitplanung,** ihre Sicherung und die sich daraus ergebende Regelung der baulichen und sonstigen Nutzung in den ersten drei Teilen, über die **Bodenordnung** durch Umlegung und Grenzregelung im Vierten Teil, über die **Enteignung** einschließlich Entschädigung im Rahmen der Durchführung des BBauG (Fünfter Teil), ferner über die **Erschließung der Grundstücke** im Sechsten Teil, über die **Ermittlung** von **Grundstückswerten** im Siebenten Teil, die Änderung grundsteuerlicher Vorschriften (**Einführung der Baulandsteuer**) im Zehnten Teil und schließlich die **Verwaltungs- und Verfahrensvorschriften** sowie Übergangs- und Schlußbestimmungen, die im Achten, Neunten und Elften Teil enthalten sind.

Der Zeitpunkt des Inkrafttretens mußte für die Teile I bis III (Bauleitplanung, ihre Sicherung sowie die Regelung der baulichen und sonstigen Nutzung) und VI (Erschließung) im Hinblick auf die Vorbereitungen auf ein Jahr erstreckt werden; die genannten Teile (mit Ausnahme des § 133 über öffentlich-rechtliche Beiträge auf Grund landesrechtlicher Vorschriften) traten somit erst am 30. Juni 1961 in Kraft; die übrigen Teile und die Fälligkeitsvorverlegung der Erschließungsbeiträge erlangten bereits am 30. Oktober 1960 Gültigkeit.

Abgesehen von den Satzungen der Gemeinden über die Bebauungspläne, das Vorkaufsrecht und den Erschließungsbeitrag sind nach dem BBauG zwei Verordnungen der Bundesregierung — und zwar bezüglich der Wertermittlung bei Grundstücken (vgl. §§ 141 Abs. 4 und 143 Abs. 6) —, vier Verordnungen des Bundeswohnungsbau- (bzw. des Finanz-)Ministers (§§ 2 Abs. 10, 39 Satz 2, 124, 172 Nr. 1 = § 12 a Abs. 5 Satz 3 GrStG), in fünf Fällen Gesetze der Bundesländer (vgl. § 4 Abs. 8, § 119 Abs. 4, § 180 Abs. 6 und gegebenenfalls § 188) und schließlich in siebzehn Fällen Rechtsverordnungen der Länder (§ 2 Abs. 3, § 9 Abs. 2, § 19 Abs. 6, § 46 Abs. 2, § 104 Abs. 2, § 144 Abs. 2, § 147 Abs. 2, § 155, § 159 Abs. 2, § 172 Nr. 1 = § 12 a Abs. 7 Satz 3 GrStG, § 173 Abs. 2 und 4, § 174 Abs. 1 Satz 2 und Abs. 2 Satz 2, zweiter Halbsatz, § 182, § 189 Abs. 2 Satz 2 und gegebenenfalls § 188 Abs. 1, 2, 4 und 5) vorgesehen; sie wurden z. T. inzwischen erlassen (z. B. z. § 2 Abs. 10, § 19 Abs. 6, § 46 Abs. 2, § 141 Abs. 4, § 143 Abs. 6, § 144 Abs. 2, § 147, § 155, § 159 Abs. 2, § 173 Abs. 2, § 174 Abs. 1 S. 2, § 188).

Aus allem ergibt sich die einschneidende Bedeutung des BBauG. Erst die praktische Erfahrung längerer Zeit wird zeigen, ob und inwieweit die weitgesteckten Ziele des Gesetzes erreicht werden können. Es hat Jahre gedauert, bis sich der Vollzug des in wesentlichen Teilen nicht unkomplizierten Gesetzes einigermaßen eingespielt hat (vgl. allein bzgl. des Erschließungsbeitragsrechts die Erläuterungen, insbes. auch die Rechtsprechungsübersichten des Sechsten Teils des BBauG).

# ERSTER TEIL

## Bauleitplanung

### Vorbemerkung

**1. Systematik des Ersten Teils**

Die Bauleitplanung, ein spezieller Ausdruck des Bundesbaugesetzes (BBauG), wird im § 1 des Gesetzes im einzelnen umschrieben (siehe dort). Mit ihr beschäftigt sich der Erste Teil des BBauG in seinen drei Abschnitten — „Allgemeine Vorschriften“, „Vorbereitender Bauleitplan (Flächennutzungsplan)“, „Verbindlicher Bauleitplan (Bebauungsplan)“, — und auch der Zweite Teil, weil dieser die Sicherung der Bauleitplanung behandelt. Der Erste Teil regelt im gesamten gesehen bundeseinheitlich das Planungsrecht unter Beachtung der Grenzen, die das Grundgesetz gezogen hat. Es ist die Absicht des Gesetzgebers gewesen (vgl. Drucksache 336 der 3. Wahlperiode, Begründung des Regierungsentwurfs, Teil B, S. 59, 1. Spalte unten), daß in diesem Teil „das Planungsrecht unter Berücksichtigung neuer städtebaulicher Erkenntnisse umfassend, systematisch und bundeseinheitlich so geregelt“ wird, „daß die Anforderungen des neuzeitlichen Städtebaues durchgesetzt werden können“.

**2. Die Entwicklung der Raumplanung im allgemeinen und der Bauleitplanung im besonderen**

Raumplanung im Sinn der planmäßigen Ansiedlung der Menschen gibt es, seitdem wir Kulturstaaten auf der Erde feststellen können. Die Ausgrabungen der letzten Jahrzehnte zeigen, welch geradezu geniale Pläne vielen Städten des grauen Altertums im vorderasiatischen und im altägyptischen Raum zugrunde lagen. Ebenso zeigt die Anlage vieler mittelalterlicher Städte Europas, insbesondere auch Deutschlands, durchwegs eine planvolle Ordnung, die den Notwendigkeiten der damaligen Zeit Rechnung trug. Rechtliche Regelungen bauplanerischer Art, soweit sie aus dem Mittelalter und der frühen Neuzeit überliefert sind, befassen sich in erster Linie mit dem Nachbarrecht. Soweit sie öffentlich-rechtliche Gebiete im modernen Sinn berühren, handelt es sich fast durchwegs um solche feuerpolizeilicher Art. Aus der Zeit des Absolutismus sind uns imponierende Zeugnisse städtebaulicher Planung überkommen, z. B. Karlsruhe, Mannheim, Potsdam und viele andere mehr. Mit dem aufkommenden Liberalismus gewann mehr und mehr der Gedanke der Baufreiheit Oberhand. Aus § 65 I 8 des Preuß. Allg. Landrechts — dort wird ausgesprochen, daß jeder Eigentümer in der Regel wohl befugt ist, seinen Grund und Boden mit Gebäuden zu besetzen oder diese Gebäude zu ändern — wurde dieser Grundsatz der Baufreiheit hergeleitet. Nachdem die landesherrliche Planung, die in der vorangegangenen Zeit des Absolutismus einen letzten Höhepunkt erreicht hatte, vorbei war, war Planungs- und Bauordnungsrecht allein eine polizeiliche Aufgabe geworden. So verquickten die ab der Mitte des 19. Jahrhunderts entstandenen Bauordnungen der deutschen Länder (z. B. Bayerische Bauordnung von 1869/1901, Hessische Allg. Bauordnung von 1881, Braunschweigische Landesbauordnung von 1899, Bauordnung für die Stadt Bremen und das Landgebiet von 1906, Badische Landesbauordnung von 1907, Württembergische Bauordnung von 1910) eigentliches Bauordnungsrecht mit Planungsrecht, was den Erfordernissen der damaligen Zeit durchaus genügte. Eine Trennung, wie sie in Preußen durch das besondere Fluchtliniengesetz vom 2. 7. 1875 (GS S. 561) erfolgte — nach diesem Gesetz war die Gemeinde unabhängig von den baurechtlichen Vorschriften für die Aufstellung der Fluchtlinienpläne zuständig —, hatte zur Folge, daß die notwendige Verbindung von Planung und Städtebau, soweit nicht die Gemeinde selbst Baupolizeibehörde war, fehlte.

Die Großraumplanung fand ihren gesetzlichen Niederschlag in Deutschland erstmals im preußischen Gesetz betreffend Verbandsordnung für den Siedlungsverband Ruhrkohlenbezirk vom 5. 5. 1920 (GS S. 286). Im Laufe der folgenden Jahrzehnte ist die Raumordnung noch mehr über die städtebauliche Planung hinausgewachsen. Einige Gesetze nach 1933 sind als Vorläufer einer Rechtsvereinheitlichung des städtebaulichen Planungsrechts zu werten, vor allem das Gesetz zur Aufschließung von Wohnsiedlungsgebieten (WSG) vom 22. 9. 1933 (RGBl. I S. 659) mit Änderungen durch Gesetz vom 27. 9. 1938 (RGBl. I S. 1246), das den für „Wohnsiedlungsgebiete" obligatorischen „Wirtschaftsplan" einführte, und das Gesetz über einstweilige Maßnahmen zur Ordnung des deutschen Siedlungswesens vom 3. 7. 1934 (RGBl. I S. 561); auf Grund des letztgenannten Gesetzes ergingen zwei besonders wichtige Verordnungen, die Baugeregelungsverordnung vom 15. 2. 1936 (RGBl. I S. 104) und die Verordnung über die Zulässigkeit befristeter Bausperren vom 29. 10. 1936 (RGBl. I S. 933). Beide Verordnungen wurden wie das WSG durch das BBauG außer Kraft gesetzt, desgleichen das Gesetz über die Neugestaltung Deutscher Städte vom 4. 10. 1937 (§ 186 Abs. 1 BBauG).

Die umfangreichen Zerstörungen des zweiten Weltkriegs stellten die Gemeinden vor städtebauliche Aufgaben bisher nicht gekannten Ausmaßes. Mangels eines einheitlichen, rechtlich wohlfundierten umfassenden Planungssystems mußten die Länder eigene Wege gehen: In den Jahren nach 1945 ergingen Aufbaugesetze in der Mehrzahl der Bundesländer, im einzelnen: das badische Aufbaugesetz vom 25. 11. 1949 (BadGVBl. 1950, 29), das Gesetz über die städtebauliche Planung im Land Berlin vom 22. 8. 1949 in der Fassung vom 22. 3. 1956 (GVBl. S. 272), das Gesetz über den Aufbau der Hansestadt Hamburg vom 11. 4. 1949 (GVBl. S. 45) in der Fassung vom 12. 4. 1957 (GVBl. S. 241), das Gesetz über den Aufbau der Städte und Dörfer des Landes Hessen vom 25. 10. 1948 (GVBl. S. 139) in der Fassung des Gesetzes vom 23. 11. 1949 (GVBl. S. 164), das niedersächsische Gesetz zur Durchführung der Ortsplanung und des Aufbaues in den Gemeinden vom 9. 5. 1949 in der Fassung vom 20. 12. 1957 (GVBl. Sb I S. 398), das nordrhein-westfälische Gesetz über Maßnahmen zum Aufbau in den Gemeinden vom 29. 4. 1952 (Ber. Slg. S. 454), das rheinland-pfälzische Gesetz über den Aufbau in den Gemeinden vom 1. 8. 1949 (GVBl. S. 317) in der Fassung vom 23. 12. 1949 (GVBl. S. 623), das Gesetz über Planung und Städtebau im Saarland vom 30. 7. 1948 (ABl. S. 1198) in der Fassung der Gesetze vom 7. 7. 1954 (ABl. S. 989) und vom 8. 7. 1957 (ABl. S. 670) mit Ergänzungsgesetz vom 12. 1. 1951 (ABl. S. 220) und schließlich das Gesetz über den Aufbau in den schleswig-holsteinischen Gemeinden vom 21. 5. 1949 (GVBl. S. 93). Sie alle wurden durch das BBauG außer Kraft gesetzt (§ 186 Abs. 1 BBauG). Mißlich an der Entwicklung nach 1945 war, daß das Planungsrecht ganz unterschiedlich gestaltet wurde; eine Vielfalt von städtebaulichen Plänen nach Art, Inhalt und Rechtsnatur erschwerten die Übersichtlichkeit des Planungsrechts in unliebsamer Weise. Dazu kam die unterschiedliche Behandlung der sich aus den planungsrechtlichen Maßnahmen ergebenden Fragen der Entschädigung.

Allein aus diesen beiden letztgenannten Unzulänglichkeiten ergab sich die dringend notwendige Vereinheitlichung des Planungsrechts.

**3. Die moderne Raumplanung**

Die moderne Raumplanung unterscheidet je nach ihrem örtlichen Umfang die städtebauliche Planung, die Landesplanung und die Raumplanung. An diese Unterscheidung hält sich auch das BBauG. Es behandelt nur die städtebauliche Planung als „Bauleitplanung" (Erster Teil des BBauG). Da Raumordnung und Landesplanung in ihrer Zielsetzung über das Anliegen der städtebaulichen Planung weit hinausgehen, hat das BBauG bewußt auf die Regelung dieser Materien verzichtet und sich mit dem in § 1 Abs. 3 enthaltenen Rechtssatz begnügt: „Die Bauleitpläne sind den Zielen der Raumordnung und Landesplanung anzupassen."

a) Der übergeordnete und umfassendste Begriff ist die Raumordnung. Sie umfaßt die alle Gebiete des öffentlichen Lebens ergreifende Ordnung größerer Räume. Das BundesverfG bezeichnet in dem genannten Gutachten die Raumplanung als die zusammenfassende Planung und Ordnung des Raumes (BVerfGE 3, 425). Wenngleich die Raumordnung nicht zu den Aufgaben der Selbstverwaltung gehört (vgl. Nau in DÖV 1962, S. 33 mit weiteren Zitaten), so ist die Abgrenzung der Materie zwischen Bund und Ländern schwierig. Zwischen Bund und Ländern kam am 16. Dezember 1957 ein Verwaltungsabkommen über die Zusammenarbeit auf dem Gebiet der Raumordnung zustande. Da dieses Abkommen in erster Linie administrativen Charakter hat, wurden sowohl aus den Reihen der Abgeordneten als auch von der Bundesregierung Entwürfe für ein Raumordnungsgesetz eingebracht (DS IV/472; DS 54/1/63). Beide Entwürfe werden von den Ausschüssen des Bundesrats eingehend beraten; mit Mehrheit wurde von diesen die Gesetzgebungszuständigkeit des Bundes verneint. Die 255. Vollsitzung des Bundesrats am 22. März 1963 hat sie mit großer Mehrheit abgelehnt. Insbesondere wandte sich der Bundesrat dagegen, daß § 2 des Gesetzesentwurfs allgemeine Richtlinien für die Staatstätigkeit der Länder vorschreibe, was das bundesstaatliche Prinzip des GG verletze. Der Entwurf wurde jedoch von der Bundesregierung — unverändert — am 25. April 1963 (DS IV/1204) dem Bundestag vorgelegt und im Bundestag am 4. Dezember 1963 in erster Lesung beraten. Um den Widerstand der Mehrzahl der Länder zu beseitigen, wurden in Verhandlungen zwischen Bundeswohnungsbauministerium und Bundesrat aus der im Gesetz aufgeführten Liste der Grundsätze für die Raumordnung a) verkehrs- und versorgungsmäßige Erschließung, b) Schutz der Landschaft, c) Lärmbekämpfung und Luftverunreinigung gestrichen und allgemein die Verbindlichkeit der Grundsätze nur für die Landesplanung ausgesprochen. Auch sollte der Unterschied zwischen Landesplanung und Strukturentwicklung herausgearbeitet und letztere nicht den Gesichtspunkten der Raumordnung unterstellt werden. Die ursprünglich im Gesetz vorgesehenen Verordnungsermächtigungen für die Bundesregierung, um die „überlasteten Verdichtungsräume" und die zurückgebliebenen Gebiete konkret zu beschreiben, sind bereits in den Ausschußberatungen des

Bundestags fallengelassen worden. Das am 8. 4. 1965 (BGBl. I S. 306) ergangene endgültige Bundes-Raumordnungsgesetz stellt in seinen 13 Paragraphen das Ergebnis der zu Kompromissen führenden widerstreitenden Meinung dar; siehe Erläuterungen bei III D des Kommentars.

Die Landesplanung hat die Aufgabe, auf Landesebene die Aufgaben der Raumrechnung wahrzunehmen, wobei solche Aufgaben durchaus nicht das gesamte Landesgebiet zu erfassen brauchen, sondern sich auf Wirtschaftsräume oder sonstige Gebiete innerhalb der Landesgrenzen beschränken können. Landesplanungsgesetze haben bisher erlassen: Nordrhein-Westfalen am 11. 3. 1950 (NRW GVBl. S. 41) mit Durchführungsverordnung vom 28. 6. 1950 mit Änderung vom 28. 7. 1953 (NRW GVBl. S. 317); diese Rechtsvorschriften wurden abgelöst durch das Landesplanungsgesetz vom 7. 5. 1962 (GVBl. S. 229); Baden-Württemberg am 19. 12. 1962 (GBl. 1963 S. 1); Hessen am 4. 7. 1962 (GVBl. S. 311); Bayern am 21. 12. 1957 (BayGVBl. S. 323); Schleswig-Holstein am 5. 7. 1961 (GVBl. S. 119). Nordrhein-Westfalen hat zudem ein Gesetz über die Gesamtplanung im rheinischen Braunkohlengebiet vom 25. 4. 1950 (NRW GVBl. S. 71) erlassen. Zu beachten ist in diesem Zusammenhang § 188 Abs. 5 bzgl. des Siedlungsverbands Ruhrkohlenbezirk, dem auch landesplanerische Aufgaben zustehen. Siehe hierzu Anhang III E.

Gerade weil die Landesplanung und die Raumordnung mit Programmen („Entwicklungsplänen") arbeiten müssen, sind sie der Natur der Sache nach einer rechtlichen Einzelregelung schwer zugänglich. Während die moderne städtebauliche Planung ihr Ziel in der Weiterführung vom unverbindlichen Bauleitplan zum rechtsverbindlichen Bauleitplan sieht, müssen sich Landesplanung und Raumordnung mit Entwicklungsprogrammen begnügen.

Die städtebauliche Planung („Bauleitplanung") selbst hat zwei Vorgänge zum Inhalt, zunächst den von einer rechtlichen Regelung nicht erfaßbaren schöpferischen Entwurf, dann das Verfahren zur Aufstellung der Pläne. Der letztere Teil wird vom Ersten Teil des BBauG im einzelnen rechtlich erfaßt.

### 4. Grundsätze der Regelung der Bauleitplanung durch das BBauG

Als wichtigstes Merkmal ist die **Zuweisung der Bauleitplanung** an die **Gemeinde** festzustellen (vgl. im einzelnen die Erläuterungen zu § 2). Ihr obliegt die Ausarbeitung und Aufstellung der Bauleitpläne; nur wenn sie wegen unzureichender personeller oder sachlicher Ausstattung nicht in der Lage ist, Bauleitpläne selbst auszuarbeiten, kann sie sich insoweit der von der Landesregierung bestimmten Stellen bedienen (vgl. § 2 Abs. 3 und die Erläuterung dort).

Als weiterer wichtiger Punkt ist hervorzuheben: Das Planungssystem wurde vereinfacht; es gibt nur zwei Arten von Bauleitplänen, den **Flächennutzungsplan (vorbereitender Bauleitplan)** und den **Bebauungsplan (verbindlicher Bauleitplan).** Die Vielfalt der in den Ländern gebräuchlichen Bezeichnungen (z. B. Generalbebauungsplan, Generalbaulinienplan, Wirtschaftsplan, Aufbauplan, Ortsbauplan, Siedlungs- und Wegeplan u. dgl.) ist entfallen.

## ERSTER ABSCHNITT
## Allgemeine Vorschriften

### § 1
### *Zweck und Arten der Bauleitplanung*

**(1) Um die städtebauliche Entwicklung in Stadt und Land zu ordnen, ist die bauliche und sonstige Nutzung der Grundstücke nach Maßgabe dieses Gesetzes durch Bauleitpläne vorzubereiten und zu leiten.**

**(2) Bauleitpläne sind der Flächennutzungsplan (vorbereitender Bauleitplan) und der Bebauungsplan (verbindlicher Bauleitplan).**

**(3) Die Bauleitpläne sind den Zielen der Raumordnung und Landesplanung anzupassen.**

**(4) Die Bauleitpläne haben sich nach den sozialen und kulturellen Bedürfnissen der Bevölkerung, ihrer Sicherheit und Gesundheit zu richten. Dabei sind die öffentlichen und privaten Belange gegeneinander und untereinander gerecht abzuwägen. Die Bauleitpläne sollen den Wohnbedürfnissen der Bevölkerung dienen und die Eigentumsbildung im Wohnungswesen fördern.**

**(5) Die Bauleitpläne haben die von den Kirchen und Religionsgesellschaften des öffentlichen Rechts festgestellten Erfordernisse für Gottesdienst und Seelsorge zu berücksichtigen, die Bedürfnisse der Wirtschaft, der Landwirtschaft, der Jugendförderung, des Verkehrs und der Verteidigung zu beachten sowie den Belangen des Natur- und Landschaftsschutzes und der Gestaltung des Orts- und Landschaftsbildes zu dienen. Landwirtschaftlich genutzte Flächen sollen nur in dem notwendigen Umfang für andere Nutzungsarten vorgesehen und in Anspruch genommen werden.**

**1. Begriff Bauleitplanung**

a) Wie sich aus den Abs. 1 und 3 ergibt, ist unter „Bauleitplanung" im Sinn des BBauG **nur** die städtebauliche Planung und nicht die weitergehende Landesplanung oder gar Raumordnung zu verstehen; in Abs. 1 heißt es, daß „die bauliche und sonstige Nutzung der Grundstücke nach Maßgabe dieses Gesetzes durch Bauleitpläne vorzubereiten und zu leiten" ist; Abs. 3 enthält die Vorschrift, daß die Bauleitpläne den Zielen der Raumordnung und Landesplanung anzupassen sind. Die städtebauliche Planung umfaßt nach dem klaren Wortlaut im Abs. 1 — in Übereinstimmung mit der allgemein gebräuchlichen Auslegung dieses Begriffs auch durch die Bauplaner — nicht nur die bauliche Planung der Städte, sondern auch diejenige auf dem Lande.

Die städtebauliche Planung hat sich — wie in der Vorbemerkung zum Ersten Teil dargestellt wurde — aus den Bauordnungen heraus entwickelt. Landesplanung und Raumordnung sind eine Folge der Raumnot. Von der Bauleitplanung zu unterscheiden ist das Bauordnungsrecht (Baupolizeirecht), das entsprechend dem genannten Gutachten des Bundesverfassungsgerichts vom 16. 6. 1954 (BVerfGE 3, 407) nicht von der in Art. 74 Nr. 18 GG gründenden Bundeszuständigkeit erfaßt wird.

b) Unter „baulicher Nutzung" ist die Ausnützung von Grundstücken zum Zweck der Bebauung zu verstehen, wobei es nicht darauf ankommt, ob das Bauvorhaben nach den Bauordnungsvorschriften genehmigungspflichtig ist. Unter „sonstiger Nutzung" ist die Benützung eines Grundstücks für nichtbauliche, aber städteplanerische Zwecke zu verstehen, wie z. B. für Verkehrszwecke (einschließlich Anlagen des ruhenden Verkehrs wie Parkflächen) und für Erholungszwecke.

**2. Zweck der Bauleitplanung**

Der Zweck der Bauleitplanung ist in **Abs. 1** herausgestellt: Ordnung der städtebaulichen Entwicklung in Stadt und Land (s. u. Anm. 3). Da nach Absatz 1 in den Bauleitplänen nicht allein die bauliche, sondern auch die sonstige Nutzung der Grundstücke vorzubereiten und zu leiten ist, ist der Umfang der Bauleitplanung im Rahmen der städtebaulichen Planung umfassend (vgl. Abs. 4 und 5 Anm. 4). Die Ordnung der städtebaulichen Entwicklung auf Bundesebene ist ein besonderes Anliegen des BBauG: Durch die Außerkraftsetzung der Länderaufbaugesetze (§ 186 Abs. 1 — siehe dort) wurde die Vielzahl der in den Ländern bisher gebräuchlichen Arten von Plänen beseitigt.

**3. Arten der Bauleitpläne**

Nach dem Gesetz gibt es zwei Arten von Bauleitplänen: den vorbereitenden Bauleitplan, genannt Flächennutzungsplan, und den verbindlichen Bauleitplan, den Bebauungsplan (**Abs. 2**). Damit wird zum Ausdruck gebracht, daß sich die Bauleitplanung grundsätzlich (vgl. jedoch § 2 Abs. 2) in zwei Stufen vollzieht. Das ist nichts Neues, da die meisten Aufbaugesetze der Länder bereits eine Abstufung kannten. Dem Regierungsentwurf lag ein System von drei verschiedenen Planarten zugrunde: der Flächennutzungsplan, der Gesamtaufbauplan und der Bauleitplan; der Gesamtaufbauplan wurde noch zu den vorbereitenden Bauleitplänen gerechnet. Der Bundestagsausschuß für Wohnungswesen, Bau- und Bodenrecht (24. Ausschuß) strich nach Anhörung von Sachverständigen den Gesamtaufbauplan als in der Bauleitplanung nicht notwendig aus der Regierungsvorlage. In der Begründung heißt es, daß die Praxis der zurückliegenden Zeit ergeben hat, daß die Gemeinden mit einem in einem formellen Verfahren aufgestellten vorbereitenden Plan auskommen; den Gemeinden stehe überdies frei, zunächst einen Flächennutzungsplan mit den allgemeinen Grundzügen aufzustellen und in einem späteren Zeitpunkt diesen Plan im Wege der Ergänzung zu verfeinern.

Über die beiden Arten der Bauleitpläne, insbesondere über ihre Rechtsnatur, wird bei den Erläuterungen zum Zweiten und Dritten Abschnitt ausführlich zu sprechen sein.

**4. Erfordernisse der Bauleitpläne**

a) Die Erfordernisse der Bauleitpläne sind in den Absätzen 3 bis 5 aufgeführt. In erheblicher Erweiterung des Regierungsentwurfs, der nur einen Absatz umfaßte, wurde auf Vorschlag des 24. Bundestagsausschusses der ursprüngliche Absatz 3 neu gegliedert und ergänzt. Im neuen **Abs. 3** wird vor allem die Anpassung der Bauleitplanung an die Ziele der Raumordnung und Landesplanung, also an die überörtlichen Planungen, aufgeführt. Durch die Fassung des Abs. 3 „sind anzupassen" wird herausgestellt, daß es sich um keine Soll-, sondern um eine **Muß**vorschrift handelt. Das gleiche gilt für einen Teil der weiteren, in den **Abs. 4** und **5** enthaltenen Forderungen. So „haben sich" die Bauleitpläne nach den sozialen und kulturellen Bedürfnissen der Bevölkerung, ihrer Sicherheit und Gesundheit zu richten, wobei die öffentlichen und privaten Belange gerecht abzuwägen „sind". Entsprechend den Zielsetzungen des neuzeitlichen Städtebaues müssen also den Menschen in räumlicher Hinsicht gesunde Lebensbedingungen gesichert werden. Die Berücksichtigung der Sicherheit bei der Aufstellung der Bauleitpläne schließt auch die Belange des Luftschutzes ein (vgl. amtliche Begründung zu § 1, Drucks. Nr. 336). Nach Abs. 4 Satz 3 „sollen" die Bauleitpläne den Wohnbedürfnissen der Bevölkerung dienen und die Eigentumsbildung im Wohnungswesen fördern. Diese — wohl als Programmsatz aufzufassende — Bestimmung wurde auf Vorschlag des 24. Ausschusses, insbesondere im Hinblick auf § 89 des Zweiten Wohnungsbaugesetzes, aufgenommen.

**b)** Ob es sich bei Abs. 3 lediglich um einen Programmsatz handelt, ist bestritten (vgl. Schrödter § 1 RdNr. 7; Kohlhammer-Kommentar § 1 Anm. IV 3 b; Schütz-Frohberg, § 1 Anm. 4 a). Insbesondere werden auch Bedenken geltend gemacht, ob die Gemeinden hier in ihrer Eigenschaft als Normensetzungsorgane an nicht als Rechtsvorschriften erlassene Raumordnungsrichtlinien der Länder gebunden werden können. Dieses Argument führte auch die Bundesregierung in der DS 1204 zum Raumordnungsgesetz an, wenn sie sich gegen die Beibehaltung des Länderabkommens über die Raumplanung wendet und ein Raumordnungsgesetz des Bundes fordert. Insoweit die Länder bereits Landesplanungsgesetze erlassen haben, dürfte das Problem im wesentlichen gelöst sein; denn die vorhandenen Landesplanungsgesetze dienen auch den Zielen der Raumordnung. Inzwischen ist das Bundes-Raumordnungsgesetz ergangen (siehe Teil III D des Kommentars). Ob und wie es sich bewährt, muß sich erst erweisen, insbesondere, ob es unabweisbar dringlich gewesen ist. Soweit die Raumordnung über die Grenzen von Ländern hinausgreift, konnte jedes Land die im Verwaltungsabkommen mit dem Bund gebilligten Maßnahmen in sein Gesetz übernehmen. Die vorhandenen Landesplanungsgesetze berücksichtigen jedenfalls bereits § 1 Abs. 3 BBauG (vgl. §§ 14 Abs. 2, 15 Abs. 2, 16 Abs. 1 des Landesplanungsgesetzes von Baden-Württemberg, Art. 12 des Landesplanungsgesetzes von Bayern, § 18 des Landesplanungsgesetzes von Nordrhein-Westfalen, § 5 des Landesplanungsgesetzes von Schleswig-Holstein).

**c)** Die „gerechte" Abwägung der öffentlichen und privaten Belange in Abs. 4 bedeutet, daß nicht grundsätzlich die öffentlichen Interessen überwiegen.

**d)** Der verfassungsrechtlichen Stellung der Kirchen und Religionsgesellschaften des öffentlichen Rechts (vgl. Art. 140 GG) ist dadurch Rechnung getragen, daß die Bauleitpläne die festgestellten Erfordernisse für Gottesdienst und Seelsorge (z. B. Platzausweisungen für Kirchen und Friedhöfe) zu berücksichtigen haben (**Abs. 5** Satz 1); des weiteren sind die Bedürfnisse der Wirtschaft, der Landwirtschaft, der Jugendförderung, des Verkehrs und der Verteidigung sowie die Belange des Natur- und Landschaftsschutzes zu beachten; die Bauleitpläne haben auch der Gestaltung des Orts- und Landschaftsbildes zu dienen. Mit den beiden letztgenannten Erfordernissen wird den Belangen des

Natur- und Landschaftsschutzes und der Erhaltung der eigentümlichen Ortsbilder Rechnung getragen.

Im Hinblick auf die Inanspruchnahme landwirtschaftlichen Bodens im Zuge der Erweiterung der Städte wurde als letzter Satz dem Abs. 5 noch die Sollvorschrift angefügt, daß landwirtschaftlich genutzte Flächen nur im notwendigen Umfang für andere Nutzungsarten vorgesehen und in Anspruch genommen werden.

Die in Abs. 3, 4 und 5 enthaltenen Erfordernisse bestimmen den Rahmen, innerhalb dessen die höhere Verwaltungsbehörde (vgl. § 2 Abs. 6 Satz 5, § 6, § 11) vor Erteilung der Genehmigung die notwendigen Prüfungen anzustellen hat.

**5. Rechtsprechung**

Bzgl. der Rechtsprechung zur Rechtsnatur der dem bisherigen Recht geläufigen Pläne siehe § 5 Anm. 4 u. § 8 Anm. 4.

Rechtsprechung zum neuen Recht:

A. Höchstrichterliche Rspr.

BVerwG U vom 29. 8. 1961 (BVerwG I C 36.60) DVBl. 1962, 223 = BBauBl. 1962, 129 = VerwRspr. 14 S. 841 = NJW 1962, 507; vgl. auch Anm. 3 A 1 bei § 34.

Bei der Lenkung der Bebauung in nicht verplanten Gebieten sind die Ziele zu wahren, die § 1 Abs. 4 BBauG der Bauleitplanung setzt.

In den Gründen der Entscheidung wirft das BVerwG auch die Frage auf — ohne sie zu entscheiden — ob dem Abs. 4 nachbarschützender Charakter zukommt, d. h. ob dem Nachbarn aus Verletzung der Grundsätze dieser Bestimmung ein selbständiger Klageanspruch vor den Verwaltungsgerichten wegen der Erteilung einer Baugenehmigung zukommt.

B. OVG, VGH und andere Gerichte

VG Hannover U. v. 27. 3. 1963 (I A 232/62) DVBl. 1963, 865

a) Das BBauG weist den höheren Verwaltungsbehörden die Aufgabe zu, die Bauleitpläne der Gemeinden darauf zu überprüfen, ob sie der Vermeidung von Überfluggefahren und gesundheitsschädlicher Einwirkungen landender oder startender Flugzeuge Rechnung tragen.

b) Das Luftverkehrsgesetz regelt lediglich die Sicherung des Luftverkehrs, nicht aber die Fragen, die den Schutz der Zivilbevölkerung vor Fluglärm und Überfluggefahren betreffen.

**6. Schrifttum**

Bielenburg, Die Rechtsnatur vorbereitender städtebaulicher Pläne, DVBl. 1960, 542;

Boustedt, Die Stadtregion u. ihre Bedeutung für Wissenschaft und Praxis, DÖV 1963, 797;

v. d. Heide, Künftige Bauleitplanung und ihre Sicherung, Der Landkreis 1959, 379;

Ernst, Der Plan im Verwaltungsrecht, DVBl. 1960, 344;

Mang, Die Bauleitplanung, ihre Sicherung und ihre Bedeutung für die Baugenehmigung, BayVBl. 1960, 233;

Niemeier, Regionalplanung und Landesplanungsgesetz, DÖV 1963, 803;
Weber, Raumordnung und Raumplanung, DÖV 1963, 785;
Wimmer, Über die Rechtsnatur kommunaler Generalverkehrspläne, DVBl. 1963, 885.

## § 2
### *Aufstellung der Bauleitpläne*

**(1) Die Bauleitpläne sind von den Gemeinden in eigener Verantwortung aufzustellen, sobald und soweit es erforderlich ist.**

**(2) Ein Flächennutzungsplan ist nicht erforderlich, wenn der Bebauungsplan ausreicht, um die städtebauliche Entwicklung zu ordnen.**

**(3) Die Landesregierungen können durch Rechtsverordnung Stellen bestimmen, die verpflichtet sind, auf Antrag der Gemeinden Bauleitpläne auszuarbeiten. Das Recht der Gemeinden, andere fachlich geeignete Personen zu beauftragen, bleibt unberührt.**

**(4) Die Bauleitpläne benachbarter Gemeinden sollen aufeinander abgestimmt werden.**

**(5) Bei der Aufstellung von Bauleitplänen sollen die Behörden und die Stellen beteiligt werden, die Träger öffentlicher Belange sind.**

**(6) Die Gemeinde hat die Entwürfe der Bauleitpläne mit dem Erläuterungsbericht oder der Begründung auf die Dauer eines Monats öffentlich auszulegen. Ort und Dauer der Auslegung sind mindestens eine Woche vorher ortsüblich bekanntzumachen mit dem Hinweis darauf, daß Bedenken und Anregungen während der Auslegungsfrist vorgebracht werden können. Die nach Absatz 5 Beteiligten sollen vor der Auslegung benachrichtigt werden. Die Gemeinde prüft die fristgemäß vorgebrachten Bedenken und Anregungen und teilt das Ergebnis mit. Bei der Vorlage der Bauleitpläne zur Genehmigung durch die höhere Verwaltungsbehörde (§§ 6, 11) sind die nicht berücksichtigten Bedenken und Anregungen mit einer Stellungnahme der Gemeinde beizufügen.**

**(7) Die Vorschriften über die Aufstellung von Bauleitplänen gelten auch für ihre Änderung, Ergänzung und Aufhebung.**

**(8) Jedermann kann die Bauleitpläne, die Erläuterungsberichte und die Begründungen einsehen und über ihren Inhalt Auskunft verlangen.**

**(9) Auf Aufstellung, Änderung, Ergänzung oder Aufhebung von Bauleitplänen besteht kein Anspruch.**

**(10) Der Bundesminister für Wohnungsbau wird ermächtigt, mit Zustimmung des Bundesrates durch Rechtsverordnung Vorschriften zu erlassen über**

1. **Darstellungen und Festsetzungen in den Bauleitplänen über**
   a) **die Art der baulichen Nutzung,**
   b) **das Maß der baulichen Nutzung und seine Berechnung,**

**c) die Bauweise sowie die überbaubaren und die nicht überbaubaren Grundstücksflächen,**

**d) die Mindestgröße der Baugrundstücke;**

**2. die in den Baugebieten zulässigen baulichen und sonstigen Anlagen;**

**3. die Zulässigkeit von Festsetzungen nach Nummer 1, wenn Bebauungspläne nicht aufgestellt sind oder Festsetzungen nach Nummer 1 nicht enthalten;**

**4. die Aufarbeitung der Bauleitpläne einschließlich der dazugehörigen Unterlagen sowie über die Darstellung des Planinhalts, insbesondere über die dabei zu verwendenden Planzeichen und ihre Bedeutung.**

**1. Grundsätzliche Zuständigkeit der Gemeinde zur Aufstellung der Bauleitpläne**

Die Zuweisung der Aufstellung der Bauleitpläne in die Zuständigkeit der Gemeinden durch **Abs. 1** trägt Art. 28 Abs. 2 Satz 1 GG und der Garantie der kommunalen Selbstverwaltung in allen Verfassungen der Bundesländer — Bayern führt in Art. 83 Abs. 1 seiner Verfassung sogar ausdrücklich die Ortsplanung auf — Rechnung.

Art. 28 Abs. 2 Satz 1 GG besagt:

> „Den Gemeinden muß das Recht gewährleistet sein, alle Angelegenheiten der örtlichen Gemeinschaft im Rahmen der Gesetze in eigener Verantwortung zu regeln."

In noch ausgeprägterer Formulierung als im Regierungsentwurf hat der 24. Ausschuß im Einvernehmen mit dem Rechtsausschuß diesem Grundsatz durch die Gesetz gewordene Fassung Ausdruck gegeben: „Die Bauleitpläne sind von den Gemeinden **in eigener Verantwortung** aufzustellen . . ." Die Gemeinde ist — was im wesentlichen auch bisherigem Gemeindeverfassungsrecht entspricht — Träger der Planungshoheit ihres Bereichs. Sobald die Notwendigkeit der Planung über den gemeindlichen Bereich hinausgreift, ergeben sich Überschneidungen, denen Abs. 4 und § 3 Rechnung tragen wollen (siehe die Erläuterungen dort). Einschränkungen dieses grundsätzlichen gemeindlichen Hoheitsrechts in Gestalt der Mitwirkung anderer Behörden, sei es durch Anhörung, Aufstellung von Richtlinien oder gar Genehmigung, finden sich in Abs. 5, Abs. 6 Satz 5, Abs. 10 dieses Paragraphen, ferner in § 4 Abs., 3 und 6, § 6, § 9 Abs. 2, § 11, § 16 Abs. 1 Satz 2 und § 17 Abs. 1 Satz 2, Abs. 2 und 3 (siehe auch die Erläuterungen bei den angegebenen Paragraphen). Die bundesrechtliche Anerkennung der Planungshoheit der Gemeinde entspricht nicht nur dem schon in der Steinschen Städteverfassung niedergelegten Gedanken der selbstverantwortlichen Beteiligung der kleinsten Zelle des öffentlichen Gemeinwesens an den Aufgaben der Gemeinschaft, sondern auch den Erfordernissen der Praxis. Durch die städtebauliche Ordnung der Bodennutzung werden die strukturellen Grundlagen der Gemeinde berührt. Die aus der Art und Weise der Bebauung sich ergebenden wirtschaftlichen, versorgungs- und verkehrsmäßigen Folgen gehen zum größten Teil zu Lasten der Gemeinden.

Die Bauleitplanung ist grundsätzlich eine Rechtspflicht der Gemeinde, auf die jedoch kein vom einzelnen einklagbarer Rechtsanspruch besteht, weil es sich um einen sog. Popularanspruch handeln würde. Die Staatsaufsichtsbehörde ist dagegen gehalten, darüber zu wachen, ob die Gemeinde ihrer Rechtspflicht nachkommt. Die Rechtspflicht der Gemeinde tritt ein, „sobald und soweit die Aufstellung von Bauleitplänen erforderlich ist" (siehe nachfolgende Anm. 2).

Von den Stadtstaaten (Berlin und Hamburg), in denen Gemeinde und Land rechtlich zusammenfallen, werden die Bauleitpläne in alleiniger Verantwortlichkeit aufgestellt, so daß die Genehmigungen der §§ 6 Abs. 1, 11, 16 und 17 entfallen (vgl. § 188 Abs. 1). Dem Land Bremen ist eine solche Regelung freigestellt (§ 188 Abs. 2, 2. Halbsatz).

**2. Umfang der Verpflichtung der Gemeinde zur Aufstellung von Bauleitplänen**

In Abs. 1 und 2 ist die Verpflichtung der Gemeinde zur Aufstellung der Bauleitpläne **zeitlich** und **umfangsmäßig abgegrenzt.** Nach Abs. 1 sind die Bauleitpläne aufzustellen, sobald und soweit es erforderlich ist; **Abs. 2** ergänzt diese Bestimmung dahin, daß ein Flächennutzungsplan, also ein vorbereitender Bauleitplan, dann nicht erforderlich ist, wenn der Bebauungsplan, sohin der verbindliche Bauleitplan, für die Ordnung der städtebaulichen Entwicklung ausreicht.

**a) Zeitliche Abgrenzung**

Die Bestimmung in Abs. 1, daß die Bauleitpläne aufzustellen sind, „sobald es erforderlich ist", besagt weder, welcher Maßstab für dieses Erfordernis anzulegen ist, noch ausdrücklich, welche Stelle darüber zu entscheiden hat, ob und wann dieser Zeitpunkt eingetreten ist. Die genannte Fassung findet sich bereits im Regierungsentwurf und ist damit begründet, „daß nicht unnötige und undurchführbare Pläne aufgestellt werden" sollen. Wann der Zeitpunkt gekommen sein wird, der die Aufstellung von Bauleitplänen erforderlich macht, ist im **Einzelfall** zu **entscheiden** und zwar nach dem Grundgedanken des Abs. 1 zunächst von der Gemeinde selbst. Die Aufsichtsbehörde der Gemeinde ist jedoch berechtigt, im Rahmen ihrer Verpflichtung, die Gesetzmäßigkeit der Verwaltung zu überwachen, die Gemeinde aufsichtlich anzuhalten, Bauleitpläne aufzustellen, wenn das Erfordernis hierzu objektiv gegeben ist. Die Gemeinde hingegen, die glaubt, zu Unrecht von der Rechtsaufsichtsbehörde zur Aufstellung von Bauleitplänen angehalten und damit in ihrem Selbstverwaltungsrecht verletzt zu sein, kann den Verwaltungsrechtsweg beschreiten (§ 40 Abs. 1 VwGO). Die im Regierungsentwurf enthaltenen Bestimmungen über das Recht der Aufsichtsbehörde auf Ersatzvornahme wurden durch den 24. Ausschuß gestrichen, vor allem, weil „das Kommunalverfassungsrecht der Länder Vorschriften über eine Ersatzvornahme im Rahmen der Kommunalaufsicht enthält". Richtschnur für Bemessung des Zeitpunktes für die Erstellung des Plans wird der Fortschritt der städtebaulichen Entwicklung der Gemeinde sein, wobei wohnungspolitische, verkehrsmäßige und Versorgungs-Probleme von ausschlaggebender Bedeutung sein werden. Die Notwendigkeit, Bauleitpläne aufzustellen, kann sich z. B. auch für eine kleine Gemeinde ergeben, die durch irgendwelche Umstände, wie Lage in der Nähe einer Industriestadt, ohne Ordnung ihrer weiteren Entwicklung (vgl. § 1 Abs. 1) nicht mehr auskommt.

**b) Umfang der Bauleitplanung**

Die Planung soll nicht weiter vorangetrieben werden, als es zur Durchführung der voraussehbaren Maßnahmen erforderlich ist. Der Gesetzgeber hat aus

Gründen der Vereinfachung und Erleichterung der Planung, insbesondere für kleinere Gemeinden, die leicht überschaubare Verhältnisse aufweisen, in Abs. 2 die Möglichkeit des Verzichts auf den vorbereitenden Bauleitplan, den Flächennutzungsplan, eröffnet, wenn der verbindliche Bauleitplan, der Bebauungsplan, zur Ordnung der städtebaulichen Entwicklung ausreicht. Ob dies im **Einzelfall** verantwortet werden kann, entscheidet auch zunächst die Gemeinde in eigener Verantwortung. Für das Eingreifen der Rechtsaufsichtsbehörde gilt das unter a) Gesagte.

**3. Beteiligung anderer Stellen bei der Aufstellung der Bauleitpläne**

a) Die Aufstellung der Bauleitpläne erfordert Sachkunde. Nur ein Teil der Gemeinden ist in der Lage, durch sachkundige Gemeindebedienstete diese Pläne ausarbeiten zu lassen. Deshalb hat der Gesetzgeber in **Abs. 3** die Möglichkeit gegeben, daß die Landesregierung durch Rechtsverordnung Stellen bestimmen kann, die auf Antrag der Gemeinde zur Ausarbeitung von Bauleitplänen verpflichtet sind. In mehreren Bundesländern (z. B. Bayern) hatten ähnliche Aufgaben bereits bisher die bei den höheren Verwaltungsbehörden bestehenden Ortsplanungsstellen durchzuführen, die die Wirtschaftspläne nach dem WSG für die Gemeinden erstellten. In Satz 2 ist jedoch ausdrücklich noch darauf hingewiesen, daß die Gemeinde in ihren Entschlüssen frei ist, daß sie also auch andere fachlich geeignete Personen, z. B. Privatarchitekten, mit der Erstellung von Bauleitplänen beauftragen kann.

b) Im Hinblick auf die Auswirkung der Bauleitpläne auf die Bodenordnung, das Verkehrs- und Versorgungssystem, den Wasserhaushalt, die Gestaltung der Natur u. a. sollen nach **Abs. 5** die Behörden und anderen Stellen beteiligt werden, die Träger öffentlicher Belange sind. Gemeint sind natürlich nur die Träger der für die Bauleitplanung einschlägigen Belange; in Betracht kommen also nur Stellen, die mittelbar oder unmittelbar durch den Bebauungsplan berührt werden, wobei keine allzu enge Auslegung Platz greifen darf (z. B. Beteiligung kirchlicher Stellen bei der Planung eines neuen Bauquartiers). Die Sollvorschrift dieses Absatzes dient der notwendigen Koordinierung, ohne die eine geordnete Planung schlechthin undenkbar ist. Inwieweit die Nichtbeteiligung der einen oder anderen Stelle den Bauleitplan fehlerhaft und damit nicht genehmigungsfähig macht (vgl. § 6 Abs. 2 und § 11), ist eine im Einzelfall zu entscheidende Frage, bei der es auf die Gewichtigkeit der Folgen der Unterlassung im Vergleich zum Gesamtergebnis der Planung ankommen wird.

Der 24. Bundestagsausschuß hat bewußt von einer Aufzählung der Behörden und Stellen Abstand genommen; er will dies künftigen Verwaltungsvorschriften überlassen. In den Ausschußprotokollen werden beispielsweise neben den Kirchen die Landwirtschaftskammern sowie die Industrie- und Handelskammern aufgezählt. Von Bedeutung wird auch die Anhörung der Wasserschutzbehörde (vgl. das Wasserhaushaltsgesetz vom 27. 7. 1957, BGBl. I S. 1910 i. d. F. des Gesetzes vom 19. 2. 1959 — BGBl. I S. 37), von Bundesbahn und Bundespost sowie der Naturschutzbehörde sein (siehe auch Anm. 5 e).

**4. Abstimmung von Bauleitplänen**

Nach **Abs. 4** sollen die Bauleitpläne benachbarter Gemeinden aufeinander abgestimmt werden; die Weiterentwicklung in dieser Richtung stellt § 3, ferner

§ 4 (siehe dort) dar. Diese Sollvorschriften dienen letztendlich der Landesplanung (vgl. § 1 Abs. 3). Die Notwendigkeit der Abstimmung ergibt sich daraus, daß Gemeindegrenzen und Siedlungsgebiet vielfach nicht übereinstimmen.

**5. Behandlung des Entwurfs der Bauleitpläne durch die Gemeinde**

Die **Absätze 6 bis 9** enthalten zwingendes Recht über die Behandlung der Leitplanentwürfe und zwar — über den Regierungsentwurf hinausgehend — für beide Arten von Bauleitplänen, nicht nur für den verbindlichen Bauleitplan, den Bebauungsplan. Es ergibt sich danach im Zusammenhalt mit anderen Bestimmungen folgender Weg, der, um ein rechtswirksames Zustandekommen von Bauleitplänen zu gewährleisten, eingeschlagen werden muß, sobald die Gemeindevertretung beschlossen hat, einen Bauleitplan aufzustellen.

a) Auftrag durch die Gemeinde auf Grund Beschlusses des zuständigen Organs an einen Architekten oder ein Architektengremium oder an Stadtbaureferate oder an die von der Landesbehörde hierfür bestimmte Stelle (Ortsplanungsstelle), einen Planentwurf nach bestimmten Richtlinien (entweder vorbereitender Plan oder Bebauungsplan) auszuarbeiten.

b) Nach Erstellung des Entwurfs Beschluß des Vertretungsorgans der Gemeinde darüber, daß der gefertigte Entwurf Bauleitplan (vorbereitender oder verbindlicher Plan) werden soll.

c) Ort und Dauer der öffentlichen Auslegung (siehe d) der Bauleitpläne (des Flächennutzungsplans oder des Bebauungsplans) sind mindestens eine Woche vor Beginn der Auslegung ortsüblich (also nach den einschlägigen landes- oder ortsrechtlichen Bestimmungen — gegebenenfalls durch das Amtsblatt oder durch eine Tageszeitung oder durch Anschlag an der Gemeindetafel) bekanntzumachen; dabei ist darauf hinzuweisen, daß Bedenken oder Anregungen innerhalb der Auslegungsfrist (siehe d) vorgebracht werden können.

d) Öffentliche Auslegung der Bauleitplanentwürfe mit Erläuterungsbericht und Begründung auf die Dauer eines Monats (**Abs. 6**). In **Abs. 8** ist ausdrücklich bestimmt, daß jedermann in die Bauleitpläne, ihre Erläuterungsberichte und Begründungen Einsicht nehmen und über ihren Inhalt, der in Teilen ja Fachwissen erfordert, Auskunft verlangen kann. Eine Geheimhaltung von Bauleitplänen, also auch von vorbereitenden, ist somit nicht mehr möglich, sobald die Gemeindevertretung sich für einen bestimmten Entwurf als „Bauleitplanentwurf" entschieden und dessen Auslegung beschlossen hat.

e) Die Behörden und Stellen, die Träger öffentlicher Belange sind und durch die Bauleitpläne mittelbar oder unmittelbar berührt werden, sollen durch die Gemeinde von der Auslegung verständigt werden; denn auch diese Stellen können und sollen Anregungen und Bedenken vortragen (siehe auch Anm. 3 b).

f) Die Gemeinde prüft die innerhalb der Auslegungsfrist eingegangenen oder zu Niederschrift vorgetragenen Bedenken und Anregungen und teilt das Ergebnis der Prüfung den betreffenden Personen oder Stellen mit. Diese Prüfung hat beschlußmäßig durch das Vertretungsorgan zu erfolgen, da das Ziel der Bedenken und Anregungen eine Abänderung oder Ergänzung des beschlossenen Plans ist. Soweit Bedenken und Anregungen nicht berücksichtigt wurden, sind diese zusammen mit der Stellungnahme der Gemeinde der Vorlage an die Aufsichtsbehörde (siehe g) beizufügen.

**Abs. 9** enthält die wichtige Bestimmung, daß auf die Aufstellung, Änderung, Ergänzung oder Aufhebung von Bauleitplänen kein Anspruch besteht. Erst recht besteht kein klagbarer Rechtsanspruch auf Berücksichtigung von Anregungen und Bedenken im Rahmen der Auslegung der Bauleitpläne. Dessen ungeachtet steht es jedermann frei, an die Gemeindeaufsichtsbehörde mit Anträgen und Dienstaufsichtsbeschwerden in bezug auf Bauleitpläne heranzutreten; die Kommunalaufsichtsbehörde hinwieder hat „die Pflicht, über solche Anträge pflichtgemäß zu entscheiden" (vgl. Ausschußbegründung zu Drucks. 1794, zu § 2).

**g)** Vorlage des Entwurfs mit den erforderlichen Beilagen an die Rechtsaufsichtsbehörde entweder — wenn diese bereits die höhere Verwaltungsbehörde ist — zur Genehmigung oder zur Weiterleitung an die Genehmigungsbehörde (vgl. §§ 6 Abs. 1 und 11 mit den dort gegebenen Erläuterungen).

**h)** Bekanntmachung des genehmigten Plans (vgl. § 6 Abs. 6 und § 12).

**i)** Die Frage, ob und inwieweit Mitglieder des gemeindlichen Beschlußorgans von der Beratung und Abstimmung über die Bauleitplanung ausgeschlossen sind, wenn ihre eigenen Grundstücke berührt werden, ist verschieden zu beantworten, je nach dem es sich um Flächennutzungspläne oder Bebauungspläne handelt. Während bei der Aufstellung des Flächennutzungsplans mangels der Rechtsverbindlichkeit nach außen keine Einschränkungen erkennbar sind, ist es beim Bebauungsplan anders; denn erst dieser regelt die Möglichkeit, das Grundstück zu nutzen und hat somit erheblichen Einfluß auf den Grundstückswert. Die Beschlußfassung über den Bebauungsplan bringt daher unmittelbare Vorteile oder Nachteile den Eigentümern der vom Bebauungsplan erfaßten Grundstücke (so auch VGH Bad.-Württ. B. v. 31. 8. 1964, Nr. II 166/62, WürttGdeZtg. 1964, 354). Der Ausschluß von der Beratung und Beschlußfassung ergreift auch die späteren Beratungen und Bestimmungen über Einwendungen der Träger öffentlicher Belange oder von einzelnen Personen, soweit die Einwendungen auch die Grundstücke von Mitgliedern des Beschlußorgans betreffen. Ein besonderes Problem ergibt sich in den Fällen, in denen die beschlußfähige Mehrheit des Beschlußorgans betroffen ist. Hier wird möglicherweise die Aufsichtsbehörde entsprechend den gemeinderechtlichen Bestimmungen eingreifen müssen.

### 6. Gleiches Verfahren bei Änderung, Ergänzung und Aufhebung der Bauleitpläne

Was vorstehend für die Aufstellung der Bauleitpläne ausgeführt wurde, gilt in gleicher Weise bei Änderungen, Ergänzungen oder bei der Aufhebung von Bauleitplänen. Dies ist ausdrücklich in **Abs. 7** gesagt. Sonach erfordert nicht nur die völlige Aufhebung die Beachtung der zahlreichen zuvor genannten Formvorschriften, sondern auch eine Änderung oder eine Ergänzung, es sei denn, sie wäre geringfügiger Art und beträfe den Bebauungsplan, also die zweite Art des Bauleitplans (siehe bei § 13).

### 7. Ermächtigung für den Bundesminister für Wohnungsbau

In **Abs. 10** ist dem Bundesminister für Wohnungsbau die Ermächtigung gegeben, mit Zustimmung des Bundesrats (vgl. Art. 80 Abs. 1 und 2 GG) durch Rechtsverordnung Vorschriften über Darstellungen und Festsetzungen in den Bauleitplänen, über die in den Baugebieten zulässigen Bauten und sonstigen Anlagen, über die Zulässigkeit von Festsetzungen, wenn Bebauungspläne nicht vorhanden sind, und über die Ausarbeitung der Bauleitpläne, insbesondere ihre zeichnerische Darstellung, zu erlassen (Nr. 1—4). Die Ermächtigung soll der einheitlichen Gestaltung der äußeren Form der Bauleitpläne im Bundesgebiet dienen, birgt jedoch im Hinblick auf ihre Formulierung — insbesondere, weil sie sich nicht auf die „Darstellungen" beschränkt, sondern auch den Inhalt der Bauleitpläne betreffen, die Gefahr, daß die Grenzen verlassen werden könnten, die das Gutachten des Bundesverfassungsgerichts vom 22. 6. 1954 (BVerfGE 3, 407) dem Bundesgesetzgeber gezogen hat. Nur insoweit die Rechtsverordnung nicht in das reine Bauordnungsrecht (Baupolizeirecht) eingreift, kann sie verfassungsrechtlich Bestand haben. Die Bedenken gelten vor allem der Nr. 2 (die in den Baugebieten zulässigen Bauten und sonstigen Anlagen). Die Rechtsverordnung müßte sich also im wesentlichen auf die „Darstellungen" durch Darlegung von Mustern und Beispielen, ferner auf Anordnungen über die Gestalt und die Art der Bauleitpläne beschränken und über die übrigen Festsetzungen nur insoweit Vorschriften beinhalten dürfen, als sie sich noch im planerischen Rahmen bewegen. Zwei Verordnungen sind inzwischen ergangen, und zwar die „Verordnung über die bauliche Nutzung der Grundstücke (Baunutzungsverordnung)" am 26. 6. 1962 (BGBl. I S. 429) und die Verordnung über die Ausarbeitung der Bauleitpläne sowie über die Darstellung des Planinhalts (Planzeichenverordnung) vom 19. 1. 1965 (BGBl. I S. 21) — siehe Teil II Nr. 3 —. Die Baunutzungsverordnung gliedert sich in fünf Abschnitte: Art der baulichen Nutzung, Maß der baulichen Nutzung, Bauweise, überbaubare Grundstücksfläche, Anwendung in den Fällen der §§ 33, 34 BBauG sowie Übergangs- und Schlußvorschriften. Im Hinblick auf die Einzelregelungen vor allem in bezug auf das zulässige Maß der baulichen Nutzung (vgl. insbesondere § 17 Abs. 1 BauNV: „Daß Maß der baulichen Nutzung darf höchstens betragen ...") kommt die Baunutzungsverordnung tatsächlich teilweise mit den landesrechtlichen Bauordnungen in Gemengelage, die rechtliche Auswirkungen im Hinblick auf das Verhältnis von Bundes- und Landesrecht zur Folge haben kann (vgl. das in der Einführung unter I angeführte Rechtsgutachten des Bundesverfassungsgerichts vom 16. 6. 1954 — BVerfGE 3, 407). In diesem Zusammenhang verdient eine Entscheidung des OVG Münster vom 27. 10. 1961 (VII A 244/59) Beachtung, in der gesagt wird, daß die Bauwichbestimmungen (Bestimmungen über die seitlichen Grenzabstände, vgl. auch § 22 Abs. 2 BauNV) nicht allein planerischer, sondern auch baupolizeilicher Art sind.

**8. Rechtsprechung**

Zum Wesen der gemeindlichen Planungshoheit hatte sich das BVerwG schon vor Ergehen des BBauG in einer Entscheidung vom 20. 5. 1958 (I C 193.57) geäußert (Buchholz 406.18 Schlesw.-Holst. Aufbaugesetz Nr. 1).

Da die Bauleitpläne nach dem BBauG gegenüber dem bisherigen Rechtszustand in Bund (Wirtschaftsplan nach dem WSG) und Ländern (Bauleitplan, Ortsbauplan, Baulinienplan, Fluchtlinienplan u. a.) im wesentlichen neues Recht bringen, soll auf die frühere Rechtsprechung nur am Rande hingewiesen werden, und zwar auf die drei grundlegenden Urteile des BVerwG:

BVerwGE 3, 258 (Der württemb. Ortsbauplan ist kein Verwaltungsakt);

BVerwGE 3, 265 (Der preuß. Fluchtlinienplan ist kein Verwaltungsakt); BVerwGE 4, 68 (Der bayer. Baulinienplan ist ein Verwaltungsakt).

A. Höchstrichterliche Rspr.

BayVerfGH Entsch. v. 23. 6. 1964 (Vf. 101 — VI — 63) DÖV 1964, 740 = BB 1964, 1237

Der Grundstückseigentümer hat, auch soweit eine Planungspflicht der Gemeinde besteht, nach der ausdrücklichen Vorschrift des § 2 Abs. 9 BBauG keinen Anspruch auf Aufstellung, Änderung oder Ergänzung von Bauleitplänen; er hat nur die Möglichkeit, bei der Gemeindeaufsichtsbehörde ein aufsichtliches Verfahren anzuregen. Im Hinblick auf den dem Landesrecht vorgehenden § 2 Abs. 9 BBauG (vgl. Art. 31 GG) kann ein solcher Anspruch auch nicht aus einer das Eigentumsrecht gewährleistenden Landesverfassungsnorm (Art. 103 BV) hergeleitet werden.

B. OVG, VGH und andere Gerichte

BayVGH U. v. 17. 5. 1963 (Nr. 63 I 62) BayBgm. 1963, 194

Seitdem mit Inkrafttreten des Bundesbaugesetzes die Planungshoheit auf die Gemeinden übergegangen ist, kommt ihren planerischen Absichten ganz wesentliche Bedeutung zu.

Die Regierung darf die Genehmigung eines von der Gemeinde aufgestellten Bebauungsplanes nur versagen, wenn der Flächennutzungsplan nicht ordnungsgemäß zustande gekommen ist oder dem Bundesbaugesetz, den auf Grund dieses Gesetzes erlassenen oder sonstigen Rechtsvorschriften widerspricht.

## § 3

### *Gemeinsame Flächennutzungspläne*

**Für benachbarte Gemeinden sollen gemeinsame Flächennutzungspläne aufgestellt werden, wenn ihre städtebauliche Entwicklung wesentlich durch gemeinsame Voraussetzungen und Bedürfnisse bestimmt wird oder gemeinsame Flächennutzungspläne einen gerechten Ausgleich der verschiedenen Belange ermöglichen. Gemeinsame Flächennutzungspläne sollen insbesondere aufgestellt werden, wenn Erschließungsanlagen einer Gemeinde auf das Gebiet einer benachbarten Gemeinde übergreifen.**

a) Die Sollvorschrift des § 3 stellt teilweise eine Erweiterung derjenigen des § 2 Abs. 4 dar: Über die Abstimmung der Bauleitpläne benachbarter Gemeinden hinaus will der Gesetzgeber die Aufstellung gemeinsamer Flächennutzungspläne benachbarter Gemeinden fördern. Während § 2 Abs. 4 jedoch sowohl die vorbereitenden wie auch die verbindlichen Bauleitpläne umfaßt, stellt § 3 nur auf die erstere Art ab.

b) Der maßgebliche Gesichtspunkt ist in der gesetzlichen Bestimmung selbst dargelegt: Wenn die städtebauliche Entwicklung benachbarter Gemeinden wesentlich durch gemeinsame Voraussetzungen und Bedürfnisse bestimmt wird oder gemeinsame Flächennutzungspläne eine gerechtere Ausgleichung der verschiedenen Belange ermöglichen; insbesondere sollen gemeinsame Flächennutzungspläne aufgestellt werden, wenn Erschließungsanlagen der einen Gemeinde auf das Gebiet einer anderen Gemeinde übergreifen. Im ersten Fall ist z. B. an große Wirtschaftsräume gedacht, wie sie sich seit Jahrzehnten etwa im Ruhrgebiet entwickelt haben; die zweite Alternative will die Fälle treffen, in denen Gemeinden verschiedener Struktur aneinander grenzen, also z. B. Industriegemeinden inmitten landwirtschaftlicher Umgebung. Im besonderen werden gemeinsame Flächennutzungspläne dann erforderlich sein, wenn Wasserversorgungs-, Verkehrs- und andere Erschließungseinrichtungen über die Gemeindegrenze hinausgreifen.

c) Zur Erleichterung der Durchführung gemeinsamer Planung hat § 4 (siehe dort) die Möglichkeit der Schaffung von Planungsverbänden eröffnet. Wenn jedoch ein solcher Planungsverband benachbarter Gemeinden zustande kommt, dann ergreift dessen Tätigkeit auch die verbindlichen Bauleitpläne. Soweit Gemeinden sonach in der verbindlichen Bauleitplanung sich auf ihren eigenen Bereich beschränken wollen, werden sie vom Beitritt zu Planungsverbänden Abstand nehmen, es sei denn, es kommt zu einem Zwangszusammenschluß nach § 4 Abs. 2 (siehe Erläuterung bei § 4).

## § 4

### *Planungsverbände*

**(1) Gemeinden und sonstige öffentliche Planungsträger können sich zu einem Planungsverband zusammenschließen, um durch gemeinsame zusammengefaßte Bauleitplanung den Ausgleich der verschiedenen Belange zu erreichen. Der Planungsverband tritt nach Maßgabe seiner Satzung für die Bauleitplanung und ihre Durchführung an die Stelle der Gemeinden.**

**(2) Kommt ein Zusammenschluß nach Absatz 1 nicht zustande, so können die Beteiligten auf Antrag eines Planungsträgers zu einem Planungsverband zusammengeschlossen werden, wenn dies zum Wohle der Allgemeinheit, insbesondere aus Gründen der Raumordnung, dringend geboten ist. Über den Antrag entscheidet die Landesregierung. Sind Planungsträger verschiedener Länder beteiligt, so erfolgt der Zusammenschluß nach Vereinbarung zwischen den beteiligten Landesregierungen. Sollen der Bund oder eine bundesunmittelbare Körperschaft oder Anstalt an dem Planungsverband beteiligt werden, so erfolgt der Zusammenschluß nach Vereinbarung zwischen der Bundesregierung und der Landesregierung, sofern die beteiligte Behörde des Bundes oder der bundesunmittelbaren Körperschaft oder Anstalt dem Zusammenschluß durch die Landesregierung widerspricht.**

**(3) Kommt eine Einigung über die Satzung oder über den Plan unter den Mitgliedern nicht zustande, so stellt die zuständige Landesbehörde eine Satzung oder einen Plan auf und legt sie dem Planungsverband zur Beschlußfassung vor. Einigen sich die Mitglieder über diese Satzung oder diesen Plan nicht, so setzt die Landesregierung die Satzung oder den Plan fest. Absatz 2 Satz 3 ist sinngemäß anzuwenden. Ist der Bund oder eine**

**bundesunmittelbare Körperschaft oder Anstalt an dem Planungsverband beteiligt, so wird die Satzung oder der Plan nach Vereinbarung zwischen der Bundesregierung und der Landesregierung festgesetzt, sofern die beteiligte Behörde des Bundes oder der bundesunmittelbaren Körperschaft oder Anstalt der Festsetzung durch die Landesregierung widerspricht.**

**(4) Sind zum Vollzug eines Bebauungsplanes bodenordnende Maßnahmen notwendig, so kann sie der Planungsverband durchführen. Die Vorschriften des Vierten Teiles dieses Gesetzes sind mit der Maßgabe entsprechend anzuwenden, daß der Planungsverband an die Stelle der Gemeinde tritt.**

**(5) Ist zum Vollzug des Bebauungsplanes eine Enteignung zugunsten eines oder mehrerer öffentlicher Planungsträger erforderlich, so kann der Planungsverband die Enteignung nach den Vorschriften des Fünften Teiles dieses Gesetzes beantragen.**

**(6) Der Planungsverband ist aufzulösen, wenn die Voraussetzungen für den Zusammenschluß weggefallen sind oder der Zweck der gemeinsamen Planung erreicht ist. Kommt ein übereinstimmender Beschluß über die Auflösung nicht zustande, so gilt Absatz 2 sinngemäß.**

**(7) Nach Auflösung des Planungsverbandes gelten die von ihm aufgestellten Pläne als Bauleitpläne der einzelnen Gemeinden.**

**(8) Ein Zusammenschluß nach dem Zweckverbandsrecht oder durch besondere Landesgesetze wird durch diese Vorschriften nicht ausgeschlossen.**

**1. Freiwilliger Planungsverband**

a) Um „durch gemeinsame zusammengefaßte Bauleitplanung zum Ausgleich der verschiedenen Belange" zu kommen — vgl. die ähnliche Fassung in § 3 — sieht das Gesetz die Möglichkeit des Zusammenschlusses von Gemeinden und sonstigen öffentlichen Planungsträgern zu Planungsverbänden vor. Diese Vorschrift gründet auf der Erfahrung, daß bei Überlagerung von Interessen und Aufgaben in größeren Räumen eine Lösung nur durch Zusammenarbeit der beteiligten Planungsträger möglich ist. Um die Grenzen dieses Planungsbereichs nicht zu eng zu halten, wurden auf Vorschlag des 24. Bundestagsausschusses aus dem RegEntw diejenigen Bestimmungen gestrichen, die einer Regionalplanung entgegenstehen; insbesondere wurde auf die Bezeichnung „örtlich" verzichtet. Die Fassung des **Abs. 1** ist im übrigen so gehalten, daß der Schaffung von Planungszusammenschlüssen zum Zweck der Durchführung von Aufgaben der Bauleitplanung keine Hindernisse bezüglich der Rechtsform im Wege stehen. Daß außer den Gemeinden auch „sonstige öffentliche Planungsträger" als Beteiligte genannt sind, trägt vor allem der Tatsache Rechnung, daß bereits eine Reihe von überörtlichen öffentlichen Planungsträgern besteht, die ihre Aufgaben auch unter dem neuen Rechtszustand weiterführen können und sollen; ihr Bestand soll also gesichert — soweit sie nicht § 2 Abs. 1 widersprechen — und eine Erweiterung durch Beitritt von Gemeinden ermöglicht werden.

Wer als „öffentlicher Planungsträger" im Sinn dieser Bestimmung zu gelten hat, sagt das BBauG im einzelnen nicht. Doch gehören dazu jedenfalls alle öffentlich-rechtlichen Organe, die Träger von Grund und Boden rechtlich oder tatsächlich berührender Planungsaufgaben sein können und sind, wie Bund, Länder, Kommunalverbände, ferner die auf Grund gesetzlicher Bestimmungen (z. B. FStrG, Bundesbahngesetz, Wasserverbandsordnung u. a.) mit öffentlich-rechtlichen Planungsaufgaben betraute Organe wie die Straßenverwaltungen des Bundes und der Länder, die Bundesbahn u. a. mehr, ferner von öffentlichen Organen eigens ins Leben gerufene (z. B. nach dem Zweckverbandsgesetz) öffentliche Planungsträger zur Bewältigung bestimmter Planungsaufgaben (z. B. zur Anlegung eines Flugplatzes oder zur Koordinierung der städtebaulichen Entwicklung in Industriebezirken u. a.). Auch Kreise, die wie in Nordrhein-Westfalen untere Naturschutzbehörden sind, zählen hierzu.

b) Der Planungsverband hat sich — wie sich aus Abs. 1 **Satz 2** ergibt — eine Satzung zu geben. Nach Maßgabe der Satzung tritt der Planungsverband an Stelle der Gemeinde; dies gilt auch für die Vorbehandlung der Pläne bis zu ihrer Genehmigung. Die z. B. nach § 52 Abs. 6 ff. der Gemeinde obliegenden formellen Aufgaben hat für den Umfang seiner Aufgaben der Planungsverband durchzuführen. Die Satzung kann dem Planungsverband bestimmte Einzelaufgaben ausschließlich zuteilen (z. B. Anlage eines Verkehrssystems in einem bestimmten Gebiet), so daß für die übrigen Aufgaben der Bauleitplanung die betreffenden Gemeinden zuständig bleiben. Die notwendige gegenseitige Abstimmung ist in geeigneter Form in den Satzungen zum Ausdruck zu bringen.

Bezüglich der Rechtsform des Verbands macht das BBauG bewußt keine Vorschriften. Lediglich der öffentlich-rechtliche Charakter des Unternehmens muß — wie sich aus § 4 — ergibt, einwandfrei erkennbar sein. Diese öffentlichrechtliche Körperschaft ist mit besonderen Aufgaben der Bauleitplanung nach dem BBauG ausgestattet, also ein Zweckverband besonderer Art.

c) Aus **Abs. 8** ergibt sich, daß durch die Vorschriften des § 4 andere Zusammenschlüsse, z. B. nach dem Zweckverbandsgesetz vom 7. 6. 1939 (RGBl. I S. 979) oder nach Landesgesetzen nicht ausgeschlossen werden sollen. Den Ländern steht es somit frei, bestimmte Formen der Zusammenschlüsse von Planungsträgern zu Planungsverbänden anzuordnen.

**2. Planungsverband kraft staatlicher Anordnung**

Über die Kannvorschrift des Abs. 1 hinaus sieht das Gesetz in **Abs. 2** Zwangszusammenschlüsse von Planungsträgern zu Planungsverbänden vor. Ein solcher Planungszusammenschluß kraft staatlicher Anordnung hat jedoch zwei Voraussetzungen:

a) Antrag mindestens eines Planungsträgers,

b) der Zusammenschluß muß zum Wohl der Allgemeinheit, insbesondere aus Gründen der Raumordnung dringend geboten sein; Raumordnung im Sinn dieser Bestimmung umfaßt auch die Landesplanung. Hier handelt es sich um einen unbestimmten Rechtsbegriff, der im Falle des Verwaltungsstreitverfahrens, das eine zwangsbeigezogene Gemeinde anstrengt, der vollen verwaltungsrichterlichen Prüfung unterliegt. Im Hinblick auf die schwerwiegende Maßnahme eines Zwangszusammenschlusses ist die Entscheidung über den Antrag der Landesregierung — gemeint ist der Ministerrat (das Kabinett) — vorbehalten worden. Soweit Planungsträger verschiedener Länder beteiligt sind, tritt anstelle der Entscheidung der Landesregierung eine Vereinbarung der beteiligten

Landesregierungen; ist der Bund oder eine bundesunmittelbare Körperschaft bzw. Anstalt beteiligt, so erfolgt der Zusammenschluß nach Vereinbarung zwischen der Bundesregierung und der Landesregierung, sofern die beteiligte Bundesbehörde (Anstalt) dem Zusammenschluß durch die Landesregierung widerspricht.

**3. Zustandekommen der Satzung des Planungsverbands**

Der Normalfall des Zustandekommens der Satzung, die nicht mit der Bebauungsplansatzung — vgl. § 10 — verwechselt werden darf, ist die Einigung zwischen den Mitgliedern. Kommt eine solche unter den Mitgliedern nicht zustande, so stellt nach **Abs. 3** die zuständige Landesbehörde, d. i. die jeweils in Betracht kommende Aufsichtsbehörde (also z. B. bei Zusammenschluß von Gemeinden verschiedener Landkreise oder von Stadtkreisen des gleichen Bezirks die höhere Verwaltungsbehörde) eine Satzung auf und legt sie dem Planungsverband zur Beschlußfassung vor. Kommt auch über die Satzung keine Einigung unter den Mitgliedern zustande, erfolgt die Festsetzung der Satzung durch die Landesregierung (Kabinett). Das gleiche Verfahren gilt bei Uneinigkeit über den Bauleitplan selbst. In den Fällen der Beteiligung mehrerer Bundesländer oder des Bundes bzw. einer bundesunmittelbaren Körperschaft bzw. Bundesanstalt gelten die Vorschriften des Abs. 2 sinngemäß.

**4. Sonderaufgaben des Planungsverbands**

Erweisen sich zum Vollzug des verbindlichen Bauleitplans (Bebauungsplans) auch bodenordnende Maßnahmen, nämlich Umlegungen (siehe §§ 45 bis 79) oder Grenzregelungen (siehe §§ 80 bis 84), als erforderlich, so kann diese nach **Abs. 4** der Planungsverband durchführen. Die sonst der Gemeinde obliegenden Aufgaben (vgl. §§ 46 ff. und 82 ff.) übernimmt der Planungsverband. Abs. 4 ist bereits durch Abs. 1 Satz 2 rechtlich gedeckt.

Der Planungsverband kann auch an Stelle der Gemeinde die Enteignung nach den Vorschriften der §§ 85 bis 122 beantragen, wenn eine solche zum Vollzug des verbindlichen Bauleitplanes (Bebauungsplans) zugunsten eines oder mehrerer öffentlicher Planungsträger erforderlich ist (**Abs. 5**). Vgl. im einzelnen die Erläuterungen bei § 85.

**5. Auflösung des Planungsverbands**

**a)** Nach **Abs. 6** muß der Planungsverband aufgelöst werden, wenn die in Abs. 1 genannten Voraussetzungen für den Zusammenschluß weggefallen sind oder der Zweck der gemeinsamen Planung erreicht ist. Kommt ein übereinstimmender Beschluß über die Auflösung nicht zustande, dann entscheidet die Landesregierung (s. o. Anm. 2 b) über die Auflösung; sind mehrere Länder oder der Bund beteiligt, dann erfolgt die Auflösung durch Verwaltungsabkommen dieser Länder, gegebenenfalls unter Beteiligung der Bundesregierung in entsprechender Anwendung des Abs. 2.

**b)** Die vom Planungsverband aufgestellten Pläne gelten nach Auflösung des Verbands als Bauleitpläne der beteiligten einzelnen Gemeinden weiter (**Abs. 7**) Änderungen, Ergänzungen oder Aufhebung dieser Pläne erfolgen dann durch die einzelne Gemeinde selbstverantwortlich nach den Bestimmungen des § 2 Abs. 7 in Verbindung mit Absatz 6.

**6. Zusammenschlüsse nach Zweckverbandsgesetz oder durch Landesgesetz**
Der Bundesbaugesetzgeber läßt auch andere Zusammenschlüsse zur Erreichung der städtebaulichen Planungsziele zu, und zwar nach dem Zweckverbandsgesetz (vom 7. 6. 1939, RGBl. I S. 979) oder durch Landesgesetze (**Abs. 8**). In Baden-Württemberg und in Nordrhein-Westfalen wurde das ZweckVG bereits durch Landesgesetze vom 24. 7. 1963 bzw. 26. 4. 1961 abgelöst. In § 2 des genannten Gesetzes von Nordrhein-Westfalen ist auf § 4 BBauG Bezug genommen. Die Voraussetzungen und Erfordernisse für die Gründung von Zweckverbänden sind teilweise verschieden gegenüber denjenigen für die Bildung von Planungsverbänden, sei es auf freiwilliger Grundlage (Freiverbände) oder durch staatl. Anordnung (Pflicht- oder Zwangsverbände); vgl. insbes. §§ 3, 6 Abs. 4, 7, 9, 10, 11, 15, 17, 20, 21 und 31 ZweckVG.

**7. Schrifttum**
v. d. Heide, Grundsätze für eine Satzung regionaler Planungsgemeinschaften, Der Landkreis 1964, 421.

## ZWEITER ABSCHNITT
## Vorbereitender Bauleitplan (Flächennutzungsplan)

### § 5
### *Inhalt des Flächennutzungsplanes*

**(1) In dem Flächennutzungsplan ist für das ganze Gemeindegebiet die beabsichtigte Art der Bodennutzung nach den voraussehbaren Bedürfnissen der Gemeinde in den Grundzügen darzustellen.**

**(2) Soweit es erforderlich ist, sind insbesondere darzustellen**

**1. die für die Bebauung vorgesehenen Flächen nach der allgemeinen Art ihrer baulichen Nutzung (Bauflächen) sowie nach der besonderen Art und dem allgemeinen Maß ihrer baulichen Nutzung (Baugebiete); Bauflächen, für die eine zentrale Abwasserbeseitigung nicht vorgesehen ist, sind zu kennzeichnen;**

**2. die Ausstattung des Gemeindegebietes mit den der Allgemeinheit dienenden baulichen Anlagen und Einrichtungen, wie Kirchen, Schulen, kirchliche, kulturelle und sonstige öffentliche Gebäude und Einrichtungen (Gemeindebedarf);**

**3. die Flächen für den überörtlichen Verkehr und für die örtlichen Hauptverkehrszüge;**

**4. die Flächen für Versorgungsanlagen, für die Verwertung oder Beseitigung von Abwasser und festen Abfallstoffen sowie für Hauptversorgungs- und Hauptabwasserleitungen;**

**5. die Grünflächen, wie Pankanlagen, Dauerkleingärten, Sport-, Spiel-, Zelt- und Badeplätze, Friedhöfe;**

**6. die Wasserflächen, Häfen und die für die Wasserwirtschaft vorgesehenen Flächen;**

**7. die Flächen für Aufschüttungen, Abgrabungen oder für die Gewinnung von Steinen, Erden und anderen Bodenschätzen;**

**8. die Flächen für die Landwirtschaft und für die Forstwirtschaft.**

**(3) Flächen, bei deren Bebauung besondere bauliche Vorkehrungen oder bei denen besondere bauliche Sicherungsmaßnahmen gegen Naturgewalten erforderlich sind, sowie Flächen, unter denen der Bergbau umgeht oder die für den Abbau von Mineralien bestimmt sind, sollen im Flächennutzungsplan gekennzeichnet werden.**

**(4) Gebiete, in denen zur Beseitigung städtebaulicher Mißstände besondere der Stadterneuerung dienende Maßnahmen erforderlich sind (Sanierungsgebiete), sollen kenntlich gemacht werden.**

**(5) Planungen und sonstige Nutzungsregelungen, die nach anderen gesetzlichen Vorschriften festgesetzt sind, sollen nachrichtlich übernommen werden. Sind derartige Festsetzungen in Aussicht genommen, so sollen sie im Flächennutzungsplan vermerkt werden.**

**(6) Soweit dies für die städtebauliche Entwicklung der Gemeinde erforderlich ist und nicht überwiegende Belange des Natur- und Landschaftsschutzes entgegenstehen, können für Flächen, die dem Landschaftsschutz unterliegen, Nutzungsregelungen nach Absatz 2 Nr. 1 bis 8 getroffen werden. Mit dem Inkrafttreten eines Bebauungsplanes treten in seinem Geltungsbereich Regelungen, die dem Landschaftsschutz dienen, insoweit außer Kraft, als sie der Durchführung des Bebauungsplanes entgegenstehen.**

**(7) Dem Flächennutzungsplan ist ein Erläuterungsbericht beizufügen.**

**1. Umfang und Rechtsnatur des Flächennutzungsplans**

a) Nach Abs. 1 ist im vorbereitenden Bauleitplan (Flächennutzungsplan) für das gesamte Gemeindegebiet die beabsichtigte Art der Bodennutzung in den Grundzügen so, wie die Bedürfnisse der Gemeinde voraussehbar sind, darzustellen. Aus der Gegenüberstellung dieser Bestimmung mit entsprechenden Bestimmungen über den verbindlichen Bauleitplan (§ 8 — dort heißt es rechtsverbindliche Festsetzungen) ergibt sich, daß der Flächennutzungsplan ein Rechtsinstitut eigener Art darstellt, das eine selbständige Bindung des Ortsgesetzgebers herbeiführt, aber keine unmittelbare Rechtswirkung nach außen auslöst, und zwar ungeachtet dessen, daß er wie der endgültige Bebauungsplan öffentlich auszulegen und durch die höhere Verwaltungsbehörde zu genehmigen ist (vgl. § 6). Es handelt sich somit beim Flächennutzungsplan, wie bereits die Bezeichnung vorbereitender Bauleitplan besagt, weder um etwas Endgültiges noch um eine in alle Einzelheiten und Feinheiten gehende Darstellung und Festlegung. Aus einem solchen gewissermaßen provisorischen Plan Rechte eines einzelnen herleiten zu wollen, würde dem Sinn des Rechtsschutzes widersprechen. Freilich kann aus dem Flächennutzungsplan inzidenter auf die Planungsabsichten der Gemeinde geschlossen werden, was im Rahmen verwaltungsgerichtlicher Nachprüfung über die Zulässigkeit von Bauvorhaben durchaus gewichtig werden kann. Aus der

Natur des Flächennutzungsplans ergibt sich auch, daß er stets den veränderten Verhältnissen anzupassen ist. Lediglich die Formvorschriften des § 2 Abs. 6 sind einzuhalten, damit die Öffentlichkeit auch über geplante Veränderungen unterrichtet wird.

Nach der Übergangsvorschrift des § 173 (siehe im einzelnen die Erläuterung dort) gelten die bestehenden rechtsgültigen Wirtschaftspläne nach dem Wohnsiedlungsgesetz zwei Jahre lang als Flächennutzungspläne weiter und können u. U. zu unbefristet geltenden Flächennutzungsplänen erklärt werden; denn der Flächennutzungsplan ist dem Wirtschaftsplan des WSG wesensverwandt; auch der die Bestimmung über den Wirtschaftsplan enthaltende § 2 WSG enthält die Worte „in den Grundzügen".

b) Der Flächennutzungsplan kann — im Gegensatz zum Bebauungsplan — räumlich nicht auf Teile des Gemeindegebiets beschränkt werden; sachlich hingegen kann er in einzelne Pläne aufgeteilt werden, z. B. in einen solchen, der die Freiflächen und in einen anderen, der die Versorgungsflächen darstellt. Andererseits kann sich aus dem Flächennutzungsplan eine innerhalb des Gemeindebereichs vorgesehene Trennung der für eine Bebauung vorgesehenen Flächen (die nach Art der baulichen Nutzung dargestellt werden) vom bebaungsfrei zu haltenden Umland, für das die Einbeziehung in einen Bebauungsplan (§ 8 Abs. 2, § 9) entfallen kann, ergeben.

**2. Inhalt des Flächennutzungsplans**

a) Da der Flächennutzungsplan die beabsichtigte städtebauliche Entwicklung des gesamten Gemeindegebiets in großen Zügen darlegen soll, muß in ihm all das kenntlich gemacht werden, was hierfür von Belang sein kann. Deshalb sind in **Abs. 2** eine Reihe von Darstellungen aufgeführt, die, „soweit es erforderlich ist", aufgeführt werden müssen. Darüber hinaus enthalten die Absätze 3, 4 und 5 Sollvorschriften über weitere Darstellungen, bzw. Übernahme bestehender Planungen. Die Fassung des § 5 schließt nicht aus, daß darüber hinaus bei Bedarf weitere Darstellungen erfolgen können (vgl. Abs. 6 Anm. 3).

Die notwendigen Darstellungen sind im einzelnen:

aa) Die Bauflächen, d. h. die für die Bebauung vorgesehenen Flächen nach der allgemeinen Art der baulichen Nutzung; bei diesen Flächen ist eine besondere Kennzeichnung erforderlich, wenn und insoweit eine zentrale Abwässerbeseitigung nicht vorgesehen ist (Nr. 1, 1. und 3. Halbsatz). Unter aa) fällt die grobe Unterscheidung in Wohnflächen und Industrieflächen, aber auch die allgemeine Abgrenzung zu den von der Bebauung freizuhaltenden Flächen.

bb) Die Baugebiete, d. h. die für die Bebauung vorgesehenen Flächen nach der besonderen Art und dem allgemeinen Maß der baulichen Nutzung (Nr. 1, 2. Halbsatz). Hierzu gehört die Ausweisung von Villenvierteln mit offener Bauweise, von Reihenhäusersiedlungen, von „Parkstädten" mit Hochhäusern, von Gewerbe- und Industriegebieten, von gemischten Gebieten u. a. m.

cc) Der Gemeinbedarf, d. i. die Darstellung der Flächen für Bauanlagen und Einrichtungen, die der Allgemeinheit dienen wie Kirchen, Schulen, kirchliche, kulturelle und sonstige öffentliche Gebäude u. dgl. (Nr. 2).

dd) Die Verkehrsflächen (Nr. 3) und zwar sowohl diejenigen für den überörtlichen Verkehr (z. B. Ortsdurchfahrten von Fernverkehrsstraßen) als auch die örtlichen Hauptverkehrswege; hierunter fallen natürlich auch die Flächen für den ruhenden Verkehr (Parkplätze, Parkhäuser u. ä.).

ee) Die Flächen für Versorgungsanlagen, nämlich für die Verwertung oder Beseitigung von Abwässern und festen Abfallstoffen (Müll) und für die Hauptversorgungs- und Hauptabwässerleitungen (Nr. 4).

ff) Die Grünflächen; zu ihnen zählen neben den Parkanlagen sowie Sport-, Spiel-, Zelt- und Badeplätzen die Dauerkleingärten und die Friedhöfe (Nr. 5).

gg) Die Wasserflächen; hierunter fallen auch Hafenanlagen und die für die Wasserwirtschaft vorgesehenen Flächen, z. B. Entwässerungs- und Flußregulierungsflächen (Nr. 6).

hh) Die Flächen für Aufschüttungen, Abgrabungen (z. B. für Kiesgewinnungsanlagen) oder für die Gewinnung von Bodenschätzen (z. B. für Steinbrüche) (Nr. 7).

ii) Die land- und forstwirtschaftlichen Flächen; hierzu gehören auch die Gärtnereianlagen (Nr. 8).

b) Im Regierungsentwurf waren unter den notwendigen Darstellungen auch noch die Flächen für Wasserschutz- und Quellenschutzgebiete aufgeführt. Der 24. Ausschuß strich jedoch diese Bestimmung mit der Begründung, daß die Formulierung des Abs. 3 die hierdurch erforderlichen Baubeschränkungen decke.

Die Sollvorschrift des **Abs. 3** beinhaltet die Flächen, bei deren Bebauung besondere bauliche Vorkehrungen bzw. Sicherungsmaßnahmen gegen Naturgewalten erforderlich sind, ferner Flächen, unter denen Bergbau betrieben wird oder die für den Abbau von Mineralien vorgesehen sind.

c) Eine wichtige Sollvorschrift stellt **Abs. 4** dar: Sie dient dazu, die Gemeinde zu einer möglichst frühzeitigen Prüfung zu veranlassen, ob und in welchen Stadtgebieten Sanierungsmaßnahmen zur Beseitigung städtebaulicher Mißstände erforderlich sind. Im Zusammenhalt mit § 26 gewinnt Abs. 4 besondere Bedeutung, weil die Gemeinde in ihrer Satzung über die Vorkaufsflächen (§ 25 Abs. 1 Satz 1) Sanierungsgebiete bezeichnen kann, in denen ihr beim Kauf von bebauten Grundstücken ein Vorkaufsrecht zusteht.

d) Der notwendigen Koordinierung bereits bestehender Planungen nach anderen Gesetzen dient **Abs. 5.** Hierunter fällt nicht der Fall einer etwaigen „Übernahme" der Planungen, die auf Grund der durch § 186 aufgehobenen gesetzlichen Vorschriften erfolgt waren. Diese Fälle werden durch die Übergangsvorschrift der §§ 173, 174 erfaßt. Hier sind nur solche Planungen und Nutzungsregelungen gemeint, die nach gesetzlichen Vorschriften außerhalb der Bauplanung festgelegt sind, z. B. solche wasserwirtschaftlicher Art oder solche der Flurbereinigung. Nicht nur festgelegte, sondern auch in Aussicht genommene Festsetzungen dieser Art sollen in den Flächennutzungsplan übernommen werden.

e) Um auch dem Laien (vgl. die öffentliche Auslegung nach § 2 Abs. 6) den Flächennutzungsplan verständlich zu machen, muß ihm ein Erläuterungsbericht (nicht zu verwechseln mit der sog. „Legende" des Plans) beigefügt werden (**Abs. 7**). Wenngleich er nicht Bestandteil des Bauleitplans selbst ist und damit auch nicht der Genehmigungspflicht durch die höhere Verwaltungsbehörde unterliegt, so ist er doch zusammen mit dem Plan zur Unterrichtung vorzulegen.

**3. Nutzungsregelungen in Landschaftsschutzgebieten (Abs. 6)**

Daß in Landschaftsschutzgebieten (vgl. § 5 des Naturschutzgesetzes — NatSchG — vom 26. 6. 1935) zum Unterschied von reinen Naturschutzgebieten (vgl. § 4 NatSchG) nicht jegliche Bebauung ausgeschlossen ist, ist seit längerem durch die Rechtsprechung eindeutig ausgesprochen (vgl. BVerwGE 4, 57). Ein bereits in § 53 des außer Kraft getretenen BauLBG enthaltener Rechtsgedanke wurde in das BBauG übernommen. Nach Abs. 6 können unter bestimmten Voraussetzungen für unter Landschaftsschutz stehende Flächen Nutzungsregelungen im Sinn von Abs. 2 (siehe Anm. 2) getroffen werden; diese besonderen Voraussetzungen sind: einmal, daß die Nutzungsregelung für die städtebauliche Entwicklung der Gemeinde erforderlich ist und dann, daß nicht überwiegende Belange des Natur- und Landschaftsschutzes entgegenstehen. Sobald ein Bebauungsplan (vgl. § 8 ff.) in Kraft gesetzt worden ist, treten sogar dem Landschaftsschutz dienende Regelungen, die der Durchführung des Bebauungsplans entgegenstehen, außer Kraft.

**4. Rechtsprechung**

a) Bezüglich der Rechtsnatur des dem Flächennutzungsplan wesensverwandten Wirtschaftsplans nach dem WSG liegen einige höchstrichterliche Entscheidungen vor, von denen die wichtigsten — jedoch im Hinblick auf ihre nur mehr historische Bedeutung nicht inhaltlich, sondern nur nach der Fundstelle — zitiert werden:

BayVGH ASlg Bd. 5, 247
OVG Münster DVBl. 1953, 376 und 1954, 61

b) An neuer Rechtsprechung ist anzuführen:

OVG Münster, U vom 12. 12. 1961 (VII A 561/61) BBauBl. 1962, 448.

Der Senat bleibt bei seiner Auffassung (vgl. U vom 25. 7. 1961, VII A 1562/57), daß durch die Bebauung einer bisher der freien Natur zugehörigen Fläche die Natur geschädigt wird.

Dieses Urteil steht im Gegensatz zu einer Entscheidung des OVG Lüneburg vom 6. 11. 1959 (DVBl. 1960, 213), die die These eines abgestuften Landschaftsschutzes vertritt.

**5. Schrifttum**

a) Bezüglich des Wirtschaftsplans nach dem WSG ist auf folgende Veröffentlichungen hinzuweisen:

Ringe, Baugenehmigung und Flächennutzungsplan, DVBl. 1953, 296
Oestreicher, Gemeinde und Wirtschaftsplan, BayBgm 1953, 223
Ringe, Zur Rechtsnatur des Wirtschaftsplans nach dem WSG, DVBl. 1954, 245
Hertel, Gemeinde und Wirtschaftsplan nach dem WSG, BayBgm. 1954, 151
Mang, Die Rechtswirksamkeit des Wirtschaftsplans, BayVBl. 1955, 16
Koch, Zur Rechtswirksamkeit des Wirtschaftsplans, BayVBl. 1955, 108

b) Zum Flächennutzungsplan nach neuem Recht:
Dittus, Die Bauleitplanung im BBauG, Bauwelt 1960, 1047, 1083 u. 1103
Halstenberg, Die Planung und ihre Sicherung, DÖV 1961, 566
Meyer, Bauleitplanung u. Sicherung der Bauleitplanung nach dem BBauG, DWW 1961, 122
Müller, Die Bauleitplanung nach dem BBauG, Gemeindetag 1960, 218
Paulus, Die Bauleitplanung nach dem BBauG, Württ. GdeZeitg. 1961, 241
Wambsganz, Die Bauleitplanung, DVBl. 1961, 461, 494 u. 533

## § 6
### *Genehmigung des Flächennutzungsplanes*

**(1) Der Flächennutzungsplan bedarf der Genehmigung der höheren Verwaltungsbehörde. Sie kann räumliche und sachliche Teile des Flächennutzungsplanes vorweg genehmigen.**

**(2) Die Genehmigung darf nur versagt werden, wenn der Flächennutzungsplan nicht ordnungsgemäß zustande gekommen ist oder diesem Gesetz, den auf Grund dieses Gesetzes erlassenen oder sonstigen Rechtsvorschriften widerspricht.**

**(3) Die Genehmigung kann unter Auflagen erteilt werden, durch die nach Absatz 2 bestehende Versagungsgründe ausgeräumt werden.**

**(4) Über die Genehmigung ist binnen drei Monaten zu entscheiden. Aus wichtigen Gründen kann die Frist auf Antrag der höheren Verwaltungsbehörde von der zuständigen Obersten Landesbehörde verlängert werden. Die Gemeinde ist von der Fristverlängerung in Kenntnis zu setzen.**

**(5) Wenn die Planungsbereiche gemeinsamer Flächennutzungspläne der Zuständigkeit verschiedener höherer Verwaltungsbehörden unterliegen, so entscheidet die Oberste Landesbehörde über die Genehmigung. Liegen die Planungsbereiche in verschiedenen Ländern, so entscheiden die Obersten Landesbehörden im gegenseitigen Einvernehmen.**

**(6) Die Gemeinde hat die Genehmigung ortsüblich bekanntzumachen.**

**1. Genehmigungspflicht für den Flächennutzungsplan**

Da die Ortsplanung Angelegenheit der gemeindlichen Selbstverwaltung ist, haben die überörtlichen Staatsbehörden hier nicht auch die Fachaufsicht, sondern lediglich die Rechtsaufsicht. Hinsichtlich des Flächennutzungsplans ist (genau wie beim Bebauungsplan — siehe § 11) im Rahmen dieser Rechtsaufsicht eine Genehmigungspflicht durch die höhere Verwaltungsbehörde vorgesehen (**Abs. 1**). Daß die Rechtsaufsicht hier in so starkem Maß zur Geltung kommt, hat seinen Grund darin, daß bei der Aufstellung der Bauleitpläne doch eine Reihe von unerläßlichen Voraussetzungen zu beachten ist, deren Nichtbeachtung sogar zur Rechtsunwirksamkeit führen kann, was sich für die Gemeinde in verschiedener Hinsicht nachteilig auswirken würde. Dadurch, daß von vornherein die höhere Verwaltungsbehörde Genehmigungsstelle ist — es ist also auch für die Bauleitpläne der kreisangehörigen Gemeinden nicht die untere Verwaltungsbehörde (Kreisbehörde) zuständig —, ist die Bedeutung der Genehmigung besonders unterstrichen; denn die Genehmigungsbehörde hat bei der Prüfung die Einhaltung des BBauG und anderer Gesetze, insbesondere auch die Beachtung der in § 1 Abs. 4 und 5 enthaltenen zahlreichen unbestimmten Rechtsbegriffe, ferner der Ziele der Raumordnung und Landesplanung (§ 1 Abs. 3), die Abstimmung der Pläne bei Nachbargemeinden (§ 2 Abs. 4) und die Beteiligung derjenigen Behörden und Stellen, die Träger öffentlicher Belange sind (§ 2 Abs. 5), zu prüfen, ehe sie die Genehmigung erteilt. Sie kann räumliche oder sachliche (vgl. Anm. 1 b zu § 5) Teile des Flächennutzungsplans vorweg genehmigen (**Satz 2**); dies wird nur in den Fällen erforderlich sein, in denen besonders schwerwiegende und auf längere Zeit nicht zu beseitigende Hindernisse die Genehmigung des gesamten Plans allzusehr verzögern würden (z. B. mangelnde Abstimmung eines an der Gemeindegrenze liegenden Gebiets mit dem Plan oder Planentwurf der Nachbargemeinde).

Die Genehmigungspflicht entfällt in den Stadtstaaten Berlin und Hamburg; Bremen ist ermächtigt worden, auf die Genehmigungspflicht durch Gesetz zu verzichten (§ 188 Abs. 1).

Die erteilte Genehmigung muß von der Gemeinde ortsüblich bekanntgemacht werden (**Abs. 6**); zur „ortsüblichen" Bekanntmachung siehe Anm. 5 c zu § 2.

**2. Voraussetzungen einer Genehmigungsversagung; Genehmigung unter Auflagen**

a) Nach **Abs. 2** darf die Genehmigung nur versagt werden, wenn der Flächennutzungsplan nicht ordnungsgemäß zustande gekommen ist oder dem BBauG, seinen Durchführungs- und Ausführungsvorschriften oder sonstigen Rechtsvorschriften widerspricht. Wenn also der Plan die in Anm. 1 genannten Voraussetzungen nicht oder ungenügend erfüllt oder wenn die Formvorschriften des § 2 Abs. 6 nicht beachtet worden sind, oder wenn ihm sonstige Rechtsnormen entgegenstehen, dann ist der Fall der Genehmigungsversagung gegeben, gegen die der Gemeinde die verwaltungsrechtlichen Rechtsbehelfe (Widerspruch und Klage vor dem Verwaltungsgericht, vgl. §§ 68 ff. VwGO) gegeben sind.

b) Anstelle der Genehmigungsversagung kann die weit mildere Form der Genehmigung unter Auflagen treten (**Abs. 3**), soweit die Auflagen die in Abs. 2 genannten Versagungsgründe ausräumen können. Ob die höhere Verwaltungsbehörde von der Genehmigungsversagung oder der Genehmigung unter Auflagen Gebrauch macht, entscheidet sie nach pflichtmäßigem Ermessen. Bedingungen sind unzulässig.

**c) Vorbehalt für Bayern**

§ 188 Abs. 3 (siehe auch dort) gibt Bayern die Ermächtigung, weitere Versagungsgründe als in Abs. 2 vorgesehen festzulegen. Davon hat Bayern bisher nicht Gebrauch gemacht.

**3. Frist für die Entscheidung über die Genehmigung**

Um die Entscheidung über die Genehmigung nicht über Gebühr hinauszuzögern, enthält **Abs. 4** die Vorschrift, daß die Entscheidung innerhalb von drei Monaten erfolgen muß; die oberste Landesbehörde kann jedoch aus wichtigen Gründen (unbestimmter Rechtsbegriff!) diese Frist auf Antrag der höheren Verwaltungsbehörde verlängern, wovon die Gemeinde in Kenntnis zu setzen ist.

Ist die Genehmigungsfrist abgelaufen, ohne daß eine Entscheidung erfolgt oder eine Fristverlängerung angeordnet worden ist, so tritt weder eine stillschweigende Genehmigung (vgl. für den Bodenverkehr § 19 Abs. 4 Satz 3) noch eine stillschweigende Ablehnung ein. Die Gemeinde kann in einem solchen Fall die Entscheidung auf dem Verwaltungsrechtsweg (Verpflichtungsklage nach § 42 Abs. 1, 2. Halbsatz VwGO) erzwingen.

**4. Zuständigkeit für die Genehmigung bei übergebietlichen Flächennutzungsplänen**

Bisweilen sind für die Bereiche gemeinsamer Flächennutzungspläne, insbesondere von Planungsverbänden (§ 4), mehrere höhere Verwaltungsbehörden zuständig. In diesen Fällen entscheidet nach **Abs. 5** die oberste Landesbehörde. Für die Anfechtung ablehnender Verwaltungsakte durch die Gemeinde ist zu beachten, daß nach § 68 Abs. 1 Nr. 1 VwGO das Vorverfahren entfällt, da eine oberste Landesbehörde entscheidet.

Liegen die Planungsbereiche in mehreren Bundesländern, so entscheiden die obersten Landesbehörden im gegenseitigen Einvernehmen, also in wechselseitiger Zustimmung.

**5. Andere Zuständigkeitsregelung**

§ 147 Abs. 2 ermächtigt die Landesregierungen, die der höheren Verwaltungsbehörde hier übertragenen Aufgaben auch anderen staatlichen Behörden zuzuweisen (siehe auch Anm. bei § 147).

## § 7

*Anpassung an den Flächennutzungsplan*

**Öffentliche Planungsträger, die nach § 2 Abs. 5 beteiligt sind, haben ihre Planungen dem Flächennutzungsplan insoweit anzupassen, als sie diesem Plan nicht widersprochen haben. Macht eine Veränderung der Sachlage eine abweichende Planung erforderlich, so haben sie sich unverzüglich mit der Gemeinde ins Benehmen zu setzen.**

Wenn auch der Flächennutzungsplan, wie bei § 5 dargelegt, grundsätzlich noch keine unmittelbare Rechtswirkung hat, so mußte dieser Grundsatz aus verständlichen praktischen Gründen gegenüber den öffentlichen Planungsträgern (z. B. Wasserschutz- und Wasserversorgungsbehörden, Bergbaubehörden; siehe zum Begriff öPlTr Anm. 1 a zu § 4), die nach § 2 Abs. 5 zu beteiligen sind und die dem Plan nicht ausdrücklich widersprochen haben, eingeschränkt werden. Sie müssen ihre Planungen dem Flächennutzungsplan insoweit anpassen, als sie nicht widersprochen haben; denn die Beteiligung dieser Planungsträger würde ihren Sinn verlieren, wenn die — vielleicht erst nach langen Verhandlungen — erzielte Einigung nicht eine gewisse Dauerwirkung hätte. Lediglich im Falle der Veränderung der Verhältnisse, die eine abweichende Planung dieser Träger erforderlich macht, entfällt eine starre Bindung; der Planungsträger muß sich unverzüglich mit der Gemeinde in Verbindung setzen. Ziel der Verhandlungen wird es sein, eine für beide Beteiligte tragbare Lösung zu finden.

# DRITTER ABSCHNITT

## Verbindlicher Bauleitplan (Bebauungsplan)

### § 8

*Zweck des Bebauungsplanes*

**(1) Der Bebauungsplan enthält die rechtsverbindlichen Festsetzungen für die städtebauliche Ordnung. Er bildet die Grundlage für weitere zum Vollzug dieses Gesetzes erforderliche Maßnahmen.**

**(2) Bebauungspläne sind aus dem Flächennutzungsplan zu entwickeln. § 2 Abs. 2 bleibt unberührt. Wenn zwingende Gründe es erfordern, kann ein Bebauungsplan aufgestellt werden, bevor der Flächennutzungsplan aufgestellt ist.**

#### 1. Rechtsnatur des Bebauungsplans

a) Aus **Abs. 1** ergibt sich die Rechtsnatur des Bebauungsplans: Er stellt die rechtsverbindliche Festsetzung der städtebaulichen Ordnung dar. Zum Unterschied vom unverbindlichen und vorbereitenden Bauleitplan, dem Flächennutzungsplan, wird der Bebauungsplan, wie auch aus der Überschrift zum Dritten Abschnitt ersichtlich ist, auch verbindlicher Bauleitplan genannt. Aus dieser Rechtsverbindlichkeit ergeben sich über die in § 2 Abs. 6, im § 6 Abs. 1 (vgl. § 11) sowie in § 6 Abs. 6 genannten Formvorschriften hinaus weitere gesetzliche Erfordernisse, wie die Beigabe einer Begründung (§ 9 Abs. 6) — also nicht nur eines Erläuterungsberichts wie in § 5 Abs. 7 für den Flächennutzungsplan vorgeschrieben —, ferner die Notwendigkeit des Beschlusses durch gemeindliche Satzung (§ 10), dann die öffentliche Auslegung nach der Genehmigung (§ 12 Satz 1). Da der Bebauungsplan die Bebauung und sonstige Bodennutzung (vgl. § 1 Abs. 1) in Einzelheiten regelt, bildet er die Grundlage für eine Reihe von wichtigen Maßnahmen des BBauG (vgl. im einz. bei Anm. 3 a). Vor allem bildet er die Grundlage für die städtebauliche Beurteilung eingereichter Baugesuche durch die Baugenehmigungsbehörde (z. B. ein Bauwerber will in einem Gebiet bauen, das nicht als Baugebiet „festgesetzt" ist).

b) Die Rechtsverbindlichkeit besteht darin, daß der Bebauungsplan nach seinem rechtsgültigen Zustandekommen eine verbindliche Rechtsnorm der Gemeinde darstellt. Allerdings kann niemand auf seine Einhaltung klagen, da er eben kein Verwaltungsakt ist und das deutsche Verwaltungsrecht einklagbare Popularansprüche nicht kennt. Einwendungen gegen den Bebauungsplan können nur im Rahmen eines Baugenehmigungsverfahrens oder im Wege eines Normenkontrollverfahrens (§ 47 VwGO) — soweit landesrechtlich zugelassen — erhoben werden.

#### 2. Entwicklung des Bebauungsplans

Der Bebauungsplan ist aus dem vorbereitenden Bauleitplan heraus zu entwickeln (**Abs. 2**), es sei denn, ein Flächennutzungsplan erweist sich als überflüssig, da der Bebauungsplan ausreicht (vgl. § 2 Abs. 2). Letzteres wird in kleinen Gemeinden vielfach der Fall sein. Wird beabsichtigt, im Bebauungsplan vom

Flächennutzungsplan nicht nur unwesentlich abzuweichen, so ist vorher dieser zu ergänzen oder abzuändern.

Das Gesetz läßt in Abs. 2 **Satz 3** die Möglichkeit zu, einen Bebauungsplan aufzustellen, bevor der Flächennutzungsplan erstellt ist; Voraussetzungen sind jedoch „zwingende Gründe" (unbestimmter Rechtsbegriff).

**3. Bedeutung des Bebauungsplans**

**a)** Der Bebauungsplan ist das wichtigste Stück der Bauleitplanung. Er ist die Grundlage für den Bodenverkehr (§ 19), das Vorkaufsrecht (§ 24), die Zulässigkeit von Vorhaben (§ 30), die Entschädigung bei Nutzungsbeschränkungen (§ 41), die Umlegung (§ 45), für die Enteignung (§ 85), für die Erschließung (§ 125) und die Baulandsteuer (§ 172 Nr. 1). Gemäß § 173 Abs. 3 tritt er an die Stelle der entsprechenden verbindlichen städtebaulichen Pläne der Aufbaugesetze der Länder, die durch § 186 Abs. 1 aufgehoben worden sind.

**b)** Die gesetzlichen Vorschriften über die äußere Baugestaltung bleiben als der Ländergesetzgebung unterliegende Normen des Bauordnungsrechts bestehen, es sei denn, die Landesregierungen machen von dem ihnen nach § 9 Abs. 2 gegebenen Recht Gebrauch und bestimmen, daß auch Festsetzungen über die äußere Gestaltung baulicher Anlagen sowie über den Schutz und die Erhaltung von Bau- und Naturdenkmälern in die Bebauungspläne aufgenommen werden.

**4. Rechtsprechung**

Nach den bisherigen Rechtsgrundlagen, die in den einzelnen Ländern ganz unterschiedlich waren, hatten Ortsbaupläne zwar meistens nicht die Rechtsnatur des Verwaltungsakts (vgl. für den Württemb. Ortsbauplan BVerwGE 3, 258, für den Bebauungsplan Nordrhein-Westfalen BVerwG vom 21. 5. 1957 — BBauBl. 1957, 351), doch wurde dieser für die Baulinienfestsetzung in Bayern — entsprechend der bisherigen Regelung in der Bay. Bauordnung — vom Bundesverwaltungsgericht in Übereinstimmung mit der Rechtsprechung des BayVGH anerkannt (vgl. BVerwGE 4, 68); die Baulinienfestsetzung in den übrigen Bundesländern hatte nach dem bisherigen Recht normativen Charakter (vgl. BVerwGE 3, 265).

**5. Schrifttum**

Beck, Die Aufstellung eines Bebauungsplans, BayVBl. 1962, 229

Blümel, Ungereimtheiten beim Rechtsschutz gegen Planfeststellungen (zur Rechtsprechung des BVerwG über die Rechtsnatur der Fluchtlinien- und Bebauungspläne) DÖV 1959, 665

Rupprecht, Abfassung und Inhalt des Bebauungsplans, BayBgm. 1963, 22.

## § 9
### *Inhalt des Bebauungsplanes*

**(1) Der Bebauungsplan setzt, soweit es erforderlich ist, durch Zeichnung, Farbe, Schrift oder Text fest**

**1. das Bauland und für das Bauland**

**a) die Art und das Maß der baulichen Nutzung,**

b) die Bauweise, die überbaubaren und die nicht überbaubaren Grundstücksflächen sowie die Stellung der baulichen Anlagen,
c) die Mindestgröße der Baugrundstücke,
d) die Höhenlage der baulichen Anlagen,
e) die Flächen für Stellplätze und Garagen sowie ihre Einfahrten auf den Baugrundstücken,
f) die Baugrundstücke für den Gemeinbedarf,
g) die überwiegend für die Bebauung mit Familienheimen vorgesehenen Flächen,
h) Baugrundstücke für besondere bauliche Anlagen, die privatwirtschaftlichen Zwecken dienen und deren Lage durch zwingende städtebauliche Gründe, insbesondere solche des Verkehrs, bestimmt ist;

2. die Grundstücke, die von der Bebauung freizuhalten sind und ihre Nutzung;
3. die Verkehrsflächen;
4. die Höhenlage der anbaufähigen Verkehrsflächen sowie den Anschluß der Grundstücke an die Verkehrsflächen;
5. die Versorgungsflächen;
6. die Führung oberirdischer Versorgungsanlagen und -leitungen;
7. die Flächen für die Verwertung oder Beseitigung von Abwasser und festen Abfallstoffen;
8. die Grünflächen, wie Parkanlagen, Dauerkleingärten, Sport-, Spiel-, Zelt- und Badeplätze, Friedhöfe;
9. die Flächen für Aufschüttungen, Abgrabungen oder für die Gewinnung von Steinen, Erden und anderen Bodenschätzen;
10. die Flächen für die Landwirtschaft und für die Forstwirtschaft;
11. die mit Geh-, Fahr- und Leitungsrechten zugunsten der Allgemeinheit, eines Erschließungsträgers oder eines beschränkten Personenkreises zu belastenden Flächen;
12. die Flächen für Gemeinschaftsstellplätze und Gemeinschaftsgaragen;
13. die Flächen für Gemeinschaftsanlagen, die für Wohngebiete oder Betriebsstätten innerhalb eines engeren räumlichen Bereichs aus Gründen der Sicherheit oder Gesundheit erforderlich sind;
14. die bei einzelnen Anlagen, welche die Sicherheit oder die Gesundheit der Nachbarschaft gefährden oder erheblich beeinträchtigen, von der Bebauung freizuhaltenden Schutzflächen und ihre Nutzung;
15. das Anpflanzen von Bäumen und Sträuchern;
16. die Bindungen für Bepflanzungen und für die Erhaltung von Bäumen, Sträuchern und Gewässern.

(2) Die Landesregierungen können durch Rechtsverordnung bestimmen, daß auch Festsetzungen über die äußere Gestaltung baulicher Anlagen so-

**wie über den Schutz und die Erhaltung von Bau- und Naturdenkmälern in den Bebauungsplan aufgenommen werden können.**

**(3) Flächen, bei deren Bebauung besondere bauliche Vorkehrungen oder bei denen besondere bauliche Sicherungsmaßnahmen gegen Naturgewalten erforderlich sind, sowie Flächen, unter denen der Bergbau umgeht oder die für den Abbau von Mineralien bestimmt sind, sollen im Bebauungsplan gekennzeichnet werden.**

**(4) Nach anderen gesetzlichen Vorschriften getroffene Festsetzungen sollen in den Bebauungsplan nachrichtlich übernommen werden, soweit sie zu seinem Verständnis oder für die städtebauliche Beurteilung von Baugesuchen notwendig oder zweckmäßig sind. Ist nach § 2 Abs. 2 die Aufstellung eines Flächennutzungsplanes nicht erforderlich oder wird nach § 8 Abs. 2 Satz 3 der Bebauungsplan aufgestellt, bevor der Flächennutzungsplan vorliegt, so gilt § 5 Abs. 6 sinngemäß.**

**(5) Der Bebauungsplan setzt die Grenzen seines räumlichen Geltungsbereichs fest.**

**(6) Dem Bebauungsplan ist eine Begründung beizufügen. In ihr sollen insbesondere die überschlägig ermittelten Kosten angegeben werden, die der Gemeinde durch die vorgesehenen städtebaulichen Maßnahmen voraussichtlich entstehen. Außerdem sind in der Begründung bodenordnende und sonstige Maßnahmen darzulegen, für die der Bebauungsplan die Grundlage bilden soll.**

### 1. Inhalt des Bebauungsplans

Die Aufzählung der in **Abs. 1** aufgeführten „Festsetzungen" (durch Zeichnung, Farbe, Schrift und Text) stellt keinen Zwangskatalog dar. Sie ist so weit gefaßt, daß je nach dem Bedürfnis der einzelnen Gemeinde auf eine Reihe von Festsetzungen verzichtet werden kann. So kann im Bebauungsplan nicht nur die flächenmäßige Aufteilung, sondern auch die bauliche Höhenentwicklung sowie die gesamte Nutzung des Planbereichs in wirtschaftlicher und baulicher Nutzung geregelt werden. Der einzelne Bebauungsplan soll diese an sich zulässigen Festsetzungen nur insoweit enthalten, als dies für die städtebauliche Entwicklung des Gemeindegebiets erforderlich ist. Der Bebauungsplan kann sogar auf einzelne Festsetzungen wie z. B. auf solche der überbaubaren und nicht überbaubaren Grundstücksflächen oder auf solche über Art und Maß der baulichen Nutzung beschränkt werden. Auch kann er nur die Festsetzung von Bau(flucht)linien zum Inhalt haben (siehe unten Anm. 4). Andererseits kann der Bebauungsplan im Hinblick auf seine rechtliche Bedeutung auch nicht mehr enthalten, als im Katalog des Abs. 1 aufgeführt ist.

Im Hinblick auf die Außerkraftsetzung der planungsrechtlichen Vorschriften der RGaO durch § 186 Abs. 3 (siehe Erläuterung dort) wurden in den Katalog des Abs. 1 die Flächen für Stell-(Park)plätze und Garagen sowie die Einfahrten auf den Baugrundstücken und die Flächen für Gemeinschaftsstellplätze und Gemeinschaftsgaragen aufgenommen.

Die Festsetzungen des Bebauungsplans nach Abs. 1 sind in sieben Gruppen aufzuteilen und zwar für

a) das Bauland (Nr. 1 mit den Buchstaben a bis h),
b) die von der Bebauung freizuhaltenden Grundstücke (Nr. 2),
c) die Verkehrsflächen (Nr. 3) mit ihren Höhenlagen und dem Anschluß der Grundstücke an die Verkehrsflächen (Nr. 4), ferner die mit Geh-, Fahrt- und Leitungsrechten zugunsten der Allgemeinheit zu belastenden Flächen (Nr. 11),
d) die Versorgungs-, Abfallverwertungs- und Abwasserbeseitigungsflächen (Nr. 5 und 6),
e) die Grünflächen (Nr. 8) sowie die Anpflanzung von Bäumen und Sträuchern (Nr. 15 und 16),
f) die Gemeinschaftsanlagen, wie Gemeinschaftsparkplätze, -garagen und sonstige für die Sicherheit und Gesundheit erforderliche gemeinschaftliche Anlagen (Nr. 12 und 13),
g) die Anlagen für Sonderzwecke, nämlich Aufschüttungen, Abgrabungen, Gewinnung von Bodenschätzen (Nr. 9) und zum Schutz vor Gefährdung der Nachbarschaft durch einzelne Anlagen (Nr. 14), ferner für die Land- und Forstwirtschaft (Nr. 10).

Der Bebauungsplan nach dem BBauG übernimmt sonach die Funktion der landesrechtlichen Flucht- und Baulinienpläne und Baubeschränkungen. Insoweit sind ab 29. 6. 1961 (vgl. § 189 Abs. 1) die landesrechtlichen Vorschriften nicht mehr anwendbar (§ 186 Abs. 1 Satz 1). Durch die Festsetzung der Mindestgröße von Grundstücken im Bebauungsplan (Abs. 1 Nr. 1 Buchst. c) entfallen auch die auf Grund der außer Kraft getretenen BauRegV (§ 186 Abs. 1 Nr. 15) bisher möglichen ortsrechtlichen Neuordnungen.

Der Bebauungsplan muß die Grenzen seines räumlichen Geltungsbereichs zumindest zeichnerisch festsetzen (vgl. **Abs. 5**).

Wegen **Abs. 2** siehe Anm. 3 b bei § 8.

**2. Besondere Kennzeichnungen im Bebauungsplan und nachrichtliche Übernahme anderer Festsetzungen**

**a)** Im Interesse der umfassenden Aufklärung der Allgemeinheit liegt es, die Flächen besonders kenntlich zu machen, deren Bebauung besondere Vorkehrungen erfordert oder bei denen besondere Sicherungsmaßnahmen gegen Naturgewalten notwendig sind oder unter denen Bergbau betrieben wird bzw. werden soll. **Abs. 3** enthält eine diesbezügliche Sollbestimmung.

**b)** Festsetzungen, insbesondere Planfeststellungen, die auf Grund anderer gesetzlicher Bestimmungen getroffen sind, wie z. B. nach dem Bundesfernstraßengesetz, dem Luftverkehrsgesetz, dem Bundesbahngesetz, dem Telegrafenwegegesetz, dem Bundeswasserstraßengesetz oder dem Naturschutzgesetz oder nach landesrechtlichen Normen (z. B. Straßen- und Wegegesetzen) sollen insoweit in den Bebauungsplan nachrichtlich übernommen werden, als sie zu seinem Verständnis oder für die städtebauliche Beurteilung von Baugesuchen notwendig sind (**Abs. 4 Satz 1**).

**c)** Soweit ein Flächennutzungsplan nicht erforderlich ist oder der Bebauungsplan vor dem Flächennutzungsplan aufgestellt ist (vgl. § 2 Abs. 2 und § 8 Abs. 2

Satz 3), können für Flächen, die dem Landschaftsschutz unterliegen, unter den Voraussetzungen des § 5 Abs. 6 Nutzungsregelungen auch im Bebauungsplan getroffen werden (Abs. 4 Satz 2). Der Sinn dieser Vorschrift ist, daß zur Vermeidung von Lücken in der Planung wenigstens in einem der Bauleitpläne — soweit erforderlich — für Landschaftsschutzgebiete Nutzungsregelungen enthalten sein sollen.

**3. Begründung des Bebauungsplans**

Nach **Abs. 6** ist der Bebauungsplan zu begründen. In der Begründung müssen bodenordnende Maßnahmen dargelegt werden, für die der Bebauungsplan die Grundlage bilden soll. Die Begründung soll die überschlägig ermittelten Kosten der Durchführung des Bebauungsplans angeben; mit dieser Vorschrift soll die Gewähr gegeben werden, daß die Gemeinde sich bereits bei der Planaufstellung Klarheit über die erforderlichen Maßnahmen im Hinblick auf die sich daraus ergebenden finanziellen Folgen verschafft und nicht ins Blaue hinein ohne Maßhaltung plant.

**4. Teilbebauungsplan**

Das Gesetz läßt auch die Festsetzung von Teilbebauungsplänen zu („soweit erforderlich"). Solche kommen vor allem für die Festsetzung von Bau(flucht)-linien für kleinere Gebiete oder Straßenteile in Frage; denn das Bedürfnis hierfür tritt im Hinblick auf den gesteigerten Verkehr immer wieder sporadisch auf. (Für Bayern bedeutet die Baulinienfestsetzung nunmehr eine Rechtsänderung, da sie bisher nach der Bay. Bauordnung als Verwaltungsakt erfolgte.) Allerdings sind solche Teilpläne u. U. nicht geeignet, als Grundlage für die Durchführung eines Vorhabens im Sinn des § 29 (siehe dort) zu dienen (§ 30); denn nur im Geltungsbereich eines Bebauungsplans, der mindestens Festsetzungen über die Art und das Maß der baulichen Nutzung, über die überbaubaren Flächen und über die örtlichen Verkehrsflächen enthält, ist ein Vorhaben im Sinne des § 29 zulässig. Das gleiche gilt für die Genehmigungspflicht der Grundstücksteilung nach § 19 Abs. 1; genehmigungspflichtig sind nur Teilungen im Bereich von solchen Bebauungsplänen, die den eben genannten Mindesterfordernissen entsprechen.

**5. Übergangsvorschriften**

Bestehende Pläne, die verbindliche Regelungen der in § 9 bezeichneten Art enthalten, gelten mit Inkrafttreten des BBauG als Bebauungspläne; entsprechen sie nicht den Anforderungen des § 1 Abs. 3 bis 5, so sind sie dann zu ändern oder zu ergänzen, wenn dies ein zu beteiligender Träger öffentlicher Belange — siehe § 2 Abs. 5 — innerhalb eines Monats nach Inkrafttreten des BBauG beantragt hat (§ 173 Abs. 3 Satz 1 und 3). Bezüglich der Festsetzungen nach § 9 Abs. 7 FStrG siehe die Erläuterungen bei § 173.

Die Landesregierungen sind zum Erlaß von Rechtsverordnungen dahin ermächtigt, daß die bei Inkrafttreten des BBauG festgestellten städtebaulichen Pläne im Sinne von § 173 Abs. 3 Satz 1 unter den in Abs. 4 aaO genannten Voraussetzungen fünf Jahre lang als Bebauungspläne im Sinne des § 30 gelten, so daß im Geltungsbereich eines solchen Planes „Vorhaben" nach § 29 (siehe dort) nach den Vorschriften der §§ 30 bis 36 zu behandeln sind.

**6. Rechtsprechung**

A. Höchstrichterl. Rspr.

BGH U. v. 13. 12. 1962 (III ZR 164/61) DVBl. 1963, 625 = ZMR 1964, 15.

Zur Frage der Einwirkung von vorbereitenden und rechtsverbindlichen Bauleitplänen auf den Verkehrswert von Grundstücken, die zur Zeit der Enteignung noch landwirtschaftlich genutzt wurden.

BVerwG B v. 29. 12. 1964 (IC 97/63) DVBl. 1965, 203.

a) Eine landesrechtliche Bestimmung, nach der Anlagen der Außenwerbung je nach Art der Werbeanlage und der Art des Baugebiets zulässig sind, ist mit Bundesrecht vereinbar.

b) Anlagen der Außenwerbung, die keine baulichen Anlagen sind, fallen nicht unter die untergeordneten Nebenanlagen im Sinne des § 14 BaunutzungsV.

B. OVG, VGH und andere Gerichte

1. OVG Lüneburg U. v. 5. 12. 1962 (I A 57/62) DÖV 1963, 843 = DVBl. 1964, 160.

Seit Inkrafttreten von § 9 BBauG können die in dieser Vorschrift dem Bebauungsplan vorbehaltenen Festsetzungen nicht mehr durch Polizeiverordnung getroffen werden.

2. OVG Berlin U. v. 14. 1. 1963 (OVG II B 34/62) ZMR 1963, 280 = DVBl. 1964, 160.

a) Zum Begriff des gewerblichen Betriebes in der Bauordnung.

b) Zur Frage der Zumutbarkeit von Störungen in einem gemischten Gebiet (hier Betrieb einer Blindenführhundeschule).

3. VGH Bad.-Württ., B. v. 14. 3. 1963 (I 54/63) DÖV 1963, 760

a) Im Normenkontrollverfahren ist zulässiger Prüfungsmaßstab auch das (einfache) Bundesrecht.

b) Der Verwendungszweck der im Bebauungsplan festgesetzten Baugrundstücke für den Gemeinbedarf im Sinne des § 9 Abs. 1 Ziff. 1 f BBauG muß aus dem Bebauungsplan selbst hervorgehen.

4. HessVGH B. vom 15. 1. 1964 (B IV 1/64) DÖV 1964, 783

a) Die Zustimmung der Bauaufsichtsbehörde zu Baumaßnahmen des Bundes oder des Landes ist ein (feststellender) Verwaltungsakt.

b) Der Senat hält an seiner Rechtsprechung fest, daß die Anfechtungsklage nur dann aufschiebende Wirkung hat, wenn sie sich gegen einen vollziehbaren (§ 80 Abs. 1 Satz 1 VwGO) oder einen rechtsgestaltenden (§ 80 Abs. 1 Satz 2

VwGO) Verwaltungsakt richtet, nicht jedoch bei sonstigen (z. B. feststellenden) Verwaltungsakten.

c) Eine Vorschrift, die die Erteilung einer Bauerlaubnis von dem Einvernehmen mit der Gemeinde abhängig macht, gibt der Gemeinde ein subjektiv-öffentliches Recht gegen die Bauaufsichtsbehörde auf Beachtung.

d) Zur Frage, ob eine Vorschrift, die den Schutz der Gemeinde vor verunstaltenden Baumaßnahmen bezweckt, der Gemeinde ein subjektiv-öffentliches Recht gegen die Bauaufsichtsbehörde auf Beachtung gibt.

e) Der Senat geht mit einem für die Entscheidung in einem einstweiligen Anordnungsverfahren ausreichenden Grad an Wahrscheinlichkeit davon aus, daß eine Vorschrift, die der Gemeinde ein Recht zum Erlaß von Ortsbaurecht verleiht, ihr zugleich ein subjektiv-öffentliches Recht gegen die Bauaufsichtsbehörde auf Beachtung dieses Ortsbaurechts gibt.

## § 10

*Beschluß über den Bebauungsplan*

**Die Gemeinde beschließt den Bebauungsplan als Satzung.**

Ist das Verfahren nach § 2 abgeschlossen (siehe die Erläuterungen dort), dann folgt der Erlaß des Bebauungsplans durch Beschluß des zuständigen Organs der Gemeinde und zwar in Form der Gemeindesatzung. Mit dieser Rechtsform wird der Bebauungsplan auch äußerlich über den Flächennutzungsplan, der nur ein Programm darstellt, hinausgehoben. Rechtlich gesehen hat der Bebauungsplan zum Unterschied zum Flächennutzungsplan den Charakter der Norm und zwar eines Gemeindegesetzes. Somit sind gegen den Bebauungsplan — von der gegebenenfalls landesrechtlich zulässigen Normenkontrolle des § 47 VwGO abgesehen — keine Rechtsmittel gegeben. Nur mittelbar, nämlich im Rahmen eines Verfahrens auf Erteilung einer Bodenverkehrsgenehmigung (§§ 19 ff.) oder einer Vorhaben(=Bau)genehmigung (§§ 30 ff.) können Einwendungen gegen die Rechtsgültigkeit der Bebauungsplansatzung geltend gemacht werden.

Die Form der Satzung wird durch das Gemeindeverfassungsrecht der Bundesländer bestimmt. Inhaltlich wird sie sich — entsprechend den Erfordernissen der Praxis — aus zwei Teilen zusammensetzen, dem schriftlichen und dem zeichnerischen. Der zeichnerische Teil („Plan" im engeren Sinn) ist stets Bestandteil der Satzung.

Im Hinblick auf die besonderen staatsrechtlichen Verhältnisse der Stadtstaaten Berlin, Hamburg und Bremen hat § 188 Abs. 2 eine Sonderregelung für diese Bundesländer getroffen.

## § 11

*Genehmigung des Bebauungsplanes*

**Der Bebauungsplan bedarf der Genehmigung der höheren Verwaltungsbehörde. Sie kann räumliche und sachliche Teile des Bebauungsplanes vorweg genehmigen. § 6 Abs. 2 bis 4 gilt entsprechend.**

**1. Genehmigungspflicht**

a) Entsprechend der Regelung für den Flächennutzungsplan ist auch für den

Bebauungsplan die Mitwirkung der höheren Verwaltungsbehörde in Form der Genehmigung vorgeschrieben. Die bei der Erläuterung des § 6 (siehe dort) aufgezeigten Gründe, die den Gesetzgeber veranlaßt haben, diese Kontrolle einzubauen, gelten in verstärktem Maße für den Bebauungsplan, dessen Rechtserheblichkeit weitreichende Auswirkungen hat. Wie beim Flächennutzungsplan kann die höhere Verwaltungsbehörde auch beim Bebauungsplan räumliche und sachliche Teile vorweg genehmigen. Desgleichen muß wie beim Flächennutzungsplan binnen drei Monaten die Entscheidung der höheren Verwaltungsbehörde erfolgen, es sei denn, daß die Oberste Landesbehörde aus wichtigen Gründen die Frist verlängert hat; versagt darf die Genehmigung nur werden, wenn der Bebauungsplan nicht ordnungsgemäß zustande gekommen ist oder gesetzlichen und anderen Rechtsvorschriften widerspricht. Die Genehmigung kann unter Auflagen erteilt werden, durch die die bestehenden Versagungsgründe ausgeräumt werden.

Die Verweigerung der Genehmigung der Satzung durch die höhere Verwaltungsbehörde kann als ein das Selbstverwaltungsrecht der Gemeinde beeinträchtigender Verwaltungsakt von dieser mit den Rechtsmitteln der Verwaltungsgerichtsordnung (§§ 68 ff.) angefochten werden (vgl. hierzu auch die Ausführungen in Anm. 2 a bei § 6). Daß die Versagung der Genehmigung des Bebauungsplans ein anfechtbarer Verwaltungsakt ist, hat das OVG Koblenz in einer Entscheidung vom 23. 12. 1954 (Amtliche Sammlung 3, 102/103) ausgesprochen (a. A. Mörtel, Grenzfälle des Verwaltungsakts, BayVBl. 1956, 362, der die aufsichtliche Genehmigung als Teil des Rechtssetzungsaktes der Gemeinde ansieht).

b) Vorbehalt für Bayern: § 188 Abs. 3 (siehe auch dort) hat Bayern die Ermächtigung gegeben, auch für den Bebauungsplan weitergehende Versagungsgründe als in § 6 Abs. 2 angegeben festzulegen. Davon hat Bayern bisher nicht Gebrauch gemacht.

c) Andere Zuständigkeitsregelung: Nach § 147 Abs. 2 können die Landesregierungen die hier der höheren Verwaltungsbehörde obliegenden Aufgaben auf eine andere staatliche Behörde übertragen (siehe Anm. dort).

**2. Verwaltungsgerichtliche Überprüfung**

Als Satzung unterliegt der Bebauungsplan nur einer beschränkten gerichtlichen Überprüfung; und zwar der Normenkontrolle nach § 47 VwGO, soweit eine solche landesrechtlich (wie z. B. in Bayern) vorgesehen. Rechtsprechung und Lehrmeinung sind hinsichtlich ihrer Zulässigkeit nicht einheitlich. Zuzustimmen ist dem BayVGH, der in dem Beschluß vom 31. 10. 1962 (Nr. 43 IV 60) DVBl. 1963, 107 mit ausführlicher Begründung zu dem Ergebnis kommt: Eine Satzung, die dem von ihr erfaßten Personenkreis besondere Pflichten und Beschränkungen, also hier Bebauungseinschränkungen, auferlegt, kann zwar nicht an den in § 90 BVerfGG genannten Bestimmungen (also einschließlich der Grundrechte des GG) gemessen werden, wohl aber sonstigem Bundesrecht, mithin auch an den von einem Antragsteller angeführten — nicht Grundrechte darstellenden — Bestimmungen des GG. Des weiteren ist eine solche Satzung an den Bestimmungen des einfachen Landesrechts und an der keine Grundrechte regelnden Normen der Landesverfassung zu messen. Enthält die angegriffene Norm keinen gegenwärtigen und unmittelbaren Eingriff in die Rechtsstellung des Antragstellers, so kommt Bundesrecht in vollem Umfang, Landesrecht jedoch auch hier nur im obengenannten Umfang (also außer den in der Verfassung enthaltenen Grundrechten) als Prüfungsmaßstab in Betracht.

Auch der I. Senat des BayVGH (Bausenat) läßt in dem folgend angeführten Urteil v. 9. 6. 1964 die Normenkontrolle zu.

**3. Rechtsprechung**

VGH, OVG und andere Gerichte

1. BayVGH B vom 31. 10. 1962 (Nr. 43 IV 60) DVBl. 1963, 107.

Im Verfahren nach § 47 VwGO sind Prüfungsmaßstäbe auch die Normen des Bundesrechts (ausgenommen die in § 90 BVerfGG als Prüfungsmaßstäbe für die Verfassungsbeschwerde angeführten Artikel des GG) sowie die Normen des Landesverfassungsrechts (ausgenommen die Grundrechte verbürgender Artikel der Bayer. Verfassung).

2. Bad.-Wttb. VGH B vom 14. 12. 1962 (IV 381/62) DÖV 1963, 228.

a) Im Normenkontrollverfahren hat der Verwaltungsgerichtshof den nach den Bestimmungen des Bundesbaugesetzes als Satzung beschlossenen Bebauungsplan auch auf seine Vereinbarkeit mit dem Bundesrecht, insbesondere dem Bundesbaugesetz, zu prüfen.

b) Unter Landesrecht i. S. des Art. 93 Abs. 1 Nr. 2 GG ist jedenfalls kein Gemeindesatzungsrecht zu verstehen, so daß eine Zuständigkeit des Bundesverfassungsgerichts nach dieser Bestimmung nicht in Betracht kommt.

c) Der in § 10 BBauG für die Feststellung eines Bebauungsplans vorgeschriebene Satzungsbeschluß kann erst n a c h Durchführung des in § 2 Abs. 6 BBauG vorgeschriebenen Offenlegungsverfahrens gefaßt werden.

3. BayVGH B vom 12. 6. 1964 (Nr. 137 I 63) vgl. DVBl. 1965, 294.

Die gemeindlichen Bebauungspläne sind Rechtsvorschriften, die im Range unter dem Landesgesetz stehen. Die Voraussetzungen für die Zulässigkeit des Normenkontrollantrags nach § 47 VwGO, Art. 10 Abs. 1 BayAGVwGO sind gegeben.

Bei der Bauleitplanung ist es den Gemeinden nicht verwehrt, unmittelbar anschließend an ein Baugebiet, in dem bestimmte Baubeschränkungen gelten, ohne Schutzabstand oder Schutzstreifen ein anderes Baugebiet auszuweisen, für das diese Bestimmungen nicht gelten.

## § 12
### *Inkrafttreten des Bebauungsplanes*

**Die Gemeinde hat den genehmigten Bebauungsplan mit Begründung öffentlich auszulegen. Sie hat die Genehmigung sowie Ort und Zeit der Auslegung ortsüblich bekanntzumachen. Mit der Bekanntmachung, die an die Stelle der sonst für Satzungen vorgeschriebenen Veröffentlichung tritt, wird der Bebauungsplan rechtsverbindlich.**

Sobald der Bebauungsplan genehmigt ist, hat ihn die Gemeinde zusammen mit der Begründung öffentlich auszulegen. Der Bebauungsplan ist also zweimal der Öffentlichkeit kundzutun, nämlich als Entwurf (vgl. § 2 Abs. 6 Satz 1) und nun nach seiner Genehmigung. Die Genehmigung durch die höhere Verwaltungsbehörde sowie Ort und Zeit der Auslegung sind ortsüblich bekanntzumachen (zum Begriff „ortsüblich" siehe Anm. 5 c bei § 2).

Mit der Bekanntmachung tritt der Bebauungsplan in Kraft und wird rechtsverbindlich. Maßgeblich ist der Tag der Veröffentlichung. Mit dem klaren Gesetzeswortlaut des Satz 3 dürfte es nicht vereinbar sein, wenn die Gemeinde einen anderen — zurückliegenden oder späteren Zeitpunkt für das Inkrafttreten festsetzt (a. M. Knaupp-Ingenstau, BBauG, Anm. zu § 12). § 12 ist nämlich Spezialnorm; er tritt an die Stelle der entsprechenden Bestimmungen der Kommunalgesetze der Länder über Inkrafttreten von Satzungen.

## § 13

### *Vereinfachte Änderung des Bebauungsplanes*

**(1) Änderungen und Ergänzungen des Bebauungsplanes werden ohne Auslegung und Genehmigung rechtsverbindlich, wenn sie die Grundzüge der Planung nicht berühren und für die Nutzung der betroffenen und der benachbarten Grundstücke nur von unerheblicher Bedeutung sind.**

**(2) Stimmen die Eigentümer der betroffenen und benachbarten Grundstücke sowie die nach § 2 Abs. 5 beteiligten Behörden und Stellen der Änderung oder Ergänzung nicht zu, so ist § 11 anzuwenden.**

a) Änderungen und Ergänzungen des Bebauungsplans (selbstverständlich durch Beschluß des gemeindlichen beschließenden Organs) bedürfen dann nicht des umständlichen Auslegungsverfahrens und auch nicht der Genehmigung der höheren Verwaltungsbehörde, wenn sie die Grundzüge der Planung nicht berühren und auch für die Nutzung der betroffenen und benachbarten Grundstücke nur von unerheblicher Bedeutung sind. Es darf sich also nur um örtliche Korrekturen einzelner Festsetzungen handeln. Jede erhebliche Nutzungsänderung eines Grundstücks, z. B. die Abwürdigung eines bisherigen Baugrundstücks durch Herausnahme aus dem Baugebiet, erfordert somit das für die Erstellung des Bebauungsplans notwendige Auslegungsverfahren (§ 2 Abs. 6, 7) sowie das Genehmigungsverfahren (§ 11).

b) Wenn die Eigentümer der betroffenen und benachbarten Grundstücke sowie die nach § 2 Abs. 5 beteiligenden Träger öffentlicher Belange der — durch Abs. 1 gedeckten geringfügigen — Änderung oder Ergänzung nicht zustimmen, kann wohl das Verfahren nach § 2 Abs. 4 unterbleiben, doch bedarf die Änderung bzw. Ergänzung der Genehmigung der höheren Verwaltungsbehörde.

c) Einwendungen gegen das von der Gemeinde angewandte Verfahren (z. B. Nichtanhörung von Betroffenen oder irrige Anwendung des vereinfachten Verfahrens) können nur inzidenter — gegebenenfalls unmittelbar im Wege des Normenkontrollverfahrens nach § 47 VwGO — geltend gemacht werden (siehe hierzu auch Anm. 1 b zu § 8).

# ZWEITER TEIL

## Sicherung der Bauleitplanung

### Vorbemerkung

Der Zweite Teil des BBauG behandelt die Sicherung der im Ersten Teil dargestellten Bauleitplanung. Die Bedeutung dieses Teils zeigt schon die Benennung seiner drei Abschnitte: Veränderungssperre und Zurückstellung von Baugesuchen, Bodenverkehr, Gesetzliche Vorkaufsrechte der Gemeinde. Die in den drei Abschnitten behandelten gesetzlichen Regelungen haben den Sinn, die städtebauliche Planung sowohl vor ihrem Heranreifen als auch während ihres Entstehens und selbstverständlich auch nach ihrer Vollendung vor nachteiligen Einwirkungen von außen zu schützen:

a) Die Veränderungssperre, die nur befristet verfügt werden kann (siehe § 17), verbietet die Ausführungen von Veränderungen an Grundstücken, solange der Bebauungsplan noch nicht unter Dach und Fach ist. Dadurch soll der Gefahr vorgebeugt werden, daß durch bebauungsplanwidrige Nutzungen von Grundstücken die städtebauliche Planung erschwert oder vereitelt wird.

Die Veränderungssperre ist die Rechtsnachfolgerin der bisherigen Bausperre, die reichsrechtlich in der durch § 186 Abs. 1 aufgehobenen Verordnung über die Zulässigkeit befristeter Bausperren vom 29. 10. 1936 (RGBl. I S. 933) geregelt war. Landesrechtlich war sie in die nach 1945 erlassenen Aufbaugesetze übernommen worden. In Rechtslehre und Rechtsprechung besteht weitgehend Übereinstimmung darüber, daß als Ausfluß der Sozialpflichtigkeit des Eigentums der Eigentümer eine zeitlich begrenzte Veränderungssperre entschädigungslos hinnehmen muß (vgl. BVerwGE 4, 120; BGHZ 15, 268; Urteil des BGH vom 25. 6. 1959 [III ZR 114/57] zur „faktischen" Bausperre, NJW 1959, 1775; Forsthoff in DÖV 1955, 193; Dittus in DÖV 1955, 161 und 196). Der Bundesgerichtshof hat schließlich mit Urteil vom 25. 6. 1959 (III ZR 220/57) — BGHZ 30, 338 — entschieden, daß aus Planungsgründen verhängte vorübergehende Bausperren entschädigungslos hinzunehmen sind, insoweit die Bausperre unter dem Gesichtspunkt sinnvoller Planung zeitlich gerechtfertigt ist; jede nicht sachgerechte Verzögerung der Bauplanung mit der Folge einer Verlängerung der Bausperre läßt auch die zunächst nur als Eigentumsbeschränkung zu beurteilende Bausperre zur Enteignung werden; nach Ablauf des dritten (u. U. gemäß § 17 Abs. 2 BBauG vierten) Jahres wirkt sich jede noch andauernde Bausperre als Enteignung aus.

Soll nur im einzelnen eine der beabsichtigten Planung nachteilige Veränderung verhindert werden, so muß auf Antrag der Gemeinde anstelle der Veränderungssperre eine Zurückstellung des Baugesuchs bis auf die Dauer eines Jahres erfolgen (§ 15).

b) Während die Veränderungssperre die Ausführung bebauungsplanwidriger Maßnahmen tatsächlicher Art verhindern will, dienen die Bestimmungen über den Bodenverkehr der Kontrolle der Rechtsgeschäfte über den Grundstücksverkehr, um hierdurch eine Erschwerung der Bauleitplanung zu verhindern. Die in § 19 ausgesprochene behördliche Genehmigungspflicht für den Grundstücksverkehr gewährleistet eine der geordneten städtebaulichen Entwicklung entsprechende Nutzung und Aufteilung des Bodens und verhindert im Interesse der Eigentümer und Käufer die Aufteilung eines Gebiets in allzu kleine Grundstücke, die nicht mehr als selbständige Baugrundstücke verwertet werden können. Der Baulanderwerber soll davor geschützt werden, daß er in Unkenntnis der Verhältnisse ein vermeintliches Baugrundstück erwirbt, dessen Bebauung später nicht genehmigt werden könnte.

Die Vorschriften über den Bodenverkehr treten an Stelle der bisher allein für Wohnsiedlungsgebiete nach dem Wohnsiedlungsgesetz gültigen ähnlichen, teilweise weitergehenden Vorschriften; sie regeln auch den Verkehr mit land- und forstwirtschaftlichen Grundstücken, letzteren aber nur innerhalb des räumlichen Geltungsbereichs eines Bebauungsplans. Ansonsten bleiben die besonderen Vorschriften über den Verkehr mit land- und forstwirtschaftlichen Grundstücken anwendbar (§ 22).

c) Das von den meisten Aufbaugesetzen der Länder eingeführte gesetzliche Vorkaufsrecht der Gemeinde für Grundstücksverkäufe wurde vom BBauG in begrenztem Umfang übernommen. Auch diese Vorschrift soll der Gemeinde in der Erfüllung ihrer städtebaulichen Aufgaben helfen. Sie soll in die Lage versetzt werden, mit Hilfe der auf diesem Wege erworbenen Grundstücke bei der Ordnung von Grund und Boden auszugleichen oder Grundstücke für die Erfüllung öffentlicher Aufgaben zu erhalten, ohne daß von dem schwerwiegenderen Eingriff der sofortigen Enteignung Gebrauch gemacht werden muß.

## ERSTER ABSCHNITT

## Veränderungssperre und Zurückstellung von Baugesuchen

### § 14

### *Veränderungssperre*

**(1) Hat die Gemeinde beschlossen, einen Bebauungsplan aufzustellen, zu ändern, zu ergänzen oder aufzuheben, so kann sie zur Sicherung der Planung für den künftigen Planbereich eine Veränderungssperre mit dem Inhalt beschließen, daß**

1. **erhebliche oder wesentlich wertsteigernde Veränderungen der Grundstücke nicht vorgenommen werden dürfen;**
2. **nicht genehmigungsbedürftige, aber wertsteigernde bauliche Anlagen nicht errichtet oder wertsteigernde Änderungen solcher Anlagen nicht vorgenommen werden dürfen;**
3. **genehmigungsbedürftige bauliche Anlagen nicht errichtet oder geändert werden dürfen.**

**(2) Wenn überwiegende öffentliche Belange nicht entgegenstehen, kann von der Veränderungssperre eine Ausnahme zugelassen werden. Die Entscheidung über Ausnahmen trifft die Baugenehmigungsbehörde im Einvernehmen mit der Gemeinde.**

**(3) Vorhaben, die vor dem Inkrafttreten der Veränderungssperre baurechtlich genehmigt worden sind, Unterhaltungsarbeiten und die Fortführung einer bisher ausgeübten Nutzung werden von der Veränderungssperre nicht berührt.**

**1. Voraussetzung und Begriff der Veränderungssperre**

Erfahrungsgemäß bedarf die Aufstellung, Änderung, Ergänzung oder Aufhebung des Bebauungsplans längerer Zeit. Um planungswidrige Vorhaben in dieser Zeit zu verhindern, mußte im öffentlichen Interesse eine Bindung der Nutzungsfreiheit eintreten. Die weitgreifendere der beiden vom Gesetzgeber gewählten Arten ist die Veränderungssperre, die für den künftigen Planbereich vom Vertretungsorgan der Gemeinde beschlossen wird und zwar — wie sich aus § 16 ergibt — als Satzung. Voraussetzung hierfür ist, daß bereits ein Beschluß der Gemeinde vorliegt, einen Bebauungsplan aufzustellen, zu ändern, zu ergänzen oder aufzuheben (**Abs. 1**). Die Veränderungssperre darf nur im Umfang des Abs. 1 **Nr. 1 bis** 3 beschlossen werden, nämlich daß

a) erhebliche oder wesentlich wertsteigernde Veränderungen (unbestimmte Rechtsbegriffe!, vgl. Anm. 5 und 6 zu § 95) der Grundstücke nicht vorgenommen werden dürfen,

b) bauliche Anlagen nicht errichtet oder geändert werden dürfen, und zwar auch genehmigungsfreie nicht, wenn eine Wertsteigerung die Folge ist.

Beschließt die Gemeinde eine Veränderungssperre, die über dieses Maß hinausgeht, so muß der Beschluß von der höheren Verwaltungsbehörde im Rahmen des Genehmigungsverfahrens (§ 16) als gesetzwidrig beanstandet werden. Geht der Beschluß der Gemeindevertretung schlechthin auf „eine Veränderungssperre“ (ohne nähere Bezeichnung des Inhalts der Sperre) und sind sonst die Voraussetzungen (vorheriger Beschluß über die Aufstellung usw. eines Bebauungsplans) erfüllt, so gilt die Veränderungssperre im Umfang des § 14 Abs. 1 Nr. 1 bis 3 BBauG; der Beschluß ist rechtswirksam, sobald er — nach Genehmigung durch die höhere Verwaltungsbehörde — ordnungsgemäß als Satzung erlassen und bekanntgemacht wird, wenn er das Gebiet, das von der Veränderungssperre betroffen wird, hinreichend bezeichnet.

Wenn die Veränderungssperre während des Laufs eines Baugenehmigungsgesuchs, also noch vor seiner Entscheidung beschlossen wird, so kann die Baugenehmigungsbehörde entweder das Baugesuch abschlägig verbescheiden oder ähnlich der Regelung in § 15 bis zur Beendigung der Veränderungssperre zurückstellen. Eine bewußte Verzögerung der Behandlung eines Baugesuchs durch eine Gemeinde, die zugleich Baugenehmigungsbehörde ist, im Hinblick auf eine geplante Veränderungssperre und die Ablehnung (oder Zurückstellung) nach Inkrafttreten der Veränderungssperre kann u. U. rechtswidrig sein und zur Aufhebung des Verwaltungsakts der Ablehnung (oder Zurückstellung) des Baugesuchs führen.

**2. Ausnahme von der Veränderungssperre (Abs. 2 und 3)**

a) Gerade im Planungsrecht erweisen sich allzu starre Vorschriften oftmals als lähmend. Deshalb hat der Gesetzgeber auch im Rahmen der beschlossenen Veränderungssperre die Möglichkeit von Ausnahmen eröffnet. Voraussetzungen sind jedoch nach **Abs. 2,** daß überwiegende öffentliche Belange nicht entgegenstehen (unbestimmter Rechtsbegriff). Die Formulierung „überwiegend“ öffentliche Belange bringt nur zum Ausdruck, daß eine Ausnahme auch zugelassen werden kann, wenn ihr zwar gewisse öffentliche Belange entgegenstehen, andere wichtigere öffentliche Belange aber die Ausnahme fordern (amtliche Begründung des Regierungsentwurfs). Die Wichtigkeit der Entscheidung über die Ausnahme hat den Gesetzgeber veranlaßt, die Baugenehmigungsbehörde einzuschalten. Sie entscheidet im Einvernehmen (nicht nur im Benehmen) mit der Gemeinde. Wenn ein Einvernehmen nicht zustande kommt, kann eine Ausnahmegenehmigung nicht erteilt werden.

Aus der Kannvorschrift des Abs. 2 ergibt sich, daß ein Rechtsanspruch auf eine Ausnahmeerteilung nicht besteht; es handelt sich um eine reine Ermessensentscheidung.

**b)** Dem Schutz der vor Inkrafttreten der Veränderungssperre bereits genehmigten Bauvorhaben, von Unterhaltungsarbeiten und ausgeübten Nutzungen dient **Abs. 3**, deren Durch- bzw. Fortführung durch die Veränderungssperre nicht berührt wird.

**3. Rechtsprechung**

A. Höchstrichterliche Rspr.

BGH U. v. 14. 10. 1963 (III ZR 213/62) DWW 1964, 16 = BGHZ 40, 148

a) Der Anspruch auf Entschädigung wegen einer vor Inkrafttreten des Bundesbaugesetzes beendeten Bausperre findet in diesem Gesetz keine sachlich-rechtliche Grundlage; auch regelt sich seine Geltendmachung nicht nach den Verfahrensvorschriften des BBauG.

b) Darin, daß die Kammer für Baulandsachen über einen nicht nach dem BBauG zu beurteilenden Anspruch auf Entschädigung wegen einer Bausperre entschieden hat, liegt kein unverzichtbarer Verfahrensmangel.

B. OVG, VGH und andere Gerichte

1. OVG Münster U. v. 17. 10. 1963 (VII A 911/62) DÖV 1964, 752

a) Ein Vorhaben, für das eine Bebauungsgenehmigung erteilt ist, ist im Sinne des § 14 Abs. 3 BBauG „baurechtlich genehmigt".

b) In Gebieten innerhalb der im Zusammenhang bebauten Ortsteile, für die ein Bebauungsplan im Sinne des § 30 BBauG nicht vorhanden ist, die Gemeinde die Aufstellung eines solchen Bebauungsplanes jedoch schon beschlossen hat (§ 33 BBauG), ist für die Beurteilung der Zulässigkeit eines Vorhabens § 34 BBauG entsprechend anzuwenden.

2. VG Karlsruhe U. v. 12. 11. 1963 (IV 10/63) DVBl. 1964, 549

Die Ablehnung der Genehmigung zum Bauen in einem Gebiet, für das ein Bebauungsplan nicht besteht und die Gemeinde die Aufstellung eines Bebauungsplanes auch noch nicht beschlossen hat, mit der Begründung, daß öffentliche Belange beeinträchtigt seien, weil das Bauvorhaben den künftigen Festsetzungen eines Bebauungsplans möglicherweise entgegenstehen werde, ist fehlerhaft.

## § 15
### *Zurückstellung von Baugesuchen*

**Wird eine Veränderungssperre nach § 14 nicht beschlossen, obwohl die Voraussetzungen gegeben sind, so hat die Baugenehmigungsbehörde auf Antrag der Gemeinde die Entscheidung über die Zulässigkeit baulicher Anlagen im Einzelfall für einen Zeitraum bis zu zwölf Monaten auszusetzen, wenn zu befürchten ist, daß die Durchführung der Planung durch die bauliche Anlage unmöglich gemacht oder wesentlich erschwert werden würde.**

**a)** Die weniger weitreichende Form der Schutzmaßnahmen für die Sicherung des beschlossenen Bebauungsplans ist die Zurückstellung von Baugesuchen (vgl. Überschrift zu § 15) als eine für den Einzelfall zu treffende Maßnahme. Sie genügt, wenn das zu sichernde Gebiet so klein ist, daß die Zahl der betroffenen Grundstücke gering ist. Auch hier müssen die Voraussetzungen für eine Veränderungssperre (§ 14 Abs. 1, 1. Halbsatz) vorliegen, ferner muß zu befürchten sein, daß, durch die bauliche Anlage die Durchführung der Planung unmöglich gemacht oder wesentlich erschwert würde. Wie bei der Veränderungssperre ist die Baugenehmigungsbehörde einzuschalten und zwar in der Form, daß sie auf Antrag der Gemeinde tätig zu werden hat. Sie muß, wenn die Voraussetzungen vorliegen, das vorliegende Baugesuch zurückstellen oder den Antrag der Gemeinde ablehnen. Die Gemeinde ist gehalten, ihren Antrag rechtzeitig bei der Baugenehmigungsbehörde einzubringen. In den Fällen, in denen die Gemeinde selbst Baugenehmigungsbehörde ist (kreisfreie Städte), ist der Antrag vom zuständigen Planungsreferat an das Baugenehmigungsreferat zu stellen. Die Entscheidung des letzteren ist dann ein interner Behördenvorgang (siehe hierzu auch unten bei c).

**b)** Während die Veränderungssperre ihrer Rechtsnatur nach (vgl. § 16: „... als Satzung beschlossen") nicht im Verwaltungsrechtsweg angefochten werden kann (von dem bereits genannten Fall des Normenkontrollverfahrens nach § 47 VwGO abgesehen), ist die bei der Zurückstellung eines Baugesuchs nach § 16 anders. Der Baugesuchsteller, der durch die Zurückstellung seines Baugesuchs sich in seinen Rechten verletzt glaubt (vgl. § 42 Abs. 2 VwGO), kann im Wege der Verpflichtungsklage wegen der Unterlassung eines Verwaltungsaktes sich unmittelbar an das Verwaltungsgericht wenden (§ 42 Abs. 1, kein Fall des § 68 Abs. 2 VwGO). Wird dem Bauwerber die Zurückstellung seines Baugesuchs durch förmlichen Bescheid der Baubehörde mitgeteilt, dann kann dieser über das Widerspruchsverfahren nach § 68 ff. diesen Zurückstellungsbescheid verwaltungsgerichtlich anfechten. Die verwaltungsgerichtliche Prüfung wird sich vor allem darauf zu erstrecken haben, ob die gesetzlichen Voraussetzungen für eine Zurückstellung vorliegen, also daß die Unmöglichmachung oder wesentliche Erschwerung der Planung infolge der Verwirklichung des Bauvorhabens zu befürchten ist (unbestimmter Rechtsbegriff).

**c)** Wird der Antrag der Gemeinde auf Zurückstellung eines Baugesuchs von der Baubehörde abgelehnt, dann stehen dieser die Rechtsbehelfe der VwGO zu (Verletzung des Planungsrechts als Selbstverwaltungsaufgabe); setzt sich die Baubehörde über einen Antrag der Gemeinde hinweg und genehmigt ein Baugesuch, so kann sich die Gemeinde nur dienstaufsichtlich dagegen wenden.

Ist die Gemeinde selbst Baubehörde, so sind die im Rahmen des § 16 zwischen den in Frage kommenden Referaten sich abspielenden Vorgänge solche innerdienstlicher Art und nicht judiziabel.

d) Die Zurückstellung darf nur auf die Dauer e i n e s Jahres erfolgen. Eine Verlängerung oder eine erneute Zurückstellung nach Ablauf der zwölf Monate ist im Gesetz nicht vorgesehen. Es könnte dann nur eine Veränderungssperre in Frage kommen.

## § 16
### *Beschluß über die Veränderungssperre*

**(1) Die Veränderungssperre wird von der Gemeinde als Satzung beschlossen. Sie bedarf der Genehmigung der höheren Verwaltungsbehörde. § 6 Abs. 2 bis 4 gilt entsprechend.**

**(2) Die Veränderungssperre ist ortsüblich bekannzumachen. Sie wird mit der Bekanntmachung, die an die Stelle der sonst für Satzungen vorgeschriebenen Veröffentlichung tritt, rechtsverbindlich.**

a) Im Hinblick auf die rechtlichen und tatsächlichen Auswirkungen der Veränderungssperre muß auch sie dem Staatsbürger gegenüber klar erkennbar sein und auf einem ordentlichen rechtlichen Fundament stehen. Deshalb verlangt das Gesetz wie beim Bebauungsplan auch für sie den Erlaß durch G e m e i n d e s a t z u n g . Um schwerwiegende Haftungsansprüche gegen die Gemeinde wegen rechtswidriger Baubeschränkungen hintanzuhalten, hat der Gesetzgeber weiters auch für die Veränderungssperre die Genehmigung durch die h ö h e r e V e r w a l t u n g s b e h ö r d e (also meist durch die Bezirksregierung) vorgeschrieben und zwar mit den g l e i c h e n S c h u t z b e s t i m m u n g e n (ausschließliche Versagungsgründe, Genehmigung unter Auflagen, Entscheidung binnen drei Monaten, Verlängerung durch die oberste Landesbehörde) wie sie für die Bauleitpläne gelten. Bzgl. der Anfechtung der Genehmigungsversagung siehe Anm. a, zweiter Absatz zu § 11.

Auch die Veränderungssperre muß o r t s ü b l i c h (vgl. Anm. 5 c zu § 2) b e k a n n t g e m a c h t werden; mit dieser Bekanntmachung — nicht eher (wichtig wegen § 14 Abs. 3) — wird sie rechtsverbindlich. Die sonst für die Veröffentlichung gemeindlicher Satzungen geltenden landesrechtlichen Bestimmungen finden hier keine Anwendung.

Die in der aufgehobenen (§ 186 Abs. 1 Nr. 17) Verordnung über die Zulässigkeit befristeter Bausperren enthaltene Möglichkeit für die höhere Verwaltungsbehörde, selbst Bausperren anzuordnen, ist vom BBauG nicht übernommen worden.

b) Die Landesregierungen können nach § 147 Abs. 2 die Zuständigkeit der höheren Verwaltungsbehörde für die Genehmigung auch im Fall des § 16 anderen staatlichen Behörden übertragen.

## § 17
### *Geltungsdauer der Veränderungssperre*

**(1) Die Veränderungssperre tritt nach Ablauf von zwei Jahren außer Kraft. Auf die Zweijahresfrist ist der seit der Zustellung der ersten Zurückstellung**

**eines Baugesuchs nach § 15 abgelaufene Zeitraum anzurechnen. Die Gemeinde kann mit Zustimmung der höheren Verwaltungsbehörde die Frist um ein Jahr verlängern.**

**(2) Wenn besondere Umstände es erfordern, kann die Gemeinde mit Zustimmung der nach Landesrecht zuständigen Behörde die Frist bis zu einem weiteren Jahr nochmals verlängern.**

**(3) Die Gemeinde kann mit Zustimmung der höheren Verwaltungsbehörde eine außer Kraft getretene Veränderungssperre ganz oder teilweise erneut beschließen, wenn die Voraussetzungen für ihren Erlaß fortbestehen.**

**(4) Die Veränderungssperre ist vor Fristablauf ganz oder teilweise außer Kraft zu setzen, sobald die Voraussetzungen für ihren Erlaß weggefallen sind.**

**(5) Die Veränderungssperre tritt in jedem Falle außer Kraft, sobald und soweit die Bauleitplanung rechtsverbindlich abgeschlossen ist.**

**1. Dauer der Veränderungssperre**

Das Rechtsschutzbedürfnis erfordert eine zeitliche Begrenzung der Veränderungssperre. Die Frage, wie lange eine Veränderungssperre als nach rechtsstaatlichen Begriffen zulässig anzusehen ist, ohne einer entschädigungspflichtigen Enteignung gleichzukommen, hat Bundesgerichtshof wie Bundesverwaltungsgericht beschäftigt (siehe Vorbemerkung zum Zweiten Teil, Buchstabe a). Das Ergebnis dieser Rechtsprechung hat seinen Niederschlag in der endgültigen Fassung des § 17 gefunden.

Grundsätzlich tritt die Veränderungssperre gemäß **Abs. 1** nach Ablauf von zwei Jahren außer Kraft. Ist vor Erlaß der Veränderungssperre im gleichen Gebiet bereits die Zurückstellung eines oder mehrerer Baugesuche nach § 15 erfolgt, so wird auf die Zweijahresfrist auch der Zeitraum seit Zustellung der ersten Zurückstellung nach § 15 angerechnet.

Da es bei größeren Planungsvorhaben nicht immer möglich sein wird, die Vorbereitung der Planung innerhalb von zwei Jahren abzuschließen, kann nach Satz 2 die Gemeinde mit Zustimmung der höheren Verwaltungsbehörde (vgl. § 147 Abs. 2 wegen Übertragung auf andere Staatsbehörden durch Landesrecht) die Frist um ein Jahr verlängern. Wenn auch im Gesetz nicht ausdrücklich gesagt, so muß doch nach rechtsstaatlichen Erfordernissen die Fristverlängerung in der gleichen Form wie die Veränderungssperre selbst beschlossen werden, nämlich durch Gemeindesatzung. Verweigert die höhere Verwaltungsbehörde die Zustimmung, so regelt sich ein etwaiger Widerspruch der Gemeinde gegen diese Ermessensentscheidung nach der VwGO (vgl. auch Anm. a, zweiter Absatz zu § 11); daneben steht der Gemeinde natürlich auch die formlose Aufsichtsbeschwerde an die oberste Landesbehörde zu. Dem betroffenen Staatsbürger steht jedoch — abgesehen von einem gegebenenfalls landesrechtlich zugelassenen Normenkontrollverfahren nach § 47 VwGO — gegen die Verlängerung der Veränderungssperre genau wie gegen diese selbst kein Rechtsmittel zu, da es sich um eine gemeindliche Rechtsnorm handelt; er kann jedoch im Rahmen eines konkreten Baugenehmigungsgesuchs die Rechtsgültigkeit der Satzung bzw. ihrer Verlängerung bestreiten.

Wenn „besondere Umstände es fordern“ (unbestimmter Rechtsbegriff!), kann die Gemeinde nach **Abs. 2** mit Zustimmung „der nach Landesrecht zuständigen Behörde“ (gemeint ist die nach Landesrecht für zuständig erklärte Behörde, die — wenn das Land nicht von der Möglichkeit des § 147 Abs. 2 Gebrauch macht — mindestens die höhere Verwaltungsbehörde sein muß) die Frist bis zu einem weiteren Jahr nochmals verlängern. Auch hier ist eine Satzung notwendig.

Eine Veränderungssperre, die über vier Jahre hinaus dauert, ist somit nicht gestattet (vgl. jedoch Anm. 2). Dieser Zeitraum entspricht den von der höchstrichterlichen Rechtsprechung für die Bausperre entwickelten Grundsätzen.

**2. Erneute Veränderungssperre (Abs. 3)**

Mit Zustimmung der höheren Verwaltungsbehörde kann die Gemeinde eine außer Kraft getretene Veränderungssperre ganz oder teilweise — gemeint ist der räumliche Bereich — erneut beschließen (Satzung!), wenn die Voraussetzungen für ihren Erlaß fortbestehen. Diese Vorschrift birgt die Gefahr in sich, daß über diesen Weg die Vierjahresfrist praktisch um zwei, u. U. um weitere zwei Jahre, verlängert wird, weil zwischen Außerkrafttreten der ersten und Inkrafttreten der neuen Veränderungssperre kein gesetzlicher Mindestzeitraum festgelegt ist; es genügt lediglich, daß die erste Sperre außer Kraft getreten ist. Im Hinblick auf die bekannte höchstrichterliche Rechtsprechung wird es sowohl den Gemeinden als auch den mitwirkenden höheren Verwaltungsbehörden obliegen, von der Verlängerungsmöglichkeit sparsamst Gebrauch zu machen, um enteignungsgleiche Tatbestände mit Entschädigungspflicht (siehe § 18) möglichst zu vermeiden. Es dürfte doch im allgemeinen möglich sein, einen Bebauungsplan nach vierjähriger Veränderungssperre unter Dach und Fach zu bringen!

**3. Außerkrafttreten der Veränderungssperre (Abs. 4 und 5)**

Der Normalfall des Außerkrafttretens der Veränderungssperre ist der Ablauf von zwei Jahren (siehe Anm. 1); bei Verlängerungen nach Abs. 1 Satz 2 und Abs. 2 kommt ein selbsttätiges Außerkrafttreten nach drei und vier Jahren in Frage. Ein weiterer Fall eines automatischen Außerkrafttretens der Veränderungssperre ist das Inkrafttreten des Bebauungsplans (vgl. Abs. 5); in diesem Fall ist jedoch aus Ordnungsgründen eine formelle Außerkraftsetzung durch gemeindliche Satzung zu empfehlen, wenn die Satzung über die Veränderungssperre selbst nicht den ausdrücklichen Hinweis auf das Außerkrafttreten nach Abs. 5 enthalten hat.

Durch Beschluß des zuständigen Gemeindeorgans (wieder in Form der Satzung) muß die Veränderungssperre bereits vor Fristablauf außer Kraft gesetzt werden, sobald die Voraussetzungen für ihren Erlaß weggefallen sind. Da der Hauptfall, nämlich das Inkrafttreten des Bebauungsplans, durch Absatz 5 gesondert geregelt ist, ist hier an die Fälle gedacht, in denen auf die Veränderungssperre ganz verzichtet werden kann, sei es, daß die Gemeinde mit der Zurückstellung von Baugesuchen auskommt (§ 15) oder daß auf die Bauleitplanung, insbesondere in vorwiegend ländlichen Gemeinden — jedenfalls zunächst — gänzlich verzichtet werden kann; denn § 2 Abs. 1 macht die Bauleitplanung den Gemeinden nur zur Pflicht „sobald und soweit es erforderlich ist“.

## § 18

*Entschädigung bei Veränderungssperren*

**(1) Dauert die Veränderungssperre länger als vier Jahre über den Zeitpunkt ihres Beginns oder der ersten Zurückstellung eines Baugesuches nach § 15 hinaus, so ist den Betroffenen für dadurch entstandene Vermögensnachteile eine angemessene Entschädigung in Geld zu leisten. Die Vorschriften über die Entschädigung im Zweiten Abschnitt des Fünften Teiles dieses Gesetzes gelten sinngemäß.**

**(2) Zur Entschädigung ist die Gemeinde verpflichtet. Kommt eine Einigung über die Entschädigung nicht zustande, so entscheidet die höhere Verwaltungsbehörde. Vor der Entscheidung sind die Beteiligten zu hören.**

**1. Entschädigung**

In Auswirkung der in der Vorbemerkung zum Zweiten Teil angeführten höchstrichterlichen Rechtsprechung mußte der Gesetzgeber für die Fälle, in denen die Veränderungssperre länger als vier Jahre dauert (vgl. Art. 14 Abs. 3 GG), eine Entschädigungspflicht festlegen. Für den entscheidenden Zeitpunkt der Berechnung der Frist ist nicht der Beschluß über die Veränderungssperre, sondern der Zeitpunkt ihres Beginns bzw. der Zurückstellung des ersten Baugesuchs nach § 15 maßgebend. Im Fall der erneut beschlossenen Veränderungssperre (§ 17 Abs. 3) über eine bereits nach § 17 Abs. 1 Satz 2 und Abs. 2 auf vier Jahre verlängerte Veränderungssperre hinaus tritt Entschädigungspflicht nach § 18 ein.

Die „angemessene (nach dem Verkehrswert, vgl. §§ 95 Abs. 1, 141) Entschädigung in Geld" ist von der Gemeinde zu leisten. Dabei finden sinngemäß die Vorschriften der §§ 93 bis 99 über die Entschädigungsgrundsätze, Berechtigte und Verpflichtete, Entschädigung für den Rechtsverlust und andere Vermögensnachteile (siehe die Erörterungen dort) sinngemäß Anwendung. Kommt eine Einigung über die Entschädigung nicht zustande, so entscheidet die höhere Verwaltungsbehörde nach Anhörung der Beteiligten. Eine Zuständigkeitsübertragung nach § 147 Abs. 2 dürfte hier nicht in Frage kommen, da hier doch im wesentlichen die Bestimmungen des Fünften Teils zur Anwendung kommen. Streitigkeiten über die Entschädigung gehen nach § 157 Abs. 1 an die Landgerichte, Kammern für Baulandsachen, und zwar auch in den Fällen, in denen die Gemeinde sich mit der Entscheidung der höheren Verwaltungsbehörde nicht abfindet.

**2. Rechtsprechung**

BGH U. v. 14. 10. 1963 (III ZR 213/62) MDR 1964, 34 = DVBl. 1964, 372 = BBauBl. 1964, 96 = DWW 1964, 16

**a)** Der Anspruch auf Entschädigung wegen einer vor Inkrafttreten des Bundesbaugesetzes beendeten Bausperre findet in diesem Gesetz keine sachlich-rechtliche Grundlage; auch regelt sich seine Geltendmachung nicht nach den Verfahrensvorschriften des Bundesbaugesetzes.

**b)** Darin, daß die Kammer für Baulandsachen über einen nicht nach dem Bundesbaugesetz zu beurteilenden Anspruch auf Entschädigung wegen einer Bausperre entschieden hat, liegt kein unverzichtbarer Verfahrensmangel.

## ZWEITER ABSCHNITT
## Bodenverkehr

### § 19
### *Genehmigungspflicht für den Bodenverkehr*

**(1) Innerhalb des räumlichen Geltungsbereiches eines Bebauungsplanes im Sinne des § 30 und innerhalb der im Zusammenhang bebauten Ortsteile, für die ein solcher Bebauungsplan nicht vorhanden ist, bedarf die Teilung eines Grundstücks zu ihrer Wirksamkeit der Genehmigung.**

**(2) Außerhalb des räumlichen Geltungsbereiches eines Bebauungsplanes im Sinne des § 30 und außerhalb der im Zusammenhang bebauten Ortsteile (Außenbereich) bedürfen zu ihrer Wirksamkeit der Genehmigung**

1. **die Auflassung eines Grundstücks, wenn sie nach dem Inhalt des zugrunde liegenden Verpflichtungsgeschäftes zum Zwecke der Bebauung oder kleingärtnerischen Dauernutzung vorgenommen wird, sowie die Einigung über die Bestellung eines Erbbaurechtes;**
2. **die Teilung eines Grundstücks, wenn das Grundstück bebaut oder seine Bebauung genehmigt ist, oder wenn die Teilung zum Zwecke der Bebauung oder der kleingärtnerischen Dauernutzung vorgenommen wird.**

**(3) Teilung ist die dem Grundbuchamt gegenüber abgegebene oder sonstwie erkennbar gemachte Erklärung des Eigentümers, daß ein Grundstücksteil grundbuchmäßig abgeschrieben und als selbständiges Grundstück oder als ein Grundstück zusammen mit anderen Grundstücken oder mit Teilen anderer Grundstücke eingetragen werden soll.**

**(4) Die Genehmigung wird durch die Gemeinde erteilt, wenn sie für die Erteilung der Baugenehmigung zuständig ist, im übrigen durch die Baugenehmigungsbehörde im Einvernehmen mit der Gemeinde (Genehmigungsbehörde). Im Falle des Absatzes 2 darf die Genehmigung nur mit Zustimmung der höheren Verwaltungsbehörde erteilt werden, soweit der Rechtsvorgang der Vorbereitung eines in § 36 bezeichneten Vorhabens dient. Die Genehmigung gilt als erteilt, wenn sie nicht binnen zwei Monaten nach Eingang des Antrages versagt wird.**

**(5) Rechtsvorgänge bedürfen der Genehmigung nicht, wenn**

1. **sie in einem Verfahren zur Enteignung oder Bodenordnung nach diesem Gesetz oder anderen bundes- oder landesrechtlichen Vorschriften oder für ein Unternehmen, für das die Enteignung für zulässig erklärt wurde, oder in einem bergbaulichen Grundabtretungsverfahren vorgenommen werden;**
2. **der Bund, ein Land oder eine Gemeinde als Vertragsteil, Eigentümer oder Verwalter beteiligt ist;**
3. **eine ausschließlich kirchlichen, wissenschaftlichen, gemeinnützigen oder mildtätigen Zwecken dienende öffentlich-rechtliche Körper-**

**schaft, Anstalt oder Stiftung, eine mit den Rechten einer Körperschaft des öffentlichen Rechts ausgestattete Religionsgesellschaft oder eine den Aufgaben einer solchen Religionsgesellschaft dienende rechtsfähige Anstalt, Stiftung oder Personenvereinigung als Vertragsteil oder Eigentümer beteiligt ist;**

**4. es sich um die Teilung eines Grundstücks handelt und ein Teil des Grundstücks veräußert oder mit einem Erbbaurecht belastet werden soll, sofern die Auflassung des Grundstücksteiles oder die Einigung über die Bestellung des Erbbaurechts daran bereits genehmigt ist;**

**5. durch sie Einzeleigentum in Miteigentum nach Bruchteilen oder in Gesamthandseigentum oder Miteigentum nach Bruchteilen in Gesamthandseigentum umgewandelt wird oder umgekehrt;**

**6. es sich um Vereinbarungen über die Errichtung von Anlagen der öffentlichen Versorgung mit Elektrizität, Gas, Wärme und Wasser sowie von Anlagen der Abwasserwirtschaft handelt.**

**(6) Die Landesregierungen können für Gebiete, in denen es wegen der geringen Wohnsiedlungstätigkeit nicht erforderlich ist, den Bodenverkehr zu überwachen, durch Rechtsverordnung vorschreiben, daß es einer Genehmigung nicht bedarf.**

### 1. Allgemeines

Diese Vorschrift stellt eine bedeutsame Regelung für den Bodenverkehr dar. Während das vorher gültige Wohnsiedlungsgesetz von 1933/38 nur in den zu Wohnsiedlungsgebieten erklärten Gemeinden bestimmte Grundstücksverträge einer Genehmigungspflicht unterstellte, gilt die Genehmigungspflicht nach § 19 nunmehr räumlich allgemein. Diese Erweiterung hat ihren Grund vor allem in der seit 1945 eingetretenen Übervölkerung des Bundesgebiets. Eine Einschränkung gegenüber dem früheren Rechtszustand besteht allerdings in bezug auf die genehmigungspflichtigen Rechtsvorgänge des Bodenverkehrs; vor allem sind Verpflichtungsgeschäfte (also die schuldrechtlichen Vorgänge im Grundstücksverkehr, insbesondere auch Vereinbarungen, durch die einem anderen ein Recht zur Nutzung oder Bebauung eines Grundstücks eingeräumt wurde — vgl. § 4 Abs. 1 WSG) nicht mehr genehmigungspflichtig, sondern allein gewisse dingliche Rechtsgeschäfte (siehe in der folgenden Anmerkung).

Der Genehmigungsvorbehalt gibt der Behörde eine rechtliche Handhabe, den Grundstücksverkehr zu überwachen und solche Rechtsvorgänge zu verhindern, die dem festgesetzten Bebauungsplan oder einer geordneten städtebaulichen Entwicklung des Gemeindegebiets widersprechen. Erst die zweite Stufe ist die Verhinderung von unerwünschen Vorhaben, die in §§ 29 ff. geregelt ist (siehe dort).

### 2. Die genehmigungspflichtigen Rechtsvorgänge (Abs. 1 und 2)

Nach der amtlichen Begründung dienen die den Bodenverkehr einer Genehmigung unterstellenden Vorschriften dem Schutz des Erwerbers vor übereiltem Grundstückserwerb.

a) Drei Arten von Rechtsvorgängen werden von der Genehmigungspflicht des § 19 erfaßt: die Grundstücksteilung (Abs. 1 und Abs. 2 Nr. 2 sowie Abs. 3), die Grundstücksauflassung (Abs. 2 Nr. 1) und das dingliche Erbbaurechtsgeschäft (Ab. 2 Nr. 1). Aber nicht jede Teilung oder jede Auflassung bzw. jede Erbbaurechtsbestellung ist genehmigungspflichtig; vor allem ist die Auflassung eines Grundstücks und die Einigung über die Erbbaurechtsbestellung nur außerhalb des räumlichen Geltungsbereichs eines Bebauungsplans (mit gewissen Mindestvoraussetzungen — siehe § 30) und im Außenbereich genehmigungspflichtig, die Auflassung auch nur dann, wenn sie nach dem Inhalt des zugrunde liegenden Rechtsgeschäfts zum Zwecke der Bebauung oder der kleingärtnerischen Dauernutzung erfolgt. Bei der Beurteilung des „Inhalts" des Rechtsgeschäfts kommt es auf den Wortlaut des Vertrags an; es genügt nicht die Ersichtlichkeit aus dem Vertragsinhalt schlechthin, um eine Genehmigungspflicht auszulösen (z. B. Verkauf einer Parzelle, die ihrer Größe und Beschaffenheit nach allein Bauzwecken dienen kann). Die Teilung ist innerhalb des räumlichen Geltungsbereichs eines Bebauungsplans (im Sinn des § 30) und innerhalb der im Zusammenhang bebauten Ortsteile, für die ein solcher Bebauungsplan nicht vorhanden ist, stets genehmigungspflichtig, außerhalb des Bebauungsplans und außerhalb der im Zusammenhang bebauten Ortsteile (vgl. für den Begriff § 34 Anm. b) nur, wenn das Grundstück bebaut oder seine Bebauung genehmigt ist oder wenn die Teilung zum Zwecke der Bebauung oder der kleingärtnerischen Dauernutzung erfolgt.

Die Auflassung ist ein Rechtsvorgang, der innerhalb des Geltungsbereichs des Bebauungsplans oder innerhalb bebauter Ortsteile für die Behörde uninteressant ist, weil sie nur eine Eigentumsänderung, aber keine Grundstücksänderung — wie die Teilung — bewirkt. Der Planungszweck wird nicht vereitelt; die Vertragsschließenden hingegen müssen im Hinblick auf den als Satzung veröffentlichten Bebauungsplan sich darüber klar sein, in welche Kategorie der ausgewiesenen Flächen das aufzulassende Grundstück fällt; innerhalb der im Zusammenhang bebauten Ortsteile bedarf es für die Auflassung einer Genehmigungspflicht deshalb nicht, weil § 34 i. V. m. § 36 auch für Bau- und ähnliche Vorhaben dort eine besondere Genehmigungspflicht beinhaltet.

b) Außerhalb des räumlichen Geltungsbereichs des Bebauungsplans (im Sinn des § 30) und im Außenbereich (vgl. § 34) ist die behördliche Kontrolle auch der Auflassung erforderlich, weil die Erfahrung gezeigt hat, daß Bauwillige dort vielfach billigere Grundstücke erwerben wollen, ohne sich Gewißheit zu verschaffen, ob hierfür eine Bebauungsfähigkeit gegeben ist und dann nicht bauen können, oder ohne Rücksicht hierauf ein Grundstück kaufen und dann schwarz bauen. Das gleiche gilt für das Erbbaurecht.

c) Die Teilung verändert die Struktur des Grundstücks. Wie sich aus ihrer Definition nach **Abs. 3** ergibt, ist darunter nicht nur die Abschreibung eines Grundstücksteils als selbständiges Grundstück, sondern auch die Zuteilung eines Grundstücksteils zu einem anderen Grundstück und auch eine Verbindung eines abgeschriebenen Grundstücksteils mit anderen Grundstücken oder Teilen anderer Grundstücke zu einem Grundstück zu verstehen. Deshalb ist die Teilung

— gleich ob innerhalb des räumlichen Bereichs des Bebauungsplans oder außerhalb — grundsätzlich der Genehmigung bedürftig. Weder aus dem Sinnzusammenhang noch aus den Verhandlungen des Bundestags, insbesondere des federführenden Ausschusses für Wohnungswesen, Bau- und Bodenrecht (vgl. Drucksachen des Dritten Bundestags 336, 1794, zu 1794) ist zu entnehmen, daß der Gesetzgeber nur eine dem Grundbuchamt gegenüber irgendwie erkennbar gemachte Teilungserklärung der Genehmigungspflicht unterwerfen wollte. Der in § 19 Abs. 3 festgelegte Teilungsbegriff war bereits im Regierungsentwurf vorgesehen und ist von dem bereits genannten Ausschuß und auch durch das Plenum des Bundestags unverändert gelassen worden (vgl. die Gegenüberstellung bei § 23 Abs. 2 E in Drucksache 1794 Seite 18). In der Begründung des Regierungsentwurfs (Drucksache 33) heißt es zu § 23 E (S. 68 linke Spalte):

„Der in Absatz 2 definierte Teilungsbegriff und die in den folgenden Absätzen vorgesehenen Ausnahmen vom Grundsatz der Genehmigungspflicht entsprechen im wesentlichen den §§ 2 ff. der Verordnung zur Ausführung des Gesetzes über die Aufschließung von Wohnsiedlungsgebieten vom 25. 2. 1935 (RGBl. I S. 292)."

Dort ist in § 2 Abs. 1 die gleiche Fassung: „Teilung . . . ist die dem Grundbuchamt gegenüber abgegebene oder sonstwie erkennbar gemachte Erklärung..." enthalten, wie sie § 19 Abs. 3 BBauG übernommen hat (vgl. auch den Runderlaß des ehem. Reichsarbeitsministers vom 26. 2. 1935, RArbBl. 1935 I S. 99). Wie sich aus der Begründung des Regierungsentwurfs und auch aus der Begründung des genannten Ausschusses zu § 23 E (vgl. Drucksache 1794 zu § 23, S. 7) ergibt, ist Ziel der Bestimmung, insbesondere im Außenbereich „der Behörde bereits in einem möglichst früheren Zeitpunkt" die Möglichkeit zu geben, „ordnend und regelnd eingreifen zu können, und zwar bereits dann, wenn das Grundstück aufgeteilt, veräußert, verpachtet usw. werden soll. Um den Erwerber gegen Fehlinvestitionen für ein Vorhaben, dessen Durchführung ihm später nicht gestattet werden kann, zu schützen und ihm die Möglichkeit zu geben, sich noch vor der Rechtswirksamkeit des Rechtsgeschäfts über die Bebaubarkeit oder die Zulässigkeit der sonstigen Nutzung des Grundstücks zu vergewissern — zumal im Außenbereich, anders als im Geltungsbereich eines Bebauungsplans, die städtebauliche Ordnung keine Konkretisierung erfährt —" (Drucksache 336 a. a. O.), wurden Auflassung und Teilung der Genehmigungspflicht unterworfen. Hierunter fällt auch der Teilungskauf; denn es wäre sinnlos und vor allem dem Zweck der frühzeitigen Hintanhaltung von Fehlinvestitionen entgegenlaufend, wollte man den Teilungskauf freistellen und erst den — zwangsläufig — an das Grundbuchamt herangetragenen, oftmals erheblich später erfolgenden Antrag u. dgl. auf Rechtsänderung im Grundbuch der Genehmigung unterstellen. Allerdings muß die Erklärung die zweifelsfrei erkennbare Feststellung enthalten, daß ein Grundstücksteil rechtlich als selbständiges Grundstück abgetrennt werden soll. Ein bloßer Vermessungsantrag ohne jegliche Äußerung der Absicht einer Teilung bedeutet noch keinen Antrag im Sinn der Vorschrift.

Daß außerhalb des Bebauungsplans und im Außenbereich nur dann eine Genehmigungspflicht für die Teilung besteht (Abs. 2 **Nr.** 2), wenn sie zum Zwecke der Bebauung oder der kleingärtnerischen Dauernutzung erfolgt, bzw. wenn das zu teilende Grundstück bereits bebaut oder seine Bebauung genehmigt ist, hat seinen Grund einmal darin, daß bezüglich der landwirtschaftlichen Grundstücke in diesen Bereichen die besonderen landwirtschaftsrechtlichen Genehmigungen weiterhin erforderlich sind (vgl. § 22, der sogar innerhalb des Bebauungsplans für land- und forstwirtschaftliche Grundstücke die besondere landwirtschaftsrechtliche Genehmigungspflicht bestehen läßt), dann auch darin, daß eine Teilung u. U. die Bebauungsfähigkeit der neugeschaffenen Flächen aus verschiedenen Gründen (Mindesthofraumfläche, Mindestgröße der Baugrundstücke bei offener Bauweise usw.) vernichten kann.

**d)** Aus der Fassung des Abs. 2 Nr. 1 und 2 über die Genehmigungspflicht sowie aus der Legaldefinition für die „Teilung" (Abs. 3) ergeben sich entsprechend den bisherigen Erfahrungen einige besondere Probleme:

**aa)** Die Baubehörden stellen in der Regel sog. Negativbescheinigungen nach § 23 Abs. 2 aus, in denen bestätigt wird, daß der betreffende Rechtsvorgang nicht den Genehmigungsvorschriften für den Bodenverkehr nach § 19 BBauG unterliegt (§ 23 Abs. 2). Es kommen aber auch Fälle vor, in denen die Baubehörde eine Bescheinigung des Inhalts erteilt, daß der Rechtsvorgang „genehmigt wird unter der Bedingung, daß das Grundstück nicht bebaut wird". Eine solche Erklärung der Baubehörde ist besonders im Hinblick auf § 21 Abs. 1 höchst bedenklich.

**bb)** Liegt ein genehmigungspflichtiger Vorgang vor, wenn im Rahmen einer Parzellierung nicht der verkaufende Eigentümer (vgl. den Wortlaut des Abs. 3) — im Einvernehmen mit dem Käufer der Parzelle — die Erklärung nach Abs. 3 abgibt, sondern ein Dritter, der mit dem Erwerber einen Kaufvertrag über eine abzuteilende Parzelle geschlossen hat? Offensichtlich hat der Gesetzgeber diesen Fall nicht bedacht, als er einengend (in Anlehnung an die Begriffsbestimmung in § 2 Abs. 1 der Verordnung zur Ausführung des Gesetzes über die Aufschließung von Wohnsiedlungsgebieten vom 25. 2. 1935 (RGBl. I S. 292; siehe auch f) nur von „Eigentümer" in Abs. 3 spricht. Es würde dem Schutzgedanken des § 19 (vgl. die AmtlBegr.) widersprechen, solche Vorgänge genehmigungsfrei zu lassen.

**cc)** Die Teilung eines Grundstücks wird nach Erklärung des Verkäufers gemäß Abs. 3 genehmigt, weil beide Parteien im Kaufvertrag erklärten, das Grundstück weder für Bauzwecke noch für Zwecke der kleingärtnerischen Nutzung zu teilen. Das abgeteilte Grundstück wird nach kurzer Zeit an einen Dritten zwecks Parzellierung für Bauzwecke verkauft. Dieser Vorgang ist ein weiterer nach Abs. 2 Nr. 2 in Verbindung mit Abs. 3 genehmigungspflichtiger Rechtsvorgang.

**dd)** Auch die Fassung in der Ziffer 1 (Auflassung) „wenn sie nach dem Inhalt des zugrunde liegenden Verpflichtungsgeschäfts zum Zwecke der Bebauung oder kleingärtnerischen Dauernutzung vorgenommen wird" wirft Zweifelsfragen insoweit auf, als aus dieser Fassung nicht klar ersichtlich ist, ob sich der Zweck aus der Vertragsurkunde ausdrücklich ergeben muß oder ob konkludente Vertragsvereinbarungen genügen (z. B. aus der Grundstücksgröße und -lage ergibt sich die Bebauungsabsicht). Mehr und mehr setzt sich die Ansicht durch, daß letztere nicht ausreichend sind. Die Auffassung wird vor allem mit der AmtlBegr. zu § 23 E begründet, in der es heißt (DS 336 zu § 23 E dritter Absatz S. 68):

> „Die ausdrückliche Deklaration des Erwerbszweckes im Vertrag war deshalb erforderlich, weil die Genehmigungsbehörde nur anhand des Vertragsinhaltes die Genehmigungsbedürftigkeit des Rechtsgeschäftes prüfen kann. Daraus folgt, daß die Schutzfunktion der Bodenverkehrsgenehmigung nur den Personen zugute kommt, die im Vertrage den Zweck des Rechtsgeschäftes offenbaren."

Vgl. hierzu das im Rechtsprechungsurteil unten zitierte Urteil des OVG Lüneburg vom 16. 12. 1961, VerwRspr. Bd. 14, S. 693 = BBauBl. 1962, 400.

ee) Die im besonderen in Hinblick auf § 35 wichtigen Begriffsbestimmung „Außenbereich" in Abs. 2 als das Gebiet außerhalb des qualifizierten Bebauungsplans und „außerhalb der im Zusammenhang bebauten Ortsteile" lehnt sich an die Definition des § 3 Abs. 1 BauRegV an, die den Ausdruck „nicht im Zusammenhang bebaute Ortsteile" verwendet hat. In der Praxis ist eine klare Grenzziehung oftmals sehr schwierig, wo kein Bebauungsplan vorhanden, also nur die tatsächliche Bebauung als Maßstab herangezogen werden kann. Hier wird man auf den Einzelfall abstellen müssen. Im Hinblick auf die Fassung des Eingangs des Abs. 2 ergibt sich auch die Frage, wie in den Fällen zu verfahren ist, in denen ein Bebauungsplan im Sinn des § 30 nicht aufgestellt, aber ein Flächennutzungsplan vorhanden ist. Mangels einer positiven gesetzlichen Regelung muß man auf die tatsächliche Bebauung und somit darauf abstellen, ob das Grundstück außerhalb der im Zusammenhang bebauten Ortsteile liegt, und dies selbst dann, wenn nach dem Flächennutzungsplan eine Bebauung dieses Gebiets in Aussicht genommen ist. Das gleiche muß für Bebauungspläne gelten, die nicht den Erfordernissen des § 30 genügen.

Ein im Zusammenhang bebauter Ortsteil muß jedenfalls eine in sich geschlossene Gesamtheit von Häusern darstellen, bei der es nicht auf einen wirtschaftlichen, sondern lediglich auf den räumlichen Zusammenhang, d. h. die räumliche Nähe, ankommt. Nur solche Grundstücke liegen innerhalb eines im Zusammenhang bebauten Ortsteils, die von bebauten Grundstücken völlig umschlossen sind (vgl. Haegele, Die Beschränkungen im Grundstücksverkehr, 2. Aufl., Zweiter Teil, 2. Abschnitt, RdNr. 263 Abs. 2). Das OVG Münster hält den im Zusammenhang bebauten Ortsteil in dem U. vom 14. 11. 1960 (BBauBl. 1961, 663) dann für gegeben, „wenn die vorhandene Bebauung einen geschlossenen Bebauungskomplex bildet, der in seiner Gesamtheit nach Zahl, Umfang und Zweckbestimmung sowie nach der räumlichen Zuordnung der vorhandenen Bauten einen echten Schwerpunkt der baulichen Entwicklung des Gemeinwesens darstellt". Damit knüpft das OVG Münster an die in der Fußnote angeführte Rechtsprechung des Preuß. Oberverwaltungsgerichts an. Diese hat sich mit dem Begriff „außerhalb einer im Zusammenhang gebauten Ortschaft" bereits seit Ergehen des preußischen Gesetzes betreffend der Gründung neuer Ansiedlungen — PrAnsG — vom 10. 8. 1904 (PrGS S. 227) in der Fassung vom 6. 12. 1918 (PrGS S. 194) — vgl. § 13 — befaßt; das PrOVG verstand unter „zusammenhängender Bebauung" einen Komplex von zusammengehörigen Bauten*). Weitere Rechtsprechung siehe im einzelnen Anm. 6.

---

*) Zwei der wichtigsten Entscheidungen des PrOVG sollen hier angeführt werden:
PrOVGE 5, 400:

„Es kommt bezüglich des Begriffs ‚außerhalb der im Zusammenhang gebauten Ortschaft' nach § 13 PrAnsG vom 10. 8. 1904 / 6. 12. 1918 nicht auf einen wirtschaftlichen oder mechanischen, sondern auf einen räumlichen Zusammenhang, die räumliche Nähe an."

PrOVGE 58, 262:

„Der Gerichtshof hat wiederholt ausgesprochen, daß für die zusammenhängende Bebauung einer Ortschaft nicht nur die Wohngebäude, sondern auch die Wirtschaftsgebäude in Betracht kommen, so daß eine ländliche Ortschaft auch dann noch als im Zusammenff) Wann von „kleingärtnerischer Dauernutzung" (Nr. 1) gesprochen werden kann, ist Tatfrage und wird vielfach nicht leicht zu entscheiden sein. Der BayVGH hat in einer Entscheidung (U vom 18. 1. 1962 Nr. 198 I 61) aufgrund des Vermerks in dem mit der Auflassung verbundenen Kaufvertrag: „Die Käufer wollen die erworbenen Grundstücke zur Anlage eines größeren Obst- und Gemüsegartens verwenden" eine Auflassung zum Zweck der kleingärtnerischen Nutzung erblickt; bei den Klägern handelte es sich bei jener Streitsache nicht um Gärtner, sondern um eine in einer in der Nähe gelegenen größeren Stadt wohnende und dort handelsgewerblich tätige Familie.

Kleingärtnerisch im Sinne des § 19 ist im Gegensatz zu berufsgärtnerisch zu verstehen, weil in letzterem Fall eine Kontrolle, wie die erleichternden Bestimmungen des § 35 Abs. 1 Nr. 1 für die Land- und Forstwirtschaft zeigen, vom Gesetzgeber nach dem Bundesbaugesetz nicht gewollt ist und im übrigen die rechtsgeschäftliche Veräußerung eines land- und forstwirtschaftlichen Grundstücks, worunter auch Erwerbsgärtnerei und Obstbau zählen, nach dem Grundstücksverkehrsgesetz vom 28. 7. 1961 (BGBl. I S. 1091) grundsätzlich allgemein — allerdings landesrechtlich einschränkbar bis zu einer bestimmten Höchstfläche (vgl. § 2 Abs. 3 Nr. 2) — einer behördlichen Genehmigung (§ 2 Abs. 1) bedarf.

gg) Solange über die Genehmigung nicht entschieden ist, bleibt das Grundstücksgeschäft schwebend unwirksam. Sobald eine unanfechtbare (rechtskräftige) Entscheidung vorliegt, gilt das privatrechtliche Geschäft von Anfang an als entweder rechtsgültig zustandegekommen oder nicht existent.

### 3. Genehmigungsbehörden (Abs. 4)

Über die Genehmigung der in Abs. 1 und 2 genannten dinglichen Rechtsgeschäfte hat die Baugenehmigungsbehörde im Einvernehmen mit der Gemeinde zu befinden. Diese beiden Behörden zusammen sind die „Genehmigungsbehörde" im Sinn des Gesetzes. Dort, wo Baugenehmigungsbehörde und Gemeinde zusammenfallen, nämlich in kreisfreien Städten oder bei kreisangehörigen Gemeinden, die durch Landesrecht zu Baugenehmigungsbehörden erklärt worden sind, ist die Gemeinde natürlich allein Genehmigungsbehörde. Im Hinblick auf die Wortfassung „Einvernehmen" — dies bedeutet im Gegensatz zum „Benehmen" Übereinstimmung der beiden Partner — erteilt die Baugenehmigungsbehörde dem Antragsteller formell richtig einen ablehnenden Bescheid, wenn die Gemeinde für die Erteilung der Genehmigung ist, sie — die Baubehörde — aber eine solche nicht verantworten zu können glaubt. Das gleiche gilt für den umgekehrten Fall.

In den Fällen des Abs. 2, also außerhalb des räumlichen Geltungsbereichs eines Bebauungsplans und außerhalb der im Zusammenhang bebauten Ortsteile (Außenbereich) ist dann, wenn die Genehmigungsbehörde keine Ablehnung, sondern eine Genehmigung erteilen will, außerdem die Zustimmung der

---

hang gebaut anzusehen ist, wenn sich zwischen den einzelnen Gebäuden unbebaute, als Hof und Garten, ja selbst als Ackerland genützte nicht umfangreiche Flächen befinden, wie das bei Dörfern der Fall zu sein pflegt.

Der im Zusammenhang gebaute Ortsteil endet nicht schon mit den Gebäuden, sondern erst mit der Grundstücksgrenze, wenn dem nicht im Einzelfall besondere Umstände — beträchtliche Größe, eigenartige Benutzung u. dgl. — entgegenstehen."

höheren Verwaltungsbehörde erforderlich, soweit durch das dingliche Rechtsgeschäft ein Vorhaben (Errichtung, Änderung, Nutzungsänderung von genehmigungspflichtigen Bauanlagen — § 29) vorbereitet werden soll, das entweder im Stadium der Planaufstellung (§ 33) zur Verwirklichung kommen soll oder im Einzelfall als Außenbereichsvorhaben öffentliche Belange nicht beeinträchtigt (§ 35 Abs. 2); Abs. 4 **Satz 2** nimmt hier ausdrücklich auf § 36 Bezug, wobei § 36 Abs. 1 Satz 2 gemeint ist (gleicher Auffassung Schütz-Frohberg, § 19 Anm. 5).

Eine dem Schutz des Antragstellers dienende wichtige Bestimmung ist die Vorschrift des **Satzes 3** in Abs. 4, daß die Genehmigung (einschließlich Zustimmung der höheren Verwaltungsbehörde nach Satz 2) als erteilt gilt, wenn sie nicht innerhalb zweier Monate nach Eingang des Antrags versagt wird. Maßgebend ist der Zugang des Ablehnungsbescheids an den Betroffenen; ist dieser ihnen nicht innerhalb der Zweimonatsfrist zugegangen oder sonst bekannt geworden, gilt die Genehmigung als erteilt (vgl. Urteile des VG München vom 4. 3. 1965 Nr. I — 3254/64 und I — 3313/64). Dies folgt aus dem Erfordernis der Kundmachung des beschwerenden Verwaltungsakts an den Betroffenen.

Nach § 147 Abs. 2 kann durch Landesrecht auch eine andere staatliche Behörde mit den Aufgaben der höheren Verwaltungsbehörde nach § 19 betraut werden.

**4. Rechtsschutz**

Die Verwaltungsakte auf Grund § 19 Abs. 1 bis 3 sind nach den Vorschriften der Verwaltungsgerichtsordnung mit Widerspruch und mit Klage zu den allgemeinen Verwaltungsgerichten anfechtbar (§ 19 ist in § 157 Abs. 1, in dem der ausschließliche Katalog der vor den Baulandkammern zu verhandelnden Rechtssachen enthalten ist, nicht aufgeführt), jedoch grds. nur vom betroffenen Staatsbürger (vgl. hierzu § 20, der die Rechtsgrundlagen für eine Versagung enthält); gegenüber der die Genehmigungserteilung bejahenden Gemeinde ist die ablehnende Haltung der Baugenehmigungsbehörde, oder die Verweigerung der Zustimmung der höheren Verwaltungsbehörde kein Verwaltungsakt, da im Gegensatz zur Verweigerung der Genehmigung nach §§ 6 und 11 bezüglich des Flächennutzungs- und Bebauungsplans die Gemeinde nicht unmittelbar betroffen ist und nicht in ihren Selbstverwaltungsrechten verletzt werden kann; sie ist hier vielmehr in ihrer Eigenschaft als Behörde am Genehmigungsverfahren beteiligt. Anders liegt der Fall, wenn eine Gemeinde, die nicht selbst Baugenehmigungsbehörde ist, aus planerischen Gründen eine ablehnende Stellungnahme abgibt und die Baugenehmigungsbehörde trotzdem die Bodenverkehrsgenehmigung erteilt. Abgesehen davon, daß das gesetzlich notwendige Einvernehmen fehlt und schon deshalb die Entscheidung nicht Rechtens ist, kann die Gemeinde als in ihrem Selbstverwaltungsrecht beeinträchtigt Widerspruch und gegebenenfalls Anfechtungsklage zum Verwaltungsgericht erheben. Es ergeben sich hieraus weitere Probleme (begünstigender Verwaltungsakt gegenüber Antragsteller).

**5. Befreiung von der Genehmigungspflicht**

**a) Genehmigungsfreie Rechtsvorgänge**

In **Abs. 5** sind die genehmigungsfreien Rechtsvorgänge ausschließlich aufgezählt. Die **Nr. 1** nennt die Rechtsvorgänge im Rahmen eines Enteignungsverfahrens (Fünfter Teil des BBauG) oder eines Bodenordnungsverfahrens (Umlegung, Grenzregelung, vgl. Vierter Teil des BBauG), Nr. **2 und 3** diejenigen, bei denen der Bund, ein Bundesland oder eine Gemeinde (hierher sind auch die Gemeindeverbände zu zählen!), ferner ausschließlich kirchlichen, wissenschaftlichen, gemeinnützigen oder mildtätigen Zwecken dienende öffentlich-rechtliche Körperschaften, Anstalten, Stiftungen sowie die öffentlich-rechtlichen Religionsgesellschaften (einschließlich deren Aufgaben dienende rechtsfähige Anstalten, Stiftungen oder Personenvereinigungen) als Vertragsteil, Eigentümer (beim Bund, den Ländern und Gemeinden auch als Verwalter) beteiligt sind. **Nr. 4** umfaßt diejenigen dinglichen Teilungsgeschäfte, bei denen ein Grundstücksteil veräußert oder mit einem Erbbaurecht belastet werden soll, sofern die Auflassung des Grundstücksteils (bzw. die Einigung über die Bestellung des Erbbaurechts) bereits genehmigt ist. Die vorletzte Gruppe (**Nr. 5**) nennt — ähnlich dem WSG — die Umwandlung von Einzeleigentum in Miteigentum nach Bruchteilen oder in Gesamthandeigentum oder Miteigentum nach Bruchteilen in Gesamthandeigentum. Die letzte Gruppe (**Nr. 6**) führt die Rechtsvorgänge an, die die Errichtung von Anlagen der öffentlichen Versorgung mit Gas, Strom, Wärme und Wasser sowie für die Abwasserwirtschaft bezwecken.

**b) Generelle Befreiungen**

**Abs. 6** eröffnet den Bundesländern die Möglichkeit, durch Rechtsverordnung der Landesregierung — nicht eines Ressortministers, vgl. Anm. 7 bei § 2 — eine Genehmigungsfreiheit für solche Gebiete einzuführen, in denen wegen geringer Wohnsiedlungstätigkeit eine Überwachung des Bodenverkehrs nicht erforderlich ist. Von dieser Ausnahmebestimmung wurde im Hinblick auf die siedlungsmäßige Entwicklung im übervölkerten Bundesgebiet nur in mäßigem Umfang Gebrauch gemacht. Vgl. hierzu die unter III (Anhang) A abgedruckte Übersicht der einschlägigen landesrechtlichen Bestimmungen.

**6. Rechtsprechung**

Die Rechtsprechung zu § 19 befaßt sich schwerpunktmäßig mit folgenden Problemen:

a) Begriff „Außenbereich" (Abs. 2),
b) Auslegung des Begriffs „nach dem Inhalt des Vertrags" (Abs. 2 Nr. 1),
c) Begriff „kleingärtnerische Dauernutzung" (Abs. 2 Nr. 1 und Nr. 2),
d) Begriff der Teilung (Abs. 3).

Im einzelnen ist anzuführen:

A. Höchstrichterliche Rspr.

1. BGH U vom 20. 6. 1962 (V ZR 219/60) BGHZ 37, 233 = MDR 1962/727.

Verpflichtungsgeschäfte bedürfen keiner Genehmigung nach dem BBauG.

Ein auf Teilung oder (und) Auflassung eines Grundstücks in einem Wohnsiedlungsgebiet gerichtetes Vermächtnis ist (beim Fehlen sonstiger Unwirksamkeitsgründe) Ende Juni 1961 voll wirksam geworden, falls nicht vorher seine Genehmigung nach dem WSG endgültig versagt war.

2. BVerwG U vom 19. 12. 1963 (I C 105/62) DVBl. 1964, 532 = DÖV 1964, 750 = BBauBl. 1964, 306.

Die Genehmigung der Teilung eines Grundstücks verletzt kein Recht des an dem genehmigten Rechtsgeschäft unbeteiligten Unternehmens, für dessen künftigen Landbedarf das Grundstück im Wirtschaftsplan als Industriefläche vorgesehen war.

3. BVerwG U vom 28. 4. 1964 (I C 64/62) BVerwGE 18, 242 = DVBl. 1964, 530 = BBauBl. 1964, 349 = ZMR 1964, 283.

Zur Frage der Vereinbarkeit eines genehmigungsbedürftigen Vorgangs des Bodenverkehrs mit einer geordneten städtebaulichen Entwicklung.

4. BVerwG U vom 30. 6. 1964 (I C 79/63) DÖV 1964, 782 = DVBl. 1964, 916 = MDR 1964, 946 = BayVBl. 1965, 20.

a) Teilung im Sinne des § 19 Abs. 3 BBauG ist auch der Antrag des Eigentümers an die Genehmigungsbehörde auf Erteilung der Genehmigung gemäß § 19 Abs. 4 BBauG, wenn in dem Antrag die beabsichtigte Grundstücksteilung eindeutig bezeichnet wird.

b) Zur Frage der Vereinbarkeit mit einer geordneten städtebaulichen Entwicklung bei Teilung eines Grundstücks im Außenbereich, das an den räumlichen Geltungsbereich eines Bebauungsplanes grenzt.

5. BVerwG U vom 30 .6. 1964 (I C 82/62) DVBl. 1964, 742 = BayVBl. 1964, 367 = MDR 1964, 945 = BBauBl. 1964, 457.

Ob die Auflassung eines Grundstücks der Genehmigung nach § 19 BBauG bedarf, hängt allein von den Erklärungen in dem formgültigen Grundstücksveräußerungsvertrag ab.

B. OVG, VGH und andere Gerichte

1. OVG Münster U vom 16. 6. 1959 (VII A 1281/58) Steffens S. 13.

Das Grundstück liegt außerhalb eines im Zusammenhang gebauten Ortsteils, weil es nicht innerhalb eines solchen liegt, sondern nur mit einem Teil seiner Grenzen an einem solchen liegt, während die übrige Begrenzung des Grundstücks in reines Ackerland überleitet. Innerhalb eines im Zusammenhang gebauten Ortsteils liegt aber nur ein Bauwerk, das von bebauten Grundstücken umschlossen ist. Bei anderer Auffassung würde sich . . . ein fächerförmiges Ausstrahlen der Bebauung ins platte Land nicht verhindern lassen.

2. OVG Saarland U vom 18. 3. 1960, Thiel Baurechtssammlung 10, 174.

Es erscheint richtig, den Begriff des „im Zusammenhang gebauten Ortsteils" eng auszulegen und den im Zusammenhang gebauten Ortsteil auch bei den letztgebauten, mit den übrigen Häusern im Zusammenhang stehenden Häusern enden zu lassen.

3. OVG Lüneburg U vom 30. 6. 1961 (I A 122/60) DVBl. 1962, 63.

Im Verfahren über die Erteilung der Bodenverkehrsgenehmigung muß bereits geprüft werden, ob die Baugenehmigungsbehörde verpflichtet ist, für ein nichtprivilegiertes Bauvorhaben im Außenbereich die Ausnahmegenehmigung (§ 35 Abs. 2 BBauG) zu erteilen. Dies ist der Fall, wenn die Behörde nach § 6 Nr. 3 WSG die Erteilung der Genehmigung deshalb zu Unrecht versagt hat, weil das Vorhaben einer geordneten Entwicklung der Gemeindegebiete im Sinn des § 3 BauRegV entsprochen haben würde.

Ein Gebäude, das in unmittelbarem Anschluß an das äußerste Gebäude einer im Zusammenhang gebauten Ortschaft errichtet wird, liegt im Außenbereich. (Sehr bestritten!)

4. OVG Lüneburg B vom 16. 12. 1961 (I A 39/61) VerwRspr. 14 S. 693 = BBauBl. 1962, 400.

Die Auflassung eines Grundstücks unterliegt nur dann der Bodenverkehrsgenehmigung nach § 19 Abs. 2 Nr. 1 BBauG, wenn in dem zugrunde liegenden Vertrag ausdrücklich offenbart wird, daß sie zum Zwecke der Bebauung oder kleingärtnerischen Nutzung vorgenommen wird. Es genügt nicht, daß sich dieser Zweck lediglich aus den Umständen ergibt oder die Geschäftsgrundlage bildet.

5. OVG Münster U vom 19. 12. 1961 (VII A 830/60) DVBl. 1962, 720.

Die Bodenverkehrsgenehmigung für die Teilung eines im Außenbereich gelegenen Grundstücks zum Zwecke der Bebauung darf nicht erteilt werden, wenn die vorgesehene Bebauung nach § 35 Abs. 2 BBauG nicht zugelassen werden kann.

6. OVG Münster U vom 29. 5. 1962 (VII A 853/59) DWW 1963, 326/327.

Weist ein Bebauungsplan im Sinne des § 30 BBauG ein Grundstück als von jeder Bebauung freizuhaltende private Grünfläche aus, so widerspricht jede Bebauung des Grundstücks, auch die Errichtung eines dem nebenerwerblich betriebenen Obstanbau dienenden Wirtschaftsgebäudes den Festsetzungen des Bebauungsplanes und ist daher nach § 30 BBauG unzulässig.

7. OVG Münster U vom 1. 7. 1962 (VII A 63/61) DÖV 1963, 77.

Die Ablehnung eines im Außenbereich nicht bevorrechtigten und unzulässigen Bauvorhabens kann mangels Ausnahme- und Dispensvorschriften nicht gegen den Gleichheitssatz verstoßen.

8. BayVGH U vom 12. 7. 1962 (Nr. 134 I 61) ASlg. Bd. 15, 102 = DVBl. 1962, 722.

Schon der Verkauf eines erst wegzumessenden Teiles eines Grundstücks bedarf der Genehmigung nach § 19 Abs. 2 BBauG.
(In einem Fall, in dem ein Schwarzbau errichtet worden ist und dann eine Auflassung vorgenommen werden sollte, hat auf eine Entscheidung des Bayer. Verwaltungsgerichtshofs (Nr. 109 I 61 vom 13. 2. 1962) das Bundesverwaltungsgericht wegen der Frage, „ob die erkennbare Absicht des Erwerbers, ein vorhandenes, formell und materiell illegales Bauwerk bestehen zu lassen und zu nutzen", die Versagung der Bodenverkehrsgenehmigung rechtfertigt, die Revision zugelassen [BVerwG B vom 3. 9. 1962 I B 81/62]).

9. BayVGH U vom 21. 10. 1963 (Nr. 229 I 62) vgl. BayVBl. 1964, 93.

Ist der Notar im Grundstücksvertrag beauftragt worden, „das zum Vollzug der Urkunde Erforderliche zu veranlassen und den Messungsantrag zu stellen", gilt er als Zustellungsbevollmächtigter bei Bescheiden über Anträge auf Erteilung einer Bodenverkehrsgenehmigung. Die formellen Erfordernisse an behördliche Bescheide nach § 19 BBauG dürfen nicht überspitzt werden; es muß nur aus der Äußerung der Verwaltungsbehörde hervorgehen, daß sie eine Entscheidung nach dieser Bestimmung gewollt hat.

10. BayVGH B vom 6. 12. 1963 (Nr. 173 I 63) ASlg. Bd. 16, 103.

Die Frage, ob nach dem Bundesbaugesetz eine sogenannte Negativbescheinigung auszustellen ist oder nicht, kann dem Käufer und Verkäufer gegenüber nur einheitlich beantwortet werden.

11. OVG Hamburg U vom 12. 2. 1963 (OVG Bf. II 120 [121]/63) DVBl. 1964, 536.

a) Ein Vorkaufsberechtigter ist, wenn das Vorkaufsrecht bestellt und eingetragen worden ist, jedenfalls nach Ausübung seines Rechtes befugt, die für eine Teilung nach § 19 BBauG erforderliche Genehmigung zu beantragen.
b) Die Genehmigung für eine Teilung innerhalb des räumlichen Geltungsbereichs eines Bebauungsplanes im Sinne des § 30 BBauG (1. Alternative des § 19 Abs. 1 BBauG) darf nach § 20 Abs. 1 BBauG nur dann versagt werden, wenn der Rechtsvorgang oder die mit ihm bezweckte Nutzung mit den Festsetzungen des Bebauungsplanes nicht vereinbar wäre. Auf die Unvereinbarkeit mit der vorhandenen Bebauung kommt es insofern nicht an. Dieser Versagungsgrund gilt nach § 20 Abs. 1 BBauG nur für eine Teilung innerhalb der im Zusammenhang bebauten Ortsteile, für die ein Bebauungsplan im Sinne des § 30 BBauG nicht vorhanden ist (2. Alternative des § 19 Abs. 1 BBauG).

12. VG Neustadt U vom 20. 10. 1963 (I K 297/61) DVBl. 1964, 551 = DÖV 1964, 751/752 = NJW 1964, 514 mit Anm. von Schmidt NJW 1964, 1043.

Die Bodenverkehrsgenehmigung darf nicht mit einer Auflage versehen werden, welche die bauliche Nutzung des Grundstücks ausschließt.

13. OVG Lüneburg U vom 13. 12. 1963 (I A 150/62) DÖV 1964, 392.

Für die Abgrenzung des im Zusammenhang bebauten Ortsteiles vom Außenbereich ist es ein wesentliches Kriterium, ob das Grundstück, um dessen Zuordnung es geht, als eine Baulücke erscheint, also als Land, das nach der Verkehrsauffassung Bauland ist und zur Bebauung ansteht, oder ob es noch unterschiedlichen planerischen Entwicklungsmöglichkeiten zugänglich und ausgesetzt ist.

14. VGH Bad.-Württ. U vom 13. 1. 1964 (I 614/62) DÖV 1964, 751.

a) Zur Wahrung der Zweimonatsfrist des § 19 Abs. 4 Satz 3 BBauG genügt es gemäß § 182 Abs. 1 BGB, daß die Genehmigungsbehörde die Versagung der Bodenverkehrsgenehmigung einer Vertragspartei mitteilt.

b) Die Entschließungen der Gemeinde und der höheren Verwaltungsbehörde über einen Antrag auf Erteilung der Bodenverkehrsgenehmigung i. S. des § 19 Abs. 4 Satz 1 und 2 BBauG sind ihrem Wesen nach keine Verwaltungsakte, sondern Verwaltungsinterna im Verhältnis zur Genehmigungsbehörde.

c) Die Genehmigungsbehörde darf die Bodenverkehrsgenehmigung versagen, ohne zuvor die Entschließungen der Gemeinde oder der höheren Verwaltungsbehörde einzuholen.

d) Einvernehmen i. S. des § 19 Abs. 4 Satz 1 BBauG ist nur vorhanden, wenn völlige Übereinstimmung zwischen der Gemeinde und Genehmigungsbehörde besteht.

e) Die Versagung der Einwilligung zur Bodenverkehrsgenehmigung durch die Gemeinde und die Versagung der Zustimmung dazu durch die höhere Verwaltungsbehörde nach § 19 Abs. 4 Satz 1 und Satz 2 BBauG sind für die Genehmigungsbehörde bindend. Die Genehmigungsbehörde kann die Entschließung der Gemeinde nur im Rechtsaufsichtswege beanstanden.

f) Die Versagung oder Erteilung der Bodenverkehrsgenehmigung durch die Genehmigungsbehörde ist gegenüber dem Antragsteller ein einheitlicher Verwaltungsakt. Dieser braucht sich nur an die Genehmigungsbehörde zu wenden und kann nur gegen diese die Verpflichtungsklage erheben.

g) Die Genehmigungsbehörde muß dem Antragsteller gegenüber die Auffassung der Gemeinde und der höheren Verwaltungsbehörde vertreten, auch wenn diese ihrer eigenen Ansicht widersprechen.

h) Die Entscheidungen der Verwaltungsgerichte über die Erteilung oder Versagung der Bodenverkehrsgenehmigung wirken auch gegenüber der Gemeinde und der höheren Verwaltungsbehörde. Die Gemeinde ist daher gemäß § 65 Abs. 2 VwGO beizuladen. Das gleiche gilt für das Land, wenn die Gemeinde Genehmigungsbehörde ist.

i) Die Bebauung eines im Außenbereich liegenden Grundstücks ist — abgesehen von den Fällen des § 35 Abs. 1 Nr. 1—4 BBauG — grundsätzlich mit einer geordneten städtebaulichen Entwicklung nicht vereinbar. Die Bodenverkehrsgenehmigung darf in einem solchen Falle nur erteilt werden, wenn die Bebauung des Grundstücks nach § 35 Abs. 2 BBauG zugelassen werden kann.

**15.** OVG Münster U v. 16. 4. 1964 (VII A 654/62) BBauBl. 1964, 501 = BB 1964, 1237 = NJW 1964, 2078.

Zur Wirkung einer Bodenverkehrsgenehmigung bei erneuter Auflassung.

**16.** OVG Lüneburg U v. 30. 4. 1964 (I A 198/62) DVBl. 1964, 534 = DÖV 1964, 751.

Der Antrag auf Erteilung der Bodenverkehrsgenehmigung stellt noch keine genehmigungsfähige Teilung im Sinne des § 19 Abs. 3 BBauG dar. (Anderer Ansicht aber BVerwG U v. 30. 6. 1964 — I C 79/63 — DÖV 1964, 782, s. o.).

**17.** OVG Münster U v. 30. 6. 1964 (I C 82/62) DÖV 1964, 780.

Ob die Auflassung eines Grundstücks der Genehmigung nach § 19 BBauG bedarf, hängt allein von den Erklärungen in dem formgültigen Grundstücksveräußerungsvertrag ab.

**18.** BayVGH U v. 23. 11. 1964 — Nr. 308 I 63 (noch nicht veröffentlicht).

**a)** Will der Verkäufer als Grundstückseigentümer das Grundstück zum Zwecke der Bebauung teilen, so ist die Teilung des Grundstücks genehmigungspflichtig, unabhängig davon, ob der Käufer — im Zeitpunkt der gerichtlichen Entscheidung — noch Bauabsichten hat.

**b)** Für die bereits nach dem Wohnsiedlungsgesetz gestellten Anträge gilt § 19 Abs. 4 Satz 3 BBauG mit der Maßgabe, daß die Zweimonatsfrist mit dem Inkrafttreten des BBauG anlaufe, nicht.

**19.** OVG Lüneburg U v. 14. 1. 1965 (I A 109/63) DVBl. 1965, 211.

Die mit der Teilung eines Grundstücks im Außenbereich bezweckte Nutzung rechtfertigt als solche nur dann die Versagung der Genehmigung, wenn sie ein genehmigungsbedürftiges Vorhaben im Sinne des § 29 BBauG zum Gegenstand hat.

**20.** BayVGH U vom 23. 11. 1964 (Nr. 308 I 63), nicht veröffentlicht.

**a)** Eine Teilungsgenehmigung nach § 19 BBauG ist auch erforderlich, wenn der Käufer schließlich die Bauaufsicht aufgegeben hat, da die Absicht des Verkäufers genügt, das Grundstück zum Zweck der Bebauung zu teilen.

**7. Schrifttum**

Bitter, Probleme der Bodenverkehrsgenehmigung, DVBl. 1962, 41,

Gockel, Die Genehmigungspflicht für den Bodenverkehr nach dem BBauG, Bauamt und Gemeindebau 1961, 231,

Jung, Die Bodenverkehrsgenehmigung und ihre Versagungsgründe, DVBl. 1964, 131,

Schieder, Aktuelle Fragen aus dem Bodenverkehrsrecht, BayVBl. 1963, 231,
Schießler, Bauleitplanung und Bodenverkehr, BayBgm. 1964, 239,
Schwering, Versagungsgrund für die Bodenverkehrsgenehmigung beim Verkauf von Grundstücken im „Außenbereich", DNotZ 1962, 236,
Süß, Genehmigungspflicht für den Bodenverkehr nach §§ 19 ff. BBauG, BayBgm. 1962, 73 und 108.

## § 20
### *Versagungsgründe*

**(1) Die Genehmigung darf nur versagt werden, wenn der Rechtsvorgang oder die mit ihm bezweckte Nutzung in den Fällen des § 19 Abs. 1 mit den Festsetzungen des Bebauungsplanes oder der vorhandenen Bebauung, in den Fällen des § 19 Abs. 2 mit einer geordneten städtebaulichen Entwicklung nicht vereinbar wäre.**
**(2) Die Genehmigung kann unter Auflagen erteilt werden.**

**1. Versagungsgründe**

a) Der Ermessensbereich, der der Genehmigungsbehörde zur Verfügung steht, ist nach der negativen Seite begrenzt durch die Vorschrift des **Abs. 1.** Danach darf die nach § 19 notwendige Genehmigung nur dann versagt werden, wenn der genehmigungspflichtige Rechtsvorgang mit den Festsetzungen des Bebauungsplans oder mit der vorhandenen Bebauung, im Außenbereich mit einer geordneten städtebaulichen Entwicklung „nicht vereinbar wäre". Die Vorschrift des § 20 ist für die Nachprüfung im Widerspruchs- und Verwaltungsprozeßverfahren der Angelpunkt der Entscheidung. Im verwaltungsgerichtlichen Bereich obliegt es dem Richter, die Unvereinbarkeit mit dem Bebauungsplan oder der Bebauung und insbesondere der geordneten städtebaulichen Entwicklung (unbestimmte Rechtsbegriffe) in vollem Umfang nachzuprüfen.

In der Praxis häufig sind die Fälle, in denen die Antragsteller entgegen den wahren Absichten eine Bebauungsabsicht gegenüber den Behörden von vornherein in Abrede stellen, um die Genehmigung zu erhalten. Es wird oft nicht leicht sein, die wahren Absichten rechtzeitig zu erkennen. Doch dürfte z. B. eine Parzellierung eines großen Grundstücks in größenmäßig als Baugrundstücke anzusprechende Flächen ungeachtet der Erklärung der Vertragspartner ein Indiz für eine — zumindest spätere — Bebauungsabsicht sein.

b) Eine Genehmigungserteilung unter Auflagen ist nach **Abs. 2** möglich. Diese Auflagen werden — besonders im Hinblick auf § 21 Abs. 1, siehe die Erläuterungen dort — vorausschauend die besonderen Festsetzungen des Bebauungsplans, z. B. in bezug auf Bauweise (vgl. § 9 Abs. 1 b), zum Inhalt haben. Eine Genehmigung unter der Auflage, daß das Grundstück nicht bebaut werden darf, ist — wie sich allein schon aus § 21 Abs. 1 ergibt — widersinnig und unzulässig.

**2. Rechtsprechung**

BVerwG U v. 28. 4. 1964 (I C 64/62) DVBl. 1964, 530 = MDR 1964, 698 = BBauBl. 1964, 349 = DÖV 1964, 750.

**a)** Aus dem Zusammenhang des Gesetzes ergibt sich, daß die in den §§ 20 Abs. 1 und 35 Abs. 2 BBauG verwendeten unbestimmten Gesetzesbegriffe — „mit einer geordneten städtebaulichen Entwicklung nicht vereinbar“ und „öffentliche Belange nicht beeinträchtigt“ — sich inhaltlich decken. Würden die Begriffe des § 20 Abs. 1 (zweite Alternative) und des § 35 BBauG inhaltlich nicht übereinstimmen, so könnte das vom Gesetz nicht gewollte Ergebnis eintreten, daß die Bodenverkehrsgenehmigung dem Staatsbürger nicht die volle Garantie des § 21 Abs. 1 BBauG nicht berücksichtigende Bodenverkehrsgenehmigung gezwungen würde, ein Vorhaben zuzulassen, das öffentliche Belange beeinträchtigt.

**b)** Da die Bodenverkehrsgenehmigung einer vorweggenommenen Entscheidung über die Zulässigkeit des Vorhabens gleichkommt und die in ihr zum Ausdruck gebrachte planungsrechtliche Beurteilung die Baugenehmigungsbehörde bei der späteren Entscheidung über die Zulässigkeit des Vorhabens bindet, darf ein genehmigungsbedürftiger Vorgang des Bodenverkehrs, der die Bebauung eines Grundstücks im Außenbereich bezweckt, planungsrechtlich nicht anders beurteilt werden, als wenn schon über die Zulässigkeit des betreffenden Vorhabens im Baugenehmigungsverfahren zu entscheiden wäre.

**c)** Eine Streusiedlung im Außenbereich entspricht grundsätzlich nicht einer geordneten städtebaulichen Entwicklung.

Hamb. OVG U vom 12. 12. 1963 (Bf. II 120 [121]/63) DVBl. 1964, 536 = DÖV 1964, 751.

**a)** Ein Vorkaufsberechtigter ist, wenn das Vorkaufsrecht bestellt und eingetragen worden ist, jedenfalls nach Ausübung seines Rechtes befugt, die für eine Teilung nach § 19 BBauG erforderliche Genehmigung zu beantragen.

**b)** Die Genehmigung für eine Teilung innerhalb des räumlichen Geltungsbereichs eines Bebauungsplans im Sinne des § 30 BBauG (1. Alternative des § 19 Abs. 1 BBauG) darf nach § 20 Abs. 1 BBauG nur dann versagt werden, wenn der Rechtsvorgang oder die mit ihm bezweckte Nutzung mit den Festsetzungen des Bebauungsplans nicht vereinbar wäre. Auf die Unvereinbarkeit mit der vorhandenen Bebauung kommt es insofern nicht an. Dieser Versagungsgrund gilt nach § 20 Abs. 1 BBauG nur für eine Teilung innerhalb der im Zusammenhang bebauten Ortsteile, für die ein Bebauungsplan im Sinn des § 30 BBauG nicht vorhanden ist (2. Alternative des § 19 Abs. 1 BBauG).

## § 21

### *Inhalt der Genehmigung*

**(1) Ist die Genehmigung nach § 19 erteilt, so darf auf einen Antrag, der innerhalb von drei Jahren seit der Erteilung der Genehmigung gestellt wurde, aus den in § 20 genannten Gründen eine Baugenehmigung für die mit dem Rechtsvorgang bezweckte Nutzung nicht versagt werden.**

**(2) Absatz 1 gilt nicht, wenn sich die für die Erteilung der Genehmigung maßgebenden rechtlichen oder tatsächlichen Voraussetzungen geändert haben. Jedoch ist alsdann bei Versagung der Genehmigung aus den in § 20 genannten Gründen dem Eigentümer oder dem Erbbauberechtigten eine**

**angemessene Entschädigung in Geld insoweit zu leisten, als durch die Versagung**

**1. der Wert des Grundstücks gemindert wird,**

**2. Aufwendungen an Wert verlieren, die der Eigentümer oder Erbbauberechtigte für Vorbereitungen zur Nutzung des Grundstücks im Vertrauen auf die Genehmigung nach § 19 bereits gemacht hat.**

**(3) Die Vorschriften über die Entschädigung im Zweiten Abschnitt des Fünften Teiles dieses Gesetzes gelten sinngemäß. Jedoch darf im Falle des Absatzes 2 Nr. 1 die Entschädigung den Unterschied zwischen dem aufgewandten Entgelt und dem Verkehrswert, der sich nach Versagung der Baugenehmigung ergibt, nicht übersteigen. Zur Entschädigung ist die Gemeinde verpflichtet. Kommt eine Einigung über die Entschädigung nicht zustande, so entscheidet die höhere Verwaltungsbehörde. Vor der Entscheidung sind die Beteiligten zu hören.**

### 1. Auswirkung der Genehmigung zugunsten des betroffenen Grundstücks (Abs. 1)

Diese Bestimmung ist das Ergebnis der Rechtsprechung des Bundesverwaltungsgerichts zum WSG (siehe Anmerkung 6), wonach die Erteilung der Wohnsiedlungsgenehmigung für das nachfolgende Baugenehmigungsverfahren insofern rechtliche Bedeutung hat, als die Bebauungsgenehmigung oder die Baugenehmigung grundsätzlich nicht aus Gründen abgelehnt werden kann, die Gegenstand der Prüfung im Wohnsiedlungsverfahren waren. Der in der Wohnsiedlungsgenehmigung enthaltene Gedanke der „vorweggenommenen Baugenehmigung" (eigentlich Bebauungsgenehmigung), dürfte auch nach Rechtsprechung des BVerwG nur mit Einschränkungen Gültigkeit beanspruchen (vgl. die Begründung zu der grundsätzlichen Entscheidung BVerwGE 3, 351 und die in Anmerkung 6 angegebene weitere Entscheidung dieses Gerichts).

Nunmehr darf innerhalb von d r e i Jahren nach der Erteilung der Genehmigung nach § 19 eine beantragte Baugenehmigung aus den in § 20 genannten Gründen nicht versagt werden. Soweit das Bauvorhaben als solches an planerischen oder förmlichen Mängeln leidet, die a u ß e r h a l b der Versagungsgründe des § 20 BBauG liegen, ist eine Ablehnung aus solchen Gründen durchaus möglich; dies gilt auch, wenn das Bauvorhaben den Festsetzungen des Bebauungsplans (z. B. Baulinien) widerspricht.

### 2. Ausnahme von der begünstigenden Wirkung (Abs. 2 Satz 1)

Die begünstigende Wirkung entfällt, wenn sich die für die Erteilung der Genehmigung nach § 19 maßgebenden rechtlichen oder tatsächlichen Voraussetzungen geändert haben (unbestimmte Rechtsbegriffe). Es handelt sich somit um eine „clausula rebus sic stantibus", die im Hinblick auf die Veränderlichkeit von Planungen, insbesondere auf städtebaulichem Gebiet, nicht zu umgehen war. Es genügt die Änderung der rechtlichen o d e r tatsächlichen Veraussetzungen. Dazu gehören die zwischenzeitlich erfolgreiche Anfechtung eines Bebauungsplans im Normenkontrollverfahren oder die rechtsgültige Abänderung eines

Bebauungsplans oder der Eintritt von Naturereignissen (Überschwemmungen, Erdrutsch u. ä.), deren Folge die Gemeinde zu völlig neuen Planungen zwingen.

**3. Entschädigung bei Nichteintritt der begünstigenden Wirkung (Abs. 2 Satz 2)**

Für die Fälle, in denen trotz Genehmigung nach § 19 eine innerhalb der Dreijahresfrist gestellter Bauantrag abgelehnt werden muß, hat der Gesetzgeber aus rechtsstaatlichen Gründen (enteignungsgleicher Tatbestand) eine Entschädigungspflicht gegenüber dem Eigentümer oder dem Erbbauberechtigten vorgesehen.

Diese Entschädigung, die in Geld (nicht auch in Land wie im förmlichen Enteignungsverfahren nach dem Fünften Teil, vgl. §§ 99, 100) zu leisten ist, ist dann zu gewähren, wenn durch die Versagung der Grundstückswert gemindert wird (**Nr. 1**) oder die vom Eigentümer (oder Erbbauberechtigten) in Vorbereitung der erwarteten Nutzung gemachten Aufwendungen an Wert verlieren (**Nr. 2**).

**4. Entschädigungsvorschriften (Abs. 3)**

Für die Fälle des Abs. 2 gelten die Vorschriften des Fünften Teils des BBauG sinngemäß (siehe dort!). Für die Wertminderung setzt **Satz 2** eine Grenze insoweit, als die Entschädigung den Unterschied zwischen dem aufgewendeten Entgelt (Kaufpreis) und dem neuen Verkehrswert (§ 141) nicht übersteigen darf. Beispiel: Kaufpreis des Grundstücks 20 000 DM, jetziger Verkehrswert des unbebaubaren Grundstücks 18 000 DM, Unterschiedsbetrag 2000 DM. Die Entschädigung darf nicht höher als auf 2000 DM angesetzt werden.

Die Entschädigung hat die Gemeinde zu leisten (**Satz 3**). Diese, in manchen Fällen hart erscheinende Pflicht der Gemeinde ist Ausfluß des Planungsrisikos. Kommt eine Einigung über die Entschädigung nicht zustande, so entscheidet nach Anhörung der Beteiligten die höhere Verwaltungsbehörde. Ihre Entscheidung kann durch Antrag auf gerichtliche Entscheidung (§§ 157 ff.) — siehe zweiter Absatz der folgenden Anmerkung 5 — angefochten werden.

Die Zuständigkeit der höheren Verwaltungsbehörde kann nicht auf eine andere staatliche Stelle übertragen werden (vgl. § 147 Abs. 2) da hier im wesentlichen die Bestimmungen des Fünften Teils zur Anwendung kommen.

**5. Rechtsschutz**

Streitfälle aus den Absätzen 1 und 2 werden nicht selten sein, sei es, daß eine auf außerhalb des § 20 liegenden Gründe gestützte Ablehnung eines Baugesuchs wegen angeblicher Verletzung des Abs. 1 angegriffen oder eine auf die „clausula rebus sic stantibus" in Abs. 2 gestützte Ablehnung mit der Behauptung angefochten wird, die Voraussetzungen für die Genehmigung hätten sich nicht geändert. Insbesondere unterliegen die in Abs. 2 enthaltenen unbestimmten Rechtsbegriffe im verwaltungsgerichtlichen Verfahren der vollen richterlichen Nachprüfung. Das Verfahren (mit Vorverfahren) richtet sich nach der VwGO, die Bestimmungen des § 157 (Verfahren vor den Baulandkammern) greifen für die Abs. 1 und 2 nicht Platz.

Für das Entschädigungsverfahren nach Abs. 3 dagegen ist der Antrag auf gerichtliche Entscheidung (§ 157 Abs. 1) durch die Baulandkammern der Landgerichte vorgesehen.

### 6. Rechtsprechung

A. Höchstrichterliche Rspr.

1.—3. Das BVerwG hat, wie bereits erwähnt, den Grundsatz — mit Einschränkungen — vertreten, daß die Genehmigung nach dem WSG gleichsam eine vorweggenommene Bebauungsgenehmigung bedeute. Die einschlägigen Entscheidungen finden sich in BVerwGE 1, 254 und 3, 351. Bezüglich der Einschränkungen dieses Grundsatzes sei auf die Entscheidung des BVerwG vom 21. 2. 1958 — I C B 147, 57 verwiesen; dort wird ausgesprochen, daß die bindende Wirkung, welche die Erteilung der Wohnsiedlungsgenehmigung für das nachfolgende Baugenehmigungsverfahren hat, ihre Grenzen in der Zuständigkeit der Wohnsiedlungsbehörde hat.

B. OVG, VGH und andere Gerichte

1. OVG Münster U v. 19. 3. 1964 (VII A 383/62) DÖV 1964, 751.

Die bindende Wirkung, die das BBauG nach § 21 Abs. 1 in Verb. mit § 177 Abs. 1 einer unanfechtbaren Wohnsiedlungsgenehmigung für das Baugenehmigungsverfahren beilegt, tritt ohne Rücksicht auf die Vorschriften des BBauG über den Bodenverkehr ein. Bezüglich einer unanfechtbaren Wohnsiedlungsgenehmigung ist das Inkrafttreten der Bestimmungen des BBauG über den Bodenverkehr nicht als eine Änderung der für die Genehmigung maßgebenden rechtlichen Voraussetzungen im Sinne des § 21 Abs. 2 Satz 1 BBauG anzusehen.

2. OVG Münster U v. 16. 4. 1964 (VII A 654/62) DÖV 1964, 750/751 = NJW 1964, 2078 = BBauBl. 1964, 502.

a) Wird ein Grundstück, für dessen Auflassung oder Teilung die Bodenverkehrsgenehmigung erteilt worden ist, innerhalb der im § 21 Abs. 1 BBauG genannten Frist von drei Jahren zu demselben Nutzungszweck weiterveräußert, der schon Gegenstand der Prüfung in dem früheren Verfahren war, so darf in entsprechender Anwendung des § 21 Abs. 1 BBauG bei unverändert gebliebenen tatsächlichen und rechtlichen Voraussetzungen (§ 21 Abs. 2 Satz 1 BBauG) zu der erneuten Auflassung die Bodenverkehrsgenehmigung nicht versagt werden.

b) In den genannten Fällen ist die Baugenehmigungsbehörde jedoch gegenüber einem Bauantrage, der die Verwirklichung der mit beiden Rechtsvorgängen bezweckten Nutzung zum Ziele hat, gemäß § 21 Abs. 1 BBauG nur für eine Frist von drei Jahren gebunden, die von der Erteilung der ersten Bodenverkehrsgenehmigung an rechnet. Hat die Baugenehmigungsbehörde die zu der erneuten Auflassung beantragte Bodenverkehrsgenehmigung zu Unrecht versagt, so ist von der Stellung des Genehmigungsantrages an für die Dauer eines sich aus der Versagung der Genehmigung ergebenden Widerspruchs- und Klageverfahrens der Lauf der Dreijahresfrist des § 21 Abs. 1 BBauG gehemmt.

c) Gibt die Gemeinde ihre in einem Leitplanentwurf zum Ausdruck gebrachte Absicht, einen Teil des Außengebietes als Baugebiet vorzusehen, auf mit der Folge, daß diese Absicht in dem Leitplan selbst keinen Niederschlag mehr findet, so haben sich mit dieser Änderung der planerischen Absicht der Gemeinde nicht die für die Erteilung einer Bodenverkehrsgenehmigung maßgebenden rechtlichen Voraussetzungen im Sinne des § 21 Abs. 2 Satz 1 geändert.

### § 22

*Verhältnis zu anderen Vorschriften über den Bodenverkehr*

**In dem räumlichen Geltungsbereich eines Bebauungsplanes im Sinne des § 30 sind die Vorschriften über den Verkehr mit land- und forstwirtschaftlichen Grundstücken nicht anzuwenden, es sei denn, daß es sich um die Veräußerung der Wirtschaftsstelle eines land- und forstwirtschaftlichen Betriebes oder solcher Grundstücke handelt, die im Bebauungsplan als Flächen für die Landwirtschaft oder für die Forstwirtschaft ausgewiesen sind.**

Im räumlichen Geltungsbereich eines Bebauungsplans (im Sinn des § 30) wird der Grundstücksverkehr in dem in § 19 begrenzten Umfang grundsätzlich allein durch die Genehmigungsbehörde (§ 19 Abs. 4) kontrolliert. Nur wenn es sich um die Veräußerung der Wirtschaftsstelle (wirtschaftlicher Mittelpunkt des Betriebs) eines land- oder forstwirtschaftlichen Betriebs oder von im Bebauungsplan als land- und forstwirtschaftliche Flächen ausgewiesenen Grundstücken (§ 9 Abs. 1 Nr. 10) handelt, sind auch die Vorschriften über den Verkehr mit land- und forstwirtschaftlichen Grundstücken anzuwenden. In Betracht kommt hier die Genehmigungspflicht nach dem Grundstücksverkehrsgesetz (Gesetz über Maßnahmen zur Verbesserung der Agrarstruktur und zur Sicherung land- und forstwirtschaftlicher Betriebe) v. 28. 7. 1961 (BGBl. I S. 1091, 1652, 2000).

Eine doppelte Genehmigung ist aber nur bei Veräußerungen notwendig, da die Grundstücksverkehrsgenehmigung für die Landwirtschaft sich nicht auf die Teilung bezieht.

### § 23

*Sicherung der Vorschriften über den Bodenverkehr*

**(1) Das Grundbuchamt darf auf Grund eines nach § 19 genehmigungsbedürftigen Rechtsvorganges eine Eintragung in das Grundbuch erst vornehmen, wenn der Genehmigungsbescheid vorgelegt ist.**

**(2) Ist zu einem Rechtsvorgang eine Genehmigung nach § 19 nicht erforderlich oder gilt sie als erteilt, so hat die Genehmigungsbehörde auf Antrag eines Beteiligten darüber ein Zeugnis auszustellen. Das Zeugnis steht der Genehmigung gleich.**

**(3) Ist auf Grund eines nicht genehmigten Rechtsvorganges eine Eintragung in das Grundbuch vorgenommen worden, so kann die Genehmigungsbehörde, falls die Genehmigung erforderlich war, das Grundbuchamt um die Eintragung eines Widerspruchs ersuchen; § 53 Abs. 1 der Grundbuchordnung bleibt unberührt.**

**(4) Ein nach Absatz 3 eingetragener Widerspruch ist zu löschen, wenn die Genehmigungsbehörde darum ersucht oder wenn die Genehmigung erteilt ist.**

Entgegen der Empfehlung des Rechtsausschusses, bereits bei der Vermessung des Grundstücks eine Sicherung einzubauen, verblieb es aus praktischen Erwägungen beim Regierungsvorschlag, diese Sicherung beim Grundbuchamt zu belassen. Dies entspricht den sachenrechtlichen Gegebenheiten; denn die Bodenverkehrsgenehmigung ist eine Wirksamkeitsvoraussetzung für die Gültigkeit des Rechtsvorgangs. Das Grundbuchamt darf deshalb nach **Abs. 1** die Eintragung erst auf Grund der Vorlage des Genehmigungsbescheids vornehmen. Soweit Rechtsvorgänge genehmigungsfrei sind (§ 19 Abs. 5) oder die Genehmigung wegen Zeitablaufs als erteilt gilt (§ 19 Abs. 4 Satz 3), muß die Genehmigungsbehörde (§ 19 Abs. 4 Satz 1) auf Antrag eines Beteiligten darüber ein Zeugnis ausstellen, das wie eine Genehmigung wirkt (**Abs. 2**).

Entsprechend den allgemeinen sachenrechtlichen Vorschriften ist auch hier die Möglichkeit eröffnet, das Grundbuchamt um Eintragung eines Widerspruchs zu ersuchen, und zwar steht dieses Antragsrecht der Genehmigungsbehörde zu, insofern eine Eintragung erfolgte, obwohl der genehmigungspflichtige Rechtsvorgang nicht genehmigt war (**Abs. 3**). Unberührt bleibt die Bestimmung des § 53 Abs. 1 der Grundbuchordnung, wonach von Amts wegen ein Widerspruch einzutragen ist, wenn das Grundbuchamt unter Verletzung gesetzlicher Vorschriften eine Eintragung vorgenommen hat, durch die das Grundbuch unrichtig geworden ist.

Ein solcher Widerspruch ist nach **Abs. 4** zu löschen, wenn die Genehmigungsbehörde darum ansucht (z. B. wenn sich nachträglich die Genehmigungsfreiheit des Rechtsvorgangs herausstellt) oder wenn die Genehmigung erteilt ist. Im letzteren Falle wird der Löschungsantrag in der Regel von seiten der Vertragsparteien erfolgen.

## DRITTER ABSCHNITT
## Gesetzliche Vorkaufsrechte der Gemeinden

### § 24
### *Allgemeines Vorkaufsrecht*

**(1) Der Gemeinde steht ein Vorkaufsrecht bei dem Kauf von Grundstücken zu, die**

**1. in einem Bebauungsplan als Baugrundstücke für den Gemeinbedarf oder als Verkehrs-, Versorgungs- oder Grünflächen festgesetzt oder**

**2. in ein Verfahren zur Bodenordnung einbezogen sind.**

**(2) Das Vorkaufsrecht darf ausgeübt werden, wenn das Wohl der Allgemeinheit dies rechtfertigt.**

**(3) Soweit die Grundstücke nicht als Baugrundstücke für den Gemeinbedarf oder als Verkehrs-, Versorgungs- oder Grünflächen benötigt werden, ist das Vorkaufsrecht ausgeschlossen, wenn der Eigentümer das Grundstück an seinen Ehegatten oder an eine Person veräußert, die mit ihm in gerader Linie verwandt oder verschwägert oder in der Seitenlinie bis zum dritten Grade verwandt ist.**

**(4) Das Vorkaufsrecht kann nur binnen einem Monat nach der Mitteilung des Kaufvertrages ausgeübt werden. §§ 504 bis 509, 510 Abs. 1, §§ 512, 1098 Abs. 2, §§ 1099 bis 1102 des Bürgerlichen Gesetzbuchs sind anzuwenden. Das Vorkaufsrecht ist nicht übertragbar.**

**(5) Das Vorkaufsrecht geht unbeschadet der Vorschriften der §§ 4 bis 11 des Reichssiedlungsgesetzes allen anderen Vorkaufsrechten im Range vor und bedarf nicht der Eintragung in das Grundbuch. Bei einem Eigentumserwerb auf Grund der Ausübung des Vorkaufsrechtes erlöschen rechtsgeschäftliche Vorkaufsrechte.**

**1. Allgemeines**

Das Vorkaufsrecht ist keine Neuschöpfung des BBauG. Das Reichssiedlungsgesetz von 1919, das Reichsheimstättengesetz von 1920 und die nach dem zweiten Weltkrieg erlassenen Aufbaugesetze einiger Bundesländer (mit Ausnahme desjenigen von Nordrhein-Westfalen) sahen ein Vorkaufsrecht zugunsten öffentlicher Bedarfsträger vor. Der Sinn des Vorkaufsrechts des BBauG ist es, den Gemeinden als Trägern der Planungshoheit die Möglichkeit zu eröffnen, Grundstücke zu erwerben, mit denen Maßnahmen der gemeindlichen Bodenpolitik verwirklicht werden können. Es soll verhindern, daß Grundstücke, die auf dem Grundstücksmarkt angeboten werden, von Personen erworben werden, die nicht gewillt sind, das Grundstück entsprechend der Planung zu nutzen; weiter soll das Vorkaufsrecht späteren Enteignungen bei der Durchführung des Bebauungsplans von vornherein vorbeugen. Andererseits mußte der Gesetzgeber auch Vorsorge gegen mißbräuchliche Verwendung des Vorkaufsrechts treffen.

Neben dem in § 24 geregelten allgemeinen Vorkaufsrecht sieht das BBauG noch ein besonderes Vorkaufsrecht für unbebaute Grundstücke (§ 25) und in Sanierungsgebieten (§ 26) sowie zugunsten anderer (§ 27) vor.

Wegen der Übergangsregelung für gesetzliche Vorkaufsrechte der Gemeinde auf Grund bisheriger Vorschriften vgl. § 178.

**2. Voraussetzungen der Ausübung des allgemeinen Vorkaufsrechts (Abs. 1 u. 2)**

Ein allgemeines Vorkaufsrecht steht der Gemeinde beim Kauf von Grundstücken zu, die

a) in einem Bebauungsplan nach dem BBauG oder in einem übergeleiteten Plan nach § 173 Abs. 3 als Gemeinbedarfs- oder als Verkehrs-, Versorgungs- oder Grünflächen festgesetzt sind (Abs. 1 **Nr. 1**),

b) in ein Umlegungs- oder Grenzregelungsverfahren (§§ 45 bis 84) einbezogen sind (Abs. 1 **Nr. 2**).

Unter diesen Voraussetzungen darf das Vorkaufsrecht nur ausgeübt werden, wenn das Wohl der Allgemeinheit dies rechtfertigt. „Wohl der Allgemeinheit" ist ein unbestimmter, der vollen richterlichen Nachprüfung unterliegender Rechtsbegriff; vgl. auch § 87 Abs. 1. Fiskalische Gründe allein dürfen somit nicht Grund für die Ausübung des Vorkaufsrechts sein.

Aus der Sonderstellung dieses Vorkaufsrechts folgt, daß es nicht übertragbar ist (Abs. 4 Satz 3); auch bedarf es einer Eintragung in das Grundbuch nicht (Abs. 5 Satz 1, 2. Halbsatz).

Im Gegensatz zu § 25 bezieht sich das allgemeine Vorkaufsrecht sowohl auf bebaute wie auf unbebaute Grundstücke.

**3. Ausübung des Vorkaufsrechts und Rechtsfolgen (Abs. 4)**

**a)** Vor allem darf ein Vorkaufsrecht durch den Dritten — hier die Gemeinde — nur anläßlich eines Verkaufsfalles geltend gemacht werden. Die Frage, ob dem Kauf der Erwerb im Wege der freiwilligen Versteigerung gleichzusetzen ist, kann im Zusammenhalt mit § 512 BGB (dort werden nur Zwangsvollstreckung und Konkursverkauf ausgeschlossen) bejaht werden. Bei Tausch, Schenkung, Erbteilung ist jedoch ein Vorkaufsrecht ausgeschlossen.

Die Ausübung des Vorkaufsrechts dürfte nicht als Geschäft der laufenden Verwaltung anzusehen sein, so daß das Gemeindebeschlußorgan (bzw. ein delegierter Ausschuß) zuständig ist.

Anders als im Zivilrecht (vgl. die Frist von zwei Monaten bei Grundstücken nach § 510 Abs. 2 BGB) kann das Vorkaufsrecht nach dem BBauG (sowohl das allgemeine nach § 24 wie das besondere nach den §§ 25 bis 27) nur innerhalb eines Monats nach Mitteilung des Kaufvertrags ausgeübt werden. Diese Mitteilung an die Gemeinde hat nach der u. a. für anwendbar erklärten Vorschrift des § 510 Abs. 1 BGB der „Verpflichtete" zu machen, d. i. also der Verkäufer eines Grundstücks, für das die Voraussetzungen des Abs. 1 Nr. 1 und 2 zutreffen; diese Mitteilung wird durch die Mitteilung des Dritten (Käufers) ersetzt (§ 510 Abs. 1 Satz 2 BGB).

Solange die Mitteilung nicht erfolgt ist, beginnt die Frist nicht zu laufen; der Vertrag ist also noch schwebend. Die Frist kann nicht vertraglich verlängert werden; § 510 Abs. 2 BGB ist ausdrücklich ausgeschlossen. Unterlassung der Mitteilung über den Kaufvertrag durch den Verpflichteten (Verkäufer) an die vorkaufsberechtigte Gemeinde kann Schadenersatzpflicht des Verkäufers gegenüber dem Erstkäufer auslösen; denn es kann der Fall eintreten, daß der Erstkäufer erst nach längerer Zeit von der Geltendmachung des Vorkaufsrechts durch die Gemeinde, die sehr spät von dem Kaufvertrag Kenntnis erhalten hat, überrascht wird. Soweit die Gemeinde Notariaten und insbesondere Grundbuchämtern Verzeichnisse der vom § 24 Abs. 1 erfaßten Grundstücke zukommen lassen sollte. dürfte sich das Bestehen des Vorkaufsrechts bereits im Rahmen des schuldrechtlichen, spätestens des dinglichen Rechtsgeschäfts zwischen Verkäufer und Erstkäufer herausstellen.

Ein Erlöschen des Vorkaufsrechts wird durch einseitigen Verzicht nicht bewirkt; nur durch einen Erlaßvertrag (§ 397 BGB) zwischen Gemeinde (Gläubigerin) und Verkäufer (Schuldner), der keiner Form bedarf, kann das Vorkaufsrecht zum Erlöschen gelangen. Vgl. zu diesem Problem Palandt, § 504 Anm. 3.

Eine Übertragung des Vorkaufsrechts ist nicht möglich (Abs. 4 **Satz 3**).

**b)** Neben dem eben genannten § 510 Abs. 1 sind noch weitere Vorschriften des BGB für anwendbar erklärt worden (Abs. 4 **Satz 2**) und zwar aus dem schuldrechtlichen Teil des BGB die Bestimmungen über den Vorkauf mit Ausnahme des (obengenannten) § 510 Abs. 2 (Frist der Geltendmachung), des § 511 (Ausschluß der Ausübung), des § 513 (mehrere Berechtigte) und des § 514, in dem die grundsätzliche Unübertragbarkeit vertraglich ausgeschlossen werden kann. Aus dem sachenrechtlichen Teil sind der § 1098 Abs. 2, §§ 1099 bis 1102 BGB anzuwenden.

Nach den einschlägigen zivilrechtlichen Bestimmungen (s. u.) und der höchstrichterlichen Rechtsprechung (vgl. RGZ 121, 137) bewirkt die Mitteilung von der Ausübung des Vorkaufsrechts selbsttätig einen neuen (schuldrechtlichen) Kaufvertrag, der nicht der Form des § 313 BGB bedarf. An Stelle des Käufers tritt die vorkaufsberechtigte Gemeinde in die Rechte und Pflichten des Käufers ein.

Im einzelnen lauten die anzuwendenden Vorschriften des BGB:

§ 504

**Voraussetzung der Ausübung.** Wer in Ansehung eines Gegenstandes zum Vorkaufe berechtigt ist, kann das Vorkaufsrecht ausüben, sobald der Verpflichtete mit einem Dritten einen Kaufvertrag über den Gegenstand geschlossen hat.

§ 505

**Ausübung des Vorkaufsrechts.** (1) Die Ausübung des Vorkaufsrechts erfolgt durch Erklärung gegenüber dem Verpflichteten. Die Erklärung bedarf nicht der für den Kaufvertrag bestimmten Form.

(2) Mit der Ausübung des Vorkaufsrechts kommt der Kauf zwischen dem Berechtigten und dem Verpflichteten unter den Bestimmungen zustande, welche der Verpflichtete mit dem Dritten vereinbart hat.

§ 506

**Relative Unwirksamkeit.** Eine Vereinbarung des Verpflichteten mit dem Dritten, durch welche der Kauf von der Nichtausübung des Vorkaufsrechts abhängig gemacht oder dem Verpflichteten für den Fall der Ausübung des Vorkaufsrechts der Rücktritt vorbehalten wird, ist dem Vorkaufsberechtigten gegenüber unwirksam.

§ 507

**Nebenleistungen.** Hat sich der Dritte in dem Vertrage zu einer Nebenleistung verpflichtet, die der Vorkaufsberechtigte zu bewirken außerstande ist, so hat der Vorkaufsberechtigte statt der Nebenleistung ihren Wert zu entrichten. Läßt sich die Nebenleistung nicht in Geld schätzen, so ist die Ausübung des Vorkaufsrechts ausgeschlossen; die Vereinbarung der Nebenleistung kommt jedoch nicht in Betracht, wenn der Vertrag mit dem Dritten auch ohne sie geschlossen sein würde.

§ 508

**Gesamtpreis.** Hat der Dritte den Gegenstand, auf den sich das Vorkaufsrecht bezieht, mit anderen Gegenständen zu einem Gesamtpreise gekauft, so hat der Vorkaufsberechtigte einen verhältnismäßigen Teil des Gesamtpreises zu entrichten. Der Verpflichtete kann verlangen, daß der Vorkauf auf alle Sachen erstreckt wird, die nicht ohne Nachteil für ihn getrennt werden können.

§ 509

**Stundung des Kaufpreises.** (1) Ist dem Dritten in dem Vertrage der Kaufpreis gestundet worden, so kann der Vorkaufsberechtigte die Stundung nur in Anspruch nehmen, wenn er für den gestundeten Betrag Sicherheit leistet.

(2) Ist ein Grundstück Gegenstand des Vorkaufs, so bedarf es der Sicherheitsleistung insoweit nicht, als für den gestundeten Kaufpreis die Bestellung einer Hypothek an dem Grundstücke vereinbart oder in Anrechnung auf den Kaufpreis eine Schuld, für die eine Hypothek an dem Grundstücke besteht, übernommen worden ist. Entsprechendes gilt, wenn ein eingetragenes Schiff oder Schiffsbauwerk Gegenstand des Vorkaufs ist.

§ 510

**Mitteilung des Vertrags.** (1) Der Verpflichtete hat dem Vorkaufsberechtigten den Inhalt des mit dem Dritten geschlossenen Vertrags unverzüglich mitzuteilen. Die Mitteilung des Verpflichteten wird durch die Mitteilung des Dritten ersetzt.
...

§ 512

Das Vorkaufsrecht ist ausgeschlossen, wenn der Verkauf im Wege der Zwangsvollstreckung oder durch den Konkursverwalter erfolgt.

§ 1098

**Wirkung gegen Dritte.** ...
(2) Dritten gegenüber hat das Vorkaufsrecht die Wirkung einer Vormerkung zur Sicherung des durch die Ausübung des Rechtes entstehenden Anspruchs auf Übertragung des Eigentums.

§ 1099

**Benachrichtigung.** (1) Gelangt das Grundstück in das Eigentum eines Dritten, so kann dieser in gleicher Weise wie der Verpflichtete dem Berechtigten den Inhalt des Kaufvertrages *mit der im § 510 Abs. 2 bestimmten Wirkung* mitteilen.
(2) Der Verpflichtete hat den neuen Eigentümer zu benachrichtigen, sobald die Ausübung des Vorkaufsrechts erfolgt oder ausgeschlossen ist.

§ 1100

**Rechte des Käufers.** Der neue Eigentümer kann, wenn er der Käufer oder ein Rechtsnachfolger des Käufers ist, die Zustimmung zur Eintragung des Berechtigten als Eigentümer und die Herausgabe des Grundstücks verweigern, bis ihm der zwischen dem Verpflichteten und dem Käufer vereinbarte Kaufpreis, soweit er berichtigt ist, erstattet wird. Erlangt der Berechtigte die Eintragung als Eigentümer, so kann der bisherige Eigentümer von ihm die Erstattung des berichtigten Kaufpreises gegen Herausgabe des Grundstücks fordern.

§ 1101

**Befreiung des Berechtigten.** Soweit der Berechtigte nach § 1100 dem Käufer oder dessen Rechtsnachfolger den Kaufpreis zu erstatten hat, wird er von der Verpflichtung zur Zahlung des aus dem Vorkaufe geschuldeten Kaufpreises frei.

§ 1102

**Befreiung des Käufers.** Verliert der Käufer oder sein Rechtsnachfolger infolge der Geltendmachung des Vorkaufsrechts das Eigentum, so wird der Käufer, soweit der von ihm geschuldete Kaufpreis noch nicht berichtet ist, von seiner Verpflichtung frei; den berichtigten Kaufpreis kann er nicht zurückfordern.

c) Der Streit um die G e l t e n d m a c h u n g d e s V o r k a u f r e c h t s als solcher ist zu unterscheiden von der Geltendmachung der E n t s c h ä d i g u n g s a n s p r ü c h e (näheres siehe unter § 28). Während die Vorschrift des § 28 unter den in § 157 Abs. 1 genannten „Verwaltungsakten" aufgeführt ist, für die bei Streit die Zuständigkeit der Baulandkammern (Baulandsenate) bestimmt ist, ist dies für die §§ 24 bis 27 nicht der Fall. Man könnte versucht sein, im Hinblick auf die der Gemeinde hier gegebene besondere Stellung das Vorliegen eines Verwaltungsakts anzunehmen, wenn sie als Trägerin der Planungshoheit das Vorkaufsrecht ausübt. Selbst wenn man diese Auffassung vertreten sollte (vgl. dazu für die Vorkaufsrechte in den Länderaufbaugesetzen Ebert in NJW 1956,

1621), so ist doch auf die Rechtswirkung abzustellen, daß mit der Erklärung der Ausübung des Vorkaufsrechts durch die Gemeinde zwischen ihr und dem Verkäufer ein privatrechtlicher Vertrag zustande kommt, dessen Inhalt und Rechtsfolgen sich nach den Vorschriften des BGB richten. Die Einbeziehung des gesetzlichen Vorkaufsrechts des BBauG in das bürgerliche Recht ist dadurch gekennzeichnet, daß die meisten Vorschriften des bürgerlichrechtlichen Vorkaufsrechts für anwendbar erklärt worden sind. Im Rahmen des Rechtsstreits, der die Wirksamkeit der Ausübung des Vorkaufsrechts zum Gegenstand hat und der vor die allgemeinen Zivilgerichte gehört, haben diese Gerichte auch die Voraussetzungen des Zustandekommens des Vorkaufsrechts zu prüfen, also zum Beispiel die Einhaltung der Frist oder das Vorliegen der Voraussetzungen des § 24 Abs. 2. Daß über die im BBauG vorgesehenen zwei verschiedenen Verfahren (Verwaltungsgericht und Baulandkammern/Baulandsenat) hinaus hier eine dritte Verfahrensart in Frage kommt, nämlich die Entscheidung durch die allgemeinen bürgerlichen Gerichte, ist zwar bedauerlich, ändert aber an der Rechtslage nichts.

Im übrigen hat sowohl das Bundesverwaltungsgericht wie auch der Bundesgerichtshof für die ähnlich geregelten Vorkaufsrechte in den Länder- und Aufbaugesetzen mit ausführlicher Begründung die Zuständigkeit der bürgerlichen Gerichte bejaht (siehe Anm. 6).

**4. Ausschluß der Ausübung des Vorkaufsrechts der Gemeinde (Abs. 3)**

Das allgemeine (§ 24) und das besondere (§§ 25 bis 27) Vorkaufsrecht der Gemeinde ist ausgeschlossen, wenn in den Fällen der Einbeziehung des betreffenden Grundstücks in ein Umlegungs- oder Grenzregelungsverfahren (Abs. 1 **Nr. 2**, nicht also Nr. 1) sog. Verwandtengeschäfte vorgenommen werden, und zwar zwischen Ehegatten und geradlinigen Verwandten bzw. Verschwägerten sowie zwischen in der Seitenlinie bis zum dritten Grad Verwandten; zu den letzteren gehören also z. B. Geschäfte zwischen Brüdern, zwischen Onkel und Neffen. Für die in Abs. 1 Nr. 1 genannten Fälle wurde diese Ausnahme nicht festgelegt, weil die Gemeinde zum Erwerb dieser Grundstücke ohnehin verpflichtet ist und diese Grundstücke auf Grund der Festsetzungen im Bebauungsplan zugunsten der Gemeinde enteignet (vgl. §§ 85 ff.) werden können (vgl. Amtl. Begründung zu **§ 28 des Entw.**).

**5. Vorrangigkeit des Vorkaufsrechts der Gemeinde (Abs. 5)**

Für das allgemeine und das besondere Vorkaufsrecht ist entsprechend seiner öffentlich-rechtlichen Struktur der Vorrang vor den privaten Vorkaufsrechten eingeräumt (**Satz 1**). Das Vorkaufsrecht nach dem Reichssiedlungsgesetz vom 11. 8. 1919 (RGBl. I S. 1429) — §§ 4 bis 11 — wurde wegen seines mehr öffentlich-rechtlichen Charakters ausdrücklich ausgenommen; es bleibt in seiner Vorrangstellung erhalten. Rechtsgeschäftliche Vorkaufsrechte erlöschen bei einem Eigentumserwerb auf Grund der Ausübung des gemeindlichen Vorkaufsrechts. Das Erlöschen tritt kraft Gesetzes (**Satz 2**) im Augenblick der Eintragung des Eigentums im Grundbuch (§ 873 BGB), die zum Eigentumserwerb rechtsnotwendig ist, ein. Durch das Erlöschen wird das Grundbuch unrichtig und muß von Amts wegen berichtigt werden.

**6. Rechtsprechung zum Vorkaufsrecht der Gemeinde**

A. Höchstrichterliche Rspr.

Das Vorkaufsrecht nach dem BBauG ist dem in den meisten Aufbaugesetzen der Bundesländer enthaltenen Vorkaufsrecht nachgebildet. Für dieses landesrechtliche Vorkaufsrecht liegen zwei bedeutsame höchstrichterliche Entscheidungen vor und zwar vom

1. BVerwG, B vom 18.9.1958, DVBl. 1958, 863 = MDR 1958, 942,

2. BGH, U vom 17. 12. 1958, BGHZ 29, 113 = DVBl. 1959, 400 = VerwRspr. 11, 1020.

Beide Entscheidungen enthalten weitere Rechtsprechungsnachweise, erstere insbesondere solche von Verwaltungsgerichten des zweiten Rechtszugs.

3. BGH, U vom 25.1.1961 (V ZR 80/59) DNotZ 1961, 263.

Eine vertragliche Nießbrauchbestellung ist nichtig, wenn durch sie die Ausübung eines vom anschließend protokollierten Kaufvertrag ausgelösten gesetzlichen Vorkaufsrechts einer Aufbaugemeinde vereitelt werden sollte.

4. BGH, U vom 25.10.1961 (V ZR 61/60) DVBl. 1962, 62 = VerwRspr. 14 S. 215 = DNotZ 1962, 386.

a) Die Ausübung des Vorkaufsrechts ist nicht auf den ersten Verkaufsfall nach der Erklärung zum Aufbaugebiet beschränkt. § 1097 BGB gibt für die Ausübung des gesetzlichen Vorkaufsrechts keinen Anhalt.
b) Bei einer Großstadt mit erheblichen Zerstörungen kann die Ausübung des Vorkaufsrechts entsprechend den dem Oberstadtdirektor nach § 62 NdsGO übertragenen Befugnissen zu den Geschäften der laufenden Verwaltung im Sinn des § 68 Abs. 2 NdsGO gehören (Ergänzung zu BGHZ 32, 375 = VerwRspr. 13 S. 87).

5. BGH, U vom 21.11.1961 (V ZR 73/60) BGHZ 36, 155 = DÖV 1962, 271 = MDR 1962, 293 = BB 1962, 238 = DNotZ 1962, 387.

a) Die Ausübung des gesetzlichen Vorkaufsrechts im Sinne der Landesaufbaugesetze erfolgt nicht durch Verwaltungsakt, sondern allein durch privatrechtliche Willenserklärung.
b) Das Interesse des Gemeinwohls ist (jedenfalls nach dem rheinland-pfälzischen Aufbaugesetz) Tatbestandsvoraussetzung der Ausübung. Ob diese Voraussetzung vorliegt, ist vom ordentlichen Gericht zu prüfen.
Dieses Interesse setzt nicht voraus, daß der Aufbau der Gemeinde ohne das Grundstück wesentlich erschwert oder gar unmöglich wäre. Die Ausübung des gesetzlichen Vorkaufsrechts ist nicht nur bei Gefährdung oder Erschwerung des Aufbaues, sondern auch schon dann zulässig, wenn das Grundstück zum Austausch gegen solche Grundstücke geeignet ist, die infolge der Planung mit einschnei-

denden Beschränkungen belegt werden sollen (vgl. Urteil des BGH vom 25. 10. 1961, VZR 61/60, BB 162, 12 und das Urteil vom 25. 1. 1961, BGHZ 34, 200). Die Beweislast für die Verwendung des im Wege des Vorkaufs erworbenen Grundstücks hat die Gemeinde (vgl. auch BGH vom 15. 6. 1960, BGHZ 32, 375).

c) Soll das Grundstück nach den Entschließungen der Gemeindeorgane in bestimmter Weise zur Durchführung des Aufbaues verwendet werden, so kann unter den Nachkriegsverhältnissen in der Regel davon ausgegangen werden, daß das Grundstück in der Zukunft entsprechend diesen Entschließungen Verwendung finden wird.

B. Andere Gerichte

1. OVG Münster, B vom 16. 11. 1961 (IV B 601/61) NJW 1962, 653 = DNotZ 1962, 390.

Gegen die Ausübung des gesetzlichen Vorkaufsrechts der Gemeinden nach dem BBauG bei dem Kauf von Umlegungsgrundstücken steht dem Käufer der Verwaltungsrechtsweg offen; ein vorläufiger Rechtsschutz kann ihm durch eine einstweilige Anordnung gewährt werden.

2. VG Neustadt a. d. Weinstr., Zwischenurteil vom 7. 8. 1962 (1 K 270/61) DVBl. 1962, 761.

Die Ausübung des gesetzlichen Vorkaufsrechts durch die Gemeinden ist ein im Verwaltungsstreitverfahren anfechtbarer Verwaltungsakt. Das Rechtsschutzbedürfnis für eine solche Anfechtungsklage ist unterschiedlich je nach der Gestaltung des Einzelfalls zu beurteilen.

3. Kammergericht, B vom 3. 5. 1962 (1 W 848/62) MDR 1962, 653 = DNotZ 1962, 555.

Das Grundbuchamt ist nicht befugt, die Eintragung einer Eigentumsänderung davon abhängig zu machen, daß die Nichtausübung oder das Nichtbestehen des gesetzlichen Vorkaufsrechts der Gemeinde nach § 24 BBauG nachgewiesen wird.

Das gesetzliche Vorkaufsrecht nach § 24 BBauG ist zwar nicht eintragungsbedürftig, aber eintragungsfähig.

4. LG München I, B vom 23. 1. 1962 (13 T 386/61) MDR 1962, 653.

Das Grundbuchamt kann für die Eintragung der Auflassung nicht den Nachweis verlangen, daß ein gesetzliches Vorkaufsrecht der Gemeinde nach §§ 24 ff. BBauG nicht gegeben sei oder nicht ausgeübt werde.

**7. Schrifttum zum Vorkaufsrecht**

Bronsch, Zum Rechtsschutz gegen die Ausübung des Verkaufsrechts nach §§ 24 ff. BBauG, DVBl. 1964, 514,

Callesen, Gemeindliches Verkaufsrecht nach dem BBauG, Bauamt und Gemeindebau 1961, 284,

Kahlke, Der Rechtsweg bei Ausübung des gesetzlichen Verkaufsrechts nach dem BBauG, NJW 1962, 1381,

Koenig, Das gesetzliche Verkaufsrecht der Gemeinden unter besonderer Berücksichtigung des BBauG, Bauamt und Gemeindebau 1960, 496,

Kürzel, Das Verkaufsrecht der Gemeinden nach dem BBauG, Blätter für Grundstücks-, Bau- und Wohnungsrecht 1960, 323,

Lutter, Verkaufsrecht nach dem BBauG und Grundbuchsperre, MDR 1962, 177,

Müller, Das gesetzliche Verkaufsrecht der Gemeinden nach dem BBauG, Gemeindetag 1961, 113,

Peßler, Einzelfragen zum Vorkaufsrecht der Aufbaugesetze, in NJW 1960, 1785,

Reinhardt, Das Verkaufsrecht nach dem BBauG, Württ. Gde.Ztg. 1961, 217,

Rippfell, Die Beschränkungen des Bodenverkehrs sowie die Vor- und Verkaufsrechte der Gemeinden nach dem BBauG, BB 1960, 1184,

Schack, Das gesetzliche Verkaufsrecht, DVBl. 1961, 229,

Süß, Das Verkaufsrecht der Gemeinden nach dem BBauG BayBgm. 1962, 241 u. 276,

Wimmer, Der räumliche Umfang des allgemeinen Verkaufsrechts nach dem BBauG, DVBl. 1964, 512.

## § 25

### *Besonderes Vorkaufsrecht für unbebaute Grundstücke*

**(1) Im Geltungsbereich eines Bebauungsplanes sowie in Gebieten, für die die Gemeinde die Aufstellung eines Bebauungsplanes beschlossen hat, kann die Gemeinde durch Satzung, die der Genehmigung der höheren Verwaltungsbehörde bedarf, Flächen bezeichnen, in denen ihr bei dem Kauf von unbebauten Grundstücken ein Vorkaufsrecht zusteht. § 24 Abs. 2 bis 5 ist anzuwenden. Das Vorkaufsrecht darf auch bei Vorliegen der Voraussetzung des § 24 Abs. 2 nur ausgeübt werden, wenn anzunehmen ist, daß der Käufer das Grundstück nicht binnen einer Frist von drei Jahren entsprechend den bestehenden oder den beabsichtigten baurechtlichen Festsetzungen nutzen wird. Die Frist beginnt in dem Zeitpunkt, in dem die Gemeinde die Mitteilung von dem Kaufvertrag empfangen hat; ist ein Bebauungsplan noch nicht aufgestellt, beginnt die Frist nicht vor dem Zeitpunkt, in dem ein bauliches Vorhaben zulässig ist (§ 33).**

**(2) Kann die Gemeinde das Vorkaufsrecht auf Grund des Absatzes 1 Satz 3 nicht ausüben, so kann sie sich vor Ablauf der Frist zur Ausübung des Vorkaufsrechtes durch schriftliche Mitteilung an den Käufer ihre Rechte aus Absatz 3 vorbehalten. Zur Sicherung dieser Rechte ist auf ihr Ersuchen eine Vormerkung in das Grundbuch einzutragen. Die Gemeinde trägt die Kosten der Eintragung der Vormerkung und ihrer Löschung.**

**(3) Ist das Grundstück nach Ablauf der Frist von drei Jahren nicht entsprechend den bestehenden oder beabsichtigten baurechtlichen Festsetzungen genutzt worden und hatte die Gemeinde nach Absatz 2 sich ihre Rechte vorbehalten, so kann sie binnen einer Frist von einem Jahr von dem Eigentümer verlangen, daß ihr das Grundstück Zug um Zug gegen Zahlung eines**

**Entgeltes übereignet wird. Die Übereignung kann nicht mehr verlangt werden, wenn im Zeitpunkt des Verlangens mit der zulässigen Nutzung begonnen worden ist. Das von der Gemeinde zu leistende Entgelt darf den vom Käufer aufgewandten Kaufpreis nicht übersteigen, jedoch sind Aufwendungen zu berücksichtigen, die zu einer Werterhöhung des Grundstücks geführt haben.**

**(4) Auf Antrag des Eigentümers kann die höhere Verwaltungsbehörde die Dreijahresfrist angemessen verlängern, wenn er sie aus von ihm nicht zu vertretenden Gründen nicht einhalten kann, insbesondere wenn über einen rechtzeitig und ordnungsgemäß gestellten Antrag auf Bewilligung öffentlicher Mittel noch nicht entschieden ist.**

**(5) Die Gemeinde hat die Grundstücke, soweit sie im Bebauungsplan nicht als Baugrundstücke für den Gemeinbedarf oder als Verkehrs-, Versorgungs- oder Grünflächen festgesetzt sind oder als Austauschland oder zur Entschädigung in Land benötigt werden, binnen drei Jahren nach dem Erwerb unter Berücksichtigung ihrer Aufwendungen, aber ohne Gewinn an Bauwillige zu übereignen, die bereit sind, die Grundstücke innerhalb angemessener Frist entsprechend den baurechtlichen Festsetzungen zu nutzen. Dabei sollen nach Möglichkeit solche Bauwilligen bevorzugt werden, die noch kein Grundeigentum besitzen. Erfüllt die Gemeinde diese Verpflichtung nicht, so kann der Käufer, in dessen Rechte die Gemeinde in Ausübung ihres Vorkaufsrechtes eingetreten ist, binnen einem weiteren Jahr verlangen, daß ihm das Grundstück zu dem vertraglich vereinbarten Entgelt, jedoch unter Berücksichtigung werterhöhender Aufwendungen, durch die Gemeinde übereignet wird. Die Übereignung kann nicht mehr verlangt werden, wenn sich die Gemeinde einem anderen gegenüber zur Übereignung des Grundstücks bindend verpflichtet hatte, bevor das Verlangen gestellt wurde.**

**1. Vorkaufsrecht der Gemeinde an unbebauten Grundstücken auf Grund Satzung**

Die auf Vorschlag des federführenden Bundestagsausschusses eingefügte Vorschrift über ein besonderes Vorkaufsrecht der Gemeinde an unbebauten Grundstücken beruht nach der Begründung zu Drucksache 1794 „auf der Überlegung, daß die vielfältigen Aufgaben und Verpflichtungen der Gemeinde einen Landbedarf erfordern, der über die in § 24 erwähnten Fälle hinausreicht". Mit diesem Vorkaufsrecht wird der Gemeinde eine Mittlerrolle zugewiesen und zwar zwischen dem Eigentümer und dem Kaufbewerber. Im Interesse dieser beiden sind eine Reihe von Einschränkungen in der Ausübung des Vorkaufsrechts vorgesehen (**Abs. 1**) — siehe unten a) bis d).

Im Hinblick auf den ausdrücklichen Hinweis auf die Absätze 2 bis 5 des § 24 darf durch **Satz 2** auch dieses Vorkaufsrecht im Einzelfall nur ausgeübt werden, wenn „das Wohl der Allgemeinheit dies rechtfertigt". Streitigkeiten über die Auslegung dieses unbestimmten Rechtsbegriffs unterliegen im Rahmen des auch hier einschlägigen allgemeinen zivilgerichtlichen Verfahrens (vgl. Anm. 2 c zu

§ 24) der vollen richterlichen Nachprüfung. Auch darf das Vorkaufsrecht nicht anläßlich eines Verwandtenkaufs im Sinn des § 24 Abs. 3 ausgeübt werden, sofern es sich nicht um Grundstücke handelt, die als Baugrundstücke für den Gemeinbedarf oder als Verkehrs-, Versorgungs- oder Grünflächen benötigt werden. Auch dieses Vorkaufsrecht muß innerhalb eines Monats geltend gemacht werden und ist nicht übertragbar.

Einschränkungen:

a) Das Vorkaufsrecht ist auf die Gebiete beschränkt, für die ein Bebauungsplan aufgestellt ist oder zumindest die Aufstellung eines solchen vom Gemeindevertretungsorgan beschlossen worden ist;
b) es besteht nicht kraft Gesetzes, sondern muß durch eine gemeindliche Satzung begründet werden, die der Genehmigung der höheren Verwaltungsbehörde bedarf;
c) es ist auf unbebaute Grundstücke beschränkt;
d) das Vorkaufsrecht darf nur ausgeübt werden, wenn anzunehmen ist, daß der Käufer das Grundstück nicht binnen einer Frist von drei Jahren selbst bebauen wird.

Im einzelnen ist hierzu zu bemerken:

**Zu a)** Die Sondervorschrift des § 30 kommt da, wo ein Bebauungsplan bereits vorhanden ist, nicht in Betracht; dieser braucht also nicht bestimmten Mindestvoraussetzungen zu entsprechen. Anders ist es jedoch in den Fällen, in denen die Gemeinde erst die Aufstellung eines Bebauungsplans beschlossen hat. Dies ergibt sich aus dem Hinweis auf § 33 am Schluß des Abs. 1. § 33 setzt voraus, daß die Gemeinde einen Bebauungsplan beschlossen haben muß, der den Mindestvoraussetzungen des § 30 entspricht. — Die Beschlußfassung über die Aufstellung eines Bebauungsplans muß durch das zuständige Gemeindeorgan erfolgen.

**Zu b)** Die gemeindliche Satzung unterwirft in Gestalt einer Rechtsnorm bestimmte Flächen im Geltungsbereich des festgesetzten oder beschlossenen Bebauungsplans der Belastung durch das besondere Vorkaufsrecht. Die Satzung bedarf der Zustimmung der höheren Verwaltungsbehörde — vgl hierzu aber die Delegationsmöglichkeit nach § 147 Abs. 2 und die Sonderregelungen für die Länder Berlin, Hamburg und Bremen in § 188 Abs. 1 und 2. Verweigert die höhere Verwaltungsbehörde ihre Zustimmung, so kann die Gemeinde, die sich in ihrem Recht auf Selbstverwaltung verletzt glaubt, dagegen mit Rechtsbehelfen der VwGO angehen (vgl. die Ausführungen bei § 6 Anm. 2 a und § 11 Anm. a).

Gegen die Satzung kann vom Betroffenen nur im Wege eines Normenkontrollverfahrens nach § 47 VwGO angegangen werden, soweit die Landesgesetzgebung ein solches Verfahren zugelassen hat.

**Zu c)** Die Beschränkung des Vorkaufsrechts auf unbebaute Grundstücke entspricht einerseits dem Zweck, mit dieser Bestimmung die Eigentümer unbebauter baureifer Grundstücke zur baldigen Bebauung anzuhalten oder Bauland zu gewinnen (vgl. Abs. 5), andererseits der Notwendigkeit, allzu starke Eingriffe in das privatrechtsgeschäftliche Handeln zu vermeiden. Die Frage, ob der Begriff „unbebaut" jede Art von Bebauung, also auch die genehmigungsfreie Bebauung ausschließt, dürfte zu bejahen sein. Dagegen gelten

Grundstücke mit nicht genehmigten, aber genehmigungspflichtigen Bauwerken als unbebaut.

**Zu d)** Die Fassung der Vorschrift des **Satz 3** ist so gehalten, daß die Beweislast für die Berechtigung der Ausübung des Vorkaufsrechts bei der Gemeinde liegt.

Die Dreijahresfrist des Abs. 1 Satz 2 beginnt nach Abs. 1 Satz 3 zu laufen, sobald die Gemeinde die Mitteilung vom Kaufvertrag empfangen hat. Zu der Mitteilung über den Abschluß des Kaufvertrags ist nach § 510 Abs. 1 BGB der „Verpflichtete" (Verkäufer) gehalten. Ist lediglich ein Beschluß des zuständigen Gemeindeorgans über die Aufstellung eines Bebauungsplans ergangen, so beginnt die Dreijahresfrist erst dann zu laufen, wenn ein bauliches Vorhaben nach § 33 zulässig ist.

Diese Dreijahresfrist kann von der höheren Verwaltungsbehörde (vgl. aber § 147 Abs. 2) auf Antrag des Eigentümers angemessen verlängert werden (**Abs. 4**), wenn er sie aus von ihm nicht zu vertretenden Gründen nicht einhalten kann, vor allem im Hinblick auf einen noch nicht entschiedenen Antrag auf Bewilligung öffentlicher Gelder. Die gänzliche oder teilweise Ablehnung eines solchen Antrags kann unter Geltendmachung von Ermessensfehlgebrauch vom betroffenen Eigentümer, nicht aber von der Gemeinde, mit den Rechtsbehelfen der VwGO, also schließlich vor den Verwaltungsgerichten, angefochten werden. Eine Anfechtungsmöglichkeit für die Gemeinde scheidet deshalb aus, weil sie durch die Verlängerung der Frist nicht in ihren Selbstverwaltungsrechten verletzt wird; Rechtsbeziehungen entstehen nur zwischen der höheren Verwaltungsbehörde und dem abgewiesenen Antragsteller.

**2. Vorbehalt von Rechten durch die Gemeinde und Eigentumserwerb**

**a)** Nach **Abs. 2** und **3** hat die Gemeinde ein Vorkaufsrecht gegenüber dem Erwerber, wenn dieser das Grundstück nicht binnen drei Jahren (oder innerhalb der nach Abs. 4 verlängerten Frist) bebaut und die Gemeinde sich ihr Recht auf Übernahme für diesen Fall vorbehalten hat. Die Gemeinde hat sich im Verkaufsfall vor Ablauf der Frist durch schriftliche Mitteilung an den Käufer ihre Rechte auf Eigentumserwerb vorzubehalten; zur Sicherung dieser Rechte kann sie beim Grundbuchamt die Eintragung einer Vormerkung beantragen; das Grundbuchamt muß diesem Ansuchen nachkommen. Die Kosten für Eintragung und Löschung der Vormerkung gehen zu Lasten der Gemeinde.

Die Frage, ob dem Käufer bei Eingang dieser Mitteilung Rechtsbehelfe zustehen, muß verneint werden, da die Mitteilung nur als Vorankündigung aufzufassen ist; macht die Gemeinde später von den vorbehaltenen Rechten Gebrauch, besteht für den betroffenen Eigentümer die Möglichkeit, sich gegen dieses Verlangen von den bürgerlichen Gerichten (vgl. Anm. 2 c zu § 24) zu wehren.

**b)** Die Geltendmachung der vorbehaltenen Rechte erfolgt durch das gegenüber dem Eigentümer auszusprechende „Verlangen" auf Übereignung des Grundstücks Zug um Zug gegen Zahlung eines Entgelts. Dieses Verlangen muß innerhalb eines Jahres nach Ablauf der Dreijahresfrist (oder der nach Abs. 4 verlängerten Frist) gestellt werden; es ist aber ausgeschlossen, wenn in diesem Zeitpunkt mit der zulässigen Nutzung begonnen ist. Das „Verlangen“ der Gemeinde, das im Ergebnis die Geltendmachung des Vorkaufsrechts darstellt, kann zivilgerichtlich angestritten werden (vgl. Anm. 2 c zu § 24).

c) Das von der Gemeinde zu leistende Entgelt darf den vom Käufer aufgewandten Kaufpreis nicht übersteigen, jedoch müssen Aufwendungen berücksichtigt werden, die zu einer Werterhöhung des Grundstücks geführt haben. Wegen der Entschädigung für ältere Erwerbsrechte siehe § 28.

**3. Pflichten der Gemeinde nach Ausübung des besonderen Vorkaufsrechts (Abs. 5 Satz 1 und 2)**

Die Gemeinde, die von ihrem Vorkaufsrecht Gebrauch gemacht hat, muß die erworbenen Grundstücke mit Ausnahme solcher, die als Baugrundstücke für den Gemeinbedarf bzw. als Verkehrs-, Versorgungs- oder Grünflächen im Bebauungsplan festgesetzt oder als Austauschflächen oder zur Entschädigung in Land benötigt sind, innerhalb von drei Jahren an Bauwillige übereignen, die sich bereit erklärt haben, innerhalb angemessener — von der Gemeinde zu setzender Frist — dort entsprechend den Planfestsetzungen zu bauen. Diese Übereignung hat ohne Gewinn, lediglich unter Berücksichtigung der Aufwendungen der Gemeinde, zu erfolgen. Bei der Auswahl der Bauwilligen sollen möglichst solche Bauwillige zum Zuge kommen, die noch nicht Grundeigentümer sind. Vgl. hierzu die Anm. zu § 89 Nr. 2, insbes. Buchst. b, c, d und e, sowie Nr. 3, insbes. Buchst. b und c.

**4. Rechte des Käufers bei Nichterfüllung der Verpflichtung der Gemeinde (Abs. 5 Satz 3 und 4)**

Der Käufer, in dessen Recht die Gemeinde bei Ausübung des Vorkaufsrechts eingetreten ist, kann innerhalb eines weiteren Jahres Übereignung des Grundstücks auf sich verlangen, wenn die Gemeinde das Grundstück, das nicht für Gemeinbedarf usw. vorgesehen ist, nicht binnen der genannten drei Jahre veräußert. Grundlage ist das seinerzeit vertraglich vereinbarte Entgelt, jedoch unter Berücksichtigung allenfallsiger zwischenzeitlicher werterhöhender Aufwendungen (vgl. Anm. 4 c zu § 95).

Diese Übereignung kann nicht verlangt werden, wenn sich die Gemeinde vor Geltendmachung des Verlangens einem anderen gegenüber zur Übereignung dieses Grundstücks bindend verpflichtet hatte. Maßgeblich wird der Eingang des Verlangens bei der Gemeinde sein.

## § 26

*Besonderes Vorkaufsrecht in Sanierungsgebieten*

**(1) Unter den Voraussetzungen des § 25 Abs. 1 Satz 1 kann die Gemeinde in der Satzung Sanierungsgebiete bezeichnen, in denen ihr bei dem Kauf von bebauten Grundstücken ein Vorkaufsrecht zusteht. § 24 Abs. 2 bis 5 ist anzuwenden.**

**(2) Das Vorkaufsrecht der Gemeinde nach § 25 in Sanierungsgebieten bleibt unberührt.**

**a)** Entsprechend einem Vorschlag des federführenden Bundestagsausschusses wurde diese Vorschrift in das BBauG eingefügt. Nach **Abs. 1** ist unter den Voraussetzungen des § 25 Abs. 1 Satz 1 Festsetzung eines B e b a u u n g s p l a n s bzw. B e s c h l u ß ü b e r d i e A u f s t e l l u n g eines solchen — siehe Anmerkung 1 a zu § 25 — in S t a d t e r n e u e r u n g s gebieten, vom Gesetz als „Sanierungsgebiete" (vgl. Anm. 2 c zu § 5) bezeichnet, ein besonderes Vorkaufsrecht der Gemeinde auch hinsichtlich b e b a u t e r Grundstücke möglich. Der Sinn der Vorschrift ist, daß die Gemeinde die Möglichkeit haben muß, solche Grundstücke möglichst frühzeitig zu erwerben, deren Bebauung aus städtebaulichen Gründen beseitigt oder verändert werden muß. So dient dieses Vorkaufsrecht der B e s c h l e u n i g u n g der S a n i e r u n g s m a ß n a h m e n. Die Gemeinde kann zu diesem Zweck eine eigene Satzung, die natürlich der Genehmigung der höheren Verwaltungsbehörde bedarf — siehe Anmerkung 1 b zu § 25 —, aufstellen oder die für die Fälle des § 25 aufgestellte Satzung ergänzen, jedenfalls müssen in der Satzung die in Frage kommenden Gebiete als „Sanierungsgebiete" a u s d r ü c k l i c h und e i n d e u t i g bezeichnet werden (**Satz 1**).

**b)** Die Vorschriften des § 24 Abs. 2 bis 5 sind ausdrücklich in **Satz 2** für anwendbar erklärt worden, d. h. daß die Ausübung des Vorkaufsrechts nur gestattet ist, wenn das Wohl der Allgemeinheit dies rechtfertigt, ferner daß auf bestimmte Verwandtenkäufe das Vorkaufsrecht nicht angewendet werden kann, daß es übertragbar ist, nicht der Eintragung ins Grundbuch bedarf, anderen Vorkaufsrechten (mit Ausnahme desjenigen nach dem Reichssiedlungsgesetz) vorgeht und diese zum Erlöschen bringt.

**c)** Das besondere Vorkaufsrecht der Gemeinde an u n b e b a u t e n Grundstücken nach § 25 bleibt nach **Abs. 2** in Sanierungsgebieten unberührt.

**d)** Die Satzung kann höchstens im Wege eines Normenkontrollantrags nach § 47 VwGO angegriffen werden und zwar nur dort, wo die Landesgesetzgebung das Normenkontrollverfahren eingeführt hat.

## § 27

### *Ausübung des Vorkaufsrechtes zugunsten anderer*

**(1) Die Gemeinde kann das ihr gemäß §§ 24, 25 und 26 zustehende Vorkaufsrecht zugunsten eines anderen (Begünstigter) ausüben, wenn dieser einverstanden ist und**

1. **das Grundstück als Baugrundstück für den Gemeinbedarf oder als Verkehrs-, Versorgungs- oder Grünfläche festgesetz worden ist oder**
2. **das Grundstück mit Eigenheimen bebaut werden soll oder in einem Gebiet liegt, das nach städtebaulichen Erfordernissen als Eigenheimgebiet entwickelt werden soll. Kaufeigenheime und Kleinsiedlungen stehen Eigenheimen gleich.**

**(2) Steht in den Fällen des Absatzes 1 Nr. 1 der Bedarfsträger fest, so ist die Gemeinde verpflichtet, auf Antrag des Bedarfsträgers das Vorkaufsrecht zu seinen Gunsten auszuüben, wenn er für die Verpflichtungen der Gemeinde nach Absatz 3 Satz 2 Sicherheit leistet.**

**(3) Mit der Ausübung des Vorkaufsrechtes kommt der Kauf zwischen dem**

**Begünstigten und dem Verpflichteten zustande. Die Gemeinde haftet für die Verpflichtungen aus dem Kauf neben dem Begünstigten als Gesamtschuldnerin.**

**1. Voraussetzungen des Vorkaufsrechts zugunsten eines anderen**

Unter bestimmten Voraussetzungen kann die Gemeinde das ihr nach den §§ 24, 25 und 26 zustehende allgemeine und besondere Vorkaufsrecht auch zugunsten eines anderen ausüben (**Abs. 1**). In einem solchen Fall sind also vier Beteiligte vorhanden: der Verkäufer, der Käufer, die vorkaufsberechtigte Gemeinde und der begünstigte andere. Diese Bestimmung wurde auf Grund eines Vorschlags des 24. Bundestagsausschusses aus einigen Länderaufbaugesetzen in das BBauG übernommen und zwar aus folgender Erwägung: Würde man die Ausübung des Vorkaufsrechts nur zugunsten der Gemeinden zulassen, so würde es als Instrument der Bodenordnung bei kleineren Gemeinden, denen oft die Mittel fehlen, versagen. Auch ein bloßer Zwischenerwerb würde für solche Gemeinden eine wirtschaftliche Belastung bedeuten. Zudem wird durch die Ausübung des Vorkaufsrechts zugunsten eines anderen ein zweimaliger Eigentümerwechsel erspart.

Voraussetzung für die Ausübung des Rechts ist das Einverständnis des begünstigten anderen.

Um eine unerwünschte Ausweitung zu verhindern, wurde diese Art der Ausübung auf folgende Fälle beschränkt:

Das Grundstück muß entweder **a)** als Baugrundstück für den Gemeinbedarf oder als Verkehrs-, Versorgungs- oder Grünfläche festgesetzt sein (vgl. § 9 Abs. 1 Nr. 1, 3, 5, 8), oder

**b)** für die Bebauung mit Eigenheimen (auch Kaufeigenheimen oder Kleinsiedlungen) vorgesehen sein, oder

**c)** in einem Gebiet liegen, das nach städtebaulichen Erfordernissen als Eigenheimgebiet entwickelt werden soll.

Nach den in a) bis c) genannten Erfordernissen kommt also diese Art der Ausübung vor allem dann in Frage, wenn Träger von Gemeinbedarfseinrichtungen (z. B. Schulen, Kirchen, Versorgungsbetrieben) oder Wohnungsbauträgern gewillt sind, das Grundstück zu erschließen und zu bebauen. Im ersten Falle, also bei einem Träger von Gemeinbedarfseinrichtungen ist die Gemeinde sogar verpflichtet, auf dessen Antrag hin das Vorkaufsrecht zu seinen Gunsten auszuüben, wenn er für die Verpflichtungen aus dem Kauf (vgl. Abs. 3 Satz 2, Anm. 2) Sicherheit leistet (**Abs. 2**).

**2. Rechtsfolgen der Ausübung des Vorkaufsrechts zugunsten anderer (Abs. 3)**

Wenn die Gemeinde das Vorkaufsrecht ausübt (durch Mitteilung an den verpflichteten Verkäufer § 510 Abs. 1 BGB), kommt der Kauf zwischen diesem und dem begünstigten anderen zustande. Bezüglich der Wirkung der Mitteilung über die Ausübung des Vorkaufsrechts vgl. Anm. 3 a zu § 24. Neben dem Begünstigten haftet die Gemeinde als Gesamtschuldnerin.

## § 28
*Entschädigung für ältere Erwerbsrechte*

**Nach Ausübung des Vorkaufsrechtes hat die Gemeinde denjenigen für dadurch entstandene Vermögensnachteile zu entschädigen, dem ein vertragliches Recht zum Erwerb des Grundstücks zustand, bevor ein gesetzliches Vorkaufsrecht der Gemeinde auf Grund dieses Gesetzes oder solcher landesrechtlicher Vorschriften, die durch § 186 aufgehoben worden sind, begründet worden ist. Die Vorschriften über die Entschädigung im Zweiten Abschnitt des Fünften Teiles dieses Gesetzes gelten sinngemäß. Kommt eine Einigung über die Entschädigung nicht zustande, so entscheidet die höhere Verwaltungsbehörde. Vor der Entscheidung sind die Beteiligten zu hören. Hat die Gemeinde das Vorkaufsrecht zugunsten eines anderen ausgeübt, so kann sie von diesem Erstattung des Entschädigungsbetrages verlangen.**

**a)** Wird durch die Ausübung des Vorkaufsrechts in den vorgenannten Fällen (§§ 24 bis 27) in Erwerbsrechte eingegriffen, die durch Vertrag vor der Entstehung eines der hier oder bisher (§ 186 Abs. 1) landesrechtlich geregelten Vorkaufsrechte erworben wurden, so ist die Gemeinde verpflichtet, dem Geschädigten für die hierdurch entstandenen Vermögensnachteile Entschädigung zu leisten (**Satz 1**). Voraussetzung ist also, daß das private Vorkaufsrecht begründet worden ist, bevor

entweder ein Bebauungsplan nach dem BBauG aufgestellt oder ein übergeleiteter Plan nach § 173 Abs. 3 vorhanden ist, in dem Gemeinbedarfsgrundstücke festgesetzt sind, bzw. Grundstücke in ein Umlegungsverfahren oder Grenzregelungsverfahren nach dem BBauG einbezogen sind (§ 24),

oder Satzungen über das besondere Vorkaufsrecht nach § 25 oder nach § 26 rechtsgültig erlassen sind,

oder in den Bundesländern, die in ihren Aufbaugesetzen ähnliche Vorkaufsrechte zugunsten der Gemeinde hatten, solche zur Entstehung gelangt sind.

**b)** Nach **Satz 2** sind die Vorschriften der § 93 bis 101 — §§ 102 und 103 scheiden der Natur der Sache nach aus — über die Entschädigung sinngemäß anzuwenden (vgl. hierzu die Erläuterungen dort). In diesen Bestimmungen sind die Entschädigungsgrundsätze festgelegt, insbesondere, ob die Entschädigung in Geld oder in Land oder durch Gewährung anderer Rechte zu leisten ist.

**c)** Mangels Einigung über die Entschädigung entscheidet nach **Satz 3 und 4** die höhere Verwaltungsbehörde nach Anhörung der Beteiligten. Eine Zuständigkeitsübertragung an eine andere staatliche Behörde (vgl. § 147 Abs. 2) kommt hier nicht in Betracht, weil die Entschädigungsvorschriften des Fünften Teils ausdrücklich für anwendbar erklärt wurden.

Für das weitere Verfahren gelten §§ 157 ff.; zuständig für Streitigkeiten sind sonach die Kammern (Senate) für Baulandsachen bei den Land-(Oberlandes-)gerichten.

**d)** Im Falle des § 27 (Ausübung zugunsten eines anderen) kann die Gemeinde vom Begünstigten die Erstattung des Entschädigungsbetrags verlangen (Satz 5). Auch für Streitigkeiten hierüber sind die Baulandkammern zuständig (§ 157 Abs. 1).

# DRITTER TEIL

## Regelung der baulichen und sonstigen Nutzung

### Vorbemerkung

**1. Allgemeines**

Der Dritte Teil des BBauG tritt an die Stelle der durch § 186 Abs. 1 Nr. 15 aufgehobenen Bauregelungsverordnung vom 15. 2. 1936. Die Regelung der baulichen und sonstigen Nutzung in diesem Teil des BBauG, der am 29. 6. 1961 in Kraft getreten ist, enthält Vorschriften, die die Baugenehmigungsbehörde, die für den Vollzug der städtebaulichen Pläne hinsichtlich der Zulassung baulicher Anlagen zuständig ist, binden. Ungeachtet dessen handelt es sich bei den Vorschriften des Dritten Teils des BBauG um bodenrechtliche, nicht baupolizeiliche Bestimmungen, da sie ihrer Natur nach nicht spezifisch polizeilichen Sicherheitserfordernissen dienen. Damit ist die bundesrechtliche Regelung gerechtfertigt. Dieser Rechtslage wurde ausdrücklich durch den Hinweis in § 29 Satz 4 Rechnung getragen.

Auf Grund der Ausschußberatungen erhielten die beiden Abschnitte des Dritten Teils gegenüber dem Regierungsentwurf eine erheblich andere endgültige Fassung. So wurde vor allem der Begriff „Vorhaben" (vgl. § 29) für den ganzen Ersten Abschnitt eingeführt und die ursprünglich geplante Erwerbspflicht des Zweiten Abschnitts in eine Entschädigungspflicht (vgl. §§ 40 bis 44) umgewandelt.

**2. Rechtsprechung**

Das Bundesverwaltungsgericht hat sich mit den zum Teil nicht neuen Problemen der Regelung der baulichen und sonstigen Nutzung im Rahmen seiner Rechtsprechung zur Bauregelungsverordnung und zu den einschlägigen Ländergesetzen, im besonderen zu den nach 1945 ergangenen Aufbaugesetzen, befaßt. Im Hinblick darauf, daß diese Gesetze zum Teil noch vor Inkrafttreten des Grundgesetzes ergangen sind, mußte das BVerwG die dort enthaltenen Rechtsnormen am GG messen. So entstand eine moderne Rechtsprechung, die ihren Niederschlag in vielen normativen Regelungen des BBauG, nicht zuletzt auch in solchen des Dritten Teils, fand.

Als Vorläufer der inzwischen ergangenen höchstrichterlichen Rechtsprechung sollen sie nur der Fundstelle nach aufgeführt werden:

B v. 15. 6. 1954 (I B 260.53) Buchholz 406, 21; § 3 BauRegV Nr. 1.

U v. 7. 10. 1954 (I C 16.53) Buchholz 406, 21; § 3 BauRegV Nr. 2.

U v. 14. 12. 1954 (I C 57.53) Buchholz 406, 21; BauRegV Nr. 3.

B v. 28. 1. 1955 (I B 246.53) Buchholz 406, 48; § 1 der Einheitsbauordnung für Städte Nr. 1.

U v. 8. 12. 1955 (I C 135.54) BVerwGE 3, 28.

U v. 12. 7. 1956 (I C 91.54) BVerwGE 4, 57.

U v. 25. 10. 1956 (I C 119.56) BVerwGE 4, 124.

U v. 27. 2. 1957 (I C 192.55) Buchholz 406, 18; § 12 Hessen Aufl. 9 Nr. 1.

U v. 20. 5. 1958 (I C 184.57) BVerwGE 6, 339.
U v. 27. 6. 1957 (I C 3.56) Buchholz 406, 40; § 24 NotSchG Nr. 4.
U v. 29. 8. 1957 (I C 22.57) Buchholz 406, 28; § 11 Bad. OrtsstraßenG Nr. 1.
B v. 15. 11. 1957 (I B 115.57) Buchholz 406, 21; § 3 BauRegV Nr. 12.

## ERSTER ABSCHNITT

## Zulässigkeit von Vorhaben

### § 29

### *Begriff des Vorhabens*

**Für Vorhaben, die die Errichtung, Änderung oder Nutzungsänderung von baulichen Anlagen zum Inhalt haben und die einer bauaufsichtlichen Genehmigung oder Zustimmung bedürfen, gelten die §§ 30 bis 37. Dies gilt auch für Vorhaben, die der Landesverteidigung dienen. Diese Vorschriften gelten mit Ausnahme des § 35 sinngemäß auch für Aufschüttungen und Abgrabungen größeren Umfanges sowie für Ausschachtungen. Die Vorschriften des Bauordnungsrechtes und andere öffentlich-rechtliche Vorschriften bleiben unberührt.**

**1. Allgemeines**

Der den Einzelvorschriften der §§ 30 bis 37 vorangestellte Begriff Vorhaben umfaßt die baugenehmigungspflichtige oder sonst zustimmungsbedürftige Errichtung, Änderung oder Nutzungsänderung von baulichen Anlagen einschließlich solcher, die der Landesverteidigung dienen. Letztere unterliegen den Bestimmungen auch insoweit, als sie verfahrensrechtlich der höheren Bauaufsichtsbehörde vor Beginn der Ausführung nur zur Kenntnis zu bringen sind (vgl. Verordnung über die baupolizeiliche Behandlung von öffentlichen Bauten vom 20. 11. 1938, RGBl. I S. 1677).

Auf Aufschüttungen, Abgrabungen größeren Umfangs (Tatfrage!) und auf Ausschachtungen wurden auf Vorschlag des federführenden Ausschusses die Vorschriften der §§ 30 bis 37 mit Ausnahme von § 35 für anwendbar erklärt, weil diese erheblichen Veränderungen der Erdoberfläche sich auf eine geordnete städtebauliche Entwicklung nachteilig auswirken können (**Satz 2**). Die Ausklammerung der Vorschrift des § 35 hat zur Folge, daß im Außenbereich (vgl. § 19 Abs. 2) Einschränkungen für Aufschüttungen, Ausschachtungen und größere Abgrabungen nicht vorgesehen sind.

Unter die genehmigungspflichtigen Vorhaben in diesem Sinn fallen auch Anlagen nach §§ 16 und 24 GewO, Atomanlagen nach §§ 7 ff. des Atomgesetzes vom 23. 12. 1959 (BGBl. I S. 814) und Nebenanlagen nach § 1 Abs. 4 Nr. 4 FStrG.

Der Zustimmung (an Stelle der Genehmigung) bedürfen die Anlagen, die von der obengenannten Verordnung vom 20. 11. 1938 erfaßt werden, sowie öffentliche Bauvorhaben nach entsprechenden länderrechtlichen Bestimmungen. Soweit Aufschüttungen und Abgrabungen, landesrechtlich nur einer Anzeigepflicht unterliegen, werden sie gleichwohl im Hinblick auf Satz 3 durch das BBauG erfaßt, **wenn** sie „großen Umfangs" sind (nach einem Vorschlag einer von Bundes wegen ausgearbeiteten Musterbauordnung ab 30 qm Grundfläche und Höhe von mehr als 2 m).

**2. Rechtsprechung**

A. Höchstrichterl. Rspr.

BVerwG, U vom 12. 11. 1964 (I C 58/64) BBauBl. 1965, 70 = DVBl. 1965, 200.

Unter die Vorhaben des § 29 BBauG fallen auch die anzeigepflichtigen Vorhaben, mit deren Ausführung erst nach Ablauf einer bestimmten Frist nach Eingang der Bauanzeige begonnen werden darf, sofern die Baugenehmigungsbehörde nicht innerhalb dieser Frist das Vorhaben untersagt oder dem früheren Baubeginn zugestimmt hat.

B. Andere Gerichte

1. OVG Münster, U vom 27. 10. 1961 (VII A 244/59) DÖV 1962.

Unter „Vorschriften des Bauordnungsrechts" im Sinne des § 29 letzter Satz BBauG, die unberührt geblieben sind, sind die Vorschriften herkömmlichen baupolizeilichen Inhalts in den Bauordnungen zu verstehen, d. h. die Bestimmungen, die regeln, was bei der Ausführung eines Bauvorhabens in sicherheitspolizeilicher, hygienischer und ästhetischer Hinsicht zu beachten ist.

Unberührt geblieben im Sinne des § 29 letzter Satz BBauG sind auch solche Vorschriften in den Bauordnungen, die sowohl planerischen als auch bauordnungsrechtlichen Charakter haben; dazu gehören u. a. die Bauwichbestimmungen in den Bauordnungen.

2. OVG Münster, U vom 11. 12. 1962 (VII A 214/62) DVBl. 1963, 634 = DÖV 1963, 848 = ZMR 1964, 90.

a) Der Senat hält an seiner Auffassung fest, daß städtebauliche Pläne, die als Bebauungspläne nach dem BBauG weitergelten, für die Entscheidung über einen Bauantrag nur maßgebend sind, wenn sie — gegebenenfalls zusammen mit anderen Bebauungsplänen — die Mindestfestsetzungen des § 30 BBauG enthalten.

b) Festsetzungen über Art und Maß der baulichen Nutzung, die in einer bisher geltenden BaupolVO enthalten sind, sind weder durch das BBauG noch durch § 108 BauO NW außer Kraft gesetzt worden.

3. OVG Lüneburg, U vom 13. 9. 1963 (I A 40/62) DVBl. 1964, 390.

Ein Wohnwagen, der entweder durch langfristige — etwa mehrere Monate dauernde — oder durch fortgesetzte Aufstellung auf einem dazu erworbenen oder gepachteten Grundstück zu diesem in eine verfestigte Beziehung getreten ist, kann eine nach Maßgabe des Landesrechts genehmigungspflichtige bauliche Anlage sein, die die Bebauungsfähigkeit des Grundstückes nach §§ 29 ff. BBauG voraussetzt.

4. VG Sigmaringen, U vom 8. 4. 1963 (I 63/63) DÖV 1964, 752.

Der Eigentümer eines Grundstücks ist nicht verpflichtet, nicht verbotene Veränderungen eines Grundstücks, die den Festsetzungen eines später erlassenen Bebauungsplans widersprechen, zu beseitigen.

5. OVG Lüneburg U v. 14. 1. 1965 (I A 109/63) DVBl. 1965, 211.

Die mit der Teilung eines Grundstücks im Außenbereich bezweckte Nutzung rechtfertigt als solche nur dann die Versagung der Genehmigung, wenn sie ein genehmigungsbedürftiges Vorhaben im Sinne des § 29 BBauG zum Gegenstand hat.

## § 30

*Zulässigkeit von Vorhaben im Geltungsbereich eines Bebauungsplanes*

**Im Geltungsbereich eines Bebauungsplanes, der allein oder gemeinsam mit sonstigen baurechtlichen Vorschriften mindestens Festsetzungen über die Art und das Maß der baulichen Nutzung, über die überbaubaren Grundstücksflächen und über die örtlichen Verkehrsflächen enthält, ist ein Vorhaben zulässig, wenn es diesen Festsetzungen nicht widerspricht und die Erschließung gesichert ist.**

**1. Zulässigkeit von Vorhaben**

In dieser Bestimmung ist die Grundsatzvorschrift über die Zulässigkeit von Vorhaben im Sinn von § 29 enthalten: Im Geltungsbereich des Bebauungsplans, der die im folgenden genannten Mindestvoraussetzungen erfüllen muß, ist ein Vorhaben zulässig, muß also baubehördlich genehmigt werden, wenn es den Festsetzungen des Bebauungsplans nicht widerspricht und wenn die Erschließung (also insbesondere die Straßenherstellung, vgl. die Erläuterungen zu § 127) gesichert ist. Sicherung der Erschließung bedeutet nicht schon ihre Durchführung; es genügt, wenn eine Satzung (§ 132) aufgestellt, der Erschließungsbeitrag an die Gemeinde (vgl. § 135) geleistet ist und die Gemeinde erkennbare Vorbereitungsmaßnahmen zur Durchführung der Erschließung getroffen hat (vgl. § 123 Abs. 2).

Die Mindestforderungen, die der Bebauungsplan im Sinn des § 30 zu erfüllen hat, bestehen darin, daß dieser allein oder zusammen mit sonstigen baurechtlichen Vorschriften Festsetzungen über Art und Maß der baulichen Nutzung, ferner über die bebaubaren Grundstücksflächen sowie über die örtlichen Verkehrsflächen enthält. Unter „sonstigen baurechtlichen Vorschriften" sind auch solche planungsrechtlicher Art zu verstehen; es fallen darunter sowohl landesrechtliche wie ortsrechtliche Vorschriften, auch festgesetzte und nach § 173 Abs. 2 übergeleitete Baulinienpläne oder nach der gleichen Vorschrift übergeleitete baurechtliche Vorschriften. Zur Erfüllung der Voraussetzungen des § 30 genügt es, wenn mehrere Bebauungspläne im Zusammenhalt — der Bebauungsplan kann ja auch Teilgebiete der Gemeinde erfassen — die Mindesterfordernisse erfüllen

Der Bebauungsplan im Sinn des § 30 braucht nicht zu enthalten Festsetzungen über Bauweise, Mindestgröße der Grundstücke, Höhenlagen, Gemeinbedarfgrundstücke oder Grünflächen.

Die Vorausleistung des Erschließungsbeitrags (§ 133 Abs. 3) ist keine Bedingung für die Erteilung einer Baugenehmigung (vgl. Erg.Bd. Anm. zu § 133 Abs. 3). Dies ergibt sich aus § 30, in dem abschließend ausgeführt ist, welche Voraussetzungen vorliegen müssen, damit dem Antragsteller ein Rechtsanspruch auf die Baugenehmigung zusteht. Zu diesen Voraussetzungen gehört zwar die Sicherung der Erschließung, nicht aber die Vorausleistung (vgl. Waldemar Schneider, DVBl. 1962, 332).

**2. Sicherung der Erschließung**

Hinsichtlich der „Sicherung der Erschließung" vertritt Finkler in DVBl. 1962, 331 die Meinung, sie bedeute in erster Linie, daß die planerischen Voraussetzungen für die Herstellung der Straße gegeben sein müßten; zum anderen gehöre dazu auch die finanzielle Sicherstellung der geplanten Erschließungsmaßnahmen; das werde regelmäßig durch Bereitstellung der erforderlichen Mittel im Haushaltsplan der Gemeinde geschehen. Nach wie vor werde es die Regel sein, daß die Gemeinden Straßenbaumaßnahmen im wesentlichen vorfinanzierten. Ein Teil der Mittel könne durch Vorausleistungen gedeckt werden. Im übrigen sorge das BBauG dafür, daß die Gemeinden durch Vorverlegung der Entstehung der Beitragspflicht (§ 133 BBauG) die vorgeschossenen Beträge — soweit zulässig — möglichst schnell wieder hereinbekommen könnten.

Demgegenüber weist Waldemar Schneider aaO. darauf hin, daß die Vorausleistung jedenfalls nicht zur „Sicherung der Erschließung" gehöre. Andrerseits genüge es für diese Sicherung der Erschließung nicht, daß die planerischen Voraussetzungen und die finanzielle Sicherstellung der geplanten Erschließungsmaßnahmen vorlägen; es sei hierzu vielmehr auch notwendig, daß die Erschließungsanlagen bis spätestens zur Fertigstellung der anzuschließenden baulichen Anlagen benutzbar seien (vgl. hierzu auch Brügelmann BBauG zu § 30 Anm. 3 b, bb; ferner Finkler, DVBl. 1962, 707).

**3. Rechtsprechung**

A. Höchstrichterliche Rspr.

BVerwG, U vom 18. 8. 1964 — I C 63/62 — DVBl. 1964, 918 = DÖV 1964, 740 = BBauBl. 1964, 548 = DWW 1965, 20 = MDR 1965, 70 = BayVBl. 1965, 98.

a) Die vorhandene Bebauung ist für die Zulässigkeit von Vorhaben innerhalb der im Zusammenhang bebauten Ortsteile nur maßgeblich, soweit die städtebauliche Ordnung nicht durch die Festsetzungen eines Bebauungsplanes geregelt ist.

b) Befreiung kann auch von den Festsetzungen eines Bebauungsplanes erteilt werden, der nicht die Mindestfestsetzungen des § 30 BBauG enthält.

B. OVG, VGH und andere Gerichte

1. OVG Münster, U vom 18. 7. 1961 (VII A 1748/58) DVBl. 1962, 65 = DÖV 1962, 272.

**Bisherige städtebauliche Pläne, die als Bebauungsplan nach dem BBauG weiter gelten, sind für die Entscheidung über einen Bauantrag nur dann beacht-**

lich, wenn sie — gegebenenfalls zusammen mit anderen Bebauungsplänen dieser Art — die Mindestfestsetzungen des § 30 BBauG, insbesondere also auch solche über die Verkehrsflächen enthalten.

Die Ausnahme- und Dispensvorschrift des § 31 BBauG bezieht sich nur auf „qualifizierte Bebauungspläne" im Sinne des § 30 BBauG.

2. OVG Münster, U vom 29. 5. 1962 (VII A 853/59) DÖV 1963, 848.

Weist ein Bebauungsplan im Sinne des § 30 BBauG ein Grundstück als von jeder Bebauung freizuhaltende private Grundfläche aus, so widerspricht jede Bebauung des Grundstücks, auch die Errichtung eines nebenerwerblich betriebenen Obstanbau dienenden Wirtschaftsgebäudes den Festsetzungen des Bebauungsplanes und ist daher nach § 30 BBauG unzulässig.

3. OVG Münster, B vom 3. 11. 1962 (VII B 605/62) ZMR 1964, 31.

Wird durch ein bestehendes Gebäude die zulässige Bautiefe nicht ausgenutzt, so wird sein Eigentümer in seinen Nachbarrechten nicht dadurch verletzt, daß der Nachbar mit einem Neubau die zulässige Bautiefe ausnutzt und dadurch den Lichteinfall für das vorhandene Gebäude beeinträchtigt.

4. BayVGH, U vom 6. 12. 1962 (Nr. 114 I 61) — nicht veröffentlicht.

Die Erschließung ist nicht gesichert, wenn die Straße zwar hergestellt ist, der Eigentümer sie aber sperrt.

5. OVG Münster, B vom 23. 12. 1963 (VII B 650/62) NJW 1964, 1290.

a) Auf die Zulassung eines „sonstigen Vorhabens" im Außenbereich besteht ein Rechtsanspruch, wenn es öffentliche Belange nicht beeinträchtigt.

b) Die Unvereinbarkeit eines „sonstigen Vorhabens" im Außenbereich mit einer geordneten Entwicklung des Gemeindegebiets ergibt sich nicht schon ohne weiteres daraus, daß weder in einem qualifizierten Bebauungsplan i. S. des § 30 BBauG noch in einem Flächennutzungsplan der fragliche Teil des Außenbereichs als Baugebiet ausgewiesen bzw. vorgesehen ist.

6. OVG Münster, U vom 11. 6. 1964 (VII A 935/63) DÖV 1964, 752.

Der Annahme eines qualifizierten Bebauungsplans im Sinn des § 30 BBauG steht der Umstand nicht entgegen, daß die örtliche Verkehrsfläche nur auf einer Seite der Straße durch eine Fluchtlinie nach dem Preuß. Fluchtliniengesetz begrenzt ist.

## § 31
### *Ausnahmen und Befreiungen*

**(1) Von den Festsetzungen des Bebauungsplanes kann die Baugenehmigungsbehörde im Einvernehmen mit der Gemeinde solche Ausnahmen zu-**

**lassen, die in dem Bebauungsplan nach Art und Umfang ausdrücklich vorgesehen sind.**

**(2) Im übrigen kann die Baugenehmigungsbehörde im Einvernehmen mit der Gemeinde und mit Zustimmung der höheren Verwaltungsbehörde Befreiung erteilen, wenn die Durchführung des Bebauungsplanes im Einzelfall zu einer offenbar nicht beabsichtigten Härte führen würde und die Abweichung auch unter Würdigung nachbarlicher Interessen mit den öffentlichen Belangen vereinbar ist, oder wenn Gründe des Wohls der Allgemeinheit die Befreiung erfordern. Die Zustimmung der höheren Verwaltungsbehörde gilt erteilt, wenn sie nicht binnen zwei Monaten versagt wird. Die höhere Verwaltungsbehörde kann für genau begrenzte Fälle allgemein festlegen, daß ihre Zustimmung nicht erforderlich ist.**

**1. Ausnahmen und Befreiungen**

Diese Vorschrift knüpft an die hergebrachte Unterscheidung zwischen der in der Norm ausdrücklich vorgesehenen „Ausnahme“ und der stets dem Ermessen unterliegenden „Befreiung“ (Dispens) von einer Rechtsvorschrift an.

So führt § 31 folgende beiden Möglichkeiten an:

1. solche, die nach Art und Umfang im Bebauungsplan ausdrücklich vorgesehen sind (Abs. 1),
2. solche, die im Bebauungsplan nicht vorgesehen sind, jedoch auf Grund besonderer Umstände im Einzelfall das Vorhaben ermöglichen (Abs. 2).

**Zu 1.** Der Gemeinde ist nach **Abs. 1** von vornherein die Möglichkeit gegeben, von den Festsetzungen des Bebauungsplans bei Aufstellung dieses Plans nach Art und Umfang bezeichnete Ausnahmen vorzusehen, die Inhalt der Satzung sein müssen und im Rahmen der Überprüfung durch die höhere Verwaltungsbehörde (nach § 11) auch von der Genehmigung miterfaßt worden sind. Nur unter diesen Voraussetzungen kann die Baugenehmigungsbehörde im Einvernehmen mit der Gemeinde (soweit nicht die Gemeindebehörde — kreisfreie Stadt — selbst Baugenehmigungsbehörde ist) im Einzelfall, also nicht generell, die beantragte Ausnahme zulassen. Es handelt sich um eine Ermessensentscheidung der Genehmigungsbehörde, die vom Bauwerber im Verwaltungsrechtsweg angefochten werden kann. Fehlt es am Einvernehmen mit der Gemeinde, also an der Übereinstimmung der beiden Behörden, dann muß die Baugenehmigungsbehörde das Vorhaben ablehnen, selbst wenn sie ihrerseits der Genehmigung nicht abgeneigt ist (siehe Anm. 3 zu § 19). Die Gemeinde kann eine ablehnende Haltung der Baugenehmigungsbehörde mangels Vorliegens eines Verwaltungsakts ihr gegenüber und mangels eines Eingriffs in ein Selbstverwaltungsrecht nicht verwaltungsrechtlich angreifen (vgl. Anm. 4 zu § 19); es steht ihr lediglich die Möglichkeit der formlosen Aufsichtsbeschwerde an die Oberaufsichtsbehörde zu. Eine selbständige Anfechtung der ablehnenden Stellungnahme der Gemeinde gegenüber der Baugenehmigungsbehörde durch den in der Auswirkung betroffenen Baugesuchsteller ist ausgeschlossen; es handelt sich um einen behördeninternen Vorgang. Anders ist es, wenn die Gemeinde aus planerischen Gründen eine ablehnende

Stellungnahme abgibt und die Baugenehmigungsbehörde trotzdem Befreiung erteilt. Abgesehen von dem Verstoß gegen die gesetzliche Vorschrift, die „Einvernehmen" beider Behörden fordert, dürfte die Gemeinde ein selbständiges Anfechtungsrecht gegen die Entscheidung der Baugenehmigungsbehörde zuerkannt werden müssen, soweit eine Verletzung ihrer Planungsarbeit geltend gemacht wird. Im Hinblick auf den begünstigenden Verwaltungsakt gegenüber dem Baugesuchsteller und die notwendige (u. erteilte) Zustimmung der höheren Verwaltungsbehörde ergeben sich u. U. weitere Probleme.

**Zu 2. Abs. 2** behandelt die sog. Härtefälle. Die Baugenehmigungsbehörde kann — auch hier nur im Einvernehmen mit der Gemeinde (soweit sie nicht selbst Gemeindebehörde ist) — und mit Zustimmung der höheren (vgl. jedoch § 147 Abs. 2) Verwaltungsbehörde im Einzelfall eine Ausnahmegenehmigung erteilen, auch wenn im Bebauungsplan Ausnahmen nicht vorgesehen sind, und zwar nur dann, wenn die Durchsetzung des Bebauungsplans in diesem Fall zu einer „offenbar nicht beabsichtigten Härte" (unbestimmter Rechtsbegriff!) führen würde und die Abweichung „auch unter Würdigung nachbarlicher Interessen mit den öffentlichen Belangen vereinbar ist" (ebenfalls unbestimmter Rechtsbegriff!) oder wenn „Gründe des Wohls der Allgemeinheit die Befreiung erfordern" (gleichfalls ein unbestimmter Rechtsbegriff, vgl. die ähnliche, stärkere oder schwächere und auch gleiche Ausdrucksweise in §§ 4 Abs. 2, 24 Abs. 2, 77 Abs. 1, 87 Abs. 1, 116 Abs. 1).

Unter „Nachbar", dessen Interessen durch die Behörden zu würdigen sind, sind nicht nur die Grundangrenzer zu verstehen; vielmehr ist auf die Beeinträchtigung der näheren Umgebung eines Grundstücks abzustellen, auf dem eine von den planerischen Festsetzungen abweichende Bauanlage geschaffen werden soll; vgl. das in der Anm. 2 (Rspr.) unter B 6 angeführte U des OVG Münster vom 23. 4. 1964.

Bezüglich der Anfechtungsmöglichkeit gilt das zu 1. Gesagte; nur dem Baugesuchsteller, gegebenenfalls — soweit landesgesetzlich überhaupt vorgesehen — dem Nachbarn (und diesem nur in beschränktem Umfang, vgl. AmtlSlg. Bay VGH n. F. 5, 119) stehen die verwaltungsrechtlichen Rechtsbehelfe offen, nicht etwa der Gemeinde wegen der Verweigerung der Zustimmung der höheren Verwaltungsbehörde oder gegen die ablehnende Haltung der Baugenehmigungsbehörde. Der durch den Bescheid betroffene Baugesuchsteller kann nur gegen den Bescheid der Genehmigungsbehörde angehen, nicht etwa gegen die Verweigerung der Zustimmung der höheren Verwaltungsbehörde, oder gegen die ablehnende Stellungnahme der Gemeinde; allein der Bescheid der Genehmigungsbehörde stellt gegenüber dem betroffenen Gesuchsteller einen anfechtbaren Verwaltungsakt dar, nur dieser tritt nach außen hin in Erscheinung, während es sich bei den Stellungnahmen der Gemeinde und der höheren Verwaltungsbehörde um Behördeninterna handelt.

Die notwendige Zustimmung der höheren Verwaltungsbehörde gilt als erteilt, wenn sie nicht innerhalb von zwei Monaten — nach Vorlage durch die Genehmigungsbehörde — versagt wird (**Satz 2**). Nach Ablauf dieser Zeit bedarf es also zum Erlaß des Bescheids nur noch des Einvernehmens der Baubehörde mit der Gemeinde; auch dieses entfällt, wenn die Gemeinde selbst Baugenehmigungsbehörde ist. Eine nach Ablauf von zwei Monaten eingehende Verweigerung der Zustimmung der höheren Verwaltungsbehörde ist nicht mehr rechtserheblich.

Zur Erleichterung des nicht ganz einfachen Verwaltungsverfahrens in den Fällen des Abs. 2 hat **Satz 3** der höheren Verwaltungsbehörde die Berechtigung erteilt, durch Entschließung (Erlaß) für g e n a u begrenzte Fälle allgemein auf die Notwendigkeit ihrer Zustimmung zu verzichten. Auch hier kann nach § 147 Abs. 2 die Zuständigkeit durch Landesrecht auf andere staatliche Behörden (also auch auf oberste Landesbehörden) übertragen werden.

**2. Rechtsprechung**

A. H ö c h s t r i c h t e r l i c h e R s p r.

BVerwG, U vom 18. 8. 1964 (I C 63/62) BB 1964, 1237 = DVBl. 1964, 918.

Befreiung kann auch von den Festsetzungen eines Bebauungsplanes erteilt werden, der nicht die Mindestfestsetzungen des § 30 BBauG enthält.

B. O V G, V G H u n d a n d e r e G e r i c h t e

**1.** OVG Münster, B vom 22. 4. 1963 (VII B 127/63) DVBl. 1963, 628 = DÖV 1963, 842.

Zu den Nachbarn im Sinne der §§ 31 Abs. 2 BBauG, 87 BauO NW zählen nicht die Mieter der Nachbargrundstücke.

**2.** OVG Hamburg, U vom 29. 8. 1963 (OVG Bf 98/63) DWW 64, 162 = ZMR 1964, 252.

Auch im Falle einer Befreiung nach § 31 Abs. 2 BBauG ist die gegen die Baugenehmigung gerichtete Klage des Nachbarn nur dann zulässig, wenn die Bauordnungsvorschrift, von der befreit worden ist, zumindest auch dem Schutze des Nachbarn dient. An der bisherigen Rechtsprechung, daß diese Voraussetzung nach hamburgischem Landesrecht nur in den Fällen des sog. Fensterrechts und des sog. Zaunrechts zutrifft, wird festgehalten.

**3.** OVG Münster, U vom 3. 10. 1963 (VII A 175/63) BBauBl. 1965, 25.

Ein Nachbar kann eine Beeinträchtigung durch ein baurechtswidriges Bauvorhaben dann nicht geltend machen, wenn das Vorhaben nur dadurch von ihm als beeinträchtigend empfunden wird, daß er selbst mit oder an seinem Haus einen baurechtswidrigen und genehmigungsunfähigen Zustand geschaffen hat.

**4.** VGH Bad.-Württ., U vom 10. 12. 1963 (II 522/62) DVBl. 1964, 386 = DÖV 1964, 386.

**a)** § 31 Abs. 2 BBauG ist auch auf Festsetzungen in nicht qualifizierten Bebauungsplänen anzuwenden.

**b)** Die Einordnung des überkommenen Baurechts in den Kreis des Bauordnungsrechts oder des Planungsrechts nach seiner Wirkung oder nach örtlicher Handhabung wird vom Senat abgelehnt. Vielmehr kommt es darauf an, ob die Vorschrift als Baupolizeirecht erlassen worden ist. Hierbei ist allerdings das Recht auszuscheiden, dessen Anwendung inzwischen Aufgabe der gemeindlichen Planungsbehörden geworden ist und das ferner das BBauG als Planungsrecht betrachtet.

5. HessVGH, B vom 15. 1. 1964 (B IV 1/64) DÖV 1964, 783.

a) Die Zustimmung der Bauaufsichtsbehörde zu Baumaßnahmen des Bundes oder des Landes ist ein (feststellender) Verwaltungsakt.

b) Der Senat hält an seiner Rechtsprechung fest, daß die Anfechtungsklage nur dann aufschiebende Wirkung hat, wenn sie sich gegen einen vollziehbaren (§ 80 Abs. 1 Satz 1 VwGO) oder einen rechtsgestaltenden (§ 80 Abs. 1 Satz 2 VwGO) Verwaltungsakt richtet, nicht jedoch bei sonstigen (z. B. feststellenden Verwaltungsakten).

c) Eine Vorschrift, die die Erteilung einer Bauerlaubnis von dem Einvernehmen mit der Gemeinde abhängig macht, gibt der Gemeinde ein subjektiv-öffentliches Recht gegen die Bauaufsichtsbehörde auf Beachtung.

d) Zur Frage, ob eine Vorschrift, die den Schutz der Gemeinde vor verunstaltenden Baumaßnahmen bezweckt, der Gemeinde ein subjektiv-öffentliches Recht gegen die Bauaufsichtsbehörde auf Beachtung gibt.

e) Der Senat geht mit einem für die Entscheidung in einem einstweiligen Anordnungsverfahren ausreichenden Grad an Wahrscheinlichkeit davon aus, daß eine Vorschrift, die der Gemeinde ein Recht zum Erlaß von Ortsbaurecht verleiht, ihr zugleich ein subjektiv-öffentliches Recht gegen die Bauaufsichtsbehörde auf Beachtung dieses Ortsbaurechts gibt.

6. OVG Münster, B vom 17. 2. 1964 (VII B 790/36) DÖV 1964, 748.

Das Recht der Aufsichtsbehörde, durch Verweigerung ihrer Zustimmung eine Befreiung (Dispens) zu verhindern, rechtfertigt nicht ihre Beiladung in einem Rechtsstreit, dessen Gegenstand die Befreiung ist. Ob dagegen die oberste Landesstraßenbaubehörde beigeladen werden kann, wenn ihre Zustimmung zu der mit der Klage erstrebten Baugenehmigung erforderlich ist, bleibt offen.

7. OVG Münster, U vom 23. 4. 1964 (VII A 1274/63) DÖV 1964, 785 = DWW 1964, 394.

a) Der Antrag des Nachbarn i. S. des öffentlichen Baurechts auf Erlaß einer einstweiligen Anordnung mit dem Ziele, die Stillegung genehmigter Bauarbeiten auf einem benachbarten Grundstücke zu erwirken, ist jedenfalls dann zulässig, wenn die Baugenehmigungsbehörde trotz der Anfechtung der Bauerlaubnis durch den Nachbarn die Ausführung des Bauvorhabens duldet ohne die Bauerlaubnis für vollziehbar erklärt zu haben.

b) Der Begriff des Nachbarn i. S. des Bauplanungsrechts beschränkt sich nicht auf die Eigentümer der angrenzenden Grundstücke, sondern umfaßt die Eigentümer der Grundstücke in der Umgebung des Baugrundstückes, die durch eine von den planungsrechtlichen Festsetzungen abweichende bauliche Anlage auf diesem Grundstück tatsächlich beeinträchtigt werden; ihnen stehen Inhaber von sonstigen dinglichen Rechten an den Grundstücken in der Umgebung des Baugrundstückes gleich.

## § 32

### *Nutzungsbeschränkungen auf künftigen Gemeindebedarfs-, Verkehrs-, Versorgungs- oder Grünflächen*

**Sind überbaute Flächen in dem Bebauungsplan als Baugrundstücke für den Gemeinbedarf oder als Verkehrs-, Versorgungs- oder Grünflächen festgesetzt, so dürfen auf ihnen Vorhaben, die eine wertsteigernde Änderung baulicher Anlagen zur Folge haben, nur zugelassen und für sie Befreiungen von den Festsetzungen des Bebauungsplanes nur erteilt werden, wenn der Bedarfs- oder Erschließungsträger zustimmt oder der Eigentümer für sich und seine Rechtsnachfolger auf Ersatz der Werterhöhung für den Fall schriftlich verzichtet, daß der Bebauungsplan durchgeführt wird. Dies gilt auch für die dem Bebauungsplan nicht widersprechenden Teile einer baulichen Anlage, wenn sie für sich allein nicht wirtschaftlich verwertbar sind oder wenn bei der Enteignung die Übernahme der restlichen überbauten Flächen verlangt werden kann.**

Durch diese Bestimmung sind die Genehmigungsbehörden gehalten, bei Anträgen im Sinn des § 29 bezüglich solcher überbauter Flächen besondere Vorsicht walten zu lassen, die im Bebauungsplan als Baugrundstücke für den Gemeinbedarf oder als Verkehrs-, Versorgungs- oder Grünflächen festgesetzt sind Sie dürfen wertsteigernde Vorhaben nur zulassen und Befreiungen nach § 31 erteilen, wenn der Träger der Gemeindebedarfs- oder Erschließungsmaßnahmen (z. B. Schulträger, Kirchenstiftung, Gemeinde u. a.) zustimmt oder der Eigentümer für sich und seine Rechtsnachfolger auf den Ersatz der Werterhöhung, der durch die baulichen und ähnlichen Maßnahmen eingetreten ist, für den Fall schriftlich verzichtet, daß der Bebauungsplan verwirklicht wird und infolgedessen Gebäude auf dem Grundstück weichen müssen. Der Eigentümer wird für den Verlust des Grundstücks im Falle der Enteignung entschädigt (vgl. §§ 93 ff.), aber ohne Berücksichtigung der Werterhöhung, die durch das zwischenzeitlich durchgeführte Vorhaben eingetreten ist.

Die gleiche Regelung ist durch **Satz 2** für Teile einer Bauanlage, die dem Bebauungsplan nicht widersprechen, eingeführt, wenn diese Teile für sich allein nicht wirtschaftlich verwertbar sind oder die Fälle der §§ 92 Abs. 3 oder 96 Abs. 1 Nr. 2 (siehe Erläuterungen dort) vorliegen, also wenn der Eigentümer bei der Enteignung die Übernahme der restlichen überbauten Flächen oder den Ersatz der Wertminderung an dieser Fläche verlangen kann.

Der Sinn der Vorschrift ist, zu verhindern, daß der Grundstückseigentümer nach Inkrafttreten des Bebauungsplans wertsteigernde Veränderungen vornimmt, die von der Gemeinde finanziell getragen werden müßten.

## § 33

*Zulässigkeit von Vorhaben während der Planaufstellung*

**In Gebieten, für die die Gemeinde beschlossen hat, einen Bebauungsplan im Sinne des § 30 aufzustellen, ist ein Vorhaben zulässig, wenn nach dem Stand der Planungsarbeiten anzunehmen ist, daß das Vorhaben den künftigen Festsetzungen des Bebauungsplanes nicht entgegenstehen wird, der Antragsteller diese Festsetzungen für sich und seine Rechtsnachfolger schriftlich anerkennt und die Erschließung gesichert ist.**

**1. Voraussetzungen**

Das Verfahren zur Aufstellung eines Bebauungsplans nimmt durchwegs eine gewisse Zeit in Anspruch. Für die Dauer der Planaufstellung müssen städtebauliche Zulässigkeitsvoraussetzungen für die genehmigungspflichtige Errichtung, Änderung von baulichen Anlagen oder ihre Nutzungsänderung aufgestellt werden. Dem trägt § 33 Rechnung. Ist das Verfahren zur Aufstellung eines Bebauungsplans, der die Mindestvoraussetzungen des § 30 erfüllt, durch Beschluß des zuständigen Gemeindeorgans eingeleitet worden, so muß solchen Vorhaben die Zustimmung erteilt werden, von denen anzunehmen ist, daß sie nach dem Stand der Planung den künftigen Festsetzungen des Bebauungsplans nicht entgegenstehen und der Antragsteller diese Festsetzungen für sich und seine Rechtsnachfolger schriftlich anerkennt und auch die Erschließung sichergestellt ist. zur Frage, wann die Erschließung gesichert ist, vgl. Anm. zu § 30. — Eine Sicherung der Bauleitplanung wie z. B. §§ 34, 35 bedeutet § 33 nicht (vgl. U des BVerwG v. 17. 12. 1964, BVerwG I C 36. 65, NJW 1965, 549 = DVBl. 1965, 284). § 33 gilt nicht nur für die erstmalige Aufstellung eines qualifizierten Bebauungsplans, sondern auch für die Änderung solcher Pläne. § 33 gilt, soweit die Anwendbarkeit des § 34 BBauG in Betracht kommt, nur für die Fälle, in denen das Vorhaben nach der vorhandenen Bebauung und Erschließung als bedenklich und deswegen unzulässig erscheint, aber den künftigen planerischen Festsetzungen voraussichtlich nicht entgegenstehen wird.

**2. Entscheidung über die Zulässigkeit**

Über die Zulässigkeit des Vorhabens entscheidet die Baugenehmigungsbehörde im Einvernehmen mit der Gemeinde und nach Zustimmung der höheren (vgl. aber § 147 Abs. 2) Verwaltungsbehörde (§ 36 Abs. 1 Satz 1 und 2); es ist also beiderseitige Übereinstimmung zu erzielen (vgl. Anm. 3 zu § 19 und Anm. zu 1 bei § 31). Kommt das Einvernehmen nicht zustande oder wird die Zustimmung der höheren Verwaltungsbehörde nicht erteilt, ist das Bauvorhaben abzulehnen. Dem betroffenen Antragsteller stehen gegen die Genehmigungsversagung der Behörde die Rechtsbehelfe nach der VwGO offen. Näheres siehe bei § 36.

Aus § 33 kann nicht die Unzulässigkeit eines Vorhabens hergeleitet werden (siehe folg. Nr. 4 A, U des BVerwG v. 17. 12. 1964).

**3. Problem bei vorheriger Abweichung von den künftigen Festsetzungen**

Eine weitere Frage aus § 33 BBauG hat sich für die Praxis ergeben, ohne daß aus dem Gesetzestext selbst sich eine Antwort finden läßt. Der Bauwillige muß nämlich nach Einleitung eines Bebauungsplanverfahrens durch die Gemeinde für sich und seine Rechtsnachfolger die schriftliche Erklärung abgeben, daß er die künftigen Festsetzungen des Bebauungsplans anerkennt. Wie ist aber zu verfahren, wenn der Bauwillige von den bereits bekannten künftigen Festsetzungen des Bebauungsplans abweichen will oder bereits abgewichen ist? Dieser Fall kann z. B. dann eintreten, wenn der Bauwillige einen „Schwarzbau" durchgeführt hat, dem die nachträgliche Baugenehmigung nicht versagt werden kann, und an den das nun von ihm beabsichtigte Bauvorhaben angepaßt werden muß, während die Gemeinde in ihrer Bauplanung zunächst von einem Zustand ausgeht, der den „Schwarzbau" nicht berücksichtigt? Die scheinbare Gesetzeslücke besteht darin, daß in einem solchen Falle die Baugenehmigungsbehörde weder eine Ausnahme zulassen noch eine Befreiung erteilen könnte, weil noch keine bindenden Festsetzungen vorliegen. Im Hinblick auf den Sinn des § 33, der der Sicherung der Bauleitplanung während des Verfahrens dient, und zwar einer Bauleitplanung, die die Gesamtheit und nicht nur den Teil zum Inhalt hat, auf dem der einzelne nun gerade baut, gebaut hat oder bauen will, kann man davon ausgehen, daß die Baugenehmigungsbehörde mit § 33 den Bauwilligen zur Anerkennung der künftigen Festsetzungen zwingt, da sich diese ja in ihren Auswirkungen weit über das einzelne Grundstück des zufälligen Bauherrn hinaus erstrecken. Die Vergünstigung für den Bauwilligen, daß er regelwidrig vor Rechtsverbindlichkeit des Bebauungsplans bauen darf, will der Gesetzgeber dadurch ausgleichen, daß die Gemeinde wenigstens von seiner Seite mit Einwendungen gegen den künftigen Bebauungsplan nicht zu rechnen hat. Auch kann es nicht der Wille des Gesetzgebers gewesen sein, den plangetreuen Bauwilligen schlechter zu stellen (d. h. ihn zur schriftlichen Anerkennung zu zwingen) als den planabweichenden Baulustigen (d. h. diesem die schriftliche Anerkennung zu erlassen). Wäre die „Lückentheorie" richtig, könnte jeder Bauwillige durch eine geringfügige Abweichung seines Baues von den künftigen Festsetzungen des Bebauungsplans die Erklärung nach § 33 BBauG umgehen.

**4. Rechtsprechung**

A. Höchstrichterl. Rspr.

BVerwG U v. 17. 12. 1964 (I C 36. 64) NJW 1965, 549 = BBauBl. 1965, 167 = DVBl. 1965, 284 = BayVBl. 1965, 126.

§ 33 enthält einen positiven Zulässigkeitstatbestand, begründet dagegen nicht die Unzulässigkeit eines Vorhabens.

B. Andere Gerichte

1. OVG Lüneburg U vom 15. 8. 1963 (I OVG A 132/62) DVBl. 1964, 151.

Die Anwendung des § 33 BBauG zugunsten eines Vorhabens gebietet nicht, die Planung zu Ende zu denken, sondern setzt einen Stand der Planungsarbeiten — und zwar unter Berücksichtigung der rechtserheblichen Stellungnahmen der an der Planaufstellung beteiligten Stellen — voraus, der die positive Feststellung der Unbedenklichkeit des Vorhabens rechtfertigt.

2. OVG Berlin U vom 16. 12. 1963 (II B 42/62) DÖV 1964, 817.

a) Die Verweigerung der Baugenehmigung nach § 33 BBauG kann eine materielle Enteignung sein. Maßgebend ist die Stärke des Eingriffs, die in der zeitlichen Dauer der Erlaubnisverweigerung zum Ausdruck kommt.

b) § 33 BBauG ist verfassungsmäßig, obwohl eine ausdrückliche Entschädigungsregelung für den Fall der Enteignung fehlt. Die Junktimsklausel des Art. 14 Abs. 3 GG erfordert nicht, daß jeder Vorschrift eines Gesetzes, die sich als Enteignung auswirken kann, eine eigene Entschädigungsregelung beigefügt ist, wenn sie nur aus anderen Bestimmungen dieses Gesetzes entnommen werden kann.

**5. Schrifttum**

Flehunghaus, Zur Auslegung und Anwendung des § 33 BBauG, NJW 1964, 387.
Gelzer, Die Berücksichtigung gemeindlicher Planungsabsichten bei Anwendung der §§ 33 und 34 BBauG, DVBl. 1964, 129.

## § 34
### *Zulässigkeit von Vorhaben innerhalb der im Zusammenhang bebauten Ortsteile*

**In Gebieten, für die die Gemeinde noch nicht beschlossen hat, einen Bebauungsplan im Sinne des § 30 aufzustellen, oder für die die Aufstellung eines solchen Bebauungsplanes nicht erforderlich ist, ist innerhalb der im Zusammenhang bebauten Ortsteile ein Vorhaben zulässig, wenn es nach der vorhandenen Bebauung und Erschließung unbedenklich ist.**

**1. Zulässigkeit**

a) Ist ein Verfahren zur Aufstellung eines Bebauungsplans (mit den Mindestvoraussetzungen des § 30) noch nicht durch Beschluß des zuständigen Gemeindeorgans eingeleitet oder bedarf es der Aufstellung eines Bebauungsplans nicht — dies wird für kleine rein ländliche Gemeinden vielfach der Fall sein —, so greift für die Frage der Zulässigkeit der genehmigungspflichtigen Errichtung, Änderung oder Nutzungsänderung von baulichen Anlagen § 34 Platz: Innerhalb der im Zusammenhang bebauten Ortsteile — dies ist Tat- und Rechtsfrage — muß ein Vorhaben zugelassen werden, wenn es nach der vorhandenen Bebauung und Erschließung unbedenklich ist. Die Frage der Unbedenklichkeit unterliegt nicht dem Ermessen; es handelt sich vielmehr um einen unbestimmten Rechtsbegriff, der verwaltungsrichterlich überprüft werden kann (vgl. Bachof, Beurteilungsspielraum, Ermessen und unbestimmter Rechtsbegriff im Verwaltungsrecht, JZ 1955, 97, ferner für die Frage des Beurteilungsspielraums BVerwGE 5, 153). „Unbedenklich" hinsichtlich der vorhandenen Bebauung ist das Vorhaben z. B. dann, wenn dagegen keine Bedenken baugestalterischer Art bezüglich der Einfügung in die Umgebung bestehen. „Unbedenklich" hinsichtlich der Erschließung heißt nicht „gesichert"; es braucht im Gegensatz zu § 30 noch nicht der Erschließungsbeitrag geleistet zu sein (vgl. Anm. bei § 30); a. M. offensichtlich Schütz-Frohberg § 34. Leitgedanke ist die Beachtung der Ziele des § 1 Abs. 4 BBauG (siehe Rechtspr. A 1). Der unbestimmte Rechtsbegriff „unbedenklich" unterliegt im Streitfall der vollen verwaltungsrichterlichen Nachprüfung (vgl. BVerwG U v. 28. 5. 1963 [I C 247/58] MDR 1963, 950).

**b)** Der Begriff „im Zusammenhang bebaute Ortsteile" ist das Gemeindegebiet, das nicht zum Außenbereich gehört; denn dieser ist das Gebiet außerhalb der im Zusammenhang bebauten Ortsteile (siehe § 19 Abs. 2 und die dort. Anm.).

**c)** Auch in den Fällen des § 34 trifft die Baugenehmigungsbehörde die Entscheidung im Einvernehmen mit der Gemeinde (vgl. hierzu auch Anm. zu 1 bei § 31); jedoch ist die Zustimmung der höheren Verwaltungsbehörde hier nicht erforderlich (§ 36 Abs. 1). In Anbetracht der Planungshoheit der Gemeinden (§ 2 BBauG) und mit Rücksicht auf das gemäß § 36 Abs. 1 BBauG mit der Gemeinde herzustellende Einvernehmen ist es im verwaltungsrichterlichen Verfahren zumindest zweckmäßig, die Gemeinden in den Fällen der §§ 33 und 34 zum Verfahren beizuladen, vor allem, wenn zu klären ist, ob die Voraussetzungen der beiden Bestimmungen gegeben sind.

**d)** § 34 BBauG erklärt ein Bauvorhaben in Gebieten, für die die Gemeinde noch nicht beschlossen hat, einen Bebauungsplan aufzustellen o d e r für die die Aufstellung eines Bebauungsplanes nicht erforderlich ist, für zulässig, wenn es sich in den vorhandenen Bestand einfügt. Die Alternative „oder" hat zu der Auslegung Anlaß gegeben, die Bestimmung so zu lesen: „In Gebieten, für die die Aufstellung eines solchen Bebauungsplanes nicht erforderlich ist, ist innerhalb der im Zusammenhang bebauten Ortsteile ein Vorhaben zulässig, wenn ...". Der Umkehrschluß daraus ergäbe: „In Gebieten, für die die Aufstellung eines solchen Bebauungsplanes erforderlich ist, ist ... ein Vorhaben nicht zulässig". Es erscheint sehr zweifelhaft, ob das argumentum e contrario im vorliegenden Fall zulässig ist. Dafür könnte der Gedanke sprechen, daß — der Tendenz des BBauG folgend — einer Planung dort, wo sie erforderlich ist, unter allen Umständen der Vorrang eingeräumt werden soll, wobei der Gesetzgeber auch eine Fortführung der Bebauung im bisherigen Sinn mit Rücksicht auf die mögliche Planung hintanhalten will. Gegen eine solche Auslegung spricht jedoch die Formulierung der ersten Alternative („noch nicht beschlossen hat"). § 34 ist vielmehr im Zusammenhang mit § 33 und § 35 zu sehen. Diese Bestimmungen wollen für die verschiedenen planerischen Entwicklungsstufen der Gemeinde die Frage der Zulässigkeit der Vorhaben (§ 29) regeln.

**e)** Bzgl. der Beiladung der Gemeinde vgl. Anm. bei § 33.

**2. Zulässigkeit von Vorhaben bei Vorliegen eines nichtqualifizierten Bebauungsplans**

Während § 33 die Zulässigkeit von Vorhaben bei Vorliegen eines qualifizierten Bebauungsplans behandelt, spricht § 34 nur von Gebieten, für die die Gemeinde die Aufstellung eines qualifizierten Bauplans noch nicht beschlossen hat oder für die die Aufstellung eines solchen Plans nicht erforderlich ist. Daraus ergibt sich das Problem der Behandlung von Vorhaben in der geschlossenen Ortslage, wenn ein einfacher Bebauungsplan vorliegt, insbesondere wo übergeleitete Pläne (§ 173 Abs. 3) vorhanden sind, die aber nicht § 30 entsprechen. Die Rechtsprechung ist in der Beurteilung nicht einheitlich. Während das OVG Lüneburg die übergeleiteten Pläne anstelle von § 34 für die Zulässigkeit von Vorhaben als maßgebend ansieht (U vom 31. 8. 1961, DVBl. 1961, 824), verneint dies das OVG Münster (U vom 18. 7. 1961, DÖV 1962, 272; U vom 28. 2. 1962, DWW 1962, 249; U vom 11. 12. 1962, DVBl. 1963, 634 — siehe Anm. 3 = Rspr. B 2; U vom 5. 12. 1963, DÖV 1964, 752 — siehe Anm. 3 = Rspr. B 4). Wenngleich dem OVG Münster die Amtliche Begründung zu § 29 E zur Seite stand, so war dort jedoch nicht an die übergeleiteten oder neuen einfachen Festsetzungen über Art und Maß der baulichen Nutzung gedacht. Der Gesetzgeber wollte eine Überleitung der alten verbindlichen Festsetzungen (§ 173 Abs. 3) und die Überleitung bestehenden städtebaulichen Ortsrechts in den neuen Rechtskreis mit gleicher Rechtswirkung (siehe Amtliche Begründung zu § 212 E, DS 336 „Zu § 212" S. 118, die insoweit im Gegensatz zur Begründung zu § 29 E steht). Wille des Gesetzgebers ist es offensichtlich, früheres Recht grundsätzlich nicht zu entwerten und auch nichtqualifizierte Bebauungspläne als Richtpunkte für die Zulässigkeit von Vorhaben keinesfalls auszuschließen. Damit ist der Ansicht des OVG Lüneburg beizutreten.

**3. Rechtsprechung**

A. Höchstrichterliche Rspr.

1. BVerwG U vom 29. 8. 1961 (BVerwG I C 36/60) DVBl. 1962, 223 = BBauBl. 1962, 129 = VerwRspr. 14 S. 841 (Nr. 235) = NJW 1962, 507.

Bei der Lenkung der Bebauung in nicht verplanten Gebieten sind die Ziele zu wahren, die § 1 Abs. 4 BBauG der Bauleitplanung setzt. § 34 BBauG soll in solchen Gebieten, für die die Aufstellung eines Bebauungsplanes noch nicht beschlossen oder nicht erforderlich ist, die Durchsetzung der Ziele des Bundesbaugesetzes sichern. Unbedenklich im Sinne dieser Vorschrift und damit zulässig kann daher nur ein solches Vorhaben sein, das den gesetzlichen Zielen der Bauleitplanung entspricht. Bei der Handhabung des § 34 BBauG ist also die Baubehörde ebenso wie bei der Aufstellung der Bauleitpläne die Gemeinde an die gesetzliche Forderung einer in Berücksichtigung der vorhandenen Bebauung sachgerechten Leitung der weiteren Bebauung gebunden. Ein Vorhaben, das diesem Gebot nicht entspricht, ist nicht unbedenklich und daher nicht zulässig; es kann gegebenenfalls auch Rechte eines Nachbarn verletzen.

2. BVerwG U vom 18. 8. 1964 (I C 63/63) DVBl. 1964, 918 = BB 1964, 1237.

Die vorhandene Bebauung ist für die Zulässigkeit von Vorhaben innerhalb der im Zusammenhang bebauten Ortsteile nur maßgeblich, soweit die städtebauliche Ordnung nicht durch die Festsetzungen eines Bebauungsplanes geregelt ist (gleichgültig, ob dieser ein sog. qualifizierter oder einfacher Bebauungsplan ist). Befreiung kann auch von den Festsetzungen eines Bebauungsplans erteilt werden, der nicht die Mindestfestsetzungen des § 30 BBauG enthält.

3. BVerwG U v. 17. 12. 1964 (BVerwG I C 36/64) DVBl. 1965, 286 = BayVBl. 1965, 126.

Die Bestimmung des § 34 BBauG darf nicht dahin verstanden werden, daß die Gemeinde durch den Planaufstellungsbeschluß den in § 34 normierten Rechtsanspruch auf Zulassung beseitigte. Der Inhalt des § 34 kann nicht losgelöst von der Regelung des § 33 ermittelt werden.

B. OVG, VGH und andere Gerichte

1. OVG Lüneburg U vom 24. 8. 1962 (I OVG A 64/62) BBauBl. 1963, 78.

Im Rahmen der Unbedenklichkeitsprüfung nach § 34 BBauG gilt § 3 BauNV sinngemäß, in dessen Abs. 2 bestimmt ist, daß ausnahmsweise Läden und nicht störende Handwerksbetriebe zugelassen werden können. Ein Schlachthaus kann unter die in § 15 BauNV genannten Anlagen fallen. § 34 BBauG konkretisiert die vorhandene Sozialpflichtigkeit, indem es dem Eigentümer zwar eine bisher nach vernünftiger Betrachtungsweise zulässige Benutzung beläßt, jedoch eine solche für die Zukunft verhindert, welche die Eigenart des bebauten Gebiets stören kann und damit aus städtebaulichen Gründen bedenklich ist.

2. OVG Münster U vom 11. 12. 1962 (VII A 1789/59) DÖV 1963, 848.

a) Grundstücke an einem Bahngeleise, die im Eigentum einer Privateisenbahn stehen, können nicht schon deshalb gewerblich genutzt werden. Sie sind der gemeindlichen Planung unterworfen. Fehlt es an einem qualifizierten Bebauungsplan, so richtet sich die Zulässigkeit gewerblicher und industrieller Vorhaben nach der vorhandenen Bebauung.
b) Die Eintragung des Grundstücks einer Privateisenbahn in das Bahngrundbuch ist für die gemeindliche Planung nicht maßgeblich (vgl. Ges. betr. das Pfandrecht an Privateisenbahnen und Kleinbahnen und die Vollstreckung in dieselben vom 19. 8. 1895 GS — 499).

3. OVG Münster B vom 20. 6. 1963 (VII B 265/63) DÖV 1963, 849 = VerwRspr. Bd. 16 Nr. 139.

Bei der Handhabung des § 34 BBauG ist es grundsätzlich unbedenklich, unterschiedliche Bebauungstiefen zuzulassen; dies gilt auch im Hinblick auf die Nachbarn im Sinne des öffentlichen Baurechts.

4. OVG Münster U vom 5. 12. 1963 (VII A 342/63) DÖV 1964, 752.

Im Rahmen des § 34 BBauG ist es ohne Bedeutung, wenn ein Grundstück in das in § 16 Abs. 3 der Verbandsordnung des Siedlungsverbandes Ruhrkohlenbezirk erwähnte Verzeichnis aufgenommen worden ist. Durch die Aufnahme des Grundstücks in dieses Verzeichnis wird es noch nicht zu einer Verbandsgrünfläche. Vielmehr bewirkt die Aufnahme des Grundstücks in das Verbandsverzeichnis nur die Zuständigkeit der Verbandsorgane für das Fluchtlinienwesen hinsichtlich dieses Grundstücks.

5. OVG Lüneburg U vom 13. 12. 1963 (I A 150/62) BBauBl. 1964, 351 = BB 1964, 1237.

Für die Abgrenzung des im Zusammenhang bebauten Ortsteiles vom Außenbereich ist es ein wertvolles Kriterium, ob das Grundstück, um dessen Zuordnung es geht, als eine Baulücke erscheint, d. h. als Land, das nach der Verkehrsauffassung Bauland ist, oder ob es noch unterschiedlichen planerischen Entwicklungsmöglichkeiten zugänglich und ausgesetzt ist.

6. OVG Münster B vom 25. 2. 1964 (VII B 746/63) DÖV 1964, 789.

Zur Möglichkeit der öffentlich-rechtlichen Nachbarklage in den Fällen des § 34 BBauG.

## § 35
## *Zulässigkeit von Vorhaben im Außenbereich*

**(1) Im Außenbereich ist ein Vorhaben nur zulässig, wenn öffentliche Belange nicht entgegenstehen, die ausreichende Erschließung gesichert ist und wenn es**

**1. einem landwirtschaftlichen oder forstwirtschaftlichen Betrieb dient und nur einen untergeordneten Teil der Betriebsfläche einnimmt,**
**2. einer Landarbeiterstelle dient,**
**3. dem Fernmeldewesen, der öffentlichen Versorgung mit Elektrizität, Gas, Wärme und Wasser, der Abwasserwirtschaft oder einem ortsgebundenen gewerblichen Betrieb dient oder**
**4. wegen seiner besonderen Anforderungen an die Umgebung, wegen seiner nachteiligen Wirkung auf die Umgebung oder wegen seiner besonderen Zweckbestimmung nur im Außenbereich ausgeführt werden soll.**

**(2) Sonstige Vorhaben können im Einzelfall zugelassen werden, wenn ihre Ausführung oder Benutzung öffentliche Belange nicht beeinträchtigt.**

**(3) Eine Beeinträchtigung öffentlicher Belange liegt insbesondere vor, wenn das Vorhaben unwirtschaftliche Aufwendungen für Straßen und andere Verkehrseinrichtungen, Versorgungs- und Abwasseranlagen, für die Sicherheit, Gesundheit oder für sonstige Aufgaben erfordert, die Wasserwirtschaft gefährdet, das Ortsbild verunstaltet oder die natürliche Eigenart der Landschaft beeinträchtigt oder wenn die Entstehung einer Splittersiedlung zu befürchten ist. Auf Maßnahmen zur Verbesserung der Agrarstruktur ist besonders Rücksicht zu nehmen.**

### 1. Allgemeines

Als letzte Gruppe werden in § 35 die Vorhaben im Außenbereich (vgl. § 19 Abs. 2) behandelt. Hier hat der Gesetzgeber einen Katalog von Einschränkungen aufgestellt (Abs. 1), allerdings in Abs. 2 und 3 mit einer gewissen Erweiterung insofern, als im Einzelfall unter bestimmten Voraussetzungen auch Vorhaben zugelassen werden können, die nicht unter den Katalog des Abs. 1 fallen; doch ist für die Zulassung der in Abs. 2 genannten Vorhaben auch die Zustimmung der höheren (siehe aber § 147 Abs. 2) Verwaltungsbehörde notwendig (§ 36 Abs. 1 Satz 2).

Auch das BBauG geht — gleich der Bauregelungsverordnung — von dem Grundsatz der Verhinderung von Streusiedlungen aus (vgl. „nur“ in der ersten Zeile des Abs. 1).

Die Einschränkungen für die Zulassung von Vorhaben im Außenbereich haben ihre Ursache in dem seit langem praktizierten städtebaulichen Grundsatz, daß die bauliche Nutzung eines Grundstücks im Baugebiet die Regel ist, im Außenbereich die Ausnahme bleiben muß.

Die Wahrung der öffentlichen Belange ist unabdingbar. Ihre Beeinträchtigung allein begründet eine Ablehnung des Vorhabens (Abs. 1, siehe Anm. 2). In Zusammenhang mit Abs. 3 gesehen (siehe Anm. 4) bringt also § 35 strengere Vorschriften als die außer Kraft getretene BauRegV (vgl. § 3 dieser V).

**2. Eingeschränkte Zulassung von Vorhaben im Außenbereich (Abs. 1)**

Vorhaben im Außenbereich, d. i. außerhalb des räumlichen Geltungsbereichs eines Bebauungsplans (mit den Mindestanforderungen des § 30) und außerhalb der im Zusammenhang bebauten Ortsteile, sind grundsätzlich unter den nachgenannten Voraussetzungen zulässig; die Fassung des Abs. 1 ergibt einen Rechtsanspruch auf die Zulassung solcher Vorhaben,

a) wenn öffentliche Belange nicht entgegenstehen,
b) wenn eine ausreichende Erschließung gesichert ist,
c) wenn — **Nr. 1 bis 4** — das Vorhaben entweder einem landwirtschaftlichen (Begriff s. § 146) oder forstwirtschaftlichen Betrieb dient und dabei nur einen untergeordneten (also jedenfalls keinen wesentlichen) Teil der Betriebsfläche einnimmt,
oder (im Gesetzestext ist — Redaktionsversehen! — „oder“ weggelassen) einer Landarbeiterstelle dient,
oder (siehe vorher) dem Fernmeldewesen, der öffentlichen Versorgung mit Strom, Gas, Wärme, Wasser bzw. der Abwasserbeseitigung dient,
oder einem ortsgebundenen gewerblichen Betrieb dient,
oder wegen seiner besonderen Anforderungen an die Umgebung, wegen seiner nachteiligen Wirkung auf die Umgebung (z. B. Abdeckereien, Müllverwertungsbetriebe, Munitionsanstalten, Atomreaktoren) oder wegen seiner besonderen Zweckbestimmung (z. B. Sanatorien, Forsthäuser und Almwirtschaften) nur im Außenbereich ausgeführt werden soll.

Zu a):

Die Ausdrücke „Entgegenstehen von öffentlichen Belangen“ (vgl. Abs. 1) und „Beeinträchtigung öffentlicher Belange“ (vgl. Abs. 3) bedeuten inhaltlich das gleiche, so daß die in Abs. 3 beispielsweise aufgeführten Tatbestände auch die Vorhaben von der Genehmigungsfähigkeit ausschließen, die einem der in Abs. 1 genannten Zwecke dienen. Zu diesen Tatbeständen können noch weitere, im Gesetz nicht ausdrücklich genannte treten, die auch als öffentlichen Belangen entgegenstehend angesehen werden können.

Das Gesetz definiert selbst nicht den Begriff „öffentliche Belange“, sondern bringt — wie gesagt — in Abs. 3 nur Beispiele. Es handelt sich somit um einen unbestimmten Rechtsbegriff, der aber teilweise durch Abs. 3 bestimmbar ist. Jedenfalls gehören zu den zu beachtenden öffentlichen Belangen auch andere gesetzliche Vorschriften (z. B. des Fernstraßengesetzes, der landesrechtlichen Straßen- und Wegegesetze sowie Naturschutznormen), die auch ohne § 35 beachtet werden müßten.

**Zu b):**

Die Frage der ausreichenden Erschließung siehe Anm. bei § 30. Im Einzelfall ist es eine Tat- und Rechtsfrage, ob die Erschließung als ausreichend angesehen werden kann.

**Zu c):**

Die unter den Nr. 1 bis 4 genannten Arten von Vorhaben können in drei Gruppen eingeteilt werden, nämlich in die landwirtschaftlichen Zwecken dienenden, die dem öffentlichen Nachrichten-, Verkehrs- und Versorgungswesen dienenden und die an den Außenbereich gebundenen Vorhaben. Beachtenswert ist, daß Vorhaben, die einem ortsgebundenen gewerblichen Betrieb dienen, auch in dem Ausnahmekatalog aufgeführt sind; es wird hier vor allem an Erweiterungsbauten einer im Außenbereich bereits vorhandenen gewerblichen Anlage zu denken sein. Nr. 1 ist die gesetzliche Auswirkung der vom Bundesverwaltungsgericht bei der Auslegung von § 3 BauRegV vertretenen Rechtsauffassung (BVerwGE 4, 124/126).

Nicht jeder Bau, in dem ein in der Landwirtschaft Tätiger wohnt, ist eine Landarbeiterstelle, vielmehr muß die ausdrückliche Zweckbestimmung hinzukommen.

Der Begriff Landwirtschaft ist nur im Sinn der Urproduktion zu verstehen (vgl. § 146); doch geht die Auffassung, daß die Tierhaltung nur dann zur Landwirtschaft gerechnet werden kann, wenn die Tiere nur durch das in der eigenen Landwirtschaft erzeugte Futter ernährt werden, zu weit; denn z. B. die Fischzucht wird in der Regel nicht ohne zugekauftes Futter betrieben werden können.

Nicht jedes Vorhaben, das dem Betriebe nützt, dient ihm auch (vgl. auch das unten Anm. 5 — B 5 — zitierte Urteil des OVG Münster vom 9. 1. 1962).

Die Auslegung des unbestimmten Rechtsbegriffs „einem Betrieb dienen" in der Rechtsprechung ist nicht einheitlich. In Anlehnung an das oben genannte Urteil des OVG Münster vom 9. 1. 1962 kann man wohl sagen, daß für den Begriff des „Dienens" im Sinne dieser Vorschrift eine nach allgemeiner Verkehrsauffassung vorliegende Zugehörigkeit des geplanten Objekts zu einem landwirtschaftlichen oder forstwirtschaftlichen Betrieb wesentlich ist (z. B. ein Schweinestall gehört zum landwirtschaftlichen Betrieb; eine Holzarbeiter-Unterstellhütte zu einem forstwirtschaftlichen Betrieb). In erster Linie muß aber geprüft werden, ob überhaupt ein „Betrieb" (sei er landwirtschaftlicher oder forstwirtschaftlicher Art) vorliegt. Das Verwaltungsgericht München sieht in dem Urteil vom 14. 12. 1964 (Nr. 3290/64) einen Betrieb dann als gegeben an, wenn er gewerbsmäßig, dauernd und auf Gewinn gerichtet ist, und zwar in der Weise, daß er eine Existenzgrundlage darstellt oder zumindest einen wesentlichen Nebenerwerb ermöglicht. Dabei schließt das Verwaltungsgericht München nicht aus, daß gar kein wirtschaftliches Bedürfnis für einen Betrieb vorzuliegen braucht — im gegenständlichen Fall ging es um eine Fischzucht, die der Kläger als Hobby betrieb. Es fordert aber, daß der Betriebsinhaber wenigstens theoretisch in der Lage ist, einen nicht unbeachtlichen Teil des Lebensunterhalts aus dem Betrieb (hier aus der Landwirtschaft) zu ziehen. Es muß somit eine für diese Zwecke ausreichende Betriebsgrundlage vorhanden sein, wozu auch entsprechende Gebäulichkeiten gehören.

**3. Ausnahmen (Abs. 2)**

Die durch Abs. 2 zugelassenen Ausnahmen für den Einzelfall können nur in Frage kommen, wenn die Ausführung oder die Benutzung des Vorhabens öffentliche Belange nicht beeinträchtigt. Wenn auch der Hinweis auf den Außenbereich in Abs. 2 fehlt, so ist doch der Überschrift des § 35 eindeutig zu entnehmen, daß auch hier nur der Außenbereich gemeint sein kann. Aus der Fassung „können" ergibt sich, daß es sich hierbei um eine Ermessensentscheidung handelt. Zwar hält das BVerwG in der umstrittenen Entscheidung vom 29. 4. 1964 — siehe Anm. 5 (Rspr.) A 5 — bei Vorliegen der Voraussetzungen des Abs. 2 einen Rechtsanspruch auf Zulassung für gegeben. Eine solche Auffassung widerspricht jedoch dem Gesetzeswortlaut; es müßte sonst „müssen" oder „sind zuzulassen" heißen. Zum Begriff „öffentliche Belange" siehe Anm. 2, zu a (wie bereits dargelegt, bringt Abs. 3 nur eine beispielsweise, nicht eine ausschließliche Aufführung von Tatbeständen) und die folg. Anm. 4.

**4. Beeinträchtigung öffentlicher Belange (Abs. 3)**

Ähnlich wie in § 3 der außerkraftgetretenen Bauregelungsverordnung stehen der Genehmigung eines Vorhabens unwirtschaftliche Aufwendungen für Straßen und andere Verkehrseinrichtungen, Versorgungs- und Abwasseranlagen, für Sicherheit, Gesundheit (Sportanlagen, Bäder, Grünflächen) oder für sonstige Aufgaben (z. B. notwendige Anlagen für Schulen u. ä.) entgegen. Weiters sieht das Gesetz eine Beeinträchtigung öffentlicher Belange in der Gefährdung der Wasserwirtschaft (z. B. ein Vorhaben wird in einem Quellschutzgebiet geplant), in der Verunstaltung des Ortsbildes, in der Beeinträchtigung der natürlichen Eigenart der Landschaft (es braucht hier also nicht bereits eine Verunstaltung vorzuliegen), oder wenn die Entstehung einer Splittersiedlung zu befürchten ist (siehe hierzu auch die in Anm. 5 erwähnte Rechtsprechung).

Im Streitfall, also wenn wegen Beeinträchtigung der öffentlichen Belange ein Vorhaben von der Baugenehmigungsbehörde abgelehnt worden ist, haben bei Beschreitung des Rechtsweges die Verwaltungsgerichte die Frage der Beeinträchtigung der öffentlichen Belange in vollem Umfang nachzuprüfen, wobei — wie dargelegt — die in Absatz 3 aufgeführten Tatbestände nicht die einzig möglichen sind. So kann z. B. eine Beeinträchtigung öffentlicher Belange auch vorliegen, wenn ein im westlichen Außenbereich eines Kurorts geplantes Fabrikunternehmen stärkere Rauchentwicklung erwarten läßt; auch wenn das Vorhaben sich in die Landschaft einordnen würde und wenn keine unwirtschaftlichen Aufwendungen erforderlich sind, so würde die Rauch- und Rußeinwirkung auf den Kurort außerordentlich schwerwiegende Auswirkungen haben.

Da Abs. 3 lediglich eine beispielsmäßige Aufstellung bringt, sind darüber hinaus weitere Tatbestände möglich, vor allem solche, die sich aus anderen Vorschriften ergeben (z. B. aus § 9 FStrG, § 17 NatSchG, § 40 LandbG, § 3 SchutzBerG, ferner aus landesrechtlichen Bestimmungen des Wegerechts und aus Ortsvorschriften).

Auf Vorschlag des federführenden Ausschusses wurde in Abs. 3 noch eine Bestimmung aufgenommen, daß „auf Maßnahmen zur Verbesserung der Agrarstruktur besonders Rücksicht zu nehmen ist". Da dieser Satz in dem Absatz aufgeführt ist, der Tatbestände beispielhaft aufstellt, die eine Beeinträchtigung öffentlicher Belange darstellen, paßt er nicht recht in den Zusammenhang. Nach der Begründung hat der Ausschuß damit zum Ausdruck bringen wollen, daß die Baubeschränkung im Außenbereich nicht Maßnahmen zur Verbesserung der Agrarstruktur behindern soll.

Für die Ausnahmegenehmigung nach Abs. 2 ist — außer dem Einvernehmen der Baugenehmigungsbehörde mit der Gemeinde (soweit diese Behörden nicht zusammenfallen) — auch noch die Zustimmung der höheren (vgl. aber § 147 Abs. 2) Verwaltungsbehörde erforderlich (§ 36 Abs. 1 Satz 2).

Das OVG Rhl.-Pf. hat in einem U vom 30. 4. 1964 (siehe Anm. 5, B 30) der Gemeinde ein selbständiges Klagerecht gegen eine Baugenehmigung zuerkannt, wenn bei Erteilung dieser Genehmigung öffentlich-rechtliche Vorschriften in Betracht kommen, die auch dem Schutz der besonderen Belange der Gemeinden zu dienen bestimmt sind. Hierzu rechnet das OVG Koblenz auch Maßnahmen zur Verbesserung der Agrarstruktur (vgl. § 35 Abs. 3 letzter Satz). Es ist somit eine der Klage des Nachbarn gegen erteilte Baugenehmigungen ähnliche Konstruktion gebildet worden.

**5. Rechtsprechung**

Die Rechtsprechung zum Begriff Außenbereich wurde z. T. bereits in § 19 (Anm. 6) aufgeführt.

A. Höchstrichterliche Rspr.

1. BVerwG B vom 12. 2. 1962 (I B 25/62) BBauBl. 1962, 63.

Ein Wochenendhaus braucht weder wegen der besonderen Anforderungen an seine Umgebung noch wegen seiner besonderen Zweckbestimmung (§ 35 Abs. 1 Nr. 4 BBauG) nur im Außenbereich ausgeführt zu werden.

2. BVerwG B vom 8. 2. 1963 (I B 165/62) DÖV 1964, 744 = BayVBl. 1963, 249 = ZfMuRR 1963, 282.

Jagdhütten gehören, soweit ihre Einrichtung, örtliche Lage, Größe und Gestaltung ausschließlich nach Gesichtspunkten bestimmt werden, die sich aus den konkreten Erfordernissen einer ordnungsmäßigen Ausübung der Jagd ergeben, zu den privilegierten Bauvorhaben im Sinne des § 35 Abs. 1 Nr. 4 BBauG.

3. BVerwG U vom 2. 7. 1963 (I C 110/62) DVBl. 1964, 184 = BBauBl. 1963, 605.

a) Zur Frage der Zulassung sogenannter nichtqualifizierter Vorhaben im Außenbereich.

b) Bauanträge sind ohne Rücksicht auf die Rechtslage bei ihrer Einreichung nach den sachlich- und verfahrensrechtlichen Vorschriften des BBauG zu bescheiden.

4. BVerwG B vom 6. 1. 1964 (I B 185/63) noch nicht veröffentlicht.

Die Tatsache, daß ein Grundstück wegen seines hohen Grundwasserstands zur Bebauung ungeeignet und im Bauleitplan nicht als Baugebiet vorgesehen ist, genügt für die rechtliche Folgerung, daß die Bebauung des Grundstücks der geordneten baulichen Entwicklung des Gemeindegebiets und einer ordnungsgemäßen Bebauung zuwiderläuft.

Die Vereinbarkeit mit öffentlichen Belangen ist keine Frage des Verwaltungsermessens, sondern eine der verwaltungsgerichtlichen Prüfung unterliegende Tat- und Rechtsfrage.

5. BVerwG U vom 28. 4. 1964 (I C 64/62) BVerwGE 18, 242 = DVBl. 1964, 530 = BBauBl. 1964, 349.

Eine Streusiedlung im Außenbereich entspricht grundsätzlich nicht einer geordneten städtebaulichen Entwicklung.

6. BVerwG U vom 29. 4. 1964 (I C 30/62) BVerwGE 18, 247 = DÖV 1964, 383 = DVBl. 1964, 527 = BayVBl. 1964, 258 = BBauBl. 1964, 302 = DWW 1964, 266.

a) Zur Bestimmung des Eigentumsinhalts.

b) Die Entscheidung über die Zuverlässigkeit nicht bevorrechtigter Vorhaben im Außenbereich, deren Ausführung oder Benutzung öffentliche Belange nicht beeinträchtigt, ist nicht dem Verwaltungsermessen überlassen; auf ihre Zulassung besteht vielmehr ein Rechtsanspruch (bestritten).

c) Die im Flächennutzungsplan zum Ausdruck gebrachten planerischen Vorstellungen der Gemeinde gehören zu den öffentlichen Belangen, welche die Baugenehmigungsbehörde bei ihrer Entscheidung über die Zulässigkeit eines nicht bevorrechtigten Vorhabens im Außenbereich zu berücksichtigen hat.

d) Wochenendhäuser sind keine bevorrechtigten Vorhaben im Sinne des § 35 Abs. 1 Nr. 4 BBauG.

7. BVerwG U vom 30. 6. 1964 (I C 80/62) DVBl. 1964, 956 = DÖV 1964, 742.

a) Zur Frage, unter welchen Voraussetzungen ein Vorhaben im Außenbereich einem landwirtschaftlichen oder forstwirtschaftlichen Betrieb dient.

b) Zur Frage einer Verletzung der Vorschriften über die Öffentlichkeit des Verfahrens bei einer außerhalb des Gerichtsgebäudes durchgeführten mündlichen Verhandlung.

8. BVerwG U v. 12. 11. 1964 (I C 58/64) MDR 1965, 154 = NJW 1965, 548 = DVBl. 1965, 200 mit Anm. Ulrich Graf von Scheck (Hannover).

Unter die Vorhaben des § 29 BBauG fallen auch die anzeigepflichtigen Vorhaben, mit deren Ausführung erst nach Ablauf einer bestimmten Frist nach Eingang der Bauanzeige begonnen werden darf, sofern die Baugenehmigungsbehörde nicht innerhalb dieser Frist das Vorhaben untersagt oder dem früheren Baubeginn zugestimmt hat.

9. BVerwG U v. 17. 12. 1964 (I C 130/63) NJW 1965, 551.

Die Baugenehmigungsbehörde darf den Bauantrag ohne Prüfung der öffentlich-rechtlichen Zulässigkeit des Vorhabens ablehnen, wenn rechtskräftig entschieden ist, daß aus zivilrechtlichen Gründen das Grundstück nicht bebaut werden darf.

B. OVG, VGH und andere Gerichte

1. OVG Münster U vom 18. 7. 1961 (VII A 1748/56) DVBl. 1962, 65.

Die Lage eines Vorhabens in einer „Verbandsgrünfläche" (d. h. einer vom Planungsverband als Grüngebiet ausgewiesenen Fläche) oder in einer sonstigen Grünanlage beeinträchtigt öffentliche Belange.

2. OVG Lüneburg U vom 29. 11. 1961 (I OVG – A 35/61) Der Landkreis 1963, 133.

Wochenendhäuser gehören nicht zu den in § 35 Abs. 1 Ziff. 1—4 BBauG genannten Vorhaben. Ihre Zulässigkeit im Außenbereich ist nach § 35 Abs. 2 BBauG zu beurteilen.

3. OVG Münster U vom 19. 12. 1961 (VII A 1467/70) nicht veröffentlicht.

Wochenendhäuser gehören nicht zu den sonstigen Vorhaben im Sinne des Abs. 2.

4. OVG Münster U vom 19. 12. 1961 (VII A 830/60) DVBl. 1962, 720 = BBauBl. 1962, 399.

Die Bodenverkehrsgenehmigung für die Teilung eines im Außenbereich gelegenen Grundstücks zum Zwecke der Bebauung d a r f nicht erteilt werden, wenn die vorgesehene Bebauung nach § 35 Abs. 2 BBauG nicht zugelassen werden kann.

5. OVG Münster U vom 9. 1. 1962 (VII A 1155/59) DÖV 1964, 753 = Steffens S. 23.

a) So wenig wie es bei einem landwirtschaftlichen Betriebe im Sinne des § 35 Abs. 1 Nr. 1 BBauG darauf ankommt, daß die bewirtschafteten Flächen unmittelbar zusammenhängen, kommt es bei einem forstwirtschaftlichen Betriebe hierauf an. Wesentlich ist nur, daß die tatsächliche Bewirtschaftung der genutzten Flächen von einer zentralen Stelle aus möglich ist und auch erfolgt.

b) So wenig, wie es hinsichtlich einer landwirtschaftlichen Nutzung darauf ankommt, ob sie die Haupterwerbsquelle darstellt, kommt es bei einer forstwirtschaftlichen Nutzung hierauf an. Zur Landwirtschaft wie zur Forstwirtschaft im Sinne des BBauG gehört jeder erwerbswirtschaftliche Anbau auf größeren Flächen, gleichgültig, ob die Bewirtschaftung haupt- oder nebenberuflich erfolgt.

c) Die Entscheidung darüber, ob einem Bauvorhaben im Sinne des § 35 Abs. 1 BBauG öffentliche Belange entgegenstehen und ob die ausreichende Erschließung gesichert ist, ist nach objektiven Gesichtspunkten zu treffen und unterliegt in vollem Maße der Nachprüfung durch das Gericht.

d) Eine Hütte „dient" einem forstwirtschaftlichen Betrieb, wenn sie die Beaufsichtigung und Bearbeitung des Waldbesitzes des Inhabers erleichtert und fördert.

6. OVG Münster U vom 16. 1. 1962 (VII A 111/61) BBauBl. 1962, 636.

Im Landschaftsschutzgebiet kann die Bebauungsgenehmigung für den Umbau eines Teiles eines Bauerngehöftes zu einer Gaststätte versagt werden.

7. OVG Rheinl.-Pfalz U vom 5. 4. 1962 (I A 93/61) DÖV 1964, 354 = VerwRspr. Bd. 15 Nr. 210 S. 704.

a) Wird der auf eine Bauvoranfrage ergangene Bescheid angefochten und die Verpflichtung begehrt, die Voranfrage unter Beachtung der Rechtsauffassung des Gerichts zu bescheiden, so ist bei der Beurteilung des Klagebegehrens die Sach- und Rechtslage zugrunde zu legen, die im Zeitpunkt der Gerichtsentscheidung besteht.

b) Ein Wohnhaus, das zusammen mit einem Champignonkeller, einem Gewächshaus und einer kleineren gärtnerischen Anlage errichtet werden soll, dient nicht einem landwirtschaftlichen Betrieb im Sinne des § 35 Abs. 1 BBauG.

c) Zu den öffentlichen Belangen im Sinne § 35 BBauG gehört vor allem das Interesse der Allgemeinheit an einer geordneten baulichen Entwicklung. Rechtserhebliche festgelegte Planungen zeigen in der Regel diese geordnete Entwicklung auf.

8. OVG Münster U vom 1. 7. 1962 (VII A 63/61) DÖV 1963, 77 = DVBl. 1963, 453.

Die Ablehnung eines im Außenbereich nicht bevorrechtigten und unzulässigen Bauvorhabens kann mangels Ausnahme- und Dispensvorschriften nicht gegen den Gleichheitssatz verstoßen.

9. OVG Lüneburg U vom 6. 7. 1962 (I A 41/62) DVBl. 1962, 757.

Zum Zusammenwirken der Behörden bei der Erteilung einer Bebauungsgenehmigung (eine solche ist nach der Rechtsprechung des PrOVG ein abgesplitterter Teil der Baugenehmigung):

Voraussetzung dafür, ob einer solchen Genehmigung näher getreten werden kann, ist ein wirksamer Beschluß über die Aufstellung eines Bebauungsplans im Sinn des § 30 BBauG. Dann ist grundsätzlich der Weg für die Anwendung des § 33 BBauG frei. Das für die Dauer der Planungsarbeiten bedingte Übergangsstadium erlaubt die Beurteilung des Bauvorhabens nach dem Stand der Planungsarbeiten jedoch nur dann, wenn diese konkrete Form angenommen haben und die künftigen Festsetzungen zu übersehen sind. Wenn die Planungen noch im Anfangsstadium sich befinden, dann gehört das Grundstück noch zum Außenbereich, und das Vorhaben ist nach § 35 zu beurteilen.

10. OVG Münster U vom 8. 10. 1962 (VII A 1090/61) DÖV 1964, 753.

Unter einem forstwirtschaftlichen Betriebe im Sinne des § 35 Abs. 1 Ziff. 1 BBauG ist nicht jede forstwirtschaftliche Bodennutzung, auch eine solche auf einer kleinen oder kleinsten Fläche, zu verstehen. Ein forstwirtschaftlicher „Betrieb" setzt vielmehr begrifflich die forstwirtschaftliche Nutzung größerer Flächen voraus. Hinsichtlich der zu erfordernden Größe der bewirtschafteten Flächen mögen die Grenzen, je nach Art des Aufwuchses, der Boden- und Klimaverhältnisse, flüssig sein. Die forstwirtschaftliche Nutzung eines Waldbesitzes von nur reichlich 3 Morgen Größe erfüllt aber keinesfalls den Begriff des forstwirtschaftlichen Betriebes im Sinne des § 35 Abs. 1 Ziff. 1 BBauG. Auch die forstliche Bewirtschaftung einer Fläche in Größe bis zu 17 Morgen stellt noch keinen forstwirtschaftlichen „Betrieb" dar, jedenfalls keinen forstwirtschaftlichen Betrieb, wie er in § 35 Abs. 1 Ziff. 1 BBauG gemeint ist.

**11.** OVG Münster U vom 6. 11. 1962 (VII A 658/61) BBauBl. 1963, 294.

Die Sport- und Spielanlage eines Vereins für Freikörperkultur ist ein für den Außenbereich privilegiertes Vorhaben.

**12.** OVG Lüneburg U vom 4. 12. 1962 (I OVG A 91/62) DÖV 1963, 843 = DVBl. 1964, 160 = BBauBl. 1963, 131.

Das Verbot, bei Vorhaben im Außenbereich die natürliche Eigenart der Landschaft zu beeinträchtigen, ersetzt nicht den Landschaftsschutz, sondern betrifft vornehmlich das Verhältnis zwischen dem Bauvorhaben und der die Landschaft bestimmenden Bodennutzung.

**13.** BayVGH U vom 20. 12. 1962 (Nr. 149 I 62) nicht veröffentlicht.

Eine unorganische Siedlung ist nicht unbedenklich im Sinn von § 34 BBauG; dies gilt insbesondere dann, wenn sie nicht einmal durch eine öffentliche Zufahrt an das dem allgemeinen Verkehr dienende Wegenetz angeschlossen ist.

Die Beweislast gegenüber der Behörde, daß das Vorhaben die öffentlichen Belange nicht beeinträchtigt, hat der Bauwillige. Im verwaltungsgerichtlichen Verfahren hat das Gericht nach dem Offizialprinzip die Frage von sich aus zu untersuchen.

Die Lage des Vorhabens im Außenbereich allein stellt noch keine Beeinträchtigung öffentlicher Belange dar. Andrerseits schließt das Vorliegen einer „Beeinträchtigung öffentlicher Belange" jegliche Ermessensentscheidung aus.

**14.** BayVGH U vom 7. 3. 1963 (Nr. 189 I 61) ASlg. n. F. Bd. 16, 19.

Die Versagung der Bodenverkehrsgenehmigung im Außenbereich ist gerechtfertigt, um eine bereits eingeleitete „Zersiedlung" der Landschaft aufzuhalten.

**15.** OVG Münster U vom 16. 5. 1963 (VII A 55/62) DVBl. 1964, 160/161 = BBauBl. 1964, 151 = MDR 1964, 445 = Handb. d. Grundstücks- und Baurechts 1963, 247.

**a)** Die Baubeschränkungen, denen Grundstücke nach § 35 BBauG wegen ihrer Lage im Außenbereich unterworfen sind, dienen grundsätzlich nicht dem Nachbarschutze, sondern dem Interesse der Allgemeinheit.

**b)** Die Bauwichbestimmungen in § 7 BauO NW gelten grundsätzlich auch für Bauvorhaben im Außenbereich.

c) Die gegen den Dispens von einer nachbarschützenden Bestimmung gerichtete Abwehrklage des Nachbarn kann, auch wenn der Dispens wegen Fehlens der Voraussetzungen für seine Erteilung rechtswidrig ist, nur dann Erfolg haben, wenn die Abweichung von der Norm den Nachbarn tatsächlich beeinträchtigt und dadurch den Wert seines Grundstücks mindert. Wird der Nachbar durch einen Dispens von einer nachbarschützenden Bestimmung tatsächlich beeinträchtigt, so hat seine Abwehrklage grundsätzlich schon dann Erfolg, wenn der Dispens wegen Fehlens der Voraussetzungen für seine Erteilung rechtswidrig ist, ohne daß es auf die Frage der Unzumutbarkeit der Beeinträchtigung ankommt (keine Übernahme der zum früheren Baurecht u. a. in OVGE 15, 223 — entwickelten Rechtsprechung des Senats auf Entscheidungen, denen die Bestimmungen des Bundesbaugesetzes und der BauO NW zugrunde zu legen sind).

16. OVG Münster U vom 27. 6. 1963 (VII A 961/62) DÖV 1963, 841; DVBl. 1964, 160.

Zusagen der Aufsichtsbehörden an Bauherren im Dispensverfahren können möglicherweise zur aufsichtsbehördlichen Zustimmung zu Dispensen verpflichten, nicht aber zur Erteilung des Dispenses durch die Baugenehmigungsbehörde.

17. OVG Münster U vom 30. 10. 1963 (VII A 977/63) DÖV 1964, 752.

a) Soll außerhalb des Geltungsbereiches eines qualifizierten Bebauungsplanes ein Bauvorhaben unmittelbar im einseitigen Anschluß an einen im Zusammenhang bebauten Ortsteil errichtet werden, finden die Vorschriften über die Bebauung des Außenbereiches Anwendung.

b) Grenzt ein Baugrundstück mit zwei Seiten an nahe bebaute Grundstücke eines im Zusammenhang bebauten Ortsteiles, liegt in der Regel auch das Baugrundstück innerhalb dieses Ortsteiles.

c) Soll im Außenbereich ein an einen im Zusammenhang bebauten Ortsteil angrenzendes Grundstück bebaut werden, findet bei der Prüfung, ob öffentliche Belange beeinträchtigt werden, auch die Folge Berücksichtigung, daß möglicherweise weitere Vorhaben auf benachbarten Grundstücken nach § 34 BBauG beurteilt und zugelassen werden.

18. OVG Münster U vom 19. 12. 1963 (VII A 1312/62) DÖV 1964, 753.

a) Die Zulassung eines nach § 35 Abs. 2 BBauG zu beurteilenden Vorhabens, das selbst keine unwirtschaftlichen Aufwendungen der Gemeinde erfordert, kann nicht mit der Begründung abgelehnt werden, daß im Hinblick auf den Gleichheitssatz bei Zulassung dieses Vorhabens auch andere Vorhaben zugelassen werden müßten und dies sodann zu unwirtschaftlichen Aufwendungen für die Gemeinde führen würde.

b) Die Befürchtung, daß mit der Zulassung eines Vorhabens nach § 35 Abs. 2 BBauG eine Splittersiedlung entstehen werde, ist unbegründet, wenn zukünftige Bauanträge mit einem dem des streitigen Vorhabens gleichen Sachverhalt unwahrscheinlich sind.

**19.** VG Karlsruhe U vom 12. 11. 1963 — IV 10/63 — DVBl. 1964, 549 = DÖV 1964, 752/753.

Die Ablehnung der Genehmigung zum Bauen in einem Gebiet, für das ein Bebauungsplan nicht besteht und die Gemeinde die Aufstellung eines Bebauungsplanes auch nicht beschlossen hat, mit der Begründung, daß öffentliche Belange beeinträchtigt seien, weil das Bauvorhaben den künftigen Festsetzungen eines Bebauungsplanes möglicherweise entgegenstehen werde, ist fehlerhaft.

**20.** OVG Rheinland-Pfalz U vom 12. 12. 1963 — 1 A 22/63, DÖV 1964, 745.

**a)** Will eine Behörde durch eine Entscheidung objektiv erkennbar einen Einzelfall nach den Vorschriften des öffentlichen Rechts regeln, so liegt ein Verwaltungsakt vor, dessen Aufhebung mit der Anfechtungsklage begehrt werden kann.

**b)** Der höheren Verwaltungsbehörde steht nicht die Befugnis zu, durch die Versagung der Zustimmung nach § 36 Abs. 1 S. 2 BBauG verbindlich über einen Bauantrag zu entscheiden.

**c)** Eine Baugenehmigung ist nicht schon deshalb fehlerhaft, weil sie ohne die erforderliche Zustimmung der höheren Verwaltungsbehörde oder trotz Versagung dieser Zustimmung erteilt worden ist.

**d)** Bei der Entscheidung, ob die Zustimmung zu erteilen oder zu versagen ist, steht der höheren Verwaltungsbehörde ein Ermessen nicht zu.

**21.** OVG Münster U vom 28. 11. 1963 — VII A 1313/62 — DÖV 1964, 753.

Eine Entfernung von 650 m von der Hofstelle stellt grundsätzlich die Funktion einer Landarbeiterwerkswohnung, im Sinne des § 35 Abs. 1 Ziff. 1 BBauG einem landwirtschaftlichen Betrieb zu dienen, nicht in Frage.

**22.** OVG Münster B vom 23. 12. 1963 — VII B 650/63 — DVBl. 1964, 542 = BBauBl. 1964, 206 = DÖV 1964, 753.

**a)** Auf die Zulassung eines „sonstigen Vorhabens" im Außenbereich (§ 35 Abs. 2 BBauG) besteht ein Rechtsanspruch, wenn es öffentliche Belange nicht beeinträchtigt. (bestritten! siehe auch Anm. 3).

**b)** Die Unvereinbarkeit eines „sonstigen Vorhabens" im Außenbereich (§ 35 Abs. 2 BBauG) mit einer geordneten Entwicklung des Gemeindegebietes ergibt sich nicht schon ohne weiteres daraus, daß weder in einem qualifizierten Bebauungsplan im Sinne des § 30 BBauG noch in einem Flächennutzungsplan der fragliche Teil des Außenbereichs als ausgewiesen bzw. vorgesehen ist.

**23.** OVG Münster B vom 23. 12. 1963 (VII B 650/62) DVBl. 1964, 542 = BBauBl. 1964, 206 = DWW 1964, 129.

**a)** Auf die Zulassung eines „sonstigen Vorhabens" im Außenbereich (§ 35 Abs. 2 BBauG) besteht ein Rechtsanspruch, wenn es öffentliche Belange nicht beeinträchtigt.

**b)** Die Unvereinbarkeit eines „sonstigen Vorhabens" im Außenbereich (§ 35 Abs. 2 BBauG) mit einer geordneten Entwicklung des Gemeindegebietes ergibt sich nicht schon ohne weiteres daraus, daß weder in einem qualifizierten Bebauungsplan im Sinne des § 30 BBauG noch in einem Flächennutzungsplan der fragliche Teil des Außenbereichs als Baugebiet ausgewiesen bzw. vorgesehen ist.

24. OVG Münster U vom 16. 1. 1964 (VII A 168/63) DÖV 1964, 753.

Die Erhaltung unbebauter Flächen, die dicht besiedelte Baugebiete mehrerer Gemeinden trennen, kann ein „öffentlicher Belang" im Sinne von § 35 BBauG sein.

25. OVG Münster U vom 23. 1. 1964 (VII A 1561/60) DVBl. 1964, 544.

Zur Zulässigkeit eines Fabrikgebäudes in einem Gebiet, in dem eine lückenhafte Wohnhausbebauung vorhanden ist und für das Baugebiete nicht ausgewiesen sind.

26. BayVGH U vom 27. 2. 1964 (Nr. 265 I 63) bisher nicht veröffentlicht.

a) Aus dem Gleichheitssatz folgt nicht, daß jemand deshalb, weil eine Behörde in einem anderen Falle gesetzwidrig eine Genehmigung erteilt hat, verlangen kann, daß in seinem Falle ebenso verfahren werde.

b) Eine Befreiung von den Zulässigkeitsvoraussetzungen des § 35 BBauG kann nicht nach Art. 88 BayBO erteilt werden. Hier steht der Genehmigungsbehörde lediglich der Ermessensspielraum des § 35 Abs. 2 BBauG zur Verfügung.

c) Mit Ziff. 4 des Abs. 1 von § 35 BBauG sind in erster Linie die sog. lästigen Betriebe i. S. des § 16 GewO gemeint. Ein Sägebetrieb zählt nicht dazu.

d) Auch wenn die Gemeinde ihr Einverständnis nach § 36 Abs. 1 Satz 1 BBauG erteilt hat, darf die Baugenehmigungsbehörde ein Bauvorhaben nur genehmigen, wenn es nach den gesetzlichen Bestimmungen zulässig ist.

27. BayVGH U vom 27. 2. 1964 (Nr. 28 I 63) BayVBl. 1964, 408.

a) Eine Beeinträchtigung öffentlicher Belange i. S. des § 35 Abs. 2 und 3 BBauG liegt in der Regel vor, wenn ein Bauvorhaben außerhalb der in einem Bebauungsplan oder einem Flächennutzungsplan ausgewiesenen Baugebiete errichtet werden soll.

b) Landwirtschaftliche Kleinsiedlungen sind nicht grundsätzlich im Außenbereich, sondern in den dafür vorgesehenen Baugebieten unterzubringen; sind solche Baugebiete nicht ausgewiesen, so ist die Zulässigkeit nach § 35 Abs. 2 BBauG zu beurteilen.

28. OVG Münster U vom 19. 3. 1964 (VII A 225/62) DÖV 1964, 753.

a) Ob eine landwirtschaftliche Bodennutzung den Charakter eines landwirtschaftlichen „Betriebes" im Sinne des § 35 Abs. 1 Ziff. 1 BBauG hat, hängt nicht davon ab, ob die Nutzung haupt- oder nebenberuflich erfolgt oder dem Haupt- oder Nebenerwerb dient.

b) Eine landwirtschaftliche Nebenerwerbsstelle kann den Begriff des landwirtschaftlichen Betriebes i. S. des § 35 Abs. 1 Ziff. 1 BBauG erfüllen; ob sie im

Einzelfalle diesen Begriff erfüllt, hängt von der Größe der genutzten Fläche und der Art und Intensität der Nutzung ab.

c) Ein „sonstiges Vorhaben" im Sinne des § 35 Abs. 2 BBauG, das eine schon vorhandene Splittersiedlung nicht räumlich ausweitet, sondern lediglich eine Baulücke innerhalb der vorhandenen Besiedlung schließt, beeinträchtigt in der Regel nicht öffentliche Belange in dem Sinne, daß mit seiner Ausführung die Entstehung einer Splittersiedlung (§ 35 Abs. 3 BBauG) zu befürchten ist.

29. OVG Rhld.-Pf. U vom 30. 4. 1964 (1 A 66/63) nicht veröffentlicht.

a) Die Gemeinde kann gegen eine Baugenehmigung Klage erheben, wenn bei der Erteilung dieser Genehmigung öffentlich-rechtliche Vorschriften anzuwenden sind, die neben der Wahrung allgemeiner öffentlicher Belange auch dem Schutz der besonderen Belange der Gemeinden zu dienen bestimmt sind. Zu diesen Belangen gehören auch Maßnahmen zur Verbesserung der Agrarstruktur, wie z. B. die Standortbestimmung für einen auszusiedelnden landwirtschaftlichen Betrieb.

b) Auch wenn öffentliche Belange nicht entgegenstehen und die Erschließung gesichert ist, ist ein Vorhaben für einen landwirtschaftlichen Betrieb nicht schlechthin im Außenbereich zulässig. Die Voraussetzungen des § 35 Abs. 1 Nr. 1 BBauG sind nur dann gegeben, wenn das Vorhaben zur Bewirtschaftung des Betriebes gerade im Außenbereich erforderlich ist, d. h. wenn es nach wirtschaftlichen Gesichtspunkten notwendig oder jedenfalls zweckmäßig ist, daß die erforderlichen Wohn- und Wirtschaftsgebäude der im Außenbereich liegenden Betriebsfläche zugeordnet werden.

30. OVG Münster U vom 18. 6. 1964 (VII A 44/62) BB 1964, 1237.

a) Die Errichtung eines Wochenendhauses außerhalb des im Flächennutzungsplan als Wochenendhausgebiet dargestellten Gemeindebereiches ist in der Regel mit einer geordneten Entwicklung des Gemeindegebietes unvereinbar und beeinträchtigt deshalb öffentliche Belange i. S. des § 35 Abs. 2 BBauG.

b) Wasserwirtschaftliche Planungen (z. B. der beabsichtigte Bau einer Trinkwassertalsperre in der Nähe des zu bebauenden Grundstückes), die noch keinerlei rechtliche Konkretisierung gefunden haben, stellen noch keinen „öffentlichen Belang" i. S. des § 35 Abs. 2 BBauG dar.

31. OVG Münster U vom 25. 6. 1964 (VII A 213/62) DVBl. 1965, 289 = NJW 1965, 553.

Die im Flächennutzungsplan zum Ausdruck gebrachten planerischen Vorstellungen der Gemeinde haben für die Prüfung im Baugenehmigungsverfahren, ob ein „sonstiges Vorhaben" im Außenbereich (§ 35 Abs. 2 BBauG) der geordneten Entwicklung des Gemeindegebietes zuwiderläuft und damit öffentliche Belange beeinträchtigt, nicht ohne weiteres eine verbindliche Wirkung, sondern sie sind für die Beantwortung dieser Frage nur ein wesentlicher Anhaltspunkt (Bestätigung der u. a. im Beschl. v. 23. 12. 1963 — BBauBl. 1964, 206 — wiedergegebenen bisherigen Auffassung des OVG Münster im Hinblick auf das Urteil des BVerwG v. 29. 4. 1964 = NJW 1964, 1973 = BBauBl. 1964, 302).

32. OVG Lüneburg U vom 14. 1. 1965 (I OVG A 109/63) DVBl. 1965, 211 (nicht rechtskräftig).

Die mit der Teilung eines Grundstücks im Außenbereich bezweckte Nutzung rechtfertigt als solche nur dann die Versagung der Genehmigung, wenn sie ein genehmigungsbedürftiges Vorhaben i. S. des § 29 BBauG zum Gegenstand hat.

**6. Schrifttum**

Ackermann, Zur Problematik § 35 Abs. 2 BBauG, DÖV 1964, 721.
Steffens, Bauvorhaben im Außenbereich, Verlag Otto Schwartz 1963.
Körner, Das Bauen im Außenbereich, NJW 1965, 518.

## § 36

### *Beteiligung der Gemeinde und der höheren Verwaltungsbehörde*

**(1) Über die Zulässigkeit von Vorhaben nach §§ 33 bis 35 wird im Baugenehmigungsverfahren von der Baugenehmigungsbehörde im Einvernehmen mit der Gemeinde entschieden. In den Fällen der §§ 33 und 35 Abs. 2 ist auch die Zustimmung der höheren Verwaltungsbehörde erforderlich.**

**(2) Die höhere Verwaltungsbehörde kann für genau begrenzte Fälle allgemein festlegen, daß ihre Zustimmung nicht erforderlich ist.**

**1. Beteiligung der Gemeinde im Rahmen des Baugenehmigungsverfahrens (Abs. 1 Satz 1)**

Die bisher gültigen Bauordnungen der Länder haben die Errichtung und Änderung von Bauanlagen grundsätzlich einer Genehmigungspflicht unterstellt und nur in wenigen Ausnahmen (vgl. z. B. § 6 Abs. 2 der Bayerischen Bauordnung von 1901) wegen Geringfügigkeit hiervon freigestellt. § 29 BBauG führt zusätzlich die genehmigungs- (bzw. zustimmungs-)bedürftige „Nutzungsänderung von baulichen Anlagen" auf. Die im Zuge des BBauG erforderlichen Neufassungen der Länderbauordnungen (u. a. wird das Baulinienverfahren als zur Ortsplanung gehörig nurmehr vom BBauG erfaßt!) tragen diesem Umstand Rechnung.

Durch die wichtigen Bestimmungen des § 31 (Ausnahmen und Befreiungen bei Vorhaben innerhalb des festgesetzten Bebauungsplans) und des § 36 Abs. 1 (Zulässigkeit von Vorhaben — § 29 — während der Planaufstellung — § 33 —, innerhalb der im Zusammenhang bebauten Ortsteile — § 34 — und im Außenbereich — § 35 —), die besagen, daß die Baubehörde — mit Ausnahme des Normalfalles des § 30 (Vorhaben entsprechend den Festsetzungen des Bebauungsplans bei gesicherter Erschließung) — Vorhaben nur noch im Einvernehmen mit der Gemeinde genehmigen kann, wird in das Baugenehmigungsverfahren nunmehr die Gemeinde als mitbestimmende Behörde neu einbezogen. Dies bedeutet gegenüber dem bisherigen Rechtszustand — soweit nicht die Gemeinde selbst Baugenehmigungsbehörde ist — etwas Neues.

Es wurde bereits ausgeführt (vgl. Anm. 1 bei § 31), daß die mangelnde Kongruenz der beiden Behörden einen Bauantrag zur Ablehnung kommen lassen muß, daß aber im Falle der negativen Haltung der Baubehörde zum Baugesuch eine positive Einstellung der Gemeinde diese nicht zu einer Anfechtung der Ablehnung des Baugesuchs im Verwaltungs- und Verwaltungsgerichtsverfahren berechtigt.

Die Auffassung, daß die Baugenehmigungsbehörde gar nicht verpflichtet sei, sich mit der Gemeinde in Verbindung zu setzen, wenn sie von vornherein einem Vorhaben die Genehmigung versagen will, wird vom Wortlaut des Abs. 1 nicht gedeckt. Die Vorschrift spricht ganz allgemein aus, daß über die Zulässigkeit im Einvernehmen mit der Gemeinde zu entscheiden ist.

**2. Zustimmung der höheren Verwaltungsbehörde**

**a) Zustimmung im Einzelfall (Abs. 1 Satz 2)**

Ebenfalls wurde bei § 33 (Zulässigkeit von Vorhaben während der Aufstellung des Bebauungsplans) und bei § 35 Abs. 2 (Zulassung von sonstigen Vorhaben im Außenbereich) dargelegt, daß zusätzlich die Zustimmung der höheren Verwaltungsbehörde erforderlich ist. Auch in diesen Fällen steht der Gemeinde, die hier im Rahmen der Entscheidung über die Baugenehmigung nicht in ihrem Selbstverwaltungsrecht verletzt wird, keine Befugnis zu, im verwaltungsrechtlichen Verfahren sich gegen die Verweigerung der Zustimmung der höheren Verwaltungsbehörde zu wenden.

**b) Allgemeine Zustimmung (Abs. 2)**

Der Verwaltungsvereinfachung dient Abs. 2, der § 31 Abs. 2 Satz 3 im Wortlaut entspricht. Danach kann auch für die in § 33 und § 35 Abs. 2 genannten Ausnahmefälle die höhere Verwaltungsbehörde für genau begrenzte Fälle allgemein einen Verzicht auf ihre Zustimmung festlegen.

**c) Andere Zuständigkeit**

Durch Landesrecht kann nach § 147 Abs. 2 die Zuständigkeit der höheren Verwaltungsbehörde auch in den Fällen des § 33 und § 35 Abs. 2 auf andere staatliche Behörden übertragen werden.

**3. Problem des mehrstufigen Verwaltungsakts (bei Mitwirkung weiterer Behörden)**

a) Die mit dem „mehrstufigen Verwaltungsakt" zusammenhängenden Fragen beschäftigen Rechtsprechung und Rechtslehre nicht erst, seit das BBauG in mehreren Bestimmungen, wie in § 14 Abs. 2 Satz 2, in § 19 Abs. 4 Satz 1 und 2, ferner in § 31 Abs. 1 und 2 sowie in § 36 Abs. 1 eine Zulassung oder Genehmigung von der Zustimmung einer anderen behördlichen Stelle abhängig gemacht hat. Vielmehr hat bereits das Schwerbeschädigtengesetz vom 16. Juni 1953 (BGBl. I S. 389) ähnliche Probleme ausgelöst, als es z. B. in § 2 Abs. 2 für die Gleichstellung mit Schwerbeschädigten die Entscheidung der zuständigen Hauptfürsorgestelle (einer Landesbehörde) von dem „Benehmen mit dem Landesarbeitsamt" (einer Bundesbehörde) abhängig macht; das gleiche gilt für die Anrechnung von Schwerbeschädigtenplätzen nach § 6 Abs. 3 und für die Entziehung des Schwerbeschädigtenschutzes nach § 25 Abs. 1 des genannten Gesetzes. Nach § 4 Abs. 1 Satz 2 kann die Bundesanstalt für Arbeitsvermittlung im Einzelfall nur auf Vorschlag der Hauptfürsorgestelle die Pflichtarbeitsplätze für Schwerbeschädigte bestimmen. Das Bundesfernstraßengesetz hat schon in seiner ersten Fassung vom 6. August 1953

(BGBl. I S. 903) — dann unverändert in der Neufassung vom 6. August 1961 (BGBl. I S. 1742) die Mitwirkung anderer Behörden in § 8 Abs. 1 Satz 2 und § 9 Abs. 2 in Form der Zustimmung vorgesehen.

Derartige Verwaltungsakte wurden zunächst mitwirkungsbedürftige, auch Doppelverwaltungsakte oder zusammengesetzte Verwaltungsakte, neuerdings — entsprechend einem Vorschlag von Menger (VerwA 50, 397) — auch mehrstufige Verwaltungsakte genannt. Der von Kienapfel (DVBl. 1963, 96) vorgeschlagene Oberbegriff „Verwaltungsakte mit Drittbeteiligung" leidet ebenso wie der Ausdruck „mitwirkungsbedürftiger Verwaltungsakt" unter der Gefahr des Mißverstehens; denn mit dem Ausdruck Drittbeteiligung kommt zu wenig zum Ausdruck, daß der Verwaltungsakt dem Adressaten gegenüber nicht schon durch das Tätigwerden einer Behörde, sondern durch notwendige Beteiligung zumindest einer weiteren Behörde (in irgendeiner Form) zustande kommt. Auch der Begriff Mitwirkungsakt leidet unter der Gefahr der Verwechslung mit den klassischen Mitwirkungsakten der Beamtenernennung oder Einbürgerung. Bei diesen mehrstufigen Verwaltungsakten unterscheidet man solche mit vertikaler Bindung, in denen die Aufsichtsbehörde notwendigerweise eingeschaltet ist, und solche horizontaler Bindung, in denen irgendeine andere Behörde mitzuwirken hat; jedenfalls ist in beiden Fällen nur eine Behörde federführend. Das Bundesbaugesetz kennt beide Arten, und zwar in § 19 Abs. 4 Satz 2, in § 31 Abs. 2 und § 36 Abs. 1 Satz 2 die horizontale Bindung, in § 19 Abs. 4 Satz 1, § 31 Abs. 1 (auch Abs. 2 Satz 1) und § 36 Abs. 1 Satz 1 BBauG die vertikale Bindung.

Die Hauptfrage bei diesen Verwaltungsakten ist, ob die Mitwirkung der anderen Behörden ein selbständig anfechtbarer Verwaltungsakt oder ein Behördeninternum darstellt; daraus ergibt sich auch die Frage der prozessualen Stellung der Behörde. Ferner erhebt sich die Frage der Rechtsgültigkeit eines gesetzwidrig ohne Mitwirkung der anderen Behörde zustande gekommenen Verwaltungsakts, insbesondere ob und wann der zweifellos fehlerhafte Verwaltungsakt schon die Merkmale der Nichtigkeit hat.

Das Schrifttum (siehe die folgende Anm. 5) beschäftigt sich mit teils unterschiedlichen Ergebnissen mit diesen Fragen. In der Mehrzahl wird es als wünschenswert gehalten, dem Bauherrn nur e i n e — entscheidende — Behörde entgegenzustellen und die Rechte der anderen Beteiligten durch — in den Fällen des § 14 Abs. 2 und des § 36 notwendige (§ 65 Abs. 2 VwGO — Beiladung der beteiligten Behörde bzw. ihres Rechtsträgers zu wahren, der (kreisangehörigen) Gemeinde jedoch auch in den Fällen, in denen sie von ihrem Ermessen Gebrauch machen kann (z. B. § 14 Abs. 2, § 31 Abs. 1 und bei der Befreiung von den Festsetzungen des Bebauungsplans nach § 31 Abs. 2), nicht die Stellung einer einen selbständigen Verwaltungsakt setzenden Behörde zuzuerkennen; vielmehr wird — zutreffend — ausgeführt, das Abweichen der Genehmigungsbehörde vom wohlerwogenen Ermessen der Gemeinde könne als Fall einer unrichtigen Ermessensanwendung der den Verwaltungsakt setzenden Behörde verwaltungsgerichtlich nachgeprüft werden. Das Bundesverwaltungsgericht hat erstmals in den Entscheidungen BVerwGE 1,169 und 2,95 das Problem angeführt, aber keine allgemeine Beantwortung der Frage Internum oder eigener Verwaltungsakt gegeben, sondern auf den Sinn und Inhalt der Mitwirkung abgestellt. Im Urteil vom 10. 7. 1958 (DÖV 1959, 61) sagt das BVerwG:

„Bindet das Gesetz eine Behörde bei deren Erlaß eines Verwaltungsakts an die

Zustimmung einer anderen Behörde und hat dieses Mitwirkungsrecht derart selbständige Bedeutung, daß der Behörde, der das Widerspruchsrecht eingeräumt ist, die ausschließliche Wahrnehmung bestimmter Aufgaben und die alleinige Geltendmachung besonderer Gesichtspunkte übertragen ist, so mag sich auch die Entschließung der mitwirkungsberechtigten Behörde als selbständig anfechtbarer Verwaltungsakt darstellen.'

Diese Voraussetzungen liegen weder beim Einvernehmen noch bei der Zustimmung im Sinn der Bestimmungen des BBauG vor. Die Regelung des Bundesbaugesetzes hat keine Aufteilung der Aufgaben bei den oben angeführten Entscheidungen zwischen der Baugenehmigungsbehörde, der Gemeinde und der höheren Verwaltungsbehörde zum Ziel. Sie hat auch nicht die Prüfungsbefugnis der Baugenehmigungsbehörde beseitigt oder eingeschränkt. Das ergibt sich insbesondere daraus, daß lediglich die positive Entscheidung, nicht aber auch die ablehnende Entscheidung des Einvernehmens und der Zustimmung bedarf und daß der Gesetzgeber die Entscheidungen über die beantragten Genehmigungen, Ausnahmen und Befreiungen ausdrücklich der Baugenehmigungsbehörde zuspricht.

Somit sind Einvernehmen und Zustimmung als verwaltungsinterne, nicht selbständig anfechtbare Handlungen anzusehen.

Dies geht auch deutlich aus späteren Entscheidungen des BVerwG zu § 9 Abs. 2 und 3 FStrG hervor (dort ist ein ähnlicher Zustimmungsvorbehalt einer zweiten Behörde wie im BBauG normiert); jedoch ist die Stellungnahme zum Problem verfeinerter. Inhaltlich besagen die drei einschlägigen Urteile des BVerwG vom 28. 5. 1963 (I C 247.58 — DVBl. 1963, 815 = NJW 1963, 2088 = MDR 1963, 950 = DÖV 1964, 668 = BBauBl. 1963, 536; I C 99.59 — MDR 1963, 953 und I C 248.58) im wesentlichen:

1. Die Zustimmung zur Baugenehmigung nach § 9 Abs. 2 FStrG kann nicht mit der Verpflichtungsklage erstritten werden; sie ist ein behördeninterner Vorgang.
2. Nur die Versagung der Zustimmung durch die oberste Landesstraßenbaubehörde bindet die Baugenehmigungsbehörde. Sie ist deswegen kein selbständiger Verwaltungsakt.
3. Die Entscheidung, ob die Voraussetzungen des § 9 Abs. 2 und 3 FStrG vorliegen, ist Tat- und Rechtsfrage, die in vollem Umfang der gerichtlichen Prüfung unterliegt.
4. Die Baugenehmigungsbehörde kann die Baugenehmigung ohne Einholung der Zustimmung der Straßenbaubehörde, sogar auch entgegen dieser versagen, wenn sie von sich aus die Feststellung trifft, daß die Schutzgüter des § 9 Abs. 3 FStrG verletzt werden.

**b)** Das Bayer. Staatsministerium des Innern hatte schon in der Entschl. vom 19. 4. 1962 Nr. IV B 7 — 9101 — 22 (MABl. 1962, 379) hinsichtlich der Rechtsnatur des „Einvernehmens“ und der „Zustimmung“ sowie hinsichtlich des einzuschlagenden Verfahrens die Rechtsauffassung vertreten, die das BVerwG in dem oben genannten Urteil vom 10. 7. 1958 aufzeigt. In Ziff. 5 gibt diese Entschließung einige bemerkenswerte Hinweise zum Verfahren:

„Verweigert die Gemeinde das Einvernehmen oder erteilt die Regierung die Zustimmung nicht, so muß die Baugenehmigungsbehörde die beantragte Genehmigung, Ausnahme oder Befreiung versagen. Um eine Überprüfung der Rechtmäßigkeit der Versagung zu ermöglichen, müssen die Entscheidungen der Gemeinde und der Regierung begründet werden. Die Baugenehmigungsbehörde hat in ihrem Bescheid auf die Verweigerung des Einvernehmens oder die Versagung der Zustimmung hinzuweisen und die hierfür gegebene Begründung in ihren Bescheid aufzunehmen.

Ist die Baugenehmigungsbehörde der Auffassung, daß die Gemeinde das Einvernehmen rechtswidrig verweigert, so hat sie die Gemeinde davon unter Darlegung der Rechtsgründe zu unterrichten und eine nochmalige Überprüfung ihrer Entscheidung anzuregen. Hält die Gemeinde gleichwohl ihre Entscheidung aufrecht, so ist die Entscheidung rechtsaufsichtlich zu beanstanden und, wenn nötig, zu ersetzen (Art. 112, 113 BayGO). Die Baugenehmigungsbehörde kann eine positive Entscheidung nur treffen, wenn das Einvernehmen entweder nunmehr von der Gemeinde erklärt wird oder unanfechtbar rechtsaufsichtlich ersetzt ist; andernfalls ist die Genehmigung, Ausnahme oder Befreiung zu versagen."

Diese letztere Rechtsauffassung ist recht bestritten; insbesondere ist der Weg über die Rechtsaufsicht recht umständlich.

**4. Rechtsprechung**

Außer der in Anm. 3 aufgeführten Rechtsprechung zum Problem des mehrstufigen Verwaltungsakts ist speziell zu § 36 BBauG folgende Rspr. zu nennen:

1. OVG Münster U vom 11. 4. 1962 (IV A 1117/61) DÖV 1962, 833.

Die kraft Rechtssatzes erforderliche Zustimmung einer Behörde (Zustimmungsbehörde) zu der Genehmigung einer anderen Behörde (Genehmigungsbehörde) ist ein Verwaltungsakt, wenn die Behörden nicht im Verhältnis organisatorischer Über- und Unterordnung zueinander stehen und wenn die Ausfertigung der Zustimmung auf der Genehmigungsurkunde Voraussetzung der Gültigkeit der Genehmigung ist. Zustimmungs- und Genehmigungsbehörden können nur dann als Streitgenossen verklagt werden, wenn für die Entscheidung über Genehmigung und über die Zustimmung dasselbe Gericht örtlich zuständig ist. Die Zustimmungsbehörde kann im Prozeß gegen die Genehmigungsbehörde nicht von Amts wegen als Streitgenosse zugezogen werden.

Ist die Genehmigungsbehörde zur Erteilung der Genehmigung bereit und wird die Zustimmung verweigert, so ist die Klage gegen die Genehmigungsbehörde unbegründet, ohne daß es darauf ankäme, ob die Zustimmung verweigert werden darf.

2. VGH Bad.-Wttb. U vom 11. 4. 1962 (1 S 361/59) VerwRspr. 15, 207 = BBauBl. 1962, 400.

Die Versagung der Zustimmung der höheren Verwaltungsbehörde zu einem Bauvorhaben im Außenbereich gemäß § 36 Abs. 1 Satz 2 BBauG ist ein selbständig anfechtbarer Verwaltungsakt.

3. OVG Lüneburg U vom 6. 7. 1962 (I A 61/62) DVBl. 1962, 757.

Die im § 36 BBauG vorgesehene Mitwirkung der Gemeinde und der höheren Verwaltungsbehörde hat nicht die Eigenschaft eines eigenen Verwaltungsakts, sondern nur eines Verwaltungsinternums.

4. HessVGH U vom 2. 8. 1963 (OS IV 70/60) DÖV 1964, 744.

a) Die Entscheidung der Gemeinde über die Herstellung oder Verweigerung des Einvernehmens nach § 36 Abs. 1 Satz 1 BBauG ist ein selbständig anfechtbarer Verwaltungsakt, da die Baugenehmigungsbehörde hieran gebunden ist.

b) Die Entscheidung der Gemeinde nach § 36 Abs. 1 Satz 1 BBauG ist eine (freie) Ermessensentscheidung.

5. OVG Rheinland-Pfalz U vom 12. 12. 1963 (1 A 40/63) DVBl. 1964, 538 = DÖV 1964, 788.

Das Einvernehmen der Gemeinde nach § 36 Abs. 1 Satz 1 BBauG ist kein Verwaltungsakt, dessen Erlaß mit der Verpflichtungsklage begehrt werden kann, sondern ein innerdienstlicher Vorgang.

6. BayVGH U vom 27. 2. 1964 (Nr. 265 I 63) BayVBl. 1964, 409.

Auch bei Einverständnis der Gemeinde nach § 36 Abs. 1 Satz 1 BBauG darf ein Vorhaben nur genehmigt werden, wenn es nach den gesetzlichen Bestimmungen zulässig ist. Fehlt es hierzu, so ist der Antrag abzulehnen, ohne daß wegen Herbeiführung eines Einvernehmens noch an die Gemeinde herangetreten zu werden brauchte.

7. VGH Bad.-Württ. U vom 21. 4. 1964 (I 715/62) DÖV 1964, 788.

Die Zustimmung der höheren Verwaltungsbehörde gemäß § 36 Abs. 1 Satz 2 BBauG stellt keinen Verwaltungsakt, sondern ein mit der Anfechtungs- oder Verpflichtungsklage nicht angreifbares Verwaltungsinternum dar.

**5. Schrifttum**

a) Zum mehrstufigen Verwaltungsakt allgemein:

Frischmann/Weingart, Zur selbständigen Anfechtbarkeit behördlicher Mitwirkungsakte, DÖV 1962, 721.

Kratzer, Gemeinsamer Verwaltungsakt von Bund und Land?, BayVBl. 1958, 74.

Mang, Zustimmung zum Anbau an Bundesfernstraßen, BayVBl. 1959, 82.

b) Zu § 36 im besonderen:

Winfried Brohm, Rechtsschutz im Bauplanungsrecht, Kohlhammer 1959, besprochen v. Werner in DVBl. 1962, 500.

Schrödter, Das Zusammenwirken der Behörden im Baugenehmigungsverfahren, DVBl. 1962, 743. (Sch. kommt zu dem Ergebnis, daß die Klage nur gegen die Baugenehmigungsbehörde gerichtet werden kann und daß die Gemeinde beizuladen ist; vgl. auch RdNr. 7 f. zu § 36 seines Komm.),

Schuegraf, Zusammenwirkung von Baugenehmigungsbehörden und Gemeinden, NJW 1961, 1945,

Schuegraf, Das Rechtsverhältnis zwischen Staat und Gemeinde beim Erlaß gemeinsamer Verwaltungsakte, DVBl. 1961, 654,

Wagener, Genehmigungsverfahren nach dem BBauG, DVBl. 1962, 737, 738.

## § 37

*Bauliche Maßnahmen des Bundes und der Länder*

**(1) Macht die besondere öffentliche Zweckbestimmung für bauliche Anlagen des Bundes oder eines Landes erforderlich, von den Vorschriften dieses Gesetzes oder den auf Grund dieses Gesetzes erlassenen Vorschriften abzuweichen und ist das Einvernehmen mit der Gemeinde nach den §§ 14, 31 oder 36 nicht erreicht worden, so entscheidet die höhere Verwaltungsbehörde.**

**(2) Handelt es sich dabei um Vorhaben, die der Landesverteidigung, dienstlichen Zwecken des Bundesgrenzschutzes oder dem zivilen Bevölkerungsschutz dienen, ist nur die Zustimmung der höheren Verwaltungsbehörde erforderlich. Vor Erteilung der Zustimmung hat diese die Gemeinde zu hören. Versagt die höhere Verwaltungsbehörde ihre Zustimmung oder widerspricht die Gemeinde dem beabsichtigten Bauvorhaben, so entscheidet der zuständige Bundesminister im Einvernehmen mit den beteiligten Bundesministern und im Benehmen mit der zuständigen Obersten Landesbehörde.**

**(3) Entstehen der Gemeinde infolge der Durchführung von Maßnahmen nach den Absätzen 1 und 2 Aufwendungen für Entschädigungen nach diesem Gesetz, so sind sie ihr vom Träger der Maßnahmen zu ersetzen. Muß infolge dieser Maßnahmen ein Bebauungsplan aufgestellt, geändert, ergänzt oder aufgehoben werden, so sind ihr auch die dadurch entstandenen Kosten zu ersetzen.**

**(4) Sollen bauliche Anlagen auf Grundstücken errichtet werden, die nach dem Gesetz über die Landbeschaffung für Aufgaben der Verteidigung vom 23. Februar 1957 (Bundesgesetzbl. I S. 134) in der Fassung des Gesetzes vom 23. Dezember 1958 (Bundesgesetzbl. I S. 990) beschafft werden, so sind in dem Verfahren nach § 1 Abs. 2 des Landbeschaffungsgesetzes alle von der Gemeinde oder der höheren Verwaltungsbehörde nach den vorstehenden Absätzen 1 und 2 zulässigen Einwendungen abschließend zu erörtern. Eines Verfahrens nach Absatz 2 bedarf es in diesem Falle nicht.**

**1. Sonderbehandlung baulicher Anlagen eines Landes oder des Bundes (Abs. 1)**

Ungeachtet dessen, daß die baulichen Anlagen des Bundes und der Länder im Bauordnungsverfahren besonders behandelt werden (vgl. Verordnung über die baupolizeiliche Behandlung öffentlicher Bauten vom 20. 11. 1938, RGBl. I S. 1677), gelten für sie nach § 37 grundsätzlich die gleichen städtebaulichen Voraussetzungen wie für die sonstigen Vorhaben. Oftmals erheischt jedoch die besondere öffentliche Zweckbestimmung des Bauvorhabens eine Abweichung von den gesetzlich festgelegten Anforderungen. Ist das notwendige Einvernehmen mit der Gemeinde (hier auch nach § 14, also bei Ausnahmen von einer Veränderungssperre) nicht erreicht worden, so ist der höheren (vgl. hierzu § 147 Abs. 2; auch eine oberste Landesbehörde kann durch Landesrecht für zuständig erklärt werden) Verwaltungsbehörde die Entscheidung übertragen (Abs. 1). Stimmt die Gemeinde dem Projekt zu, dann bedarf es der Entscheidung der höheren Verwaltungsbehörde nicht, die Sache bleibt bei der sonst zuständigen Bauordnungsbehörde.

Nach den vorangegangenen Ausführungen, insbesondere bei §§ 14, 31, 34 und 36, steht der Gemeinde auch im Falle der Genehmigung des Bauvorhabens durch die höhere Verwaltungsbehörde kein geschütztes Recht zu, im Verwaltungsrechtsweg gegen diese Entscheidung anzugehen. Im Falle der Ablehnung kann die antragstellende Behörde des Landes oder Bundes (bzw. das Land — Fiskus — oder der Bund) den Verwaltungsrechtsweg beschreiten.

**2. Vorhaben der Landesverteidigung, des Bundesgrenzschutzes und des zivilen Bevölkerungsschutzes (Abs. 2)**

Im Kern ähnlich ist die Regelung bei Vorhaben der Landesverteidigung, des Bundesgrenzschutzes (auf dienstlicher Ebene — also nicht Wohnungen für Familien von Angehörigen des BGrSch) und des zivilen Bevölkerungsschutzes (Luftschutz). Hier ist nur eine Zustimmung der höheren Verwaltungsbehörde erforderlich, d. h. die Bauordnungsbehörde ist gänzlich ausgeschaltet. Wie in den Fällen des Abs. 1 hat vor der Entscheidung die Gemeinde ihre Meinungsäußerung abzugeben. Stimmt sie dem Vorhaben zu, dann entscheidet die höhere Verwaltungsbehörde. Widerspricht die Gemeinde dem Vorhaben, so entscheidet der zuständige Bundesminister (bei Landesverteidigungsvorhaben der Bundesminister für Verteidigung, bei Vorhaben des Bundesgrenzschutzes und des zivilen Bevölkerungsschutzes der Bundesminister des Innern im Einvernehmen — also in gegenseitigem Einverständnis — mit allenfalls sonst beteiligten Bundesministern und der zuständigen Obersten Landesbehörde). Erteilt die höhere Verwaltungsbehörde trotz Einverständnis der Gemeinde ihre Zustimmung nicht, dann entscheidet wie in den Fällen des Widerspruchs der Gemeinde der zuständige Bundesminister im Einvernehmen mit den eben genannten Stellen.

Während also in den Fällen des Abs. 1 die höhere Verwaltungsbehörde bei Widerspruch der Gemeinde — mehr als ein Anhörungsrecht kommt der Gemeinde nach Abs. 1 im Ergebnis nicht zu, weil im Falle ihres Widerspruchs die Entscheidung sofort allein auf die höhere Verwaltungsbehörde übergeht — selbständig entscheidet, verliert sie in einem Fall des Abs. 2 bei Widerspruch der Gemeinde oder bei ablehnender Haltung ihre Entscheidungsbefugnis sofort an den zuständigen Bundesminister.

**3. Ersatzanspruch der Gemeinde (Abs. 3)**

Soweit die Gemeinde bei einer Durchführung von Maßnahmen nach Absatz 1 und 2 einem Dritten Entschädigung (vgl. §§ 40 ff.) zu leisten hat oder soweit durch solche Maßnahmen mit Kosten verbundene bestimmte Planungsmaßnahmen, und zwar Aufstellung, Änderung, Ergänzung oder Aufhebung des Bebauungsplans — nicht eines Flächennutzungsplans — erforderlich werden, muß der Träger der Maßnahmen (Bund oder Land) ihr diese ersetzen.

Streitigkeiten zwischen der Gemeinde und dem Träger über Art und Höhe des Ersatzes gehen mangels einer ausdrücklichen Aufführung in § 157 Abs. 1 nicht an die Baulandkammern (Baulandsenate) sondern, da es sich bei Bund und Land um öffentlich-rechtliche Träger handelt, an die Verwaltungsgerichte (§ 40 VwGO). Eine Zuständigkeit der allgemeinen Zivilgerichte ist deshalb auch nicht gegeben.

**4. Sonderbehandlung von Vorhaben auf nach dem Landbeschaffungsgesetz zu beschaffenden Grundstücken (Abs. 4)**

Aus Gründen der Verwaltungsvereinfachung entfällt bei Vorhaben der Landesverteidigung u. ä. ein Verfahren nach Absatz 2, wenn ein Beschaffungsverfahren nach dem Landbeschaffungsgesetz anhängig gemacht werden muß. Sämtliche Einwendungen der Gemeinde oder der höheren Verwaltungsbehörde nach Absatz 1 und 2 sind im Landbeschaffungsverfahren abschließend zu erörtern.

## § 38

*Bauliche Maßnahmen auf Grund von anderen Gesetzen*

**Die Vorschriften des Bundesfernstraßengesetzes vom 6. August 1953 (Bundesgesetzbl. I S. 903), des Bundesbahngesetzes vom 13. Dezember 1951 (Bundesgesetzbl. I S. 955), des Telegraphenwegegesetzes vom 18. Dezember 1899 (Reichsgesetzbl. S. 705), des Luftverkehrsgesetzes in der Fassung vom 10. Januar 1959 (Bundesgesetzbl. I S. 9) und des Personenbeförderungsgesetzes vom 21. März 1961 (Bundesgesetzbl. I S. 241)*) bleiben von den Vorschriften des Dritten Teiles unberührt. Das gleiche gilt bei Planfeststellungsverfahren für überörtliche Planungen auf den Gebieten des Verkehrs-, Wege- und Wasserrechtes nach landesrechtlichen Vorschriften, wenn die Gemeinde beteiligt worden ist. § 37 Abs. 3 ist anzuwenden.**

**1. Planfeststellungen nach anderen Gesetzen**

Diese Bestimmung dient der Klarstellung, daß die Vorschriften des Dritten Teils (§§ 29 bis 44) des BBauG auf solche Vorhaben keine Anwendung finden, über deren Zulässigkeit im Rahmen eines b u n d e s rechtlichen S o n d e r - Planfeststellungsverfahrens nach dem Bundesfernstraßengesetz, dem Bundesbahngesetz, dem Luftverkehrsgesetz und dem Personenbeförderungsgesetz (v. 21. 3. 1961) entschieden worden ist. Die einschlägigen Vorschriften finden sich

| | |
|---|---|
| im FStrG | in §§ 16 bis 18 (beachte § 183 BBauG), |
| im Bundesbahngesetz | in § 36, |
| im Luftverkehrsgesetz | in §§ 8 bis 10, |
| im PBefG | in §§ 28 bis 30. |

Ob der Planung nach dem einen oder anderen Bundesgesetz der Vorrang gegeben werden kann bzw. muß, wenn die Planungsobjekte derart ineinandergreifen, daß eine gleichzeitige Planungsmöglichkeit nach dem einen oder anderen Bundesgesetz gegeben ist, kann nur nach dem Einzelfall beurteilt werden. Die Planungshoheit der Gemeinde nach dem BBauG wird im Rahmen des § 16 Abs. 2 FStrG berührt, wobei zu beachten ist, daß gemäß § 17 Abs. 3 FStrG und § 28 Abs. 3 PBefG Bebauungspläne nach § 9 BBauG die Planfeststellung — abgesehen von notwendigen Ergänzungen — ersetzen; eine Einschränkung des Planungsrechts der Gemeinde ergibt sich auch aus § 9 Abs. 1 Luftverkehrsgesetz. In diesem Zusammenhang ist ein U des Bundesverwaltungsgerichts vom 20. 5. 1958 (I C 184, 57), BVerwGE 6, 339, bemerkenswert, das ausspricht, daß es den Grundsätzen einer geordneten baulichen Entwicklung nicht entspricht, durch Fernverkehrsstraßen Baugebiete zu erschließen.

---

*) Geändert durch § 64 Abs. 5 des Personenbeförderungsgesetzes vom 21. 3. 1961.

Vorhaben nach landesrechtlichen Planfeststellungsverfahren bleiben von den Vorschriften der §§ 29 bis 44 des BBauG nur dann unberührt, wenn sie
a) überörtliche Planungen verkehrs-, wege- und wasserrechtlicher Art betreffen und
b) die Gemeinde beteiligt worden ist.

**Zu a):** Da im BBauG die örtliche Planung von Bundes wegen abschließend geregelt ist, kann für landesrechtliche Planungen von vornherein nur noch Platz sein, wenn sie über die örtliche Planung hinaus gehen und nur landesrechtliche Materien erfaßt werden. So hat § 38 ausdrücklich und ausschließend das Verkehrs-, Wege- und Wasserrecht genannt, wobei Verkehrs- und Wegerecht hier zusammengefaßt zu betrachten sind (vgl. hierzu außer den Landesplanungsgesetzen von Nordrhein-Westfalen vom 11. 3. 1950 und von Bayern vom 21. 12. 1957 das Bayerische Straßen- und Wegegesetz vom 11. 7. 1958 [Bay. GVBl. S. 147] und das Berliner Straßengesetz vom 11. 7. 1957 [Berl. GVBl. S. 743]).

Wenn schon wasserrechtliche Planfeststellungen nach Landesrecht unter den genannten Voraussetzungen von den Vorschriften der §§ 29 bis 44 nicht berührt werden, um so mehr muß dies für bundesrechtliche Planfeststellungen des Wasserrechts nach dem Wasserhaushaltsgesetz vom 27. 7. 1957 (BGBl. I 1957 S. 1110, 1959 S. 37) — §§ 14 und 36 — und der Wasserverbandsordnung vom 3. 9. 1937 (RGBl. I S. 93) — § 148 (vgl. auch §§ 17, 21) — gelten, wenngleich diese Vorschriften im Katalog des § 38 nicht aufgeführt sind.

**Zu b):** Die Beteiligung der Gemeinde, der die Planungshoheit im örtlichen Bereich zusteht, ist nach dem BBauG unabdingbar. Wenn Vorhaben innerhalb von landesrechtlichen Planfeststellungsverfahren neben den nach dem BBauG durchgeführten rechtlichen Bestand haben sollen, ist eine rechtzeitige förmliche Beteiligung der Gemeinde somit unerläßlich.

**2. Ersatzansprüche der Gemeinde (Satz 3)**

Gleich den in § 37 Abs. 1 und 2 geregelten Fällen von Vorhaben des Bundes und der Länder steht der Gemeinde, wie sich aus der Anführung des § 37 Abs. 3 in Satz 3 ergibt, auch für die sich aus § 38 ergebenden Aufwendungen ein Ersatzanspruch gegenüber dem Träger des Vorhabens zu, das im Rahmen einer Planfeststellung nach den genannten Bundesgesetzen oder einer landesrechtlichen Planfeststellung nach Satz 1 und 2 durchgeführt worden ist.

Bezüglich der Zuständigkeit bei Streitigkeiten zwischen Gemeinde und dem öffentlichen Träger (Bund bzw. Land) über die Art und Höhe des Ersatzes gilt das in Anm. 3 zu § 37 Gesagte; zuständig sind danach die allgemeinen Verwaltungsgerichte.

**3. Rechtsprechung**

Außer der in Anm. 3 zu § 36 genannten Rechtsprechung ist noch anzuführen:

BayVGH U vom 7. 6. 1962 (Nr. 105 IV 59) VerwRspr. 16 S. 469.

Die Planfeststellung nach § 17 FStrG ist ein Verwaltungsakt. Eine etwaige Präklusionswirkung einer während eines Verwaltungsverfahrens laufenden Frist (vgl. die Frist des § 18 Abs. 3 FStrG) tritt — auch ohne ausdrückliche gesetzliche Bestimmung — nicht ein, wenn in der Bekanntmachung auf diese Wirkung nicht ausdrücklich hingewiesen wurde. § 19 FStrG ist — jedenfalls in der Fassung, die diese Bestimmung vor dem Änderungsgesetz vom 10. 7. 1961 hatte — mit dem GG vereinbar.

## § 39

*Schutz des Mutterbodens*

**Mutterboden, der bei der Errichtung und Änderung baulicher Anlagen sowie bei wesentlichen anderen Veränderungen der Erdoberfläche ausgehoben wird, ist in nutzbarem Zustand zu erhalten und vor Vernichtung oder Vergeudung zu schützen. Der Bundesminister für Wohnungsbau wird ermächtigt, zu dem in Satz 1 genannten Zwecke durch Rechtsverordnung Vorschriften über Art und Umfang des Schutzes des Mutterbodens zu erlassen.**

Diese gesetzliche Bestimmung dient der Verhinderung von Verlusten an wertvollem Mutterboden. Die gärtnerische, landwirtschaftliche und waldbauliche Erzeugungskraft ist von der Bodenart und von der Tiefe des Mutterbodens abhängig. Infolge unsachgemäßen Vorgehens bei der Durchführung von Baumaßnahmen geht oftmals fruchtbarer Mutterboden verloren. Der Bundesminister für Wohnungsbau wurde durch diese Vorschrift zum Erlaß einer Rechtsverordnung ermächtigt, die Vorschriften über Art und Umfang des Schutzes des Mutterbodens enthält.

## ZWEITER ABSCHNITT

### Entschädigung

### Vorbemerkung zu §§ 40 bis 44

1. Die §§ 40 bis 43 regeln die Entschädigung für im einzelnen aufgeführte enteigungsgleiche Tatbestände auf Grund der Festsetzung von Bebauungsplänen nach dem BBauG. Unter besonderen Voraussetzungen können auch andere nicht von den in den §§ 40 bis 43 genannten Tatbeständen erfaßte Nutzungsänderungen eine Entschädigungspflicht begründen, und zwar auf Grund Änderung oder Aufhebung bisher zulässiger Nutzungen durch Änderung oder Aufhebung von Bebauungsplänen einschließlich solcher nach altem Recht (§ 44).

Für die Entschädigung kommen fast durchwegs die Bestimmungen des zweiten Abschnitts des Fünften Teils über Entschädigung (§§ 93 ff.) in Anwendung, und zwar hat der Gesetzgeber auf Vorschlag des 24. Bundestagsausschusses jeweils (§ 40 Abs. 3 Satz 2, § 41 Abs. 4, § 42 Abs. 2, § 44 Abs. 3 Satz 2) auf die sinngemäße Anwendung der Vorschriften über die Entschädigung im Fünften Teil verwiesen.

2. Die Regierungsvorlage sah in den Festsetzungen des Bebauungsplans grundsätzlich keine entschädigungspflichtigen Tatbestände, hatte allerdings allgemein unter gewissen Voraussetzungen eine Entschädigung in Gestalt der Erwerbspflicht durch den Begünstigten vorgesehen. Der Bundestag hat in Übereinstimmung mit dem federführenden Ausschuß die von der höchstrichterlichen Rechtsprechung über die Anwendung des Art. 14 Abs. 3 GG (siehe Anm. 6) aufgestellten Grundsätze

auch auf die verbindlichen planungsrechtlichen Festsetzungen übernommen: Der Gesetzgeber ist davon ausgegangen, daß die Auswirkung der verbindlichen Bauleitplanung im allgemeinen im Rahmen der Inhaltsbestimmung des Eigentums liegt, daß aber bei einzelnen Festsetzungen ein enteignungsgleicher Tatbestand gegeben sein kann. Dabei wurde zur Abgrenzung auf die Schwere und Tragweite des planungsrechtlichen Eingriffs abgestellt. Im Hinblick auf die sich aus Art. 14 Abs. 3 GG ergebende Verpflichtung, festzulegen, welche Eingriffe noch im Rahmen der sozialen Bindung liegen und welche sich als Enteignung darstellen, hat der Bundestag auf Vorschlag des Ausschusses — anders als in der Regierungsvorlage geschehen — konkrete tatbestandsmäßige Grenzen abgesteckt.

3. Die nach den §§ 40 und 41 zu leistende Entschädigung ist entweder in Geld zu leisten oder durch Übernahme der betroffenen Flächen (bzw. Entzug des Eigentums auf Verlangen des Eigentümers); im Fall des § 42 sind Rechte zugunsten des Begünstigten zu begründen. Die §§ 43 und 44 sehen eine Entschädigung allein in Geld vor. Eine Entschädigung in Land ist in diesem Abschnitt nicht vorgesehen.

4. Die entschädigungspflichtigen Tatbestände auf Grund der Festsetzung oder Änderung eines Bebauungsplans nach dem BBauG sind der Mehrzahl nach in § 40 enthalten (siehe Anm. 1 zu § 40). In der vom Ausschuß erheblich umgestalteten Regierungsvorlage waren im entsprechenden § 32 des Entwurfs weitere Tatbestände enthalten, die der 24. Ausschuß herausgenommen und in den nunmehrigen § 41 (siehe dort) übernommen hat; weiter sind noch zwei Tatbestände (Begründung von Geh-, Fahr- und Leitungsrechten sowie Bindungen für Bepflanzungen) infolge ihrer Sonderstellung eigens geregelt (§§ 42, 43).

5. Für alle Streitigkeiten aus den §§ 40 bis 44 wurden durch § 157 Abs. 1 die Baulandkammern/Baulandsenate für zuständig erklärt.

**6. Rechtsprechung**

Die für die endgültige Fassung der §§ 40 bis 44 wichtige Abgrenzung der entschädigungspflichtigen Tatbestände nach Art. 14 GG wurde sowohl vom Bundesgerichtshof als auch vom Bundesverwaltungsgericht behandelt. Die anfängliche stärker abweichende Auffassung der genannten beiden oberen Bundesgerichte ist nicht mehr im ursprünglichen Umfang gegeben, zumal der BGH von der rein kasuistischen Behandlung des Reichsgerichts (vgl. RGZ 129, 149) durch Anwendung der modifizierten Einzelakttheorie in etwa abgegangen ist (vgl. BGHZ 6, 270/278; 15, 268/271; 23, 30/32) und gleich dem BVerwG (BVerwGE 4, 120; 5, 143; 6, 79; 10, 3; siehe auch Buchholz BVerwG 11, Art. 14 GG Nr. 8—18), das von Anfang an hierauf in erster Linie abstellt, schließlich auch den Grad der Schwere des Eingriffs berücksichtigt (vgl. BGH III ZR 135, 55 vom 5. 4. 1956 in DÖV 1956, 581).

## § 40

### *Entschädigung in Geld oder durch Übernahme*

**(1) Sind im Bebauungsplan**

**1. Baugrundstücke für den Gemeinbedarf,**

**2. Baugrundstücke für besondere bauliche Anlagen, die privatwirtschaftlichen Zwecken dienen,**

3. Verkehrsflächen,
4. Versorgungsflächen,
5. Flächen für die Verwertung oder Beseitigung von Abwasser und festen Abfallstoffen,
6. Grünflächen,
7. Flächen für Aufschüttungen, Abgrabungen oder für die Gewinnung von Steinen, Erden und anderen Bodenschätzen,
8. Flächen für Gemeinschaftsstellplätze und Gemeinschaftsgaragen,
9. Flächen für Gemeinschaftsanlagen

festgesetzt, so ist der Eigentümer nach Maßgabe der folgenden Absätze zu entschädigen, sowie ihm Vermögensnachteile entstehen. Dies gilt in den Fällen der Nummern 8 und 9 nicht, soweit die Festsetzungen oder ihre Durchführung den Interessen des Eigentümers oder der Erfüllung einer ihm obliegenden Rechtspflicht dienen.

(2) Der Eigentümer kann die Übernahme der Flächen verlangen,

1. wenn und soweit es ihm mit Rücksicht auf die Festsetzung oder Durchführung des Bebauungsplanes wirtschaftlich nicht mehr zuzumuten ist, das Grundstück zu behalten oder es in der bisherigen oder einer anderen zulässigen Art zu nutzen, oder
2. wenn Vorhaben nach § 32 nicht ausgeführt werden dürfen und dadurch die bisherige Nutzung einer baulichen Anlage aufgehoben oder wesentlich herabgesetzt wird.

In den Fällen des Absatzes 1 Nr. 1, 2, 8 und 9 kann die Übernahme auch verlangt werden, sobald die Erschließung durchgeführt ist.

(3) Dem Eigentümer ist eine angemessene Entschädigung in Geld zu leisten, wenn und soweit Vorhaben nach § 32 nicht ausgeführt werden dürfen und dadurch die bisherige Nutzung seines Grundstücks wirtschaftlich erschwert wird. Die Vorschriften über die Entschädigung im Zweiten Abschnitt des Fünften Teiles dieses Gesetzes gelten sinngemäß.

(4) Zur Entschädigung ist der Begünstigte verpflichtet, wenn er mit der Festsetzung zu seinen Gunsten einverstanden ist. Ist ein Begünstigter nicht bestimmt oder liegt sein Einverständnis nicht vor, so ist die Gemeinde zur Entschädigung verpflichtet. Erfüllt der Begünstigte seine Verpflichtung nicht, so ist dem Eigentümer gegenüber auch die Gemeinde verpflichtet; der Begünstigte hat der Gemeinde Ersatz zu leisten.

(5) Ist die Entschädigung durch Übernahme der Flächen zu leisten und kommt eine Einigung über die Übernahme nicht zustande, so kann der Eigentümer die Entziehung des Eigentums an den Flächen verlangen. Für die Entziehung des Eigentums gelten die Vorschriften des Fünften Teiles dieses Gesetzes. Verkehrswert ist dabei mindestens der Wert, den die Flächen hätten, wenn der Bebauungsplan nicht aufgestellt worden wäre.

(6) Ist die Entschädigung in Geld zu leisten und kommt eine Einigung

**über die Geldentschädigung nicht zustande, so entscheidet die höhere Verwaltungsbehörde. Vor der Entscheidung sind die Beteiligten zu hören.**

**1. Entschädigungspflichtige Tatbestände**

**a)** Die ausschließliche Aufstellung der Tatbestände der Nr. 1 bis 9 in **Abs. 1** korrespondiert mit den Begriffen in § 9 Abs. 1 (§ 40 Abs. 1 Nr. 1 = § 9 Abs. 1 Nr. 1 Buchstabe f; Nr. 2 = Nr. 1 Buchstabe h; Nr. 3 = Nr. 3; Nr. 4 = Nr. 5; Nr. 5 = Nr. 7; Nr. 6 = Nr. 8; Nr. 7 = Nr. 9; Nr. 8 = Nr. 12; Nr. 9 = Nr. 13), wobei der Natur der Sache nach nur ein Teil der in § 9 enthaltenen Tatbestände in § 40 als gundsätzlich entschädigungsfähig aufgenommen worden ist. Im gesamten gesehen handelt es sich — abgesehen von Nr. 2 und 7 — um bebauungsplanmäßige Festsetzungen für Bedürfnisse der Allgemeinheit (Baugrundstücke für den Gemeinbedarf, Verkehrs- und Versorgungsflächen, Flächen für Verwertung und Beseitigung von Abwasser und Müll, Grünflächen, Flächen für Gemeinschaftsstellplätze und Gemeinschaftsgaragen, Flächen für Gemeinschaftsanlagen).

Die Aufnahme von scheinbar systemwidrigen Tatbeständen der Nr. 2 und 7 in den Katalog der grundsätzlich entschädigungspflichtigen Tatbestände ist trotzdem gerechtfertigt, weil auch hier übergeordnete Interessen inmitten stehen. So sind die Baugrundstücke für besondere, privat wirtschaftlichen Zwecken dienende Bauanlagen (Nr. 2) und die Flächen für Aufschüttungen, Abgrabungen oder für die Gewinnung von Steinen, Erden und anderen Bodenschätzen (Nr. 7) letzten Endes für die Gemeinde von Bedeutung, zumal es sich bei den privatwirtschaftlichen Zwecken dienenden Bauanlagen um solche besonderer Art im Sinn des § 9 Abs. 1 Nr. 1 Buchstabe h handeln muß, deren Lage also durch zwingende städtebauliche Gründe, insbesondere durch solche des Verkehrs bestimmt ist (z. B. Anlage großer Industrieanlagen). Aufschüttungen, Abgrabungen u. ä. beeinflussen die städtebauliche Planung insbesondere durch Folgeerscheinungen wie Abraumhalden, Grundwasseransammlungen bei Ausbaggerungen, Auswirkungen der Anlage von Bergwerksstollen.

**b)** Eine Entschädigungspflicht tritt jedoch nur ein, soweit dem Eigentümer Vermögensnachteile entstehen. Was unter Vermögensnachteile fällt, ergibt sich aus den §§ 93 bis 96 (siehe dort). Die Beweispflicht für den Eintritt von Nachteilen hat der Eigentümer. Der Zeitpunkt des Entstehens der Vermögensnachteile ist unmaßgeblich; diese können auch erst längere Zeit nach dem Inkrafttreten der Festsetzungen eintreten.

Bei den Fällen der Nr. 8 und 9, also bei Festsetzungen von Flächen für Gemeinschaftsstellplätze und -garagen sowie für Gemeinschaftsanlagen (vgl. § 9 Abs. 1 Nr. 1 Buchst. f) nach **Satz 2** eine Entschädigungspflicht ausgeschlossen, wenn die Festsetzung oder die Durchführung der Anlagen den Interessen des Eigentümers oder der Erfüllung einer ihm obliegenden Rechtspflicht dienen. Ob die „Durchführung den Interessen des Eigentümers dient", bestimmt sich nach objektiven, nicht subjektiven Gesichtspunkten. Im Streitfall unterliegt dieser unbestimmte Rechtsbegriff der vollen richterlichen Nachprüfung. Eine Verpflichtung des Eigentümers zur Durchführung solcher Maßnahmen, welche die Entschädigungspflicht ausschließt, besteht z. B. nach der Reichsgaragenordnung (soweit sie noch in Kraft ist). Ob eine Verpflichtung vorliegt, hat im Streitfall das Gericht zu entscheiden.

**2. Anspruch des Eigentümers auf Grundstücksübernahme (Abs. 2)**

Nach Abs. 2 kann der Eigentümer verlangen, daß ihm das Grundstück, das für ihn durch die Festsetzungen im Bebauungsplan nur noch eine Belastung darstellt, abgenommen wird. Die Voraussetzungen, unter denen er das Verlangen an den Begünstigten (siehe Anm. 6) auf Übernahme des Grundstücks stellen kann, sind hier erschöpfend aufgezählt. Es handelt sich hierbei entweder um wirtschaftliche Unzumutbarkeit (**Nr. 1**) — unbestimmer Rechtsbegriff — oder um Aufhebung (bzw. wesentliche Herabsetzung) der baulichen Nutzbarkeit des Grundstücks (**Nr. 2**). Sind Grundstücke für den Gemeinbedarf oder für privatwirtschaftlichen Zwecken dienende Anlagen, für Gemeinschaftsstellplätze und -garagen sowie für Gemeinschaftsanlagen im Bebauungsplan festgesetzt, dann kann die Übernahme — ohne Rücksicht auf die genannten Voraussetzungen der Nr. 1 und 2 — verlangt werden, sobald die Erschließung (vgl. § 123 ff.) durchgeführt ist (**Satz 2**). Meistens werden aber gerade in solchen Fällen die Voraussetzungen der Nr. 1 und 2 vorliegen, ehe die Erschließung „durchgeführt" ist; denn nach dem Wortlaut des Gesetzes muß die Erschließung abgeschlossen sein, was oftmals — je nach Art und Umfang der Erschließung — sehr lange dauern kann.

Ein Übernahmeanspruch besteht nur auf seiten des Eigentümers; der Gemeinde steht kein Recht zu, etwa vom Eigentümer die „Übernahme" (in diesem Fall Übergabe) zu verlangen.

Der Übernahmeanspruch schließt gleichzeitige Geldentschädigungsansprüche aus (vgl. die Fassung des Abs. 5 Satz 1 „Ist die Entschädigung durch Übernahme der Flächen zu leisten. ...").

Kommt der Übernahmepflichtige (= Begünstigte) dem Verlangen des Eigentümers auf Übernahme nicht nach, und zwar entweder durch Ablehnung oder durch Schweigen, dann greift Abs. 5 (siehe unten) Platz, d. h. daß der Eigentümer die förmliche Entziehung des Eigentums verlangen kann. Entgegen der Ansicht von Schütz-Frohberg (§ 40 Anm. 6, Absatz 3) kommt eine Anrufung des ordentlichen Gerichts nicht in Frage; denn der einschlägige Satz 1 in Abs. 5 („kommt eine Einigung über die Übernahme nicht zustande ...") ist so weit gefaßt, daß er auch die Fälle ergreift, in denen die Übernahme durch ablehnende Erklärung oder durch Schweigen des Begünstigten verweigert wird. Über Streitfälle bezüglich der Entziehung des Eigentums (vgl. den Fünften Teil, insbesondere in diesem Zusammenhang auch § 92 Abs. 2 bis 4) entscheiden nach § 157 Abs. 1 die Baulandkammern/Baulandsenate.

**3. Entschädigungsanspruch des Eigentümers bei Unzulässigkeit von Vorhaben (Abs. 3)**

Der vom federführenden Ausschuß eingefügte Abs. 3 steht in engem Zusammenhang mit Abs. 2 Nr. 2. Der Eigentümer eines Grundstücks, auf dem gänzlich oder teilweise infolge der Festsetzungen des Bebauungsplans Vorhaben nach § 32 (siehe dort und vorstehende Anm. 2) nicht ausgeführt werden dürfen, kann zwar nicht die Übernahme des Grundstücks, aber doch eine angemessene Geldentschädigung verlangen, wenn die bisherige Nutzung des Grundstücks nur „wirtschaftlich erschwert" wird; es ist also hier nicht erforderlich, daß die Nutzung bereits aufgehoben oder wesentlich herabgesetzt wird (Abs. 2 Nr. 2). Die Abstufungen werden in der Praxis oftmals nicht leicht einzuordnen sein. Die

Nachprüfung dieser unbestimmten Rechtsbegriffe obliegt letzten Endes dem Gericht.

Auch auf diese Entschädigung sind die Bestimmungen der §§ 93 ff. sinngemäß anzuwenden.

**4. Entschädigungspflichtige (Abs. 4)**

Grundsätzlich ist der Begünstigte zur Entschädigung verpflichtet, gleich ob die Entschädigung durch Übernahme des Grundstücks oder in Geld zu leisten ist. Begünstigter ist der Träger der Anlage oder des Vorhabens, das auf dem betroffenen Grundstück vorgesehen ist. Die Verpflichtung trifft den Begünstigten jedoch nur, wenn er mit der zu seinen Gunsten vorgenommenen Festsetzung im Bebauungsplan einverstanden ist. Ist der Begünstigte nicht einverstanden oder ist ein Begünstigter nicht vorhanden, so ist die Gemeinde zur Entschädigung verpflichtet, und zwar auch neben dem Begünstigten, wenn dieser seiner Verpflichtung nicht nachkommt; die Gemeinde kann sich dann an den Begünstigten halten. Über Streitigkeiten entscheiden nach § 157 Abs. 1 die Baulandkammern/Baulandsenate.

**5. Verlangen auf Eigentumsentziehung (Abs. 5)**

Die Entschädigung durch Übernahme erfolgt im allgemeinen nur gegen angemessenes Entgelt. Kommt eine Einigung zwischen Verpflichtetem und Begünstigten (bzw. Gemeinde) über die Übernahme (einschließlich der damit zusammenhängenden Abgeltungen) nicht zustande, so hat der Eigentümer das Recht, die Entziehung des Eigentums nach den förmlichen Vorschriften über die Enteignung und Entschädigung im Fünften Teil (§§ 85 bis 122) zu verlangen (Abs. 5). Für die Ermittlung des als Grundlage der Entschädigung heranzuziehenden Verkehrswerts (§§ 95 Abs. 1, 141) ist nach Abs. 5 **Satz 3** mindestens von dem Wert auszugehen, den die Flächen hätten, wenn kein Bebauungsplan aufgestellt worden wäre.

**6. Entscheidung der höheren Verwaltungsbehörde (Abs. 6)**

Kommt bei der Entschädigung in Geld (nicht bei der Entschädigung in Gestalt der Übernahme des Grundstücks) eine Einigung über diese Entschädigung nicht zustande, so hat die höhere Verwaltungsbehörde nach Anhörung aller Beteiligten (Verpflichteter, Begünstigter und stets auch Gemeinde, vgl. § 48 Abs. 1) zu enscheiden. Gegen die Entscheidung der höheren Verwaltungsbehörde kann — gegebenenfalls (vgl. § 155) nach Durchführung eines Vorverfahrens — mit Antrag auf gerichtliche Entscheidung durch die Baulandkammern/Baulandsenate (§ 157 Abs. 1) von den Betroffenen angegangen werden. Zu den Betroffenen zählt die Gemeinde im Hinblick auf ihre weitgehende Verpflichtung neben und an Stelle des Begünstigten (Abs. 4) jedenfalls.

Die Anwendung des § 147 Abs. 2, nach dem die Zuständigkeit der höheren Verwaltungsbehörde durch die Landesregierungen auf andere staatliche Behörden übertragen werden kann, begegnet wegen der Bezugnahme in § 40 auf den Fünften Teil des BBauG, der in § 147 Abs. 2 ausgeschlossen ist, Bedenken.

## § 41

*Entschädigung bei Festsetzungen von unbebauten Grundstücken und von Schutzflächen*

**(1) Sind im Bebauungsplan innerhalb der Baugebiete gelegene Flächen als**

**von der Bebauung freizuhaltende Grundstücke festgesetzt, so ist dem Eigentümer für eine dadurch eintretende Wertminderung des Grundstücks eine angemessene Entschädigung in Geld zu leisten. Dies gilt nicht für die nicht überbaubaren Teile von Baugrundstücken. Eine Entschädigung kann nicht verlangt werden, wenn die Beschaffenheit oder die besondere Lage des Grundstücks in der Örtlichkeit erfordert, das Grundstück von der Bebauung freizuhalten.**

**(2) Sind im Bebauungsplan von der Bebauung freizuhaltende Schutzflächen festgesetzt, so gilt Absatz 1 entsprechend.**

**(3) Ist dem Eigentümer wirtschaftlich nicht mehr zuzumuten, das Grundstück zu behalten oder es in der bisherigen oder in einer anderen zulässigen Art zu nutzen, so kann er Entschädigung durch Übernahme des Grundstücks verlangen.**

**(4) Die Vorschriften über die Entschädigung im Zweiten Abschnitt des Fünften Teiles dieses Gesetzes gelten sinngemäß. § 40 Abs. 4 bis 6 gilt entsprechend.**

**1. Grundsatzregelung (Abs. 1 und 2)**

Nach Abs. 1 ist nur für solche Flächen Entschädigung zu gewähren, die nach dem Bebauungsplan innerhalb von Baugebieten gelegen sind. Das gilt auch für Abs. 2, der Schutzflächen (z. B. für Quellfassungen) betrifft. Unter den „von der Bebauung freizuhaltenden Grundstücken“ bzw. „Schutzflächen“ sind somit nur solche Grundstücke zu verstehen, die von einer an sich gegebenen baulichen Nutzung ausgeschlossen sind. Dabei kommen solche Grundstücksteile nicht in Betracht, die nach den Bauordnungsvorschriften wegen der einzuhaltenden Abstände (z. B. Vermeidung von sog. „engen Reihen“ oder Anordnung der offenen Bauweise durch sog. „Pavillonabstände“ u. a.) nicht überbaut werden dürfen.

Auch bei solchen Grundstücken, deren Beschaffenheit oder besondere Lage eine Freihaltung von der Bebauung erforderlich machen (z. B. ein besonders hängiges Grundstück) kann eine Entschädigung nicht verlangt werden, wenn sie im Bebauungsplan — obwohl im Baugebiet gelegen — als von einer Bebauung freizuhalten festgesetzt sind.

Grundsätzlich hat der Eigentümer der von § 41 erfaßten Grundstücke einen Rechtsanspruch auf angemessene Entschädigung in Geld, wenn infolge der Festsetzung eine Wertminderung gegenüber dem früheren Zustand eingetreten ist. Der Grad der Wertminderung wirkt sich hier nur in der Höhe der Entschädigung aus, nicht jedoch bezüglich der Entschädigungspflicht überhaupt.

**2. Verlangen auf Übernahme des Grundstücks**

Der Eigentümer kann an Stelle der Geldentschädigung eine Entschädigung in Gestalt der Übernahme des Grundstücks (gegen angemessene Bezahlung) verlangen, wenn es ihm wirtschaftlich nicht mehr zuzumuten ist, das Grundstück überhaupt zu behalten oder es in der bisherigen oder in einer anderen noch zulässigen Art zu nutzen (Abs. 3).

Die Regelungen über Entschädigungspflicht (§ 40 Abs. 4), über das Verlangen auf Eigentumsentziehung unter gewissen Voraussetzungen (§ 40 Abs. 5) und über die Entscheidungsbefugnis der höheren Verwaltungsbehörde, wenn eine Einigung über die Entschädigung nicht zustande gekommen ist (§ 40 Abs. 6), sind ausdrücklich für anwendbar erklärt worden (**Abs. 4 Satz 2**). Zudem sind die Vorschriften über die Entschädigung nach §§ 93 ff. (ohne jedenfalls §§ 100, 101) für sinngemäß anwendbar erklärt worden (Abs. 4 **Satz 1**).

Im Streitfall entscheiden nach § 157 Abs. 1 die Baulandkammern/Baulandsenate.

## § 42

*Entschädigung bei Begründung von Geh-, Fahr- und Leitungsrechten*

**(1) Sind im Bebauungsplan Flächen festgesetzt, die mit Geh-, Fahr- und Leitungsrechten zu belasten sind, so kann der Eigentümer unter den Voraussetzungen des § 40 Abs. 2 verlangen, daß an diesen Flächen einschließlich der für die Leitungsführungen erforderlichen Schutzstreifen das Recht zugunsten des in § 40 Abs. 4 Bezeichneten begründet wird. Dies gilt nicht für die Verpflichtung zur Duldung solcher örtlichen Leitungen, die der Erschließung und Versorgung des Grundstücks dienen. Weitergehende Rechtsvorschriften, nach denen der Eigentümer zur Duldung von Versorgungsleitungen verpflichtet ist, bleiben unberührt.**

**(2) Kann der Eigentümer nach Absatz 1 die Begründung des Rechtes verlangen und kommt eine Einigung nicht zustande, so gelten die Vorschriften des Fünften Teiles dieses Gesetzes sinngemäß.**

### 1. Verlangen auf Begründung des belastenden Rechts

Die Festsetzung von Flächen, die mit Geh-, Fahr- und Leitungsrechten zur Sicherung der verkehrsmäßigen Erschließung und der Versorgung zu belasten sind, hat ihre rechtliche Grundlage in § 9 Abs. 1 Nr. 11. Der von einer solchen Festsetzung betroffene Eigentümer kann dann, wenn die Voraussetzungen des § 40 Abs. 2 (siehe Anm. 3 bei § 40) vorliegen, also wenn er die Übernahme der Flächen durch den Begünstigten fordern kann, auch verlangen, daß an diesen Flächen (einschließlich der Schutzstreifen) das vorgesehene Recht zugunsten des Begünstigten bzw. der Gemeinde (siehe § 40 Abs. 4) begründet wird (**Abs. 1 Satz 1**). Die Belastung mit Geh- und Fahrtrechten zugunsten der Allgemeinheit (vgl. § 9 Abs. 1 Nr. 11) erfolgt in Gestalt beschränkt persönlicher Dienstbarkeiten zugunsten der Gemeinde. Die Begründung von Rechten an oberirdischen oder unterirdischen Leitungen aller Art (Draht, Kabel, Rohr) nimmt entsprechend der wachsenden Bevölkerungsdichte erheblich an Bedeutung zu. § 42 sagt nichts darüber, an wen der verpflichtete Eigentümer das Verlangen auf Rechtsbegründung zu richten hat, doch ergibt sich aus § 40 Abs. 2 in Verbindung mit Abs. 4, daß dies der Begünstigte, ersatzweise die Gemeinde, sein muß.

Kommt bezüglich der Begründung des Rechts und der Abgeltung (vgl. § 40 Abs. 3 und 5) eine Einigung zwischen Eigentümer und Begünstigten (bzw. der Gemeinde — vgl. Anm. 6 bei § 40) nicht zustande, dann kommen nach Abs. 2 die Bestimmungen des Fünften Teils über Enteignung und Entschädigung, und zwar vor allem die §§ 86 Abs. 1, 92 Abs. 2 Satz 2, 93 ff., sinngemäß zur Anwendung.

Streitigkeiten aus § 42 werden nach § 157 Abs. 1 von den Baulandkammern/Baulandsenaten entschieden.

**2. Ausschluß des Verlangens auf Begründung des belastenden Rechts**

Das Verlangen auf Begründung des Rechts ist ausgeschlossen, wenn örtliche Leitungen der Erschließung und Versorgung des Grundstücks selbst dienen (**Abs. 1 Satz 2**); denn die Anlage solcher Leitungen erfolgt im Interesse des Grundstückseigentümers.

Auf Anregung des 24. Ausschusses wurde ein ausdrücklicher Hinweis aufgenommen (Abs. 1 **Satz 3**), daß Rechtsvorschriften unberührt bleiben, die dem Eigentümer weitergehende Duldungspflichten auferlegen. Hierzu zählen die mit Rechtsverordnungscharakter ausgestatteten Allgemeinen Bedingungen für die Versorgung mit elektrischer Arbeit aus dem Niederspannungsnetz und die Allgemeinen Bedingungen für die Versorgung mit Gas (AVB Strom und Gas) vom 29. 1. 1942.

## § 43

*Entschädigung bei Bindungen für Bepflanzungen*

**(1) Sind im Bebauungsplan Bindungen für Bepflanzungen und für die Erhaltung von Bäumen, Sträuchern und Gewässern sowie für das Anpflanzen von Bäumen und Sträuchern festgesetzt, so ist dem Eigentümer eine angemessene Entschädigung in Geld zu leisten, wenn und soweit infolge dieser Festsetzungen**

**1. besondere Aufwendungen notwendig sind, die über das bei ordnungsgemäßer Bewirtschaftung erforderliche Maß hinausgehen, oder**

**2. eine wesentliche Wertminderung des Grundstücks eintritt.**

**(2) Zur Entschädigung ist die Gemeinde verpflichtet. Sind die Festsetzungen zugunsten eines Dritten erfolgt, so ist dieser zur Entschädigung verpflichtet, wenn er mit der Festsetzung zu seinen Gunsten einverstanden ist. § 40 Abs. 4 Satz 3 gilt entsprechend. Kommt eine Einigung über die Entschädigung nicht zustande, so entscheidet die höhere Verwaltungsbehörde. Vor der Entscheidung sind die Beteiligten zu hören.**

Nach § 9 Abs. 1 Nr. 15 und 16 können im Bebauungsplan Anpflanzungen von Bäumen und Sträuchern festgesetzt sowie „Bindungen“ für Bepflanzungen und für die Erhaltung von Bäumen, Sträuchern und Gewässern festgelegt werden. Auch hier steht dem Eigentümer unter den im **Abs. 1** unter Nr. 1 und 2 genannten Voraussetzungen ein Anspruch auf angemessene Geldentschädigung zu. Die genannten Voraussetzungen (besondere Aufwendungen — unbestimmter Rechtsbegriff — oder wesentliche Wertminderung des Grundstücks — Tatfrage —) müssen vom Eigentümer nachgewiesen werden. Die Notwendigkeit des Kausalzusammenhangs ist im Gesetz ausdrücklich hervorgehoben („infolge ...). Eine Entschädigung in Gestalt des Verlangens auf Grundstücksübernahme ist bei den Tatbeständen des § 43 nicht vorgesehen.

Die Geldentschädigung hat grundsätzlich die Gemeinde zu leisten (**Abs. 2**). Sollten die Festsetzungen — was in diesen Fällen nicht die Regel ist — zugunsten eines Dritten erfolgt sein (z. B. Erhaltung eines alten Baumbestandes in einem

Park, der sich in Privateigentum befindet, zugunsten eines botanischen Instituts), dann ist der Dritte als Begünstigter zur Entschädigung verpflichtet, wenn er mit der Festsetzung zu seinen Gunsten einverstanden ist. Erfüllt dieser die Verpflichtung nicht, so kann sich der Eigentümer auch an die Gemeinde halten, die hinwiederum vom Dritten Ersatz verlangen kann (vgl. § 40 Abs. 4 Satz 3). Auch hier entscheidet die höhere Verwaltungsbehörde in Fällen, in denen eine Einigung über die Entschädigung nicht zustande kommt, und zwar nach Anhörung der Beteiligten (Eigentümer, Gemeinde, gegebenenfalls Dritter).

Das weitere Verfahren richtet sich gemäß § 157 Abs. 1 nach den §§ 157 Abs. 2 bis 171; es ist die Zuständigkeit der Baulandkammern und Baulandsenate gegeben.

## § 44
### *Entschädigung bei Änderung oder Aufhebung einer zulässigen Nutzung*

**(1) Liegen die Voraussetzungen der §§ 40 bis 42 nicht vor, so kann der Eigentümer eine angemessene Entschädigung in Geld verlangen,**

**1. wenn die bisher zulässige bauliche Nutzung eines bebauten Grundstücks aufgehoben oder geändert wird,**

**2. wenn die bisher zulässige bauliche Nutzung eines unbebauten Grundstücks aufgehoben oder geändert wird und die Voraussetzungen für eine bauliche Nutzung nach § 30 gegeben waren, oder**

**3. wenn eine bisher zulässige sonstige Nutzung aufgehoben oder geändert wird,**

**soweit dadurch eine nicht nur unwesentliche Wertminderung des Grundstücks eintritt. Dies gilt nicht, wenn die bisher zulässige Nutzung geändert wird, weil sie den allgemeinen Anforderungen an gesunde Wohn- und Arbeitsverhältnisse oder an die Sicherheit der auf dem betroffenen Grundstück oder im umliegenden Gebiet wohnenden oder arbeitenden Menschen nicht entspricht.**

**(2) Der Eigentümer kann ferner angemessene Entschädigung in Geld verlangen, soweit durch eine Aufhebung oder Änderung der sein Grundstück betreffenden Festsetzungen des Bebauungsplanes Aufwendungen für Vorbereitungen zur Nutzung des Grundstücks an Wert verlieren, die der Eigentümer im Vertrauen auf den Bestand der bisherigen Festsetzungen des Bebauungsplanes gemacht hat.**

**(3) Zur Entschädigung ist die Gemeinde verpflichtet. Die Vorschriften über die Entschädigung im Zweiten Abschnitt des Fünften Teiles dieses Gesetzes gelten sinngemäß. Kommt eine Einigung über die Entschädigung nicht zustande, so entscheidet die höhere Verwaltungsbehörde. Vor der Entscheidung sind die Beteiligten zu hören.**

**1. Allgemeines**

§ 44 wurde auf Vorschlag des maßgeblichen 24. Bundestagsausschusses als Nachrangbestimmung ins Gesetz eingefügt; nach der ausdrücklichen Fassung eingangs der Vorschrift kommt diese nur in Betracht, wenn §§ 40 bis 42 nicht Platz greifen. Während die genannten Bestimmungen im einzelnen aufgeführte Festsetzungen im Bebauungsplan ergreifen, kommt § 44 für die übrigen Tatbestände in Betracht (soweit die Voraussetzungen des Abs. 1 vorliegen). Erfaßt werden somit die zahlreichen Fälle, in denen entweder auf Grund Änderung eines Bebauungsplans oder auf Grund der Aufhebung eines verbindlichen Plans nach bisherigem Recht und Ersatzes durch einen Bebauungsplan nach dem BBauG die bisherige Nutzung eines Grundstücks aufgehoben oder geändert wird. Wie bei § 43 — anders in den §§ 40 bis 42 — kommt nur eine Geldentschädigung in Frage, nicht auch eine Entschädigung in Gestalt des Verlangens auf Grundstücksübernahme.

**2. Voraussetzungen**

a) Vorausetzung für die zu gewährende Geldentschädigung ist nach der Grundsatzbestimmung des **Abs. 1** nicht nur die Aufhebung oder Änderung der zulässigen baulichen oder sonstigen Nutzung nach Maßgabe der Nr. 1 bis 3, sondern auch eine „nicht nur unwesentliche Wertminderung des Grundstücks" (unbestimmter Rechtsbegriff!). Ausgeschlossen ist eine Entschädigung, wenn die Nutzung unzulässig war (z. B. Errichtung ungenehmigter und nichtgenehmigungsfähiger Bauten), ferner in den Fällen, in denen die Nutzungsänderung deshalb erforderlich ist, weil die bisherige Nutzung nicht den allgemeinen Anforderungen an gesunde Wohn- und Arbeitsverhältnisse oder an die Sicherheit entspricht. Gedacht ist hier vor allem an die Herabzonung von Sanierungsgebieten (vgl. zum Begriff Sanierungsgebiet §§ 5 Abs. 4, 26) oder an die Herabsetzung der Bebauungsdichte aus Gründen des zivilen Bevölkerungsschutzes durch entsprechende Festsetzungen im Bebauungsplan.

b) Eine weitere Möglichkeit für den Eigentümer, eine Geldentschädigung zu verlangen, eröffnet **Abs. 2** und zwar für die Fälle, in denen und insoweit die vom Eigentümer im Vertrauen auf den Bestand der bisherigen Festsetzungen gemachten Aufwendungen für die Vorbereitung der Grundstücknutzung (z. B. Anlage eines Zufahrtswegs auf dem Grundstück zum geplanten Bauplatz, Planfertigung für ein Bauvorhaben) durch die Aufhebung oder Änderung im Bebauungsplan an Wert einbüßen. Voraussetzung für einen solchen Anspruch ist sonach, daß bisher eine förmliche Festsetzung erfolgt war und daß der Eigentümer die Aufwendungen im guten Glauben an den Bestand der bisherigen Festsetzung gemacht hat. Wenn auch das Gesetz von „bisherigen Festsetzungen des Bebauungsplans" spricht, so entspricht es doch dem Sinn der Vorschrift, auch die Fälle einzubeziehen, in denen die bisherigen Festsetzungen durch — dem jetzigen Bebauungsplan des BBauG entsprechende — verbindliche Pläne nach altem Recht erfolgt waren.

**3. Verpflichtete und Verfahren (Abs. 3)**

Zur Entschädigungsleistung auf Grund § 44 ist in jedem Fall die Gemeinde verpflichtet (Abs. 3 **Satz 1**). Auch hier wurde die sinngemäße Anwendung der Vorschriften über die Entschädigung nach §§ 93 ff. festgelegt; nicht zur Anwendung kommen im Hinblick auf die Beschränkung auf eine Geldentschädigung jedenfalls die §§ 100 und 101.

Die höhere Verwaltungsbehörde hat auch in den Fällen des § 44 die Entscheidungsbefugnis übertragen erhalten, wenn eine Einigung unter den Beteiligten (Eigentümer und Gemeinde) nicht zustande kommt; diese hat Eigentümer und Gemeinde vorher zu hören. Eine Delegation nach § 147 Abs. 2 begegnet im Hinblick darauf, daß die Vorschriften des Fünften Teils Anwendung finden, Bedenken.

Nach § 157 Abs. 1 entscheiden auch über Rechtsstreitigkeiten nach § 44 die Baulandkammern/Baulandsenate.

# VIERTER TEIL

## Bodenordnung

### Vorbemerkung

1. Der Sammelbegriff Bodenordnung des BBauG umfaßt die Umlegung (§§ 45 bis 79) und Grenzregelung (§§ 80 bis 84). Beide Maßnahmen dienen dazu, den Grund und Boden entsprechend den Festsetzungen des Bebauungsplans so zu gestalten, daß der Bebauungsplan auch verwirklicht werden kann. Damit stellen Umlegung und Grenzregelung wichtige Voraussetzungen des Vollzugs des Bebauungsplans dar. Oftmals hängt die Verwirklichung der Planung geradezu von den Umlegungs- bzw. Grenzregelungsmaßnahmen ab. Aus diesen Erwägungen haben die Aufbaugesetze der Länder nach 1945 (vgl. § 186 Abs. 1 Nr. 23, 25, 27, 30, 34, 38, 41, 46, 52, 54, 56 und 62) das Rechtsinstitut der Umlegung bereits aufgenommen oder es wurden nach dem zweiten Weltkrieg eigene Umlegungsgesetze (vgl. § 186 Abs. 1 Nr. 24, 31, 32 und 57) erlassen. Aber bereits früher gab es ein städtebauliches Umlegungsrecht: Sein Anfang findet sich in der hessischen Bauordnung vom 30. 4. 1881, im hessischen Gesetz betreffend die Erweiterung der Stadt Mainz vom 15. 7. 1885, dem Badischen Ortsstraßengesetz vom 6. 7. 1896 und dem sächsischen Allgemeinen Baugesetz vom 1. 7. 1909, dem preußischen Umlegungsgesetz für Frankfurt am Main vom 28. 7. 1902, dem preußischen Wohnungsgesetz vom 28. 3. 1918, das den preußischen Gemeinden das Recht einräumte, das Umlegungsgesetz von 1902 durch Ortsstatut einzuführen. Nach dem ersten Weltkrieg erließen Braunschweig am 24. 1. 1920 ein Umlegungsgesetz, Bayern am 4. 7. 1923 ein Gesetz über die Erschließung von Baugelände, das eingehende Umlegungsvorschriften enthält, und Württemberg am 18. 2. 1926 ein Baulandgesetz.

Im Bereich der Landwirtschaft war die Notwendigkeit, Grundstücke auszutauschen, bereits frühzeitig aufgetreten und fand im früheren Preußen in den Gemeinheitsteilungsordnungen von 1769 und 1821 sowie im Allgemeinen Landrecht von 1794 seinen ersten Niederschlag. Infolge der sprunghaften Entwicklung der Städte im Zug der Technisierung in der zweiten Hälfte des vergangenen Jahrhunderts mußte man notgedrungen die landwirtschaftsrechtlichen Umlegungsvorschriften in der Praxis auf den Städtebau übertragen, bis die obenerwähnten besonderen städtebaulichen Umlegungsgesetze erlassen wurden. Eine ähnliche Verknüpfung des landwirtschaftlichen und städtebaulichen Umlegungsrechts als Kriegsmaßnahme findet sich in der Verordnung über Neuordnungsmaßnahmen zur Beseitigung von Kriegsfolgen vom 2. 12. 1940, die für ihren räumlichen Geltungsbereich die Reichsumlegungsordnung vom 16. 6. 1937 (RGBl. I

S. 629) auch für städtische Baulandumlegung für sinngemäß anwendbar erklärte. Nunmehr ist das landwirtschaftliche Umlegungsrecht im Flurbereinigungsgesetz vom 14. 7. 1953 (BGBl. I S. 591) selbständig geregelt; Ähnlichkeiten bezüglich des Verfahrens sind der Natur der Sache nach im BBauG mehrfach festzustellen.

2. Unter **Umlegung** ist ein rechtlich geregeltes Grundstückstauschverfahren zu verstehen. Eine Enteignung stellt sie nicht dar, weil sie auch dem Interesse des betroffenen Grundstückseigentümers und nicht nur einem fremden Interesse dient. In der Regel erhält der Eigentümer ein neues, grundsätzlich gleichwertiges Grundstück. Dazu bezweckt die Umlegung eine gerechte Verteilung der Belastungen, die sich für die betroffenen Eigentümer aus der notwendigen Ausscheidung der Gemeinbedarfsflächen ergeben.

Das Bundesverwaltungsgericht hat zu diesen Fragen grundsätzlich Stellung genommen und zwar für die Flurbereinigung nach der Reichsumlegungsordnung mit Beschluß vom 9. 11. 1954 (BVerwGE 1, 225) und für die städtebauliche Umlegung (nach dem Aufbaugesetz von Nordrhein-Westfalen) mit Urteil vom 19. 12. 1957 (BVerwGE 6, 79). Siehe hierzu Anm. 5.

Überschneidungen zwischen Flurbereinigung und Umlegung nach dem BBauG werden künftig in der Regel vermeidbar sein; bisher war es so, daß im Rahmen der Flurbereinigung eine Sonderbehandlung nicht vorgesehen war (vgl. § 45 FlurbG).

3. **Die Grenzregelung** ist ein der Umlegung verwandtes Rechtsinstitut und dem bisher geltenden Landesrecht geläufig. Sie ist auf die Neuordnung unzweckmäßiger Grenzverhältnisse benachbarter Grundstücke beschränkt und erfordert deshalb nur eine geringe Zahl von Beteiligten und auch ein einfacheres Verfahren. Auch sie dient dem beschleunigten Vollzug des Bebauungsplans.

**4. Rechtsschutz und Verfahren**

Wenngleich nach § 46 Abs. 3 auf die Anordnung und Durchführung einer Umlegung kein Rechtsanspruch besteht, so unterliegen doch die „Verwaltungsakte" im Rahmen der gesamten Bodenordnung nach dem Vierten Teil des BBauG der gerichtlichen Nachprüfung und zwar nach § 157 Abs. 1 durch die Landgerichte, Kammern für Baulandsachen, in der Berufung durch die Oberlandesgerichte, Senate für Baulandsachen (§ 169) und in der Revision durch den Bundesgerichtshof (§ 170). Welche Akte im einzelnen für eine Anfechtung in Frage kommen, wird bei den einzelnen Vorschriften erörtert.

**5. Rechtsprechung zur Bodenordnung**

Zur Frage der Bodenordnung, und zwar speziell zur Umlegung, ist eine Reihe von höchstrichterlichen Entscheidungen ergangen. Neben dem BVerwG hat sich auch der BGH mit diesem Rechtsgebiet beschäftigt.

Im einzelnen sind folgende Entscheidungen anzuführen, deren Leitsätze mit für die Gestaltung der Umlegung im BBauG von Bedeutung waren und großenteils weiterhin von Bedeutung bleiben:

A. Höchstrichterliche Rspr.

**BVerwG:**

1. B vom 9. 11. 1954 (I B 145.53) BVerwGE 1, 225.

Die Umlegung nach der Reichsumlegungsordnung ist grundsätzlich keine Enteignung im Sinn des Art. 14 GG.

2. U vom 26. 3. 1955 (I C 80.54) BVerwGE 2, 39.

Der Umlegungsbeschluß nach § 5 der Reichsumlegungsordnung ist ein im Verwaltungsstreitverfahren anfechtbarer Verwaltungsakt.

3. B vom 10. 5. 1955 (I B 51.54) Buchholz 406, 38; Bremen § 9 UmlG Nr. 1.

Der Umlegungsbeschluß nach dem Bremischen Umlegungsgesetz ist ein anfechtbarer Verwaltungsakt.

4. U vom 21. 6. 1955 (I C 173.54) BVerwGE 2, 154.

Im ländlichen Umlegungsverfahren muß der Wert aller von der Umlegungstafel erfaßten Baugrundstücke nach gleichem Maßstab festgestellt werden.

5. B vom 6. 8. 1955 (I B 73.55) Buchholz 11; Art. 14 GG Nr. 9.

Die Umlegung ist im Verhältnis zur Enteignung das weniger belastende Mittel.

6. B vom 15. 9. 1955 (I B 56.55) BVerwGE 2, 197.

Zur Umlegung nach dem FlurbG.

7. B vom 14. 1. 1956 (I B 183.55) Buchholz 406, 38; Württ.-Baden § 2 BaulandG Nr. 1.

Es kann ermessensfehlerhaft sein, wenn eine Baulandumlegung nicht eingeleitet oder eine eingeleitete Baulandumlegung eingestellt wird.

8. U vom 25. 4. 1956 (I B 201.55) BVerwGE 3, 246.

Oberster Grundsatz des Umlegungsverfahrens (für die landwirtschaftl. Flurbereinigung) ist das Gebot der wertgleichen Abfindung.

9. U vom 19. 12. 1957 (I C 76.57) BVerwGE 6, 79.

Die städtebauliche Umlegung nach dem Nordrhein-Westfälischen Baugesetz ist als solche keine Enteignung. Die Barabfindung in der Umlegung, mit der Beteiligte dem Grund nach einverstanden ist, ist keine Enteignungsentschädigung.

**10.** U vom 17. 7. 1958 (I C 209.57) Buchholz 406, 18; § 27 Schlesw.-Holst. Nr. 1.

Mehrwertausgleich ist keine Enteignung.

**11.** U vom 13. 1. 1959 (I C 155.58) BVerwGE 8, 95.

Frage der Zulässigkeit einer Geldleistung als Ausgleich für Land nach § 44 Abs. 3 Satz 2 FlurBG; unter bestimmten Voraussetzungen ist ein Geldausgleich keine Enteignungsentschädigung.

**12.** U vom 9. 6. 1959 (I CB 27.58) BVerwGE 8, 343.

Im Rahmen der Umlegung muß die Gleichwertigkeit von Einlage und Abfindung in dem Zeitpunkt gegeben sein, in dem die rechtlichen Wirkungen der Umlegung eintreten. — Zum Begriff und zur Verwertung von Bauland in der ländlichen Umlegung.

**13.** U vom 21. 7. 1959 (I C 39.59) BVerwGE 9, 93.

Geltendmachung der Baulandeigenschaft bei Einwendungen gegen die Schätzung im Umlegungsverfahren.

**14.** U vom 4. 11. 1959 (I C 118.59) BVerwGE 9, 288.

Zur Frage der Berichtigung des Grundbuchs nach dem Erlaß einer vorzeitigen Ausführungsanordnung des Umlegungsplans.

**15.** U vom 6. 10. 1960 (I C 64.60) BVerwGE 12. 1.

Es wird an der Rechtsprechung festgehalten, daß die in der Umlegung vorgenommenen unentgeltlichen Landabzüge für Verkehrsflächen keine Enteignung darstellen, wenn sich die Maßnahme im Rahmen des Umlegungszwecks hält und der Grundsatz der wertgleichen Abfindung gewahrt ist.

**16.** U vom 27. 9. 1961 (I C 21.61) BVerwGE 13, 80 = DVBl. 1962, 716 = BB 1961, 1350.

Auf Grundstücksumlegungsverfahren, die vor dem Inkrafttreten des BBauG noch nicht abgeschlossen worden sind, ist grundsätzlich das bisherige materielle Recht anzuwenden (vgl. § 174 BBauG). Ist also dem Betroffenen eines Umlegungsverfahrens, das aufgrund eines Landesaufbaugesetzes eingeleitet worden war, das alte Grundstück unverändert zugewiesen, aber ein Wertausgleich auferlegt worden, so beurteilt sich die Rechtmäßigkeit dieser Festsetzung nach dem Recht des Aufbaugesetzes und nicht nach dem BBauG.

**BGH:**

1. U vom 3. 3. 1958 (III ZR 157/56) BGHZ 27, 15.

Rechtsnatur der Umlegung; die Abfindung eines Grundstückseigentümers in einem Umlegungsverfahren mit Geld statt mit Grund und Boden verwirklicht — jedenfalls wenn er auf Ausgleich in Land besteht — den Tatbestand der Enteignung.

2. U vom 12. 10. 1959 (III ZR 48/58) BGHZ 31, 49 = MDR 1960, 35.

Das Umlegungsverfahren ist dadurch gekennzeichnet, daß die Umlegungsmasse entsprechend dem Anteil der einzelnen eingeworfenen Grundstücke an dieser Masse auf die beteiligten Grundeigentümer verteilt wird. Soweit die Umlegungsmasse nicht in diesem Verhältnis verteilt wird, wird dem nicht anteilsmäßig bedachten Grundeigentümer ein Sonderopfer auferlegt, daß die Maßnahme als Enteignung kennzeichnet.

**Bayer. VerfGerHof** Entsch. vom 21. 4. 1960 (Vf 100 — VII — 59) BayVfGH 13, 63 = MDR 1960, 561.

Müssen im Rahmen des städtebaulichen Umlegungsverfahrens Grundstücke an die Gemeinde für den Gemeindebedarf abgetreten werden und erhalten Beteiligte bei der Neueinteilung Grundstücke im Wert unter den von ihnen in die Masse eingelegten Grundstücken, so sind sie angemessen zu entschädigen.

B. Andere Gerichte

1. OVG Münster U vom 14. 2. 1962 (IV A 1169/61) BBauBl. 1963, 26.

Daß es sich bei der Geldabfindung eines Umlegungsbeteiligten im Umlegungsverfahren um eine Umlegungsmaßnahme handelt, schließt den Enteignungscharakter der Maßnahme nicht aus. Die Umlegung ist zwar ihrem Zweck nach keine Enteignung. Einzelne Maßnahmen zu ihrer Durchführung können aber zulässige Enteignungsmaßnahmen sein (vgl. Drucks. des BT 1794 zu § 198 E). Eine Maßnahme mit Enteignungscharakter berührt diese Eigenschaft nicht dadurch, daß der Betroffene sein Einverständnis erklärt. Dieser Gedanke kommt jetzt auch in §§ 110, 111 BBauG zum Ausdruck.

Die Verweisung einer Sache, bei der es sich um einen Streit über die Höhe einer Enteignungsentschädigung handelt, von einem Zivilgericht an ein Verwaltungsgericht ist zwar nicht mit Art. 14 Abs. 3 Satz 4 GG vereinbar. Ist ein Verweisungsbeschluß jedoch nicht angefochten worden, so bindet er hinsichtlich der Verweisung das Verwaltungsgericht. Die Bindungswirkung erstreckt sich aber nicht auf die Begründung des Verweisungsbeschlusses. Hat die der Streitsache zugrunde liegende Maßnahme Enteignungscharakter, so ändert daran auch die Verweisung von dem Zivilgericht an das Verwaltungsgericht nichts. Es unterliegt nach der Verweisung der Entscheidung des Verwaltungsgerichts, ob es sich bei der Maßnahme um eine solche mit Enteignungscharakter handelt oder nicht.

2. LG Hamburg U vom 27. 11. 1961 (100 18/60) BBauBl. 1962, 636.

Mit der Anordnung einer vorzeitigen Besitzeinweisung ist nach eingehender Prüfung aller Umstände vorsichtig zu verfahren.

Besonders in einem Bereich mit großstädtischer Bebauung kann die schnelle Herstellung eines Kinderspielplatzes sehr vordringlich sein, um die Kinder vor den Gefahren des Straßenverkehrs zu schützen, wenn es im näheren Umkreis eines Wohnbereichs an Spielgelegenheiten für Kinder völlig fehlt.

**6. Schrifttum zur Umlegung**

An neueren Aufsätzen zu den Problemen der Umlegung sind zu nennen:

Bertram, Die städtebauliche Umlegung als Enteignungstatbestand, DÖV 1957, 135,

Clasen, Wann bedarf ein Vorhaben der Zustimmung der Umlegungsstelle nach § 51 BBauG? Bauamt und Gemeindebau 1964, 66,

Frohberg, Zum Begriff der städtebaulichen Umlegung, Blätter für Grundstücksbau- und Wohnungsrecht 1955, 65,

Grauvogel-Schwamberger, Nochmals Enteignung und Umlegung, DÖV 1956, 229,

Schwamberger, Enteignung und Umlegung, DÖV 1954, 396,

## ERSTER ABSCHNITT

## Umlegung

### § 45

### *Zweck der Umlegung*

**(1) Im Geltungsbereich eines Bebauungsplanes im Sinne des § 30 können zur Erschließung oder Neugestaltung bestimmter Gebiete bebaute und unbebaute Grundstücke durch Umlegung in der Weise neugeordnet werden, daß nach Lage, Form und Größe für die bauliche oder sonstige Nutzung zweckmäßig gestaltete Grundstücke entstehen.**

**(2) Das Umlegungsverfahren kann eingeleitet werden, auch wenn ein Bebauungsplan noch nicht aufgestellt ist. In diesem Falle muß der Bebauungsplan vor der Auslegung der Umlegungskarte (§ 69 Abs. 1) in Kraft getreten sein.**

**1. Begriff der Umlegung nach dem BBauG**

**Abs. 1** kennzeichnet die Umlegung im Sinne des BBauG damit, daß zur Erschließung (vgl. hierzu §§ 123 ff.) oder Neugestaltung bestimmter Gebiete sowohl bebaute als auch unbebaute Grundstücke durch Umlegung (also Austausch) so neugeordnet werden können, daß nach Lage, Form und Größe solche Grundstücke entstehen, die für die bauliche oder sonstige Nutzung zweckmäßig gestaltet sind. Daraus ergibt sich, daß für die Umlegung die zweckmäßige Gestaltung der Grundstücke unerläßlich ist, daß also der Einwand der Unzweckmäßigkeit der Gestaltung u. U. bereits gegen den Umlegungsbeschluß (§§ 47, 50), der das Umlegungsverfahren einleitet, jedenfalls aber gegen den Umlegungsplan, der ebenfalls durch Beschluß aufgestellt wird (§ 66 Abs. 1), geltend gemacht werden kann, allerdings nur von einem Beteiligten (§§ 48, 49).

Ob eine Umlegung durchzuführen ist, entscheidet nach § 46 die zuständige Gemeinde. Wenn die Voraussetzung des § 46 Abs. 1 („wenn und sobald ..." siehe Anm. 1 dort) vorliegen, dann muß die Gemeinde die Umlegung durchführen.

Der unbestimmte Rechtsbegriff „zweckmäßige Gestaltung für die bauliche oder sonstige Nutzung" unterliegt der vollen richterlichen Nachprüfung. Die drei Erfordernisse: Lage, Form und Größe bedeuten Alternativen. Die Nutzungsart („bauliche oder sonstige Nutzung") bezieht sich auf die jeweilige Festsetzung im Bebauungsplan.

Von Absatz 1 werden nur Gebiete mit qualifizierten Bebauungsplänen erfaßt (s. folg. Anm.).

**2. Voraussetzungen für die Umlegung nach dem BBauG**

Grundsätzlich muß, damit ein Umlegungsverfahren in Gang kommen kann, ein Bebauungsplan aufgestellt sein, der den Mindestanforderungen des § 30 genügt (siehe Anm. dort). Es genügt jedoch nach **Abs. 2**, daß dieser Plan in Kraft getreten ist, bevor die Umlegungskarte (§ 67) in der Gemeinde öffentlich ausgelegt ist (§ 69 Abs. 1). Dies bedeutet im Ergebnis, daß über die Aufstellung eines Bebauungsplans so frühzeitig vom zuständigen Gemeindeorgan Beschluß gefaßt sein muß, daß Planung und rechtliche Fundierung (Satzung; Genehmigung durch die höhere Verwaltungsbehörde) rechtzeitig abgeschlossen werden können. Ansonsten verzögert sich das Umlegungsverfahren in nicht vertretbarer Weise, ja es kann u. U. sogar scheitern.

## § 46

### *Zuständigkeit und Voraussetzungen*

**(1) Die Umlegung ist von der Gemeinde (Umlegungsstelle) in eigener Verantwortung anzuordnen und durchzuführen, wenn und sobald sie zur Verwirklichung eines Bebauungsplanes erforderlich ist.**

**(2) Die Landesregierungen können durch Rechtsverordnung bestimmen,**

1. **daß von der Gemeinde Umlegungsausschüsse mit selbständigen Entscheidungsbefugnissen für die Durchführung der Umlegung gebildet werden,**
2. **in welcher Weise die Umlegungsausschüsse zusammenzusetzen und mit welchen Befugnissen sie auszustatten sind,**
3. **daß zur Entscheidung über einen Rechtsbehelf im Umlegungsverfahren Obere Umlegungsausschüsse gebildet werden und wie diese Ausschüsse zusammenzusetzen sind.**

**(3) Auf die Anordnung und Durchführung einer Umlegung besteht kein Anspruch.**

**1. Zuständigkeit**

Die Besonderheit des Abschnitts Umlegung des BBauG liegt darin, daß hier der Gemeinde die völlige eigene Verantwortung vom Gesetzgeber zugebilligt worden ist. Die Zuweisung dieser Aufgabe an die Landkreise bzw. kreisfreien Gemeinden — wie es im Regierungsentwurf vorgesehen war — oder die ausschließliche Zuweisung an Umlegungsausschüsse, auch die Einschaltung der höheren Verwaltungsbehörde, sind schließlich unterblieben. Die Verantwortung, die der Gemeinde nunmehr auferlegt ist, erhellt daraus, daß die Umlegung bisher fast durchwegs in der Hand höherer Behörden, in Bayern der Regierung, lag.

Die Gemeinde hat nach **Abs. 1** die Umlegung anzuordnen und durchzuführen, wenn und sobald diese zur Verwirklichung eines Bebauungsplans erforderlich ist. Somit ergibt sich für die Gemeinde unter diesen Voraussetzungen die bindende Verpflichtung zur Durchführung der Umlegung, wozu sie von der Aufsichtsbehörde angehalten werden kann, auf die jedoch der einzelne mangels der Zulässigkeit von Popularklagen keinen Rechtsanspruch hat (vgl. **Abs. 3**).

In der Eigenschaft als Umlegungsbehörde heißt die Gemeinde Umlegungsstelle.

Nach § 4 Abs. 4 kann die Umlegung auch durch einen Planungsverband durchgeführt werden, der dann an die Stelle der Gemeinde tritt (vgl. auch § 4 Abs. 1).

**2. Umlegungsausschüsse nach Landesrecht**

**a)** Die Einrichtung von Umlegungsausschüssen mit selbständigen Entscheidungsbefugnissen, also ohne Weisungsgebundenheit, beruht auf einer Anregung des Rechtsausschusses des Bundestags; sie hat sich in der Gestalt durchsetzen können, daß den Landesregierungen gestattet ist, durch Rechtsverordnung die Einrichtung solcher entscheidenden und unabhängigen Gremien anzuordnen (**Abs. 2**). Diese treten für die Durchführung an die Stelle der Gemeinden. In diesem Falle muß eine solche Landes-Rechtsverordnung auch Bestimmungen über die Zusammensetzung und die Befugnisse der Umlegungsausschüsse enthalten, desgleichen über die Einrichtung Oberer Umlegungsausschüsse zur Entscheidung über einen Rechtsbehelf im Umlegungsverfahren (**Nr. 1—3**). Eine Reihe von Ländern hat von der Ermächtigung des § 46 inzwischen Gebrauch gemacht (siehe Übersicht im Anhang).

Die Einrichtung Oberer Umlegungsausschüsse ist nicht davon abhängig, ob Umlegungsausschüsse nach Nr. 1 gebildet werden. Die Oberen Umlegungsausschüsse nehmen die Aufgaben der Widerspruchsbehörde in einem etwaigen Vorverfahren wahr (vgl. § 155 BBauG, §§ 69 ff. VwGO), und zwar gleich ob es sich um einen Rechtsbehelf gegen die Entscheidung des Umlegungsausschusses oder der Gemeinde als Umlegungsstelle handelt; der weitere Rechtsbehelf (Antrag auf gerichtliche Entscheidung) geht jedoch kraft zwingenden Rechts (§ 157 Abs. 1) an die Baulandkammern der Landgerichte.

Die Einrichtung der Umlegungsausschüsse und Oberen Umlegungsausschüsse ist nicht neu; teilweise waren sie in den landesrechtlichen Umlegungsgesetzen vorgesehen. Aus diesem Grunde bestimmt § 182, daß solche bestehenden Ausschüsse als nach § 46 Abs. 2 eingerichtet anzusehen sind, es sei denn, die Landesregierung bestimmt durch Rechtsverordnung etwas anderes.

**b)** Von folgenden Ländern sind bisher einschlägige Vorschriften erlassen worden: Baden-Württemberg (V vom 22. 11. 1960, GBl. S. 174); Bayern (V vom 18. 1.

1960, GVBl. S. 27); Rheinland-Pfalz (V vom 20. 1. 1961, GVBl. S. 23); Saarland (V vom 28. 2. 1961, ABl. S. 149); Schleswig-Holstein (V vom 30. 3. 1961, GVBl. S. 45). Im einzelnen siehe Teil III (Ländervorschriften).

## § 47

*Umlegungsbeschluß*

**Die Umlegung wird durch einen Beschluß der Umlegungsstelle eingeleitet (Umlegungsbeschluß). Im Umlegungsbeschluß ist das Umlegungsgebiet (§ 52) zu bezeichnen. Die im Umlegungsgebiet gelegenen Grundstücke sind einzeln aufzuführen.**

Das Umlegungsverfahren wird durch zwei markante verfahrensrechtliche Akte gekennzeichnet, einmal durch den Umlegungsbeschluß, der in dieser Bestimmung geregelt ist, und dann durch den ebenfalls beschlußmäßig aufzustellenden Umlegungsplan (§ 66). Beide Beschlüsse sind Verwaltungsakte, gegen die — gegebenenfalls nach Durchführung eines Vorverfahrens (§ 155) — mit Antrag auf gerichtliche Entscheidung durch die Baulandkammern (§ 157 Abs. 1) angegangen werden kann (vgl. die in der Vorbemerkung zum Vierten Teil, Anm. 2, genannte Entscheidung BVerwGE 2, 39).

Der Umlegungsbeschluß leitet die Umlegung ein. Er wird durch die Umlegungsstelle, also durch die Gemeinde, bzw. durch den Umlegungsausschuß erlassen. Er hat das Umlegungsgebiet (vgl. § 52) unter Aufführung der einzelnen Grundstücke dieses Gebiets zu bezeichnen. Die Rechtssicherheit erfordert es, daß die Grundstücke genau bezeichnet werden (zweckmäßig mit im Grundbuch oder im Katasterblatt enthaltenen Beschreibung), damit Zweifel im Hinblick auf die Rechtsfragen des Umlegungsbeschlusses ausgeschlossen werden. Im landwirtschaftlichen Flurbereinigungsrecht entspricht dem Umlegungsbeschluß der Flurbereinigungsbeschluß (§ 4 FlurbG).

## § 48

*Beteiligte*

**(1) In dem Umlegungsverfahren sind Beteiligte**

1. **die Eigentümer der im Umlegungsgebiet gelegenen Grundstücke,**
2. **die Inhaber eines im Grundbuch eingetragenen oder durch Eintragung gesicherten Rechtes an einem im Umlegungsgebiet gelegenen Grundstück oder an einem das Grundstück belastenden Recht,**
3. **die Inhaber eines nicht im Grundbuch eingetragenen Rechtes an dem Grundstück oder an einem das Grundstück belastenden Recht, eines Anspruches mit dem Recht auf Befriedigung aus dem Grundstück oder eines persönlichen Rechtes, das zum Erwerb, zum Besitz oder zur Nutzung des Grundstücks berechtigt oder den Verpflichteten in der Benutzung des Grundstücks beschränkt,**
4. **die Gemeinde,**
5. **unter den Voraussetzungen des § 55 Abs. 5 die Bedarfsträger,**
6. **die Erschließungsträger.**

**(2) Die in Absatz 1 Nr. 3 bezeichneten Personen werden zu dem Zeitpunkt**

**Beteiligte, in dem die Anmeldung ihres Rechtes der Umlegungsstelle zugeht. Die Anmeldung kann bis zur Beschlußfassung über den Umlegungsplan (§ 66 Abs. 1) erfolgen.**

**(3) Bestehen Zweifel an einem angemeldeten Recht, so hat die Umlegungsstelle dem Anmeldenden unverzüglich eine Frist zur Glaubhaftmachung seines Rechtes zu setzen. Nach fruchtlosem Ablauf der Frist ist er bis zur Glaubhaftmachung seines Rechtes nicht mehr zu beteiligen.**

**(4) Der im Grundbuch eingetragene Gläubiger einer Hypothek, Grundschuld oder Rentenschuld, für die ein Brief erteilt ist, sowie jeder seiner Rechtsnachfolger hat auf Verlangen der Umlegungsstelle eine Erklärung darüber abzugeben, ob ein anderer die Hypothek, Grundschuld oder Rentenschuld oder ein Recht daran erworben hat; die Person des Erwerbers hat er dabei zu bezeichnen. § 150 Abs. 2 Satz 2 bis 4 gilt entsprechend.**

**1. Beteiligte am Umlegungsverfahren (Abs. 1)**

Der Kreis der Beteiligten am Umlegungsverfahren war in den Aufbaugesetzen der Bundesländer verschieden geregelt. Nunmehr sind es nach Abs. 1:

a) die Eigentümer der Grundstücke des Umlegungsgebiets (**Nr. 1**);
b) die Inhaber von dinglichen und persönlichen Rechten — gleich ob im Grundbuch eingetragen oder nicht — nach Maßgabe von **Nr. 2** und **3**, aaO (vgl. hierzu die im wesentlichen gleichlautende Bestimmung in § 107 Abs. 1 Nr. 2 und 3 und die Anm. hierzu);
c) die Gemeinde (**Nr. 4**);
d) ferner unter den Voraussetzungen des § 55 Abs. 5 — also im Falle der Einbringung von geeignetem Ersatzland (siehe Anm. 2 b zu § 55) — die Bedarfsträger (**Nr. 5**),
e) sowie der Erschließungsträger (**Nr. 6**) — vgl. § 123 Abs. 1, zweiter Halbsatz —, soweit dieser nicht die Gemeinde selbst ist. (Die unter d und e genannten Bestimmungen wurden auf Vorschlag des 24. Bundestagsausschusses eingefügt.)

Die Beteiligung der Gemeinde o h n e Einschränkung (im Gegensatz zum Regierungsentwurf, nach dem nur diejenigen Gemeinden Beteiligte sein sollten, die nicht zugleich Umlegungsstelle gewesen wären) begegnet insofern Bedenken, als die Gemeinde in den Fällen, in denen nicht landesrechtliche Umlegungsausschüsse gebildet sind, zugleich auch die entscheidende Behörde ist; doch hat der Gesetzgeber dies bewußt in Kauf genommen, weil die Gemeinde nach § 78 nicht nur die Verfahrenskosten, sondern auch die nicht durch Beiträge gedeckten Sachkosten trägt.

**2. Zeitpunkt des Entstehens der Beteiligteneigenschaft für Inhaber nicht eingetragener Rechte (Abs. 2)**

Nach Abs. 2 entsteht die Beteiligteneigenschaft für die Inhaber nicht eingetragener Rechte im Zeitpunkt des Zugangs der Rechtsanmeldung bei der Umlegungsstelle (Gemeinde bzw. Umlegungsausschuß). Entscheidend ist somit — wie zur Wahrung von Fristen nach deutschem Prozeßrecht allgemein üblich — der Zeitpunkt des Eingangs und nicht etwa der Poststempel des Aufgabetags. Eine wirksame Anmeldung für diesen Personenkreis kann nur bis zur Beschlußfassung über die Aufstellung des Umlegungsplans (§ 66 Abs. 1) erfolgen. Diese Bestimmung ist notwendig, da der Kreis der Beteiligten zu einem bestimmten Zeitpunkt eindeutig feststehen muß. Vgl. hierzu auch Anm. zu § 107 Abs. 2.

Die übrigen Beteiligten (Abs. 1 Nr. 1, 2, 4, 5, 6) sind kraft Grundbuchausweisung (Nr. 1 und 2) oder kraft ausdrücklicher gesetzlicher Bestimmung (Nr. 4, 5, 6) Beteiligte, gleich ob und wann der Umlegungsstelle die Beteiligteneigenschaft bekannt ist. Es ist also Sache der Umlegungsstelle (des Umlegungsausschusses), von Amts wegen die Beteiligten zu Nr. 1, 2, 5 und 6 sorgfältig und lückenlos zu ermitteln. Eine öffentliche Aufforderung, Rechte anzumelden, kommt nur für den Personenkreis der Inhaber nicht eingetragener Rechte in Frage (§ 50 Abs. 2).

Die Notwendigkeit einer Rechtsanmeldung zur Erlangung der Beteiligteneigenschaft gilt auch im Falle der Rechtsnachfolge während des Umlegungsverfahrens (siehe Anm. bei § 49).

**3. Nachweis der Beteiligteneigenschaft (Abs. 3 und 4)**

Der Kreis der Beteiligten muß einwandfrei festgestellt werden. Bestehen Zweifel an einem nach Abs. 2 angemeldeten Recht, so muß die Umlegungsstelle (Gemeinde bzw. Umlegungsausschuß) nach **Abs. 3** unverzüglich, d. h. ohne schuldhaftes Zögern, dem Anmeldenden eine Frist zur Glaubhaftmachung (vgl. § 294 ZPO) des angemeldeten Rechts setzen. Nach erfolglosem Ablauf der Frist entfällt eine Beteiligung bis zur Glaubhaftmachung. Die Glaubhaftmachung erst nach Beschlußfassung über den Umlegungsplan — § 47 — dürfte im Hinblick auf die Tatsache, daß das Recht durch Anmeldung (vgl. Abs. 2 Satz 2) bekannt ist, noch möglich sein (vgl. § 50 Abs. 3).

Im Hinblick auf die besonderen Rechtsinstitute (Briefhypothek, Briefgrundschuld und Briefrentenschuld — vgl. §§ 1113—1203 BGB, insbes. § 1154 Abs. 1, § 1192 BGB), die einen Gläubigerwechsel auch außerhalb des Grundbuchs rechtlich zulassen, sieht **Abs. 4** vor, daß sowohl der im Grundbuch eingetragene Erstgläubiger als auch seine Rechtsnachfolger auf Anforderung der Umlegungsstelle sich erklären müssen, ob ein anderer und wer die Hypothek, Grundschuld oder Rentenschuld oder ein Recht daran erworben hat. Kommt der Betreffende dem Verlangen der Umlegungsstelle nicht nach, so kann ein Zwangsgeld bis 1000 DM angedroht und festgesetzt werden (§ 150 Abs. 2 Satz 2 bis 4).

Über die Rechtsfolgen der nicht rechtzeitigen Anmeldung bzw. Glaubhaftmachung enthält § 50 Abs. 3 nähere Bestimmungen (siehe auch Anm. 3 zu § 50).

Im Hinblick auf den fast völligen Gleichlaut der Vorschriften der Abs. 2 bis 4 mit § 107 Abs. 2 bis 4 wird auf die Anm. dort verwiesen.

## § 49

*Rechtsnachfolge*

**Wechselt die Person eines Beteiligten während eines Umlegungsverfahrens, so tritt sein Rechtsnachfolger in dieses Verfahren in dem Zustande ein, in dem es sich im Zeitpunkt des Überganges des Rechtes befindet.**

Im Hinblick auf die oftmals nicht unerhebliche Dauer des Umlegungsverfahrens ist ein Wechsel im Beteiligtenverhältnis im Laufe des Verfahrens häufig. Im Interesse der Kontinuierlichkeit des Verfahrens sieht die Bestimmung des § 49 vor, daß der Rechtsnachfolger (also entweder der neue Eigentümer oder der neue Berechtigte oder der neue Bedarfs- bzw. Erschließungsträger) die Rechtsstellung einnimmt, wie sie der Rechtsvorgänger im Zeitpunkt des Rechtsübergangs besessen hat. Im Hinblick auf die Genehmigungspflicht von Verfügungen über ein Grundstück im Umlegungsgebiet oder über Rechte daran nach § 51 Abs. 1 Nr. 1 und die Mitteilungspflicht des Grundbuchamts nach § 54 Abs. 2 (z. B. in Erbfällen) wird die Umlegungsstelle rechtzeitig über Eigentums- und Rechtsänderung an Grundstücken im Umlegungsgebiet unterrichtet sein.

## § 50

### *Bekanntmachung des Umlegungsbeschlusses*

**(1) Der Umlegungsbeschluß ist in der Gemeinde ortsüblich bekanntzumachen. Sind die Beteiligten einverstanden, so kann von der Bekanntmachung abgesehen werden.**

**(2) Die Bekanntmachung des Umlegungsbeschlusses hat die Aufforderung zu enthalten, innerhalb eines Monats Rechte, die aus dem Grundbuch nicht ersichtlich sind, aber zur Beteiligung am Umlegungsverfahren berechtigen, bei der Umlegungsstelle anzumelden.**

**(3) Werden Rechte erst nach Ablauf der in Absatz 2 bezeichneten Frist angemeldet oder nach Ablauf der in § 48 Abs. 3 gesetzten Frist glaubhaft gemacht, so muß ein Berechtigter die bisherigen Verhandlungen und Festsetzungen gegen sich gelten lassen, wenn die Umlegungsstelle dies bestimmt.**

**(4) Der Inhaber eines in Absatz 2 bezeichneten Rechtes muß die Wirkung eines vor der Anmeldung eingetretenen Fristablaufes ebenso gegen sich gelten lassen wie der Beteiligte, dem gegenüber die Frist durch Bekanntmachung des Verwaltungsaktes zuerst in Lauf gesetzt worden ist.**

**(5) Auf die rechtlichen Wirkungen nach den Absätzen 3 und 4 sowie nach § 51 ist in der Bekanntmachung hinzuweisen.**

#### 1. Öffentliche Bekanntmachung des Umlegungsbeschlusses (Abs. 1)

Die Rechtsfolgen des Umlegungsbeschlusses — vgl. die gemäß § 51 eintretende Verfügungs- und Veränderungssperre — erfordern eine förmliche Bekanntmachung des Beschlusses über die Einleitung der Umlegung durch die Umlegungsstelle (vgl. § 46). Diese Bekanntmachung hat ortsüblich zu geschehen, d. h. gegebenenfalls im Amtsblatt oder durch Bekanntmachung in den hierfür bestimmten Tageszeitungen oder in kleinen Gemeinden durch Anschlag an der Gemeindetafel u. ä. Nur wenn a l l e Beteiligten einverstanden sind, kann von der Bekanntmachung abgesehen werden. Ob diese auf Vorschlag des 24. Ausschusses in das Gesetz aufgenommene Ausnahme zweckmäßig ist und der erforderlichen Offenlegungspflicht und damit der Rechtssicherheit dient, erscheint fraglich.

Nach § 157 Abs. 2 Satz 2 ist die F r i s t für den Antrag auf g e r i c h t l i c h e E n t s c h e i d u n g durch die Baulandkammern bei denjenigen Verwaltungsakten, die durch öffentliche Bekanntmachung mitgeteilt werden, auf s e c h s

Wochen festgelegt worden. Diese Spezialvorschrift läßt die kürzere Frist für die üblicherweise zugestellten Verwaltungsakte nicht zum Zuge kommen (vgl. zu den damit zusammenhängenden Rechtsfragen die Ausführungen zu § 157 Abs. 2). Daß der Umlegungsbeschluß ein Verwaltungsakt ist, wurde bei § 47 dargelegt.

**2. Inhalt der Bekanntmachung (Abs. 2 und 5)**

Was der Umlegungsbeschluß selbst zu enthalten hat, besagt § 47 Satz 2. Die ortsübliche Bekanntmachung des Umlegungsbeschlusses hat dazu die Aufforderung zur Rechtsanmeldung innerhalb e i n e s M o n a t s durch den in § 48 Abs. 1 Nr. 3 genannten Personenkreis zu enthalten (**Abs. 2**). Es kommen somit n u r die Inhaber von n i c h t i m G r u n d b u c h eingetragenen Rechten in Frage; die übrigen Beteiligten sind von Amts wegen zu ermitteln. Für die Monatsfrist ist der E i n g a n g der Anmeldung bei der Umlegungsstelle (Gemeinde oder Umlegungsausschuß) entscheidend. Des weiteren hat nach **Abs. 5** die Bekanntmachung auf die Rechtsfolgen der nicht rechtzeitigen Anmeldung (Glaubhaftmachung) und die Wirkung eines vor der Anmeldung eingetretenen Fristablaufs (siehe die in der folgenden Anm. erläuterten Abs. 3 und 4) sowie auf die nach § 51 eintretende Verfügungs- und Veränderungssperre hinzuweisen.

**3. Rechtsfolgen der verspäteten Anmeldung von Rechten und eines vor der Anmeldung eingetretenen Fristablaufs (Abs. 3 und 4)**

**a)** Die Versäumnis der in § 48 Abs. 2 und 3 genannten Fristen hat zur Folge, daß im Falle der nachträglichen Geltendmachung der Berechtigte alle vor der Anmeldung liegenden Verhandlungen und Festsetzungen gegen sich gelten lassen muß, „w e n n die Umlegungsstelle dies bestimmt". Somit ist diese Entscheidung vom Gesetzgeber dem Ermessen der Umlegungsstelle überlassen worden, ohne daß gesagt wird, unter welchen Voraussetzungen die Umlegungsstelle von der „Bestimmung" im Sinn des Abs. 3 Abstand nehmen kann. Diese Regelung erscheint nicht unbedenklich, zumal das Rechtsinstitut der Wiedereinsetzung in den vorigen Stand auch hier hätte Anwendung finden können. Rechtsstaatlichen Erfordernissen entspricht es, daß die Umlegungsstelle nicht willkürlich entscheidet, also bei den einen Anmeldenden die Versäumnis der Frist ohne weiteres hinnimmt und bei den andern von Abs. 3 Gebrauch macht; die Anwendung der Grundsätze der Wiedereinsetzung (vgl. § 153 Abs. 1) wird Richtschnur sein müssen.

**b) Abs. 4** soll die Gleichbehandlung verschiedener Gruppen der Beteiligten sichern: Die Inhaber nicht eingetragener Rechte (vgl. § 48 Abs. 1 Nr. 3), die nach Abs. 2 ihre Rechte anmelden können, müssen die Wirkung eines vor ihrer Anmeldung eingetretenen Fristablaufs (z. B. die Sechswochenfrist nach § 157 Abs. 2 Satz 2) in gleicher Weise gegen sich gelten lassen wie die Beteiligten kraft Gesetzes (vgl. § 48 Abs. 1 Nr. 1, 2) denen gegenüber die Frist infolge der Bekanntmachung des Umlegungsbeschlusses nach Abs. 1 Satz 1 schon vorher in Lauf gesetzt worden ist.

## § 51

### *Verfügungs- und Veränderungssperre*

**(1) Von der Bekanntmachung des Umlegungsbeschlusses bis zur Bekanntmachung des Umlegungsplanes (§ 71) dürfen im Umlegungsgebiet nur mit schriftlicher Genehmigung der Umlegungsstelle**

**1. Verfügungen über ein Grundstück und über Rechte an einem Grundstück getroffen oder Vereinbarungen abgeschlossen werden, durch die einem anderen ein Recht zur Nutzung oder Bebauung eines Grundstücks oder Grundstücksteiles eingeräumt wird;**
**2. erhebliche Veränderungen der Erdoberfläche oder wesentlich wertsteigernde, sonstige Veränderungen der Grundstücke vorgenommen werden;**
**3. nicht genehmigungsbedürftige, aber wertsteigernde bauliche Anlagen errichtet oder wertsteigernde Änderungen solcher Anlagen vorgenommen werden;**
**4. genehmigungbedürftige bauliche Anlagen errichtet oder geändert werden.**

**(2) Vorhaben, die vor dem Inkrafttreten der Veränderungssperre baurechtlich genehmigt worden sind, Unterhaltungsarbeiten und die Fortführung einer bisher ausgeübten Nutzung werden von der Veränderungssperre nicht berührt.**

**(3) Die Genehmigung darf nur versagt werden, wenn Grund zu der Annahme besteht, daß das Vorhaben die Durchführung der Umlegung unmöglich machen oder wesentlich erschweren würde.**

**1. Bedeutung und Umfang der Verfügungs- und Veränderungssperre (Abs. 1)**

a) Die Bedeutung der Verfügungs- und Veränderungssperre liegt in der Verhinderung einer Erschwerung der Umlegung und einer Erhöhung der Ausgleichsleistungen.

Die Bekanntmachung des Umlegungsbeschlusses läßt — wie in Anm. 1 zu § 50 bereits angedeutet — eine Verfügungs- und Veränderungssperre anlaufen, deren Umfang in den Nr. 1 bis 4 des Abs. 1 festgelegt ist. Die Sperre dauert bis zur Bekanntmachung des Umlegungsplans (vgl. § 71 Abs. 1 in Verbindung mit § 66). Sie besagt, daß die Verfügungen und Veränderungen der Nr. 1 bis 4 (siehe b) innerhalb des Umlegungsgebiets nur mit schriftlicher Genehmigung der Umlegungsstelle (Gemeinde oder Umlegungsausschuß) zulässig sind. Die zeitliche Begrenzung trägt dem Art. 14 GG Rechnung (vgl. die in Anm. 4 angegebene höchstrichterliche Rechtsprechung).

b) Während der Regierungsentwurf nur eine Veränderungssperre (im wesentlichen eine Bausperre) vorsah, wurde auf Grund der Ausschußberatungen auch eine Verfügungssperre aufgenommen. Diese (**Nr. 1**) betrifft Verfügungen (dieser Begriff ist hier rein zivilrechtlich) über ein Grundstück und über Grundstücksrechte oder Vereinbarungen über Einräumung von Nutzungs- oder Bebauungsrechten auf Grundstücken und Grundstücksteilen.

Die Veränderungssperre (**Nr. 2**) beinhaltet Veränderungen der Erdoberfläche (z. B. Abgrabungen, Aufschüttungen u. a.) oder sonstige wesentlich wertsteigernde Grundstücksänderungen (z. B. Kultivierung; nicht darunter fällt die bloße Änderung der landwirtschaftlichen Nutzungsart, wenn sie nicht wesentlich wertsteigernd ist; vgl. letzter Absatz der Anm. 2) sowie genehmigungsfreie, jedoch wertsteigernde Errichtung oder Änderung baulicher Anlagen (**Nr. 3**) und Errichtung oder Änderung genehmigungspflichtiger Bauanlagen schlechthin (**Nr. 4**).

Die Zulassung der in Nr. 1 bis 4 genannten Verfügungen bzw. Veränderungen bedarf aus Rechtssicherheitsgründen der schriftlichen Genehmigung.

**2. Von der Veränderungssperre nicht erfaßte Maßnahmen (Abs. 2)**

Nicht berührt von der Veränderungssperre werden die **vor** ihrem Inkrafttreten „baurechtlich genehmigten" Vorhaben, wobei unter baurechtlicher Genehmigung alle (vgl. unten die Anm. 3) für den Einzelfall etwa notwendigen landesrechtlichen Baugenehmigungen und Genehmigungen nach dem BBauG zu verstehen sind.

Ebenso werden Unterhaltungsarbeiten und die Weiterführung der bisher ausgeübten Nutzung (z. B. die Ausbaggerung einer Kiesgrube) von der Veränderungssperre nicht betroffen. Unberührt bleiben ferner — wie sich aus Abs. 1 Nr. 2 (siehe oben Anm. 1 b) ergibt — Nutzungsänderungen, wenn sie nicht wesentlich wertsteigernd sind.

**3. Genehmigungsversagung der Umlegungsstelle (Abs. 3)**

Die Umlegungsstelle darf die Genehmigung nur versagen, wenn „Grund zur Annahme besteht, daß das Vorhaben die Durchführung der Umlegung unmöglich machen oder wesentlich erschweren würde". Die Überprüfung dieser Tatfrage obliegt im Streitfall den Baulandkammern/Baulandsenaten nach § 157 Abs. 1. Die Entscheidung der Umlegungsstelle über ein Baugesuch ist somit zu unterscheiden von der landesrechtlich notwendigen Entscheidung der Baugenehmigungsbehörde über das Baugesuch; nach Bundesrecht ist in den Fällen der §§ 33 bis 35 nach § 36 die Gemeinde — hier natürlich in anderer Funktion als in ihrer Eigenschaft als Umlegungsstelle —, gegebenenfalls auch die höhere Verwaltungsbehörde, eingeschaltet. Die Mitwirkung der Gemeinde bei Entscheidungen über Vorhaben nach den letztgenannten Bestimmungen kann dann neben der Genehmigung der Umlegungsstelle nach § 51 erforderlich sein, wenn die Fälle des § 33 vorliegen oder eine Ausnahmegenehmigung nach § 31 erforderlich ist. Jedenfalls ist für baugenehmigungspflichtige Anlagen die landesrechtliche Entscheidung der Baubehörde erforderlich. Insofern hat also das BBauG eine erhebliche Komplizierung gebracht; man denke nur an hier mögliche gegensätzliche Entscheidungen der je nach der Verfahrensart zuständigen oberen Bundesgerichte (BVerwG und BGH).

**4. Höchstrichterliche Rechtsprechung**

Eine zeitlich begrenzte Veränderungssperre muß nach der Rechtsprechung des BVerwG und des BGH als Ausfluß der Sozialgebundenheit des Eigentums entschädigungslos hingenommen werden (siehe auch Vorbemerkung zum Zweiten Teil vor § 14).

Vgl. insbesondere:
BVerwGE 4, 120;
BGHZ 15, 268 und 30, 338.

**5. Schrifttum**

Clasen, Wann bedarf ein Vorhaben der Zustimmung der Umlegungsstelle nach § 51 BBauG?, Bauamt und Gemeindebau 1964, 66.

## § 52

*Umlegungsgebiet*

**(1) Das Umlegungsgebiet ist so zu begrenzen, daß die Umlegung sich zweckmäßig durchführen läßt. Es kann aus räumlich getrennten Flächen bestehen.**

**(2) Einzelne Grundstücke, die die Durchführung der Umlegung erschweren oder deren Grenzen durch die Umlegung nicht geändert werden sollen, können von der Umlegung ganz oder teilweise ausgenommen werden.**

**(3) Unwesentliche Änderungen des Umlegungsgebietes können bis zur Auslegung der Umlegungskarte (§ 69 Abs. 1) von der Umlegungsstelle ohne förmliche Änderung des Umlegungsbeschlusses vorgenommen werden. Die Änderungen werden mit der schriftlichen Mitteilung den Eigentümern der betroffenen Grundstücke gegenüber wirksam. Im übrigen gilt § 50 entsprechend.**

**1. Abgrenzung des Umlegungsgebiets**

Aus den landesrechtlichen Vorschriften wurde der allgemeine Rechtsgrundsatz übernommen, daß für die Begrenzung des Umlegungsgebiets die Zweckmäßigkeit bestimmend sein soll, um das Ziel des Verfahrens zu erreichen (**Abs. 1**); vgl. § 45 Abs. 1, in dem die Zweckmäßigkeit zur Vorbedingung der Umlegung gemacht ist. Die Möglichkeit, daß das Umlegungsgebiet nicht eine zusammenhängende Fläche sein muß, entspricht den Erfordernissen der Praxis. Es können auch einzelne nicht zusammenhängende Grundstücke in die Umlegung mit einbezogen werden.

Umgekehrt können nach **Abs. 2** einzelne Grundstücke aus der Umlegung ganz oder teilweise ausgenommen werden, wenn durch sie die Durchführung der Umlegung erschwert würde oder wenn ihre Grenzen durch die Umlegung nicht geändert werden sollen. Dies kann z. B. bei größeren Fabrikanlagen der Fall sein, für die nach den örtlichen Gegebenheiten weder eine Standortänderung noch eine Umlegung in Frage kommt.

**2. Vereinfachte Änderung des Umlegungsgebiets**

Der Vereinfachung des Verfahrens dient die Vorschrift des **Abs. 3**, wonach unwesentliche Änderungen (unbestimmter Rechtsbegriff!) des Umlegungsgebiets bis zur Auslegung der Umlegungskarte (vgl. § 69 Abs. 1) vorgenommen werden können. Einer förmlichen Änderung des Umlegungsbeschlusses bedarf es hier nicht. Den Eigentümern der betroffenen Grundstücke gegenüber werden die Änderungen mit der schriftlichen Mitteilung durch die Umlegungsstelle wirksam (**Satz 2**). Doch ist (vgl. **Satz 3**) die ortsübliche Bekanntgabe nach § 50 Abs. 1 erforderlich; handelt es sich um eine — unwesentliche — Ausweitung des Umlegungsgebiets, so muß die Aufforderung nach § 50 Abs. 2 erneut erfolgen. Der Begriff „unwesentlich" ist dabei, um nicht rechtsstaatliche Belange zu verletzen, eng auszulegen. In der ähnlichen Vorschrift des § 8 FlurbG ist der Ausdruck „geringfügige Änderungen" verwendet; es handelt sich dabei um dasselbe. Zur Auslegung dieser Bestimmung sagt Steuer, FlurbG, § 8 Anm. 1 bzgl. des Versuchs, die Geringfügigkeit auf das Verhältnis zur Gesamtfläche des

Flurbereinigungsgebiets abzustellen: „Es würde aber der Absicht des Gesetzgebers nicht entsprechen, wenn es sich nicht nur um verhältnismäßig kleine Flächen handeln würde." Man kann in gleicher Weise für das BBauG sagen, daß für den Begriff „unwesentliche Änderung" nicht auf das Verhältnis zur Größe des Umlegungsgebiets abgestellt werden darf, vielmehr können für die Anwendung der vereinfachten Änderung des Umlegungsbeschlusses nur geringfügige, flächenmäßig unbedeutende Änderungen, sei es durch Neueinbeziehung oder durch Ausklammerung, in Frage kommen.

Die nach Abs. 3 möglichen vereinfachten Änderungen des Umlegungsgebiets können im Hinblick auf die manchmal schwierige Grenzziehung zwischen wesentlicher und unwesentlicher Änderung im besonderen Maße dem Betroffenen Anlaß zur Einlegung eines Rechtsmittels geben.

Nach § 157 Abs. 2 Satz 2 ist der Antrag auf gerichtliche Entscheidung — nach § 157 Abs. 1 sind für Streitigkeiten aus der Umlegung die Baulandkammern/ Baulandsenate zuständig — binnen sechs Wochen seit Bekanntmachung der Änderung zu stellen.

## § 53
### *Bestandskarte und Bestandsverzeichnis*

**(1) Die Umlegungsstelle fertigt eine Karte und ein Verzeichnis der Grundstücke des Umlegungsgebietes an (Bestandskarte und Bestandsverzeichnis). Die Bestandskarte weist die bisherige Lage, die Größe und die Nutzung der Grundstücke des Umlegungsgebietes aus und bezeichnet die Eigentümer. In dem Bestandsverzeichnis sind für jedes Grundstück aufzuführen**

1. **die im Grundbuch eingetragenen Eigentümer,**
2. **die grundbuch- und katastermäßige Bezeichnung der Grundstücke unter Angabe von Straße und Hausnummer sowie**
3. **die im Grundbuch in Abteilung II eingetragenen Lasten und Beschränkungen.**

**(2) Die Bestandskarte und die in Absatz 1 Nr. 1 und 2 bezeichneten Teile des Bestandsverzeichnisses sind auf die Dauer eines Monats in der Gemeinde öffentlich auszulegen. Ort und Dauer der Auslegung sind mindestens eine Woche vor der Auslegung ortsüblich bekanntzumachen. Von der Auslegung der Bestandskarte und des Bestandsverzeichnisses kann abgesehen werden, wenn alle Beteiligten einverstanden sind.**

**(3) Betrifft die Umlegung nur wenige Grundstücke, so genügt an Stelle der ortsüblichen Bekanntmachung die Mitteilung an die Eigentümer und die Inhaber sonstiger Rechte, soweit sie aus dem Grundbuch ersichtlich sind oder ihr Recht bei der Umlegungsstelle angemeldet haben.**

**(4) In den in Absatz 1 Nr. 3 bezeichneten Teil des Bestandsverzeichnisses ist die Einsicht jedem gestattet, der ein berechtigtes Interesse darlegt.**

**1. Inhalt von Bestandskarte und Bestandsverzeichnis**

Bedeutsame Arbeitsunterlagen der Umlegungsstelle sind die Karte des Umlegungsgebiets und das Verzeichnis der Grundstücke. Beide — vom Gesetz Bestandskarte und Bestandsverzeichnis genannt — müssen vorhanden sein; sie sind von der Umlegungsstelle (Gemeinde bzw. Umlegungsausschuß) zu fertigen (**Abs. 1 Satz 1**). Die zeichnerische Darstellung des Umlegungsgebiets dient der besseren Übersicht; deshalb wurde der Vorschlag des federführenden Ausschusses auf Einführung der Bestandskarte als unerläßlicher Bestandteil des Umlegungsverfahrens — der Regierungsentwurf hatte nur das Bestandsverzeichnis vorgesehen — vom Bundestag gebilligt.

Notwendiger Inhalt der Bestandskarte sind die Ausweisung der Lage, Größe und Nutzung der Grundstücke im Umlegungsgebiet nach dem bisherigen Stand und die Bezeichnung der Eigentümer (**Satz 2**). Das Gegenstück zur Bestandskarte stellt die Umlegungskarte (§ 67) dar.

Das Bestandsverzeichnis hat für jedes Grundstück die grundbuchmäßigen Eigentümer, die Bezeichnung der Grundstücke nach Grundbuch und Kataster unter Angabe von Straße und Hausnummer und die im Grundbuch (Abt. II) eingetragenen Lasten und Beschränkungen zu enthalten (**Satz 3**). Der Inhalt der Abteilung III des Grundbuchs, nämlich Hypotheken, Grund- und Rentenschulden, wird nicht in das Bestandsverzeichnis aufgenommen. In den Teil des Bestandsverzeichnisses, der die Lasten und Beschränkungen enthält, kann jeder, der ein berechtigtes Interesse darlegt, Einsicht nehmen (**Abs. 4**).

Das Gegenstück zum Bestandsverzeichnis ist das Umlegungsverzeichnis (§ 68).

**2. Öffentliche Auslegung von Bestandskarte und Teilen des Bestandsverzeichnisses**

Die in **Abs. 2** vorgeschriebene einmonatige öffentliche Auslegung von Bestandskarte und Bestandsverzeichnis — letzteres ohne die Aufstellung der Lasten und Beschränkungen (siehe Abs. 1 Satz 3 Nr. 3 und Abs. 4) — soll den Beteiligten die Möglichkeit eröffnen, die tatsächlichen Angaben in Karte und Verzeichnis auf ihre Richtigkeit zu prüfen. Die Beschränkung der Bekanntgabe der Grundstücksbelastungen auf den Kreis derjenigen, die ein berechtigtes Interesse haben, entspricht § 12 Abs. 1 der Grundbuchordnung. „Berechtigtes Interesse" ist umfassender als „rechtliches Interesse". Für den Anspruch auf Einsichtnahme genügt es, wenn der Antragsteller darlegt (Glaubhaftmachung ist nicht erforderlich), daß er ein durch die Sachlage gerechtfertigtes Interesse mit der Einsicht in das Verzeichnis verfolgt. Der Kreis der Berechtigten geht somit über die — eingetragenen oder nichteingetragenen — Rechtsinhaber am betroffenen Grundstück hinaus: Wirtschaftliche und wissenschaftliche Interessen können auch genügen, so z. B. die von ernsthaften Kaufbewerbern oder von wissenschaftlichen Instituten.

Mindestens eine Woche vor der einmonatigen Auslegung sind Ort und Dauer der Auslegung ortsüblich (d. h. im Amtsblatt der Gemeinde oder in der hierfür bestimmten Tageszeitung oder in kleinen Gemeinden an der Gemeindetafel, vgl. Anm. 5 d zu § 2) bekanntzumachen.

Abs. 2 **Satz 3** sieht vor, daß von der Auslegung von Bestandskarte und Bestandsverzeichnis bei Einverständnis aller Beteiligten abgesehen werden kann. Im Hinblick darauf, daß die öffentliche Auslegung von Bestandskarte und Bestandsverzeichnis zeitlich nach der Bekanntmachung des Umlegungsbeschlusses (§ 50) und zwar notwendigerweise erst nach Ablauf der in § 50 Abs. 2 genannten

Monatsfrist nach jener Bekanntmachung erfolgt, so daß der Kreis der Beteiligten so ziemlich feststeht, erscheint diese Vorschrift vom rechtsstaatlichen Standpunkt aus gesehen noch als vertretbar. Das gleiche gilt für den Ersatz der ortsüblichen Bekanntmachung der Dauer der Auslegung durch Mitteilung an die Eigentümer und Inhaber von grundbuchmäßigen oder angemeldeten Rechten, wenn die Umlegung sich nur auf wenige Grundstücke (Tatfrage) erstreckt (**Abs. 3**).

## § 54

### *Benachrichtigung des Grundbuchamtes und Vollstreckungsgerichts; Umlegungsvermerk*

**(1) Die Umlegungsstelle teilt dem Grundbuchamt die Einleitung (§ 47) des Umlegungsverfahrens und die nachträglichen Änderungen des Umlegungsgebietes (§ 52) mit. Das Grundbuchamt hat in die Grundbücher der umzulegenden Grundstücke einzutragen, daß das Umlegungsverfahren eingeleitet ist (Umlegungsvermerk).**

**(2) Das Grundbuchamt hat die Umlegungsstelle von allen Eintragungen zu benachrichtigen, die nach dem Zeitpunkt der Einleitung des Umlegungsverfahrens im Grundbuch der betroffenen Grundstücke vorgenommen sind oder vorgenommen werden.**

**(3) Ist im Grundbuch die Anordnung der Zwangsversteigerung oder Zwangsverwaltung eingetragen, so gibt die Umlegungsstelle dem Vollstreckungsgericht von dem Umlegungsbeschluß Kenntnis, soweit dieser das Grundstück betrifft, das Gegenstand des Vollstreckungsverfahrens ist.**

**1. Gegenseitige Benachrichtigungspflicht von Umlegungsstelle und Grundbuchamt; Umlegungsvermerk**

**Abs. 1 Satz 1** und **Abs. 2** regeln die gegenseitige Benachrichtigungspflicht von Umlegungsstelle und Grundbuchamt. Daß die Umlegungsstelle dem Grundbuchamt die Einleitung des Umlegungsverfahrens (siehe § 47) — zweckmäßig unter Übermittlung des Umlegungsbeschlusses — mitteilen muß, hat seinen Sinn darin, daß dem nach § 46 GBO zur Einsicht des Grundbuchs berechtigten Kreis auch die bedeutsame Tatsache zur Kenntnis gelangen muß, daß eine Umlegung eingeleitet ist. Das Grundbuchamt selbst muß von der Umlegung deshalb in Kenntnis gesetzt werden, weil es nur so im Falle der Auflassung eines Grundstücks in der Lage ist, eindeutig festzustellen, ob ein gesetzliches Vorkaufsrecht der Gemeinde (§ 24 Abs. 1 Nr. 2) besteht. Deshalb hat das Grundbuchamt nach Abs. 1 **Satz 2** in die Grundbücher der von der Umlegung betroffenen Grundstücke den Umlegungsvermerk einzutragen.

Andererseits hat das Grundbuchamt die Umlegungsstelle von allen ab Einleitung des Umlegungsverfahrens vorgenommenen Eintragungen im Grundbuch der betroffenen Grundstücke in Kenntnis zu setzen (Abs. 2). So wird die Umlegungsstelle in die Lage versetzt, das Bestandsverzeichnis und gegebenenfalls die Bestandskarte auf dem laufenden zu halten.

**2. Benachrichtigung des Vollstreckungsgerichts**

Bei einer Anordnung einer Zwangsversteigerung oder Zwangsverwaltung bedarf das Vollstreckungsgericht zur Klarstellung der Rechtsverhältnisse der Kenntnis, daß ein Umlegungsverfahren eingeleitet ist; eine solche Mitteilungspflicht obliegt der Umlegungsstelle (**Abs. 3**), die dem Vollstreckungsgericht den Umlegungsbeschluß, soweit er das in das Vollstreckungsverfahren einbezogene Grundstück betrifft — zweckmäßig durch Übermittlung eines Auszugs —, zur Kenntnis bringt.

## § 55
### *Umlegungsmasse und Verteilungsmasse*

**(1) Die im Umlegungsgebiet gelegenen Grundstücke werden nach ihrer Fläche rechnerisch zu einer Masse vereinigt (Umlegungsmasse).**

**(2) Aus der Umlegungsmasse sind vorweg die Flächen, die nach dem Bebauungsplan als örtliche Verkehrsflächen und Grünflächen festgesetzt sind, auszuscheiden und der Gemeinde oder dem sonstigen Erschließungsträger zuzuteilen; dies gilt für Grünflächen nur insoweit, als sie überwiegend den Bedürfnissen der Bewohner des Umlegungsgebietes dienen sollen.**

**(3) Mit der Zuteilung ist die Gemeinde oder der sonstige Erschließungsträger für von ihnen in die Umlegungsmasse eingeworfene örtliche Verkehrsflächen und Grünflächen insoweit abgefunden, als nach den Festsetzungen des Bebauungsplanes Flächen für die in Absatz 2 genannten Zwecke benötigt werden.**

**(4) Die verbleibende Masse ist die Verteilungsmasse.**

**(5) Sonstige Flächen, für die nach dem Bebauungsplan eine Nutzung für öffentliche Zwecke festgesetzt ist, können ausgeschieden und dem Bedarfs- oder Erschließungsträger zugeteilt werden, wenn dieser geeignetes Ersatzland, das auch außerhalb des Umlegungsgebietes liegen kann, in die Verteilungsmasse einbringt. Die Umlegungsstelle soll von dieser Befugnis Gebrauch machen, wenn dies zur alsbaldigen Durchführung des Bebauungsplanes zweckmäßig ist.**

#### 1. Umlegungsmasse

Bisherigem Recht entspricht die Vorschrift, alle Grundstücke des Umlegungsgebiets rechnerisch nach ihrer Fläche zur Umlegungsmasse zu vereinigen (**Abs. 1**). Zur Umlegungsmasse gehören auch die örtlichen Erschließungsflächen (Verkehrsflächen und Grünflächen), um eine Grundlage für die anteilmäßige Heranziehung der Eigentümer zu der notwendigen Ausscheidung der für öffentliche Zwecke benötigten Flächen zu erhalten. Die Vereinigung hat jedenfalls keinen Eigentumsuntergang zur Folge, da sie lediglich einen ideellen Vorgang darstellt.

#### 2. Ausscheidung aus der Umlegungsmasse

a) Vorweg sind nach **Abs. 2** die laut Bebauungsplan als Erschließungsflächen (Verkehrs- und Grünflächen) vorgesehenen Flächen auszuscheiden, weil sie für eine Zuteilung an die privaten Eigentümer nicht in Frage kommen. Sie sind der Gemeinde oder dem sonstigen Erschließungsträger (Bund für Bundesstraßen,

Land für Staatsstraßen u. a.) zuzuteilen, Grünflächen jedoch nur insoweit, als sie überwiegend den Bedürfnissen der Bewohner des Umlegungsgebiets dienen sollen. Es genügt also nicht, wenn die Grünfläche überwiegend den Bedürfnissen der Allgemeinheit schlechthin dient.

**Abs. 3** regelt die Abfindung bezüglich der ausgeschiedenen Erschließungsflächen. Hiernach ist mit der Zuteilung an die Gemeinde (bzw. an den sonstigen Erschließungsträger) diese (bzw. dieser) für die eingeworfenen Erschließungsflächen in dem Umfange abgefunden, als diese Flächen auch als Verkehrs- und Grünflächen benötigt werden. Werden also von der Gemeinde mehr Erschließungsflächen in das Umlegungsgebiet eingebracht, als benötigt werden, so kann die Gemeinde nicht für die Mehrleistung Abfindung in Land verlangen. Nach der amtlichen Begründung dieser Bestimmung ist „ein Abfindungsanspruch der Gemeinde oder des sonstigen Erschließungsträgers für die eingeworfenen örtlichen Verkehrsflächen und Grünflächen nur im Rahmen der Zweckgebundenheit geboten"; da die Umlegung möglichst eine Nutzung gegen eine gleiche Nutzung austauschen soll, kann die Gemeinde für eingeworfene örtliche Verkehrsflächen und Grünflächen ohne Berücksichtigung einer flächenhaften Ausdehnung nur die im Bebauungsplan festgesetzten entsprechenden Flächen erhalten. Der etwa verbleibende „Überschuß" kommt allen Eigentümern (einschließlich Gemeinde) zugute; ganz ohne Gegenleistung verliert die Gemeinde diese Überschußflächen nicht, weil die erhöhten Zuteilungen an die übrigen Eigentümer erhöhte Ausgleichsleistungen dieser (vgl. § 58 Abs. 2, § 59) zur Folge haben.

Bei Streitigkeiten aus Abs. 3 entscheiden auch — gegebenenfalls (wenn landesrechtlich vorgesehen) nach Durchführung eines Vorverfahrens — nach § 157 Abs. 1 im ersten Rechtszug die Baulandkammern bei den Landgerichten.

**b)** Eine weitere Ausscheidungsmöglichkeit ist durch **Abs. 5** gegeben, der auf Vorschlag des federführenden Bundestagsausschusses in das Gesetz eingefügt worden ist. Danach können sonstige, im Bebauungsplan für öffentliche Nutzung (z. B. für Rathäuser, Schulhäuser, Badeanstalten u. ä.) vorgesehene Flächen vorweg ausgeschieden und dem Bedarfs- oder Erschließungsträger zugeteilt werden, wenn dieser geeignetes (auch außerhalb des Umlegungsgebiets liegendes) Ersatzland einbringt. Der Ausschuß begründete diese Vorschrift wie folgt: „Der Grundstückseigentümer, dem im Umlegungsverfahren ein Grundstück zugeteilt werden müßte, das im Bebauungsplan als Fläche für öffentliche Zwecke festgesetzt ist, wird durch diese Regelung weniger hart getroffen, als wenn später gegen ihn ein Enteignungsverfahren durchgeführt würde; denn er erhält wieder Land und nicht nur eine Geldentschädigung."

Zum Begriff „geeignetes Ersatzland" siehe § 90. Das Ersatzland, das eingebracht wird, tritt an Stelle der zugeteilten Fläche und wird wie jedes andere Grundstück von der Umlegung erfaßt.

Nach **Satz 2** soll die Umlegungsstelle von dieser Möglichkeit Gebrauch machen, wenn dies zur alsbaldigen Durchführung des Bebauungsplans zweckmäßig ist. Der Ausdruck „zweckmäßig" ist ein unbestimmter Rechtsbegriff, der der vollen richterlichen Nachprüfung unterliegt. Wird die Zweckmäßigkeit bejaht, dann liegt die Entscheidung noch im Ermessen der Umlegungsstelle („soll ... Gebrauch machen"). „Soll" bedeutet eine starke Bindung des Ermessens. Die Umlegungsstelle (Gemeinde oder Umlegungsausschuß) muß also besondere

Gründe haben, wenn sie von der Befugnis im Satz 1 nicht Gebrauch macht.

c) Was nach den Ausscheidungen übrigbleibt, ist die Verteilungsmasse (**Abs. 4**), für deren Aufteilung die in den folgenden Paragraphen enthaltenen Grundsätze gelten. Aus der Tatsache, daß die Verteilungsmasse allein schon infolge des sich stets steigernden Verkehrsbedarfs und der Ausscheidung größerer Flächen hierfür meist kleiner als die eingebrachte Masse ist, ergeben sich Probleme der Ausgleichung, die in § 58 Abs. 2 und § 59 behandelt werden.

## § 56
### *Verteilungsmaßstab*

**(1) Für die Errechnung der den beteiligten Grundeigentümern an der Verteilungsmasse zustehenden Anteile (Sollanspruch) ist entweder von dem Verhältnis der Flächen oder dem Verhältnis der Werte auszugehen, in dem die früheren Grundstücke vor der Umlegung zueinander gestanden haben. Der Maßstab ist von der Umlegungsstelle nach pflichtmäßigem Ermessen unter gerechter Abwägung der Interessen der Beteiligten je nach Zweckmäßigkeit einheitlich zu bestimmen.**

**(2) Sind alle Beteiligten einverstanden, so kann die Verteilungsmasse auch nach einem anderen Maßstab aufgeteilt werden.**

a) Die Grundsätze, nach denen die Neuaufteilung des Umlegungsgebiets vorzunehmen ist, sind in den §§ 56 bis 59 enthalten. Vielfach wurden Bestimmungen aus dem bisherigen Landesrecht übernommen. Die nach den Ausscheidungen für Verkehrs-, Grün- und gegebenenfalls sonstige zur öffentlichen Nutzung bestimmte (§ 55 Abs. 5) Flächen sind die Verteilungsmasse (zu der u. U. gemäß § 55 Abs. 5 eingebrachte Flächen treten).

b) Für die Errechnung des Sollanspruchs — so heißen nach **Abs. 1** die den beteiligten Grundeigentümern an der Verteilungsmasse zustehenden Anteile — hat das Gesetz nach bewährtem landesrechtlichem Vorbild die Wahl zwischen zwei Maßstäben gegeben, zwischen dem Verhältnis der Flächen oder dem Wertverhältnis vor der Umlegung. Ob Flächenmaßstab (siehe § 58) oder Wertmaßstab (siehe § 57) zur Anwendung kommen soll, entscheidet die Umlegungsstelle und zwar einheitlich für die Gesamtverteilungsmasse „nach pflichtmäßigem Ermessen unter gerechter Abwägung der Interessen der Beteiligten je nach Zweckmäßigkeit". Es ist also derjenige Maßstab auszuwählen, der nach Lage der Umstände für das konkrete Umlegungsverfahren die bessere Eignung besitzt. Eine Vermengung der beiden Arten der Errechnung ist unzulässig. Wegen der Ermessensnachprüfung siehe unten d. Die Interessenabwägung muß alle Beteiligten erfassen, deren Kreis in § 48 Abs. 1 (Nr. 1 bis 6) aufgeführt ist.

c) Bei Einverständnis aller Beteiligten kann auch irgendein anderer Maßstab angewandt werden (**Abs. 2**). Gedacht ist hier z. B. an den in der Praxis vorkommenden Fall des Maßstabs nach der Zahl der Schaufenster; er kommt allerdings nur in Betracht, wenn das Umlegungsgebiet auf eine Geschäftsstraße beschränkt ist.

d) Die Frage, ob bei der Wahl des Verteilungsmaßstabes die Umlegungsstelle innerhalb ihres Ermessens gehandelt hat, kann als Inzidentfrage in einem Umlegungsstreit der gerichtlichen Nachprüfung (§ 157 Abs. 1) unterworfen sein; dabei hat das Gericht nur zu prüfen, ob der Ermessensbereich nicht verlassen worden ist; es kann nicht eigenes Ermessen an die Stelle des behördlichen Ermessens setzen.

## § 57
### *Verteilung nach Werten*

**Geht die Umlegungsstelle von dem Verhältnis der Werte aus, so wird die Verteilungsmasse in dem Verhältnis verteilt, in dem die zu berücksichtigenden Eigentümer an der Umlegung beteiligt sind. Jedem Eigentümer ist möglichst ein Grundstück mit dem gleichen Verkehrswert zuzuteilen, den sein früheres Grundstück im Zeitpunkt des Umlegungsbeschlusses hatte. Für die zuzuteilenden Grundstücke ist der Verkehrswert, bezogen auf den Zeitpunkt des Umlegungsbeschlusses, zu ermitteln. Dabei sind Wertänderungen, die durch die Umlegung bewirkt werden, zu berücksichtigen. Unterschiede zwischen den so ermittelten Verkehrswerten sind in Geld auszugleichen.**

**1. Grundsatzregelung für den Wertmaßstab**

Für die Aufteilung nach dem Wertmaßstab gilt folgendes: Die Verteilungsmasse wird in dem Verhältnis verteilt, in dem die Eigentümer mit ihren Grundstücken wertmäßig an der Umlegung teilnehmen (**Satz 1**). Nach Möglichkeit ist jedem Eigentümer ein Grundstück mit dem gleichen Verkehrswert (vgl. § 141) zuzuteilen. Als Wert ist der Verkehrswert der Grundstücke im Zeitpunkt des Umlegungsbeschlusses sowohl für die eingeworfenen als auch für die zuzuteilenden Grundstücke anzunehmen (**Satz 2**). Wertänderungen, die durch die Umlegung verursacht werden, sind zu berücksichtigen und Unterschiede zwischen den Verkehrswerten der eingeworfenen und zugeteilten Grundstücke in Geld auszugleichen (**Satz 3 und 4**). Der Kausalzusammenhang zwischen Wertänderung und Umlegung ist unerläßlich.

Eine Wertabschöpfung bei den zugeteilten Grundstücken vorzunehmen, hat die Mehrheit des federführenden Ausschusses im Hinblick auf den Gleichheitsgrundsatz abgelehnt; dem hat der Bundestag zugestimmt.

Die Bewertung erfaßt nur den Grund und Boden (entsprechend seiner Lage); für bauliche Anlagen, Anpflanzungen und sonstige Einrichtungen ist eine gesonderte Abfindung in Geld vorgesehen (§ 60).

„Unterschiede zwischen den ... ermittelten Verkehrswerten" (Satz 4) ist ein Rechtsbegriff, der nur eine Feststellung nach den gegebenen Tatsachen zuläßt; für eine Ermessensentscheidung ist hier kein Raum.

**2. Besonderheiten, Beispiele und Rechtsprechung**

**a)** Es ist durchaus möglich, daß einem am Umlegungsverfahren Beteiligten sein eingeworfenes Grundstück wieder zugeteilt wird; in einem solchen Fall tritt das Problem auf, ob ein Wertausgleich gemäß Satz 3 erfolgen soll. § 52 Abs. 2 bietet die Möglichkeit, solche Grundstücke von vornherein von der Umlegung auszunehmen; ein solches Verfahren dürfte gerade im Hinblick auf das oben aufgezeigte Problem zweckmäßig sein.

b) Beispiele für Wertverbesserung sind bessere landwirtschaftliche Nutzungsmöglichkeit (bessere Lage oder Bonität), günstigere Anschlüsse an den Straßen-, Bahn- oder Wasserverkehr, vorteilhaftere Bebauungsmöglichkeit, Austausch eines Grundstücks gegen ein gleichgroßes Eckgrundstück in guter Geschäftslage, verbesserte Grenzverhältnisse.

c) Die Rechtsprechung steht fast durchwegs auf dem Standpunkt, daß der Eigentümer einen Rechtsanspruch auf Zuteilung eines möglichst gleichwertigen Grundstücks hat (vgl. BVerwGE 3, 246 und 8, 95 für die landwirtschaftliche Umlegung nach dem FlurbG). Satz 2 bedeutet im Ergebnis, daß eine Abfindung ausschließlich in Geld eine ganz große Ausnahme bleiben muß; es müssen alle Möglichkeiten eines — wenn auch nur teilweisen — Ausgleichs in Land erschöpft sein, ehe an eine Abfindung in Geld gedacht werden kann.

## § 58
### *Verteilung nach Flächen*

**(1) Geht die Umlegungsstelle von dem Verhältnis der Flächen aus, so hat sie auf Verlangen der Gemeinde von den eingeworfenen Grundstücken einen Flächenbeitrag in einem solchen Umfang abzuziehen, daß die Vorteile ausgeglichen werden, die durch die Umlegung erwachsen. Der Flächenbeitrag darf in Gebieten, die erstmalig erschlossen werden, nur bis zu 30 vom Hundert, in anderen Gebieten nur bis zu 10 vom Hundert der eingeworfenen Fläche betragen. Die Umlegungsstelle kann statt eines Flächenbeitrages ganz oder teilweise einen entsprechenden Geldbeitrag erheben.**

**(2) Soweit ein Flächenabzug für Flächen im Sinne des § 55 Abs. 2 den nach Absatz 1 zulässigen Umfang übersteigt, findet ein Ausgleich in Geld statt.**

**(3) Kann das neue Grundstück nicht in gleicher oder gleichwertiger Lage zugeteilt werden, so sind dadurch begründete Wertunterschiede in Fläche oder Geld auszugleichen.**

**(4) Für die Bemessung von Geldbeiträgen und Ausgleichsleistungen sind die Wertverhältnisse im Zeitpunkt des Umlegungsbeschlusses maßgebend.**

a) Bei der Verteilung nach dem Flächenmaßstab gilt folgendes: Bei der Zuteilung der neuen Grundstücke bedarf es grundsätzlich keiner Bewertung, da für diesen Maßstab die Verteilung ohne Berücksichtigung der Werte lediglich nach Flächengröße wesentlich ist. Eine Bewertung bleibt auf Einzelfälle beschränkt, z. B. auf den Fall einer unvermeidbaren Lageänderung des zuzuteilenden Grundstücks im Vergleich zum eingeworfenen (**Abs. 3**) oder auf den Fall, daß der Beitrag zu den örtlichen Erschließungsflächen höher als 10 bzw. 30 v. H. der eingeworfenen Fläche beträgt (**Abs. 1 Satz 2, Abs. 2,** siehe bei c). Auf Verlangen der Gemeinde muß die Umlegungsstelle (wenn diese die Gemeinde selbst ist, entscheidet sie allein, sonst der Umlegungsausschuß) von den eingeworfenen Grundstücken einen Flächenbeitrag (**Abs. 1 Satz 1**) dergestalt abziehen, daß die durch die Umlegung erwachsenen Vorteile ausgeglichen werden. Eine Begrenzung des Flächenbeitrags ist in Satz 2 aaO enthalten und zwar 30 v. H. bei erstmalig zu erschließenden Gebieten, bei den anderen Gebieten 10 v. H. der eingeworfenen Fläche. Die Vorschrift des Abs. 1 Satz 2 berücksichtigt die höchstrichterliche Rechtsprechung, nach der Abzüge in begrenztem Umfang für gemeinsamen Interessen dienende Erschließungsanlagen zulässig sind; ihrem Wesen nach stellen sie Naturalleistungen zum Ausgleich des durch die Erschließung eintretenden Mehrwerts dar (vgl. hierzu BVerwGE 1, 225; BVerwGE vom 6. 8. 1955 in Buchholz 11 Art. 14 GG Nr. 9; BGHZ 27, 15; 31, 49).

b) Der leichteren Durchführung der Umlegung dient die Bestimmung des Abs. 1 **Satz 3**, nach der die Umlegungsstelle statt eines Flächenbeitrags im Sinn des Satz 2 ganz oder teilweise einen entsprechenden Geldbeitrag erheben kann.

c) Da der Flächenabzug für örtliche Verkehrsflächen und Grünflächen nach § 55 Abs. 2 in seinem Umfang über die aus Gründen des Vorteilsausgleichs abzuziehenden Flächenbeiträge (Abs. 1, insbes. Satz 2) hinausgehen kann, ist ein Ausgleich in Geld vorgesehen (**Abs. 2**); bei Vorliegen der Voraussetzungen muß dieser Geldausgleich erfolgen.

d) Wie beim Wertausgleich ist auch hier der Zeitpunkt des Umlegungsbeschlusses (§ 47) für die Bemessung von Geldbeiträgen und Ausgleichsleistungen maßgebend (**Abs. 4**), und zwar ist vom Datum des Beschlusses, nicht von seiner Bekanntmachung (§ 50 Abs. 1) auszugehen.

## § 59
### *Zuteilung und Abfindung*

**(1) Aus der Verteilungsmasse sind den Eigentümern dem Umlegungszweck entsprechend nach Möglichkeit Grundstücke in gleicher oder gleichwertiger Lage wie die eingeworfenen Grundstücke und entsprechend den nach §§ 57, 58 errechneten Anteilen zuzuteilen.**

**(2) Soweit es unter Berücksichtigung des Bebauungsplanes und sonstiger baurechtlicher Vorschriften nicht möglich ist, die nach §§ 57, 58 errechneten Anteile tatsächlich zuzuteilen, findet ein Ausgleich in Geld statt.**

**(3) Grundeigentümer können in Geld oder mit außerhalb des Umlegungsgebietes gelegenen Grundstücken abgefunden werden, wenn sie keine bebauungsfähigen Grundstücke erhalten oder wenn dies sonst zur Erreichung der Ziele des Bebauungsplanes erforderlich ist. Die Vorschriften über die Entschädigung im Zweiten Abschnitt des Fünften Teiles gelten sinngemäß.**

**(4) Mit Einverständnis der betroffenen Eigentümer kann als Abfindung die Begründung von Miteigentum, Wohnungseigentum, Teileigentum, Dauerwohnrecht, Dauernutzungsrecht, Erbbaurecht, Wohnungserbbaurecht und Teilerbbaurecht vorgesehen werden.**

**(5) In Sanierungsgebieten kann die Umlegungsstelle — der Umlegungsausschuß auf Verlangen der Gemeinde — die Grundstücke mit der Maßgabe zuteilen, daß sie innerhalb einer näher zu bestimmenden angemessenen Frist zu bebauen sind, wenn die alsbaldige Bebauung zur geordneten baulichen Entwicklung des Gemeindegebietes erforderlich und eine tragbare**

**Finanzierung des Bauvorhabens gewährleistet ist. Erfüllt der Eigentümer diese Verpflichtung nicht, so kann die Gemeinde die Übereignung des Grundstücks zum Verkehrswert verlangen. § 89 Abs. 2 gilt sinngemäß.**

**a)** Wie schon bei § 55 erwähnt, birgt der Umstand, daß die Verteilungsmasse wegen des Abzugs von Verkehrs- und Grünflächen, deren Bedarf durchwegs gegenüber dem alten Bestand steigt, kleiner als die eingebrachte Masse ist, Probleme des Ausgleichs in sich. Wenngleich g r u n d s ä t z l i c h den Eigentümern — dem Umlegungszweck entsprechend — G r u n d s t ü c k e in g l e i c h e r oder g l e i c h w e r t i g e r Lage wie die eingeworfenen Grundstücke aus der V e r t e i l u n g s m a s s e zuzuteilen (**Abs. 1**) sind, so bleibt eine solche Zuteilung meist der Idealfall, da sie nur zum Teil möglich ist. Dem Ausdruck „nach Möglichkeit" in Abs. 1 entspricht insoweit **Abs. 2**, der den Ausgleich in Geld vorsieht, soweit die nach § 57 bzw. § 58 — d. h. also gleich ob nach dem Wertmaßstab oder dem Flächenmaßstab — errechnete Zuweisung von Grundstücksanteilen nach dem Bebauungsplan und sonstigen baurechtlichen Vorschriften „nicht möglich" ist.

Zwischen § 57 Satz 4 und § 59 Abs. 2 besteht folgender Unterschied: Der Ausgleich nach § 57 Satz 4 betrifft den Unterschied zwischen den Verkehrswerten der auszutauschenden Grundstücke schlechthin. Bei § 59 Abs. 2 handelt es sich um die Unmöglichkeit der Zuteilung der g e s a m t e n Fläche des auszutauschenden Grundstücks aus Gründen, die im Bebauungsplan oder sonstigen baurechtlichen Vorschriften liegen (z. B. kann ein Teil des auszutauschenden Grundstücks deshalb nicht zugeteilt werden, weil sich die Ausklammerung von im Bebauungsplan festgesetzten Versorgungsflächen — Verkehrs- und Grünflächen sind nach § 45 Abs. 2 schon vorher auszuscheiden — als notwendig erweist); hier wird der zusätzliche Wertverlust, der sich aus der Nichtzuteilung der g e s a m t e n Fläche ergibt, berücksichtigt. Ein Geldausgleich kommt sowohl bei M i n d e r zuteilungen als auch — was in Einzelfällen durchaus der Fall sein kann — bei M e h r zuteilungen an Fläche in Betracht. Die Verbindung der Ausdrücke „sind" und „nach Möglichkeit" in Abs. 1 bedeutet eine starke Bindung des Ermessens der Umlegungsstelle. Soweit nur immer möglich muß die Umlegungsstelle Grundstücke in gleicher oder gleichwertiger Lage anteilmäßig zuteilen. Von einem Rechtsanspruch auf Zuteilung von Grundstücken in gleicher oder gleichwertiger Lage wird man nur bedingt sprechen können, nämlich insoweit, als die objektive Möglichkeit einer solchen Zuteilung gegeben ist.

**b)** Häufig bringen Eigentümer nur Grundstücke von so geringer Fläche oder von so geringem Wert ein (sog. Kleingrundstücke), daß ihnen — entsprechend ihrem Anspruch — lediglich selbständig nicht bebaubare Grundstücke zugeteilt werden könnten; dazu kommt, daß die Verteilungsmasse meist geringer ist als die eingebrachte Masse. Hierfür sieht **Abs. 3** zwei Möglichkeiten der Abfindung vor, und zwar in G e l d oder mit a u ß e r h a l b d e s U m l e g u n g s g e b i e t s gelegenen Grundstücken. Welche Art zu wählen ist, hängt in erster Linie von den vorhandenen Möglichkeiten ab; es entscheidet die Umlegungsstelle nach pflichtgemäßem Ermessen. Diese beiden Möglichkeiten der Abfindung können auch dann Platz greifen, „wenn dies sonst zur Erreichung der Ziele des Bebauungsplans erforderlich ist". Ein solcher Fall kann z. B. gegeben sein, wenn der Bebauungsplan auch Festsetzungen über das M a ß der zulässigen Bebauung enthält

(z. B. vorgeschriebene aufgelockerte Bauweise), das eingeworfene Grundstück aber keine Zuteilung eines Grundstücks rechtfertigt, das entsprechend den Festsetzungen des Bebauungsplans bebaut werden könnte (vgl. Ausschußbegründung). Die Entschädigungsvorschriften der §§ 93 ff. wurden durch **Satz 3** aaO für ausdrücklich anwendbar erklärt.

c) **Abs. 4** übernimmt landesrechtlich bewährte Abfindungsarten, die der Erhaltung des Eigentums dienen und zur Erleichterung des Verfahrensablaufs in starkem Maße beitragen können. Die Begründung von Wohnungseigentum, Dauerwohnrecht, Wohnungserbbaurecht sind heutzutage sowieso häufig vorkommende Rechtsinstitute. Miteigentum, Teileigentum, Dauernutzungsrecht, das übliche Erbbaurecht und das Teilerbbaurecht sind aus Zweckmäßigkeitsgründen ebenfalls in Abs. 4 aufgenommen worden (vgl. § 101 Abs. 1 Nr. 1 und die diesbzgl. Anm.). Um Unstimmigkeiten vorzubeugen, wird die Zuteilung solcher Rechte vom Einverständnis der betroffenen Eigentümer abhängig gemacht.

d) Der Regierungsentwurf sah auch das Rechtsinstitut der Zusammenlegung vor. In der endgültigen Fassung wurde die Zusammenlegung fallengelassen. Als teilweiser Ersatz wurde auf Vorschlag des federführenden Ausschusses in das Gesetz für Sanierungsgebiete die Möglichkeit aufgenommen, Grundstücke mit der Auflage einer Baupflicht zuzuteilen (**Abs. 5**). Die Anordnung der Baupflicht hängt davon ab, daß eine tragbare Finanzierung des Bauvorhabens gewährleistet ist. Neben der tragbaren Finanzierung ist auch der Nachweis zu erbringen, daß die „alsbaldige Bebauung zur geordneten baulichen Entwicklung des Gemeindegebiets erforderlich ist" (Tat- und Rechtsfrage). Nur so konnte der Rahmen der Sozialbindung des Eigentums gewahrt bleiben (vgl. die unter Anm. 5 der Vorbemerkung vor § 45 angegebene Rechtsprechung). Diese Bestimmung enthält somit ein Baugebot, das vom Bundesverwaltungsgericht als grundsätzlich zulässig angesehen wird (vgl. BVerwGE 6, 297). Soweit die Aufgaben der Umlegungsstelle ein Umlegungsausschuß wahrnimmt (vgl. § 46 Abs. 2), kann die Gemeinde das Verlangen an den Ausschuß stellen. Im Streitfall haben die Gerichte zu befinden (nach § 157 Abs. 1 die Baulandkammern der Landgerichte, im Berufungsverfahren die Baulandsenate der Oberlandesgerichte).

Wenn der Eigentümer der Verpflichtung zu bauen nicht nachkommt — gleich ob verschuldet oder unverschuldet —, kann die Gemeinde die Übereignung des Grundstücks an sich zum Verkehrswert verlangen (Abs. 5 **Satz 2**). **Satz 3** erklärt auch § 89 Abs. 2 für sinngemäß anwendbar, d. h. die Gemeinde ist verpflichtet, solche Grundstücke binnen zwei Jahren nach Rechtsänderung an Bauwillige zu übereignen, die glaubhaft machen, daß sie die Grundstücke innerhalb angemessener Frist baulich nutzen werden (vgl. die Erläuterungen dort).

## § 60

### *Abfindung und Ausgleich für bauliche Anlagen, Anpflanzungen und sonstige Einrichtungen*

**Für bauliche Anlagen, Anpflanzungen und für sonstige Einrichtungen ist nur eine Geldabfindung zu gewähren. Werden sie zugeteilt, so ist ein Ausgleich in Geld festzusetzen. Die Vorschriften über die Entschädigung im Zweiten Abschnitt des Fünften Teiles gelten sinngemäß.**

Diese Vorschrift entspricht dem Grundsatz, daß im Umlegungsverfahren Fläche gegen Fläche auszutauschen ist; soweit bauliche Anlagen, Anpflanzungen und sonstige Anlagen die Fläche wertvoller machen, ist ein Ausgleich in Geld (und zwar nur in Geld) vorgesehen (**Satz 1**). Im Ergebnis hat derjenige, der ein mit einer solchen Anlage ausgestattetes Grundstück abgibt und ein Grundstück ohne bauliche Anlage oder Anpflanzung erhält, eine Geldabfindung hierfür zu beanspruchen, nicht etwa die Errichtung einer gleichwertigen baulichen oder anderen Anlage auf dem neuen Grundstück. Umgekehrt hat derjenige, der ein unbebautes Grundstück abgibt und ein bebautes erhält, einen Wertausgleich in Geld zu erlegen. Die Festsetzung erfolgt bei der Zuteilung (**Satz 2**).

Was unter sonstigen Einrichtungen zu verstehen ist, sagt das Gesetz nicht. Es handelt sich um alle Anlagen, die geeignet sind, den Wert eines Grundstücks zu erhöhen (z. B. Kultivierung eines Ödgrundstücks durch Zuführung von Humus oder Anlegung von Be- und Entwässerungseinrichtungen, Herstellung einer Teerdecke auf dem Grundstück, um es als Parkplatz gegen Entgelt zu verwenden, Anlage eines Sportplatzes mit Aschenbahn). Da der Begriff Anpflanzung, der gesondert aufgeführt ist, sehr weitgehend ist, muß es sich bei sonstigen Anlagen also im wesentlichen um Einrichtungen handeln, die weder bauliche Anlagen — gleich, ob genehmigungspflichtig oder nicht — noch Anpflanzungen sind.

**Satz 3** erklärt die Vorschriften über die Entschädigung (§§ 93 ff.) ausdrücklich für anwendbar (siehe auch die Erläuterungen dort).

Bei Streitfällen aus § 60 entscheiden gemäß § 157 Abs. 1 die Baulandkammern/Baulandsenate.

## § 61
### *Aufhebung, Änderung und Begründung von Rechten*

**(1) Grundstücksgleiche Rechte sowie andere Rechte an einem im Umlegungsgebiet gelegenen Grundstück oder an einem das Grundstück belastenden Recht, ferner Ansprüche mit dem Recht auf Befriedigung aus dem Grundstück oder persönliche Rechte, die zum Erwerb, zum Besitz oder zur Nutzung eines im Umlegungsgebiet gelegenen Grundstücks berechtigen oder den Verpflichteten in der Benutzung des Grundstücks beschränken, können durch den Umlegungsplan aufgehoben, geändert oder neu begründet werden. Insbesondere können zur zweckmäßigen und wirtschaftlichen Ausnutzung der Grundstücke Flächen für hintere Zuwege, gemeinschaftliche Hofräume, Stellplätze, Garagen oder andere Gemeinschaftsanlagen in Übereinstimmung mit den Zielen des Bebauungsplanes festgelegt und ihre Rechtsverhältnisse geregelt werden.**

**(2) Soweit der Rechtsinhaber hierdurch in seinem Recht beeinträchtigt wird, ist in dem Umlegungsplan eine Geldabfindung festzusetzen. Die Vorschriften über die Entschädigung im Zweiten Abschnitt des Fünften Teiles gelten sinngemäß.**

**(3) Die Absätze 1 und 2 gelten auch für die nach § 55 Abs. 5 in die Verteilungsmasse eingebrachten Grundstücke.**

a) Das bisherige Umlegungsrecht der Bundesländer hatte bereits Vorschriften, nach denen die Umlegungsstelle eine inhaltliche Änderung oder Aufhebung dinglicher Rechte vornehmen konnte; zum Teil kennen die Aufbaugesetze (wie § 24 Buchstabe f des Nordrhein-Westfälischen und § 28 Abs. 2 des Schleswig-Holsteinischen Aufbaugesetzes) eine Einwirkungsmöglichkeit auch auf obligatorische Rechte. Das BBauG hat den Kreis über die letztgenannten Möglichkeiten hinaus erweitert. Nunmehr können nicht nur grundstücksgleiche (dingliche) Rechte sowie andere (obligatorische) Rechte an einem im Umlegungsgebiet gelegenen Grundstück aufgehoben, geändert oder neubegründet werden, sondern auch Ansprüche mit einem Recht auf Befriedigung aus dem Grundstück oder persönliche Rechte, die zum Erwerb, zum Besitz oder zur Nutzung eines Grundstücks im Umlegungsgebiet berechtigen oder den Verpflichteten in der Benutzung des Grundstücks beschränken (**Abs. 1**). Vgl. hierzu auch Anm. zu § 86. Zur zweckmäßigen und wirtschaftlichen Ausnutzung der Grundstücke können Flächen für hintere Zuwegungen, gemeinsame Hofräume, Kraftfahrzeugabstellplätze, Garagen und andere Gemeinschaftsanlagen festgelegt und auch ihre Rechtsverhältnisse geregelt werden. Es handelt sich also um eine umfassende, alle Möglichkeiten einschließende Regelung. Da diese Aufhebung, Änderung oder Neubegründung von Rechten im Umlegungsplan erfolgt (vgl. § 66 Abs. 1), der beschlußmäßig aufzustellen ist (vgl. § 66 Abs. 2), kommt dem Umlegungsplan nach neuem Recht gegenüber dem bisherigen landesrechtlichen Zustand eine tiefergreifende rechtliche Auswirkung zu.

Im Umlegungsplan ist auch, soweit der Rechtsinhaber in seinem Recht beeinträchtigt wird, eine Geldabfindung festzusetzen (**Abs. 2 Satz 1**). Dabei gelten die Entschädigungsvorschriften der §§ 93 ff. sinngemäß (**Satz 2**).

b) Wenn außerhalb des Umlegungsgebiets gelegene Flächen unter den Voraussetzungen des § 55 Abs. 5 (siehe Anm. bei § 55) eingebracht werden, so gelten auch hierfür die vorgenannten Bestimmungen (**Abs. 3**).

c) Streitigkeiten über die Höhe der im Umlegungsplan festgesetzten Geldentschädigung werden vor den Baulandkammern/Baulandsenaten behandelt (§ 157 Abs. 1).

## § 62

*Gemeinschaftliches Eigentum; besondere rechtliche Verhältnisse*

**(1) Wenn es dem Zweck der Umlegung dient und die Eigentümer zustimmen, kann gemeinschaftliches Eigentum an Grundstücken geteilt werden.**

**(2) Wenn einem Eigentümer für mehrere verschiedenen Rechtsverhältnissen unterliegende alte Grundstücke oder Berechtigungen ein neues Grundstück zugeteilt wird, so werden entsprechend den verschiedenen Rechtsverhältnissen Bruchteile der Gesamtabfindung bestimmt, die an die Stelle der einzelnen Grundstücke oder Berechtigungen treten. In diesen Fällen kann für jedes eingeworfene Grundstück oder jede Berechtigung an Stelle des Bruchteiles ein besonderes Grundstück zugeteilt werden.**

**(3) Wenn gemeinschaftliches Eigentum geteilt wird (Absatz 1) oder einem Eigentümer für sein Grundstück mehrere neue Grundstücke zugeteilt wer-**

**den, so kann die Umlegungsstelle Grundpfandrechte und Reallasten, mit denen eingeworfene Grundstücke belastet sind, entsprechend den im Umlegungsverfahren ermittelten Werten auf die zuzuteilenden Grundstücke verteilen.**

a) Die Teilung des Gemeinschaftseigentums (Gesamthand, Bruchteil) durch den Umlegungsplan ist aus der Reichsumlegungsordnung übernommen (vgl. § 54 Abs. 4). Eine solche Möglichkeit hatten auch einige Aufbaugesetze der Länder eröffnet. Voraussetzung ihrer Zulässigkeit nach dem BBauG ist, daß sie „dem Zweck der Umlegung dient" (**Abs. 1**). Ob diese Voraussetzung vorliegt, ist eine richterlich nachprüfbare Tatfrage. Hierbei sind die Grundsätze des § 45 Abs. 1 zu beachten; ferner ist die Zustimmung der beteiligten Eigentümer erforderlich.

b) **Abs. 2**, der sein Vorbild ebenfalls in der Reichsumlegungsordnung hat (§ 69), trifft eine Regelung für die Fälle, in denen ein Eigentümer mehrere Berechtigungen (z. B. Miteigentum nach Bruchteilen mit mehreren Anteilen) oder alte, verschiedenen Rechtsverhältnissen unterliegende, insbesondere ungleich belastete Grundstücke einwirft und dafür ein neues Grundstück zugeteilt erhält (**Satz 1**). Da das dem Eigentümer zugeteilte neue Grundstück nur einheitlich belastet werden kann, erfolgt eine rein rechnungsmäßige Unterteilung der Gesamtabfindung auf die einzelnen alten Grundstücke oder Berechtigungen.

**Satz 2** behandelt die tatsächliche Aussonderung. Die Zuteilung besonderer Grundstücke — und zwar für jedes eingeworfene Grundstück oder für jede Berechtigung — an Stelle des Bruchteils ist in das Ermessen der Umlegungsstelle (Gemeinde oder Umlegungsausschuß, vgl. § 46) gestellt.

c) In Nachbildung des § 68 Abs. 2 (vgl. auch § 55 Abs. 2) des Flurbereinigungsgesetzes ist der Umlegungsstelle durch **Abs. 3** auf Vorschlag des 24. Ausschusses die Möglichkeit eingeräumt, in den Fällen der Teilung des gemeinschaftlichen Eigentums oder der Zuteilung mehrerer neuer Grundstücke an Stelle eines alten Grundstücks die auf den eingeworfenen Grundstücken ruhenden Grundpfandrechte oder Reallasten entsprechend den erhaltenen Werten auf die zuzuteilenden Grundstücke zu verteilen.

## § 63

### *Übergang von Rechtsverhältnissen auf die Abfindung*

**(1) Die zugeteilten Grundstücke treten hinsichtlich der Rechte an den alten Grundstücken und der diese Grundstücke betreffenden Rechtsverhältnisse, die nicht aufgehoben werden, an die Stelle der alten Grundstücke. Die örtlich gebundenen öffentlichen Lasten, die auf den alten Grundstücken ruhen, gehen auf die in deren örtlicher Lage ausgewiesenen neuen Grundstücke über.**

**(2) Erhält der Eigentümer, dem ein neues Grundstück zugeteilt wird, für das alte Grundstück zum Ausgleich von Wertunterschieden einen Geldausgleich oder nach § 59 oder nach § 60 eine Geldabfindung, so sind dinglich Berechtigte, deren Rechte durch die Umlegung beeinträchtigt werden, insoweit auf den Geldanspruch des Eigentümers angewiesen.**

a) In dieser Vorschrift werden die Auswirkungen des unanfechtbar gewordenen Umlegungsplans (vgl. § 72 Abs. 1 in Verbindung mit § 71) auf die Rechte Dritter behandelt. Die Vorschrift des **Abs. 1** ist § 68 Abs. 1 des Flurbereinigungsgesetzes nachgebildet. Dem bisherigen Umlegungsrecht war der hier ebenfalls ausgesprochene Surrogationsgrundsatz bereits geläufig, daß die alten Grundstücke mit Eintritt des neuen Rechtszustandes von den an ihnen bestehenden Rechten und den sie betreffenden Rechtsverhältnissen frei werden. Nach **Satz 1** gehen die auf den alten Grundstücken ruhenden dinglichen Rechte auf die zugeteilten Grundstücke über, wenn sie nicht förmlich aufgehoben werden. Für die örtlich gebundenen öffentlichen Lasten (z. B. Anliegerbeiträge) trifft Abs. 1 **Satz 2** die Regelung, daß sie auf diejenigen neuen Grundstücke übergehen, die sich in der örtlichen Lage der alten Grundstücke befinden.

b) Im **Abs. 2** wird die Rechtsstellung Dritter für die Fälle behandelt, in denen ein Eigentümer neben einem neuen Grundstück zum Ausgleich des Wertunterschieds einen Geldausgleich (vgl. § 59 Abs. 2, § 60 Satz 2) oder eine Geldabfindung (vgl. § 60 Satz 2, § 61 Abs. 2) erhält. Wenn durch die Umlegung dingliche Rechte an dem alten Grundstück beeinträchtigt worden sind, so werden die Inhaber des Rechts insoweit auf den Geldanspruch des Eigentümers verwiesen. Dieser Rechtsgedanke findet sich auch im Fünften Teil über die Enteignung (vgl. § 97 Abs. 4).

c) Alle Streitigkeiten, die sich aus der Anwendung der vorstehenden Bestimmungen ergeben, gehen vor die Baulandkammern bzw. in der Berufung vor die Baulandsenate (§ 157 Abs. 1).

## § 64

### *Geldleistungen*

**(1) Die Gemeinde ist Gläubigerin und Schuldnerin der im Umlegungsplan festgesetzten Geldleistungen.**

**(2) Geldleistungen werden mit dem Eintritt der Unanfechtbarkeit des Umlegungsplanes fällig. Die Fälligkeit der Ausgleichsleistungen für Mehrwerte (§§ 57 bis 59) kann bis zu längstens zehn Jahren hinausgeschoben werden; dabei kann vorgesehen werden, daß die Bezahlung dieser Ausgleichsleistungen ganz oder teilweise in wiederkehrenden Leistungen erfolgt.**

**(3) Die Verpflichtungen des Eigentümers oder des Erbbauberechtigten zu Geldleistungen nach den §§ 57 bis 60 gelten als Beitrag und ruhen als öffentliche Lasten auf dem Grundstück oder dem Erbbaurecht.**

**(4) Wird zur Sicherung eines Kredites, der**

1. **der Errichtung von Neubauten, dem Wiederaufbau zerstörter Gebäude oder dem Ausbau oder der Erweiterung bestehender Gebäude oder**
2. **der Durchführung notwendiger außerordentlicher Instandsetzungen an Gebäuden**

**auf dem belasteten Grundstück dient, ein Grundpfandrecht bestellt, so kann für dieses auf Antrag ein Befriedigungsvorrecht vor der öffentlichen Last gemäß Absatz 3 oder einem Teil derselben für den Fall der Zwangsvollstreckung in das Grundstück bewilligt werden, wenn dadurch die Si-**

**cherheit der öffentlichen Last nicht gefährdet wird und die Zins- und Tilgungssätze für das Grundpfandrecht den üblichen Jahresleistungen für erstrangige Tilgungshypotheken entsprechen. Die Bewilligung kann von der Erfüllung von Bedingungen abhängig gemacht werden.**

**(5) Soweit die Kosten und Geldleistungen der Umlegung von einem Bedarfs- oder Erschließungsträger verursacht sind, sind sie von ihm der Gemeinde zu erstatten.**

**(6) Die öffentlichen Lasten (Absatz 3) sind im Grundbuch zu vermerken.**

**1. Stellung der Gemeinde**

Die Bestimmung des **Abs. 1** steht in Zusammenhang mit § 46 Abs. 1: Da die Gemeinde die Umlegung in eigener Verantwortung anzuordnen und — soweit nicht Umlegungsausschüsse von ihr gebildet sind — auch durchzuführen hat, ist sie Gläubigerin und Schuldnerin der im Umlegungsplan (vgl. § 66) festgesetzten Geldleistungen.

Dem Umstand, daß Bedarfs- oder Erschließungsträger (z. B. Siedlungsunternehmen) vielfach den Anstoß zur Umlegung geben, trägt **Abs. 5** Rechnung; er besagt, daß ein solcher Träger der Gemeinde diejenigen Kosten oder Geldleistungen der Umlegung zu ersetzen hat, die von ihm verursacht worden sind.

**2. Fälligkeit der Leistungen**

Grundsätzlich ist für die Fälligkeit von Geldleistungen der Zeitpunkt der Unanfechtbarkeit (vgl. § 71) des Umlegungsplans maßgebend (**Abs. 2**). Dies hat seinen Grund darin, daß zu diesem Zeitpunkt die rechtsgestaltenden Wirkungen der Umlegung eintreten (vgl. § 72). Dem Eintritt der Unanfechtbarkeit steht es gleich, wenn der Umlegungsplan lediglich wegen der Höhe einer Geldabfindung anfechtbar ist (§ 71 Abs. 1 Satz 2).

Die Hauptfälle der Geldleistungen sind die Ausgleichsleistungen für Mehrwerte (§§ 57—59). Hier kann nach Abs. 2 **Satz 2** die Fälligkeit bis zu längstens zehn Jahren hinausgeschoben werden und zwar auch mit der Maßgabe, daß die Bezahlung ganz oder teilweise mittels wiederkehrender Leistungen (vgl. Anm. bei § 99 Abs. 1 Satz 2) durchgeführt wird. Wer den Aufschub anordnet, steht nicht ausdrücklich im Gesetz, doch kann dies nach der Systematik der Bestimmungen über die Umlegung nur die Umlegungsstelle sein (also Gemeinde oder — wenn landesrechtlich vorgesehen — der Umlegungsausschuß). Der Hinausschub kommt in erster Linie denjenigen zugute, die im Rahmen der Umlegung Ausgleichsleistungen zu erbringen haben.

Ob und in welchem Umfang die Umlegungsstelle von dem Recht des Aufschubs Gebrauch macht, liegt in ihrem pflichtgemäßen Ermessen.

**3. Rechtliche Einordnung der Verpflichtungen nach den §§ 57—60**

Mit der Regelung des **Abs. 3** soll erreicht werden, daß die in den §§ 57—60 enthaltenen Verpflichtungen von den Eigentümern (oder Erbbauberechtigten) wie Beiträge beigetrieben werden und bei etwaigen Zwangsversteigerungen mit Vorrang befriedigt werden können. Auch ruhen sie als öffentliche Last auf dem Grundstück (oder dem Erbbaurecht) und sind im Grundbuch zu vermerken (**Abs. 6**).

**4. Grundpfandrechte zur Kreditsicherung für bauliche Maßnahmen**

Die in **Abs. 4** enthaltene Bestimmung dient den Interessen der von der Umlegung betroffenen Eigentümer bei der Kreditbeschaffung für bestimmte Bau- und Instandsetzungsvorhaben (Nr. 1 und 2). Durch die Eröffnung der Rücktrittsmöglichkeit der erstrangigen öffentlichen Last nach Abs. 3 soll Schwierigkeiten begegnet werden, die sich sonst aus der Vorrangigkeit der öffentlichen Lasten für den Realkredit ergeben können. Zuständig für diese Bewilligung — auch hier sagt das Gesetz nichts Ausdrückliches — ist die Umlegungsstelle (Gemeinde oder — wenn landesrechtlich vorgesehen — der Umlegungsausschuß). Diese kann bei der Bewilligung des Befriedigungsvorrechts auch Bedingungen setzen (**Satz 2**).

## § 65

### *Hinterlegung und Verteilungsverfahren*

**Für die Hinterlegung von Geldleistungen und für das Verteilungsverfahren gelten die Vorschriften der §§ 118, 119 singemäß.**

**a)** Im Rahmen des Fünften Teils über Enteignung sind im Dritten Abschnitt (Enteignungsverfahren) ausführliche Bestimmungen über die Hinterlegung und das Verteilungsverfahren in den §§ 118 und 119 enthalten. Da die für die Regelung dieser Rechtsinstitute bei der Enteignung maßgebliche Erwägungen auch für die Umlegung zutreffen, wurden §§ 118 und 119 für sinngemäß anwendbar erklärt. Das außer Kraft getretene Baulandbeschaffungsgesetz hatte gleiche Vorschriften.

**b)** Im wesentlichen gilt für Hinterlegung, daß sie beim Amtsgericht des betroffenen Grundstücks unter Verzicht auf das Rücknahmerecht zu erfolgen hat, soweit mehrere Personen auf eine Geldentschädigung Anspruch erheben und eine Einigung über die Auszahlung nicht nachgewiesen ist. Näheres sei bei den Erläuterungen zu § 118.

**c)** Für das Verteilungsverfahren siehe bei § 119. Hier sei nur erwähnt, daß nach dem Eintritt des neuen Rechtszustandes, also der Unanfechtbarkeit des Umlegungsbeschlusses, jeder Beteiligte sein Recht an der hinterlegten Summe vor den ordentlichen Gerichten und zwar dem Amtsgericht des betroffenen Grundstücks geltend machen kann. Es sind hier also nicht die Baulandkammern der Landgerichte zuständig.

## § 66

### *Aufstellung und Inhalt des Umlegungsplanes*

**(1) Der Umlegungsplan ist von der Umlegungsstelle nach Erörterung mit den Eigentümern durch Beschluß aufzustellen.**

**(2) Aus dem Umlegungsplan muß der in Aussicht genommene Neuzustand mit allen tatsächlichen und rechtlichen Änderungen hervorgehen, welche die im Umlegungsgebiet gelegenen Grundstücke erfahren. Der Umlegungsplan muß nach Form und Inhalt zur Übernahme in das Liegenschaftskataster geeignet sein.**

**(3) Der Umlegungsplan besteht aus der Umlegungskarte und dem Umlegungsverzeichnis.**

**1. Aufstellung des Umlegungsplans (Abs. 1)**

Nach dem Umlegungsbeschluß (§ 47, § 50) ist der Umlegungsplan der zweite und abschließende rechtsförmliche Akt des Umlegungsverfahrens. Im Hinblick auf seine Bedeutung (rechtliche Auswirkung) ist eine vorhergehende Erörterung mit den Eigentümern, die mündlich und auch mit den Einzelnen erfolgen kann, vorgeschrieben. Ihre Unterlassung macht den Beschluß fehlerhaft. Genau wie gegen den Umlegungsbeschluß ist auch gegen den Umlegungsplan das Rechtsmittel des Antrags auf gerichtliche Entscheidung durch die Baulandkammern der Landgerichte gegeben (§ 157). Im Hinblick auf die Rechtsförmlichkeit dieses Verwaltungsaktes ist er nach Abs. 1 ebenfalls durch Beschluß der Umlegungsstelle (Gemeinde oder — wenn landesrechtlich vorgesehen — des Umlegungsausschusses) aufzustellen. Er muß eine dem § 154 genügende Rechtsbehelfsbelehrung haben; landesrechtlich kann nach § 155 ein Vorverfahren vorgeschrieben werden.

**2. Inhalt des Umlegungsplans (Abs. 2 und 3)**

Der Umlegungsplan besteht nach Abs. 3 aus der Umlegungskarte (§ 67) und dem Umlegungsverzeichnis (§ 68). Der Umlegungsplan gestaltet mit seinem Inkrafttreten die Rechtsverhältnisse an den Umlegungsgrundstücken mit unmittelbarer Wirkung und bildet die Unterlage für die Berichtigung des Grundbuchs sowie des Katasters. Er muß aus Gründen der Rechtsklarheit bestimmten Anforderungen genügen. Deshalb muß der in Aussicht genommene neue Zustand mit allen tatsächlichen und rechtlichen Änderungen der Grundstücke aus dem Umlegungsplan hervorgehen (Abs. 2 Satz 1). Nach Form und Inhalt muß er zur Übernahme in das Liegenschaftskataster geeignet sein (Satz 2).

Der Beschluß über den Umlegungsplan muß das gesamte im Umlegungsbeschluß des § 47 bezeichnete Umlegungsgebiet umfassen; ein „Teilumlegungsplan" ist somit nicht zulässig.

## § 67
*Umlegungskarte*

**Die Umlegungskarte stellt den künftigen Zustand des Umlegungsgebietes dar. In die Karte sind insbesondere die neuen Grundstücksgrenzen und -bezeichnungen sowie die Flächen im Sinne des § 55 Abs. 2 einzutragen.**

Die Umlegungskarte enthält die zeichnerische Darstellung des künftigen Zustandes des Umlegungsgebietes. Der bisherige Zustand ist in der Bestandskarte enthalten (siehe § 53). Die Umlegungskarte muß die neuen Grundstücksgrenzen, die künftigen Grundstücksbezeichnungen und die örtlichen Verkehrs- und Grünflächen (vgl. § 55 Abs. 2) enthalten. Solange nicht diesen drei Erfordernissen genügt ist, ist die Umlegungskarte und damit der Umlegungsplan unvollständig.

## § 68
### *Umlegungsverzeichnis*

**(1) Das Umlegungsverzeichnis führt auf**

**1. die Grundstücke, einschließlich der außerhalb des Umlegungsgebietes zugeteilten, nach Lage, Größe und Nutzungsart unter Gegenüberstellung des alten und neuen Bestandes mit Angabe ihrer Eigentümer; der Anteil an örtlichen Verkehrs- und Grünflächen (§ 55 Abs. 2) ist seiner Größe nach besonders anzugeben;**

**2. die Rechte an einem Grundstück oder einem das Grundstück belastenden Recht, ferner Ansprüche mit dem Recht auf Befriedigung aus dem Grundstück oder persönliche Rechte, die zum Erwerb, zum Besitz oder zur Nutzung eines Grundstücks berechtigen oder den Verpflichteten in der Benutzung des Grundstücks beschränken, soweit sie aufgehoben, geändert oder neu begründet werden;**

**3. die Grundstückslasten nach Rang und Betrag;**

**4. die Geldleistungen sowie deren Fälligkeit und Zahlungsart;**

**5. diejenigen, zu deren Gunsten oder Lasten Geldleistungen festgesetzt sind;**

**6. die einzuziehenden und die zu verlegenden örtlichen Verkehrs- und Grünflächen (§ 55 Abs. 2) sowie die Wasserläufe.**

**(2) Das Umlegungsverzeichnis kann für jedes Grundstück gesondert aufgestellt werden.**

Das Umlegungsverzeichnis dient der textlichen Erläuterung der Umlegungskarte; es legt alle tatsächlichen und rechtlichen Änderungen, die durch die Umlegung bewirkt werden, fest und gibt Aufschluß über die zu erbringenden Geldleistungen. Für jedes Grundstück kann ein gesondertes Umlegungsverzeichnis angelegt werden (**Abs. 2**); der Umlegungsplan ist jedoch erst dann vollständig, wenn für alle von der Umlegung erfaßten Grundstücke die Umlegungsverzeichnisse aufgestellt in den Plan einbezogen sind.

Die Aufführung der Grundstücke im Umlegungsverzeichnis (siehe **Abs. 1 Nr. 1**) erstreckt sich auch auf die außerhalb des Umlegungsgebiets zugeteilten Grundstücke (vgl. § 55 Abs. 5) und hat a u c h den a l t e n Bestand zu nennen.

Die Rechte an einem Grundstück sind, wie aus **Nr. 2** aaO hervorgeht, umfassend zu benennen. Die Grundstückslasten sind nach Rang und Betrag anzugeben (**Nr. 3**).

Bei den Geldleistungen sind auch Fälligkeit und Zahlungsart (z. B. Raten u. a.) zu nennen (**Nr. 4**). Nach **Nr. 5** sind die Begünstigten und Belasteten bzgl. Lasten und Geldleistungen anzugeben. Auch ist der Anteil an örtlichen Verkehrs- und Grünflächen (siehe § 55 Abs. 2) besonders zu vermerken; nur die aufzuhebenden und zu verlegenden Verkehrs- und Grünflächen, nicht die bestehend bleibenden sind aufzuführen; schließlich muß das Umlegungsverzeichnis auch alle Wasserläufe enthalten (**Nr. 6**).

## § 69

*Auslegung der Umlegungskarte; Einsicht in das Umlegungsverzeichnis*

**(1) Die Umlegungskarte ist auf die Dauer eines Monats in der Gemeinde öffentlich auszulegen. Sind die Beteiligten einverstanden, so kann von der Auslegung abgesehen werden. Ort und Dauer der Auslegung sind mindestens eine Woche vor der Auslegung ortsüblich bekanntzumachen.**

**(2) Das Umlegungsverzeichnis kann jeder einsehen, der ein berechtigtes Interesse darlegt.**

Die öffentliche Auslegung der Umlegungskarte auf die Dauer eines Monats muß unter Angabe des Orts und der Dauer mindestens eine Woche zuvor ortsüblich (vgl. Anmerkung 5 c zu § 2) bekanntgemacht werden. Auf Vorschlag des 24. Bundestagsausschusses wurde als Satz 2 in **Abs. 1** die Bestimmung aufgenommen, daß von der öffentlichen Auslegung bei Einverständnis der (notwendigerweise: aller) Beteiligten abgesehen werden kann; begründet wurde dieser Vorschlag damit, daß die Umlegungskarte nur dem Rechtsschutz der Beteiligten diene. (Der Ausschuß hat dabei allerdings nicht berücksichtigt, daß der breiten Öffentlichkeit Einblick in so wichtige Gemeindeangelegenheiten gegeben werden muß, wie sie die Umlegung von Grundstücken darstellt; dieser Umstand dürfte aber die Bestimmung nicht rechtsunwirksam machen.)

Daß das Umlegungsverzeichnis nicht öffentlich ausgelegt wird, sondern nur von demjenigen eingesehen werden kann, der ein berechtigtes Interesse (vgl. hierzu Anm. 2 zu § 53) darlegt (**Abs. 2**), ist wohlbegründet; dem Gesetzgeber erschien es nicht für vertretbar, nicht unmittelbar Beteiligten Einblick in die Rechtsverhältnisse, insbesondere in die Belastungen von Grundstücken zu geben.

## § 70

*Zustellung des Umlegungsplanes*

**(1) Den Beteiligten ist ein ihre Rechte betreffender Auszug aus dem Umlegungsplan zuzustellen.**

**(2) Hält die Umlegungsstelle Änderungen des Umlegungsplanes für erforderlich, so können die Bekanntmachung und die Zustellung des geänderten Umlegungsplanes auf die von der Änderung Betroffenen beschränkt werden.**

**(3) Ist im Grundbuch die Anordnung der Zwangsversteigrung oder Zwangsverwaltung eingetragen, so gibt die Umlegungsstelle dem Vollstreckungsgericht von dem Umlegungsverzeichnis Kenntnis, soweit dieses das Grundstück, das Gegenstand des Vollstreckungsverfahrens ist, und die daran bestehenden Rechte betrifft.**

Aus der Eigenschaft des Beschlusses über den Umlegungsplan als rechtsgestaltender Verwaltungsakt folgt die Notwendigkeit seiner Zustellung an die Beteiligten, jedoch nur in dem Umfang, als ihre Rechte betroffen werden (**Abs. 1**). Den Beteiligten ist also nur der sie betreffende Auszug aus dem Umlegungsplan von der Umlegungsstelle zu übermitteln.

**Abs. 2** ähnelt § 52 Abs. 3, wonach unwesentliche Änderungen des Umlegungsgebiets in vereinfachter Form durchgeführt werden können. Die von der Umlegungsstelle für erforderlich gehaltenen Änderungen des Umlegungsplans können jedenfalls vorgenommen werden, also auch, wenn sie nicht nur unwesentlicher Art sind; in diesem Fall kann die Bekanntmachung und die Zustellung auf die Betroffenen beschränkt werden.

Aus Gründen der Rechtssicherheit hat die Umlegungsstelle dem Vollstreckungsgericht im Falle der Eintragung einer Anordnung der Zwangsversteigerung oder der Zwangsverwaltung vom Umlegungsverzeichnis Kenntnis zu geben, allerdings nur insoweit, als das vom Zwangsverfahren betroffene Grundstück und Rechte daran in Frage kommen.

## § 71
### *Inkrafttreten des Umlegungsplanes*

**(1) Die Umlegungsstelle hat ortsüblich bekanntzumachen, in welchem Zeitpunkt der Umlegungsplan unanfechtbar geworden ist. Dem Eintritt der Unanfechtbarkeit des Umlegungsplanes steht es gleich, wenn der Umlegungsplan lediglich wegen der Höhe einer Geldabfindung anfechtbar ist.**

**(2) Soweit Rechtsbehelfe nur einzelne Grundstücke betreffen, kann die Umlegungsstelle den Umlegungsplan für die übrigen Grundstücke bereits vor der Entscheidung über die Rechtsbehelfe insoweit durch Bekanntmachung in Kraft setzen, als diese Grundstücke von ihnen nicht berührt werden.**

**(3) Soweit ein Rechtsbehelf sich nur gegen die Höhe von Ausgleichsleistungen in Geld nach § 57 Satz 5, § 58 Abs. 2 und § 59 Abs. 2 richtet, kann die Umlegungsstelle den Umlegungsplan hinsichtlich der übrigen, das neue Grundstück betreffenden Festlegungen bereits vor der Entscheidung über den Rechtsbehelf durch Bekanntmachung in Kraft setzen.**

a) Der Zeitpunkt des Inkrafttretens des Umlegungsplans muß im Hinblick auf die rechtliche Bedeutung dieses Plans genau und auch einheitlich feststellbar sein; deshalb wurde diese Bestimmung des bisherigen (landesrechtlichen) Umlegungsrechts in das BBauG übernommen. Der von der Umlegungsstelle (Gemeinde oder Umlegungsausschuß) ortsüblich (vgl. Anm. 5 c zu § 2) bekanntzumachende Zeitpunkt, an dem der Umlegungsplan unanfechtbar geworden ist (**Abs. 1 Satz 1**), kann nicht beliebig gewählt werden. Abgesehen von den besonderen Fällen des Abs. 1 Satz 2, des Abs. 2 und des Abs. 3 ergibt sich die Unanfechtbarkeit aus dem Zeitpunkt, an dem das letzte Rechtsmittelverfahren durch Urteil abgeschlossen ist oder der Umlegungsplan durch Nichteinlegung von Rechtsbehelfen nicht mehr angegriffen werden kann. Im Hinblick auf die Rechtserheblichkeit der Bekanntgabe der Unanfechtbarkeit des Umlegungsplans — nach § 72 Abs. 1 tritt mit der Bekanntmachung der neue Rechtszustand in Kraft — ist der richtige Zeitpunkt genauestens zu ermitteln; jedenfalls würde eine vorzeitige Bekanntgabe einer vermeintlichen Unanfechtbarkeit — abgesehen von den sich u. U. entwickelnden Rechtsstreitigkeiten — die Rücknahme der Bekanntmachungsverfügung und ihren Ersatz durch die Bekanntmachung eines späteren Zeitpunkts notwendig machen.

b) Die Einfügung des **Satz 2** in Abs. 1 beruht auf praktischen Erwägungen. Da der Ausgang eines Rechtsstreits über die Höhe der Geldabfindungen die Festsetzungen des Umlegungsplans als solchen nicht berührt, kann der Eintritt der Unanfechtbarkeit des Umlegungsplans ohne Rücksicht auf das laufende Verfahren bezüglich der Höhe der Geldabfindung festgestellt werden.

Auch dann ist eine vorzeitige Inkraftsetzung des Umlegungsplans der Umlegungsstelle gestattet, und zwar für einen Teil der Grundstücke, wenn Rechtsbehelfe nur einzelne Grundstücke betreffen (**Abs. 2**). Voraussetzung ist sonach, daß die Rechtsbehelfe jedenfalls nicht eine Vielzahl von Grundstücken betreffen; es darf sich also nur um eine im Verhältnis zur Gesamtzahl geringe Anzahl von Grundstücken handeln, die von Rechtsbehelfen erfaßt werden. Wenn neben unmittelbar betroffenen Grundstücken andere mittelbar von Rechtsbehelfen betroffen werden, kann dies u. U. bereits eine Nichtanwendungsmöglichkeit des Abs. 2 zur Folge haben. Eine sorgsame Prüfung ist deshalb erforderlich, da es bisweilen schwer voraussehbar ist, ob das eine oder andere bisher unbeteiligte Grundstück im Lauf eines Rechtsbehelfsverfahrens nicht doch noch von diesem berührt wird.

c) **Abs. 3** ermöglicht bereits vor Entscheidung über einen Rechtsbehelf ein beschränktes Inkraftsetzen des Umlegungsplans, wenn im Rahmen des gesamten Umlegungsplans in bezug auf ein einzelnes Grundstück die Höhe der (im Hinblick auf die Unterschiede der ermittelten Verkehrswerte festgesetzten) Ausgleichsleistungen (vgl. §§ 57 Satz 5, 58 Satz 2, 59 Abs. 2) strittig ist.

## § 72

### *Wirkungen der Bekanntmachung*

**(1) Mit der Bekanntmachung nach § 71 wird der bisherige Rechtszustand durch den in dem Umlegungsplan vorgesehenen neuen Rechtszustand ersetzt. Die Bekanntmachung schließt die Einweisung der neuen Eigentümer in den Besitz der zugeteilten Grundstücke ein.**

**(2) Die Gemeinde hat den Umlegungsplan zu vollziehen, sobald er unanfechtbar geworden ist. Sie hat den Beteiligten die neuen Besitz- und Nutzungsrechte, erforderlichenfalls mit den Mitteln des Verwaltungszwanges, zu verschaffen.**

Der neue Rechtszustand, der durch die Bekanntmachung eintritt, ist nicht von der Eintragung in das Grundbuch abhängig. Vielmehr wird das Grundbuch unrichtig und muß berichtigt werden (vgl. § 74). Bezüglich der tatsächlichen Besitzeinweisung der neuen Eigentümer in den Besitz der zugeteilten Grundstücke bedurfte es einer eigenen Regelung (**Abs. 1 Satz 2**), weil die privatrechtsgestaltende Wirkung der Bekanntmachung über die Unanfechtbarkeit des Umlegungsplans noch nicht die tatsächlichen Besitzverhältnisse erfaßt. Die Gemeinde (also nicht die Umlegungsstelle schlechthin, die ja auch ein Umlegungsausschuß sein kann) muß in Vollzug der Unanfechtbarkeit die Beteiligten in die neuen Besitz- und Nutzungsrechte, gegebenenfalls mit den Mitteln des Verwaltungszwangs, einweisen (**Abs. 2 Satz 2**). Diese Einweisung stellt den wesentlichen Inhalt der Vollziehung des Umlegungsplans dar, die der Gemeinde obliegt (**Satz 1**). Der einzelne hat somit gegen die Gemeinde einen Rechtsanspruch auf Vollzug des Umlegungsplans, soweit er durch den Plan betroffen wird. Die Verwirklichung des Rechtsanspruchs kann gegebenenfalls gerichtlich erzwungen werden und zwar nach § 157 Abs. 1 durch Antrag auf gerichtliche Entscheidung durch die Baulandkammern (Unterlassung eines Verwaltungsakts).

Vgl. zum Problem des unmittelbaren Eintritts des neuen Rechtszustands die Anm. zu § 117 Abs. 1 und 3.

## § 73

*Änderung des Umlegungsplanes*

**Die Umlegungsstelle kann den Umlegungsplan auch nach Eintritt der Unanfechtbarkeit ändern, wenn**

1. **der Bebauungsplan geändert wird,**
2. **eine rechtskräftige Entscheidung eines Gerichtes die Änderung notwendig macht oder**
3. **die Beteiligten mit der Änderung einverstanden sind.**

Durch diese Vorschrift soll die Durchführung eines neuen selbständigen Umlegungsverfahrens, das längere Zeit in Anspruch nehmen würde, vermieden werden; sie entspricht somit den Bedürfnissen der Praxis und hat sich, soweit sie in ähnlicher Weise in den außer Kraft getretenen Landesvorschriften enthalten war, bewährt. Wenn auch im Gesetz nicht ausdrücklich vorgeschrieben, so entspricht es doch den in § 70 Abs. 2 festgelegten Erfordernissen, daß die Betroffenen von der beabsichtigten Änderung vorher verständigt werden. In den Fällen der **Nr. 1** und **2** muß den Betroffenen ein Rechtsmittel gegen die Änderung des Umlegungsplans zur Verfügung stehen. Deshalb muß die Zustellung der Änderung an die Betroffenen in diesen Fällen eine Rechtsbehelfsbelehrung (§ 155) enthalten. Die Unanfechtbarkeit der Änderung des Umlegungsplans muß auch ortsüblich (vgl. Anm. 5 c zu § 2) bekanntgemacht werden.

## § 74

*Berichtigung der öffentlichen Bücher*

**(1) Die Umlegungsstelle übersendet dem Grundbuchamt eine beglaubigte Abschrift der Bekanntmachung nach § 71 sowie beglaubigte Abschriften aus dem Umlegungsplan und ersucht es, die Rechtsänderungen in das Grundbuch einzutragen. Dies gilt auch für außerhalb des Umlegungsgebietes zugeteilte Grundstücke.**

**(2) Bis zur Berichtigung des Liegenschaftskatasters dienen die Umlegungskarte und das Umlegungsverzeichnis als amtliches Verzeichnis der Grundstücke im Sinne des § 2 Abs. 2 der Grundbuchordnung, wenn die für die Führung des Liegenschaftskatasters zuständige Stelle auf diesen Urkunden bescheinigt hat, daß sie nach Form und Inhalt zur Übernahme in das Liegenschaftskataster geeignet sind.**

Der rechtsgestaltende Akt der Bekanntmachung des Umlegungsplans hat — wie bereits bei § 71 dargelegt — die unmittelbare Folge der Unrichtigkeit des Grundbuchs. Deshalb hat die Umlegungsstelle dem Grundbuchamt möglichst umgehend beglaubigte Abschriften ihrer Bekanntmachung nach § 71 und aus dem Umlegungsplan mit dem Ersuchen zu übermitteln, die Rechtsänderungen einzutragen (**Abs. 1 Satz 1**). Aus § 55 Abs. 5 folgt, daß auch die außerhalb des Umlegungsgebiets gelegenen im Rahmen des Umlegungsgebiets zugeteilten Grundstücke von den Rechtswirkungen des Plans erfaßt werden. Deshalb hat der Antrag der Umlegungsstelle an das Grundbuchamt auch solche Grundstücke einzubeziehen (**Satz 2**).

Der Beschleunigung dient **Abs. 2**; durch diese Bestimmung wird die Berichtigung des Grundbuchs von der häufig erst später möglichen Berichtigung des Liegenschaftskatasters unabhängig gemacht. Der Liegenschaftskataster ist an sich die Grundlage für das Grundbuch-Bestandsverzeichnis. Zur Überbrückung des Zeitraums bis zur Berichtigung des Katasters ist in dieser Bestimmung die Erteilung einer Bescheinigung durch die katasterführende Stelle vorgesehen, daß der Umlegungsplan nach Form und Inhalt zur Übernahme in den Liegenschaftskataster geeignet ist. Pflicht der Umlegungsstelle ist es, die Erfordernisse des § 66 Abs. 2 Satz 2 genauestens zu beachten, zumal auch Verstöße hiergegen den Umlegungsplan als solchen anfechtbar machen können.

## § 75

### *Einsichtnahme in den Umlegungsplan*

**Bis zur Berichtigung des Grundbuches ist die Einsicht in den Umlegungsplan jedem gestattet, der ein berechtigtes Interesse darlegt.**

Während des Zeitraums vom Eintreffen des Antrags beim Grundbuchamt bis zur Berichtigung des Grundbuchs soll den Interessenten die Möglichkeit gegeben werden, sich über die tatsächlichen Rechtsverhältnisse der Grundstücke und über die beabsichtigte Neuordnung Aufschluß zu holen. Deshalb gestattet § 75 innerhalb des genannten Zeitraums jedem, der ein berechtigtes Interesse (vgl. Anm. 2 zu § 53) darlegt, in den Umlegungsplan Einsicht zu nehmen. Nach Eintragung in das Grundbuch gilt allein § 12 Abs. 1 GBO. Vgl. auch Anm. zu § 69.

## § 76

### *Vorwegnahme der Entscheidung*

**Sind die betroffenen Rechtsinhaber einverstanden, so können die Eigentums- und Besitzverhältnisse für einzelne Grundstücke nach §§ 56 bis 59 durch Beschluß der Umlegungsstelle bereits geregelt sowie Entscheidungen nach § 61 getroffen werden, bevor der Umlegungsplan aufgestellt ist. §§ 70, 71, 74 und 75 gelten entsprechend.**

Die in dieser Vorschrift verankerte Bestimmung — übrigens aus dem Nordrhein-Westfälischen Aufbaugesetz (§ 28 a Abs. 2) entnommen — nimmt für einzelne Grundstücke die Entscheidung vorweg. Sie dient der Beschleunigung der Umlegung und findet vor allem in den Fällen Anwendung, in denen ein Eigentümer bereit ist, sein Grundstück zur Verfügung zu stellen und nur Interesse an einer Geldabfindung hat. Die Vorwegnahme erfolgt durch Beschluß der Umlegungsstelle.

Die rechtsbegründende Vorausregelung bedarf der Zustimmung aller betroffenen Rechtsinhaber. Dabei kann auch die Neuregelung von Rechten (§ 61) an den betroffenen Grundstücken vorweggenommen werden.

Dieser Beschluß der Umlegungsstelle unterliegt den gleichen Vorschriften wie der Umlegungsplan hinsichtlich der Zustellung an die Beteiligten (§ 70), der Bekanntmachung (§ 71), der Übersendung einer Ausfertigung an das Grundbuchamt zwecks Berichtigung des Grundbuchs (§ 74) und des Rechts der Einsichtnahme in den Vorwegnahmebeschluß (vgl. § 75). §§ 72 und 73 sind nicht für entsprechend anwendbar erklärt; sie können daher für die vorweggenommene Entscheidung keine Anwendung finden (a. M. Knaup-Ingenstau, Anm. zu § 76, letzter Absatz).

## § 77

## *Vorzeitige Besitzeinweisung*

**(1) Ist der Bebauungsplan in Kraft getreten, so kann die Umlegungsstelle, wenn das Wohl der Allgemeinheit es erfordert,**

**1. vor Aufstellung des Umlegungsplanes die Gemeinde oder den sonstigen Erschließungsträger in den Besitz der Grundstücke, die in dem Bebauungsplan als Flächen im Sinne des § 55 Abs. 2 festgesetzt sind, einweisen;**

**2. nach Aufstellung des Umlegungsplanes und Übertragung der Grenzen der neuen Grundstücke in die Örtlichkeit sonstige am Umlegungsverfahren Beteiligte in den Besitz der nach dem Umlegungsplan für sie vorgesehenen Grundstücke oder Nutzungsrechte einweisen.**

**(2) §§ 116, 122 gelten sinngemäß.**

### 1. Grundvoraussetzungen für eine vorzeitige Besitzeinweisung

Auch diese Vorschrift dient der Beschleunigung des Verfahrens. Da die vorläufige Besitzeinweisung regelmäßig endgültige Zustände schafft, ist von ihr sparsam Gebrauch zu machen, zumal sie in den Fällen der Nr. 1 sogar vor der Aufstellung des Umlegungsplans erfolgen kann. Gerade im Umlegungsverfahren sind die Voraussetzungen für eine vorläufige Besitzeinweisung eng auszulegen (vgl. OVG Münster vom 20. 7. 1955, BBauBl. 1956, 125). Die erste Grundvoraussetzung für die vorläufige Besitzeinweisung ist, daß sie vom Wohl der Allgemeinheit erfordert wird; dabei handelt es sich um einen der im BBauG zahlreich enthaltenen unbestimmten Rechtsbegriffe, der im Streitfall von den Baulandkammern — § 157 Abs. 1 — in vollem Umfang nachgeprüft wird. Die gleiche Grundvoraussetzung gilt übrigens für die Enteignung nach dem Fünften Teil (siehe § 87 Abs. 1 und die Anm. dort). Es genügt nicht schlechthin, daß das Wohl der Allgemeinheit mit der vorläufigen Besitzeinweisung gewahrt bleibt, sondern die Besitzeinweisung muß zum Wohl der Allgemeinheit erforderlich sein.

Die zweite Grundvoraussetzung ist das Vorliegen eines rechtsgültigen Bebauungsplans (vgl. §§ 10 bis 12). Da nach § 45 Abs. 2 die Einleitung des Umlegungsverfahrens auch vor Aufstellung des Bebauungsplans möglich ist, ist diese zweite Grundvoraussetzung für die vorzeitige Besitzeinweisung u. U. von besonderer Bedeutung; im genannten Fall kann die vorzeitige Besitzeinweisung erst nach Inkrafttreten des Bebauungsplans erfolgen.

**2. Vorzeitige Besitzeinweisung in Verkehrs- und Grünflächen (Abs. 1 Nr. 1)**

Unter den in Anm. 1 genannten Voraussetzungen ist eine vorläufige Besitzeinweisung der öffentlichen Erschließungsträger (zu ihnen gehört vor allem die Gemeinde) bereits vor Aufstellung des Umlegungsplans (§ 66) möglich und zwar in die im Bebauungsplan als Verkehrsflächen und Grünflächen festgesetzten Grundstücke. Da nach § 55 Abs. 2 diese Flächen vorweg auszuscheiden sind, erschien dem Gesetzgeber eine Vorwegnahme der Besitzeinweisung auch vor Aufstellung des Umlegungsplans als unschädlich, zumal damit die baldmögliche Erschließung gefördert werden soll.

**3. Vorzeitige Besitzeinweisung in den übrigen Fällen (Abs. 1 Nr. 2)**

Nach Aufstellung des Umlegungsplans (§ 66) und nach Übertragung der Grenzen der neuen Grundstücke in die Örtlichkeit (Abmarkung, gegebenenfalls auch schon Auspflockung, die von den Betroffenen anerkannt ist) können auch sonstige am Umlegungsverfahren Beteiligte in die für sie vorgesehenen Grundstücke oder Nutzungsrechte eingewiesen werden, wenn es das Wohl der Allgemeinheit erfordert und der Bebauungsplan in Kraft getreten ist (siehe Anm. 1).

**4. Entsprechende Anwendung einzelner Vorschriften des Enteignungsverfahrens (Abs. 2)**

Abs. 2 erklärt die Vorschriften über die vorzeitige Besitzeinweisung bei der Enteignung (§ 116) und über die Vollstreckbarkeit (§ 122) für entsprechend anwendbar. Im Ergebnis bedeutet dies, daß eine mündliche Verhandlung stattzufinden hat (vgl. § 116 Abs. 1 Satz 2) und das der Beschluß den Beteiligten zuzustellen ist (vgl. Satz 3 aaO); das Wirksamwerden der Besitzeinweisung ist von der Umlegungsstelle zeitlich zu bestimmen (Satz 4 aaO); der Zeitpunkt kann auf Antrag um mindestens zwei Wochen verschoben werden (Satz 5 aaO). Ferner kann die Umlegungsstelle die vorzeitige Besitzeinweisung von der Leistung einer Sicherheit abhängig machen (§ 116 Abs. 2). Der Eingewiesene hat für die durch die vorzeitige Besitzeinweisung entstehenden Vermögensnachteile Entschädigung zu leisten (Abs. 4 aaO). Auch kann sowohl der Einzuweisende wie auch der weichende Besitzer von der Umlegungsstelle eine niederschriftliche Feststellung des Grundstückszustands verlangen (Abs. 5 aaO). Der Beschluß über die vorzeitige Besitzeinweisung stellt einen vollstreckbaren Titel im Sinn des § 122 Abs. 1 Nr. 3 und Abs. 2 dar. Vgl. im übrigen die Anm. bei §§ 116 und 122.

Aus der Verweisung auf § 116 in § 77 Abs. 2 ergibt sich, die vorzeitige Besitzeinweisung in Form eines Beschlusses (der Umlegungsstelle) erfolgt, obwohl § 77 das Wort Beschluß nicht verwendet.

**5. Rechtsbehelfe**

Auch für die Anfechtung der vorzeitigen Besitzeinweisung gilt § 157 Abs. 1; es sind sonach die Baulandkammern/Baulandsenate — gegebenenfalls nach Durchführung eines Vorverfahrens, soweit landesrechtlich angeordnet (vgl. § 155 in Verbindung mit § 46 Abs. 2 Nr. 3) — zuständig. Dabei ist die Sondervorschrift des § 164 zu beachten, nach der Zwangsmaßnahmen zur Verschaffung des tatsächlichen Besitzes nur mit Zustimmung des Gerichts zulässig sind, bei dem die Sache anhängig ist (vgl. Anm. bei § 164).

## § 78

*Verfahrens- und Sachkosten*

**Die Gemeinde trägt die Verfahrenskosten und die nicht durch Beträge nach § 64 Abs. 3 gedeckten Sachkosten.**

Die Unterscheidung in Sach- und Verfahrenskosten entspricht dem bisherigen Umlegungsrecht. Zu den Sachkosten gehören die Abfindungen, die Entschädigungen und der Wertausgleich. Den Verfahrenskosten sind zuzurechnen die Personal- und Raumkosten (einschließlich der sonstigen Aufwandskosten und der Kosten für öffentliche Zustellungen, Bekanntmachungen usw.), Sachverständigengebühren, Vermessungsgebühren und -kosten, nicht aber die durch einen Rechtsbehelf angefallenen Verfahrenskosten, über die in jedem Verfahrensabschnitt gesondert entschieden wird.

Die Kosten des Umlegungsverfahrens hat die Gemeinde zu tragen; für die Sachkosten wird von dieser Verpflichtung die Gemeinde nur insoweit betroffen, als diese Kosten nicht durch Beiträge nach § 64 Abs. 3 gedeckt sind.

## § 79

*Gebühren-, Auslagen- und Abgabenbefreiung*

**(1) Geschäfte und Verhandlungen, die der Durchführung oder Vermeidung der Umlegung dienen, einschließlich der Berichtigung der öffentlichen Bücher, sind frei von Gebühren, Auslagen und sonstigen Abgaben; dies gilt nicht für die Kosten eines Rechtsstreites. Hiervon unberührt bleiben Regelungen hinsichtlich der Gebühren, Auslagen und sonstigen Abgaben, die auf landesrechtlichen Vorschriften beruhen, und hinsichtlich der Steuern mit örtlich bedingtem Wirkungskreis.**

**(2) Die Abgabenfreiheit ist von der zuständigen Behörde ohne Nachprüfung anzuerkennen, wenn die Umlegungsstelle versichert, daß ein Geschäft oder eine Verhandlung der Durchführung oder Vermeidung der Umlegung dient.**

**Abs. 1** hat sein Vorbild in § 29 des Reichssiedlungsgesetzes, in § 34 des Reichsheimstättengesetzes, in § 139 der Reichsumlegungsordnung und in § 108 FlurbG. Die Vergünstigungen, die für Geschäfte und Verhandlungen eingeräumt sind, welche der Durchführung oder auch der Vermeidung der Umlegung dienen, erfassen nicht die Kosten eines Rechtsstreits. Die Befreiung erstreckt sich auf Gebühren, Auslagen und „sonstige Abgaben".

Die weitgehende Befreiung des § 79 (und § 84 Abs. 2) erfaßt nicht nur die Gebühren und Auslagen, die bei der Umlegungsstelle anfallen, sondern auch diejenigen bei den anderen mit der Umlegung irgendwie befaßten Stellen (z. B. Grundbuchamt, Vermessungsamt, Notariat u. a.). — Unter die „sonstigen Abgaben" fallen auch Steuern.

Der **Satz 2** des Abs. 1 beinhaltet den nach Art. 105 Abs. 2 Nr. 1 GG notwendigen landesrechtlichen Vorbehalt (Ausschluß der konkurrierenden Gesetzgebung).

Aus der Fassung: „... der Durchführung oder der Vermeidung der Umlegung ... dienen" ergibt sich ein verhältnismäßig weiter Spielraum für die Anwendung der Kosten- und Gebührenfreiheit. Es werden wohl auch solche Verhandlungen und Geschäfte hiervon erfaßt werden, die bereits vor der Einleitung des Umlegungsverfahrens nach § 47 getätigt wurden, jedoch mittelbar oder unmittelbar der Umlegung dienten.

Aus Gründen der Vereinfachung genügt nach **Abs. 2** die Versicherung der Umlegungsstelle (Gemeinde oder Umlegungsausschuß), daß ein Geschäft oder eine Verhandlung im Sinn des Abs. 1 Satz 1 vorliegt.

## ZWEITER ABSCHNITT

## Grenzregelung

### § 80

### *Zweck und Voraussetzungen*

**(1) Zur Herbeiführung einer ordnungsmäßigen Bebauung oder zur Beseitigung baurechtswidriger Zustände kann die Gemeinde im Geltungsbereich eines Bebauungsplanes oder innerhalb der im Zusammenhang bebauten Ortsteile Teile benachbarter Grundstücke gegeneinander austauschen oder einseitig zuteilen (Grenzregelung), wenn dies im öffentlichen Interesse geboten ist und der Wert der Grundstücke nur unerheblich geändert wird. Dadurch betroffene Dienstbarkeiten können neu geordnet werden.**
**(2) Die Grundstücksteile dürfen nicht selbständig bebaubar sein.**

#### 1. Zweck und Begriff der Grenzregelung

Zweck der Grenzregelung — dem bisherigen Landesrecht teilweise unter dem Namen Grenzausgleich bekannt — ist es, in einem unkomplizierten Verfahren den Grenzverlauf zwischen benachbarten Grundstücken durch neue Grenzziehung so zu regeln, daß eine wirtschaftlich und städtebaulich günstigere Ausnützung der Grundstücke erzielt wird oder baurechtswidrige Zustände behoben werden. Die Veränderung der Grundstücksgrenzen kann durch gegenseitigen Austausch von Gundstücksteilen oder auch durch einseitige Zuteilung von Grundstücksteilen erfolgen. Ausgeschlossen ist eine Grenzregelung dann, wenn auch nur einer der auszutauschenden Grundstücksteile oder der zuzuteilende Teil selbständig bebaubar ist (**Abs. 2**); denn die Grenzregelung soll nicht an die Stelle der rechtsgeschäftlichen Vorgänge auf dem Baumarkt treten. Der rechtlichen Gestaltung nach ist die Grenzregelung das weniger eingreifende Rechtsinstitut gegenüber der Umlegung. Der Grundsatz der Verhältnismäßigkeit der Mittel gebietet, von der Grenzregelung anstatt der Umlegung Gebrauch zu machen, wenn schon erstere zum Ziel führt.

**2. Voraussetzungen der Grenzregelung**

Die Voraussetzungen für die Durchführung einer Grenzregelung sind gegenüber dem Regierungsentwurf geändert worden. Nach der endgültigen gesetzlichen Fassung kann eine Grenzregelung nur vorgenommen werden, wenn

a) eine ordnungsmäßige Bebauung herbeigeführt oder baurechtswidrige Zustände beseitigt werden sollen,
b) die betroffenen Grundstücke im Geltungsbereich eines Bebauungsplans (es muß ein rechtsverbindlicher Bebauungsplan — vgl. §§ 10 bis 12 — aufgestellt sein) oder innerhalb der im Zusammenhang bebauten Ortsteile (vgl. Anm. bei § 34) liegen,
c) die Grenzregelung im öffentlichen Interesse geboten ist (vgl. unten),
d) der Wert der Grundstücke nur unerheblich geändert wird (vgl. unten),
e) es sich um benachbarte Grundstücke handelt,
f) die Grundstücksteile nicht selbständig bebaubar sind.

Diese sechs Voraussetzungen müssen nebeneinander gegeben sein. Der Gesetzgeber hat bewußt eine Reihe von Einschränkungen vorgeschrieben, vor allem um eine Umgehung des weit förmlicheren Verfahrens der Umlegung durch die Gemeinde über den Weg der Grenzregelung von vornherein hintanzuhalten. „Im öffentlichen Interesse geboten" ist nicht gänzlich gleichzusetzen mit dem Begriff „wenn das Wohl der Allgemeinheit es erfordert" (vgl. §§ 77 Abs. 1, 87 Abs. 1 und 116); das Erfordernis des öffentlichen Interesses ist weniger als das des Wohls der Allgemeinheit. Jedenfalls unterliegt auch dieser unbestimmte Rechtsbegriff im Streitfall der vollen richterlichen Nachprüfung. Das gleiche gilt für den Begriff „unerhebliche Änderung des Grundstückswerts". In § 10 der Ersten Durchführungsverordnung zum Niedersächsischen Aufbaugesetz wurde eine Wertänderung von nicht mehr als 5 v. H. als noch nicht wesentlich angesehen.

Der Grundsatz der Verhältnismäßigkeit erfordert auch, daß die Grenzregelung nur in dem Ausmaß durchgeführt wird, als die Herbeiführung einer ordnungsmäßigen Bebauung oder die Beseitigung baurechtswidriger Zustände notwendig ist.

Die Möglichkeit der Neuordnung von Dienstbarkeiten im Grenzregelungsverfahren (Abs. 1 **Satz 2**) betrifft nur bestehende Dienstbarkeiten. Wenn an den auszutauschenden Grundstücksteilen solche Dienstbarkeiten bestehen, so sind sie — soweit erforderlich oder zweckmäßig — neu zu ordnen; es dürfen aber keine völlig neuen Dienstbarkeiten begründet werden.

Die Grenzregelung erfolgt durch Beschluß (vgl. § 82 Abs. 1) des zuständigen Gemeindeorgans (siehe Anm. 3).

**3. Durchführung der Grenzregelung durch die Gemeinde**

Die Grenzregelung wird ebenso wie die Umlegung durch die Gemeinde als Angelegenheit des eigenen Wirkungskreises durchgeführt. Die Möglichkeit — wie bei der Umlegung (vgl. § 46 Abs. 2) — landesrechtlich durch Rechtsverordnung Ausschüsse mit selbständiger Entscheidungsbefugnis einzurichten, hat der Gesetzgeber für die Grenzregelung nicht vorgesehen. Vgl. aber Anm. b bei § 82.

## § 81
*Geldleistungen*

**(1) Wertänderungen der Grundstücke, die durch die Grenzregelung bewirkt werden, sind von den Eigentümern in Geld auszugleichen. Die Vorschriften über die Entschädigung im Zweiten Abschnitt des Fünften Teiles gelten sinngemäß.**
**(2) Gläubigerin und Schuldnerin der Geldleistungen ist die Gemeinde. Die Beteiligten können mit Zustimmung der Gemeinde andere Vereinbarungen treffen. Die Geldleistungen werden mit dem Eintritt der Unanfechtbarkeit des Beschlusses über die Grenzregelung fällig.**
**(3) Dinglich Berechtigte, deren Rechte durch die Grenzregelung beeinträchtigt werden, sind insoweit auf den Geldanspruch des Eigentümers angewiesen. Für die Hinterlegung von Geldleistungen und für das Verteilungsverfahren gelten die Vorschriften der §§ 118, 119 sinngemäß.**

Häufig tritt durch die Grenzregelung auch eine Wertänderung der betroffenen Grundstücke ein. Diese ist unter den Grundstückseigentümern nach den Grundsätzen über die Enteignungsentschädigung in G e l d auszugleichen (**Abs. 1**). Allerdings ergibt sich aus § 80 Abs. 1, daß die Wertänderung nur u n e r h e b l i c h sein darf. Im übrigen entspricht § 81 den ähnlichen Bestimmungen für das Umlegungsverfahren (vgl. § 57 Satz 4). Die Entschädigungsvorschriften der §§ 93 ff. sind sinngemäß anzuwenden.

Die Gemeinde ist nach **Abs. 2** Gläubigerin und Schuldnerin zugleich (vgl. hierzu auch § 64 Abs. 1). Die F ä l l i g k e i t der Geldleistungen tritt mit der Unanfechtbarkeit des Beschlusses über die Grenzregelung ein, d. h. wenn kein Rechtsbehelf ergriffen wurde oder wenn über einen etwaigen Rechtsbehelf letztinstanziell entschieden ist. A n d e r e Vereinbarungen der Beteiligten sind von der Z u s t i m m u n g der G e m e i n d e abhängig.

Die Bestimmung des **Abs. 3 Satz 1**, nach der dinglich Berechtigte im Fall einer Rechtsbeeinträchtigung auf den Geldanspruch des Eigentümers verwiesen werden, entspricht § 63 Abs. 2.

Bzgl. **Satz 2** vgl. § 65.

## § 82
*Beschluß über die Grenzregelung*

**(1) Die Gemeinde setzt durch Beschluß die neuen Grenzen sowie die Geldleistungen fest und regelt in ihm, soweit es erforderlich ist, die Neuordnung von Dienstbarkeiten. Beteiligten, deren Rechte durch den Beschluß betroffen werden, ist vorher Gelegenheit zur Stellungnahme zu geben. Der Beschluß muß nach Form und Inhalt zur Übernahme in das Liegenschaftskataster geeignet sein.**

**(2) Der Beschluß ist allen Beteiligten zuzustellen, deren Rechte durch die Grenzregelung betroffen werden.**

**a)** Auch aus dieser Vorschrift ergibt sich, daß die Grenzregelung als eine Art der vereinfachten Umlegung ähnliche Verfahrensgrundsätze wie die Umlegung hat. So hat die Gemeinde auch bei der Grenzregelung einen Beschluß zu erlassen. Als rechtsgestaltender Verwaltungsakt muß auch dieser Beschluß über die zwischen den Berechtigten getroffenen rechtlichen Vereinbarungen und über die sonstigen getroffenen Regelungen eindeutig Auskunft geben. Der notwendige Mindestinhalt ist in **Abs. 1 Satz 1** und **3** genannt. Den durch den Beschluß in ihren Rechten Betroffenen (nicht nur den Beeinträchtigten) muß vorher Gelegenheit gegeben werden, sich zu äußern (**Satz 2**). Unterlassung der Anhörung macht den Beschluß anfechtbar. Weiter muß der Beschluß nach Form und Inhalt zur Übernahme in den Liegenschaftskataster geeignet sein; diese Bestimmung entspricht derjenigen für den Umlegungsplan (§ 66 Abs. 2 Satz 2).

Auch der Beschluß über die Grenzregelung muß nach § 154 eine Rechtsbehelfsbelehrung enthalten; er ist nach **Abs. 2** allen durch die Grenzregelung in ihren Rechten irgendwie Betroffenen zuzustellen.

Für die Austragung von Streitigkeiten hinsichtlich der Grenzregelung sind nach § 157 Abs. 1 die Baulandkammern/Baulandsenate zuständig; landesrechtlich kann nach § 155 ein Vorverfahren vorgeschaltet werden.

**b)** Nur in einem Fall kann bei der Grenzregelung an die Stelle der Gemeinde ein anderes Organ treten, und zwar nach § 4 Abs. 4 Satz 2, wenn an Stelle der Gemeinde ein Planungsverband zum Vollzug der bodenordnenden Maßnahmen des Bebauungsplans getreten ist (vgl. auch § 4 Abs. 1).

## § 83

### *Bekanntmachung und Rechtswirkungen der Grenzregelung*

**(1) Die Gemeinde hat ortsüblich bekanntzumachen, in welchem Zeitpunkt der Beschluß unanfechtbar geworden ist.**

**(2) Mit der Bekanntmachung wird der bisherige Rechtszustand durch den in dem Beschluß über die Grenzregelung vorgesehenen neuen Rechtszustand ersetzt. Die Bekanntmachung schließt die Einweisung der neuen Eigentümer in den Besitz der zugeteilten Grundstücksteile ein.**

**(3) Soweit sich nicht aus einer Regelung nach § 80 Abs. 1 Satz 2 etwas anderes ergibt, geht das Eigentum an den ausgetauschten oder zugewiesenen Grundstücksteilen lastenfrei auf die neuen Eigentümer über. Unschädlichkeitszeugnisse sind nicht erforderlich. Die ausgetauschten oder zugewiesenen Grundstücksteile werden Bestandteil des Grundstücks, dem sie zugewiesen werden. Die dinglichen Rechte an diesem Grundstück erstrecken sich auf die zugewiesenen Grundstücksteile.**

Die Vorschriften der **Abs. 1** und **2** stimmen mit den entsprechenden Vorschriften über den Umlegungsplan überein (§ 71 Abs. 1 Satz 1, § 72 Abs. 1, siehe Anm. dort).

**Abs. 3** entspricht der Besonderheit des Grenzregelungsverfahrens als einer vereinfachten Form der Umlegung. Der Übergang der Grundstücksteile erfolgt — soweit nicht Dienstbarkeiten neu geregelt werden (§ 80 Abs. 1 Satz 2) — lastenfrei. Unschädlichkeitszeugnisse entfallen hier. Als Bestandteile des Grundstücks, dem sie zugewiesen werden, treten die ausgetauschten Teile in die am Gesamtgrundstück bestehenden dinglichen Rechte ein (**Satz 2** und **3**).

## § 84

*Berichtigung der öffentlichen Bücher*

**(1) Die Gemeinde übersendet dem Grundbuchamt eine beglaubigte Abschrift des Beschlusses über die Grenzregelung, teilt den Zeitpunkt der Bekanntmachung nach § 83 Abs. 1 mit und ersucht das Grundbuchamt, die Rechtsänderungen in das Grundbuch einzutragen. § 74 Abs. 2 gilt entsprechend.**

**(2) Für die Kosten der Grenzregelung gelten die §§ 78, 79 entsprechend.**

**Abs. 1** entspricht § 74 Abs. 1 mit der Maßgabe, daß für die Übersendung der notwendigen Urkunden an die Stelle der Umlegungsstelle (Gemeinde oder Umlegungsausschuß) allein die Gemeinde tritt. § 74 Abs. 2 wurde für entsprechend anwendbar erklärt, d. h. bis zur Berichtigung des Liegenschaftskatasters dient unter den in der genannten Vorschrift aufgeführten Voraussetzungen die beglaubigte Abschrift des Grenzregelungsbeschlusses als amtliches Verzeichnis der Grundstücke im Sinn von § 2 Abs. 2 GBO.

Bezüglich der Kosten wurden §§ 78 und 79 für entsprechend anwendbar erklärt (siehe die Erläuterungen dort).

# FÜNFTER TEIL

## Enteignung

### Vorbemerkung

**1.** Baurechtliche Vorschriften berühren in vielfältiger Weise das Eigentum. Die Junktim-Klausel des Artikels 14 Abs. 3 GG verpflichtet den Gesetzgeber festzulegen, welche Eingriffe im Rahmen der Sozialbindung liegen und welche sich als Enteignung darstellen, da in letzterem Fall Art und Ausmaß der Entschädigung im Gesetz zu regeln sind. Soweit es sich um Eingriffe handelt, die nicht einen Entzug des Eigentums enthalten, sondern nur in ihren Auswirkungen zu Vermögensnachteilen führen, die entschädigungslos nicht hingenommen zu werden brauchen, ist die Pflicht zur Entschädigungsleistung jeweils in den einzelnen Vorschriften des Gesetzes geregelt (vgl. z. B. §§ 21, 28, 40 ff.). Demgegenüber werden in diesem Teil des Gesetzes nur diejenigen Enteignungstatbestände behandelt, die unter den Begriff Enteignung im sogenannten klassischen Sinn fallen.

Ursprünglich war das Enteignungsrecht rein landesgesetzlich geregelt. Nachdem die Weimarer Reichsverfassung eine konkurrierende Gesetzgebungsbefugnis des Reiches auf dem Gebiet der Enteignung zuließ (vgl. Art. 7 Nr. 12 und Art. 153 Abs. 2 WRV) und auf dem Gebiet des Städtebaues die immer größer werdende Wohnungsnot nach dem ersten Weltkrieg reichseinheitliche und gegenüber des Landesrechts vereinfachte Enteignungsvorschriften forderte, sah § 3 der Behebungsverordnung (Verordnung zur Behebung der dringendsten Wohnungsnot vom 9. Dezember 1919 — RGBl. S. 1968) eine vereinfachte Enteignung zur Beschaffung von Klein- und Mittelwohnungen vor. Später brachten § 11 der 3. Notverordnung 4. Teil Kapitel II (Dritte Verordnung des Reichspräsidenten zur Sicherung von Wirtschaft und Finanzen und zur Bekämpfung politischer Ausschreitungen vom 6. Oktober 1931 — RGBl. I S. 537 und 551) und die Verordnung über die Landbeschaffung für Kleinsiedlungen vom 17. Oktober 1936 (RGBl. I S. 896) Enteignungsvorschriften zum Zwecke der Errichtung von Kleinsiedlungen. Das Reichsheimstättengesetz i. d. F. der Bekanntmachung vom 25. November 1937 (RGBl. I S. 1291) schuf in § 28 die Enteignungsmöglichkeit zur Begründung oder Vergrößerung einer Heimstätte.

Nach dem zweiten Weltkrieg erforderte der Wiederaufbau der zerstörten Städte und Dörfer dringend eine Reform der bestehenden städtebaulichen Vorschriften, insbesondere des Enteignungsrechts. So entstanden noch vor der Gründung der Bundesrepublik in den meisten Ländern Aufbaugesetze, die u. a. die Enteignungsmöglichkeiten über die Zwecke der Baulandbeschaffung für Wohnungen hinaus auf sonstige städtebauliche Zwecke erweiterten und sich in unterschiedlicher Weise mit der Entschädigungsregelung befaßten. Wegen des Verfahrens wurde jedoch überwiegend auf die vorhandenen alten Enteignungsgesetze verwiesen.

Um diese Rechtszersplitterung des Enteignungsrechts wenigstens auf dem Teilbereich der Baulandbeschaffung für Zwecke des Wohnungsbaues zu beseitigen und um eine praktikable Regelung zu schaffen, die gleichwohl dem rechtsstaatlichen Bedürfnis nach Rechtsklarheit und Rechtssicherheit genügte, wurde das Baulandbeschaffungsgesetz (BauLBG) vom 3. August 1953 (BGBl. I S. 720) erlassen.

2. Die Vorschriften des Fünften Teils des BBauG sind weitgehend dem BauLBG nachgebildet worden, das neben anderen Vorschriften durch das BBauG ersetzt wird.

Das BauLBG war das erste Enteignungsgesetz des Bundes. Es schuf für die Bereitstellung von Bauland eine neue Rechtsgrundlage. Da das BauLBG als eine teilweise Vorwegregelung des städtebaulichen Enteignungsrechts gedacht war, konnte auf seinen Vorschriften weitgehend der Enteignungsteil des BBauG aufgebaut werden.

3. Im einzelnen ergeben sich gegenüber dem BauLBG folgende grundlegende Abweichungen.

a) Das BauLBG beschränkte sich angesichts der vordringlichen Aufgaben des Wohnungsbaues grundsätzlich auf die Enteignung von Bauland für den Wohnungsbau und der damit zusammenhängenden Flächen. Das BBauG mußte entsprechend seiner städtebaulichen Zielsetzung umfassendere Enteignungsvorschriften enthalten. An Stelle der in § 2 BauLBG kasuistisch aufgezählten Enteignungszwecke wird daher allgemein die Enteignung zur bebauungsplanmäßigen Nutzung sowie zur Vorbereitung dieser Nutzung für zulässig erklärt. Daneben wurde in gewissen Fällen die Enteignung zugunsten eines Dritten zugelassen, um das zu enteignende Grundstück durch diesen Dritten der baulichen Nutzung zuzuführen. Diese Erweiterung des Enteignungszweckes soll der Sicherung des Vollzugs der Bauleitplanung dienen. Die Frage, welche Art der Bodennutzung dem Wohl der Allgemeinheit entspricht, wird bei der Aufstellung der Bauleitpläne, insbesondere der Bebauungspläne, entschieden. Gleichwohl ist aber zusätzlich in jedem Enteignungsverfahren zu prüfen, ob auch die Enteignung im jeweiligen Einzelfall dem Wohle der Allgemeinheit im Sinne des Art. 14 Abs. 3 GG dient (§ 87 Abs. 1; vgl. auch die Anm. hierzu).

b) Ein weiterer Unterschied gegenüber dem BauLBG besteht in der Beseitigung der Konkurrenz zwischen bundesrechtlichen und landesrechtlichen Enteignungsvorschriften im Bereich eines Bebauungsplans. Während das BauLBG in § 2 Buchstabe c die Enteignung für Gemeinbedarfs-, Verkehrs- und Versorgungsflächen wahlweise auch nach Landesrecht gestattete, ist jetzt die städtebauliche Enteignung im Bereich eines Bebauungsplans nur noch nach dem BBauG zulässig.

c) Ein wesentlicher Unterschied zwischen dem BBauG und dem BauLBG liegt schließlich darin, daß sich im ersteren die Enteignungsentschädigung für den Rechtsverlust nach dem Verkehrswert des Grundstücks bemißt (vgl. §§ 95 Abs. 1, 141), während das BauLBG bei der Wertermittlung von den Wertverhältnissen am 17. Oktober 1936 ausging und insbesondere Werterhöhungen, die durch die Möglichkeit einer Nutzungsänderung oder durch die Aussicht hierauf entstanden sind, unberücksichtigt ließ. Mit dieser Vorschrift wollte das BauLBG den Weg für eine Regelung offenhalten, die einen Vorteilsausgleich zwischen denjenigen Grundstückseigentümern herbeiführt, die durch städtebauliche Maßnahmen begünstigt und jenen, die durch sie nicht begünstigt werden. Zu der Frage der Einführung einer sogenannten Wertsteigerungsabschöpfung wurde indessen bei den parlamentarischen Beratungen des Entwurfs des BauLBG nicht abschließend Stellung genommen. Nach dem Rechtsgutachten des Bundesverfassungsgerichtes vom 16. Juni 1954 (BVerfGE 3, 407) steht jedoch dem Bunde die Gesetzgebungskompetenz für diese Materie nicht zu. In seiner Systematik folgt das BBauG in vielem dem BauLBG (vgl. hierzu auch amtliche Begründung zum Fünften Teil, Bundestagsdrucksache 336, S. 86).

**4. Schrifttum**

Baumeister, Freiheit und Bindung des Eigentums nach dem Bundesbaugesetz, DWW 1961, 154,

Dittus, Zur Frage des Vollstreckungstitels einer baurechtlichen Enteignung, NJW 1964, 1556,

Dittus, Die städtebauliche Enteignung im Bundesbaugesetz, Bauwelt 1960, 1250 und 1273,

Eulert-Grehn, Das Enteignungsvorrecht der Gemeinde nach dem Bundesbaugesetz, NJW 1961, 158,

Fischer, Die Einheit des städtebaulichen Entschädigungsrechts, DÖV 1964, 725,

Haas, Das Enteignungsrecht des Bundesbaugesetzes, DVBl. 1961, 257,

Katzenstein, Enteignungsrechtsprechung beim Übergang zum Bundesbaugesetz, DÖV 1961, 581,

Sellmann, Die Enteignung nach dem Bundesbaugesetz, DWW 1960, 358,

Zinkahn, Die Regelung der Enteignung im Bundesbaugesetz, DÖV 1961, 578,

Zuck, Enteignungsmaßnahmen und Mitverschulden, MDR 1962, 258.

## ERSTER ABSCHNITT
### Zulässigkeit der Enteignung

### § 85
*Enteignungszweck*

**(1) Nach diesem Gesetz kann nur enteignet werden, um**

**1. entsprechend den Festsetzungen des Bebauungsplanes ein Grundstück zu nutzen oder eine solche Nutzung vorzubereiten,**

**2. unbebaute oder geringfügig bebaute Grundstücke, die nicht im Bereich eines Bebauungsplanes, aber innerhalb im Zusammenhang bebauter Ortsteile liegen, insbesondere zur Schließung von Baulücken, entsprechend den baurechtlichen Vorschriften zu nutzen oder einer baulichen Nutzung zuzuführen,**

**3. Grundstücke für die Entschädigung in Land zu beschaffen oder**

**4. durch Enteignung entzogene Rechte durch neue Rechte zu ersetzen.**

**(2) Die Vorschriften über Enteignung zu anderen als den in Absatz 1 genannten Zwecken bleiben unberührt.**

**1. Allgemeines**

**a)** Die Vorschrift, welche die zulässigen Enteignungszwecke voranstellt, wurde in den Ausschußberatungen (24. Ausschuß) gegenüber der Regierungsvorlage (§ 96 Abs. 1 des Entwurfs) insofern erweitert, als die Enteignung nicht auf den Bereich eines Bebauungsplans und auf die Ersatzlandbeschaffung beschränkt ist (Abs. 1 Nr. 1 und 3), sondern noch auf andere Tatbestände ausgedehnt wurde (Abs. 1 Nr. 2 und 4).

Angesichts der umfassenden städtebaulichen Ziele des Gesetzes mußte die Enteignung im Unterschied zu § 2 BauLBG auf weitere Zwecke ausgedehnt werden.

**b)** Die Enteignungszwecke des Städtebaues (vgl. Anm. 1 zu § 1; der Begriff „Städtebau" ist als Oberbegriff zu verstehen, der sowohl die Stadt- wie auch die ländliche Planung umfaßt) sind in § 85 abschließend geregelt. **Abs. 2** stellt klar, daß eine Enteignung zu sonstigen Zwecken sich nach den dafür maßgeblichen Gesetzen richtet. Im übrigen handelt es sich bei den Enteignungsbestimmungen des BBauG nicht etwa um Neuschöpfungen, sondern in vielem um überkommenes Recht (vgl. die Länderaufbaugesetze und das BauLBG).

**c)** Die Enteignungszwecke werden bestimmt durch das Erfordernis

**aa)** der Nutzung eines Grundstücks, der Vorbereitung und der Herbeiführung einer solchen Nutzung (Abs. 1 Nr. 1 und 2),

**bb)** der Beschaffung eines Grundstücks zur Entschädigung in Land (Abs. 1 Nr. 3),

**cc)** der Ersetzung von Rechten, die durch Enteignung entzogen wurden, durch neue Rechte (Abs. 1 Nr. 4).

**d)** Eine allgemeine Vorschrift darüber, in welchen Fällen ein Rechtsanspruch auf Einleitung eines Enteignungsverfahrens besteht, war entbehrlich, da dies in den jeweiligen Vorschriften, z. B. in § 40 Abs. 2, § 41 Abs. 3 ausdrücklich bestimmt ist (vgl. die Anm. dort).

**2. Einzelne Enteignungszwecke**

a) Grundlage für die Enteignung nach **Abs. 1 Nr. 1** sind die Festsetzungen des Bebauungsplans. Daraus geht hervor, welche überragende Bedeutung der Bebauungsplan (§§ 8 ff.; s. Anm. dort) für das Enteignungsverfahren nach dem BBauG hat. Auf Grund des rechtsverbindlich gewordenen Bebauungsplans (§ 12) kann nach Maßgabe seiner Festsetzungen (§ 9), d. h. zum Zweck der im Bebauungsplan vorgesehenen Nutzung eines Grundstücks, enteignet werden. Die Enteignung dient letztlich der Verwirklichung des Bebauungsplans.

Für die Enteignung nach Abs. 1 Nr. 1 ist Voraussetzung, daß ein Bebauungsplan vorliegt, und zwar ist der Bebauungsplan materielle und formelle Zulässigkeitsvoraussetzung. Der Bebauungsplan steckt den Rahmen ab. Sein Vorliegen ist zunächst einmal formelle Voraussetzung für eine Enteignung nach § 85 Abs. 1 Nr. 1 BBauG, d. h. aufgrund dieser Bestimmung kann eine Enteignung nur durchgeführt werden, wenn ein Bebauungsplan aufgestellt ist. Der Bebauungsplan macht damit für den Bereich des BBauG ein Planfeststellungsverfahren entbehrlich. Die Enteignung hat den Zweck, das Grundstück „entsprechend den Festsetzungen des Bebauungsplans nutzen" zu können. Der Bebauungsplan hat daher auch gewisse materielle Wirkungen. Die Enteignungsbehörde kann, wenn ein Bebauungsplan aufgestellt ist, nicht generell die Auffassung vertreten, ein Grundstück, das im Bebauungsplan als Straße ausgewiesen ist, eigne sich mehr für eine Bebauung, oder ein Gelände, das für eine Bebauung mit Villen vorgesehen ist, eigne sich mehr für eine Bebauung mit Fabriken, oder ein als Baugebiet ausgewiesenes Gelände eigne sich überhaupt nicht für eine Bebauung. Dagegen hat die Enteignungsbehörde im Einzelfall zu prüfen — und zwar hier ohne Bindung an den Plan — ob die Voraussetzungen für die Enteignung überhaupt gegeben sind. Sie kann entscheiden, daß die Enteignung des ganzen Grundstücks für eine bestimmte Festsetznug im Bebauungsplan nicht erforderlich ist, daß also z. B. die Belastung mit einer Dienstbarkeit genügt. Sie kann also z. B. nicht sagen: Hier ist eine Straße nicht erforderlich oder die Straße muß anders geführt werden; sie kann nur über das Ausmaß der im Plan vorgesehenen Inanspruchnahme befinden. Denn „der Umstand, daß eine beabsichtigte bauliche Nutzung den Festsetzungen des Bebauungsplans entspricht, rechtfertigt allein und im allgemeinen die Durchführung der Enteignung noch nicht" (vgl. § 87 Anm. 2 a).

Eine Parallele hierzu bietet wohl das Verhältnis von §§ 17, 18 FStrG einerseits zu § 19 FStrG andererseits („Der nach § 18 Abs. 5 festgestellte Plan ist dem Enteignungsverfahren zugrunde zu legen und für die Enteignungsbehörde bindend" — § 19 Abs. 2 FStrG; vgl. hierzu den in Anm. 4 unten abgedruckten Beschluß des BVerwG vom 15. 11. 1962).

Materiell ist die Enteignung grundsätzlich vom Bebauungsplan in der Weise abhängig, daß mit ihr nur eine solche Nutzung angestrebt werden darf, die mit den Festsetzungen des Bebauungsplans übereinstimmt. Durch diese strenge Bezugnahme auf den Bebauungsplan in Nr. 1 wird es entbehrlich, hier die einzelnen zulässigen Enteignungszwecke aufzuzählen. Es darf also zur Ermöglichung jeder im Bebauungsplan festgesetzten Nutzung enteignet werden. Dabei geht die amtliche Begründung (zu § 96 des Regierungsentwurfs) davon aus, daß die

Nutzung, die durch den Bebauungsplan unter Abwägung der öffentlichen und privaten Interessen festgesetzt worden ist, die bestmögliche ist (vgl. § 1). So wird die förmliche und inhaltliche Verknüpfung der städtebaulichen Enteignung mit der städtebaulichen Planung hergestellt. Der Bebauungsplan selbst kann aber im Enteignungsverfahren jedenfalls nicht mehr hinsichtlich der Zweckmäßigkeit seiner Festsetzungen angegriffen werden. Nach OLG München, Senat für Baulandsachen, U vom 4. 6. 1962 — 2 U 1/62 Baul. — (nicht veröffentlicht) bedeutet diese Bindungswirkung allerdings keine materielle (innere) Rechtskraft im Sinn der streitigen Gerichtsbarkeit. Dort schließt die materielle Rechtskraft jedes neue Verfahren und jede neue, d. h. abweichende Entscheidung in derselben Sache aus. Wäre das auch hier der Fall, dann träte nach einem rechtsverbindlich gewordenen Bebauungsplan (§ 12 BBauG) ein Erstarrungszustand ein, der es verböte, neue Möglichkeiten und Bedürfnisse der städtebaulichen Entwicklung zu berücksichtigen. Daß das vom Bundesbaugesetz nicht gewollt ist, ergibt sich bereits aus dem in § 1 Abs. 1 ausgesprochenen Gesetzeszweck und aus den gesetzlich vorgesehenen Möglichkeiten, den rechtsverbindlich gewordenen Bebauungsplan nachträglich zu ändern und zu ergänzen.

Der Inhalt und der Sinn der Bindungswirkung kann danach nur folgender sein: Wenn der rechtsverbindliche Bebauungsplan ausgeführt wird, dann kann sich der Betroffene nicht darauf berufen, innerhalb des betreffenden Projekts könnte das erstrebte Ziel abweichend vom Plan zweckmäßiger erreicht werden; z. B. von seinem Vorgarten sei dazu nicht ein so breiter Randstreifen wie im Plan, sondern nur ein Streifen von geringerer Breite oder anderer Gestalt erforderlich. Weiter reicht aber diese Bindungswirkung nicht. Die Bindungswirkung des Plans besagt vor allem nichts darüber, ob im Einzelfall das Wohl der Allgemeinheit die Enteignung erfordert und ob der Enteignungszweck auf andere Weise nicht erreicht werden kann. Das sind vielmehr selbständige Fragen, die nicht schon durch einen rechtsverbindlichen Bebauungsplan bindend vorweg entschieden sind, und zwar auch nicht einmal mit dem für eine vorzeitige Besitzeinweisung erforderlichen, aber auch genügenden hohen Grad von Wahrscheinlichkeit.

Zu beachten ist, daß die Enteignung nicht etwa nur zur baulichen Nutzung eines Grundstücks zulässig ist (wenn dies auch meist der Fall sein wird), in Frage kommt vielmehr jede im Bebauungsplan vorgesehene Nutzung. Ausnahmen von der formellen Zulässigkeitsvoraussetzung des Vorliegens eines rechtsverbindlichen Bebauungsplans bilden Nr. 2, 3 und 4 des Abs. 1 (siehe unten).

Neben der Enteignung zur Verwirklichung der bebauungsplanmäßigen Nutzung zugunsten eines jeden Bauwilligen, der in der Lage ist, den im Bebauungsplan vorgesehenen Zweck zu erfüllen, enthält Abs. 1 Nr. 1 noch einen verwandten Enteignungszweck, nämlich die Vorbereitung der im Bebauungsplan vorgesehenen Nutzung. Auch hier ist also der Bebauungsplan Grundlage und formelle und materielle Zulässigkeitsvoraussetzung für die Enteignung. Die Enteignung für Vorbereitungszwecke darf nur zugunsten der Gemeinde erfolgen (§ 87 Abs. 3), also nicht zugunsten eines privaten Bauwilligen. Sie soll dazu dienen, der Gemeinde die Baureifmachung bisher unerschlossenen Geländes zu erleichtern und in vielen Fällen überhaupt erst zu ermöglichen. Es kommen also unbebaute oder geringfügig bebaute, zur Bebauung noch nicht aufgeschlossene Grundstücke in Frage; dabei kann es sich sowohl um Enteignung größerer Flächen handeln als auch um die Enteignung einzelner Grundstücke, die in einem von der Gemeinde für Zwecke der Wiederbebauung oder Baureifmachung erworbenen Gelände liegen (wegen der Schließung von Baulücken siehe b).

Die Enteignung zugunsten einer Gemeinde hinsichtlich eines Grundstücks, das in einer a n d e r e n Gemeinde liegt, wird nicht zulässig sein. Dies dürfte sich aus dem Wortlaut des § 87 Abs. 3 ergeben („Die Enteignung eines Grundstücks ... darf nur zugunsten d e r Gemeinde erfolgen"; vgl. im Gegensatz dazu die Fassung des § 6 Abs. 3 BauLBG: „Die Enteignung zugunsten e i n e r Gemeinde ist auch zulässig ...", sowie Dittus-Zinkahn § 6 Anm. 11).

Wegen der Veräußerungspflicht der Gemeinde siehe § 89 Abs. 1.

**b)** Auf Grund der Ausschußberatungen wurde die Enteignungsmöglichkeit innerhalb der im Zusammenhang bebauten Ortsteile auch unabhängig von der Aufstellung eines Bebauungsplans für erforderlich gehalten, da es in diesen Gebieten nicht überall notwendig sein wird, einen Bebauungsplan aufzustellen (so z. B. im zusammenhängend bebauten Stadtkern). Damit soll namentlich die Enteignung von Baulücken ermöglicht werden, ohne daß erst ein Verfahren zur Aufstellung eines Bebauungsplans vorangehen muß.

Voraussetzung für diese in **Nr. 2** geregelte Enteignung ist also nicht das Vorliegen eines Bebauungsplans. Wenn ein solcher vorliegt, kommt nur die Enteignung nach Abs. 1 Nr. 1, nicht nach Nr. 2 in Frage. Voraussetzung ist hier:

**aa)** daß es sich um ein unbebautes oder geringfügig bebautes Grundstück handelt u n d

**bb)** daß dieses Grundstück innerhalb eines im Zusammenhang bebauten Ortsteils liegt.

Ob diese Voraussetzungen gegeben sind, unterliegt der vollen gerichtlichen Nachprüfung. Als geringfügig bebaut ist dann ein Grundstück anzusehen, wenn auf ihm etwa Behelfsläden, Baracken, Schuppen, Kioske, behelfsmäßige Einstellplätze für Kraftfahrzeuge, Gartenhäuschen und dgl. errichtet wurden. In § 3 Abs. 1 Buchst. c des BauLBG heißt es über den Begriff „geringfügige Bebauung": Als geringfügig ist namentlich eine Bebauung anzusehen, die erheblich unter dem Maß der zulässigen oder üblichen Bebaubung liegt oder nach ihrem Umfang die Verpflichtung zur Leistung von Anliegerbeiträgen nicht auslöst oder in behelfsmäßiger Bauart errichtet oder nur auf Widerruf genehmigt ist.

Der Zweck der Enteignung nach Nr. 2 ist, das Grundstück „entsprechend den baurechtlichen Vorschriften" zu nutzen. Da in diesen Fällen kein Bebauungsplan vorliegt, sind lediglich die für das betreffende Gebiet geltenden allgemeinen baurechtlichen Vorschriften zu beachten (z. B. die landesrechtlichen oder ortsrechtlichen Vorschriften über Art und Maß der baulichen Nutzung).

Eine weitere Enteignungsmöglichkeit wurde in Nr. 2 (in Verbindung mit § 87 Abs. 3) zugunsten der G e m e i n d e geschaffen. Diese kann die Enteignung beantragen, um ein nicht im Bereich eines Bebauungsplans gelegenes Grundstück, auf das die oben unter aa) und bb) angeführten Voraussetzungen zutreffen, einer b a u l i c h e n N u t z u n g (durch einen Dritten) z u z u f ü h r e n. Hier kommen vor allem derzeit unbebaute bzw. nur geringfügig bebaute Grundstücke in Betracht, die bereits erschlossen sind, die früher bereits bebaut waren und wieder voll bebaut werden sollen. Es wird sich daher vor allem um Grundstücke handeln, deren Bauwerke durch Schäden irgendwelcher Art (Kriegszerstörung, Naturkatastrophen) oder etwa durch Abbruch beseitigt oder stark beschädigt wurden. Die Inanspruchnahme erschlossener Grundstücke soll in erster Linie Baulücken erfassen, um die kostspielige Beschaffung und Erschließung neuen Geländes am Stadtrand zu vermeiden. Es liegt im Interesse der Allgemeinheit, wenn die Bautätigkeit zunächst an die vorhandenen Straßen gelenkt wird, um die öffentlichen Mittel zu schonen und die Inanspruchnahme von neuem Land zu Bauzwecken und damit weitere Kosten verursachende Erschließungsmaßnahmen zu vermeiden (vgl. BVerwG Urt. v. 29. 11. 1956, NJW 1956, 1798). Damit wird zugleich einer etwaigen Zurückhaltung baureifer Grundstücke aus spekulativen Gründen entgegengewirkt. Der Eigentümer eines solchen Grundstücks ist geschützt durch die Bestimmung in § 87 Abs. 1, wonach die Enteignung im e i n z e l n e n F a l l u. a. nur zulässig ist, wenn der Enteignungszweck auf andere zumutbare Weise nicht erreicht werden kann. Der Eigentümer kann also eine drohende Enteignung dadurch abwenden, daß er einwendet und glaubhaft macht, daß er die Baulücke in einer bestimmten Frist („entsprechend den baurechtlichen Vorschriften") selbst bebaut (vgl. hierzu besonders auch den in den Ausschußverhandlungen gestrichenen § 102 der Regierungsvorlage, der einen förmlichen Abwendungsanspruch des Eigentümers vorsah; die Vorschrift war nach übereinstimmender Ansicht des Ausschusses entbehrlich, weil die Enteignungsbehörde bei der Prüfung der gesetzlichen Voraussetzungen einer Enteignung ohnehin feststellen müsse, ob der Eigentümer nicht selbst das betreffende Grundstück entsprechend den Festsetzungen des Bebauungsplans nutzen will und weil, wenn dies der Fall sei, die grundlegende Voraussetzung für eine Enteignung, daß sie zum Wohl der Allgemeinheit erforderlich sei, in der Regel nicht gegeben sei — siehe Drucksache 1794, zu § 102 —).

Für die Einführung dieses Enteignungstatbestandes war die Erwägung maßgebend, daß sich private Bauwillige erfahrungsgemäß oft scheuen, den für sie mühseligen, zeitraubenden und kostspieligen Weg der Enteignung zu beschreiten. Die Gemeinde ist verpflichtet, das zu ihren Gunsten enteignete Grundstück an Bauwillige weiter zu veräußern; siehe hierüber § 89 Abs. 2.

c) Auch die E r s a t z l a n d e n t e i g n u n g nach Nr. 3 kann außerhalb des Gebiets eines Bebauungsplans erfolgen; denn es wird in der Regel zweckmäßig sein, nur solches Gelände als Ersatzland in Anspruch zu nehmen, das voraussichtlich nicht alsbald wiederum für eine Enteignung zum Zwecke der Bebauung in Betracht kommen kann. Als Ersatzland kommen solche Grundstücke in Frage, die als Entschädigung in einem Enteignungsverfahren gewährt werden. Ihrem Zweck nach soll die Ersatzlandenteignung die Erhaltung der Existenz des Enteigneten gewährleisten. Über die Voraussetzungen der Ersatzlandenteignung vgl. im einzelnen §§ 90 und 100.

Ein Grundstück kann zur Entschädigung in Land jedoch nur dann enteignet werden, wenn es land- oder forstwirtschaftlich genutzt werden soll (§ 90 Abs. 3).

d) Die Bestimmung in Nr. 4 — Enteignung zu dem Zweck, entzogene Rechte durch neue Rechte zu e r s e t z e n — soll es ermöglichen, den bisherigen Inhaber eines Rechts (z. B. eines Rechts, das zum Erwerb, zum Besitz oder zur Nutzung von Grundstücken berechtigt, wie Vorkaufs-, Miet- und Pachtrechte, —

§ 86 Abs. 1 Nr. 3 —), das durch Enteignung entzogen wird, durch Begründung eines neuen entsprechenden Rechts zu entschädigen (vgl. auch § 101).

**3. Übergangsregelung**

Als Bebauungsplan gelten im übrigen auch alle bestehenden baurechtlichen Vorschriften und Baulinienpläne, soweit sie verbindliche Regelungen der in § 9 bezeichneten Art enthalten (§ 173 Abs. 3).

**4. Rechtsprechung**

Das Bundesverwaltungsgericht hat zu dem Verhältnis der §§ 17, 18 zu § 19 FStrG (Frage der Bindung des festgestellten Plans für die Enteignungsbehörde) im B vom 15. 11. 1962 (BVerwG I C 89.62) folgendes ausgeführt:

„... Soweit der Verwaltungsgerichtshof davon ausgeht, die Planfeststellung sei ‚nur dann zulässig, wenn die nach Enteignungsrecht bestehenden Voraussetzungen erfüllt' seien, kann ihm nicht gefolgt werden. Er nimmt zu Unrecht an, daß § 19 FStrG rechtliche Voraussetzungen für die Anwendung der §§ 17, 18 FStrG normiere. Der angefochtene Planfeststellungsbeschluß ist im Zusammenhang mit der beabsichtigten Verbreiterung der Bundesstraße 19 ergangen. Ein solches ‚Bauvorhaben' darf nach § 17 Abs. 1 Satz 1 FStrG nur ausgeführt werden, wenn der hierfür erforderliche Plan vorher festgestellt worden ist. Das Gesetz unterscheidet zwischen der Feststellung des Bauvorhabens im Planfeststellungsbeschluß und der „Ausführung eines nach § 18 Abs. 5 festgestellten Bauvorhabens" (vgl. § 19 Abs. 1 Satz 2 FStrG in der nunmehr geltenden Fassung der Bekanntmachung vom 6. August 1961 [BGBl. I S. 1742]). Durch den Planfeststellungsbeschluß werden der dem Bauvorhaben zugrunde liegenden Planung rechtliche Wirkungen beigelegt (§ 17 Abs. 1 Satz 2 und 3 FStrG). Welche das im einzelnen sind, bedarf hier keiner Erörterung. Es genügt der Hinweis, daß der Planfeststellungsbeschluß die jedermann gegenüber wirkende öffentlich-rechtliche Ermächtigung zur Ausführung des Planes enthält und durch ihn die damit zusammenhängenden öffentlich-rechtlichen Beziehungen zwischen dem Träger der Straßenbaulast und den Betroffenen geregelt werden. Dagegen ermächtigt der Planfeststellungsbeschluß weder zu tatsächlichen Eingriffen noch zur Beseitigung oder Beschränkung privater Rechte, die der Umsetzung des Vorhabens in die Wirklichkeit entgegenstehen. Die öffentlich-rechtliche Zulassung des Bauvorhabens steht unter dem Vorbehalt, daß notwendig werdende Eingriffe in private Vermögenspositionen der Betroffenen vor der Ausführung rechtlich geregelt werden. Solange das nicht geschehen ist, bleibt die tatsächliche Ausführung des Planes insoweit unzulässig. Die Gültigkeit des festgestellten Planes selbst wird aber hiervon nicht berührt.

Wenn keine Vereinbarung mit dem Betroffenen, dessen Grundstücke zur Ausführung des Vorhabens benötigt werden zustande kommt, auch keine Regelung im Rahmen eines Umlegungs- oder Flurbereinigungsverfahrens erfolgt, bleibt als letztes Mittel die Einleitung eines Enteignungsverfahrens. Die gesetzliche Ermächtigung hierzu gibt § 19 FStrG. Der Träger der Straßenbaulast ist mit dem Enteignungsrecht ausgestattet (§ 19 Abs. 1 Satz 1 FStrG); er hat also einen Anspruch darauf, daß die Enteignungsbehörde auf seinen Antrag hin tätig wird. Einer besonderen Zulassung des Enteignungsverfahrens bedarf es nicht. Die Enteignungsbehörde muß von der öffentlichen Zulassung des Vorhabens und von der im Plan vorgesehenen Linienführung ausgehen, sie ist also an die im Planfeststellungsbeschluß getroffene Entscheidung gebunden, daß die Straße über das betroffene Grundstück geführt werden soll. Damit ist die Größe und die Grenze der für eine Enteignung in Betracht kommenden Grundstücke festgelegt. Hiervon darf die Enteignungsbehörde nicht abgehen (§ 19 Abs. 2 FStrG). Dagegen ist die Enteignungsbehörde nicht in der Richtung gebunden, daß sie nur noch die Eigentumsentziehung und Eigentumsübertragung auszusprechen hätte. Sie hat vielmehr zu prüfen und zu entscheiden, ob die Enteignung im einzelnen Fall zulässig ist. Nach der Rechtsprechung des Senats muß die Enteignung ultima ratio sein. Die Enteignungsbehörde muß also feststellen, ob die Ausführung des Bauvorhabens die vollständige oder teilweise Entziehung oder eine Beschränkung des Eigentumsrechts an dem im Plan bezeichneten Grundstück erforderlich macht und ob die Entziehung des Eigentums auch unter Berücksichtigung des Grundsatzes der Verhältnismäßigkeit gerechtfertigt ist. Es trifft also nicht zu, daß die Enteignungsbehörde wegen der in § 19 Abs. 2 FStrG angeordneten Bindung an die Planfeststellung „nicht mehr die sich aus dem Enteignungsrecht ergebenden Voraussetzungen für die Rechtmäßigkeit der Enteignung" prüfen dürfte und „die Enteignung aussprechen" müßte. Die Planfeststellung ist zwar Voraussetzung für die Einleitung eines Enteignungsverfahrens; die Enteignungsbehörde ist auch auf die durch die Planfeststellung festgelegten und für eine Enteignung in Betracht kommenden Grundstücke beschränkt. Ob und inwieweit aber im einzelnen Fall eine Enteignung notwendig wird, um die Ausführung des Bauvorhabens sicherzustellen, wird nicht im Planfeststellungsbeschluß entschieden. Dieser ist daher in seiner rechtlichen Gültigkeit nicht davon abhängig, daß die für eine Enteignung in einem konkreten Fall erforderlichen Voraussetzungen vorliegen."

## § 86
### *Gegenstand der Enteignung*

**(1) Durch Enteignung können**

1. **das Eigentum an Grundstücken entzogen oder belastet werden;**
2. **andere Rechte an Grundstücken entzogen oder belastet werden;**
3. **Rechte entzogen werden, die zum Erwerb, zum Besitz oder zur Nutzung von Grundstücken berechtigen oder die den Verpflichteten in der Benutzung von Grundstücken beschränken;**
4. **soweit es in den Vorschriften dieses Teiles vorgesehen ist, Rechtsverhältnisse begründet werden, die Rechte der in Nummer 3 bezeichneten Art gewähren;**
5. **die Änderung oder Beseitigung vorhandener baulicher Anlagen entsprechend den Festsetzungen des Bebauungsplanes angeordnet werden.**

**(2) Auf das Zubehör eines Grundstücks sowie auf Sachen, die nur zu einem vorübergehenden Zwecke mit dem Grundstück verbunden oder in ein Gebäude eingefügt sind, darf die Enteignung nur nach Maßgabe des § 92 Abs. 4 ausgedehnt werden.**

**(3) Die für die Entziehung oder Belastung des Eigentums an Grundstücken geltenden Vorschriften sind auf die Entziehung, Belastung oder Begründung der in Absatz 1 Nr. 2 bis 4 bezeichneten Rechte sinngemäß anzuwenden.**

1. Allgemeines

a) § 86 enthält keine Definition des Enteignungsbegriffs, sondern sagt in

**Abs. 1** nur, durch welche Einzelmaßnahmen nach diesem Teil des Gesetzes enteignet werden kann.

**b)** Die Vorschrift zählt erschöpfend die Rechtsänderungen auf, die im Wege des BBauG durch Enteignung herbeigeführt werden können; sie ist so ausgestaltet, daß mit ihr die Ziele des Gesetzes erreicht werden können. Die städtebauliche Enteignung ist somit auf solche Einwirkungen beschränkt worden, die ausreichen, um dem Begünstigten die bebaungsplanmäßige Nutzung der Grundstücke zu ermöglichen. Welche Maßnahmen im Einzelfall getroffen werden können, richtet sich nach dem (aus dem Antrag und den Umständen des Falles sich ergebenden) Zweck des Unternehmens (§ 85), nach den Zulässigkeitsvoraussetzungen (§ 87 ff.) und nach der Interessenlage der Beteiligten.

**c)** Die Rechtsänderungen werden durch die Ausführungsanordnung (rechtskräftiger, privatrechtsgestaltender Verwaltungsakt) der Enteignungsbehörde (§ 117) vorgenommen. Die Feststellung, welche rechtsgestaltenden Wirkungen durch die Enteignung eintreten, wird durch die in § 113 Abs. 2 vorgeschriebenen ausführlichen Angaben im Enteignungsbeschluß erleichtert.

**2. Gegenstände der Enteignung im einzelnen**

**a)** Es kann das Eigentum an Grundstücken entzogen oder belastet werden (Abs. 1 **Nr. 1**).

**aa)** Der bürgerlich-rechtliche Begriff „Eigentum“ (§ 903 BGB) beruht auf der individualistischen Auffassung, daß dieses Recht dem Eigentümer grundsätzlich die Befugnis verleiht, nach Belieben mit der Sache zu verfahren und andere von jeder Einwirkung auszuschließen. Durch den Zusatz „soweit nicht das Gesetz oder Rechte Dritter entgegenstehen“ sind aber der absoluten Herrschaftsmacht Schranken gesetzt, insbesondere ist der Sozialgebundenheit des Eigentums Rechnung getragen. Die Enteignungsbestimmungen beruhen auf dieser Einschränkung der Herrschaftsmacht. In Nr. 1 handelt es sich um das Eigentum im Sinn des dinglichen Vollrechts im Gegensatz zu den sog. begrenzten dinglichen Rechten an einer Sache, z. B. Dienstbarkeit oder Hypothek.

**bb)** „Grundstück“ im Sinn dieser Bestimmung ist ein räumlich abgegrenzter Teil der Erdoberfläche, der im Bestandsverzeichnis eines Grundbuchblattes unter einer besonderen Nummer gebucht ist (vgl. Palandt Überblick zum 2. Abschnitt; RGZ 84, 270), und zwar ohne Rücksicht auf die Art seiner Nutzung. Vom „Grundstück“ zu unterscheiden ist die Katasterparzelle (das ist eine Bodenfläche, die vermessungstechnisch in dem amtlichen Verzeichnis der Grundstücke — Grund- und Gebäudesteuerbuch, Sachregister — eine besondere Nummer erhält) und das Grundstück im wirtschaftlichen Sinn, nämlich die eine wirtschaftliche Einheit bildenden Bodenflächen.

**cc)** Durch den Verwaltungsakt der Enteignung wird das Eigentum an dem zu enteignenden Grundstück zwangsweise auf den Enteignungsbegünstigten übertragen (Entziehung des Eigentums des bisherigen Eigentümers und seine Neubegründung in der Person des Enteignungsbegünstigten). Das Grundstück kann aber auch (für den Fall, daß der Entzug des Eigentums im Hinblick auf den Enteignungszweck nicht notwendig ist und daher ein zu starker Eingriff wäre) mit einem im Verhältnis zum Eigentumsrecht beschränkten dinglichen

Recht b e l a s t e t werden. Aus der Kennzeichnung der Enteignung als eines privatrechtsgestaltenden Verwaltungsakts (vgl. oben 1 c) ergibt sich, daß nur die Belastung mit einem in der Privatrechtsordnung vorgesehenen Recht zugelassen sein wird. Solche Rechte sind z. B. Erbbaurecht (§§ 1012 ff. BGB, VO über das Erbbaurecht v. 15. 1. 1919 — RGBl. S. 72, 122 —), Dienstbarkeit (Grunddienstbarkeit, §§ 1018—1029 BGB; Nießbrauch, §§ 1030 ff. BGB; beschränkte persönliche Dienstbarkeiten, §§ 1090—1093 BGB), dingliches Vorkaufsrecht (§§ 1094 ff. BGB); ferner Dauerwohnrecht und Dauernutzungsrecht (§ 31 Abs. 1 und 2 des Wohnungseigentumsgesetzes vom 15. 3. 1951 — BGBl. I S. 175).

**b)** Es können a n d e r e R e c h t e an Grundstücken e n t z o g e n oder b e l a s t e t werden (Nr. 2).

**aa)** Während sich Nr. 1 mit dem Eigentum (als dem stärksten dinglichen Recht) befaßt, spricht die Nr. 2 von „anderen Rechten" und zwar auch wieder von Rechten „an Grundstücken" (also von d i n g l i c h e n Rechten). Es kommen nur solche dinglichen Rechte in Frage, welche der Verwendung des Grundstücks zu dem beabsichtigten Enteignungszweck im Wege stehen. Dabei ist es denkbar, daß es sich um ein Recht eines Dritten an einem Grundstück handelt, das dem Enteignungsbegünstigten selbst gehört; wenn dieses Recht den Begünstigten hindert, sein Grundstück entsprechend dem Bebauungsplan zu nutzen, kann es dem Dritten entzogen werden. (Beispiel: Das Grundstück des Begünstigten ist mit einem dinglich gesicherten Fahrtrecht zugunsten des Nachbargrundstücks belastet — § 1018 BGB —. Dieses Recht hindert den Begünstigten, sein Grundstück entsprechend dem Bebauungsplan zu bebauen. Wenn zwischen den Beteiligten keine gütliche Einigung über die Löschung der Grunddienstbarkeit zustande kommt, kann das Enteignungsverfahren zugunsten des Begünstigten mit dem Ziel der Beseitigung der Dienstbarkeit eingeleitet werden.) Ferner kann ein Recht in Betracht kommen, das ein Dritter an einem (fremden) Grundstück hat, das dem Begünstigten zum Zwecke der Bebauung zur Verfügung gestellt werden soll. (Beispiel: Dem A ist an dem Grundstück des B ein Nießbrauch eingeräumt — § 1030 BGB —; das Grundstück soll zugunsten des Z enteignet werden; zur Erreichung des Enteignungszwecks ist es erforderlich, daß auch der Nießbrauch beseitigt wird. In diesem Fall kann dem A das Recht entzogen werden.) Schließlich sind auch Fälle möglich, in denen ein Dritter ein Recht an einem Grundstück hat, dieses Grundstück zwar nicht enteignet werden soll, aber der Begünstigte d a s R e c h t zur Durchführung seines Bauvorhabens benötigt. (Beispiel: A hat das alleinige — dinglich gesicherte — Recht auf Wasserentnahme auf dem Grundstück des B. Dem Begünstigten Z muß zur Durchführung s e i n e s Vorhabens — eine andere Lösung kommt nicht in Betracht — die Wasserentnahme auf dem Grundstück des B zugesprochen werden. In diesem Fall kann dem A das Recht — ganz oder teilweise — entzogen werden.)

**bb)** Die B e l a s t u n g von Rechten: vgl. §§ 873, 876 BGB. In Frage kommen unmittelbare Belastungen (so sind Reallasten — § 1105 BGB — und das Dauerwohnrecht — § 31 Wohnungseigentumsgesetz — mit Nießbrauch und Pfandrecht belastbar), oder mittelbare Belastungen (Grunddienstbarkeiten, Vorkaufsrechte und Reallasten als subjektiv-dingliche Rechte werden mittelbar durch alle am herrschenden Grundstück bestehenden Rechte belastet — vgl. Palandt § 876 Anm. 3).

c) Entziehung von Rechten, die zum Erwerb, zum Besitz oder zur Nutzung von Grundstücken berechtigen oder die den Verpflichteten in der Benützung von Grundstücken beschränken (**Nr. 3**). In Frage kommt also hier die Entziehung bestimmter obligatorischer Rechte, so vor allem des obligatorischen Vorkaufs- oder des Wiederkaufsrechts (Rechte zum Erwerb oder zum Wiedererwerb eines Grundstücks), sowie von Miet- und Pachtrechten (Rechte, die dem Berechtigten den Besitz oder die Nutzung von Grundstücken ermöglichen oder die die Benutzung des Grundstücks durch den Eigentümer beschränken); diese Rechte können infolge der im Schuldrecht maßgeblichen Vertragsfreiheit sehr zahlreich sein. Auf Grund der Bestimmung der Nr. 3 können also z. B. den Mietern und Pächtern ihre Rechte aus den Miet- und Pachtverhältnissen entzogen werden, wenn diese Rechte den Begünstigten hindern, das Grundstück zu dem Enteignungszweck zu nutzen.

Mit dem in der Ausführungsanordnung festzusetzenden Tag wird der bisherige Rechtszustand durch den im Enteignungsbeschluß geregelten neuen Rechtszustand ersetzt (§ 117 Abs. 3 Satz 1); einer etwa in anderen Gesetzen vorgesehenen Zustimmung (z. B. nach der Mieter- und Pachtschutzgesetzgebung) bedarf es nicht.

Wegen der Entschädigung für solche Rechte siehe § 97 Abs. 3 Nr. 2 und 3.

**d)** Die (in den Ausschußverhandlungen neu eingefügte) **Nr. 4** stellt klar, daß durch Enteignung in bestimmten Grenzen auch bestimmte obligatorische Rechtsverhältnisse begründet werden können, was insbesondere bei der Entschädigung von Pächtern (durch Begründung eines entsprechenden Rechtes) erforderlich werden kann. Die Möglichkeit dingliche Rechtsverhältnisse zu begründen, ist durch Nr. 1 und 2 gedeckt. Weil aber die Vorschriften der §§ 97 Abs. 2, 100 Abs. 5 und 102 Abs. 5 eine Ermächtigung zur Begründung obligatorischer Rechte voraussetzen, mußte in Nr. 4 eine entsprechende Möglichkeit geschaffen werden. Hinsichtlich der in Betracht kommenden Rechte vgl. oben c.

**e) Nr. 5** bezweckt die notwendige Anpassung baulicher Anlagen an den Bebauungsplan. Die Bestimmung war ursprünglich in § 36 des Regierungsentwurfs, also im Dritten Teil, enthalten. Sie ist für die Durchführung des Bebauungsplans von größter Bedeutung; die endgültige Übernahme in den Fünften Teil stellt klar, daß diese Anpassung nur in einem formellen Enteignungsverfahren durchgesetzt werden kann.

Bei der Aufstellung, Änderung und Ergänzung eines Bebauungsplans ist stets den in § 1 Abs. 3, 4 und 5 genannten Erfordernissen Rechnung zu tragen. Das kann zur Folge haben, daß im Bebauungsplan Festsetzungen getroffen werden, die von der zur Zeit der Planaufstellung vorhandenen baulichen Nutzung der Grundstücke abweichen. Da sich nicht nur die künftige, sondern grundsätzlich auch die vorhandene bauliche Nutzung der Grundstücke nach den Festsetzungen des Bebauungsplans zu richten hat, mußte eine Möglichkeit geschaffen werden, eine entsprechende Anpassung durch Änderung oder Beseitigung vorhandener baulicher Anlagen herbeizuführen. Wegen der Entschädigung siehe §§ 93 ff.; wegen des Abbruchs nicht oder auf Widerruf genehmigter baulicher Anlagen und einer allenfallsigen Entschädigung hierfür vgl. § 95 Abs. 3.

3. Die Vorschrift des **Abs. 2** eröffnet im Interesse des Eigentümers einen

Weg, ausnahmsweise die Enteignung auch auf nicht wesentliche Bestandteile oder auf das Zubehör auszudehnen. Die Enteignung darf aber nur ausgesprochen werden auf Verlangen des Eigentümers. Der Eigentümer kann die Ausdehnung der Enteignung verlangen, muß dies aber nicht tun. Seinem Verlangen kann nur stattgegeben werden, wenn und soweit er die in § 86 Abs. 2 bezeichneten Gegenstände infolge der Enteignung nicht mehr wirtschaftlich nutzen oder nicht in anderer Weise angemessen verwerten kann (§ 92 Abs. 4)

a) Zubehör sind bewegliche Sachen, die, ohne Bestandteile der Hauptsache zu sein, dem wirtschaftlichen Zweck der Hauptsache zu dienen bestimmt sind und zu ihr in einem dieser Bestimmung entsprechenden räumlichen Verhältnis stehen; eine Sache ist nicht Zubehör, wenn sie im Verkehr nicht als Zubehör angesehen wird (§ 97 Abs. 1 BGB). Das sogenannte Inventar ist immer als dem wirtschaftlichen Zweck der Hauptsache zu dienen bestimmt anzusehen, also bei einem Gebäude, das für einen gewerblichen Betrieb dauernd eingerichtet ist (insbesondere bei einer Mühle, einem Brauhaus, einer Fabrik usw.), die zum Betrieb bestimmten Maschinen und sonstigen Gerätschaften, ferner bei einem landwirtschaftlichen Anwesen das zum Wirtschaftsbetrieb bestimmte Gerät und Vieh, die landwirtschaftlichen Erzeugnisse, soweit sie zur Fortführung der Wirtschaft bis zu der Zeit erforderlich sind, zu welcher gleiche oder ähnliche Erzeugnisse voraussichtlich gewonnen werden (vgl. § 98 BGB). Zu prüfen bleibt aber auch hier, ob die übrigen Voraussetzungen des § 97 BGB (kein Bestandteil, räumliches Verhältnis und Fehlen einer entgegenstehenden Verkehrsauffassung) vorliegen (RGZ 69, 152). Weitere Einzelfälle für Zubehör sind: Apothekeneinrichtung auf einem Apothekengrundstück; Baumaterial auf einem Baugrundstück; Einrichtung einer Gastwirtschaft, eines Kaffeehauses, eines Metzgerladens; Fernleitungen eines Elektrizitätswerkes; Büroeinrichtungen einer Fabrik und Maschinen auf einem Fabrikgrundstück (und zwar auch schon vor Inbetriebnahme, dagegen nicht, solange das Fabrikgebäude noch im Bau ist). Kein Zubehör sind: Rohstoffvorräte, Fertigfabrikate, Waren einer Fabrik oder eines Geschäfts (vgl. hierzu Palandt Anm. zu § 97).

b) Sachen, die zu einem vorübergehenden Zweck mit dem Grundstück verbunden oder an ein Gebäude angefügt sind: vgl. hierzu § 95 BGB. Diese Sachen sind nicht Bestandteile des Grundstücks, auch nicht unwesentliche, obwohl sie äußerlich als solche erscheinen. Sie werden vielmehr als selbständige Sachen, und zwar, da sie zweifellos nicht Grundstücke sind, als bewegliche Sachen, angesehen. Die Verbindung oder die Einfügung geschieht nur zu einem vorübergehenden Zweck, wenn die spätere Wiedertrennung von Anfang an beabsichtigt ist oder mit Sicherheit erwartet wird, wenn auch erst nach langer Dauer, z. B. erst nach Ablauf eines mehrjährigen Pacht- oder Mietvertrags; es kommen also Gegenstände in Betracht, welche Mieter und Pächter auf Vertragsdauer für ihre Zwecke einfügen, wie Öfen, Waschbecken, Fernseheinrichtungen. Ferner werden als Sachen, die nur zu einem vorübergehenden Zweck mit dem Grundstück verbunden sind, angesehen: Schaubuden, leichte Verkaufskioske; Gegensatz ist dauernde Verbindung, an deren Trennung ursprünglich nicht gedacht war. Der innere Wille des Einfügenden ist maßgebend (vgl. Palandt Anm. zu § 95; ferner RG JW 1935, 418, RGZ 158, 376).

4. **Abs.** 3 besagt, daß in allen Fällen die für Grundstücke geltenden Enteignungsbestimmungen auch für die dinglichen und die genannten obligatorischen Rechte an Grundstücken sinngemäß gelten, ohne daß es an den betreffenden Stellen jeweils betont zu werden braucht; dies ermöglichte eine sprachliche Vereinfachung dieses Teils des Gesetzes. In den folgenden Vorschriften wird demgemäß nur von der „Entziehung des Eigentums", dem „Eigentümer", dem „Grundstück", abgestellt auf den Regelfall des Abs. 1 Nr. 1, gesprochen.

**5. Rechtsprechung**

BVerwG, U vom 6. 8. 1959 (I C 204.57) BVerwGE 10, 3.

Der Mehrwertausgleich nach dem nordrh.-westf. Aufbaugesetz ist auch dann keine Enteignung, wenn der Betroffene sein bisheriges Grundstück unverändert zurückerhält.

BVerwG, U vom 6. 10. 1960 (I C 64.60) BVerwGE 12, 1.

Zur Frage des Vorliegens einer Enteignung bei den in der Umlegung vorgenommenen unentgeltlichen Landabzügen.

BGH, U vom 10. 12. 1957, MDR 1958, 221.

Zur Frage der Änderung der Baulandqualität als Teilenteignung.

BGH, U vom 27. 4. 1960, MDR 1960, 659.
Das einer Gemeinde im Rahmen der §§ 3, 4 NdsAufbauG zustehende Vorkaufsrecht stellt keine Enteignung dar.

## § 87

### *Voraussetzungen für die Zulässigkeit der Enteignung*

**(1) Die Enteignung ist im einzelnen Falle nur zulässig, wenn das Wohl der Allgemeinheit sie erfordert und der Enteignungszweck auf andere zumutbare Weise nicht erreicht werden kann.**

**(2) Die Enteignung zu den in § 85 Abs. 1 Nr. 1 und 2 bezeichneten Zwecken setzt voraus, daß**

1. **die Bereitstellung von Grundstücken, die im Rahmen der beabsichtigten städtebaulichen Entwicklung für das Vorhaben geeignet sind, weder aus dem Grundbesitz des Bundes, des Landes, einer Gemeinde (Gemeindeverband) oder einer juristischen Person des Privatrechts, an der der Bund, das Land oder eine Gemeinde (Gemeindeverband) allein oder gemeinsam überwiegend beteiligt sind, noch aus dem des Antragstellers möglich und zumutbar ist,**
2. **der Antragsteller sich ernsthaft um den freihändigen Erwerb eines geeigneten Grundstücks zu angemessenen Bedingungen, insbesondere, soweit ihm dies möglich und zumutbar ist, unter Angebot ge-**

**eigneten anderen Landes aus dem eigenen Vermögen oder aus dem Besitzstand von juristischen Personen des Privatrechts, an deren Kapital er überwiegend beteiligt ist, vergeblich bemüht hat und**

**3. er glaubhaft macht, daß das Grundstück innerhalb angemessener Frist zu dem vorgesehenen Zwecke verwendet wird.**

**(3) Die Enteignung eines Grundstücks zu dem Zwecke, es für die bauliche Nutzung vorzubereiten (§ 85 Abs. 1 Nr. 1) oder es der baulichen Nutzung zuzuführen (§ 85 Abs. 1 Nr. 2), darf nur zugunsten der Gemeinde erfolgen.**

**1. Allgemeines:** Die Vorschrift legt für alle Enteignungszwecke die Voraussetzungen fest, unter denen eine Enteignung im einzelnen Fall ausgesprochen werden kann. An sich handelt der ganze Erste Abschnitt des Fünften Teils, wie aus der Überschrift hervorgeht, von der „Zulässigkeit" der Enteignung; dieser Begriff der Zulässigkeit umschließt also auch Zweck (§ 85) und Gegenstand (§ 86) der Enteignung. Die §§ 87 ff. regeln die speziellen Zulässigkeitsvoraussetzungen, die im wesentlichen Beschränkungen der Enteignungsmöglichkeit zugunsten des Pflichtigen enthalten. Da die Enteignung stets ein besonderes Opfer von dem einzelnen im Interesse der Allgemeinheit fordert, muß auf der anderen Seite (neben der Entschädigung — Art. 14 Abs. 3 Satz 2 GG) gewährleistet sein, daß der Eingriff in die geschützte Privatrechtssphäre zwingend erforderlich ist; die Enteignung darf also nur dann zulässig sein, wenn ihr Zweck auf andere Weise nicht verwirklicht werden kann, ferner nur in dem durch den Zweck gebotenen Umfang. Private Beweggründe oder fiskalische Interessen der Gemeinden rechtfertigen die Enteignung nicht. Diesen Erfordernissen tragen die Bestimmungen in §§ 87 ff. Rechnung, indem sie vor allem vorsehen, daß eine Enteignung nur dann zulässig ist, wenn die Bereitstellung eines geeigneten Grundstücks aus öffentlichem Besitz oder aus dem Besitz des Begünstigten nicht möglich ist (§ 87 Abs. 2 Nr. 1 und § 90 Abs. 1 Nr. 2) und wenn der Antragsteller bzw. der Enteignungsbegünstigte keine Möglichkeit hat, ein entsprechendes Grundstück anderweitig zu erwerben (§ 87 Abs. 2 Nr. 2, § 90 Abs. 1 Nr. 3). Der Antragsteller, der die Enteignung eines Grundstücks begehrt, muß außerdem glaubhaft machen, daß das Grundstück innerhalb angemessener Frist zu dem vorgesehenen Zweck verwendet wird (§ 87 Abs. 2 Nr. 3). Die Enteignung von Grundstücken zur Entschädigung in Land ist in § 90 Abs. 2—4 weiteren einschneidenden Einschränkungen unterworfen. Schließlich enthält auch § 92 eine Reihe von Beschränkungen des Umfangs und der Ausdehnung der Enteignung, die sicherstellen, daß die Enteignung das unbedingt erforderliche Maß nicht überschreitet und daß der Eigentümer des betroffenen Grundstücks oder Rechtes sich nicht mit wertlosen verbleibenden Rechten oder Restgrundstücken begnügen muß, sondern auch deren Enteignung verlangen kann.

**2. Allgemeine Zulässigkeitsvoraussetzungen**

**a)** Die Enteignung muß dem Wohl der Allgemeinheit dienen; „Wohl der Allgemeinheit" ist ein unbestimmter, der vollen richterlichen Nachprüfung unterliegender Rechtsbegriff (vgl. auch § 24 Abs. 2 bezüglich des Vorkaufsrechts). Es wird hierbei vielfach auf den Einzelfall abzustellen sein. Nach geltendem

Enteignungsrecht wird der Begriff des Wohls der Allgemeinheit bejaht, wenn ein konkretes Unternehmen oder Vorhaben dem gemeinen Besten dient, das Gemeinwohl dieses erfordert und gerade deshalb auch ein erhebliches sachliches Bedürfnis der Allgemeinheit an der Durchführung gerade dieses Unternehmens oder Vorhabens besteht. Unter „Allgemeinheit" ist dabei eine denkbar weite, räumlich gesehen überregionale Allgemeinheit zu verstehen. (OLG München, Senat für Baulandsachen, U vom 4. 6. 1962 — 2 U 1/62 Baul — und das dort zitierte Schrifttum). Ferner darf die Enteignung nur erfolgen, wenn der Enteignungszweck auf andere zumutbare Weise nicht erreicht werden kann. Damit stellt **Abs. 1** (in Übereinstimmung mit Art. 14 Abs. 3 GG und mit allgemeinen Enteignungsgrundsätzen) klar, daß in jedem einzelnen konkreten Fall besonders geprüft werden muß, ob diese Enteignungsvoraussetzungen vorliegen. Zwar sind die öffentlichen Belange schon bei der Aufstellung des Bebauungsplans in gerechter Abwägung mit den privaten Belangen eingehend zu prüfen (§ 1 Abs. 4 Satz 2 BBauG). Während aber bei dieser Prüfung die Gesamtbelange der Gemeinde in städtebaulicher Hinsicht berücksichtigt werden, muß hier im Einzelfall geprüft werden, ob das öffentliche Wohl gerade die Enteignung dieses Grundstücks im jetzigen Zeitpunkt gebietet. Die Enteignung muß im konkreten Fall das letzte Mittel darstellen, um den dem allgemeinen Wohl dienenden Zweck zu erfüllen. Der Umstand allein, daß eine beabsichtigte bauliche Nutzung den Festsetzungen des Bebauungsplans entspricht, rechtfertigt daher allein und im allgemeinen die Durchführung der Enteignung noch nicht.

**b)** Während sich die (systematisch wenig glücklich) in § 87 Abs. 1 ausgesprochenen Grundsätze ganz allgemein auf „die Enteignung" beziehen und daher für alle in § 85 genannten Enteignungszwecke Geltung haben müssen, konkretisieren die **Absätze** 2 und 3 den allgemeinen Rechtsgedanken für die in § 85 Abs. 1 Nr. 1 und 2 bezeichneten Enteignungszwecke, d. h. also für die Enteignung zur Nutzung oder Vorbereitung der Nutzung „entsprechend den Festsetzungen des Bebauungsplans" und zur Nutzung (oder Nutzungszuführung) innerhalb im Zusammenhang bebauter Ortsteile „entsprechend den baurechtlichen Vorschriften"; nicht in Betracht kommt hier die Enteignung von Grundstücken zur Beschaffung für eine Entschädigung in Land und die Enteignung zur Ersetzung entzogener Rechte (§ 85 Abs. 1 Nr. 3 und 4).

Zulässigkeitsvoraussetzung nach Abs. 2 **Nr. 1** ist, daß die Durchführung des beabsichtigten Vorhabens nicht durch die Bereitstellung eines Grundstücks der öffentlichen Hand oder aus dem Grundstücksbesitz des Antragstellers ermöglicht werden kann; nur dann kann zur Verwirklichung des Vorhabens auf ein (fremdes) Grundstück zurückgegriffen werden.

Das in Frage kommende Grundstück der öffentlichen Hand oder des Antragstellers muß im Rahmen der beabsichtigten städtebaulichen Entwicklung für das Vorhaben geeignet sein. Ob dies der Fall ist, ist eine im Streitfall der vollen richterlichen Nachprüfung unterliegende Tat- und Rechtsfrage. Dabei ist in erster Linie zu prüfen, ob die Beanspruchung des Grundstücks im Hinblick auf die Festsetzungen des Bebauungsplans erforderlich ist, denn in der Regel kann nur in diesem Fall davon gesprochen werden, daß die Beanspruchung der beabsichtigten städtebaulichen Entwicklung entspricht. Jedoch kann auch ein Grundstück, das nicht im Bereich eines Bebauungsplans liegt, geeignet sein, so

z. B. ein innerhalb eines im Zusammenhang bebauten Ortsteils liegendes, für die Schließung einer Baulücke entsprechend den baurechtlichen Vorschriften in Frage kommendes Grundstück. Die Art der bisherigen Nutzung des Grundstücks (gewerbliche, landwirtschaftliche usw.) spielt für die Frage der Geeignetheit keine Rolle; sie ist möglicherweise von Bedeutung bei der Frage der Zumutbarkeit (siehe unten).

Die Bereitstellung des Grundstücks muß ferner möglich und zumutbar sein. Eine Unmöglichkeit ist gegeben, wenn die öffentliche Hand oder der Antragsteller kein geeignetes Grundstück zu Eigentum haben (siehe oben) Hinsichtlich der Zumutbarkeit muß wohl davon ausgegangen werden, daß beim Antragsteller, gleich, ob es sich um eine Privatperson oder um die Gemeinde handelt, etwas strengere Anforderungen zu stellen sind als bei der „öffentlichen Hand". Trotz der Tatsache, daß in dem ähnlichen Fall des § 90 Abs. 1 Nr. 2 der Enteignungsbegünstigte an erster und die öffentliche Hand erst an zweiter Stelle genannt sind, dürfte die hier vorgenommene Aufzählung des Gesetzes (erst Grundstücke der öffentlichen Hand und dann des Antragstellers) nicht etwa eine Rangfolge dergestalt bedeuten, daß auf Grundstücke des Antragstellers erst zurückgegriffen werden darf, wenn kein Grundstück der öffentlichen Hand geeignet ist. Vielmehr ist die Enteignungsbehörde (§ 104) verpflichtet, in erster Linie den (für das Vorhaben geeigneten) Grundbesitz des Antragstellers heranzuziehen. Das folgt schon daraus, daß u. a. oberste Voraussetzung für die Enteignung ist, daß der Enteignungszweck auf andere zumutbare Weise nicht erreicht werden kann (vgl. oben a). Es wäre eine für den Betroffenen unzumutbare und durch das Wohl der Allgemeinheit nicht gedeckte Maßnahme, wenn dem Antragsteller zusätzliche Grundstücke zugewiesen würden, obwohl er genügend eigenes Gelände für das beabsichtigte Vorhaben besitzt. Will der Antragsteller das Grundstück, dessen Bereitstellung ihm zugemutet werden kann, nicht zu dem beabsichtigten Vorhaben verwenden, so wird die Enteignungsbehörde seinen Antrag wegen Fehlens der Zulässigkeitsvoraussetzungen abweisen. Dasselbe wird geschehen, wenn die Enteignungsbehörde zu der Überzeugung gelangt, daß ein Grundstück der öffentlichen Hand (Bund, Land usw.) vorhanden ist, dessen Bereitstellung möglich und zumutbar ist. Wenn die öffentliche Hand die Bereitstellung verweigert, wird der Antragsteller den Weg der Enteignung (hinsichtlich dieses Grundstücks der öffentlichen Hand) beschreiten müssen.

Wenn die in Abs. 2 Nr. 1 angeführten Möglichkeiten nicht gegeben sind, wenn also die Bereitstellung eines geeigneten Grundstücks der öffentlichen Hand oder des Antragstellers nicht möglich und zumutbar ist, dann muß der Antragsteller, um zu seinem Ziel zu kommen, weiter nachweisen, daß er sich ernsthaft um den freihändigen Erwerb eines geeigneten Grundstücks zu angemessenen Bedingungen vergeblich bemüht hat (Abs. 2 Nr. 2). Die Enteignung ist also unzulässig, wenn der Antragsteller das benötigte Grundstück (sei es das den Gegenstand des Enteignungsantrags bildende Grundstück oder ein anderes zur Verwendung für den Enteignungszweck geeignetes Grundstück) auf dem Grundstücksmarkt erwerben kann. Jedoch soll dem Antragsteller kein unwirtschaftliches Handeln zugemutet werden. Daher braucht sich der Nachweis nur darauf zu beschränken, daß er trotz „ernstlichen Bemühens" (d. h. also z. B. trotz wiederholter Aufgabe von Inseraten oder Beauftragung eines Maklers oder unmittelbarer und nachhaltiger Verhandlungen mit Grundstückseigentümern, vor allem auch mit dem Eigentümer des Grundstücks, dessen Enteignung er beantragt) ein für seine Absichten g e e i g n e t e s Grundstück zu angemessenen Bedingungen nicht erwerben konnte. Als „angemessen" wird dabei in der Regel ein Kaufpreis anzusehen sein, der der Höhe des Verkehrswertes entspricht (vgl. hierzu § 95 Abs. 1, § 141). Darüber hinaus kann aber auch eine Entschädigung des Vertragspartners des Antragstellers für andere Vermögensnachteile (§ 96) angemessen sein. Jedenfalls wird aber dem Antragsteller nicht zuzumuten sein, beim freihändigen Erwerb einen wesentlich höheren Preis anzubieten, als er im Falle einer Enteignung als Entschädigung bezahlen müßte (ähnlich Dittus-Zinkahn Anm. 5 zu § 5).

Der Antragsteller ist aber nicht bloß verpflichtet, G e l d zur Beschaffung eines geeigneten Grundstücks aufzuwenden, er muß auch (wenn er nicht schon selber ein Grundstück besitzt, auf dem er das Vorhaben ausführen kann — Abs. 2 Nr. 1 —) versuchen, auf dem T a u s c h w e g ein geeignetes Grundstück zu bekommen und zwar durch Angebot eines Grundstücks aus dem eigenen Vermögen oder aus dem Besitzstand von juristischen Personen des Privatrechts, an deren Kapital er überwiegend beteiligt ist. Die Zurverfügungstellung eines solchen Grundstücks muß möglich und zumutbar sein (siehe hierzu oben Anmerkungen zu Abs. 2 Nr. 1).

Schließlich ist in Abs. 2 **Nr. 3** als Zulässigkeitsvoraussetzung festgelegt, daß der Antragsteller glaubhaft macht (wegen des Begriffs „Glaubhaftmachung" vgl. § 98 Anm. 2), er werde das Grundstück innerhalb angemessener Frist zu dem vorgesehenen Zweck verwenden. Die ursprüngliche Absicht des Gesetzgebers (vgl. Ausschußbericht zu Drucksache 1794, zu § 97), diese Frist auf ein Jahr festzusetzen (eine Frist, die in § 6 Abs. 1 BauLBG vorgesehen war), wurde wieder fallengelassen. Dafür war maßgebend, daß für die Enteignungszwecke des § 85 sehr unterschiedliche Fristen in Frage kommen können. So kann im Einzelfall, z. B. für ein großes Bauvorhaben, eine verhältnismäßig lange Frist erforderlich werden. Die Bestimmung der im jeweiligen Fall „angemessenen" Frist muß der Entscheidung der Enteignungsbehörde vorbehalten bleiben (Festsetzung im Enteignungsbeschluß gemäß § 113 Abs. 2 Nr. 3). Der Festsetzung der Frist kommt eine erhebliche Bedeutung zu. Wird die Frist von dem Enteignungsbegünstigten nicht eingehalten, so ist die Rückenteignung zulässig (§ 102). Wegen der Verlängerung der Frist siehe § 114.

3. Nach **Abs. 3** ist eine Enteignung zur Vorbereitung der baulichen Nutzung (§ 85 Abs. 1 Nr. 1; vgl. dort Anm. 2 a) und eine Enteignung zur Herbeiführung einer baulichen Nutzung (§ 85 Abs. 1 Nr. 2; vgl. dort Anm. 2 b) nur zugunsten der Gemeinde zulässig. Zweck der Bestimmung ist, die Gemeinde als Planungsträgerin in den Stand zu setzen, größere Flächen im Interesse einer geregelten Bebauung zu erschließen und baureif zu machen (Vorbereitung der baulichen Nutzung) und andererseits Mißbräuche durch Einzelpersonen, insbesondere Grundstücksspekulationen, bei dem Vorhaben, ein Gelände der baulichen Nutzung zuzuführen, auszuschließen. Dieselben Rechte haben Planungsverbände nach Maßgabe des § 4 (vgl. insbes. Abs. 5 dort).

**4. Rechtsprechung**

A. Höchstrichterliche Rspr.

1. BVerwG U vom 24. 3. 1964 — I C 4/60 — DÖV 1964, 811.

Zur Frage des geringstmöglichen Eingriffs bei der Enteignung nach dem Landbeschaffungsgesetz.

2. BVerwG U vom 18. 8. 1964 — I C 48/63 — DÖV 1964, 812 = NJW 1964, 2440.

a) Zur Verpflichtung des durch das Enteignungsverfahren Begünstigten, durch Tausch von Grundstücksteilen dazu beizutragen, daß der Enteignungszweck auch durch einen Eingriff in die Rechte des Betroffenen erreicht werden kann, der weniger schwer als die Entziehung des Eigentums ist.
b) Zur Frage des geringstmöglichen Eingriffs im Enteignungsrecht.

B. Andere Gerichte

1. OVG Hamburg, U vom 19. 5. 1958, MDR 1959, 874.

Ob eine Enteignungsmaßnahme dem „Wohl der Allgemeinheit" zu dienen bestimmt ist (Art. 14 Abs. 3 Satz 1 GG), ist allein nach ihrem Zweck zu beurteilen; die Auswahl der Mittel unterliegt grundsätzlich — gerichtlich unüberprüfbar — der Enteignungsbehörde; ebenso die Auswahl der Grundstücke, die in Anspruch genommen werden.

2. LG Hamburg

a) U vom 4. 9. 1961 (100 16/61 Baul.) — rechtskräftig — MDR 1961, 1015.

Erfolgt eine Enteignung zu dem Zweck, die vom Bebauungsplan vorgesehene Bebauung festzusetzen, so kann in der Regel die Enteignungsvoraussetzung „Wohl der Allgemeinheit" (§ 87 Abs. 1 BBauG) als indiziert angesehen werden, und es braucht nicht dargetan zu werden, daß der Enteignungszweck nicht auch durch die Bereitstellung von anderen Grundstücken erreichbar ist (§ 87 Abs. 2 Nr. 1 BBauG).

b) U vom 13. 2. 1963 — 10 O 28/62 — ZMR 1964, 348.

Auch bei einer gegebenen planerischen Ausweisung muß im Einzelfall geprüft werden, ob die vorgesehene Enteignung zum Wohle der Allgemeinheit erforderlich ist.

## § 88

*Enteignung aus zwingenden städtebaulichen Gründen*

**Wird die Enteignung eines Grundstücks von der Gemeinde zu den in § 85 Abs. 1 Nr. 1 und 2 bezeichneten Zwecken aus zwingenden städte-**

**baulichen Gründen beantragt, so genügt an Stelle des § 87 Abs. 2 der Nachweis, daß die Gemeinde sich ernsthaft um den freihändigen Erwerb dieses Grundstücks zu angemessenen Bedingungen vergeblich bemüht hat.**

**1. Voraussetzungen**

Die Vorschrift trägt den Fällen Rechnung, in denen nur ein bestimmtes Grundstück für den vorgesehenen Enteignungszweck in Betracht kommt. Sie hat z. B. für die Schließung von Baulücken sowie namentlich für Zwecke der Stadtsanierung besondere Bedeutung. Folgende Voraussetzungen für die Anwendbarkeit des § 88 müssen gegeben sein:

a) Es muß der Enteignungsantrag einer Gemeinde oder eines Planungsverbandes — § 4, insbes. Abs. 5 — vorliegen. Ein privater Antragsteller kann die Vergünstigungen des § 88 nicht für sich in Anspruch nehmen.

b) Es muß sich um einen in § 85 Abs. 1 Nr. 1 und 2 bezeichneten Zweck handeln, und zwar kommen alle diese Zwecke in Frage, nicht etwa nur die in § 87 Abs. 3 bezeichneten Zwecke, vgl. § 87 Anm. 3.

c) Die Enteignung muß aus zwingenden städtebaulichen Gründen erforderlich sein. Die durch das Bundesbaugesetz verfolgten städtebaulichen Ziele sind im wesentlichen in § 1 (Zweck und Arten der Bauleitplanung), § 5 (Inhalt des Flächennutzungsplans) und § 9 (Inhalt des Bebauungsplans) aufgezählt. Inwieweit eine Verwirklichung aus städtebaulichen Gründen „zwingend erforderlich" ist, ist im Einzelfall zu entscheiden und unterliegt als unbestimmter Rechtsbegriff im Streitfall (vgl. §§ 157 ff.) der vollen richterlichen Nachprüfung. Der Bebauungsplan bildet gemäß § 85 die Grundlage für die Enteignung, die in ihm enthaltenen Festsetzungen müssen daher naturgemäß städtebaulichen Erfordernissen entsprechen. Nach den allgemeinen Grundsätzen der Enteignung muß geprüft werden, ob der Enteignungszweck nicht auf andere zumutbare Weise erreicht werden kann und ob deshalb das öffentliche Wohl gerade die Enteignung dieses Grundstücks im jetzigen Zeitpunkt gebietet (siehe § 87 Anm. 2 a). § 88 muß also im Sinn einer Steigerung der Zulässigkeitsvoraussetzungen für bestimmte Fälle verstanden werden, d. h. es muß ein besonders strenger Maßstab angelegt werden; die Inanspruchnahme des bestimmten Grundstücks muß unumgänglich notwendig sein, um das angestrebte städtebauliche Ziel zu erreichen; dies ist anzunehmen, wenn ohne die Heranziehung eines bestimmten Grundstücks die Erfüllung des Bebauungsplans oder die Bebauung unbebauter oder geringfügig bebauter Grundstücke innerhalb im Zusammenhang bebauter Ortsteile entsprechend den baurechtlichen Vorschriften auf keine Weise möglich ist.

Es ist allerdings nicht zu verkennen, daß die Grenzen zwischen den allgemeinen Anforderungen für die Enteignung und den besonderen Anforderungen des § 88 sich in vielen Fällen überschneiden werden.

**2. Erleichterungen**

Auf der anderen Seite bringt § 88 (gegenüber den gesteigerten Anforderungen hinsichtlich der Notwendigkeit des Enteignungszweckes) die Erleichterung, daß die Gemeinde nicht, wie sonst erforderlich, im Falle einer Enteignung nach § 85 Abs. 1 Nr. 1 und 2 alle in § 87 Abs. 2 genannten Voraussetzungen erfüllen muß, vielmehr entfallen ohne weiteres die in Abs. 2 Nr. 1 und 3 geforderten Nachweise (Möglichkeit der Bereitstellung eines anderen Grundstücks und Glaubhaftmachung, daß das Grundstück innerhalb angemessener Frist zu dem vorgesehenen Zweck verwendet wird) und die Gemeinde braucht nur nachzuweisen, daß sie sich ernsthaft um den freihändigen Erwerb des betreffenden in Frage kommenden Grundstücks zu angemessenen Bedingungen vergeblich bemüht hat. Fraglich erscheint, ob hier in § 88 unter „angemessener Bedingung" entsprechend der Bestimmung in § 87 Abs. 2 Nr. 2 auch zu verstehen ist, daß die Stadt verpflichtet ist, soweit möglich und zumutbar, geeignetes anderes Land aus dem eigenen Vermögen usw. anzubieten (vgl. hierzu § 87 Anm. 2 b). Diese Frage wird zu verneinen sein, denn es dürfte nicht anzunehmen sein, daß der Gesetzgeber dies (etwa im Hinblick auf die vorangehende Bestimmung) nicht ausdrücklich erwähnt hätte. Außerdem wird es sich hier in den meisten Fällen um Grundstücke handeln, die nicht im Eigentum der Gemeinde verbleiben (Herbeiführung einer baulichen Nutzung i. S. von § 85 Abs. 1 Nr. 2), so daß hier der eigene Grundstücksbestand der Gemeinde unberücksichtigt bleiben kann. Es wird also hier nur der Hinweis erforderlich sein, daß die Gemeinde versucht hat, das Grundstück vom Eigentümer zu einem angemessenen Preis im Wege eines Privatvertrags zu erwerben, wobei die der Gemeinde zur Verfügung stehenden Möglichkeiten zu berücksichtigen sind und an die Gemeinde keine allzu strengen Anforderungen gestellt werden können (so auch Knaup-Ingenstau, Anm. zu § 88 und OLG München, Senat für Baulandsachen, U vom 4. 6. 1962 — 2 U 1/62 Baul. —; a. M. Schütz-Frohberg § 88 Anm. 2).

## § 89
### *Veräußerungspflicht der Gemeinde*

**(1) Sind Grundstücke nach § 87 Abs. 3 zur Vorbereitung der baulichen Nutzung zugunsten der Gemeinde enteignet worden, so ist die Gemeinde verpflichtet, die Grundstücke, soweit sie nicht als Baugrundstücke für den Gemeinbedarf oder als Verkehrs-, Versorgungs- oder Grünflächen benötigt werden, binnen zwei Jahren nach Ablauf der nach § 113 Abs. 2 Nr. 3 festgesetzten Frist unter Berücksichtigung ihrer Aufwendungen, aber ohne Gewinn, an solche Nutzungswillige zu übereignen, die glaubhaft machen, daß sie die Grundstücke entsprechend den Festsetzungen des Bebauungsplanes innerhalb angemessener Frist nutzen werden. Hierbei sind zunächst die früheren Eigentümer zu berücksichtigen.**

**(2) Sind Grundstücke nach § 87 Abs. 3 oder § 88 zugunsten der Gemeinde enteignet worden, um sie der baulichen Nutzung zuzuführen, so ist die Gemeinde verpflichtet, die Grundstücke binnen zwei Jahren nach Eintritt der Rechtsänderung unter Berücksichtigung ihrer Aufwendungen, aber ohne Gewinn, an Bauwillige zu übereignen, die glaubhaft machen, daß sie die Grundstücke innerhalb angemessener Frist baulich nutzen werden.**

**(3) Die Gemeinde kann an Stelle der Übereignung ein Erbbaurecht bestellen, wenn der Nutzungswillige es beantragt und seine wirtschaftlichen Verhältnisse es erfordern. Die Gemeinde hat dem früheren Eigentümer**

**das mit dem Erbbaurecht belastete Grundstück zu angemessenen Bedingungen zum Rückerwerb anzubieten.**

**1. Allgemeines**

Da eine Enteignung zur Vorbereitung der baulichen Nutzung (§ 85 Abs. 1 Nr. 1) oder zur Herbeiführung einer baulichen Nutzung durch einen Dritten (§ 85 Abs. 1 Nr. 2) nur die Voraussetzungen für eine Bebauung schaffen soll (vgl. hierzu § 85 Anm. 2 a und b), ist die Gemeinde verpflichtet, die im Wege einer Enteignung beschafften und nicht für öffentliche Zwecke vorgesehenen Grundstücke an Bauwillige zu übereignen. Damit soll der Gemeinde die Erschließung ermöglicht, eine schnelle Bebauung vorbereitet und eine Vermehrung des Baulandangebots erreicht werden (vgl. hierzu auch Dittus-Zinkahn, Anm. zu § 6 BauLBG).

**2. Vorbereitung der baulichen Nutzung (Abs. 1)**

**a) Verpflichtungen der Gemeinde**

Vor der Weitergabe hat die Gemeinde den Enteignungszweck zu erfüllen, d. h. sie muß das zu ihren Gunsten enteignete Gelände baureif machen (z. B. bei unerschlossenem Gelände die zweckmäßige Einteilung in Baugrundstücke — Parzellierung —, die Anlage von Versorgungsleitungen — Gas, Wasser, Elektrizität — und die Anlage neuer oder die Verbesserung bestehender Straßen vornehmen. Zur Verwendung der Grundstücke zum Enteignungszweck wird der Gemeinde im Enteignungsbeschluß eine Frist gesetzt (§ 113 Abs. 2 Nr. 3). Bei Nichterfüllung der Verpflichtung der Gemeinde kommt die Rückenteignung an den früheren Eigentümer in Frage (§ 102 Abs. 1 Nr. 1). Stellt dieser keinen Rückenteignungsantrag, so kann das Grundstück zugunsten eines Bauwilligen wieder enteignet werden. Wegen Verlängerung der Verwendungsfrist siehe § 114.

**b) Ausnahme von der Veräußerungspflicht**

Die Gemeinde ist berechtigt, aus dem zu ihren Gunsten enteigneten Gelände die Grundstücke zurückzubehalten, die sie als Baugrundstücke für den Gemeinbedarf oder als Verkehrs-, Versorgungs- oder Grünflächen benötigt. Als „Baugrundstücke für den Gemeinbedarf" kommen solche Grundstücke in Frage, auf denen öffentliche Gebäude, wie Rathäuser, Schulen, gemeindliche Krankenhäuser, Verwaltungsgebäude errichtet werden sollen. Als Verkehrsflächen kommen vor allem die Straßen und die für Straßenbahnen, Straßenbahnhöfe, Omnibusbahnhöfe, Abstellflächen und Parkhäuser erforderlichen Flächen in Frage. Für die Versorgung benötigt die Gemeinde Grundstücke zur Verlegung von Leitungen aller Art und für die Errichtung von Gas-, Elektrizitäts- und Fernheizwerken. Schließlich muß auch der notwendige Bedarf an Grünflächen (vgl. § 5 Abs. 2 Nr. 5) gedeckt werden. Immer aber muß es sich um Flächen handeln, die für solche öffentlichen Zwecke benötigt werden. Die Gemeinde darf also nicht Grundstücke horten, indem sie von den enteigneten Grundstücken übermäßig große Flächen für sich zurückbehält. Dies wird dadurch verhindert, daß schon bei der Enteignung der Bedarf der Gemeinde zu prüfen ist; ferner ist in Betracht zu ziehen, daß die Zurückbehaltung in der Regel nur bei solchen Grundstücken in Frage kommen wird, die in einem ordnungsgemäß festgesetzten Bebauungsplan als entsprechende Gemeinbedarfsflächen ausgewiesen sind oder die im Rahmen der ordnungsmäßigen Bebauung des Gemeindegebiets liegen, und schließlich, daß die Rechtsaufsichtsbehörde die Erfüllung der in § 89 der Gemeinde obliegenden gesetzlichen Pflichten überwacht.

**c) Veräußerungsfrist**

Nach § 113 Abs. 2 Nr. 3 muß im Enteignungsbeschluß die Frist bezeichnet sein, innerhalb deren das Grundstück zu dem vorgesehenen Zweck zu verwenden ist. Der vorgesehene Zweck ist nach § 85 Abs. 1 Nr. 1, § 87 Abs. 3, § 88 Abs. 1 die Vorbereitung der baulichen Nutzung. Die Gemeinde muß also innerhalb der im Enteignungsbeschluß bezeichneten Frist Arbeiten an den Grundstücken durchführen, welche diese „baureif" machen (vgl. oben 2 a). Nach Ablauf dieser Verwendungsfrist verbleibt der Gemeinde dann noch eine weitere Frist von zwei Jahren; innerhalb dieser weiteren Frist muß die Gemeinde das baureif gemachte Gelände an Bauwillige weitergeben (und zwar muß sie gerade die zu ihren Gunsten gem. § 87 Abs. 3 enteigneten Grundstücke weitergeben, nicht etwa andere Grundstücke aus ihrem Besitz; sie darf die enteigneten Grundstücke nicht ihrem Grundstücksbestand einverleiben).

Wenn die Gemeinde ihre Verpflichtung zur Übereignung in der festgesetzten Frist nicht erfüllt hat, kann der frühere Eigentümer Rückübereignung verlangen (§ 102 Abs. 1 Nr. 2). Die Veräußerungsfrist wurde auf zwei Jahre festgesetzt, weil die ursprünglich in der Regierungsvorlage vorgesehene Frist von einem Jahr nicht für alle Fälle ausreichend erschien. Eine Verlängerung der Veräußerungsfrist ist (im Gegensatz zu § 6 Abs. 3 BauLBG und im Gegensatz zur Verwendungsfrist — vgl. § 114 —) nicht vorgesehen.

**d) Veräußerung unter Berücksichtigung der Aufwendungen, aber ohne Gewinn**

Die Gemeinde darf bei der Weiterveräußerung nur einen Preis fordern, der neben dem Grundstückspreis ihre Aufwendungen deckt, weil die Enteignung nicht zu einer Bereicherung der Gemeinde führen soll. Wenn die Vorschrift sagt, daß die Gemeinde das Grundstück „ohne Gewinn" weitergeben muß, so kann das wohl nicht bedeuten, daß die Gemeinde (abgesehen von den Aufwendungen) nur genau den Grundstückspreis verlangen darf und muß, den sie anläßlich der Enteignung bezahlt hat. Es wird der zur Zeit der Weiterveräußerung sich ergebende Verkehrswert in Frage kommen, d. h. es wird ein inzwischen eingetretenes Fallen oder Steigen der Grundstückspreise zu berücksichtigen sein. Zusätzlich zu dem Grundstückspreis kann die Gemeinde ihre Aufwendungen verlangen. Als solche kommen die von ihr nach Erwerb des Grundstücks vorgenommenen, zur Erfüllung des Enteignungszwecks notwendigen Maßnahmen (vgl. oben 2 a) in Betracht. Die etwa bereits von dem Vorbesitzer gemachten Aufwendungen können dem Grundstückspreis nicht zugeschlagen werden.

**e) Veräußerung an Nutzungswillige**

Es entspricht der Billigkeit, daß bei der Abgabe der baureifen Grundstücke zunächst die früheren Eigentümer „zu berücksichtigen" sind. Diese Vorschrift wird dahin zu verstehen sein, daß die Gemeinde verpflichtet ist, das baureif gemachte Grundstück dem früheren Eigentümer anzubieten. Diese Anbietung ist Amtspflicht i. S. des § 839 BGB, Art. 34 GG; ihre Verletzung macht in vollem

Umfang schadensersatzpflichtig (so auch Schütz-Frohberg, Anm. 6 zu § 89). Wenn der frühere Eigentümer auf den Rückerwerb keinen Wert legt, muß die Gemeinde das Grundstück an „Nutzungswillige" veräußern. Diesen Nutzungswillen müssen die Interessenten glaubhaft machen und zwar bezieht sich die Glaubhaftmachung auf zwei Punkte: Daß sie nämlich das Grundstück entsprechend den Festsetzungen des Bebauungsplans nutzen werden und daß sie dies innerhalb angemessener Frist tun werden. Diese Glaubhaftmachung kann etwa geschehen durch Vorlage von Nachweisen über das Vorhandensein der für eine Bebauung erforderlichen finanziellen Mittel, eines Bauplans über das dem Bebauungsplan entsprechende Bauvorhaben, sowie eine verbindliche Angabe darüber, in welcher Frist die Bebauung abgeschlossen sein wird. Die „angemessene Frist" wird nach Lage des Einzelfalles, insbesondere nach der Größe des Bauvorhabens, verschieden sein, doch wird die Gemeinde darauf achten müssen, daß das Grundstück (entsprechend dem mit der Enteignung und der Baureifmachung verfolgten Ziel) möglichst bald bebaut wird.

**3. Herbeiführung einer baulichen Nutzung (Abs. 2)**

Auch in dem Falle, daß zugunsten der Gemeinde Grundstücke enteignet wurden, um diese der baulichen Nutzung zuzuführen (§ 87 Abs. 3, § 88 — vgl. oben § 85 Anm. 2 b —), muß die Gemeinde diese Grundstücke weitergeben, da sie nur eine Art Treuhänderstellung einnimmt. Eine Ausnahme von der Veräußerungspflicht (wie bei Abs. 1, vgl. oben 2 b) ist hier nicht vorgesehen.

**a) Maßnahmen der Gemeinde**

Die Gemeinde hat hier zwar nicht, wie bei der Baureifmachung, die Verpflichtung bestimmte Aufwendungen vor der Herbeiführung der baulichen Nutzung zu machen. Dennoch wird sie, um dem Enteignungszweck gerecht werden zu können, in gewissen Fällen, etwa zur Beseitigung von Hindernissen, die einer Bebauung entgegenstehen, die Grundstücke zur Wiederveräußerung herrichten. Hier kommt in Frage die Beseitigung von Behelfsbauten, die Wiederherstellung zerstörter Anschlußleitungen, die Verbreiterung vorhandener Verkehrsflächen usw.

**b) Veräußerungsfrist**

Im Gegensatz zu Abs. 1 gibt es hier nur e i n e Frist, nämlich die Veräußerungsfrist. Diese, in der die Gemeinde zur Weitergabe des Grundstücks verpflichtet ist, beträgt auch hier zwei Jahre. Die Frist beginnt mit dem „Eintritt der Rechtsänderung", d. h. mit dem Zeitpunkt, in dem die Gemeinde durch die Enteignung Eigentümerin des Grundstücks geworden ist (vgl. § 117 Abs. 3). Hinsichtlich der Verlängerung und der Folgen der Nichteinhaltung der Frist durch die Gemeinde gelten auch hier die Ausführungen über die Veräußerungsfrist in Abs. 1 (oben 2 c) entsprechend.

**c) Veräußerung an Bauwillige unter Berücksichtigung der Aufwendungen, aber ohne Gewinn**

Auch hier kann im wesentlichen auf die Ausführungen zu Abs. 1 (oben 2 d und e) Bezug genommen werden. Eine Abweichung ergibt sich nur in zweifacher Hinsicht:

Es kommt hier nicht eine „Nutzung entsprechend den Festsetzungen des Bebauungsplans" in Frage, da es sich hier um Grundstücke handelt, die nicht im Bereich eines Bebauungsplans liegen (§ 85 Abs. 1 Nr. 2). Deshalb kann die Weitergabe auch nur an „Bauwillige" (die das Grundstück „baulich nutzen") erfolgen — im Gegensatz zu Abs. 1: „Nutzungswillige" —.

Ferner ist hier grundsätzlich der frühere Eigentümer bei der Weitergabe nicht zu berücksichtigen. Der Grund liegt darin, daß die Enteignung gerade deshalb ausgesprochen wurde, damit das Grundstück der Bebauung zugeführten werde, nachdem der frühere Eigentümer nicht willens oder in der Lage war, das Grundstück baulich zu nutzen (vgl. aber hierzu die Regelung in Abs. 3 im Falle der Bestellung eines Erbbaurechts — folgende Anmerkung 4 d —). Es kann aber Fälle geben, in denen der Eigentümer unmittelbar nach Rechtskraft der Enteignung und vor der Weitergabe des Grundstücks glaubhaft macht, daß er nunmehr willens und in der Lage ist, selbst das Grundstück baulich zu nutzen; dann wird er wohl zu berücksichtigen sein (vgl. ferner zur Frage der Verfassungsmäßigkeit dieser Bestimmung Schütz-Frohberg, § 89 Anm. 7 Abs. 2).

**4. Erbbaurecht an Stelle der Übereignung (Abs. 3)**

**a)** Die Gemeinden haben in der Vergangenheit vielfach eine Bodenvorratspolitik getrieben. Diese Tätigkeit war im Hinblick auf die Verknappung des Grund und Bodens, insbesondere des Baulandes, in den meisten Fällen durchaus begrüßenswert und wirkte preisregulierend. Eine der hauptsächlichsten Zielsetzungen des BBauG ist „die Erhöhung der Funktionsfähigkeit des Baubodenmarktes und die Schaffung der Voraussetzungen für eine gerechte Bodenpreisbildung" (Amtl. Begründung zum BBauG, A 2 f.). Das Gesetz geht daher davon aus, daß in Auswirkung der vorgesehenen Einzelmaßnahmen eine Bodenvorratspolitik der Gemeinde hinfällig wird (vgl. oben Anm. 1 und 2 b). Um nun die Weitergabe eines zugunsten einer Gemeinde enteigneten Grundstücks auch dann zu ermöglichen, wenn etwa kein zahlungskräftiger Bauwilliger, der in der Lage ist, das Grundstück zu erwerben, vorhanden ist, sieht Abs. 3 die Möglichkeit vor, daß die Gemeinde an Stelle der Übereignung ein Erbbaurecht zugunsten des Nutzungswilligen bestellt. Nach der VO über das Erbbaurecht vom 15. 1. 1919 (RGBl. S. 72, 122) wird das Erbbaurecht auf bestimmte Zeit ausgegeben, oft auf 99 Jahre (vgl. Palandt, Überblick vor § 1012, Anm. 2 f).

**b)** Voraussetzung ist, daß der Nutzungswillige die Bestellung des Erbbaurechts beantragt (ohne diesen Antrag darf die Gemeinde nicht etwa von sich aus an Stelle der Übereignung ein Erbbaurecht bestellen) und daß seine wirtschaftlichen Verhältnisse die Bestellung des Erbbaurechts erfordern. Der letztere Fall wird gegeben sein, wenn der Nutzungswillige zwar in der Lage ist, das von ihm geplante und für das betreffende Grundstück in Frage kommende Vorhaben durchzuführen (und den — meist geringen — Erbbauzins aufzubringen), nicht aber den Grundstückspreis (also den für den Erwerbsfall in Frage kommenden Kaufpreis) zu erlegen.

Wenn beide Voraussetzungen (Antrag und Vorliegen entsprechender wirtschaftlicher Verhältnisse) gegeben sind, liegt die Entscheidung über die Form der Weitergabe im Ermessen der Gemeinde. Sie muß also dem Antrag nicht stattgeben, sondern kann an Stelle der Bestellung des Erbbaurechts das Grundstück (nach Abs. 1 oder 2) an einen Nutzungswilligen bzw. Bauwilligen übereignen, wenn ein solcher vorhanden ist; andererseits kann die Gemeinde auch bei Vorliegen von Bewerbungen zahlungskräftiger Bauwilliger den Weg der Bestellung eines Erbbaurechts beschreiten.

c) Zu beachten ist, daß sich die Möglichkeit der Bestellung des Erbbaurechts auf die beiden in Abs. 1 und 2 behandelten Fälle bezieht, also sowohl auf den Fall, daß die Gemeinde das Grundstück zur Nutzung vorbereitet hat (§ 85 Abs. 1 Nr. 1), als auch auf den Fall, daß die Gemeinde das Grundstück einer baulichen Nutzung zuführt (§ 85 Abs. 1 Nr. 2).

d) Die Gemeinde muß dem früheren Eigentümer das Grundstück nach der Belastung mit dem Erbbaurecht zugunsten eines Dritten zum Rückerwerb anbieten; der erbbauberechtigte Dritte wird Eigentümer des von ihm im Wege des Erbbaurechts errichteten Bauwerks, während das Eigentum an Grund und Boden zunächst bei der Gemeinde verbleibt, die es weitergeben kann.

Unter „angemessenen Bedingungen" des Rückerwerbs wird zu verstehen sein, daß auch hier die Gemeinde keinen Gewinn erzielen soll, aber etwaige Aufwendungen für das Grundstück in den vom Rückerwerber zu zahlenden Verkaufspreis einrechnen kann. Wenn der frühere Eigentümer auf das Angebot des Rückerwerbs nicht eingeht, bleibt das Grundstück im Eigentum der Gemeinde. Eine Veräußerung des mit dem Erbbaurecht belasteten Grundstücks an einen anderen ist ausgeschlossen, da die Bestellung des Erbbaurechts nur „an Stelle der Übereignung" in Frage kommt.

Nach Beendigung des Erbbaurechts (vgl. oben Anm. a, am Ende) ist die Gemeinde in ihrer Verfügungsgewalt über das Grundstück frei, allerdings nur im Rahmen ihres Erbbaurechtsvertrags (vgl. z. B. § 2 Nr. 6 und 7 ErbbaurechtsVO — Erneuerung des Erbbaurechts bzw. Verkauf des Gundstücks an den Erbbauberechtigten —).

## § 90

### *Enteignung von Grundstücken zur Entschädigung in Land*

**(1) Die Enteignung von Grundstücken zur Entschädigung in Land (Ersatzland) ist zulässig, wenn**

1. **die Entschädigung eines Eigentümers gemäß § 100 in Land festzusetzen ist,**
2. **die Bereitstellung von Grundstücken, die im Rahmen der beabsichtigten städtebaulichen Entwicklung als Ersatzland geeignet sind, weder aus dem Grundbesitz des Enteignungsbegünstigten noch aus dem Grundbesitz des Bundes, des Landes, einer Gemeinde (Gemeindeverband) oder einer juristischen Person des Privatrechts, an der der Bund, das Land oder eine Gemeinde (Gemeindeverband) allein oder gemeinsam überwiegend beteiligt sind, möglich und zumutbar ist und**
3. **von dem Enteignungsbegünstigten geeignete Grundstücke freihändig zu angemessenen Bedingungen, insbesondere, soweit ihm dies möglich und zumutbar ist, unter Angebot geeigneten anderen Landes**

**aus dem eigenen Vermögen oder aus dem Besitzstand von juristischen Personen des Privatrechts, an deren Kapital er überwiegend beteiligt ist, nicht erworben werden können.**

**(2) Grundstücke unterliegen nicht der Enteignung zur Entschädigung in Land, wenn und soweit**

1. **der Eigentümer oder bei land- oder forstwirtschaftlich genutzten Grundstücken auch der sonstige Nutzungsberechtigte auf das zu enteignende Grundstück mit seiner Berufs- oder Erwerbstätigkeit angewiesen und ihm im Interesse der Erhaltung der Wirtschaftlichkeit seines Betriebes die Abgabe nicht zuzumuten ist, oder**
2. **die Grundstücke oder ihre Erträge unmittelbar öffentlichen Zwekken oder der Wohlfahrtspflege, dem Unterricht, der Forschung, der Kranken- und Gesundheitspflege, der Erziehung, der Körperertüchtigung oder den Aufgaben der Kirchen und anderer Religionsgesellschaften des öffentlichen Rechts sowie deren Einrichtungen dienen oder zu dienen bestimmt sind.**

**(3) Außerhalb des räumlichen Geltungsbereiches eines Bebauungsplanes und außerhalb der im Zusammenhang bebauten Ortsteile können Grundstücke zur Entschädigung in Land nur enteignet werden, wenn sie land- oder forstwirtschaftlich genutzt werden sollen.**

**(4) Die Enteignung zum Zwecke der Entschädigung eines Eigentümers, dessen Grundstück zur Beschaffung von Ersatzland enteignet wird, ist unzulässig.**

**1. Allgemeines**

Die Vorschrift des § 90 hängt auf das engste mit den Bestimmungen des § 100 zusammen. Während die letzteren im einzelnen festlegen, unter welchen Voraussetzungen eine Entschädigung in Land festzusetzen ist oder festgesetzt werden kann (§ 100 Abs. 1, 2 und 3), regelt § 90 die Voraussetzungen für die Zulässigkeit der Enteignung von Grundstücken, die zur Entschädigung in Land Verwendung finden sollen. Beide Vorschriften nehmen aufeinander Bezug (§ 90 Abs. 1 Nr. 1, § 100 Abs. 1 Nr. 3).

Die Enteignung zur Beschaffung von Ersatzland ist eine der wichtigsten Bestimmungen des BBauG, die ihre Vorgänger in einigen nach dem 2. Weltkrieg erlassenen Aufbaugesetzen der Länder und in § 8 des BauLBG hat; sie hat sich — wie sich aus der Amtlichen Begründung (vgl. Drucks. 336, zu § 100 des Entw.) ergibt — nach den Erfahrungen der Vorkriegs- und besonders der ersten Nachkriegsjahre als zwingend notwendig erwiesen, da sonst in vielen Fällen eine Enteignung von Bauland nicht oder nur unter größten Schwierigkeiten durchführbar war; vor allem liegt der Bestimmung der Gedanke zugrunde, den von der Enteignung Betroffenen, der zur Sicherung seiner Berufstätigkeit, seiner Erwerbstätigkeit oder zur Erfüllung der ihm wesensgemäß obliegenden Aufgaben auf das Esatzland angewiesen ist (§ 100 Abs. 1), vor existenzvernichtenden Schädigungen zu bewahren. § 90 ermöglicht unter klar abgegrenzten Voraussetzungen die Beschaffung des Ersatzlandes im Enteignungswege. In diesem

Fall muß nicht nur die Hauptenteignung, sondern auch die Ersatzlandenteignung vom öffentlichen Wohl getragen sein (Art. 14 Abs. 3 GG).

Die Ersatzlandenteignung wird innerhalb des Hauptenteignungsverfahrens durchgeführt. Auch auf sie finden die allgemeinen Vorschriften über die Enteignung Anwendung, insbesondere gilt auch, daß Grundstücke zur Entschädigung in Land grundsätzlich (vgl. aber Abs. 3) nur im Bereich eines Bebauungsplans oder eines im Zusammenhang bebauten Ortsteils enteignet werden dürfen.

**2. Zulässigkeitsvoraussetzungen im einzelnen**

a) Als Voraussetzung für die Zulässigkeit der Enteignung zur Beschaffung von Ersatzland ist in **Abs. 1 Nr. 1** angeführt, daß die Entschädigung „gemäß § 100 in Land festzusetzen ist". Es müssen also, damit eine solche Enteignung überhaupt möglich ist, auch die in § 100 angeführten Gesichtspunkte gegeben sein, so vor allem, daß der antragstellende, betroffene Eigentümer auf das Ersatzland angewiesen ist.

b) Es muß vor der Enteignung geprüft werden (**Nr. 2 und 3**), ob nicht die Bereitstellung von geeignetem Ersatzland durch den Enteignungsbegünstigten selbst oder durch die öffentliche Hand möglich ist und — wenn entsprechende Grundstücke nicht zur Verfügung stehen — ob nicht durch den Enteignungsbegünstigten geeignete Grundstücke im Wege des freien Kaufs durch Privatrechtsvertrag erworben werden können. Die Bereitstellung von Grundstücken oder der freihändige Erwerb müssen möglich und zumutbar sein (vgl. hierzu und zur Frage der angemessenen Bedingungen des Kaufs auf dem freien Markt sowie zum Angebot eigenen Landes oben bei § 87 Anm. 2 b). Zu beachten ist aber, daß die Anforderungen des § 90 Abs. 1 Nr. 3 etwas strenger sind, als die allgemeinen für die Zulässigkeit der Enteignung in § 87 Abs. 2 Nr. 2 aufgestellten Anforderungen. Im letzteren Fall genügt es, wenn der Antragsteller nachweist, daß er sich um einen freihändigen Erwerb „vergeblich bemüht" hat. In § 90 Abs. 1 Nr. 3 ist dagegen gefordert, daß vom Enteignungsbegünstigten geeignete „Grundstücke freihändig nicht erworben werden können". Es genügt also nicht das „ernsthafte Bemühen", es muß vielmehr — unter den in Nr. 3 genannten Voraussetzungen — eine objektive Unmöglichkeit des freihändigen Erwerbs gegeben sein.

**3. Ausnahmen**

**Abs. 2** nimmt gewisse Grundstücke von der Inanspruchnahme im Wege der Ersatzlandenteignung aus, um Härten zu vermeiden. Dabei hat Nr. 1 die Vermeidung einer Existenzschädigung im Auge, während bei Nr. 2 in erster Linie der Verwendungszweck des Grundstücks maßgebend ist.

a) Abs. 2 **Nr. 1** enthält eine Schutzvorschrift zugunsten des von der Ersatzlandenteignung bedrohten Eigentümers. Er kann diese Enteignung abwenden, wenn er nachweisen kann, daß er auf das zu enteignende Grundstück mit seiner Berufs- oder Erwerbstätigkeit angewiesen und daß ihm im Interesse der Erhaltung der Wirtschaftlichkeit seines Betriebes die Abgabe nicht zuzumuten ist. „Angewiesen" auf das Grundstück ist der Eigentümer dann, wenn er es zu seiner Berufs- oder Erwerbstätigkeit benötigt und tatsächlich auch benutzt (z. B. bei einer Gärtnerei alles Land, das zum Anbau von Gärtnereierzeugnissen verwendet wird oder bei einem Handwerker, der neben seinem kleinen Handwerksbetrieb noch einen landwirtschaftlichen Betrieb besitzt, der zum Landwirtschaftsbetrieb verwendete Grund und Boden). Dies allein genügt aber noch nicht, um die Ersatzlandenteignung abzuwenden. Der Eigentümer muß ferner nachweisen, daß ihm im Interesse der Betriebsrentabilität die Aufgabe des Grundstücks nicht zuzumuten ist. Diese Bestimmung enthält eine starke und in vielen Fällen empfindliche Einschränkung des Schutzes des Eigentümers, denn dieser muß dartun, daß im Falle der Abgabe des Grundstücks (das er im Rahmen seines Betriebes verwendet) die Rentabilität des Betriebes (z. B. landwirtschaftlicher Betrieb oder Nebenbetrieb, Gewerbebetrieb), wenn nicht vernichtet, so doch bedroht ist und daß daher die Abgabe nicht zumutbar ist. Es ist demnach auch erforderlich, daß die Abgabe für den Eigentümer ein unzumutbares wirtschaftliches Opfer bedeuten würde. Ob ein solches vorliegt, kann nur nach Sachlage beurteilt werden und ist eine richterlich nachprüfbare Tat- und Rechtsfrage.

Die angeführten Grundsätze gelten bei land- und forstwirtschaftlich genutzten Grundstücken nicht nur für den Eigentümer, sondern auch für sonstige Nutzungsberechtigte, z. B. für Pächter; auch diese können also bei entsprechend begründetem Vorbringen die Enteignung abwenden.

Voraussetzung ist immer, daß der Betrieb die Erwerbsgrundlage des Grundstückseigentümers bildet oder — wie insbesondere bei landwirtschaftlichen Nebenerwerbsstellen — als alleinige Erwerbsgrundlage nicht ausreicht.

**b)** Abs. 2 **Nr.** 2 bringt (gegenüber der Bestimmung des § 8 Abs. 3 BauLBG) eine erhebliche Verbesserung des Schutzes der dort aufgezählten Körperschaften und Vereinigungen. Während in der letztgenannten Vorschrift gefordert worden war, daß der Grundbesitz zur Erfüllung der Aufgaben benötigt wurde, verlangt Nr. 2 a. a. O. nur, daß die Grundstücke oder ihre Erträge entsprechenden Zwecken dienen oder zu dienen bestimmt sind.

Der Begünstigte muß das Grundstück nicht etwa selbst benutzen. Der Enteignungsschutz wird auch gewährt, wenn Erträgnisse daraus (z. B. aus Stiftung, Miete oder Pacht) unmittelbar öffentlichen Zwecken dienen oder zu dienen bestimmt sind. Andrerseits müssen die Grundstücke oder ihre Erträgnisse unmittelbar den geforderten Zwecken dienen, d. h. sie dürfen ihnen nicht erst auf Umwegen zugute kommen (das Wort „unmittelbar" gehört nicht etwa nur zu „öffentlichen Zwecken" sondern zu allen in Abs. 2 Nr. 2 aufgezählten Zwecken); so wird ein Grundstück nicht den Schutz des Abs. 2 Nr. 2 genießen können, wenn der Eigentümer auf dem Grundstück ein Erwerbsunternehmen betreibt und von dem Gewinn einen bestimmten Teil an eine Wohlfahrtsorganisation abliefert.

Der Schutz gilt nur, „wenn und soweit" die Grundstücke oder ihre Erträge den Zwecken dienen oder zu dienen bestimmt sind. Es ist also eine Teilenteignung möglich, genau wie auch ein teilweises „dienen" genügt.

Der Katalog der Nr. 2 ist sehr umfangreich, allerdings ausschließlich. Einzelne Beispiele für den Enteignungsschutz hinsichtlich einer Ersatzlandenteignung: Öffentliche Erholungsanlagen, Kinderheime und Kinderhorte, Altersheime, Fürsorgeerziehungsheime, öffentliche und private Erziehungs- und Unterrichtsanstalten, wissenschaftliche Forschungs- und Versuchsanstalten, Krankenhäuser, Erholungsheime, Sport-, Spiel- und Turnplätze, für die Erweiterung von Friedhöfen vorgesehene Grundflächen usw.

c) Eine Enteignung zur Beschaffung von Ersatzland soll im Außenbereich nicht uneingeschränkt zulässig sein. **Abs.** 3 beschränkt daher die Zulässigkeit der Enteignung außerhalb des Geltungsbereichs eines Bebauungsplans und außerhalb der im Zusammenhang bebauten Ortsteile ausdrücklich auf die Beschaffung von Ersatzland, das für eine land- oder forstwirtschaftliche Nutzung bestimmt ist. Dadurch soll verhindert werden, daß im Wege der Ersatzlandbeschaffung bisher rein land- oder forstwirtschaftlich genutztes Gebiet vor Einbeziehung in die Planung als Bauland herangezogen wird.

d) Der **Abs.** 4 enthält den allgemeinen Grundsatz des Enteignungsrechts, daß eine Enteignung von Ersatzland keine weiteren Enteignungen nach sich ziehen darf.

## § 91

*Ersatz für entzogene Rechte*

**Die Enteignung zu dem Zwecke, durch Enteignung entzogene Rechte durch neue Rechte zu ersetzen, ist nur zulässig, soweit der Ersatz in den Vorschriften des Zweiten Abschnittes vorgesehen ist. Für den Ersatz entzogener Rechte durch neue Rechte im Wege der Enteignung nach § 97 Abs. 2 Satz 3 gelten die in § 90 Abs. 1 und 2 für die Enteignung zur Entschädigung in Land getroffenen Vorschriften sinngemäß.**

a) Die Vorschrift bringt die Zulässigkeitsvoraussetzungen für die Enteignung nach § 85 Abs. 1 Nr. 4 (Ersatz von Rechten, die durch Enteignung entzogen worden sind, durch neue Rechte). Im Zusammenhang mit der Enteignung eines Grundstücks kann es notwendig werden, auf diesem Grundstück ruhende Rechte Dritter aufzuheben und in besonderen Fällen an anderen Grundstücken neu zu begründen. Die Möglichkeit, im Wege einer Enteignung Rechte, die durch Enteignung entzogen worden sind, durch neu zu begründende Rechte zu ersetzen, ist nach § 91 **Satz 1** auf Fälle beschränkt, die in den Vorschriften des Zweiten Abschnitts („Entschädigung") ausdrücklich aufgezählt sind. Es handelt sich um die Bestimmungen in § 97 Abs. 2, § 100 Abs. 5 und § 102 Abs. 5.

b) **Satz 2** der Vorschrift trifft den besonderen Fall des Ersatzes entzogener Rechte durch neue Rechte im Wege der Enteignung n a c h § 9 7 A b s . 2 S a t z 3 . Hiernach sind als Ersatz für dingliche oder persönliche Rechte eines öffentlichen Verkehrsunternehmens oder eines Trägers der öffentlichen Versorgung mit Elektrizität, Gas, Wärme oder Wasser, der auf diese zur Erfüllung seiner wesensgemäßen Aufgaben angewiesen ist, auf seinen Antrag Rechte gleicher Art zu begründen; soweit dazu Grundstücke des Enteignungsbegünstigten nicht geeignet sind, können zu diesem Zweck auch andere Grundstücke in Anspruch genommen werden. In diesem Fall sind die Vorschriften des § 90 Abs. 1 und 2 über die Enteignung zur Entschädigung in Land sinngemäß anzuwenden. Dies bedeutet, daß für die Bestellung eines Ersatzrechtes zunächst Grundstücke des Enteignungsbegünstigten oder der öffentlichen Hand heranzuziehen sind (§ 90 Abs. 1 Nr. 2 und 3) und daß bestimmte Grundstücke (Abs. 2 Nr. 1 und 2) für eine solche Bestellung ausscheiden (vgl. hierzu Anm. 1, 2 b und 3 a und b zu § 90).

## § 92

*Umfang, Beschränkung und Ausdehnung der Enteignung*

**(1) Ein Grundstück darf nur in dem Umfange enteignet werden, in dem dies zur Verwirklichung des Enteignungszweckes erforderlich ist. Reicht eine Belastung des Grundstücks mit einem Recht zur Verwirklichung des Enteignungszweckes aus, so ist die Enteignung hierauf zu beschränken.**

**(2) Soll ein Grundstück mit einem Erbbaurecht belastet werden, so kann der Eigentümer an Stelle der Belastung die Entziehung des Eigentums verlangen. Soll ein Grundstück mit einem anderen Recht belastet werden, so kann der Eigentümer die Entziehung des Eigentums verlangen, wenn die Belastung mit dem dinglichen Recht für ihn unbillig ist.**

**(3) Soll ein Grundstück oder ein räumlich oder wirtschaftlich zusammenhängender Grundbesitz nur zu einem Teil enteignet werden, so kann der Eigentümer die Ausdehnung der Enteignung auf das Restgrundstück oder den Restbesitz insoweit verlangen, als das Restgrundstück oder der Restbesitz nicht mehr in angemessenem Umfange baulich oder wirtschaftlich genutzt werden kann.**

**(4) Der Eigentümer kann verlangen, daß die Enteignung auf die in § 86 Abs. 2 bezeichneten Gegenstände ausgedehnt wird, wenn und soweit er sie infolge der Enteignung nicht mehr wirtschaftlich nutzen oder in anderer Weise angemessen verwerten kann.**

**(5) Ein Verlangen nach den Absätzen 2 bis 4 ist schriftlich oder zur Niederschrift bei der Enteignungsbehörde bis zum Schluß der mündlichen Verhandlung geltend zu machen.**

**1. Allgemeines**

Die einzelnen Bestimmungen des § 92 bringen im wesentlichen den Rechtsgedanken zum Ausdruck, daß in die Rechte des von der Enteignung Betroffenen nur im unbedingt erforderlichen Umfang eingegriffen werden darf. Dieser Rechtsgedanke ist nicht neu, er ist schon in früheren Enteignungsgesetzen enthalten (z. B. Art. III und III a des Bayer. Zwangsabtretungsgesetzes von 1837), ferner in dem allgemeinen Grundsatz des Verwaltungsrechts, daß ein hoheitlicher Eingriff nicht stärker sein darf, als es sein Zweck erfordert. Schließlich ist dieser Grundsatz allgemein auch bereits in § 87 Abs. 1 BBauG ausgesprochen, wonach die Enteignung nur zulässig ist, wenn der Enteignungszweck nicht auf andere zumutbare Weise erreicht werden kann. Er wird dem Sinn und dem wesentlichen Inhalt nach in den Vorschriften des § 92 wiederholt und gilt sowohl hinsichtlich des räumlichen Umfanges, als auch hinsichtlich der räumlichen Ausgestaltung des Eingriffs.

**2. Enteignung von Grundstücken**

**Abs. 1** betrifft die Fälle, in denen der Antragsteller in einem Enteignungsverfahren die Entziehung des Eigentums an einem Grundstück erstrebt. Die Enteignungsbehörde hat von Amts wegen nicht nur zu prüfen, ob die beantragte Enteignung einem gesetzlich anerkannten Zweck dient

(§ 85), sondern auch, in welchem Umfang der Eingriff notwendig ist. Hierbei werden die Interessen des Antragstellers und des Grundstückseigentümers gegeneinander abzuwägen sein. Wenn die Behörde zu der Überzeugung gelangt, daß die Belastung eines Grundstücks mit einem Recht zur Verwirklichung des Enteignungszwecks ausreicht, so darf nur die Belastung ausgesprochen werden. Beispiele: Bestellung eines Wegerechts (Grunddienstbarkeit) zugunsten des Baugrundstücks des Antragstellers statt der Enteignung des Grundstücks, auf dem das Wegerecht ruhen soll; Bestellung eines Erbbaurechts statt Entziehung des Eigentums; die Rechtsform des Erbbaurechts wird in manchen Fällen nicht nur dem Enteignungszweck genügen, sondern auch zur Erreichung des Enteignungszieles zweckmäßig sein, so z. B. wenn es dem Antragsteller nur auf die Bebauungsmöglichkeit ankommt und andererseits die Belastung mit dem Erbbaurecht den Wünschen des Betroffenen entgegenkommt. Andererseits wird es natürlich Fälle geben, in denen die Belastung mit einem Recht nicht möglich oder nicht ausreichend ist (z. B. keine Bestellung eines Erbbaurechts, wenn es sich um Gemeinbedarfsflächen handelt oder wenn durch die Bestellung Schwierigkeiten in der Finanzierung hervorgerufen würden). Hervorzuheben ist, daß in den Fällen des Abs. 1 (im Gegensatz zu Abs. 2, 3 und 4) kein Antrag des Eigentümers gefordert wird. Die Frage, ob eine Belastung eines Grundstücks mit einem Recht zur Verwirklichung des Enteignungszwecks ausreicht, ist eine Rechtsfrage, die gerichtlich nachprüfbar ist.

**3. Belastung mit einem Erbbaurecht oder mit einem anderen Recht**

**Abs. 2 Satz 1** geht davon aus, daß der Antragsteller nicht die Entziehung des Eigentums, sondern die Bestellung eines Erbbaurechts anstrebt und daß diese Bestellung regelmäßig für den Eigentümer eine so weitgehende Rechtseinbuße darstellt, daß man ihm den Anspruch eröffnen muß, statt dessen die Vollenteignung zu verlangen. Dieser Anspruch (der nur vom Eigentümer geltend gemacht werden kann und ohne dessen Antrag wohl ein entsprechender Ausspruch nicht möglich ist) bedarf keiner besonderen Begründung. Wenn der Antrag gestellt wird, muß ihm die Behörde entsprechen; der Eigentümer hat einen gerichtlich verfolgbaren (§ 157) Rechtsanspruch darauf, daß die Behörde entsprechend seinem Antrag tätig wird. Die Entscheidung darüber, ob statt der Bestellung eines Erbbaurechts die Eigentumsentziehung ausgesprochen werden soll, liegt also allein beim Eigentümer.

Die Belastung eines Grundstücks mit einem anderen (dinglichen) Recht (als dem Erbbaurecht) wird dagegen nicht in jedem Fall eine so weitgehende rechtliche und wirtschaftliche Entwertung des Eigentums darstellen. Abs. 2 **Satz 2** verlangt daher vom Eigentümer (zur Abwendung der Belastung mit einem Recht und zur Erreichung der Entziehung des Eigentums) den Nachweis der Unbilligkeit; er gibt dem Eigentümer das Recht, die Vollenteignung zu verlangen, wenn die vorgesehene Belastung für ihn unbillig ist.

Auch die Frage, ob eine Unbilligkeit vorliegt, ist eine gerichtlich nachprüfbare Rechtsfrage. Dabei wird das Ergebnis von den Besonderheiten und Umständen des Einzelfalles abhängen. Es ist davon auszugehen, daß nur eine „Unbilligkeit" gefordert wird, also nicht eine unzumutbare Härte, daß also die Voraussetzungen nicht zu hoch gespannt werden dürfen. So kann eine Unbilligkeit vorliegen, wenn durch die Bestellung des Rechts die wirtschaftlichen Verhältnisse des Eigentümers in der Weise beeinträchtigt würden, daß er eine etwaige Bauabsicht auf seinem Grundstück nur unter Aufwendungen an Geld und Arbeit verwirklichen kann und das Grundstück daher für ihn an Wert verliert. Dagegen dürfte keine Unbilligkeit gegeben sein, wenn der Eigentümer die (an Stelle der Bestellung des Rechts) durch Entziehung des ganzen Grundstücks zu erwartende Summe für persönliche oder familiäre Zwecke (Erweiterung des Geschäfts, Erziehung der Kinder, Sicherung der Existenz der Kinder, Beschaffung eines anderen Sachwertes) verwenden will; denn die hier verfolgten Ziele haben mit der Enteignung, mit deren Intensität nichts zu tun (a. A. Dittus-Zinkahn Anm. 5 zu § 4); ferner ist keine Unbilligkeit gegeben (übereinstimmend mit Dittus-Zinkahn aaO), wenn das Grundstück verpachtet war und es dem Eigentümer bisher und künftig nur auf die Erzielung laufender Erträgnisse ankommt oder wenn das betreffende Grundstück nur einen geringen Teil des gesamten Grundbesitzes oder des Gesamtvermögens darstellt.

Die Belastung mit einem Recht muß für den Eigentümer unbillig sein; es findet also hier nicht (wie bei Nr. 1 — siehe oben Anm. 2 —) eine Interessenabwägung zwischen dem Antragsteller und dem Grundstückseigentümer statt. Maßgebend sind hier allein die Verhältnisse des Grundstückseigentümers und sein Antrag (vgl. oben Anm. zu Abs. 2 Satz 1).

**4. Teilenteignung**

**Abs.** 3 übernimmt den nach dem bisherigen Enteignungsrecht (vgl. § 4 Abs. 3 BauLBG) bereits gegebenen Anspruch des Eigentümers auf räumliche Ausdehnung der Enteignung. Auch er dient dem Schutz des Eigentümers, dessen Antrag ein entsprechendes Tätigwerden der Enteignungsbehörde auslöst (vgl. oben Anm. 3). Voraussetzung dafür, daß die Behörde tätig werden muß, ist, daß eine Teilenteignung beantragt ist (Teil eines Grundstückes oder eines räumlich oder wirtschaftlich zusammenhängenden Grundbesitzes) und daß das Restgrundstück oder der Restbesitz im Falle der Teilenteignung nicht mehr in angemessenem Umfang baulich oder wirtschaftlich genutzt werden kann. Ob diese Voraussetzungen gegeben sind, ist eine gerichtlich nachprüfbare Tat- und Rechtsfrage. Bejahendenfalls muß dem Antrag des Eigentümers entsprochen werden, andernfalls darf ihm nicht stattgegeben werden. Insoweit ist für eine Ermessensentscheidung der Behörde kein Raum.

**a)** Der räumliche Zusammenhang des Grundbesitzes ist gegeben, wenn die einzelnen Grundstücke desselben Eigentümers zusammenhängen, also aneinandergrenzen. Für den wirtschaftlichen Zusammenhang kommt es auf die Art der Zuordnung des Grundstücks zu einem Gesamtbetrieb an, vor allem können hier auch räumlich getrennte Grundstücke im Zusammenhang stehen, wenn sie nämlich wirtschaftliche Bestandteile eines Gesamtunternehmens sind. Erforderlich ist aber immer, daß die Grundstücke demselben Eigentümer gehören. Abs. 3 ist daher nicht anwendbar, wenn ein einheitlicher Wirtschaftsbetrieb zum Teil auf im Eigentum des Inhabers befindlichen Grundstücken, zum andern Teil auf Pachtgrundstücken geführt wird und nur das Pachtland ganz oder teilweise enteignet werden soll. In diesem Falle ist ein Ausdehnungsanspruch nur gegeben, wenn zugleich ein Teil des eigenen Grundbesitzes enteignet werden soll (ebenso Pathe, § 4 Anm. III C; Dittus-Zinkahn, § 4 Anm. 6).

**b)** Die weitere Voraussetzung dafür, daß dem Antrag des Eigentümers stattgegeben werden kann, ist, daß das Restgrundstück oder der Restbesitz nicht mehr im angemessenen Umfang baulich oder wirtschaftlich genutzt werden kann. Dabei ist unter „Restbesitz" die Gesamtheit der dem Eigentümer nach der Enteignung noch verbleibenden Grundstücke zu verstehen. Abs. 3 enthält den unbestimmten Rechtsbegriff „angemessener Umfang". Dieser unterliegt der vollen richterlichen Nachprüfung. Die bauliche Nutzung ist in angemessenem Umfang nicht mehr gegeben, wenn es z. B. dem Eigentümer nicht möglich ist, auf dem Restgrundstück oder auf dem Restbesitz ein solches Bauwerk (je nach der Größe des verbleibenden Besitzes) zu errichten, das den Festsetzungen des Bebauungsplanes oder der sonst üblichen und zulässigen Bebauung entspricht; dagegen kommt es nicht oder doch nicht ausschlaggebend auf die Bauabsichten des Eigentümers an.

Neben der baulichen Nutzung kann auch die wirtschaftliche Nutzung „in angemessenem Umfang" Maßstab für den Erfolg oder Nichterfolg eines Ausdehnungsantrags sein. In einem solchen Fall muß der Eigentümer, der die Teilenteignung verhindern will, nachweisen, daß ihm im Falle der Teilenteignung die bisherige Art der wirtschaftlichen Nutzung nicht mehr möglich und daß eine angemessene Nutzung auch nicht durch eine zumutbare Änderung der Nutzungsart zu erreichen ist.

Der Schutz des Eigentums greift jeweils nur insoweit ein, als die bauliche oder wirtschaftliche Nutzung nicht mehr möglich ist. Das bedeutet, daß nicht immer die Enteignung auf das ganze Restgrundstück oder den ganzen Restbesitz ausgedehnt werden muß, vielmehr kann sich die Ausdehnung möglicherweise nur auf einen Teil erstrecken, wenn eben nur ein Teil des Restgrundstücks oder des Restbesitzes nicht mehr nutzbar ist, der verbleibende Teil aber (außer dem ursprünglich schon zu enteignenden Teil und dem Teil, auf den der Eigentümer die Ausdehnung verlangen kann) einer entsprechenden Nutzung noch zugeführt werden kann.

**c) Abs. 4** erstreckt den Ausdehnungsanspruch des Abs. 3 auf die Zubehörteile des zu enteignenden Grundstücks (vgl. hierzu § 86 Anm. 3). Auch hier sind einige Voraussetzungen gefordert:

Der Eigentümer kann die Ausdehnung der Enteignung auf die Zubehörteile nur verlangen, wenn und soweit er sie infolge der Enteignung nicht mehr wirtschaftlich nutzen oder in anderer Weise angemessen verwerten kann (diese Voraussetzung ist z. B. gegeben bei einem landwirtschaftlichen Nebenbetrieb, wenn durch die Enteignung die landwirtschaftlich nutzbare Fläche so klein wird, daß die bisher benutzten landwirtschaftlichen Maschinen nicht mehr verwendet und auch sonst nicht angemessen, etwa durch Verkauf, verwertet werden können; diese Voraussetzung ist z. B. nicht gegeben, wenn bei einem landwirtschaftlichen Betrieb infolge Enteignung der Viehbestand verkleinert werden muß, das Vieh aber zu einem angemessenen Preis verkauft werden kann).

Zu beachten ist, daß hier im Gegensatz zu Abs. 3 (in dem nur die bauliche oder wirtschaftliche Nutzungsmöglichkeit maßgebend ist, nicht aber die Unmöglichkeit einer angemessenen Verwertung eine Rolle spielt) der Ausdehnungsantrag erst dann Erfolg haben kann, wenn (außer der Unmöglichkeit der wirtschaftlichen Nutzung) auch keine angemessene Verwertungsmöglichkeit gegeben ist.

**d) Abs. 5** enthält die Formvorschrift für die nach den Absätzen 2, 3 und 4 zu stellenden Anträge. Es handelt sich dem Wesen nach um eine Verfahrensvorschrift (vgl. §§ 104 ff.), die nur aus Gründen der Zweckmäßigkeit an den Schluß des § 92 gesetzt wurde und nur die Vorschriften dieser Bestimmung betrifft.

Die Enteignungsbehörde ist die höhere Verwaltungsbehörde (§ 104 Abs. 1); vor ihr findet zur Durchführung des Enteignungsverfahrens eine mündliche Verhandlung statt (§§ 109, 112). Das Verlangen nach Abs. 2, 3 und 4 muß bis zum Schluß der mündlichen Verhandlung (bei mehreren Verhandlungen bis zum Schluß der letzten mündlichen Verhandlung) gestellt werden, d. h. also bevor der Vorsitzende die mündliche Verhandlung für geschlossen erklärt hat. Nach Schluß der mündlichen Verhandlung wäre die Berücksichtigung eines entsprechenden Verlangens unzulässig und würde die Enteignung insoweit fehlerhaft machen.

Form des Antrags: Das Verlangen muß schriftlich oder zur Niederschrift bei der Enteignungsbehörde geltend gemacht werden. Es genügt also jedenfalls nicht ein mündliches Vorbringen vor der Entscheidungsbehörde vor oder auch in der mündlichen Verhandlung. Ein schriftlicher Antrag kann naturgemäß nur vor der mündlichen Verhandlung bei der Behörde gestellt werden; wenn nämlich die (letzte) mündliche Verhandlung bereits begonnen hat, kann nur noch ein Antrag zur Niederschrift in der mündlichen Verhandlung in Frage kommen, da sonst die Gefahr besteht, daß das Ausdehnungsverlangen aus Verschulden des Antragstellers nicht mehr rechtzeitig in der mündlichen Verhandlung berücksichtigt werden kann.

Eine Zurücknahme des Ausdehnungsverlangens wird, da es sich nicht um eine Prozeßerklärung handelt, bis zum Schluß der mündlichen Verhandlung jederzeit möglich sein.

## ZWEITER ABSCHNITT

## Entschädigung

### § 93

### *Entschädigungsgrundsätze*

**(1) Für die Enteignung ist Entschädigung zu leisten.**

**(2) Die Entschädigung wird gewährt**

**1. für den durch die Enteignung eintretenden Rechtsverlust,**

**2. für andere durch die Enteignung eintretende Vermögensnachteile.**

**(3) Vermögensvorteile, die dem Entschädigungsberechtigten (§ 94) infolge der Enteignung entstehen, sind bei der Festsetzung der Entschädigung zu berücksichtigen. Hat bei der Entstehung eines Vermögensnachteiles ein Verschulden des Entschädigungsberechtigten mitgewirkt, so gilt § 254 des Bürgerlichen Gesetzbuches sinngemäß.**

**(4) Für die Bemessung der Entschädigung ist der Zustand des Grundstücks in dem Zeitpunkt maßgebend, in dem die Enteignungsbehörde über den**

**Enteignungsantrag entscheidet. In den Fällen der vorzeitigen Besitzeinweisung ist der Zustand in dem Zeitpunkt maßgebend, in dem diese wirksam wird.**

**1. Allgemeines**

Entsprechend der Forderung des Grundgesetzes (Art. 14 Abs. 3 Satz 2) bestimmt **Abs. 1** zunächst, daß für die „Enteignung Entschädigung zu leisten ist". Diese Entschädigung soll den gerechten Ausgleich für das dem Betroffenen durch die Enteignung auferlegte Sonderopfer darstellen. Dabei ist zu beachten, daß das GG den in der WRV (Art. 153) verwendeten Begriff der „angemessenen Entschädigung" nicht übernommen hat. Nach Art. 14 Abs. 3 Satz 3 GG ist „die Entschädigung unter gerechter Abwägung der Interessen der Allgemeinheit und der Beteiligten zu bestimmen". Andererseits kann die Enteignungsentschädigung auch nicht nach rein bürgerlich-rechtlichen Grundsätzen, etwa nach den Grundsätzen über Schadensersatz, bemessen werden, denn sie wird nicht jeden Schaden des Betroffenen umfassen, sondern ist durch die genannten verfassungsrechtlichen Grundsätze in der Weise begrenzt, daß eine Abwägung der Interessen der Beteiligten und der Allgemeinheit stattzufinden hat (vgl. auch RGZ 116, 268 und BGHZ 6, 270/295; Dittus-Zinkahn, Vorbem. vor § 9). Diesen Grundsätzen wird die Entschädigungsregelung des zweiten Abschnittes gerecht.

**2. Gegenstand der Entschädigung (Abs. 2)**

Enteignungsentschädigung wird nur gewährt:

**a)** Für den durch die Enteignung eintretenden Rechtsverlust, d. h. dem Betroffenen muß der o b j e k t i v e W e r t des enteigneten Grundstücks oder sonstigen Gegenstandes ersetzt werden. Hier kommt vor allem die Entschädigung für die Entziehung des Eigentums an einem Grundstück und anderer Rechte an Grundstücken in Frage. Wegen der Höhe der Entschädigung vgl. § 95.

**b)** Für andere durch die Enteignung eintretende Vermögensnachteile, d. h. der zusätzliche s u b j e k t i v e V e r m ö g e n s s c h a d e n, der in Auswirkung der Enteignung entsteht. Dieser Schaden muß d u r c h die Enteignung eingetreten sein, also kommen in der Regel nur u n m i t t e l b a r e Schäden in Betracht (vgl. hierzu auch § 96).

c) **Abs. 3 Satz 1** legt zunächst den Grundsatz der Vorteilsausgleichung fest. Es werden die Fälle erfaßt, in denen der Entschädigungsberechtigte (also der durch die Enteignung Beeinträchtigte — § 94 Abs. 1) i n f o l g e d e r E n t e i g n u n g einen Vermögensvorteil erlangt, also muß auch hier in der Regel ein u n m i t t e l b a r e r Vorteil gegeben sein. Der Grundgedanke dieser Vorschrift ist, daß der Entschädigungsberechtigte nach der Enteignung nicht besser gestellt sein soll als vorher. Dies kann dazu führen, daß der Berechtigte nicht den ganzen objektiven Wert des enteigneten Gegenstandes verlangen bzw. erhalten kann, wenn er auf der anderen Seite durch die Enteignung bereits einen Vermögensvorteil erlangt hat; er muß sich vielmehr diesen Vorteil auf die Gesamtentschädigung anrechnen lassen. So wird sich ein Betroffener, dessen Grundstück zum Teil für Erschließungszwecke (z. B. für eine Verkehrsstraße) enteignet wurde, sich den Betrag anrechnen lassen müssen, um den sich der Wert des

Restgrundstückes durch die Erschließung gesteigert hat, soweit er nicht zu den Erschließungskosten besonders herangezogen worden ist.

In **Satz 2** ist der allgemeine Rechtsgedanke des § 254 BGB, daß nämlich bei einer Schadensbemessung auch etwaiges mitwirkendes Verschulden „des Beschädigten", hier des Entschädigungsberechtigten, mit berücksichtigt werden muß, als ein auch für das Enteignungsrecht geltender Grundsatz ausdrücklich aufgenommen worden. Dies erschien zur Vermeidung von Auslegungsschwierigkeiten erforderlich, da dieser Grundsatz auch bereits in anderen Enteignungsgesetzen — z. B. § 33 des Bundesleistungsgesetzes von 1956/1961, § 13 des Schutzbereichsgesetzes vom 7. 12. 1956, § 19 des Luftverkehrsgesetzes i. d. F. vom 10. 1. 1959 — ausgesprochen ist. Hat demnach bei der Entstehung des Vermögensnachteils (§ 93 Abs. 2 Nr. 2) ein Verschulden des Entschädigungsberechtigten mitgewirkt, so hängt die Verpflichtung des Begünstigten zur Leistung einer Entschädigung sowie der Umfang der Entschädigungsleistung von den Umständen, insbesondere davon ab, inwieweit der Vermögensnachteil von dem Entschädigungsberechtigten verschuldet worden ist. Dies gilt auch dann, wenn sich das Verschulden des Entschädigungsberechtigten darauf beschränkt, daß er es schuldhaft unterlassen hat, den Entschädigungspflichtigen auf die Gefahr eines ungewöhnlich hohen Schadens aufmerksam zu machen, die der Verpflichtete weder kannte noch kennen mußte, oder daß er es unterlassen hat, den Schaden abzuwenden oder zu mindern (vgl. hierzu Urt. des BayObLG vom 14. 7. 1960, AZ 1 Z 34/1959 — DVBl. 60, 819 —, in dem ausgeführt ist, daß § 254 BGB entsprechend anzuwenden ist, wenn es der durch einen enteignungsgleichen Eingriff Betroffene schuldhaft unterlassen hat, den Schaden zu mindern). Die Vorschrift des § 278 BGB (Haftung für Verschulden anderer — Erfüllungsgehilfen —) findet entsprechend Anwendung. Beispiel: Infolge der Enteignung eines vom entschädigungsberechtigten Mieter bewohnten Gebäudes muß dieser umziehen. Die Umzugskosten können ihm nicht oder nur teilweise ersetzt werden, wenn das Haus durch sein Verschulden unbewohnbar geworden ist (er hat lange Zeit jegliche Reparatur, zu der er nach dem Mietvertrag verpflichtet war, unterlassen).

### 3. Zeitpunkt der Entschädigungsbemessung

**a) Abs. 4** bringt Vorschriften über den Zeitpunkt, der für die Bemessung einer Entschädigung für die Enteignung eines Grundstückes (§ 95) maßgebend ist; dies ist nach **Satz 1** der Zeitpunkt, in dem die Enteignungsbehörde über den Enteignungsantrag entscheidet, d. h. in dem der Enteignungsbeschluß ergeht (§ 112). Auf die Bemessung hat es keinen Einfluß, wenn der Enteignungsbeschluß angefochten wird, maßgebend bleibt immer der Zeitpunkt des Beschlusses. Eine Ausnahme davon ist in **Satz 2** festgelegt: Wenn nach den Vorschriften des § 116 die vorzeitige Besitzanweisung ausgesprochen wurde, so ist für die Bemessung der Entschädigung der Zustand des Grundstücks in dem Zeitpunkt maßgebend, in dem die vorzeitige Besitzeinweisung wirksam wird; diese wird in dem von der Enteignungsbehörde in dem Besitzeinweisungsbeschluß bezeichneten Zeitpunkt wirksam; auf Antrag des unmittelbaren Besitzers ist dieser Zeitpunkt auf mindestens zwei Wochen nach Zustellung der Anordnung über die vorzeitige Besitzeinweisung an ihn festzusetzen (§ 116 Abs. 1). Auf Antrag des Enteignungsbegünstigten, des Besitzers oder des Eigentümers hat die Enteignungsbehörde den Zustand des Grundstücks vor der Besitzeinweisung in einer Niederschrift feststellen zu lassen, soweit er für die Besitzeinweisungs- oder die Enteignungsentschädigung von Bedeutung ist (§ 116 Abs. 5).

Der Zweck dieser Vorschriften ist, im Interesse des Betroffenen den Zeitpunkt der Bemessung der Entschädigung vorzuverlegen. Weitere Vorschriften über die Bemessung der Entschädigung siehe §§ 95 und 96.

**b)** Abs. 4 regelt nur ein Teilgebiet, und zwar nur die Bemessung der Entschädigung für den Verlust eines G r u n d s t ü c k s (ein Teilgebiet des Abs. 2 Nr. 1). Das Gesetz schweigt über die Bemessung der Entschädigung in allen übrigen Fällen, also z. B. bei Verlust von anderen Rechtspositionen oder bei Eintritt der in Abs. 2 Nr. 2 genannten anderen Vermögensnachteile. Man darf annehmen, daß es bei diesen auf den Zeitpunkt des Eintritts des Rechtsverlustes bzw. des Vermögensnachteils ankommt.

**4. Schrifttum**

Beisswingert, Entschädigungsansprüche für enteignende Eingriffe in Betriebsgrundstücke nach dem Bundesbaugesetz, BB 1961, 920,

Haas, Die Entschädigungsvorschriften des Bundesbaugesetzes, DVBl. 1961, 366.

## § 94

### *Entschädigungsberechtigter und Entschädigungsverpflichteter*

**(1) Entschädigung kann verlangen, wer in seinem Recht durch die Enteignung beeinträchtigt wird und dadurch einen Vermögensnachteil erleidet.**

**(2) Zur Leistung der Entschädigung ist der Enteignungsbegünstigte verpflichtet. Wird Ersatzland enteignet, so ist zur Entschädigung derjenige verpflichtet, der dieses Ersatzland für das zu enteignende Grundstück beschaffen muß.**

**1. Allgemeines**

**a)** Die Vorschrift stellt zunächst fest, wer eine Enteignungsentschädigung verlangen kann, d. h. wer „Entschädigungsberechtigter" sein kann. Es sind zwei Voraussetzungen für einen Entschädigungsanspruch zu unterscheiden, nämlich eine Rechtsbeeinträchtigung und ein durch die Enteignung verursachter Vermögensnachteil; letzterer wurde (im Gegensatz zu § 9 Abs. 2 Satz 1 BauLBG) ausdrücklich gefordert, um klarzustellen, daß nicht jede durch eine Enteignung hervorgerufene Rechtsbeeinträchtigung zu einer Entschädigung führen muß.

**b)** Hinsichtlich der Verpflichtung zur Leistung der Enteignungsentschädigung („Entschädigungsverpflichteter") führt das Gesetz ebenfalls zwei Fälle an: Grundsätzlich ist zur Leistung der Enteignungsbegünstigte verpflichtet; abweichend davon ist der Fall der Ersatzlandbeschaffung geregelt (siehe hierzu unten Anm. 3)

**2. Entschädigungsberechtigter (Abs. 1)**

Abs. 1 steht in einem engen Zusammenhang mit § 93 Abs. 2 Nr. 1 und 2. Während die letztere Bestimmung festlegt, in welchen Fällen eine Entschädigung ü b e r h a u p t g e w ä h r t w e r d e n d a r f (bei einem durch Enteignung eintretenden Rechtsverlust und bei anderen Vermögensnachteilen), bestimmt Abs. 1, wer diese Entschädigung verlangen kann. Gefordert wird, daß bei dem Betroffenen eine Rechtsbeeinträchtigung **und** ein Vermögensnachteil gegeben ist. Es muß also nicht in allen Fällen ein Rechtsverlust gegeben sein (§ 93 Abs. 2 Nr. 1 — z. B. Enteignung eines Grundstücks oder eines dinglichen Rechts —), es genügt, wenn ein Recht beeinträchtigt wird (z. B. Belastung eines Grundstücks mit einem dinglichen Recht oder Einschränkung eines Miet- oder Pachtrechts). In beiden Fällen muß aber durch die Enteignung ein Vermögensnachteil hervorgerufen worden sein (vgl. für andere als durch Rechtsverlust eintretende Beeinträchtigungen auch § 93 Abs. 2 Nr. 2 und Anm. 2 a und b zu § 93). Das Gesetz unterscheidet zwischen Hauptberechtigten (vgl. §§ 95, 96) und Nebenberechtigten (§ 97; vgl. auch Anm. 1 zu § 97).

Nur der kann also mit Erfolg Antrag auf Entschädigung stellen, der durch die Rechtsbeeinträchtigung einen Schaden erleidet. Es sind Fälle denkbar, in denen zwar eine Rechtsbeeinträchtigung vorliegt, aber daraus kein Vermögensnachteil entsteht. So kann das Recht eines Pächters, dessen Pachtland zu einem so geringen Teil enteignet wird, daß er den Restteil ohne Ertragseinbuße bearbeiten kann, zwar beeinträchtigt werden, es wird ihm aber kein Vermögensnachteil zugefügt.

**3. Entschädigungsverpflichteter (Abs. 2)**

Grundsätzlich ist derjenige zur Leistung der Enteignungsentschädigung verpflichtet, der durch die Enteignung „begünstigt" wird. Darunter ist derjenige zu verstehen, zu dessen Gunsten sich die Enteignung auswirkt, d. h. dessen Rechtsstellung durch die Enteignung verbessert wird, z. B. durch Erlangung des Eigentums an Grundstücken oder von Rechten an Grundstücken. Die Begünstigung muß unmittelbar aus der Enteignung sich ergeben. In erster Linie kommt hier in Frage der Antragsteller (§ 105, § 107 Abs. 1 Nr. 1). Nicht zu den Enteignungsbegünstigten zählen daher Personen, die nur einen mittelbaren Vorteil aus der Enteignung ziehen (z. B. wird der Inhaber eines Geschäftes für medizinische Apparate oder medizinische Bücher nicht dadurch ein Enteignungsbegünstigter, daß das Nachbargrundstück zur Erbauung einer Klinik enteignet wird).

Im Falle der Ersatzlandenteignung ist in der Regel der Enteignungsbegünstigte zur Beschaffung des Ersatzlandes und damit zur Leistung der Entschädigung für das Ersatzgrundstück verpflichtet (vgl. § 100 Abs. 1 Nr. 1 und 2). Es obliegt also meist dem Begünstigten, geeignetes Land aus seinem Besitz zur Verfügung zu stellen oder durch freihändigen Kauf zu erwerben. Der Begünstigte entschädigt hier nicht den bisherigen Eigentümer des enteigneten Grundstücks mit Geld, sondern beschafft ihm ein Ersatzgrundstück und bezahlt dieses unter Anrechnung auf die von ihm zu leistende Enteignungsentschädigung. Wenn er zur Beschaffung von Ersatzland nicht in der Lage ist, kann die öffentliche Hand zur Beschaffung des Ersatzlandes verpflichtet sein (§ 90 Abs. 1 Nr. 2). Gegebenenfalls kann der von der Hauptenteignung Betroffene selbst Antrag auf Enteignung eines Ersatzgrundstücks stellen (§ 100 Abs. 1 Nr. 3 mit § 90). Im letzten Fall muß dieser Betroffene die Entschädigung für das Ersatzland aus der vom Begünstigten in entsprechender Höhe zu leistenden Enteignungsentschädigung zahlen.

## § 95
*Entschädigung für den Rechtsverlust*

**(1) Die Entschädigung für den durch die Enteignung eintretenden Rechtsverlust bemißt sich nach dem Verkehrswert (§ 141) des zu enteignenden Grundstücks oder sonstigen Gegenstandes der Enteignung. Maßgebend ist der Verkehrswert in dem Zeitpunkt, in dem die Enteignungsbehörde über den Enteignungsantrag entscheidet.**

**(2) Bei der Festsetzung der Entschädigung bleiben unberücksichtigt**

**1. Wertänderungen, die infolge der bevorstehenden Enteignung eingetreten sind;**

**2. Werterhöhungen, die nach dem Zeitpunkt eingetreten sind, in dem der Eigentümer zur Vermeidung der Enteignung ein Kauf- oder Tauschangebot des Antragstellers mit angemessenen Bedingungen (§ 87 Abs. 2 Nr. 2, § 88) hätte annehmen können, es sei denn, daß der Eigentümer Kapital oder Arbeit für sie aufgewendet hat;**

**3. wertsteigernde Veränderungen, die während einer Veränderungssperre ohne Genehmigung der Baugenehmigungsbehörde vorgenommen worden sind;**

**4. wertsteigernde Veränderungen, die nach Einleitung des Enteignungsverfahrens ohne behördliche Anordnung oder Zustimmung der Enteignungsbehörde vorgenommen worden sind.**

**(3) Für bauliche Anlagen, deren Abbruch jederzeit auf Grund öffentlichrechtlicher Vorschriften entschädigungslos gefordert werden kann, ist eine Entschädigung nur zu gewähren, wenn es aus Gründen der Billigkeit geboten ist. Kann der Abbruch entschädigungslos erst nach Ablauf einer Frist gefordert werden, so ist die Entschädigung nach dem Verhältnis der restlichen zu der gesamten Frist zu bemessen.**

**(4) Wird der Wert des Eigentums an dem Grundstück durch Rechte Dritter gemindert, die an dem Grundstück aufrechterhalten, an einem anderen Grundstück neu begründet oder gesondert entschädigt werden, so ist dies bei der Festsetzung der Entschädigung für den Rechtsverlust zu berücksichtigen.**

### 1. Allgemeines

Die Vorschrift regelt die Höhe der Entschädigung für den objektiven Wert des durch die Enteignung eintretenden Rechtsverlustes. Ihr Grundgedanke ist, daß der von der Enteignung Betroffene für das besondere Opfer, das ihm im öffentlichen Interesse auferlegt wird, einen gerechten Ausgleich erhalten soll. Die Entschädigung muß also so bemessen sein, daß sie die durch die Enteignung gestörte Vermögenslage des Betroffenen wieder herstellt und es ihm ermöglicht wird, einen bisherigen Aufgabenkreis zu erfüllen. Eine Interessenabwägung findet hier nicht statt (vgl. § 96 Anm. 1 b).

**2. Bemessungsgrundlage (Abs. 1)**

Als geeignete Grundlage für die Bemessung der Enteignungsentschädigung wurde übereinstimmend mit der Regierungsvorlage der Verkehrswert des zu enteignenden Grundstücks oder sonstigen Gegenstandes der Enteignung (§ 86) bezeichnet. Der Verkehrswert, auch gemeiner Wert (z. B. im Bewertungsgesetz) genannt, wird durch den Preis bestimmt, der in dem Zeitpunkt, auf den sich die Ermittlung bezieht (vgl. unten Anm. 3), im gewöhnlichen Geschäftsverkehr nach den Eigenschaften, der sonstigen Beschaffenheit und der Lage des Grundstücks (oder des sonstigen Gegenstandes der Enteignung) ohne Rücksicht auf ungewöhnliche oder persönliche Verhältnisse zu erzielen wäre (vgl. § 141 Abs. 2 und die dortigen Anmerkungen).

Es erschien rechtlich nicht zulässig, die Entschädigung etwa unter Berücksichtigung des Verwendungszwecks festzulegen und dem Eigentümer eines z. B. dem sozialen Wohnungsbau zugeführten Grundstücks eine niedrigere Entschädigung zuzubilligen, als wenn die Enteignung zu einem anderen Zweck erfolgt. Abgesehen davon, daß eine auf den zufälligen Verwendungszweck abgestellte Entschädigungsbemessung dem Realkredit die Grundlage entziehen würde, wäre es unbillig, wenn die Entschädigung nicht gleichmäßig, d. h. nach einheitlichen, für alle Betroffenen geltenden Gesichtspunkte erfolgte. Eine unterschiedliche Behandlung der Entschädigungsberechtigten wäre mit dem im Grundgesetz verankerten Grundsatz der Gleichheit aller vor dem Gesetz nicht vereinbar.

**3. Maßgebender Zeitpunkt**

Zur Vermeidung von Unklarheiten wurde im Gesetz ausdrücklich festgelegt, welcher Zeitpunkt für die Ermittlung des Verkehrswerts maßgebend sein soll und zwar wurde auf den Zeitpunkt der Entscheidung der Enteignungsbehörde abgestellt. Ausschlaggebend ist also der Tag der Erlassung des Enteignungsbeschlusses (§ 112).

**4. Nichtberücksichtigung von Wertänderungen**

**Abs. 2** faßt in vier Ziffern die Wertänderungen zusammen, die bei der Entschädigung unberücksichtigt bleiben. Hierbei ging der Gesetzgeber von der Erwägung aus, daß durch die Enteignung dem Betroffenen kein ungerechtfertigter Gewinn zufließen darf.

**a)** Nach **Nr. 1** dürfen bei der Ermittlung des Verkehrswerts nicht berücksichtigt werden Wertänderungen, die infolge der bevorstehenden Enteignung eingetreten sind. Es muß sich hier um Werterhöhungen oder Wertminderungen handeln, die vor oder nach Einleitung des Enteignungsverfahrens entstanden sind und die ihren Grund in der bereits in Aussicht genommenen Enteignung haben. Im Gegensatz zu Abs. 2 Nr. 4 ist in Nr. 1 nicht auf die Einleitung des Enteignungsverfahrens (§ 109 Abs. 1) abgestellt und es handelt sich auch nicht um wertsteigernde Veränderungen, die etwa der Eigentümer vornimmt. Vielmehr kommen hier Wertänderungen in Frage, die mit Rücksicht auf die bevorstehende Enteignung ohne Zutun einer dritten Person entstehen (z. B. Werterhöhung des Restgrundstücks durch in Aussicht genommene Enteignung einer geringen Teilfläche zum Bau einer Erschließungsstraße oder Wertminderung allein durch Bekanntwerden der Tatsache der bevorstehenden Enteignung). Diese Wertänderungen können schon vor Einleitung des

Enteignungsverfahrens eintreten, da schon vor diesem Zeitpunkt mit den Beteiligten verhandelt wird und daher die Enteignung bekannt werden kann (§ 105 ff.).

**b)** Ferner bleiben nach **Nr. 2** unberücksichtigt Werterhöhungen, die nach dem Zeitpunkt eingetreten sind, in dem der Eigentümer zur Vermeidung der Enteignung ein Kauf- oder Tauschangebot des Antragstellers mit angemessenen Bedingungen (§ 87 Abs. 2 Nr. 2, § 88) hätte annehmen können, es sei denn, daß der Eigentümer Kapital oder Arbeit für sie aufgewendet hat.

Zunächst lag dem federführenden Ausschuß (vgl. zu Drucksache 1794, S. 21) ein Antrag vor, alle Werterhöhungen eines Grundstücks bei der Bemessung der Entschädigung unberücksichtigt zu lassen, die infolge der Aufstellung oder nach der Aufstellung des der Enteignung zugrunde liegenden Plans eingetreten sind. Dieser Antrag wurde jedoch abgelehnt, weil diese Regelung im Endergebnis auf die Einführung eines besonderen Verkehrswerts für das Enteignungsverfahren hinauslaufen würde. Die jetzige Regelung will verhindern, daß ein Grundstückseigentümer, der aus spekulativen Erwägungen sein Grundstück vom Markt zurückhält und durch eine Verzögerung des Verkaufs oder des Enteignungsverfahrens eine weitere Preissteigerung erhofft, in Zeiten schwankender Grundstückspreise durch die Zubilligung eines höheren Verkehrswerts im Zeitpunkt der endgültigen Entscheidung der Enteignungsbehörde besser gestellt wird als derjenige, der sogleich auf ein Kaufangebot zu angemessenem Preis eingegangen ist. Zur Ausschaltung derartiger spekulativer Wertsteigerungen sind daher die oben genannten Werterhöhungen außer Betracht zu lassen. Der dort angegebene Zeitpunkt (in dem nämlich der Eigentümer ein angemessenes Kauf- oder Tauschangebot hätte annehmen und damit die Enteignung hätte vermeiden können) läßt sich für die Enteignungsbehörde im Regelfall ohne besondere Schwierigkeiten feststellen, da der Antragsteller, auch die antragstellende Gemeinde, nach § 87 Abs. 2 Nr. 2 und § 88 ohnehin den Nachweis erbringen müssen, daß sie sich vergeblich um den freihändigen Erwerb des Grundstücks zu einem angemessenen Preis bemüht haben. Um die Gefahr auszuschließen, daß dabei auf Kaufangebote zurückgegriffen wird, die vor langer Zeit gemacht wurden (lediglich, um eine Festlegung des Entschädigungswerts auf diesen Zeitpunkt zu erreichen) stellt das Gesetz klar, daß nur ein solches Kaufangebot in Frage kommt, das zur Vermeidung der späteren Enteignung abgegeben ist. Es muß sich also um Angebote handeln, die zeitlich und sachlich im Zusammenhang mit dem nachfolgenden Enteignungsverfahren stehen.

Als „Werterhöhung" kommen hier vor allem Steigerungen des Bodenwerts durch Preiserhöhungen und durch Anlage von wertsteigernden Einrichtungen (ohne Zutun des Eigentümers) bei dem Grundstück oder in dessen Nähe in Frage (z. B. es führt eine neue Straßenbahnlinie in die Nähe des Grundstücks oder es wird eine Straße dorthin gebaut). Wegen der durch den Eigentümer geschaffenen Werterhöhungen siehe nachstehend Buchst. c.

**c)** Demgegenüber dürfen aber auch nach dem in Nr. 2 genannten Zeitpunkt eingetretene Werterhöhungen berücksichtigt werden, für die der Eigentümer Kapital oder Arbeit aufgewendet hat. Hier kommen vor allem in Betracht Arbeiten, die der Eigentümer selbst vornahm oder von Hilfskräften vornehmen ließ, um die bauliche Nutzung des Grundstücks zu erleichtern oder erst zu ermöglichen, z. B. Entwässerungsarbeiten, Anlage von Wegen, Herstellung einer Wasserleitung. In die „Werterhöhung" ist hier nicht bloß der Wert der eigenen Arbeit des Eigentümers und der Kapitalaufwand (Bezahlung von Arbeitskräften, Materialkosten), sondern auch die durch die Tätigkeit des Eigentümers erzielte Steigerung des Werts des Grundstücks einzubeziehen. Diese Werterhöhungen dürfen aber nicht berücksichtigt werden, wenn sie während einer Veränderungssperre ohne Genehmigung der Baugenehmigungsbehörde vorgenommen werden (s. nachstehend Anm. 5).

**5. Wertsteigernde Veränderungen während einer Veränderungssperre**

Nach § 14 Abs. 1 Nr. 1 kann eine Gemeinde, die die Aufstellung, Änderung, Ergänzung oder Aufhebung eines Bebauungsplans beschlossen hat, zur Sicherung der Planung für den künftigen Planbereich eine Veränderungssperre mit dem Inhalt erlassen, daß erhebliche oder wesentliche wertsteigernde Veränderungen der Grundstücke nicht vorgenommen werden dürfen; wenn überwiegende öffentliche Belange nicht entgegenstehen, kann die Baugenehmigungsbehörde im Einvernehmen mit der Gemeinde von der Veränderungssperre eine Ausnahme zulassen (im einzelnen siehe bei § 14 und Vorbemerkung zum zweiten Teil). Wenn eine solche Veränderungssperre erlassen und von der Baugenehmigungsbehörde keine Ausnahme zugelassen ist, dürfen wertsteigernde Veränderungen, die der Eigentümer trotzdem vornimmt, bei der Festsetzung der Enteignungsentschädigung nicht berücksichtigt werden (§ 95 Abs. 2 Nr. 3). Es muß sich um eine Veränderung in bezug auf das Grundstück handeln, also um eine Tätigkeit des Eigentümers, durch die das Grundstück in besseren Zustand versetzt wird; auch hier kommen z. B. Entwässerungs- oder Bewässerungsarbeiten, Planierungen usw. in Frage.

**6. Wertsteigernde Veränderungen nach Einleitung des Enteignungsverfahrens**

Wertsteigernde Veränderungen dürfen auch nicht mehr vorgenommen werden, wenn das Enteignungsverfahren bereits eingeleitet ist (Abs. 2 Nr. 4). Als Zeitpunkt kommt in Frage der Tag der formellen Einleitung des Enteignungsverfahrens durch die Enteignungsbehörde (§ 109 Abs. 1 Satz 1). Zweck der Bestimmung ist es, zu verhindern, daß etwaige sinnlose, den Enteignungszweck nicht fördernde oder ihm sogar abträgliche Arbeiten vorgenommen werden, die aber doch die Enteignungsentschädigung erhöhen könnten. Ausnahmen von dem Verbot können durch behördliche Anordnung oder mit Zustimmung der Enteignungsbehörde zugelassen werden.

**7. Entschädigung für nicht genehmigte Bauten (Abs. 3)**

In den ersten Jahren nach dem zweiten Weltkrieg wurden vielfach Bauten ohne behördliche Genehmigung errichtet. Der entschädigungslose Abbruch dieser Bauten könnte an sich auf Grund öffentlich-rechtlicher Vorschriften (z. B. in Bayern auf Grund von Art. 78 Abs. 1 des Gesetzes über das Landesstrafrecht und das Verordnungsrecht auf dem Gebiet der öffentlichen Sicherheit und Ordnung — Landesstraf- und Verordnungsgesetz — vom 17. 11. 1956, BayBS I S. 327) gefordert werden. Die Errichtung dieser Bauwerke wurde aber von der Baubehörde meist geduldet. Es würde eine Härte bedeuten, den Eigentümern jede Entschädigung zu versagen, wenigstens, soweit sie gutgläubig gehandelt haben. **Abs. 3 Satz 1** bestimmt daher, daß für diese Bauten eine Entschädigung gewährt werden kann, wenn es aus Gründen der Billigkeit geboten ist (vgl. den fast gleichlautenden § 10 Abs. 3 BauLBG und die Amtl. Begründung hierzu und Dittus-Zinkahn, Anm. zu § 10). Bei der Prüfung der Frage der Billigkeit werden alle Umstände des Einzelfalls zu prüfen sein, vor allem, inwieweit ein Verstoß gegen die baurechtlichen Bestimmungen vorliegt, ob die Behörde den Bau offensichtlich trotz Kenntnis geduldet hat, wie lange der Bau schon steht und in welchen finanziellen und beruflichen Verhältnissen der Eigentümer lebt. Der unbestimmte Rechtsbegriff „Billigkeit" unterliegt der vollen richterlichen Nachprüfung durch die Baulandkammern und Baulandsenate (§ 157).

Abs. 3 **Satz 2** bezieht sich auf die Fälle, in denen eine Baugenehmigung befristet erteilt wurde und in denen die Frist noch nicht abgelaufen ist (und daher ein Abbruch derzeit noch nicht gefordert werden kann). Hier muß eine Entschädigung nach dem Verhältnis der restlichen zu der gesamten Frist gewährt werden. Es muß sich aber auch hier um ein Bauwerk handeln, dessen entschädigungsloser Abbruch nach Ablauf der Frist gefordert werden kann.

**8. Wertminderung durch Rechte Dritter (Abs. 4)**

Im Falle der Enteignung eines Grundstücks wird meist die Frage auftauchen, was mit den Rechten geschieht, die auf dem Grundstück lasten. Es handelt sich hier um Erbbaurechte, Altenteilsrechte, Dienstbarkeiten, persönliche Rechte, die zum Besitz oder zur Nutzung des Grundstücks oder die zum Erwerb des Grundstücks berechtigen oder den Verpflichteten in der Nutzung des Grundstücks beschränken (vgl. § 97 Abs. 3). Diese Rechte können nach § 95 Abs. 4

a) an dem zu enteignenden Grundstück aufrechterhalten werden (§ 97 Abs. 1),
b) an einem anderen Grundstück neu begründet werden (§ 97 Abs. 2) oder
c) gesondert entschädigt werden (§ 97 Abs. 3).

In allen diesen Fällen ist der Wert des zu enteignenden Grundstücks geringer; denn es verbleibt eine Belastung dieses oder eines anderen Grundstücks (Ersatzland, anderes Grundstück des Enteignungsbegünstigten) oder es muß eine gesonderte Entschädigung bezahlt werden. Entsprechend dem Grundgedanken des Entschädigungsrechts, daß dem von der Enteignung Betroffenen nur eine Entschädigung in Höhe des tatsächlichen Wertes des entzogenen Rechts zu gewähren ist, muß diese Wertminderung zu Lasten des Betroffenen gehen, d. h. zu einer Kürzung der Entschädigung führen.

Im allgemeinen wird der Wert des Rechtes der Minderung des Grundstückswerts entsprochen. Es sind aber wohl auch Fälle denkbar, in denen sich diese beiden Werte nicht decken. Daher erklärt sich die etwas allgemeine Fassung, daß die Wertminderung bei der Entschädigungsfestsetzung „zu berücksichtigen" ist.

Wenn die Enteignungsbehörde dem Enteignungsantrag stattgibt, so hat sie gemäß § 112 Abs. 2 zu entscheiden

a) darüber, welche Rechte der in § 97 bezeichneten Berechtigten an dem Gegenstand der Enteignung aufrechterhalten bleiben,
b) darüber, mit welchen Rechten der Gegenstand der Enteignung, das Ersatzland oder ein anderes Grundstück belastet werden.

Im übrigen muß der Enteignungsbeschluß gemäß § 113 Abs. 2 Nr. 8 die Art und die Höhe der Entschädigung bezeichnen.

**9. Rechtsprechung**

A. Höchstrichterl. Rspr.

1. BGH, U vom 24. 2. 1958, BGHZ 26, 373; MDR 1958, 314.

Auch für das Hess. Aufbaugesetz gilt der Grundsatz, daß bei unrichtiger Festsetzung der Enteignungsentschädigung in Zeiten schwankender Preise als Stichtag der Zeitpunkt der letzten gerichtlichen Tatsachenverhandlung maßgebend ist. Hat der Betroffene die Zahlung der unrichtig festgesetzten Entschädigung angenommen, dann kann sich die nach Satz 1 zu berücksichtigende Veränderung der Preisverhältnisse nur auf den Restbetrag auswirken, der dem Betroffenen am Tag der unrichtigen Entschädigungsfestsetzung zustand (ebenso BGH, U vom 21. 1. 1959 in MDR 1959, 377, wo auch entschieden ist, daß § 287 Abs. 1 ZPO auf Enteignungsentschädigungen anwendbar ist).

2. BGH, U vom 25. 9. 1958, BGHZ 28, 160; MDR 1959, 11.

Bei Grundstücken, die Gegenstand eines sich über einen längeren Zeitraum hinziehenden Enteignungsprozesses (vorbereitende Pläne — verbindlicher Bebauungsplan mit Bauverboten für bestimmte Grundstücke — Enteignung der von dem Bauverbot betroffenen Grundstücke) waren, ist bei der Festsetzung der Enteignungsentschädigung in der Regel von der Grundstücksqualität (Ödland, Ackerland, Bauland in bestimmter Lage) auszugehen, die die Grundstücke in dem Zeitpunkt aufwiesen, als sie endgültig von jeder konjunkturellen Weiterentwicklung ausgeschlossen wurden. Davon unabhängig ist die Frage, welcher Zeitpunkt für die Wertbemessung maßgebend ist (vgl. zur Frage der Baulandqualität und der Bewertung als Bauland auch BVerwGE 6, 56 und 8, 343).

3. BGH, U vom 8. 6. 1959, BGHZ 30, 281; MDR 1959, 827.

Bei unrichtiger Festsetzung einer Enteignungsentschädigung in Zeiten schwankender Preise sind die Preisverhältnisse zur Zeit der letzten gerichtlichen Verhandlung des ersten Rechtszugs maßgebend, wenn ein Beteiligter gegen das im Ergebnis richtige erstinstanzielle Urteil ein Rechtsmittel einlegt.

4. BGH, U vom 9. 6. 1960; MDR 1960, 746.

Zur Bemessung der Entschädigung für eine kurz vor Aufhebung der Preisstoppbestimmungen angeordneten Enteignung eines Trümmergrundstückes.

Wenn sich die Auszahlung einer behördlich festgesetzten Enteignungsentschädigung nur wegen eines von dem Betroffenen gegen die Enteignung eingeleiteten Rechtsmittelverfahrens verzögert, dann muß es für die Berechnung der Enteignungsentschädigung so angesehen werden, wie wenn die Auszahlung alsbald nach Zustellung des Entschädigungsfestsetzungsbeschlusses erfolgt wäre.

5. BGH, U vom 4. 6. 1962, BGHZ 37, 269; DVBl. 1962, 788; vgl. ferner MDR 1962, 720 u. BBauBl 1963, 76.

Der von einem enteignend wirkenden dauernden Bauverbot betroffenen Grundstückseigentümer hat nicht nur einen Entschädigungsanspruch wegen des dadurch eingetretenen Substanzverlustes seines Eigentums, sondern auch einen Anspruch auf Verzinsung dieses Entschädigungsbetrages vom Zeitpunkt des Eintritts der endgültigen Enteignungswirkung an. Eine weitere Entschädigung wegen Entgangs der Nutzung für die Zeit zwischen diesem Zeitpunkt und dem der Vollenteignung steht dem Eigentümer grundsätzlich nicht zu, sondern nur, wenn in zusätzliche „konkrete Werte" im Sinne des Enteignungsrechts eingegriffen worden ist.

6. BGH, U vom 8. 11. 1962 — III ZR 86/61 —, BGHZ 39, 198 = Recht der Landwirtschaft 1963, 186 = NJW 1963, 1492 = VerwRspr. 1964, 306.

a) Bei der Entscheidung, ob das enteignete Gelände seiner Qualität nach reines Ackerland oder wertvolleres Land darstellt, ist auf den Zeitpunkt der Zustellung des Enteignungsbeschlusses abzustellen.

b) Ausdrücke wie „Bauerwartungsland", „merkantiles Bauland", „Baurohland" u. a. haben keine selbständige Bedeutung; alles kommt vielmehr darauf an, wie das unter diesen Beziehungen verstandene Gelände vom Geschäftsverkehr bewertet wird.

c) Noch nicht bebautes Gelände ist qualitätsmäßig höher als Ackerland zu bewerten, wenn die Bebaubarkeit bereits in absehbarer Zeit zu erwarten oder zu erhoffen ist. Eine Sicherheit der künftigen Bebauung braucht nicht vorzuliegen. „In absehbarer Zeit" heißt nicht „innerhalb eines bestimmten Zeitraums, etwa innerhalb von 6 Jahren".

d) Anhaltspunkte für eine Bebauungserwartung sind im gesunden Grundstücksverkehr alle Umstände tatsächlicher oder rechtlicher Natur, die den realen Wert des Grundstücks bestimmen, vor allem die Lage und Beschaffenheit des Geländes, die natürlichen Bedürfnisse, die natürliche Entwicklung sowie die vorhandene oder künftig zu erwartende Planung.

e) Der Preisstoß ist für die Beurteilung der Qualität der enteigneten Grundstücke (Ackerland oder Bauland) ohne Bedeutung; er ist nur für die Höhe der Preise bestimmend, die für das Gelände nach seiner qualitätsmäßigen Einstufung zu zahlen gewesen wären. Es ist aber nicht der durch die Preisbehörde formell festgesetzte Stopp-Preis, sondern der „wirkliche" Preis zugrunde zu legen.

7. BGH, U vom 13. 12. 1962 — III ZR 164/61 —, DVBl. 1963, 625.

Zur Frage der Einwirkung von vorbereitenden und von rechtsverbindlichen Bauleitplänen auf den Verkehrswert von Grundstücken, die zur Zeit der Enteignung noch landwirtschaftlich genutzt wurden.

8. BGH, U vom 30. 5. 1963 — III ZR 230/61 — NJW 1963, 1916 = MDR 1963, 992 = DÖV 1964, 823.

Maßgeblicher Zeitpunkt für Festsetzung der Enteignungsentschädigung.

**a)** Die Bestimmung des Württ. Zwangsenteignungsgesetzes vom 20. 12. 1888, daß für die Enteignungsentschädigung der Wert im Zeitpunkt der „Verhandlung" über die Enteignungsentschädigung maßgebend sei, steht mit dem von der Rechtsprechung entwickelten Grundsatz nicht im Widerspruch, für die Berechnung der Entschädigung sei ein Zeitpunkt maßgebend, der der Auszahlung der Entschädigung möglichst nahe liegt, und dies sei im Regelfall der Zeitpunkt der Zustellung des Entschädigungsbescheides, wenn nach gescheiterter „Verhandlung" über die Entschädigungssumme alsbald die Entschädigungsfestsetzung durch die Verwaltungsbehörde und die Zustellung des Entschädigungsbescheides erfolgt.

**b)** Die Verschiebung des Berechnungszeitpunkts in Zeiten schwankender Preise ist nicht gerechtfertigt, wenn die Verwaltungsbehörde bei der Festsetzung der Entschädigungssumme zu einem gewissen Prozentsatz unter dem objektiv richtigen Wert geblieben ist, sondern der dem Prozentsatz zugrundeliegende konkrete Wert muß auch eine Höhe haben, die den Enteigneten bei wirtschaftlicher Betrachtungsweise nötigen mußte, den Rechtsweg zu beschreiten, um zu seinem Recht zu kommen (Ergänzung zu BGHZ 25, 225; 26, 273).

**c)** Dem Umstand, ein als Ackerland genutztes Grundstück in der Zukunft gärtnerisch nutzen zu wollen, ist nur ein subjektiver Charakter beizumessen, der die Qualität des Grundstückes unter Berücksichtigung seiner Nutzungsart und Nutzungsmöglichkeit objektiv nicht beeinflussen kann.

**9.** BGH, U vom 27. 6. 1963 — III ZR 165/61 — JZ 1963, 705 = MDR 1963, 917 = VerwRspr. 1964, 303 = DÖV 1964, 823.

Maßgeblicher Zeitpunkt für Festsetzung der Enteignungsentschädigung (GG Art. 14).

Bei unrichtiger Festsetzung einer Enteignungsentschädigung durch die Verwaltungsbehörde verschiebt sich der für die Preisverhältnisse maßgebliche Zeitpunkt auf den Zeitpunkt der letzten mündlichen Verhandlung des Gerichts. Das Gericht hat dabei eine zwischenzeitliche Zahlung nur verhältnismäßig anzurechnen, nämlich mit dem Prozentsatz, der sich aus einem Vergleich zwischen dem gezahlten Betrag und der im Augenblick der Zahlung geschuldeten richtigen Entschädigung ergibt.

**10.** BGH, U vom 27. 6. 1963 — III ZR 166/61 — BGHZ 40, 87 = NJW 1963, 2165 = JZ 1963, 752 = MDR 1963, 993 — DÖV 1964, 823 = VerwRspr. 1964, 301.

Enteignungsentschädigung in Zeiten schwankender Preise (GG Art. 14).

In Zeiten schwankender Preise sind auch bei einer richtigen Festsetzung der Enteignungsentschädigung für die Berechnung der Preisverhältnisse zur Zeit der Zahlung oder der letzten gerichtlichen Tatsachenverhandlung dann maßgebend, wenn der Enteignungsbegünstigte gegen die richtige administrative Festsetzung oder das im Ergebnis richtige erstinstanzliche Urteil ein unbegründetes Rechtsmittel einlegt und die Entschädigung überhaupt nicht oder nicht unwesentlich später gezahlt hat (Ergänzung zu BGHZ 25, 225; 26, 373; 30, 281).

**11.** BGH, U vom 4. 7. 1963 — III ZR 152/61 — BGHZ 40, 49 = NJW 1963, 1915 = MDR 1963, 916 = DÖV 1964, 823.

Entschädigungspflichtiger bei enteignungsgleichem Eingriff (GG Art. 14). Entschädigungspflichtig wegen eines (rechtswidrigen) enteignungsgleichen Eingriffs ist nur die öffentliche Hand, nicht der private Unternehmer, der im Falle einer rechtmäßigen Enteignung entschädigungspflichtig wäre (Ergänzung zu BGHZ 26, 10 = DÖV 1958, 308).

**12.** BGH, U vom 27. 4. 1964 — III ZR 136/63 — BBauBl. 1965, 26.

Über die Berechnung der Entschädigung für die Enteignung eines Grundstücks, auf dem ein Hotel betrieben wird.

**B.** Andere Gerichte

**1.** LG Berlin (K. f. Baul. U vom 10. 2. 1964 — 1805/61 — Baul.), ZMR 1965, 31.

Enteignung eines Raumnutzungsrechts nötigt zum Ausgleich der geminderten wirtschaftlichen Position.

**2.** OLG Hamburg, U vom 12. 5. 1964 — 1 U 53/62 — ZMR 1965, 55.

Zur Bewertung von Straßenland.

Zum maßgeblichen Zeitpunkt für die Bemessung der Enteignungsentschädigung vgl. auch OLG Hamburg U vom 9. 12. 1960 — 1 U 120/60 (Baul) MDR 1961, 689.

## § 96

*Entschädigung für andere Vermögensnachteile*

**(1) Wegen anderer durch die Enteignung eintretender Vermögensnachteile ist eine Entschädigung nur zu gewähren, wenn und soweit diese Vermögensnachteile nicht bei der Bemessung der Entschädigung für den Rechtsverlust berücksichtigt sind. Die Entschädigung ist unter gerechter Abwägung der Interessen der Allgemeinheit und der Beteiligten festzusetzen, insbesondere für**

1. **den vorübergehenden oder dauernden Verlust, den der bisherige Eigentümer in seiner Berufstätigkeit, seiner Erwerbstätigkeit oder in Erfüllung der ihm wesensgemäß obliegenden Aufgaben erleidet, jedoch nur bis zu dem Betrag des Aufwandes, der erforderlich ist, um ein anderes Grundstück in der gleichen Weise wie das zu enteignende Grundstück zu nutzen;**
2. **die Wertminderung, die durch die Enteignung eines Grundstücksteiles oder eines Teiles eines räumlich oder wirtschaftlich zusammenhängenden Grundbesitzes bei dem anderen Teil oder durch Enteignung des Rechtes an einem Grundstück bei einem anderen Grund-**

**stück entsteht, soweit die Wertminderung nicht schon bei der Festsetzung der Entschädigung nach Nummer 1 berücksichtigt ist;**

**3. die notwendigen Aufwendungen für einen durch die Enteignung erforderlich werdenden Umzug.**

**(2) Im Falle des Absatzes 1 Nr. 2 ist § 95 Abs. 2 Nr. 2 anzuwenden.**

**1. Allgemeines**

**a)** Während § 95 die Entschädigung für den Rechtsverlust behandelt, regelt § 96 die Entschädigung für andere Vermögensnachteile (§ 93 Abs. 2 Nr. 2). Dabei muß hervorgehoben werden, daß in manchen Fällen bereits bei der Entschädigung für den Rechtsverlust (§ 95) durch eine entsprechende Festsetzung des Verkehrswertes die Entschädigung für andere Vermögensnachteile einbezogen werden kann (z. B. bei Berücksichtigung von Werterhöhungen, für die der Eigentümer Kapital oder Arbeit aufgewendet hat — § 95 Abs. 2 Nr. 2 — oder durch Berücksichtigung wertsteigernder Veränderungen, die der Eigentümer während einer Veränderungssperre mit Genehmigung der Baugenehmigungsbehörde vorgenommen hat — § 95 Abs. 2 Nr. 3 —). Deshalb bestimmt § 96 **Abs. 1** zunächst, daß wegen anderer durch die Enteignung eintretender Vermögensnachteile eine Entschädigung nur zu gewähren ist, wenn und soweit diese Vermögensnachteile nicht bei der Bemessung der Entschädigung für den Rechtsverlust berücksichtigt sind.

**b)** Im Gegensatz zu § 95 bestimmt § 96, daß bei der Entschädigung für die über den Rechtsverlust hinausgehenden „anderen Vermögensnachteile" stets eine Abwägung der Interessen der Allgemeinheit und der Beteiligten vorzunehmen ist (bei der Entschädigung für den Rechtsverlust ist diese Interessenabwägung entbehrlich, weil sie bereits von dem Gesetzgeber vorgenommen wurde und im Verkehrswert enthalten ist). Diese Interessenabwägung führt dazu, daß alle Gesichtspunkte, die für und gegen die Interessen der Beteiligten und der Allgemeinheit sprechen, zu berücksichtigen sind. Die Interessen der Allgemeinheit sind besonders in Sinn und Zweck des Gesetzes, die in den einzelnen Bestimmungen zum Ausdruck kommen, niedergelegt. Die Interessen der Beteiligten sind (auf Grund ihres Vorbringens und auf Grund der Kenntnis der Sach- und Rechtslage, welche die Behörde durch eigene Feststellungen gewonnen hat) gerecht gegeneinander abzuwägen (richterliche Nachprüfung möglich!); dabei ist vor allem zu beachten, daß eine „gerechte Entschädigung" zu leisten ist, d. h. eine Entschädigung, die unter Berücksichtigung des Gleichheitssatzes die dem Verpflichteten durch die Enteignung auferlegten Opfer wieder auszugleichen versucht.

**c)** Aus dem Wort „insbesondere" ergibt sich, daß die Vorschrift nur Beispiele für die sonstigen Vermögensnachteile aufzählt. Es können z. B. auch die Aufwendungen für eine notwendig gewordene Umlegung von Versorgungsleitungen ersetzt werden.

**2. Vermögensnachteile**

**a)** Bei der Enteignung eines Grundstücks kann der Betroffene außer dem Verlust des Grundstückswertes (Verkehrswert) noch andere Verluste erleiden, die in diesem Wert nicht enthalten sind. So verliert der Besitzer einer Gärtnerei seine Existenz, wenn ihm die zu seinem Betrieb verwendeten Grundstücke ganz enteignet werden (völliger Verlust der Erwerbstätigkeit); wenn ihm nur ein Teil der Grundstücke enteignet wird, erleidet er ebenfalls einen Vermögensnachteil, der entschädigt werden muß (dauernder teilweiser Verlust der Erwerbstätigkeit). Ein Gewerbetreibender oder Handwerker, dessen Grundstück (auf dem er sein Geschäft betreibt) enteignet wird und der sein Geschäft auf einem anderen Grundstück (z. B. auf einem Ersatzgrundstück) erst nach einer Pause von drei Monaten wieder aufnehmen kann, erleidet einen vorübergehenden Verlust in seiner Berufs- und Erwerbstätigkeit. Ein Sportverein, dessen Sportplatz enteignet wird, erleidet (bis zu dem Zeitpunkt, in dem er auf einem anderen Grundstück die entsprechenden Einrichtungen zur Wiederaufnahme des Sportbetriebs treffen kann) einen vorübergehenden Verlust in der Erfüllung der ihm wesensgemäß obliegenden Aufgaben; wenn der Sportverein infolge der Enteignung gezwungen ist, seinen Betrieb überhaupt einzustellen, erleidet er einen dauernden Verlust.

**b)** In allen diesen Fällen ist der vorübergehende oder dauernde Verlust unter gerechter Abwägung der Interessen der Allgemeinheit und der Beteiligten zu entschädigen. Dabei gilt jedoch folgende Einschränkung: Die Entschädigung kann niemals höher sein, als der Betrag des Aufwandes, der erforderlich ist, um ein anderes Grundstück in der gleichen Weise wie das zu enteignende Grundstück zu nutzen (**Nr. 1**). Aus dieser Bestimmung geht nicht hervor, daß das „andere Grundstück" etwa in das Eigentum des Betroffenen überführt werden muß, es genügt, wenn er auf einem anderen Grundstück (etwa im Wege der Pacht) seine Berufs- oder Erwerbstätigkeit fortsetzen oder die ihm wesensgemäß obliegenden Aufgaben wieder erfüllen kann. So kann der Besitzer einer Gärtnerei, dessen Betriebsgrundstücke enteignet werden, zunächst Entschädigung für den Rechtsverlust (Verlust des Eigentums an den Grundstücken) verlangen, dann aber auch Ersatz der Aufwendungen, die ihm dadurch entstehen, daß er auf einem anderen Grundstück (Eigengrundstück oder Pachtgrundstück) die Gärtnerei wieder einrichten muß (Glashäuser, Gebäude für Unterbringung der Geräte, Bearbeitung des Bodens, damit er für den Gärtnereibetrieb geeignet ist.

Der Betroffene muß nicht von der Möglichkeit, seinen Betrieb auf einem anderen Grundstück fortzusetzen, Gebrauch machen. Tut er es nicht, so verliert er deswegen unter Umständen den Anspruch auf Ersatz des ihm entstehenden Verlustes.

**c)** Bei Teilenteignung eines Grundstücks oder eines räumlich oder wirtschaftlich zusammenhängenden Grundbesitzes kann der Eigentümer nach § 92 Abs. 3 unter den dort genannten Voraussetzungen die Ausdehnung der Enteignung auf das Restgrundstück oder den Restbesitz verlangen (vgl. Anm. 4 a und b zu § 92). Will er das nicht oder sind die Voraussetzungen nicht gegeben, ist aber durch die Enteignung eine Wertminderung eingetreten, so ist für diese (bei dem anderen Grundstücksteil oder dem Restbesitz eintretende) Wertminderung Entschädigung zu leisten (**Nr. 2**); ebenso ist eine Entschädigung zu gewähren für die Wertminderung, die „durch Enteignung des Rechts an einem Grundstück bei einem anderen Grundstück entsteht" (z. B. für die durch Enteignung eines Geh- und Fahrtrechts an dem herrschenden Grundstück entstehende Wertminderung). Immer ist aber hier Voraussetzung, daß tatsächlich ein Vermögensschaden eingetreten ist und daß die Wertminderung nicht schon bei der Festsetzung der

Entschädigung nach Abs. 1 Nr. 1 (siehe oben Anmerkung a und b) berücksichtigt ist.

d) Ferner ist in diesen Entschädigungsfällen der Nr. 2 immer zu beachten, daß § 95 Abs. 2 Nr. 2 zur Anwendung kommt (§ 96 **Abs. 2**). Wenn also eine Wertminderung anläßlich einer Teilenteignung bei dem anderen Grundstücksteil oder anläßlich der Enteignung des Rechts an einem Grundstück bei einem anderen Grundstück geltend gemacht wird, sind bei der Entschädigung etwaige Werterhöhungen nach dem in § 95 Abs. 2 Nr. 2 bezeichneten Zeitpunkt nicht zu berücksichtigen, es sei denn, daß der Eigentümer für sie Kapital oder Arbeit aufgewendet hat.

e) Besonders aufgeführt wurde noch (in der, wie erwähnt, nicht erschöpfenden Aufzählung) der häufige Fall, daß infolge einer Enteignung ein Umzug notwendig wird. Hier sind auch die notwendigen (also im einzelnen nachzuweisenden und auf ihre Notwendigkeit zu begründenden) Aufwendungen zu ersetzen (**Abs. 1 Nr. 3**).

## § 97

*Behandlung der Rechte der Nebenberechtigten*

**(1) Rechte an dem zu enteignenden Grundstück sowie persönliche Rechte, die zum Besitz oder zur Nutzung des Grundstücks berechtigen oder den Verpflichteten in der Benutzung des Grundstücks beschränken, können aufrechterhalten werden, soweit dies mit dem Enteignungszweck vereinbar ist.**

**(2) Als Ersatz für ein Recht an einem Grundstück, das nicht aufrechterhalten wird, kann mit Zustimmung des Rechtsinhabers das Ersatzland oder ein anderes Grundstück des Enteignungsbegünstigten mit einem gleichen Recht belastet werden. Als Ersatz für ein persönliches Recht, das nicht aufrechterhalten wird, kann mit Zustimmung des Rechtsinhabers ein Rechtsverhältnis begründet werden, das ein Recht gleicher Art in bezug auf das Ersatzland oder auf ein anderes Grundstück des Enteignungsbegünstigten gewährt. Als Ersatz für dingliche oder persönliche Rechte eines öffentlichen Verkehrsunternehmens oder eines Trägers der öffentlichen Versorgung mit Elektrizität, Gas, Wärme oder Wasser, der auf diese zur Erfüllung seiner wesensgemäßen Aufgaben angewiesen ist, sind auf seinen Antrag Rechte gleicher Art zu begründen; soweit dazu Grundstücke des Enteignungsbegünstigten nicht geeignet sind, können zu diesem Zwecke auch andere Grundstücke in Anspruch genommen werden. Anträge nach Satz 3 müssen vor Beginn der mündlichen Verhandlung schriftlich oder zur Niederschrift der Enteignungsbehörde gestellt werden.**

**(3) Soweit Rechte nicht aufrechterhalten oder nicht durch neue Rechte ersetzt werden, sind bei der Enteignung eines Grundstücks gesondert zu entschädigen**

1. **Erbbauberechtigte, Altenteilsberechtigte sowie Inhaber von Dienstbarkeiten und Erwerbsrechten an dem Grundstück,**

**2. Inhaber von persönlichen Rechten, die zum Besitz oder zur Nutzung des Grundstücks berechtigen, wenn der Berechtigte im Besitz des Grundstücks ist,**

**3. Inhaber von persönlichen Rechten, die zum Erwerb des Grundstücks berechtigen oder den Verpflichteten in der Nutzung des Grundstücks beschränken.**

**(4) Berechtigte, deren Rechte nicht aufrechterhalten, nicht durch neue Rechte ersetzt und nicht gesondert entschädigt werden, haben bei der Enteignung eines Grundstücks Anspruch auf Ersatz des Wertes ihres Rechtes aus der Geldentschädigung für das Eigentum an dem Grundstück, soweit sich ihr Recht auf dieses erstreckt. Das gilt entsprechend für die Geldentschädigungen, die für den durch die Enteignung eintretenden Rechtsverlust in anderen Fällen oder nach § 96 Abs. 1 Nr. 2 festgesetzt werden.**

**1. Allgemeines**

**a)** Bei der Behandlung der Rechte der „Nebenberechtigten" (d. h. der Inhaber von Rechten an dem zu enteignenden Grundstück, sowie persönlicher Rechte, die zum Besitz, zum Erwerb oder zur Nutzung des Grundstücks berechtigen oder den Verpflichteten in der Benützung des Grundstücks beschränken) sind vier Fälle zu unterscheiden:

die Aufrechterhaltung von Rechten (Abs. 1),
Belastung eines anderen Grundstücks als Ersatz für das bisherige Recht (Abs. 2),
gesonderte Entschädigung von Rechten (Abs. 3) und
Ersatz des Wertes des Rechts aus der Enteignungsentschädigung (Abs. 4).

**b)** Während §§ 95 und 96 im wesentlichen die Entschädigung für den Hauptberechtigten regeln, also für die Inhaber des Hauptrechts (das ist der von der Enteignung Betroffene, dessen Recht — meist das Eigentum an einem Grundstück — entzogen wird), behandelt § 97 die Entschädigung für die Rechte der Nebenberechtigten, deren Rechte in das Enteignungsverfahren (Enteignung eines Grundstücks) einbezogen und damit mitbetroffen werden (z. B. Grunddienstbarkeiten, Hypotheken, Grundschulden, Miete, Pacht, Nießbrauch; vgl. hierzu auch § 86 Abs. 1 Nr. 2 und 3 und Anmerkungen hierzu).

Darüber, wie die Rechte der Nebenberechtigten zu behandeln sind (Aufrechterhaltung usw.), entscheidet (§§ 112, 113) die Enteignungsbehörde.

**2. Aufrechterhaltung der Rechte (Abs. 1)**

Um den Enteignungseingriff nicht weiter als unbedingt notwendig auszudehnen, ist vorgesehen, daß Rechte an dem Grundstück aufrechterhalten werden, soweit hierdurch der Enteignungszweck nicht beeinträchtigt wird.

Nicht aufrechterhalten werden persönliche Rechte, die zum Erwerb eines Grundstücks berechtigen. Sie werden gesondert entschädigt (Abs. 3 Nr. 3). Die Aufrechterhaltung der Rechte wird, wo immer sie möglich und vor allem mit dem Enteignungszweck vereinbar ist, auszusprechen sein, da sie am wenigsten in das Recht des Betroffenen eingreift.

**3. Belastungen eines anderen Grundstücks (Abs. 2)**

**a)** Statt der Aufrechterhaltung eines dinglichen Rechts an dem bisher belasteten Grundstück, kann die Enteignungsbehörde (nach pflichtmäßigem Ermessen) die Belastung eines anderen Grundstücks mit dem (diesem dinglichen) Recht beschließen. Als Gegenstände der neuen Belastung kommen entweder das auf Antrag des bisherigen Eigentümers (d. h. des von der Enteignung betroffenen Grundstückseigentümers) diesem zugewiesene Ersatzland (§ 100) oder ein anderes, für die Belastung geeignetes Grundstück des Enteignungsbegünstigten in Frage. Diese Übertragung des Rechts bedarf immer der Zustimmung des Rechtsinhabers, es ist aber nicht dessen Antrag erforderlich.

Gleiches gilt für die Übertragung eines persönlichen Rechts, das nicht aufrechterhalten wird. Hier kann ein Recht gleicher Art (z. B. Miete, Pacht) in bezug auf das Ersatzland oder auf ein anderes Grundstück des Enteignungsbegünstigten gewährt werden. Zustimmung des Rechtsinhabers, aber nicht dessen Antrag, ist erforderlich.

**b)** Eine Ausnahmeregelung ist in **Satz 3** geschaffen worden für öffentliche Verkehrsunternehmen (Bundesbahn, gemeindliche Straßenbahn- und Omnibusbetriebe, nicht aber private Verkehrsunternehmen) und für die Träger der öffentlichen Versorgung mit Elektrizität, Gas, Wärme oder Wasser (hier kommen vor allem die gemeindlichen Versorgungsunternehmen in Frage, im übrigen aber auch ohne Rücksicht auf Rechtsformen und Eigentumsverhältnisse alle Unternehmen und Betriebe, die andere mit elektrischer Energie oder Gas versorgen oder Betriebe dieser Art verwalten — öffentliche Energieversorgung, § 2 Energiewirtschaftsgesetz — oder Zusammenschlüsse zur Versorgung eines Gebiets mit Wasser). Für diese müssen Rechte der in Abs. 1 bezeichneten Art als Ersatz an einem anderen Grundstück begründet werden unter der Voraussetzung, daß ein Antrag des Unternehmens vorliegt und daß dieses „zur Erfüllung seiner wesensgemäßen Aufgaben" (d. h. zur Aufrechterhaltung der Versorgung) auf das Recht angewiesen ist. Der Anspruch ist auch auf die Inanspruchnahme von Grundstücken Dritter ausgedehnt.

Für den Ersatz der hier in Frage kommenden Rechte durch neue Rechte im Wege der Enteignung nach § 97 Abs. 2 Satz 3 gelten außerdem die in § 90 Abs. 1 und 2 für die Enteignung zur Entschädigung in Land getroffenen Vorschriften sinngemäß (§ 91 Satz 2; vgl. Anmerkung zu § 91).

Die Anträge der Unternehmen auf Rechtsersatz müssen nach **Satz 4** vor Beginn der mündlichen Verhandlung (§ 112) schriftlich oder zur Niederschrift der Enteignungsbehörde gestellt werden.

**4. Gesonderte Entschädigung (Abs. 3)**

**a)** Die Berechtigten, die einen Anspruch auf Sonderentschädigung haben, sind in Abs. 3 erschöpfend aufgezählt; alle übrigen Berechtigten fallen unter Abs. 4, d. h. sie sind aus der allgemeinen, für die Entziehung des Eigentums an dem Grundstück anfallenden Entschädigung zu befriedigen, während die Berechtigten nach Abs. 3 einen von der allgemeinen Entschädigung abgesonderten Ausgleich für die durch den Rechtsverlust eingetretene Vermögensschädigung erhalten.

Der Grund für diese Sonderentschädigung ist offensichtlich, daß der Wert dieser Rechte vielfach nicht mit der allgemeinen Entschädigung abgegolten werden kann, da sie für den Berechtigten einen hohen Wert haben; sie sind in der Enteignungsentschädigung für das Grundstück nicht enthalten; so wird z. B. das Erbbaurecht für den Inhaber einen erheblichen Wert besitzen, der mit dem Erbbauzins nicht gleichzusetzen ist. Dasselbe kann gelten für ein Pachtrecht im Verhältnis zum Pachtzins. In der Sonderentschädigung kann dieser Wertunterschied ausgeglichen werden.

Voraussetzung für die Sonderentschädigung ist naturgemäß, daß das in Frage kommende Recht bei der Grundstücksenteignung nicht an dem betroffenen Grundstück aufrechterhalten oder auf ein anderes Grundstück übertragen wurde, denn in diesen Fällen ist keine Vermögensschädigung eingetreten.

Im einzelnen (vgl. Nr. 1—3): Erbbauberechtigte (V über das Erbbaurecht vom 15. 1. 1919, RGBl. S. 72, 122).

Altenteilsberechtigte: Das sind Inhaber von Ansprüchen auf Sach- und Dienstleistungen, die aus einem Grundstück zu gewähren sind.

Beschränkte persönliche Dienstbarkeit, §§ 1090 ff. BGB; kann auch im Recht auf freie Wohnung bestehen.

Inhaber von Dienstbarkeiten und Erwerbsrechten an dem Grundstück: Nießbrauch § 1030 ff. BGB, dingliche Vorkaufsrechte §§ 1094 ff. BGB, Grunddienstbarkeit §§ 1018 ff. BGB.

Persönliche Rechte: Miete, Pacht (§§ 535 ff., §§ 581 ff. BGB). Der persönlich Berechtigte muß aber immer im Besitz des Grundstücks sein.

Ferner erscheint es nicht vertretbar, z. B. den persönlich Berechtigten aus einem vertraglichen Vorkaufsrecht mit seinen Ansprüchen auf die Entschädigung des Eigentümers zu verweisen; auch er kann gesonderte Entschädigung verlangen.

**5. Ersatz aus der Enteignungsentschädigung (Abs. 4)**

a) Das Wesen der von Abs. 4 erfaßten Entschädigungsregelung ist, daß sie nicht selbständig neben dem Entschädigungsanspruch des Hauptberechtigten steht, sondern mit diesem Anspruch verknüpft ist in der Weise, daß die Entschädigung für den Anspruch des Nebenberechtigten in diesen Fällen aus der Entschädigung des Hauptberechtigten zu leisten ist. Unter diese Regelung fallen alle Nebenberechtigten, deren Rechte nicht schon nach den Absätzen 1, 2 und 3 abgegolten, also nicht aufrechterhalten oder nicht auf ein anderes Grundstück übertragen oder nicht gesondert entschädigt wurden. Sie werden für ihren Anspruch auf Ersatz des Wertes ihres Rechts auf die dem bisherigen Grundstückseigentümer zustehende Geldentschädigung verwiesen; nur gegen diesen (nicht etwa gegen den Enteignungsbegünstigten) richtet sich dieser Anspruch.

In dem Beschluß der Enteignungsbehörde sind Geldentschädigungen, aus denen Betroffene nach § 97 Abs. 4 zu entschädigen sind, von den sonstigen Geldentschädigungen getrennt auszuweisen (§ 113 Abs. 2 Nr. 8, 2. Halbsatz).

In Frage kommen hier alle dinglichen und persönlichen Nebenrechte, die nicht schon nach Abs. 1 bis 3 behandelt wurden, wenn also das Recht erlischt oder nicht gesondert entschädigt wird. Voraussetzung ist auch hier, daß der

Berechtigte durch die Enteignung des Grundstücks eine Minderung seiner Rechtsstellung erfährt.

Entsprechendes gilt für die Geldentschädigungen, die für den durch Enteignung eintretenden Rechtsverlust „in anderen Fällen" festgesetzt werden, z. B. wenn nicht ein Grundstück, sondern ein Recht an einem Grundstück enteignet wird, an dem ein anderer ein Recht hat (z. B. es wird ein Altenteilsrecht enteignet, an dem ein Dritter ein Pfandrecht hat). Auch hier ist der Betroffene auf die Entschädigung angewiesen, die dem Begünstigten infolge Wegfalls des Rechts zusteht. Entsprechendes gilt für Geldentschädigungen nach § 96 Abs. 1 Nr. 2 (Entschädigung für Wertminderungen bei Teilenteignung).

b) Wegen der Hinterlegung von Geldentschädigungen, aus denen andere Berechtigte nach § 97 Abs. 4 zu befriedigen sind, vgl. § 118.

## § 98
### *Schuldübergang*

**(1) Haftet bei einer Hypothek, die aufrechterhalten oder durch ein neues Recht an einem anderen Grundstück ersetzt wird, der von der Enteignung Betroffene zugleich persönlich, so übernimmt der Enteignungsbegünstigte die Schuld in Höhe der Hypothek. §§ 415, 416 des Bürgerlichen Gesetzbuches gelten entsprechend; als Veräußerer im Sinne des § 416 ist der von der Enteignung Betroffene anzusehen.**

**(2) Das gleiche gilt, wenn bei einer Grundschuld oder Rentenschuld, die aufrechterhalten oder durch ein neues Recht an einem anderen Grundstück ersetzt wird, der von der Enteignung Betroffene zugleich persönlich haftet, sofern er spätestens in dem gemäß § 109 anzuberaumenden Termin die gegen ihn bestehende Forderung unter Angabe ihres Betrages und Grundes angemeldet und auf Verlangen der Enteignungsbehörde oder eines Beteiligten glaubhaft gemacht hat.**

**1. Übergang der persönlichen Haftung bei Hypotheken (Abs. 1)**

Soweit Hypotheken auf Grund § 97 Abs. 1 und 2 aufrechterhalten oder ersatzweise an einem anderen Grundstück bestellt werden, bleiben die Rechtsbeziehungen zwischen dem Hypothekengläubiger und dem Schuldner durch die Enteignung unberührt. Dementsprechend wird an sich auch an dem persönlichen Schuldverhältnis durch die Enteignung nichts geändert, ebensowenig wie bei einem freihändigen Verkauf oder in einem Zwangsversteigerungsverfahren für die vorgehenden Berechtigten. Um aber den von der Enteignung Betroffenen aus Billigkeitsgründen gegen den Fortbestand einer persönlichen Haftung zu schützen, wurde in § 98 Abs. 1 die Regelung des § 53 Abs. 1 des Gesetzes über die Zwangsversteigerung und Zwangsverwaltung (ZVG) vom 24. 3. 1897 (RGBl. S. 97) übernommen. § 98 Abs. 1 eröffnet dem Betroffenen die Möglichkeit, durch Mitteilung entsprechend §§ 415, 416 BGB — ebenso wie im Falle einer freiwilligen Veräußerung oder im Falle einer Zwangsversteigerung — persönliche Rechtsbeziehungen zwischen dem Enteignungsbegünstigten und dem Hypothekengläubiger und damit eine unmittelbare persönliche Haftung des Enteignungsbegünstigten herzustellen und selbst von der persönlichen Haftung befreit zu werden. Aus dem Wortlaut des § 98 Abs. 1 („so übernimmt der Enteignungsbegünstigte die Schuld in Höhe der Hypothek") ist zu schließen, daß es einer Genehmigung der Schuldübernahme durch den Enteignungsbegünstigten gemäß §§ 415, 416 BGB nicht bedarf, sondern daß die Übernahme kraft Gesetzes eintritt, allerdings unter der Voraussetzung, daß der Betroffene dem Begünstigten die Mitteilung nach § 416 BGB zugehen läßt. Die Mitteilung des Betroffenen (der hier als „Veräußerer" i. S. des § 416 anzusehen ist) kann erst erfolgen, wenn die Ausführungsanordnung nach § 117 erlassen ist. Die Mitteilung muß schriftlich geschehen und den Hinweis enthalten, daß der Begünstigte an die Stelle des Schuldners getreten ist (§ 416 Abs. 2 BGB).

**2. Übergang der persönlichen Haftung bei Grundschulden oder Rentenschulden (Abs. 2)**

Für Grundschulden (§§ 1191 ff. BGB) und für Rentenschulden (§§ 1199 ff. BGB) geht auch das BBauG davon aus, daß im Regelfall keine persönliche Schuld vorhanden ist. Wenn jedoch eine solche Schuld besteht und das Recht aufrechterhalten oder durch ein neues Recht an einem anderen Grundstück ersetzt wird, so kann die Enteignungsbehörde oder ein Beteiligter von dem von der Enteignung Betroffenen verlangen, daß er die gegen ihn bestehende Forderung glaubhaft macht. Glaubhaftmachen bedeutet, eine überwiegende Wahrscheinlichkeit dartun; nicht ist erforderlich, wie beim Beweis, eine an Gewißheit grenzende Wahrscheinlichkeit. § 294 Abs. 1 ZPO kann hier entsprechend angewendet werden; es sind daher zur Glaubhaftmachung alle Beweismittel (Zeugen, Urkunden, Parteivernehmung, Versicherung an Eidesstatt) zugelassen (Eyermann-Fröhler, VwGO, Randnote 16 zu § 60). Das Verlangen nach Glaubhaftmachung kann von der Enteignungsbehörde selbst ausgehen oder von einem der Beteiligten oder von mehreren Beteiligten; die Enteignungsbehörde muß auf einen entsprechenden Antrag den Betroffenen zur Glaubhaftmachung auffordern.

Auf jeden Fall aber muß der Betroffene die gegen ihn bestehende Forderung unter Angabe ihres Betrages und ihres Grundes spätestens in dem Enteignungstermin (§ 109) anmelden; eine schriftliche Anmeldung ist nicht vorgeschrieben; doch wird es mit Rücksicht auf die erforderlichen Angaben (Betrag und Grund, sonstige Unterlagen) zweckmäßig sein, die Anmeldung schriftlich vorzunehmen und sie schon möglichst früh der Enteignungsbehörde zuzuleiten. Im übrigen ist die Anmeldung bis zum Schluß der mündlichen Verhandlung vor der Enteignungsbehörde möglich (vgl. hierzu Anm. zu § 92 Abs. 5).

Die Vorschrift des Abs. 2 entspricht dem § 53 Abs. 2 ZVG.

## § 99

### *Entschädigung in Geld*

**(1) Die Entschädigung ist in einem einmaligen Betrag zu leisten, soweit dieses Gesetz nichts anderes bestimmt. Auf Antrag des Eigentümers kann die Entschädigung in wiederkehrenden Leistungen festgesetzt werden, wenn dies den übrigen Beteiligten zuzumuten ist.**

**(2) Für die Belastung eines Grundstücks mit einem Erbbaurecht ist die Entschädigung in einem Erbbauzins zu leisten.**
**(3) Einmalige Entschädigungsbeträge sind mit 2 vom Hundert über dem Diskontsatz der Deutschen Bundesbank jährlich von dem Zeitpunkt an zu verzinsen, in dem die Enteignungsbehörde über den Enteignungsantrag entscheidet. Im Falle der vorzeitigen Besitzeinweisung ist der Zeitpunkt maßgebend, in dem diese wirksam wird.**

**1. Allgemeines**

§ 99 stellt eine Grundsatzvorschrift dar. Sie sieht als Ausgleich für den durch Enteignung eintretenden Verlust grundsätzlich eine Geldentschädigung vor, die in der Regel in einem einmaligen Betrag zu leisten ist. Wenn andere Entschädigungsarten, wie Entschädigung in Land (§ 100) oder Entschädigung durch Gewährung von Rechten (§ 101), festgesetzt werden sollen, ist ein besonderer Antrag erforderlich. Durch Vereinbarung der Parteien (vgl. § 110) können auch im Gesetz nicht erwähnte Entschädigungsarten gewählt werden, z. B. Sachleistungen oder Wertpapiere.

Die Entschädigung ist auf Wertersatz und nicht auf Schadensersatz (Naturalrestitution) gerichtet. Der Regelung liegt die Auffassung zugrunde, daß dem Enteigneten die Möglichkeit belassen bleiben muß, den Ersatz für das entzogene Eigentum nach seinem Gutdünken anderweitig zu verwenden. Es muß daher dem von der Enteignung Begünstigten grundsätzlich zugemutet werden, das Kapital für das gesamte Vorhaben (einschließlich des Grundstückswerts) zu beschaffen und nicht den Kredit des von der Enteignung Betroffenen in Anspruch zu nehmen. Die Vorschrift geht weiter von dem Gedanken aus, daß eine Vorleistungspflicht des Begünstigten gegeben ist. Nach § 117 Abs. 1 ergeht die Ausführungsanordnung erst, wenn der durch die Enteignung Begünstigte die Geldentschädigung gezahlt oder zulässigerweise unter Verzicht auf das Recht der Rücknahme hinterlegt hat.

**2. Geldentschädigung (Abs. 1)**

Die Entschädigung „in einem einmaligen Betrag" schließt Teilzahlungen aus (siehe oben Ziff. 1). Im Interesse des Eigentümers ist aber bestimmt worden, daß auf seinen Antrag die Entschädigung auch in wiederkehrenden Leistungen festgesetzt werden kann. Anspruch auf wiederkehrende Leistungen gewähren: Reallasten, eingetragenes Erbbauzinsrecht, Entgelt für Dauerwohnrecht, Überbau- und Notwegrenten (Palandt BGB Anm. 1 zu § 1126). Voraussetzung ist jedoch (außer dem Antrag des Eigentümers), daß die Festsetzung in wiederkehrenden Leistungen den übrigen Beteiligten (vor allem dem Enteignungsbegünstigten) zugemutet werden kann. Die Entscheidung trifft die Enteignungsbehörde nach pflichtmäßigem Ermessen.

Eine Mischform der Geldentschädigung (teils in einer einmaligen Leistung, teils in wiederkehrenden Leistungen) dürfte als zulässig zu erachten sein.

**3. Entschädigung in einem Erbbauzins (Abs. 2)**

Eine Ausnahme von der Vorschrift des Abs. 1 Satz 2 (wonach die Entschädigung in wiederkehrenden Leistungen festgesetzt werden kann) ist bestimmt im Abs. 2. Wenn nämlich im Wege der Enteignung ein Grundstück mit einem Erbbaurecht belastet wird, dann muß die Entschädigung in einer wiederkehrenden Leistung, nämlich in der Form des Erbbauzinses gewährt werden. Die Höhe des Erbbauzinses wird in diesem Fall von der Enteignungsbehörde festgesetzt (§ 113 Abs. 2 Nr. 8). Über die Berechnung der Höhe des festzusetzenden Erbbauzinses sagt das Gesetz nichts. Der Erbbauzins wird zumeist auf der Grundlage des Kapitals ermittelt, das dem Bodenwert entspricht, ohne daß eine Tilgung vorgesehen ist; er stimmt dann mit der Verzinsung des dem Bodenwert entsprechenden Kapitals überein (so Dittus-Zinkahn, Anm. 2 zu § 14; vgl. auch Bormann-Flender-Thiele, Handbuch über Kosten und Wirtschaftlichkeit in der Wohnungswirtschaft, S. 294; Müller, Die städtische Grundrente und die Bewertung von Baugrundstücken, S. 236).

**4. Verzinsung des Entschädigungsbetrags (Abs. 3)**

Einmalige Entschädigungsbeträge (Abs. 1 Satz 1) sind mit 2 v. H. über dem Diskontsatz der Deutschen Bundesbank zu verzinsen. Bei der Berechnung des Zinssatzes wird deshalb von dem Diskontsatz der Deutschen Bundesbank ausgegangen, weil dieser Zinssatz verhältnismäßig leicht zu ermitteln ist.

Die Verzinsung beginnt mit dem Zeitpunkt, in dem die Enteignungsbehörde über den Enteignungsantrag entscheidet (Tag der Erlassung des Enteignungsbeschlusses, § 112). Hier kommt es also nicht auf die Ausführungsanordnung (§ 117) an. Ist der von der Enteignung Begünstigte vorzeitig in den Besitz des enteigneten Grundstücks eingewiesen worden (§ 116), so ist für den Zeitpunkt des Beginns der Verzinsung das Wirksamwerden der Einweisung maßgebend. Die Besitzeinweisung geschieht auf Antrag desjenigen, der die Enteignung beantragt hat, durch Beschluß der Enteignungsbehörde. In diesem Beschluß hat die Behörde auch den Zeitpunkt zu bezeichnen, in dem die Besitzeinweisung wirksam werden soll (§ 116 Abs. 1 Sätze 1 und 4). Von diesem Zeitpunkt an ist dann auch der einmalige Entschädigungsbetrag zu verzinsen.

## § 100

### *Entschädigung in Land*

**(1) Die Entschädigung ist auf Antrag des Eigentümers in geeignetem Ersatzland festzusetzen, wenn er zur Sicherung seiner Berufstätigkeit, seiner Erwerbstätigkeit oder zur Erfüllung der ihm wesensgemäß obliegenden Aufgaben auf Ersatzland angewiesen ist und**

1. **der Enteignungsbegünstigte über als Ersatzland geeignete Grundstücke verfügt, auf die er nicht mit seiner Berufstätigkeit, seiner Erwerbstätigkeit oder zur Erfüllung der ihm wesensgemäß obliegenden Aufgaben angewiesen ist oder**
2. **der Enteignungsbegünstigte geeignetes Ersatzland nach pflichtmäßigem Ermessen der Enteignungsbehörde freihändig zu angemessenen Bedingungen beschaffen kann oder**
3. **geeignetes Ersatzland durch Enteignung nach § 90 beschafft werden kann.**

**(2) Unter den Voraussetzungen der Nummern 1 bis 3 des Absatzes 1 ist die Entschädigung auf Antrag des Eigentümers auch dann in geeignetem Ersatzland festzusetzen, wenn ein Grundstück enteignet werden soll, das mit einem Eigenheim oder einer Kleinsiedlung bebaut ist. Dies gilt nicht, wenn nach öffentlich-rechtlichen Vorschriften der Abbruch des Gebäudes jederzeit entschädigungslos gefordert werden kann.**

**(3) Die Entschädigung kann auf Antrag ganz oder teilweise in Ersatzland festgesetzt werden, wenn diese Art der Entschädigung nach pflichtmäßigem Ermessen der Enteignungsbehörde unter gerechter Abwägung der Interessen der Allgemeinheit und der Beteiligten billig ist und bei dem Enteignungsbegünstigten die in Absatz 1 Nr. 1 oder 2 genannten Voraussetzungen vorliegen.**

**(4) Für die Bewertung des Ersatzlandes gilt § 95 entsprechend. Hierbei kann eine Werterhöhung berücksichtigt werden, die das übrige Grundvermögen des von der Enteignung Betroffenen durch den Erwerb des Ersatzlandes über dessen Wert nach Satz 1 hinaus erfährt. Hat das Ersatzland einen geringeren Wert als das zu enteignende Grundstück, so ist eine dem Wertunterschied entsprechende zusätzliche Geldentschädigung festzusetzen. Hat das Ersatzland einen höheren Wert als das zu enteignende Grundstück, so ist festzusetzen, daß der Entschädigungsberechtigte an den durch die Enteignung Begünstigten eine dem Wertunterschied entsprechende Ausgleichszahlung zu leisten hat. Die Ausgleichszahlung wird mit dem nach § 117 Abs. 3 Satz 1 in der Ausführungsanordnung festgesetzten Tage fällig.**

**(5) Wird die Entschädigung in Land festgesetzt, so sollen dingliche oder persönliche Rechte, soweit sie nicht an dem zu enteignenden Grundstück aufrechterhalten werden, auf Antrag des Rechtsinhabers ganz oder teilweise nach Maßgabe des § 97 Abs. 2 ersetzt werden. Soweit dies nicht möglich ist oder nicht ausreicht, sind die Inhaber der Rechte gesondert in Geld zu entschädigen; dies gilt für die in § 97 Abs. 4 bezeichneten Berechtigten nur, soweit ihre Rechte nicht durch eine dem Eigentümer gemäß Absatz 4 zu gewährende zusätzliche Geldentschädigung gedeckt werden.**

**(6) Anträge nach den Absätzen 1, 2, 3 und 5 sind schriftlich oder zur Niederschrift der Enteignungsbehörde zu stellen, und zwar in den Fällen der Absätze 1 bis 3 vor Beginn und im Falle des Absatzes 5 bis zum Schluß der mündlichen Verhandlung (§ 109).**

**1. Allgemeines**

a) Die Festsetzung der Entschädigung i n L a n d (die bereits in älteren Landesenteignungsgesetzen — z. B. dem Hamburgischen Enteignungsgesetz —, in den meisten Aufbaugesetzen der Länder und im BauLBG enthalten war) hat sich bewährt und wurde in das BBauG übernommen. Die Landabfindung kann einmal im Interesse des von der Enteignung Begünstigten liegen. Sie wird aber auch von dem Entschädigungsberechtigten vielfach einer Geldentschädigung vorgezogen werden, namentlich dann, wenn er das enteignete Grundstück selbst landwirtschaftlich, gärtnerisch oder gewerblich genutzt hat. Die Zuteilung des Ersatzlandes gibt ihm die Möglichkeit, auf diesem seine berufliche Tätigkeit fortzusetzen. Die Entschädigung in Land ist daher besonders geeignet, die einschneidenden Wirkungen der Enteignung zu mildern, da hierdurch dem von der Enteignung Betroffenen ein Ausgleich gewährt wird, der es ihm erlaubt, seine bisherige wirtschaftliche Stellung zu behaupten.

**b)** Die Vorschrift enthält Bestimmungen darüber,
in welchen Fällen unter bestimmten Voraussetzungen eine Entschädigung in Land festgesetzt werden muß (Abs. 1 und 2),
in welchen Fällen die Entschädigung in Land festgesetzt werden kann (Abs. 3),
nach welchen Grundsätzen das Ersatzland zu bewerten ist (Abs. 4),
wie die dinglichen oder persönlichen Rechte an dem zu enteignenden Grundstück im Falle der Festsetzung der Entschädigung in Land zu behandeln sind (Abs. 5) und schließlich
in welcher Form die entsprechenden Anträge zu stellen sind (Abs. 6).

**2. Anspruch des Enteigneten auf Entschädigung in Ersatzland**

**a)** Zunächst ist in den Fällen des **Abs. 1 und 2**, in denen dem von der Enteignung betroffenen Eigentümer ein Rechtsanspruch auf Entschädigung in Land zusteht, dessen Antrag erforderlich (über Form und Zeitpunkt der Anträge siehe unten Anm. 6). Der Antrag des Enteignungsbegünstigten genügt also hier nicht; stellt dieser den Antrag auf Entschädigung in Land, so ist nach Abs. 3 zu verfahren.

**b)** Zwei Voraussetzungen müssen gegeben sein, damit der Antrag des Eigentümers auf Grund des Abs. 1 Erfolg hat:

Der Eigentümer muß zur Sicherung seiner Berufstätigkeit, seiner Erwerbstätigkeit oder zur Erfüllung der ihm wesensgemäß obliegenden Aufgaben auf Ersatzland angewiesen sein

und

es muß einer der drei in Abs. 1 Nr. 1 mit 3 genannten Fälle gegeben sein.

Ist dies nicht der Fall, so muß Entschädigung in Geld (§ 99) gewährt werden, wobei allerdings die Berufs- oder Erwerbsbeeinträchtigung des Betroffenen zu berücksichtigen ist.

**c)** Für den Antrag auf Grund des Abs. 2 sind ebenfalls zwei Voraussetzungen erforderlich:

Es muß auch hier einer der drei in Abs. 1 Nr. 1 mit 3 genannten Fälle gegeben sein

und

es muß sich um die Enteignung eines Grundstücks handeln, das mit einem Eigenheim oder einer Kleinsiedlung bebaut ist. (Vgl. hierzu auch unten e).

**d)** Der Eigentümer muß zur Sicherung seiner Berufstätigkeit usw. auf Ersatzland angewiesen sein (siehe oben b). Er hat also unter der Voraussetzung, daß nach Abs. 1 Nr. 1—3 Ersatzland beschafft werden kann, einen Rechtsanspruch auf Ersatzland, wenn andernfalls die Fortsetzung seiner Berufstätigkeit (z. B. landwirtschaftlicher Betrieb), seiner Erwerbstätigkeit (z. B. Handwerksbetrieb) oder die Erfüllung der ihm wesensgemäß obliegenden Aufgaben

(z. B. Erfüllung kirchlicher Aufgaben, Weiterführung des Sportbetriebs) zum mindesten ernstlich gefährdet wäre.

Es ist nicht erforderlich, daß der Eigentümer für jede für die Enteignung in Frage kommende Fläche Ersatzland erhält. Wenn es sich z. B. nur um eine Teilfläche handelt, auf die der Eigentümer ohne wesentliche Beeinträchtigung seiner Berufstätigkeit usw. verzichten kann, so hat er keinen Anspruch auf Zuweisung eines entsprechenden Ersatzlandes. Andererseits ist aber auch nicht erforderlich, daß die Vernichtung des Betriebs des Eigentümers zu befürchten sein muß, um die Ersatzlandzuweisung zu rechtfertigen, es genügt vielmehr ernstliche Gefährdung. Die Fassung „wenn ... angewiesen ist" hat die Bedeutung „wenn und soweit ... angewiesen ist", d. h. der Eigentümer hat nicht Anspruch darauf, daß ihm nun Ersatzland in genau dem gleichen Umfang zugewiesen wird, als er Land abgeben mußte (das ist schon wegen der Unterschiede in Lage und vor allem in Güte und Ausnutzungsmöglichkeit des Bodens nicht möglich). Dem Eigentümer ist soviel Ersatzland zur Verfügung zu stellen, daß er seine bisherige Berufstätigkeit usw. auf dem Ersatzland rentabel weiterführen kann. Für den etwa noch verbleibenden Verlust kann er in Geld entschädigt werden.

Die weitere oben unter b) genannte Voraussetzung ist, daß geeignetes Ersatzland beschafft werden kann. Das kann in der Weise geschehen, daß

entweder gem. **Nr. 1** der Enteignungsbegünstigte über als Ersatzland geeignete Grundstücke verfügt (d. h. in der Regel, daß er Eigentümer dieser Grundstücke ist), auf die er nicht mit seiner Berufstätigkeit, seiner Erwerbstätigkeit oder zur Erfüllung der ihm wesensgemäß obliegenden Aufgaben angewiesen ist (wegen dieser letzteren Voraussetzung siehe Ausführungen oben d)

oder gemäß **Nr. 2** der Enteignungsbegünstigte geeignetes Ersatzland nach pflichtmäßigem Ermessen der Enteignungsbehörde freihändig zu angemessenen Bedingungen beschaffen kann (vgl. hierzu § 90 Abs. 1 Nr. 3 und die Anmerkungen hierzu)

oder (falls also der Enteignungsbegünstigte weder selbst Ersatzland besitzt noch ein solches beschaffen kann), gemäß **Nr. 3** geeignetes Ersatzland durch Enteignung nach § 90 beschafft werden kann, d. h. daß eine Enteignung möglich und zulässig ist. Durch die Enteignung von Ersatzland soll verhindert werden, daß u. U. die im dringenden öffentlichen Interesse liegende Hauptenteignung scheitert, weil kein Ersatzland freihändig beschafft werden kann. (Siehe auch oben b).

**e)** Ein Sonderfall wurde (durch Einfügung einer Bestimmung in den Ausschußverhandlungen) in **Abs. 2** geregelt. Es wurde der Kreis der Anspruchsberechtigten auf die Eigentümer solcher Grundstücke erweitert, die mit Eigenheimen oder Kleinsiedlungen bebaut sind. Dies erschien geboten, um den Enteigneten die Möglichkeit, sich wieder ein Eigenheim oder eine Kleinsiedlung zu errichten, durch die Zuteilung von geeigneten Ersatzgrundstücken zu erleichtern. § 20 des Ersten Wohnungsbaugesetzes i. d. F. vom 25. 8. 1953 — BGBl. I S. 1047 — (mit weiteren Änderungen) enthält folgende Begriffsbestimmungen des Eigenheims und der Kleinsiedlung:

„(1) Ein Eigenheim ist ein Wohngebäude mit nicht mehr als zwei Wohnungen, von denen eine Wohnung für den Eigentümer (Erbbauberechtigten) oder seine nächsten Familienangehörigen bestimmt ist.

(2) Eine Kleinsiedlung ist eine Siedlung, die aus einem Einfamilienhaus mit angemessenem Wirtschaftsraum und angemessener Landzulage besteht und die nach Größe, Bodenbeschaffenheit und Einrichtung dazu bestimmt und geeignet ist, dem Siedler durch Selbstversorgung aus vorwiegend gartenbaumäßiger Nutzung des Landes und Kleintierhaltung eine fühlbare Ergänzung seines sonstigen Einkommens zu bieten. Die Kleinsiedlung verliert ihre Eigenschaft nicht dadurch, daß sie neben der für den Kleinsiedler bestimmten Wohnung eine zweite abgeschlossene oder nicht abgeschlossene Wohnung von untergeordneter Bedeutung (Einliegerwohnung) enthält."

f) Für die Fälle in Abs. 1 und 2 gilt gemeinsam, daß Entschädigung in Ersatzland nur in Frage kommt, wenn geeignetes Ersatzland vorhanden ist. Der Eigentümer kann ein bestimmtes Grundstück benennen, die Behörde ist aber an seinen Vorschlag nicht gebunden. Ausschlaggebend für die Auswahl (durch die Enteignungsbehörde) ist die Geeignetheit für die Sicherung der Berufstätigkeit oder der Erwerbstätigkeit oder der Erfüllung der wesensgemäß obliegenden Aufgaben oder der Geeignetheit für die Errichtung eines Eigenheims oder einer Kleinsiedlung.

g) Die Vorschrift des Abs. 2 ist allerdings dann nicht anwendbar, wenn das auf dem zu enteignenden Grundstück errichtete Eigenheim oder die Kleinsiedlung nach öffentlich-rechtlichen Vorschriften jederzeit entschädigungslos abgebrochen werden können (vgl. hierzu auch § 95 Abs. 3 und Anm. 7 zu § 95).

**3. Entschädigung in Ersatzland nach Ermessen der Behörde**

a) **Abs. 3** regelt die Fälle, in denen eine Entschädigung in Ersatzland festgesetzt werden kann. Es werden der Mußvorschrift der Abs. 1 und 2 die Fälle gegenübergestellt, in denen nach dem Ermessen der Enteignungsbehörde Ersatzland gewährt werden kann. Damit wird es der Enteignungsbehörde möglich gemacht, dem Enteigneten Ersatzland auch dann zuzusprechen, wenn zwar die zwingenden Voraussetzungen der Abs. 1 u. 2 nicht vorliegen, aber der Enteignungsbegünstigte genügend eigenes Gelände zur Verfügung stellen oder ohne Schwierigkeiten beschaffen kann. Voraussetzung für das Tätigwerden der Behörde ist auch hier ein Antrag, jedoch ist abweichend von Abs. 1 und 2 nicht nur der Antrag des Eigentümers zulässig, sondern der Antrag kann auch vom Enteignungsbegünstigten (Entschädigungsverpflichteten) oder anderen Beteiligten (z. B. Nebenberechtigten i. S. des § 97) gestellt werden. (Über Form und Zeitpunkt des Antrags siehe unten Anm. 6.)

Der Antrag wird vom betroffenen Eigentümer (des zu enteignenden Grundstücks) gestellt werden, wenn dieser auf Grund der Bestimmungen in Abs. 1 und 2 (wegen Fehlens der dort genannten Voraussetzungen) nicht zu einem Ersatzland kommen kann; der Enteignungsbegünstigte wird Wert auf Festssetzung der Entschädigung in Land legen, wenn er genügend Ersatzland aus eigenem Besitz zur Verfügung hat und lieber dieses zur Verfügung stellt als eine Entschädigung in Geld leistet; schließlich kann ein Nebenberechtigter gemäß § 97 Abs. 2 Wert darauf legen, daß er für sein Recht nicht in Geld entschädigt, sondern daß das Ersatzland mit einem gleichen Recht belastetet wird.

b) Auch hier kann die Enteigungsbehörde die Entschädigung in Land auf einen Teil der Hauptentschädigung beschränken, d. h. sie kann die Entschädigung zu einem Teil in Ersatzland und zum anderen Teil in Geld festsetzen (vgl. hierzu oben 2 d).

c) Maßgebend ist immer das pflichtmäßige Ermessen der Enteignungsbehörde. Das Ermessen der Behörde ist aber in der Hinsicht gebunden, daß sie ihre Entscheidung an zwei Rechtsvoraussetzungen orientieren muß, nämlich,

ob die Entschädigung in Land unter gerechter Abwägung der Interessen der Allgemeinheit und der Beteiligten billig ist und

ob bei dem Enteignungsbegünstigten die in Abs. 1 Nr. 1 oder 2 genannten Voraussetzungen vorliegen.

Beide Voraussetzungen müssen gegeben sein, damit die Behörde dem Antrag entsprechen darf. Fehlt eine der Voraussetzungen, so muß sie den Antrag abweisen. Ob die beiden Voraussetzungen jeweils gegeben sind, ist eine gerichtlich (§ 157 Abs. 1) in vollem Umfang nachprüfbare Rechtsfrage. Das pflichtmäßige Ermessen der Behörde bezieht sich daher auf die Frage, ob sie bei Vorliegen der Voraussetzungen dem Antrag entspricht und bejahendenfalls ob sie ihm ganz oder teilweise entspricht.

Zugunsten der Beteiligten sprechende Billigkeitsgesichtspunkte sind z. B. gegeben, wenn der Eigentümer einen Antrag auf Ersatzlandzuweisung stellt und zwar nicht die Voraussetzungen des Abs. 1 Halbsatz 1 vorliegen, aber sonstige Gründe für seinen Antrag sprechen; oder ein Enteignungsbegünstigter besitzt geeignetes Ersatzland in reichlichem Maße, so daß sein Antrag, die Entschädigung in Ersatzland festzusetzen, gerechtfertigt erscheint (siehe auch oben a).

Auf Grund dieser Generalklausel der Interessenabwägung ist die Behörde in der Lage, alle Gesichtspunkte in Betracht zu ziehen, die für oder gegen eine Festsetzung der Entschädigung in Ersatzland sprechen. Es sind also nicht etwa bloß die Interessen der Beteiligten, sondern auch nach ausdrücklicher Bestimmung die Interessen der Allgemeinheit zu berücksichtigen. Letztere werden in der Regel in der baldigen und zweckmäßigen Durchführung des Enteignungsverfahrens zu suchen sein.

**4. Bewertung des Ersatzlandes und Berücksichtigung von Wertunterschieden**

a) **Abs.** 4 stellt zunächst klar (**Satz 1 u. 2**), daß die Bewertung des Ersatzlandes in der gleichen Weise vorgenommen wird wie die Bewertung für den durch die Enteignung eintretenden Rechtsverlust, d. h. maßgebend für die Bewertung des Ersatzlandes ist ebenfalls der Verkehrswert (vgl. hierzu § 95 Anm. 2 u. § 141). Dieser Verkehrswert kann aber durch den Enteignungsvorgang selbst günstig beeinflußt werden. Dies ist dann der Fall, wenn das übrige Grundvermögen des von der Enteignung Betroffenen durch den Erwerb des Ersatzlandes über den Verkehrswert hinaus eine Werterhöhung erfährt, z. B. wenn bei einem landwirtschaftlichen Betrieb der Eigentümer anstelle eines weit entfernten Grundstücks, das enteignet wurde, ein unmittelbar beim Hof liegendes Grundstück als Ersatzland erhält und dadurch sein Gesamtgrundbesitz sehr vorteilhaft abgerundet wird. Dadurch entsteht für den Gesamtgrundbesitz eine Wertsteigerung. Die Behörde kann diese Werterhöhung bei der Bewertung des Ersatzlandes berücksichtigen (in der Weise, daß sich der von der Enteignung Betroffene die Werterhöhung auf die Entschädigung anrechnen lassen muß).

b) Stellt sich nach der Bewertung des zu enteignenden Grundstücks und des dafür vorgesehenen Ersatzlandes heraus, daß ein Wertunterschied besteht (daß also das Ersatzland einen geringeren oder einen höheren Wert hat, als das zu enteignende Grundstück), so ist nach Satz 3 ff. ein Wertausgleich durchzuführen. Hat das vom Begünstigten aus eigenem Bestand oder durch freihändigen Verkauf zur Verfügung gestellte (§ 100 Abs. 1 Nr. 1 und 2) oder im Wege der Enteignung beschaffte Ersatzgrundstück (§ 100 Abs. 1 Nr. 3) einen geringeren Wert als das zu enteignende Grundstück, so muß der von der Enteignung Begünstigte dem Betroffenen (der anstelle des ihm enteigneten Grundstücks das minderwertigere Ersatzgrundstück bekommt) eine dem Wertunterschied entsprechende zusätzliche Geldentschädigung bezahlen; diese Entschädigung bildet einen Teil der dem Betroffenen zustehenden Gesamtentschädigung und ist im Enteignungsbeschluß auszuweisen (§ 113 Abs. 2 Nr. 8: „Entschädigungen"). Hat das Ersatzland einen höheren Wert als das zu enteignende Grundstück, so ist festzusetzen, daß der Entschädigungsberechtigte (also der, dessen Grundstück enteignet wurde und der nun an dessen Stelle ein höherwertigeres Ersatzgrundstück bekommt) an den Enteignungsbegünstigten eine dem Wertunterschied entsprechende Ausgleichszahlung zu leisten hat. Auch diese ist im Entschädigungsbeschluß auszuweisen (§ 113 Abs. 2 Nr. 8: „Ausgleichszahlungen"). Während die „Geldentschädigung" schon vor Erlaß der Ausführungsanordnung bezahlt oder hinterlegt werden muß, da sonst diese Anordnung nicht ergeht (§ 117 Abs. 1), wird die „Ausgleichszahlung" mit dem nach § 117 Abs. 3 Satz 1 in dieser Ausführungsanordnung festgesetzten Tag fällig (§ 100 Abs. 4 letzter Satz).

**5. Übertragung von Rechten auf das Ersatzland**

**a) Abs. 5** stellt den Grundsatz auf, daß an dem zu enteignenden Grundstück bestehende dingliche oder persönliche Rechte im Falle der Entschädigung des Betroffenen mit Ersatzland durch gleiche Rechte an diesem Ersatzland ersetzt werden sollen (vgl. § 97 Abs. 2), sofern diese Rechte nicht an dem zu enteignenden Grundstück aufrechterhalten werden (§ 97 Abs. 1). Der Vorschrift liegt, wie den Enteignungsbestimmungen allgemein, der Gedanke zugrunde, daß der durch die Enteignung hervorgerufene Eingriff in die Rechte der Betroffenen nicht schwerer sein soll, als es der Enteignungszweck erfordert und daß der Betroffene durch die Entschädigung möglichst wieder seinen früheren Besitzstand bekommen soll. Wenn der von der Grundstücksenteignung Betroffene (dem also das Grundstückseigentum entzogen wird) statt seines bisherigen Grundstücks ein anderes Grundstück (auf dem Wege der Entschädigung in Land) zugewiesen bekommt, so verlangt es die Billigkeit, daß auf sein neues Grundstück auch die auf seinem bisherigen Grundstück ruhenden Belastungen übertragen werden (wegen des Begriffs dingliche oder persönliche Rechte siehe § 97 Anm. 1 b und § 86 Abs. 1 Nr. 2 und 3 mit Anmerkungen hierzu).

b) Es ist ein Antrag des Rechtsinhabers erforderlich; wenn aber der Antrag gestellt ist, so soll ihm die Enteignungsbehörde entsprechen. Dies bedeutet eine starke Bindung des Ermessens der Behörde; es müssen für die Ablehnung des Antrags besondere Gründe sprechen. Dies geht auch aus Satz 2 des Abs. 5 hervor: „Soweit dies nicht möglich ist oder nicht ausreicht...". Es muß also zunächst der Ersatz der Rechte mit gleichen Rechten am Ersatzland versucht werden.

c) Voraussetzung für diesen Ersatz ist, daß überhaupt eine Entschädigung in Land geleistet wird. In diesem Fall sollen die Rechte nach Maßgabe des § 97 Abs. 2 ersetzt werden. Das bedeutet, daß die in dieser Bestimmung angeführten „Kann- und Mußbestimmungen" (Satz 1: „kann ... belastet werden"; Satz 2: „... kann ... begründet werden ..."; Satz 3, erster Halbsatz: „... sind ... zu begründen"; Satz 3, zweiter Halbsatz: „... können ... in Anspruch genommen werden") in den Fällen des § 100 Abs. 5 als „Sollbestimmungen" anzuwenden sind und daß die öffentlichen Verkehrsunternehmen und die Träger der öffentlichen Versorgung insofern auch hier eine Sonderstellung einnehmen, als zu ihren Gunsten auch „andere Grundstücke" in Anspruch genommen werden können.

d) Im übrigen gilt der Grundsatz, daß, soweit ein Ersatz nicht möglich ist oder nicht ausreicht (letzteres ist der Fall, wenn etwa nur ein Teil des Rechts am Ersatzland ersetzt werden kann), die Inhaber der Rechte gesondert in Geld zu entschädigen sind (§ 97 Abs. 3). Diese Regelung gilt auch grundsätzlich für die in § 97 Abs. 4 bezeichneten Berechtigten (vgl. § 97 Anm. 5), denn für diese versagt die Regelung in der letztgenannten Bestimmung, da hier ja der von der Enteigung Betroffene keine Geldentschädigung, sondern Ersatz in Land erhält. Auch sie erhalten also eine gesonderte Geldentschädigung (vgl. § 97 Anm. 4), soweit ihre Rechte nicht durch eine dem Eigentümer gemäß § 100 Abs. 4 zu gewährende zusätzliche Geldentschädigung gedeckt werden (siehe oben Anm. 4), d. h. es ist jeweils zu prüfen, ob das gesondert zu entschädigende Recht nicht den Wert des zu enteignenden Grundstücks mindert; ist dies der Fall (hat also das Ersatzland infolge der auf ihm ruhenden Rechte einen geringeren Wert als das zu enteignende Grundstück) so werden die Ansprüche der Berechtigten bereits durch die dem Eigentümer von dem Begünstigten gemäß § 100 Abs. 4 Satz 3 zu zahlende zusätzliche Geldentschädigung gedeckt.

**6. Form der Anträge (Abs. 6)**

In den Fällen des Abs. 1, 2, 3 und 5 ist jeweils ein Antrag erforderlich. Die Anträge sind schriftlich oder zur Niederschrift der Enteignungsbehörde zu stellen (mündlicher Antrag genügt nicht) und zwar die Anträge auf Festsetzung der Entschädigung in Land vor Beginn und die Anträge auf Ersetzung von dinglichen und persönlichen Rechten bis zum Schluß der nach § 109 anzuberaumenden mündlichen Verhandlung. Der Zweck der Vorschrift ist, die Beteiligten möglichst frühzeitig auf vorliegende Anträge auf Ersatzlandzuweisung aufmerksam zu machen, um entsprechende Vorkehrungen (Beschaffung von Ersatzland) zu ermöglichen. Auch in den Fällen des Abs. 5 empfiehlt es sich daher, den Antrag bald zu stellen, da ja auch die Personen, die am Ersatzland Rechte besitzen, am Enteignungsverfahren beteiligt sind (§ 107 Abs. 1 Nr. 4) und zu der mündlichen Verhandlung zu laden sind (vgl. hierzu auch § 92 Abs. 5 und Anmerkungen hierzu).

## § 101

*Entschädigung durch Gewährung anderer Rechte*

**(1) Der Eigentümer eines zu enteignenden Grundstücks kann auf seinen Antrag, wenn dies unter Abwägung der Belange der Beteiligten billig ist, ganz oder teilweise entschädigt werden**

**1. durch Bestellung oder Übertragung von Wohnungseigentum, Teileigentum, Dauerwohnrecht oder Dauernutzungsrecht an diesem oder einem anderen Grundstück des Enteignungsbegünstigten oder**

**2. durch Übertragung von Eigentum an einem bebauten Grundstück des Enteignungsbegünstigten oder**

**3. durch Übertragung von Eigentum an einem Grundstück des Enteignungsbegünstigten, das mit einem Eigenheim oder einer Kleinsiedlung bebaut werden soll.**

**Bei Wertunterschieden zwischen den Rechten nach Satz 1 und dem zu enteignenden Grundstück gilt § 100 Abs. 4 entsprechend.**

**(2) Der Antrag nach Absatz 1 muß bis zum Schluß der mündlichen Verhandlung schriftlich oder zur Niederschrift der Enteignungsbehörde gestellt werden.**

**1. Allgemeines**

a) Außer der Entschädigung in Geld (§ 99) und der Entschädigung in Land (§ 100) sieht das Gesetz noch eine Art der Entschädigung vor, nämlich die „Entschädigung durch Gewährung anderer Rechte“. Die Rechte, die dem Betroffenen dadurch eingeräumt werden können, geben ihm zum Teil ganz (Abs. 1 Nr. 2 und 3), zum Teil wenigstens annähernd (Abs. 1 Nr. 1) die Stellung eines Grundstückseigentümers und gewähren damit einen etwa gleichwertigen und gleichgearteten Ersatz.

b) Erforderlich ist auch hier wieder ein Antrag. Ohne Antrag, also von Amts wegen, kann diese Entschädigung nicht zuerkannt werden. Zulässig ist nur der Antrag des Eigentümers des zu enteignenden Grundstücks; ein etwaiger Antrag anderer Beteiligter wäre lediglich eine Anregung an die Enteignungsbehörde, auf einen entsprechenden Antrag des Eigentümers hinzuwirken (wegen Form und Frist des Antrags siehe Abs. 2). Voraussetzung dafür, daß dem Antrag des Eigentümers stattgegeben werden darf, ist, daß die Entschädigung durch Gewährung von Rechten i. S. des § 101 unter Abwägung der Belange der Beteiligten billig ist. Ob diese Voraussetzung gegeben ist, ist eine gerichtlich (§ 157 Abs. 1) nachprüfbare Rechtsfrage. Bei Prüfung dieser Frage sind die Belange der Beteiligten abzuwägen. So wird der Antrag des Eigentümers auf Übertragung des Eigentums an einem bebauten Grundstück des Enteignungsbegünstigten keinen Erfolg haben, wenn die Abgabe für letzteren eine Härte bedeuten würde.

Wenn die Voraussetzungen gegeben sind (Antrag des Eigentümers, Billigkeit der Entschädigung mit „anderen Rechten“), so liegt die Entscheidung, ob in dieser Form entschädigt wird und gegebenenfalls, ob ganze oder teilweise Entschädigung in Frage kommt, im Ermessen der Behörde („kann ... entschädigt werden").

**2. Einzelne Entschädigungsarten (Abs. 1)**

Als Entschädigungsarten kommen in Frage:

**a)** Bestellung oder Übertragung von Rechten nach dem Gesetz über das Wohnungseigentum und das Dauerwohnrecht (Wohnungseigentumsgesetz — WEG) vom 15. 3. 1951 (BGBl. I S. 175) und zwar (**Nr. 1**):

Wohnungseigentum, das ist das Sondereigentum an einer Wohnung in Verbindung mit dem Miteigentumsanteil an dem gemeinschaftlichen Eigentum, zu dem es gehört (§ 1 Abs. 2 WEG).

Teileigentum, das ist das Sondereigentum an nicht zu Wohnzwecken dienenden Räumen eines Gebäudes in Verbindung mit dem Miteigentumsanteil an dem gemeinschaftlichen Eigentum, zu dem es gehört (§ 1 Abs. 3 WEG).

Dauerwohnrecht, das ist die Belastung eines Grundstücks in der Weise, daß derjenige, zu dessen Gunsten die Belastung erfolgt, berechtigt ist, unter Ausschluß des Eigentümers eine bestimmte Wohnung in einem auf dem Grundstück errichteten oder zu errichtenden Gebäude zu bewohnen oder in anderer Weise zu nutzen. Das Dauerwohnrecht kann auf einen außerhalb des Gebäudes liegenden Teil des Grundstücks erstreckt werden, sofern die Wohnung wirtschaftlich die Hauptsache bleibt (§ 31 Abs. 1 WEG).

Dauernutzungsrecht, das ist die Belastung eines Grundstücks in der Weise, daß derjenige, zu dessen Gunsten die Belastung erfolgt, berechtigt ist, unter Ausschluß des Eigentümers nicht zu Wohnzwecken dienende bestimmte Räume in einem auf dem Grundstück errichteten oder zu errichtenden Gebäude zu nutzen. Für das Dauernutzungsrecht gelten die Vorschriften des Dauerwohnrechts entsprechend (§ 31 Abs. 2 und 3 WEG).

Alle diese Rechte können an irgendeinem Grundstück des Enteignungsbegünstigten bestellt werden, also an dem zu enteignenden Grundstück oder an einem anderen Grundstück, das dem Begünstigten gehört.

**b)** In den Ausschußverhandlungen wurde die Bestimmung der **Nr. 2** eingefügt, wonach der Eigentümer des zu enteignenden Grundstücks auch beantragen kann, daß ihm als Entschädigung das Eigentum an einem bebauten Grundstück des Begünstigten übertragen wird. Diese Entschädigung wird vor allem dann in Frage kommen, wenn der Betroffene ein bebautes Grundstück abgeben muß (z. B. Grundstück mit Mietshaus oder Werkstätte) und wenn auf dem Grundstück des Begünstigten, das als Entschädigungsleistung in Betracht gezogen wird, entsprechende Bauten (Mietshaus oder Werkstätte) bereits vorhanden oder durch geringfügige Änderungen geschaffen werden können. Natürlich sind nach dem Gesetzeswortlaut auch die Belange des Begünstigten dabei zu berücksichtigen.

**c) Nr. 3** gibt die Möglichkeit, dem von der Enteignung Betroffenen auch das Eigentum an einem Grundstück des Begünstigten zu beschaffen, das mit einem Eigenheim oder einer Kleinsiedlung bebaut werden soll. Zweck der Vorschrift ist, dem hier in Frage kommenden Personenkreis (vgl. zur Begriffsbestimmung Eigenheim und Kleinsiedlung § 20 des 1. WoBauG) die Möglichkeit zu geben, durch die Gewährung dieser Art der Entschädigung zu einem

Eigenheim oder einer Kleinsiedlung zu kommen. In Frage kommt nur ein Grundstück des Begünstigten, das bereits für eine entsprechende Bebauung vorgesehen ist.

d) Die unter b und c genannten Entschädigungsarten unterscheiden sich von der Entschädigung in Land dadurch, daß im letzteren Fall nur unbebaute Grundstücke in Frage kommen, hinsichtlich deren Verwendung der Entschädigungsempfänger nicht gebunden ist, während es sich bei Nr. 2 um bebaute Grundstücke handelt und bei Nr. 3 um Grundstücke, die mit einem Eigenheim oder einer Kleinsiedlung bebaut werden sollen.

In beiden Fällen stellt also die Bebauung ein entscheidendes Merkmal dar.

e) Etwaige Wertunterschiede zwischen dem zu enteignenden Grundstück und dem im Enteignungsverfahren dem Entschädigungsberechtigten nach Satz 1 zugesprochenen Recht sind nach Satz 2 gemäß § 100 Abs. 4 auszugleichen (zusätzliche Geldentschädigung oder Ausgleichszahlung). Art und Höhe der Entschädigung und der Ausgleichszahlung sind im Enteignungsbeschluß auszuweisen (§ 113 Abs. 2 Nr. 8).

f) Wegen des besonderen Verfahrens bei Entschädigung durch Gewährung anderer Rechte vgl. § 115.

**3. Antrag (Abs. 2)**

Wegen Form und Frist der Anträge vgl. die Anm. 6 zu § 100.

## § 102

### *Rückenteignung*

**(1) Der enteignete frühere Eigentümer kann verlangen, daß das enteignete Grundstück zu seinen Gunsten wieder enteignet wird (Rückenteignung), wenn und soweit**

**1. der durch die Enteignung Begünstigte oder sein Rechtsnachfolger das Grundstück nicht innerhalb der festgesetzten Fristen (§ 113 Abs. 2 Nr. 3, § 114) zu dem Enteignungszweck verwendet oder den Enteignungszweck vor Ablauf der Frist aufgegeben hat oder**

**2. die Gemeinde ihre Verpflichtung zur Übereignung nach § 89 nicht erfüllt hat.**

**(2) Die Rückenteignung kann nicht verlangt werden, wenn**

**1. der Enteignete selbst das Grundstück im Wege der Enteignung nach den Vorschriften dieses Gesetzes oder des Baulandbeschaffungsgesetzes erworben hatte oder**

**2. ein Verfahren zur Enteignung des Grundstücks nach diesem Gesetz zugunsten eines anderen Bauwilligen eingeleitet worden ist und der enteignete frühere Eigentümer nicht glaubhaft macht, daß er das Grundstück binnen angemessener Frist zu dem vorgesehenen Zwecke verwenden wird.**

**(3) Der Antrag auf Rückenteignung ist binnen zwei Jahren seit Entstehung des Anspruches bei der zuständigen Enteignungsbehörde einzureichen. § 203 Abs. 2 des Bürgerlichen Gesetzbuches gilt entsprechend. Der Antrag**

**ist nicht mehr zulässig, wenn in den Fällen des Absatzes 1 mit der zweckgerechten Verwendung begonnen oder die Veräußerung oder Ausgabe des Grundstücks in Erbbaurecht vor Eingang des Antrages bei der Enteignungsbehörde eingeleitet worden ist.**

**(4) Die Enteignungsbehörde kann die Rückenteignung ablehnen, wenn das Grundstück erheblich verändert oder ganz oder überwiegend Entschädigung in Land gewährt worden ist.**

**(5) Der frühere Inhaber eines Rechtes, das durch Enteignung nach den Vorschriften dieses Gesetzes aufgehoben ist, kann unter den in Absatz 1 bezeichneten Voraussetzungen verlangen, daß ein gleiches Recht an dem früher belasteten Grundstück zu seinen Gunsten durch Enteignung wieder begründet wird. Die Vorschriften über die Rückenteignung gelten sinngemäß.**

**(6) Für das Verfahren gelten die §§ 104 bis 122 entsprechend.**

**1. Allgemeines**

Die Institution der Rückenteignung dient mittelbar ebenfalls der Verwirklichung des Bebauungsplans. Sie ist eine wesentliche Einrichtung, um den Antragsteller anzuhalten, das Grundstück entsprechend dem Enteignungszweck auch tatsächlich zu nutzen. Dieser Rückenteignungsanspruch des enteigneten früheren Eigentümers ist öffentlich-rechtlich ausgestaltet. Es erschien angebracht, dem früheren Eigentümer für die Rückgewährung denselben Weg zu öffnen, durch den er seinerzeit das Eigentum verloren hat, und ihm überdies einen Anspruch hierauf zu geben.

Der frühere Eigentümer muß aber zur Herbeiführung des früheren Zustandes selbst tätig werden, er muß einen entsprechenden Antrag stellen (vgl. Abs. 1: „Der enteignete frühere Eigentümer kann verlangen ..."; Abs. 3: „Der Antrag auf Rückenteignung ..."). Es ist also nicht so, daß die Enteignungsbehörde von sich aus die Rückenteignung in die Wege leiten könnte. Zwar ist dem Enteigungsakt durch die Nichterfüllung des Enteignungszwecks die Berechtigung nachträglich wieder entzogen worden, dadurch verliert er aber nicht ohne weiteres seine Rechtsgültigkeit. Er muß vielmehr durch den Akt der Rückenteignung ausdrücklich aus der Welt geschafft werden, in welchem das enteignete Grundstück rückenteignet wird.

**2. Voraussetzungen der Rückenteignung (Abs. 1)**

Es sind zwei Fälle der Rückenteignung zu unterscheiden:

a) Der durch die Enteignung Begünstigte ist verpflichtet, das Grundstück zu dem Enteignungszweck zu verwenden. Hierzu wird ihm im Enteignungsbeschluß eine Frist gesetzt (§ 113 Abs. 2 Nr. 3, § 114). Dieselbe Verpflichtung, den Enteignungszweck in der vorgeschriebenen Frist zu erfüllen, hat ein etwaiger Rechtsnachfolger (z. B. Erbe, Käufer, in deren Eigentum das enteignete Grundstück während des Laufs der Frist übergeht).

Wird diese Verpflichtung nicht erfüllt, so hat der frühere Eigentümer einen Anspruch darauf, daß er im Wege der Rückenteignung wieder das Eigentum an seinem früheren Grundstück erhält. Das gleiche gilt, wenn der Begünstigte oder sein Rechtsnachfolger den Enteignungszweck vor Ablauf der Frist aufgegeben haben. Diese Absicht kann ausdrücklich oder durch schlüssige Handlungen kundgegeben werden. Ein Verschulden des Begünstigten oder seines Rechtsnachfolgers an der Nichterfüllung des Enteignungszwecks ist nicht erforderlich, es genügt die Tatsache, daß bei Ablauf der Frist der Enteignungszweck nicht erfüllt ist; dagegen wird die Rückenteignung nicht damit begründet werden können, daß der Enteignungszweck bei Fristablauf noch nicht vollständig (sondern erst zu einem Teil) verwirklicht ist. In den Fällen, in denen mit den erforderlichen Arbeiten ernstlich begonnen und die Erfüllung des Enteignungszwecks in absehbarer Zeit zu erwarten ist, kann nicht davon gesprochen werden, daß der Begünstigte oder sein Rechtsnachfolger das Grundstück „nicht verwendet hat" (vgl. hierzu auch Abs. 3 Satz 3 und unten Anm. 5 a).

b) Eine Gemeinde ist in den Fällen des § 89 Abs. 1 und 2 (Enteignungen zur Vorbereitung der baulichen Nutzung oder zur Herbeiführung dieser Nutzung) verpflichtet, die zu ihren Gunsten enteigneten Grundstücke binnen zwei Jahren nach Ablauf der nach § 113 Abs. 2 Nr. 3 festgesetzten Frist bzw. binnen zwei Jahren nach Eintritt der Rechtsänderung weiterzugeben. Wenn sie diese Fristen nicht einhält (und nicht die Voraussetzungen des § 89 Abs. 3 vorliegen), kann der frühere Eigentümer Rückübereignung verlangen. Auch hier wird gelten, daß das Recht auf Rückübertragung nicht besteht, wenn die Gemeinde bei Ablauf bereits ernstliche Schritte zur Weitergabe des Grundstücks unternommen hat (z. B. Verkaufsverhandlungen, bereits erfolgte notarielle Beurkundung).

c) In beiden vorgenannten Fällen ist zu beachten, daß Anspruch auf Rückenteignung nur besteht, wenn und soweit der Enteignungszweck nicht erfüllt oder die Gemeinde ihrer Verpflichtung nicht nachgekommen ist. Dies bedeutet, daß auch eine Teilrückenteignung möglich ist, nämlich dann, wenn der Begünstigte oder die Gemeinde ihre Verpflichtungen nur zum Teil erfüllt haben (z. B. wenn bei Enteignung von mehreren Grundstücken — gegebenenfalls Parzellen — eines bestimmten Eigentümers nur ein Teil der Grundstücke verwendet bzw. weitergegeben wurde).

**3. Ausnahmen von dem Recht auf Rückenteignung (Abs. 2)**

a) Von dem Recht, die Rückenteignung geltend zu machen, sind zwei Ausnahmen vorgesehen, die in Nr. 1 und 2 enthalten sind. Die aus dem BauLBG (§ 51 Abs. 2) übernommene Formulierung „die Rückenteignung kann nicht verlangt werden" ist nicht ganz eindeutig; sie läßt nämlich die Frage offen, ob die Behörde nicht doch einem Antrag stattgeben könnte. Dittus-Zinkahn vertreten in Anm. 7 zu § 51 die Meinung, daß der Rückenteignungsanspruch in den hier in Frage kommenden Fällen ausgeschlossen ist. Dem wird man wohl entsprechend den Absichten des Gesetzgebers und im Hinblick auf die Kann-Bestimmung des Abs. 4 (s. folgende Anm. b) zustimmen müssen.

aa) Wenn der von der Enteignung Betroffene das Grundstück, das ihm durch die Enteignung entzogen wurde, seinerseits selbst durch Enteignung nach den Vorschriften des BBauG oder des BauLBG erlangt hatte (Nr. 1). Es soll damit verhindert werden, daß ein Grundstückseigentümer, zu dessen Gunsten ein Grundstück zum Zwecke der Bebauung enteignet worden war, damit er es entsprechend den Festsetzungen des Bebauungsplans nutze, und der den Enteignungszweck nicht erfüllt hat, nun auf dem Wege der Rückübereignung wieder dieses Grundstück bekommt, dessen Bebauung er früher schon verabsäumt hat. In einem solchen Fall kann das Grundstück (das innerhalb der Frist zum Enteignungszweck nicht verwendet wurde) zugunsten eines anderen Bauwilligen enteignet werden.

**bb)** Wenn (nach Ablauf der für die Erfüllung des Enteignungszwecks bzw. der Weitergabe festgesetzten Fristen oder etwa nach Aufgabe des Enteignungszwecks durch den Begünstigten vor Ablauf der Frist) bereits ein Verfahren zur Enteignung des Grundstücks nach dem BBauG zugunsten e i n e s a n d e r e n B a u w i l l i g e n eingeleitet worden ist (Nr. 2). In diesem Fall kann aber der enteignete frühere Eigentümer diese drohende Weiterenteignung des Grundstücks dadurch verhindern, daß er gegenüber der Enteignungsbehörde g l a u b h a f t m a c h t (vgl. § 98 Anm. 2), daß er das Grundstück binnen angemessener Frist zu dem vorgesehenen Zweck verwendet. Ob die Frist angemessen ist, entscheidet die Enteignungsbehörde und gegebenenfalls das Gericht (§ 157 Abs. 1). Vgl. wegen der Angemessenheit der Frist § 87 Anm. 2 b am Ende.

**b)** Die Enteignungsbehörde k a n n die Rückenteignung in zwei Fällen ablehnen und zwar, wenn das Grundstück erheblich verändert oder ganz oder überwiegend Entschädigung in Land gewährt worden ist (**Abs. 4**). Es muß sich um eine e r h e b l i c h e Veränderung des Grundstücks handeln. Eine solche kann gegeben sein, wenn umfassende Aufschüttungen oder Abgrabungen vorgenommen wurden, so daß die ursprüngliche Höhenlage des Grundstücks kaum mehr zu erkennen ist. Ähnliches gilt für eine erhebliche Grenzveränderung, wenn z. B. infolge von Grundstücksumlegungen oder -zusammenlegungen die ursprünglichen Grenzen nicht mehr festgestellt werden können. Ferner kann die Enteignungsbehörde die Rückenteignung ablehnen, wenn der enteignete frühere Eigentümer, dem ganz oder überwiegend Entschädigung in Land gewährt wurde, die Rückenteignung nach Abs. 1 fordert. In solchen Fällen unterstellt das Gesetz, daß die Rückgewähr dem öffentlichen Wohl widersprechen könnte, da der frühere Eigentümer bereits mit Sachwerten entschädigt wurde und im Hinblick hierauf kein Anlaß besteht, den früheren Zustand wieder herzustellen.

Ob die in Abs. 4 genannten Voraussetzungen gegeben sind, ist eine der Nachprüfung durch die Gerichte (Baulandkammern, § 157 Abs. 1) unterliegende Rechtsfrage. Ob die Behörde bei Vorliegen der Voraussetzungen den Antrag auf Rückenteignung ablehnt oder ihm stattgibt, steht in ihrem pflichtmäßigen Ermessen. Bestimmend bei Ausübung diese Ermessens wird sein, in welchem Ausmaß Veränderungen an dem Grundstück vorgenommen wurden (ob z. B. trotz „erheblicher“ Veränderungen das Grundstück noch in seiner früheren Form deutlich erkennbar ist), ob die Möglichkeit der Rückenteignung besteht und auch die Gewährung der Entschädigung in Land nach den Umständen des Einzelfalles kein zwingendes Hindernis für die Rückgewähr bildet.

**4. Rückgewähr von Rechten**

**Abs. 5** befaßt sich mit den früheren Inhabern von Rechten an dem Grundstück, das dem von der Enteignung Betroffenen entzogen wurde, und zwar nur mit den (früheren) Rechtsinhabern, deren Rechte durch die Enteignung nach dem BBauG a u f g e h o b e n worden sind,, also nicht nach § 97 Abs. 1 aufrechterhalten oder nach § 97 Abs. 2 auf ein anderes Grundstück übertragen, sondern gemäß § 97 Abs. 3 oder 4 mit Geld entschädigt wurden. Diese Rechtsinhaber wären schlechter gestellt, wenn zugunsten des früheren Eigentümers auf Grund § 102 Abs. 1 die Rückenteignung ausgesprochen würde, sie selbst aber sich mit der Geldentschädigung begnügen müßten. Abs. 5 räumt ihnen daher unter den in Abs. 1 bezeichneten Voraussetzungen einen Anspruch auf Wiederbegründung des früheren Rechts an dem früher belasteten Grundstück ein.

Die Bestimmung, daß das Verlangen nach Wiederbegründung von Rechten „unter den in Abs. 1 bezeichneten Voraussetzungen" gestellt werden kann, bedeutet nicht etwa, daß der Rechtsinhaber den Antrag nur stellen kann, wenn der frühere Eigentümer den Rückenteignungsantrag stellt; vielmehr hat diese Bestimmung auch selbständige Bedeutung. Auch wenn der frühere Eigentümer keinen Rückenteignungsantrag stellt (etwa weil er an der Wiedererlangung des Grundstücks kein Interesse mehr hat), kann der (frühere) Rechtsinhaber den Antrag aus Abs. 5 stellen. Diesem muß dann, wenn die Voraussetzungen des Abs. 1 Nr. 1 oder 2 gegeben sind, entsprochen werden; der Rechtsinhaber kann dann verlangen, daß ein gleiches Recht an dem früher belasteten Grundstück wieder begründet wird.

**5. Antrag und Verfahren (Abs. 3 und 6)**

a) Der Anspruch des früheren Eigentümers bzw. des Rechtsinhabers auf Rückenteignung bzw. Wiederbegründung entsteht mit dem Tage, an dem die in Abs. 1 Nr. 1 oder 2 bezeichneten Fristen ablaufen. Innerhalb von zwei Jahren nach Entstehung dieses Anspruchs muß der Antrag auf Rückenteignung oder Wiederbegründung gestellt worden sein. Der Fristbeginn wird also nicht auf den Enteignungsbeschluß bezogen, sondern auf den Ablauf der im Beschluß vorgesehenen Fristen. Dabei wird für den Lauf der Frist § 203 Abs. 2 BGB für entsprechend anwendbar erklärt (der besagt, daß eine Hemmung der Verjährung bei höherer Gewalt eintritt), da § 153 sich nur auf die Versäumung von Fristen für eine Verfahrenshandlung bezieht. Im Interesse der Rechtssicherheit ist das Antragsrecht für den Fall eingeschränkt, daß bereits mit der zweckgerechten Verwendung des Grundstücks begonnen (vgl. oben Anm. 2 a) oder eine Veräußerung oder Erbbaurechtsbestellung eingeleitet worden ist; diese beiden Voraussetzungen müssen aber bereits vor Eingang des Antrags auf Rückenteignung bzw. Wiederbestellung bei der Enteignungsbehörde, also unabhängig von diesem Antrag, geschaffen worden sein. Spätere Verwendungs- oder Einleitungsverhandlungen können nicht mehr berücksichtigt werden. Es müssen ernstliche Bemühungen vorliegen, nicht bloße Scheinhandlungen.

b) Für das Verfahren auf Rückenteignung und Wiederbestellung gelten die auf das Hauptenteignungsverfahren anzuwendenden allgemeinen Bestimmungen der §§ 104 bis 122 entsprechend (Abs. 6).

## § 103

### *Entschädigung für die Rückenteignung*

**Wird dem Antrag auf Rückenteignung stattgegeben, so hat der Antragsteller dem von der Rückenteignung Betroffenen Entschädigung für den Rechtsverlust zu leisten. § 93 Abs. 2 Nr. 2 ist nicht anzuwenden. Die dem**

**Eigentümer zu gewährende Entschädigung darf den bei der ersten Enteignung zugrunde gelegten Verkehrswert des Grundstücks nicht übersteigen, jedoch sind Aufwendungen zu berücksichtigen, die zu einer Werterhöhung des Grundstücks geführt haben. Im übrigen gelten die Vorschriften über die Entschädigung im Zweiten Abschnitt sinngemäß.**

Die Vorschrift bringt zur Frage der Rückenteignungsentschädigung eine besondere Bestimmung. Der durch die Enteignung Begünstigte, der entgegen dem Sinne der Enteignung den Enteignungszweck nicht verwirklicht hat, soll aus der Enteignung keine Vorteile ziehen. Es kommt vielmehr allein darauf an, daß der frühere Eigentümer wieder seine alte Rechtsposition erhält. Die Entschädigung beschränkt sich daher auf den Rechtsverlust (**Satz 1**). Andere Vermögensnachteile des von der Rückenteignung Betroffenen sind nicht zu ersetzen; deshalb ist § 93 Abs. 2 Nr. 2 (Entschädigung „für andere durch die Enteignung eintretende Vermögensnachteile") für nicht anwendbar erklärt (**Satz 2**). **Satz 3** soll klarstellen, daß derjenige, der den Antrag auf Rückenteignung stellt, höchstens Entschädigung in der Höhe zu zahlen hat, die dem Wert seines Grundstücks im Zeitpunkt der ersten Enteignung entsprach (Verkehrswert zur Zeit der ersten Enteignung; vgl. hierzu auch § 95 Abs. 1 u. Anm. 2 zu § 95; § 141). Zur Vermeidung ungerechtfertigter Bereicherungen ist jedoch bestimmt, daß bei Bemessung der Entschädigung Aufwendungen zu berücksichtigen sind, die zu einer Werterhöhung des Grundstücks geführt haben (zum Begriff Werterhöhungen siehe § 95 Abs. 2 Nr. 2 u. die dortigen Anmerkungen).

Abgesehen von den aufgeführten Besonderheiten gelten im übrigen die Vorschriften über die Entschädigung im Zweiten Abschnitt sinngemäß (**Satz 4**).

## DRITTER ABSCHNITT

### Enteignungsverfahren

Die §§ 104 bis 122 bringen die Sondervorschriften über das Enteignungsverfahren, während der Achte Teil (§§ 145 bis 156) neben einigen allgemeinen Vorschriften vor allem (für alle Verfahren nach dem BBauG geltende) Vorschriften über das Verwaltungsverfahren und der Neunte Teil (§§ 157 bis 171) Bestimmungen über das Verfahren vor den Kammern (Senaten) für Baulandsachen bringen.

### § 104

*Enteignungsbehörde*

**(1) Die Enteignung wird von der höheren Verwaltungsbehörde durchgeführt (Enteignungsbehörde).**

**(2) Die Landesregierungen können durch Rechtsverordnung bestimmen, daß an den Entscheidungen der Enteignungsbehörde ehrenamtliche Beisitzer mitzuwirken haben.**

1. Enteignungsbehörde ist die höhere Verwaltungsbehörde (**Abs. 1**), das sind die Regierungen, bzw. Regierungspräsidenten, bzw. Regierungspräsidien oder die entsprechenden Behörden der Stadtstaaten. Eine Übertragung der Zu-

ständigkeit auf andere staatliche Behörden ist gem. § 147 Abs. 2 Satz 2 nicht zulässig. In die Zuständigkeit der höheren Verwaltungsbehörde fallen damit alle im Rahmen einer Enteignung zu treffenden Entscheidungen. Es lag zwar bei der Regelung der behördlichen Zuständigkeit für die Durchführung der Enteignung unter Berücksichtigung der für die Gesamtregelung des Städtebaurechts wesentlichen Gesichtspunkte nahe, die Zuständigkeit hinsichtlich der Planung und der Enteignung in der Hand einer Behörde zusammenzufassen und daher auch letztere als ein der Bauordnung und Bauvorbereitung dienendes Rechtsinstitut in den Bereich der gemeindlichen Verwaltungstätigkeit zu verlagern. Dies ist z. B. in § 15 des Hessischen Aufbaugesetzes vom 25. 10. 1948 geschehen. Es ist aber nicht zu verkennen, daß bei einer solchen Regelung von der Gemeinde, wenn sie selbst die Enteignung betreibt, Entscheidungen in eigener Sache getroffen werden müssen und die Gefahr selbstbegünstigender Handlungen besteht. Trotz einiger Bedenken, die auch gegen die Zuständigkeit der höheren Verwaltungsbehörde sprechen können (Gefahr einer geringeren Vertrautheit mit den örtlichen Verhältnissen, übermäßige Belastung mit Enteignungsanträgen), hat der Gesetzgeber doch im Hinblick auf die in Frage stehenden, zum Teil schweren Eingriffe in die Privatrechtssphäre die Entscheidung der höheren, örtlichen Einflüssen weniger ausgesetzten Instanz übertragen (vgl. hierzu Begründung zum Entwurf eines Gesetzes über die vorläufige Regelung der Bereitstellung von Bauland, Bundestagsdrucksache 1949 Nr. 2281, zu § 13, S. 25).

2. Den Landesregierungen (nicht der Obersten Landesbehörde) ist insofern ein Mitspracherecht bei der personellen Zusammensetzung der „Enteignungsbehörde", also des entscheidenden Organs, eingeräumt, als sie durch Rechtsverordnung bestimmen können, daß an den Entscheidungen ehrenamtliche Beisitzer mitzuwirken haben **(Abs. 2).** Diese Beisitzer haben volles Stimmrecht, sie entscheiden also zusammen mit dem als Vorsitzenden tätigen Beamten der höheren Verwaltungsbehörde auf Grund Stimmenmehrheit (sie „wirken an den Entscheidungen der Enteignungsbehörde mit"; vgl. § 18 BauLBG u. Anl. 2 zu Drucks. 336 — Stellungnahme des Bundesrats zum Entw. des BBauG — Nr. 55 b). Der Vorsitzende muß (im Gegensatz zur Regelung im BauLBG) keine bestimmte Vorbildung besitzen; jedoch kann eine solche von der Obersten Landesbehörde vorgeschrieben werden (dies folgt aus Abs. 1).

3. Über die an die Beisitzer etwa zu stellenden fachlichen Anforderungen wie überhaupt über die Organisation der Enteignungsbehörde enthält das Gesetz nichts. Der Erlaß dieser Organisationsbestimmungen kommt (ebenfalls gem. Abs. 1) der zuständigen Obersten Landesbehörde zu.

## § 105

*Enteignungsantrag*

**Der Enteignungsantrag ist bei der Gemeinde, in deren Gemarkung das zu enteignende Grundstück liegt, einzureichen. Die Gemeinde legt ihn mit ihrer Stellungnahme binnen einem Monat der Enteignungsbehörde vor.**

**1. Einreichung des Antrags bei der Gemeinde (Satz 1)**

**a)** Es ist zweckmäßig und liegt im Interesse der Beschleunigung des Enteignungsverfahrens, die Gemeinde so frühzeitig als möglich einzuschalten. Sie erhält dadurch die Möglichkeit, das beabsichtigte Enteignungsvorhaben mit ihren eigenen planerischen Absichten zu vergleichen, Widersprüche und sonstige Unstimmigkeiten von vornherein auszugleichen und den Antragsteller zu beraten, damit gegebenenfalls seinem Anliegen auch ohne Enteignung Rechnung getragen werden kann und auf diese Weise unnötige oder aussichtslose Enteignungsanträge vermieden werden.

b) Zuständig zur Entgegennahme des Antrags ist die Gemeinde, in deren Gemarkung das zu enteignende Grundstück (oder das Grundstück, an dem ein Recht besteht, das entzogen werden soll) liegt. Sollen in einem einheitlichen Enteignungsverfahren Grundstücke enteignet werden, die im Bereich mehrerer Gemeinden liegen, so sind Anträge bei den jeweils für das Grundstück zuständigen Gemeinden einzureichen.

c) Eine Form ist für den Antrag nicht vorgeschrieben, doch kommt im Hinblick auf die Bedeutung jeder Enteignung und die Notwendigkeit, eine Reihe von Unterlagen vorzulegen, nur ein schriftlicher Antrag (bzw. ein Antrag zur Niederschrift der Gemeindebehörde) in Frage. Auch über den Inhalt des Antrags ist nichts näheres im Gesetz enthalten. Genaue Pläne werden nicht verlangt; doch müssen die Unterlagen so vollständig sein, daß sie der Gemeinde und der Enteignungsbehörde als Grundlage für die Beurteilung des Antrags dienen können; insbesondere werden Angaben über Zweck, Gegenstand und Umfang der Enteignung, sowie eine möglichst vollzählige Aufführung der Beteiligten (soweit sie eben dem Antragsteller bekannt sind) erforderlich sein. Es bleibt der Gemeinde unbenommen, den Antragsteller zur etwa erforderlichen Ergänzung der Unterlagen anzuhalten.

**2. Vorlage des Antrags durch die Gemeinde (Satz 2)**

a) Die Gemeinde — im allgemeinen das für die laufende Verwaltung zuständige Organ ohne Einschaltung eines Beschlußorgans — hat den Antrag samt den Unterlagen mit ihrer Stellungnahme auf dem Dienstweg der Enteignungsbehörde vorzulegen. Diese Stellungnahme wird umfassend sein müssen, also sich auf alle für die Enteignung wichtigen Gesichtspunkte beziehen, z. B. auf die Vereinbarkeit des Vorhabens mit der örtlichen Planung, auf die Geeignetheit des Grundstücks für das Vorhaben und auf die wirtschaftlichen Verhältnisse des Antragstellers; die Stellungnahme der Gemeinde ist für die Enteignungsbehörde von großer Bedeutung hinsichtlich der Beurteilung der beantragten Enteignung; die Gemeinde wird daher dieser Stellungnahme besondere Aufmerksamkeit widmen müssen. Im übrigen ist die Gemeinde auch in dem weiteren Verfahren als Beteiligte eingeschaltet (§ 107 Abs. 1 Nr. 6).

b) Die Frist, binnen welcher die Gemeinde ihre Stellungnahme abgeben muß, beträgt einen Monat nach Einlauf des Antrags bei ihr. Es handelt sich aber hier nur um eine Ordnungsvorschrift; irgendwelche Bedeutung für das Verfahren kommt einer etwaigen Versäumung nicht zu.

Auch die Einreichung des Antrags bei einer anderen Behörde (z. B. bei der Enteignungsbehörde) schadet nicht; diese Behörde muß aber den Antrag der zuständigen Gemeinde zuleiten. Eine Entscheidung der Enteignungsbehörde ohne Stellungnahme der Gemeinde dürfte fehlerhaft sein (Anfechtungsrecht der Gemeinde als Beteiligte nach § 107 Abs. 1 Nr. 6).

## § 106

*Zustimmung der Obersten Landesbehörde*

**(1) Wird die Enteignung eines Grundstücks für industrielle Anlagen beantragt, so bedarf die Einleitung des Enteignungsverfahrens der Zustimmung der Obersten Landesbehörde. Diese hat bei ihrer Entscheidung insbesondere die Erfordernisse der Raumordnung zu berücksichtigen.**

**(2) Versagt die Oberste Landesbehörde die Zustimmung, so hat die Enteignungsbehörde den Enteignungsantrag abzulehnen.**

a) In den Ausschußverhandlungen (vgl. schriftlicher Bericht des 24. Ausschusses „zu § 118 a") wurde allgemein die Meinung vertreten, daß Enteignungen für industrielle Anlagen Ausnahmefälle bleiben müßten. Man hielt infolgedessen den Einbau einer Sicherung in das Gesetz in der Richtung für erforderlich, daß solche Enteignungen nur nach übergeordneten Gesichtspunkten ausgesprochen werden dürften und daß vor allem die Erfordernisse der Raumordnung berücksichtigt werden müßten. § 106 bestimmt daher, daß dann, wenn die Enteignung eines Grundstücks für industrielle Anlagen beantragt ist, die Einleitung des Enteignungsverfahrens (§ 109 Abs. 1) durch die Enteignungsbehörde der Zustimmung der Obersten Landesbehörde bedarf (**Abs. 1 Satz 1**).

b) Darüber, unter welchen Voraussetzungen eine Anlage als „industrielle Anlage" zu betrachten ist, enthält das Gesetz nichts. Die Entscheidung zwischen Handwerks- und Industriebetrieb wird nicht immer leicht sein. Nicht jedes Gewerbe, das „handwerksmäßig betrieben werden kann", ist ein Handwerksbetrieb. Vielmehr ist stets nach der tatsächlichen Handhabung des Betriebs zu entscheiden, ob er ein Handwerksbetrieb oder ein Industriebetrieb ist. Maßgebend hierfür sind nicht Umfang und Umsatz des Betriebs, d. h. seine „Größe", sondern der Grad der Arbeitsteilung, die weitgehende Verwendung vollautomatischer Fertigungsmaschinen und dergleichen. Im typischen Fall liegt ein Industriebetrieb vor, wenn die Produktion in die letzten produktionsmöglichen Arbeitsvorgänge aufgeteilt ist, welche die Beschaffung handwerklich vorgebildeter Fachkräfte entbehrlich machen, oder wenn die im Betrieb vorhandenen Maschinen die handwerkliche Arbeit nicht nur erleichtern, sondern im wesentlichen ersetzen (Boldt, Gewerbeordnung und gewerberechtliche Nebengesetze, Münster 1951, 2. Aufl. S. 53; vgl. ferner BayerVGH, Urteil vom 26. Juli 1960, Nr. 209 VI 56 in BayVBl. 1960, 355).

c) Oberste Landesbehörde ist die für das Bau- und Wohnungswesen zuständige Oberste Verwaltungsbehörde. Diese hat bei ihrer Entscheidung insbesondere die Erfordernisse der Raumordnung zu berücksichtigen — Abs. 1 **Satz 2** — (vgl. hierzu Anm. 3 in Vorbem. zum Ersten Teil — vor § 1 —); hier kommen vor allem Interessen des Verkehrs, der Landwirtschaft, des Fremdenverkehrs in Frage, die gegen die Ansiedlung von Industriebetrieben sprechen könnten. Das Wort „insbesondere" bedeutet, daß auch andere Gesichtspunkte als Rücksichten auf die Erfordernisse der Raumordnung zur Ablehnung des Antrags führen können; so werden auch örtliche Gegebenheiten (Nähe einer Schule oder eines Krankenhauses) in Betracht gezogen werden können.

d) Fraglich könnte sein, welchen Rechtscharakter die Zustimmung der Obersten Landesbehörde hat, ob sie gegenüber dem Antragsteller bereits eine selbständige Bedeutung hat, etwa die Eigenschaft eines Verwaltungsakts, der selbständig angefochten werden kann, oder ob der anfechtbare Verwaltungsakt nur in der von der Enteignungsbehörde zu erlassenden Entscheidung liegt. Bei dem letzgenannten Akt handelt es sich um einen sog. gebundenen Verwaltungsakt, d. h. um einen Akt, der von einer Behörde (Erstbehörde) nur erlassen werden kann, wenn eine andere Behörde (Zweitbehörde) zustimmt. Die nach außen handelnde Behörde ist also in ihrer Willensbildung nicht frei, sie ist von der Entscheidung der (zustimmungsberechtigten) Stelle abhängig. Im vorliegenden Fall darf die Enteignungsbehörde dem Enteignungsantrag nur stattgeben, wenn die Oberste Landesbehörde zugestimmt hat. Versagt sie die Zustimmung, so hat die Enteignungsbehörde den Antrag abzulehnen **(Abs. 2)**. Nach den Grundsätzen, die sich zu den sog. internen Willensbildungen der öffentlichen Verwaltung (behördeninterner Vorgang) herausgebildet haben, wird man in diesen Fällen lediglich den Bescheid, der dem Betroffenen zugeht, als Verwaltungsakt ansehen können (ebenso BVerwGE 1, 169; 2, 95). Zwar trifft hier tatsächlich die Zweitbehörde die Entscheidung; solange aber die Enteignungsbehörde ihren Bescheid nicht erlassen hat, ist die Entscheidung über den Enteignungsfall rechtlich nicht existent. Es handelt sich um eine Entscheidung, die nach dem Willen des Gesetzgebers als einheitliche Entscheidung nach außen hin in Erscheinung treten soll (vgl. Eyermann-Fröhler, VwGO, § 42 RdNote 57 und die dort angeführte Literatur und Rechtsprechung).

Im Falle des § 106 ist es also so, daß der von der Enteignungsbehörde auf den Antrag auf Enteignung eines Grundstückes für industrielle Anlagen erlassene Bescheid, nicht aber der Bescheid der Obersten Landesbehörde der Verwaltungsakt ist, gegen den gegebenenfalls mit Antrag auf gerichtliche Entscheidung vorgegangen werden kann (vgl. § 157 Abs. 1).

## § 107
### *Beteiligte*

**(1) In dem Enteignungsverfahren sind Beteiligte**

**1. der Antragsteller,**

**2. der Eigentümer und diejenigen, für welche ein Recht an dem Grundstück oder an einem das Grundstück belastenden Recht im Grundbuch eingetragen oder durch Eintragung gesichert ist,**

**3. Inhaber eines nicht im Grundbuch eingetragenen Rechtes an dem Grundstück oder an einem das Grundstück belastenden Recht, eines Anspruches mit dem Recht auf Befriedigung aus dem Grundstück oder eines persönlichen Rechtes, das zum Erwerb, zum Besitz oder zur Nutzung des Grundstücks berechtigt oder die Benutzung des Grundstücks beschränkt,**

**4. wenn Ersatzland bereitgestellt wird, der Eigentümer und die Inhaber der in den Nummern 2 und 3 genannten Rechte hinsichtlich des Ersatzlandes,**

**5. die Eigentümer der Grundstücke, die durch eine Enteignung nach § 91 betroffen werden, und**

**6. die Gemeinde.**

**(2) Die in Absatz 1 Nr. 3 bezeichneten Personen werden in dem Zeitpunkt Beteiligte, in dem die Anmeldung ihres Rechtes der Enteignungsbehörde zugeht. Die Anmeldung kann spätestens in der letzten mündlichen Verhandlung mit den Beteiligten erfolgen.**

**(3) Bestehen Zweifel an einem angemeldeten Recht, so hat die Enteignungsbehörde dem Anmeldenden unverzüglich eine Frist zur Glaubhaftmachung seines Rechtes zu setzen. Nach fruchtlosem Ablauf der Frist ist er bis zur Glaubhaftmachung seines Rechtes nicht mehr zu beteiligen.**

**(4) Der im Grundbuch eingetragene Gläubiger einer Hypothek, Grundschuld oder Rentenschuld, für die ein Brief erteilt ist, sowie jeder seiner Rechtsnachfolger hat auf Verlangen der Enteignungsbehörde eine Erklärung darüber abzugeben, ob ein anderer die Hypothek, Grundschuld oder Rentenschuld oder ein Recht daran erworben hat; die Person eines Erwerbers hat er dabei zu bezeichnen. § 150 Abs. 2 Satz 2 bis 4 gilt entsprechend.**

**1. Allgemeines**

§ 107 zählt die im Enteignungsverfahren „Beteiligten" erschöpfend auf. Diese sind hinsichtlich der sie betreffenden Punkte des Enteignungsverfahrens zur Stellung von Anträgen und zur Anfechtung von Entscheidungen berechtigt. Es handelt sich also um eine auf dem Gebiet des Verfahrensrechts liegende Bestimmung.

**2. Einzelne Beteiligte (Abs. 1 u. 2)**

Die in Nr. 2 bezeichneten Rechtsinhaber können nur aus dem Grundbuch ersehen werden. Im Gesetz ist nichts darüber gesagt, wie sich die Enteignungsbehörde Kenntnis über das etwaige Vorhandensein solcher Rechtsinhaber verschafft. Nach § 109 Abs. 5 teilt die Enteignungsbehörde dem Grundbuchamt die Einleitung des Enteignungsverfahrens mit. Die Behörde wird jedoch schon auf Grund § 108 zur Ermittlung des gesamten Sachverhalts nach Eingang des Antrags einen Grundbuchauszug erholen, um die erforderlichen Feststellungen treffen zu können.

Bei Nr. 3 handelt es sich um Rechte, die nicht im Grundbuch eingetragen sind (z. B. persönliches Vorkaufsrecht, Pacht- oder Mietrecht). Diese Berechtigten sind (im Gegensatz zu den übrigen in § 107 aufgeführten Personen) *nicht ohne weiteres* Beteiligte, sie müssen vielmehr ihr Recht *anmelden* und sie werden erst in dem Zeitpunkt Beteiligte, in dem diese Anmeldung der Enteignungsbehörde *zugeht* (d. h. bei der Behörde eingelaufen ist). Der späteste Termin für die Anmeldung ist die letzte mündliche Verhandlung mit den Beteiligten (Abs. 2). Später angemeldete Rechte können von der Enteignungsbehörde nicht mehr berücksichtigt werden; der betreffende Rechtsinhaber ist von der Geltendmachung ausgeschlossen; da jedoch eine Verfahrenshandlung gegeben ist, ist gemäß § 153 Wiedereinsetzung möglich. Von der mündlichen Verhandlung erhalten diese Rechtsinhaber Kenntnis durch die ortsübliche (vgl. Anm. 5 c zu § 2) öffentliche Bekanntmachung nach § 109 Abs. 4.

Die Pflicht der Anmeldung nach Abs. 2 gilt auch für die in Nr. 4 genannten Inhaber von Rechten nach Nr. 3, die am *Ersatzland* bestehen.

Nach Nr. 5 sind auch die Eigentümer der Grundstücke beteiligt, an denen im Wege der Enteignung nach § 91 ein neues Recht als Ersatz für ein entzogenes Recht begründet wird (vgl. Anm. zu § 91).

In Nr. 6 wurde schließlich (in den Ausschußverhandlungen, entgegen der Regierungsvorlage, aber entsprechend der Regelung in § 21 Abs. 1 Buchst. e BauLBG) die G e m e i n d e als Beteiligte in das Verfahren einbezogen. (In Frage kommen sowohl die Gemeinden, in deren Bezirk die von der Enteignung betroffene Grundstücke liegen, als auch die Gemeinde, in deren Bezirk sich das Ersatzland befindet.) Damit kann sie über die ihr in § 105 ermöglichte Stellungnahme hinaus ihren Standpunkt gegenüber der Enteignungsbehörde geltend machen. Vor allem muß sie zur mündlichen Verhandlung geladen werden (§ 109 Abs. 1).

**3. Behebung von Zweifeln (Abs. 3)**

Die in Abs. 1 Nr. 2, 4 und 5 bezeichneten Rechtsinhaber werden in der Regel aus dem Grundbuch zu ersehen sein und es werden sich kaum „Zweifel an dem Recht“ ergeben. Wenn dies aber doch der Fall sein sollte, vor allem aber, wenn bei den gemäß Nr. 3 anzumeldenden Rechten Zweifel an ihrem Bestand auftauchen (diese können sich ergeben aus der Art und Weise der Anmeldung, aus dem Vorbringen des Anmeldenden oder aus sonstigen Unterlagen, welche die Behörde in diesem Verfahren bereits erhalten hat), hat der Anmeldende das Recht g l a u b h a f t z u m a c h e n (wegen des Begriffs Glaubhaftmachung siehe § 98 Anm. 2). Die Enteignungsbehörde setzt ihm zur Glaubhaftmachung u n v e r z ü g l i c h (also ohne schuldhaftes Verzögern, d. h. so bald als möglich nach Eingang der Anmeldung; die Behörde darf nicht warten, bis sie alle übrigen Beteiligten festgestellt hat) eine angemessene Frist. Die Frist hat aber nicht die Bedeutung, daß der Anmeldende bei Nichteinhaltung mit seinem Recht überhaupt ausgeschlossen ist, sondern er ist zunächst nur n i c h t m e h r z u b e t e i l i g e n, d. h. die Behörde braucht ihn nicht weiter in die Ermittlung des Sachverhalts (§ 108) einzubeziehen und braucht ihn auch nicht zur mündlichen Verhandlung zu laden. Er kann aber das Recht auch nach Ablauf der Frist noch glaubhaft machen; dies geht schon daraus hervor, daß die Anmeldung der Rechte nach Nr. 3 noch in der letzten mündlichen Verhandlung erfolgen kann; dasselbe kann hinsichtlich der Glaubhaftmachung geschehen (spätestens in der letzten mündlichen Verhandlung, zu der der Rechtsinhaber, dem fruchtlos eine Frist gesetzt wurde, zwar nicht geladen wurde, in der er aber erscheint und sein Recht glaubhaft macht).

Darüber, ob das Recht glaubhaft gemacht wurde, wird die Enteignungsbehörde zweckmäßigerweise nicht vorweg, sondern in dem Enteignungsbeschluß entscheiden, der dann im Falle seiner Abweisung von dem Betroffenen angefochten werden kann.

§ 48 Abs. 2, 3 u. 4 bringen bezüglich des Umlegungsverfahrens fast wörtlich die gleichen Bestimmungen wie die Abs. 2 bis 4 des § 107.

**4. Verfahren bei Vorhandensein eines Briefpfandrechts (Abs. 4)**

Wenn für eine Hypothek, eine Grundschuld oder eine Rentenschuld ein Brief erteilt wurde, so kann es für die Enteignungsbehörde schwierig sein, den derzeitigen Inhaber des Briefes festzustellen, da der im Grundbuch eingetragene Gläubiger den Brief weitergegeben haben kann und u. U. nicht weiß, wer derzeit in dessen Besitz ist. Es hätte daher in diesen Fällen auch keinen Sinn, den Gläubiger zur Vorlage des Briefes gemäß § 108 aufzufordern (vgl. hierzu §§ 1154 ff. BGB — Hypothek —, §§ 1192 ff. — Grundschuld —, §§ 1199 ff. — Rentenschuld —). Um in diesen Fällen den Erwerber der Hypothek, der Grundschuld oder der Rentenschuld oder eines Rechts daran festzustellen, kann die Enteignungsbehörde den im Grundbuch eingetragenen Gläubiger oder jeden der Enteignungsbehörde bekannt gewordenen Rechtsnachfolger des Gläubigers anhalten, eine Erklärung darüber abzugeben, ob ein anderer (und gegebenenfalls wer) die Hypothek, Grundschuld oder Rentenschuld oder ein Recht daran erworben hat. Die Erteilung dieser Auskunft kann auch durch Anwendung von Zwangsmitteln (§ 150 Abs. 2 Satz 2—4) herbeigeführt werden.

## § 108

### *Vorbereitung der mündlichen Verhandlung*

**(1) Das Enteignungsverfahren soll beschleunigt durchgeführt werden. Die Enteignungsbehörde soll schon vor der mündlichen Verhandlung alle Anordnungen treffen, die erforderlich sind, um das Verfahren tunlichst in einem Verhandlungstermin zu erledigen. Sie hat den gesamten Sachverhalt, soweit er für das Enteignungsverfahren von Bedeutung ist, zu ermitteln und dem Eigentümer, dem Antragsteller sowie den Behörden, für deren Geschäftsbereich die Enteignung von Bedeutung ist, Gelegenheit zur Äußerung zu geben. Bei der Ermittlung des Sachverhaltes hat die Enteignungsbehörde ein Gutachten des Gutachterausschusses (§ 137) einzuholen, wenn Eigentum entzogen oder ein Erbbaurecht bestellt werden soll.**

**(2) Die Enteignungsbehörde hat die Landwirtschaftsbehörde zu hören, wenn landwirtschaftlich genutzte Grundstücke, die außerhalb des räumlichen Geltungsbereiches eines Bebauungsplanes liegen, zur Entschädigung in Land enteignet werden sollen.**

**(3) Werden von einer Enteignung für ein zusammenhängendes Bauvorhaben mehrere Grundstücke betroffen, so sind die Verfahren, die diese Grundstücke betreffen, miteinander zu verbinden.**

**1. Allgemeine Vorbereitungsmaßnahmen der Enteignungsbehörde (Abs. 1)**

Die Vorschrift gibt der Enteignungsbehörde einige Fingerzeige, wie sie bereits vor Einleitung des Enteignungsverfahrens dieses fördern kann. Es ist der Grundsatz aufgestellt, daß das Enteignungsverfahren beschleunigt durchgeführt werden soll. Diese Beschleunigung erscheint vor allem im Hinblick darauf, daß es sich um eine Maßnahme im Interesse des öffentlichen Wohles handelt und daß den Beteiligten mit Rücksicht auf die Schwere des zu erwartenden Eingriffs nicht lange die Entscheidung vorenthalten werden soll, gerechtfertigt. Im übrigen gilt das Beschleunigungsgebot sowohl für das behördliche wie auch für das gerichtliche Verfahren. Einige der in § 108 angeführten Vorschriften dienen aber auch anderen Zwecken als der Beschleunigung; vor allem ist eine gründliche Erforschung des Sachverhalts der Behörde zur Pflicht gemacht.

Im einzelnen handelt es sich um folgende Bestimmungen:

a) Es ist mißlich, wenn die mündliche Verhandlung, durch deren Anberaumung das Verfahren eingeleitet wird, nicht ausreichend vorbereitet ist, wenn also in der Verhandlung dann noch Fragen auftauchen, die eine Vertagung und weitere Erhebungen notwendig machen. Dies gilt vor allem dann, wenn Zweifel über Art und Umfang des Unternehmens, über Eigenschaft und Zahl der Beteiligten, über den Umfang der Belastungen eines Grundstücks entstehen. Durch die Vertagung entstehen unnötige Kosten und es geht Zeit verloren. Deshalb schreibt das Gesetz vor, daß die Enteignungsbehörde schon vor der mündlichen Verhandlung (und zwar auch schon vor der Ladung zu dieser Verhandlung — § 109 —) alle Anordnungen treffen soll, die erforderlich sind, um das Verfahren tunlichst in einem Termin zu erledigen.

b) Im engen Zusammenhang mit der unter a) behandelten Vorschrift steht die Anweisung des Gesetzgebers an die Behörde, den gesamten Sachverhalt zu ermitteln (vgl. hierzu auch § 150). Auch hier ist der Sinn der Bestimmung, das Verfahren so umfassend vorzubereiten, daß möglichst ein Verhandlungstermin genügt.

Anspruch auf rechtliches Gehör bereits in diesem Stadium des Verfahrens haben der Eigentümer, der Antragsteller und die Behörden, für deren Geschäftsbereich die Enteignung von Bedeutung ist (die Behörde „hat Gelegenheit zur Äußerung zu geben"). Eine Verletzung dieses Rechts auf rechtliches Gehör wäre zwar gegenüber dem Eigentümer und dem Antragsteller ein Verfahrensmangel, dieser könnte aber dadurch als geheilt gelten, daß der in seinem Recht Verletzte in der mündlichen Verhandlung ausreichend Gelegenheit zur Äußerung erhält. Bei der Nichtanhörung einer einschlägigen Behörde kann wohl nicht von einer Rechtsverletzung gesprochen werden, insoweit handelt es sich nur um die Verletzung einer Ordnungsvorschrift; insbesondere werden diese Behörden durch die Vorschrift des Abs. 1 nicht Beteiligte.

Als zuständige Behörden, denen die Enteignungsbehörde „Gelegenheit zur Äußerung zu geben hat", kommen z. B. in Frage: für Enteignungen zum Bau von Krankenhäusern und Kliniken die Gesundheitsbehörden, für Enteignungen zur Errichtung von Schulen die Schulbehörden, für Enteignungen zugunsten des sozialen Wohnungsbaus die Wohnungsbehörden.

c) Abs. 1 letzter Satz schreibt vor, daß die Behörde bei der Ermittlung des Sachverhalts, also schon vor Einleitung des Verfahrens immer dann ein Gutachten des Gutachterausschusses (§ 137) einzuholen hat, wenn das Eigentum entzogen oder ein Erbbaurecht bestellt werden soll. Das Gutachten (ein Schätzgutachten) wird sich vor allem über den Verkehrswert der Grundstücke äußern (§§ 136, 141); die Behörde ist an das Gutachten nicht gebunden, soweit nichts anderes vereinbart ist (§ 142). Die Würdigung anderer Gutachten wird durch das Schätzgutachten selbstverständlich nicht ausgeschlossen.

**2. Anhörung der Landwirtschaftsbehörde (Abs. 2)**

Eine weitere Ordnungsvorschrift enthält Abs. 2, welcher die Anhörungspflicht zugunsten einer bestimmten Behörde (Landwirtschaftsbehörde) begründet. Die Einschaltung der Landwirtschaftsbehörde erscheint gerechtfertigt, wenn es sich um eine Ersatzlandenteignung handelt und ein Grundstück in Frage kommt, das außerhalb des räumlichen Geltungsbereichs eines Bebauungsplans liegt und das landwirtschaftlich genutzt wird. Solche Grundstücke sollen in der Regel ihre Nutzungsart behalten, da sie für eine Bebauung im allgemeinen nicht in Frage kommen (kein Baugebiet). Die Enteignung als Ersatzland bringt die Gefahr mit sich, daß es der bisherigen Nutzungsart entfremdet oder unsachgemäß genutzt wird. Die Landwirtschaftsbehörde soll geeignete Hinweise geben, ob das Grundstück unter den gegebenen Umständen als Ersatzland in Frage kommen kann. Unterbleibt die Anhörung trotz Vorliegens der Voraussetzungen, so liegt zwar ein Verfahrensfehler vor, der aber jedenfalls von der betroffenen Behörde nicht mit Rechtsmitteln angegriffen werden kann.

**3. Verbindung von Verfahren (Abs. 3)**

Abs. 3 bringt eine praktische Anweisung für die Durchführung des Verfahrens, die eigentlich einer Selbstverständlichkeit entspricht. Es wäre unzweckmäßig, im Falle einer Enteignung für ein zusammenhängendes Bauvorhaben, das sich auf mehrere Grundstücke erstreckt, mehrere (nach den Grundstücken) getrennte Verfahren durchzuführen. Die Vorschrift bestimmt daher, daß solche Verfahren miteinander zu verbinden sind.

## § 109

### *Einleitung des Enteignungsverfahrens und Anberaumung des Termins zur mündlichen Verhandlung*

**(1) Das Enteignungsverfahren wird durch Anberaumung eines Termins zu einer mündlichen Verhandlung mit den Beteiligten eingeleitet. Zu der mündlichen Verhandlung sind der Antragsteller, der Eigentümer des betroffenen Grundstücks, die sonstigen aus dem Grundbuch ersichtlichen Beteiligten und die Gemeinde zu laden. Die Ladung ist zuzustellen. Die Ladungsfrist beträgt einen Monat.**

**(2) Die Ladung muß enthalten**

1. **die Bezeichnung des Antragstellers und des betroffenen Grundstücks,**
2. **den wesentlichen Inhalt des Enteignungsantrages mit dem Hinweis, daß der Antrag mit den ihm beigefügten Unterlagen bei der Enteignungsbehörde eingesehen werden kann,**
3. **die Aufforderung, etwaige Einwendungen gegen den Enteignungsantrag möglichst vor der mündlichen Verhandlung bei der Enteignungsbehörde schriftlich einzureichen oder zur Niederschrift zu erklären, und**
4. **den Hinweis, daß auch bei Nichterscheinen über den Enteignungsantrag und andere im Verfahren zu erledigende Anträge entschieden werden kann.**

**(3) Die Ladung von Personen, deren Beteiligung auf einem Antrag auf Entschädigung in Land beruht, muß außer dem in Absatz 2 vorgeschriebenen Inhalt auch die Bezeichnung des Eigentümers, dessen Entschädigung in Land beantragt ist, und des Grundstücks, für das die Entschädigung in Land gewährt werden soll, enthalten.**

**(4) Die Einleitung des Enteignungsverfahrens ist unter Bezeichnung des betroffenen Grundstücks und des im Grundbuch als Eigentümer Eingetragenen sowie des ersten Termins der mündlichen Verhandlung mit den Beteiligten in ortsüblicher Weise in der Gemeinde öffentlich bekanntzumachen. In der Bekanntmachung sind alle Beteiligten aufzufordern, ihre Rechte spätestens in der mündlichen Verhandlung wahrzunehmen mit dem Hinweis, daß auch bei Nichterscheinen über den Enteignungsantrag und andere im Verfahren zu erledigende Anträge entschieden werden kann.**

**(5) Die Enteignungsbehörde teilt dem Grundbuchamt die Einleitung des Enteignungsverfahrens mit. Das Grundbuchamt hat die Enteignungsbehörde von allen Eintragungen zu benachrichtigen, die nach dem Zeitpunkt der Einleitung des Enteignungsverfahrens im Grundbuch des betroffenen Grundstücks vorgenommen sind und vorgenommen werden.**

**(6) Ist im Grundbuch die Anordnung der Zwangsversteigerung oder Zwangsverwaltung eingetragen, so gibt die Enteignungsbehörde dem Vollstreckungsgericht von der Einleitung des Enteignungsverfahrens Kenntnis, soweit dieses das Grundstück betrifft, das Gegenstand des Vollstreckungsverfahrens ist.**

**1. Allgemeines**

Die Vorbereitung des Verfahrens i. S. des § 108 erstreckt sich bis zum Zeitpunkt der Anberaumung des Termins zur mündlichen Verhandlung. In dieser Zeit sind auch sonstige Vorfragen zu klären (§§ 105, 106, 107 Abs. 3 und 4).

a) Die Einleitung des Enteignungsverfahrens geschieht durch die Anberaumung eines Termins zur mündlichen Verhandlung mit den Beteiligten. Die mündliche Verhandlung ist in verfahrensrechtlicher Hinsicht der wichtigste Abschnitt, denn in ihr müssen alle Beteiligten Gelegenheit haben, ihre Meinung zu äußern und Anträge zu stellen; auf Grund der mündlichen Verhandlung ergeht die Entscheidung (§ 112 Abs. 1). Das Ergebnis der mündlichen Verhandlung ist also für die Entscheidung über den Enteignungsantrag maßgebend. Daraus ergibt sich, daß einer guten und gewissenhaften Vorbereitung und Durchführung der mündlichen Verhandlung große Bedeutung zukommt.

b) Fraglich kann sein, ob eine Ablehnung des Enteignungsantrags auch in der Weise ausgesprochen werden kann, daß nicht ein Beschluß gemäß § 112 Abs. 1, § 113 Abs. 1 ergeht, sondern daß gar kein Termin zu einer mündlichen Verhandlung angesetzt, vielmehr dem Antragsteller, dem Eigentümer des betroffenen Grundstücks und der Gemeinde mitgeteilt wird, daß die Einleitung des Verfahrens abgelehnt wird. Diese Frage dürfte zu verneinen sein. Das Gesetz sieht diese Möglichkeit nicht vor. Außerdem muß im Hinblick auf die Bedeutung der Enteignung nach dem BBauG für die Allgemeinheit und für die Interessen der Beteiligten (die durchaus nicht immer den Interessen des Antragstellers entgegengesetzt zu sein brauchen, sondern diesen auch parallel laufen können) gefordert werden, daß auch die Ablehnung des Antrags nach Ladung der Beteiligten auf Grund einer mündlichen Verhandlung ergeht, in der alle Beteiligten Gelegenheit zur Stellungnahme haben (a. M. für das in dieser Hinsicht gleichlautende BauLBG, aber anscheinend nur für den Fall, daß „ganz abwegige Enteignungsanträge gestellt werden“ Dittus-Zinkahn Anm. 2 zu § 22).

**2. Ladung zur mündlichen Verhandlung (Abs. 1, 2 u. 3)**

a) Zu laden sind in erster Linie die der Enteignungsbehörde bekannten (bzw. bei der Vorbereitung des Verfahrens bekannt gewordenen) Beteiligten, also der Antragsteller, der Eigentümer des betroffenen Grundstücks, die sonstigen aus dem Grundbuch ersichtlichen Beteiligten (Einholung eines Grundbuchauszugs) und die Gemeinde. Es bleibt der Gemeinde aber unbenommen, andere ihr bekannte Beteiligte, die nicht in **Abs. 1** aufgezählt sind (z. B. Inhaber von Rechten nach § 107 Abs. 1 Nr. 3, die dieses Recht gemäß § 107 Abs. 2 angemeldet haben) der Enteignungsbehörde zu benennen. Die übrigen Beteiligten werden auf Grund der öffentlichen Bekanntmachung nach Abs. 4 geladen (siehe Anm. 3).

Die Ladung muß förmlich zugestellt werden. Die Ladungsfrist beträgt einen Monat. Wird ein Beteiligter aus Versehen nicht geladen, so ist das Verfahren fehlerhaft und die Entscheidung muß im Falle der Anfechtung unter Umständen aufgehoben werden. Die Ladungsfrist bedeutet, daß die Beteiligten die Ladung mindestens einen Monat vor dem Termin in Händen haben müssen. Eine Abkürzung der Ladungsfrist ist hier nicht vorgesehen.

b) Der notwendige Inhalt der Ladung ist genau umschrieben (Abs. 2). Fehlt in der Ladung ein Teil dieses vorgeschriebenen Inhalts, so ist das Verfahren ebenfalls fehlerhaft; eine Anfechtung der ergehenden Entscheidung durch einen Beteiligten wird aber nur dann Erfolg haben, wenn dieser Beteiligte durch den Mangel einen Rechtsnachteil erlitten hat.

Die Beschreibung des Inhalts des Enteignungsantrags (Nr. 2) wird zweckmäßigerweise möglichst umfassend sein, damit die Beteiligten auch ohne Einsicht in die Unterlagen ein Bild über das Vorhaben bekommen.

Etwaige Einwendungen gegen den Enteignungsantrag sind möglichst vor der mündlichen Verhandlung bei der Enteignungsbehörde einzubringen; diese Vorschrift bezweckt, daß die Enteignungsbehörde nicht erst in der mündlichen Verhandlung von Inhalt und Begründung der einzelnen Einwendungen erfährt, sondern daß sie schon vorher die Einwendungen prüfen und sie auch den übrigen Beteiligten mitteilen kann. Es können jedoch Einwendungen auch noch in der mündlichen Verhandlung vorgebracht werden. Im übrigen ist zu beachten, daß es sich hier um Einwendungen gegen das geplante Unternehmen handelt, nicht etwa um Anträge nach § 92 Abs. 2 oder § 100 Abs. 1, 2, 3 und 5, die zum Teil vor der mündlichen Verhandlung gestellt werden müssen.

c) Einen weiteren zusätzlichen Inhalt muß die Ladung der Personen haben, die deswegen an dem Enteignungsverfahren beteiligt sind, weil ein Antrag auf Entschädigung in Land gestellt ist, das sind also vor allem der Eigentümer des als Ersatzland in Frage kommenden Grundstücks und die Inhaber von Rechten hinsichtlich des Ersatzlandes (**Abs. 3**). In diesem Fall muß die Ladung (außer dem in Abs. 2 bezeichneten Inhalt) noch enthalten die Bezeichnung des Eigentümers, dessen Entschädigung in Land beantragt ist (also meist der Eigentümer des von der Enteignung betroffenen Grundstücks) und des Grundstücks, für das die Entschädigung in Land gewährt werden soll (also meist das von der Enteignung betroffene Grundstück).

**3. Öffentliche Bekanntmachung (Abs. 4)**

a) Die öffentliche Bekanntmachung der Einleitung des Enteignungsverfahrens ist ein wichtiger Abschnitt der Vorbereitung der mündlichen Verhandlung. Sie ist erforderlich, um die nicht im Grundbuch eingetragenen (§ 107 Abs. 1 Nr. 3; vgl. Anm. 2 zu § 107 und oben Anm. 2 a) und nicht bereits gemäß § 109 Abs. 1 und 2 geladenen Beteiligten von der Einleitung zu verständigen.

b) Der Inhalt der öffentlichen Bekanntmachung ist genau vorgeschrieben. Sie muß drei Angaben enthalten:

aa) Die Bezeichnung des betroffenen Grundstücks (auf Grund der im Grundbuch enthaltenen Beschreibung). Kommt im Laufe der Vorbereitung noch ein „betroffenes Grundstück" hinzu (wenn z. B. ein bestimmtes Grundstück als Ersatzland gefordert wird) oder wechselt das Grundstück, so hat eine entsprechende neue Ausschreibung zu erfolgen. Wegen der Frist zwischen Bekanntmachung und mündlicher Verhandlung siehe unten cc.

bb) Der im Grundbuch als Eigentümer Eingetragene muß in der öffentlichen Bekanntmachung aufgeführt sein; dadurch ist die Möglichkeit gegeben, noch vor der mündlichen Verhandlung etwaige Richtigstellungen zu veranlassen.

cc) Schließlich muß in der Bekanntmachung der erste Termin der mündlichen Verhandlung enthalten sein. Eine Frist zwischen der Bekanntmachung und der mündlichen Verhandlung (wie etwa die Ladungsfrist in Abs. 1 letzter Satz) ist nicht bestimmt, doch wird es sich empfehlen, die Frist nicht zu kurz zu bemessen (mindestens einen Monat vorher), schon mit Rücksicht darauf, daß die Beteiligten möglichst schon vor der mündlichen Verhandlung ihre Einwendungen anbringen können (siehe unten d).

c) Die Art der Bekanntmachung („in ortsüblicher Weise") richtet sich nach den landesrechtlichen Bestimmungen. In den meisten Fällen wird die Bekanntmachung im Amtsblatt der Gemeinde oder in einer Tageszeitung ortsüblich sein, zum Teil auch die Niederlegung in der Gemeindekanzlei und ein Hinweis darauf an der Gemeindetafel. Die Bekanntmachung erfolgt in der Gemeinde, in der das betroffene Grundstück liegt; liegen die für eine Enteignung in Frage kommenden Grundstücke in mehreren Gemeinden (z. B. bei einer Enteignung für ein zusammenhängendes Bauvorhaben, § 108 Abs. 3), so muß die Bekanntmachung in allen beteiligten Gemeinden erlassen werden.

d) Mit der Bekanntgabe des Grundstücks, des Eigentümers und der mündlichen Verhandlung ist die Aufforderung an alle Beteiligten zu verbinden, „ihre Rechte spätestens in der mündlichen Verhandlung wahrzunehmen". Es handelt sich hier in der Hauptsache um Rechte der in § 107 Abs. 1 Nr. 3 bezeichneten Art, die nach § 107 Abs. 2 anzumelden sind. Die Rechtsinhaber können nicht, wie die Beteiligten nach Abs. 1 u. Abs. 2 Nr. 3, hier „Einwendungen gegen den Enteignungsantrag" vorbringen; die öffentliche Bekanntmachung soll nur dazu dienen, daß sie, die ja auch Beteiligte sind, ihre Rechte zur Geltung bringen können. Sie müssen das spätestens in der mündlichen Verhandlung tun, zweckmäßigerweise aber werden sie die Rechte schon vorher anmelden (vgl. § 107 Abs. 2 und die Anmerkungen dazu). Im übrigen dient die öffentliche Bekanntmachung dazu, auch alle übrigen Beteiligten im Sinn des § 107, die etwa noch nicht nach § 109 Abs. 1 geladen wurden, auf das Verfahren hinzuweisen und zur Geltendmachung ihrer Rechte aufzufordern.

Ferner muß die Bekanntmachung den Hinweis enthalten, daß auch bei Nichterscheinen eines oder mehrerer Beteiligter über den Enteignungsantrag und andere im Verfahren zu erledigende Anträge entschieden werden kann.

**4. Mitwirkung des Grundbuchamts und des Vollstreckungsgerichts (Abs. 5 u. 6)**

a) Sobald das Enteignungsverfahren eingeleitet ist (Abs. 1), ist es unerläßlich, daß eine enge Zusammenarbeit zwischen Enteignungsbehörde und Grundbuchamt stattfindet. Die Enteignungsbehörde benötigt die Eintragungen im Grundbuch, um die Beteiligten festzustellen. Sie wird daher schon bei der Vorbereitung einen Grundbuchauszug anfordern. Es können sich aber im Laufe des Verfahrens Veränderungen im Grundbuch ergeben, die für das Verfahren von größter Wichtigkeit sind (z. B. Wechsel des Eigentümers oder von Berechtigten). Es ist deshalb bestimmt, daß die Enteignungsbehörde dem Grundbuchamt sofort die Einleitung des Enteignungsverfahrens mitteilt und daß umgekehrt das Grundbuchamt die Enteignungsbehörde von allen Eintragungen zu benachrichtigen hat, die nach dem Zeitpunkt der Einleitung im Grundbuch hinsichtlich des betroffenen Grundstücks vorgenommen sind oder werden. Das Gesetz hat allerdings davon abgesehen, die Eintragung eines Vermerks in das Grundbuch über die Einleitung des Verfahrens vorzuschreiben, offenbar weil das nicht für erforderlich gehalten wurde.

b) Wird vom Vollstreckungsgericht die Zwangsenteignung eines Grundstücks angeordnet (§ 15 ZVG), so hat das Gericht gemäß § 19 Abs. 1 ZVG zugleich das Grundbuchamt um Eintragung dieser Anordnung in das Grundbuch zu ersuchen. Entsprechendes gilt für die Anordnung der Zwangsverwaltung (§ 146 Abs. 1 ZVG). Auch diese Eintragungen, die, wenn sie sich auf das betroffene Grundstück beziehen, für das Enteignungsverfahren von größter Bedeutung sind, werden der Enteignungsbehörde durch den (von ihr angeforderten) Grundbuchauszug bekannt. Die Enteignungsbehörde muß in diesem Falle (nämlich wenn sich das Enteignungsverfahren auf das Grundstück bezieht, das Gegenstand des Vollstreckungsverfahrens ist) dem Vollstreckungsgericht von der Einleitung des Enteignungsverfahrens Kenntnis geben.

c) Auch das Umlegungsverfahren kennt ein ähnlich enges Zusammenwirken von Behörden (dort Umlegungsstelle) einerseits u. Grundbuchamt bzw. Vollstreckungsgericht andrerseits (§ 54).

## § 110

*Einigung*

**(1) Die Enteignungsbehörde hat auf eine Einigung zwischen den Beteiligten hinzuwirken.**

**(2) Einigen sich die Beteiligten, so hat die Enteignungsbehörde eine Niederschrift über die Einigung aufzunehmen. Die Niederschrift muß den Erfordernissen des § 113 Abs. 2 entsprechen. Sie ist von den Beteiligten zu unterschreiben. Ein Bevollmächtigter des Eigentümers bedarf einer öffentlich beglaubigten Vollmacht.**

**(3) Die beurkundete Einigung steht einem nicht mehr anfechtbaren Enteignungsbeschluß gleich. § 113 Abs. 3 ist entsprechend anzuwenden.**

**1. Allgemeines (Abs. 1)**

Eine gütliche Einigung der Beteiligten ist einer behördlichen oder gerichtlichen Entscheidung im Enteignungsverfahren vorzuziehen, weil viele Beteiligte im Falle der Einigung eher das Gefühl haben werden, mit ihren Anträgen und Anliegen durchgedrungen zu sein und einen befriedigenden Ausgleich erzielt zu haben, als bei einer Entscheidung, die vorhandene Differenzen zwangsweise durch einen Spruch beseitigt. Es ist daher den Enteignungsbehörden zur Pflicht gemacht, auf eine gütliche Einigung hinzuwirken.

Dieses Bemühen der Behörde wird nicht erst in der mündlichen Verhandlung, sondern schon im Stadium der Vorbereitung (§ 108) einsetzen, jedenfalls sobald Art und Umfang des Verfahrens zu übersehen und die Zahl der Beteiligten bekannt ist. Diese Versuche, eine Einigung herbeizuführen, entsprechen auch der Absicht des Gesetzgebers, das Verfahren mit möglichster Beschleunigung durchzuführen (§ 108 Abs. 1). In der mündlichen Verhandlung wird sodann die Herbeiführung einer Einigung nach eingehender Erörterung des Sachverhalts mit den Beteiligten nochmals zu versuchen sein. Erfahrungsgemäß ist es bei geschickter Verhandlungsführung möglich, einen erheblichen Teil der eingehenden Enteignungsanträge im Wege einer gütlichen Vereinbarung zu erledigen. Dadurch wird ein gerichtliches Verfahren vermieden.

Eine Volleinigung i. S. des § 110 ist aber nur dann gegeben, wenn sie alle Beteiligten und alle sachlichen Punkte enthält, die zwischen den Beteiligten zu regeln sind (wegen der Teileinigung s. § 111). Es müssen also in der Einigung nicht bloß Übergang oder Belastung des Eigentums an dem zu enteignenden Grundstück, sondern auch alle damit zusammenhängenden Fragen (Art und Höhe der Entschädigung — Entschädigung in Land oder Geldentschädigung —, Begründung oder Aufhebung von Rechten usw. enthalten sein.

Im übrigen ist das Bemühen um eine Einigung auch in einem etwaigen gerichtlichen Verfahren fortzusetzen und hier gelten die §§ 110 und 111 entsprechend (§ 171).

**2. Form der Einigung (Abs. 2)**

Die förmliche Beurkundung der Einigung und ihres gesamten Inhalts geschieht in einer Niederschrift, welche die Enteignungsbehörde aufzunehmen hat. Die Niederschrift muß den Erfordernissen des § 113 Abs. 2 entsprechen, d. h. sie muß alle dort geforderten Angaben über die betroffenen Personen und Gegenstände sowie die Wirkungen der Enteignung enthalten. Wann diese Beurkundung vorgenommen wird, spielt keine Rolle; sie kann schon im Vorbereitungsverfahren, aber auch erst in der mündlichen Verhandlung oder zwischen zwei mündlichen Verhandlungen geschehen; sie kann in die Niederschrift über die mündliche Verhandlung aufgenommen werden. Sie muß von allen Beteiligten unterschrieben werden; verweigert ein Beteiligter die Unterschrift, so ist die Einigung nicht rechtswirksam zustande gekommen. Da die Einigungsverhandlungen meist viel Zeit in Anspruch nehmen, wird es zweckmäßig sein, die Einigung gründlich vorzubereiten und in den wesentlichen Punkten festzulegen, um sie dann in einer Verhandlung mit den Beteiligten abzuschließen.

Die Bestimmung, daß ein Bevollmächtigter des Eigentümers zum Abschluß einer Einigung (Unterschrift unter die Niederschrift über die Einigung) einer öffentlich beglaubigten Vollmacht bedarf (Satz 4), ist eine Schutzvorschrift zugunsten des Eigentümers. Die (öffentlich beglaubigte) Vollmacht muß sich aber wohl nicht ausdrücklich n u r auf die Einigung beziehen, es genügt wohl auch eine allgemeine Vollmacht „für das Enteignungsverfahren", doch darf die Befugnis zum Abschluß einer Einigung nicht ausgeschlossen sein (so auch Dittus-Zinkahn, § 27 Anm. 2).

**3. Wirkung der Einigung (Abs. 3)**

Die beurkundete Einigung steht einem n i c h t m e h r a n f e c h t b a r e n Enteignungsbeschluß gleich. Das Enteignungsverfahren hat damit rechtskräftig seinen Abschluß gefunden; das sonst gegen Enteignungsbeschlüsse vorgesehene gerichtliche Verfahren (§ 157 ff.) kann sich hier nicht anschließen, doch wird eine Anfechtung der Einigungserklärung wegen Irrtums (§§ 119 ff. BGB), Täuschung oder Drohung (§§ 123 ff. BGB) nicht ausgeschlossen sein.

Die Niederschrift über die Einigung ist (wie ein Enteignungsbeschluß) gemäß § 113 Abs. 1 allen Beteiligten zuzustellen. Ferner ist gemäß § 110 Abs. 3 Satz 2 und § 113 Abs. 3 dem Vollstreckungsgericht von der Einigung Kenntnis zu geben, wenn im Grundbuch hinsichtlich des für die Enteignung in Frage kommenden Grundstücks die Anordnung der Zwangsversteigerung oder der Zwangsverwaltung eingetragen ist.

Im übrigen braucht das Grundbuchamt von der Einigung noch nicht in diesem Stadium des Verfahrens verständigt zu werden; denn da die Einigung einem unanfechtbaren Beschluß gleichsteht, muß die Behörde gemäß § 117 Abs. 1 zunächst auf Antrag eines Beteiligten die A u s f ü h r u n g s a n o r d n u n g erlassen (wenn die Geldentschädigung bezahlt oder hinterlegt ist) mit den sich aus § 117 Abs. 3 ergebenden Folgen. Eine gesonderte Besitzeinweisung braucht nicht ausgesprochen zu werden (§ 117 Abs. 4). Die Enteignungsbehörde übersendet sodann dem Grundbuchamt eine beglaubigte Abschrift der Niederschrift über die Einigung und der Ausführungsanordnung mit dem Ersuchen, die Rechtsänderungen in das Grundbuch einzutragen (§ 117 Abs. 5).

Die Niederschrift über eine Einigung ist wegen der in ihr bezeichneten Leistungen ein vollstreckbarer Titel, d. h. es findet aus dieser Niederschrift die Zwangsvollstreckung nach den Vorschriften der ZPO über die Vollstreckung von Urteilen in bürgerlichen Rechtsstreitigkeiten statt. Die vollstreckbare Ausfertigung wird von dem Urkundsbeamten der Geschäftsstelle des Amtsgerichts erteilt, in dessen Bezirk die Enteignungsbehörde ihren Sitz hat (§ 122).

## § 111

*Teileinigung*

**Einigen sich die Beteiligten nur über den Übergang oder die Belastung des Eigentums an dem zu enteignenden Grundstück, jedoch nicht über die Höhe der Entschädigung, so ist § 110 Abs. 2 entsprechend anzuwenden. Im übrigen nimmt das Enteignungsverfahren seinen Fortgang.**

**1. Voraussetzungen der Teileinigung**

In einer Reihe von Fällen wird sich der Widerstand gegen eine gütliche Einigung weniger aus der Frage des Übergangs oder der Belastung des Eigentums an dem zu enteignenden Grundstück ergeben, sondern vielmehr aus der Frage der Höhe der Entschädigung. Der betroffene Eigentümer ist des öfteren bereit, das Eigentum an dem Grundstück aufzugeben, er ist aber oft nicht mit der in den Verhandlungen als Entschädigung genannten Summe oder der Art der Entschädigung einverstanden. Für diesen Fall hat das Gesetz die Möglichkeit einer Teileinigung vorgesehen. Eine solche kann zustande kommen, wenn die Beteiligten über den Übergang oder die Belastung des Eigentums an dem zu enteignenden Grundstück einig sind. Der Zweck der Vorschrift ist, eine Beschleunigung des Verfahrens dadurch zu erreichen, daß wenigstens hinsichtlich des in Frage kommenden Grundstücks die Rechtssituation möglichst bald geklärt wird. Es kann zwischen den Beteiligten z. B. vereinbart werden, daß das Eigentum auf den Antragsteller übergeht oder daß das Grundstück mit einem Erbbaurecht belastet werden soll. Es handelt sich also hier um einen Teil des Streitstoffes, der nach dem Willen der Beteiligten künftig als unstreitig behandelt werden soll.

**2. Form der Teileinigung**

Hinsichtlich der Form, in der die Teileinigung zu beurkunden ist, gilt § 110 Abs. 2 entsprechend, d. h. die Enteignungsbehörde hat eine Niederschrift aufzunehmen; diese Niederschrift hat alle Punkte zu enthalten, über welche eine Einigung zustande kam (mit den sich bei entsprechender Anwendung des § 113 Abs. 2 ergebenden Angaben). Die Niederschrift muß von allen Beteiligten unterschrieben werden. Auch hinsichtlich der öffentlichen Beglaubigung der Vollmacht für den Eigentümer gilt § 110 Abs. 2 entsprechend. Im übrigen vgl. hierzu auch § 110 Anm. 2).

**3. Wirkung der Teileinigung (Satz 2)**

**a)** Die Wirkungen der Teileinigung unterscheiden sich von den Wirkungen der Einigung nach § 110 hauptsächlich dadurch, daß § 110 Abs. 3 keine entsprechende Anwendung finden kann. Da es sich eben nur um eine teilweise Einigung handelt, wird dadurch das Verfahren als ganzes nicht rechtskräftig abgeschlossen; die Niederschrift über die Teileinigung kann einem unanfechtbaren Enteignungsbeschluß nicht gleichgestellt werden, das Enteignungsverfahren nimmt vielmehr im übrigen, d. h. soweit keine Einigung erzielt wurde, seinen Fortgang (Satz 2). Es kann auch nicht etwa auf Grund der Teileinigung eine Teil-Ausführungsanordnung, etwa auf Grund § 117 Abs. 1 ergehen. Dies ist schon deshalb nicht möglich, weil ja vor Erlaß der Ausführungsanordnung jedenfalls die Geldentschädigung bezahlt oder hinterlegt sein muß, bei einer Teileinigung aber gerade wegen der Geldentschädigung noch Streit besteht.

**b)** Trotzdem ist eine Teileinigung von größter Bedeutung und von Vorteil in verfahrensmäßiger Hinsicht, denn die in der Teileinigung geregelten Punkte sind aus dem Streitverfahren ausgeschieden, sie können später (vorbehaltlich einer Anfechtung wegen Irrtums usw. — vgl. § 110 Anm. 3 —) nicht mehr zum Gegenstand des Verfahrens gemacht werden; die Behörde bzw. das Gericht brauchen sich in ihren Entscheidungen nur mehr mit den noch verbliebenen Streitpunkten zu befassen und können im übrigen auf die Teileinigung verweisen. Die Behörde wird also, statt im Beschluß den Übergang oder die Belastung des Eigentums an dem zu enteignenden Grundstück entsprechend der Vorschrift in § 113 Abs. 1 im einzelnen zu begründen, einfach auf die Beurkundung der Teileinigung verweisen („die Enteignungsbehörde entscheidet, soweit eine Einigung nicht zustande kommt ...", § 112 Abs. 1). Die Grundelemente der Teileinigung müssen demnach auch Teil des Enteignungsbeschlusses werden, der Beschluß ist aber insoweit unanfechtbar. Die Mitteilung an das Grundbuchamt gemäß § 113 Abs. 3 erfolgt hinsichtlich der Teileinigung gemeinsam mit dem Enteignungsbeschluß (der über die restigen Streitfragen entscheidet) bzw. nach einer etwaigen auf die Teileinigung folgenden Volleinigung. Die Mitteilung an das Grundbuchamt nach § 117 Abs. 5 ergeht auch hier nach der Ausführungsanordnung. Ein vollstreckbarer Titel i. S. des § 122 Abs. 1 ist die Niederschrift über die Teileinigung nicht, da sich die genannte Vorschrift nur auf die „Einigung" i. S. des § 110, nicht auf die Teileinigung bezieht. Dagegen kann eine Teileinigung eine Grundlage für die vorzeitige Besitzeinweisung (§ 116) sein (s. hierzu unten Anm. 3 zu § 116).

c) Es sind Teileinigungen denkbar, die nicht den Anforderungen des § 111 entsprechen. So kann nicht etwa nach § 111 verfahren werden, wenn sich die Beteiligten z. B. darüber einig sind, daß bestimmte Grundstücke als Ersatzgrundstücke in Frage kommen, oder daß im Falle der Enteignung diese auf die in § 86 Abs. 2 bezeichneten Gegenstände auszudehnen ist (vgl. § 92 Abs. 4), wenn aber im übrigen das Vorliegen der Voraussetzungen der Enteignung noch strittig ist. Solche Teileingungen sind durchaus begrüßenswert und die Behörde wird auch auf ihre Herbeiführung Wert legen müssen, da auch sie zur Beschleunigung des Verfahrens beitragen und die Enteignungsbehörde in dem Enteignungsbeschluß unter Hinweis auf die Einigung keine ausführliche Begründung zu bringen braucht (vgl. Dittus-Zinkahn Anm. 1 zu § 28). Eine Teileinigung nach § 111 mit den entsprechenden Wirkungen liegt aber nur vor, wenn sich alle Beteiligte über den Übergang oder die Belastung des Eigentums an dem zu enteignenden Grundstück einigen.

## § 112

*Entscheidung der Enteignungsbehörde*

**(1) Soweit eine Einigung nicht zustande kommt, entscheidet die Enteignungsbehörde auf Grund der mündlichen Verhandlung durch Beschluß über den Enteignungsantrag, die übrigen gestellten Anträge sowie über die erhobenen Einwendungen.**

**(2) Gibt die Enteignungsbehörde dem Enteignungsantrag statt, so entscheidet sie zugleich**

1. **darüber, welche Rechte der in § 97 bezeichneten Berechtigten an dem Gegenstand der Enteignung aufrechterhalten bleiben,**
2. **darüber, mit welchen Rechten der Gegenstand der Enteignung, das Ersatzland oder ein anderes Grundstück belastet werden,**

**3. darüber, welche Rechtsverhältnisse begründet werden, die Rechte der in § 86 Abs. 1 Nr. 3 und 4 bezeichneten Art gewähren,**
**4. im Falle der Entschädigung in Ersatzland über den Eigentumsübergang oder die Enteignung des Ersatzlandes.**

**1. Allgemeines**

§ 112 bringt den Grundsatz, daß die Enteignungsbehörde in einer e i n z i g e n , u m f a s s e n d e n E n t s c h e i d u n g über die Zulässigkeit, den Umfang und die Rechtsfolgen der Enteignung zu befinden hat. Sie entscheidet insbesondere über den Enteignungsantrag, über die übrigen gestellten Anträge und über die erhobenen Einwendungen.

Aus dieser Forderung nach umfassender Entscheidung ergibt sich, daß in dem Enteignungsverfahren grundsätzlich keine T e i l e n t s c h e i d u n g e n möglich sind (Ausnahme s. §§ 116 und 164; vgl. ferner § 114 Anm. 3).

Der Enteignungsbeschluß ersetzt im übrigen zugleich eine etwaige nach § 19 sonst erforderliche Genehmigung für den Bodenverkehr (vgl. § 19 Abs. 5 Nr. 1).

Über die Anfechtung des Beschlusses s. § 157.

Die Enteignungsbehörde ist bei der Gestaltung ihrer Entscheidung vielfach nicht durch zwingende Rechtsvorschriften gebunden, sondern sie kann die sich aus der Enteignung ergebenden Rechtsbeziehungen zwischen den Beteiligten in mancher Hinsicht frei regeln, sofern sie nur für die gerechte Wiederherstellung der Vermögenslage der Beteiligten Sorge trägt. So entscheidet die Behörde u. a., ob das Wohl der Allgemeinheit die Enteignung erfordert und der Enteignungszweck auf andere zumutbare Weise nicht erreicht werden kann (§ 87 Abs. 1), ob die Bereitstellung von Grundstücken der öffentlichen Hand oder des Antragstellers möglich und zumutbar ist und ob der Antragsteller sich ernsthaft um den freihändigen Erwerb eines Grundstücks bemüht und ob er glaubhaft gemacht hat, daß er das Grundstück innerhalb angemessener Frist zu dem vorgesehenen Zweck verwenden wird (§ 97 Abs. 2); sie entscheidet über einen Antrag auf Entschädigung in Land (§§ 90, 100), über Beschränkung und Ausdehnung der Enteignung (§ 92), über die Zulässigkeit der Rückenteignung (§ 102), sowie über Höhe und Art der Entschädigung nach den einschlägigen Vorschriften; sie bestimmt, welche Rechte aufrechterhalten bleiben, welche Rechte übertragen werden und welche gesondert zu entschädigen sind (§ 97, § 112 Abs. 2).

**2. Entscheidung durch Beschluß (Abs. 1)**

a) Unter der „Entscheidung" nach § 112 Abs. 1 ist die e n d g ü l t i g e E n t s c h e i d u n g , die das Enteignungsverfahren abschließt, zu verstehen. Sie kann positiv (Stattgabe) oder negativ (Ablehnung) ausfallen. Auch die Enscheidung über die A b l e h n u n g des Enteignungsantrags ergeht durch Beschluß (auf Grund der mündlichen Verhandlung). Dies geht schon aus der Einleitung des Abs. 2 hervor: „Gibt die Enteignungsbehörde dem Enteignungsantrag statt, so entscheidet sie zugleich ..." und aus der Einleitung zu § 113 Abs. 2: „Gibt die Enteignungsbehörde dem Antrag statt, so muß der Beschluß (Enteignungsbeschluß) bezeichnen ...". Ein a b l e h n e n d e r Beschluß ist zu begründen, den Beteiligten zuzustellen und mit einer Rechtsmittelbelehrung zu versehen (§ 113 Abs. 1); die Bestimmungen in § 112 Abs. 2 und § 113 Abs. 2 und 3 sind in diesem

Falle nicht einschlägig, doch kann natürlich auch bei einer ablehnenden Entscheidung (z. B. bei einer Teilablehnung) sich die Notwendigkeit ergeben, auf Tatbestände der genannten Bestimmungen einzugehen. Die Ablehnung des Enteignungsantrags kann durch Antrag auf gerichtliche Entscheidung angefochten werden (§ 157 Abs. 1).

b) Die Entscheidung erstreckt sich auf den Streitstoff nur, „soweit eine Einigung nicht zustande kommt"; eine gütliche Einigung ersetzt insoweit den Enteignungsbeschluß (vgl. Anm. zu §§ 110 und 111). Ein positiver Beschluß k a n n Entscheidungen gemäß § 112 Abs. 2 (wenn nämlich die Voraussetzungen gegeben sind) und m u ß die Bezeichnungen gemäß § 113 Abs. 2 enthalten.

c) Im Interesse eines umfassenden Rechtsschutzes und im Hinblick auf die Notwendigkeit, alle Beteiligten zu Wort kommen zu lassen und alle strittigen Fragen zusammenhängend zu erörtern, schreibt § 112 Abs. 1 z w i n g e n d vor, daß die Entscheidung über den Enteignungsantrag auf Grund der m ü n d l i c h e n Verhandlung ergehen muß. Von der Behörde können alle in den etwa notwendigen mehreren mündlichen Verhandlungen vorgebrachten Äußerungen und gestellten Anträge verwertet werden, die alllerdings maßgeblich bestimmt werden durch die in der letzten mündlichen Verhandlung gegebene Fassung.

Über das Verfahren in der mündlichen Verhandlung vor der Enteignungsbehörde enthält das Gesetz, außer etwa der Bestimmung des § 150 über die Erforschung des Sachverhalts, keine besonderen Vorschriften. Als Leiter der mündlichen Verhandlung kommt der zuständige Beamte der Enteignungsbehörde in Frage; wenn Beisitzer mitwirken (§ 104 Abs. 2), ist dieser Beamte der Vorsitzende. Zweifelhaft kann sein, ob der Vorsitzende oder die Beisitzer im Laufe des Verfahrens wechseln können (d. h. ob z. B. eine zweite in der Sache stattfindende mündliche Verhandlung von einem Vertreter des Vorsitzenden und mit anderen Beisitzern abgehalten werden kann). Diese Frage wird wohl im Hinblick auf das Fehlen entsprechender gesetzlicher Vorschriften zu bejahen sein, obwohl von dieser Möglichkeit im Interesse der Einheitlichkeit und Kontinuierlichkeit der Entscheidung sowie der klaren Verantwortlichkeit für die Entscheidung möglichst wenig Gebrauch gemacht werden sollte (vgl. hierzu Dittus-Zinkahn Anm. 6 zu § 23); diejenigen Personen, welche die Entscheidung zu fällen und zu unterschreiben haben, sollten möglichst von Anfang an den mündlichen Verhandlungen beteiligt gewesen sein, damit sie den Prozeßstoff genügend beherrschen.

Der Vorsitzende eröffnet und leitet die mündliche Verhandlung und stellt fest, ob alle Beteiligten richtig geladen sind und wer erschienen ist. Er entscheidet auch darüber, ob und gegebenenfalls welche Personen der Verhandlung beiwohnen dürfen (die Öffentlichkeit der Verhandlung ist nicht vorgeschrieben). Sodann wird er den Erschienenen mündlich nochmals den wesentlichen Sachverhalt bekanntgeben (Antragsteller, betroffene Grundstücke, Eigentümer dieser Grundstücke und sonstige bekanntgewordene Beteiligte, Inhalt und Umfang des Enteignungsantrags, Einwendungen und Anträge, die bisher gestellt wurden); die Beteiligten haben das Recht, zu Wort zu kommen und es können Zeugen und Sachverständige vernommen und Urkunden verlesen werden. Infolge des in den meisten Fällen beträchtlichen Umfangs der Verhandlung wird die Zuziehung eines Schriftführers nicht zu umgehen sein; die von diesem anzufertigende Niederschrift ist von ihm und vom Vorsitzenden zu unterzeichnen.

Der Vorsitzende schließt die mündliche Verhandlung; dieser Zeitpunkt ist für eine Reihe von Verfahrenshandlungen der Beteiligten von großer Bedeutung (vgl. §§ 92 Abs. 5, 98 Abs. 2, 100 Abs. 6, 101 Abs. 2). Die Entscheidung kann — muß aber nicht — anschließend an die mündliche Verhandlung (nach Beratung) verkündet werden, jedenfalls ist sie aber (auch wenn sie verkündet wird) gemäß § 113 Abs. 1 den Beteiligten zuzustellen.

**3. Weiterer Inhalt des Beschlusses (Abs. 2)**

Die positive Entscheidung (diese nur, soweit nicht eine Einigung zustande gekommen ist) und die negative Entscheidung müssen sich in jedem Fall mit dem Enteignungsantrag, den übrigen gestellten Anträgen und mit den erhobenen Einwendungen befassen. Im Falle der Stattgabe ist außerdem (natürlich nur soweit einschlägig) zu entscheiden

a) über die Aufrechterhaltung von Rechten nach § 97 Abs. 1,
b) über Belastung gemäß § 97 Abs. 2,
c) über die Begründung von Rechtsverhältnissen hinsichtlich von Rechten, die zum Erwerb, zum Besitz oder zur Nutzung von Grundstücken berechtigen, oder die den Verpflichteten in der Benutzung von Grundstücken beschränken (§ 86 Abs. 1 Nr. 3 und 4),
d) im Falle der Entschädigung in Land (§ 100) über den Eigentumsübergang (z. B. Bereitstellung von Ersatzland durch den Enteignungsbegünstigten aus seinem Grundbesitz oder durch freihändigen Erwerb) oder über die Enteignung des Ersatzlandes (§ 100 Abs. 3, § 90).

## § 113

## *Enteignungsbeschluß*

**(1) Der Beschluß der Enteignungsbehörde ist zu begründen und den Beteiligten zuzustellen. Der Beschluß ist mit einer Belehrung über Zulässigkeit, Form und Frist des Antrages auf gerichtliche Entscheidung (§ 157) zu versehen.**

**(2) Gibt die Enteignungsbehörde dem Enteignungsantrag statt, so muß der Beschluß (Enteignungsbeschluß) bezeichnen**

1. **die von der Enteignung Betroffenen und den Enteignungsbegünstigten;**
2. **die sonstigen Beteiligten;**
3. **den Enteignungszweck und die Frist, innerhalb deren das Grundstück zu dem vorgesehenen Zwecke zu verwenden ist;**
4. **den Gegenstand der Enteignung, und zwar**
   a) **wenn das Eigentum an einem Grundstück Gegenstand der Enteignung ist, das Grundstück nach Größe, grundbuchmäßiger, katastermäßiger und sonst üblicher Bezeichnung; im Falle der Enteignung eines Grundstücksteiles ist zu seiner Bezeichnung auf Vermessungsschriften (Vermessungsrisse und -karten) Bezug zu nehmen, die von einer zu Fortführungsvermessungen befugten Stelle oder von einem öffentlich bestellten Vermessungsingenieur gefertigt sind,**

**b) wenn ein anderes Recht an einem Grundstück Gegenstand einer selbständigen Enteignung ist, dieses Recht nach Inhalt und grundbuchmäßiger Bezeichnung,**

**c) wenn ein persönliches Recht, das zum Erwerb, zum Besitz oder zur Nutzung von Grundstücken berechtigt oder den Verpflichteten in der Nutzung von Grundstücken beschränkt, Gegenstand einer selbständigen Enteignung ist, dieses Recht nach seinem Inhalt und dem Grund seines Bestehens,**

**d) die in § 86 Abs. 2 bezeichneten Gegenstände, wenn die Enteignung auf diese ausgedehnt wird;**

**5. bei der Belastung eines Grundstücks mit einem Recht die Art, den Inhalt, soweit er durch Vertrag bestimmt werden kann, sowie den Rang des Rechtes, den Berechtigten und das Grundstück;**

**6. bei der Begründung eines Rechtes der in Nummer 4 Buchstabe c bezeichneten Art den Inhalt des Rechtsverhältnisses und die daran Beteiligten;**

**7. die Eigentums- und sonstigen Rechtsverhältnisse vor und nach der Enteignung;**

**8. die Art und Höhe der Entschädigungen und die Höhe der Ausgleichszahlungen nach § 100 Abs. 4 Satz 4 und § 101 Abs. 1 Satz 2 mit der Angabe, von wem und an wen sie zu leisten sind; Geldentschädigungen, aus denen andere von der Enteignung Betroffene nach § 97 Abs. 4 zu entschädigen sind, müssen von den sonstigen Geldentschädigungen getrennt ausgewiesen werden;**

**9. bei der Entschädigung in Land das Grundstück in der in Nummer 4 Buchstabe a bezeichneten Weise.**

**(3) Ist im Grundbuch die Anordnung der Zwangsversteigerung oder der Zwangsverwaltung eingetragen, so gibt die Enteignungsbehörde dem Vollstreckungsgericht von dem Enteignungsbeschluß Kenntnis, wenn dem Enteignungsantrag stattgegeben worden ist.**

**1. Allgemeines**

Während § 112 den Gegenstand der Entscheidung bezeichnet, also den Stoff, mit dem sich die Enteignungsbehörde in ihrer Entscheidung auseinandersetzen muß, regelt § 113 im wesentlichen den Inhalt der Entscheidung. Es ist außer einigen formellen Erfordernissen (Begründung, Zustellung, Rechtsmittelbelehrung) eine Reihe von Punkten aufgezählt, die der Beschluß enthalten muß (natürlich nur soweit die einzelnen Punkte einschlägig sind).

**2. Formelle Erfordernisse (Abs. 1 u. 3)**

a) Daß der Beschluß der Enteignungsbehörde, ob er nun dem Antrag stattgibt oder ihn ablehnt, begründet werden muß, ist selbstverständlich, doch wird hierauf im Hinblick auf die Bedeutung des Beschlusses für die Beteiligten noch besonders hingewiesen. Damit (und auf Grund des in Abs. 2 im einzelnen aufgeführten Inhalts des Beschlusses) wird sichergestellt, daß alle von der Enteignungsbehörde im Beschluß zu treffenden Entscheidungen eindeutig ersichtlich werden. Aus dem Beschluß sollen sich die von der Enteignung betroffenen Personen und Gegenstände, sowie die Wirkungen der Enteignung in einer auch für den Rechtsunkundigen klar erkennbaren Weise ergeben. Außerdem wird die Überprüfbarkeit der Entscheidung durch die Gerichte erleichtert. Die Begründung hat alle für die Entscheidung maßgebenden Gesichtspunkte herauszustellen und muß sich mit den einzelnen Anträgen und den vorgebrachten Einwendungen befassen. Die für die Entscheidung maßgebenden gesetzlichen Bestimmungen sind anzuführen.

**b)** Der Beschluß ist „den Beteiligten zuzustellen". Über die Form der Zustellung bestimmt das Gesetz nichts, es gelten die allgemeinen Vorschriften; jedenfalls muß ein Nachweis über die Zustellung zu den Akten genommen werden, damit die Anfechtungsfrist einwandfrei berechnet werden kann. Wenn das Gesetz bestimmt, daß „der Beschluß" zuzustellen ist, so ist damit nicht etwa nur der Tenor der Entscheidung gemeint, sondern der gesamte Inhalt (mit Tatbestand und Gründen), damit sich die Beteiligten über die Frage der Anfechtung und die Begründung einer solchen Anfechtung klar werden können. Die begründete Entscheidung ist sämtlichen Beteiligten zuzustellen (vgl. § 107 Abs. 1), also auch der Gemeinde. Außerdem hat die Enteignungsbehörde (im Falle der Stattgabe) noch dem Vollstreckungsgericht von dem Enteignungsbeschluß Kenntnis zu geben, wenn im Grundbuch die Anordnung der Zwangsenteignung oder der Zwangsverwaltung eingetreten ist **(Abs. 3)**; es wird sich auch hier empfehlen, den gesamten Inhalt des Beschlusses zu übersenden, jedoch ist keine formelle Zustellung erforderlich.

Ist einem Beteiligten (etwa aus Versehen) die Entscheidung nicht zugestellt worden, so wird sie ihm gegenüber nicht wirksam, was zur Folge haben kann, daß der ganze Beschluß nicht vollzogen werden kann. Nachträgliche Zustellung ist möglich.

**c)** Nach § 154 ist den nach dem BBauG ergehenden Verwaltungsakten (also auch dem Enteignungsbeschluß nach § 113) eine Erklärung beizufügen, durch die der Beteiligte über den Rechtsbehelf, der gegen den Verwaltungsakt gegeben ist, über die Stelle, bei der der Rechtsbehelf einzulegen ist und über die Frist belehrt wird. Darüber hinaus enthält § 113 Abs. 1 die Rechtsmittelbelehrung (lediglich mit anderer Wortfassung). Der Beschluß muß somit mit einer Belehrung über Zulässigkeit, Form und Frist des Antrags auf gerichtliche Entscheidung versehen sein. Auf § 157 wird ausdrücklich hingewiesen. Hiernach muß (bzw. soll) die Rechtsbehelfsbelehrung eines Enteignungsbeschlusses jedenfalls ausdrücklich den Inhalt des § 157 Abs. 1, 2 und 3 anführen:

Nach § 155 können die Landesregierungen bestimmen, daß der Enteignungsbeschluß erst angefochten werden kann, wenn ein Vorverfahren durchgeführt ist.

**3. Sachlicher Inhalt des Beschlusses (Abs. 2)**

Während Abs. 1 den formellen Inhalt des Enteignungsbeschlusses festlegt (Begründung, Zustellung, Rechtsmittelbelehrung), bestimmt Abs. 2 eingehend den sachlichen Inhalt; die geforderten Angaben und Bezeichnungen müssen, soweit einschlägig, in der Entscheidung aufgeführt werden und zwar im Entscheidungssatz und nicht nur in den Gründen. Es handelt sich um Angaben und Bezeichnungen, die sich auf die betroffenen Personen, auf Enteignungszweck und Verwendungsfrist und schließlich auf die betroffenen Sachen oder Rechte und die Entschädigung beziehen.

a) Gesondert sind bei den persönlichen Angaben aufzuführen einerseits der von der Enteignung Betroffene (also derjenige, gegen den sich der Enteignungsantrag richtet) und der Enteignungsbegünstigte (also in der Regel der Antragsteller, da zu dessen Gunsten die Enteignung ausgesprochen werden soll), andererseits die übrigen Beteiligten (z. B. Rechtsinhaber, Eigentümer von Ersatzlandgrundstücken, Gemeinde).

b) Der Enteignungszweck muß im Hinblick auf die strengen Erfordernisse des § 85 genau angegeben werden. Ferner ist die Bestimmung der Verwendungsfrist für das Verfahren von erheblicher Wirkung (vgl. § 87 Abs. 2 Nr. 3, § 89 Abs. 1, § 102 Abs. 1 Nr. 1, ferner § 114).

c) Über die notwendigen Angaben im Enteignungsbeschluß über den Gegenstand der Enteignung (Bezeichnung der Grundstücke, Rechte und Entschädigungen) bringt Abs. 2 Nr. 4 bis 9 eingehende Vorschriften.

## § 114
### *Lauf der Verwendungsfrist*

**(1) Die Frist, innerhalb deren der Enteignungszweck nach § 113 Abs. 2 Nr. 3 zu verwirklichen ist, beginnt mit dem Eintritt der Rechtsänderung.**

**(2) Die Enteignungsbehörde kann diese Frist vor ihrem Ablauf auf Antrag verlängern, wenn**

1. **der Enteignungsbegünstigte nachweist, daß er den Enteignungszweck ohne Verschulden innerhalb der festgesetzten Frist nicht erfüllen kann, oder**
2. **vor Ablauf der Frist eine Gesamtrechtsnachfolge eintritt und der Rechtsnachfolger nachweist, daß er den Enteignungszweck innerhalb der festgesetzten Frist nicht erfüllen kann.**

**Der enteignete frühere Eigentümer ist vor der Entscheidung über die Verlängerung zu hören.**

**1. Beginn der Verwendungsfrist (Abs. 1)**

Als Beginn der nach § 113 Abs. 2 Nr. 3 im Enteignungsbeschluß festzusetzenden Verwendungsfrist bestimmt Abs. 1 den Zeitpunkt des Eintritts der Rechtsänderung. Nach rechskräftigem Abschluß des Enteignungsverfahrens und Zahlung oder Hinterlegung der Geldentschädigung durch den Begünstigten erläßt die Enteignungsbehörde die Ausführungsanordnung (§ 117 Abs. 1). In dieser ist der Tag zu bestimmen, an dem der bisherige Rechtszustand durch den im Enteignungsbeschluß geregelten neuen Rechtszustand ersetzt wird (§ 117 Abs. 3). Dieser von der Enteignungsbehörde in der Ausführungsanordnung bestimmte Tag ist also der Zeitpunkt des Eintritts der Rechtsänderung im Sinne des § 114 Abs. 1; mit ihm beginnt die Verwendungsfrist zu laufen.

**2. Fristverlängerung (Abs. 2)**

Abs. 2 trägt dem Gedanken Rechnung, daß sich die Durchführung des Bauvorhabens durch unvorhergesehene Ereignisse verzögern kann. Die Enteignungsbehörde ist daher in zwei Fällen berechtigt („kann verlängern"), die Verwendungsfrist unter bestimmten Voraussetzungen zu verlängern, und zwar einmal auf Grund Antrags des Enteignungsbegünstigten, zum anderen auf Antrag des Rechtsnachfolgers.

a) Die Frist kann stets nur auf Antrag verlängert werden, nicht von Amts wegen. Die Verlängerung muß vor Fristablauf beantragt und bewilligt werden. Eine Verlängerung, die zwar vor Fristablauf beantragt, aber erst nach Fristablauf von der Behörde bewilligt würde, wäre rechtsunwirksam.

b) Der Enteignungsbegünstigte muß, um seinem Antrag zum Erfolg zu verhelfen, der Behörde den Nachweis erbringen (nicht nur glaubhaft machen), daß er den Enteignungszweck ohne Verschulden innerhalb der festgesetzten Frist nicht erfüllen kann. Beweispflichtig ist also der Begünstigte; der Behörde bleibt es aber unbenommen, von sich aus Beweise zu erheben (vgl. § 150). Sobald die Beweiserhebung ergibt, daß der Begünstigte den Enteignungszweck aus eigenem Verschulden oder Mitverschulden (leichtes Verschulden genügt) nicht erfüllen kann, so muß der Antrag abgelehnt werden; dies gilt auch dann, wenn die Nichterfüllung zum Teil wohl auch auf äußeren, widrigen Umständen beruht, zum Teil aber auch vom Begünstigten verschuldet wurde.

c) Abs. 2 Nr. 2 stellt den Fall der Gesamtrechtsnachfolge (Erbgang) als Sonderfall heraus. Für derartige Fälle ist ebenfalls die Möglichkeit einer Fristverlängerung vorgesehen. Auch hier ist ein Antrag erforderlich, der vor Fristablauf gestellt werden muß. Wenn die Gesamtrechtsnachfolge während des Fristlaufs eintritt, der Antrag aber erst nach Fristablauf gestellt wird, kann ihm nicht entsprochen werden (denn die Frist kann auch im Falle von Nr. 2 — wie bei Nr. 1 — nur „vor ihrem Ablauf" verlängert werden — vgl. Abs. 2 Einleitung —). Der Rechtsnachfolger muß nachweisen, daß er den Enteignungszweck innerhalb der festgesetzten Frist nicht erfüllen kann, er braucht nicht zu beweisen, daß ihm an der Unmöglichkeit der Fristerfüllung kein Verschulden trifft. Offenbar wird unterstellt, daß er durch den Einritt der Rechtsnachfolge ohnehin schon in der Erfüllung des Zwecks ohne seine Schuld beeinträchtigt wurde.

d) Die Verlängerung der Frist wird durch die Enteignungsbehörde verfügt. Mündliche Verhandlung ist nicht vorgeschrieben, doch ist der enteignete frühere Eigentümer vor der Entscheidung zu hören (letzter Satz) und zwar hat dieser das Recht, angehört zu werden, sowohl bei positiver wie bei negativer Entscheidung (er kann nicht bloß an der Ablehnung, sondern auch an der Stattgabe interessiert sein). Da die Entscheidung der Behörde nach rechtskräftigem Abschluß des Enteignungsverfahrens (vgl. § 114 Abs. 1, 117 Abs. 1 und 3 und oben Anm. 1) ergeht, kann sie nicht mehr zusammen mit dem Enteignungsbeschluß angefochten werden. Es handelt sich vielmehr um eine selbständige Entscheidung, die gemäß § 157 Abs. 1 durch Antrag auf gerichtliche Entscheidung angefochten werden kann.

## § 115

### *Verfahren bei der Entschädigung durch Gewährung anderer Rechte*

**(1) Soll die Entschädigung des Eigentümers eines zu enteignenden Grundstücks gemäß § 101 festgesetzt werden und ist die Bestellung, Übertragung**

**oder die Bewertung eines der dort bezeichneten Rechte im Zeitpunkt des Erlasses des Enteignungsbeschlusses noch nicht möglich, so kann die Enteignungsbehörde, wenn es der Eigentümer unter Bezeichnung eines Rechtes beantragt, im Enteignungsbeschluß neben der Festsetzung der Entschädigung in Geld dem Enteignungsbegünstigten aufgeben, binnen einer bestimmten Frist dem von der Enteignung Betroffenen ein Recht der bezeichneten Art zu angemessenen Bedingungen anzubieten.**

**(2) Bietet der Enteignungsbegünstigte binnen der bestimmten Frist ein Recht der bezeichneten Art nicht an oder einigt er sich mit dem von der Enteignung Betroffenen nicht, so wird ihm ein solches Recht auf Antrag zugunsten des von der Enteignung Betroffenen durch Enteignung entzogen. Die Enteignungsbehörde setzt den Inhalt des Rechtes fest, soweit dessen Inhalt durch Vereinbarung bestimmt werden kann. Die Vorschriften dieses Teiles des Gesetzes über das Verfahren und die Entschädigung sind sinngemäß anzuwenden.**

**(3) Der Antrag nach Absatz 2 kann nur innerhalb von sechs Monaten nach Ablauf der bestimmten Frist gestellt werden.**

**1. Allgemeines**

§ 101 gibt dem Eigentümer des zu enteignenden Grundstücks die Möglichkeit, statt der Geldentschädigung oder der Entschädigung in Land ganz oder teilweise eine Entschädigung „durch Gewährung andere Rechte“ zu verlangen (Bestellung oder Übertragung von Wohnungseigentum, Teileigentum, Dauernutzungsrecht, Übertragung des Eigentums an einem bebauten Grundstück oder eines Grundstücks, das mit einem Eigenheim oder einer Kleinsiedlung bebaut werden soll — in Frage kommen jeweils nur Grundstücke des Eigentümers —; vgl. hierzu Anm. zu § 101). Zur Verwirklichung dieses Rechts des früheren Eigentümers ist in § 115 ein besonderes Verfahren vorgesehen. Es handelt sich also hier um die zu § 101 gehörende Verfahrensvorschrift, die verselbständigt und systematisch zutreffend in den verfahrensrechtlichen Teil eingeordnet wurde. § 115 ist weiter einer Ergänzung zu § 113 (Inhalt des Enteignungsbeschlusses).

**2. Auflage im Enteignungsbeschluß (Abs. 1)**

a) Eine etwaige Entschädigung des Eigentümers eines zu enteignenden Grundstücks nach § 101 (Gewährung bestimmter Rechte) muß im Enteignungsbeschluß ausgesprochen werden (§ 113 Abs. 2 Nr. 8). Zusätzlich zu diesem Ausspruch kann der Eigentümer unter bestimmten Voraussetzungen (s. unten f) beantragen, daß in dem Beschluß dem Enteignungsbegünstigten aufgegeben wird, ein entsprechendes Recht anzubieten. Die Möglichkeit, dem Begünstigten eine solche Auflage zu machen, ist dadurch gegeben, daß durch die Verpflichtung zur Entschädigung nach § 101 immer nur der Begünstigte betroffen wird; es kommen jeweils nur Rechte an Grundstücken des Begünstigten in Frage (vgl. § 101 Abs. 1 Nr. 1, 2 und 3). Wenn die Voraussetzungen des § 101 gegeben sind (wenn also vor allem die Entschädigung durch Gewährung anderer Rechte unter Abwägung der Belange der Beteiligten billig ist — § 101 Abs. 1) und diese Art der Entschädigung im Enteignungsbeschluß festgesetzt wird, kann die Enteignungsbehörde dem Begünstigten zugleich auch die Pflicht auferlegen, das Recht anzubieten.

Über Inhalt und Form, in der das Anbieten gegenüber dem Betroffenen zu geschehen hat, finden sich im Gesetz keine Bestimmungen. Es muß wohl davon ausgegangen werden, daß schon aus dem Angebot dessen Ernstlichkeit und die Art und Weise der Verwirklichung sich ergeben müssen. Es kann sich also nicht lediglich um formlose Versprechungen oder um Mitteilung von in Betracht kommenden Möglichkeiten handeln, sondern es muß das Angebot so beschaffen sein, daß der Betroffene durch die Annahme des Angebots auch gleich in den Besitz des Rechtes kommen kann. Es wird also z. B. bei einem Angebot der Übertragung von Wohnungseigentum oder von Grundstückseigentum (§ 101 Abs. 1 Nr. 1 bis 3) schon das Angebot die Verpflichtung zur Übertragung in der nach § 313 BGB vorgeschriebenen Form der gerichtlichen oder notariellen Beurkundung enthalten müssen. Dem Betroffenen steht es frei, das Angebot anzunehmen oder abzulehnen.

**b)** Das Angebot des Begünstigten muß in einer bestimmten Frist abgegeben werden, die von der Behörde im Beschluß festgesetzt wird. Die Frist muß angemessen sein, d. h. sie muß so bemessen sein, daß es dem Begünstigten möglich ist, in der angegebenen Zeit die entsprechenden verbindlichen Erklärungen abzugeben.

**c)** Über den Begriff „angemessene Bedingungen" s. § 87 Anm. 2 b.

**d)** Die Auflage in dem Enteignungsbeschluß wird neben der Festsetzung der Entschädigung in Geld ausgesprochen. Dies ist deshalb notwendig, weil es sich hier um Fälle handelt, in denen dem Betroffenen in dem Enteignungsbeschluß das von ihm begehrte Recht (§ 101) noch nicht zugewiesen werden kann, weil es noch nicht bestellt, übertragen oder bewertet werden kann. Gemäß § 99 muß der Betroffene grundsätzlich in Geld entschädigt werden. Wenn der Begünstigte bereits die Verfügungsmacht über ein Recht nach § 101 besitzt (z. B. wenn er Eigentümer eines Hauses ist, an dem ein Wohnungseigentum bestellt werden kann oder wenn er im Eigentum eines bebauten Grundstücks ist), so kann dieses Recht dem Betroffenen im Enteignungsbeschluß gleich zugewiesen und es kann von einer Auflage nach Abs. 1 abgesehen werden. Es kann aber auch Fälle geben, in denen der Begünstigte erst später in die Lage kommt, ein entsprechendes Recht dem Betroffenen zu verschaffen (z. B. wenn ein Wohnungseigentum an dem zu enteignenden Grundstück bestellt werden soll, das ja erst durch die Enteignung in die Verfügungsgewalt des Begünstigten übergeht; oder wenn der Begünstigte ein bestimmtes bebautes Grundstück im Wege des freihändigen Erwerbs sich verschaffen und an den Eigentümer des zu enteignenden Grundstücks übertragen will — § 101 Abs. 1 Nr. 2). In diesen Fällen muß (neben der Auflage, ein Recht anzubieten) die Entschädigung in Geld festgesetzt werden, da die Möglichkeit besteht, daß die Auflage nicht erfüllt wird bzw. daß sich der Begünstigte und der Betroffene hinsichtlich des Rechts nicht einigen und vom Betroffenen kein Entziehungsantrag gestellt wird (vgl. Abs. 2); dann bleibt dem Betroffenen nur die Annahme der Geldentschädigung.

**e)** Antrag des Betroffenen und Bezeichnung des Rechts sind erforderlich; die Enteignungsbehörde kann demnach nicht von sich aus dem Begünstigten eine entsprechende Auflage machen. Wann dieser Antrag zu stellen ist, ist in Abs. 1 nicht bestimmt (vgl. dagegen Abs. 3 für die Frist des Abs. 2), doch muß er notwendigerweise vor Schluß der mündlichen Verhandlung gestellt werden. Der Betroffenen hat ein Recht, das ihm angeboten werden soll, zu bezeichnen; dabei wird es aber genügen, daß er angibt, welches der in § 101 Abs. 1 bezeichneten Rechte er in Anspruch nehmen will, er wird nicht auch schon etwa das Grundstück oder den Umfang des Rechts im einzelnen bezeichnen müssen, da dem Begünstigten die Möglichkeit gegeben sein muß, in der gesetzten Frist ein entsprechendes Recht ausfindig zu machen oder sich zu verschaffen und da in der Folgezeit Verhandlungen zwischen ihm und dem Betroffenen über dieses Recht stattfinden werden (vgl. Abs. 2).

f) Voraussetzung für die Auflage ist, daß die Entschädigung des Eigentümers eines zu enteignenden Gurndstücks gemäß § 101 festgesetzt werden soll (s. Anmerkungen dort), daß also die Behörde auch die Voraussetzungen des § 101 für gegeben hält, ferner daß die Bestellung, Übertragung oder Bewertung eines der in § 101 bezeichneten Rechte im Zeitpunkt des Erlasses des Enteignungsbeschlusses noch nicht möglich ist. Wenn die Bestellung oder Übertragung eines entsprechenden Rechtes bereits im Enteignungsbeschluß möglich ist, sc bedarf es naturgemäß keiner Auflage nach Abs. 1 (vgl. hierzu oben Anm. d).

**3. Entziehung des Rechts bei Nichteinigung (Abs. 2)**

a) Wenn von der Behörde dem Enteignungsbegünstigten eine Anbietungsfrist nach Abs. 1 gesetzt wurde, können sich (während des Laufs dieser Frist) drei Möglichkeiten ergeben:

aa) Der Begünstigte bietet ein Recht an und der Betroffene ist damit einverstanden, daß ihm Entschädigung durch Gewährung des vom Begünstigten angebotenen Rechts gewährt wird. In diesem Falle vollzieht sich der Übergang des Rechts nach den bürgerlich-rechtlichen Vorschriften (z. B. Einigung und Eintragung im Grundbuch bei Übertragung von Grundeigentum). Die Enteignungsbehörde wird in diesem Falle nicht mehr tätig.

bb) Der Enteignungsbegünstigte bietet binnen der von der Behörde bestimmten Frist ein Recht der bezeichneten Art nicht an.

cc) Der Enteignungsbegünstigte bietet ein solches Recht an, es kommt aber zwischen ihm und dem Betroffenen keine Einigung zustande.

In den beiden letztgenannten Fällen muß die Enteignungsbehörde tätig werden, wenn es der Betroffene beantragt. Es kommt nicht darauf an, warum der Begünstigte kein Recht anbietet oder sich mit dem Betroffenen nicht geeinigt hat, ob etwa die Schuld an dem Scheitern der Verhandlungen beim Begünstigten liegt (Unangemessenheit der von ihm geforderten Bedingungen) oder beim Betroffenen (zu hohe Forderungen hinsichtlich Art und Ausmaß des Rechtes). Der von der Enteignung Betroffene braucht den (auch hier notwendigen) Antrag nur mit der Tatsache zu begründen, daß ihm ein Recht nicht angeboten wurde oder daß keine Einigung zustande kam.

b) Die Folge des Nichtanbietens eines Rechts oder der Nichteinigung ist, daß auf den Antrag des Betroffenen (über die Antragsfrist s. unten d) zugunsten des Begünstigten ein Recht der bezeichneten Art (Abs. 1) von der Behörde enteignet werden muß. Eine weitere Prüfung, ob die Voraussetzungen der

Enteignung gegeben sind, ist deshalb nicht mehr erforderlich, weil ja schon die Fristsetzung nach Abs. 1 (die dann erst das Nachverfahren nach Abs. 2 auslösen kann) nur dann ergehen kann, „wenn die Entschädigung des Eigentümers gemäß § 101 festgesetzt werden soll", d. h. wenn das Vorliegen der Voraussetzungen des § 101 von der Behörde bejaht wurde. Daher finden auf das hier sich selbständig an das vorangegangene Enteignungsverfahren anschließende Verfahren über die Enteignung des bezeichneten Rechts nur die Bestimmungen des Zweiten Abschnitts („Entschädigung") und des Dritten Abschnitts („Enteignungsverfahren") des Fünften Teils des Gesetzes sinngemäß Anwendung, nicht aber die des Ersten Abschnitts („Zulässigkeit der Enteignung"), da, wie erwähnt, die Zulässigkeit bereits im vorangegangenen Verfahren geprüft werden mußte und geprüft wurde.

In diesem Nachverfahren hat der bisherige Betroffene die Stellung eines von der Enteignung Begünstigten und der bisherige Begünstigte die Stellung des von der Enteignung Betroffenen. Es findet eine mündliche Verhandlung nach Ladung der Beteiligten statt, es ergeht ein Enteignungsbeschluß, der mit der Ausführungsanordnung (§ 117) in Kraft gesetzt wird.

c) Die Enteignungsbehörde hat in dem Beschluß das in Frage kommende Recht zu konkretisieren, d. h. sie hat zu bestimmen, an welchem Grundstück, in welcher Art und in welchem Umfang das Recht zu bestellen ist oder wohin und in welcher Form es zu übertragen ist. Dabei geht das Gesetz davon aus, daß nun nach Ablauf einer längeren Zeit — nämlich der Anbietungsfrist und der Zeit bis zur Antragstellung — die „Bestellung oder Übertragung des bezeichneten Rechts" — vgl. Abs. 1 — möglich geworden ist. Sie setzt also den Inhalt des Rechtes fest, kann dies aber nach ausdrücklicher Bestimmung nur, „soweit dessen Inhalt durch Vereinbarung bestimmt werden kann", d. h. soweit zwischen den beiden Parteien hinsichtlich des Rechtes nach den Bestimmungen des BGB ein Vertrag geschlossen werden kann. Auch die Entschädigung, die der im Nachverfahren Begünstigte an den Betroffenen (dem das Recht entzogen wird) zu leisten hat, ist festzusetzen und zwar gemäß § 99 in Geld.

**4. Antragsfrist (Abs. 3)**

Für den Antrag nach Abs. 2 ist ausdrücklich eine Frist bestimmt. Sie beträgt 6 Monate nach Ablauf der gemäß Abs. 1 bestimmten Frist. Es wird also dem Enteignungsbegünstigten zunächst durch die Enteignungsbehörde eine Frist für das Anbieten des Rechts gesetzt. Wenn diese Frist ungenützt verstreicht (Nichtanbietung oder Nichteinigung), so hat der Betroffene (der das Recht begehrt), noch 6 Monate Zeit zur Stellung des Antrags nach Abs. 2 auf Durchführung des Nachverfahrens (Entzug des Rechts). Versäumt er diese Frist, so verliert er damit auch das Recht auf Entschädigung durch Gewährung dieses Rechts und er kann nur mehr die Geldentschädigung, die in den Beschluß nach Abs. 1 aufgenommen wurde, verlangen, wenn ihm nicht gemäß § 153 Wiedereinsetzung zu gewähren ist.

**5. Wirkung des Nachverfahrens**

Der Beschluß über die Entziehung eines Rechts nach Abs. 2 ist anfechtbar nach § 157 durch Antrag auf gerichtliche Entscheidung. Ist der Enteignungsbeschluß nicht mehr anfechtbar, so ordnet (auf Antrag des Begünstigten, der das Recht begehrt) die Enteignungsbehörde seine Ausführung an (Ausführungsanordnung). Mit dem in der Ausführungsanordnung festzusetzenden Tag wird der bisherige Rechtszustand durch den im Enteignungsbeschluß geregelten neuen Rechtszustand ersetzt. Die Ausführungsanordnung schließt z. B. im Falle des § 101 Abs. 1 Nr. 2 und 3 die Einweisung in den Besitz des enteigneten Grundstücks ein (§ 117 Abs. 1, 3 und 4).

**6. Ausschluß des Nachverfahrens**

Das Nachverfahren kann aber dadurch illusorisch gemacht werden, daß der ursprüngliche Enteignungsbegünstigte in der ihm nach Abs. 1 gesetzten Frist nicht in den Besitz eines entsprechenden Rechts gelangt oder ein solches Recht, das er besitzt, an einen Dritten veräußert und ihm keine sonstigen für den Vollzug der Auflage geeigneten Grundstücke gehören. Die Durchführung des Nachverfahrens gegen einen Dritten ist ausgeschlossen (so auch Dittus-Zinkahn Anm. 11 zu § 15), da auf Grund des Nachverfahrens nur ein Entzug der dem Begünstigten zustehenden Rechte in Frage kommt. Auch hier wird dem Betroffenen (ebenso wie in dem Falle, daß er keinen Antrag nach Abs. 2 stellt — vgl. oben Anm. 2 d) nur die Annahme der festgesetzten Geldentschädigung übrig bleiben.

## § 116

### *Vorzeitige Besitzeinweisung*

**(1) Ist die sofortige Ausführung der beabsichtigten Maßnahme aus Gründen des Wohls der Allgemeinheit dringend geboten, so kann die Enteignungsbehörde den Antragsteller auf Antrag durch Beschluß in den Besitz des von dem Enteignungsverfahren betroffenen Grundstücks einweisen. Die Besitzeinweisung ist nur zulässig, wenn über sie in einer mündlichen Verhandlung verhandelt worden ist. Der Beschluß über die Besitzeinweisung ist dem Antragsteller, dem Eigentümer und dem unmittelbaren Besitzer zuzustellen. Die Besitzeinweisung wird in dem von der Enteignungsbehörde bezeichneten Zeitpunkt wirksam. Auf Antrag des unmittelbaren Besitzers ist dieser Zeitpunkt auf mindestens zwei Wochen nach Zustellung der Anordnung über die vorzeitige Besitzeinweisung an ihn festzusetzen.**

**(2) Die Enteignungsbehörde kann die vorzeitige Besitzeinweisung von der Leistung einer Sicherheit in Höhe der voraussichtlichen Entschädigung und von der vorherigen Erfüllung anderer Bedingungen abhängig machen. Auf Antrag des Inhabers eines Rechtes, das zum Besitz oder zur Nutzung des Grundstücks berechtigt, ist die Einweisung von der Leistung einer Sicherheit in Höhe der ihm voraussichtlich zu gewährenden Entschädigung abhängig zu machen. Die Anordnung ist dem Antragsteller, dem Besitzer und dem Eigentümer zuzustellen.**

**(3) Durch die Besitzeinweisung wird dem Besitzer der Besitz entzogen und der Eingewiesene Besitzer. Der Eingewiesene darf auf dem Grundstück das von ihm im Enteignungsantrag bezeichnete Bauvorhaben ausführen und die dafür erforderlichen Maßnahmen treffen.**

**(4) Der Eingewiesene hat für die durch die vorzeitige Besitzeinweisung entstehenden Vermögensnachteile Entschädigung zu leisten, soweit die Nachteile nicht durch die Verzinsung der Geldentschädigung (§ 99 Abs. 3) ausgeglichen werden. Art und Höhe der Entschädigung werden durch die Enteignungsbehörde spätestens in dem in § 113 bezeichneten Beschluß festgesetzt. Wird der Beschluß über Art und Höhe der Entschädigung vorher erlassen, so ist er den in Absatz 2 Satz 3 bezeichneten Personen zuzustellen. Die Entschädigung für die Besitzeinweisung ist ohne Rücksicht darauf, ob ein Antrag auf gerichtliche Entscheidung gestellt wird, zu dem in Absatz 1 Satz 4 bezeichneten Zeitpunkt fällig.**
**(5) Auf Antrag einer der in Absatz 2 Satz 3 bezeichneten Personen hat die Enteignungsbehörde den Zustand des Grundstücks vor der Besitzeinweisung in einer Niederschrift feststellen zu lassen, soweit er für die Besitzeinweisungs- oder die Enteignungsentschädigung von Bedeutung ist. Den Beteiligten ist eine Abschrift der Niederschrift zu übersenden.**
**(6) Wird der Enteignungsantrag abgewiesen, so ist die vorzeitige Besitzeinweisung aufzuheben und der vorherige unmittelbare Besitzer wieder in den Besitz einzuweisen. Der Eingewiesene hat für alle durch die vorzeitige Besitzeinweisung entstandenen besonderen Nachteile Entschädigung zu leisten. Absatz 4 Satz 2 gilt entsprechend.**

### 1. Allgemeines

Das Institut der vorzeitigen Besitzeinweisung hat seit langem in das Enteignungsrecht Eingang gefunden. Diese soll dem Antragsteller die Möglichkeit geben, schon vor dem Eigentumsübergang auf dem Grundstück die Maßnahmen zu treffen, die im Rahmen des Enteignungszwecks notwendig sind. Auch im BBauG konnte auf die vorzeitige Besitzeinweisung nicht verzichtet werden, da es Fälle gibt, in denen mit der Bauausführung sofort begonnen werden muß (Begründung zu § 27 des BauLBG und zu § 128 des BBauG). Voraussetzung ist auch hier das Vorliegen von Gründen des Wohles der Allgemeinheit. Da es sich um einen erheblichen Eingriff in die Rechte des Betroffenen handelt, waren rechtsstaatliche Sicherungen zur Überprüfung dieses Eingriffs zu schaffen: mündliche Verhandlung (Abs. 1), Leistung einer Sicherheit (Abs. 2), Leistung einer Entschädigung (Abs. 4) und Anfechtungsmöglichkeit (§ 157).

### 2. Voraussetzungen für die vorzeitige Besitzeinweisung (Abs. 1)

**a)** Es müssen G r ü n d e d e s W o h l e s d e r A l l g e m e i n h e i t vorliegen, damit die vorzeitige Besitzeinweisung ausgesprochen werden kann. Daraus folgt, daß p r i v a t e G r ü n d e, etwa die Interessen eines Beteiligten, die Einweisung nicht rechtfertigen können. Vielfach wird die Zweckbestimmung der beabsichtigten Maßnahme für das Vorliegen von Gründen des Wohles der Allgemeinheit ausschlaggebend sein (Errichtung von Schulen, Krankenhäusern, Versorgungseinrichtungen, sozialer Wohnungsbau); es ist aber auch denkbar, daß andere Umstände gegeben sein können, die zur Bejahung des Vorliegens der genannten Gründe führen können, so die Tatsache, daß bei Verzögerung des Baues das

Baumaterial infolge der Witterungseinflüsse (Einbruch des Winters) zugrunde gehen würde oder daß eine größere Anzahl von Arbeitskräften entlassen werden müßte (im übrigen vgl. zum Begriff „Wohl der Allgemeinheit" Anm. 2 a zu § 87).

**b)** Das Vorliegen von Gründen des öffentlichen Wohles genügt aber für sich allein noch nicht. Es ist noch erforderlich, daß die s o f o r t i g e Ausführung der beabsichtigten Maßnahme aus den genannten Gründen d r i n g e n d g e b o t e n ist. Es genügt also nicht, daß die Ausführung der Maßnahme an sich im Interesse des Wohles der Allgemeinheit liegt und daß bei einer Verzögerung N a c h t e i l e entstehen, es muß vielmehr dazu kommen, daß die Arbeiten überhaupt keinen Aufschub dulden, daß durch eine Verzögerung möglicherweise die Verwirklichung des Enteignungszweckes unmöglich oder jedenfalls sehr in Frage gestellt wird (z. B. ein bestimmtes Bauwerk, welches das Enteignungsunternehmen darstellt, muß zu einem bestimmten Zeitpunkt fertig sein, da sonst der mit der Enteignung verfolgte Zweck nicht mehr erreicht werden kann).

Ob die Voraussetzungen für die vorzeitige Besitzeinweisung gegeben sind, ist eine gerichtlich nachprüfbare Rechtsfrage. Da es sich, wie erwähnt, um einen erheblichen Eingriff handelt, ist von dem Institut der vorzeitigen Einweisung nur mit Vorsicht Gebrauch zu machen; jedenfalls wird es sich empfehlen, bei der Entscheidung über die Besitzeinweisung auch die Erfolgsaussichten des Enteignungsantrags, d. h. die Frage, ob ihm voraussichtlich stattzugeben sein wird, zu prüfen. (Vgl. hierzu auch OLG München, Senat für Baulandsachen, U vom 4. 6. 1962 — 2 U 1/62 Baul — nicht veröffentlicht; hiernach ist Voraussetzung für die vorzeitige Besitzeinweisung, daß das Enteignungsverfahren mit einer f a s t a n S i c h e r h e i t g r e n z e n d e n W a h r s c h e i n l i c h k e i t Erfolg hat. Die Enteignungsbehörde muß vor der Entscheidung prüfen, ob die sämtlichen Zulässigkeitsvoraussetzungen der jeweiligen Enteignung mit hoher Wahrscheinlichkeit vorliegen, und dazu gehört auch die Ordnungsmäßigkeit des Plans. Dasselbe gilt für das Verfahren vor der Baulandkammer und im Berufungsverfahren.)

### 3. Die Besitzeinweisung (noch Abs. 1)

**a)** Erforderlich ist ein A n t r a g desjenigen, der die Enteignung betreibt („Antragsteller"). Die B e h ö r d e kann also n i c h t von sich aus eine Besitzeinweisung aussprechen. Der Antrag kann jederzeit während des Laufes des Verwaltungsverfahrens vor der Enteignungsbehörde gestellt werden. Die Behörde kann eine Besitzeinweisung nur bis zum Erlaß des Enteignungsbeschlusses nach § 113 aussprechen. Dies ergibt sich aus der Regelung in Abs. 4 über die Festsetzung der Entschädigung für die durch die vorzeitige Besitzeinweisung entstehenden Vermögensnachteile. Eine solche Entschädigung ist von der Enteignungsbehörde „spätestens in dem in § 113 bezeichneten Beschluß" festzusetzen; also muß die Besitzeinweisung vorher erfolgen.

**b)** Der Beschluß über die Besitzeinweisung darf nur a u f G r u n d m ü n d l i c h e r V e r h a n d l u n g ergehen (vgl. hierzu, auch wegen des Erfordernisses der Begründung, Anm. 2 c zu § 112). Es handelt sich um eine Ermessensentscheidung der Behörde („kann einweisen"), d. h. die Behörde muß beim Vorliegen der Voraussetzungen die Einweisung nicht aussprechen; sie kann auch — und das wird in vielen Fällen möglich und zweckmäßig sein — das Verfahren so beschleunigen, daß eine vorzeitige Besitzeinweisung hinfällig wird. Der Beschluß ist dem Antragsteller, dem Eigentümer und dem (etwa vorhandenen) unmittelbaren Besitzer (z. B. Pächter — siehe unten Anm. 5) zuzustellen.

**4. Inhalt des Einweisungsbeschlusses (noch Abs. 1)**

a) Die erforderlichen Angaben über die Durchführung der mündlichen Verhandlung (vgl. Anm. 2 c zu § 112),
b) Bezeichnung des Antragstellers, des betroffenen Grundstücks und seines Eigentümers und etwaigen unmittelbaren Besitzers (z. B. Pächters),
c) die Verfügung der Besitzeinweisung,
d) Angabe des Zeitpunkts, in dem die Einweisung wirksam wird (Abs. 1 Satz 4),
e) soweit erforderlich die Festsetzung einer Sicherheit und anderer Bedingungen (Abs. 2),
f) Hinweis auf die Wirkungen der Einweisung (Abs. 3),
g) Festsetzung einer Entschädigung (Abs. 4).

**5. Zeitpunkt der Wirksamkeit (noch Abs. 1)**

Die vorzeitige Besitzeinweisung wird in dem Zeitpunkt wirksam, der von der Enteignungsbehörde im Einweisungsbeschluß festgesetzt wird. In dem Beschluß ist also hierfür ein ganz bestimmter Termin (Tag) festzusetzen; zu diesem Zeitpunkt treten die in Abs. 3 bezeichneten Wirkungen ein, d. h. der Eingewiesene wird ohne weiteres Besitzer und kann die erforderlichen Maßnahmen auf dem fraglichen Grundstück durchführen.

Der Einweisungsbeschluß ist selbständig anfechtbar. Im Falle der Anfechtung treten die in § 164 bezeichneten Folgen ein; Zwangsmaßnahmen zur Verschaffung des „tatsächlichen Besitzes" sind sodann mit Zustimmung des Gerichts zulässig. Die im Einweisungsbeschluß erfolgte Festsetzung eines Zeitpunkts für die Wirksamkeit der Besitzeinweisung wird im Falle der Anfechtung insoweit illusorisch, als die Besitzeinweisung (ohne Zustimmung des Gerichts) nicht mehr mit behördlichen Zwangsmaßnahmen durchgesetzt werden kann. Ist der Eingewiesene schon vor der Anfechtung des Einweisungsbeschlusses in den Besitz des betroffenen Grundstücks gelangt, so bleibt es dabei.

Aus Billigkeitsgründen (um ihm die Räumung des Grundstücks in angemessener Frist zu ermöglichen) wurde bestimmt, daß der unmittelbare Besitzer (z. B. Pächter, Mieter) verlangen kann, daß der Zeitpunkt der Besitzeinweisung nicht früher als zwei Wochen nach Zustellung des Einweisungsbeschlusses an ihn festgesetzt wird.

**6. Sicherheitsleistung und andere Bedingungen (Abs. 2)**

a) Die vorzeitige Besitzeinweisung bedeutet einen erheblichen Eingriff in die Rechte des von der Enteignung Betroffenen. Der Antragsteller wird durch die Einweisung in die Lage versetzt, frühzeitig mit den Arbeiten zu beginnen, während andrerseits der Betroffene genötigt wird, den Besitz vorzeitig aufzugeben. Der Gesetzgeber hat es daher als billig angesehen, daß der Betroffene durch die Anordnung der Sicherheitsleistung so gestellt werden kann, als ob er bereits den ganzen Enteignungsschaden erlitten hätte. Die Leistung der Sicherheit (in Geld) kann verlangt werden „in Höhe der voraussichtlichen Entschädigung", d. h. die Behörde wird im allgemeinen die Hauptentschädigung, die sie auf

Grund der vorhandenen Enteignungsunterlagen annähernd berechnen kann, als Sicherheit festsetzen; doch ist es ihrem pflichtmäßigen Ermessen überlassen, ob und in welcher Höhe sie die Leistung einer Sicherheit fordern will. Es ist nicht anzunehmen, daß sie, wenn sie eine Sicherheitsleistung verlangt, nur eine solche in Höhe der voraussichtlichen Hauptentschädigung festsetzen kann, vielmehr wird dies die Höchstgrenze sein. Auch der Ausdruck „voraussichtliche" Entschädigung besagt, daß die Behörde nicht gezwungen ist, die Höhe der Sicherheitsleistung genau auf die Höhe der Hauptentschädigung abzustellen. Im übrigen wird die Festsetzung einer Sicherheit nicht dadurch ausgeschlossen, daß im Hauptverfahren an Stelle der Geldentschädigungen andere Entschädigungen in Frage kommen oder gefordert werden (z. B. Entschädigung in Land). Es handelt sich hier um eine vorläufige Maßnahme, durch die der Betroffene auf jeden Fall durch Erlegung eines Geldbetrags durch den Enteignungsbegünstigten (ohne Rücksicht auf die Art der später im Enteignungsbeschluß festzusetzenden Entschädigung) gesichert werden soll. Wegen der Art der Sicherheitsleistung vgl. § 232 ff. BGB.

b) Die Besitzeinweisung kann außer von der Leistung einer Sicherheit in Geld auch noch von der vorherigen Erfüllung anderer Bedingungen abhängig gemacht werden. In der Auswahl dieser Bedingungen ist die Behörde grundsätzlich frei, allerdings müssen sie sich ihrem Sinn und Zweck nach darauf richten, die Wirkungen des Eingriffs (vorzeitige Besitzeinweisung) zu mildern und dem Betroffenen neben der finanziellen Sicherung noch sonstige mögliche Erleichterungen zu bringen. So könnte beispielsweise bestimmt werden, daß dem Betroffenen gestattet ist, das fragliche Grundstück auch nach der Besitzeinweisung noch für eine bestimmte Zeit in einem bestimmten Ausmaß zu benutzen, soweit dadurch der Enteignungszweck nicht gefährdet wird. Aus dem Wortlaut „vorherige Erfüllung anderer Bedingungen" könnte zwar geschlossen werden, daß die Behörde dem Antragsteller zunächst die Bedingungen auferlegen muß und erst nach deren Erfüllung die Besitzeinweisung aussprechen kann; doch wird nichts dagegen einzuwenden sein, daß Sicherheitsleistung und Bedingungen in den Einweisungsbeschluß aufgenommen werden. Allerdings handelt es sich dann nicht mehr um eine Bedingung, sondern um eine Auflage.

c) Während die Anordnung der Sicherheitsleistung nach Abs. 2 Satz 1 in das Ermessen der Behörde gestellt ist, muß die Sicherheitsleistung nach Satz 2 bei Vorliegen eines entsprechenden Antrags ausgesprochen werden. Es handelt sich hier um die Inhaber eines Rechts, das zum Besitz oder zur Nutzung des Grundstücks berechtigt (vgl. § 86 Abs. 1 Nr. 3 und die dortigen Anmerkungen); auf Antrag der Rechtsinhaber ist die Besitzeinweisung in das Grundstück, an dem sie dieses Recht besitzen, von der Leistung einer Sicherheit in Höhe der ihnen voraussichtlich zu gewährenden Entschädigung abhängig zu machen. Daneben können auch Bedingungen im Sinne des Satz 1 festgesetzt werden.

### 7. Wirkungen der Besitzeinweisung (Abs. 3)

Die Besitzeinweisung hat einen Besitzwechsel im Sinne des § 854 BGB zur Folge. Dem bisherigen Besitzer (dem unmittelbaren wie dem mittelbaren) wird der Besitz entzogen und der Eingewiesene wird mit dem in der Einweisungsanordnung bezeichneten Zeitpunkt Besitzer, d. h. er erlangt die tatsächliche Gewalt über das Grundstück. Diese tatsächliche Gewalt kann er aber nicht unbeschränkt ausüben; das durch die Einweisung erlangte Besitzrecht ist, jedenfalls solange der Eingewiesene nicht nach Unanfechtbarkeit des Enteignungsbeschlusses Eigentümer ist, beschränkt auf bestimmte Handlungen, die der Erreichung des Enteignungszwecks dienen. Der Eingewiesene darf lediglich die erforderlichen Maßnahmen zur Ausführung des Bauvorhabens, das im Enteignungs a n t r a g bezeichnet ist, treffen. Andere bauliche oder sonstige Maßnahmen auf dem Grundstück werden durch die Besitzeinweisung nicht gedeckt, auch gewährt die vorzeitige Besitzeinweisung lediglich die p r i v a t r e c h t l i c h e Befugnis zur Inangriffnahme der in Aussicht genommenen baulichen Anlage, die sonst erforderlichen öffentlich-rechtlichen Erlaubnisse und Genehmigungen sind gleichwohl rechtzeitig einzuholen.

Die R e c h t s w i r k u n g des Besitzübergangs wird durch eine etwaige Anfechtung des Einweisungsbeschlusses nicht berührt (vgl. oben Anm. 5).

**8. Entschädigungsleistung anläßlich der Besitzeinweisung (Abs. 4)**

a) Abs. 4 sieht eine Entschädigung für die durch die vorzeitige Besitzeinweisung dem Betroffenen entstehenden Vermögensnachteile vor. Eine solche Entschädigung wird beispielsweise dann gerechtfertigt sein, wenn infolge der Besitzeinweisung die bisherige Nutzung entfällt und der Eigentümer einen laufenden Verdienstausfall erleidet. Es kommen also hier Vermögensnachteile in Frage, die dadurch entstehen, daß durch die vorzeitige Besitzeinweisung der bisherige Besitzer sein Besitzrecht früher verliert, als dies infolge des Enteignungsbeschlusses der Fall wäre. Diese Entschädigung entfällt aber, s o w e i t die Vermögensnachteile durch die nach § 99 Abs. 3 vom Eingewiesenen zu zahlende Verzinsung ausgeglichen werden. Diese Verzinsung ist von dem Zeitpunkt ab zu leisten, in dem die Besitzeinweisung wirksam wird (vgl. § 116 Abs. 1).

b) Die F e s t s e t z u n g d e s E i n w e i s u n g s s c h a d e n s geschieht in einem B e s c h l u ß der Enteignungsbehörde. Nach Abs. 4 sind zwei Möglichkeiten gegeben:

aa) Der Beschluß über Art und Höhe der Einweisungsentschädigung kann mit dem Enteignungsbeschluß nach § 113 verbunden werden, d. h. in diesem (Haupt-)beschluß wird sowohl über die Hauptentschädigung wie über den Einweisungsschaden entschieden, o d e r

bb) der Beschluß über Art und Höhe der Einweisungsentschädigung ergeht v o r dem Enteignungsbeschluß nach § 113. Das kann geschehen sofort mit dem Einweisungsbeschluß (Abs. 1) oder durch einen späteren selbständigen (aber noch vor dem Beschluß nach § 113 ergehenden) Entschädigungsbeschluß. Ob ein der beiden letztgenannten Zeitpunkte zu wählen ist, hängt hauptsächlich davon ab wann sich übersehen läßt, wie hoch der Einweisungsschaden zu bemessen ist Dieser vorzeitig ergangene Beschluß ist jedenfalls dem Eingewiesenen, dem Betroffenen und einem etwaigen unmittelbaren Besitzer zuzustellen. Später als zusammen mit dem H a u p t b e s c h l u ß nach § 113 (s. oben) darf aber die Einweisungsentschädigung nicht festgesetzt werden und zwar kann sie dann zusammen mit der Hauptentschädigung in einem Betrag angesetzt werden, da sich beide in diesem Zeitpunkt überblicken lassen werden. Auch ein solcher Beschluß ist selbständig anfechtbar (§ 157, gegebenenfalls § 155).

c) Die Einweisungsentschädigung ist in jedem Fall, also auch wenn gegen den Entschädigungsbeschluß Antrag auf gerichtliche Entscheidung gestellt wurde, zu dem Zeitpunkt f ä l l i g, in dem die Besitzeinweisung nach dem von der Behörde erlassenen Einweisungsbeschluß w i r k s a m w i r d (Abs. 1 Satz 4).

**9. Feststellung des Zustandes des Grundstücks vor der Besitzeinweisung (Abs. 5)**

a) Durch die Besitzeinweisung wird der Eingewiesene ermächtigt, auf dem Grundstück verschiedene Maßnahmen zu treffen, durch die der Zustand des Grundstücks verändert wird (z. B. Erdaushub, Aufgrabungen, Aufschüttungen, Anlegung von Versorgungsleitungen). Dies könnte zu einer Quelle von Streitigkeiten werden, wenn das Ausmaß der Veränderungen bestritten wird, und wiederum einen erheblichen Einfluß auf Art und Höhe der zu gewährenden Entschädigungen (Besitzeinweisungs- und Enteignungsentschädigungen) ausüben. Um solche Streitigkeiten zu vermeiden, hat das Gesetz bestimmt, daß der Zustand des Grundstücks, soweit er für die genannten Entschädigungen von Bedeutung ist, von der Enteignungsbehörde v o r d e r B e s i t z e i n w e i s u n g festzustellen ist. Die Behörde wird aber auch hier nicht von sich aus tätig, sondern nur a u f A n t r a g des „Antragstellers", des Grundstückseigentümers oder eines unmittelbaren Besitzers.

b) Als F o r m dieser Feststellung ist eine Niederschrift durch die Behörde vorgesehen. Diese Niederschrift kann nur auf Grund einer Ortsbesichtigung durch den zuständigen Beamten der Behörde gefertigt werden, da in ihr alle wesentlichen Merkmale des Grundstücks (Lage, Größe, Form, jetzige Nutzung — insbesondere ob Ackerland, Wiese, Lagerplatz — Bepflanzung, Bebauung, Bodenerhebungen und -vertiefungen, Wasserläufe, Umzäunungen usw.) aufgezeichnet werden müssen. Die Niederschrift ist von dem Beamten der Behörde zu unterzeichnen. Es ist zwar nicht vorgeschrieben, aber sehr zweckmäßig, die Beteiligten zu der Ortsbesichtigung zu laden, ihnen den Inhalt der Niederschrift bekanntzugeben und etwaige Einwendungen in die Niederschrift aufzunehmen. Den Beteiligten i s t auch eine Abschrift der Niederschrift zu übersenden.

**10. Aufhebung der Besitzeinweisung (Abs. 6)**

a) In den Fällen, in denen der Enteignungsantrag abgewiesen wird (Beschluß nach § 112 Abs. 1, § 113 Abs. 1), muß auch die vorzeitige Besitzeinweisung wieder aufgehoben werden, da ihre Grundlage (sofortige Ausführung der beabsichtigten Maßnahme) weggefallen ist. Z u g l e i c h m u ß der vorherige u n m i t t e l b a r e Besitzer wieder in den Besitz eingewiesen werden. Dies ist notwendig, weil der unmittelbare Besitzer durch die Enweisungsverfügung aus seinem Besitz verdrängt wurde. Der unmittelbare Besitzer kann der frühere Eigentümer selbst oder eine Person sein, die von ihm den Besitz herleitet (Mieter, Pächter). Allerdings wird es unmöglich sein, den früheren unmittelbaren Besitzer wieder einzuweisen, wenn inzwischen das maßgebliche Rechtsverhältnis (z. B. Pacht) beendet wurde (z. B. Ablauf der Pachtzeit). In diesem Falle wird der frühere mittelbare Besitzer wieder einzuweisen sein (z. B. der Verpächter).

Der Beschluß über die Aufhebung der Besitzeinweisung muß aber nicht erst zusammen mit dem Beschluß nach §§ 112, 113 ergehen; es kann wohl auch schon vorher, wenn sich die Behörde darüber klar ist, daß der Enteignungsantrag keine Aussicht auf Erfolg mehr hat, die Aufhebung ausgesprochen werden; schließlich kann aber auch der Fall eintreten, daß die Einweisung erst nach dem Enteignungsbeschluß aufgehoben werden muß, wenn nämlich der Enteignungsbeschluß der Behörde, in dem die Enteignung ausgesprochen wurde, mit Erfolg angefochten wurde und im gerichtlichen Verfahren aufgehoben wird. Der Beschluß ergeht von Amts wegen, ein Antrag ist nicht erforderlich.

b) Mit dem Beschluß über die Aufhebung der Einweisung ist immer auch über Art und Höhe der Entschädigung zu entscheiden, die der Eingewiesene „für alle durch die vorzeitige Besitzeinweisung entstandenen besonderen Nachteile" zu leisten hat. Diese „Nachteile" decken sich durchaus nicht etwa mit den in Abs. 4 erwähnten, „durch vorzeitige Besitzeinweisung entstandenen Vermögensnachteile"; während es sich bei den letzteren um Vermögensschäden handelt, die dadurch entstanden sind, daß der bisherige Besitzer den Besitz vorzeitig verloren hat (z. B. Entgang von Nutzungen, die in Aussicht standen — vgl. oben Anmerkung 8 a), betreffen die besonderen Nachteile nach Abs. 6 Schäden, die während der Besitzeinweisung entstanden sind (z. B. Veränderungen an dem Grundstück, die der vorherige Besitzer wieder beseitigen muß, oder Einrichtungen auf dem Grundstück, die der frühere Besitzer nicht verwenden kann und daher ebenfalls beseitigen muß, um die früheren oder von ihm weiter beabsichtigten Nutzungen ziehen zu können).

**11. Anfechtung**

Die Beschlüsse und Verfügungen über die Anordnung und die Ablehnung der Besitzeinweisung (Abs. 1), über die Sicherheitsleistung (Abs. 2), über die Entschädigungsleistung (Abs. 4) und über die Aufhebung des Einweisungsantrags (Abs. 6) können durch Antrag auf gerichtliche Entscheidung angefochten werden (§ 157), gegebenenfalls nach Durchführung eines Vorverfahrens (§ 155).

**12. Rechtsprechung**

BGH, U vom 30. 5. 1960, BGHZ 32, 338, 2. Leitsatz; MDR 1960, 745.

Zur Frage, was unter vergütungspflichtigem Schaden bei vorläufiger Besitzeinweisung im Enteignungsverfahren zu verstehen ist.

**13. Schrifttum**

Dittus, Nachträgliche Besitzeinweisung und Zulässigkeit von Zwangsmaßnahmen, NJW 1963, 793,

Dittus, Die Rechtsstellung des Betroffenen bei der vorzeitigen Besitzeinweisung und bei vorzeitigem Eigentumswechsel. Deutsche Wohnungswirtschaft 1964, 166—174.

## § 117

*Ausführung des Enteignungsbeschlusses*

**(1) Ist der Enteignungsbeschluß nicht mehr anfechtbar, so ordnet auf Antrag eines Beteiligten die Enteignungsbehörde seine Ausführung an (Aus-**

**führungsanordnung), wenn der durch die Enteignung Begünstigte die Geldentschädigung gezahlt oder zulässigerweise unter Verzicht auf das Recht der Rücknahme hinterlegt hat.**

**(2) Die Ausführungsanordnung ist allen Beteiligten zuzustellen, deren Rechtsstellung durch den Enteignungsbeschluß betroffen wird. Die Ausführungsanordnung ist der Gemeinde abschriftlich mitzuteilen, in deren Bezirk das von der Enteignung betroffene Grundstück liegt. § 113 Abs. 3 gilt sinngemäß.**

**(3) Mit dem in der Ausführungsanordnung festzusetzenden Tag wird der bisherige Rechtszustand durch den im Enteignungsbeschluß geregelten neuen Rechtszustand ersetzt. Gleichzeitig entstehen die nach § 113 Abs. 2 Nr. 6 begründeten Rechtsverhältnisse; sie gelten von diesem Zeitpunkt an als zwischen den an dem Rechtsverhältnis Beteiligten vereinbart.**

**(4) Die Ausführungsanordnung schließt die Einweisung in den Besitz des enteigneten Grundstücks und des Ersatzlandes zu dem festgesetzten Tag ein.**

**(5) Die Enteignungsbehörde übersendet dem Grundbuchamt eine beglaubigte Abschrift des Enteignungsbeschlusses und der Ausführungsanordnung und ersucht es, die Rechtsänderungen in das Grundbuch einzutragen.**

**1. Die Ausführungsanordnung (Abs. 1)**

Der Schlußstein des gesamten Enteignungsverfahrens ist die Ausführungsanordnung. Sie beendet das Verfahren und setzt die Enteignung in Kraft; die rechtlichen Wirkungen der Enteignung treten also nicht etwa schon dadurch ein, daß der Enteignungsbeschluß rechtskräftig geworden ist, sondern erst durch die Erlassung der Ausführungsanordnung.

Voraussetzung für diese Erlassung ist:

a) Es muß ein Antrag eines Beteiligten vorliegen; der Antrag wird in der Regel vom Enteignungsbegünstigten ausgehen, der den Enteignungsantrag gestellt hat und das Vorhaben, das zur Enteignung Anlaß gab, durchführen will; er kann aber auch von jedem anderen Beteiligten gestellt werden, da auch diese ein Interesse an dem endgültigen Abschluß des Verfahrens haben können, besonders wenn sie Entschädigungsleistungen erhalten.

b) Die Ausführungsanordnung darf erst ergehen, wenn der Enteignungsbeschluß nicht mehr anfechtbar ist. Dies kann dadurch eintreten, daß der Beschluß nicht angefochten wurde oder dadurch, daß die gegen ihn gerichtete Anfechtung letztinstanziell zurückgewiesen wurde.

c) Schließlich muß die Behörde bei Erlassung der Ausführungsanordnung darauf achten, daß sie von dem durch die Enteignung Begünstigten den Nachweis verlangen muß, daß dieser die Entschädigung gezahlt (§§ 99, 113 Abs. 2 Nr. 8) oder zulässigerweise unter Verzicht auf das Recht der Rücknahme hinterlegt hat (§§ 372, 376, 378 BGB). Eine bestimmte Form des Nachweises der Verpflichtung des Begünstigten schreibt das Gesetz nicht vor, es ist daher dem Ermessen der Behörde überlassen, welche Nachweise sie fordern will. Außer der Bezahlung der Geldentschädigung oder der Hinterlegung werden wohl auch andere Nachweise, welche die Begleichung oder das Erlöschen der Schuld dartun können, für den Erlaß der Anordnung als genügend erachtet werden müssen, so z. B. ein Erlaßvertrag oder ein negatives Schuldanerkenntnis (§ 397 BGB).

**2. Die Aufhebung des Enteignungsbeschlusses bei Nichtzahlung der Entschädigung**

Es ist dem Begünstigten nicht möglich, die (von ihm möglicherweise aus irgendeinem Grund beabsichtigte) Hinauszögerung der Erlassung der Ausführungsanordnung etwa dadurch zu erreichen, daß er mit der Bezahlung der Geldentschädigung zuwartet. Dem schiebt nämlich § 120 dadurch einen Riegel vor, daß er der Enteignungsbehörde gebietet, den Enteignungsbeschluß auf Antrag (eines Beteiligten) aufzuheben, wenn die Ausführungsanordnung noch nicht ergangen und der durch die Enteignung Begünstigte die ihm durch den Enteignungsbeschluß auferlegten Zahlungen nicht innerhalb von einem Monat nach dem Zeitpunkt geleistet hat, in dem der Beschluß unanfechtbar geworden ist.

**3. Form und Zustellung (Abs. 2)**

a) Über die Form der Ausführungsanordnung ist im Gesetz nichts enthalten, sie kann als Beschluß oder als Verfügung bezeichnet werden; im Falle des § 104 Abs. 2 müssen die ehrenamtlichen Beisitzer mitwirken.

b) Formell zuzustellen ist die Anordnung nur den Beteiligten, deren Rechtsstellung durch den Enteignungsbeschluß betroffen wird. Wer hier als Beteiligter in diesem Sinn in Frage kommt, ergibt sich wohl eindeutig aus dem Enteignungsbeschluß, da in ihm alle Personen aufgeführt sein müssen, die durch ihn betroffen werden.

Mitteilung ohne förmliche Zustellung genügt:

bei der Gemeinde, in deren Bezirk das von der Enteignung betroffene Grundstück liegt (Abschrift der Anordnung — Abs. 2);

beim Grundbuchamt (beglaubigte Abschriften des Enteignungsbeschlusses und der Ausführungsanordnung mit dem Ersuchen, die Rechtsänderung in das Grundbuchamt einzutragen — Abs. 5; vgl. auch unten 4 a —);

beim Vollstreckungsgericht (Abschrift der Anordnung — Abs. 2 Satz 3 mit § 113 Abs. 3 —).

**4. Die Rechtswirkungen der Ausführungsanordnung (Abs. 3, 4 u. 5)**

a) Die Ausführungsanordnung ist für das Enteignungsverfahren deshalb von so großer Bedeutung, weil durch sie erst die Enteignung in Kraft gesetzt wird. Die Enteignungsbehörde hat in der Anordnung einen bestimmten Tag festzusetzen. An diesem Tag hört der bisherige Rechtszustand zu bestehen auf und an seine Stelle tritt der durch die Enteignungsbehörde im Enteignungsbeschluß geregelte Rechtszustand. Der Rechtsübergang geschieht ohne weitere Formalitäten; es handelt sich um einen originären Rechtsübergang. Daraus folgt, daß die Eintragung im Grundbuch (Abs. 5) keine konstitutive Wirkung hat, daß es sich vielmehr im Wesen um eine Grundbuchberichtigung handelt.

Infolge der tiefgreifenden Wirkungen der Festsetzung des Termins für den Rechtsübergang ist dieser Termin genau zu bezeichnen. In der Wahl des Tages wird die Behörde in der Regel frei sein, doch wird die Wahl eines vor der Anordnung liegenden Tages nicht angebracht sein.

b) Kraft Gesetzes hat die Ausführungsanordnung auch die Wirkung, daß der Begünstigte in den Besitz des enteigneten Grundstücks bzw. des Ersatzlandes eingewiesen wird (Abs. 4). Diese Besitzeinweisung tritt zu demselben Zeitpunkt ein, der in der Ausführungsanordnung als Tag des Rechtsübergangs bezeichnet ist (Abs. 3). Die Wirkung der Besitzeinweisung entfällt, wenn bereits früher gemäß § 116 ein Beschluß über die vorzeitige Besitzeinweisung ergangen ist.

Obwohl die Besitzeinweisung durch die Ausführungsanordnung kraft Gesetzes eintritt, dürfte es doch zweckmäßig sein, in letzterer einen Hinweis auf die Tatsache und den Zeitpunkt der Besitzeinweisung zu bringen.

## § 118
### *Hinterlegung*

**(1) Geldentschädigungen, aus denen andere Berechtigte nach § 97 Abs. 4 zu befriedigen sind, sind unter Verzicht auf das Recht der Rücknahme zu hinterlegen, soweit mehrere Personen auf sie Anspruch haben und eine Einigung über die Auszahlung nicht nachgewiesen ist. Die Hinterlegung erfolgt bei dem Amtsgericht, in dessen Bezirk das von der Enteignung betroffene Grundstück liegt; § 2 des Zwangsversteigerungsgesetzes gilt sinngemäß.**

**(2) Andere Vorschriften, nach denen die Hinterlegung geboten oder statthaft ist, werden hierdurch nicht berührt.**

a) Wegen der Entschädigung nach § 97 Abs. 4 (Anspruch auf Ersatz des Wertes des Rechts aus der Geldentschädigung für das Eigentum an dem Grundstück) vgl. Anm. 5 zu § 97.

b) Geldentschädigungen, aus denen andere Berechtigte nach § 97 Abs. 4 zu befriedigen sind, sind unter Verzicht auf das Recht der Rücknahme zu hinterlegen.

Voraussetzung für den Eintritt der Pflicht zur Hinterlegung ist:

aa) daß mehrere Personen auf die Befriedigung aus der Geldentschädigung Anspruch haben. Dies wird in der Regel immer dann der Fall sein, wenn neben dem Eigentümer, der für den Verlust des Eigentums an dem enteigneten Grundstück eine Geldentschädigung erhält, weitere Beteiligte vorhanden sind, deren Rechte nach § 97 Abs. 4 entschädigt werden sollen (vgl. die Fassung „aus denen andere Berechtigte“ — nicht ein anderer Berechtigter — „zu befriedigen sind“);

bb) daß eine Einigung über die Auszahlung nicht nachgewiesen ist. Der Nachweis, daß eine Einigung über die Auszahlung getroffen wurde, ist gegenüber der Enteignungsbehörde zu führen. Diese wird, wenn die Einigung nicht oder nicht genügend nachgewiesen wird und die vorstehende unter aa) aufgeführte Voraussetzung gegeben ist, die Hinterlegung anordnen.

c) Hinterlegungsstelle ist das Amtsgericht, in dessen Bezirk das von der Enteignung betroffene Grundstück liegt. Ist das Grundstück in den Bezirken verschiedener Amtsgerichte belegen oder ist es mit Rücksicht auf die Grenzen der

Bezirke ungewiß, welches Gericht zuständig ist, so hat das zunächst höhere Gericht eines der Amtsgerichte als Hinterlegungsstelle zu bestellen; die Vorschriften des § 37 ZPO finden entsprechende Anwendung (§ 2 Abs. 1 des Zwangsversteigerungsgesetzes — ZVG). Die gleiche Anordnung kann getroffen werden, wenn die Enteignung mehrerer Grundstücke in demselben Verfahren durchgeführt wurde (vgl. § 108 Abs. 3) und die Grundstücke in den Bezirken verschiedener Amtsgerichte belegen sind.

d) Durch die Bestimmung des Abs. 1 über die Notwendigkeit der Hinterlegung von Geldentschädigungen im Enteignungsverfahren werden andere Vorschriften, nach denen die Hinterlegung geboten oder statthaft ist, nicht berührt (Abs. 2); in Frage kommen hier vor allem die Vorschriften des BGB über die Hinterlegung (§§ 372 ff.).

## § 119
### *Verteilungsverfahren*

**(1) Nach dem Eintritt des neuen Rechtszustandes kann jeder Beteiligte sein Recht an der hinterlegten Summe gegen einen Mitbeteiligten, der dieses Recht bestreitet, vor den ordentlichen Gerichten geltend machen oder die Einleitung eines gerichtlichen Verteilungsverfahrens beantragen.**

**(2) Für das Verteilungsverfahren ist das Amtsgericht zuständig, in dessen Bezirk das von der Enteignung betroffene Grundstück liegt; in Zweifelsfällen gilt § 2 des Zwangsversteigerungsgesetzes sinngemäß.**

**(3) Auf das Verteilungsverfahren sind die Vorschriften über die Verteilung des Erlöses im Falle der Zwangsversteigerung mit folgenden Abweichungen sinngemäß anzuwenden:**

1. **Das Verteilungsverfahren ist durch Beschluß zu eröffnen;**
2. **die Zustellung des Eröffnungsbeschlusses an den Antragsteller gilt als Beschlagnahme im Sinne des § 13 des Zwangsversteigerungsgesetzes; ist das Grundstück schon in einem Zwangsversteigerungs- oder Zwangsverwaltungsverfahren beschlagnahmt, so hat es hierbei sein Bewenden;**
3. **das Verteilungsgericht hat bei Eröffnung des Verfahrens von Amts wegen das Grundbuchamt um die in § 19 Abs. 2 des Zwangsversteigerungsgesetzes bezeichneten Mitteilungen zu ersuchen; in die beglaubigte Abschrift des Grundbuchblattes sind die zur Zeit der Zustellung des Enteignungsbeschlusses an den Enteigneten vorhandenen Eintragungen sowie die später eingetragenen Veränderungen und Löschungen aufzunehmen;**
4. **bei dem Verfahren sind die in § 97 Abs. 4 bezeichneten Entschädigungsberechtigten nach Maßgabe des § 10 des Zwangsversteigerungsgesetzes zu berücksichtigen, wegen der Ansprüche auf wiederkehrende Nebenleistungen jedoch nur für die Zeit bis zur Hinterlegung.**

**(4) Soweit auf Grund landesrechtlicher Vorschriften die Verteilung des Erlöses im Falle einer Zwangsversteigerung nicht von dem Vollstreckungsgericht, sondern von einer anderen Stelle wahrzunehmen ist, kann durch Landesrecht bestimmt werden, daß diese andere Stelle auch für das Verteilungsverfahren nach den Absätzen 1 bis 3 zuständig ist. Wird die Änderung einer Entscheidung dieser anderen Stelle verlangt, so ist die Entscheidung des Vollstreckungsgerichtes nachzusuchen. Die Beschwerde findet gegen die Entscheidung des Vollstreckungsgerichtes statt.**

**1. Allgemeines**

Während § 118 bestimmt, daß im Fall der Nichteinigung der Beteiligten über die Befriedigung aus der Geldentschädigung eine Hinterlegung zu erfolgen hat, regelt § 119 das Verfahren, in dem die Verteilung des hinterlegten Geldbetrags vor sich zu gehen hat, wenn sich die Beteiligten über diese Verteilung nicht einigen. Das Verteilungsverfahren lehnt sich eng an das im Zwangsversteigerungsgesetz vorgeschriebene Verteilungsverfahren an; Abs. 3 sieht nur einige wenige Ausnahmen vor.

**2. Geltendmachung des Rechts (Abs. 1)**

a) Nach § 117 Abs. 1 ergeht die Ausführungsanordnung erst, wenn der Begünstigte die Geldentschädigung gezahlt oder zulässigerweise unter Verzicht auf das Recht der Rücknahme hinterlegt hat (§ 118). Nach § 117 Abs. 3 wird mit dem in der Ausführungsanordnung festzusetzenden Tag der bisherige Rechtszustand durch den im Enteignungsbeschluß geregelten neuen Rechtszustand ersetzt. Dieser Zeitpunkt ist auch entscheidend für den Fall, daß die Geldentschädigung nicht bezahlt, sondern (nach dem eben erwähnten Bestimmungen) hinterlegt wurde. Von dem Zeitpunkt des Eintritts des neuen Rechtszustandes an kann nämlich jeder Beteiligte sein Recht an der hinterlegten Summe geltend machen.

b) Wenn der neue Rechtszustand eingetreten ist, gibt es drei Möglichkeiten, um die Verteilung des hinterlegten Betrags zu bewirken:

aa) Die vor der Hinterlegung nicht erfolgte Einigung über die Auszahlung der Entschädigung, die zur Hinterlegung geführt hat (vgl. § 118 Abs. 1) kann auch noch nach der Hinterlegung nachgeholt werden. Wenn sich die Beteiligten nach der Hinterlegung über die Verteilung einigen, besteht kein Anlaß zu einem gerichtlichen Verfahren; die Hinterlegungsstelle wird vielmehr die Verteilung entsprechend der Einigung vornehmen.

bb) Im Fall der Nichteinigung kann ein Beteiligter sein Recht an der hinterlegten Summe gegenüber demjenigen Mitbeteiligten, der dieses Recht bestreitet, durch Klage vor den ordentlichen Gerichten geltend machen. Es können also möglicherweise mehrere solche Prozesse zwischen Beteiligten in Frage kommen. Die Verteilungsstelle wird dann auf Grund der ergehenden Urteile die Verteilung vornehmen.

cc) Statt der vorstehenden unter bb) angeführten Klage kann jeder Beteiligte auch Antrag auf Einleitung eines gerichtlichen Verteilungsverfahrens stellen. Dieses Verteilungsverfahren findet dann auf Grund der Bestimmungen der Abs. 2 und 3 statt.

**3. Verteilungsverfahren (Abs. 2 u. 3)**

Hinsichtlich der Zuständigkeit gilt das gleiche wie für die Zuständigkeit bei Hinterlegung des Betrags (§ 118 Abs. 1 Satz 2; vgl. auch § 118 Anm. c).

Im allgemeinen sind für das Verteilungs verfahren die Vorschriften über die Verteilung des Erlöses im Fall der Zwangsversteigerung maßgebend. In Frage kommen hier die §§ 105 ff. ZVG.

Abweichungen von diesem Verfahren bestimmt Abs. 3, die durch die besonderen Verhältnisse des hier in Frage kommenden Verteilungsverfahrens (gegenüber dem Zwangsversteigerungsverfahren) bedingt sich als notwendig erwiesen haben (gesonderter Beschluß, Festsetzung des Zeitpunkts der Beschlagnahme, wenn das Grundstück nicht schon in einem Zwangsversteigerungs- oder Zwangsverwaltungsverfahren beschlagnahmt ist, Mitwirkung des Grundbuchamts und Berücksichtigung der in § 97 Abs. 4 bezeichneten Entschädigungsberechtigten).

**4. Vorbehalt zugunsten landesrechtlicher Vorschriften (Abs. 4)**

Der Abs. 4 trägt dem Aufbau des Zwangsvollstreckungswesens im Land Baden-Württemberg Rechnung. Eine dem § 119 Abs. 4 entsprechende Regelung findet sich übrigens auch in § 54 Abs. 4 des Landbeschaffungsgesetzes.

## § 120

*Aufhebung des Enteignungsbeschlusses*

**(1) Ist die Ausführungsanordnung noch nicht ergangen, so hat die Enteignungsbehörde den Enteignungsbeschluß auf Antrag aufzuheben, wenn der durch die Enteignung Begünstigte die ihm durch den Enteignungsbeschluß auferlegten Zahlungen nicht innerhalb von einem Monat nach dem Zeitpunkt geleistet hat, in dem der Beschluß unanfechtbar geworden ist. Antragsberechtigt ist jeder Beteiligte, dem eine nicht gezahlte Entschädigung zusteht oder der nach § 97 Abs. 4 aus ihr zu befriedigen ist.**

**(2) Vor der Aufhebung ist der durch die Enteignung Begünstigte zu hören. Der Aufhebungsbeschluß ist allen Beteiligten zuzustellen und der Gemeinde und dem Grundbuchamt abschriftlich mitzuteilen.**

a) Die Vorschrift bezweckt, den Eigentümer des enteigneten Grundstücks für den Fall zu schützen, daß der Enteignungsbegünstigte die ihm obliegenden Entschädigungsleistungen nicht erbringt. Der Begünstigte könnte nämlich die Sache dadurch in der Schwebe halten, daß er, obwohl der Enteignungsbeschluß unanfechtbar geworden ist, die Zahlung der Entschädigung (oder die Hinterlegung eines entsprechenden Geldbetrags) verzögert und dadurch das Ergehen der Ausführungsanordnung verhindert (vgl. § 117 Abs. 1); der Eigentümer wäre dadurch möglicherweise gezwungen, auf die ihm zustehende Entschädigung zu warten. Das wird dadurch verhindert, daß der Eigentümer (und im übrigen jeder sonstige Beteiligte) das Recht hat, die Aufhebung des Enteignungsbeschlusses zu verlangen, wenn der Begünstigte die ihm auferlegten Zahlungen nicht innerhalb von einem Monat nach dem Zeitpunkt geleistet hat, in dem der Beschluß unanfechtbar geworden ist. Voraussetzung ist:

**aa)** Daß die Ausführungsanordnung noch nicht ergangen ist. Das heißt also, daß nach Ergehen der Ausführungsanordnung der Enteignungsbeschluß nicht mehr aufgehoben werden kann. Normalerweise ist das auch nicht nötig, da ja, wie ausgeführt, nach § 117 Abs. 1 die Ausführungsanordnung erst erlassen werden darf, wenn bezahlt oder hinterlegt ist. Aber auch für den Fall, daß diese Anordnung irrigerweise vor Zahlung oder Hinterlegung ergangen wäre, könnte der zugrunde liegende unanfechtbar gewordene Enteignungsbeschluß nicht mehr nach **Abs. 1** aufgehoben werden.

**bb)** Daß ein Antrag gestellt wurde; die Enteignungsbehörde kann also den Beschluß nicht von sich aus aufheben, muß aber die Aufhebung aussprechen, wenn ein Beteiligter den Antrag stellt. Den Antrag kann der Beteiligte stellen, der entweder selbst unmittelbar eine Entschädigung zu bekommen hat oder der nach § 97 Abs. 4 aus einer Entschädigung zu befriedigen ist (vgl. § 97 Anm. 5).

**b)** Die Aufhebung geschieht durch Beschluß **(Abs. 2)**, der gemäß § 157 vor den Baulandkammern angefochten werden kann. Der durch die Enteignung Begünstigte hat das Recht, gehört zu werden. Die Verletzung dieses Rechts würde den Aufhebungsbeschluß fehlerhaft machen. Der Beschluß ist gleicherweise zuzustellen wie der Enteignungsbeschluß, ebenso sind die Gemeinde und das Grundbuchamt zu verständigen.

**c)** Eine besondere Lage ergibt sich bei der Ausführung des § 120 dann, wenn bereits Gerichtsurteile vorliegen, d. h. wenn z. B. der Enteignungsbeschluß durch rechtskräftiges Gerichtsurteil bestätigt wurde und nun dessen Aufhebung „nach dem Zeitpunkt, in dem der Beschluß unanfechtbar geworden ist", verlangt wird. Hier bedeutet die Aufhebung des Beschlusses zugleich eine Art von Rückgängigmachung einer gerichtlichen Entscheidung durch die Enteignungsbehörde und es tritt die Frage auf, ob dies zulässig ist. Dies ist (mit Dittus-Zinkahn, § 50 Anm. 3) zu bejahen, denn es handelt sich hier dem Wesen nach nicht etwa um die Aufhebung eines rechtskräftigen Urteils, sondern um die gesetzlich vorgesehene und zulässige Rückgängigmachung das dem Urteil zugrunde liegenden Verwaltungsaktes auf Grund bestimmter (erst nach Erlaß des Urteils eingetretener) Verhältnisse, nämlich auf Grund der Nichtzahlung der auferlegten Zahlungen.

Dagegen wird eine Aufhebung der — gemäß § 110 Abs. 3 als nicht mehr anfechtbarer Enteignungsbeschluß anzusehenden auf dem rechtsgeschäftlichen Willen der Beteiligten beruhenden — Einigungsniederschrift nicht in Frage kommen.

## § 121
*Kosten*

**(1) Der Antragsteller hat die Kosten des Verfahrens zu tragen. Wird einem Antrag auf Rückenteignung stattgegeben, so hat der von der Rückenteignung Betroffene die Kosten des Verfahrens zu tragen.**

**(2) Die Kosten richten sich nach landesrechtlichen Vorschriften.**

**a)** Die Kosten des Verfahrens vor der Enteignungsbehörde hat nach Abs. 1 der Antragsteller zu tragen, da die Enteignung zwar auch dem öffentlichen Interesse, in erster Linie aber auch seinen eigenen privaten Interessen dient. Dem

Eigentümer, der für die Erhaltung seines Eigentums eintritt, können keine Verfahrenskosten auferlegt werden.

Bei Rückenteignungen ist die Interessenlage anders. Hier will der alte Eigentümer mit Recht sein Eigentum zurückerlangen; infolgedessen wird der neue Eigentümer (vgl. § 102) kostenpflichtig gemacht.

**b)** Ein Bedürfnis, die Höhe der Kosten bundeseinheitlich zu regeln, bestand nicht. Sie konnte der landesrechtlichen Regelung vorbehalten bleiben **(Abs. 2)**; vgl. auch amtl. Begründung zu § 133 E.

## § 122
### *Vollstreckbarer Titel*

**(1) Die Zwangsvollstreckung nach den Vorschriften der Zivilprozeßordnung über die Vollstreckung von Urteilen in bürgerlichen Rechtsstreitigkeiten findet statt**

1. **aus der Niederschrift über eine Einigung wegen der in ihr bezeichneten Leistungen;**
2. **aus einem nicht mehr anfechtbaren Enteignungsbeschluß wegen einer Ausgleichszahlung;**
3. **aus einem Beschluß über die vorzeitige Besitzeinweisung oder deren Aufhebung wegen der darin festgesetzten Leistungen.**

**Die Zwangsvollstreckung wegen einer Ausgleichszahlung ist erst zulässig, wenn die Ausführungsanordnung wirksam und unanfechtbar geworden ist.**

**(2) Die vollstreckbare Ausfertigung wird von dem Urkundsbeamten der Geschäftsstelle des Amtsgerichtes erteilt, in dessen Bezirk die Enteignungsbehörde ihren Sitz hat und, wenn das Verfahren bei einem Gericht anhängig ist, von dem Urkundsbeamten der Geschäftsstelle dieses Gerichtes. In den Fällen der §§ 731, 767 bis 770, 785, 786 und 791 der Zivilprozeßordnung tritt das Amtsgericht, in dessen Bezirk die Enteignungsbehörde ihren Sitz hat, an die Stelle des Prozeßgerichtes.**

**1. Allgemeines**

Nach der bisher (im Baulandbeschaffungsgesetz) geltenden Regelung stellten der Enteignungsbeschluß und die Ausführungsanordnung keine vollstreckbaren Titel dar. Die festgesetzten Leistungen waren nicht ohne weiteres vollstreckbar, sie mußten vielmehr im Wege der Klage vor den ordentlichen Gerichten geltend gemacht werden. § 122 beseitigt dieses schwerfällige Verfahren, indem er eine Reihe von innerhalb des Enteignungsverfahrens ergehenden Entscheidungen zu vollstreckbaren Titeln im Sinne der Zivilprozeßordnung erklärt. Auch die Einigungsniederschrift soll vollstreckbar sein und damit einem gerichtlich protokollierten Vergleich gleichgestellt werden. Die im Enteignungsbeschluß festgesetzte Entschädigungsleistung in Geld konnte hiervon angesichts des Prinzips der vorgängigen Entschädigung ausgenommen werden (vgl. § 117 Abs. 1). Diese Neuregelung stellt nicht nur eine verfahrensökonomische Vereinfachung dar, sie ist auch sachlich gerechtfertigt (vgl. Amtl. Begründung zu § 134 E).

**2. Der vollstreckbare Titel (Abs. 1)**

Die Zwangsvollstreckung ist die mit den Machtmitteln des Staates erzwungene Befriedigung eines Anspruchs (Baumbach-Lauterbach, ZPO, 25. Aufl. Gr § 704). Voraussetzung für die Zwangsvollstreckung ist das Vorliegen eines Titels. Meist findet die Zwangsvollstreckung statt aus Endurteilen, die rechtskräftig oder für vorläufig vollstreckbar erklärt sind (§ 704 ff. ZPO). § 794 ZPO zählt eine Reihe weiterer Vollstreckungstitel auf, aus denen die Zwangsvollstreckung stattfindet. Auch diese Aufzählung ist nicht vollständig (vgl. Baumbach-Lauterbach aaO Anm. 9 zu § 794). Zu diesen Titeln fügt nun § 122 BBauG drei neue hinzu, aus denen die Zwangsvollstreckung nach §§ 704 ff. ZPO über die Vollstreckung von Urteilen in bürgerlichen Rechtsstreitigkeiten stattfindet:

a) Die Niederschrift über eine Einigung der Beteiligten über das Ausmaß der Enteignung und die Entschädigungsleistungen (§ 110 Abs. 2 in Verbindung mit § 113 Abs. 2). Die Niederschrift bildet einen vollstreckbaren Titel hinsichtlich der in ihr bezeichneten Leistungen.

b) Ein nicht mehr anfechtbarer Enteignungsbeschluß hinsichtlich einer in ihm bezeichneten Ausgleichszahlung (§ 100 Abs. 4 Satz 4, § 101 Abs. 1 Satz 2, § 113 Abs. 2 Nr. 8). Zu beachten ist, daß die Zwangsvollstreckung wegen einer Ausgleichszahlung erst zulässig ist, wenn die Ausführungsanordnung wirksam und unanfechtbar geworden ist. Die im Enteignungsbeschluß festgesetzten Entschädigungsleistungen in Geld brauchten, wie oben unter 1. erwähnt, hier nicht einbezogen zu werden, da die Ausführungsanordnung nach § 117 Abs. 1 erst ergehen darf, wenn der durch die Enteignung Begünstigte die Geldentschädigung (wozu die Ausgleichszahlungen nicht gehören) bezahlt oder hinterlegt hat. Eines Titels für die Zwangsvollstreckung in das unbewegliche Vermögen bedurfte es nicht, weil gemäß § 117 Abs. 3 mit dem in der Ausführungsanordnung festzusetzenden Tag der bisherige Rechtszustand kraft Gesetzes durch den im Enteignungsbeschluß geregelten neuen Rechtszustand ersetzt wird.

c) Ein Beschluß über die vorzeitige Besitzeinweisung oder deren Aufhebung wegen der darin festgesetzten Leistungen (vgl. hierzu § 116 und die Anmerkungen dazu).

**3. Verfahren (Abs. 2)**

Abs. 2 regelt das Verfahren der Erteilung der vollstreckbaren Ausfertigungen in den Fällen des Abs. 1.

# SECHSTER TEIL

## Erschließung

### Vorbemerkung

**I.** Als eine wichtige Maßnahme im Zusammenhang mit der Bebauung eines Gebiets ist die Erschließung in die Regelung des BBauG aufgenommen worden. Ohne vorherige oder gleichzeitige Erschließung ist die Durchführung einer ordnungsmäßigen Bebauung nicht denkbar. Aus der amtl. Begründung zu diesem Teil ist folgendes hervorzuheben:

**1.** Unter Erschließung sind neben der B e r e i t s t e l l u n g der hierfür e r f o r d e r l i c h e n F l ä c h e n diejenigen b a u l i c h e n M a ß n a h m e n zu verstehen, welche die bauliche Nutzung des Baulandes durch Herstellung der für die Allgemeinheit bestimmten örtlichen Verkehrs- und Grünanlagen sowie der öffentlichen Wasserversorgungsanlagen und der Anlagen für die Behandlung, Beseitigung oder Verwertung von Abwasser und festen Abfallstoffen, ferner der Anlagen zur Versorgung mit Elektrizität, Gas und Wärme (E r s c h l i e ß u n g s - a n l a g e n) ermöglichen und erleichtern. Die öffentlichen Erschließungsanlagen dienen somit der völligen Baureifmachung des Baulandes. Zur Erschließung rechnen dagegen nicht solche Maßnahmen, welche die Vorgänge auf den Baugrundstücken selbst betreffen, wie die Anlage der Zufahrtswege und die Anschlüsse an das öffentliche Versorgungs- und Abwassernetz.

**2.** Das Erschließungsrecht legt die Grundsätze fest, nach denen die Erschließung vorzunehmen ist. Es bestimmt, wer die Maßnahmen durchzuführen und ihre Kosten zu tragen hat. Es bindet ferner das Eigentum zugunsten der Allgemeinheit durch Duldungspflichten, welche die Durchführung der Erschließung erfordern, und bestimmt, in welchem Umfang die Grundstückseigentümer zur Deckung des Erschließungsaufwands herangezogen werden können. Diese Regelungen verändern entweder unmittelbar das Recht am Grund und Boden oder schaffen die Voraussetzungen für die bauliche Nutzung von Grundstücken.

**3.** Das Erschließungsrecht im vorgenannten Sinn war bisher nach einheitlichen Gesichtspunkten nicht zusammengefaßt. Die vorhandenen Regelungen behandelten nur einzelne Fragen, insbesondere das Erschließungsbeitragsrecht, zumeist unter Beschränkung auf den Anliegerbeitrag für die Straßenherstellung. Im übrigen ist das Erschließungsrecht in den meisten Fällen durch Ortsrecht auf Grund landesgesetzlicher Ermächtigungen geregelt.

**4.** Die Erschließung gehört in herkömmlicher Weise zu den Angelegenheiten der örtlichen Gemeinschaft, welche die Gemeinden nach Art. 28 Abs. 2 GG in eigener Verantwortung im Rahmen der Gesetze regeln sollen. Das Gesetz gibt daher den örtlichen Regelungen (Satzungen) einen weiten Spielraum. Es überläßt der Selbstverwaltung der Gemeinden, die Erschließungsanlagen den örtlichen Verhältnissen, zu denen auch die Finanzkraft der Gemeinden gehört, anzupassen. Die Gemeinde trifft als Träger der örtlichen Selbstverwaltung auch die Erschließungslast, soweit sie nicht nach gesetzlichen Vorschriften, z. B. nach dem Bundesfernstraßengesetz oder auf Grund meist auf Herkommen beruhender öffentlich-rechtlicher Verpflichtungen, einem anderen obliegt.

**5.** Die eingehende Beratung des Sechsten Teils im Ausschuß für Wohnungswesen, Bau- und Bodenrecht (vgl. zu Drucksache 1794, S. 23) hat zu einer wesentlichen Umgestaltung und Vereinfachung der Regierungsvorlage geführt. Bei der Erörterung der allgemeinen Vorschriften ging der Ausschuß von der Überlegung aus, daß sich die Vorstellungen über den Inhalt des allgemeinen Erschließungsrechts seit langer Zeit durch die Erschließungstätigkeit der Gemeinden zu allgemein anerkannten Grundsätzen verdichtet haben, auf deren bundesrechtliche normative Festlegung verzichtet werden kann. Es kommt hinzu, daß eine umfassende Regelung des Erschließungsrechts im Rahmen des BauG kaum möglich ist, da es notwendig in das grundsätzlich dem Landesgesetzgeber vorbehaltene allgemeine Wegerecht eingreift. Eine ins einzelne gehende Regelung im BBauG war daher nicht ratsam gewesen. Auf Grund dieser Erwägungen beschloß der Ausschuß, den größten Teil der in den drei ersten Abschnitten der Regierungsvorlage enthaltenen Vorschriften zu streichen. Soweit sie dem Baurecht angehören und für die Regelung des Erschließungsbeitrags von Bedeutung sind, wurden sie beibehalten und in einem Ersten Abschnitt „Allgemeine Vorschriften" zusammengefaßt.

Der Ausschuß war einstimmig der Auffassung, daß auf eine Regelung des Erschließungsbeitrags in einem Bundesbaugesetz wegen der städtebaulichen Zusammenhänge, namentlich wegen der ihm zugewiesenen bodenpolitischen Funktion nicht verzichtet werden konnte. Er gewann indessen nach Anhörung der Sachverständigen die Überzeugung, daß die Regelung der Regierungsvorlage schwerlich allen städtischen und ländlichen Verhältnissen gleichermaßen gerecht würde. Die Handhabung des im Entwurf vorgesehenen Erhebungssystems hätte insbesondere mit der Bildung von Erschließungszonen und der Einführung der zulässigen Geschoßflächen als maßgebliche Bemessungsfaktoren den kleineren Gemeinden unüberwindbare Schwierigkeiten bereitet und voraussichtlich einen erheblichen Verwaltungsaufwand erfordert. Auch der Bundesrat hatte bei seiner Stellungnahme, ohne auf Enzelheiten einzugehen, darauf hingewiesen, daß die Vorschriften über den Erschließungsbeitrag in der Regierungsvorlage mit tragbarem Verwaltungsaufwand nicht praktiziert werden könnten und konstruktiv nicht bedenkenfrei seien. Er hatte deshalb eine Vorbehaltsklausel gefordert, die die Länder ermächtigte, die Beitragsregelung des Gesetzes durch eine andere vereinfachte Regelung zu ersetzen.

Aus diesen Erwägungen hat der Ausschuß beschlossen, sich auf die Aufnahme von Rahmenbestimmungen zu beschränken, und den Gemeinden die Aufgabe zugewiesen, durch Ortssatzung ein ihren Verhältnissen angepaßtes Erhebungssystem einzuführen. Sie haben dabei den in den Rahmenvorschriften geregelten Erfordernissen zu genügen. Dem Anliegen der Regierungsvorlage, den beitragsfähigen Aufwand zu begrenzen und ihn in eine gerechte Beziehung zu den Vorteilen zu setzen, die den Grundstücken aus der Erschließung entstehen, hat der Ausschuß ausdrücklich zugestimmt und auch bei den von ihm vorgenommenen Änderungen der Regierungsvorlage Rechnung getragen.

**II.** Wie aus der angeführten amtlichen Begründung hervorgeht, wurde schon bei der Abfassung des Gesetzes versucht, etwaige verfassungsrechtliche Bedenken auszuräumen. Es wurde betont, daß die Regelungen des Erschließungsrechts „entweder unmittelbar das Recht am Grund und Boden verändern oder die Voraussetzungen für die bauliche Nutzung von Grundstücken schaffen" (s. oben I Nr. 2), daß „eine umfassende Regelung des Erschließungsrechts im Rahmen des BBauG kaum möglich ist, da es notwendig in das grundsätzlich dem Landesgesetzgeber vorbehaltene allgemeine Wegerecht eingreift" und daß „auf eine Regelung des Erschließungsbeitrags in einem Bundesbaugesetz wegen der städtebaulichen Zusammenhänge, namentlich wegen der ihm zugewiesenen bodenpolitischen Funktion nicht verzichtet werden konnte" (s. oben I Nr. 5).

Dennoch können verfassungsrechtliche Bedenken jedenfalls hinsichtlich des Erschließungs**beitrags**rechts nicht ohne weiteres von der Hand gewiesen werden. Zwar hat das Bundesverfassungsgericht in seinem Gutachten vom 16. 6. 1954 (BVerfGE 3, 407) den Standpunkt vertreten, daß das „Erschließungsrecht" zu den von der Gesetzgebungskompetenz des Bundes nach Art. 74 GG umfaßten Gegenständen („Bodenrecht", „Wohnungswesen" und „Siedlungswesen" Art. 74 Nr. 18 GG) gehört. Wörtlich führt das BVerfG im Gutachten aus: „Das Recht der Erschließung legt die Grundsätze fest, nach denen die Erschließung vorzunehmen ist und bestimmt, wer die Maßnahmen durchzuführen hat, wer die Kosten zu tragen hat und in welchem Umfang die Grundstückseigentümer Grundflächen unentgeltlich abtreten oder sonstige Eingriffe in das Eigentum dulden müssen" (a. a. O. S. 429).

Es kann aber fraglich sein, ob das Bundesverfassungsgericht mit der Bemerkung „wer die Kosten zu tragen hat" die Körperschaft gemeint hat, welche die Kosten für die von ihr durchzuführende Erschließung (jedenfalls zunächst) zu tragen hat (nach dem BBauG die Gemeinde) oder ob darin auch schon eingeschlossen ist, ob und wie diese Körperschaft den von ihr getragenen Aufwand **auf andere abwälzen** kann. Das Bundesverfassungsgericht will jedenfalls nur „alle Maßnahmen" treffen, „die der Erschließung dienen" (a. a. O. S. 429). Man kann die Auffassung vertreten, daß es sich bei dem Rückersatz der aufgewendeten Kosten („Erschließungsbeitrag") nicht mehr um solche „Maßnahmen, die der Erschließung dienen", vielmehr um die Neuschaffung einer **Gemeindeabgabe** handelt, die nicht unter die Gesetzgebungszuständigkeit des Bundes nach Art. 105 GG fällt (keine „Gemeindesteuer").

In diesem Zusammenhang ist auch darauf hinzuweisen, daß das Bundesverfassungsgericht auf die im Antrag der Bundesregierung auf Erstattung des Rechtsgutachtens vom 6. 10. 1952 enthaltene Frage „über die sich hieraus (nämlich aus dem Erschließungsrecht) ergebenden Rechtsbeziehungen der öffentlichen Hand zu den Anliegern und den sonstigen Grundeigentümern" erklärte, daß diese Frage zu unbestimmt sei, als daß darauf eine Antwort gegeben werden könnte (a. a. O. S. 430).

**III.** Große Schwierigkeiten haben sich nach dem Inkrafttreten des BBauG hinsichtlich des Erschließungsrechts vor allem beim Vollzug der Überleitungsregelung (§ 180) ergeben. Die Folge waren eine lange Zeit andauernde Rechtsunsicherheit und eine Reihe von Verwaltungsprozessen. Erst im vergangenen Jahr haben das Bundesverwaltungsgericht und einige Oberverwaltungsgerichte oder Verwaltungsgerichtshöfe (auf Grund der Rechtsprechung des Bundesverwaltungsgerichts) Licht ins Dunkel gebracht. Auf die Anmerkungen und die Rechtsprechung, insbesondere zu §§ 133 und 180, darf verwiesen werden.

Im übrigen ist zum Erschließungsrecht eine außergewöhnlich große Anzahl von Gerichtsentscheidungen und Abhandlungen erschienen. In der Folge soll eine Gesamtübersicht gebracht werden, und zwar sollen hier zunächst nur die Entscheidungen erwähnt werden, die durch die grundlegende Rechtsprechung des BVerwG vom Jahre 1964 — wenigstens teilweise — überholt sind; ferner wird das einschlägige Schrifttum hier aufgeführt. Bei den einzelnen in Frage kommenden Bestimmungen des BBauG werden die übrigen Entscheidungen noch gesondert angeführt.

## IV. Rechtsprechung

### A. Verwaltungsgerichtshöfe und Oberverwaltungsgerichte

**1.** Hess. VGH, B vom 12. 9. 1961 (VG Nr. II 566/61) DVBl. 1962, 764 = KStZ 1962, 109.

a) Die Vorschriften über die Erhebung des Erschließungsbeitrags im Bundesbaugesetz sind auch auf Grundstücke anwendbar, die vor Erlaß der 1. Ortssatzung bebaut worden sind.
b) Der Erschließungsbeitrag nach dem BBauG kann auch erhoben werden, wenn auf dem Grundstück bereits ein Gebäude errichtet ist.

**2.** OVG Lüneburg, U vom 14. 12. 1961 (I OVG A 150/61) KStZ 1962, 107 = DWW 1963, 376.

Will eine Gemeinde in einer nach dem 29. 10. 1960, aber vor Inkrafttreten des 6. Teils des BBauG, erlassenen Satzung die Beitragspflicht auch auf unbebaute Grundstücke erstrecken, so muß sie sich in der Präambel nicht nur auf das Fluchtliniengesetz, sondern auch auf § 133 BBauG berufen und in der Satzung selbst zum Ausdruck bringen, daß auch unbebaute Grundstücke beitragspflichtig sind.

**3.** OVG Münster, B vom 12. 7. 1962 (III B 105/62) DWW 1962, 306 = KStZ 1962, 194 = DWW 1963, 376.

Die Beitragspflicht unbebauter Grundstücke für vorhandene Erschließungsanlagen bestimmt sich nach dem alten Anliegerbeitragsrecht.

**4.** OVG Lüneburg, U vom 13. 12. 1962 (I OVG A 21/62) DVBl. 1963, 220.

Anliegergrundstücke, die vor Inkrafttreten des ersten auf Grund von § 15 FluchtlG erlassenen Ortsstatuts oder vor Beginn der Herstellung der Straße bebaut worden sind und deshalb der Beitragspflicht nach § 15 FluchtlG nicht unterlagen, werden auch nicht mit Inkrafttreten des § 133 BBauG beitragspflichtig.

**5.** OVG Hamburg, U vom 14. 3. 1963 (Bf II 77/62) DWW 1963, 322 = ZMR 1964, 32.

a) Der Beitragspflicht nach § 133 BBauG unterliegen auch bebaute Grundstücke.
b) Von der Beitragspflicht sind jedoch nach § 180 Abs. 2 BBauG diejenigen Grundstücke ausgenommen, die ausschließlich vor dem Inkrafttreten des ersten, auf Grund des § 15 pr. FluchtlG erlassenen Ortsstatus der heranziehenden Gemeinde bebaut worden sind.
c) Die Bestimmung des § 180 Abs. 2 BBauG ist so zu lesen, daß für bebaute Grundstücke an bei Inkrafttreten des Gesetzes bereits fertiggestellten Erschließungsanlagen, für die eine Beitragspflicht auf Grund der bisheri-

gen Vorschriften ohne Zutun des Anliegers nicht entstehen konnte, auch nach § 133 BBauG kein Beitrag erhoben werden darf.

6. OVG Lüneburg, U vom 28. 3. 1963 (I OVG A 22/62) KStZ 1963, 109 = DWW 1963, 373.

Nur gering bebaute Grundstücke können als Bauland im Sinne von § 133 Abs. 1 BBauG angesehen werden. Sie unterliegen der Beitragspflicht auch dann, wenn sie vor Inkrafttreten des ersten Ortsstatuts oder vor Beginn der Straßenherstellung bebaut worden sind.

7. OVG Münster, U vom 19. 6. 1963 (III A 1134/61) DÖV 1963, 844.

a) Grundsätzlich unterliegen auch bebaute Grundstücke der Beitragspflicht nach dem Bundesbaugesetz.
b) § 180 Abs. 2 BBauG erfaßt nur solche Erschließungsanlagen, die nach bisherigem Recht für keines der an ihnen gelegenen Grundstücke eine Beitragspflicht in Vergangenheit oder Zukunft enstehen ließen.

8. OVG Münster, U vom 9. 10. 1963 (III A 246/60) DWW 1964, 23.

a) Grundsätzlich unterliegen auch bebaute Grundstücke der Erschließungsbeitragspflicht nach dem Bundesbaugesetz.
b) Verjährte Beitragsforderungen sind mit dem Inkrafttreten des § 133 Abs. 4 BBauG am 30. 10. 1960 neu entstanden.
c) Der Heranziehung der Vorschrift des § 133 Abs. 4 BBauG steht nicht entgegen, daß die letzte Verwaltungsentscheidung vor ihrem Inkrafttreten ergangen ist.

9. OVG Münster, U vom 9. 10. 1963 (III A 134/63) DÖV 1964, 175 = MDR 1964, 153.

Trotz Verjährung einer früheren Anliegerbeitragsforderung kann ein Anlieger nach Inkrafttreten des Bundesbaugesetzes zu einem Erschließungsbeitrag herangezogen werden.

10. Hess. VGH, U vom 11. 10. 1963 (OS IV 50/62) DWW 1964, 22 = ZMR 1964, 154.

a) Beitragsforderungen, die vor dem 29. 10. 1960 entstanden und vor diesem Zeitpunkt verjährt waren, sind mit dem Inkrafttreten des § 133 BBauG nicht von neuem entstanden.
b) Eine Beitragspflicht entsteht nach § 133 Abs. 4 Satz 1 BBauG auch dann nicht, wenn es sich um ein bebautes Grundstück handelt, bei dem eine Beitragspflicht nach den früheren Vorschriften erst im Falle der Errichtung eines Gebäudes entstanden wäre. Das bedeutet im Ergebnis, daß § 133 Abs. 4 Satz 1 BBauG nur auf unbebaute Grundstücke angewendet werden kann.

c) Es ist nicht zulässig, einen unbebauten ideellen Grundstücksteil getrennt von dem rechtlich bebauten Grundstücksteil der Erschließungsbeitragspflicht zu unterwerfen.

11. OVG Münster, U vom 19. 6. 1963 (III A 1134/61) DWW 63, 319.

Keine Beitragspflicht für Grundstücke an Straßen, die beim Inkrafttreten des ersten Ortsstatus bereits endgültig hergestellt waren.

B. Verwaltungsgerichte und andere Gerichte

1. VG Münster, U vom 12. 9. 1961 (1 K 282/61) KStZ 1962, 117 = DWW 1963, 373.

Auch für die am 29. 10. 1961 bereits hergestellten Erschließungsanlagen kann ein Erschließungsbeitrag verlangt werden, wenn eine Beitragspflicht nach den bis dahin geltenden Vorschriften entstehen konnte.

2. VG Münster, U vom 10. 10. 1961 (1 K 480/61) DWW 1962, 83 = KStZ 1962, 109 = DWW 1963, 376.
VG Köln, U vom 27. 8. 1962 (7 K 2161/61) DWW 1963, 27.

Keine Beitragspflicht nach BBauG, wenn die Beitragsforderung nach altem Recht bereits verjährt ist.

3. VG Kassel, B vom 12. 9. 1961 (VG Nr. II 566/61) DWW 62, 84.
VG Aachen, U vom 28. 11. 1961 (1 K 437/61) DWW 62, 81.

Keine Beitragspflicht für Grundstücke an Straßen, die beim Inkrafttreten des ersten Ortsstatuts bereits endgültig hergestellt waren.

4. VG München, U vom 13. 11. 1962 (AZ II — 3036/62) Bayer. Gemeindetag 1963, 8.

Verträge, die vor dem Inkrafttreten der Vorschriften des Bundesbaugesetzes über die Erschließung zwischen einer Gemeinde und Dritten wegen der Herstellung einer Erschließungsanlage (Straße) oder wegen der Tragung der Kosten hierfür geschlossen worden sind, sind gültig und abzuwickeln.

5. VG München, U vom 13. 11. 1962 (AZ II — 3036/62) Bayer. Gemeindetag 1963, 9.

Waren Erschließungsanlagen bei Inkrafttreten der Vorschriften des Bundesbaugesetzes über die Erschließung bereits — erstmalig — hergestellt, dann kann der Erschließungsbeitrag auch für b e b a u t e Grundstücke erhoben werden, wenn eine Verpflichtung nach § 62 BayBO 1901 nicht besteht und eine „neue Bauanlage" im Sinne von Abs. 3 der genannten Bestimmung vorliegt. Die Vorschriften des

§ 180 Abs. 2 BBauG stellt also auf die abstrakte Möglichkeit der Begründung einer Verpflichtung ab.

6. VG Düsseldorf, U vom 20. 11. 1962 (5 K 1275/61) KStZ 1963, 22 = Bayer. Gemeindetag, Rundschreiben 1963, 28.

a) Nach § 133 BBauG unterliegen auch bebaute Grundstücke der Pflicht zur Zahlung des Erschließungsbeitrags.
b) § 133 Abs. 4 BBauG gibt den Gemeinden einen neuen, selbständigen Anspruch auf Erschließungsbeiträge.
c) § 180 Abs. 2 BBauG bezieht sich nicht auf die Beitragspflichtigkeit für einzelne Grundstücke, sondern auf die Beitragsfähigkeit ganzer Erschließungsanlagen.

7. VG München, U vom 27. 11. 1962 (AZ II 2197/62) Bayer. Gemeindetag, Rundschreiben 1963, 29.

Ist der Abschluß von Verträgen nach § 62 BayBO von 1901 vor Erteilung der Baugenehmigung unterblieben, können die Kosten der erstmaligen Herstellung einer Erschließungsstraße im Wege des Erschließungsbeitrags erhoben werden (§ 133 Abs. 2 BBauG).

8. VG Hannover, U vom 21. 3. 1963 (I A 211/61), ZMR 1965, 55.

Ein Grundstück, das bereits vor dem Inkrafttreten des Preuß. Fluchtliniengesetzes vom 2. 7. 1875 endgültig bebaut worden ist, kann nicht zu Erschließungsbeiträgen nach dem BBauG herangezogen werden.

9. VG Düsseldorf, B vom 8. 3. 1963 (5 L 37/63) DWW 1963, 148.

a) Auch für ein bebautes Grundstück können Erschließungsbeiträge und daher auch Vorausleistungen auf solche gefordert werden.
b) Der Ausbau eines Dachgeschosses ist ein Bauvorhaben, bei dessen Genehmigung Vorausleistungen auf den Erschließungsbeitrag gemäß § 133 Abs. 3 BBauG verlangt werden können.
c) Nach bisherigem Recht gehören Plätze nicht zu den beitragsfähigen Erschließungsanlagen.
d) Vorausleistungen können nach Einheitssätzen berechnet werden. Sind aber bei fast fertigen Erschließungsanlagen die tatsächlich Kosten erheblich geringer als die nach Einheitssätzen für völlig neue Anlagen berechneten Kosten, so können diese Sätze nach dem Sinn des § 130 (3) BBauG nicht angewendet werden.

10. VG Regensburg, U vom 10. 4. 1963 (L 257 II 62) KStZ 1963, 151 = DWW 1963, 373.

§ 180 Abs. 2 BBauG behandelt die Beitragspflicht einer Erschließungsanlage, während § 133 Abs. 4 BBauG die Beitragspflicht regelt.

11. VG Ansbach, U vom 7. 5. 1963 (Nr. 3613-II/62) BayBgm. 1963, 170.

a) Nach dem BBauG sind unter den Voraussetzungen des § 133 Abs. 1 Satz 1 und 2 BBauG grundsätzlich unbebaute und vor oder nach Inkrafttreten des BBauG bebaute Grundstücke erschließungsbeitragspflichtig, letztere jedoch nur, soweit sie nicht im wesentlichen entsprechend den Festsetzungen des für sie geltenden Bebauungsplans oder der Verkehrsauffassung und der geordneten baulichen Entwicklung der Gemeinde bebaut sind.

b) § 180 Abs. 2 BBauG beschränkt das Entstehen der Beitragspflicht nach § 133 Abs. 4 BBauG auf die schon nach bisherigem Recht beitragsfähigen Erschließungsanlagen und hat für den Gegenstand der Beitragspflicht nach § 133 Abs. 1 BBauG keine Bedeutung.

(Mit zahlreicher Literaturangabe in den abgedruckten Gründen des Urteils)

12. VG Frankfurt a. M., U vom 21. 6. 1963 (I/1-1448/62) DWW 1963, 386.

§ 133 BBauG ist auch auf bebaute Grundstücke anzuwenden. Die Gemeinden können jedoch Anliegerbeiträge für bereits bebaute Grundstücke erst dann verlangen, wenn für sie eine weitere bauliche Nutzung im Bebauungsplan festgesetzt ist.

### V. Schrifttum

Bartels, Bezieht sich § 133 BBauG auf Grundstücke, die bei Inkrafttreten des Gesetzes bereits bebaut waren? DWW 1963, 372,

Böhmer, Nochmals Erschließungsbeiträge zu Lasten bebauter Grundstücke, BayVBl. 1964, 312,

Böhmer, Zweifelsfragen des Erschließungsbeitragsrechts (eine Entgegnung), BayVBl. 1965, 10,

Büchel, Erbbaurecht und Erschließungsbeitrag, DVBl. 1963, 208,

Büchel, Erschließungsbeitrag und Mieterhöhung, ZMR 1964, 104,

Cholewa, Erschließung und Erschließungsbeiträge nach dem Bundesbaugesetz, 2. Aufl., Deutscher Gemeindeverlag GmbH, Köln 1962,

Cholewa, Überleitung des Erschließungsbeitrags — nach der Rechtsprechung des Bundesverwaltungsgerichts — KStZ 1964, 236,

Dittus, Die Erschließung im Bundesbaugesetz, Bauwelt 1960, 1410 und 1498,

Eckert, Der Grundstücksbegriff im Recht der Erschließungsbeiträge, KStZ 1964, 174,

Eifrig, Baulanderschließung nach dem Bundesbaugesetz, DÖV 1961, 591,

Eppig, Das Bundesbaugesetz in der notariellen Praxis, DNotZ 1960, 509, 523,

Finkler, Die Überleitung des Erschließungsbeitragsrechts, DVBl. 1962, 707,

Finkler, Zur Überleitung des bisherigen Anliegerbeitragsrechts auf das Erschließungsbeitragsrecht des Bundesbaugesetzes, Bauamt und Gemeindebau 1961, 175,

Finkler, Das Erschließungsrecht nach dem Bundesbaugesetz, Bauamt und Gemeindebau 1960, 453,

Finkler, Vorausleistung auf den Erschließungsbeitrag und Baugenehmigung, DVBl. 1962, 331,

Fischer, Straßenkostenrückersatz und Bundesbaugesetz, BayVBl. 1964, 322,

Fischer, Der Erwerb der Erschließungsflächen durch die Gemeinde, DÖV 1964, 255,

Fock, Der Erschließungsbeitrag nach dem Bundesbaugesetz, KStZ 1960, 164,

Friedlein, Erschließungsbeiträge zu Lasten bebauter Grundstücke, BayVBl. 1964, 207,

Frohberg, Die Erschließung nach den Vorschriften des Bundesbaugesetzes, DWW 1960, 365,

Fuchs, Einzelfragen zum Erschließungsbeitragsrecht, BayBgm 1963, 175,

Graf, Nochmals: Überleitung des Erschließungsbeitragsrechts bei bebauten Grundstücken, DVBl. 1962, 711,

Hagemann, Überleitung des Erschließungsbeitragsrechts bei bebauten Grundstücken, DVBl. 1962, 330,

Hahlweg, Vorausleistungen auf den Erschließungsbeitrag, BayVBl. 1964, 324,

Hauser, Kommunaler Straßenbau und Erhebung von Erschließungsbeiträgen, Die Neuregelung nach dem Bundesbaugesetz, Der Landkreis 1961, 108,

Hofmann, Zur Anwendung des § 133 BBauG auf bebaute Grundstücke an vorhandenen Erschließungsanlagen, DVBl. 1963, 212,

Hosch, Zum Grundstücksbegriff des Erschließungsbeitragsrechts, DÖV 1964, 725,

Hosch, Der Erschließungsbeitrag im Meinungsstreit, BayVBl. 1965, 6,

Hucko, Die Übertragung von Folgelasten auf einen Unternehmer im Erschließungsvertrag nach § 123 Abs. 3 BBauG, KStZ 1964, 176,

Hucko, Der Erschließungsvertrag nach § 123 Abs. 3 BBauG und der Mindestbeitrag der Gemeinde nach § 129 BBauG, KStZ 1964, 178,

Hurst, Das Erschließungsbeitragsrecht nach dem Bundesbaugesetz, Kommunalpolitische Blätter 1960, 869 und 921,

Jung, Keine Erschließungsbeiträge für früher bebaute Grundstücke, Staatszeitung von Rheinland-Pfalz Nr. 12 vom 22. 3. 1964 S. 5,

Kanther, Das Anliegerbeitragsrecht nach den Übergangsvorschriften des Bundesbaugesetzes, KStZ 1964, 172,

Ludyga, Erschließung und Erschließungsbeitrag in Bayern nach dem Bundesbaugesetz, Jehle-Verlag München 1962,

Ludyga, Erschließung und Erschließungsbeitrag in Bayern 1963, Kommunalschriftenverlag J. Jehle, München,

Lutz, Zur Vorverlegung der Fälligkeit des Erschließungsbeitrags, Blätter für Grundstücks-, Bau- und Wohnungsrecht 1961, 68,

Lutz, Bundesverwaltungsgericht zum Erschließungsbeitrag. DWW 1964, 203,

Lutz, Erschließungsbeiträge für nur teliweise bebaute Grundstücke?, DWW 1965, 12,

Mang, Enteignung und Erschließung im Bundesbaugesetz, BayVBl. 1960, 274,

Neflin, Erschließungsbeitragspflicht Erbbauberechtigter, ZMR 1964, 259,

Reiß, Der Erschließungsbeitrag nach dem Bundesbaugesetz und § 436 BGB, DNotZ 1962, 307,

Runge, Das Erschließungsrecht und seine Anwendung, Bau-Wirtschafts-Blatt 1961, H. 9, S. 3; H. 10, S. 3 und H. 11, S. 3,

Sauermann, Die Einordnung des Erschließungsbeitrags in das geltende Recht, DVBl. 1964, 509,

Schaber, Anliegerleistungen bei Ortsdurchfahrten, BayBgm. 1960, 264 und 295,

Scheur, Erschließungsbeitragsrecht in der Überleitung (§ 180 Abs. 1 und 2 BBauG), BayBgm. 1962, 79,

Scheur, Erschließungsbeitragsrecht, BayBgm. 1964, 9 (zum Urteil des VG Ansbach vom 7. 5. 1963 — BayBgm. 1963, 170),

Scheur, Wann ist eine Anbaustraße ordnungsgemäß erstmalig hergestellt?, BayBgm. 1964, 189,

Scheur, Erschließungsbeiträge bei „vorhandenen" Erschließungsanlagen, BayVBl. 1964, 321,

Schick, Das Urteil des Bundesverwaltungsgerichts vom 25. 2. 1964 — BVerwG I C 88/63 — und seine Anwendung, BayBgm. 1964, 165,

Schick, Zweifelsfragen aus dem Erschließungsbeitragsrecht, BayBgm. 1965, 13,

Schmidt, Das Bundesbaugesetz unter besonderer Berücksichtigung des Erschließungsrechts, Gemeindetag 1960, 161,

Schmidt, Der beitragsfähige Erschließungsaufwand in § 129 Abs. 1 BBauG, DÖV 1964, 155,

Schmidt, Die Anwendung des neuen Erschließungsbeitragsrechts auf bebaute Grundstücke (zur Auslegung der §§ 133 und 180 Abs. 2 Bundesbaugesetz), KStZ 1963, 6,

Schmidt, Erneut: Erschließungsbeiträge bei bebauten Grundstücken, DVBl. 1963, 210,

Schmitz, Die Erschließung nach dem Bundesbaugesetz, Gemeindehaushalt 1960, 176,

Schneider, Das neue System der Erschließungsbeiträge nach dem Bundesbaugesetz, DVBl. 1962, 45,

Schneider, § 133 Abs. 4 Bundesbaugesetz und die Überleitung des Erschließungsbeitragsrechts, DVBl. 1962, 50,

Sukow, Billigkeitsmaßnahmen bei der Heranziehung zu Erschließungsbeiträgen, KStZ 1964, 217,

Stossberg, Ermittlung des beitragsfähigen Erschließungsaufwands nach Einheitssätzen, DWW 1965, 11,

Trimter, Besteht nach § 133 BBauG eine Erschließungskostenbeitragspflicht auch für solche Grundstücke, die nach Form und Größe nicht bebaubar sind?, KStZ 1964, 241,

Wittig, Zur Auslegung des § 133 und des § 180 BBauG, BayBgm. 1964, 10,

Wünschel, Der Erschließungsbeitrag nach dem Bundesbaugesetz, BayBgm. 1961, 9.

## ERSTER ABSCHNITT

### Allgemeine Vorschriften

### § 123

*Erschließungslast*

**(1) Die Erschließung ist Aufgabe der Gemeinde, soweit sie nicht nach anderen gesetzlichen Vorschriften oder öffentlich-rechtlichen Verpflichtungen einem anderen obliegt.**

**(2) Die Erschließungsanlagen sollen entsprechend den Erfordernissen der Bebauung und des Verkehrs hergestellt werden und spätestens bis zur Fertigstellung der anzuschließenden baulichen Anlagen benutzbar sein.**

**(3) Die Gemeinde kann die Erschließung durch Vertrag auf einen Dritten übertragen.**

**(4) Ein Rechtsanspruch auf Erschließung besteht nicht.**

**(5) Die Unterhaltung der Erschließungsanlagen richtet sich nach landesrechtlichen Vorschriften.**

**1. Allgemeines**

Die Durchführung der Erschließungsmaßnahmen erfordert einen erheblichen Aufwand an den Mitteln und Arbeitskraft. Es waren daher vor allem Bestimmungen darüber zu treffen, wer die Erschließungslast zu tragen hat. Unter „Erschließungslast" i. S. des § 123 sind die Kosten für s ä m t l i c h e E r s c h l i e s s u n g s a n l a g e n, also nicht etwa bloß für die Erschließungsanlagen i. S. des § 127 Abs. 2 (Erschließungsanlagen im Sinne des Zweiten Abschnitts des Sechsten Teils des BBauG, nämlich die öffentlichen zum Anbau bestimmten Straßen, Wege und Plätze, die Sammelstraßen innerhalb der Baugebiete, sowie in einem gewissen Umfang die Parkflächen und Grünanlagen), sondern auch die Erschließungsanlagen zur Ableitung von Abwasser, sowie zur Versorgung mit Elektrizität, Gas, Wärme und Wasser (§ 127 Abs. 4). Im allgemeinen wird man zur „Erschließung" alle Maßnahmen zählen können, die dazu bestimmt sind, Grundstücke an Verkehrs- und Versorgungsanlagen anzuschließen.

**2. Träger der Erschließungslast (Abs. 1 und 3)**

a) Grundsätzlich ist Träger der Erschließungslast die G e m e i n d e. Die Erschließung war von jeher eine Aufgabe der Gemeinde, die sie im Rahmen der Gesetze in eigener Verantwortung durchzuführen hat.

Nur vereinzelt dürfte die Erschließung noch auf Grund Herkommens oder sonstiger Rechtstitel anderen Personen, z. B. früheren Gutsherrschaften, obliegen. An diesem Rechtszustand ändert das Gesetz nichts (Abs. 1). Das Gesetz sieht jedoch nicht die bisher in einigen Ländern (vgl. z. B. Art. 24 Abs. 7 der Württ. Bauordnung) bestehenden Regelungen vor, die Erschließungslast für bestimmte Teile der Verkehrsanlagen, z. B. für die Gehwege, auf Grund einer Ortssatzung den Eigentümern der angrenzenden Grundstücke aufzuerlegen. Es liegt vielmehr im Interesse der Verkehrssicherheit und der einheitlichen Bauausführung, daß grundsätzlich nur e i n Erschließungsträger für die Herstellung der Erschließungsanlagen verantwortlich ist.

b) Dies hindert die Gemeinde aber nicht, die Erschließung durch Vertrag auf einen Dritten zu übertragen. Insbesondere kann z. B. bei größeren Bauvorhaben die Übertragung der Erschließungslast auf den Bauherrn in Betracht kommen. Das Gesetz sieht hierfür als Rechtsform den Erschließungsvertrag vor (Abs. 3). Durch einen derartigen Vertrag kann auch die Herstellung einzelner Erschließungsanlagen, insbes. von Versorgungsleitungen, einem Unternehmer (Versorgungsunternehmen) übertragen werden. Durch diese Regelung wird auch der Erschließungsvertrag für die sog. „Unternehmerstraßen" erfaßt.

Es handelt sich um einen öffentlich-rechtlichen Vertrag zwischen der Gemeinde und einem Dritten (vgl. zur Frage privatrechtlicher oder öffentlich-rechtlicher Vertrag: Entsch. d. Bay. ObLG v. 25. September 1929, RReg. I 50/29, BayVBl. 1929, 377; BayObLG, U vom 30. 4. 1964, RReg 1 Z 82/63, BayBgm. 1964, 207; BayVGH v. 19. Juni 1952 Nr. 18 IV 51, DVBl. 1952, 627; Bayer. VerfGH Entsch. v. 28. Dezember 1956, Nr. 3 c), cc), GVBl. 1957 S. 6; Englert-Mang, Bay. Bauordnung, 11. Aufl. 1957, Anm. 4 zu § 62). Die Gemeinde wird aber durch diesen Vertrag nicht aus ihrer Verpflichtung entlassen, der Vertrag hat nur Wirkung zwischen dem Dritten und der Gemeinde; letztere bleibt daher nach wie vor gesetzlich zur Herstellung der Erschließungseinrichtung verpflichtet. Vgl. hierzu ferner „Rechtsprechung", Anm. 6 unten.

c) Für Verkehrszeichen und Verkehrseinrichtungen, die als Zubehöreinrichtungen der örtlichen Verkehrsanlagen anzusehen sind, gilt nach § 3 StVO eine besondere gesetzliche Regelung, die unter die Ausnahmevorschrift des Abs. 1 fällt. Soweit der Gemeinde die Erschließungslast obliegt, ist sie auch nach § 3 StVO zur Beschaffung, Anbringung und Unterhaltung dieser Einrichtungen verpflichtet (Amtl. Begründung zu § 136 E).

**3. Kein Rechtsanspruch auf Erschließung (Abs. 4)**

In Abs. 4 ist ausdrücklich festgelegt, daß die gesetzlich festgelegte und die Gemeinde treffende Erschließungslast kein subjektiv-öffentliches Recht der Anlieger oder der künftigen Benützer auf Herstellung von Erschließungsanlagen begründet. Diese Herstellung kann daher nicht etwa auf dem Wege der gerichtlichen Klage erzwungen werden. Der einzelne hat kein Recht auf Einleitung eines rechtsaufsichtlichen Verfahrens, sondern er kann lediglich durch die Beschwerde an die Aufsichtsbehörde eine Anregung zu einem solchen Verfahren geben (vgl. hierzu Helmreich-Widtmann, BayGO, 2. Aufl., Vorbemerkung Nr. 6 vor Art. 108). Die im Entwurf vorgesehene Bestimmung, daß im Falle der Säumnis einer Gemeinde bei Durchführung der Erschließung diese Durchführung nach Maßgabe der landesrechtlichen Vorschriften von der höheren Verwaltungsbehörde unter Fristsetzung angeordnet und nach furchtlosem Ablauf der Frist vorgenommen werden kann, wurde in das Gesetz nicht aufgenommen.

**4. Unterhaltung der Erschließungsanlagen (Abs. 5)**

Mit der Herstellung der Erschließungsanlagen — d. h. daß die Anlage soweit erstellt ist, daß sie gebrauchsfähig ist — ist die Erschließung im Sinne des Gesetzes beendet. Von diesem Zeitpunkt ab endet auch die Verpflichtung der Gemeinde aus § 123; die Unterhaltung der Erschließungsanlagen, d. h. die Instandhaltung und die notwendigen Erneuerungen, richten sich dann nach Landesrecht (Unterhaltung der Wege durch andere Baulastträger, Betrieb von Versorgungseinrichtungen durch private Unternehmen), doch wird in vielen Fällen die Unterhaltspflicht bei der Gemeinde verbleiben. Wegen der Beiträge zu den Kosten für Erweiterungen oder Verbesserungen von Erschließungsanlagen siehe § 128 Abs. 2 und Anm. hierzu.

**5. Erschließungszeitpunkt (Abs. 2)**

Über den Zeitraum, in dem die Erschließung durchgeführt bzw. abgeschlossen werden soll, bringt das Gesetz keine Einzelvorschrift. In Abs. 2 ist lediglich bestimmt, daß die Erschließungsanlagen entsprechend den Erfordernissen der Bebauung und des Verkehrs hergestellt werden und spätestens bis zur Fertigstellung der anzuschließenden baulichen Anlagen benutzbar sein sollen. Damit ist den Gemeinden hinsichtlich des Beginns und der Beendigung der Erschließung ein Spielraum gelassen worden. Zwar bedeutet auch diese Sollvorschrift eine starke Bindung, von der nur unter besonderen Verhältnissen abgegangen werden darf, doch wurde der ursprünglich vorgesehene Grundsatz des Erschliessungsbeginns zusammen mit dem Baubeginn fallen gelassen (vgl. § 138 des Reg.-Entwurfs).

**6. Rechtsprechung**

A. Bayer. Oberstes Landesgericht

BayObLG, B vom 28. 9. 1962 (BReg 2 Z 40/62) DÖV 1963, 72 = BayBgm. 1962, 289 = BayVBl. 1963, 27 = KStZ 1963, 20 = DWW 1963, 375.

Bis zum Inkrafttreten des § 123 BBauG am 29. 6. 1961 (§ 189 Abs. 2) gehörte es in Bayern nicht zu den Aufgaben der Gemeinden, die Ortsstraßen herzustellen (wohl aber die bestehenden zu unterhalten); sie zu errichten, war vielmehr Pflicht der Anlieger. Nach § 62 Abs. 3 BayBO 1901 durften daher Bauführungen in neuen Bauanlagen erst dann bewilligt werden, wenn die Herstellung des Straßenkörpers in bestimmtem Ausmaß gesichert oder wenigstens Sicherheit für die Herstellung binnen einer zu bestimmenden Frist geleistet werden. Der Bauwerber mußte also entweder die Straße selbst herstellen oder für ihre Anlegung Sicherheit leisten, bevor ihm die Baugenehmigung erteilt wurde. Die Errichtung wurde als gesichert angesehen, wenn die Gemeinde erklärte, die Straße zu übernehmen oder diese in angemessener Zeit selbst herzustellen. Vereinbarte die Gemeinde mit dem Bauherrn, daß sie für diesen die Straße errichten werde, so ließ sie sich in der Regel für die voraussichtlichen Kosten Sicherheit in der Weise leisten, daß ihr der Bauwerber auf dem Baugrundstück eine Sicherungshypothek bestellte (vgl. Englert-Mang BayBO 1901 Anm. 15 zu § 62).

In § 123 BBauG ist nunmehr die „Erschließung" — darunter ist auch die Herstellung der Ortsstraßen zu verstehen — grundsätzlich den Gemeinden zur Pflicht gemacht; der Grundstückseigentümer bzw. der Erbbauberechtigte ist jetzt nur mehr verpflichtet, einen Erschließungsbeitrag zu leisten (§§ 127, 129 Abs. 1 letzter Satz, § 134 Abs. 1 BBauG). Die mit der Herstellung der Erschließungsanlagen entstehende Beitragsschuld (§ 133 Abs. 2 BBauG) ruht auf dem Grundstück bzw. dem Erbbaurecht als öffentliche Last (§ 134 Abs. 2

BBauG). Damit ist für den Erstbauenden die Notwendigkeit entfallen, die Straße selbst herzustellen oder für ihre Errichtung Sicherheit zu leisten.

Als öffentliche Last ist der Erschließungsbeitrag gemäß § 54 GBO von der Eintragung in das Grundbuch ausgeschlossen. Jedoch findet hier der allgemeine, auch in Art. 170 EGBGB anerkannte Rechtsgrundsatz Anwendung, wonach Schuldverhältnisse in ihrem Inhalt und ihrer Wirkung dem Recht unterstehen, das zur Zeit der Verwirklichung ihres Entstehungstatbestandes galt. Denn es ist davon auszugehen, daß jeder neue Rechtssatz nur die Zukunft, nicht die Vergangenheit ordnen will und daß, wenn etwas anderes gelten soll, dies einer ausdrücklichen gesetzlichen Regelung bedarf (BGHZ 10, 391/394; 14, 205/208; BayObLGZ 1959, 136/138; Enneccerus-Nipperdey 15. Aufl., Allg. Teil, 1. Halbband § 62 I, II 1 und II 1 a). Eine solche Regelung trifft das BBauG nicht. Vielmehr bringt § 180 Abs. 1 hinreichend deutlich zum Ausdruck, daß es bei dem alten Rechtszustand verbleiben soll, wenn nach bisherigem Recht eine Beitragspflicht oder eine die Funktion des Anliegerbeitrags erfüllende Verpflichtung bereits entstanden ist und noch geltend gemacht werden kann (vgl. Entschl. des BayStMdI vom 27. 6. 1961 über den Vollzug des BBauG, Hinweise zur Überleitung der im Vollzug des § 62 BayBO, der §§ 80, 81 Münchener BO abgeschlossenen Straßensicherungsverträge (§ 180 BBauG) — MABl. S. 469 — Einl. Abs. 4 und Abschnitt I). Diese Rechtsauffassung findet eine Stütze auch in § 180 Abs. 6 BBauG. Wenn danach schon Vereinbarungen über die Erfüllung von (öffentlich-rechtlichen) Anliegerbeitragspflichten vom BBauG nicht berührt werden (Brügelmann-Förster BBauG Anm. VII zu § 180), so muß das erst recht für vom Bauwerber rein privatrechtlich übernommene Verpflichtungen gelten. Haben daher eine Gemeinde und ein Grundstückseigentümer vor dem Inkrafttreten des BBauG einen Vertrag über die Herstellung einer Anliegerstraße durch die Gemeinde geschlossen, so können Kostenforderungen der Gemeinde hieraus auch jetzt noch durch eine Hypothek dinglich gesichert werden.

### B. Andere Gerichte

1. VG Minden, U vom 18. 7. 1961 — II K 12/61 —, KStZ 1962, 120 = DWW 1963, 375.

§ 123 Abs. 1 BBauG statuiert die gemeindliche Erschließungslast nur als Regelfall und läßt vorhandene gesetzliche Vorschriften oder öffentlich-rechtliche Verpflichtungen auf Grund deren die Erschließungslast einem anderen obliegt, unberührt. Das gilt auch für bestehende Observanzen.

2. VG München, U vom 13. 11. 1962 — II 3036/62 —, KStZ 63, 41 = DWW 63, 376.

Vor Inkrafttreten des BBauG zwischen der Gemeinde und einem Dritten geschlossene Verträge wegen Herstellung einer Erschließungsanlage oder wegen der Tragung der Kosten hierfür sind gültig abzuwickeln.

Vgl. hierzu ferner auch die „Rechtsprechung“ zu §§ 133 und 180 BBauG.

## § 124
### *Grundsätze für die Durchführung der Erschließung*

**Der Bundesminister für Wohnungsbau wird ermächtigt, mit Zustimmung des Bundesrates Richtlinien über die städtebaulichen Grundsätze der Erschließung aufzustellen.**

In § 140 des Regierungsentwurfs war folgende Regelung vorgesehen gewesen:

„Die Erschließung ist nach den anerkannten Regeln der Baukunst, der Technik und des Verkehrs durchzuführen. Die der Erschließung dienenden Maßnahmen sind technisch und zeitlich aufeinander abzustimmen. Die Erschließungsanlagen sind mit den notwendigen Einrchtungen zu versehen; hierzu gehören bei Verkehrsanlagen insbesondere die Einrichtungen für die Beleuchtung."

In den Ausschußverhandlungen wurde diese Bestimmung gestrichen, den in ihr enthaltenen Gedanken in eine Ermächtigungsnorm umgewandelt und die zu treffende Regelung auf städtebauliche Grundsätze für die Erschließung beschränkt.

Die Richtlinien wurden bisher nicht erlassen.

## § 125
### *Bindung an den Bebauungsplan*

**(1) Die Herstellung der öffentlichen Straßen, Wege, Plätze und Grünanlagen setzt einen Bebauungsplan voraus. Sie hat sich nach seinen Festsetzungen zu richten.**

**(2) Liegt ein Bebauungsplan nicht vor, so dürfen diese Anlagen nur mit Zustimmung der höheren Verwaltungsbehörde hergestellt werden. Dies gilt nicht, wenn es sich um Anlagen innerhalb der im Zusammenhang bebauten Ortsteile handelt, für die die Aufstellung eines Bebauungsplanes nicht erforderlich ist. Die Zustimmung darf nur versagt werden, wenn die Herstellung der Anlagen den in § 1 Abs. 3 bis 5 bezeichneten Anforderungen widerspricht.**

**1. Allgemeines**

Der Reg.-Entwurf (§ 137) hatte ursprünglich vorgesehen, die Erschließung in vollem Umfang grundsätzlich an einen Bebauungsplan zu binden. Auf Grund einer gemeinsamen Aussprache zwischen dem Bundestagsausschuß für Wohnungswesen, Bau- und Bodenrecht und dem Bundesratsausschuß für Wiederaufbau und Wohnungswesen (vgl. Bericht in der Bundestagsdrucksache 1794 zu § 137) beschloß der erstere Ausschuß, die Vorschrift des § 137 der Regierungsvorlage, die die Bindung der Erschließung an den Bebauungsplan regelt, im Grundsatz beizubehalten. Er teilte die Auffassung des Bundesratsausschusses, daß die Herstellung der Erschließungsanlagen ohne Bebauungsplan in der Praxis zu einer Umgehung der Bauleitplanung führen kann. Bei nachträglicher Aufstellung des Bebauungsplans könnten sich infolge der notwendigen Abstimmung mit überörtlichen Verkehrsplanungen Änderungen als erforderlich erweisen, die nur noch mit erheblichem Kostenaufwand durchgeführt werden könnten. Zur Wahrung dieses Anliegens erschien es aber ausreichend, lediglich die H e r s t e l l u n g d e r ö f f e n t l i c h e n S t r a ß e n , W e g e , P l ä t z e u n d G r ü n a n l a g e n , nicht auch sonstiger Erschließungsanlagen, an einen Bebauungsplan oder, wenn kein Plan aufgestellt ist, an die Zustimmung der höheren Verwaltungsbehörde zu binden. Es würde dem Prinzip der Verwaltungsvereinfachung auch widersprechen, wenn jeder Weg innerhalb der bereits bebauten Ortsanlage erst von der höheren Verwaltungsbehörde genehmigt werden müßte. Der Ausschuß hat daher abweichend von der Regierungsvorlage zum Ausdruck gebracht, daß innerhalb der im Zusammenhang bebauten Ortsteile, für die die Aufstellung eines Bebauungsplans nicht erforderlich ist, auch die Zustimmung der höheren Verwaltungsbehörde entfällt (vgl. hierzu auch § 34).

**2. Bindung an den Bebauungsplan (Abs. 1)**

Nur bei der Herstellung der öffentlichen Straßen, Wege, Plätze und Grünanlagen (als Erschließungsanlagen) ist v o r h e r ein Bebauungsplan (§ 8 ff.) aufzustellen, nach dessen Festsetzungen sich dann die Herstellung richten muß. Bei allen übrigen Erschließungsanlagen (z. B. Anlagen für die Behandlung, Beseitigung oder Verwertung von Abwasser und festen Abfallstoffen, Wasserversorgungsanlagen, Anlagen zur Versorgung mit Elektrizität, Gas und Wärme) ist die Aufstellung eines Bebauungsplans nicht Voraussetzung für ihre Herstellung.

Stellt sich bei der Planung einer öffentlichen Straße usw. heraus, daß die als notwendig erkannte Führung mit dem bereits aufgestellten Bebauungsplan nicht übereinstimmt, so ist vor Inangriffnahme der Straßenherstellungsarbeiten der Bebauungsplan entsprechend zu ändern (§ 2 Abs. 7 und § 13).

**3. Ausnahmen von der Bindung (Abs. 2)**

Zwei Ausnahmen von der Bindung an den Bebauungsplan (bei Herstellung von öffentlichen Straßen, Wegen, Plätzen und Grünanlagen) sind möglich, nämlich eine Ausnahme auf Grund Genehmigung der höheren Verwaltungsbehörde (a) und eine Ausnahme, die an keine Genehmigung gebunden ist (b).

a) Grundsätzlich muß eine Ausnahme von der in Abs. 1 festgelegten Bindung durch die höhere Verwaltungsbehörde genehmigt werden. Diese Vorschrift trägt der nicht zu vermeidenden Tatsache Rechnung, daß die Planung oft nicht mit dem Bauwillen der Beteiligten Schritt halten kann. Trotz der Bestrebungen, durch Vereinheitlichung und Vereinfachung des Planungsverfahrens diesen Zustand zu beseitigen, wird es sich auch in Zukunft nicht völlig vermeiden lassen, Bauten in Gebieten außerhalb der im Zusammenhang bebauten Ortsteile, für die noch kein Bebauungsplan aufgestellt ist, zuzulassen. Dies wird namentlich bei größeren Ansiedlungen der Fall sein, die aus einem unvorhersehbaren Bedürfnis heraus plötzlich notwendig werden. Die Erschließung kann in diesem Falle nur in Angriff genommen werden, wenn die höhere Verwaltungsbehörde dem Vorhaben zustimmt. Sie genehmigt damit praktisch im voraus die die Erschließungen betreffenden Festsetzungen eines künftigen Bebauungsplans.

Z u s t ä n d i g zur Erteilung der Zustimmung ist die h ö h e r e V e r w a l t u n g s b e h ö r d e (vgl. aber § 147 Abs. 2). Die Zustimmung der höheren Verwaltungsbehörde **darf nur versagt** werden, wenn die Herstellung der Anlagen den in § 1 Abs. 3 bis 5 bezeichneten Anforderungen (vgl. die dortigen Anmerkungen) widerspricht; ist letzteres nicht der Fall, **muß** die Zustimmung erteilt werden. Ob das eine oder das andere der Fall ist, ist, da hier die Planungshoheit der Gemeinde berührt wird (vgl. § 2 Abs. 1 und Anm. 1 hierzu), eine verwaltungsgerichtlich nachprüfbare Rechtsfrage; eine Zuständigkeit der Baulandkammern (§ 157) ist hier nicht gegeben.

**b)** Keine Zustimmung der höheren Verwaltungsbehörde zur Herstellung der öffentlichen Straßen, Wege, Plätze und Grünanlagen ist erforderlich, wenn es sich um Anlagen innerhalb der im Zusammenhang bebauten Ortsteile handelt, für die die Aufstellung eines Bebauungsplans nicht erforderlich ist (vgl. hierzu auch § 34 und § 85 Abs. 1 Nr. 2). Hier können also auch die in Abs. 1 bezeichneten Erschließungsanlagen ohne Rücksicht auf den Bebauungsplan hergestellt werden.

## § 126
### *Pflichten des Eigentümers*

**(1) Der Eigentümer hat das Anbringen von**

1. **Haltevorrichtungen und Leitungen für Beleuchtungskörper der Straßenbeleuchtung und**
2. **Kennzeichen und Hinweisschildern für Erschließungsanlagen**

**auf seinem Grundstück zu dulden. Er ist vorher zu benachrichtigen.**

**(2) Der Erschließungsträger hat Schäden, die dem Eigentümer durch das Anbringen oder das Entfernen der in Absatz 1 bezeichneten Gegenstände entstehen, zu beseitigen; er kann statt dessen eine angemessene Entschädigung in Geld leisten. Kommt eine Einigung über die Entschädigung nicht zustande, so entscheidet die höhere Verwaltungsbehörde; vor der Entscheidung sind die Beteiligten zu hören.**

**(3) Der Eigentümer hat sein Grundstück mit der von der Gemeinde festgesetzten Nummer zu versehen. Im übrigen gelten die landesrechtlichen Vorschriften.**

**1. Allgemeines**

Die Verpflichtung des Eigentümers, auf seinem Grundstück Vorrichtungen zu dulden und insbesondere auch anbringen zu lassen, die für die Sicherheit und Leichtigkeit der Benutzung von Erschließungsanlagen durch den Erschließungsträger und die Allgemeinheit erforderlich oder zweckmäßig sind, liegt grundsätzlich im Rahmen der Sozialbindung des Eigentums. Dabei etwa entstehende Schäden (z. B. Gebäudeschäden) sind jedoch dem Eigentümer zu ersetzen. Auch ist er in jedem Fall vorher zu benachrichtigen; doch bedeutet die letztere Bestimmung wohl nur eine Ordnungsvorschrift; rechtliche Folgerungen aus der Unterlassung der vorherigen Benachrichtigung werden sich nicht ergeben. Die Aufzählung der Pflichten des Eigentümers ist nicht abschließend erfolgt. So bestehen nach Landesrecht insbes. Verpflichtungen zum Reinigen und Besprengen der Straßen, zum Streuen bei Glätte und zur Räumung von Eis und Schnee. Diese und andere Unterhaltungspflichten sind jedoch nicht Gegenstand des Gesetzes und meist in den Straßen- und Wegegesetzen der Länder niedergelegt.

**2. Anbringung von Vorrichtungen (Abs. 1 und 3)**

a) Nur die Anbringung von Haltevorrichtungen und Leitungen für die Beleuchtungskörper der Straßenbeleuchtung hat der Eigentümer zu dulden; dagegen fallen entsprechende Einrichtungen etwa für Verkehrs- und Fernmeldeunternehmungen nicht in den Rahmen dieses Gesetzes, da es sich dabei nicht um Erschließungsanlagen handelt.

b) Unter Abs. 1 Nr. 2 fallen z. B. Schilder, welche die Lage (Tiefe, Höhe) von Erschließungsanlagen wie Wasser- und Gasleitungen, Abwasserkanälen und dgl. kennzeichnen, ferner insbesonders auch die Straßenbeschilderungen.

Nicht unbestritten ist die (wohl zu verneinende) Frage, ob die Verpflichtung zur Anbringung eines Hinweisschildes für Feuerlöschhydranten auf § 126 BBauG gestützt werden kann (vgl. hierzu „Die Fundstelle“ 1961, RdNr. 248).

Die Straßenbenennung und die Anbringung von Namensschildern (Straßennamen) — in letzterer Beziehung Duldungspflicht des Grundstückseigentümers hinsichtlich der Anbringung — ist Sache der Gemeinde (vgl. z. B. für Bayern Art. 52 Abs. 1 Satz 1 BayStrWG); ferner hat § 126 Abs. 3 BBauG die Festsetzung der Hausnummern als Aufgabe der Gemeinde erklärt, während die Anbringung der Hausnummer (und — nach dem Wortlaut des Gesetzes — auch die Beschaffung des Nummernschildes) nach der genannten Vorschrift Pflicht des Grundstückseigentümers ist (vgl. hierzu „Die Fundstelle“ 1963, RdNr. 272).

Die Bestimmung des Art. 52 Abs. 2 BayStrWG („Duldungspflicht“ hinsichtlich der Anbringung von Hausnummern) dürfte durch die weitergehende Vorschrift des § 126 Abs. 3 BBauG aufgehoben worden sein.

Zweifelhaft ist übrigens, ob die Gesetzgebungskompetenz des Bundes für die in § 126 BBauG behandelten Angelegenheiten gegeben ist. Sie ist im Schrifttum zum Teil in Frage gestellt worden (vgl. Zimniok BayStrWG, 3. Aufl. 1964, Art. 52 Anm. 12 b und „Die Fundstelle“ 1963, RdNr. 272).

**3. Entschädigung (Abs. 2)**

Es erschien angezeigt, dem Erschließungsträger die Wahl zwischen Naturalherstellung und Geldentschädigung zu überlassen. Eine Naturalherstellung wird regelmäßig auch im Interesse des Betroffenen sein. Schäden können durch das Anbringen oder das Entfernen der Vorrichtungen entstehen. Bei Streitigkeiten zwischen dem Erschließungsträger und dem Eigentümer „über die Entschädigung“ (d. h. also sowohl über die Art der Entschädigung — ob Natural- oder Geldentschädigung — als auch im Falle der Einigung über die Art der Entschädigung bei Streitigkeit über das Ausmaß der Entschädigung — Angemessenheit der Naturalherstellung, Höhe der Geldentschädigung —) entscheidet zunächst die höhere Verwaltungsbehörde (§ 147 Abs. 2 dürfte hier nicht anwendbar sein); die Entscheidung der höheren Verwaltungsbehörde kann nach § 157 Abs. 1 nur durch Antrag auf gerichtliche Entscheidung (Kammer für Baulandsachen) angefochten werden.

## ZWEITER ABSCHNITT

## Erschließungsbeitrag

### Vorbemerkung

Aus der Amtl. Begründung zu diesem Abschnitt ist folgendes anzuführen: Die Erschließung gehört zu den allgemeinen Aufgaben der Gemeinden. Es wäre daher nahe gelegen, die hierfür erforderlichen Aufwendungen durch allgemeine Haushaltsmittel, insbesondere durch die den Gemeinden zufließenden Steuereinnahmen zu bestreiten. Da die Grundlage der Steuereinnahmen der Gemeinden im wesentlichen das Aufkommen aus der Grund- und Gewerbesteuer ist, würde die Bestreitung des Erschließungsaufwandes aus diesem Aufkommen den an eine Objektsteuer zu stellenden finanzpolitischen Anforderungen ohne weiteres entsprechen. Die Vorteile einer Erschließung wirken sich in erster Linie auf den der Grundsteuer im allgemeinen zugrundeliegenden Ertragswert aus; sie stehen also zur Grundsteuer in einem entsprechenden Verhältnis. Dies gilt im gewissen Grade auch für das Verhältnis zur Gewerbesteuer, obwohl hier der gewerbliche Ertrag nur zum Teil von Erschließungsvorteilen beeinflußt ist. Es würde daher der Verwaltungsvereinfachung dienen, wenn durch eine entsprechende Erhöhung des Grund- und Gewerbesteueraufkommens auf die Erhebung eines besonderen Erschließungsbeitrages verzichtet werden könnte, wie dies in vielen kleineren Gemeinden der Fall war.

Wenn das Gesetz diesen Weg jedoch nicht geht, sondern die Grundstückseigentümer, denen die Vorteile aus der Erschließung zugute kommen, zu einem besonderen Beitrag heranzieht, so geschieht dies vor allem deshalb, weil der Erschließungsaufwand eine erhebliche Belastung des Gemeindehaushalts darstellt und daher jede grundsätzliche Änderung des bisherigen Deckungsverfahrens nicht ohne Auswirkung auf die Finanzwirtschaft der Gemeinden und das Grundstücks- und Mietpreisgefüge bleiben kann. Es würde auch von denjenigen Grundstückseigentümern, die bisher den Erschließungsbeitrag schon geleistet haben, nicht verstanden werden, wenn sie erneut mit der Grundsteuer den neuen Erschließungsaufwand, der ihnen nur wenige Vorteile bringt, nochmals mittragen sollten. Die Gemeinden würden sicher nur sehr ungern auf eine ihnen bisher zustehende Einnahmequelle verzichten. Vermutlich wäre damit zu rechnen, daß einzelne Länder von ihrem Recht, den Erschließungsbeitrag gesetzlich zu regeln, Gebrauch machen würden. Wo solches nicht geschähe, würden die bisherigen zum großen Teil als unzulänglich erklärten Regelungen aufrechterhalten bleiben. Eine bundesgesetzliche Regelung war daher im Interesse der Wahrung der Einheitlichkeit der wirtschaftichen Verhältnisse kaum zu vermeiden (vgl. aber wegen der Fragen der Verfassungsmäßigkeit auch Vorbem. zum Sechsten Teil, Nr. 2).

Die Unhaltbarkeit der bisherigen Regelung des Erschließungsbeitragsrechtes (Anliegerbeitragsrecht) ist in der Fachliteratur in den vergangenen Jahrzehnten einmütig zum Ausdruck gekommen. Der Erschließungsbeitrag für die Straßenbaukosten ist bisher vielfach nach dem Frontmetersystem bemessen worden. Dieses System führte zur Begünstigung der hochzonigen Bebauung und zur Überlastung des Flachbaues, insbesondere der Kleinhausbebauung. Die Beitragspflicht der Eckgrundstücke und sonstiger an mehreren Straßen gelegener Grundstücke konnte in vernünftiger Weise kaum gelöst werden, während die Beitragsfreiheit der Hintergebäude der Logik entbehrte. Eine gerechte, den baulichen Nutzungsvorteilen entsprechende Regelung ist mit dem Frontmetersystem nur in ganz einfachen ländlichen Verhältnissen, wo die Grundstücke entlang einer Straße gleichmäßig bebaut werden, vielleicht noch zu erreichen. Im übrigen widerspricht dieses System den Forderungen der Gerechtigkeit und Gleichheit. Der Entwurf sah sich deshalb der Aufgabe gegenüber, einen Verteilungsmaßstab zu finden, der die Nachteile des Frontmetermaßstabes vermeidet und möglichst gerecht und gleichmäßig den Vorteilen aus der Erschließung angepaßt ist. Er ging dabei von folgenden Überlegungen aus:

a) Der Verteilungsmaßstab muß einfach sein, damit er möglichst geringe Verwaltungsarbeit verursacht und von Hilfskräften gehandhabt werden kann.
b) Der Verteilungsmaßstab muß ermöglichen, den Beitrag schon im voraus zu berechnen, damit er schon im Finanzierungsplan für einen Neubau oder in der Preisberechnung bei der Grundstücksveräußerung berücksichtigt werden kann.
c) Der Verteilungsmaßstab muß nach objektiven Merkmalen bestimmt sein, um das Veranlagungsverfahren zu vereinfachen und Beschwerden und Verwaltungsprozesse nach Möglichkeit auszuschalten. Es muß daher der persönliche Gesichtspunkt der Leistungsfähigkeit ausscheiden; dieser kann nötigenfalls beim Einzugsverfahren im Einzelfall im Rahmen des Verwaltungsermessens berücksichtigt werden.

Nach diesen Gesichtspunkten hat das Gesetz abweichend von der Regierungsvorlage der Gemeinde wahlweise mehrere Verteilungsmaßstäbe zur Verfügung gestellt (§ 131 Abs. 2). Die Maßstäbe können auch miteinander verbunden werden.

Im übrigen hat der Gesetzgeber die Art und Weise der Berechnung und Erhebung des Erschließungsbeitrags nicht in allen Einzelheiten geregelt. Er hat sich vielmehr darauf beschränkt, den Rahmen zu setzen und eine Reihe von grundsätzlichen Fragen zu klären. Es ist Sache der Gemeinden, durch Ortsrecht die nähere Ausgestaltung vorzunehmen (§ 132).

Als N e u e r u n g e n gegenüber dem bisherigen (landesrechtlichen) Anliegerbeitragsrecht kommen vor allem in Betracht:

1. Alle Gemeinden sind zur Erhebung eines Erschließungsbeitrags verpflichtet (§ 127 Abs. 1).

2. Mehrere Erschließungsanlagen, die eine Einheit bilden, können zu einer Gesamtheit zusammengeschlossen werden (§ 130 Abs. 2 Satz 2).

3. Die Gemeinden haben mindestens 10 v. H. des beitragsfähigen Erschließungsaufwands selbst zu tragen (§ 129 Abs. 1 Satz 3).

4. Wenn eine unterschiedliche bauliche oder sonstige Nutzung möglich ist, muß ein Verteilungsmaßstab gewählt werden, der der Art und dem Maß der Nutzung entspricht (§ 131 Abs. 3).

5. Der Beitragsanspruch entsteht bereits bei Fertigstellung der Erschließungsanlage (§ 133 Abs. 2).

6. Auch die Möglichkeit der Forderung einer Vorausleistung auf den Erschließungsbeitrag (§ 133 Abs. 3) bildet gegenüber einem Teil des bisher geltenden Anliegerbeitragsrechts eine Neuerung.

## § 127
### *Erhebung des Erschließungsbeitrages*

**(1) Die Gemeinden erheben zur Deckung ihres anderweitig nicht gedeckten Aufwandes für Erschließungsanlagen einen Erschließungsbeitrag nach Maßgabe der folgenden Vorschriften.**

**(2) Erschließungsanlagen im Sinne dieses Abschnittes sind**

**1. die öffentlichen zum Anbau bestimmten Straßen, Wege und Plätze;**

**2. Sammelstraßen innerhalb der Baugebiete; Sammelstraßen sind öffentliche Straßen, Wege und Plätze, die selbst nicht zum Anbau bestimmt, aber zur Erschließung der Baugebiete notwendig sind;**

**3. Parkflächen und Grünanlagen, soweit sie Bestandteil der in den Nummern 1 und 2 genannten Verkehrsanlagen oder nach städtebaulichen Grundsätzen innerhalb der Baugebiete zu deren Erschließung notwendig sind.**

**(3) Der Erschließungsbeitrag kann für den Grunderwerb, die Freilegung und für Teile der Erschließungsanlagen selbständig erhoben werden (Kostenspaltung).**

**(4) Das Recht, Abgaben für Anlagen zu erheben, die nicht Erschließungsanlagen im Sinne dieses Abschnittes sind, bleibt unberührt. Dies gilt insbesondere für Anlagen zur Ableitung von Abwasser sowie zur Versorgung mit Elektrizität, Gas, Wärme und Wasser.**

**1. Erhebung des Erschließungsbeitrags (Abs. 1)**

Die Vorschrift statuiert eine Rechtspflicht der Gemeinden zur Erhebung des Erschließungsbeitrags, das ist also des Aufwands, der den Gemeinden durch die Errichtung von Erschließungsanlagen entsteht (über Umfang des Erschließungsaufwands und den Begriff beitragsfähiger Erschließungsaufwand siehe §§ 128 und 129). Es steht also nicht etwa im Belieben der Gemeinden, ob sie einen Beitrag erheben wollen oder nicht. Die Vorschrift geht davon aus, daß die Erhebung von Erschließungsbeiträgen ihre innere Rechtfertigung in dem Ausgleich der Vorteile findet, die dem Anliegergrundstück durch die gemeindliche Erschließungstätigkeit zufließen. Beiträge können daher nicht zu den Aufwendungen für Erschließungsanlagen aller Art erhoben werden. Vielmehr sind in diesem Zusammenhang nur solche Anlagen von rechtserheblicher Bedeutung, die für die Erschließung eines Baugebiets notwendig sind, insbesondere solche Anlagen, die erst die Bebauung eines Grundstücks ermöglichen. Mit Hilfe des Beitrags soll erreicht werden, daß der Bau der in Frage kommenden Erschließungsanlagen mit der Bebauung eines Baugebiets Schritt halten und ihr nach Möglichkeit vorangehen kann. Wegen des Begriffs „anderweitige Deckung" siehe § 129 Anm. 2.

**2. Erschließungsanlagen (Abs. 2)**

Dem oben unter Anm. 1 angegebenen Gesichtspunkt wurde durch eine gegenständliche Beschränkung der beitragspflichtigen Erschließungsanlagen in Abs. 2

Rechnung getragen. Erschließungsanlagen, für deren Herstellung ein Beitrag erhoben werden kann, sind demnach

a) alle öffentlichen zum Anbau bestimmten Straßen, Wege und Plätze. Wenn also eine Straße usw. oder Teile davon nach ortsrechtlichen oder sonstigen Vorschriften von Anbauten freizuhalten sind, so kann dafür kein Beitrag erhoben werden.

b) Für „Sammelstraßen" innerhalb der Baugebiete. Hier handelt es sich um solche öffentlichen Straßen, Wege und Plätze, die zwar selbst nicht zum Anbau bestimmt, aber für die Erschließung eines Baugebiets notwendig sind und innerhalb dieses Gebiets liegen. Es sind damit alle Straßen außerhalb der Baugebiete ausgeschlossen worden, insbesondere die Anschluß- und Verbindungsstraßen zu Baugebieten.

c) Die Anführung der Parkflächen und Grünanlagen, die einen Bestandteil neuzeitlicher Verkehrsanlagen bilden, dient der Klarstellung. Soweit sie innerhalb der Baugebiete liegen und entweder Bestandteile der zum Ausbau bestimmten Straßen, Wege und Plätze oder der Sammelstraßen sind oder nach städtebaulichen Grundsätzen für die Erschließung dieser Gebiete notwendig sind, dienen sie zugleich den Interessen der Grundstückseigentümer. Sie sind daher in die Beitragsregelung einbezogen worden. Damit sind größere Grünanlagen, die den Einwohnern einer ganzen Stadt oder eines Stadtteils dienen, von der Beitragsfähigkeit ausgeschlossen. — Aus der Bezeichnung „Parkflächen u. Grünanlagen", d. h. aus der Nebeneinanderstellung dieser Begriffe, dürfte hervorgehen, daß es sich bei den „Parkflächen" i. S. dieser Bestimmung nicht etwa um „Parkanlagen" i. S. von § 9 Abs. 1 Nr. 8 (Unterbegriff für „Grünanlagen") handelt, sondern um „Flächen für Stellplätze" i. S. des § 9 Abs. 1 Buchst. e.

Nicht zu den beitragsfähigen Erschließungsanlagen i. S. von Abs. 2 zählen die Herstellung der überörtlichen Verkehrsanlagen, soweit sie nicht mit örtlichen Verkehrsanlagen zusammenfallen, und die Verkehrseinrichtungen (Straßenbahnen, Omnibuslinien, Untergrundbahnen u. dgl.). Das gleiche gilt für Grünanlagen, soweit sie nicht mit sonstigen Erschließungsanlagen im Zusammenhang stehen, wie über den lokalen Bereich hinausgehende Erholungsanlagen. Auch die Herstellung der für öffentliche Zwecke notwendigen Gemeinbedarfsanlagen, wie Schulen, Rathäuser, Krankenhäuser und dgl. gehören nicht mehr zur Erschließung im Sinne des Gesetzes. Der Bau von Straßen- und Untergrundbahnen auf im Bebauungsplan ausgewiesenen Verkehrsflächen sowie der Bau von Fernmeldeeinrichtungen unterliegt den hierfür geltenden besonderen Vorschriften. Ferner kommen nicht in Frage die Kosten für die Grundstücksentwässerung, die Anlagen zur Ableitung von Abwasser und zur Versorgung mit Elektrizität, Gas, Wärme und Wasser, Anlagen zur Beseitigung oder Verwertung von Abfallstoffen, Kinderspielplätze, Ehrenhaine und dgl.

Das Gesetz verzichtet bewußt auf eine umfassende Beitragsregelung für alle Erschließungsanlagen (s. Nr. 1 der Vorbemerkung zum Sechsten Teil). Eine solche Regelung hätte kaum überwindliche Schwierigkeiten gebracht, weil schon bisher das Beitragsrecht für die Wasser- und Energieversorgung und teilweise auch für die Abwasseranlagen besondere Wege gegangen ist. Für diese Anlagen werden die Herstellungskosten teils in laufenden Grundgebühren erhoben, teils mit den Verbrauchgebühren amortisiert; im übrigen ist zu bedenken, daß die Heranziehung der Pflichtigen teilweise auch auf vertraglicher, also nicht öffentlichrechtlicher Grundlage erfolgt und daß bei den genannten Anlagen vor allem auch die betriebswirtschaftlichen Gesichtspunkte zu beachten sind, die eine gemeinsame Behandlung mit den unter § 127 Abs. 2 aufgeführten Anlagen nicht als ratsam erscheinen lassen (so Eifrig, Baulanderschließung nach dem Bundesbaugesetz, DÖV 1961, 591).

**3. Kostenspaltung (Abs. 3)**

Der Abs. 3 enthält den wichtigen Grundsatz der „Kostenspaltung". Dieser entspringt einem dringenden Bedürfnis der Praxis. Zwar ist der Erschließungsbeitrag grundsätzlich ein einmaliger Beitrag des Grundstückseigentümers zu dem seinem Grundstück zugute kommenden Erschließungsaufwand der Gemeinde. Um aber dieser die Möglichkeit zu geben, bei der in der Regel nur stufenweise stattfindenden Erschließung mit der Erhebung eines Beitrags nicht bis zur völligen Fertigstellung der gesamten Anlage warten zu müssen, sind auch bereits Teilanlagen als beitragsfähig anerkannt worden; die Gemeinde kann den Beitrag selbständig und gesondert erheben:

a) Für die Aufwendungen, die ihr für den Grundstückserwerb, z. B. für den Erwerb der Flächen für die Straßen und Grünanlagen entstehen,
b) für die Freilegung der Flächen für die Erschließungsanlagen, z. B. Beseitigung von Bauten und sonstigen Anlagen, ferner für die Entschädigung der Anlieger und die Ablösung von Rechten, z. B. für die Freistellung des für die Erschließungsanlagen notwendigen Grund und Bodens von dinglichen Rechten Dritter; es fallen darunter auch alle Maßnahmen, die erforderlich sind, um die betreffende Grundfläche der freien Verfügung der Gemeinde zu unterstellen.
c) für Teile der Erschließungsanlagen. Die Gemeinde kann also die Anlagen in einzelne Teile aufspalten; so kann vor allem die Herstellung einer Straße in einzelne Bauabschnitte zerlegt werden, z. B. von einer Querstraße zur anderen; oder es wird zunächst der Beitrag für die Straße und später der für die dazugehörigen Parkflächen oder für die Sammelstraße erhoben. Es ist nur darauf zu achten, daß die einzelnen Teilabschnitte nicht zu klein sind.
Umfang und Art und Weise der Kostenspaltung ist in der Satzung festzulegen (§ 132 Nr. 3).

**4. Abgaben für andere Erschließungsanlagen (Abs. 4)**

**a)** Der Erschließungsbeitrag nach § 127 bildet nicht das einzige Deckungsmittel für den Erschließungsaufwand. Wenn auch die Gemeinden in den weitaus meisten Fällen den Aufwand zu tragen haben werden, so können ihnen doch auf Grund gesetzlicher oder auf Herkommen oder Vertrag beruhender Verpflichtungen Einnahmen zufließen, die den Erschließungsaufwand mindern. Das Recht der Gemeinden, Abgaben für Anlagen zu erheben, die nicht Erschließungsanlagen i. S. des Zweiten Abschnittes des Sechsten Teiles des BBauG sind, bleibt unberührt. Hier kommen vor allem in Betracht die bisher schon auf Grund satzungsrechtlicher Regelung möglichen Beiträge und Gebühren für Anlagen zur Ableitung von Abwässern sowie zur Versorgung mit Elektrizität, Gas, Wärme und Wasser.

**b)** Aus Abs. 4 ergibt sich, daß die Gemeinden bei der Erhebung von Abgaben für Anlagen, die nicht Erschließungsanlagen im vorstehend genannten Sinn sind, nicht an die Bestimmungen des BBauG über den Erschließungsbeitrag gebunden sind. Andrerseits sind die Gemeinden nicht gezwungen, den Erschließungsaufwand für Anlagen nach § 127 Abs. 2 nur im Wege der Erhebung des Erschließungsbeitrags zu decken. Sie können auch andere einschlägige Einnahmen (z. B. auf Vertrag beruhende Leistungen) heranziehen und müssen nur den anderweitig nicht gedeckten Aufwand für durch den Erschließungsbeitrag decken (vgl. Abs. 1). Wegen der Beschränkung der Beitragserhebung siehe § 129.

**5. Rechtsprechung**

A. Verwaltungsgerichtshöfe und Oberverwaltungsgerichte

1. OVG Münster, U vom 27. 5. 1964 (III A 1252/62) ZMR 1964, 383 = DWW 1964, 359.

Gestattet eine Ortssatzung über Erschließungsbeiträge nur generell das Verfahren der Kostenspaltung, so bedarf es — wie nach bisherigem Recht — eines zusätzlichen, veröffentlichten Ratsbeschlusses über diejenigen Straßen und Teileinrichtungen, die unter die Kostenspaltung fallen sollen.

2. BayVGH, U vom 5. 11. 1964 (Nr. 148 IV 63) BayVBl. 1965, 23 = BayBgm. 1964, 275.

§ 127 Abs. 1 kommt als Rechtsgrundlage nur in Betracht, wenn der für die Entstehung der Beitragspflicht nach dem BBauG maßgebliche Zeitpunkt, nämlich die Herstellung der Straße, unter der Geltung des BBauG verwirklicht wurde.

3. OVG Münster, U vom 28. 11. 1962 (III A 731/58) DWW 1963, 189 und 376.

Eine Privatstraße erlangt erst mit der Übernahme durch die Gemeinde die Eigenschaft einer neuen Ortsstraße, so daß die vor der Übernahme an ihr errichteten Gebäude anliegerbeitragsfrei bleiben.

B. Verwaltungsgerichte

1. VG Aachen, U vom 28. 11. 1961 (1 K 437/61) DWW 1962, 81 = KStZ 1962, 113 = DWW 1963, 375.

Das Recht zur Kostenspaltung bedurfte nach altem Recht und bedarf auch künftig einer ortsstatutarischen Regelung. Besteht eine solche, dann entsteht die Beitragspflicht seit Geltung des § 133 BBauG kraft Gesetzes mit der Fertigstellung spaltungsfähiger Teilanlagen. Einer ortsgesetzlichen Regelung, die für den konkreten Fall die Anwendung der Spaltungsvorschrift bestimmt, bedarf es nicht mehr.

2. VG Düsseldorf, B vom 9. 8. 1962 (5 L 273/62) KStZ 1962, 179 = DWW 1963, 374.

Ein Abwasserkanal ist keine Erschließungsanlage im Sinne des BBauG.

3. VG Düsseldorf, B vom 31. 5. 1963 (5 L 126/63) KStZ 1963, 196 = DWW 1963, 373.

Straßenbäume gehören zum Erschließungsaufwand des § 127 BBauG.

## § 128
## *Umfang des Erschließungsaufwandes*

**(1) Der Erschließungsaufwand nach § 127 umfaßt die Kosten für**

**1. den Erwerb und die Freilegung der Flächen für die Erschließungsanlagen;**

**2. ihre erstmalige Herstellung einschließlich der Einrichtungen für ihre Entwässerung und ihre Beleuchtung;**

**3. die Übernahme von Anlagen als gemeindliche Erschließungsanlagen.**

**Der Erschließungsaufwand umfaßt auch den Wert der von der Gemeinde aus ihrem Vermögen bereitgestellten Flächen im Zeitpunkt der Bereitstellung.**

**(2) Soweit die Gemeinden nach Landesrecht berechtigt sind, Beiträge zu den Kosten für Erweiterungen oder Verbesserungen von Erschließungsanlagen zu erheben, bleibt dieses Recht unberührt. Die Länder können bestimmen, daß die Kosten für die Beleuchtung der Erschließungsanlagen in den Erschließungsaufwand nicht einzubeziehen sind.**

**(3) Der Erschließungsaufwand umfaßt nicht die Kosten für**

**1. Brücken, Tunnels und Unterführungen mit den dazugehörigen Rampen;**

**2. die Fahrbahnen der Ortsdurchfahrten von Bundesstraßen sowie von Landstraßen I. und II. Ordnung, soweit die Fahrbahnen dieser Straßen keine größere Breite als ihre anschließenden freien Strecken erfordern.**

### 1. Allgemeines

Während § 127 die Erschließungsanlagen aufzählt, für deren Erstellung überhaupt ein Erschließungsbeitrag erhoben werden kann, regelt § 128 den Umfang des Erschließungsaufwands, der hierfür in Betracht kommt, d. h. es wird der Aufwand bezeichnet, der bei Erstellung der Anlagen als durch die Erschließung verursacht angesehen werden kann. Ein Aufwand, der nicht unter die Aufzählung in § 128 Abs. 1 fällt, kann im allgemeinen nicht als „Erschließungsaufwand" angesehen werden. Ausnahmen hiervon sind in Abs. 2 angeführt. In Abs. 3 werden lediglich einige Erschließungsmaßnahmen aufgezählt, deren Erstellungskosten keinen „Erschließungsaufwand" darstellen.

### 2. Erschließungsaufwand (Abs. 1)

a) Um die Erschließungsanlagen i. S. des § 127 Abs. 2 erstellen zu können, ist in vielen Fällen (wenn nämlich die Flächen nicht im Eigentum der Gemeinde stehen) zunächst der Erwerb der Grundflächen für die Straßen, Plätze und Grünanlagen erforderlich. Der Erwerb geschieht im Wege des freihändigen Kaufs, des Tausches oder im Wege der Enteignung (vgl. hierzu § 85: Nutzung eines Grundstücks entsprechend den Festsetzungen des Bebauungsplans). Weiter umfaßt der Erschließungsaufwand die Kosten für die Freilegung der Flächen für die Erschließungsanlagen, also die Beseitigung von Gebäuden, von Baumbestand und dgl. Stellt die Gemeinde für die Erschließungsanlagen eigene Grundstücke aus ihrem Vermögen zur Verfügung, so zählt zum Erschließungsaufwand auch der Wert dieser Grundstücke im Zeitpunkt der Bereitstellung (Abs. 1 Satz 2). Bereits geleistete Erschließungskosten müssen angerechnet werden (§ 129 Abs. 2). Über die Ermittlung von Grundstückswerten vgl. §§ 136 ff.

b) Nur die erstmalige Herstellung der Anlagen fällt unter den Erschließungsaufwand, für den (unter der Voraussetzung des § 129) Beiträge erhoben werden können (die weitere Unterhaltung der Anlage obliegt dem Baulastträger), ferner die Einrichtungen für ihre Entwässerung; bei letzterer handelt es sich vor allem um die Anlagen zur Beseitigung des Oberflächenwassers nach § 127 Abs. 2, nicht um Hausabwässer und dgl. — § 127 Abs. 4 — (Knaupp-Ingenstau BBauG Anm. zu § 128). Schließlich gehört hierher die Beleuchtung der Erschließungsanlagen. Es ist aber zu beachten, daß auch hinsichtlich der Kosten für die Entwässerung und die Beleuchtung jeweils nur die erstmalige Herstellung unter den Erschließungsaufwand fällt. (Wegen der Erweiterung und Verbesserung siehe unten Anm. 3.)

c) Nach § 123 Abs. 3 kann die Gemeinde die Erschließung durch Vertrag auf einen Dritten übertragen. Es bleibt ihr unbenommen, in einem solchen Fall die von dem Dritten hergestellte Anlage als gemeindliche Erschließungsanlage zu übernehmen; sie kann dann die Kosten für die Übernahme der Anlage (immer unter der Voraussetzung des § 129) in den Erschließungsaufwand einbeziehen.

**3. Beiträge nach Landesrecht (Abs. 2)**

In einer Reihe von Ländern bestand bisher im Rahmen des kommunalen Abgaberechts zugunsten der Gemeinde die Möglichkeit, außer für die in Abs. 1 angeführten Kosten noch für weitere den Gemeinden bei der Erschließung entstandenen Aufwendungen Beiträge zu erheben. Dieses Recht wird ihnen nach Abs. 2 belassen. Der Gesetzgeber ist von der Überlegung ausgegangen, daß der Erschließungsbeitrag grundsätzlich eine einmalige Leistung der Anlieger darstellen soll. Soweit der Gemeinde aber durch Erweiterung oder Verbesserung der Anlagen später Kosten entstehen, soll es ihr nach Maßgabe ihrer Finanzlage und der örtlichen Verhältnisse überlassen bleiben, ob sie diese Kosten durch Satzung auf landesrechtlicher Grundlage wieder hereinbringen will. Im Gegensatz zur Regierungsvorlage ist die Gemeinde dazu nicht mehr verpflichtet. Abweichend von der gesetzlichen Regelung (Abs. 1 Nr. 2) können die Gemeinden außerdem in ihren Satzungen bestimmen, daß die Kosten für die Beleuchtung der Erschließungsanlage in den Erschließungsaufwand nicht einzubeziehen sind.

**4. Ausnahmen (Abs. 3)**

In Abs. 3 ist eine Reihe von Erschließungsanlagen (die an sich als den Erschließungsanlagen im Sinne des § 127 Abs. 2 zugehörig angesehen werden könnten) aufgezählt, deren Herstellungskosten nicht zum Erschließungsaufwand gehören. Diese Anlagen haben in der Regel überörtliche Bedeutung und der gesetzlichen Regelung liegt der Gedanke zugrunde, daß der Aufwand für Verkehrsanlagen mit überörtlicher Bedeutung, für die noch dazu meist ein erheblicher Aufwand notwendig ist, nicht von den Anliegern, sondern aus allgemeinen Haushaltsmitteln bestritten werden muß. Bei den Fahrbahnen der Ortsdurchfahrten von Bundesstraßen sowie von Landstraßen I. und II. Ordnung ist dabei für die Frage der Freiheit vom Anliegerbeitrag von der Breite der an die Ortsdurchfahrt anschließenden freien Strecke auszugehen. (Über den Begriff „Ortsdurchfahrten" siehe Marschall, Bundesfernstraßengesetz, Anm. 4 zu § 55).

**5. Rechtsprechung**

a) OVG Münster, U vom 29. 4. 1964 (III A 327/62) DWW 1964, 332.

Zum Recht der Straßenkostenbeiträge nach § 9 Pr. KAG.

1. Auch beim Beitragsbeschluß nach § 9 KAG haben die Gerichte zu prüfen, ob — insbesondere in der Beurteilung der Vorteilsfrage — die äußersten Grenzen des Ortsgesetzgeberischen Ermessens eingehalten worden sind (Änderung bisheriger Rechtsprechung).

2. Straßenbaukostenbeiträge nach § 9 KAG dürfen nicht in solcher Höhe erhoben werden, daß der auf die Anlieger entfallende Anteil an den Gesamtkosten der nach § 15 FluchtlG — jetzt nach §§ 127 ff. BBauG — zulässigen Belastung annähernd gleichkäme.

3. Bei der Abgrenzung der Beiträge von dem der Gemeinde verbleibenden Anteil geht aufgestauter Reparaturbedarf jedenfalls dann zu Lasten der Gemeinde, wenn die Umlage von Kosten der gemeingewöhnlichen Unterhaltung ortsgesetzlich nicht vorgesehen ist und die Straße sich in einem wesentlich schlechteren Zustand als die meisten anderen Straßen der Gemeinde befindet.

b) OVG Münster, U vom 19. 8. 1964 (III A 1034/61) DWW 1964, 333.

1. Die von der Rechtsprechung des Preuß. OVG vertretene Auffassung, daß die Bemessung der Beiträge „nach den Vorteilen" inhaltlich jeglicher Überprüfung durch die Verwaltungsgerichte entzogen sei, wird nicht aufrechterhalten. Die Verwaltungsgerichte haben vielmehr auch bei einem Beitragsbeschluß nach § 9 KAG zu prüfen, ob der Ortsgesetzgeber die durch diese Vorschrift gesetzten äußersten Grenzen seines Ermessens beachtet hat.

2. Es ist unzulässig, Straßenbaukostenbeiträge in solcher Höhe zu erheben, daß der auf die Anlieger entfallende Anteil an den Gesamtkosten der nach § 15 FlG (jetzt nach §§ 127 ff. BBauG) zulässigen Belastung annähernd gleichkäme.

3. „Besondere wirtschaftliche Vorteile" sind solche wirtschaftlichen Vorteile, die über diejenigen Vorteile hinausgehen, welche der Allgemeinheit aus der Veranstaltung erwachsen.

4. § 9 KAG stellt es in das Ermessen der Gemeinde, ob sie von den Grundeigentümern allein oder von den Gewerbetreibenden allein oder von beiden Gruppen zusammen Beiträge erhebt, jedoch muß die Entscheidung frei von

Willkür sein. Der Gleichheitssatz erfordert, daß a l l e, die den zu einer öffentlichen Abgabe verpflichteten Tatbestand erfüllen, auch zu der Abgabe herangezogen werden.

## § 129
### *Beitragsfähiger Erschließungsaufwand*

**(1) Zur Deckung des anderweitig nicht gedeckten Erschließungsaufwandes können Beiträge nur insoweit erhoben werden, als die Erschließungsanlagen erforderlich sind, um die Bauflächen und die gewerblich zu nutzenden Flächen entsprechend den baurechtlichen Vorschriften zu nutzen (beitragsfähiger Erschließungsaufwand). Soweit Anlagen nach § 127 Abs. 2 von dem Eigentümer hergestellt sind oder von ihm auf Grund der Verordnung über Garagen- und Einstellplätze vom 17. Februar 1939 (Reichsgesetzbl. I S. 219) in der Fassung des Erlasses vom 13. September 1944 (Reichsarbeitsblatt S. I 325) oder sonstiger baurechtlicher Vorschriften verlangt werden, dürfen Beiträge nicht erhoben werden. Die Gemeinden tragen mindestens 10 vom Hundert des beitragsfähigen Erschließungsaufwandes.**

**(2) Kosten, die ein Eigentümer oder sein Rechtsvorgänger bereits für Erschließungsmaßnahmen aufgewandt hat, dürfen bei der Übernahme als gemeindliche Erschließungsanlagen nicht erneut erhoben werden.**

**1. Allgemeines**

Die §§ 127, 128 und 129 sind eng miteinander verbunden; eine Bestimmung entwickelt sich aus der andern. Während § 127 besagt, für w e l c h e E r s c h l i e s s u n g s a n l a g e n (überhaupt und allgemein) ein Erschließungsbeitrag in Frage kommen kann und § 128 klargestellt, daß von den A u f w e n d u n g e n für die in § 127 genannten Anlagen nicht alle, sondern nur ganz bestimmte im Rahmen des „Erschließungsaufwands" liegen, bringt § 129 eine weitere Einschränkung in der Weise, daß von dem nach §§ 127 und 128 anfallenden Erschließungsaufwand wieder nur ein Teil „beitragsfähig" ist, d. h. daß auch von dem sich nach den genannten Bestimmungen ergebenden Erschließungsaufwand nur ein Teil der B e r e c h n u n g d e s B e i t r a g s zugrunde gelegt werden darf.

**2. Beitragsfähiger Erschließungsaufwand (Abs. 1 Satz 1)**

Der Gesetzgeber hat in Abs. 1 rechtsgrundsätzlich zum Ausdruck gebracht, daß nur der für n o t w e n d i g e E r s c h l i e ß u n g s a n l a g e n erforderliche Erschließungsaufwand umgelegt werden darf. Dabei ist die Notwendigkeit der Anlage n i c h t am Vorteil für das e i n z e l n e G r u n d s t ü c k nach der vom Eigentümer zufällig ausgeübten Nutzung, sondern an den E r f o r d e r n i s s e n d e r B a u g e b i e t e, d. h. daran zu messen, ob sie für eine den baurechtlichen Vorschriften entsprechende Nutzung dieser G e b i e t e vorhanden sein müssen. Maßgebend für die Notwendigkeit der Anlagen ist also, welche p l a n u n g s - und b a u r e c h t l i c h e n V o r s c h r i f t e n für das betreffende Gebiet gelten, d. h. die rechtliche Nutzung. Diese ergibt sich aus den Festsetzungen des Bebauungsplans und dem sonstigen Baurecht (Bauordnungen). Dementsprechend werden verschiedene Anforderungen hinsichtlich der Notwendigkeit gestellt werden, je nachdem, ob es sich um ein gewerbliches Gebiet oder ein reines Wohngebiet handelt. In ersterem werden die Straßen meist wohl eine größere Breite und Tragfähigkeit aufweisen müssen als z. B. in einem Wohngebiet. Auch in letzterem können die Anforderungen (Straßen, Stellplätze, Grünanlagen) sehr verschieden sein, je nachdem, ob es sich um ein dichtbesiedeltes Gebiet (mehrere Geschosse, geschlossene Bauweise) handelt oder um ein reines Villengebiet. Die Unterscheidung zwischen „Bauflächen" (vgl. § 5 Abs. 2 Nr. 1) und „gewerblich zu nutzenden Flächen" zeigt, daß nicht nur die Erschließung von baulich genutzten Flächen, sondern auch von Flächen mit nur gewerblicher Nutzung (z. B. Lagerplätze) als beitragsfähig angesehen wird.

Als „anderweitig gedeckt" ist der Erschließungsaufwand insoweit anzusehen, als die Aufwendungen der Gemeinde durch Zuwendungen von dritter Seite verringert werden, die nicht auf der gesetzlichen Verpflichtung nach dem Sechsten Teil des BBauG beruhen; hierher gehören Verpflichtungen auf Grund anderer gesetzlicher Vorschriften, zweckgebundene Bundes- oder Landeszuschüsse oder freiwillige Zuwendungen von privater Seite, nicht jedoch die Aufwendungen der Gemeinde für die Finanzierung der Erschließung. Der Gemeinde darf durch Beiträge nicht mehr zufließen, als sie selbst aufgewendet hat. Wenn die Gemeinde den festgestellten Erschließungsaufwand haushaltsrechtlich voll gedeckt hat, ist die Erhebung von Beiträgen im Umfang der erfolgten Deckung nicht mehr zulässig. Dagegen kann sich aber der einzelne Pflichtige nicht etwa darauf berufen, daß die Gemeinde bei Erhöhung der allgemeinen Haushaltsmittel (z. B. durch Erhöhung der Gemeindesteuern) von einer Beitragserhebung absehen könnte (vgl. zur Frage der „anderweitigen Deckung" auch Preuß. OVG 104, 10; 60, 125; 81, 125; OVG Lüneburg, OVGE 14, 407 = DÖV 1960, 30; ferner Schrödter, Kommentar zum BBauG, Anm. 3 zu § 127).

Schwierig wird in den meisten Fällen, vor allem bei größeren Gemeinden, die über ein differenziertes Erschließungsnetz verfügen, die Beantwortung der Frage sein, inwieweit die Erschließungsanlagen erforderlich sind. Diese Frage interessiert aber den betroffenen Grundeigentümer in erster Linie und es muß ihm wenigstens annähernd eine gewisse Möglichkeit an die Hand gegeben werden, seine Verpflichtungen und die Begründetheit der an ihn herangetragenen Forderungen zu überblicken. Dies um so mehr, als die genannte Differenzierung sich immer weiter ausdehnt. Mit zunehmendem Verkehr macht sich ein verstärktes Bedürfnis nach ruhigem Wohnen bemerkbar. Dies hat wieder zur Folge, daß ein den verschiedensten Anforderungen Rechnung tragendes Straßensystem ausgearbeitet werden muß, das von den Zufahrtsstraßen zur Sammelstraße, zur Wohnstraße oder zum Wohnweg führt. Hinzu kommt noch die Einbeziehung von Grünanlagen und Parkflächen.

Die Gemeinden werden im Rahmen ihrer Verpflichtung, in einer Satzung Art und Umfang der Erschließungsanlagen zu regeln (§ 132 Nr. 1) darauf Bedacht nehmen müssen, ein Höchstmaß der Anforderungen festzulegen. Dabei wird es ausschlaggebend auf die Art der Bebauung, auf die Verschiedenartigkeit des Baugebiets und die sich daraus ergebenden Verkehrsaufgaben ankommen. Wenn es sich um sehr dichte (hochzonige) Bauten handelt, wird die Verkehrsbeanspruchung wesentlich größer sein und es werden breitere Straßen erforderlich sein, als bei einer Villenbauweise. Ebenso werden in einem Gewerbegebiet in der Regel höhere Anforderungen an das Verkehrsnetz gestellt werden müssen als in Wohngebieten.

In der Satzung nach § 132 werden, jedenfalls in größeren Gemeinden, die einzelnen den Umfang der Erschließungsanlagen bestimmenden Faktoren in Erscheinung treten müssen (vgl. hierzu Schneider, Das neue System der Erschließungsbeiträge nach dem Bundesbaugesetz, DVBl. 1962, 45).

**3. Ausnahmen von der Beitragsfähigkeit (Abs. 1 Satz 2)**

Abs. 1 Satz 2 bestimmt Ausnahmen von dem Grundsatz, daß Beiträge für erforderliche Erschließungsanlagen erhoben werden dürfen. Es sind Fälle denkbar, in denen der Eigentümer bereits selbst Erschließungsanlagen i. S. von § 127 Abs. 2 hergestellt hat (z. B. wenn der Eigentümer eines größeren Grundstückskomplexes zur Erschließung der Grundstücke eine Sammelstraße angelegt hat) oder in denen von ihm auf Grund der RGaO solche Anlagen verlangt werden (vgl. § 2 ff. RGaO). In diesen Fällen dürfen Beiträge nicht erhoben werden. Es kann also z. B. von einem Eigentümer, der bereits nach den Vorschriften der RGaO für einen Einstellplatz gesorgt hat, nicht die Schaffung von Stellplätzen oder Garagen nach § 127 Abs. 2 Nr. 3 verlangt werden.

**4. Selbsttragung durch die Gemeinde (Abs. 1 Satz 3)**

Die Gemeinde kann nicht den gesamten notwendigen Erschließungsaufwand umlegen; vielmehr muß sie mindestens 10 vom Hundert des beitragsfähigen Aufwands selbst tragen. Die Höhe der Selbsttragung wird in der Satzung (§ 132) bestimmt. Der von der Gemeinde zu tragende Teil wird nach Feststellung des Gesamtaufwands von diesem abgezogen; erst dieser wird umgelegt.

**5. Übernahme von Anlagen (Abs. 2)**

Der bereits oben unter Anm. 3 ausgeführte Grundsatz, nach dem der Eigentümer vor Doppelleistungen zu schützen ist, kommt auch in Abs. 2 zum Ausdruck. Diese Vorschrift betrifft den Fall des nach § 128 Abs. 1 Nr. 3 für die Übernahme von Anlagen durch die Gemeinde entstehenden Aufwands. Bei dieser Übernahme dürfen Kosten, die ein Eigentümer oder seine Rechtsvorgänger bereits für die zu übernehmende Erschließungsanlage aufgewendet haben, nicht erneut (als Erschließungsbeitrag) erhoben werden.

**6. Rechtsprechung**

1. VG Düsseldorf, U vom 20. 11. 1962 (5 K 380/62) KStZ 1963, 43 und U vom 23. 7. 1963 (5 K 305/62) KStZ 1963, 212 = DWW 1963, 375.

Die Gemeinden müssen sich gemäß § 129 BBauG auch in den Fällen an den Straßenbaukosten beteiligen, in denen ihre Beitragsforderung auf § 133 Abs. 4 BBauG beruht.

2. VG Düsseldorf, U vom 23. 7. 1963 (5 K 305/62) KStZ 1963, 212 = DVBl. 1964, 160.

a) Die Verjährungsfrist für eine Anliegerbeitragsforderung alten Rechts beginnt weder mit der Beendigung der Straßenbauarbeiten noch mit dem Erwerb des letzten Straßenlandes durch die Gemeinde, sondern erst dann, wenn die Abrechnung und Umlegung der Straßenbaukosten der Gemeinde möglich und zuzumuten ist.

b) Anliegerbeitragsforderungen, die nach dem Fluchtliniengesetz entstanden, aber verjährt waren, entstehen gemäß § 133 Abs. 4 BBauG neu. Denn § 133 Abs. 4 BBauG ist an die Stelle eines — die Beitragsforderung bisher erneut auslösenden — Baufalles getreten.

c) § 129 BBauG ist auch bei der Berechnung der Beitragsforderung zu berücksichtigen, die auf § 133 Abs. 4 BBauG beruhen.

## § 130

*Art der Ermittlung des beitragsfähigen Erschließungsaufwandes*

**(1) Der beitragsfähige Erschließungsaufwand kann nach den tatsächlich entstandenen Kosten oder nach Einheitssätzen ermittelt werden. Die Einheitssätze sind nach den in der Gemeinde für die üblicherweise durchschnittlich aufzuwendenden Kosten vergleichbarer Erschließungsanlagen festzusetzen.**

**(2) Der beitragsfähige Erschließungsaufwand kann für die einzelne Erschließungsanlage oder für bestimmte Abschnitte einer Erschließungsanlage ermittelt werden. Für mehrere Anlagen, die für die Erschließung der Grundstücke eine Einheit bilden, kann der Erschließungsaufwand insgesamt ermittelt werden.**

### 1. Tatsächlich entstandene Kosten oder Einheitssätze (Abs. 1)

Die in den Ausschüssen gegenüber der Regierungsvorlage völlig neu gefaßte Vorschrift gewährt der Gemeinde für die Ermittlung des beitragsfähigen Erschließungsaufwands (die gemäß § 132 Nr. 2 in der Satzung festzulegen ist) einen weiten Ermessensspielraum. Es kann der von der Gemeinde nach Erstellung der Anlage nachgewiesene tatsächliche Kostenaufwand zugrundegelegt werden. Diese Art der Ermittlung hat den Nachteil, daß die Betroffenen erst spät Kenntnis von dem sie treffenden Beitragsteil erhalten. Es können der Ermittlung aber auch Einheitssätze zugrundegelegt werden. Dieser Weg vereinfacht die Verwaltungsarbeit der Gemeinde und ermöglicht den Beitragspflichtigen einen frühen Überblick über die voraussichtliche Höhe der Belastung. Zu betonen ist. daß die Ermittlung nur auf die eine oder auf die andere Weise durchgeführt werden darf, daß also beide Systeme nicht vermischt werden dürfen.

Allerdings haben die Einheitssätze (Durchschnittssätze) den Nachteil, daß sich bei ihrer Anwendung Schwierigkeiten bezüglich der Kosten für den Erwerb und für die Freilegung von Grundflächen ergeben; diese können in einzelnen Gemeindeteilen erheblich voneinander abweichen, so daß die Festsetzung von Einheitssätzen dort kaum möglich ist und die Heranziehung der tatsächlichen Kosten angezeigt erscheint (vgl. Waldemar Schneider, Das neue System der Erschließungsbeiträge nach dem Bundesbaugesetz — DVBl. 1962, 45 —, der auch die Auffassung vertritt, daß „man in der Satzung beide Möglichkeiten vorsehen kann, wenn ihre Anwendung ausreichend bestimmt ist. Geht dies nicht, so muß man sich für eine der beiden Möglichkeiten entscheiden“). Wird die Ermittlung nach einem Einheitssatz durchgeführt, so muß seine Höhe in der Satzung angegeben werden (§ 132 Nr. 2).

**2. Ermittlung nach räumlichen Gesichtspunkten (Abs. 2)**

Die Ermittlung des Aufwands kann entsprechend der bisherigen Praxis für jede einzelne Erschließungsanlage, aber auch für äußerlich erkennbare Bauabschnitte durchgeführt werden. Darüber hinaus trägt Abs. 2 der Tatsache Rechnung, daß im neuzeitlichen Städtebau für Siedlungseinheiten Erschließungssysteme entwickelt worden sind, in denen schmale Straßen und Wege eindeutig von benachbarten breiteren und aufwendigeren Straßen derart abhängen, daß die Grundstücke erst durch die Gesamtheit dieser Anlagen erschlossen werden. In solchen Fällen kann der beitragsfähige Aufwand für diese Erschließungsanlagen insgesamt ermittelt und auf die Eigentümer der erschlossenen Grundstücke verteilt werden.

**3. Rechtsprechung**

A. Oberverwaltungsgerichte

OVG Münster, B vom 29. 11. 1963 (III B 607/62) KStZ 1964, 43.

Es bestehen erhebliche Bedenken gegen die Auffassung, daß die Gemeinden berechtigt seien, Vorausleistungen nach Einheitssätzen für heute aufzuwendende Kosten bei solchen Erschließungsanlagen zu fordern, die im wesentlichen schon vor der Währungsreform tatsächlich fertiggestellt worden sind.

Diese Entscheidung ist auch in DWW 1964, 24 mit folgendem Leitsatz veröffentlicht:

Es bestehen ernsthafte Zweifel, ob die Anwendung eines nach den Preisverhältnissen des Jahres 1961 ermittelten Einheitssatzes auf Erschließungsanlagen, die vor dem zweiten Weltkrieg hergestellt worden sind, durch die Ermächtigung aus dem BBauG gedeckt sind. Die Aussetzung der Vollziehung eines Heranziehungsbescheids bis zur rechtskräftigen Entscheidung des Hauptverfahrens ist daher gemäß § 80 Abs. 4 VwGO geboten.

B. Verwaltungsgerichte

1. VG Gelsenkirchen, U vom 6. 11. 1962 (3 K 1100/62) KStZ 1963, 62 = DWW 1963, 373.

Einheitssätze nach § 130 BBauG bilden den wahrscheinlichen Betrag, der im Schnitt für gewisse Straßen von der Gemeinde aufgewendet worden ist. Der damit zu ersetzende Wert der Straße schließt alle Leistungen und Anlagen in sich, ohne Rücksicht auf den Zeitpunkt, wann die Werte geschaffen sind.

2. VG Düsseldorf, B vom 23. 10. 1962 (5 L 412/62) DWW 1963/87; 1963, 373; KStZ 1963, 21.

VG Düsseldorf, B vom 31. 5. 1963 (5 L 146/63) KStZ 1963, 196 = DWW 1963, 373.

Die für neue Straßen vorgesehenen Einheitssätze sind bei den vor Jahren begonnenen halbfertigen Straßen nicht anwendbar, wenn die so berechnete Forderung außer Verhältnis zu den der Gemeinde tatsächlich erwachsenen Kosten steht.

## § 131

### *Maßstäbe für die Verteilung des Erschließungsaufwandes*

**(1) Der ermittelte beitragsfähige Erschließungsaufwand für eine Erschließungsanlage ist auf die durch die Anlage erschlossenen Grundstücke zu verteilen.**

**(2) Verteilungsmaßstäbe sind**

**1. die Art und das Maß der baulichen oder sonstigen Nutzung;**
**2. die Grundstücksflächen;**
**3. die Grundstücksbreite an der Erschließungsanlage.**

**Die Verteilungsmaßstäbe können miteinander verbunden werden.**

**(3) In Gebieten, die nach dem Inkrafttreten dieses Gesetzes erschlossen werden, sind, wenn eine unterschiedliche bauliche oder sonstige Nutzung zulässig ist, die Maßstäbe nach Absatz 2 in der Weise anzuwenden, daß der Verschiedenheit dieser Nutzung nach Art und Maß entsprochen wird.**

**1. Allgemeines**

§ 131 legt die Maßstäbe fest, nach denen der auf Grund der §§ 127 bis 130 nach Art und Umfang ermittelte Erschließungsaufwand auf die erschlossenen Grundstücke zu verteilen ist. Es sind hier verschiedene Maßstäbe denkbar, die zum Teil auch bereits in der Vergangenheit angewendet wurden.

**a)** Der Grundstückswert: Die Erschließungsvorteile beeinflussen zweifellos den Grundstückswert; sie sind aber nicht die einzigen hierbei mitwirkenden Faktoren. Bei Baugrundstücken ist es, abgesehen vom Liebhaberwert, vor allem die Grundstückslage, die zu einer verschiedenen Bewertung führt. Diese Bewertung ist jedoch so stark einer subjektiven Beurteilung und steten Veränderungen unterworfen, daß der Grundstückswert als ungeeigneter Bemessungsmaßstab ausscheiden muß.

**b)** Der Ertrags- oder Nutzungswert eines Grundstücks: Die Erschließungsvorteile bilden für die wirtschaftliche Nutzung eines Grundstücks eine wesentliche, aber wie beim Grundstückswert nicht die einzige Grundlage. Der Ertrags- oder Nutzungswert ist vor allem wirtschaftlich bedingt und damit allen Konjunkturschwankungen ausgesetzt. Schließlich ist der Ertrag eines Grundstücks wie bei jeder wirtschaftlichen Betätigung stark subjektiv bestimmt. Eine besondere Schwierigkeit bieten im übrigen die ertragslosen Grundstücke, wie Kirchen- und Verwaltungsgrundstücke.

c) Da sich hiernach die Werte eines Grundstücks nicht als Bemessungsmaßstab eignen, so bleiben als objektive Maßstäbe die bauliche Nutzung, die Grundstücksgröße und die Grundstücksfrontlänge. Diese hat das BBauG der Verteilung des Erschließungsaufwands zugrunde gelegt.

d) Über den Grundstücksbegriff s. unten Anm. 4 („Rechtsprechung").

**2. Beitragscharakter (Abs. 1)**

In Abs. 1 wird die Beziehung zwischen der Erschließungsanlage und den durch sie erschlossenen Grundstücken hervorgehoben und damit der Beitragscharakter der dem Eigentümer obliegenden Leistung betont. Der nach den Bestimmungen der §§ 128 bis 130 ermittelte beitragsfähige Erschließungsaufwand ist unter Zugrundelegung der vorgesehenen Verteilungsmaßstäbe auf die Grundstücke zu verteilen, die durch die Anlage erschlossen wurden.

**3. Verteilungsmaßstäbe (Abs. 2 und 3)**

Abweichend von der Regierungsvorlage wurden in der endgültigen Fassung des Gesetzes auf Grund der Ausschußverhandlungen (vgl. Bericht des federführenden Ausschusses, Drucks. 1794, zu § 151 E) den Gemeinden wahlweise mehrere Verteilungsmaßstäbe zur Verfügung gestellt, die z. T. bereits in der bisherigen Praxis Anwendung gefunden haben (Nr. 2 und 3) oder die auf Grund eines rechtsverbindlichen Bebauungsplans (§ 9 Abs. 1, § 12) in Betracht gezogen werden können; ferner kommt hier in Betracht die BaunutzungsVO, deren Vorschriften auch für Gebiete anzuwenden sind, die nicht in einen Bebauungsplan einbezogen sind (§ 24 Abs. 2 BauNV).

Die Maßstäbe können in der Weise miteinander verbunden werden, daß der Erschließungsaufwand mit bestimmten Anteilen auf die einzelnen Maßstäbe verteilt wird. Dadurch soll eine wenigstens annähernd gerechte Verteilung erreicht werden. Die kommunalen Spitzenverbände haben Mustersatzungen veröffentlicht, die u. a. Verbindungen der genannten Maßstäbe enthalten (vgl. KStZ 1961, 85 ff.; Cholewa, Erschließung und Erschließungsbeiträge, S. 85 ff.).

Diese elastische Regelung soll es den Gemeinden ermöglichen, ein Verteilungssystem anzuwenden, das der baulichen Eigenart des erschlossenen Gebiets angepaßt ist. Sie sind dabei verpflichtet, in Gebieten, die nach dem Inkrafttreten des BBauG erschlossen werden, bei unterschiedlicher Struktur der Baugebiete die Maßstäbe für die Verteilung nach Art und Maß so auszuwählen oder zu modifizieren, daß eine der unterschiedlichen Nutzung entsprechende gerechte Verteilung der Beitragslast erreicht wird.

**4. Rechtsprechung**

VGH Bad.Württ., U vom 2. 6. 1964 (III 140/62) Bad.Württ. VerwBl. 1965, 11. Zum Grundstücksbegriff im Anliegerbeitragsrecht.

## § 132

*Regelung durch Satzung*

**Die Gemeinden regeln durch Satzung**

1. **die Art und den Umfang der Erschließungsanlagen im Sinne des § 129,**

**2. die Art der Ermittlung und der Verteilung des Aufwandes sowie die Höhe des Einheitssatzes,**
**3. die Kostenspaltung (§ 127 Abs. 3) und**
**4. die Merkmale der endgültigen Herstellung einer Erschließungsanlage.**

**1. Allgemeines**

Die Vorschrift verpflichtet die Gemeinden, die in dem Abschnitt „Erschließungsbeitrag" enthaltenen Rahmenvorschriften nach Maßgabe der örtlichen Verhältnisse für die in § 132 umschriebenen Gegenstände zur Herbeiführung ihrer rechtlichen Wirksamkeit durch Satzung auszufüllen. Wird keine Satzung erlassen oder fehlen in einer Satzung Vorschriften über bestimmte Gegenstände (z. B. über die Kostenspaltung nach § 127 Abs. 3), so können die diese Gegenstände betreffenden Vorschriften des Erschließungsrechts nicht angewendet werden. Die Satzungen sind inhaltlich an die übergeordneten Vorschriften des Erschließungsrechts (Zweiter Abschnitt) gebunden. Im übrigen gelten die allgemeinen oder durch Landesrecht festgelegten Grundsätze über die Art der Erlassung, die Bekanntmachung und das Inkrafttreten der Satzungen. Die von der Gemeinde zu erlassenden Satzungsvorschriften können sich auf die ganze Gemeinde, auch Teile davon und auch auf einzelne Erschließungsunternehmen beziehen.

Wegen der Rückwirkung von Satzungsbestimmungen ist auf folgendes hinzuweisen: Nach der Rechtsprechung des Bundesverfassungsgerichts sind der an sich zulässigen Rückwirkung von Rechtsnormen Grenzen gesetzt. Diese können dort gesehen werden, wo ein Gesetz oder eine sonstige Rechtsnorm rückwirkend Eingriffe in Rechte oder Rechtslagen des Staatsbürgers vornimmt, mit denen dieser in dem Zeitpunkt, von dem ab sie nun gelten sollen, nicht hat rechnen können. Ein Abgabengesetz mit rückwirkender Kraft ist jedenfalls dann rechtsstaatlich unbedenklich, wenn die finanzielle Belastung voraussehbar, durch sachliche Erwägungen gerechtfertigt und im einzelnen unbedeutend ist (BVerfG 1, 264/280; 7, 89/93). Etwaige Bedenken wegen der Rückwirkung einer Satzung könnten auch nicht mit dem Hinweis auf eine (hier sich ebenfalls nach örtlichem Gemeindeverfassungs- und Abgabenrecht richtende) Genehmigung durch die Aufsichtsbehörde (vgl. z. B. für Bayern Art. 25 Abs. 1 BayGO) ausgeräumt werden, denn die rechtsaufsichtliche Genehmigung könnte niemals einen Verstoß gegen rechtsstaatliche Grundsätze heilen (BayVGH n. F. 15, 34/38).

Wegen der verwaltungsgerichtlichen Überprüfung der Satzung vgl. § 11 Anm. 2 und 3.

**2. Inhalt der Satzungen**

**a)** Die Regelung der Art und des Umfangs der Erschließungsanlagen **(Nr. 1)** hat entsprechend dem Hinweis auf § 129 vor allem zu enthalten, inwieweit ein beitragsfähiger Erschließungsaufwand bei den einzelnen Erschließungsmaßnahmen vorliegt, d. h. es ist in der Satzung festzulegen, welcher Betrag vom Gesamtaufwand erforderlich ist, um die Bauflächen und die gewerblich zu nutzenden Flächen entsprechend den baurechtlichen Vorschriften zu nutzen. Von diesem beitragsfähigen Erschließungsaufwand ist dann ein Prozentsatz in der Satzung zu bestimmen, den die Anlieger zu tragen haben, höchstens jedoch 90 v. H.

(§ 129 Abs. 1 letzter Satz). Zur Auslegung der Nr. 1 sind aber auch §§ 127 und 128 heranzuziehen, da ersterer bestimmt, welche Anlagen als Erschließungsanlagen i. S. des Zweiten Abschnitts in Frage kommen und letzterer den Umfang des Erschließungsaufwands festlegt.

b) Für die Art der Ermittlung und der Verteilung des Aufwands, sowie gegebenenfalls für die Höhe des Einheitssatzes (**Nr. 2**) kommen §§ 130 und 131 in Frage.

c) Schließlich sind auch die Kostenspaltung (§ 127 Abs. 3) und die endgültige Herstellung der Erschließungsanlage (§ 133 Abs. 2) für die Beitragspflicht so bedeutsame Gesichtspunkte, daß ihre Regelung in der Satzung vorgesehen ist (**Nr. 3 und 4**). Hinsichtlich des Begriffs „endgültige Herstellung der Erschließungsanlage" vgl. § 133 Anm. 3.

d) Die Gemeinde kann aber über diese genannten Punkte hinaus weitere Regelungen in ihre Satzung aufnehmen (so z. B. Bestimmungen über die Ablösung des Erschließungsbeitrags im ganzen vor Entstehung der Beitragspflicht — § 133 Abs. 3 Satz 2 —).

**3. Rechtsprechung**

OVG Münster, U vom 27. 5. 1964 (III A 1252/62) DWW 1964, 359 = KStZ 1964, 246 = ZMR 1964, 383.

Gestattet eine Ortssatzung über Erschließungsbeiträge nur generell das Verfahren der Kostenspaltung, so bedarf es — wie nach bisherigem Recht — eines zusätzlichen, veröffentlichten Ratsbeschlusses über diejenigen Straßen und Teileinrichtungen, die unter die Kostenspaltung fallen sollen.

## § 133

### *Gegenstand und Entstehung der Beitragspflicht*

**(1) Der Beitragspflicht unterliegen Grundstücke, für die eine bauliche oder gewerbliche Nutzung festgesetzt ist, sobald sie bebaut oder gewerblich genutzt werden dürfen. Erschlossene Grundstücke, für die eine bauliche oder gewerbliche Nutzung nicht festgesetzt ist, unterliegen der Beitragspflicht, wenn sie nach der Verkehrsauffassung Bauland sind und nach der geordneten baulichen Entwicklung der Gemeinde zur Bebauung anstehen. Die Gemeinde gibt bekannt, welche Grundstücke nach Satz 2 der Beitragspflicht unterliegen; die Bekanntmachung hat keine rechtsbegründende Wirkung.**

**(2) Die Beitragspflicht entsteht mit der endgültigen Herstellung der Erschließungsanlagen, für Teilbeträge, sobald die Maßnahmen, deren Aufwand durch die Teilbeträge gedeckt werden soll, abgeschlossen sind. Im Falle des § 128 Abs. 1 Nr. 3 entsteht die Beitragspflicht mit der Übernahme durch die Gemeinde.**

**(3) Für ein Grundstück, für das eine Beitragspflicht noch nicht oder nicht in vollem Umfange entstanden ist, können Vorausleistungen auf den Erschließungsbeitrag verlangt werden, wenn ein Bauvorhaben auf diesem Grundstück genehmigt wird. Die Gemeinde kann Bestimmungen über die**

**Ablösung des Erschließungsbeitrages im ganzen vor Entstehung der Beitragspflicht treffen.**

**(4) Soweit Erschließungsanlagen bereits hergestellt sind, entsteht die Beitragspflicht mit dem Inkrafttreten dieses Gesetzes. Die Gemeinde gibt bekannt, welche Erschließungsanlagen hergestellt sind und für welche Anlagen Teilbeträge erhoben werden; die Bekanntmachung hat keine rechtsbegründende Wirkung.**

**1. Allgemeines**

Die Vorschrift regelt den Gegenstand und die Entstehung der Beitragspflicht (Abs. 1, 2 und 4), sowie die Vorausleistungen auf den Erschließungsbeitrag und die Ablösung des Erschließungsbeitrags im ganzen (Abs. 3). Der hier und in § 189 Abs. 2 verwendete Begriff „Erschließungsanlage" wird in § 127 Abs. 2 definiert. Nur für die dort bezeichneten Erschließungsanlagen gilt § 133. Können öffentlich-rechtliche Beiträge auch für andere als in § 127 Abs. 2 genannte Erschließungsanlagen erhoben werden, so verbleibt es bei dem bisherigen Recht (§ 127 Abs. 4).

Fast alle bisherigen Regelungen hatten den Nachteil, daß die Beitragsverpflichtung an die Errichtung eines Gebäudes geknüpft war. Dies hat dazu geführt, daß die Allgemeinheit die Erschließung für die oft zu spekulativen Zwecken zurückgehaltene Bebauung finanzieren mußte und häufig Neubaugebiete erschlossen werden mußten, obwohl in den bereits erschlossenen Gebieten noch erhebliche Baulücken vorhanden waren.

In Abweichung hiervon knüpft das BBauG nun an die Bebaubarkeit eines Grundstücks an.

§ 133 wird die Erschließungstätigkeit der Gemeinden erleichtern; denn sie erhalten einen wesentlichen Teil des von ihnen verauslagten Erschließungsaufwands bereits nach der Herstellung der Anlage wieder zurück. Die zeitliche Vorverlegung der Beitragspflicht soll auch erschweren, daß erschlossene Grundstücke von den Eigentümern auf längere Sicht von der Bebauung zurückgehalten werden.

**2. Gegenstand der Beitragspflicht (Abs. 1)**

Aus dem der Beitragsregelung zugrunde liegenden Gedanken (Gegenleistung des Grundstückseigentümers für eine Leistung der Gemeinde) folgt zwangsläufig, daß nur solche Grundstücke der Beitragspflicht unterliegen, denen durch die Erschließung Vorteile gewährt werden. Diese sind in Abs. 1 begrifflich abgegrenzt. Der Beitragspflicht unterliegen nach **Satz 1** zunächst alle im Bereich eines Bebauungsplans gelegenen Grundstücke, für die also eine bauliche oder gewerbliche (z. B. als Lagerplatz) Nutzung rechtsverbindlich festgesetzt ist, und zwar unter der weiteren Voraussetzung, daß diese Nutzung nach den baurechtlichen Vorschriften verwirklicht werden kann, d. h. daß der Bebauung oder gewerblichen Nutzung rechtliche Hinderungsgründe nicht entgegenstehen. Die Gemeinden sind nicht verpflichtet, diese Grundstücke gesondert bekanntzugeben, da sie aus dem Bebauungsplan ersichtlich sind.

**Satz 2** regelt die Beitragspflicht für die Grundstücke, für die eine bauliche oder gewerbliche Nutzung nicht rechtsverbindlich festgestellt ist. Hierzu gehören

Grundstücke innerhalb und außerhalb der im Zusammenhang bebauten Ortsteile. Hier werden für die Heranziehung zum Erschließungsbeitrag erhöhte Anforderungen gestellt.

a) Die Grundstücke müssen erschlossen sein. Die Erschließung muß bereits in einem Umfang durchgeführt sein, daß die Grundstücke baulich oder gewerblich genutzt werden dürfen und können, d. h. zur Anwendung des Abs. 1 Satz 2 genügt es, wenn ein Grundstück in einem solchen Grad erschlossen ist, daß seine bauliche oder gewerbliche Nutzung möglich ist. Der Beitragspflicht unterliegen auch Grundstücke, die nicht unmittelbar an die Erschließungsstraße angrenzen, sondern an diese über einen Privatweg angeschlossen sind. Unter Umständen (z. B. wenn der Privatweg mehrere Grundstücke anschließt) kann der Privatweg selbst eine Erschließungsanlage darstellen. Der Grundsatz, daß der Bauwerber nur zur Herstellung der Straße verpflichtet werden konnte, an der sein Gebäude zu stehen kam, schloß zwar nicht aus, daß auch der Bauwerber eines abseits der Straße errichteten Gebäudes zur Herstellung dieser Straße verpflichtet werden konnte, sofern nämlich sein Gebäude bzw. Grundstück von dieser Straße aus zugänglich war. Wenn jedoch das Gebäude oder Grundstück mit der Straße, für die ein Beitrag gefordert wird, durch eine selbständige Straße verbunden ist, die zwar auch dem Eigentümer des bebauten Grundstücks gehört, aber keinen Bestandteil des Baugrundstücks bildet und nicht allein dazu dient, sein Grundstück zugänglich zu machen, würde die Heranziehung des Bauwerbers zur Herstellung derjenigen Straße, in die die Stichstraße einmündet, zu einer durch § 62 BayBo 1901 nicht gedeckten Ausdehnung der Straßenherstellungspflicht führen (vgl. Bay. VGH U v. 6. 4. 1965 Nr. 18 IV 64).

b) Die Grundstücke müssen nach der Verkehrsauffassung Baulandeigenschaft besitzen. Das ist dann der Fall, wenn sie im Geschäftsverkehr als baureifes Land angesehen werden, d. h. wenn sie zu Baulandpreisen gehandelt werden.

c) Die Grundstücke müssen endlich nach der geordneten baulichen Entwicklung der Gemeinde zur Bebauung anstehen. Für die Auslegung des Begriffs „geordnete bauliche Entwicklung" kann § 35 Abs. 3 mit herangezogen werden (vgl. auch Anm. dort).

Im Hinblick auf diese objektiven, verwaltungsgerichtlich nachprüfbaren Voraussetzungen sind Ermessensentscheidungen der Gemeinde ausgeschlossen.

Um die betroffenen Grundstückseigentümer möglichst frühzeitig zu unterrichten, hat die Gemeinde gemäß **Satz 3** die nach Satz 2 der Beitragspflicht unterliegenden Grundstücke in ortsüblicher Weise bekanntzumachen (vgl. zur ortsüblichen Bekanntmachung Anm. 5 c zu § 2); wenn es sich nur um Einzelfälle handelt, genügt auch eine Mitteilung an die betreffenden Eigentümer. Die Bekanntmachung und die Mitteilung haben keine rechtsbegründende Wirkung; sie sind nicht selbständig anfechtbar.

Nach seinem zeitlichen Geltungsbereich kommt § 133 Abs. 1, der grundsätzlich bebaute und unbebaute Grundstücke betrifft, nicht auf Erschließungsanlagen zur Anwendung, die vor dem 30. 10. 1960 hergestellt worden sind.

**3. Entstehung der Beitragspflicht (Abs. 2)**

a) Der Zeitpunkt der Entstehung der Beitragspflicht wird nicht, wie § 155 der Regierungsvorlage vorsah, mit dem Rechtsakt der Widmung der Anlage, sondern mit dem Zeitpunkt der endgültigen Herstellung in Verbindung gebracht. Der Erschließungsbeitrag erfüllt nur dann seinen Zweck, wenn er den Gemeinden rechtzeitig zufließt. Dieser Grundsatz schließt Maßstäbe, die wie bisher auf die Errichtung eines Gebäudes abstellen, von vornherein aus; es muß daher auf die Fertigstellung der Erschließungsanlage abgestellt werden. Es fragt sich allerdings, ob schon bei der Fertigstellung der Anlage die Vorteile für den Grundstückseigentümer bereits realisierbar sind. Die eigentliche Realisierung tritt zweifellos erst mit der baulichen Nutzung ein. Es entspricht jedoch wirtschaftlichen Grundsätzen, daß sich die Vorteile im Grundstückswert schon mit der Fertigstellung der Erschließungsanlage auswirken. Der Eigentümer ist von diesem Zeitpunkt an in der Lage, sein Grundstück baulich zu nutzen. Verzögert er dies, so rechtfertigt das nicht, die Beitragsleistung zu Lasten der Allgemeinheit auf einen späteren Zeitpunkt zu verschieben (vgl. hierzu auch oben Anm. 1).

**b)** Die Merkmale der endgültigen Herstellung ergeben sich aus der gemeindlichen Satzung (§ 132 Nr. 4), oder, wenn die Satzung keine Vorschriften hierüber enthält, aus den Umständen des Einzelfalls, insbesondere aus den üblichen Anforderungen an vergleichbare Erschließungsanlagen. Die Frage, wann eine Straße ordnungsgemäß hergestellt ist, kann nicht allgemein, sondern nur nach den örtlichen Verhältnissen und den dort für den Straßenbau einschlägigen Vorschriften festgestellt werden. Maßgebend ist in erster Linie das objektive Verkehrsbedürfnis. Da die Straße dem öffentlichen Verkehr dienen soll und ihre Herstellung den notwendigen sachgemäßen Anschluß der Anliegergrundstücke an das Straßennetz der Gemeinde bezweckt, kann es nämlich nicht von Bedeutung sein, ob der einzelne Anlieger den Ausbau der Straße für seine persönlichen Bedürfnisse bereits als hinreichend angesehen hat. Ebensowenig sind das Eigentum der Gemeinde an der Straßenfläche oder die Straßenbenennung für sich allein Anzeichen dafür, daß eine Straße bereits ordnungsgemäß hergestellt ist. Andererseits kann es aber auch nicht allein auf die jeweiligen Vorstellungen der Gemeinde ankommen, weil sonst die Frage der erstmaligen Herstellung, z. B. bei späteren Verbesserungen oder Erweiterungen der Straßen, stets in der Schwebe gehalten werden könnte. Das Ermessen der Gemeinde kann deshalb nur im Rahmen der tatsächlichen Verkehrsbedeutung der Straße walten. Welche Einrichtungen im Einzelfall vorhanden sein müssen, um den Ausbau einer Straße als erstmalige Herstellung einer Erschließungsanlage erscheinen zu lassen, ist nach den örtlichen straßenbaurechtlichen Vorschriften und örtlichen gewöhnlichen Verkehrsbedürfnissen zu beurteilen. So könnte z. B. in einer kleinen Gemeinde unter Umständen schon eine Straße einfacherer Beschaffenheit als fertige Erschließungsanlage anzusehen sein, während für eine Erschließungsanlage im städtischen Bereich nach den bestehenden örtlichen Verhältnissen höhere Anforderungen zu stellen sind (vgl. hierzu Sieder-Zeitler, Kommentar zum Bayer. Straßen- und Wegegesetz — BayStrWG —, RdNr. 38 zu Art. 47, S. 14/15; ferner BayObLG, U vom 29. 4. 1964, BayVBl. 1964, 301 = BayBgm. 1964, 207; OLG München, U vom 27. 6. 1957, NJW 1957, 1602; BayVGH, U vom 23. 11. 1964 Nr. 147 IV 63, BayBgm. 1965, 23).

Genügt eine nach den Verkehrsbedürfnissen einer früheren Zeit hergestellte Straße infolge der zunehmenden Besiedlung und der Änderung der Verkehrsbedürfnisse nicht mehr den Anforderungen und wird sie nunmehr mehr oder minder grundlegend verändert, so handelt es sich hierbei nicht um eine Herstellung, sondern um eine Verbesserung oder Erweiterung der Straße (BayVGH, U vom 12. 11. 1964 Nr. 140 IV 63, nicht veröffentlicht).

Bei der erstmaligen Herstellung einer Erschließungsanlage ist auch der Verkehr zu gewerblichen Betrieben zu berücksichtigen. Wichtig für die Frage der endgültigen Herstellung werden auch vielfach die aus früheren Gemeinderatsbeschlüssen hervorgehenden Absichten der Gemeinde über den vorgesehenen Ausbau der Straße, etwaige Kostenvoranschläge und Abrechnungen, sowie der im Bebauungsplan festgestellte und von der Gemeinde bei der Planauslegung beschlossene Endzustand der Straße sein.

c) Ist von der Gemeinde die Kostenspaltung vorgesehen worden (§ 127 Abs. 3, § 132 Nr. 3), so können Teilabrechnungen durchgeführt werden; die Beitragspflicht entsteht dann, sobald die Einzelmaßnahmen abgeschlossen sind. Es bedarf aber einer eindeutigen, jeden Zweifel ausschließenden ortsgesetzlichen Regelung, wenn die Kosten von Teileinrichtungen gemeindlicher Straßen in der Weise abgespalten werden sollen, daß Teilanliegerbeitragsforderungen der Gemeinde jeweils unmittelbar (ohne weiteres) mit der Fertigstellung von Teileinrichtungen entstehen sollen.

d) Bei der Übernahme von Anlagen als gemeindliche Erschließungsanlagen (§ 128 Abs. 1 Nr. 3) kann für die Entstehung der Beitragspflicht frühestens der Zeitpunkt der Übernahme maßgebend sein.

**4. Vorausleistungen (Abs. 3)**

a) Die Beitragspflicht entsteht unabhängig davon, ob und wann die Baugenehmigung erteilt oder das Grundstück bebaut wird; die Herstellung der Erschließungsanlage ist maßgebend (vgl. oben Anm. 3), andererseits besteht grundsätzlich die Beitragspflicht nicht, wenn zwar gebaut wird, aber die Erschließungsanlage nicht fertiggestellt ist, wenn also z. B. an einer noch nicht oder nicht ganz hergestellten Straße gebaut wird. In diesem Fall k a n n die Gemeinde für dieses Grundstück, für das die Beitragspflicht nicht oder noch nicht in vollem Umfange entstanden ist, eine V o r a u s l e i s t u n g auf den Erschließungsbeitrag verlangen, wenn ein Bauvorhaben auf dem Grundstück genehmigt ist. Ferner kann die Gemeinde (in ihrer Satzung — § 132 —) Bestimmungen über die A b l ö s u n g des Erschließungsbeitrags im ganzen vor Entstehung der Beitragspflicht treffen. Vorausleistung und vorzeitige Ablösung erleichtern es der Gemeinde, ihrer Erschließungspflicht nachzukommen und liegen meist auch im Interesse des Bauherrn, der diese Leistungen als Teil der Gesamtkosten seines Bauvorhabens bei dessen Errichtung anteilig mitfinanzieren kann.

Die Höhe der Vorausleistung und der Ablösung hat sich nach den gesetzlichen und satzungsmäßigen Bestimmungen (§§ 130, 131, 132) zu richten.

b) Der Gemeinde ist in § 133 Abs. 3 ein g e s e t z l i c h e r A n s p r u c h auf eine Vorausleistung des Erschließungsbeitrags eingeräumt. Sie ist allerdings nicht verpflichtet, diese Vorausleistungen zu verlangen. Wenn sie diese aber verlangt, so muß sie es allgemein, nicht nur in einzelnen Fällen tun. Der Anspruch ist durch einen Bescheid (Verwaltungsakt) geltend zu machen.

Voraussetzung für die Geltendmachung des Anspruchs ist, daß ein Bauvorhaben auf dem Grundstück genehmigt, also eine Baugenehmigung erteilt worden ist; so ist die Fassung „wird" zu lesen. Es muß jedoch zwischen der Erteilung der Baugenehmigung und der Heranziehung ein zeitlicher Zusammenhang sein. Die Vorausleistung kann noch nicht verlangt werden, wenn die Baugenehmigung erst beantragt ist. Der Vorausleistungsanspruch gemäß § 133 Abs. 3 entsteht auch dann, wenn nicht der Eigentümer des Grundstücks die Bauerlaubnis erhält, sondern — auf Antrag — der Pächter. Es ist ferner ohne Bedeutung, ob das geplante Gebäude wesentlicher Bestandteil des Grundstücks werden soll oder nicht. Maßgebend ist der in § 29 BBauG gebrauchte Begriff des „Vorhabens", das die Errichtung, Änderung oder Nutzungsänderung von baulichen Anlagen zum Inhalt hat und das einer bauaufsichtlichen Genehmigung oder Zustimmung bedarf (vgl. hierzu Anmerkungen zu § 29).

c) Vorausleistungen auf den Erschließungsbeitrag sind ihrem Wesen nach Geldleistungen. Es ist daher unzulässig, daß eine Gemeinde in der Satzung bestimmt, daß unter bestimmten Voraussetzungen eine Vorausleistung durch Abtretung von Grund und Boden an die Gemeinde zu erbringen ist. Dies schließt aber nicht aus, daß etwaige freiwillig vereinbarte Sachleistungen (z. B. Grund und Boden für die Erschließungsanlage) auf die Vorausleistung angerechnet werden (vgl. Bay. VGH, B v. 30. 11. 1964, Nr. 145 IV 63, Bay.Gemeindezeitung, 1965 Nr. 4 S. 4; zum Teil a. A. Finkler „Vorausleistung auf den Erschließungsbeitrag und Baugenehmigung", DVBl. 1962, 331; W. Schneider „Das neue System der Erschließungsbeiträge nach dem Bundesbaugesetz" DVBl. 1962, 45 und 332; Förster in Brügelmann u. a., Kommentar zum BBauG Anm. IV zu § 133),

d) Es ist unzulässig, Vorausleistungen zu verlangen, wenn der Ausbau der Erschließungsanlage überhaupt noch nicht absehbar ist (vgl. hierzu OVG Lüneburg, B vom 7. 9. 1964 — DVBl. 1965, 130; VG Oldenburg, U vom 16. 8. 1963 — DVBl. 1964, 160). Ein Zusammenhang zwischen Leistung und Gegenleistung ist bei Vorausleistungen nicht erkennbar, wenn eine geplante Anlage, für die ein Beitrag erhoben wird, nicht in ein gegenwärtig ablaufendes konkretes Erschließungsprogramm der Gemeinde aufgenommen ist (VG Köln, U vom 25. 6. 1964 — KStZ 1964, 183).

Im übrigen muß sich die Gemeinde rechtzeitig überlegen, ob sie Vorausleistungen verlangen will. Jedenfalls dürfte es ermessensfehlerhaft sein, wenn eine Gemeinde verhältnismäßig kurze Zeit vor der Heranziehung bescheinigt, daß vorerst Straßenbaukosten nicht gefordert werden (und wenn sich der Bürger mit seinem Finanzierungsplan darauf eingestellt hat) und die Gemeinde dann kurz darauf von dem Betreffenden Vorausleistungen auf den Erschließungsbeitrag fordert (vgl. Hess.VGH, U vom 21. 2. 1963 — KStZ 1963, 129).

**5. Beitragspflicht für bereits bestehende Anlagen (Abs. 4)**

a) Die Vorschrift in Abs. 4 bildet zusammen mit § 180 eine Grundnorm der Überleitung des Erschließungsbeitragsrechts. Sie wurde in Literatur und Rechtsprechung vielfach sehr unterschiedlich ausgelegt (vgl. insbesondere OVG Münster, U vom 19. 6. 1963, DÖV 1963, 844; OVG Lüneburg, U vom 13. 12. 1962, DVBl. 1963, 220. Speziell zur Überleitung des bayer. Rechts vgl. die Entschließungen des Bayer. Staatsministeriums des Innern vom 21. 12. 1960, MABl. 1961 S. 40 und vom 27. 6. 1961, MABl. S. 469; Scheur, BayBgm. 1962, 79; VG München, U vom 13. 11. 1962, KStZ 1963, 41; VG Regensburg, U vom 20. 9. 1962, Bayer. Gemeindetag 1963, 69; Süß, BayBgm. 1963, 63; Fuchs, BayBgm. 1963, 175; Ludyga, Erschließung und Erschließungsbeitrag in Bayern, erschienen in der Schriftenreihe des Bayer. Gemeindetags 1962; Friedlein, BayVBl. 1964, 207). Die angeführte Literatur und Rechtsprechung nahm zu der Frage der Anwendung alten Rechts oder des Erschließungsrechts nach dem BBauG überwiegend den Standpunkt ein, daß sich die Beitragspflicht auch bei bereits hergestellten Erschließungsanlagen nicht nach altem Recht, sondern nach den Vorschriften des BBauG bestimme, es sei denn, daß die Beitragspflicht bereits auf Grund der bis zum Inkrafttreten des BBauG geltenden Vorschriften entstanden ist und noch geltend gemacht werden kann (§ 180 Abs. 1 BBauG) oder daß es sich um eine Erschließungsanlage handelt, für die als solche (z. B. Sammelstraßen, Parkflächen und Grünanlagen i. S. des § 127 Abs. 2 Nr. 2 und 3 BBauG) auf Grund des alten Rechts eine Beitragspflicht nicht entstehen konnte (§ 180 Abs. 2 BBauG). Vgl. hierzu ferner die Zusammenstellung in der Vorbemerkung zum Sechsten Teil vor § 123, Ziff. IV. Schließlich schaffte das Urteil des Bundesverwaltungsgerichts vom 25. 2. 1964 BVerwG I C 88.63 (BVerwGE 18,80; DVBl. 1964, 443; DÖV 1964, 341; BBauBl. 1964, 253; BayVBl. 1964, 225; BB 1964, 578, KStZ 1964, 119) Klarheit und zwar in erster Linie für den Rechtsbereich des preuß. Fluchtliniengesetzes. Hiernach regelt § 133 Abs. 4 den Fall, daß die Erschließungsanlage vor dem 30. Oktober 1960 hergestellt worden ist, eine Beitragspflicht bis zu diesem Zeitpunkt aber noch nicht entstanden war. Bei diesen Gegebenheiten kann der Grundsatz des § 133 Abs. 2 BBauG, daß die Beitragspflicht mit der endgültigen Herstellung der Straße entsteht, nicht eingreifen. Daher bedurfte es — sollte nicht das bisherige Recht fortgelten — einer Vorschrift, wann bei diesem Tatbestand die Beitragspflicht entstehen sollte. Der Gesetzgeber hat sich aus baulandpolitischen Gründen dafür entschieden, bei bereits hergestellten Erschließungsanlagen die Beitragspflicht mit dem 30. Oktober 1960 entstehen zu lassen.

Nach Auffassung des BVerwG ist es irrig, anzunehmen, daß alle Straßenanlieger mit dem Inkrafttreten des § 133 Abs. 4 BBauG verpflichtet worden seien, zu den Kosten für die Herstellung bereits bestehender Straßen beizutragen. Es muß unterschieden werden zwischen dem Recht der Gemeinde, den Aufwand für den Bau der Erschließungsanlage auf die Anlieger abzuwälzen, und der zeitlichen Entstehung ihrer Erstattungsforderung.

§ 133 Abs. 4 BBauG regelt nach seinem Wortlaut und dem Sachzusammenhang allein und ausschließlich in Ergänzung des § 133 Abs. 2 BBauG den Zeitpunkt für die Entstehung der Beitragsforderung, wenn die Erschließungsanlage vor dem 30. Oktober 1960 hergestellt worden ist. Dagegen besagt die Vorschrift ebensowenig wie § 133 Abs. 2 BBauG etwas darüber, in welchen Fällen mit dem 30. Oktober 1960 eine Beitragspflicht entstanden ist. Sie muß im Zusammenhang mit § 134 BBauG gesehen werden. Hiernach ist die Pflicht, zu den Kosten für die Herstellung einer Straße beizutragen, eine persönliche Verpflichtung des Eigentümers (bzw. des Erbbauberechtigten), die durch die Tatsache begründet wird, daß sein Grundstück durch die gemeindliche Tätigkeit erschlossen worden ist. Das Grundstück ist zunächst Anknüpfungspunkt für diese persönliche Verpflichtung. § 133 Abs. 1 BBauG stellt klar, daß nicht jeder Eigentümer, der ein Grundstück an der

Erschließungsanlage besitzt, beitragspflichtig ist, sondern nur derjenige, dessen Grundstück die Merkmale des § 133 Abs. 1 BBauG aufweist. Ein solches Grundstück „unterliegt der Beitragspflicht". Insoweit ist es weiter Anknüpfungspunkt für die auf ihm ruhende öffentliche Last (§ 134 Abs. 2 BBauG), und es bestimmt den Umfang des Beitrages. § 133 Abs. 1 BBauG besagt aber nichts darüber, wann und unter welchen rechtlichen Voraussetzungen der Eigentümer beitragspflichtig wird. Die gesetzliche Ermächtigung für seine Inanspruchnahme bildet nicht diese Vorschrift, sondern der § 127 Abs. 1 BBauG, nach der die Gemeinden befugt sind, die Kosten der Herstellung einer Erschließungsanlage nach Maßgabe der §§ 127 ff. BBauG auf die Anlieger umzulegen, und der die Anlieger verpflichtet, den auf sie entfallenden Anteil des beitragsfähigen Aufwandes zu tragen. Soweit diese Rechtsgrundlage nicht eingreift, entsteht auch dann für ein Grundstück keine Beitragspflicht, wenn es den Voraussetzungen des § 133 Abs. 1 BBauG entspricht (vgl. § 129 Abs. 1 Satz 2 BBauG). § 127 Abs. 1 BBauG kommt aber als Rechtsgrundlage für die Begründung einer Beitragspflicht nur zum Zuge, wenn die Anlage nach dem 29. Juni 1961 hergestellt worden ist. Für Straßen, die vor dem 30. Oktober 1960 (bzw. in der Zeit vom 30. Oktober 1960 bis 29. Juni 1961) hergestellt worden sind, hat es das Bundesbaugesetz hinsichtlich der Rechtsgrundlage beim bisherigen Recht belassen. Nur wenn und soweit am 30. Oktober 1960 auf Grund anderer Vorschriften eine gesetzliche Verpflichtung des Anliegers bestand, zu den Kosten für die Herstellung der Erschließungsanlage, an der sein Grundstück liegt, beizutragen, konnte nach § 133 Abs. 4 BBauG eine konkrete Beitragspflicht entstehen. Fehlte es dagegen an einer solchen Rechtsgrundlage, so ist der Anlieger auch nicht nach dieser Vorschrift verpflichtet worden, einen Beitrag zu leisten. § 133 Abs. 4 BBauG hat für die Gemeinde keine — über das bisherige Recht hinausgehende — Rechtsgrundlage und für den Anlieger keinen zusätzlichen Verpflichtungstatbestand geschaffen. Diese Vorschrift hat lediglich für die Fälle, in denen am 30. Oktober 1960 ein Beitragsverhältnis bestand, in diesem Zeitpunkt aber eine Forderung hieraus noch nicht entstanden war, diese kraft Gesetzes entstehen lassen (vgl. zu dem genannten Urteil des BVerwG auch Böhmer in BayVBl. 1964, 312; Scheur und Fischer in BayVBl. 1964, 321 u. 322; Schick BayBgm. 1964, 165; ferner Böhmer in BayVBl. 1965, 10).

**b)** Das Urteil des BVerwG hat vor allem in dem Urteil des OVG Münster vom 15. 7. 1964 — III A 149/63 — (ZMR 1964, 349) insbesondere wegen der vom BVerwG getroffenen Unterscheidung zwischen einer „persönlichen Beitragspflicht" des jeweiligen Eigentümers und „der gesetzlichen und allgemeinen Verpflichtung der Anlieger, zu den Kosten für die Herstellung einer Erschließungsanlage beizutragen (Beitragsschuldverhältnis)" Kritik gefunden; nach dem BVerwG bedeutet in § 180 Abs. 1 das Wort „Beitragspflicht" die persönliche Beitragspflicht, aus der noch keine Zahlungspflicht entstanden ist, während in § 180 Abs. 2 dasselbe Wort das Beitragsschuldverhältnis bedeutet, aus dem noch keine persönliche Beitragspflicht entstanden ist. Demgegenüber ist das OVG Münster der Meinung, daß das bisherige Anliegerbeitragsrecht kein Beitragsschuldverhältnis ohne konkrete Beitragspflicht kannte; es begründet diese Ansicht eingehend aus den für den preußischen Rechtskreis bisher geltenden Bestimmungen und folgert daraus, daß das Wort „Beitragspflicht" in § 133 Abs. 4 und § 180 Abs. 2 ein und dieselbe Rechtsfigur, nämlich die „persönliche Beitragspflicht“, also den Rechtszustand nach Entstehen der Forderung gegen einen bestimmten Eigentümer bezeichnet (vgl. ferner eine weitere kritische Stellungnahme im Urt. des OVG Münster vom 9. 12. 1964 — III A 147/63 —, ZMR 1965, 90). Im übrigen schließt sich aber auch das OVG Münster weitgehend den Auslegungen des BVerwG an.

c) Dies ist auch der Fall bei dem grundlegenden Urteil des BayVGH vom 5. 11. 1964 Nr. 148 IV 63 (BayVBl. 1964, 23) ungeachtet der rechtlichen Unterschiede zwischen dem bisherigen bayerischen Rechtszustand (§ 62 BayBO 1901) und dem Rechtszustand nach dem preuß. Fluchtliniengesetz bzw. dem BBauG.

aa) Hiernach zählt § 62 Abs. 1 bis 7 BayBO 1901 zu den Vorschriften, die gemäß § 186 Abs. 1 BBauG mit Inkrafttreten des Gesetzes und seiner einzelnen Teile außer Kraft getreten sind. Denn § 62 BayBO 1901 regelt unzweifelhaft die Erschließung von Grundstücken und befaßt sich damit mit einem Gegenstand, den der Sechste Teil des BBauG ordnet; im übrigen widerspricht auch der Ausgangspunkt des § 62 BayBO, nämlich die Herstellungslast des Bauwerbers für Erschließungsanlagen, dem § 123 Abs. 1 BBauG, so daß § 62 BayBO auch unter dem Gesichtspunkt der widersprechenden Regelung nach § 186 Abs. 1 BBauG außer Kraft getreten ist, vorbehaltlich seiner weiteren Anwendung nach Maßgabe der Übergangsvorschriften.

§ 186 Abs. 1 BBauG bestimmt, daß die bisherigen Vorschriften mit dem Inkrafttreten der einzelnen Teile dieses Gesetzes außer Kraft treten. Nach § 189 Abs. 2 BBauG treten die Vorschriften des Sechsten Teiles ein Jahr nach der Verkündung (29. 6. 1960), also am 30. 6. 1961 in Kraft. § 62 BayBO ist demnach gemäß § 186 Abs. 1 i. V. mit § 189 Abs. 2 BBauG mit dem Ablauf des 29. 6. 1961 außer Kraft getreten. Die Aufhebung bisheriger baurechtlicher Vorschriften durch Art. 109 Abs. 1 BayBO 1962 zum 1. 10. 1962 hat daher für § 62 BayBO keine Bedeutung mehr erlangt. Hinsichtlich der zeitlichen Außerkraftsetzung des § 62 BayBO 1901 im Zusammenhang mit der Bestimmung in § 189 Abs. 2, erster Halbsatz, ist darauf hinzuweisen, daß in Bayern die Vorschrift des § 133 Abs. 4 BBauG, soweit nicht in Gemeinden — ganz ausnahmsweise — Anliegerbeitragspflicht auf Grund einer Satzung nach Art. 9 Gemeindeabgabengesetz bestanden hat, nicht schon am 30. 10. 1960, sondern gemäß § 189 Abs. 2 BBauG erst am 30. 6. 1961 in Kraft getreten ist. Dies ergibt sich daraus, daß § 133 BBauG vorzeitig am 30. 10. 1960 nur für Rechtsbereiche in Kraft getreten ist, in denen auf Grund des bisherigen Anliegerbeitragsrechts eine konkrete Beitragspflicht kraft Gesetzes oder Satzungsrechts unmittelbar entstehen und somit ein öffentlich-rechtlicher Beitrag „erhoben“ werden konnte. Im Anwendungsbereich des § 62 BayBO traf dies jedoch nicht zu, weil diese Regelung keine persönliche Beitragspflicht im abgabenrechtlichen Sinn begründete, sondern die Konkretisierung des allgemeinen Abwälzungsrechts einer Vereinbarung (privatrechtlicher oder öffentlich-rechtlicher Natur) vorbehalten hat. Dennoch bedeutet das gemeinsame Inkrafttreten der §§ 133 und 127 BBauG im Geltungsbereich des § 62 BBauO 1901 nicht etwa, daß sich hier abweichend vom Rechtsbereich des preuß. Anliegerbeitragsrecht die Beitragspflicht für vorhandene Anlagen ausschließlich nach den Vorschriften des BBauG (§§ 127 bis 133) bestimmt; vielmehr hat auch hier § 133 Abs. 4 BBauG nur die Bedeutung einer Überleitungsvorschrift (BayVGH a. a. O.).

Nach § 133 Abs. 4 BBauG ist, wie schon angedeutet, nur für die Eigentümer solcher Grundstücke eine persönliche Beitragsschuld entstanden, für die auch nach dem bisherigen Recht noch eine Beitragspflicht entstehen konnte. Diesen Grundsatz, der schon daraus zu entnehmen ist, daß § 133 Abs. 4 BBauG nur einen unter der Geltung des bisherigen Rechts begonnenen Tatbestand vollendet, bestätigt § 180 Abs. 2 BBauG. Diese Vorschrift gibt zu erkennen, daß das BBauG für die Anwendung des § 133 Abs. 4 voraussetzt, daß nach dem bisherigen, mit dem Inkrafttreten des BBauG aufgehobenen Recht ein allgemeines Abwälzungsrecht bestanden hat, das nur noch der Konkretisierung durch § 133 Abs. 4 BBauG bedurfte.

**bb)** Für die Anlieger an vorhandenen Erschließungsanlagen hat der BayVGH aus der Anwendung der §§ 133 Abs. 4, 180 Abs. 2 BBauG folgende Übergangsregelung herausgestellt:

Die Eigentümer unbebauter Grundstücke an vorhandenen Erschließungsanlagen sind gemäß § 133 Abs. 4 BBauG mit dem Inkrafttreten des BBauG (30. 6. 1961) beitragspflichtig geworden, sofern von ihnen im Baufall nach § 62 Abs. 3 oder 4 BayBO eine Straßensicherung bzw. ein Straßenkostenrückersatz für die vorhandene Anlage verlangt werden konnte. Im Baufall wäre zwar kein öffentlich-rechtlicher und hoheitlich vollstreckbarer Erstattungsanspruch entstanden. Der Begriff der potentiellen „Beitragspflicht" in § 180 Abs. 2 BBauG gebietet jedoch nach dem Sinn und Zweck der Übergangsvorschrift eine weite Auslegung dahingehend, daß darunter allgemein die Verpflichtung des Anliegers zu verstehen ist, zu den Kosten der Herstellung der Straße beizutragen. Einem gesetzlichen Zwang in diesem Sinne unterlag der Bauwerber aber im Falle des Anbaues an eine hergestellte Straße auch nach § 62 Abs. 3 und 4 BayBO im Hinblick auf das bedingte Nutzungsverbot. § 133 Abs. 4 BBauG hat demnach nicht eine bislang im Anwendungsbereich des § 62 BayBO unbekannte Verpflichtung rückwirkend begründet, sondern nur die im künftigen Baufall zu erwartende Verpflichtung aufgegriffen und generell für alle Grundstückseigentümer in vergleichbarer Lage auf den Tag des Inkrafttretens des BBauG konkretisiert und schließlich i. V. mit den §§ 134, 135 BBauG den Gemeinden zur hoheitlichen Einziehung überstellt.

Bebaute Grundstücke können dagegen nur in besonders gelagerten Fällen zu den Kosten einer bereits vorhandenen Straße gemäß § 133 Abs. 4 BBauG herangezogen werden. Die Beitragspflicht scheitert zwar nicht an der Vorschrift des § 133 Abs. 1 BBauG. Denn diese Vorschrift ist bei vorhandenen Erschließungsanlagen ohnehin nicht anzuwenden. Für Grundstücke an vorhandenen Straßen, die im Zeitpunkt des Inkrafttretens des Gesetzes bebaut waren, wird die Beitragspflicht aber durch das Regulativ des bisherigen Rechts und § 180 Abs. 2 BBauG wesentlich eingeschränkt. Diese Vorschriften erweisen sich insoweit für die Gemeinden als rechtshemmend, als die Eigentümer bebauter Grundstücke an vorhandenen Straßen im Geltungsbereich des § 62 BayBO regelmäßig nicht mehr zur Straßenherstellung herangezogen werden konnten. Das ergibt sich schon daraus, daß sich das bedingte Nutzungsverbot des § 62 Abs. 3 und 4 BayBO, durch das der Eigentümer angehalten wurde, eine Verpflichtung zur Straßensicherung bzw. zum Kostenrückersatz einzugehen, nur an den „Unternehmer einer Bauführung in neuen Bauanlagen" wendete. Die BayBO ging demnach grundsätzlich davon aus, daß der Adressat des Gebots zum Kostenersatz Eigentümer eines noch unbebauten Grundstücks ist. Von diesem Grundsatz wurden allerdings beim Vollzug des § 62 BayBO gewisse Ausnahmen anerkannt, die sich aus der Auslegung der Begriffe „Bauführung in neuen Bauanlagen" ergeben (so z. B. bei Errichtung eines neuen „Hauptgebäudes" oder von Anbauten an der Straßenseite bestehender Hauptgebäude bzw. von neuen Nebengebäuden). Hauptänderungen und Hauptreparaturen sowie bauliche Veränderungen innerhalb der Gebäude wurden dagegen nicht schlechthin als Bauführungen im Sinne des § 62 BayBO anerkannt.

Außer diesen Beschränkungen für die Heranziehung bebauter Grundstücke an vorhandenen Erschließungsanlagen, die aus dem bisherigen Vollzug des § 62 BayBO zu entnehmen sind, ergeben sich noch weitere Einschränkungen aus dem Sinn und Zweck des Übergangsrechts des BBauG. In der Theorie kann nämlich, worauf das BVerwG (a. a. O.) in einer Streitsache aus dem vormals preußischen Rechtsbereich verwiesen hat, jedes bebaute Grundstück durch die Beseitigung des ursprünglichen Gebäudes wieder zum unbebauten Grundstück werden, so daß auch der Eigentümer eines bebauten Grundstücks als potentieller späterer Bauwerber für einen Neubau wieder als Adressat des bedingten Nutzungsverbots nach § 62 BayBO in Betracht kommt. Es erscheint jedoch nicht gerechtfertigt, im Rahmen des Übergangsrechts von einem potentiellen Baufall dieser Art auszugehen und diesen atypischen Vorgang durch Anwendung der §§ 133 Abs. 4, 180 Abs. 2 zur Regel zu erheben. Als atypisch erweist sich in diesem Fall die Unterstellung eines die Ersatzpflicht noch auslösenden weiteren Baufalles insbesondere deshalb, weil § 62 BayBO den Zeitpunkt der Straßensicherung bzw. der Leistung des Kostenrückersatzes nicht etwa in das Ermessen der Beteiligten (Bauordnungsbehörde, Bauwerber, Gemeinde) gestellt hat, sondern eine Regelung der Straßensicherung und des Kostenrückersatzes von dem Bauwerber und der Gemeinde vor der Errichtung des Gebäudes forderte. Deshalb muß der Fall, daß die Verpflichtung zum Straßenkostenersatz nicht schon anläßlich des ersten Baufalles auf einem Grundstück unter der Geltung des § 62 BayBO begründet wurde, sondern erst bei der Errichtung eines neuen Bauwerks anstelle des alten nachgeholt wird, nach der bisherigen Regelung als atypischer Fall angesehen werden. Entsprechendes hat auch für den Fall zu gelten, daß ein Grundstück im Zeitpunkt der ersten Bauführung mit dieser Bebauung als vollständig oder im wesentlichen bebaut angesehen wurde und erst später auf Grund der veränderten Baugepflogenheiten nach dem jetzt maßgebenden Bebauungsplan noch eine weitere Bebaubarkeit des Grundstücks angenommen wird (z. B. durch Aufbau eines Geschosses, Anbau einer Garage, eines Raumes bzw. Wintergartens oder durch Aufteilung eines funktionsgerecht genutzten einheitlichen Grundstücks). Auch in diesen Fällen stellt sich die spätere Heranziehung des Grundstücks als atypischer Vorgang dar, weil die Beteiligten (Bauordnungsbehörde, Bauwerber und Gemeinde) unter den im Zeitpunkt des ersten Baufalles obwaltenden Umständen nicht davon ausgehen konnten bzw. nicht damit zu rechnen brauchten, daß die bei der ersten Gelegenheit zulässige, aber unterlassene Regelung des Straßenkostenersatzes in absehbarer Zeit bei einem späteren Baufall auf dem nämlichen Grundstück nachträglich herbeigeführt werden könne. Es ist also daran festzuhalten, daß der Zweck der §§ 133 Abs. 4, 180 Abs. 2 BBauG nur darin gesehen werden kann, den Gemeinden insoweit ein Abwälzungsrecht zu erhalten und mit dem Inkrafttreten des BBauG zu konkretisieren, als auf der Grundlage des bisherigen Rechts nicht zu atypischen, sondern nur bei regelmäßigem Verlauf noch eine Beitragspflicht entstehen konnte.

d) Die Gemeinden haben die bei Inkrafttreten des Gesetzes bereits hergestellten Erschließungsanlagen, für die Beiträge erhoben werden sollen, in ortsüblicher Weise bekanntzumachen oder, wenn es sich nur um Einzelfälle handelt, den beitragspflichtigen Eigentümern mitzuteilen. Ist nach der Satzung eine Kostenspaltung zulässig (§§ 127 Abs. 3, 132 Nr. 3), so sind die Anlagen, für die Teilbeträge erhoben werden sollen, in ortsüblicher Weise bekanntzumachen oder mitzuteilen. Die Bekanntmachung und die Mitteilung haben keine rechtsbegründende Wirkung; sie sind nicht selbständig anfechtbar. Sie dürfen nicht länger als unbedingt notwendig hinausgeschoben werden, da die Eigentümer über die sich aus der Rechtsumstellung für sie ergebenden beitragsrechtlichen Folgen rechtzeitig unterrichtet werden müssen. Es ist empfehlenswert, wenn die größeren Gemeinden die bei Inkrafttreten des Gesetzes bereits hergestellten Erschließungsanlagen und die Anlagen, für die Teilbeträge erhoben werden sollen, in einer Karte darstellen.

Vgl. ferner hierzu auch Anm. zu § 180 Abs. 2.

**6. Rechtsprechung**

A. Höchstrichterliche Rspr.

1. BVerwG U vom 25. 2. 1964 (I C 19.63) ZMR 1964, 381 = BayVBl. 1964, 328.

Nach seinem zeitlichen Geltungsbereich kommt § 133 Abs. 1 BBauG nicht auf Erschließungsanlagen zur Anwendung, die vor dem 30. 10. 1960 hergestellt worden sind.

2. BVerwG U vom 25. 2. 1964 (I C 88.63) BVerwGE 18, 80 = DÖV 1964, 341 = DVBl. 1964, 443 = BayVBl. 1964, 225 = BBauBl. 1964, 253 = KStZ 1964, 119 = BB 1964, 578 = ZMR 1964, 183 = DWW 1964, 207.

a) Zur Frage, unter welchen Voraussetzungen gemäß § 133 Abs. 4 BBauG eine Pflicht der Anlieger entstanden ist, einen Erschließungsbeitrag zur Deckung des Aufwands für eine vor dem 30. Oktober 1960 hergestellte Erschließungsanlage zu leisten.

b) Der Begriff der „vorhandenen Erschließungsanlage" in § 180 Abs. 2 BBauG deckt sich nicht mit dem der „vorhandenen Straße" im Sinne des ehemals preußischen Anliegerbeitragsrechts.

c) Eigentümer solcher Anliegergrundstücke, die vor dem Inkrafttreten des ersten auf Grund des § 15 pr. FlLG erlassenen Ortsstatuts bebaut worden sind und deshalb bisher beitragsfrei waren, sind auch nicht nach § 133 Abs. 4 BBauG beitragspflichtig geworden.

3. BVerwG U vom 25. 2. 1964 (I C 100.63) KStZ 1964, 243.

a) Eigentümer solcher Grundstücke, die vor dem Inkrafttreten des ersten auf

Grund des § 15 pr. FlLG erlassenen Ortsstatuts bebaut worden sind und deshalb bisher beitragsfrei waren, sind auch nicht nach § 133 Abs. 4 BBauG beitragspflichtig geworden.

b) Der Kreis der beitragspflichtigen Grundstücke an Erschließungsanlagen, die vor dem 30. 10. 1960 hergestellt worden sind, beurteilt sich ausschließlich nach altem Recht.

c) Grundstücke, die planungsrechtlich nicht als mehrere Grundstücke ausgewiesen sind, müssen für das Erschließungsbeitragsrecht als ein Grundstück angesehen werden. Das Erschließungsrecht muß auf den planungsrechtlichen Festsetzungen aufbauen.

4. BVerwG U vom 25. 2. 1964 (I C 124.63) DVBl. 1964, 746 = ZMR 1964, 348 = KStZ 1964, 242 = BayVBl. 1964, 329 = BBauBl. 1964, 507.

Eigentümer solcher Grundstücke, für die vor dem 30. 10. 1960 eine Anliegerbeitragspflicht entstanden, aber verjährt ist, sind nach § 133 Abs. 4 S. 1 BBauG nicht erneut beitragspflichtig geworden.

B. Andere Gerichte

1. Verwaltungsgerichtshöfe, Oberverwaltungsgerichte und BayObLG

a) OVG Münster, U vom 24. 10. 1962 (III A 1349/58) KStZ 1964, 181 = DWW 1963, 385 = DNotZ 1963, 675.

Hat eine Behörde auf Anfrage des mit der Beurkundung des Grundstücksverkaufs beauftragten Notars erklärt, daß für das Grundstück kein Anliegerbeitrag zu entrichten sei, so ist sie an die in dieser Regelung liegende Zusage gebunden; es verstößt gegen Treu und Glauben, wenn die Behörde gleichwohl nachträglich den Erwerber des Grundstücks zu einem Anliegerbeitrag heranzieht.

b) OVG Münster, U vom 13. 2. 1963 (III A 954/59) VerwRspr. 1964, 321.

Erteilt die zuständige Dienststelle einem Anlieger eine Anliegerbescheinigung des Inhalts, daß Straßenbaukosten nicht erhoben werden, so liegt darin eine Zusage, die nicht ohne weiteres widerrufen werden kann. Zur Bedeutung des Vermerks „Zum Zwecke der Beleihung".

c) Hess. VGH, U vom 21. 2. 1963 (OS V 154/61) KStZ 1963, 129 (vgl. auch OVG Münster, U vom 24. 10. 1962 — III A 1349/58, DWW 1963, 385).

Hat eine Gemeinde kurz vor der Heranziehung bescheinigt, daß vorerst Straßenbaukosten nicht gefordert werden und hat sich der Bürger mit seinem Finanzierungsplan hierauf eingestellt, so ist es ermessensfehlerhaft, von ihm kurz darauf Vorausleistungen auf den Erschließungsbeitrag zu fordern.

d) OVG Münster, B vom 29. 11. 1963 (III B 607/62) ZMR 1964, 126.

Es bestehen erhebliche Bedenken gegen die Auffassung, daß die Gemeinden berechtigt seien, Vorausleistungen nach Einheitssätzen für heute aufzuwendende

Kosten bei solchen Erschließungsanlagen zu fordern, die im wesentlichen schon vor der Währungsreform tatsächlich fertiggestellt worden sind.

e) OVG Münster, U vom 29. 4. 1964 (III A 327/62) DVBl. 1965, 126.

Auch beim Beitragsbeschluß nach § 9 KAG haben die Gerichte zu prüfen, ob — insbesondere in der Beurteilung der Vorteilsfrage — die äußersten Grenzen des ortsgesetzgeberischen Ermessens eingehalten worden sind (Änderung bisheriger Rechtsprechung).

Straßenbaukostenbeiträge nach § 9 KAG dürfen nicht in solcher Höhe erhoben werden, daß der auf die Anlieger entfallende Anteil an den Gesamtkosten der nach § 15 FluchtlG — jetzt nach §§ 127 ff. BBauG zulässigen Belastung annähernd gleichkäme.

Bei der Abgrenzung der Beiträge von dem der Gemeinde verbleibenden Anteil geht aufgestauter Reparaturbedarf jedenfalls dann zu Lasten der Gemeinde, wenn die Umlage von Kosten der gemeingewöhnlichen Unterhaltung ortsgesetzlich nicht vorgesehen ist und die Straße sich in einem wesentlich schlechteren Zustand als die meisten anderen Straßen der Gemeinde befindet.

f) OVG Münster, U vom 24. 6. 1964 (III A 699/61) DWW 1964, 358.

Es bedarf einer eindeutigen, jeden Zweifel ausschließenden ortsgesetzlichen Regelung, wenn die Kosten von Teileinrichtungen gemeindlicher Straßen in der Weise abgespalten werden sollen, daß Teilanliegerbeitragsforderungen der Gemeinde jeweils unmittelbar (ohne weiteres) mit der Fertigstellung von Teileinrichtungen entstehen sollen.

g) OVG Münster, U vom 15. 7. 1964 (III A 149/63) ZMR 1964, 349 = DWW 1964, 391 = KStZ 1964, 245.

War für ein bebautes Grundstück, das am 29. 10. 1960 an eine hergestellte Erschließungsanlage grenzte, nach dem Ortsrecht der Gemeinde eine Anliegerbeitragspflicht noch nicht entstanden, so entstand sie am 30. 10. 1960, falls nach diesem Zeitpunkt bei typischem Geschehensablauf eine Beitragsforderung alten Rechts entstanden wäre.

h) OVG Münster, U vom 19. 8. 1964 (III A 1034/61) DVBl. 1965, 128.

§ 9 Abs. 1 und 2 KAG überläßt es dem Ermessen der Gemeinde, ob sie neben den Grundeigentümern auch den durch die Veranstaltung begünstigten Gewerbetreibenden Straßenbaukostenbeiträge auferlegt.

Dieses Auswahlermessen muß aber von sachgerechten Erwägungen getragen sein, weil es sonst gegen Art. 3 Abs. 1 GG verstößt.

Es erscheint bedenklich, die Gruppe der Gewerbetreibenden, denen aus einer Veranstaltung besondere wirtschaftliche Vorteile erwachsen, nur deshalb von Beiträgen freizustellen, weil die Gemeinde es als schwierig ansieht, für ihre Heranziehung einen geeigneten Maßstab zu finden.

i) OVG Lüneburg, B vom 7. 9. 1964 (I OVG B 24/64) DVBl. 1965, 130 (mit Anmerkung von Finkler).

Die Forderung auf eine Vorausleistung ist in angemessenem zeitlichem Zusammenhang mit der Baugenehmigung geltend zu machen. Erfolgt die Heranziehung zu Vorausleistungen erst sechs Wochen nach Erteilung der Baugenehmigung, so ist zweifelhaft, ob der zeitliche Zusammenhang gewahrt ist.

Vorausleistungen können nur für solche noch nicht fertiggestellten Erschließungsanlagen gefordert werden, die den Zugang zu den Gebäuden auf dem Grundstück vermitteln.

Vorausleistungen können dann nicht verlangt werden, wenn der Ausbau der Erschließungsanlage überhaupt noch nicht absehbar ist.

j) BayVGH, U vom 5. 11. 1964 (Nr. 148 IV 63) BayVBl. 1965, 23 = BayBgm. 1964, 275.

§ 62 BayBO 1901 ist mit dem Ablauf des 29. 6. 1961 außer Kraft getreten.

In Bayern ist § 133 Abs. 4, soweit nicht in Gemeinden — ausnahmsweise — Anliegerbeitragspflicht auf Grund einer Satzung nach Art. 9 GAG bestanden hat, gemäß § 189 Abs. 2 BBauG am 30. 6. 1961 in Kraft getreten.

Für eine bei Inkrafttreten des BBauG bereits vorhandene Erschließungsanlage kommt als Rechtsgrundlage für einen Erschließungsbeitragsbescheid nicht § 133 Abs. 1, sondern nur § 133 Abs. 4 i. Verb. mit § 180 Abs. 2 in Betracht.

§§ 133 Abs. 4, 180 Abs. 2 geben den Gemeinden ein Abwälzungsrecht und konkretisieren es mit dem Inkrafttreten des BBauG insoweit, als auf der Grundlage des bisherigen Rechts nicht bei atypischem, sondern nur bei regelmäßigem Verlauf noch eine Beitragspflicht entstehen konnte. Bei unbebauten Grundstücken trifft dies unter den Voraussetzungen des § 62 BayBO regelmäßig zu. Bei im wesentlichen bereits bebauten Grundstücken hat die Möglichkeit außer Betracht zu bleiben, daß bei der Errichtung eines Ersatzbaues an Stelle des vorhandenen Gebäudes oder bei einem sonstigen weiteren Baufall (z. B. Aufbau eines Geschosses, Anbau einer Garage oder eines Raumes) möglicherweise noch eine Verpflichtung zur Straßensicherung bzw. zum Straßenkostenrückersatz entstehen konnte.

k) BayVGH, U vom 12. 11. 1964 (Nr. 140 IV 63) nicht veröffentlicht.

Eine Gemeinde war, um sich die Vorteile des § 62 BayBO zu sichern, nicht gezwungen, die Herstellung einer neuen Ortsstraße in einem Zuge durchzuführen.

Genügt eine nach den Verkehrsbedürfnissen einer früheren Zeit hergestellte Straße infolge der zunehmenden Besiedlung und der Änderung der Verkehrsbedürfnisse nicht mehr den Anforderungen und wird sie nunmehr mehr oder minder grundlegend verändert, so handelt es sich hierbei nicht um eine Herstellung, sondern um eine Verbesserung oder Erweiterung der Straße.

l) BayVGH, B vom 30. 11. 1964 (Nr. 145 IV 63) nicht veröffentlicht.

Eine Vorausleistung auf den Erschließungsbeitrag ist ihrem Wesen nach eine Geldleistung; das schließt nicht aus, daß vereinbarte Sachleistungen (z. B. Grund und Boden für die Erschließungsanlage) auf die Vorausleistung angerechnet werden. Eine Satzungsvorschrift, nach der unter bestimmten Voraussetzungen eine Vorausleistung durch Abtretung von Grund und Boden an die Gemeinde zu erbringen ist, ist daher ungültig.

**m)** BayObLG, U vom 30. 4. 1964 (RReg 1 Z 82/63) BayBgm. 1964, 207 = BayVBl. 1964, 301.

Die durch Vereinbarung nach § 62 Abs. 3 BayBO 1901 (§ 81 Abs. 1 MBO) begründeten — bürgerlichrechtlichen — Pflichten der Bauwerber zur Sicherung und Erstattung der Straßenbaukosten sind auch unter der Geltung des BBauG aufrechterhalten geblieben.

Sie sind auch durch Art. 47, 18 BayStrWG nicht beseitigt worden.

§ 62 Abs. 3 BayBO 1901 galt an sich auch für Ortsdurchfahrten von Bundes-, Staats- und Kreisstraßen.

Eine Bauanlage war so lange neu nach § 62 Abs. 3 BayBO 1901, bis alle Anliegergrundstücke bebaut waren.

§ 62 Abs. 3 BayBO 1901 ließ die Heranziehung der Bauwerber nur zu den Kosten der erstmaligen ordnungsmäßigen Straßenherstellung zu.

Die Ordnungsmäßigkeit der ersten Straßenherstellung bemaß sich nach den im Zeitpunkt der ersten Straßenherstellung geltenden Vorschriften.

Sie hing grundsätzlich nicht von der Anlegung in der vollen durch die Straßenbegrenzungslinien ausgewiesenen Breite ab, vor dem BayStrWG auch nicht von der Ausstattung mit einem Gehweg.

**3.** Verwaltungsgerichte und andere Gerichte

**a)** VG Düsseldorf, U vom 5. 7. 1960 (5 K 3102/59) KStZ 1961, 61 = DWW 1963, 374.

Eine Zeitspanne von rund 50 Jahren zwischen vorläufiger und endgültiger Herstellung der Straße ist ohne Einfluß auf den Anliegerbeitragsanspruch der Gemeinde.

**b)** VG Hannover, U vom 18. 5. 1961 (III A 323/61) KStZ 1962, 116 = DWW 1963, 374.

Zur Anwendung des § 133 Abs. 1 Satz 2 BBauG genügt es, wenn ein Grundstück in einem solchen Grad erschlossen ist, daß seine bauliche oder gewerbliche Nutzung möglich ist.

**c)** VG Gelsenkirchen, U vom 27. 6. 1961 (3 K 15/61) DWW 1962, 49 = DWW 1963, 373.

Verjährung und Verwirkung des Anspruchs auf Rückerstattung vertraglich geleisteter Anliegerbeiträge.

d) LG Köln, B vom 23. 1. 1962 (11 T 111/61) DNotZ 1962, 393.

Erschließungsbeiträge nach dem BBauG können auf dem Grundstück, aus dem sie zu leisten sind, nicht durch Eintragung einer unbedingten Sicherungshypothek gesichert werden. Dabei ist es ohne Bedeutung, ob Gegenstand der Forderung die bereits fälligen Beiträge oder Vorauszahlungen auf noch nicht fällige Beiträge sind.

e) VG Gelsenkirchen, U vom 15. 5. 1962 (3 K 398/61) KStZ 1963, 87 = DWW 1963, 373.

Die Vorausleistungspflicht nach § 133 Abs. 3 BBauG erfaßt nicht die durch einen früheren Anbauvertrag geregelten Fälle.

f) VG Düsseldorf, B vom 9. 8. 1962 (5 L 273/62) KStZ 1962, 179 = DWW 1963, 376.

Die Vorauszahlungspflicht hat nicht zur Voraussetzung, daß der Straßenbau notwendig oder zweckmäßig oder eilig ist. Es kommt auch nicht darauf an, ob die geforderte Vorauszahlung gerade für die Anlage alsbald benötigt wird, für deren künftige Kosten sie gefordert wird. Vorausleistung kann auch in der Abtretung von Straßenland bestehen.

g) VG Münster, U vom 20. 8. 1962 (1 K 661/61) KStZ 1963, 123 = DWW 1963, 376.

Das Recht der Vorauszahlungen zu fordern, beruht unmittelbar auf dem Gesetz; eine Satzung ist insoweit nicht erforderlich. § 133 Abs. 3 BBauG läßt eine Heranziehung zu Vorauszahlungen auf den Erschließungsbeitrag auch nach Erteilung der Baugenehmigung zu; jedoch muß zwischen der Erteilung der Baugenehmigung und der Heranziehung ein enger zeitlicher Zusammenhang bestehen.

h) VG Düsseldorf, B vom 5. 9. 1962 (5 L 382/62) KStZ 1962, 197 = DWW 1963, 376.

Heranziehung zur Vorausleistung ist erst dann zulässig, wenn die Baugenehmigung erteilt, nicht aber schon dann, wenn sie erst beantragt ist.

i) VG Regensburg, U vom 20. 9. 1962 (O 125 II 1962) KStZ 1963, 128.
VG München, U vom 18. 6. 1963 (2019/63) KStZ 1963, 210 = BayBgm. 1963, 227 = DWW 1963, 374.

Der Beitragspflicht nach § 133 BBauG unterliegen auch Grundstücke, die nicht unmittelbar an die Erschließungsstraße angrenzen, sondern an diese über einen Privatweg angeschlossen sind.

j) VG Regensburg, U vom 20. 9. 1962 (O 125 II 1962) KStZ 1963, 128 = DWW 1963, 374.

Bei Inkrafttreten der Vorschriften des BBauG über die Erschließung vorhandene Erschließungsanlagen sind dann erstmalig hergestellt, wenn sie in ihrem Ausbauzustand dem tatsächlichen Verkehrsbedürfnis entsprechen.

k) VG Düsseldorf, B vom 23. 10. 1962 (5 L 412/52) DWW 1963, 87 = 1963, 376 = KStZ 1963, 21.

Die Berechnung der Vorausleistungen nach Einheitssätzen ist zulässig, jedoch für vor Jahren begonnene halbfertige Straßen nicht nach den für neue Straßen vorgesehenen Sätzen.

l) VG München, U vom 27. 11. 1962 (II 2197/62) KStZ 1963, 61.
VG Regensburg, U vom 10. 4. 1963 (L 257 II 62) KStZ 1963, 151 = DWW 1963, 374.

Erschließungsstraßen sind am 29. 6. 1961 dann erstmalig hergestellt, wenn sie dem tatsächlichen Verkehrsbedürfnis entsprechen. Nur im Rahmen des tatsächlichen Verkehrsbedürfnisses ist der Wille der Gemeinde, den gegebenen Ausbauzustand als erstmalige Herstellung anzusehen, maßgebend (§ 133 Abs. 2 und 4, § 128 Abs. 1 BBauG).

m) VG Düsseldorf, B vom 7. 2. 1963 (5 L 456/62) KStZ 1963, 87 = DWW 1963, 376.

§ 133 Abs. 3 BBauG bestimmt nicht, daß gerade die forderungsberechtigte Gemeindeverwaltung die Baugenehmigung erteilt haben müsse, welche die Forderung auslöst.

n) VG Düsseldorf, B vom 8. 3. 1963 (5 L 37/63) KStZ 1963, 87 = DWW 1963, 374.

Die Gemeinde handelt nicht wider Treu und Glauben, wenn sie sich mit der Fertigstellung der Erschließungsanlage Zeit läßt.

o) VG Düsseldorf, B vom 8. 3. 1963 (5 L 37/63) KStZ 1963, 87 = DWW 1963, 376.

Der Begriff „Bauvorhaben" in § 133 Abs. 3 BBauG deckt sich nicht mit dem bisherigen Erfordernis der „Errichtung eines Gebäudes" in § 15 FlG, sondern ist erheblich weiter. Was ein „Bauvorhaben" ist, hat § 29 BBauG bindend bestimmt.

p) VG Düsseldorf, B vom 8. 4. 1963 (5 L 99/63) KStZ 1963, 172 = DWW 1963, 377.

Für das Entstehen des Vorausleistungsanspruchs kommt es weder auf den Umfang des genehmigten Bauvorhabens noch darauf an, ob das Gebäude an der Straße liegt.

**qu)** VG Düsseldorf, B vom 10. 4. 1963 (5 L 97/63) KStZ 1963, 131 = DWW 1963, 376.

Ein Vorausleistungsbescheid ist nicht deshalb formell oder materiell ungültig, weil er die Berechnungsunterlagen nicht erkennen läßt. Für die Vorausleistungsforderung dürfen die Kosten des Straßenbaues geschätzt werden, wenn die Schätzung auf hinreichenden Unterlagen beruht. Die Notwendigkeit oder Zweckmäßigkeit des Straßenausbaues ist keine gesetzliche Voraussetzung des Vorausleistungsanspruchs. Das Gesetz schreibt den Gemeinden nicht vor, daß sie die Vorausleistung nur zum Zwecke des Ausbaues der Straße verwenden dürfen.

**r)** VG Regensburg, U vom 10. 4. 1963 (L 257 II/62) KStZ 1963, 151 = DWW 1963, 374.

Bei der erstmaligen Herstellung einer Erschließungsanlage ist auch der Verkehr zu gewerblichen Betrieben und der Durchgangsverkehr zu berücksichtigen. Die Straße ist ihrem Verwendungszweck und ihrer Verkehrsbedeutung entsprechend auszubauen.

**s)** VG Düsseldorf, B vom 31. 5. 1963 (5 L 126/63) DWW 1963, 327 = ZMR 1964, 32.

Die nachträgliche Baugenehmigung für einen längst ausgeführten Bau kann die Vorausleistungsforderung nach § 133 Abs. 3 BBauG nicht auslösen.

Keine Anwendung der aus heutigen Baupreisen gebildeten Einheitssätze auf Straßenbauten, die größtenteils schon längere Zeit ausgeführt sind.

**sch)** VG Düsseldorf, B vom 31. 5. 1963 (5 L 126/63) KStZ 1963, 196 = DWW 1963, 377.

Die nachträgliche Baugenehmigung für bereits ausgeführte Bauten löst den Vorausleistungsanspruch nicht aus.

**st)** VG Düsseldorf, B vom 31. 5. 1963 (5 L 146/63) KStZ 1963, 196 = DWW 1963, 377.

Straßenbäume gehören zum Erschließungsaufwand des § 127 BBauG.

Der Vorausleistungsanspruch gemäß § 133 Abs. 3 BBauG entsteht auch dann, wenn nicht der Eigentümer des Grundstücks die Bauerlaubnis erhält, sondern — auf Antrag — der Pächter. Es ist auch bedeutungslos, ob das geplante Gebäude wesentlicher Bestandteil des Grundstücks werden soll oder nicht.

Die Berechnung der Baukosten für ältere Straßen darf nicht nach Einheitssätzen erfolgen, die aus den heutigen Baupreisen neuer Straßen gebildet sind.

u) VG Düsseldorf, U vom 23. 7. 1963 (5 K 305/62) KStZ 1963, 212 = DVBl. 1964, 160 = DWW 1963, 376.

Die Verjährungsfrist für eine Anliegerbeitragsforderung alten Rechts beginnt weder mit der Beendigung der Straßenbauarbeiten, noch mit dem Erwerb des letzten Straßenlandes durch die Gemeinde, sondern erst dann, wenn die Abrechnung und Umlegung der Straßenbaukosten der Gemeinde möglich und zuzumuten ist.

Anliegerbeitragsforderungen, die nach dem Fluchtliniengesetz entstanden, aber verjährt waren, entstehen gemäß § 133 Abs. 4 BBauG neu. Denn § 133 Abs. 4 BBauG ist an die Stelle eines — die Beitragsforderung bisher erneut auslösenden — Baufalles getreten.

§ 129 BBauG ist auch bei der Berechnung der Beitragsforderung zu berücksichtigen, die auf § 133 Abs. 4 BBauG beruhen.

v) VG Oldenburg, U vom 16. 8. 1963 (A 44/63) DWW 1963, 355 = DWW 1963, 377 = KStZ 1963, 211 = DVBl. 1964, 160.

Eine Vorausleistung kann nur erhoben werden, wenn sich ihr Verhältnis zum künftigen Erschließungsbeitrag einigermaßen sicher und bindend festlegen läßt. Wesentlich ist, daß die Gemeinde wegen der genehmigten Bauvorhaben die beschleunigte Erschließung ins Auge faßt. Die Planungen müssen zumindest soweit festliegen, daß der Abgabepflichtige die hinreichende Sicherheit hat, daß seine Vorausleistung nicht in Wirklichkeit eine einseitige Leistung ist, da andernfalls die Abgabe zu einer unzulässigen Steuer wird.

w) VG Düsseldorf, B vom 4. 11. 1963 (5 L 411/63) DWW 1963, 387.

Es ist zweifelhaft, ob der Einbau einer Heizung und das Anbringen eines Heizölbehälters als ein „Bauvorhaben" im Sinn des § 133 Abs. 3 BBauG anzusehen ist.

x) VG Freiburg, U vom 15. 5. 1964 (Vs II/299/63) DWW 1964, 361.

Eine Ortsstraße oder ein Gehweg ist dann endgültig hergestellt, wenn der im Plan festgelegte und von der Gemeinde bei der Planlegung beschlossene Endzustand erreicht ist.

Die Befestigung der Oberfläche der Gehwege mit einer Kiessanddecke entsprach nach dem Stand der Straßenbautechnik der Jahre 1907 bis 1909 einer endgültigen Herstellung.

y) VG Sigmaringen, U vom 21. 5. 1964 (III 364/63) Bad.-Württ. VerwBl. 1965, 12.

Zur Frage der Bebaubarkeit von Grundstücken i. S. von § 133 BBauG.

z) VG Köln, U vom 25. 6. 1964 (7 K 1473/63) KStZ 1964, 183.

Die Bekanntmachungsregelung der Hauptsatzung einer Gemeinde in NRW entspricht dann nicht rechtsstaatlichen Grundsätzen, wenn sie lediglich den

Aushang am Rathaus vorschreibt für eine Stadt, die 42 000 Einwohner zählt und in der einzelne Ortsteile mehr als 5 km vom Rathaus entfernt liegen.

Eine Gemeinde kann Vorausleistungen auf Erschließungsbeiträge nicht ohne Satzung erheben.

Der erforderliche Sinnbezug zwischen Leistung und Gegenleistung ist bei Vorausleistungen auf einen Erschließungsbeitrag nicht erkennbar, wenn

a) eine geplante Anlage, für die ein Beitrag erhoben wird, nicht in einem gegenwärtig ablaufenden und wahrscheinlich unaufhaltsamen konkreten Erschließungsprogramm der Gemeinde aufgenommen, oder

b) die tatsächliche Erschließung nicht vor Ablauf von 15 Jahren gesichert ist.

aa) VG Hannover, U vom 27. 7. 1964 (III A 182/63) KStZ 1964, 184.

Eine Gemeinde kann auch die Eigentümer bebauter Grundstücke an nach Inkrafttreten des Bundesbaugesetzes fertiggestellten Erschließungsanlagen zu Beiträgen gemäß §§ 127, 133 Abs. 1 BBauG heranziehen.

Der Eigentümer kann auch dann in vollem Umfang nach neuem, für in ungünstigerem Erschließungsbeitragsrecht herangezogen werden, wenn er unter einem alten, für ihn günstigeren Ortsstatut nach § 15 PrFluchtliniengesetz nicht mit der Bebauung seines Grundstücks begonnen hatte.

C. Vgl. hierzu auch § 180 Anm. 7 („Rechtsprechung").

## § 134
### *Beitragspflichtiger*

**(1) Beitragspflichtig ist derjenige, der im Zeitpunkt der Zustellung des Beitragsbescheides Eigentümer des Grundstücks ist. Ist das Grundstück mit einem Erbbaurecht belastet, so ist der Erbbauberechtigte an Stelle des Eigentümers beitragspflichtig. Mehrere Beitragspflichtige haften als Gesamtschuldner.**

**(2) Der Beitrag ruht als öffentliche Last auf dem Grundstück, im Falle des Absatzes 1 Satz 2 auf dem Erbbaurecht.**

a) **Abs. 1** der Vorschrift knüpft an die Vorschriften der §§ 7, 8 und 9 des Grundsteuergesetzes an und erklärt grundsätzlich den Grundstückseigentümer als Schuldner des Erschließungsbeitrags. Die Einbeziehung des Bauherrn als Abgabeschuldner empfahl sich nicht, da die Vorteile aus der Erschließung in der Regel dem Grundstückseigentümer zufließen werden; die Beitragspflicht ist abgestellt auf den Zeitpunkt, in dem der von der Gemeinde zu erlassende Beitragsbescheid zugestellt wird; wer in diesem Zeitpunkt als Eigentümer im Grundbuch eingetragen ist, ist Schuldner des Beitrags (**Satz 1**).

In **Satz 2** wird die Beitragspflicht auf den Erbbauberechtigten ausgedehnt; diese Vorschrift bedeutet gegenüber dem bisherigen Rechtszustand, nach dem nur der Eigentümer herangezogen werden konnte, eine Verbesserung zugunsten der Gemeinde.

Falls mehrere Beitragspflichtige vorhanden sind (z. B. Miteigentümer), so haften sie für den Beitrag als Gesamtschuldner — § 421 BGB — (**Satz 3**).

b) Die Bestimmung, daß der Erschließungsbeitrag als öffentliche Last auf dem Grundstück bzw. auf dem Erbbaurecht ruht (**Abs. 2**), war zur Sicherung des Aufkommens notwendig. Es handelt sich hier um eine öffentliche Last i. S. von § 10 Abs. 1 Nr. 3 des Zwangsversteigerungsgesetzes, die ein Recht auf Befriedigung vor den dinglichen Rechten gewährt, soweit der geschuldete Betrag nicht länger als vier Jahre rückständig ist.

c) Bei Grundstückskäufen kann die Frage von großer Bedeutung sein, ob der Erschließungsbeitrag vom Käufer oder vom Verkäufer zu tragen ist. Hierüber können wohl im Kaufvertrag besondere Vereinbarungen zwischen den Vertragsparteien getroffen werden. Wenn dies nicht der Fall ist, wird wohl davon auszugehen sein, daß im Innenverhältnis der Vertragsparteien derjenige zur Tragung des Erschließungsbeitrags verpflichtet ist, der bei Zustellung des Beitragsbescheids Grundstückseigentümer war. Dies kann wegen des unsicheren Zeitpunkts, an dem die Auflassung im Grundbuch vollzogen wird, zu Unbilligkeiten führen. Es wird deshalb zweckmäßig sein, in den notariellen Kaufverträgen den Zeitpunkt des Übergangs von Nutzungen und Lasten genau zu bestimmen. (Vgl. auch Reiß, der Erschließungsbeitrag nach dem Bundesbaugesetz und § 436 BGB, DNotZ 1962, 307.)

**d) Rechtsprechung**

1. VGH Bad.-Württ., U vom 2. 6. 1964 (III 140/62) Bad.-Württ. VerwBl. 1965, 11.

Ein Anliegerbeitragsbescheid, der einen Nachlaß belastet, kann von jedem Miterben angefochten werden; § 2039 BGB, der die Verfolgung von Gestaltungsrechten durch den einzelnen Miterben durch Beschränkung des Klagerechts auf Ansprüche ausschließt, enthält damit keinen Ausschluß der Verfolgung von Ansprüchen durch Gestaltungsklagen.

2. VG Düsseldorf, U vom 21. 3. 1961 (5 K 1259/60) KStZ 1961, 185 = DWW 1963, 374.

Die Beitragspflicht trifft nicht den Bauherrn des Hauses, sondern denjenigen, der zur Zeit der Heranziehung Grundstückseigentümer ist.

## § 135
### *Fälligkeit und Zahlung des Beitrages*

**(1) Der Beitrag wird einen Monat nach der Zustellung des Beitragsbescheides fällig.**

**(2) Die Gemeinde kann zur Vermeidung unbilliger Härten im Einzelfall, insbesondere soweit dies zur Durchführung eines genehmigten Bauvorhabens erforderlich ist, zulassen, daß der Erschließungsbeitrag in Raten oder in Form einer Rente gezahlt wird. Ist die Finanzierung eines Bauvorhabens**

**gesichert, so soll die Zahlungsweise der Auszahlung der Finanzierungsmittel angepaßt, jedoch nicht über zwei Jahre hinaus erstreckt werden.**

**(3) Läßt die Gemeinde nach Absatz 2 eine Verrentung zu, so ist der Erschließungsbeitrag durch Bescheid in eine Schuld umzuwandeln, die in höchstens zehn Jahresleistungen zu entrichten ist. In dem Bescheid sind Höhe und Zeitpunkt der Fälligkeit der Jahresleistungen zu bestimmen. Der jeweilige Restbetrag ist mit höchstens 2 vom Hundert über dem Diskontsatz der Deutschen Bundesbank jährlich zu verzinsen. Die Jahresleistungen stehen wiederkehrenden Leistungen im Sinne des § 10 Abs. 1 Nr. 3 des Zwangsversteigerungsgesetzes gleich.**

**(4) Werden Grundstücke landwirtschaftlich genutzt, so kann der Beitrag so lange gestundet werden, wie das Grundstück zur Erhaltung der Wirtschaftlichkeit des Betriebes genutzt werden muß.**

**(5) Im Einzelfall kann die Gemeinde auch von der Erhebung des Erschließungsbeitrages ganz oder teilweise absehen, wenn dies im öffentlichen Interesse oder zur Vermeidung unbilliger Härten geboten ist. Die Freistellung kann auch für den Fall vorgesehen werden, daß die Beitragspflicht noch nicht entstanden ist.**

### 1. Fälligkeit des Erschließungsbeitrags (Abs. 1)

a) Sobald Umfang und Höhe der Beitragspflicht auf Grund der Satzung und der sonstigen Umstände (insbes. Entstehung der Beitragspflicht nach § 133) feststeht, erläßt die Gemeinde den Beitragsbescheid. Dieser ist ein Verwaltungsakt und kann mit den allgemeinen Rechtsbehelfen der VwGO, also schließlich vor den Verwaltungsgerichten angegriffen werden. Die aufschiebende Wirkung der Rechtsbehelfe entfällt (§ 80 Abs. 2 Nr. 1 VwGO). Die Fälligkeit des Beitrags tritt einen Monat nach der Zustellung des Bescheids ein, d. h. in diesem Zeitpunkt muß er bezahlt sein und kann von dann ab beigetrieben werden, sofern nicht die Voraussetzungen der Abs. 2—5 vorliegen. Auf den Zeitpunkt der Fälligkeit ist im Bescheid hinzuweisen. Wegen der Wichtigkeit des Zeitpunkts der Zustellung empfiehlt es sich, einen Zustellungsnachweis zu den gemeindlichen Akten zu nehmen.

b) Der Bescheid muß mindestens den Beitragsschuldner, die Höhe des Beitrags, das in Frage kommende Grundstück und Art und Umfang der Erschließungsanlage bezeichnen. Im Falle der Kostenspaltung (§ 127 Abs. 3) ist es notwendig, den in Frage kommenden Teil der Erschließungsanlage zu kennzeichnen und die Art der Kostenaufteilung zu erläutern.

### 2. Ratenzahlungen und Verrentung (Abs. 2 und 3)

a) Die Gemeinde kann Ratenzahlungen bewilligen. Voraussetzung für die Bewilligung ist, daß sie „zur Vermeidung unbilliger Härten" im Einzelfall erforderlich ist (unbestimmter Rechtsbegriff, der verwaltungsgerichtlich nachprüfbar ist). Als Beispiel wird vom Gesetz angeführt, daß die Bewilligung von Ratenzahlungen „zur Durchführung eines genehmigten Bauvorhabens erforderlich ist"; gemeint ist hier wohl, daß die Durchführung eines genehmigten

Bauvorhabens nicht durch die Forderung der Gemeinden auf Zahlung des fälligen Erschließungsbeitrags gefährdet werden soll (**Abs. 2 Satz 1**), wenn etwa der Grundstückseigentümer infolge der im Hinblick auf das Bauvorhaben eingegangenen Verpflichtungen zur sofortigen Zahlung des ganzen Beitrags nicht in der Lage ist. Demselben Zweck dient auch Abs. 2 **Satz 2** (der auch für die Verrentung gilt, vgl. nachfolgende Anm. b). Wenn nämlich die Finanzierung eines Bauvorhabens gesichert ist, so soll die Gemeinde die Zahlungsweise des Erschließungsbeitrags (Ratenzahlungen) der Auszahlung der Finanzierungsmittel anpassen, d. h. es sollen die Raten zu denselben Terminen fällig werden, an denen dem Bauherrn die Finanzierungsraten ausgezahlt werden; jedoch soll hier die Teilzahlung nicht über zwei Jahre hinaus erstreckt werden (Ausnahmen sind also möglich).

Wenn die Voraussetzungen der Ratenzahlung gegeben sind, kann die Gemeinde diese bewilligen, muß aber nicht. Die Entscheidung liegt in ihrem pflichtmäßigen Ermessen.

**b)** Die Gemeinde kann auch unter den gleichen Voraussetzungen, wie sie für die Ratenzahlungen gelten, zulassen, daß der Erschließungsbeitrag in Form einer Rente bezahlt wird. Wie in Anm. b zu § 134 ausgeführt wurde, sind die Erschließungsbeiträge öffentliche Lasten. Durch diese vorangehende Last wird die Beleihungsmöglichkeit eines Baugrundstücks verkürzt und damit die Finanzierung eines Bauvorhabens beeinträchtigt. Dieser Nachteil kann durch die Verrentung des Erschließungsbeitrags vermieden werden, ohne daß die Interessen der anspruchsberechtigten Gemeinde gefährdet werden. Die Rente ist den wiederkehrenden Leistungen gleichgestellt (**Abs. 3 Satz 4**; vgl. § 10 Abs. 1 Nr. 3 des Zwangsversteigerungsgesetzes). Der nachstehende Hypothekengläubiger braucht daher nicht mehr den gesamten Erschließungsbeitrag, sondern höchstens die laufende Rente und die Raten für die beiden zurückliegenden Jahre als eine ihm vorgehende Last zu berücksichtigen. Das BBauG übernimmt daher die Regelung des nach § 186 Abs. 1 Nr. 16 BBauG außer Kraft getretenen Gesetzes über die Zahlung und Sicherung von Anliegerbeiträgen vom 30. September 1936 (RGBl. I S. 854), um die Bautätigkeit durch Entlastung von den Erschließungsbeiträgen zu fördern, die Ansprüche der Gemeinden zu sichern und andrerseits auch die Forderungen der Hypothekengläubiger zu berücksichtigen.

Im Falle der Verrentung ist der Erschließungsbeitrag durch Bescheid in eine Schuld umzuwandeln, die in höchstens zehn Jahresraten zu entrichten ist. Höhe und Zeitpunkt der Fälligkeit der Jahresleistungen sind im Bescheid festzulegen; die Verzinsung des jeweiligen Restbetrages ist gesetzlich geregelt (höchstens 2 v. H. über dem Diskontsatz der Deutschen Bundesbank).

**3. Stundung (Abs. 4)**

Wie sich aus § 133 Abs. 1 und 2 ergibt, unterliegen der Beitragspflicht nicht nur Grundstücke, für die eine bauliche oder gewerbliche Nutzung festgesetzt ist, sondern auch solche erschlossenen Grundstücke, die nach der Verkehrsauffassung Bauland sind und zur Bebauung anstehen (auch wenn keine bauliche oder gewerbliche Nutzung festgesetzt ist). Es ist nun der Fall denkbar, daß ein solches (etwa am Stadtrand gelegenes) Grundstück zur Erhaltung der Wirtschaftlichkeit des Betriebes (also des landwirtschaftlichen Betriebes, zu dem es gehört) landwirtschaftlich genutzt werden muß. Für diesen Fall wurde die Bestimmung getroffen, daß der Erschließungsbeitrag solange gestundet werden kann, als die angeführte Nutzung erforderlich ist. Fällt die landwirtschaftliche Nutzung weg oder ist sie zur Erhaltung der Wirtschaftlichkeit des Betriebes nicht mehr erforderlich (gerichtlich nachprüfbare Tat- u. Rechtsfrage!), so kann der Beitrag gefordert werden. Ob die Gemeinde diese Stundung gewährt, liegt in ihrem pflichtmäßigen Ermessen. Eine Ratenzahlung (Abs. 2) ist hier nicht vorgesehen. Die Bewilligung der Stundung bedeutet, daß der Pflichtige für den Zeitraum der Bewilligung keinen Beitrag, auch keine Teilzahlungen zu leisten braucht.

**4. Freistellung vom Erschließungsbeitrag (Abs. 5)**

Abs. 5 gibt den Gemeinden die Möglichkeit, von der Erhebung des Erschließungsbeitrags ganz oder teilweise abzusehen, d. h. den Pflichtigen von der Zahlung des Beitrags ganz oder teilweise freizustellen. Die Bestimmung unterscheidet zwei Fälle:

a) Die Freistellung im Einzelfall, wenn die Beitragspflicht bereits entstanden ist (**Satz 1**). Voraussetzung dafür, daß die Freistellung genehmigt werden darf, ist, daß sie „im öffentlichen Interesse oder zur Vermeidung unbilliger Härten" geboten ist. Hier handelt es sich wieder um unbestimmte Rechtsbegriffe, die verwaltungsgerichtlich nachprüfbar sind. Ob die Gemeinde bei Vorliegen der Voraussetzungen die Freistellung bewilligt, liegt in ihrem pflichtmäßigen Ermessen, das im Einzelfall bis zum Verzicht auf den ganzen Erschließungsbeitrag gehen kann. Im Hinblick auf den allgemein verpflichtenden Grundsatz des Erfordernisses der Gleichbehandlung aller Abgabepflichtigen wird sich die Gemeinde einen ganzen oder auch nur teilweisen Verzicht wohl überlegen müssen und sie wird ihn nur nach gewissenhafter Prüfung des Einzelfalles aussprechen.

Ein öffentliches Interesse an der ganzen oder teilweisen Freistellung könnte z. B. gegeben sein, wenn im Falle der Forderung eines Erschließungsbeitrags ein Krankenhaus, ein Kinderheim, ein Sportplatz u. dgl. nicht gebaut werden könnte. Bei der Würdigung der Frage, ob eine unbillige Härte gegeben ist, werden in der Regel die persönlichen Verhältnisse des Eigentümers (der das Bauvorhaben durchführen will) zu berücksichtigen sein.

Die Gemeinde kann hier ganz oder teilweise „von der Erhebung absehen", d. h. sie kann nach Entstehung der Beitragsschuld vor oder nach der Anforderung von deren Einhebung Abstand nehmen (unter Verständigung des Pflichtigen). Dies wirkt sich wie ein Gebührenerlaß aus.

b) Die Freistellung in Fällen, in denen die Beitragsschuld noch nicht entstanden oder fällig ist (**Satz 2**). Die Gemeinde kann also in einzelnen Fällen auch schon vor Herstellung der Erschließungsanlage oder (im Falle der Kostenspaltung) eines Teils der Anlage die Freistellung von der Beitragspflicht bewilligen. Es müssen aber, wenn dies auch in Satz 2 nicht ausdrücklich bestimmt ist, ebenfalls in diesen Fällen die in Satz 1 genannten Voraussetzungen vorliegen; die Freistellung liegt also nicht im Belieben der Gemeinde, sondern die Ausübung ihres Ermessens ist ihr nur gestattet, wenn die gesetzlich vorgesehenen (Rechts)-Voraussetzungen gegeben sind.

Der Ausdruck „kann vorgesehen werden" dürfte wohl nur bedeuten, daß sich die Gemeinde schon vor Entstehen der Beitragspflicht über die Freistellung schlüssig werden kann (und dem Pflichtigen die Freistellung in Aussicht stellen kann), nicht aber, wie Schütz-Frohberg in Anm. 2 zu § 135 meinen, daß „für die in den Sätzen 1 und 2 enthaltene Handhabung des Abgabenrechts im Einzelfall eine Regelung in der Ortssatzung erforderlich ist".

**5. Rechtsprechung**

a) VG Münster, U vom 28. 5. 1962 (1 K 655/61) KStZ 1963, 63 = DWW 1963, 375.

Eine Stundung nach § 135 Abs. 4 BBauG kann bei landwirtschaftlichen Grundstücken nur erfolgen, wenn eine betriebswirtschaftliche Notwendigkeit besteht, das Grundstück weiter einer landwirtschaftlichen Nutzung zuzuführen. Die Stundung liegt im Ermessen der Gemeinde.

b) VG Düsseldorf, B vom 8. 6. 1962 (5 L 226/62) KStZ 1962, 178 = DWW 1963, 376.

Ein Heranziehungsbescheid bedarf nicht der Rechtsmittelbelehrung über die Rechtsbehelfe des § 80 VwGO (Möglichkeit eines Antrags auf Anordnung der aufschiebenden Wirkung des Heranziehungsbescheids).

c) VG Düsseldorf, U vom 20. 11. 1962 (5 K 380/62) KStZ 1963, 73 = DWW 1963, 373.

Die Anwendung der Billigkeitsvorschrift des § 135 Abs. 5 BBauG liegt im Ermessen der Gemeinde.

# SIEBENTER TEIL

## Ermittlung von Grundstückswerten

### Vorbemerkung

Die Bewertung des für eine Bebauung in Frage kommenden Bodens ist von wesentlicher Bedeutung für den Vollzug der Bauleitplanung. Die Festsetzungen des Bebauungsplans können nur dann verwirklicht werden, wenn es gelingt, durch einen flüssigen und elastischen Bodenmarkt dem Bauwilligen die Möglichkeit zu verschaffen, Bauland zu einem vernünftigen Preis zu erwerben. Das Ziel, Bauland in die Hand des Bauwilligen zu überführen, kann durch die im Enteignungsteil des Gesetzes geschaffenen Möglichkeiten nur in besonderen Ausnahmefällen erreicht werden. Jede Enteignung ist grundsätzlich eine Notlösung, die nur dann angewandt werden darf, wenn alle anderen Mittel versagen. Das Hauptmittel zur Vermeidung von Enteignungen ist ein flüssiger Bodenmarkt. Ein solcher Markt besteht gegenwärtig nicht.

Der Bodenmarkt steht unter besonderen Bedingungen. Für den Kaufwilligen ist es stets schwer, die Situation auf diesem Markt richtig zu beurteilen. Es ist für ihn schwierig, den Preis, bis zu dem er gehen muß, zu ermitteln. Überdies hat der Baubodenmarkt seit mehr als einem Jahrhundert im allgemeinen den

Charakter eines Verkäufermarktes. Die Nachfrage übersteigt das jeweilige Angebot. Die Industrialisierung und die Zunahme der Bevölkerung steigern sich in schnellem Umfang. So kommt es, daß der Verkäufer im allgemeinen auf dem Baubodenmarkt die stärkere Position einnimmt. Seine Stellung auf dem Markt wird nicht selten noch dadurch künstlich verstärkt, daß er sein Angebot zurückhält. Die Wahrnehmung des ständigen Steigens der Bodenpreise kann auch ihrerseits dazu führen, daß die Steigerungstendenz von der Meinung der Marktteilnehmer nach Stärke und Schnelligkeit überschätzt wird.

Seit annähernd 25 Jahren besteht rechtlich kein eigentlicher Baubodenmarkt mehr. Dem Preis ist durch ein Höchstpreissystem seine steuernde Funktion entzogen worden. Das hat zu einer unerwünschten Verringerung des Bodenverkehrs geführt. Soweit trotzdem noch Grundstücke gehandelt wurden, vereinbarten die Partner in zunehmendem Maße Schwarzpreise, oder das Preisrecht wurde nur noch bei groben Abweichungen vom Stopppreis angewendet. Es verlor auf diese Weise mehr und mehr seinen Sinn.

Nach Aufhebung der Preisvorschriften könnten auf einem völlig sich selbst überlassenen Bodenmarkt angesichts der überaus großen Verknappung des Baubodens die Preise über das marktwirtschaftlich angebrachte Maß hinaus bis zu der Höhe steigen, die bei voller Ausnutzung der gegebenen Möglichkeiten erreichbar ist.

Überdies soll nach den Ansichten des Gesetzgebers erreicht werden, daß für die Marktteilnehmer der sie interessierende Markt hinreichend übersichtlich wird. Die Möglichkeit der Marktbeobachtung und das so gewonnene Urteil über den wirklichen Grad der Knappheit des betreffenden Wirtschaftsgutes gehören zu den wesentlichen Vorbedindungen für das gute Funktionieren eines jeden Marktes. Erst wer vergleichen und aus diesem Vergleich Schlüsse über den Wert eines Gegenstandes ziehen kann, wird gegen Übervorteilung geschützt. Aus dieser Erkenntnis hatten vor 80 bis 100 Jahren bereits Württemberg und Bremen die Schätzung von Grundstücken durch amtliche Schätzstellen vorgesehen. Es ist bemerkenswert, daß diese Schätzungen in einer Zeit eingeführt wurden, in der eine Baulandnot in dem heutigen Maße nicht vorlag. In beiden Ländern haben sich die amtlichen Schätzungen des Grund und Bodens bewährt. Es gelang nicht nur, zuverlässige Unterlagen über die Wertverhältnisse der Grundstücke in den einzelnen Gemeinden zu erhalten, sondern die Bevölkerung gewann im allgemeinen auch zu den Schätzstellen Vertrauen. In Preußen wurde im Juni 1918 ein Schätzungsamtsgesetz verabschiedet, durch das ebenfalls die amtliche Grundstücksschätzung eingeführt werden sollte. Infolge der Verhältnisse nach dem ersten Weltkriege unterblieb zwar die Inkraftsetzung dieses Gesetzes, zahlreiche Städte haben trotzdem begutachtende Stellen gebildet, die in erster Linie für Zwecke der Gemeinde tätig werden, meist aber auch Privaten zur Auskunft zur Verfügung standen. In Hessen wurden seit 1952 Schätzungen durch die Ortsgerichte vorgenommen.

Das Gesetz sieht in Anlehnung an die Erfahrungen in diesen Ländern ebenfalls eine amtliche Wertermittlung vor. Es verzichtet auf neue Preisbindungen jeglicher Art, ermöglicht aber den Marktparteien, daß sie sich bei Grundstücksgeschäften zuvor über den nach objektiven Merkmalen ermittelten Verkehrswert des Grundstücks unterrichten können.

Die Unterrichtung der Partner über den Verkehrswert erfolgt durch Gutachterausschüsse, die als kollegiale Einrichtung gebildet werden (Amtl. Begründung zum Siebenten Teil „Grundstücksschätzung").

Die Gutachter sind unabhängig. Die Gutachten haben keine bindende Wirkung, soweit nichts anderes vereinbart ist. Das Gesetz sieht vor, daß die Gutachterausschüsse bei den kreisfreien Städten und den Landkreisen errichtet werden; die Landesregierungen können die Aufgaben der Geschäfsstellen der Gutachterausschüsse vorhandenen kommunalen oder staatlichen Einrichtungen übertragen.

Die Vorschriften des Siebenten Teils über die Ermittlung von Grundstückswerten sind vom Ausschuß gegenüber der Regierungsvorlage wesentlich erweitert worden, namentlich um die Einrichtung, Zusammensetzung und Aufgaben der „Schätzstellen" näher festzulegen. Dabei sind die Begriffe „Schätzung" und „Schätzstellen" durch „Wertermittlung" und „Gutachterausschüsse" ersetzt worden, um klarzustellen, daß es sich nicht nur um die Abgabe subjektiver Meinungsäußerungen handelt, sondern um eine nach objektiven Gesichtspunkten vorgenommene gutachterliche Ermittlung des Grundstückswertes durch unabhängige Ausschüsse. Neu aufgenommen sind ferner Vorschriften über die Anlegung von Kaufpreissammlungen (Bericht des federführenden Ausschusses, zu Drucks. 1794 S. 26).

## § 136

### *Wertermittlung*

**(1) Über den Wert unbebauter und bebauter Grundstücke ist ein Gutachten zu erstatten, wenn**

**1. die Eigentümer, die ihnen gleichstehenden Berechtigten (§ 145 Abs. 2), Nießbraucher sowie Gläubiger einer Hypothek, Grund- oder Rentenschuld,**

**2. die für den Vollzug dieses Gesetzes zuständigen Behörden,**

**3. Gerichte oder**

**4. Kaufbewerber, solange sie mit dem Eigentümer in ernsthaften Verhandlungen stehen,**

**es beantragen. Ausgenommen sind die einer land- oder forstwirtschaftlichen Nutzung vorbehaltenen Grundstücke.**

**(2) Eine Abschrift des Gutachtens ist dem Eigentümer des Grundstücks zu übersenden.**

**1. Allgemeines**

Die Vorschrift besagt, über welche Grundstücke ein Wertermittlungsgutachten erstattet werden kann, welche Grundstücke von der Wertermittlung ausgeschlossen sind und wer antragsberechtigt ist. Von einer allgemeinen Wertermittlungs**pflicht** wurde abgesehen, da hierdurch in zu starkem Umfang in die private Sphäre eingegriffen würde und weil ein zu hoher Verwaltungsaufwand vermieden werden muß. Es ist zu erwarten, daß allein die rechtliche Möglichkeit, eine Wertermittlung verlangen zu können, ausreicht, um die Vertragsparteien in Zweifelsfällen zu veranlassen, von dieser Möglichkeit Gebrauch zu machen.

**2. Die Wertermittlung (Abs. 1)**

a) In Erweiterung der Regierungsvorlage sieht Abs. 1 die Wertermittlung grundsätzlich uneingeschränkt für alle unbebauten und bebauten Grundstücke vor **(Satz 1).** Die Beschränkung auf den Gesamtbaubereich wurde aufgegeben. Das Anliegen, dem die Wertermittlung dienen soll, nämlich den Bodenmarkt zu ordnen und für alle Interessenten übersichtlich zu machen, ist nicht auf bestimmte Teile des Gemeindegebiets beschränkt.

b) Ausgenommen von der Wertermittlung sind die Grundstücke, die einer land- oder forstwirtschaftlichen Nutzung vorbehalten sind; es kann also niemand verlangen, daß über den Wert solcher Grundstücke ein Gutachten erstattet wird **(Satz 2).** Ob ein Grundstück einer land- oder forstwirtschaftlichen Nutzung „vorbehalten" ist, bemißt sich im Bereich eines Bebauungsplans nach dessen Festsetzung, außerhalb eines Bebauungsplans nach der tatsächlichen Nutzung.

c) Die Gutachterausschüsse erstatten ihre Gutachten nur auf Antrag. Die Antragsberechtigten sind in Abs. 1 erschöpfend aufgezählt: Jeder Grundstückseigentümer (ausgenommen die Eigentümer von Grundstücken, die einer land- oder forstwirtschaftlichen Nutzung vorbehalten sind, siehe vorstehende Anmerkung b), die Inhaber von grundstücksgleichen Rechten (z. B. Erbbauberechtigte), Nießbraucher sowie Gläubiger einer Hypothek, Grund- oder Rentenschuld; ferner die für den Vollzug des BBauG zuständigen Behörden (z. B. Gemeinden, soweit sie die Bewertung zum Vollzug dieses Gesetzes benötigen; die höheren Verwaltungsbehörden) und alle Gerichte; endlich auch alle Bewerber um den Kauf eines Grundstücks; letztere Bestimmung ist getroffen worden, um im Interesse der Übersichtlichkeit des Grundstücksmarktes die Informationsmöglichkeiten zu verbessern; allerdings setzt hier (nach einer Empfehlung des Rechtsausschusses) die Erstattung des Gutachtens voraus, daß der Antragsteller noch mit dem Grundeigentümer in ernsthaften Kaufverhandlungen steht. Dies ist vom Gutachterausschuß nachzuprüfen. Sind die Verhandlungen inzwischen abgebrochen, so kann der Eigentümer durch eine entsprechende Mitteilung die Wertermittlung verhindern. Das erscheint notwendig, um unberechtigte Eingriffe in die Rechtsphäre des Eigentümers zu verhindern.

**3. Mitteilung an den Eigentümer (Abs. 2) und Grundsätze bei der Ermittlung**

Die Gutachterausschüsse erstatten ihre Gutachten unverbindlich (§ 142); die Gutachten sind stets dem Eigentümer zu übersenden, gegebenenfalls abschriftlich, wenn der Antragsteller nicht Eigentümer ist.

Wegen der Ermittlung des Verkehrswertes siehe § 141, insbes. Abs. 4.

## § 137

### *Gutachterausschüsse und Geschäftsstellen*

**(1) Die Gutachten werden durch selbständige Gutachterausschüsse erstattet, die bei den kreisfreien Städten und den Landkreisen gebildet werden.**

**(2) Als Geschäftsstelle zur Vorbereitung ihrer Arbeit bedienen sich die Gutachterausschüsse der Verwaltung der Körperschaft, bei der sie gebildet sind. Die Landesregierungen können die Aufgaben der Geschäftsstellen vorhandenen kommunalen oder staatlichen Einrichtungen übertragen.**

**a)** Die Gutachten über den Grundstückswert werden durch selbständige Gutachterausschüsse erstattet, die bei den kreisfreien Städten und den Landkreisen gebildet werden **(Abs. 1).** Das bedeutet zunächst, daß diese Ausschüsse eigene („selbständige") Gremien (Organe) der Gebietskörperschaften, bei denen sie errichtet sind, bilden, daß sie also nicht als Teil dieser weisungsgebundenen Körperschaften tätig werden (vgl. auch § 139 Abs. 1 Satz 2). Sie sind aber keine Körperschaften des öffentlichen Rechts.

Die Gutachterausschüsse benötigen ein erhebliches Erfahrungsmaterial, um zu zuverlässigen Wertermittlungen zu kommen. Ihr Zuständigkeitsbereich darf daher nicht zu klein bemessen werden. Auch ist darauf Rücksicht zu nehmen, daß die Zahl der erfahrenen Gutachter, die für eine Tätigkeit in den Ausschüssen in Betracht kommt, meist nicht sehr groß ist. Es wäre daher nicht zweckmäßig gewesen, von vornherein bei jeder Gemeinde einen Gutachterausschuß einzurichten. Das Gesetz sieht vielmehr im Grundsatz vor, daß die Ausschüsse bei den kreisfreien Städten und den Landkreisen gebildet werden. Dies wird auch im Interesse einer objektiven Betrachtungsweise der zu begutachtenden Fälle und der Ausschaltung von persönlichen Einflüssen dienlich sein.

Eine abweichende Regelung kann nach § 144 Abs. 2 durch die Landesregierungen im Wege einer Rechtsverordnung getroffen werden (Einrichtung der Gutachterausschüsse im Einzelfall bei kreisangehörigen Gemeinden oder bei Gemeindeverbänden, die nach Landesrecht Aufgaben kreisangehöriger Gemeinden wahrnehmen); siehe hierzu § 144 und die dortige Anmerkung.

**b)** Zur Erleichterung ihrer Tätigkeit und im Interesse der Kosteneinsparung besitzen die Gutachterausschüsse keine eigene Geschäftsstelle. Ihre Geschäfte führt vielmehr die Verwaltung der Körperschaft, bei der sie gebildet sind **(Abs. 2 Satz 1).** Diese hat ihr Personal zur technischen Durchführung der Arbeiten, wie Schreibarbeiten, Anlegung und Behandlung der anfallenden Akten, Herbeischaffung der Unterlagen usw., zur Verfügung zu stellen. Dabei können die nach Landesrecht bereits vorhandenen Einrichtungen kommunaler oder staatlicher Art (z. B. Katasterämter) übernommen oder fortgeführt werden. Zu beachten ist also, daß nach dieser Regelung die Gutachterausschüsse und ihre Geschäftsstellen nicht immer bei der gleichen Behörde errichtet sein müssen, daß also z. B. der Ausschuß beim Landkreis errichtet und als Geschäftsstelle eine staatliche Einrichtung tätig sein kann. Vgl. hierzu ebenfalls § 144 und die dortigen Anmerkungen.

**c) Rechtsprechung**

LG Berlin, Kammer f. Baul.Sachen, B vom 16. 9. 1963 (— 18 — O. 18/61 Baul.) BBauBl. 1963, 499 = BBauBl. 1964, 266.

Der Gutachterausschuß für Grundstückswerte kann nicht nach den zivilprozessualen Vorschriften abgelehnt werden.

## § 138
### *Zusammensetzung der Gutachterausschüsse*

**(1) Der Gutachterausschuß besteht aus einem Vorsitzenden und ehrenamtlichen weiteren Gutachtern. Er wird im Einzelfall in der von der Landes-**

**regierung durch Rechtsverordnung nach § 144 bestimmten Besetzung tätig. Der Vorsitzende und die Gutachter dürfen nicht mit der Verwaltung der gemeindeeigenen Grundstücke befaßt sein.**
**(2) Die Gutachter werden von der höheren Verwaltungsbehörde auf vier Jahre bestellt; die Bestellung kann wiederholt werden.**
**(3) Die ehrenamtlichen Gutachter sind verpflichtet, die durch ihre Tätigkeit zu ihrer Kenntnis gelangenden persönlichen und wirtschaftlichen Verhältnisse der Beteiligten geheimzuhalten.**

a) Die Gutachterausschüsse setzen sich aus einem beamteten oder angestellten und in der Regel wohl der Behörde, bei der der Ausschuß errichtet ist, angehörenden Vorsitzenden und mehreren ehrenamtlichen Gutachtern zusammen (**Abs. 1**). Wegen der Qualifikation der Mitglieder der Ausschüsse siehe § 139 Abs. 2. In welcher zahlenmäßigen Besetzung die Ausschüsse zu entscheiden haben, ist durch die Landesregierung in einer Rechtsverordnung nach § 144 zu bestimmen (siehe bei § 144). Hierfür war vor allem maßgebend, daß in verschiedenen Ländern bereits „Schätzstellen" arbeiten und daß es untunlich wäre, durch eine verbindliche bundesrechtliche Regelung von Organisation und Verfahren Änderungen in der bisherigen Arbeitsweise dieser Stellen herbeizuführen.

Die Beteiligung von ehrenamtlichen Gutachtern soll die Unabhängigkeit des Ausschusses stärken und das Vertrauen der Bevölkerung auf eine unparteiische Gutachtertätigkeit erhöhen.

Zur Vermeidung von Interessenkollisionen (vgl. § 136 Abs. 1, bes. Nr. 2) ist ferner vorgeschrieben, daß weder der Vorsitzende noch die weiteren Gutachter mit der Verwaltung der gemeindeeigenen Grundstücke befaßt sein dürfen. Unzulässig wäre es daher (und würde die Tätigkeit des Ausschusses fehlerhaft machen), wenn in dem bei einer Gemeinde gebildeten Ausschuß Beamte oder Angestellte des gemeindlichen Liegenschaftsamtes tätig wären.

b) Die Bestellung der Gutachter obliegt nach **Abs. 2** grundsätzlich der höheren Verwaltungsbehörde (vgl. aber wegen der Übertragung auf eine andere staatliche Behörde § 147 Abs. 2, ferner § 148 Abs. 2). Die Bestellung geschieht auf Zeit, nämlich auf vier Jahre, Wiederbestellung (im Falle der Bewährung) ist möglich. Es ist darauf zu sehen, daß eine genügende Anzahl von Stellvertretern bestimmt wird.

c) Die für die ehrenamtlichen Gutachter normierte Geheimhaltungspflicht (**Abs. 3**) entspricht der gleichen Verpflichtung des Vorsitzenden auf Grund allgemeiner beamtenrechtlicher Vorschriften.

Im übrigen vgl. hierzu § 144 und die dortigen Anm.

**d) Rechtsprechung**

VG München, U vom 8. 10. 1964 (Nr. 8403/63) (nicht veröffentlicht).

Die Aufgabe eines städtischen Beamten, bei Bedarf Grundstücke, die der Stadt gehören oder die die Stadt erwerben will, zu bewerten, ist ein Teil der Verwaltung der gemeindeeigenen Grundstücke i. S. des § 138 Abs. 1 S. 3 BBauG.

## § 139
*Unabhängigkeit und Sachkunde*

**(1) Die Gutachter haben ihr Gutachten nach bestem Wissen und Gewissen abzugeben und zu begründen. Sie sind an Weisungen nicht gebunden.**

**(2) Zu Gutachtern dürfen nur Personen bestellt werden, die in der Bewertung von Grundstücken erfahren sind. Unter ihnen sollen sich Personen mit besonderer Sachkunde für die verschiedenen Grundstücksarten und Gebietsteile der kreisfreien Stadt oder des Landkreises befinden.**

**(3) Ein Gutachter ist von der Mitwirkung ausgeschlossen, wenn er an dem Grundstück wirtschaftlich interessiert ist. Das gleiche gilt, wenn der Ausschließungsgrund bei dem Ehegatten oder bei einer Person vorliegt, mit welcher der Auszuschließende in gerader Linie verwandt oder verschwägert, in der Seitenlinie bis zum dritten Grade verwandt oder bis zum zweiten Grade verschwägert oder durch Adoption verbunden oder deren gesetzlicher Vertreter oder Bevollmächtigter er ist. Ein Gutachter ist von der Mitwirkung auch ausgeschlossen, wenn er in anderer als öffentlicher Eigenschaft entweder in der Angelegenheit ein Gutachten abgegeben hat oder sonst tätig geworden ist oder bei jemandem beschäftigt ist, der an dem Ergebnis des Gutachtens ein persönliches oder wirtschaftliches Interesse hat.**

**a)** Voraussetzung für eine wirkungsvolle und von der Öffentlichkeit anerkannte Arbeit der Gutachterausschüsse ist, daß die Gutachter bei ihrer Tätigkeit völlig unabhängig, also nicht an Weisungen gebunden sind **(Abs. 1)**. Sie sind durch das Gesetz gehalten, ihre Gutachten „nach bestem Wissen und Gewissen" abzugeben; irgendwelche persönlichen oder fiskalischen Interessen dürfen also keine Rolle spielen. Die Gutachten werden in gemeinsamer Arbeit erstellt. Es wird zweckmäßig sein, jeweils einen Sachbearbeiter für den Einzelfall aufzustellen; die Entscheidung über das Gutachten wird in geheimer Beratung zu fällen sein. Einzelheiten können in der Rechtsverordnung der Landesregierung (§ 144) geregelt werden.

**b)** Ebenfalls der wirkungsvollen Arbeit und Förderung des Ansehens der Ausschüsse in der Öffentlichkeit dient die Bestimmung, daß zu Gutachtern nur s a c h k u n d i g e Personen bestellt werden dürfen **(Abs. 2)**. Voraussetzung für diese Sachkunde wird sein, daß der Gutachter ein bestimmtes Mindestalter hat, daß er schon einige Zeit auf dem Gebiet der Bewertung von Grundstücken tätig war, also hierin schon eine gewisse Erfahrung hat und daß er die Fähigkeit besitzt, seine Gutachten in gewandter, allgemein verständlicher Weise zu erstatten. Da für eine Reihe von Grundstücksarten (landwirtschaftliche oder forstwirtschaftliche oder zu Bebauung mit einem Wohnhaus oder einem Industrieunternehmen in Frage kommende Grundstücke), sowie auch je nach Lage der Grundstücke (städtische Grundstücke, verkehrsferne Grundstücke) verschiedene Bewertungsmaßstäbe in Frage kommen werden, erscheint es angezeigt, in die Gutachterausschüsse auch Personen mit besonderer Sachkunde für die verschiedenen Grundstücksarten und Teile der Gebietskörperschaft, bei der der Ausschuß gebildet ist, aufzunehmen.

c) Im Hinblick auf die Beteiligung ehrenamtlicher Gutachter, die bei Abgabe eines Gutachtens möglicherweise in eine Interessenkollision kommen können, führt **Abs. 3** eine Reihe von Ausschließungsgründen an. Eine solche Interessenkollision kommt in Frage,

**aa)** wenn ein Gutachter (oder eine sonstige ihm im Rahmen des Abs. 3 nahestehende Person) „an dem Grundstück wirtschaftlich interessiert ist", d. h. vor allem, wenn er als Eigentümer oder Käufer oder sonstiger an dem Grundstück Berechtigter — Hypothekengläubiger, Vorkaufsberechtigter usw. — in Frage kommt,

**bb)** wenn ein Gutachter „in der Angelegenheit", d. h. hinsichtlich der Bewertung des in Frage kommenden Grundstücks, bereits einmal ein Privatgutachten abgegeben hat, oder „sonst tätig geworden ist", d. h. etwa als Grundstücksmakler aufgetreten ist,

**cc)** wenn ein Gutachter bei jemanden beschäftigt ist, der an dem Ergebnis des Gutachtens ein persönliches oder wirtschaftliches Interesse hat (z. B. als Angestellter des Grundstückseigentümers oder des in Frage kommenden Käufers oder Enteignungsbegünstigten).

## § 140
### *Auskunfts- und Vorlagepflicht*

**(1) Der Gutachterausschuß kann die mündliche oder schriftliche Befragung von Sachverständigen sowie von Personen anordnen, die Auskünfte über das Grundstück geben können. Er kann verlangen, daß Eigentümer und sonstige Inhaber von Rechten an dem Grundstück die zur Begutachtung notwendigen Unterlagen vorlegen. Der Eigentümer und der Besitzer des Grundstücks haben zu dulden, daß das Grundstück zur Vorbereitung der Begutachtung betreten wird. Wohnungen dürfen nur mit Zustimmung der Wohnungsinhaber betreten werden.**

**(2) Alle Gerichte und Behörden haben dem Gutachterausschuß Rechts- und Amtshilfe zu leisten.**

Um zuverlässige Unterlagen für die Wertermittlung zu bekommen, ist es notwendig, eine gesetzliche Auskunfts- und Vorlagepflicht gegenüber dem Gutachterausschuß für alle Personen festzulegen, die sachdienliche Angaben über die Grundstücke machen können oder maßgebliche Urkunden in ihrem Besitz haben. Aus demselben Grund haben Eigentümer und Besitzer die Besichtigung des Grundstücks zum Zwecke der Begutachtung zu dulden; dabei dürfen jedoch Wohnungen nur mit Zustimmung des Wohnungsinhabers betreten werden. Die Leistung von Rechts- und Amtshilfe gegenüber dem Gutachterausschuß entspricht allgemeinen Grundsätzen.

## § 141
### *Verkehrswert*

**(1) Der Gutachterausschuß ermittelt den gemeinen Wert (Verkehrswert).**

**(2) Der Verkehrswert wird durch den Preis bestimmt, der in dem Zeitpunkt,**

**auf den sich die Ermittlung bezieht, im gewöhnlichen Geschäftsverkehr nach den Eigenschaften, der sonstigen Beschaffenheit und der Lage des Grundstücks ohne Rücksicht auf ungewöhnliche oder persönliche Verhältnisse zu erzielen wäre.**

**(3) Bei bebauten Grundstücken ist der Verkehrswert des Bodenanteils und der Bauteile getrennt zu ermitteln, wenn dies auf Grund von Vergleichspreisen möglich ist; sie sind im Gutachten gesondert anzugeben.**

**(4) Die Bundesregierung wird ermächtigt, mit Zustimmung des Bundesrates durch Rechtsverordnung Vorschriften zu erlassen, um die Anwendung gleicher Grundsätze bei der Ermittlung der Verkehrswerte zu sichern.**

**1. Verkehrswert (Abs. 1)**

**a)** Das Ziel der Ermittlungen des Gutachterausschusses ist es, den „gemeinen Wert (Verkehrswert)" eines Grundstücks festzustellen. Beide Begriffe (gemeiner Wert und Verkehrswert), die hier gleichwertig nebeneinander stehen, sind übernommen von anderen Gesetzen:

§ 10 Abs. 2 des Bewertungsgesetzes vom 16. Oktober 1934 (RGBl. I S. 1035) i. d. F. vom 16. Januar 1952 (BGBl. I S. 22) lautet:

„Der gemeine Wert wird durch den Preis bestimmt, der im gewöhnlichen Geschäftsverkehr nach der Beschaffenheit des Wirtschaftsgutes bei der Veräußerung zu erzielen wäre. Dabei sind alle Umstände, die den Preis beeinflussen, zu beseitigen. Ungewöhnliche oder persönliche Verhältnisse sind nicht zu berücksichtigen."

§ 74 a Abs. 5 des Zwangsversteigerungsgesetzes vom 24. März 1897 (RGBl. S. 97) in der Fassung vom 20. August 1953 (BGBl. I S. 952) spricht vom „Grundstückswert (Verkehrswert)".

**b)** Durch die Wahl des Wortes „Verkehrswert" soll betont werden, daß es sich hier um einen *individuellen* Wert handelt, der keine Beziehung zu einer Steuerbemessungsgrundlage hat. Der nach den Vorschriften des Bewertungsgesetzes zu berechnende Einheitswert ist hier nicht brauchbar, weil er wesentliche Bewertungselemente enthält, die lediglich eine Steuerbemessungsgrundlage mit dem Ziele einer gerechten Besteuerung bilden sollen. Hinzu kommt, daß die Feststellung der Einheitswerte häufig summarisch erfolgt (Stichtagsbewertung, Massenbewertung), während für die Ermittlung des Grundstückswertes nach dem BBauG eine auf den einzelnen Fall abgestellte (individuelle) Festsetzung nicht zu entbehren ist.

**2. Ermittlung des Verkehrswerts (Abs. 2 u. 3)**

Abs. 2 und 3 bringen Vorschriften über die Art und Weise der *Ermittlung des Verkehrswerts.*

**a)** Entscheidend für die Ermittlung des Verkehrswerts ist zunächst „der Zeitpunkt, auf den sich die Ermittlung bezieht"; das bedeutet wohl, daß maßgebend der Zeitpunkt ist, an dem die Ermittlungen abgeschlossen sind und das Gutachten fertiggestellt (datiert) ist. Ein früherer Zeitpunkt, z. B. der Beginn der Ermittlungen, dürfte nicht in Frage kommen, da nicht abzusehen ist, wie lange sich das Verfahren bis zur Fertigung des Gutachtens hinzieht.

b) Weiter ist maßgebend der Preis, der in dem unter a) genannten Zeitpunkt im gewöhnlichen Geschäftsverkehr, d. h. also im freien Handel, erzielt werden kann. Als wertbestimmende Faktoren bezüglich der Wertermittlung eines Grundstücks sind angeführt dessen „Eigenschaften" (Nutzungsart, Ertragsfähigkeit), dessen „sonstige Beschaffenheit" (ebenes, felsiges, sumpfiges Grundstück, Hanggrundstück) und dessen „Lage" (Verkehrsnähe, Nähe eines großen Industriewerks oder einer Villensiedlung).

Nicht zu berücksichtigen sind bei der Ermittlung „ungewöhnliche oder persönliche Verhältnisse". Als ungewöhnliche Verhältnisse können z. B. in Frage kommen besondere Schwierigkeiten bei der Herrichtung eines Grundstücks für den beabsichtigten Bau, die in der bisherigen Bebauung des Grundstücks begründet liegen, oder Belastungen eines Grundstücks; persönliche Verhältnisse, die den Grundstückswert beeinflussen, liegen vor, wenn ein Grundstück für den Verkäufer oder den Käufer aus einem persönlichen Grund einen besonders hohen (Liebhaberwert) oder geringen Wert hat (so etwa ein besonders geringer Wertanschlag bei Verwandtenkauf oder bei Notverkauf, ein besonders hoher Wert, wenn der Käufer das Grundstück unbedingt zu Geschäftszwecken benötigt).

c) Bei bebauten Grundstücken ist, wenn das Vorliegen von Vergleichspreisen die Möglichkeit dazu gibt, der Verkehrswert des Bodenanteils getrennt von dem Verkehrswert der Bauteile zu ermitteln.

**3. Vorschriften über die Grundsätze bei der Wertermittlung (Abs. 4)**

Ein Antrag, in Ergänzung des Abs. 2 ausdrücklich zu bestimmen, daß zu den ungewöhnlichen Verhältnissen, die bei der Ermittlung des Verkehrswerts außer Betracht bleiben müssen, auch solche Preise gehören, die am Grundstücksmarkt erzielt werden können, weil keine anderen geeigneten Grundstücke angeboten werden können, wurde von der Mehrheit des federführenden Ausschusses als entbehrlich abgelehnt; es wurde die Meinung vertreten, es sei nach den bisher entwickelten Grundsätzen in der Praxis ausreichend geklärt, wann die Marktverhältnisse so außergewöhnlich seien, daß sie bei der Ermittlung des Verkehrswerts keine Berücksichtigung finden könnten. Ebenso war der Ausschuß der Auffassung, daß eine Bestimmung darüber, nach welchen Gesichtspunkten im einzelnen der Verkehrswert zu ermitteln sei, nicht im Gesetz getroffen werden sollte, weil sich keine verbindlichen Regelungen für ihre Anwendung aufstellen ließen. Der Ausschuß ging damit von der Regierungsvorlage ab, die in § 163 Abs. 3 (E) vorgesehen hatte, daß bei der Wertermittlung auszugehen sei:

„1. Von dem im gewöhnlichen Geschäftsverkehr für Grundstücke in gleicher oder gleichwertiger Lage und Nutzungsmöglichkeit gezahlten Kaufpreis (Vergleichspreis),

2. von dem Ertrag, der auf Grund der dauernden Eigenschaften des Grundstücks bei ordnungsmäßiger Bewirtschaftung von jedem Besitzer unter den gegenwärtigen Ertragsverhältnissen und den in der übersehbaren Zukunft zu erwartenden Ertragsänderungen nachhaltig erzielt werden kann. Hat der Ertrag für den Wert bebauter Grundstücke verkehrsüblich keine wesentliche Bedeutung, so soll er zurücktreten und der Sachwert berücksichtigt werden."

Statt dieser einzelnen, nicht in das Gesetz aufgenommenen Vorschriften wurde die Bundesregierung ermächtigt, mit Zustimmung des Bundesrats durch Rechtsverordnung Vorschriften zu erlassen, um die Anwendung gleicher Grundsätze bei der Ermittlung der Verkehrswerte zu sichern. Die Streichung der oben genannten Richtlinien für die Bewertung besagt aber nicht, daß die ihnen zugrunde liegenden Erwägungen nicht bei der Wertermittlung durch die Gutachterausschüsse herangezogen werden dürfen. Denn auch die „Vorschriften" der Bundesregierung können nur allgemeine Richtlinien für die Arbeit der Gutachterausschüsse, nicht ins einzelne gehende bindende Vorschriften enthalten.

Die Rechtsverordnung der Bundesregierung ist am 7. 8. 1961 (BGBl. I S. 1183) erlassen worden (siehe Teil II).

**4. Rechtsprechung**

a) BGH, U vom 13. 12. 1964 (III ZR 164/61) DVBl. 1963, 625; ZMR 1964, 15 = Verw.Rspr. 15, S. 967 Nr. 290.

Zur Frage der Einwirkung von vorbereitenden und von rechtsverbindlichen Bauleitplänen auf den Verkehrswert von Grundstücken, die zur Zeit der Enteignung noch landwirtschaftlich genutzt werden.

b) VG und andere Gerichte

1. VG München, U vom 8. 10. 1964 (Nr. 8403/63) (nicht veröffentlicht).

Zur Grundstücksbewertungsmethode.

2. VG München, U vom 8. 10. 1964 (Nr. 8403/63) (nicht veröffentlicht).

Die Aufteilung eines Grundstückes in Vorgarten, Vorderplatzzone und Rückplatzzone ist eine Aufgliederung unter Berücksichtigung der Art und des Maßes der baulichen Nutzung, wie sie in § 5 der VO über Grundsätze für die Ermittlung des Verkehrswertes von Grundstücken vom 7. 8. 1961 (BGBl. I S. 1183) verlangt ist.

**5. Schrifttum**

Brückner, Der Verkehrswert im Bundesbaugesetz, NJW 1960, 2039,

Brügelmann, Die Ermittlung von Grundstückswerten nach dem Bundesbaugesetz, DÖV 1961, 595,

Dittus, Die Ermittlung von Grundstückswerten nach dem Bundesbaugesetz, Bauwelt 1960, 1384,

Jung, Die Ermittlung des Verkehrswerts von Grundstücken nach dem Bundesbaugesetz, BB 1961, 587,

Just-Brückner, Der Verkehrswert von Grundstücken nach der Verordnung zum BBauG, NJW 1961, 1854,

Just-Brückner, Verkehrswert von Grundstücken gemäß Bundesbaugesetz, Werner-Verlag, Düsseldorf,

Maury, Das Verhältnis des Entschädigungswertes zum Verkehrswert nach § 95 Abs. 2 Nr. 1 u. 2 BBauG, NJW 1964, 2048,

Runge, Enteignungen und Entschädigungen nach dem Bundesbaugesetz, Bau-Wirtschafts-Blatt 1961, 3.

## § 142
*Wirkung der Gutachten*

**Die Gutachten haben keine bindende Wirkung, soweit nichts anderes vereinbart wird.**

Die Wertermittlung bezweckt die Aufklärung der Vertragsparteien über den Verkehrswert des in Frage kommenden Grundstücks. Um das marktwirtschaftliche Prinzip auch auf dem Gebiet des Bodenmarktes weitgehend durchzuführen, mußte selbstverständlich davon abgesehen werden, den Gutachten der Gutachterausschüsse eine bindende Wirkung beizulegen. Den Parteien bleibt es aber unbenommen, die Bindung des Gutachtens für sich persönlich zu vereinbaren.

Die Festlegung eines Anspruchs auf Auskunfterteilung durch die Ausschüsse über das Ergebnis der Wertermittlung für jeden, der ein berechtigtes Interesse dartut (§ 162 Abs. 2 E) ist im Hinblick auf die Bedenken des Bundesrats im ersten Durchgang fallengelassen worden.

## § 143
*Kaufpreissammlungen, Richtwerte und Übersichten*

**(1) Jeder Vertrag, durch den sich jemand verpflichtet, das Eigentum an einem Grundstück gegen Entgelt zu übertragen, ist von der beurkundenden Stelle in Abschrift dem Gutachterausschuß zu übersenden.**

**(2) Bei den Geschäftsstellen der Gutachterausschüsse sind Kaufpreissammlungen einzurichten und zu führen. Soweit ungewöhnliche oder persönliche Verhältnisse die Höhe der vereinbarten Kaufpreise beeinflußt haben, sind die Kaufpreise insoweit berichtigt in die Sammlungen aufzunehmen oder in ihnen nicht zu berücksichtigen.**

**(3) Auf Grund der Kaufpreissammlungen sind für die einzelnen Teile des Gemeindegebietes oder für das gesamte Gemeindegebiet durchschnittliche Lagewerte (Richtwerte) zu ermitteln. Dabei sind solche Grundstücke, die nach Beschaffenheit, Lage oder Zweckbestimmung besondere preisbestimmende Merkmale haben, gesondert zu berücksichtigen.**

**(4) Die Richtwerte sind in regelmäßigen Abständen ortsüblich in der Gemeinde bekanntzumachen und der höheren Verwaltungsbehörde mitzuteilen. Sie sind von der höheren Verwaltungsbehörde in Übersichten zusammenzustellen. Die Landesregierungen können anordnen, daß die Übersichten veröffentlicht werden.**

**(5) Jedermann kann von der Geschäftsstelle des Gutachterausschusses Auskunft über die Richtwerte und von der höheren Verwaltungsbehörde Auskunft über den Inhalt der Übersichten verlangen.**

**(6) Die Bundesregierung wird ermächtigt, mit Zustimmung des Bundesrates durch Rechtsverordnung zu bestimmen, daß die in Absatz 4 genannten Übersichten für die Länder und das Bundesgebiet zusammengefaßt und veröffentlicht werden und in welcher Weise dies zu geschehen hat.**

**a)** Die Vorschrift des **Abs. 1** bringt den Stellen, die Verträge beurkunden, durch die sich jemand verpflichtet, das Eigentum an einem Grundstück gegen Entgelt zu übertragen (also vor allem Notaren und Grundbuchämtern), eine erhebliche zusätzliche Belastung. Sie müssen von jedem solchen Vertrag eine Abschrift „dem Gutachterausschuß" übersenden. In Frage kommt hier wohl der Gutachterausschuß, der bei der Körperschaft (kreisfreie Stadt oder Landkreis) gebildet ist, in deren Bereich das Grundstück liegt, für das die Rechtsänderung beurkundet wird.

Der Mitteilungspflicht unterliegen zwar nur Verpflichtungsverträge, nach denen das Eigentum gegen Entgelt übertragen werden soll (also nicht Schenkungs- und Erbverträge). Trotzdem wird die Zahl der den Gutachterausschüssen zuzuleitenden Verträge noch sehr groß sein.

Die Bestimmung ist im übrigen nicht ganz unbedenklich, da die Offenbarungspflicht der beurkundenden Stellen hier sehr weit geht.

**b)** Der Übersichtlichkeit des Grundstücksmarktes sollen neben den Einzelgutachten allgemeine Kaufpreissammlungen dienen, die bei den Geschäftsstellen der Gutachterausschüsse anzulegen sind **(Abs. 2)**. Grundlage dieser Sammlungen sind die im Zuständigkeitsbereich der Gutachterausschüsse abgeschlossenen Grundstückskaufverträge, die ihnen abschriftlich mitzuteilen sind (s. oben Anmerkung 1). Soweit aus den den Ausschüssen zugänglichen Unterlagen (vgl. auch § 140) hervorgeht, daß die Höhe des vereinbarten Kaufpreises durch ungewöhnliche oder persönliche Verhältnisse beeinflußt wurde (vgl. § 141 Abs. 2 und Anm. 2 b zu § 141), sind diese Kaufpreise entweder überhaupt nicht oder nur „berichtigt" (d. h. unter Angabe des Normalpreises) in die Sammlung aufzunehmen.

Die Einrichtung und Führung der Kaufpreissammlung wird von der Praxis im allgemeinen für wertlos gehalten, weil die vom Gesetzgeber angestrebten Zwecke nicht oder nur unvollständig erreicht werden. Den mit der Führung der Kaufpreissammlung befaßten Dienststellen entstehen aber andererseits hohe Kosten und vor allem ein beträchtlicher Verwaltungsaufwand. Aus Kreisen der Praxis wird daher das Verlangen laut, die Bestimmungen des BBauG über die Kaufpreissammlung zu beseitigen (vgl. Rundschreiben des Landkreisverbands Bayern Nr. 5/65 vom 12. 2. 1965).

**c)** Aus den Kaufpreissammlungen sind (durch die Gutachterausschüsse) für das Gemeindegebiet (oder Teile davon) Richtwerte aufzustellen **(Abs. 3)**, die in regelmäßigen Abständen (etwa jedes Jahr einmal) ortsüblich bekanntzumachen (vgl. Anm. 5 c zu § 2), der höheren Verwaltungsbehörde (vgl. aber § 147 Abs. 2) mitzuteilen und von dieser in Übersichten zusammenzufassen sind und veröffentlicht werden können **(Abs. 4)**. Damit wird zugleich ermöglicht, die Richtwerte auch für überörtliche Zwecke, vor allem für die Landesplanung, nutzbar zu machen.

**d)** Um jedermann eine zuverlässige Unterrichtung über die gebietlich maßgebenden Kaufpreise und die festgestellten Richtwerte zu ermöglichen, ist ein Anspruch auf Auskunftserteilung vorgesehen **(Abs. 5)**.

## § 144
*Organisation und Verfahren*

**(1) Die Einzelheiten der Organisation, des Verfahrens sowie der Aufbringung der Kosten der Gutachterausschüsse und ihrer Geschäftsstellen werden von den Landesregierungen durch Rechtsverordnung geregelt. In der Rechtsverordnung sind insbesondere zu regeln**

1. **die Auswahl und Zahl der Gutachter, die im Einzelfall mitwirken;**
2. **die Voraussetzungen, unter denen ein Gutachter vorzeitig abberufen werden kann;**
3. **die Anlegung der Kaufpreissammlungen und ihre Führung, insbesondere auch die Beschaffung der Unterlagen für die zurückliegende Zeit;**
4. **die Berichtigung der Kaufpreise für die Kaufpreissammlung, die Ermittlung der Richtwerte und die Anlage der Übersichten nach § 143 Abs. 4;**
5. **die Entschädigung für die ehrenamtlichen Mitglieder des Gutachterausschusses;**
6. **die Gebührenerhebung.**

**(2) Die Landesregierungen können durch Rechtsverordnung bestimmen, daß die Gutachterausschüsse allgemein oder im Einzelfall bei kreisangehörigen Gemeinden oder bei Gemeindeverbänden eingerichtet werden, die nach Landesrecht Aufgaben kreisangehöriger Gemeinden wahrnehmen.**

Soweit die Einrichtung über das Verfahren der Gutachterausschüsse, sowie die Anlegung der Kaufpreissammlungen und Richtwertübersichten nicht schon im Gesetz festgelegt sind, haben die Landesregierungen die näheren Einzelheiten dazu durch Rechtsverordnung zu regeln. Nach der Aufzählung in **Abs. 1**, die nicht erschöpfend ist, verbleibt den Ländern noch ein weites Gebiet für die Regelung durch Landesrecht; besonders wichtig sind die Bestimmungen über die Kostenverteilung (Beteiligung von Ländern, Landkreisen und Gemeinden), über den Sitz der Gutachterausschüsse (§ 137 Abs. 1, § 144 **Abs. 2**), über die Zahl der Gutachter und die Voraussetzungen und das Verfahren für ihre Berufung, sowie die Gebührenregelung. Hinsichtlich der Ländervorschriften ist hier vor allem auf die im Anhang (III) unter A genannten, zum Teil eingehenden Durchführungsbestimmungen hinzuweisen:

# ACHTER TEIL

## Allgemeine Vorschriften; Verwaltungsverfahren

### Vorbemerkung

Der federführende Ausschuß war übereinstimmend der Auffassung, daß in das Gesetz nur diejenigen verfahrensrechtlichen Vorschriften aufgenommen werden sollten, die zur Durchführung des Gesetzes unbedingt notwendig sind. Hierbei war die Erwägung maßgebend, daß es nicht wünschenswert ist, der Entwicklung der allgemeinen Grundsätze des Verwaltungsrechts dadurch vorzugreifen, daß bei der gesetzlichen Regelung jeder verwaltungsrechtlichen Materie besondere Vorschriften über das Verwaltungsverfahren erlassen werden. Andrerseits mußte berücksichtigt werden, daß es eben infolge des Fehlens eines normativ geregelten allgemeinen Teils des Verwaltungsrechts zur Zeit notwendig ist, in jedem Gesetz, dessen Durchführung ein allgemeines Verwaltungsverfahren notwendig macht, die unumgänglich erforderlichen einschlägigen Vorschriften aufzuführen. Aus dieser Erwägung heraus haben auch andere Gesetze, z. B. das FlurbG in den §§ 109 ff., solche Vorschriften aufgenommen.

Der Neunte und der Zehnte Teil der Regierungsvorlage wurden in dem vorliegenden Achten Teil zusammengefaßt, der nur die allgemeinen Vorschriften, die für die Anwendung des Gesetzes erforderlich sind, sowie die notwendigen Vorschriften über das Verwaltungsverfahren enthält.

## § 145

*Grundstücke; Rechte an Grundstücken*

**(1) Die für Grundstücke geltenden Vorschriften dieses Gesetzes gelten sinngemäß auch für Grundstücksteile.**

**(2) Die für das Eigentum an Grundstücken bestehenden Vorschriften gelten, soweit dieses Gesetz nichts anderes vorschreibt, sinngemäß auch für grundstücksgleiche Rechte.**

Die materiellen Vorschriften des Gesetzes sind ihrer Fassung nach auf „Grundstücke" bezogen. Da sie aber auch auf Grundstücksteile Anwendung finden, wäre es notwendig gewesen, in allen Vorschriften, in denen von Grundstücken die Rede ist, auch Grundstücksteile zu erwähnen. Um diese sprachliche Schwerfälligkeit zu vermeiden, erschien es sachdienlich, in den „Allgemeinen Vorschriften" generell zu bestimmen, daß die Grundstücksteile wie Grundstücke zu behandeln sind **(Abs. 1)**.

Aus den gleichen Gründen empfahl es sich, eine generelle Vorschrift zu schaffen, nach der die grundstücksgleichen Rechte den für das Eigentum an Grundstücken aufgestellten Vorschriften unterworfen werden **(Abs. 2)**. In den Fällen, in denen eine Ausnahme von diesem Grundsatz gemacht werden soll, muß dies in den einzelnen Bestimmungen des Gesetzes besonders gesagt sein.

Als grundstücksgleiches Recht kommt insbesondere das Erbbaurecht im Sinne der Verordnung vom 15. Januar 1919 (RGBl. S. 72, 122) in Betracht.

## § 146

*Begriff der Landwirtschaft*

**Landwirtschaft im Sinne dieses Gesetzes ist insbesondere der Ackerbau, die Wiesen- und Weidewirtschaft, der Erwerbsgartenbau, der Erwerbsobstbau und der Weinbau.**

Im Interesse der redaktionellen Vereinfachung erschien es zweckmäßig, eine allgemeine Definition des Begriffs „Landwirtschaft" zu geben, um in den einzelnen Vorschriften eine wiederholte Aufzählung der einzelnen zur Landwirtschaft in diesem Sinn zu rechnenden Erwerbszweige zu vermeiden. Die Begriffsbestimmung lehnt sich an § 1 Abs. 2 des Entwurfs eines Grundstücksverkehrsgesetzes (Drucks. des 3. BT Nr. 119) an.

Die „Forstwirtschaft" ist nicht genannt, doch ist das kein Beweis dafür, daß sie nicht unter den Begriff der Landwirtschaft fallen kann, da die Aufzählung in § 146 (vgl. das Wort „insbesondere") nicht vollständig ist.

Zum Begriff des land- und forstwirtschaftlichen Grundbesitzes vgl. Haegele, Die Beschränkungen im Grundstücksverkehr, Erster Teil, 1. Abschnitt.

## § 147
### *Abweichende Zuständigkeitsregelung*

**(1) Die zuständige Oberste Landesbehörde kann im Einvernehmen mit der Gemeinde bestimmen, daß die nach diesem Gesetz der Gemeinde obliegenden Aufgaben auf eine andere Gebietskörperschaft übertragen werden oder auf einen Verband, an dessen Willensbildung die Gemeinde mitwirkt.**
**(2) Die Landesregierungen können durch Rechtsverordnung die nach diesem Gesetz der höheren Verwaltungsbehörde zugewiesenen Aufgaben auf eine andere staatliche Behörde übertragen. Die Aufgaben der höheren Verwaltungsbehörde nach dem Fünften Teil dieses Gesetzes dürfen auf eine ihr nachgeordnete staatliche Behörde nicht übertragen werden.**

a) Der federführende Bundestagsausschuß hat dem Vorschlag des Bundesrats, den Ländern die Möglichkeit zu geben, die den Gemeinden nach dem BBauG obliegenden Aufgaben allgemein auf andere Gebietskörperschaften zu übertragen, nicht entsprochen. Gegen eine so weitgehende Delegationsmöglichkeit hatte der Ausschuß im Hinblick auf Art. 28 Abs. 2 GG verfassungsrechtliche Bedenken. Andrerseits hat der Ausschuß nicht verkannt, daß im Einzelfall durchaus ein Bedürfnis bestehen kann, die Befugnisse der Gemeinde ganz oder teilweise durch eine andere Stelle wahrnehmen zu lassen (z. B. wenn eine Gemeinde im Hinblick auf ihre personellen Verhältnisse nicht in der Lage ist, einzelne Aufgaben, wie Planungen, zu erfüllen, oder wenn die Gemeinde gar keine einschlägigen Aufgaben bewältigen kann). Da in einem solchen Fall die Planungshoheit der Gemeinde berührt sein kann, wurde sichergestellt, daß die Übertragung der Zuständigkeit nur im Einvernehmen mit der Gemeinde verfügt werden kann. Wenn dieses Einvernehmen nicht zu erreichen ist, kann die Übertragung nicht stattfinden **(Abs. 1)**.

Die Aufgaben können ganz oder teilweise übertragen werden. Die Vorschrift gibt der obersten Landesbehörde nicht nur die Möglichkeit der Übertragung der Aufgaben auf eine andere Gebietskörperschaft (z. B. Gemeindeverband — Landkreis —), sondern auch auf andere Verbände, an deren Willensbildung die Gemeinde mitwirkt, z. B. auf Planungsverbände (§ 4). Eine solche Übertragung kann vor allem unter dem Gesichtspunkt der überörtlichen Planung eine bedeutende Rolle spielen. Auch Zweckverbände kommen hier in Frage.

Aufgaben, bei denen eine Übertragung in Betracht gezogen werden kann, sind enthalten in §§ 2, 14, 19 Abs. 4, 24 bis 27, 31, 36, 46 ff., 123 ff.

b) Mit **Abs. 2** hat der federführende Ausschuß dem Wunsch des Bundesrats

Rechnung getragen, daß die Landesregierungen entsprechend den jeweiligen Bedürfnissen ihres Landes die zuständigen Verwaltungsbehörden selbst bestimmen und die der höheren Verwaltungsbehörde gesetzlich zugewiesenen Aufgaben auf andere staatliche Behörden (also auch auf untere Verwaltungsbehörden — soweit diese staatlich sind — oder auf die Oberste Landesbehörde) übertragen können. Erforderlich ist eine Rechtsverordnung der Landesregierung; die Oberste Landesbehörde ist (anders wie in Abs. 1) nicht zuständig.

Eine Sonderregelung erschien für die Enteignungsbehörde entsprechend dem bisherigen Recht erforderlich; für die Fälle des Fünften Teils kann also keine Übertragung der Aufgaben auf eine nachgeordnete Behörde stattfinden, wohl aber auf die Oberste Landesbehörde (vgl. auch § 148 Abs. 2).

## § 148
### *Örtliche und sachliche Zuständigkeit*

**(1) Örtlich zuständig ist die Behörde, in deren Bereich das betroffene Grundstück liegt. Werden Grundstücke betroffen, die örtlich oder wirtschaftlich zusammenhängen und demselben Eigentümer gehören, und liegen diese Grundstücke im Bereich mehrerer nach diesem Gesetz sachlich zuständiger Behörden, so wird die örtlich zuständige Behörde durch die nächsthöhere gemeinsame Behörde bestimmt.**

**(2) Ist eine höhere Verwaltungsbehörde nicht vorhanden, so ist die Oberste Landesbehörde zugleich höhere Verwaltungsbehörde.**

**a)** Der Grundsatz, daß örtlich zuständig diejenige Behörde ist, in deren Bereich das betroffene Grundstück liegt, entspricht der Zweckmäßigkeit und Üblichkeit (**Abs. 1 Satz 1**). Die ortsnahe Behörde ist am besten in der Lage, die in Frage kommenden besonderen Verhältnisse zu beurteilen. Eine inhaltlich übereinstimmende Regelung enthält z. B. § 3 Abs. 1 FlurbG.

Die Vorschrift des Abs. 1 **Satz 2**, wonach die Bestimmung der örtlich zuständigen Behörde in den dort bezeichneten Fällen durch die nächsthöhere gemeinsame Behörde erfolgt, dient dem Zweck, Zweifel über die Zuständigkeit auszuschalten. Ein Fall des Satz 2 ist beispielsweise gegeben, wenn die zu enteignenden Grundstücke oder wenn das zu enteignende Grundstück und das Ersatzland in den Bezirken verschiedener Enteignungsbehörden liegen.

**b)** In einer Reihe von Einzelvorschriften des Gesetzes ist die Zuständigkeit der höheren Verwaltungsbehörde begründet worden, z. B. §§ 11, 31 Abs. 2, 104. Die Regelung des **Abs. 2** trägt der Tatsache Rechnung, daß nicht in allen Ländern (z. B. Schleswig-Holstein, Saarland; vgl. ferner die Sonderregelungen in § 188) eine höhere Verwaltungsbehörde eingerichtet ist.

## § 149
### *Von Amts wegen bestellter Vertreter*

**Ist ein Vertreter nicht vorhanden, so hat das Vormundschaftsgericht auf Ersuchen der zuständigen Behörde einen rechts- und sachkundigen Vertreter zu bestellen**

**1. für einen Beteiligten, dessen Person unbekannt, oder für eine Person, deren Beteiligung ungewiß ist,**
**2. für einen abwesenden Beteiligten, dessen Aufenthalt unbekannt oder dessen Aufenthalt zwar bekannt, der aber an der Besorgung seiner Vermögensangelegenheiten verhindert ist,**
**3. für einen Beteiligten, dessen Aufenthalt sich nicht innerhalb des Geltungsbereiches dieses Gesetzes befindet, wenn er der Aufforderung der zuständigen Behörde, einen Vertreter zu bestellen, innerhalb der ihm gesetzten Frist nicht nachgekommen ist,**
**4. für Gesamthandseigentümer oder Eigentümer nach Bruchteilen sowie für mehrere Inhaber eines sonstigen Rechtes an einem Grundstück oder an einem das Grundstück belastenden Recht, wenn sie der Aufforderung der zuständigen Behörden, einen gemeinsamen Vertreter zu bestellen, innerhalb der ihnen gesetzten Fristen nicht nachgekommen sind,**
**5. bei herrenlosen Grundstücken zur Wahrung der aus dem Eigentum sich ergebenden Rechte und Pflichten.**

**Für die Bestellung und für das Amt des Vertreters gelten die Vorschriften des Bürgerlichen Gesetzbuches für die Pflegschaft entsprechend.**

a) Die Vorschrift kommt einem Bedürfnis der Praxis entgegen. Die Bestellung eines Vertreters von Amts wegen für bestimmte Fälle dient der Erleichterung und Beschleunigung, namentlich im Bodenordnungs- und Enteignungsverfahren (wenn z. B. die Eigentümer oder sonstigen Berechtigten aus irgendeinem Grund nicht erreichbar sind und dadurch Verzögerungen im Ablauf des Verfahrens eintreten). Eine ähnliche Regelung enthält das FlurbG in § 119. In Frage kommt die Bestellung eines Vertreters für alle Rechtsinhaber, deren Rechte bei Maßnahmen auf Grund des BBauG berührt werden, also Grundstückseigentümer, Hypothekengläubiger, Erbbauberechtigte, Mieter, Pächter usw. Zuständig zur Bestellung ist das Vormundschaftsgericht (wohl das Vormundschaftsgericht, in dessen Bezirk das betroffene Grundstück liegt), das auch zu prüfen hat, ob die Voraussetzungen der Nr. 1—5 vorliegen.

Maßgebend für die Begründung der Zuständigkeit des Vormundschaftsgerichts war nach der amtlichen Begründung die Erwägung, daß die Gerichte eine größere Sachkunde und Erfahrung auf diesem Gebiet besitzen als die mit dem Vollzug des BBauG befaßten Behörden und daß nach außen hin die in solchen Fällen gebotene Objektivität in höherem Maße gewährleistet erschien, als wenn der Vertreter von der das Verfahren durchführenden Verwaltungsbehörde bestellt würde. Schließlich sollte auch vermieden werden, Verwaltungsbehörden mit Aufgaben zu belasten, die ihnen ihrem Wesen nach fernliegen und durch deren Erledigung sie nur von ihrer eigentlichen Aufgabe, der Durchführung der entsprechenden Verfahren, abgehalten werden. Das Vormundschaftsgericht muß auf Ersuchen der zuständigen Behörde den rechts- und sachkundigen Vertreter bestellen. Dieser wird vielfach schwierige und in den Auswirkungen für den Vertretenen weittragende Entschlüsse fassen müssen. Die Forderung nach „Rechts-

und Sachkunde“ verlangt nicht die Ablegung bestimmter Prüfungen oder den Abschluß einer bestimmten Laufbahn; vielmehr genügt es, daß der Vertreter auf Grund einer durch längere Zeit ausgeübten einschlägigen Tätigkeit hinreichende Kenntnisse und Erfahrungen auf dem Gebiet der Besorgung von Grundstücksangelegenheiten besitzt. Selbstverständlich kann der Vertreter nur Geschäfte, die im Rahmen seiner Vertretungsmacht liegen, abschließen, also Rechtsgeschäfte und prozessuale Erklärungen, die sich auf das Verfahren beziehen, für das er bestellt ist.

Gegen die Ablehnung des Antrags auf Bestellung des Vertreters und sonstige Maßnahmen des Vormundschaftsgerichts findet die Beschwerde (§§ 10 ff. FGG) bzw. die sofortige Beschwerde (§§ 57 ff. FGG) statt.

**b)** In Nr. 1—5 sind die Fälle aufgezählt, in denen die Bestellung eines Vertreters in Frage kommt. Eine Verhinderung im Sinne der **Nr.** 2 ist gegeben, wenn der Beteiligte n i c h t n u r v o r ü b e r g e h e n d (also etwa auf kurze Zeit) von der Besorgung seiner Vermögensangelegenheiten ausgeschlossen ist.

In **Nr.** 3 ist Vorsorge getroffen für den Fall, daß ein Beteiligter sich außerhalb des Geltungsbereichs des Bundesbaugesetzes aufhält; da der verfahrensmäßige Verkehr mit ihm, insbesondere die Bewirkung von Zustellungen, schwierig und zeitraubend ist, erschien es im Interesse der Vereinfachung und Beschleunigung des Verfahrens angebracht, für ihn von Amts wegen einen Vertreter zu bestellen, wenn er der Aufforderung, sich durch einen Bevollmächtigten vertreten zu lassen, nicht fristgemäß nachkommt. Eine ergänzende Regelung ist in Nr. 4 für den Fall vorgesehen, daß eine Mehrheit von Eigentümern oder von Inhabern sonstiger Rechte vorhanden ist, da beim Fehlen einer einheitlichen Willensbildung das Verfahren erschwert oder verzögert werden könnte.

Schließlich bedurfte auch der Fall der Herrenlosigkeit eines Grundstücks einer Regelung (**Nr.** 5), da nach § 928 BGB zwischen der Aufgabe des Eigentums seitens des bisherigen Berechtigten und der Aneignung seitens des Fiskus eine Zeitspanne liegen kann, in der kein Berechtigter vorhanden ist. Die gleiche Regelung enthält das FlurbG in § 119 Abs. 1 Nr. 2.

**c)** Da die Regelung des § 149 eine ähnliche Tätigkeit wie die Pflegschaft zum Inhalt hat, sind die Vorschriften des BGB über die Pflegschaft für entsprechend anwendbar erklärt worden. In Frage kommen die Vorschriften der §§ 1909 ff., BGB, insbesondere § 1911 (Abwesenheitspflegschaft) und § 1913 (Pflegschaft für unbekannte Beteiligte). Nach § 1915 finden auf die Pflegschaft die für die Vormundschaft geltenden Vorschriften entsprechend Anwendung, soweit sich nicht aus dem Gesetz ein anderes ergibt. Demnach finden auch entsprechend Anwendung § 1785 BGB (Verpflichtung zur Übernahme der Pflegschaft) und § 1786 BGB (Ablehnungsgrund).

## § 150

### *Erforschung des Sachverhaltes*

**(1) Die Behörden haben den Sachverhalt, soweit er für die Entscheidung Bedeutung hat, von Amts wegen zu erforschen. Sie können insbesondere Besichtigungen durchführen, Zeugen und Sachverständige vernehmen sowie Urkunden und Akten heranziehen.**

**(2) Die Behörden können anordnen, daß**
**1. Beteiligte persönlich erscheinen,**
**2. Urkunden und sonstige Unterlagen vorgelegt werden, auf die sich ein Beteiligter bezogen hat,**
**3. Hypotheken-, Grundschuld- und Rentenschuldgläubiger die in ihrem Besitz befindlichen Hypotheken-, Grundschuld- und Rentenschuldbriefe vorlegen.**

**Für den Fall, daß ein Beteiligter der Anordnung nicht nachkommt, kann ein Zwangsgeld bis zu eintausend Deutsche Mark angedroht und festgesetzt werden. Ist Beteiligter eine juristische Person oder eine nichtrechtsfähige Personenvereinigung, so ist das Zwangsgeld dem nach Gesetz oder Satzung Vertretungsberechtigten anzudrohen und gegen ihn festzusetzen. Androhung und Festsetzung können wiederholt werden.**

a) Da den nach dem Gesetz mit der Durchführung betrauten Behörden die Pflicht obliegt, sowohl die öffentlichen Belange als auch die Interessen der Beteiligten zu wahren, führt **Abs. 1** für das Verfahren die Offizialmaxime ein (vgl. hierzu insbes. Eyermann-Fröhler, VwGO, Anm. I zu § 86). Die Behörden können ihre vielfältigen Aufgaben nur lösen, wenn sie nicht an das Vorbringen der Beteiligten und an die von ihnen angebotenen Beweise gebunden, sondern von sich aus den Sachverhalt zu klären befugt sind. Dies kann durch verschiedene Arten der Beweiserhebung erfolgen, wie Augenschein (Besichtigung von Wohnungen allerdings nur, wenn der Inhaber einverstanden ist — Art. 13 GG, § 151 Abs. 1 Satz 3 BBauG —), Vernehmung von Zeugen und Sachverständigen, ferner Heranziehung von Urkunden und Akten. Dagegen sind die Verwaltungsbehörden nicht befugt, eidesstattliche Versicherungen entgegenzunehmen, sowie Zeugen oder Sachverständige eidlich zu vernehmen; erforderlichenfalls muß sich die betreffende Behörde hierbei der Rechtshilfe eines Gerichts bedienen (§ 152). Über die Offizialmaxime im Verfahren vor den Kammern (Senaten) für Baulandsachen s. § 161 und die dortige Anm. 2.

b) **Abs. 2 Satz 1** gibt der Behörde in Anlehnung an §§ 141, 142 ZPO (und § 116 FlurbG) ein weiteres Mittel zur Aufklärung des Sachverhalts an die Hand; er regelt die Anordnung des persönlichen Erscheinens Beteiligter und die Verpflichtung zur Vorlegung von Urkunden.

Da die das Verfahren durchführende Behörde bei der Erforschung eines Sachverhalts häufig auf die Erklärung der Beteiligten und den Inhalt der Urkunden angewiesen sein wird, muß die getroffene Anordnung (persönliches Erscheinen, Vorlage von Urkunden) erforderlichenfalls auch im Zwangswege durchsetzbar sein (**Satz 2**). Gegen die Anordnung des Zwangsgeldes (Verwaltungsakt) steht dem Betroffenen die Anfechtung vor den Verwaltungsgerichten offen.

## § 151

### *Vorarbeiten auf Grundstücken*

**(1) Eigentümer und Besitzer haben zu dulden, daß Beauftragte der zuständigen Behörden zur Vorbereitung der von ihnen nach diesem Gesetz zu treffenden Maßnahmen Grundstücke betreten und Vermessungen, Boden-**

**und Grundwasseruntersuchungen oder ähnliche Arbeiten ausführen. Die Absicht, solche Arbeiten auszuführen, ist den Eigentümern oder Besitzern vorher bekanntzugeben. Wohnungen dürfen nur mit Zustimmung der Wohnungsinhaber betreten werden.**

**(2) Entstehen durch eine nach Absatz 1 zulässige Maßnahme dem Eigentümer oder Besitzer unmittelbare Vermögensnachteile, so ist dafür von der Stelle, die den Auftrag erteilt hat, eine angemessene Entschädigung in Geld zu leisten; kommt eine Einigung über die Geldentschädigung nicht zustande, so entscheidet die höhere Verwaltungsbehörde; vor der Entscheidung sind die Beteiligten zu hören. Hat eine Enteignungsbehörde den Auftrag erteilt, so hat der Antragsteller, in dessen Interesse die Enteignungsbehörde tätig geworden ist, dem Betroffenen die Entschädigung zu leisten; kommt eine Einigung über die Geldentschädigung nicht zustande, so setzt die Enteignungsbehörde die Entschädigung fest; vor der Entscheidung sind die Beteiligten zu hören.**

**1. Duldung von Vorarbeiten (Abs. 1)**

Es wird sich bei der Durchführung der den Behörden nach dem BBauG obliegenden Aufgaben (Planung, Bodenordnung, Enteignung) häufig als notwendig herausstellen, daß Beauftragte dieser Behörden auf den in Frage kommenden Grundstücken Ortsbesichtigungen und Vorarbeiten durchführen, ehe die Entscheidung über die Einleitung des Verfahrens getroffen werden kann. Als solche Vorarbeiten sind im Gesetz genannt Vermessungen, Boden- und Grundwasseruntersuchungen (Abs. 1). Da aber eine erschöpfende Aufzählung der hier in Betracht kommenden Arbeiten nicht möglich ist, ist zusätzlich der Sammelbegriff (unbestimmter Rechtsbegriff!) „ähnliche Arbeiten" aufgenommen worden. Darunter fallen z. B. Verpflockungen zur Kenntlichmachung einer Grenze, die Aufstellung eines Gerüstes usw. Es ist aber zu beachten, daß es sich immer nur um vorbereitende Tätigkeiten, nicht aber um Arbeiten handeln darf, die bereits der Durchführung der geplanten Maßnahme (z. B. Abbruch eines Gebäudes, Ausheben einer Baugrube) dienen. Soweit die Anbringung von Markierungszeichen nicht bereits durch den Ausdruck „Vermessungen" gedeckt wird, fällt sie gleichfalls unter den Begriff „ähnliche Arbeiten". Der Umfang solcher Vorarbeiten wird niemals über den Rahmen des Notwendigen hinausgehen dürfen.

Um die Durchführung der notwendigen und zulässigen Vorarbeiten zu sichern, bedarf es einer gesetzlich statuierten Duldungspflicht der betroffenen Eigentümer und Besitzer, um Schwierigkeiten zu vermeiden (**Satz 1**).

Aus rechtsstaatlichen Gründen ist die Einbeziehung der Eigentümer (neben den Besitzern) in den Kreis der zu benachrichtigenden Personen sachdienlich (**Satz 2**). Für die Art der Bekanntmachung besteht keine Vorschrift; es wird sich in der Regel um eine schriftliche Mitteilung handeln, doch ist auch eine mündliche Benachrichtigung zulässig. Die Mitteilung muß jedoch vorher, d. h. in einer angemessenen Frist vor Beginn der Vorarbeiten, erfolgen; auch der Zeitpunkt des Beginns der Arbeiten wird bekanntzugeben sein. Die letzteren beiden Erfordernisse (Frist und Zeitpunkt) sind zwar im Gesetz nicht festgelegt, doch würde eine Benachrichtigung unmittelbar vor Beginn der Arbeiten beim Eintreffen der hiermit Beauftragten dem Sinn und Zweck der Vorschrift des § 151 nicht entsprechen (die „Absicht" ist bekanntzugeben).

Die Bekanntgabe muß an den Eigentümer oder Besitzer erfolgen; die Benachrichtigung eines von beiden genügt also.

Das Betreten der Wohnungen wird bei Durchführung der Vorarbeiten kaum einmal notwendig werden. Es wurde daher (auch mit Rücksicht auf Art. 13 GG) die Bestimmung aufgenommen, daß Wohnungen nur mit Zustimmung der Wohnungsinhaber betreten werden dürfen (**Satz 3**).

**2. Entschädigung (Abs. 2)**

Abs. 2 regelt die Entschädigung der Betroffenen. Es wird dabei unterschieden, ob die Maßnahmen nach Abs. 1 im Rahmen eines Enteignungs- oder eines sonstigen Verfahrens vorgenommen worden sind. Hatte die Enteignungsbehörde die Maßnahme angeordnet, so ist der Antragsteller (in der Regel der durch Enteignung Begünstigte) zur Zahlung der Entschädigung verpflichtet, da die Maßnahmen überwiegend in seinem Interesse erfolgt sind.

Diese Regelung läßt sich aber nicht auf andere Verfahren ausdehnen, deren Durchführung ausschließlich oder überwiegend im öffentlichen Interesse liegt (z. B. planende oder bodenordnende Maßnahmen). Die Verpflichtung zur Zahlung der Entschädigung ist in diesen Fällen der anordnenden Behörde auferlegt worden.

Wenn eine Einigung zwischen den Beteiligten über die Höhe der zu leistenden Entschädigung nicht zustande kommt, entscheidet im ersteren Falle (Enteignungsverfahren) die Enteignungsbehörde, im letzteren Falle (sonstiges Verfahren) die höhere Verwaltungsbehörde (vgl. aber § 147 Abs. 2 Satz 1). Der federführende Ausschuß hat hinsichtlich der Höhe der Entschädigung eine Regelung beschlossen, nach der alle unmittelbaren Vermögensnachteile, die durch Vorarbeiten auf dem Grundstück entstehen, entschädigt werden müssen, ohne daß es darauf ankommt, ob dem Eigentümer wirtschaftlich ein besonderes Opfer auferlegt wird. Dem entspricht auch die endgültige Fassung des Gesetzes.

In beiden Fällen haben die Beteiligten das Recht auf Gehör vor Erlassung der Entscheidung. Eine Verletzung dieses Rechts bildet einen erheblichen Verfahrensmangel, der die getroffene Entscheidung fehlerhaft macht.

Die Festsetzung der Geldentschädigung durch die höhere Verwaltungsbehörde bzw. durch die Enteignungsbehörde ist ein Verwaltungsakt, der nach § 157 Abs. 1 nur durch Antrag auf gerichtliche Entscheidung vor den Baulandkammern angefochten werden kann.

## § 152

### *Rechts- und Amtshilfe*

**Alle Gerichte und Behörden sind verpflichtet, den zuständigen Behörden auf Verlangen Rechts- und Amtshilfe zu leisten. Hierzu gehört insbesondere die Erteilung beglaubigter Abschriften und Abdrucke aus öffentlichen Büchern, Kartenwerken und sonstigen Urkunden.**

Die Vorschrift konkretisiert den Art. 35 GG.

Es erschien nicht erforderlich, im einzelnen festzulegen, welche Maßnahmen die Rechts- und Amtshilfe umfassen. Es wird dagegen zur Vermeidung von Zweifeln in Satz 2 ausdrücklich hervorgehoben, daß auch die Erteilung von beglaubigten Abschriften und Abdrucke — es dürften auch Ablichtungen hier eingeschlossen sein — aus öffentlichen Büchern, Kartenwerken und sonstigen Urkunden unter diesen Begriff fallen.

Die Regelung der Kostenfrage bleibt der Landesgesetzgebung überlassen.

Vgl. im einzelnen zur Frage der Rechts- und Amtshilfe auch Eyermann-Fröhler, VwGO, § 14 Anm. 1—3; Ule, Verwaltungsgerichtsbarkeit, Anm. II zu § 14.

## § 153
### *Wiedereinsetzung*

**(1) Wenn ein Beteiligter ohne Verschulden verhindert war, eine gesetzliche oder auf Grund dieses Gesetzes bestimmte Frist für eine Verfahrenshandlung einzuhalten, so ist ihm auf Antrag Wiedereinsetzung in den vorigen Stand zu gewähren.**

**(2) Der Antrag ist binnen einem Monat nach Wegfall des Hindernisses, spätestens jedoch innerhalb eines Jahres seit dem Ende der versäumten Frist, zu stellen und zu begründen. Innerhalb der Antragsfrist ist die versäumte Rechtshandlung nachzuholen. Ist dies geschehen, so kann Wiedereinsetzung auch ohne Antrag gewährt werden.**

**(3) Über den Antrag auf Wiedereinsetzung entscheidet die Behörde, die über die versäumte Rechtshandlung zu befinden hat. Sie kann nach Wiedereinsetzung in den vorigen Stand an Stelle einer Entscheidung, die den durch das bisherige Verfahren herbeigeführten neuen Rechtszustand ändern würde, eine Entschädigung festsetzen.**

**1. Voraussetzungen des Wiedereinsetzungsantrags (Abs. 1)**

In Abweichung von der Vorschrift des § 233 ZPO und § 158 BBauG (die das Vorliegen von „Naturereignissen oder anderen unabwendbaren Zufällen" fordern) und in Anlehnung an § 60 VwGO findet die Wiedereinsetzung im Verwaltungsverfahren (nicht Gerichtsverfahren) statt, wenn ein Beteiligter ohne Verschulden verhindert war, eine gesetzliche oder eine auf Grund der Vorschriften des BBauG bestimmte Frist für eine Verfahrensverhandlung einzuhalten. Diese Fassung gewährt also einen größeren Spielraum als die Vorschriften für das Gerichtsverfahren.

a) Verschuldet ist die Fristversäumnis, wenn der Beteiligte diejenige Sorgfalt außer acht gelassen hat, die für einen gewissenhaft und sachgemäß seine Interessen Vertretenden geboten und ihm nach den gesamten Umständen zumutbar ist (vgl. für das Gerichtsverfahren BVerwG vom 29. 7. 1955 in DÖV 56, 125; Bayer. VGH in VGH n. F. 1, 94; 2, 22). Es kommt jeweils auf die Verhältnisse des Einzelfalls an.

b) Verschulden des gesetzlichen oder gewillkürten Vertreters ist als Verschulden des durch ihn vertretenen Beteiligten anzusehen; dies geht zwar aus dem Gesetz nicht unmittelbar hervor, kann aber aus § 232 Abs. 2 ZPO, der entsprechend angewendet werden kann, sowie aus der im bisherigen Verwaltungsprozeßrecht durchaus herrschenden Ansicht gefolgert werden (vgl. BVerwG in NJW 57, 1572 für MRVO Nr. 165, und BVerwGE 6, 161 für südd. VGG; Bayer. VGH n. F. 2, 22; OVG Hamburg in NJW 49, 36; Hess. VGH in VerwRspr. 4 Nr. 187; OVG Koblenz in AS 5, 378; OVG Lüneburg in AS 2, 237; OVG Münster in VerwRspr. 11, Nr. 22). Verschulden der Hilfspersonen eines Anwalts — wenn ein solcher im Verwaltungsverfahren schon beigezogen wurde — ist nur dann als Verschulden des Beteiligten zu erachten, wenn es vom Anwalt zu vertreten ist; maßgebend ist sorgfältige Auswahl (vgl. hierzu und wegen einzelner Beispiele für ein Verschulden Eyermann-Fröhler, VwGO, § 60 Randnoten 5—11; Koehler VwGO, Anm. II, 3 und III zu § 60; Klinger, VwGO, Anm. B zu § 60).

c) Verhindert ist der Beteiligte nur, wenn die Einhaltung der Frist nicht von seinem Willen abhängt; keine Verhinderung liegt also vor, wenn z. B. eine Rechtsmittelfrist nicht ausgenutzt wird, weil der Beteiligte den Rechtsbehelf zunächst für aussichtslos hält, später aber dann doch das Rechtsmittel ergreifen will.

d) Für die Wiedereinsetzung kommen sämtliche (in irgendeinem Gesetz vorgeschriebenen) gesetzlichen Fristen oder sonstige im BBauG bestimmte Fristen für Verfahrenshandlungen in Frage (vgl. z. B. § 102 Abs. 3 BBauG in Verbindung mit § 203 Abs. 2 BGB).

Für die Fristen zur Einleitung und Durchführung des Gerichtsverfahrens gilt die Sondervorschrift des § 158 BBauG.

e) Ein Antrag des Beteiligten ist erforderlich; ohne Antrag (also von Amts wegen) kann die Wiedereinsetzung auch im Verwaltungsverfahren nicht gewährt werden. Die Form des Antrags richtet sich nach den Vorschriften, die für die versäumte Verfahrenshandlung gelten (§ 236 ZPO), also etwa die Vorschriften über den Widerspruch (§ 155 BBauG i. V. m. §§ 70 ff. VwGO). In formeller Hinsicht dürften aber nicht allzu strenge Anforderungen zu stellen sein. Es wird genügen, wenn sich aus dem Zusammenhang ergibt, daß ein Wiedereinsetzungsantrag gestellt werden wollte. Wegen der Möglichkeit des Verzichts auf den Wiedereinsetzungsantrag siehe unten 2 c.

**2. Fristen; Inhalt des Antrags (Abs. 2)**

a) Die Monatsfrist für die Einreichung des Wiedereinsetzungsantrags beginnt mit dem Zeitpunkt zu laufen, in dem das Hindernis wegfällt (oder in dem das Vorliegen eines Hindernisses nicht mehr als unverschuldet angesehen werden kann). Gegen die Versäumung der Frist für den Wiedereinsetzungsantrag ist Wiedereinsetzung möglich. Die Jahresfrist ist eine Ausschlußfrist, gegen deren Versäumung es keine Wiedereinsetzung gibt. Nach Ablauf eines Jahres seit dem Ende der versäumten Frist kann der Wiedereinsetzungsantrag also nicht mehr mit Erfolg gestellt werden, auch wenn höhere Gewalt vorlag (Gegensatz zu § 60 Abs. 3 VwGO!).

b) Der Wiedereinsetzungsantrag ist zu begründen und zwar innerhalb der Monatsfrist. Eine Glaubhaftmachung der zur Begründung angeführten Tatsachen ist (im Gegensatz zur Vorschrift in § 60 Abs. 2 VwGO) nicht vorgeschrieben.

c) Innerhalb der Monatsfrist ist ferner die versäumte Rechtshandlung nachzuholen, d. h. es muß z. B. der Widerspruch eingelegt werden. Ist dies geschehen, so kann die Wiedereinsetzung ohne Antrag gewährt werden, d. h. es braucht in diesem Fall der Antrag auf Wiedereinsetzung (vgl. oben 1e) nicht ausdrücklich gestellt zu sein. Dadurch soll vermieden werden, daß einem Beteiligten lediglich wegen des Fehlens eines formellen Antrags ein Rechtsnachteil entsteht.

**3. Entscheidung der Behörde (Abs. 3)**

**a)** Die Entscheidung der Behörde über den Wiedereinsetzungsantrag (Satz 1) kann gesondert erfolgen, sie kann aber auch in dem Verfahren über die nachgeholte Handlung ergehen (vgl. hierzu Eyermann-Fröhler, VwGO, Randnoten 25—31).

**b)** Mit der in Satz 2 getroffenen Regelung wird dem namentlich in einem Bodenordnungs- und Enteignungsverfahren denkbaren Fall Rechnung getragen, daß vor einer Entscheidung über den Wiedereinsetzungsantrag eine Änderung des Rechtszustandes eingetreten ist, der nur unter großen Schwierigkeiten rückgängig gemacht werden könnte. In solchen Fällen soll die entscheidende Behörde für den Fall, daß sie dem Wiedereinsetzungsantrag stattgibt, je nach den gegebenen Umständen nach freiem Ermessen anstelle der Rückgängigmachung des neuen Rechtszustandes für den Beteiligten eine Entschädigung festsetzen können. Für die daraus (Entscheidung nach Satz 2) entstehenden Streitigkeiten ist das Verfahren vor den Baulandkammern und -senaten vorgeschrieben (§ 157 Abs. 1).

## § 154

### *Belehrung über Rechtsbehelfe*

**Den nach diesem Gesetz ergehenden Verwaltungsakten ist eine Erklärung beizufügen, durch die der Beteiligte über den Rechtsbehelf, der gegen den Verwaltungsakt gegeben ist, über die Stelle, bei der der Rechtsbehelf einzulegen ist, und über die Frist belehrt wird.**

**a)** Die Vorschrift lehnt sich hinsichtlich der Belehrung über Rechtsbehelfe weitgehend an die VwGO (§ 59) an. Der Regierungsentwurf hatte nur eine Sollvorschrift vorgesehen. Nach der endgültigen Fassung auf Grund der Ausschußverhandlungen ist die Rechtsbehelfsbelehrung nun zwingend vorgeschrieben („... ist beizufügen ...").

**b)** Das Gesetz legt den Begriff des Verwaltungsakts nicht fest. Wegen dieses Begriffs im allgemeinen vgl. Eyermann-Fröhler VwGO § 42 Randnote 11 ff.; Koehler, VwGO, Anm. III zu § 42; Klinger, VwGO, Anm. E zu § 42. § 154 bezieht sich nur auf Verwaltungsakte nach dem BBauG.

**c)** Das Gesetz hat auch davon abgesehen, bestimmte Formvorschriften für Verwaltungsakte zu erlassen, um der Vielgestaltigkeit der Lebensverhältnisse, sowie den unterschiedlichen Bedürfnissen der gegenwärtigen und künftigen Praxis Rechnung zu tragen.

**d)** Soweit der Rechtsweg zu den Verwaltungsgerichten in Frage kommt, hat § 154 keine Bedeutung, da hier § 59 VwGO maßgebend ist; allerdings ist in diesem Zusammenhang darauf hinzuweisen, daß § 59 VwGO eine Verpflichtung, eine Rechtsbehelfsbelehrung zu erteilen, wegen Art. 74 Nr. 1 GG nur für die Bundesbehörden festgelegt hat (vgl. hierzu auch Eyermann-Fröhler VwGO,

Anm. I zu § 59; Koehler VwGO, Anm. I, 3 zu § 59; Klinger VwGO, Anm. zu § 59).

Die Rechtsmittelbelehrung muß richtig und vollständig sein; andernfalls wird ebenso wie beim Fehlen einer Belehrung die Rechtsmittelfrist nicht in Lauf gesetzt. Eine Wiedereinsetzung ist im Falle des Fehlens der Belehrung, ihrer Unvollständigkeit oder Unrichtigkeit nicht erforderlich (a. M. Schütz-Frohberg Anm. 1 zu § 154).

## § 155

### *Vorverfahren*

**Die Landesregierungen können durch Rechtsverordnung bestimmen, daß ein nach dem Vierten oder Fünften Teil dieses Gesetzes erlassener Verwaltungsakt durch Antrag auf gerichtliche Entscheidung nach § 157 erst angefochten werden kann, nachdem seine Rechtmäßigkeit und Zweckmäßigkeit in einem Vorverfahren nachgeprüft worden ist; das Vorverfahren ist in Anlehnung an die Vorschriften der Verwaltungsgerichtsordnung zu regeln.**

a) Diese Vorschrift beruht auf einer Anregung des Rechtsausschusses. Durch sie soll im Interesse des Rechtsschutzes des Betroffenen ermöglicht werden, daß die Entscheidungen der Behörden in Bodenordnungs- und Enteignungsangelegenheiten vor ihrer gerichtlichen Nachprüfung insbesondere auch auf ihre Zweckmäßigkeit überprüft werden.

In § 46 Abs. 2 Nr. 3 ist vorgesehen, daß im Umlegungsverfahren zur Entscheidung über einen Rechtsbehelf (gegen Entscheidungen der Umlegungsstellen bzw. Umlegungsausschüsse) Obere Umlegungsausschüsse durch Rechtsverordnung der Landesregierungen eingerichtet werden können. Diese Oberen Umlegungsausschüsse hätten dann im Vorverfahren nach § 155 zu entscheiden.

b) Für das Vorverfahren hinsichtlich anderer Verwaltungsakte als solche nach dem Vierten und Fünften Teil des Gesetzes gilt die VwGO unmittelbar. Für das Vorverfahren hinsichtlich der nach dem Vierten oder Fünften Teil des Gesetzes ergehenden Verwaltungsakte ist das Vorverfahren „in Anlehnung an die Vorschriften der VwGO“ zu regeln. In Frage kommen die §§ 68 ff. VwGO. Hiernach beginnt das Vorverfahren mit der Erhebung des Widerspruchs (§ 69 VwGO). Die Widerspruchsfrist beträgt einen Monat (§ 70 VwGO). Widerspruchsbehörde ist die nächsthöhere Behörde bzw., wenn diese eine oberste Bundes- oder Landesbehörde ist, die Behörde, die den Verwaltungsakt erlassen hat; in Selbstverwaltungsangelegenheiten entscheidet die Selbstverwaltungsbehörde, soweit nicht durch Gesetz anderes bestimmt ist (§ 73 Abs. 1 VwGO). Der Widerspruchsbescheid ist zu begründen, mit einer Rechtsmittelbelehrung zu versehen und zuzustellen (§ 73 Abs. 3 VwGO).

## § 156

### *Ordnungswidrigkeiten*

**(1) Ordnungswidrig handelt, wer**

**1. wider besseres Wissen unrichtige Angaben macht oder unrichtige Pläne oder Unterlagen vorlegt, um einen begünstigenden Verwal-**

**tungsakt zu erwirken oder einen belastenden Verwaltungsakt zu verhindern;**

**2. Pfähle, Pflöcke oder sonstige Markierungen, die Vorarbeiten dienen, wegnimmt, verändert, unkenntlich macht oder unrichtig setzt;**

**3. einer Vorschrift einer nach § 39 ergangenen Rechtsverordnung zum Schutze des Mutterbodens zuwiderhandelt, soweit die Rechtsverordnung auf diese Bußgeldvorschriften verweist.**

**(2) Die Ordnungswidrigkeit kann mit einer Geldbuße geahndet werden.**

**(3) Wird eine Ordnungswidrigkeit im Sinne des Absatzes 1 in einem Betriebe begangen, so kann gegen den Inhaber oder Leiter und, falls der Inhaber des Betriebes eine juristische Person oder eine Personengesellschaft des Handelsrechtes ist, gegen diese eine Geldbuße festgesetzt werden, wenn der Inhaber oder Leiter der zur gesetzlichen Vertretung Berechtigte vorsätzlich oder fahrlässig seine Aufsichtspflicht verletzt hat und der Verstoß hierauf beruht.**

**1. Aufzählung der Ordnungswidrigkeiten (Abs. 1)**

In Abs. 1 werden die Tatbestände erschöpfend aufgezählt, die im Rahmen des BBauG als Ordnungswidrigkeiten bestraft werden können.

**a)** Der Tatbestand der **Nr. 1** wird als Ordnungswidrigkeit angesehen, um zu verhindern, daß jemand durch unrichtige Angaben oder durch Vorlage unrichtiger Pläne oder Unterlagen eine Behörde zu einer bei Kenntnis des wahren Sachverhalts nicht gewollten Maßnahme veranlaßt oder zu veranlassen versucht. Voraussetzung ist, daß die Täuschungshandlung wider besseres Wissen geschieht; es muß sich also um eine bewußte Irreführung handeln. Dagegen ist es nicht erforderlich, daß die Behörde auf Grund der Täuschungshandlung den Verwaltungsakt tatsächlich erläßt; es genügt schon die Absicht, einen begünstigenden Verwaltungsakt zu erwirken oder einen belastenden Verwaltungsakt zu verhindern; daraus geht auch hervor, daß sich die Bestimmung nicht etwa bloß auf den Antragsteller bezieht (der einen ihm günstigen Verwaltungsakt herbeiführen will), sondern auch auf den Betroffenen (der einen ihn belastenden Verwaltungsakt verhindern will). Die Vorschrift wurde eingefügt, weil der Tatbestand des strafbaren Betrugs (§ 263 StGB) nicht alle hier möglichen Fälle deckt.

**b)** Die Vorschrift der **Nr. 2** war erforderlich, weil nach dieser Bestimmung Gegenstand der Ordnungswidrigkeit nur solche Markierungszeichen sind, die den Vorarbeiten im Sinne des § 151 BBauG dienen und daher nicht unter § 274 Abs. 1 Nr. 2 StGB fallen. Ein Schutz auch solcher den Vorarbeiten dienender Markierungen erschien aber notwendig, um zu verhindern, daß die Durchführung von Arbeiten durch böswillige Handlungen erschwert oder vereitelt wird.

**c)** In Erweiterung der Regierungsvorlage sind durch **Nr. 3** Verstöße gegen die Vorschriften zum Schutz des Mutterbodens (vgl. dazu § 39 BBauG) ebenfalls als Ordnungswidrigkeiten bezeichnet worden, um ihre Beachtung durchsetzen zu können.

**2. Geldbußen (Abs. 2 und 3)**

**a)** Eine Ordnungswidrigkeit nach Abs. 1 kann gemäß **Abs. 2** mit einer Geldbuße geahndet werden. Auch ohne besondere Bezugnahme findet das Gesetz über Ordnungswidrigkeiten (OWG) vom 25. 3. 1952 (BGBl. I S. 177) i. d. F. des Gesetzes vom 26. 7. 1957 (BGBl. I S. 861) Anwendung. Das OWG ist nach seinem § 3 für alle Zuwiderhandlungen auf Sachgebieten anzuwenden, für die der Bund von seiner Gesetzgebungsbefugnis Gebrauch gemacht hat. Dies ist beim BBauG der Fall.

Im einzelnen ist besonders auf § 5 (Höhe der Geldbuße), § 7 (Festsetzung der Geldbuße nach pflichtmäßigem Ermessen der Verwaltungsbehörde), § 8 (Verwarnung), § 14 (Verjährung) des OWG hinzuweisen.

**b)** Durch **Abs. 3** soll erreicht werden, daß auch die verantwortlichen Inhaber oder Leiter von Betrieben (gleichgültig, ob es sich um eine juristische Person handelt oder nicht) mit Ordnungsstrafen belegt werden können, wenn in ihrem Betrieb eine Ordnungswidrigkeit begangen worden ist. Die Ordnungswidrigkeit muß also „im Betrieb" begangen worden sein, d. h. der Täter muß ein Betriebsangehöriger sein. Daneben können auch die oben genannten Personen und, wenn es sich bei dem Betrieb um eine juristische Person oder um eine Personengesellschaft des Handelsrechts handelt, diese selbst bestraft werden; hierfür ist aber Voraussetzung, daß der Inhaber oder Leiter oder der zur gesetzlichen Vertretung Berechtigte vorsätzlich oder fahrlässig seine Aufsichtspflicht verletzt hat und daß der Verstoß hierauf beruht.

# NEUNTER TEIL

## Verfahren vor den Kammern (Senaten) für Baulandsachen

### Vorbemerkung

**a)** Entsprechend einer Empfehlung des Rechtsausschusses ist § 157 gegenüber der Regierungsvorlage (§ 198 E) insofern erweitert, als nicht nur die Entscheidungen der Enteignungsbehörde (Fünfter Teil des Gesetzes) der gerichtlichen Nachprüfung durch die Baulandkammern unterliegen sollen, sondern auch alle Entscheidungen in Umlegungs- und Grenzregelungsverfahren (Vierter Teil des Gesetzes). Für diese Erweiterung der Zuständigkeit der Baulandkammern und -senate war die Erwägung maßgebend, daß die in einem Umlegungsverfahren ergehenden Entscheidungen vielfach eine Enteignung darstellen und daher nach Art. 14 Abs. 3 Satz 4 GG hinsichtlich der Entschädigungshöhe nur durch die Anrufung der Zivilgerichte angefochten werden können, während bei der Anfechtung anderer Entscheidungen im Umlegungsverfahren die Verwaltungsgerichte zuständig wären. Um eine Aufspaltung des Umlegungsverfahrens in verschiedene Rechtsmittelzüge zu vermeiden, erschien es dem Ausschuß ebenso wie beim Enteignungsverfahren sachdienlich, das Rechtsmittelverfahren in Umlegungs- und Grenzregelungssachen einheitlich den Baulandkammern zu übertragen.

**b) Schrifttum**

Gelzer, Zweifelsfragen zum Verfahren der Baulandgerichte, DVBl. 1962, 888,

Hering, Verwaltungsverfahren und Gerichtsverfahren nach dem Bundesbaugesetz, DVBl. 1961, 217,

Hussla, Unzuständigkeit des BayObLG in Baulandsachen, NJW 1963, 1389,
Lubbe, Zum Anwaltszwang vor den Kammern für Baulandsachen, NJW 1962, 701,
Lubbe, Das Verfahren vor den Baulandgerichten, DÖV 1962, 925,
Volk, Verfahren vor den Baulandgerichten; Bemerkungen zum Aufsatz Lubbe in DÖV 1962, 925 = DÖV 1964, 45,
Zuck, Verpflichtungsanträge vor der Baulandkammer, MDR 1964, 196.

## § 157
### *Antrag auf gerichtliche Entscheidung*

**(1) Verwaltungsakte nach dem Vierten und Fünften Teil sowie nach §§ 18, 21 Abs. 3, §§ 28, 40 bis 44, 126 Abs. 2, § 151 Abs. 2 oder § 153 Abs. 3 Satz 2 können nur durch Antrag auf gerichtliche Entscheidung angefochten werden. Über den Antrag entscheidet das Landgericht, Kammer für Baulandsachen.**

**(2) Der Antrag ist binnen einem Monat seit der Zustellung des Verwaltungsaktes bei der Stelle einzureichen, die den Verwaltungsakt erlassen hat. Ist die ortsübliche Bekanntmachung des Verwaltungsaktes vorgeschrieben, so ist der Antrag binnen sechs Wochen seit der Bekanntmachung einzureichen. Hat ein Vorverfahren (§ 155) stattgefunden, so beginnt die in Satz 1 bestimmte Frist mit der Zustellung des Bescheides, der das Vorverfahren beendet hat.**

**(3) Der Antrag muß den Verwaltungsakt bezeichnen, gegen den er sich richtet. Er soll die Erklärung, inwieweit der Verwaltungsakt angefochten wird, und einen bestimmten Antrag enthalten. Er soll die Gründe sowie die Tatsachen und Beweismittel angeben, die zur Rechtfertigung des Antrages dienen.**

**(4) Die Stelle, die den Verwaltungsakt erlassen hat, hat den Antrag mit ihren Akten unverzüglich dem zuständigen Landgericht vorzulegen. Ist das Verfahren vor der Stelle noch nicht abgeschlossen, so sind statt der Akten Abschriften der bedeutsamen Aktenstücke vorzulegen.**

**1. Anfechtung von bestimmten Verwaltungsakten (Abs. 1)**

**a)** Die Besonderheit des nach § 157 gegebenen gerichtlichen Verfahrens zeigt sich vor allem darin, daß nicht etwa, wie im Zivilprozeß oder im verwaltungsgerichtlichen Verfahren, Kläger und Beklagte auftreten, sondern Beteiligte (vgl. § 162).

**b)** Wer den Antrag auf gerichtliche Entscheidung stellen kann, ist im Gesetz nicht ausdrücklich gesagt, doch kann im Hinblick auf § 162 (vgl. ferner §§ 48 und 107) davon ausgegangen werden, daß jeder, der an dem Verfahren, in dem der Verwaltungsakt erlassen worden ist, Beteiligter war und dessen Rechte oder Pflichten durch die Entscheidung der Behörde betroffen wurden, antragsberechtigt ist. Anfechten kann ferner nur derjenige, der geltend macht, daß er durch den Verwaltungsakt in seinen Rechten verletzt wurde (indem z. B. seinen Anträgen im Verwaltungsverfahren nicht oder nur teilweise stattgegeben wurde oder ihm zu Unrecht eine Verbindlichkeit auferlegt oder eine Leistung, auf die er Anspruch zu haben glaubt, verweigert wurde). Nach § 162 Abs. 1 Satz 2 ist in dem gerichtlichen Verfahren auch die Stelle Beteiligte, die den Verwaltungsakt erlassen hat (also etwa die Enteignungsbehörde); doch hat diese kein Antragsrecht nach § 157 Abs. 1, da sie nicht ihre eigene Entscheidung anfechten kann.

c) Das gegebene Rechtsmittel ist der Antrag auf gerichtliche Entscheidung über die Rechtmäßigkeit des belastenden Verwaltungsakts. Sachlich zuständig ist das Landgericht, Kammer für Baulandsachen. Über die örtliche Zuständigkeit siehe § 159.

Gemäß § 155 können die Landesregierungen durch Rechtsverordnung bestimmen, daß — ausgenommen die Fälle der §§ 18, 21 Abs. 3, 28, 40 bis 44, 126 Abs. 2, 151 Abs. 2, 153 Abs. 3 Satz 2 — vor dem Antrag nach § 157 Abs. 1 ein Vorverfahren durchzuführen ist.

d) Anfechtbar sind Verwaltungsakte, d. h. alle Sachentscheidungen, die in die Rechtssphäre eines Beteiligten eingreifen; von der Anfechtung ausgeschlossen sind geschäftsleitende, das Verfahren fördernde oder unterstützende Verfügungen und Anordnungen (z. B. Terminansetzung, Beiziehung von Akten, Vertagungen). Vgl. wegen der Teilentscheidungen § 112 Anm. 1; ferner § 114 Anm. 2 d.

Die Anfechtbarkeit vor den Baulandkammern ist gegeben bei Verwaltungsakten, die in den folgenden Verfahren ergehen:

aa) im Umlegungsverfahren (§§ 45 ff.),
bb) im Grenzregelungsverfahren (§§ 80 ff.),
cc) im Enteignungsverfahren (§§ 85 ff.),

ferner bei Streitigkeiten über Entschädigungsleistungen:

dd) für länger als vier Jahre dauernde Veränderungssperren (§ 18),
ee) anläßlich der Versagung einer Baugenehmigung (§ 21 Abs. 2 und 3),
ff) anläßlich der Ausübung des Vorkaufsrechts durch die Gemeinde (§ 28),
gg) bei Festsetzung öffentlicher Flächen im Bebauungsplan (§ 40),
hh) bei Festsetzung von unbebauten Grundstücken und von Schutzflächen (§ 41),
ii) bei Begründung von Geh-, Fahr- und Leitungsrechten (§ 42),
kk) bei Festsetzung von Bindungen für Bepflanzungen (§ 43),
ll) bei Änderung oder Aufhebung einer zulässigen Nutzung (§ 44),
mm) bei Anbringung oder Entfernung von Haltevorrichtungen (§ 126 Abs. 2),
nn) bei Durchführung von Vorarbeiten auf Grundstücken (§ 151 Abs. 2),
oo) im Falle der Wiedereinsetzung bei Aufrechterhaltung des neuen Rechtszustandes (§ 153 Abs. 3 Satz 2).

**2. Form, Frist und Inhalt des Antrags (Abs. 2 und 3)**

a) Über die Form des Antrags ist im Gesetz nichts enthalten. Es kann davon ausgegangen werden, daß er in der Regel schriftlich einzureichen ist. Wird er mündlich vorgebracht, so hat die Behörde über den Antrag eine Niederschrift aufzunehmen, die den Erfordernissen der Abs. 2 und 3 entspricht. Wenn, was in der Regel der Fall sein wird, der Antrag auf gerichtliche Entscheidung auch einen Antrag zur Hauptsache enthält (Abs. 3, Satz 2, zweiter Halbsatz), so ist Anwaltszwang gegeben (§ 162 Abs. 3 Satz 2 i. V. mit § 78 ZPO).

**b)** Der Antrag ist nicht etwa beim Landgericht, Kammer für Bausachen, zu stellen, sondern bei der Stelle, die den Verwaltungsakt erlassen hat, also z. B. bei der Umlegungsstelle oder bei der Enteignungsbehörde. Eine rechtzeitige Einreichung des Antrags bei der Baulandkammer dürfte aber auch genügen (so auch Knaup-Ingenstau, Anm. zu § 157; a. M. Schütz-Frohberg Anm. 2 zu § 157).

c) Die Antragsfrist beträgt im Regelfall einen Monat; sie beginnt mit der Zustellung der Entscheidung; hat ein Vorverfahren nach § 155 stattgefunden, so beginnt die Monatsfrist mit der Zustellung des Bescheids, der das Vorverfahren beendet hat (Abs. 2 **Satz 3**). Eine Abweichung von der Regel (Monatsfrist) ergibt sich für den Fall, daß die ortsübliche Bekanntmachung des Verwaltungsakts vorgeschrieben ist (z. B. §§ 50, 71, 83); hier ist der Antrag auf gerichtliche Entscheidung binnen sechs Wochen „seit der Bekanntmachung" einzureichen (Abs. 2 **Satz 2**). Maßgebend ist dabei das Datum, das die öffentliche Bekanntmachung trägt. Bei Versäumung der Frist ist der Antrag als unzulässig abzuweisen; über die Wiedereinsetzung bei Fristversäumung siehe § 158.

d) Der Antrag muß den Verwaltungsakt bezeichnen, gegen den er sich richtet; diese Formvorschrift ist — anders als in der VwGO, vgl. § 82 Abs. 2 — zwingend; ihre Verletzung bewirkt, daß der Antrag unzulässig ist. Ferner soll der Antrag den in Abs. 3 Satz 2 und 3 bezeichneten Inhalt aufweisen (vgl. hierzu auch Eyermann-Fröhler VwGO, Anm. 1—4 zu § 82; Koehler VwGO, Anm. II und III zu § 82).

### 3. Vorlagepflicht der Behörde (Abs. 4)

Abs. 4 verpflichtet die Behörde, die den Verwaltungsakt erlassen hat, den Antrag auf gerichtliche Entscheidung mit den Akten unverzüglich (d. h. ohne schuldhafte Verzögerung) dem zuständigen Landgericht vorzulegen. Das Gesetz sagt nichts darüber, ob die Behörde den Verwaltungsakt auf den Antrag hin etwa von sich aus aufheben oder (zugunsten des Antragstellers) abändern kann. In Anlehnung an den allgemeinen Grundsatz des Verwaltungsrechts, daß eine Behörde in der Regel stets Herr über die von ihr getroffenen Entscheidungen ist und einen Verwaltungsakt auch nach Klageerhebung im verwaltungsgerichtlichen Verfahren aufheben oder abändern kann, sofern ihr dies nicht die Grundsätze über den Widerruf eines begünstigenden Verwaltungsakts verbieten (Eingriffe in die Rechte anderer Beteiligter, vgl. auch § 113 Abs. 1 Satz 4 VwGO), wird diese Frage zu bejahen sein (ähnlich Schütz-Frohberg Anm. 4 zu § 157; vgl. ferner v. Hausen — v. d. Heide, Anm. 5 zu § 157).

Durch die Vorschrift des **Satz 2** soll erreicht werden, daß die Behörde im Falle der Anfechtung von Entscheidungen, die vor dem endgültigen Abschluß des Verfahrens liegen (z. B. über vorzeitige Besitzeinweisung, §§ 77, 116), das Hauptverfahren ungestört fortsetzen kann. (Vorlage von Abschriften der bedeutsamen Aktenstücke statt der Akten selbst); doch kann auch hier das Landgericht die Vorlage der Akten anordnen.

**4. Rechtsprechung**

A. Höchstrichterliche Rspr.

1. BGH, U vom 14. 10. 1963 (III ZR 213/62) BBauBl. 1964, 96 = MDR 1964, 34 = DVBl. 1964, 372 = DWW 1964, 16.

Darin, daß die Kammer für Baulandsachen über einen nicht nach dem Bundesbaugesetz zu beurteilenden Anspruch auf Entschädigung einer Bausperre entschieden hat, liegt kein unverzichtbarer Verfahrensmangel.

2. BGH, U vom 16. 3. 1964 (III ZR 98/63) BGHZ 41, 183 = DVBl. 1964, 437 = BBauBl. 1964, 350 = NJW 1964, 1522 = DÖV 1964, 790.

Im Verfahren nach dem Bundesbaugesetz unterliegt der bei der Verwaltungsbehörde einzureichende Antrag auf gerichtliche Entscheidung noch nicht dem Anwaltszwang (vgl. auch Volk in DÖV 1964, 45/47).

3. BGH, U vom 16. 3. 1964 (III ZR 85/63) BGHZ 41, 249 = DWW 1964, 323 = NJW 1964, 1568 = MDR 1964, 659 = DÖV 1964, 790 = ZMR 1965, 27 = BBauBl. 1965, 230.

a) Urteile der Kammern und der Senate für Baulandsachen sind von diesen Spruchkörpern zu verkünden; doch ist die Verkündung eines solchen Urteils durch eine Zivilkammer (Zivilsenat) desselben Gerichts eine wirksame Verlautbarung.

b) Der Antrag auf gerichtliche Entscheidung in Baulandsachen kann mit fristwahrender Wirkung nicht unmittelbar beim Landgericht, sondern nur bei der Verwaltungsbehörde eingereicht werden.

c) Es spricht manches gegen die Annahme, daß das Fehlen oder die Unrichtigkeit der in § 154 BBauG angeordneten Belehrung über Rechtsbehelfe den Lauf der Frist für den Antrag auf gerichtliche Entscheidung nach § 157 Abs. 2 BBauG hindert.

d) Es wird offengelassen, ob § 158 BBauG nicht eine abschließende Regelung der Wiedereinsetzung in den vorigen Stand gegen die Versäumung der Antragsfrist des § 157 Abs. 2 BBauG derart bringt, daß über das Gesuch auf Wiedereinsetzung stets zuerst das Landgericht, über eine Beschwerde das Oberlandesgericht zu entscheiden hat, wobei sehr viel dafür spricht, daß diese Entscheidungen von der Kammer und dem Senat für Baulandsachen getroffen werden.

B. Verwaltungsgerichte und andere Gerichte

1. OLG München, U vom 12. 2. 1963 (U 2/62 Baul.) DVBl. 1963, 450 = DÖV 1963, 846.

Die Antragsfrist des § 157 Abs. 2 BBauG ist auch dann gewahrt, wenn der durch den angefochtenen Verwaltungsakt betroffene Beteiligte den Antrag binnen der Monatsfrist bei dem zur Entscheidung über den Antrag zuständigen Landgericht einreicht.

2. LG Koblenz, Kammer für Baulandsachen, U vom 28. 2. 1963 (4.0.17/62 Bau) BBauBl. 1964, 99.

a) Unterliegt der Antrag auf gerichtliche Entscheidung dem Anwaltszwang oder genügt es, daß der Sachantrag von einem Rechtsanwalt gestellt wird?

b) Wann kann Wiedereinsetzung in den vorigen Stand gewährt werden, wenn der Antrag auf gerichtliche Entscheidung nicht von einem Rechtsanwalt gestellt war?

3. OLG München, Senat für Baulandsachen, B vom 10. 4. 1964 (U 1/64 Baul.) DVBl. 1964, 548 = NJW 1964, 1282 = DÖV 1964, 790.

a) Die Kammer für Baulandsachen ist ein Spruchkörper der ordentlichen Zivilgerichtsbarkeit. Erachtet sie eine andere Zivilkammer desselben Landgerichts für zuständig, so kann sie den Rechtsstreit dorthin abgeben.

b) Die Zuständigkeit der Baulandkammer bestimmt sich nicht nach der Rechtsnatur des Anspruchs, sie ist nur dann gegeben, wenn ein Verwaltungsakt der in § 157 Abs. 1 BBauG bezeichneten Art angefochten wird.

## § 158

### *Wiedereinsetzung in den vorigen Stand*

**(1) Einem Beteiligten, der durch Naturereignisse oder andere unabwendbare Zufälle verhindert worden ist, die Frist nach § 157 Abs. 2 einzuhalten, ist auf Antrag vom Landgericht die Wiedereinsetzung in den vorigen Stand zu erteilen, wenn er den Antrag auf gerichtliche Entscheidung binnen zwei Wochen nach Beseitigung des Hindernisses einreicht und die Tatsachen, welche die Wiedereinsetzung begründen, glaubhaft macht. Gegen die Entscheidung über den Antrag findet die sofortige Beschwerde an das Oberlandesgericht statt. Nach Ablauf eines Jahres, von dem Ende der versäumten Frist an gerechnet, kann die Wiedereinsetzung nicht mehr beantragt werden.**

**(2) Ist der angefochtene Verwaltungsakt ein Enteignungsbeschluß und ist der bisherige Rechtszustand bereits durch den neuen Rechtszustand ersetzt (§ 117 Abs. 3), so kann das Gericht im Falle der Wiedereinsetzung den Enteignungsbeschluß nicht aufheben und hinsichtlich des Gegenstandes der Enteignung oder der Art der Entschädigung nicht ändern.**

**1. Voraussetzungen der Wiedereinsetzung; Anfechtung (Abs. 1)**

**a)** Die Voraussetzungen für die Wiedereinsetzung bei Versäumung der Frist des § 157 Abs. 2 (Antrag auf G e r i c h t s entscheidung) sind strenger gefaßt, als diejenigen bei Versäumung einer Frist im Verwaltungsverfahren nach § 153. Während bei der letztgenannten Vorschrift nur gefordert wird, daß der Beteiligte „ohne Verschulden“ verhindert war, eine Frist einzuhalten, wird in § 158 (insoweit übereinstimmend mit § 233 ZPO) bestimmt, daß die Fristversäumung auf „N a t u r e r e i g n i s s e o d e r a n d e r e u n a b w e n d b a r e Z u f ä l l e“ zurückzuführen sein muß **(Satz 1)**.

Solche Naturereignisse sind Erdbeben, Überschwemmungen, Dammbrüche, ausgedehnte Zerstörungen durch Explosionen u. dgl. Ein unabwendbarer Zufall ist ein Ereignis, das auch die den Umständen nach angemessene und vernünftigerweise zu erwartende Sorgfalt weder abwehren, noch in seinen schädlichen Folgen einschränken kann (vgl. insbes. BGH in NJW 1952/425; ferner Rosenberg, Lehrbuch des deutschen Zivilprozeßrechts § 77, S. 331 ff., Baumbach-Lauterbach, ZPO, Anmerkung zu § 233).

**b)** Die Wiedereinsetzung wird nur auf Antrag gewährt. Die Ausschlußfrist für diesen Antrag beträgt nach **Satz 3,** wie bei § 234 Abs. 3 ZPO, ein Jahr; nach Ablauf dieser Jahresfrist, die von dem Ende der versäumten Frist an gerechnet wird, kann die Wiedereinsetzung überhaupt nicht mehr beantragt werden.

Im übrigen ist für den Antrag auf Wiedereinsetzung eine Frist von zwei Wochen in der Weise vorgeschrieben, daß nach Beseitigung des Hindernisses in dieser Frist sowohl der Wiedereinsetzungsantrag als auch der Antrag auf gerichtliche Entscheidung nach § 157 (hinsichtlich dessen die Frist versäumt wurde) gestellt werden muß. Der Antrag nach § 157 ist grundsätzlich bei der Stelle einzureichen, die den Verwaltungsakt erlassen hat (§ 157 Abs. 2), der Antrag auf Wiedereinsetzung ist beim Landgericht zu stellen; doch wird es als zulässig zu erachten sein, daß beide Anträge miteinander verbunden und entweder bei der Behörde oder beim Gericht eingereicht werden (so auch Schütz-Frohberg, Anm. 1 zu § 158). Bei Versäumung der Frist für den Wiedereinsetzungsantrag kann Wiedereinsetzung beantragt werden, ausgenommen, wenn die Jahresausschlußfrist (s. o.) abgelaufen ist.

**c)** Die Tatsachen, welche die Wiedereinsetzung begründen, müssen in dem Wiedereinsetzungsantrag glaubhaft gemacht werden. Wegen der Glaubhaftmachung wird auf § 294 ZPO und Anm. 2 zu § 98 verwiesen.

**d)** Über die Wiedereinsetzung entscheidet das Landgericht, Kammer für Baulandsachen; gegen diese Entscheidung findet die sofortige Beschwerde an das Oberlandesgericht statt **(Satz 2),** und zwar spielt es keine Rolle, ob die Wiedereinsetzung bewilligt oder abgelehnt wurde (anders in der VwGO, vgl. § 60 Abs. 5). Der Beteiligte, der Beschwerde einlegt, muß durch die Entscheidung beschwert sein (so auch Schütz-Frohberg Anm. 1 zu § 158; a. M. Knaup-Ingenstau Anm. zu § 158).

### 2. Verbot der Aufhebung oder Änderung des Enteignungsbeschlusses im Fall der Wiedereinsetzung (Abs. 2)

Die Wiedereinsetzung wirkt sich im Regelfall dahin aus, daß der Antragsteller in jeder Richtung so gestellt wird, als ob die Frist für die Stellung des Antrags nach § 157 Abs. 2 nicht versäumt wäre. Abs. 2 bringt aber gegenüber diesem Grundsatz erhebliche Einschränkungen (ähnlich der Einschränkung bei der Wiedereinsetzung im Verwaltungsverfahren gemäß § 153 Abs. 3 Satz 2). Wenn nämlich der angefochtene Verwaltungsakt ein Enteignungsbeschluß ist und wenn gemäß § 117 Abs. 3 der bisherige Rechtszustand bereits durch den neuen Rechtszustand ersetzt ist (d. h. also, wenn die Enteignungsbehörde — infolge der Versäumung der Antragsfrist nach § 157 Abs. 2 — zu Recht der Meinung sein konnte, der Enteignungsbeschluß sei nicht mehr anfechtbar, sie daher gemäß § 117 Abs. 1 auf Antrag eines Beteiligten die Ausführungsanordnung erlassen hat und mit dem in der Ausführungsanordnung festgesetzten Tag der bisherige Rechtszustand gemäß § 117 Abs. 3 ohne weiteres durch den im Enteignungsbeschluß geregelten neuen Rechtszustand ersetzt wurde), so kann das Gericht zwar die Wiedereinsetzung gewähren, im weiteren Verfahren aber dann den Enteignungsbeschluß nicht mehr aufheben und seine Abänderung nur verfügen, soweit es sich nicht um den Gegenstand der Enteignung oder die Art der Entschädigung handelt. Es wird also z. B. die Enteignung nicht auf das ganze in Frage kommende Grundstück ausdehnen können, wenn im Enteignungsbeschluß etwa nur ein Teil des Grundstücks enteignet wurde, und es kann nicht die Entschädigung in Geld festsetzen, wenn im Enteignungsbeschluß die Entschädigung in Land festgesetzt wurde; wohl kann aber das Gericht Änderungen hinsichtlich der Höhe der Entschädigung treffen.

## § 159
### *Örtliche Zuständigkeit der Landgerichte*

**(1) Örtlich zuständig ist das Landgericht, in dessen Bezirk die Stelle, die den Verwaltungsakt erlassen hat, ihren Sitz hat.**

**(2) Die Landesregierungen können durch Rechtsverordnung die Verhandlung und Entscheidung über Anträge auf gerichtliche Entscheidung einem Landgericht für die Bezirke mehrerer Landgerichte zuweisen, wenn die Zusammenfassung für eine Förderung oder schnellere Erledigung der Verfahren sachdienlich ist. Die Landesregierungen können diese Ermächtigung auf die Landesjustizverwaltungen übertragen.**

**1. Örtliche Zuständigkeit (Abs. 1)**

Während in § 52 Nr. 1 VwGO für das verwaltungsgerichtliche Verfahren bestimmt ist, daß in Streitigkeiten, die sich auf unbewegliches Vermögen beziehen, das Verwaltungsgericht örtlich zuständig ist, in dessen Bezirk das Vermögen liegt, ist nach § 159 Abs. 1 BBauG für die Zuständigkeit des Landgerichts die Stelle maßgebend, die den Verwaltungsakt erlassen hat. Es ist das Landgericht zur Entscheidung zuständig, in dessen Bezirk diese Stelle liegt. Wie hoch der Streitwert ist, spielt für die Zuständigkeit keine Rolle.

**2. Landesrechtliche Bestimmungen (Abs. 2)**

In Abs. 2 Satz 1 sind Art und Umfang der Ermächtigung zum Erlaß von Rechtsverordnungen mit Rücksicht auf die neueren Ergebnisse der Rechtsprechung zu Art. 80 GG näher bestimmt (vgl. hierzu auch v. Mangoldt, Das Bonner Grundgesetz, Anm. 2 zu Art. 80). Die Landesregierungen werden ermächtigt, für die Bezirke zweier oder mehrerer Landgerichte eine Baulandkammer im Interesse der Förderung oder schnelleren Erledigung der Verfahren zu errichten.

Nach Satz 2 ist die Übertragung dieser Ermächtigung auf die Landesjustizverwaltungen vorgesehen.

## § 160
### *Zusammensetzung der Kammern für Baulandsachen*

**(1) Bei den Landgerichten werden eine oder mehrere Kammern für Baulandsachen gebildet. Die Kammer für Baulandsachen entscheidet in der Besetzung mit drei Richtern des Landgerichts einschließlich des Vorsitzenden sowie zwei hauptamtlichen Richtern der Verwaltungsgerichte.**

**(2) Die Richter der Verwaltungsgerichte und die für den Fall ihrer Verhinderung erforderlichen Vertreter werden von der für die Verwaltungsgerichtsbarkeit zuständigen Obersten Landesbehörde auf die Dauer von drei Jahren bestellt.**

Die Bestimmung entspricht dem § 35 BauLBG. Sie regelt die Besetzung der Baulandkammern mit drei Richtern des Landgerichts und zwei hauptamtlichen Richtern der Verwaltungsgerichte (wegen der Besetzung der Senate für Baulandsachen siehe § 169). Diese Besetzung wurde vorgesehen, um einerseits dem Art. 14 Abs. 3 Satz 4 GG (wegen der Höhe der Entschädigung Rechtsweg von den ordentlichen Gerichten) Rechnung zu tragen, andererseits aber auch die fachlichen Erfahrungen der Verwaltungsrichter insbes. auf dem Gebiet des Enteignungs- und des Umlegungsrechts verwerten zu können.

Das BVerfG (BVerfGE, 4, 387) hat die Frage, ob die (dem § 160 BBauG entsprechenden) Baulandkammern nach § 35 BauLBG ordentliche Gerichte i. S. des Art. 14 GG sind, bejaht (vgl. dagegen Heitzer in DVBl. 1951, 272).

## § 161

### *Allgemeine Verfahrensvorschriften*

**(1) In den Sachen, die auf Grund eines Antrages auf gerichtliche Entscheidung bei den Gerichten anhängig werden, sind die bei Klagen in bürgerlichen Rechtsstreitigkeiten geltenden Vorschriften entsprechend anzuwenden, soweit sich aus den §§ 157 bis 171 nichts anderes ergibt. Auf das Verfahren sind die Gerichtsferien ohne Einfluß.**

**(2) Das Gericht kann auch von Amts wegen die Aufnahme von Beweisen anordnen und nach Anhörung der Beteiligten auch solche Tatsachen berücksichtigen, die von ihnen nicht vorgebracht worden sind.**

**(3) Sind gegen denselben Verwaltungsakt mehrere Anträge auf gerichtliche Entscheidung gestellt, so wird über sie gleichzeitig verhandelt und entschieden.**

**(4) Die Vorschriften über die Vorauszahlung einer Prozeßgebühr nach § 111 Abs. 1 Satz 1 und 3 des Gerichtskostengesetzes sind nicht anzuwenden.**

**(5) § 510 c der Zivilprozeßordnung gilt entsprechend.**

**1. Anwendung von Vorschriften der ZPO (Abs. 1)**

**a)** In Abs. 1 des § 36 BauLBG war die Anwendung des § 78 Abs. 1 ZPO über den Anwalts z w a n g ausgeschlossen. Dieser Ausschluß ist in § 161 BBauG nicht aufgenommen worden, da die Erwägungen, die dem Ausschluß des Anwaltszwangs im BauLBG zugrunde lagen, nicht im vollem Umfang auf den Kreis der Sachen zutrafen, die nach § 157 jetzt in den Zuständigkeitsbereich der Baulandkammern fallen. Außerdem hat sich in der Praxis bei der Anwendung des BauLBG erwiesen, daß sich die Beteiligten in der weitaus größten Zahl der Fälle durch Anwälte vertreten ließen.

**b)** Im Zusammenhang mit dem Ausschluß des Anwaltszwangs war bisher vorgeschrieben, daß in den bei den Baulandkammern anhängigen Sachen grundsätzlich die Vorschriften über das Verfahren vor den Amtsgerichten sinngemäß anzuwenden seien. Mit der nunmehr festgelegten Anwendung auch des § 78 Abs. 1 ZPO entfällt der Grund für die bisherige Abweichung von den allgemeinen Verfahrensvorschriften für die Landgerichte. Auch bei den Kammern für Baulandsachen sind daher die sonst für das Verfahren vor den Landgerichten geltenden Vorschriften anzuwenden, soweit sich aus den §§ 157 bis 171 nichts anderes ergibt (vgl. z. B. Abs. 5 und § 167 Abs. 3 Satz 2).

Alle Verfahren vor den Baulandkammern sind Feriensachen i. S. von § 200 GVG.

**2. Offizialmaxime (Abs. 2)**

Nach Abs. 2 herrscht bei den Baulandkammern und -senaten eine beschränkte Offizialmaxime. Im Gegensatz zum verwaltungsgerichtlichen Verfahren, in dem der Untersuchungsgrundsatz vor allem für die Erforschung des Sachverhalts gilt und sich das Verwaltungsgericht grundsätzlich von Amts wegen entweder selbst oder unter Inanspruchnahme der Rechtshilfe anderer Gerichte oder Behörden von allen für die rechtliche Beurteilung der Streitsache erheblichen tatsächlichen Verhältnissen — ohne Rücksicht auf die Anträge der Parteien — Kenntnis verschaffen muß (vgl. Eyermann-Fröhler VwGO, Randnote 1 zu § 86; Koehler VwGO Anm. A zu § 86; Klinger VwGO Anm. A zu § 86), im Gegensatz aber auch zu der für bürgerliche Rechtsstreitigkeiten geltenden Regelung, wonach das Gericht an das Vorbringen der Parteien gebunden ist (Parteimaxime), bestimmt Abs. 2, daß das Gericht von Amts wegen die Aufnahme von Beweisen anordnen und nach Anhörung der Beteiligten auch solche Tatsachen berücksichtigen kann, die von ihnen nicht vorgebracht worden sind. Die Baulandgerichte können also auch ohne Anträge der Parteien von Amts wegen sachdienliche Beweiserhebung durchführen und mit sonstigen Mitteln eine Klärung des Prozeßstoffes herbeiführen. Kommen dabei neue, bisher nicht in den Prozeß eingeführte Tatsachen zur Sprache, so muß das Gericht den Beteiligten Gelegenheit zur Stellungnahme geben. Andererseits bleiben aber auch die Parteien für ihre Behauptungen beweispflichtig; das Gericht ist nicht verpflichtet, alle erdenklichen Beweise zu erheben.

Wegen der Offizialmaxime im Verwaltungsverfahren s. § 150 Anm. a.

**3. Einheitliches Verfahren (Abs. 3)**

Gegen einen Verwaltungsakt können von mehreren Beteiligten Anträge auf gerichtliche Entscheidung gestellt werden, so z. B. in einem Enteignungsverfahren vom Enteignungsbegünstigten, von dem von der Enteignung Betroffenen oder von sonstigen Beteiligten. Alle diese Beteiligten können verschiedene Interessen verfolgen und es können daher gegensätzliche Anträge gestellt werden. Es ist in diesen Fällen unbedingt notwendig, daß über alle diese Anträge in einem einheitlichen Verfahren („gleichzeitig") verhandelt und entschieden wird, da sonst die Gefahr gegensätzlicher Entscheidungen besteht.

**4. Kostenvorschuß und Schiedsverfahren (Abs. 4 und 5)**

**a)** § 111 Abs. 1 Satz 1 und 3 des Gerichtskostengesetzes i. d. F. v. 26. Juli 1957 (BGBl. I S. 941) lautet:

„Der Termin zur mündlichen Verhandlung soll auf Grund der Klage erst nach Zahlung der erforderten Prozeßgebühr bestimmt werden. ... Wird der Klageantrag erweitert, so soll vor Zahlung der erforderten Prozeßgebühr keine gerichtliche Handlung vorgenommen werden."

Diese Bestimmungen finden nach **Abs. 4** keine Anwendung. Das Tätigwerden der Baulandgerichte darf also nicht von der Einzahlung eines Kostenvorschusses abhängig gemacht werden.

**b)** Dagegen kommt die sonst im Verfahren vor den Landgerichten nicht geltende Vorschrift des § 510 c ZPO über das vereinfachte Verfahren in Sachen mit einem Streitwert von nicht mehr als 50 DM zur Anwendung **(Abs. 5)**. Hiernach bestimmt in solchen Fällen das Gericht sein Verfahren nach freiem Ermessen; das „Schiedsurteil" braucht nicht schriftlich begründet zu werden, wenn die Parteien auf diese Begründung verzichten; der Verzicht ist in die Niederschrift aufzunehmen.

## § 162

*Beteiligte*

**(1) Wer an dem Verfahren, in dem der Verwaltungsakt erlassen worden ist, Beteiligter war, ist auch in dem gerichtlichen Verfahren Beteiligter, wenn seine Rechte oder Pflichten durch die Entscheidung des Gerichts betroffen werden können. In dem gerichtlichen Verfahren ist auch die Stelle Beteiligte, die den Verwaltungsakt erlassen hat.**

**(2) Der Antrag auf gerichtliche Entscheidung ist den übrigen in Absatz 1 Satz 1 bezeichneten Beteiligten, soweit sie bekannt sind, zuzustellen.**

**(3) Auf die Beteiligten sind die für die Parteien geltenden Vorschriften der Zivilprozeßordnung entsprechend anzuwenden. § 78 der Zivilprozeßordnung gilt in dem Verfahren vor dem Landgericht und dem Oberlandesgericht nur für Beteiligte, die Anträge in der Hauptsache stellen.**

**(4) Die Beteiligten können sich vor dem nach § 159 Abs. 2 bestimmten Gericht auch durch Rechtsanwälte vertreten lassen, die bei dem Landgericht zugelassen sind, vor das der Antrag auf gerichtliche Entscheidung ohne die Regelung nach § 159 Abs. 2 gehören würde.**

**a)** Im Verfahren vor den Baulandgerichten stehen sich nicht Kläger und Beklagte, sondern „Beteiligte" gegenüber **(Abs. 1)**. Ob eine Person als Beteiligte in diesem Verfahren auftreten kann, hängt von zwei Voraussetzungen ab:

**aa)** Sie muß bereits im vorangegangenen Verwaltungsverfahren beteiligt gewesen sein. Ob dies der Fall war, geht im allgemeinen aus dem angefochtenen Beschluß hervor (vgl. z. B. im Enteignungsverfahren § 113 Abs. 2 Nr. 1 und 2); es können aber auch Personen in Frage kommen, die durch eine Zwischenentscheidung aus dem Verwaltungsverfahren ausgeschieden sind (vgl. z. B. § 107 Abs. 3 Satz 2). Hinsichtlich der Beteiligteneigenschaft im Verwaltungsverfahren siehe § 48 (Umlegungsverfahren) und § 107 (Enteignungsverfahren). Im übrigen ist im gerichtlichen Verfahren auch die Stelle Beteiligte, die den Verwaltungsakt erlassen hat; die Folge davon ist, daß sie als Prozeßpartei zu allen Terminen zu laden ist und daß sie Prozeß- und Sachanträge stellen kann. Vgl. auch den Wortlaut von § 168 Abs. 1.

**bb)** Die Rechte oder Pflichten des Beteiligten müssen durch die Entscheidung des Gerichts betroffen werden können. Nicht beteiligt im gerichtlichen Verfahren ist also ein am Verwaltungsverfahren Beteiligter, wenn die Entscheidung der Behörde insoweit, als sie ihn betrifft, nicht mehr im Streit vor den Baulandgerichten befangen ist, weil sie insoweit nicht angefochten ist (Teilanfechtung); dies ist z. B. der Fall, wenn der von der Enteignung Betroffene die Entscheidung der Enteignungsbehörde hinsichtlich der Höhe der ihm vom Enteignungsbegünstigten zu zahlenden Entschädigung anficht und dabei die im Enteignungsbeschluß geregelten Rechte eines Nebenberechtigten überhaupt nicht berührt werden; hier ist der Nebenberechtigte am gerichtlichen Verfahren nicht mehr beteiligt.

**b)** Der Antrag auf gerichtliche Entscheidung gleicht der Einreichung der Klage im Zivil- und Verwaltungsprozeß (§ 253 ZPO, § 85 VwGO). Er ist daher allen Beteiligten zuzustellen **(Abs. 2).** Sind mehrere Anträge gestellt worden, so sind sie alle den Beteiligten zuzustellen. Der Zusatz „soweit sie (nämlich die Beteiligten) bekannt sind" will besagen, daß sich die Beteiligtenstellung aus den Unterlagen (Antrag auf gerichtliche Entscheidung, Akten der Behörde) ergeben muß. Stellt sich im weiteren Verfahren heraus, daß die Zustellung an einen Beteiligten oder mehrere Beteiligte noch nicht erfolgt ist, so kann sie nachgeholt werden.

**c)** Obwohl in dem Verfahren vor den Baulandgerichten die Stellung der Beteiligten eine andere ist als im Zivilprozeß (siehe oben Anm. a), sind nach **Abs. 3** die für die Parteien geltenden Vorschriften der ZPO auf diese Beteiligten entsprechend anzuwenden. Hierher gehören vor allem die Bestimmungen über die Parteifähigkeit (§ 50 ZPO) und über die Prozeßfähigkeit (§§ 51 ff. ZPO).

Eine Ausnahme ist geschaffen hinsichtlich § 78 ZPO. Dieser bestimmt, daß vor den Landgerichten und vor allen Gerichten des höheren Rechtszuges die Parteien sich durch einen bei dem Prozeßgericht zugelassenen Rechtsanwalt als Bevollmächtigten vertreten lassen müssen (Anwaltsprozeß). Abs. 3 modifiziert diese Bestimmung dahin, daß § 78 ZPO in dem Verfahren vor der Baulandkammer des Landgerichts und dem Baulandsenat des Oberlandesgerichts (also nicht in der Revisionsinstanz — § 170) nur für Beteiligte gilt, die Anträge in der Hauptsache stellen. Einen Rechtsanwalt als Bevollmächtigten müssen also im Verfahren vor dem Landgericht und dem Oberlandesgericht beispielsweise die Beteiligten bestellen, die den Antrag auf gerichtliche Entscheidung stellen (da dieser Antrag dann im Verfahren immer „die Hauptsache" darstellt), ferner die Beteiligten, gegen den sich der Einzelantrag richtet (z. B. ein Beteiligter, der in Land entschädigt werden soll, wogegen sich der Enteignungsbegünstigte wehrt). Ein Beteiligter, der keine Anträge in der Hauptsache stellt (z. B. ein Beteiligter, dessen bisheriges Recht an einem Grundstück auf ein anderes Grundstück übertragen werden soll, ohne daß sich der Antrag auf gerichtliche Entscheidung gegen diese Übertragung wendet) braucht in dem gerichtlichen Verfahren keinen Anwalt zu bestellen.

**d) Abs. 4** bringt die Möglichkeit der Zulassung von Anwälten in den Fällen des § 159 Abs. 2.

e) **Rechtsprechung**

BGH, U vom 16. 3. 1964 (III ZR 98/63) DVBl. 1964, 437 = BBauBl. 1964, 350.

Im Verfahren nach dem Bundesbaugesetz unterliegt der bei der Verwaltungsbehörde einzureichende Antrag auf gerichtliche Entscheidung noch nicht dem Anwaltszwang.

## § 163

### *Anfechtung von Ermessensentscheidungen*

**Soweit die Stelle, die den Verwaltungsakt erlassen hat, ermächtigt ist, nach ihrem Ermessen zu handeln, kann der Antrag nur darauf gestützt werden, daß die Entscheidung rechtswidrig ist, weil die gesetzlichen Grenzen des Ermessens überschritten sind oder von dem Ermessen in einer dem Zweck der Ermächtigung nicht entsprechenden Weise Gebrauch gemacht worden ist. Dies gilt nicht, soweit in dem Verwaltungsakt über einen Anspruch auf eine Geldleistung entschieden worden ist.**

1. **Überprüfung von Ermessensentscheidungen (Satz 1)**

Die Bestimmung entspricht im wesentlichen dem § 114 VwGO. Der gerichtlichen Überprüfung von Ermessensentscheidungen der Behörde sind gewisse Grenzen gesetzt; das Verwaltungsermessen kann grundsätzlich durch das Gericht nicht uneingeschränkt nachgeprüft werden (Ausnahme siehe unten Anm. 2). Das Gericht kann eine Ermessensentscheidung der Behörde nicht durch eine andere Ermessensentscheidung ersetzen, die es für sachdienlich hält (vgl. für das verwaltungsgerichtliche Verfahren BVerwGE 4, 283/284; Bayer. VGH in VerwRspr. 1 Nr. 25; WüBad VGH in DÖV 49, 179). Der Antrag auf gerichtliche Entscheidung kann, soweit eine Ermessensentscheidung der Behörde vorliegt (also soweit nicht die Behörde in einer Rechtsfrage eine Entscheidung gefällt hat), nur darauf gestützt werden, daß die Entscheidung rechtswidrig ist (d. h. der Antragsteller muß behaupten, daß ihm gegenüber eine Rechtsverletzung vorliegt), weil

a) die Behörde die gesetzlichen Grenzen des Ermessens überschritten hat, d. h. wenn sie bei ihrer Entscheidung den Ermessensrahmen verläßt, der ihr durch das Gesetz zugewiesen wurde; hierher gehören z. B. die Fälle, in denen die Behörde nach freiem Ermessen entscheidet, während die Ausübung ihres Ermessens im Gesetz an bestimmte Voraussetzungen gebunden ist, ferner Fälle der Verletzung des Grundsatzes der Verhältnismäßigkeit;

oder

b) die Behörde von dem Ermessen in einer dem Zweck der Ermächtigung nicht entsprechenden Weise Gebrauch gemacht hat. Hier handelt es sich um den sog. Ermessensfehlgebrauch, der dann gegeben ist, wenn die Behörde zwar im Rahmen des ihr zustehenden Ermessens tätig wird, aber zu einem gesetzwidrigen, dem Sinn des Gesetzes nicht entsprechenden Ergebnis kommt.

Im übrigen vergleiche zum Begriff des Ermessens und der Ausübung des Ermessens Eyermann-Fröhler VwGO § 114 Randnote 1—28; Koehler VwGO Anm. A zu § 114; Klinger VwGO Anm. G IV u. V zu § 42.

2. **Ausnahmen (Satz 2)**

Im vollen Umfang kann die Ermessensentscheidung der Behörde durch das Baulandgericht nur nachgeprüft werden, soweit in dem Verwaltungsakt über einen Anspruch auf eine Geldleistung entschieden worden ist, so z. B. über die Höhe der Entschädigung im Enteignungsverfahren. Der Grund hierfür liegt in der Vorschrift des Art. 14 Abs. 3 Satz 4 GG (Entscheidung der ordentlichen Gerichte über die Höhe einer Enteignungsentschädigung), der seinem Sinn nach das normale Verfahren vor den Zivilgerichten voraussetzt. Hier muß also auch (da andernfalls eine Änderung des GG notwendig gewesen wäre) das Verfahren nach der ZPO in vollem Umfang Platz greifen.

## § 164

*Anfechtung einer vorzeitigen Besitzeinweisung*

**Hat ein Beteiligter gegen eine vorzeitige Besitzeinweisung Antrag auf gerichtliche Entscheidung gestellt, so sind Zwangsmaßnahmen zur Verschaffung des tatsächlichen Besitzes nur mit Zustimmung des Gerichts zulässig, bei dem die Sache anhängig ist.**

**a)** Die vorzeitige Besitzeinweisung kann ausgesprochen werden im Umlegungsverfahren nach § 77 und im Enteignungsverfahren nach § 116 (siehe die Anmerkungen dort). Diese vorzeitige Besitzeinweisung ist ihrem Wesen nach die Anordnung der sofortigen Vollziehung eines Verwaltungsakts (ähnlich die Bestimmungen in § 80 VwGO). Diese sofortige Vollziehung ist auch im Verfahren vor den Kammern (Senaten) für Baulandsachen die Ausnahme; im Regelfall gilt auch hier, daß der Antrag nach § 157 eine aufschiebende Wirkung auslöst (Suspensiveffekt).

**b)** Die vorzeitige Besitzeinweisung kann (wie ihre Ablehnung) durch Antrag auf gerichtliche Entscheidung angefochten werden (s. § 116 Anm. 11). Anfechtungsberechtigt sind „die Beteiligten", das sind der Antragsteller (im Falle der Ablehnung), der Eigentümer und der unmittelbare Besitzer (§ 116 Abs. 1 Satz 3).

Wenn dem Antrag auf vorzeitige Besitzeinweisung von der Behörde stattgegeben wurde und ein Beteiligter dagegen Antrag auf gerichtliche Entscheidung nach § 157 gestellt hat, so ist ein behördlicher Zwangsvollzug der vorzeitigen Besitzeinweisung, d. h. die Verschaffung des tatsächlichen Besitzes an dem Grundstück, in dessen Besitz der Begünstigte eingewiesen wurde, nur zulässig, wenn das Gericht, bei dem die Sache anhängig ist, seine Zustimmung gibt. Das Gericht wird diese Zustimmung nur geben, wenn es nach sachlicher Prüfung die Bestätigung der vorzeitigen Besitzeinweisung nicht für unwahrscheinlich hält, insbes. im Hinblick auf das „Wohl der Allgemeinheit" (§ 77 Abs. 1) oder wenn „Gründe des Wohles der Allgemeinheit dringend" (§ 116 Abs. 1) die Zwangsmaßnahmen erfordern (ähnlich v. Hausen-v. d. Heide Anm. 2 zu § 164).

**c)** Der Rechtsbestand der vorzeitigen Besitzeinweisung wird durch die Verweigerung der Zustimmung des Gerichts nicht berührt; unzulässig sind dann nur die in § 164 bezeichneten Zwangsmaßnahmen. Über die vorzeitige Besitzeinweisung selbst wird durch das Gericht auf Antrag nach § 157 entschieden.

## § 165
*Vorzeitige Ausführungsanordnung*

**Ist nur noch die Höhe einer Geldentschädigung streitig, so kann das Gericht auf Antrag des Enteignungsbegünstigten beschließen, daß die Enteignungsbehörde die Ausführung des Enteignungsbeschlusses anzuordnen hat. In dem Beschluß kann bestimmt werden, daß der Enteignungsbegünstigte für den im Streit befindlichen Betrag Sicherheit zu leisten hat. Die Ausführungsanordnung darf erst ergehen, wenn der Enteignungsbegünstigte die festgesetzte Geldentschädigung gezahlt oder zulässigerweise unter Verzicht auf das Recht der Rücknahme hinterlegt hat.**

### 1. Vorzeitige Erlassung der Ausführungsanordnung (Satz 1)

Nach § 117 Abs. 1 ist Voraussetzung für die Erlassung der Ausführungsanordnung, daß der Enteignungsbeschluß nicht mehr anfechtbar ist (vgl. § 117 Anm. 1 b). Diese Vorschrift kann dazu führen, daß der Eintritt des durch die Enteignung angestrebten neuen Rechtszustandes und damit die Möglichkeit der Verwirklichung des geplanten Enteignungszwecks durch längere Dauer eines Prozesses über Regelungen, die im Enteignungsbeschluß getroffen wurden, hinausgezögert wird. Soweit Fragen der Enteignung selbst (Notwendigkeit und Umfang) strittig sind, muß dies hingenommen werden. Der Gesetzgeber hat es aber für notwendig gehalten, für den Fall, daß nur noch die Höhe der Geldentschädigung im gerichtlichen Enteignungsverfahren strittig ist (wenn etwa der Enteignungsbeschluß hinsichtlich des Umfangs der Enteignung nicht angefochten wurde oder der Antrag auf gerichtliche Entscheidung in dieser Hinsicht zurückgenommen wurde), die Möglichkeit einer Beschleunigung des Verfahrens zu schaffen. Diese Möglichkeit besteht in der vorzeitigen Erlassung der Ausführungsanordnung nach § 117.

a) Die Entscheidung darüber, ob in dem Fall, daß nur noch die Höhe der Entschädigung im gerichtlichen Verfahren strittig ist, die Ausführung des Enteignungsbeschlusses anzuordnen ist, prüft das Gericht — und zwar sind zumindest die beiden Tatsacheninstanzen zuständig. Die Entscheidung ergeht durch Beschluß; dieser hat zum Inhalt, daß die Enteignungsbehörde angewiesen wird, die Ausführungsanordnung zu erlassen.

b) Der Beschluß ergeht nur auf Antrag des Enteignungsbegünstigten; auf Antrag eines anderen Beteiligten oder von Gerichts wegen kann der Beschluß nicht erlassen werden. Der Beschluß kann nach den Vorschriften der §§ 567 ff. ZPO angefochten werden, wenn es sich nicht um einen Beschluß des Oberlandesgerichts, Senat für Baulandsachen, handelt (§ 567 Abs. 3 ZPO).

### 2. Sicherung des Betroffenen vor Nachteilen (Satz 2 und 3)

a) Auch für die vorzeitige Ausführungsanordnung ist — wie bei der auf Grund des unanfechtbar gewordenen Enteignungsbeschlusses nach § 117 Abs. 1 ergehenden Ausführungsanordnung — Voraussetzung, daß der Enteignungsbegünstigte die im Enteignungsbeschluß (der hier hinsichtlich der Höhe der Entschädigung noch nicht unanfechtbar geworden ist) festgesetzte Geldentschädigung gezahlt oder zulässigerweise unter Verzicht auf das Recht der Rücknahme hinterlegt hat (Satz 3; vgl. dazu Anm. 1 c zu § 117).

b) Ferner kann das Gericht im Falle eines Beschlusses nach § 165 Satz 1 bestimmen, daß der Enteignungsbegünstigte für den im Streit befindlichen Betrag (also für den Betrag, den der von der Enteignung Betroffene noch über den im Enteignungsbeschluß festgesetzten Betrag hinaus verlangt, weil er mit diesem Betrag nicht zufrieden ist) Sicherheit zu leisten hat (Satz 2; vgl. §§ 108 ff. ZPO). Hat der Enteignungsbegünstigte wegen der Höhe der Geldentschädigung Antrag auf gerichtliche Entscheidung gestellt (weil ihm die im Enteignungsbeschluß festgesetzte Geldentschädigung als zu hoch erscheint) so schlägt nur Satz 3 ein, d. h. der Begünstigte hat auf jeden Fall zunächst die im Enteignungsbeschluß festgesetzte Geldentschädigung zu zahlen oder zu hinterlegen, wenn er eine vorzeitige Ausführungsanordnung nach § 165 herbeiführen will.

## § 166
*Urteil*

**(1) Über den Antrag auf gerichtliche Entscheidung wird durch Urteil entschieden.**

**(2) Wird ein Antrag auf gerichtliche Entscheidung, der einen Anspruch auf eine Geldleistung betrifft, für begründet erachtet, so hat das Gericht den Verwaltungsakt zu ändern. Wird in anderen Fällen ein Antrag auf gerichtliche Entscheidung für begründet erachtet, so hat das Gericht den Verwaltungsakt aufzuheben und erforderlichenfalls auszusprechen, daß die Stelle, die den Verwaltungsakt erlassen hat, verpflichtet ist, in der Sache unter Beachtung der Rechtsauffassung des Gerichts anderweit zu entscheiden.**

**(3) Einen Enteignungsbeschluß kann das Gericht auch ändern, wenn der Antrag auf gerichtliche Entscheidung nicht einen Anspruch auf Geldleistung betrifft. Es darf in diesem Falle über den Antrag des Beteiligten, der den Antrag auf gerichtliche Entscheidung gestellt hat, hinaus den Enteignungsbeschluß auch ändern, soweit ein anderer Beteiligter es beantragt hat; dabei ist eine Änderung des Enteignungsbeschlusses zum Nachteil dessen, der den Antrag auf gerichtliche Entscheidung gestellt hat, nicht statthaft. Wird ein Enteignungsbeschluß geändert, so ist § 113 Abs. 2 entsprechend anzuwenden. Wird ein Enteignungsbeschluß aufgehoben oder hinsichtlich des Gegenstandes der Enteignung geändert, so gibt das Gericht im Falle des § 113 Abs. 3 dem Vollstreckungsgericht von seinem Urteil Kenntnis.**

**(4) Ist von mehreren Anträgen nur der eine oder ist nur ein Teil eines Antrages zur Endentscheidung reif, so soll das Gericht hierüber ein Teilurteil nur erlassen, wenn es zur Beschleunigung des Verfahrens notwendig erscheint.**

**(5) Urteile sind den Beteiligten von Amts wegen zuzustellen.**

**1. Entscheidung über den Antrag nach § 157 (Abs. 1)**

Die Entscheidung des Baulandgerichts über einen Antrag auf gerichtliche Entscheidung nach § 157 ergeht immer in Form eines Urteils, das aus Tenor, Tatbestand, Gründen und einer Rechtsmittelbelehrung besteht. Es spielt dabei keine Rolle, ob der Antrag als unzulässig verworfen (Prozeßurteil) oder ganz oder teilweise als unbegründet abgewiesen oder ob ihm stattgegeben wird (Sachurteil).

Im allgemeinen herrscht auch im Verfahren vor den Baulandkammern und -senaten das im verwaltungsgerichtlichen Verfahren übliche kassatorische Prinzip (Abs. 2 Satz 2; vgl. § 113 Abs. 1 Satz 1 und Abs. 4 VwGO); dieses wird nur verlassen bei Entscheidungen, die einen Anspruch auf Geldleistung betreffen (Abs. 2 Satz 1; entsprechend § 113 Abs. 2 VwGO), sowie allgemein bei Enteignungsbeschlüssen (Abs. 3; letztere Regelung hat in der VwGO keine Parallele). Vgl. hierzu auch unten Anm. 2.

**2. Ausspruch im Urteil (Abs. 2 und 3)**

Das Gesetz befaßt sich nicht mit dem Prozeßurteil. Dagegen unterscheidet es hinsichtlich des Sachurteils zwei Fälle, nämlich

a) Zulässigkeit der Änderung des Verwaltungsakts **(Abs. 2 Satz 1, Abs. 3).**

b) Aufhebung des Verwaltungsakts und Verpflichtungsausspruch **(Abs. 2 Satz 2).**

**Zu a):** Hier werden zwei Fälle unterschieden:

**aa)** Das Gericht hat stets (also in allen in § 157 Abs. 1 genannten Fällen) den Verwaltungsakt der Behörde zu ändern, wenn mit den Antrag auf eine gerichtliche Entscheidung ein Anspruch auf Heraufsetzung oder Herabsetzung einer Geldleistung geltend gemacht wird und wenn es den Antrag auf gerichtliche Entscheidung ganz oder teilweise für begründet erachtet. Das Gericht kann also die Geldleistung höher oder niedriger festsetzen oder die Verpflichtung zur Leistung einer Geldentschädigung verneinen oder eine bisher nicht zuerkannte Geldleistung festsetzen.

**bb)** Ist der angegriffene Verwaltungsakt ein Enteignungsbeschluß (§§ 112, 113), so kann er stets abgeändert werden, auch wenn der Antrag auf gerichtliche Entscheidung nicht einen Anspruch auf Geldleistung betrifft. Im Enteignungsverfahren kann also das Gericht den Enteignungsbeschluß auch hinsichtlich des Enteignungsgegenstands oder einer sonstigen Entscheidung selbst ändern. Es muß dann einen neuen Enteignungsbeschluß nach § 113 Abs. 2 erlassen. Die Erlassung der Ausführungsanordnung nach § 117 verbleibt jedoch in der Zuständigkeit der Behörde. Im Fall der Aufhebung oder Änderung des Enteignungsbeschlusses ist § 113 Abs. 3 zu beachten (Abs. 3 **Satz 3 und 4).** Entsprechend einer Empfehlung des Rechtsausschusses ist ferner klargestellt, daß das Gericht, sofern nur ein Beteiligter einen Antrag auf gerichtliche Entscheidung gestellt hat, bei seiner Entscheidung zwar über dessen Antrag hinaus auch Anträge anderer Beteiligter berücksichtigen kann, jedoch nur insoweit, als dadurch die bisherige Rechtsstellung des Beteiligten, der die gerichtliche Entscheidung beantragt hat, nicht verschlechtert wird (Verbot der reformatio in peius).

**Zu b):** In allen übrigen (also außer den oben unter a) aufgezählten) Fällen hat das Gericht, wenn es den Antrag auf gerichtliche Entscheidung für begründet hält, den Verwaltungsakt aufzuheben und erforderlichenfalls auszusprechen, daß die Stelle, die den Verwaltungsakt erlassen hat, verpflichtet ist, in der Sache unter Beachtung der Rechtsauffassung des Gerichts anderweit neu zu entscheiden. Damit wird insbesondere erreicht, daß in Umlegungsverfahren das Gericht selbst keine Sachentscheidung über eine Änderung des Umlegungsplans trifft. Angesichts des inneren Zusammenhangs, in dem die einzelnen Verfügungen im Umlegungsplan miteinander stehen, erschien eine andere Regelung für diese im Selbstverwaltungsbereich der Gemeinden liegende Aufgabe nicht möglich.

**3. Teilurteile; Zustellung von Urteilen (Abs. 4 und 5)**

In **Abs. 4** ist klargestellt, daß das Gericht zwar (gemäß § 301 ZPO) ein Teilurteil erlassen kann, daß aber davon nur ausnahmsweise Gebrauch gemacht werden soll und zwar nur in dem Fall, daß es zur Beschleunigung des Verfahrens notwendig erscheint. Grundsätzlich gilt gemäß § 161 Abs. 3 der Grundsatz der Unteilbarkeit des Verfahrens.

Die Zustellung der Urteile ist von Amts wegen vorgesehen **(Abs. 5)** und geschieht förmlich nach den Vorschriften der §§ 166 ff. ZPO.

## § 167

*Säumnis eines Beteiligten*

**(1) Erscheint der Beteiligte, der den Antrag auf gerichtliche Entscheidung gestellt hat, in einem Termin zur mündlichen Verhandlung, so kann auch dann mündlich verhandelt werden, wenn einer der anderen Beteiligten nicht erscheint. Über einen Antrag, den ein nichterschienener Beteiligter in einer früheren mündlichen Verhandlung gestellt hat, kann nach Lage der Akten entschieden werden.**

**(2) Erscheint der Beteiligte, der den Antrag auf gerichtliche Entscheidung gestellt hat, in einem Termin zur mündlichen Verhandlung nicht, so kann jeder andere Beteiligte eine Entscheidung nach Lage der Akten beantragen.**

**(3) Die §§ 332 bis 335, 336 Abs. 2 und § 337 der Zivilprozeßordnung gelten sinngemäß. Im übrigen sind die Vorschriften über die Versäumnisurteile nicht anzuwenden.**

**1. Folgen der Säumnis eines Beteiligten (Abs. 1 und 2)**

Ein Versäumnisurteil nach §§ 330 ff. ZPO gibt es im Verfahren vor den Baulandkammern und -senaten grundsätzlich nicht. Es finden nur einzelne Bestimmungen über Versäumnisurteile Anwendung (vgl. Abs. 3, s. Anm. 2).

Das Gesetz sieht statt des Versäumnisurteils die mündliche Verhandlung trotz Abwesenheit eines Beteiligten (oder mehrerer Beteiligter) und die Entscheidung nach Lage der Akten vor.

**a)** Es kann in jedem Fall mündlich verhandelt werden, wenn der Beteiligte, der den Antrag auf gerichtliche Entscheidung gestellt hat, anwesend ist **(Abs. 1 Satz 1)**. Es spielt hier keine Rolle, ob und gegebenenfalls wieviele andere Beteiligte erschienen oder abwesend sind. Über die Anträge der erschienenen Beteiligten wird verhandelt und auf Grund der mündlichen Verhandlung entschieden. Anträge von nicht erschienenen Beteiligten, die in Schriftsätzen gestellt sind, bleiben unberücksichtigt; dies ergibt sich aus Abs. 1 **Satz 2.** Über die Frage, wie zu verfahren ist, wenn einer der nicht erschienenen Beteiligten bereits in einer früheren mündlichen Verhandlung einen Antrag gestellt hat, siehe unten Anm. b, aa).

**b)** Nach Lage der Akten kann (nach Durchführung der anberaumten mündlichen Verhandlung) entschieden werden:

**aa)** über einen Antrag, den ein in der (weiteren mündlichen Verhandlung (siehe oben Anm. a) nicht erschienener Beteiligter in einer früheren mündlichen Verhandlung gestellt hat (Abs. 1 Satz 2).

**bb)** Wenn der Beteiligte, der den Antrag auf gerichtliche Entscheidung gestellt hat, in der mündlichen Verhandlung nicht erscheint. In diesem Falle kann jeder andere (in der Verhandlung erschienene) Beteiligte den Antrag stellen, daß nach Lage der Akten entschieden wird (**Abs. 2**).

Wird dieser Antrag nicht gestellt oder erscheint überhaupt niemand im Termin zur mündlichen Verhandlung, so kann das Gericht entsprechend § 251 a ZPO entweder nach Lage der Akten entscheiden (wenn bereits in einem früheren Termin eine mündliche Verhandlung stattgefunden hat) oder von Amts wegen einen neuen Termin zur mündlichen Verhandlung bestimmen (so auch Schütz-Frohberg Anm. 1 zu § 167).

Bei der Entscheidung nach Lage der Akten kann das Gericht den gesamten ihm vorliegenden Akteninhalt verwerten.

**2. Anwendung von Vorschriften über das Versäumnisurteil (Abs. 3)**

Von den Vorschriften der ZPO über das Versäumnisurteil (§§ 330 ff.) sind nur anzuwenden:

§ 332 (Begriff des Verhandlungstermins)

§ 333 (als Nichterscheinen einer Partei gilt auch, wenn die Partei im Termin nicht verhandelt);

§ 334 (rechtliche Wirkung eines teilweisen Verhandelns im Termin);

§ 335 (Zurückweisung eines Antrags auf Erlassung einer Entscheidung nach Lage der Akten);

§ 336 Abs. 2 (die Ablehnung eines Antrags auf Entscheidung nach Lage der Akten ist unanfechtbar);

§ 337 (Vertagung der Verhandlung von Amts wegen über einen Antrag auf Erlassung einer Entscheidung nach Lage der Akten).

## § 168

### *Kosten des Verfahrens*

**(1) Soweit der Beteiligte, der den Antrag auf gerichtliche Entscheidung gestellt hat, obsiegt, gilt, wenn keiner der Beteiligten dazu im Widerspruch stehende Anträge in der Hauptsache gestellt hat, bei Anwendung der Kostenbestimmungen der Zivilprozeßordnung die Stelle, die den Verwaltungsakt erlassen hat, als unterliegende Partei.**

**(2) Über die Erstattung der Kosten eines Beteiligten, der zur Hauptsache keinen Antrag gestellt hat, entscheidet das Gericht auf Antrag des Beteiligten nach billigem Ermessen.**

Da es im Verfahren vor den Baulandgerichten keine „Parteien", insbesondere keinen Kläger und keinen Beklagten und daher keinen „unterliegenden Teil" gibt (vgl. § 157 Anm. 1 a), können §§ 91 ff. ZPO nicht unmittelbar, sondern nur sinngemäß angewendet werden. Es ist daher eine Sonderregelung in der Form getroffen worden, daß mehrere Fälle unterschieden werden:

a) Wenn der Beteiligte, der den Antrag auf gerichtliche Entscheidung gestellt hat, ganz oder teilweise obsiegt und keiner der Beteiligten dazu in Widerspruch stehende Anträge in der Hauptsache gestellt hat, so gilt die Behörde, die den Verwaltungsakt erlassen hat, als „unterliegende Partei" i. S. des § 91 ZPO, da sonst kein „Prozeßgegner" vorhanden ist (**Abs. 1**). Diese Behörde ist gemäß § 162 Abs. 1 Satz 2 in dem gerichtlichen Verfahren beteiligt; sie hat also im Falle des Obsiegens des Antragstellers die Kosten des Rechtsstreits zu tragen und zwar insoweit, als der Antragsteller (s. o.) obsiegt; soweit dieser unterliegt, hat er selbst die Kosten zu tragen (§§ 91, 92 ZPO).

b) Sind Gegenanträge von anderen Beteiligten im Verfahren gestellt worden, so bemißt sich die Frage der Kostentragung nach dem Umfang, in dem die einzelnen Beteiligten (Antragsteller und sonstige Beteiligte) mit ihren Anträgen durchgedrungen sind bzw. abgewiesen wurden (§§ 91, 92 ZPO). Insoweit ist die Behörde nicht kostenpflichtig.

c) **Abs. 2** regelt den Fall, daß sich ein Beteiligter während des ganzen Verfahrens passiv verhalten, also in der Hauptsache keinen Antrag gestellt hat (Kostenanträge spielen hier keine Rolle); über die Erstattung der Kosten dieses Beteiligten (§ 91 Abs. 1 und 2 ZPO) entscheidet das Gericht auf Antrag des Beteiligten nach billigem Ermessen.

## § 169

### *Berufung*

**Über die Berufung entscheidet das Oberlandesgericht, Senat für Baulandsachen, in der Besetzung mit drei Richtern des Oberlandesgerichts einschließlich des Vorsitzenden und zwei hauptamtlichen Richtern eines Oberverwaltungsgerichts. § 160 Abs. 2 gilt entsprechend.**

Entsprechend einer Empfehlung des Rechtsausschusses hat der federführende Ausschuß für Wohnungswesen, Bau- und Bodenrecht die in der Regierungsvorlage vorgesehene und dem § 43 BauLBG entsprechende Beschränkung des Rechtsmittelzuges vor den Baulandkammern und -senaten (Revision zum Oberlandesgericht als Rechtsmittel gegen die Entscheidungen des Landgerichts — Kammer für Baulandsachen) im Interesse der Schaffung eines einheitlichen Instanzenzuges aufgegeben. Er war der Auffassung, daß ebenso wie in den sonstigen Verfahren vor den bürgerlichen Gerichten und den Verwaltungsgerichten auch in den Umlegungs-, Enteignungs- und Entschädigungsverfahren nach dem BBauG zwei Tatsacheninstanzen notwendig sind. Es ist daher gegen Urteile der Baulandkammern der Landgerichte die Berufung an das Oberlandesgericht, Senat für Baulandsachen, gegeben; dieser entscheidet in der Besetzung mit drei Richtern des Oberlandesgerichts einschließlich des Vorsitzenden und zwei hauptamtlichen Richtern eines Oberverwaltungsgerichts (Verwaltungsgerichtshof).

Für das Verfahren vor den Oberlandesgerichten, Senaten für Baulandsachen, gelten ebenfalls die Vorschriften der §§ 161 bis 168 BBauG; im übrigen gelten die Bestimmungen der §§ 511 ff. ZPO entsprechend.

Die formellen Voraussetzungen des Antrags auf gerichtliche Entscheidung und des Bescheids der vorläufigen Besitzeinweisung hat der Baulandsenat, auch wenn die Baulandkammer ihr Vorliegen festgestellt hat, im Berufungsverfahren von Amts wegen zu prüfen, weil sie unbedingte Voraussetzungen für eine Sachentscheidung sind (OLG München, Senat für Baulandsachen, U vom 4. 6. 1962 — 2 U 1/62 Baul. — nicht veröff.).

## § 170

*Revision*

**Über die Revision entscheidet der Bundesgerichtshof.**

a) Unter entsprechender Anwendung der allgemeinen Vorschriften über die Revision (§§ 545 ff. ZPO) ist gegen Urteile der Oberlandesgerichte, Senat für Baulandsachen, die Revision zum Bundesgerichtshof gegeben. Dieser entscheidet ohne Mitwirkung von Richtern aus der Verwaltungsgerichtsbarkeit; diese Regelung erfolgte entgegen dem Vorschlag des federführenden Ausschusses und auch entgegen den Empfehlungen des Rechtsausschusses. Beide Ausschüsse waren der Auffassung, daß die Revisionsentscheidung des Bundesgerichtshofs gleichfalls einem besonderen, unter Hinzuziehung von zwei Richtern des Bundesverwaltungsgerichts zu bildenden Senat für Baulandsachen zu übertragen sei; sie vertraten die Meinung, die Mitwirkung von Richtern der Verwaltungsgerichtsbarkeit gerade auch im Revisionsverfahren erscheine deshalb sachdienlich, weil die zu entscheidenden Rechtsfragen häufig, besonders auch in Anbetracht der erweiterten Zuständigkeit der Baulandkammern nach § 157, öffentlich-rechtlicher Art seien oder öffentlich-rechtliche Fragen dabei incidenter mit zu entscheiden seien; dabei falle auch ins Gewicht, daß die revisionsgerichtliche Rechtsprechung im Enteignungsrecht außerhalb dieses Gesetzes beim Bundesverwaltungsgericht liege, so daß auch aus diesem Grunde eine möglichst weitgehende Abstimmung der Rechtsprechung des Bundesgerichtshofs und des Bundesverwaltungsgerichts geboten sei, die durch diese personelle Verbindung ermöglicht werden solle. Der Bundestag ist jedoch dieser Auffassung nicht gefolgt.

**b) Rechtsprechung**

BGH B vom 5. 11. 1962 (III ZR 35/62) BB 1962, 1353 = DÖV 1963, 76 = BBauBl 1963, 80.

Die Ausnahmevorschrift des § 547 Abs. 2 Nr. 2 ZPO gilt nicht für Rechtsstreitigkeiten in Baulandsachen. Trotz der erstinstanzlichen Zuständigkeit der Landgerichte (Kammern für Baulandsachen: § 157 Abs. 1 Satz 2 BBauG) findet die Revision zum BGH demnach nur statt, wenn sie zugelassen ist oder der Wert des Beschwerdegegenstands 6000,— DM übersteigt.

## § 171
### *Einigung*

**Einigen sich die Beteiligten während eines gerichtlichen Verfahrens, das eine Enteignung betrifft, so gelten die §§ 110, 111 entsprechend. Das Gericht tritt an die Stelle der Enteignungsbehörde.**

Über die Einigung im Enteignungsverfahren vor der Enteignungsbehörde vgl. die Anmerkungen zu §§ 110 und 111. Das Bemühen um eine Einigung ist nach Abschluß des Verwaltungsverfahrens im gerichtlichen Verfahren fortzusetzen. Wenn sich die Beteiligten in einem gerichtlichen Verfahren, das eine Enteignung betrifft, einigen, so finden §§ 110, 111 entsprechende Anwendung. Das Gericht tritt an die Stelle der Enteignungsbehörde, d. h. es hat eine Niederschrift über die Einigung aufzunehmen; die Niederschrift muß den Vorschriften des § 113 Abs. 2 entsprechen und von den Beteiligten unterschrieben werden. Die beurkundete Einigung steht einem nicht mehr anfechtbaren Enteignungsbeschluß gleich, so daß daraufhin die Enteignungsbehörde die Ausführungsanordnung erlassen kann (§ 117 Abs. 1). § 110 Abs. 2 findet auch auf eine gerichtliche Teileinigung Anwendung (§§ 111, 171).

Eine außergerichtliche Einigung ist den Beteiligten nicht verwehrt, doch sind dann die einschlägigen Formvorschriften (z. B. für den Eigentumsübergang an Grundstücken) einzuhalten.

# *ZEHNTER TEIL*)*
## *Änderung grundsteuerlicher Vorschriften*

### Vorbemerkung

Der Zehnte Teil des BBauG, der die Ergänzung des Grundsteuergesetzes (GrStG) i. d. F. vom 10. 8. 1951 (BGBl. I S. 519) durch Einführung der Baulandsteuer zum Inhalt hatte, war im Regierungsentwurf nicht enthalten; er war vom 24. Bundestagsausschuß erarbeitet und dem Bundestag mit Erfolg zur Annahme vorgelegt worden. Die recht problematische Baulandsteuer durchbrach den Grundsatz der steuerlichen Gleichbehandlung hinsichtlich bestimmter Grundstücke (siehe im einzelnen bei den Erläuterungen des § 172) und fußte allein auf der Hoffnung, mit der erhöhten Belastung unbebauter Baugrundstücke den Grundstücksmarkt beleben zu können. Daß das Ziel damit in geeigneter Weise nicht erreicht werden konnte, hat die Erfahrung gelehrt. Der 24. Ausschuß hatte jedenfalls diese Hoffnung, als er dem Bundestag die Einführung der Baulandsteuer und die Aufhebung der bestehenden Grundsteuervergünstigung für Trümmergrundstücke vorschlug; er bezog sich dabei auf Vorschläge des Wissenschaftlichen Beirats für Fragen der Bodenbewertung beim Bundesminister für Wohnungsbau (vgl. zu Drucksache 1794, Zwölfter Teil des Entwurfs, S. 31).

Der Ausschuß betrachtete im Rahmen der bodenordnungspolitischen Maßnahmen des BBauG die Vorverlegung der Fälligkeit des Erschließungsbeitrags (vgl.

*) Mit Wirkung ab 1. 1. 1963 an außer Kraft (Art. 1 und 2 des Gesetzes vom 10. 6. 1964 (BGBl. I S. 347); vgl. Fußnote zu § 172.

§ 133 Abs. 2) gegenüber dem bisherigen Rechtszustand, der allgemein (nach Landesrecht) auf die Durchführung eines Bauvorhabens abstellt, als zur Steigerung des Baulandangebots noch nicht ausreichend. Der Ausschuß war der Ansicht — der Bundestag folgte bei der Abstimmung nach eingehender, teils heftiger Debatte mit Mehrheit dem Vorschlag des Ausschusses —, daß die Baulandsteuer im Gegensatz zu den verschiedenen anderen Vorschlägen zur Lösung der Baulandfrage „ein weiteres wirksames und unter dem Gesichtspunkt der praktischen Durchführbarkeit am leichtesten anwendbares Mittel zur Vermehrung des Baulandangebots" darstellt. Der Ausschuß glaubte auch, daß „die den Gemeinden zufließenden Grundsteuermehreinnahmen mit dazu beitragen, daß sie in Zukunft mehr Bauland erschließen können".

Das — nicht über den 30. 6. 1963 verlängerte — Gesetz zur Einschränkung der Bautätigkeit (Baustoppgesetz) vom 8. 6. 1962 (BGBl. I S. 365) hatte auf die letztmalige Erhebung der Baulandsteuer für 1962 keine Auswirkungen mehr; denn für die Baulandsteuer sind jeweils die Verhältnisse vom Beginn des Kalenderjahres maßgebend.

Nach der Verordnung über die Erstattung von Grundsteuer nach § 12 a Abs. 5 GrStG vom 22. 3. 1963 (BGBl. I S. 166) — siehe unter II 4 — wurde die in § 12 a Abs. 5 GrStG bestimmte Zweijahresfrist für solche Grundstücke auf vier Jahre verlängert, die bei Eintritt in die Steuerpflicht im Eigentum des Bauherrn standen.

### Frage der Verfassungsmäßigkeit der Baulandsteuer (mit Rechtsprechung)

Gegen die Rechtsgültigkeit wurden von Anfang an Bedenken geltend gemacht (vgl. Schütz-Frohberg, BBauG, § 172, Anm. 1; Haß, Deutsche Wohnungswirtschaft, 1959 S. 282). Sie zielen vor allem auf eine Verletzung des Gleichheitsgrundsatzes und des Eigentums. Die Gegner der Baulandsteuer wiesen dabei auf die Fälle hin, in denen z. B. Angehörige der freien Berufe durch den Erwerb eines Baugrundstücks sich eine einigermaßen verläßliche Altersversorgung schaffen wollten und nunmehr u. U. im Hinblick auf die erhebliche Erhöhung der steuerlichen Belastung zur vorzeitigen Abgabe des Grundstücks gezwungen werden könnten. Dem gegenüber steht die 1945 eingetretene und seither durch Zuwanderung weiter gestiegene Raumnot in der Bundesrepublik, die Maßnahmen zur Gewinnung von Bauland erfordert. Nicht lange nach Inkrafttreten des § 172 lag bereits dem Bundesverfassungsgericht ein Antrag auf Unvereinbarkeit der Baulandsteuer mit dem Grundgesetz vor. Er ist vor allem damit begründet: Die Baulandsteuer schaffe wirtschaftlich unhaltbare Zustände, weil sie im Endergebnis eine zusätzliche Verteuerung der Baulandpreise bewirke; denn die Verkäufer ließen sich vielfach die Baulandsteuer beim Verkauf der Grundstücke zusätzlich vergüten. Nach dem Grundgedanken der Grundsteuer müsse diese als Objektsteuer aus den Erträgnissen entnommen werden können und damit Rücksicht auf die wirtschaftliche Leistungsfähigkeit der Betroffenen nehmen. Die Baulandsteuer aber bezwecke, den Steuerpflichtigen wirtschaftlich so zu schwächen, daß er dadurch zur Vornahme bestimmter Handlungen gezwungen werde, d. h. entweder selbst zu bauen oder das Grundstück zu verkaufen. Die unterschiedliche Behandlung in aneinandergrenzenden Gemeinden mit verschiedenen Merkmalen führe offensichtlich zu verfassungswidrigen Ungleichheiten. Auch bedeute die Einführung der Baulandsteuer die Umgehung eines gesetzlich zu ordnenden Enteignungsvorganges.

Zu einer Entscheidung wird es durchaus noch kommen können, da die Baulandsteuer 1964 zwar aufgehoben wurde, aber erst mit Wirkung ab 1. 1. 1963*). Für die Erhebungsjahre 1961 und 1962 sind die Vorschriften solange als wirksam anzusehen und von den Gemeinden auch anzuwenden, als das BVerfG die Baulandsteuer nicht für grundgesetzwidrig erklären sollte.

Die Rechtsprechung in ihrer Mehrheit hatte dafür gesorgt, daß der Gesetzgeber die Folgerungen zog. Zuerst hatte das Finanzgericht Düsseldorf mit Urteil vom 29. 11. 1962 (VI 39/62 AO) DWW 1963, 87, die Aussetzung der Vollziehung eines Grundsteuermeßbescheids wegen Einwendungen gegen die Verfassungsmäßigkeit der Baulandsteuer für gerechtfertigt gehalten, weil die dem Bundesverfassungsgericht vorliegende Verfassungsbeschwerde „für die Beurteilung der Erfolgsaussichten des Rechtsmittels nicht völlig unerheblich sind".

An weiterer Rechtsprechung ist zu vermerken:

2. VG Köln, U vom 21. 3. 1963 (7 K 790/62) Deutsche Gemeindesteuerzeitung 1963, 168.

a) Für Klagen gegen Baulandsteuerbescheide ist der Verwaltungsrechtsweg nur insoweit gegeben, als die Anwendung des nach § 21 Abs. 3 GrStG erhöhten Hebesatzes angegriffen wird.

b) Die Baulandsteuer verstößt nicht gegen das Grundgesetz.

3. Finanzgericht Kassel, Vorlagebeschluß vom 23. 4. 1963 (III 944/62) in EFG 63, 87 = DWW 63, 358 = ZMR 1964, 14.

Die Vorschrift des § 12 a GrStG erscheint mit Art. 3 Abs. 1 und Art. 14 Abs. 1 und 3 GG nicht vereinbar.

4. VG Frankfurt, U vom 15. 5. 1963 (I/1 — 1078/62) DWW 10/1963, 325 = ZMR 1964, 14.

a) Der Hebesatz für die Baulandsteuer (Grundsteuer C) soll zwar zur Erreichung der mit dieser Steuer beabsichtigten Zielsetzung angemessen sein; er darf aber nicht über das notwendige Normalmaß hinausgehen.

b) Eine Festsetzung des Hebesatzes für die Baulandsteuer in Höhe von 100 v. H. verstößt wegen ihres konfiskatorischen Charakters gegen die Eigentumsgarantie des Art. 14 GG.

5. Finanzgericht Düsseldorf, U vom 30. 10. 1963 (VI 25/63 A) KommStZ 1964, 40.

a) § 251 AO findet auch auf Grundsteuermeßbescheide Anwendung.

b) Die Ablehnung eines mit Verfassungswidrigkeit der Baulandsteuer begründeten Antrags auf Aussetzung der Vollziehung eines Grundsteuermeßbescheids stellt einen Ermessensmißbrauch der Finanzverwaltungsbehörden dar, weil diese bei summarischer Überprüfung der gegen die Vereinbarkeit der Baulandsteuer mit Art. 2, 3 und 14 GG in Rechtsprechung und Schrifttum erhobenen gewichtigen

Bedenken zu dem Ergebnis hätten kommen müssen, daß die Rechtslage in dem für eine Aussetzung der Vollziehung notwendigen Umfang zweifelhaft ist.

c) Die Gerichte sind in diesen Fällen nicht befugt, selbst die Aussetzung der Vollziehung anzuordnen; sie müssen vielmehr die Sache zur erneuten Entscheidung an die Finanzverwaltungsbehörden zurückverweisen, weil es denkbar ist, daß diese — ohne einen Ermessensfehler zu begehen — die Aussetzung von einer Sicherheitsleistung abhängig machen oder sich einem Widerruf unter bestimmten Voraussetzungen vorbehalten wollen.

6. OVG Münster, B vom 6. 12. 1963 (III B 583/63) DÖV 1964, 171 = DGStZ 1964, 59 = KStZ 1964, 39.

Es ist ernstlich zweifelhaft, ob die Gesetzgebungszuständigkeit des Bundes ihm erlaubt, die Gemeinden zur Erhebung der Grundsteuer nach einem besonderen Hebesatz im Sinne von § 21 Abs. 3 GrStG (Baulandsteuer) zu ermächtigen. Der Senat setzt deshalb die Vollziehung von Heranziehungsbescheiden aus, soweit sie auf dem besonderen Hebesatz beruhen.

## § 172

**1. Das Grundsteuergesetz in der Fassung vom 10. August 1951 (Bundesgesetzbl. I S. 519) wird wie folgt geändert:**

**a) Hinter § 12 werden die folgenden Vorschriften eingefügt:**

*„§ 12 a*)*

*Erhöhte Steuermeßzahlen für unbebaute Grundstücke*

*(1) Die Steuermeßzahl für unbebaute baureife Grundstücke erhöht sich nach Maßgabe der Absätze 2 und 4. Baureife Grundstücke sind Grundstücke, die im Bebauungsplan als Bauland festgesetzt sind, wenn sie durch Verkehrsanlagen im Sinne des § 127 des Bundesbaugesetzes vom 23. Juni 1960 (Bundesgesetzbl. I S. 341) und durch Versorgungseinrichtungen für die Bebauung in ortsüblicher Weise ausreichend erschlossen sind und ihre Bebauung sofort möglich ist. Soweit ein Bebauungsplan nicht aufgestellt ist, gelten solche Grundstücke als baureif, die durch Verkehrsanlagen im Sinne des § 127 des Bundesbaugesetzes und durch Versorgungseinrichtungen für die Bebauung in ortsüblicher Weise ausreichend erschlossen, nach der Verkehrsauffassung Bauland sind und nach der geordneten*

*) Durch Art. 1 Nr. 1 Buchstabe a des Gesetzes zur Änderung grundsteuerlicher Vorschriften vom 10. 6. 1964 (BGBl. I S. 347) wurden die §§ 12 a bis 12 c GrStG gestrichen. Art. 2 und 3 des genannten ÄndG lauten:

Artikel 2

Artikel 1 gilt mit Wirkung vom 1. Januar 1963 an mit der Maßgabe, daß § 12 a Abs. 5 des Grundsteuergesetzes für die Erhebungszeiträume 1961 und 1962 unter den bisherigen Voraussetzungen anwendbar bleibt. Die Steuermeßbeträge sind entsprechend neu zu veranlagen.

Artikel 3

Dieses Gesetz gilt nach Maßgabe des § 12 Abs. 1 des Dritten Überleitungsgesetzes vom 4. Januar 1952 (Bundesgesetzbl. I S. 1) auch im Land Berlin.

Dieses Gesetz ist am 17. 6. 1964 in Kraft getreten.

*baulichen Entwicklung der Gemeinde zur Bebauung anstehen. Unbebaute Grundstücke gelten nicht als baureif im Sinne dieser Vorschrift, wenn sie als Baugrundstücke für den Gemeinbedarf vorgesehen oder in einem Bebauungsplan als reines Industrie- oder Gewerbegebiet festgesetzt sind.*

*(2) Die erhöhte Steuermeßzahl beträgt von dem Beginn des Kalenderjahres ab, das auf den Eintritt der Voraussetzungen des Absatzes 1 folgt, 20 vom Tausend. Sie erhöht sich nach Ablauf von zwei Kalenderjahren, für die eine Steuermeßzahl von 20 vom Tausend gegolten hat, auf 25 vom Tausend und nach Ablauf von weiteren zwei Kalenderjahren auf 30 vom Tausend.*

*(3) Die Gemeinde weist die baureifen Grundstücke im Sinne des Absatzes 1 in einer Karte aus und gibt diese erstmalig zum 1. Januar 1961, sodann jeweils im Abstand von längstens zwei Jahren öffentlich bekannt. Das Finanzamt ist im Veranlagungsverfahren an den Inhalt der Karte nicht gebunden.*

*(4) Die Feststellung darüber, ob ein Grundstück nach Absatz 1 baureif ist, ist durch Fortschreibung oder Nachfeststellung des Einheitswertes zu treffen. Diese Feststellungen sowie die auf der Grundlage der erhöhten Steuermeßzahlen durchzuführenden Fortschreibungsveranlagungen und Nachveranlagungen der Steuermeßbeträge sind erstmals auf den 1. Januar 1961 vorzunehmen.*

*(5) Wird auf einem baureifen Grundstück im Sinne des Absatzes 1 ein Gebäude im Sinne des § 32 Abs. 1 Ziffer 1 bis 4 der Durchführungsverordnung zum Bewertungsgesetz vom 2. Februar 1935 errichtet, so ist zugunsten desjenigen, der im Zeitpunkt der Fortschreibung des Grundstücks als bebautes Grundstück Eigentümer ist, der auf den erhöhten Steuermeßzahlen des Absatzes 2 beruhende Steuermeßbetrag nachträglich auf den Steuermeßbetrag herabzusetzen, der sich ergibt, wenn die Absätze 1 und 2 außer Betracht bleiben. Der Steuermeßbetrag ist mit Wirkung von dem Zeitpunkt ab herabzusetzen, der zwei Kalenderjahre vor dem Zeitpunkt liegt, auf den das unbebaute Grundstück als bebautes Grundstück fortgeschrieben wird; ist das Grundstück dem Eigentümer erst von einem späteren Zeitpunkt ab zugerechnet worden, so wird die Herabsetzung vom Zeitpunkt der Zurechnungsfortschreibung ab vorgenommen. Der Bundesminister der Finanzen wird ermächtigt, im Einvernehmen mit dem Bundesminister für Wohnungsbau und mit Zustimmung des Bundesrates durch Rechtsverordnung Vorschriften darüber zu erlassen, daß die Frist von zwei Jahren für solche Grundstücke, die bei Eintritt in die Steuerpflicht nach Absatz 2 im Eigentum des Bauherrn standen, bei der Bebauung mit Gebäuden im Sinne des § 32 Abs. 1 Ziffer 1 bis 4 der Durchführungsverordnung zum Bewertungsgesetz auf vier Jahre verlängert wird.**)*

*(6) Die erhöhten Steuermeßzahlen sind nicht anzuwenden für Grundstücke, die im Rahmen eines landwirtschaftlichen, forstwirtschaftlichen oder gärtnerischen Betriebes oder eines Weinbaubetriebes bewirtschaftet werden, wenn der Betrieb dem Eigentümer, Pächter oder sonstigen Nutzungsberechtigten als Erwerbsgrundlage dient und eine Veräußerung oder anderweitige Nutzung des Grundstücks die Erhaltung der Wirtschaftlichkeit des Betriebes beeinträchtigen würde*

**) Aus Art. 2 des Gesetzes vom 10. 6. 1964 (BGBl. I S. 347) ergibt sich, daß die Rechtsgrundlagen für die Erhebung der Baulandsteuer für die Jahre 1961 und 1962 unberührt bleiben und etwa rückständige Baulandsteuer noch nachzuentrichten ist.

*a) in Gebieten außerhalb eines Bebauungsplanes,*

*b) in Gebieten innerhalb eines Bebauungsplanes, solange dem Inhaber des Betriebes geeignetes Ersatzland nicht nachgewiesen werden kann.*

*Dies gilt sinngemäß auch für Betriebe, die als alleinige Erwerbsgrundlage nicht ausreichen.*

*(7) Die Absätze 1 bis 4 sind in Gebieten mit geringer Wohnsiedlungstätigkeit nicht anzuwenden. Eine geringe Wohnsiedlungstätigkeit liegt vor, wenn die Nachfrage nach Bauland in der Regel befriedigt werden kann, ohne daß eine allgemeine erhebliche Steigerung der Baulandpreise eintritt. Die Landesregierungen bestimmen durch Rechtsverordnung, welche Gemeindeverbände, Gemeinden oder Teile von Gemeinden zu diesen Gebieten gehören.*

*(8) Grundstücksflächen, die baureif im Sinne des Absatzes 1 Satz 2 und 3 sind, sind abweichend von § 51 des Bewertungsgesetzes vom 16. Oktober 1934 (Reichsgesetzbl. I S. 1035) in der derzeit geltenden Fassung stets dem Grundvermögen (§ 50 des Bewertungsgesetzes) zuzurechnen, wenn mit der Zurechnung die Voraussetzungen für die Anwendung der erhöhten Steuermeßzahlen vorliegen. Die Nachfeststellungen oder Fortschreibungen der Einheitswerte sind erstmals auf den 1. Januar 1961 durchzuführen.*

*§ 12 b*

*Erhöhte Steuermeßzahlen für baureife Grundstücke mit zerstörten Gebäuden*

*(1) Für Grundstücke mit Gebäuden, die durch Kriegseinwirkung völlig zerstört oder infolge von Kriegssachschäden nicht mehr benutzbar sind, gilt § 12 a entsprechend.*

*(2) Diese Vorschrift tritt im Land Berlin erst zu dem Zeitpunkt in Kraft, den der Senat des Landes Berlin durch Rechtsverordnung bestimmt.*

*§ 12 c*

*Geltungsdauer der Steuermeßzahlen für baureife Grundstücke*

*Die Vorschriften der §§ 12 a und 12 b treten mit dem Wirksamwerden der nächsten Hauptveranlagung der Grundsteuermeßbeträge außer Kraft."*

*b) In § 21*

*aa) werden in Absatz 2 Satz 1 nach den Worten „das gleiche gilt" die Worte „vorbehaltlich des Absatzes 3" eingefügt;*

*bb) wird folgender Absatz 3 angefügt:*

*„(3) Für die Steuermeßbeträge, die auf Grund der erhöhten Steuermeßzahlen der §§ 12 a und 12 b festgesetzt worden sind, kann ein besonderer, von den übrigen Hebesätzen abweichender, einheitlicher Hebesatz festgesetzt werden."*

*c) In § 33 Abs. 4 wird folgender Satz angefügt:*

*„Die Sätze 1 und 2 gelten vom Rechnungsjahr 1961 an nur noch für Grundstücke, die nicht baureif (§ 12 a Abs. 1) sind."***)*

*2. In § 92 Abs. 1 des Zweiten Wohnungsbaugesetzes vom 27. Juni 1956 (Bundesgesetzbl. I S. 523) und in § 47 Abs. 1 des Wohnungsbaugesetzes für das Saarland vom 17. Juli 1959 (Amtsblatt des Saarlandes S. 1349) wird dem Satz 1 nach einem Semikolon folgendes angefügt:*

---

***) Abs. 4 des § 33 GrStG wurde bereits durch Art. 1 Ziff. 8 des Gesetzes zur Änderung grundsteuerlicher Vorschriften vom 12. 4. 1961 (BGBl. I S. 425) aufgehoben.

*„beruht die Veranlagung auf erhöhten Steuermeßzahlen im Sinne der §§ 12 a oder 12 b des Grundsteuergesetzes in der Fassung des § 172 des Bundesbaugesetzes vom 23. Juni 1960 (Bundesgesetzbl. I S. 341), so bleibt der Teil des Steuermeßbetrages außer Betracht, der den ohne Anwendung dieser Vorschriften maßgebenden Steuermeßbetrag übersteigt".*

**1. Wesen und Zweck der Baulandsteuer**

Mit **§ 172 Nr. 1 BBauG** wurden u. a. die §§ 12 a, 12 b und 12 c in das GrStG eingefügt, die eine neue Art von Grundsteuer einführten, die Baulandsteuer, auch Grundsteuer C genannt (zum Unterschied von der Grundsteuer A bei den land- und forstwirtschaftlichen Betrieben und von der Grundsteuer B bei dem Grundbesitz, der nicht von der Grundsteuer A und auch nicht von der Grundsteuer C erfaßt wird, also vornehmlich die bebauten nichtlandwirtschaftlichen Grundstücke einschließlich Betriebsgrundstücke, vgl. § 2 GrStG). Ihrem Wesen nach war die Baulandsteuer eine erhöhte Grundsteuer für diejenigen Grundstücke, die trotz baureifen Zustands (siehe unten unter 3 und 4) unbebaut sind. Der Zweck der Baulandsteuer bestand darin, daß die Eigentümer von Grundstücken der genannten Art durch die erhöhte steuerliche Belastung angehalten werden sollen, Grundstücke, die sie — gleich aus welchen Gründen — bisher nicht aus der Hand gegeben haben, zu veräußern. Sie sollte somit ein Mittel zur Auflockerung des Baulandmarktes und zur Stabilisierung der Baugrundstückspreise, nicht aber zur Aufstockung der Gemeindefinanzen sein.

**2. Erhöhung der Steuermeßzahl**

Die Baulandsteuer stellte keine neue Steuer dar, sondern verblieb im System der Grundsteuer nach dem GrStG. Nach dem neuen **§ 12 a Abs. 1** wurde die Baulandsteuer durch Erhöhung der Steuermeßzahl für unbebaute Grundstücke gebildet.

**a) Steuermeßzahl**

Nach § 11 GrStG ist bei der Berechnung der Grundsteuer von einem Steuermeßbetrag auszugehen; dieser ist durch Anwendung eines Tausendsatzes (Steuermeßzahl) auf den Einheitswert zu ermitteln. Nach § 12 GrStG beträgt die allgemeine (vgl. aber unten e) Steuermeßzahl 10 vom Tausend. Die Bedeutung der Steuermeßzahl erhellt daraus, daß sie einer der Faktoren ist, die die Höhe der Grundsteuer bestimmen. Steuermeßzahl mal Einheitswert (siehe b) ergibt den Steuermeßbetrag, während der Steuermeßbetrag mal Hebesatz die Grundsteuerschuld ergibt.

**b) Einheitswert**

Für die Berechnung der Grundsteuer (also auch der Baulandsteuer) ist der Einheitswert maßgebend, der nach den Vorschriften des Bewertungsgesetzes (BewG) vom 16. Oktober 1934 (RGBl. I S. 1035) mit Änderungen vom 1. Dezember 1936 (RGBl. I S. 961/977), vom 16. Januar 1951 (BGBl. I S. 22), vom 26. Juli 1957 (BGBl. I S. 848/857) und vom 24. Juli 1958 (BGBl. I S. 538) für den Steuergegenstand festgestellt worden ist. Steuergegenstand der Baulandsteuer sind nach § 12 a die „unbebauten baureifen Grundstücke", denen durch § 12 b die „Grundstücke mit Gebäuden, die durch Kriegseinwirkung völlig zerstört oder infolge von Kriegssachschäden nicht mehr benutzbar sind" gleichgestellt sind.

Unter Einheitswert ist der Wert zu verstehen, den das Finanzamt für jede wirtschaftliche Einheit des Grundvermögens nach dem BewG festsetzt. Nach § 53 BewG sind unbebaute Grundstücke mit dem sogenannten gemeinen Wert zu bewerten. Dieser entspricht dem Preis, der für das Grundstück seiner Beschaffenheit nach im gewöhnlichen Geschäftsverkehr bei einer Veräußerung zu erzielen wäre (§ 10 BewG).

Der Einheitswert wird vom Finanzamt durch den Einheitswertbescheid festgestellt, der auch die Art des Steuergegenstands (z. B. landwirtschaftlicher Betrieb, Mietwohngrundstück, unbebautes Grundstück) sowie den Feststellungszeitpunkt und den Steuerpflichtigen zum Inhalt hat. Der Einheitswertbescheid ist Grundlage für den Einheitswert, der letztmals 1935 festgestellt worden ist, so daß die Grundsteuer in ihrer bisherigen Höhe allgemein den tatsächlichen Wertverhältnissen nicht mehr gerecht wird. Insbesondere ist bei den unbebauten baureifen Grundstücken seitdem eine ganz erhebliche Wertsteigerung eingetreten.

**c) Meßbescheid**

Der Einheitswertbescheid bildet die Grundlage für den auch vom Finanzamt zu erlassenden Grundsteuermeßbescheid. Dieser enthält die Feststellung des der Grundsteuer unterliegenden Grundbesitzes nach Art und Lage, ferner des Eigentümers, des Steuerschuldners, sowie der Höhe des Meßbetrags und des Zeitpunktes, von dem ab die Grundsteuer aus dem Meßbetrag zu erheben ist oder nicht mehr zu erheben ist. Der Meßbescheid enthält also die Entscheidung des Finanzamts über die sachliche und persönliche Steuerpflicht. Die Feststellung des Steuerschuldners ist demnach nicht Sache der Gemeinde.

**d) Grundsteuerbescheid**

Nach § 1 GrStG sind die Gemeinden zur Erhebung der Grundsteuer als Gemeindesteuer berechtigt. Die Gemeinde setzt nach § 21 GrStG den Hebesatz für das Rechnungsjahr (nunmehr gleich Kalenderjahr) nach einem Hundertsatz des Steuermeßbetrags fest; der Hebesatz muß für alle in der Gemeinde gelegenen land- und forstwirtschaftlichen Betriebe einheitlich sein; das gleiche gilt für die von der Grundsteuer B und dann für die von der Baulandsteuer erfaßten Grundstücke. Der Hebesatz der Grundsteuer A konnte schon bisher von dem der Grundsteuer B abweichen. Es waren also drei verschiedene Hebesätze im Grundsteuersystem der Gemeinde möglich.

**e) Umfang der Erhöhung der Steuermeßzahl bei der Baulandsteuer**

Der Umfang der Erhöhung der Grundsteuer für die von der Baulandsteuer erfaßten Grundstücke war in **Abs. 2** des neuen § 12 a GrStG festgelegt. Danach betrug die erhöhte Steuermeßzahl vom Beginn des Kalenderjahres ab, das auf den Eintritt der Voraussetzungen (Baureife eines unbebauten Grundstücks im Sinne von Abs. 1 aaO, siehe unter Nr. 3) folgte, 20 v. T. Sie erhöhte sich ab dem dritten Kalenderjahr auf 25 v. T. und sollte ab dem fünften Kalenderjahr 30 v. T. betragen. Da § 172 BBauG gemäß § 189 am 29. 10. 1960 in Kraft getreten ist, konnte die auf 20 v. T. erhöhte Steuermeßzahl frühestens ab 1. 1. 1961, die auf 25 v. T. erhöhte Meßzahl frühestens ab 1. 1. 1963 zur Anwendung kommen. Da die Meßzahl für unbebaute Grundstücke nach § 33 der DV zum GrStG 5 v. T. beträgt (10 v. T. nur dann, wenn sie gewerblich genutzt werden), trat für solche Grundstücke, wenn sie baureif im Sinne des § 12 a GrStG sind, schon durch die Erhöhung der Meßzahl auf zunächst 20 v. T. eine beträchtliche Erhöhung der Grundsteuer ein. Über Fortschreibung und Nachfeststellung siehe unter 9 a und b.

**f) Zuständigkeit**

Die neuen gestaffelten Steuermeßbeträge, die sich aus Steuermeßzahl mal Einheitswert ergeben, wurden vom Finanzamt von vornherein für die einzelnen Stufen festgesetzt; es sollte somit nicht alle zwei Jahre (Erhöhung der Meßzahl, vgl. oben e) ein eigener Meßbescheid ergehen. Die Gemeinde, die im Grundsteuerbescheid die Grundsteuerschuld unter Anwendung des von ihr festgesetzten Hebesatzes auf den vom Finanzamt ermittelten Steuermeßbetrag errechnet und einzieht, hatte also darauf zu achten, daß die Anwendung des höheren Meßbetrags nach Ablauf der zwei Jahre nicht übersehen wird. Zweckmäßig ist deshalb für die Gemeinde die Anlegung von Überwachungslisten, wie sie z. B. vom Bayer. Innenministerium empfohlen werden (Entschließung vom 21. 12. 1960, BayMABl. 1961, S. 41).

**3. Unbebaute baureife Grundstücke**

Von der Baulandsteuer wurden nach dem neuen § 12 a **Abs. 1** GrStG grundsätzlich (Ausnahmen siehe unter Nr. 5) unbebaute baureife Grundstücke erfaßt. Es mußten also drei Voraussetzungen gegeben sein.

a) Es mußte sich um ein Grundstück im Sinn des Gesetzes handeln.
b) Das Grundstück mußte unbebaut sein.
c) Das Grundstück mußte baureif sein. Bei der Baureife unterscheidet man wiederum die Lage des Grundstücks innerhalb und außerhalb eines Bebauungsplans.

**Zu a)** Der Begriff Grundstück im Sinn des § 12 a GrStG ergibt sich aus dem Grundsteuergesetz und damit aus dem zugrunde gelegten BewG. Unter Grundstücken versteht man hier also die wirtschaftlichen Einheiten des Grundvermögens und die Betriebsgrundstücke, die losgelöst von ihrer Zugehörigkeit zum gewerblichen Betrieb zum Grundvermögen gehören würden (§ 57 Abs. 1 Nr. 1 BewG). Grundsätzlich ist zu sagen, daß nach dem Bewertungsgesetz jeder Teil eines Grundstücks, der gesondert bebaut werden soll, ein selbständiges Grundstück ist; nur die baureife Teilfläche unterliegt der Baulandsteuer. Im übrigen bestimmt § 145 BBauG, daß die für Grundstücke geltenden Vorschriften dieses Gesetzes sinngemäß auch für Grundstücksteile gelten. § 51 BewG grenzt das land- und forstwirtschaftliche Vermögen vom Grundvermögen ab und zwar sind diese land- und forstwirtschaftlich genutzten Grundstücksflächen entsprechend seinem Abs. 2 (im Zusammenhalt mit der hierzu ergangenen Rechtsprechung) dann als Grundvermögen zu bewerten, wenn nach ihrer Lage und den sonstigen Verhältnissen, insbesondere mit Rücksicht auf die bestehenden Verwertungsmöglichkeiten anzunehmen ist, daß sie innerhalb von sechs Jahren anderen als land- und forstwirtschaftlichen Zwecken, insbesondere als Bauland dienen werden (vgl. Entscheidung des Reichsfinanzhofs — RFH — vom 27. 7. 1938, RStBl.

1938, 1157). Dies ist vor allem dann gegeben, wenn land- und forstwirtschaftlich genutzte Grundstücksflächen schon zu einem Preis erworben werden, der erheblich über dem üblichen Preis für derartige Grundstücksflächen liegt (RFH vom 20. 10. 1938, RStBl. 1939, 114). Im Hinblick auf die sinngemäße Anwendung des § 51 Abs. 3 BewG wird bei land- und forstwirtschaftlich genutzten Flächen, die zu einem land- und forstwirtschaftlichen Betrieb gehören, der die Existenzgrundlage des Betriebsinhabers darstellt, mit der Zurechnung zum Grundvermögen sehr vorsichtig verfahren. Die Finanzämter rechnen diese Flächen im allgemeinen nur dann dem Grundvermögen zu, wenn anzunehmen ist, daß sie spätestens nach zwei Jahren anderen als land- und forstwirtschaftlichen Zwecken dienen werden. So ist es möglich, daß unbebaute baureife Grundstücksflächen auch heute noch als land- und forstwirtschaftliches Vermögen bewertet sind und nach § 51 BewG als solche bewertet bleiben müssen. Nach § 12 a **Abs. 8** GrStG mußten nunmehr jedoch baureife Grundstücksflächen im Sinne von Abs. 1 Satz 2 und 3 abweichend von § 51 BewG stets dann dem Grundvermögen zugerechnet werden — und zwar mit Wirkung für alle Steuern, die den Einheitswert als Grundlage haben —, wenn mit der Zurechnung zum Grundvermögen die Voraussetzungen der erhöhten Steuermeßzahlen vorliegen. Bei der Prüfung dieser Frage ist aber auf die Befreiungsvorschrift des § 12 a Abs. 6 GrStG für die Landwirtschaft (siehe unter Nr. 7) zu achten.

**Zu b)** Nur für unbebaute Grundstücke kamen die erhöhten Meßzahlen in Frage. Insofern erlangte die bisher im BewG (vgl. § 52, § 53 — hiernach ist für die Bewertung der unbebauten Grundstücke der gemeine Wert, der in § 10 als gewöhnlicher Veräußerungswert bestimmt ist, maßgebend) getroffene Unterscheidung zwischen bebauten und unbebauten Grundstücken eine größere Bedeutung. Dabei ist die Abgrenzung oftmals schwierig. Jedenfalls kommt es nicht auf die Unterteilung in Flurstücke (früher Plannummern genannt) an. Auszugehen ist von der wirtschaftlichen Einheit bzw. wirtschaftlichen Trennung. Der katastermäßigen Zusammenlegung von Flurstücken nach Ergehen des BBauG wird deshalb im Hinblick auf die Möglichkeit der Umgehung der Baulandsteuer besonderes Augenmerk zugewandt werden.

Bewertungsrechtlich gelten als unbebaute Grundstücke auch Grundstücke, die mit Gebäuden von untergeordneter Bedeutung (§ 45 BewG) bebaut sind oder die nur mit Betriebsvorrichtungen im Sinne von § 50 Abs. 1 Satz 2 BewG bebaut sind; das gleiche gilt für ein Erbbaurecht, solange kein als Bestandteil des Erbbaurechts geltendes Gebäude (§ 12 der ErbbaurechtV, § 50 Abs. 2 BewG) errichtet ist.

**Zu c)** Die Frage der Baureife eines Grundstücks ist verschieden zu beantworten und zwar je nachdem, ob ein Bebauungsplan vorliegt oder nicht.

**aa)** Nach § 12 a Abs. 1 **Satz 2** GrStG waren Grundstücke innerhalb eines Bebauungsplans dann als baureif anzusehen, wenn folgende drei Voraussetzungen gegeben sind.

α) Die Grundstücke mußten im Bebauungsplan als Bauland festgesetzt sein (für die Übergangszeit galten die bestehenden Vorschriften und städtebaulichen Pläne nach Maßgabe des § 173 Abs. 3 BBauG als Bebauungspläne).

β) Die Grundstücke mußten durch Verkehrsanlagen im Sinn des

§ 127 BBauG und durch Versorgungseinrichtungen für die Bebauung in üblicher Weise ausreichend erschlossen sein.

γ) Die Grundstücke mußten sofort bebaut werden können.

Zu α) Der Bebauungsplan selbst muß nach § 30 BBauG bestimmte Voraussetzungen erfüllen, damit ein Vorhaben in seinem Bereich zulässig ist. Er muß mindestens enthalten Festsetzungen über Art und Maß der baulichen Nutzung, über die überbaubaren Grundstücksflächen und über die örtlichen Verkehrsflächen. Zu beachten ist, daß der Durchführung eines Vorhabens keine sonstigen Hindernisse entgegenstehen dürfen, nach denen die Baugenehmigung zu versagen ist, z. B. der Ausschluß der Bebauung innerhalb eines Schutzstreifens beiderseits der Bundesfernstraßen nach § 9 FStrG.

Zu β) Die in § 127 Abs. 2 genannten Verkehrsanlagen (als Teil von Verkehrsanlagen, vgl. Nr. 3 aaO) sind die öffentlichen zum Anbau bestimmten Straßen, Wege und Plätze einschließlich Sammelstraßen im Sinne von Nr. 2 aaO sowie Parkflächen, Grünanlagen, soweit sie Bestandteil der öffentlichen Straßen, Wege und Plätze einschließlich Sammelstraßen sind (Nr. 3 erster Halbsatz aaO). § 4 Nr. 9 Buchstabe a GrStG spricht von dem „dem öffentlichen Verkehr dienenden Straßengrund". Bewertungsrechtlich kommt es somit auf die Tatsache des öffentlichen Verkehrs an und nicht auf die Frage des Eigentums an der Verkehrsfläche oder der Widmung für den öffentlichen Verkehr. So kann ein Grundstück auch baureif sein, das nur mittels eines dinglichen Wegerechts Anschluß an die öffentlichen Zufahrtswege hat.

Unter Versorgungsanlagen sind solche Anlagen zu verstehen, die Wasser, Strom, Gas, Wärme zuführen und Abwasser ableiten.

Der Umfang der Erschließung, der für die Baureife zu fordern ist, richtet sich nach den ortsüblichen Verhältnissen; das gilt vor allem auch für die Abwasserbeseitigung. In einer kleinen Gemeinde, in der eine Kanalisation noch nicht vorhanden ist oder nur für einen Teil (Ortskern) der Gemeinde, kann das Fehlen von Abwassereinrichtungen kein Maßstab für die Frage der Baureife sein. Ähnliches gilt für die Art der Verkehrserschließung.

Zu γ) Die sofortige Bebaubarkeit mußte rechtlich und tatsächlich gegeben sein. Keine sofortige Bebauungsmöglichkeit lag z. B. dann vor, wenn nach § 14 BBauG zwecks Änderung eines Bebauungsplans von der Gemeinde eine Veränderungssperre für gewisse unbebaute, bisher als baureif angesehenen Grundstücke innerhalb des Bebauungsplans angeordnet ist. Bewertungsrechtlich „unbebaute Grundstücke", auf denen sich in Ausübung eines Rechts Bauanlagen befinden („Gebäude auf fremden Grund und Boden" im Sinn von § 50 Abs. 3 BewG), sind dann nicht sofort bebaubar, wenn die Verbindung mit Grund und Boden nicht nur zu einem vorübergehenden Zweck erfolgt. Die sofortige Bebauungsmöglichkeit tritt in denjenigen Fällen, in denen von vornherein eine Bebauung nur zu einem vorübergehenden Zweck vereinbart ist, ab dem Zeitpunkt ein, zu dem der Vertrag des Grundstückseigentümers mit dem Berechtigten frühestens kündbar ist. Das gleiche gilt für die Verwendung eines unbebauten Grundstücks für Betriebszwecke, z. B. für Zwecke eines Kohlengeschäfts oder als Lagerplatz einer Baufirma.

**bb)** Nach § 12 a Abs. 1 Satz 3 GrStG waren Grundstücke außerhalb eines Bebauungsplans (also wenn entweder ein Bebauungsplan in der betreffenden

Gemeinde überhaupt nicht oder noch nicht aufgestellt ist oder wenn das Grundstück nicht innerhalb eines aufgestellten Bebauungsplans liegt) baureif bei Vorliegen folgender Voraussetzungen:

α) Ausreichende ortsübliche Erschließung durch Verkehrsanlagen im Sinne des § 127 BBauG und durch Versorgungseinrichtungen. Hierfür gilt das oben bei aa) zu β Gesagte.

β) Eigenschaft als Bauland nach der Verkehrsauffassung.

Nach der Rechtsprechung (vgl. für den steuerrechtlichen Sektor BFH vom 3. 2. 1956, BStBl. III 1956, 78) wird die Verkehrsauffassung durch die Allgemeinheit vernünftig denkender Menschen gebildet, nicht aber durch bestimmte Wirtschaftskreise, insbesondere nicht durch Grundstücksmakler oder Grundstückshändler. Maßstab ist in erster Linie der — nunmehr freie — Grundstückspreis. Da die baureifen Grundstücke von der Gemeinde in einer besonderen Karte auszuweisen sind (Abs. 3 aaO, siehe unten Nr. 8), dürfte diese gerade hier zur Ermittlung der Baulandeigenschaft beitragen.

γ) Anstehen des Grundstücks nach der geordneten baulichen Entwicklung der Gemeinde zur Bebauung.

Dieser Begriff ist nicht gleichzusetzen mit der sofortigen Bebauungsmöglichkeit nach Satz 2 (vgl. oben aa) zu γ). Vielmehr kann er die sofortige Bebauungsmöglichkeit mit einschließen, muß dies aber nicht; „Anstehen" bedeutet, daß die Bebauungsmöglichkeit innerhalb eines absehbaren Zeitraums mit an Sicherheit grenzender Wahrscheinlichkeit zu erwarten ist. Das Gesetz vermeidet absichtlich die Angabe eines Zeitraums und überläßt dies der Beurteilung im Einzelfall. Hinweise für ein „Anstehen" zur Bebauung nach der geordneten baulichen Entwicklung können sein z. B. die Lage eines Grundstücks innerhalb der im Zusammenhang gebauten Ortsteile oder unmittelbar am Rand dieser oder die geplante oder durchgeführte Erschließung eines Geländes mit Versorgungsleitungen.

Die Steuermeßzahl für ein Grundstück wird erhöht, wenn es baureif ist. Voraussetzung der Baureife ist u. a., daß das Grundstück in ortsüblicher Weise ausreichend erschlossen ist. Für die Baureife eines Grundstücks genügt die Abwasserbeseitigung durch Sickergruben, wenn sie in der betreffenden Gegend üblich ist. Ein Kanalanschluß braucht in diesem Fall für die Annahme der Baureife nicht verbunden zu sein. Ein Grundstück, das hiernach als baureif anzusehen ist, verliert diese Eigenschaft nicht schon dadurch, daß für die betreffende Gegend oder Straße eine Kanalisation (mit entsprechendem Anschlußzwang) geplant ist. Das Gebiet, aus dem die „Ortsüblichkeit" abzuleiten ist, kann je nach Sachlage ein ganzer Ortsteil oder, aber auch nur eine einzelne Straße oder ein Teil eines Straßenzugs sein. Unbeachtlich ist das subjektive Verhalten der einzelnen Grundstückseigentümer, wenn sie im Hinblick auf die geplante und daher in Aussicht stehende Kanalisierung mit der Bebauung ihrer Grundstücke noch warten wollen. Aus diesen Gründen wird die Planung einer Kanalisation — wenn bis zu ihrer Fertigstellung die Möglichkeit der Abwasserbeseitigung durch Sickergruben besteht — im allgemeinen der Annahme der Baureife nicht entgegenstehen.

**4. Baureife Grundstücke mit kriegszerstörten Gebäuden**

**a)** Nach **§ 12 Abs. 1** GrStG galten die Bestimmungen des § 12 a entsprechend für die sogenannten „Trümmergrundstücke", nach dem Gesetzeswortlaut für die „Grundstücke mit Gebäuden, die durch Kriegseinwirkung völlig zerstört oder infolge von Kriegssachschaden nicht mehr benutzbar sind". Mit dieser Bestimmung ist nicht nur die bisherige Befreiung der Trümmergrundstücke von der Grundsteuer aufgehoben, sondern auch eine fühlbare Erhöhung erfolgt. Der Gesetzgeber ist offensichtlich davon ausgegangen, daß die Übergangszeit, in der Erleichterungen für die kriegsgeschädigten Grundstückseigentümer gerechtfertigt sind, nunmehr als beendet anzusehen sind und die Gewinnung von Bauland Vorrang haben muß. Nach § 2 Abs. 1 und 2 des Gesetzes betreffend Fortschreibungen und Nachfeststellung von Einheitswerten des Grundbesitzes auf den 21. Juni 1948 (Fortschreibungsgesetz) vom 10. 3. 1949 (WiGBl. S. 25) gelten Trümmergrundstücke als unbebaut. Nunmehr sind nur diejenigen Trümmergrundstücke von der Grundsteuer befreit, die nicht baureif sind (vgl. oben Nr. 3).

Grundsätzlich konnte bei den Trümmergrundstücken davon ausgegangen werden, daß sie bereits ausreichend erschlossen sind. Meist werden sie auch — es sei denn, daß sie durch Verkehrsplanungen in den Gemeinbedarf einbezogen sind — im Bebauungsplan als Bauland festgestellt sein. Soweit sie außerhalb eines Bebauungsplans liegen, werden sie nach der Verkehrsauffassung als Bauland zu betrachten sein. War somit die (Wieder-)Bebauung entweder sofort möglich oder stand das Trümmergrundstück nach der geordneten Entwicklung der Gemeinde zur (Wieder-)Bebauung an, dann wurde das Trümmergrundstück von der Baulandsteuer erfaßt. Bei Vorliegen von Veränderungssperren (vgl. § 14 Abs. 1 BBauG) oder zwischenzeitlicher Verkleinerung des Grundstücks durch Grundabtretung für Verkehrszwecke u. a. so, daß die Mindestgröße der Bebauung nicht mehr gegeben ist, entfiel die Anwendung der Baulandsteuer von vornherein.

Für die Trümmergrundstücke galten auch die Ausnahmen des § 12 a GrStG (siehe die folgende Ziffer 5).

**b)** Die Vorschrift der Gleichstellung der Trümmergrundstücke wäre nach § 12 b **Abs. 2** im Land Berlin erst zu dem Zeitpunkt in Kraft getreten, den der Senat von Berlin durch Verordnung bestimmt. Diese Sondervorschrift hatte ihren Grund in der besonderen Lage Berlins. Dort hätte die sofortige Einführung der Baulandsteuer u. U. besondere Härten mit sich gebracht.

**5. Nicht als baureif geltende Grundstücke**

Das Gesetz hatte zwei Arten von Grundstücken von vornherein als nicht baureif erklärt (§ **12 a Abs. 1 Satz 4** GrStG).

**a)** Baugrundstücke (einschließlich Trümmergrundstücke, § 12 b), die — gleich ob innerhalb oder außerhalb eines Bebauungsplans gelegen — für den Gemeinbedarf vorgesehen sind.

**b)** Baugrundstücke (einschließlich Trümmergrundstücke, § 12 b), die in einem Bebauungsplan als reines Industrie- oder Gewerbegebiet festgesetzt sind.

**Zu a)** Das Vorliegen eines Bebauungsplans war hier nicht Voraussetzung. Es genügte, daß das in Betracht kommende Baugrundstück für den Gemeinbedarf „vorgesehen" ist. Allerdings muß aus rechtsstaatlichen Erwägungen schon irgendeine Festlegung der Gemeinde gegeben sein, wie z. B. Einbeziehung des Grundstücks in den vorbereitenden Bauleitplan, den Flächennutzungsplan (vgl.

§ 5 Abs. 2 Nr. 2 BBauG) oder Mitteilung der Gemeinde an das Finanzamt über die vorgesehene Einbeziehung des betreffenden Baugrundstücks in den Gemeinbedarf. Wenn ein Angehöriger der Gemeindebehörde eine mündliche Äußerung über eine vorgesehene Einbeziehung macht, so dürfte dies — sofern es sich nicht um ein maßgebendes Gemeindeorgan handelt — nicht ausreichend sein. Der Begriff „Gemeinbedarf" ist hier rein planungsrechtlich (nicht steuerrechtlich) zu verstehen, so wie er in § 5 Abs. 2 Nr. 2 und § 9 Abs. 1 Buchstabe f BBauG festgelegt ist. Er geht weiter als der steuerrechtliche Begriff „öffentlicher Dienst oder Gebrauch" nach § 4 Nr. 1 Buchstabe a GrStG. Dem Gemeinbedarf dienen also öffentliche Schulhäuser, Krankenhäuser, Kirchen der anerkannten Religionsgemeinschaften, Parkhäuser, öffentliche Badeanstalten. Baugrundstücke, die für mildtätige oder gemeinnützige Zwecke vorgesehen sind, wie z. B. für Schwesternheime, dienen noch nicht dem Gemeinbedarf. Die für den allgemeinen Verkehrs- und Versorgungsbedarf und als Grünflächen vorgesehenen Grundstücke schieden in diesem Zusammenhang von vornherein aus, weil es sich hier ja nicht um Bau grundstücke handelt.

**Zu b)** Voraussetzungen hier waren förmliche Festsetzung von reinen Industriegebieten oder reinen Gewerbegebieten im Bebauungsplan. Die sogenannten gemischten Gebiete, in denen gewerbliche und Wohnbauten zulässig sind, fielen nicht darunter. Industriegelände außerhalb der Festsetzung eines Bebauungsplans wurde nicht von der Befreiung von der Baulandsteuer erfaßt. Die Ausnahmebestimmung diente dem Bestreben, die geordnete bauliche Entwicklung zu sichern, also Industriegebiete als solche geschlossen zu erhalten.

**6. Nichtanwendung der Baulandsteuer in Gebieten mit geringer Wohnsiedlungstätigkeit**

§ 12 a **Abs.** 7 GrStG besagte, daß die erhöhte Grundsteuer in „Gebieten mit geringer Wohnsiedlungstätigkeit" nicht erhoben wird. Das Gesetz sah nach Satz 2 aaO eine geringe Wohnsiedlungstätigkeit dann als vorliegend an, wenn „die Nachfrage nach Bauland in der Regel befriedigt werden kann, ohne daß eine allgemein erhebliche Steigerung der Baulandpreise eintritt". Die Auslegung dieser Bestimmung ist insofern den Landesregierungen überlassen, als sie nach Satz 3 aaO durch Rechtsverordnung zu bestimmen haben, welche Gemeindeverbände, Gemeinden oder Teile von Gemeinden zu den Gebieten mit geringer Wohnsiedlungstätigkeit gehören. Da im Hinblick auf die Bevölkerungsdichte der Bundesrepublik nur kleine, verkehrs- und industrieferne Gemeinden rein landwirtschaftlicher Struktur eine geringe Wohnsiedlungstätigkeit aufweisen, ist der Einwohnerzahl nach der Anteil der von den Rechtsverordnungen der Landesregierungen erfaßten Gemeinden gemessen an der Gesamtzahl von über 50 Millionen Einwohnern der Bundesrepublik verschwindend klein; der Fläche nach ist allerdings der Anteil der Natur der Sache nach größer.

Die Rechtsverordnungen waren bis 1962 sämtlich ergangen:

**Baden-Württemberg:** V vom 18. 4. 1961 (GBl. 1961 S. 139);
**Bayern:** V vom 23. 12. 1960 (GVBl. 1961 S. 1), V vom 22. 6. 1961 (GVBl. S. 161);
**Berlin:** V des Senats zu § 12 a GrStG vom 17. 12. 1960 (GVBl. S. 1226);
**Bremen:** keine;

**Hamburg:** keine;
**Hessen:** V vom 15. 2. 1961 (GVBl. 1961 S. 45), V vom 20. 6. 1961 (GVBl. 1961 S. 84), V vom 2. 3. 1962 (GVBl. S. 137);
**Niedersachsen:** V vom 7. 3. 1961 (GVBl. 1961 S. 104), V vom 31. 10. 1962 (GVBl. S. 219);
**Nordrhein-Westfalen:** § 2 der Zweiten V zur Durchführung des BBauG vom 29. 11. 1960 (GVBl. S. 436);
**Rheinland-Pfalz:** V vom 20. 1. 1961 (GVBl. 1961 S. 24);
**Saarland:** V vom 7. 3. 1961 (ABl. 1961 S. 145), geändert durch V vom 15. 10. 1962 (ABl. S. 443);
**Schleswig-Holstein:** V vom 27. 3. 1961 (GVBl. 1961 S. 35).

Für den Fall, daß in Gemeinden, die in einer solchen Rechtsverordnung genannt sind, die Voraussetzungen der geringen Wohnsiedlungstätigkeit später wegfallen, ist eine ergänzende Landesverordnung erforderlich.

Ob eine Gemeinde zu Recht als eine solche mit geringer Wohnsiedlungstätigkeit in die Landesverordnung aufgenommen wurde, entzieht sich der (verwaltungs-)gerichtlichen Nachprüfbarkeit. Allenfalls könnte eine Inzidentnachprüfung im Rahmen eines Normenkontrollverfahrens nach § 47 VwGO in denjenigen Bundesländern in Frage kommen, die die Normenkontrolle landesrechtlich eingeführt haben.

**7. Befreiungen für die Land- und Forstwirtschaft**

Wie sich schon aus den Erläuterungen unter Nr. 3 zu a) ergibt, ist die Abgrenzung des land- und forstwirtschaftlichen Vermögens von Grundvermögen an sich nicht einfach; da — abgesehen von der Gruppe der Betriebsgrundstücke — nur das Grundvermögen der Baulandsteuer unterliegt, ist besonders § 51 Abs. 2 BewG zu beachten. Hiernach (und nach der Rechtsprechung) sind land- und forstwirtschaftlich genutzte Grundstücksflächen dann als Grundvermögen zu bewerten (und damit g r u n d s ä t z l i c h von der Baulandsteuer erfaßbar), wenn nach ihrer Lage und den sonstigen Verhältnissen, insbesondere nach den bestehenden Verwertungsmöglichkeiten anzunehmen ist, daß sie innerhalb von sechs Jahren als Bauland oder jedenfalls anderen als land- und forstwirtschaftlichen Zwecken dienen werden (vgl. im einzelnen die Ausführungen bei Nr. 3 zu a).

Die land- und forstwirtschaftlich genutzten Flächen, die zu einem land- und forstwirtschaftlichen Betrieb gehören, der die Existenzgrundlage des Betriebsinhabers darstellt, waren bisher insoweit günstiger gestellt, als Grundflächen im allgemeinen nur dann dem Grundvermögen vom Finanzamt zugerechnet sind, wenn anzunehmen war, daß sie spätestens nach z w e i Jahren betriebsfremden Zwecken dienen werden. Diese Bewertungsvergünstigung wurde durch § 12 a Abs. 1 Satz 2 und 3 GrStG beseitigt. Dafür hat das Gesetz aber einen Ausgleich geschaffen:

B e f r e i t von der Baulandsteuer waren nach § 12 a **Abs. 6** GrStG unbebaute baureife Grundstücksflächen, die im Rahmen eines l a n d w i r t s c h a f t l i c h e n, f o r s t w i r t s c h a f t l i c h e n, g ä r t n e r i s c h e n oder W o h n b a u betriebs bewirtschaftet werden, unter folgenden Voraussetzungen, die n e b e n e i n a n d e r vorliegen mußten:

a) Der Betrieb muß dem Eigentümer, Pächter oder sonstigen Nutzungsberechtigten als Erwerbsgrundlage dienen; es ist nicht notwendig, daß der Betrieb die alleinige Erwerbsgrundlage ist; die sinngemäße Anwendung auf Betriebe, die als alleinige Erwerbsgrundlage nicht ausreichen, wurde im Gesetz ausdrücklich im Satz 2 von Abs. 6 ausgesprochen.

b) Die Veräußerung oder anderweitige Nutzung des Grundstücks müßte die Erhaltung der Wirtschaftlichkeit des Betriebs beeinträchtigen; für Grundstücke innerhalb des Bebauungsplans gilt dies jedoch nur solange, als dem Betriebsinhaber kein geeignetes Ersatzland nachgewiesen werden konnte (Abs. 6 **Buchst. b**).

**8. Ausweisung der baureifen Grundstücke durch die Gemeinde**

Nach § 12 a **Abs. 3** Satz 1 hatte die Gemeinde die baureifen Grundstücke im Sinn des Abs. 1 in einer besonderen Karte auszuweisen und diese erstmalig zum 1. 1. 1961 (Stichtag!), sodann jeweils im Abstand von längstens zwei Jahren öffentlich bekanntzugeben. Diese Karte bildete die Grundlage für die Fortschreibung oder nach Festsetzung des Einheitswerts durch das Finanzamt für die Nachfeststellung (siehe hierüber unter Nr. 9 b); allerdings ist das Finanzamt an den Inhalt der Karte nicht gebunden (Satz 2). Andererseits konnte das Finanzamt nicht eher mit der Veranlagung der auf den erhöhten Steuermeßzahlen beruhenden Grundsteuermeßbeträge beginnen, als ihm nicht von der Gemeinde die Karte übersandt worden ist. Die Anlegung der Karte ist nicht von so rechtserheblicher Bedeutung, daß dieses Verfahren selbständig mit Rechtsmitteln angefochten werden könnte. Es ist daher auch nicht zu beanstanden, wenn kleinere Gemeinden anstatt einer Karte eine Liste angelegt haben. Jedenfalls hatte die Karte (bzw. Liste) vor allem in den Gemeinden oder die Gemeindeteile eine besondere Bedeutung, für die Bebauungspläne nicht aufgestellt werden. Hier stellt die Gemeinde auf der Karte fest, welche Grundstücke ihres Bereichs nach der geordneten baulichen Entwicklung der Gemeinde zur Bebauung anstehen und nach dem Ausmaß der Erschließung als baureif anzusehen sind.

Mit der öffentlichen Auslegung sollte den betroffenen Grundstückseigentümern usw. Gelegenheit gegeben werden, sich gegen unrichtige Eintragungen zu wehren und die Berichtigung zu veranlassen. Die letzte Entscheidung kam jedoch dem Finanzamt zu, ob das strittige Grundstück von der Baulandsteuer erfaßt wird oder nicht (wegen der Rechtsmittel im Steuerverfahren siehe Nr. 13). Die Gemeinde hatte zusammen mit der öffentlichen Bekanntmachung eine Frist zu bestimmen, innerhalb der Einwendungen zu erheben sind. Erst die bereinigte Karte (Liste) war dem Finanzamt zu übermitteln.

Die nach der Fiktion des § 12 a Abs. 1 Satz 4 GrStG nicht als baureif geltenden Grundstücke waren in die Karte nicht aufzunehmen. Im Hinblick auf die Schwierigkeit der Abgrenzung der von Abs. 6 erfaßten befreiten Grundstücke wurden diese Grundstücke zunächst in der Karte erfaßt und dann vom Finanzamt ausgeschieden.

**9. Feststellung der Baureife**

Die Feststellung darüber, ob ein Grundstück nach § 12 a Abs. 1 baureif ist, erfolgte durch die Finanzämter und zwar mittels Fortschreibung oder Nachfeststellung des Einheitswerts.

**a) Fortschreibung**

Die Fortschreibung ist eine der im GrStG festgelegten drei Arten für die Feststellung der Einheitswerte und die Veranlagung (die anderen Arten sind die Hauptfeststellung der Einheitswerte bzw. die Hauptveranlagung der Meßbeträge und die Nachfeststellung — siebe b —); vgl. auch das in Anm. 4 a genannte Fortschreibungsgesetz.

Wenn eine bisher schon bestehende wirtschaftliche Einheit in vollem Umfang baureif ist, so erfolgt die Feststellung der Baureife durch eine sog. Artfortschreibung. Bei der der Baulandsteuer unterliegenden wirtschaftlichen Einheiten des Grundvermögens wird der Vermerk „baureif" vom Finanzamt zugefügt. Dies gilt auch für Trümmergrundstücke, die nicht mehr den Befreiungsvorschriften unterliegen (siehe oben Nr. 4).

Zum Unterschied vom Hauptfeststellungszeitpunkt des GrStG (1. 1. 1935) wird für die Fortschreibung der sogenannte Fortschreibungszeitpunkt festgelegt, hierfür sind die Verhältnisse zu Beginn des Kalenderjahres maßgebend, das der Änderung folgt. Für die Baulandsteuer hat Abs. 4 festgelegt, daß die auf Grund der erhöhten Steuermeßzahlen durchzuführenden Fortschreibungsveranlagungen und Nachveranlagungen erstmals auf den 1. 1. 1961 vorzunehmen sind.

**b) Nachfeststellung**

Die Nachfeststellungen eines Einheitswerts finden nach den Grundsätzen des GrStG statt, wenn eine wirtschaftliche Einheit neu gegründet wird. Sind also nur T e i l f l ä c h e n aus einer bisher schon bestehenden wirtschaftlichen Einheit baureif, so wird für diese Teilflächen (oder Teilfläche) die Nachfeststellung durch Ausschreibung der besonderen wirtschaftlichen Einheit mit der Bezeichnung „baureifes unbebautes Grundstück" durchgeführt. Nach der Rechtsprechung (BFH vom 5. 4. 1957, BStBl. III 1957, 190) ist eine derartige Feststellung bei demselben Eigentümer nur zulässig, wenn das Ausscheiden der Teilfläche aus der wirtschaftlichen Einheit, der sie bisher angehörte, d o r t durch eine Wertfortschreibung berücksichtigt werden kann. Die Wertfortschreibung ist im BewG geregelt; nach § 22 Abs. 1 Nr. 1 Satz 2 BewG genügt bei einer Flächenänderung für eine Wertfortschreibung eine Wertabweichung von 1000 DM.

**c)** Zusammen mit der Artfortschreibung wird nach § 14 GrStG vom Finanzamt eine F o r t s c h r e i b u n g s v e r a n l a g u n g und mit der Nachfeststellung wird nach § 15 aaO eine N a c h v e r a n l a g u n g der Grundsteuermeßbeträge im Hinblick auf die erhöhten Meßzahlen durchgeführt. Da die nach jeweils zwei Jahren erhöhten Meßbeträge (siehe oben bei Nr. 2 b) gleich bei der ersten Fortschreibungs- (bzw. Nach-)veranlagung vorgenommen werden, ist für die Gemeinde die Anlegung von Ü b e r w a c h u n g s l i s t e n zweckmäßig. So wird bei Erlaß der Grundstücksbescheide durch die Gemeinde die jeweils nach zwei Jahren eintretende Erhöhung der Steuermeßbeträge nicht übersehen.

**10. Festsetzung eines besonderen Hebesatzes durch die Gemeinde**

Die etappenweise Erhöhung der Steuermeßzahlen nach § 12 a Abs. 2 GrStG erfolgte ohne jedes Zutun der Gemeinde. Auch das Finanzamt war an die gesetzlich festgelegten Zeiträume und Zeitpunkte gebunden. Insofern war jedoch der Gemeinde die Möglichkeit einer Einflußnahme eingeräumt, als sie durch Festlegung eines besonderen, von den übrigen Meßbeträgen abweichenden Hebesatzes für die Baulandsteuermeßbeträge die Baulandsteuer je nach den Verhältnissen des Grundstücksmarktes in ihrem Bereich höher oder geringer festlegen konnte. Diese Möglichkeit war mit **§ 172 Nr. 1 Buchstabe b** durch Ergänzung des § 21 GrStG geschaffen. Eine Herabsetzung des Hebesatzes in einem Ausmaß, daß diese einem Verzicht auf die Baulandsteuer gleichkäme, war als Umgehung des Gesetzes nicht statthaft.

**11. Vergünstigungen bei der Bebauung der von der Baulandsteuer erfaßten Grundstücke**

**a) Rückerstattung der Baulandsteuer**

Eine wichtige Bestimmung enthielt § 12 a **Abs. 5** GrStG. Danach wurde der erhöhte Baulandsteuermeßbetrag nachträglich in bestimmtem Umfang wieder heruntergesetzt, wenn auf einem der Baulandsteuer unterliegenden Grundstück ein Gebäude im Sinne des § 32 Abs. 1 Ziffer 1 bis 4 der DV zum BewG vom 2. Februar 1935 i. d. F. d. ÄV vom 10. April 1954 (BGBl. I S. 83), also entweder ein Einfamilienhaus oder ein Mietwohnhaus oder ein Geschäftsgebäude oder ein gemischtgenutztes Gebäude — Wohn- oder Geschäftshaus — errichtet wurde. In diesem Falle ist der normale Meßbetrag (Grundsteuer A oder B) maßgebend. Diese nachträgliche Herabsetzung erfolgt rückwirkend auf einen Zeitraum von zwei Jahren. Der Bundesfinanzminister wurde ermächtigt, im Einvernehmen mit dem Bundeswohnungsbauminister und mit Zustimmung des Bundesrats die Zweijahresfrist durch Rechtsverordnung für diejenigen betroffenen Grundstücke, die bei Eintritt in die Steuerpflicht im Eigentum des späteren Bauherrn standen, im Falle der Bebauung mit Gebäuden der angegebenen Art auf vier Jahre zu verlängern.

Die Herabsetzung des Steuermeßbetrags erfolgt zugunsten des Eigentümers im Zeitpunkt der Fortschreibung des Grundstücks als bebautes Grundstück. Ist das Grundstück dem Eigentümer erst von einem späteren Zeitpunkt steuerlich zugerechnet worden, so wird die Herabsetzung auf den Zeitpunkt der Zurechnungsfortschreibung durchgeführt.

Die Rückerstattung hat durch die Gemeinde entsprechend der besonderen Herabsetzungsveranlagung des Finanzamtes zu erfolgen. Die Finanzämter führen die Herabsetzungsveranlagung ohne vorhergehende Artfortschreibung durch, weil es sich hier um eine für die besonderen Zwecke der Baulandsteuer vorgesehene, dem bisherigen Veranlagungssytem des GrStG nicht bekannte Sondermaßnahme handelt.

**b) Freistellung des sozialen Wohnungsbaues von der Baulandsteuer**

**§ 172 Nr. 2 BBauG** läßt durch Ergänzung des § 92 Abs. 1 des Zweiten WoBauG (und § 47 Abs. 1 des WoBauG Saar) den sozialen Wohnungsbau von der Baulandsteuer unberührt. § 92 Abs. 2 Zweites WoBauG bestimmt nämlich, daß Grundstücke für nach diesem Gesetz begünstigte Wohnungen auf die Dauer von zehn Jahren nur dem Steuermeßbetrag unterworfen sind, der vor der Bebauung gegolten hat. Damit nun nach der Bebauung nicht die erhöhten, für unbebaute baureife Grundstücke an sich nunmehr geltenden erhöhten Meßzahlen angewendet werden, wurde § 92 Abs. 2 aaO dahin ergänzt, daß für die zehnjährige Erstarrung der Teil des Steuermeßbetrags außer Betracht bleibt, der den ohne Anwendung der §§ 12 a und 12 b GrStG maßgebenden Steuermeßbetrag übersteigt; der erstarrende Steuermeßbetrag deckt sich der Höhe nach mit dem herabgesetzten Steuermeßbetrag im Sinn des § 122 a Abs. 5 GrStG (siehe oben a).

**12. Inkrafttreten und Geltungsdauer der Baulandsteuer**

Die Vorschriften über die Baulandsteuer sind zusammen mit einer Reihe von anderen Vorschriften nach § 189 BBauG am 30. Oktober 1960 in Kraft getreten. Nach § 12 a Abs. 4 GrStG ist die Fortschreibungs- oder Nachveranlagung der erhöhten Grundsteuermeßbeträge erstmals zum 1. Januar 1961 durchgeführt worden.

**§ 12 c GrStG** beschränkte die Geltungsdauer der Bestimmungen über die Baulandsteuer (§§ 12 a, 12 b GrStG) auf die Zeit bis zum Wirksamwerden der nächsten Hauptveranlagung der Grundsteuermeßbeträge. Würde entsprechend der vom Bundesfinanzministerium vertretenen Meinung die nächste Hauptveranlagung bereits im Jahre 1965 durchgeführt werden können, dann würde die zweite Progression der Steuermeßzahlen (auf 30 v. T.) gar nicht mehr zur Anwendung kommen.

**13. Rechtsbehelfe**

**a) Rechtsbehelfe gegen den Meßbescheid**

Gegen den vom Finanzamt zu erlassenden Meßbescheid ist nach § 228 Nr. 1, § 229 der Abgabenordnung innerhalb eines Monats nach Zustellung des Meßbescheids (bzw. des Einheitswertsbescheids) der Einspruch zum Finanzamt gegeben. Der Einspruch steht nur dem Steuerpflichtigen, nicht der Gemeinde zu. Wenn die Gemeinde selbst steuerpflichtig ist, kann sie natürlich die üblichen Rechtsbehelfe geltend machen.

**b) Rechtsbehelf gegen den Baulandsteuerbescheid**

Gegen die — wie bereits ausgeführt — von der Gemeinde jährlich zu erlassenden Steuerbescheide sind die durch die **VwGO** gegebenen Rechtsbehelfe und zwar Widerspruch innerhalb eines Monats nach Bekanntgabe des Bescheids und Klage nach Ergehen eines ablehnenden Widerspruchsbescheids beim Verwaltungsgericht zulässig (§§ 69 ff. VwGO). Im Hinblick darauf, daß der Erlaß des Grundsteuerbescheids und die Erhebung der Grundsteuer zu den Selbstverwaltungsaufgaben der Gemeinde gehört, greift hinsichtlich der Zuständigkeit des Erlasses des Widerspruchsbescheids die Bestimmung des § 73 Abs. 1 Nr. 3 VwGO Platz. In einigen Bundesländern ist die Gemeinde zuständig, in anderen (z. B. Bayern nach dem neu gefaßten Art. 119 Nr. 1 BayGO) die Rechtsaufsichtsbehörde nach Überprüfung der Zweckmäßigkeit des Verwaltungsakts (vgl. § 68 Abs. 1 Satz 1 VwGO) durch die Gemeinde (vgl. hierzu Helmreich-Widtmann, BayGO, II. Aufl., Vorbem. zu Art. 119 und Anm. 1 zu Art. 119). Da der Widerspruch gegen Grundsteuerbescheide sich nicht gegen die Feststellungen des Meßbescheids richten kann, wird er im wesentlichen sich nur darauf stützen können, daß die Gemeinde einen anderen als den festgesetzten Meßbetrag oder einen unrichtigen Hebesatz zugrunde gelegt oder die Steuer falsch berechnet habe oder daß Stundung oder Nachlaß in Frage komme.

**14. Einzelfragen zur Baulandsteuer**

**a) Erbbaurecht**

Das Erbbaurecht gilt nach § 50 Abs. 2 BewG als Grundstück. Solange das Erbbaurecht als unbebautes baureifes Grundstück behandelt wird, ist es mit seinem Gesamtwert nach § 46 Abs. 1 BewDV zur Baulandsteuer heranzuziehen. Steuerschuldner ist der Erbbauberechtigte (§ 7 Abs. 1 Ziff. 3 GrStG, § 26 GrStDV). Das Erbaburecht an einem unbebauten baureifen Grundstück unterliegt solange der Baulandsteuer, bis sein Einheitswert wegen der Errichtung eines Gebäudes fortgeschrieben ist.

**b) Errichtung eines Gebäudes durch einen Dritten**

Wird auf einem unbebauten baureifen Grundstück durch einen Dritten ein Gebäude errichtet, so bleibt der Grund und Boden nach der Rechtsprechung des BFH ein unbebautes Grundstück. Für das Grundstück ist auf den Feststellungszeitpunkt, der auf die Bezugsfertigkeit des Gebäudes folgt, eine Artfortschreibung des „unbebauten baureifen Grundstücks" in ein (nicht mehr baureifes) unbebautes Grundstück durchzuführen, weil seine Bebauung nicht mehr sofort möglich ist. Von den Fortschreibungszeitpunkt an entfallen die erhöhten Grundsteuermeßbeträge.

**Hebesatz für die Baulandsteuer**

§ 21 Abs. 3 GrStG ermächtigte die Gemeinden, einen besonderen Hebesatz für die Baulandsteuer festzusetzen. Gesetzgeberischer Zweck der Baulandsteuer war es, die „baureifen" Grundstücke einer alsbaldigen Bebauung — sei es durch den Eigentümer selbst oder nach Veräußerung durch einen anderen Bauwilligen — zuzuführen. Aus diesem Grunde sollten die baureifen Grundstücke mit einer höheren Grundsteuer belegt werden, als sie für andere unbebaute Grundstücke, die noch nicht baureif sind, in Betracht kommt. Nach § 21 Abs. 3 GrStG konnten die Gemeinden die Höhe der Baulandsteuer je nach der Nachfrage nach Bauland im Gemeindegebiet festsetzen. Der Wortlaut des Gesetzes ließ sowohl die Über- als auch die Unterschreitung des Hebesatzes der Grundsteuer B zu. Es lag im pflichtmäßigen Ermessen der Gemeinde, wie hoch sie den besonderen Hebesatz festsetzte. Nicht zulässig war es, den Hebesatz für die der Baulandsteuer unterliegenden Grundstücke auf 0 v. H. festzusetzen, so daß die Grundsteuer für jene Grundstücke völlig entfallen wäre. Da das Grundsteuergesetz lediglich von einem abweichenden Hebesatz spricht, geht es ersichtlich davon aus, daß die Grundsteuer dort, wo sie eingeführt ist, erhoben werden mußte.

**d) Grundstücke der Bundesbahn**

Unbebaute Grundstücke der Bundesbahn, die auf Grund eines Planfeststellungsverfahren für Eisenbahnbetriebszwecke vorgesehen sind, unterlagen nicht der Baulandsteuer; sie waren nicht baureif im Sinne des § 12 a Abs. 1 GrStG, weil ihre sofortige Bebauung nicht möglich ist (vgl. § 36 Bundesbahngesetz, § 38 BBauG).

# ELFTER TEIL
## Übergangs- und Schlußvorschriften

### § 173
### *Überleitung bestehender Pläne*

**(1) Bei dem Inkrafttreten dieses Gesetzes bestehende rechtsgültige Wirtschaftspläne nach dem Gesetz über die Aufschließung von Wohnsiedlungsgebieten vom 22. September 1933 (Reichsgesetzbl. I S. 659) in der Fassung des Gesetzes vom 27. September 1938 (Reichsgesetzbl. I S. 1246) — Wohnsiedlungsgesetz — gelten bis zum Ablauf von zwei Jahren nach dem Inkrafttreten dieses Gesetzes als Flächennutzungspläne im Sinne des § 5, wenn sie nicht vor diesem Zeitpunkt aufgehoben werden. Entsprechen diese Wirtschaftspläne inhaltlich und verfahrensrechtlich im wesentlichen den an einen Flächennutzungsplan gestellten Anforderungen, so können sie von der höheren Verwaltungsbehörde zu unbefristet geltenden Flächennutzungsplänen im Sinne des § 5 erklärt werden.**

**(2) Die Landesregierungen können durch Rechtsverordnung bestimmen, daß sonstige auf Grund bisher geltender Vorschriften aufgestellte vorbereitende städtebauliche Pläne unverändert oder mit besonderen Maßgaben weitergelten, wenn sie den an einen Flächennutzungsplan gestellten Anforderungen inhaltlich und verfahrensrechtlich im wesentlichen entsprechen.**

**(3) Bei dem Inkrafttreten dieses Gesetzes bestehende baurechtliche Vorschriften und festgestellte städtebauliche Pläne gelten als Bebauungspläne, soweit sie verbindliche Regelungen der in § 9 bezeichneten Art enthalten. Dies gilt für Festsetzungen in den Fällen des § 9 Abs. 7 des Bundesfernstraßengesetzes vom 6. August 1953 (Bundesgesetzblatt I S. 903) in der Fassung des § 183 dieses Gesetzes nur, wenn sie unter Mitwirkung des Trägers der Straßenbaulast zustande gekommen sind oder ihnen der Träger der Straßenbaulast nachträglich zugestimmt hat. Soweit die in Satz 1 bezeichneten Vorschriften und Pläne den in § 1 Abs. 3 bis 5 gestellten Anforderungen nicht entsprechen, sind sie zu ändern oder zu ergänzen, wenn dies von einem bei der Bauleitplanung zu beteiligenden Träger öffentlicher Belange (§ 2 Abs. 5) innerhalb eines Monats nach Inkrafttreten dieses Gesetzes beantragt wird.**

**(4) Die Landesregierungen können durch Rechtsverordnung bestimmen, daß die in Absatz 3 Satz 1 genannten Bebauungspläne längstens für die Dauer von fünf Jahren als Bebauungspläne im Sinne des § 30 gelten, auch wenn sie keine Festsetzungen über die örtlichen Verkehrsflächen enthalten, weil die für diese Festsetzungen erforderlichen vermessungstechnischen Unterlagen nicht vorhanden sind.**

**(5) Bis zum Inkrafttreten der in § 2 Abs. 10 bezeichneten Rechtsverordnungen sind die entsprechenden landesrechtlichen Vorschriften weiterhin anzuwenden.**

**(6) Sollen weitergeltende baurechtliche Vorschriften oder städtebauliche Pläne (Absätze 1 bis 3) geändert oder aufgehoben werden, so sind die für Bauleitpläne geltenden Vorschriften dieses Gesetzes anzuwenden, auch wenn nach den landesrechtlichen Vorschriften ein anderes Verfahren vorgeschrieben war.**

**1. Allgemeines**

Durch § 186 wurden diejenigen bundes- und landesrechtlichen Vorschriften aufgehoben, die bisher die Grundlage für die städtebauliche Planung bildeten. Aus Gründen der Rechtssicherheit wäre es nun an sich erwünscht gewesen, wenn alle Pläne und baurechtlichen Vorschriften den Vorschriften des Gesetzes mit dessen Inkrafttreten angepaßt worden wären. Bei der Fülle der Pläne und Vorschriften, deren Änderung einen erheblichen Aufwand an Zeit und Kosten verursacht, ließ sich diese Forderung jedoch nicht sofort in vollem Umfang durchsetzen. Es mußte deshalb eine Lösung gefunden werden, welche die Kontinuität wahrt, um die Durchführung der Bauprogramme nicht zu unterbrechen, die aber auch dazu führt, daß die Vorschriften des Gesetzes möglichst bald in der Praxis angewendet werden. § 173 regelt daher die Weitergeltung von bisherigen „Flächennutzungsplänen" und sonstigen vorbereitenden städtebaulichen Plänen als Flächennutzungspläne im Sinn des BBauG, die Weitergeltung von Bebauungs- und ähnlichen Plänen, sowie die Änderung oder Aufhebung solcher weitergeltender Pläne.

**2. Flächennutzungspläne (Abs. 1 und 2)**

a) Entgegen der Regierungsvorlage ist in **Abs. 1** bestimmt, daß alle rechtsgültigen, bei Inkrafttreten des Gesetzes bestehenden Wirtschaftspläne, die auf Grund des Wohnsiedlungsgesetzes aufgestellt wurden, bis zu zwei Jahren nach dem Inkrafttreten des Gesetzes als Flächennutzungspläne i. S. des § 5 weiter gelten, falls die Gemeinden sie nicht vorher aufheben (**Satz 1**). Damit ist den Gemeinden ein ausreichender Überlegungszeitraum gegeben, in dem sie ihre bisherigen Planungsvorhaben überprüfen können.

Da das Gesetz nach § 189 nicht einheitlich zu einem bestimmten Zeitpunkt, sondern zu verschiedenen Zeitpunkten in Kraft trat, konnte es zweifelhaft erscheinen, welcher Zeitpunkt mit dem Ausdruck „bei Inkrafttreten dieses Gesetzes" gemeint ist; da es sich aber um Gegenstände des Ersten Teils des BBauG handelt, muß davon ausgegangen werden, daß als Zeitpunkt „ein Jahr nach der Verkündung des Gesetzes" (§ 189 Abs. 1) maßgebend ist, das ist also der 30. Juni 1961. Die Wirtschaftspläne müssen, wenn sie fortgelten sollen, „rechtsgültig" sein, d. h. sie müssen in formeller Hinsicht entsprechend den Bestimmungen des WSG und den dazu erlassenen landesrechtlichen Bestimmungen in rechtsgültiger Weise zustande gekommen sein und müssen inhaltlich den an einen Wirtschaftsplan zu stellenden Anforderungen entsprechen. Über das Verfahren, wie die Wirtschaftspläne aufzustellen sind, enthielt das Wohnsiedlungsgesetz keine Vorschriften. § 14 WSG ermächtigte die Obersten Landesbehörden, in gewissem Umfang Rechtsverordnungen und Verwaltungsvorschriften zu erlassen. Davon haben einige Länder Gebrauch gemacht (z. B. Niedersachsen in der Verordnung vom 3. 7. 1959, GVBl. S. 87). Eine Genehmigungspflicht der Wirtschaftspläne durch die höhere Verwaltungsbehörde kannte das Wohnsiedlungsgesetz nicht. Der Bayer.VGH hat in der in der ASlg. Bd. 5, 247 abgedruckten Entscheidung den Beschluß des Gemeinderats als für die Aufstellung des Wirtschaftsplans genügend angesehen.

Die Weitergeltung dieser Wirtschaftspläne bis 29. Juni 1963 trat kraft Gesetzes ein, brauchte also von der Gemeinde nicht besonders beschlossen oder bekanntgemacht zu werden.

**b)** Eine weitere Erleichterung hinsichtlich der Weitergeltung von Wirtschaftsplänen bringt Abs. 1 **Satz 2.** Hiernach konnte die unbefristete Weitergeltung von solchen Wirtschaftsplänen verfügt werden, die inhaltlich und verfahrensrechtlich im wesentlichen den an einen Flächennutzungsplan gestellten Anforderungen entsprechen. Der für Flächennutzungspläne erforderliche Inhalt ergibt sich aus § 5, das Verfahren bei ihrer Genehmigung aus § 6. Da jedoch diese Anforderungen nur „im wesentlichen" erfüllt sein müssen, kann davon ausgegangen werden, daß auch solche Pläne zu unbefristet geltenden Flächennutzungsplänen erklärt werden konnten, die diesen Anforderungen in unwesentlichen Punkten nicht entsprechen (wenn also die eine oder andere in § 5 Abs. 2 aufgeführte Darstellung nicht enthalten ist oder wenn bei der Aufstellung des Wirtschaftsplans die höhere Verwaltungsbehörde nur Gelegenheit zur Stellungnahme hatte und auch positiv Stellung genommen, nicht aber eine ausdrückliche Genehmigung ausgesprochen hat; durch die spätere Sanktionierung wurde dieser Formfehler geheilt). Sonst müssen die für unbefristet geltend erklärten Pläne rechtsgültig zustande gekommen sein (z. B. ordnungsmäßiger Beschluß der Vertretungskörperschaft der Gemeinde).

Zuständig für die Erklärung nach Abs. 1 Satz 2 ist die höhere Verwaltungsbehörde (vgl. aber § 147 Abs. 2).

**c)** Schließlich ist in **Abs. 2** den Landesregierungen noch eine Ermächtigung eingeräumt, um sonstige auf Grund bisher geltender Vorschriften aufgestellte vorbereitende städtebauliche Pläne (in Betracht kommen vor allem Generalbebauungspläne, Aufbaupläne, Bauleitpläne usw., die auf Grund von landesrechtlichen Aufbaugesetzen aufgestellt wurden) unverändert oder mit besonderen Maßgaben durch Rechtsverordnung als weitergeltend erklärt werden. Auch sie müssen den an einen Flächennutzungsplan gestellten Anforderungen (§§ 5, 6) inhaltlich und verfahrensrechtlich im wesentlichen entsprechen (siehe oben Anm. b).

Von der Ermächtigung des Abs. 2 haben außer Bayern, Bremen und Saarland alle Länder Gebrauch gemacht (siehe Anhang A). Bremen und Saarland haben dafür von der Ermächtigung des Abs. 4 Gebrauch gemacht.

**3. Bebauungspläne (Abs. 3 und 4)**

**a)** Abs. 3 und 4 schaffen entsprechend der für Flächennutzungspläne geltenden Regelung in Abs. 1 und 2 für die bei Inkrafttreten des Gesetzes (siehe hierzu oben Anm. 2 a) bestehenden baurechtlichen Vorschriften und städtebaulichen Pläne die Möglichkeit der Weitergeltung als Bebauungsplan. Voraussetzung ist, daß diese Vorschriften oder Pläne verbindliche Regelungen der in § 9 („Inhalt des Bebauungsplans") bezeichneten Art enthalten; nur soweit sie solche verbindliche Regelungen enthalten, gelten sie weiter; bei anderen, nicht dem § 9 entsprechenden Regelungen ist dies nicht der Fall. In Frage kommen für die Weitergeltung vor allem auf Grund landesrechtlicher Bestimmungen früher erlassene Baulinienfestsetzungen, Bebauungspläne, Staffelbaupläne, Bauzonen- sowie Baugebietspläne u. dgl.

Bei der Behandlung der verbindlichen Pläne hat der federführende Ausschuß in Ergänzung der Regierungsvorlage vorgesehen, daß die nach § 2 Abs. 5 künftig bei der Bauleitplanung zu beteiligenden Träger öffentlicher Belange unter bestimmten Voraussetzungen einen befristeten Rechtsanspruch auf Änderung oder Ergänzung der als Bebauungspläne fortgeltenden Pläne haben. Der Ausschuß hielt dies für erforderlich, weil diese Träger bei Aufstellung der alten Pläne nicht immer Beteiligte waren und weil die grundsätzlichen Forderungen des § 1 Abs. 3 bis 5 nicht überall in ausreichendem Umfang berücksichtigt worden sind. Mit dieser Regelung ist inhaltlich auch der Empfehlung des Bundesrats entsprochen worden, nach der Pläne, die die kirchlichen Bedürfnisse nicht ausreichend berücksichtigt haben, nur in beschränktem Umfang fortgelten sollten.

**b)** In Abs. 4 wurde eine befristete Sonderregelung für solche Gemeinden vorgesehen, in deren verbindlichen Plänen mangels ausreichender vermessungstechnischer Unterlagen Straßenfluchtlinien (Baulinien) zum Zwecke der Festlegung der öffentlichen Verkehrsflächen seinerzeit nicht sofort festgesetzt werden konnten. Dieser Regelung kommt im Hinblick auf § 30 besondere Bedeutung zu.
Die Fünfjahresfrist begann am 30. Juni 1961 zu laufen. Von der Ermächtigung haben Bremen, Hamburg und das Saarland Gebrauch gemacht (s. Anhang A).

### 4. Weitergeltung landesrechtlicher Vorschriften (Abs. 5)

Durch Abs. 5 wird zur Vermeidung von Zweifeln klargestellt, daß die landesrechtlichen Vorschriften über die in § 2 Abs. 10 bezeichneten Sachgebiete (insbesondere die Vorschriften über Art und Maß der baulichen Nutzung) so lange in Kraft bleiben, bis die entsprechenden Rechtsverordnungen des Bundesministers für Wohnungsbau ergangen sind. Vgl. die inzwischen ergangenen Baunutzungsverordnung (II 3) und Planzeitenverordnung (II 5).

### 5. Änderung von weitergeltenden Vorschriften und Plänen (Abs. 6)

Wenn sich im Laufe der Geltungszeit der nach § 173 Abs. 1—3 befristet oder unbefristet weitergeltenden baurechtlichen Vorschriften oder städtebaulichen Pläne die Notwendigkeit ihrer Änderung oder Aufhebung herausstellt, sind die Vorschriften des BBauG anzuwenden (§§ 5, 6, 9, 10, 11, 12, 13), auch wenn nach den landesrechtlichen Vorschriften ein anderes Verfahren vorgeschrieben war. Hierzu gehört auch die BauNV. Eingeleitete Verfahren werden jedoch nach der folgenden Bestimmung des § 174 abgewickelt.

### 6. Rechtsprechung

A. Höchstrichterliche Rspr.

BVerwG, U vom 18. 8. 1964 (I C 63/62) DVBl. 1964, 918 = DÖV 1964, 740 = BBauBl. 1964, 548.

a) Die vorhandene Bebauung ist für die Zulässigkeit von Vorhaben innerhalb der im Zusammenhang bebauten Ortsteile nur maßgeblich, soweit die städtebauliche Ordnung nicht durch die Festsetzungen eines Bebauungsplanes geregelt ist.

b) Befreiung kann auch von den Festsetzungen eines Bebauungsplanes erteilt werden, der nicht die Mindestfestsetzungen des § 30 BBa enthält.

B. Andere Gerichte

1. OVG Münster, U vom 27. 10. 1961 (VII A 244/59) DÖV 1962, 77.

Bei dem Inkrafttreten des BBauG bestehende baurechtliche Vorschriften und festgestellte städtebauliche Pläne gelten, soweit sie verbindliche Regelungen der in § 9 BBauG bezeichneten Art enthalten, zwar als Bebauungspläne (§ 173 Abs. 3 Satz 1 BBauG), sie sind aber für die Entscheidung, ob ein Bauvorhaben vom Gesichtspunkt der Planung aus zulässig ist, nur noch maßgebend, wenn sie allein oder gemeinsam mit sonstigen baurechtlichen Vorschriften die in § 30 BBauG genannten Mindestfestsetzungen, u. a. Festsetzungen über die örtlichen Verkehrsflächen enthalten.

Enthalten die in § 173 Abs. 3 Satz 1 genannten Bebauungspläne keine Festsetzungen über die örtlichen Verkehrsflächen und hat weder die Landesregierung durch Rechtsverordnung bestimmt, daß diese Bebauungspläne als Bebauungspläne im Sinne des § 30 BBauG gelten (§ 173 Abs. 4 BBauG), noch die Gemeinde beschlossen, einen Bebauungsplan im Sinne des § 30 BBauG aufzustellen (§ 33 BBauG), so ist der Entscheidung darüber, ob ein Bauvorhaben vom Gesichtspunkt der Planung aus zulässig ist, für Vorhaben innerhalb der im Zusammenhang bebauten Ortsteile § 34 BBauG, für Vorhaben außerhalb der im Zusammenhang bebauten Ortsteile § 35 BBauG zugrunde zu legen.

Unter „Vorschriften des Bauordnungsrechts" im Sinne des § 29 letzter Satz BBauG, die unberührt geblieben sind, sind die Vorschriften herkömmlichen baupolizeilichen Inhalts in den Bauordnungen zu verstehen, d. h. die Bestimmungen, die regeln, was bei der Ausführung eines Bauvorhabens in sicherheitspolizeilicher, hygienischer und ästhetischer Hinsicht zu beachten ist.

Unberührt geblieben im Sinne des § 29 letzter Satz BBauG sind auch solche Vorschriften in den Bauordnungen, die sowohl planerischen als auch bauordnungsrechtlichen Charakter haben; dazu gehören u. a. die Bauwichbestimmungen in den Bauordnungen.

2. OVG Lüneburg, U vom 31. 8. 1961 (I A 74/16) DVBl. 1961, 824.

Eine baurechtliche Vorschrift die — ohne selbst Plan zu sein — eine verbindliche Regelung über das Maß der baulichen Nutzung in einem im Zusammenhang bebauten Ortsteil enthält, gilt kraft der Übergangsregelung des BBauG bis auf weiteres fort.

3. OVG Lüneburg, U vom 26. 2. 1962 (I OVGA 54/61) DVBl. 1962, 722.

Pläne, die eine rechtsverbindliche Ausweisung von Baugebieten nach § 1

BauRegV enthalten, gelten nach § 173 Abs. 3 Satz 1 BBauG als Bebauungsplan fort.

4. OVG Münster, U vom 29. 5. 1962 (VII A 853/59) DWW 1963, 326/327.

Über die Voraussetzungen, unter denen ein Durchführungsplan im Sinne des Aufbaugesetzes Nordrhein-Westfalen gemeinsam mit sonstigen baurechtlichen Vorschriften (VerbandsBauO) die Erfordernisse eines qualifizierten Bebauungsplanes im Sinne des § 30 BBauG erfüllt.

5. VGH Bad.-Württ., B vom 18. 7. 1962 (I 364/62) VerwRspr. 1963, S. 582 Nr. 181.

a) Zur Frage der Weitergeltung von baurechtlichen Vorschriften und städtebaulichen Plänen, die bei Inkrafttreten des Bundesbaugesetzes rechtsverbindlich erlassen waren.

b) Eingeleitete, aber noch nicht abgeschlossene Verfahren zur Aufstellung, Änderung und Aufhebung städtebaulicher Pläne können nicht nur dann nach altem Recht weitergeführt werden, wenn sie bei Inkrafttreten des Bundesbaugesetzes bereits ausgelegt waren, sondern auch dann, wenn mit ihrer Verlautbarung im Wege eines anstelle der Auslegungsgesetze vorgesehenen anderen Verfahrens begonnen worden war.

6. VGH Bad.-Württ., U vom 10. 12. 1963 (II 522/62) DVBl. 1964, 386 = DÖV 1964, 386.

Die Einordnung des überkommenen Baurechts in den Kreis des Bauordnungsrechts oder des Planungsrechts nach seiner Wirkung oder nach örtlicher Handhabung wird vom Senat abgelehnt. Vielmehr kommt es darauf an, ob die Vorschrift als Baupolizeirecht erlassen worden ist. Hierbei ist allerdings das Recht auszuscheiden, dessen Anwendung inzwischen Aufgabe der gemeindlichen Planungsbehörden geworden ist und das ferner das BBauG als Planungsrecht betrachtet.

7. OVG Münster, U vom 11. 12. 1962 (VII A 214/62) DVBl. 1963, 634 = DÖV 1963, 848 = ZMR 1964, 90.

a) Der Senat hält an seiner Auffassung fest, daß städtebauliche Pläne, die als Bebauungspläne nach dem BBauG weitergelten, für die Entscheidung über einen Bauantrag nur maßgebend sind, wenn sie — gegebenenfalls zusammen mit anderen Bebauungsplänen — die Mindestfestsetzungen des § 30 BBauG enthalten.

b) Festsetzungen über Art und Maß der baulichen Nutzung, die in einer bisher geltenden BaupolVO enthalten sind, sind weder durch das BBauG noch durch § 108 BauO NW außer Kraft gesetzt worden.

8. Hess. VGH, U vom 10. 7. 1964 (OS IV 30/62) DÖV 1964, 752.

a) Beim Inkrafttreten des Bundesbaugesetzes bestehende städtebauliche Pläne haben nur dann „verbindliche" Regelungen im Sinne von § 173 Abs. 3 BBauG enthalten, wenn sie Rechtsnormen waren.

b) Jede Norm des geschriebenen Rechts bedarf zu ihrer Rechtswirksamkeit der Verkündung. Diese kann entweder in der Form der öffentlichen Bekanntmachung (= Veröffentlichung) oder der Form öffentlicher Auslegung (= Offenlegung) erfolgen. Der Rechtsgrundsatz der notwendigen Verkündung aller geschriebenen Rechtsnormen verbietet es dem Gesetzgeber, einen städtebaulichen Plan zum Bestandteil des Ortsbaurechts zu erklären, ohne daß dieser Plan veröffentlicht oder offengelegt wird.

c) Die Vorschrift des § 9 Abs. 1 Hess. AufbauG hat gegen die im Grundgesetz enthaltenen Grundsätze der Rechtsstaatlichkeit verstoßen, soweit sie nicht zu verkündende Bauleitpläne zu Teilen des Ortsbaurechts erklärte.

d) Kann ein Gericht selbst entscheiden, daß ein insoweit vorkonstitutionelles Gesetz gegen das Grundgesetz verstößt, so hat eine Vorlage an den Staatsgerichtshof des Landes zur Entscheidung, ob das insoweit nachkonstitutionelle Gesetz auch gegen die Landesverfassung verstößt, als unerheblich zu unterbleiben.

## § 174
### *Abwicklung eingeleiteter Verfahren*

**(1) Eingeleitete Verfahren zur Aufstellung, Änderung und Aufhebung vorbereitender und verbindlicher städtebaulicher Pläne werden nach den bisher geltenden Vorschriften weitergeführt, wenn die Pläne bei dem Inkrafttreten dieses Gesetzes bereits ausgelegt sind. Die Landesregierungen können durch Rechtsverordnung bestimmen, daß die Verfahren nach den Vorschriften dieses Gesetzes weiterzuführen sind; § 173 Abs. 3 Satz 3 gilt sinngemäß.**

**(2) Eingeleitete Verfahren zur Bodenordnung sind nach den bisher geltenden Vorschriften weiterzuführen. Soweit bei dem Inkrafttreten dieses Gesetzes noch keine Festsetzungen erfolgt sind, die nach diesem Gesetz dem Umlegungsplan oder dem Beschluß über die Grenzregelung vorbehalten sind, gelten für Geldabfindungen die Vorschriften über die Entschädigung im Zweiten Abschnitt des Fünften Teiles dieses Gesetzes sinngemäß; die Landesregierungen können durch Rechtsverordnung bestimmen, daß diese Verfahren nach den Vorschriften dieses Gesetzes weiterzuführen sind.**

**(3) Eingeleitete Enteignungsverfahren sind nach den bisher geltenden Vorschriften weiterzuführen. Hat die Enteignungsbehörde die Entschädigung noch nicht festgesetzt, so sind die Vorschriften über die Entschädigung im Zweiten Abschnitt des Fünften Teiles dieses Gesetzes anzuwenden.**

**(4) Eingeleitete Verfahren nach dem Wohnsiedlungsgesetz, welche die Genehmigung eines nach den Vorschriften dieses Gesetzes nicht mehr genehmigungsbedürftigen Rechtsvorganges zum Gegenstand haben, sind einzustellen. Gerichtskosten bleiben in diesem Falle außer Ansatz.**

**(5) Sonstige eingeleitete Verfahren sind nach den Vorschriften dieses Gesetzes weiterzuführen.**

**1. Verfahren über Bauleitplanung (Abs. 1)**

**a)** Bei der Abwicklung eingeleiteter Verfahren zur Aufstellung, Änderung oder Aufhebung städtebaulicher Pläne hat es der federführende Ausschuß für zweckmäßig gehalten, daß g r u n d s ä t z l i c h die b i s h e r i g e n Vorschriften weiterhin zur Anwendung gelangen, um diese Verfahren nicht aufzuhalten und bei den Beteiligten keine Unsicherheit über die Rechtslage zu schaffen. V o r a u s s e t z u n g dafür, daß die bisherigen Vorschriften noch angewendet werden dürfen, ist, daß die Pläne bei Inkrafttreten des Gesetzes (das ist hier der 29. Juni 1961, vgl. § 173 Anm. 2 a) b e r e i t s a u s g e l e g t s i n d (**Satz 1**). — Vgl. z. B. § 61 BayBO. — Im übrigen ist wohl davon auszugehen, daß für den Fall, daß nach Landesrecht keine Auslegung vorgesehen ist, § 174 Abs. 1 Satz 1 keine Anwendung finden kann, daß also dann nach den Bestimmungen des BBauG verfahren werden muß (vgl. dazu auch Knaup-Ingenstau Anm. zu § 174 und v. Hausen-v. d. Heide, Anm. 4 zu § 174). Natürlich kann die Stelle, die den Plan aufstellen, ändern oder aufheben will, auch von sich aus von der Weiterführung des Verfahrens absehen und ein neues Verfahren nach dem BBauG einleiten.

**b) Satz 2** bringt eine Ermächtigung für die Landesregierungen, durch Rechtsverordnung zu bestimmen, daß Satz 1 nicht zur Anwendung kommt, sondern daß alle eingeleiteten Planungsverfahren n a c h d e n V o r s c h r i f t e n des BBauG weitergeführt werden müssen (in aller Regel — vor allem wenn die Gemeinde an dem Zustandekommen der Pläne nach den bisher geltenden Vorschriften nicht beteiligt wurde — wird hier die „Weiterführung" ein völlig neues „Beginnen" des Verfahrens bedeuten, schon wegen der nach dem BBauG erforderlichen formellen Voraussetzungen (vgl. § 2 Abs. 6 u. 7, §§ 6, 10, 11, 12). Die Träger öffentlicher Belange können verlangen, daß die Pläne entsprechend ihrer Forderung ergänzt oder geändert werden (§ 173 Abs. 3 Satz 3).

**2. Verfahren zur Bodenordnung, Enteignungsverfahren (Abs. 2 und 3)**

Ähnliche Grundsätze, wie bei der Weitergeltung der bisherigen Vorschriften im Planungsverfahren, gelten auch bei den eingeleiteten Verfahren zur Bodenordnung und in einem eingeleiteten Enteignungsverfahren. Auch hier sind grundsätzlich die eingeleiteten Verfahren nach den bisher geltenden Vorschriften weiterzuführen.

A u s n a h m e n hiervon sind bestimmt:

**a)** Für das Bodenordnungsverfahren hinsichtlich der Fälle, in denen beim Inkrafttreten des BBauG (hier ist dies, da Vorschriften des Vierten Teils in Frage kommen, der 29. Oktober 1960) noch k e i n e F e s t s e t z u n g e n erfolgt sind, die nach dem BBauG dem Umlegungsplan oder dem Beschluß über Grenzregelung vorbehalten sind (§§ 66, 82); hier gelten für die G e l d a b f i n d u n g die Vorschriften des BBauG über die Entschädigungsgrundsätze im Enteignungsverfahren (§§ 93 ff.).

**b)** Für eingeleitete Enteignungsverfahren hinsichtlich der Fälle, in denen beim Inkrafttreten des BBauG (das ist hier, wie oben bei a) ebenfalls der 29. Oktober 1960, da es sich um Vorschriften des Fünften Teils handelt) die Enteignungsbehörde die Entschädigung noch nicht festgesetzt hat; auch in diesem Fall sind dann für die Festsetzung von Art und Höhe der Entschädigung die Vorschriften der §§ 93 ff. anzuwenden.

c) Zu beachten ist, daß im Bodenordnungsverfahren nach Abs. 2 **Satz 2, zweiter Halbsatz** den Landesregierungen die Ermächtigung erteilt wurde, abweichend von Satz 1 durch Rechtsverordnung zu bestimmen, daß die bereits eingeleiteten Bodenordnungsverfahren nach den Vorschriften des BBauG weiterzuführen sind (also nicht nur hinsichtlich der Geldabfindungen — der Strichpunkt ist ein Redaktionsversehen —), während diese Ermächtigung für Enteignungsverfahren nicht vorgesehen ist.

**3. Verfahren nach dem WSG (Abs. 4)**

Verfahren, die bei Inkrafttreten des Gesetzes (hier 30. Juni 1961, da die Bestimmungen des Zweiten Abschnitts des Zweiten Teils in Frage stehen) auf Grund des WSG eingeleitet worden waren, sind nur dann weiterzuführen, wenn sie Rechtsvorgänge zum Gegenstand haben, die nach §§ 19, 20 BBauG genehmigungspflichtig sind. Ist dies nicht der Fall (z. B. eine Vereinbarung, durch die einem andern ein Recht zur Nutzung oder Bebauung eines Grundstücks eingeräumt wird — vgl. § 4 Abs. 1 WSG), so ist das Verfahren einzustellen und (wenn das Verfahren bereits in einer gerichtlichen Instanz anhängig ist) von der Erhebung von Gerichtskosten Abstand zu nehmen. Im übrigen wird die Hauptsache als erledigt anzusehen sein.

**4. Sonstige Verfahren (Abs. 5)**

Abs. 5 betrifft die nicht von den Abs. 1—4 erfaßten eingeleiteten Verfahren. Hier kommen vor allem die Verfahren (auch solche, die bereits bei Gerichten anhängig sind) in Frage, die Vorhaben betreffen, welche von der außer Kraft getretenen Bauregelungsverordnung erfaßt waren (§ 186 Abs. 1 Nr. 15), und auch die nicht unter Abs. 4 fallenden weiterzuführenden bisherigen WSG-Genehmigungsverfahren. Diese Verfahren sind nach den Vorschriften des BBauG weiterzuführen. Für die unter Zugrundelegung der Bauregelungsverordnung eingeleiteten Verfahren (vgl. insbesondere § 3 dieser Verordnung) greift nunmehr vor allem § 35 BBauG Platz (Vorhaben im Außenbereich), der strengere Bestimmungen als die Bauregelungsverordnung bringt (vgl. Anm. 1 bei § 35).

**5. Rechtsprechung**

A. Höchstrichterliche Rspr.

1. BVerwG, U vom 2. 7. 1963 (I C 110.62) DVBl. 1964, 184.

Bauanträge sind ohne Rücksicht auf die Rechtslage bei ihrer Einreichung nach den sachlich- und verfahrensrechtlichen Vorschriften des BBauG zu bescheiden.

2. BGH, U vom 14. 10. 1963 (III ZR 213/62) DWW 64, 16 = ZMR 1964, 137.

a) Der Anspruch auf Entschädigung wegen einer vor Inkrafttreten des Bundesbaugesetzes beendeten Bausperre findet in diesem Gesetz keine sachlich-rechtliche Grundlage; auch regelt sich seine Geltendmachung nicht nach den Verfahrensvorschriften des Bundesbaugesetzes.

b) Darin, daß die Kammer für Baulandsachen über einen nicht nach dem Bundesbaugesetz zu beurteilenden Anspruch auf Entschädigung wegen einer Bausperre entschieden hat, liegt kein unverzichtbarer Verfahrensmangel.

B. OVG, VGH und andere Gerichte

1. OVG Münster, U vom 8. 5. 1962 (VII A 92/61) DÖV 1963, 77 = DVBl. 1962, 792.

Die Einstellung des Verfahrens nach § 174 Abs. 4 BBauG ist nur dann zulässig, wenn die Parteien keine Anträge zur Hauptsache mehr stellen.

2. BayVGH, U vom 23. 11. 1964 (Nr. 308 I 63) (nicht veröffentlicht).

Für die bereits nach dem Wohnsiedlungsgesetz gestellten Anträge gilt die Bestimmung in § 19 Abs. 4 Satz 3 BBauG, daß die Zweimonatsfrist mit dem Inkrafttreten des BBauG anläuft, nicht.

## § 175
### *Anfechtung von Entscheidungen*

**(1) Die Anfechtung von Verwaltungsakten, die vor dem Inkrafttreten dieses Gesetzes auf Grund der außer Kraft getretenen Vorschriften ergangen und noch nicht unanfechtbar geworden sind, sowie das weitere Verfahren und die Entscheidung richten sich nach den Vorschriften dieses Gesetzes über die entsprechenden Verwaltungsakte. Ein nach den bisher geltenden Vorschriften zulässiger Rechtsbehelf wird als ein nach diesem Gesetz zulässiger Rechtsbehelf behandelt, auch wenn er bei einer nicht mehr zuständigen Stelle eingelegt wird; die Sache ist von dieser an die nunmehr zur Entscheidung zuständige Stelle abzugeben.**

**(2) Die Anfechtung von gerichtlichen Entscheidungen, die vor dem Inkrafttreten dieses Gesetzes ergangen und noch nicht unanfechtbar geworden sind oder die in den bei dem Inkrafttreten dieses Gesetzes anhängigen gerichtlichen Verfahren ergehen, sowie das weitere Verfahren bis zur rechtskräftigen Entscheidung richten sich nach den bisher geltenden Vorschriften.**

**1. Allgemeines**

Während § 174 das materielle Recht (allerdings auch im Gerichtsverfahren) betrifft, beschäftigt sich § 175 nur mit dem Verfahrensrecht. Dies ergibt sich auch aus dem Text des Regierungsentwurfs (§ 213 Abs. 4), wo es heißt: „Für das weitere Verfahren und die Entscheidung gelten die Verfahrensvorschriften dieses Gesetzes.“ Der Ausschuß hat die Fassung der Regierungsvorlage in einen neuen Paragraphen aufgenommen, allerdings nur noch von „Vorschriften“ gesprochen. Es besteht aber kein Zweifel, daß § 175 nur das Verfahren betrifft, weil sonst allein aus Abs. 2 sich ein Widerspruch zu wesentlichen Teilen des § 174 ergeben würde.

Die Vorschrift behandelt einerseits die Anfechtung von Verwaltungsakten, die auf Grund des bisherigen Rechts ergangen sind, sowie das weitere Verfahren (auch zu den Gerichten), das bei der Anfechtung dieser Entscheidungen einzuschlagen ist (Abs. 1), andererseits die Anfechtung von gerichtlichen Entscheidungen, sowie das weitere gerichtliche Verfahren (Abs. 2). Dabei gilt grundsätzlich, daß das erstere Verfahren sich nach den neuen Vorschriften des BBauG, das weitere gerichtliche Verfahren nach den bisherigen Vorschriften richtet.

Allgemein ist darauf hinzuweisen, daß die Vorschrift vielfach auf das Inkrafttreten des BBauG abstellt und daß dieses Inkrafttreten zu verschiedenen Zeitpunkten stattgefunden hat (s. § 189); es ist also bei der Anfechtung jeweils darauf zu achten, in welchen Teil der neuen Bestimmungen des BBauG das dem Verwaltungsakt bzw. der gerichtlichen Entscheidung zugrunde liegende Rechtsgebiet einzuordnen ist.

**2. Anfechtung von Verwaltungsakten (Abs. 1)**

In Frage kommen für diese Übergangsvorschrift nur Verwaltungsakte, die nicht unanfechtbar geworden sind. Soweit Verwaltungsakte, die nach dem früheren Recht ergangen sind, nach den damals geltenden Vorschriften im Zeitpunkt des jeweiligen Inkrafttretens des entsprechenden Teils des BBauG unanfechtbar geworden sind, verbleibt es auch nach neuem Recht dabei. Bei noch anfechtbaren Verwaltungsakten richten sich im Falle der Anfechtung Form und Frist sowie das weitere Verfahren (gegebenenfalls Vorverfahren der VwGO oder nach § 155, gerichtliches Verfahren § 157 ff.) und die Entscheidung (gemeint ist sicherlich die Art der Entscheidung) nach den Vorschriften des BBauG.

Für alle bis zum Inkrafttreten des Gesetzes (siehe oben Anm. 1) ergangenen Verwaltungsentscheidungen gelten die bisherigen Rechtsbehelfe als noch zulässig, auch wenn sie in den neuen Bestimmungen nicht mehr vorgesehen sein sollten. So kann es vorkommen, daß ein Rechtsbehelf bei einer Behörde eingelegt wird, die nach den neuen Bestimmungen zur Entscheidung nicht mehr zuständig ist; in diesem Fall hat diese Behörde die Sache an die nach dem BBauG zuständige Behörde abzugeben.

**3. Anfechtung von gerichtlichen Entscheidungen (Abs. 2)**

Für Übergangsfälle im gerichtlichen Verfahren ist weitgehend das bisherige Recht maßgebend, so für alle Fälle, in denen beim Inkrafttreten des (in Frage kommenden Teils) des Gesetzes bereits ein Gerichtsverfahren anhängig ist, und zwar durch alle Instanzen bis zur rechtskräftigen Entscheidung sowohl hinsichtlich des einzuhaltenden Verfahrens als auch hinsichtlich der Anfechtbarkeit der ergangenen Gerichtsentscheidungen. In diesen Fällen findet daher ein Wechsel in der Zuständigkeit (Abgabe des Falles an ein anderes Gericht) nicht statt; dies ist vor allem bedeutsam für die vorher bei den Verwaltungsgerichten anhängigen Verfahren (z. B. Verfahren wegen Umlegung nach bisherigem Landesrecht — vgl. jetzt Bodenordnung, §§ 45 ff., für die nunmehr nach § 157 die Baulandkammern und -senate zuständig sind); bei den Enteignungsverfahren dagegen waren schon bisher die Baulandgerichte zuständig.

**4. Rechtsprechung**

OVG Lüneburg B vom 3. 3. 1961 (I B 96/60) DVBl. 1961, 298.

Zur Entscheidung über eine vor Inkrafttreten des BBauG bei dem Verwaltungsgericht anhängig gewordene Anfechtungsklage gegen einen im Umlegungsverfahren ergangenen Verwaltungsakt bleibt das Verwaltungsgericht auch nach Inkrafttreten des BBauG zuständig.

## § 176

### *Fortgeltung von Bausperren*

**Bausperren, die nach den bisher geltenden Vorschriften angeordnet sind, gelten mit den bisherigen Wirkungen bis zu deren Ablauf weiter, längstens bis zur Dauer von sechs Monaten nach dem Inkrafttreten dieses Gesetzes, jedoch nicht über eine Gesamtdauer von vier Jahren hinaus. Nach ihrem Außerkrafttreten ist die Anordnung einer Veränderungssperre für dieses Gebiet nur unter Anrechnung der Geltungsdauer der bisherigen Bausperre auf die Fristen nach § 17 zulässig; § 18 findet Anwendung.**

Nach § 186 Abs. 1 Nr. 17 wird die Verordnung über die Zulässigkeit befristeter Bausperren vom 29. Oktober 1936 (RGBl. I S. 933) aufgehoben. Die dort geregelte Materie wurde im wesentlichen in die Vorschriften des Ersten Abschnitts („Veränderungssperre und Zurückstellung von Baugesuchen") des Zweiten Teils des BBauG (§§ 14—18) aufgenommen. Diese Bestimmungen traten nach § 189 Abs. 1 am 29. Juni 1961 in Kraft.

Die Vorschrift des § 176 trifft eine Übergangsregelung für Bausperren, die vor dem Inkrafttreten des BBauG erlassen worden sind. Eine Aufhebung aller Bausperren in diesem Zeitpunkt hätte die Bauleitplanung gefährden können. Andererseits könnte eine langjährige Weitergeltung von Bausperren nach Maßgabe der bisherigen Rechtsvorschriften zu rechtlichen Schwierigkeiten führen.

Die auf Grund der oben genannten Verordnung angeordneten Bausperren traten daher spätestens sechs Monate nach dem Inkrafttreten der einschlägigen Bestimmungen des BBauG, also spätestens am 29. Dezember 1961 außer Kraft.

Wenn sie nach der zeitlichen Befristung bei ihrer Anordnung früher abliefen, hat es dabei sein Bewenden; ebenso lief die Sperre schon vor Beendigung der genannten Sechsmonatsfrist ab, wenn sie eine Gesamtdauer von vier Jahren erreicht hatte.

Wird nach dem Außerkrafttreten der Bausperre in dem betreffenden Gebiet eine Veränderungssperre nach den Vorschriften der §§ 14 ff. angeordnet, so ist die Geltungsdauer der bisherigen Bausperre anzurechnen (§§ 17, 18).

Die Übergangsbestimmung des § 176 findet auf die Verfügungs- und Veränderungssperre im Bodenordnungsverfahren (§ 51) keine Anwendung.

## § 177
### *Übergangsvorschriften für den Bodenverkehr*

**(1) Für Genehmigungen, die nach § 4 des Wohnsiedlungsgesetzes oder nach entsprechenden landesrechtlichen Vorschriften erteilt worden sind, gilt § 21 entsprechend.**

**(2) Die Vorschriften dieses Gesetzes über die Genehmigungspflicht für den Bodenverkehr sind auf Rechtsvorgänge, die vor dem Inkrafttreten dieses Gesetzes eingetreten sind, nur anzuwenden, soweit diese auch nach den Vorschriften des Wohnsiedlungsgesetzes oder nach entsprechenden landesrechtlichen Vorschriften genehmigungsbedürftig waren und über die Genehmigung noch nicht unanfechtbar entschieden ist.**

**1. Entsprechende Geltung des § 21**

Die Vorschrift dient der Rechtskontinuität und der Rechtsklarheit. **Abs. 1** beantwortet die Frage, welche rechtliche Bedeutung einer nach dem WSG oder nach entsprechenden landesrechtlichen Vorschriften erteilten Genehmigung beizumessen ist. Für eine solche Genehmigung gilt (sofern für den Rechtsvorgang auch nach dem BBauG noch eine Genehmigung erforderlich ist) § 21 entsprechend, d. h. es darf in einer bestimmten Frist und unter bestimmten Voraussetzungen eine Baugenehmigung nicht versagt werden, außer es liegen die Voraussetzungen des § 21 Abs. 2 vor; auch die Entschädigungsbestimmungen des § 21 finden entsprechend Anwendung (vgl. hierzu im übrigen die Anmerkungen zu § 21).

**2. Beschränkte Anwendung auf frühere Rechtsvorgänge**

**Abs. 2** bringt zum Ausdruck, daß auf vor Inkrafttreten des BBauG (hier der 29. Juni 1961) bereits eingetretene Rechtsvorgänge, die nach dem WSG oder nach entsprechenden landesrechtlichen Vorschriften genehmigungspflichtig waren (und die nach den Bestimmungen des BBauG weiterhin genehmigungspflichtig sind), die Vorschriften des BBauG über die Genehmigungspflicht für den Bodenverkehr (§§ 19 ff.) anzuwenden sind, wenn über die Genehmigung noch nicht unanfechtbar entschieden ist.

Für Rechtsgeschäfte, die nach dem WSG oder nach landesrechtlichen Vorschriften nicht genehmigungspflichtig waren, gelten die Vorschriften des BBauG seit dem 29. Juni 1961, wenn sie nach diesen genehmigungspflichtig sind. Für Rechtsvorgänge, die zwar nach dem WSG, nicht mehr aber nach dem BBauG genehmigungspflichtig waren, gilt § 174 Abs. 4 (Einstellung des Verfahrens).

**3. Rechtsprechung**

OVG Münster, U vom 19. 3. 1964 (VII A 383/62) DÖV 1964, 751.

Die bindende Wirkung, die das BBauG nach § 21 Abs. 1 in Verb. mit § 177 Abs. 1 einer unanfechtbaren Wohnsiedlungsgenehmigung für das Baugenehmigungsverfahren beilegt, tritt ohne Rücksicht auf die Vorschriften des BBauG über den Bodenverkehr ein. Bezüglich einer unanfechtbaren Wohnsiedlungsgenehmigung ist das Inkrafttreten der Bestimmungen des BBauG über den Bodenverkehr nicht als eine Änderung der für die Genehmigung maßgebenden rechtlichen Voraussetzungen im Sinne des § 21 Abs. 2 Satz 1 BBauG anzusehen.

## § 178
### *Übergangsvorschriften für das Vorkaufsrecht der Gemeinden*

**(1) Ein gesetzliches Vorkaufsrecht, das auf Grund der bei dem Inkrafttreten dieses Gesetzes geltenden Vorschriften einer Gemeinde zustand, kann nach dem Inkrafttreten dieses Gesetzes nicht mehr ausgeübt werden.**

**(2) Die Vorschriften dieses Gesetzes über das gesetzliche Vorkaufsrecht der Gemeinden sind auf Verkaufsfälle aus der Zeit vor dem Inkrafttreten dieses Gesetzes nur anzuwenden, soweit auf Grund der bei dem Inkrafttreten dieses Gesetzes geltenden Vorschriften der Gemeinde ein gesetzliches Vorkaufsrecht zustand und die Frist für die Ausübung dieses Vorkaufsrechtes noch nicht abgelaufen war.**

**Abs. 1** stellt den Grundsatz auf, daß den Gemeinden nach Inkrafttreten des Gesetzes (hier 29. Juni 1961; § 189 Abs. 1, §§ 24 ff.) ein Vorkaufsrecht nur nach Maßgabe des neuen Rechts zusteht; bisherige landesrechtliche Bestimmungen über Vorkaufsrechte der Gemeinden können von dem genannten Zeitpunkt an nicht mehr angewendet werden.

**Abs. 2** regelt die Anwendung des neuen Rechts auf Verkaufsfälle vor Inkrafttreten des Gesetzes. Entscheidend ist hier, ob der Gemeinde nach den bisherigen Vorschriften ein Vorkaufsrecht zustand und ob die Frist für die Ausübung dieses Rechts noch nicht abgelaufen war. Im Falle der Bejahung dieser beiden Fragen ist auf diese Verkaufsfälle das neue Recht anzuwenden, wenn das Vorkaufsrecht auch nach dem BBauG gegeben ist. Es sind also drei Voraussetzungen zu erfüllen. Die Vorschrift trägt u. a. der Erwägung Rechnung, daß es ungerechtfertigt wäre, das Vorkaufsrecht des BBauG auf frühere Verkaufsfälle anzuwenden, wenn zu jener Zeit ein Vorkaufsrecht der Gemeinde infolge Fristablaufs überhaupt nicht mehr bestand.

## § 179
### *Übergangsvorschriften für die Rückenteignung*

**(1) Ist ein Grundstück nach § 11 Vierter Teil Kapitel II der Dritten Verordnung des Reichspräsidenten vom 6. Oktober 1931 (Reichsgesetzbl. I S. 537, 551) oder nach dem Baulandbeschaffungsgesetz vom 3. August 1953 (Bundesgesetzbl. I S. 720) enteignet worden, so gelten die Vorschriften über die Rückenteignung entsprechend.**

**(2) Die Rückenteignung kann nur innerhalb der Frist verlangt werden, binnen der nach den bisher geltenden Vorschriften der Anspruch auf Rückenteignung besteht oder der Antrag auf Rückenteignung einzureichen ist. Im Falle der Anfechtung der Entscheidung gelten die §§ 157 bis 171.**

a) Mit dem Inkrafttreten des Gesetzes werden alle bisherigen städtebaulichen

Enteignungsvorschriften, auch soweit sie die Möglichkeit einer Rückenteignung oder Rückübereignung vorsehen, aufgehoben. Da das BBauG das Rechtsinstitut der Rückenteignung beibehält, mußte eine Schlechterstellung derjenigen Eigentümer, denen nach dem bisherigen Recht Eigentum entzogen worden ist, vermieden werden. Das Gesetz sieht daher vor, daß in den Fällen, in denen ein Grundstück nach den in **Abs. 1** genannten Vorschriften (§ 11 Vierter Teil Kapitel II der Dritten Verordnung des Reichspräsidenten vom 6. Oktober 1931 — RGBl. I S. 537 — oder § 51 BauLBG) e n t e i g n e t worden ist, die Vorschriften des BBauG über die Rückenteignung (§§ 102, 103) gelten. Der enteignete frühere Eigentümer kann also unter den in § 102 genannten Voraussetzungen die Rückenteignung verlangen; er hat gegebenenfalls die in § 103 vorgesehene Entschädigung zu leisten.

b) Der Antrag auf Rückenteignung ist aber auch hier gemäß **Abs. 2 Satz 1** b e f r i s t e t und zwar ist die i n d e n b i s h e r i g e n V o r s c h r i f t e n bestimmte Frist maßgebend (vgl. z. B. § 51 Abs. 3 BauLBG). Wenn diese Frist verstrichen ist, ist ein Antrag auf Rückenteignung unzulässig.

Bei Streitigkeiten, die über einen Antrag auf Rückenteignung nach § 179 entstehen, greift das gerichtliche Verfahren vor den Baulandkammern und -senaten Platz **(Satz 2)**.

## § 180

*Überleitung des Erschließungsbeitragsrechtes*

**(1) Ist für Grundstücke eine Beitragspflicht bereits auf Grund der bis zum Inkrafttreten dieses Gesetzes geltenden Vorschriften entstanden und kann sie noch geltend gemacht werden, so gelten an Stelle der §§ 127 bis 133 die bisherigen Vorschriften.**

**(2) Für vorhandene Erschließungsanlagen, für die eine Beitragspflicht auf Grund der bis zum Inkrafttreten dieses Gesetzes geltenden Vorschriften nicht entstehen konnte, kann auch nach diesem Gesetz kein Beitrag erhoben werden.**

**(3) Für unbebaute Grundstücke, die bei dem Inkrafttreten dieses Gesetzes an Ortsdurchfahrten von Bundesstraßen sowie von Landstraßen I. und II. Ordnung liegen, sind vorbehaltlich des Absatzes 2 Erschließungsbeiträge nach diesem Gesetz zu erheben; insoweit ist § 128 Abs. 3 Nr. 2 nicht anzuwenden.**

**(4) In den Fällen der Absätze 1 und 2 können Erschließungsbeiträge nach diesem Gesetz erhoben werden, wenn künftig die Voraussetzungen des § 128 Abs. 2 vorliegen.**

**(5) Wird der Erschließungsbeitrag nach Absatz 1 nach den bis zum Inkrafttreten dieses Gesetzes geltenden Vorschriften erhoben, so ist der Wert unentgeltlicher Geländeabtretungen für Erschließungsanlagen anzurechnen, soweit solche Abtretungen bei der Ermittlung des Erschließungsaufwandes für den Erschließungsbeitrag berücksichtigt worden sind. Maßgebend ist der Verkehrswert im Zeitpunkt der Entstehung der Beitragspflicht.**

**(6) Soweit zur Erfüllung von Anliegerbeitragspflichten langfristige Verträge oder sonstige Vereinbarungen, insbesondere über das Ansammeln von Mitteln für den Straßenbau in Straßenbaukassen oder auf Sonderkonten bestehen, können die Länder ihre Abwicklung durch Gesetz regeln.**

Die vom federführenden Ausschuß beschlossene Neufassung der Vorschriften über den Erschließungsbeitrag machte eine differenzierte Übergangsregelung erforderlich.

**1. Früher entstandene Beitragspflicht (Abs. 1)**

In Abs. 1 wird als Kriterium für die Abwicklung des bisherigen Rechts darauf abgestellt, ob die Beitragspflicht (nach den bisherigen Vorschriften) bereits entstanden war und noch geltend gemacht werden kann (wenn also der Beitragsanspruch nicht schon verjährt oder aus sonstigen Gründen erloschen ist). Maßgebend ist das Inkrafttreten des Gesetzes, hier — mit Ausnahme des § 133 — der 29. Juni 1961 (§ 189 Abs. 2, Satz 1 zweiter Halbsatz), wenn nicht eine Landesregierung durch Rechtsverordnung einen früheren Zeitpunkt bestimmt hat (§ 189 Abs. 2 Satz 2). Liegen zu diesem Zeitpunkt die genannten Voraussetzungen vor, so gelten an Stelle der §§ 127—133 die bisherigen Bestimmungen (die §§ 123—126 sind nicht mehr einschlägig, da die Beitragspflicht bereits entstanden ist); die Bestimmungen des BBauG werden also in einem solchen Fall für den bereits entstandenen Erschließungsbeitrag nicht angewendet; dagegen wird die künftig entstehende Beitragspflicht nach den neuen Bestimmungen beurteilt. Vgl. ferner auch Abs. 5 (unten Anm. 6).

Im übrigen stehen den Gemeinden weitgehend Möglichkeiten zu einer Handhabung der Beitragsregelung zur Verfügung, die Härten im Einzelfall ausgleichen und örtlichen Besonderheiten Rechnung tragen können (vgl. § 132, § 135 Abs. 5).

**2. Vorhandene Erschließungsanlagen (Abs. 2)**

Der neu eingefügte Abs. 2 schließt vorhandene Erschließungsanlagen dann von der Beitragsregelung des BBauG aus, wenn ihre Herstellung auch nach bisherigem Recht keine Beitragspflicht ausgelöst hat. Damit sind in den Ländern, in denen diese Voraussetzungen gegeben waren, Baulücken an vorhandenen, bereits ausgebauten Straßen („historische Straßen") von der Beitragspflicht freigestellt (vgl. Ausschußbegründung zu § 218 E). Dagegen ist bei Erweiterungen oder Verbesserungen solcher Straßen § 128 Abs. 2 anzuwenden.

**3. Verhältnis von Abs. 1 zu Abs. 2**

Das BVerwG bringt in seinem grundlegenden Urteil vom 25. 2. 1964 — I C 88.63 (BVerwGE 18, 80) eingehende Ausführungen über das Verhältnis von Abs. 1 zu Abs. 2 des § 180. Es weist darauf hin, daß § 180 Abs. 1 den ersten vom alten in das neue Recht hineinreichenden Sachverhalt regelt (den zweiten Sachverhalt regelt § 133 Abs. 4), nämlich den Fall, daß eine Erschließungsanlage vor dem 30. 10. 1960 hergestellt worden und eine Beitragspflicht schon entstanden ist, die Gemeinde den Beitrag aber noch nicht erhoben hat. Die Vorschrift, daß „anstelle der §§ 127 bis 133 die bisherigen Vorschriften" zur Anwendung kommen sollen, bedeutet zweierlei:

a) Zunächst ist mit dieser Regelung der allgemeine Grundsatz für das Bundesbaugesetz für anwendbar erklärt, daß für ein nach altem Recht entstandenes Schuldverhältnis die bisherigen Vorschriften maßgebend bleiben (vgl. Art. 170 EGBGB und BVerwGE 10, 282/287; 13, 80/82; 15, 48/50). Nach dem alten Recht beurteilt sich daher die Frage, ob eine Beitragspflicht entstehen konnte und — wenn das bejaht wird — welchen Inhalt und welchen Umfang die Beitragsschuld hat; nach ihm ist auch zu entscheiden, ob die Forderung von der Gemeinde noch eingezogen werden kann. Ist das vor dem 30. Oktober 1960 entstandene „gesetzliche Schuldverhältnis" erloschen oder stehen der Forderung Einreden entgegen, kann die Beitragspflicht also nicht mehr geltend gemacht werden, so bleibt es hierbei. Ein gleichwohl ergangener Beitragsbescheid wäre rechtswidrig.

b) Hierin erschöpft sich die Bedeutung der Vorschrift aber nicht: Ist eine Beitragsforderung auf Grund des alten Rechts entstanden und kann sie noch geltend gemacht werden, so hat ihre Abwicklung nach Maßgabe der §§ 134 und 135 BBauG zu erfolgen. Das ergibt sich daraus, daß nicht der gesamte Zweite Abschnitt des Sechsten Teiles des Bundesbaugesetzes, sondern nur die §§ 127 bis 133 BBauG in diesem Fall keine Anwendung finden sollen. Beitragspflichtig ist somit derjenige, der im Zeitpunkt der Zustellung des Bescheides Eigentümer (bzw. Erbbauberechtigter) ist. Der nach altem Recht entstandene Beitrag ruht — wie ein nach neuem Recht entstandener — als öffentliche Last auf dem Grundstück; Fälligkeit und Zahlung beurteilen sich nach neuem Recht.

Dagegen zählt nicht zu den „bisherigen Vorschriften" im Sinn des § 180 Abs. 1 die Bestimmung in § 133 Abs. 4, da nach dem zweifelsfreien Wortlaut des § 180 Abs. 1 die Anwendung des § 133, also auch seines Abs. 4, ausdrücklich ausgeschlossen ist. Die erstgenannte Vorschrift enthält eine Übergangsregelung, die an einen Sachverhalt anknüpft, dessen Voraussetzungen im zeitlichen Geltungsbereich des alten Rechts eingetreten sind, dessen Abwicklung aber in den Wirkungsbereich des neuen Rechts hineinfällt. Ihre Bedeutung besteht in der Klarstellung, welche Vorschriften des neuen Rechts bei der Abwicklung dieser Fälle k e i n e Anwendung finden sollen.

In der nach § 189 Abs. 1 BBauG ebenfalls am 30. 10. 1960 in Kraft getretenen Bestimmung des § 180 Abs. 2 BBauG ist klargestellt, daß die Gemeinden nicht ermächtigt sind, nach dem Bundesbaugesetz einen Beitrag für eine Erschließungsanlage zu erheben, wenn eine Beitragspflicht für diese auf Grund des bisher geltenden Rechts nicht entstehen konnte. Das ergibt: Nach dem Bundesbaugesetz, d. h. nach § 133 Abs. 4 BBauG, konnte eine Beitragspflicht nur dann entstehen, wenn im bisher geltenden Recht hierfür eine ausreichende Rechtsgrundlage bestand. § 180 Abs. 2 BBauG regelt somit eine rechtliche Voraussetzung für die Anwendung des § 133 Abs. 4 BBauG. Beide Vorschriften besagen zusammengenommen folgendes: Ist eine persönliche Beitragspflicht für eine am 30. Oktober 1960 bereits hergestellte Erschließungsanlage, für die eine Beitragspflicht der Anlieger entstehen konnte, noch nicht entstanden, so entsteht sie kraft Gesetzes mit dem 30. Oktober 1960. Dabei ist davon auszugehen, daß der Begriff der

„vorhandenen Erschließungsanlage" sich nicht deckt mit dem Begriff der „vorhandenen Straße", den die Rechtsprechung zum preußischen Anliegerbeitragsrecht entwickelt hat. Die „vorhandene Erschließungsanlage" des § 180 Abs. 2 BBauG ist lediglich eine andere Bezeichnung für die „bereits hergestellte Erschließungsanlage" des § 133 Abs. 4 BBauG.

Das Gesetz verwendet den Ausdruck „Beitragspflicht" in § 180 Abs. 1 für die persönliche und konkrete Pflicht des Eigentümers, der Gemeinde den für die Erschließung seines Grundstücks aufgewendeten Betrag zu erstatten, in Abs. 2 dagegen für die gesetzliche und allgemeine Verpflichtung der Anlieger, zu den Kosten für die Herstellung einer Erschließungsanlage beizutragen. Eine Beitragspflicht kann aber für ein einzelnes Grundstück nur dann entstehen, wenn eine gesetzliche Beitragspflicht für die Erschließungsanlage besteht, an der das Grundstück liegt. § 180 Abs. 2 BBauG schränkt die Vorschrift des § 180 Abs. 1 BBauG somit nicht ein, sondern ergänzt sie. Beiden Vorschriften ist in tatsächlicher Richtung gemeinsam, daß sie sich auf Erschließungsanlagen beziehen, die am 30. Oktober 1960 vorhanden waren. In § 180 Abs. 1 BBauG ist in rechtlicher Hinsicht vorausgesetzt, daß für die vorhandene Erschließungsanlage eine allgemeine gesetzliche Beitragspflicht besteht, aus der eine Beitragspflicht für das einzelne Grundstück entstehen konnte. Besteht eine solche Beitragspflicht nicht, so kommt die in § 180 Abs. 1 BBauG angeordnete Rechtsfolge nicht zum Zuge. Die Frage, ob eine Anlage insgesamt „beitragspflichtig" ist, beurteilt sich nach den Vorschriften des bisherigen Rechts. Das ist in § 180 Abs. 1 BBauG für den Fall ausgesprochen, daß für die Grundstücke an einer vorhandenen Erschließungsanlage vor dem 30. Oktober 1960 eine Beitragspflicht bereits entstanden war; in § 180 Abs. 2 BBauG ist zusätzlich klargestellt, daß dieser Grundsatz auch dann gelten soll, wenn eine Beitragspflicht vor dem 30. Oktober 1960 noch nicht entstanden ist. Die Gemeinde soll auch in diesem Fall einen Beitrag nur dann erheben dürfen, wenn auf Grund des alten Rechts ein Beitragsschuldverhältnis bestanden hat, aus dem eine Beitragsforderung entstehen konnte.

### 4. Behandlung unbebauter Grundstücke (Abs. 3)

Nach § 128 Abs. 3 Nr. 2 umfaßt der Erschließungsaufwand nicht die Kosten für die Fahrbahnen der Ortsdurchfahrten von Bundesstraßen sowie von Landstraßen I. und II. Ordnung (Staats- und Kreisstraßen), soweit die Fahrbahnen dieser Straßen keine größere Breite als ihre anschließenden freien Strecken erfordern. Diese Bestimmung findet aber nach § 180 Abs. 3 keine Anwendung (d. h. es ist ein Erschließungsbeitrag zu erheben), soweit es sich um unbebaute Grundstücke handelt, die beim Inkrafttreten des Gesetzes (29. Juni 1961; s. oben Anm. 1) an Ortsdurchfahrten von Bundesstraßen usw. liegen und soweit nicht § 180 Abs. 2 gegeben ist, d. h. soweit es sich nicht um bereits vorhandene Erschließungsanlagen handelt, für die eine Beitragspflicht auf Grund der bis zum Inkrafttreten des BBauG geltenden Vorschriften nicht entstehen konnte (s. oben Anm. 2).

Sinn und Zweck des Abs. 3 ist es, eine sachlich nicht gerechtfertigte Begünstigung der dort bezeichneten unbebauten Grundstücke gegenüber bebauten und bereits zum Erschließungsbeitrag herangezogenen Grundstücke auszuschließen.

**5. Redaktionsversehen bei Abs. 4**

Abs. 4 hat infolge der Abänderung des § 128 Abs. 2 durch das Plenum des Bundestags (vgl. 114. Sitzung des 3. BT S. 6468, 6514 — Umdruck 615 Nr. 19) seinen Sinn verloren, da er auf die alte, vom federführenden Ausschuß vorgeschlagene Fassung (§ 150 Abs. 2 E, vgl. DS 1794 S. 95) abgestellt hatte. Infolge eines Redaktionsversehens unterblieb die Streichung durch den Bundestag.

**6. Anrechnung von unentgeltlichen Geländeabtretungen (Abs. 5)**

Abs. 5 trägt den Fällen Rechnung, in denen für eine vor Inkrafttreten des BBauG entstandene Beitragspflicht nach Abs. 1 der Beitrag nach bisherigem Recht ermittelt und erhoben worden ist und dabei frühere unentgeltliche Geländeabtretungen, die nach den bisherigen Vorschriften vielfach gefordert wurde, nicht zugunsten des Abtretenden berücksichtigt worden sind; hier ist der Wert dieser Geländeabtretungen (maßgebend ist der Verkehrswert im Zeitpunkt der Entstehung der Beitragspflicht; vgl. zum Verkehrswert § 141 und die dortigen Anmerkungen) vom Erschließungsbeitrag verhältnismäßig abzuziehen. Dieser Fall ist dann gegeben, wenn die Gemeinden den Wert des unentgeltlich abgetretenen Grundstücks(-teils) in die Beitragsrechnung einbezogen hat; sie muß dann den Verkehrswert dieses Grundstücks oder Grundstücksteils dem Beitragspflichtigen anteilsmäßig anrechnen.

**7. Abwicklung bisheriger Ländervorschriften (Abs. 6)**

Die Beschaffenheit der in den einzelnen Ländern bisher üblichen privatrechtlichen Vereinbarungen über die Erfüllung von Anliegerbeitragspflichten lassen eine bundesrechtliche Regelung ihrer Abwicklung nicht zweckmäßig erscheinen. Abs. 6 enthält daher einen Vorbehalt für die Landesgesetzgebung. Eine Frist für das Tätigwerden der Länder ist nicht vorgesehen, doch ergibt sich aus der Natur der Sache, daß es alsbald erfolgen muß, da es sich um Übergangsvorschriften handelt. Zu beachten ist, daß für die Länder eine Regelung durch Gesetz vorgeschrieben ist.

**8. Rechtsprechung**

A. Höchstrichterliche Rspr.

1. BVerwG, U vom 25. 2. 1964 (I C 124/63 DVBl. 1964, 746 = BayVbl. 1964, 329 = ZMR 1964, 398 = KStZ 1964, 242 = BBauBl. 1964, 507.

Eigentümer solcher Grundstücke, für die vor dem 30. 10. 1960 eine Anliegerbeitragspflicht entstanden, aber verjährt ist, sind nach § 133 Abs. 4 Satz 1 BBauG nicht erneut beitragspflichtig geworden.

2. BVerwG, U vom 25. 2. 1964 (I C 19/63) DVBl. 1964, 744 = BayVBl. 1964, 328 = ZMR 1964, 381.

Nach seinem zeitlichen Geltungsbereich kommt § 133 Abs. 1 BBauG nicht auf Erschließungsanlagen zur Anwendung, die vor dem 30. 10. 1960 hergestellt worden sind.

B. Andere Gerichte

1. OVG Hamburg, U vom 14. 3. 1963 (Bf II 77/62) DWW 1963, 322 = ZMR 1964, 32.

Der Beitragspflicht nach § 133 BBauG unterliegen auch bebaute Grundstücke. Von der Beitragspflicht sind jedoch nach § 180 Abs. 2 BBauG diejenigen Grundstücke ausgenommen, die ausschließlich vor dem Inkrafttreten des ersten, auf Grund des § 15 pr. FluchtlG erlassenen Ortsstatuts der heranziehenden Gemeinde bebaut worden sind.
Die Bestimmung des § 180 Abs. 2 BBauG ist so zu lesen, daß für bebaute Grundstücke an bei Inkrafttreten des Gesetzes bereits fertiggestellten Erschließungsanlagen, für die eine Beitragspflicht auf Grund der bisherigen Vorschriften ohne Zutun des Anliegers nicht entstehen konnte, auch nach § 133 BBauG kein Beitrag erhoben werden darf.

2. OVG Münster, U vom 9. 10. 1963 (III A 134/63) DÖV 1964, 175 = ZMR 1964, 153.

Trotz Verjährung einer früheren Anliegerbeitragsforderung kann ein Anlieger nach Inkrafttreten des Bundesbaugesetzes zu einem Erschließungsbeitrag herangezogen werden.

3. OVG Münster, U vom 22. 1. 1964 (III A 349/63) KStZ 1964, 179.

Zu den vorhandenen Erschließungsanlagen nach § 180 Abs. 2 BBauG gehören „vorhandene" Straßen im Sinn der Rechtsprechung zum alten Anliegerbeitragsrecht auch dann, wenn sie am 30. 6. 1961 nach dem Bauprogramm der Gemeinde noch nicht endgültig fertiggestellt waren.

4. Kammergericht Berlin, B vom 5. 3. 1964 (I/4 W 57/63 — VH) BBauBl. 1964, 351.

§ 180 Abs. 6 BBauG ist auf Verpflichtungen zur Übernahme von Straßenbaukosten, die auf Verträgen des Privatrechts beruhen, nicht anwendbar.

5. OVG Münster, U vom 15. 7. 1964 (III A 149/63) ZMR 1964, 349 = DWW 1964, 391 = KStZ 1964, 245.

War für ein bebautes Grundstück, das am 29. 10. 1960 an eine hergestellte Erschließungsanlage grenzte, nach dem Ortsrecht der Gemeinde eine Anliegerbeitragspflicht noch nicht entstanden, so entstand sie am 30. 10. 1960, falls nach diesem Zeitpunkt bei typischem Geschehensablauf eine Beitragsforderung alten Rechts entstanden wäre.

6. BayVGH, U vom 5. 11. 1964 (Nr. 148 IV 63) BayVBl. 1965, 23 = BayBgm. 1964, 275.

Der Begriff „Beitragspflicht für Grundstücke" umfaßt alle Verpflichtungen zur Beteiligung des Anliegers an der Herstellung von Erschließungsanlagen, gleichgültig, ob sie hoheitsrechtlicher Natur sind oder auf einem anderen Verpflichtungsgrund beruhen.

7. BayVGH, U vom 5. 11. 1964 (Nr. 148 IV 63) BayVBl. 1965, 23 = BayBgm. 1964, 275.

Im Geltungsbereich des § 62 BayBO ist bei vorhandenen Entschließungsanlagen eine persönliche Beitragspflicht i. S. des § 180 Abs. 1 BBauG bereits konkretisiert (entstanden), wenn sich der Anlieger anläßlich des Baufalles zur Erlangung der Baugenehmigung zum anteiligen Ersatz der Kosten für die Herstellung der Straße verpflichtet hat.

8. BayVGH, U vom 16. 11. 1964 (Nr. 150 IV 63) (nicht veröffentlicht).

Zur Auslegung des § 180 Abs. 1 BBauG bei vorhandenen Erschließungsanlagen.

9. BayObLG, B vom 28. 9. 1962 (BReg 2 Z 40/62) DÖV 1963, 72 = NJW 1962, 2157 = DVBl. 1963, 121.
Haben eine Gemeinde und ein Grundstückseigentümer vor dem Inkrafttreten des BBauG einen Vertrag über die Herstellung der Anliegerstraße durch die Gemeinde geschlossen, so können Kostenforderungen der Gemeinde hieraus auch jetzt durch eine Hypothek dinglich gesichert werden.
Vergl. hierzu auch § 133 Anm. 6 („Rechtsprechung").

**9. Schrifttum**

a) Graf, „Nochmals: Überleitung des Erschließungsbeitragsrechts bei bebauten Grundstücken", DVBl. 1962, 711, vertritt folgende Auffassung:
§ 180 stellt ausdrücklich auf E r s c h l i e ß u n g s a n l a g e n, nicht auf G r u n d s t ü c k e ab. Aus ihm kann also nichts für die Frage gewonnen werden, ob b e b a u t e G r u n d s t ü c k e beitragsfrei sind oder nicht. Fälschlicherweise wird teilweise die Ansicht, daß bebaute Grundstücke beitragsfrei seien, auf § 180 Abs. 2 BBauG gestützt. Bei dieser Bestimmung geht es aber nicht um die Frage, w e l c h e s G r u n d s t ü c k früher beitragsfrei war, sondern darum, f ü r w e l c h e E r s c h l i e ß u n g s a n l a g e nach den bisherigen Vorschriften keine Beiträge zu zahlen waren. Damit waren (vgl. Anm. 2 zu § 180) die sog. „historischen Straßen" gemeint; ferner sind nach § 180 Abs. 2 als beitragsfrei solche Anlagen anzusehen, die beim Inkrafttreten des BBauG (29. 6. 1961) bereits vorhanden waren und die zwar jetzt nach dem BBauG zu den Erschließungsanlagen zählen, bei denen das aber vorher nicht der Fall war, so die Sammelstraßen, Parkflächen und Grünanlagen nach § 127 Abs. 2 BBauG. Diese Erschließungsanlagen sind, soweit sie am 29. 6. 1961 bereits vorhanden waren, nicht beitragsfähig. Grenzt ein Grundstück an eine Erschließungsanlage, die zu dem in § 180 Abs. 2 erfaßten Anlagen gehört, d. h. also z. B. an eine „historische Straße", an eine Parkfläche oder Grünanlage, dann kommt eine Beitragspflicht des Grundstücks überhaupt nicht in Frage (da ja die Erschließungsanlage nicht beitragsfähig ist). Grenzt aber das Grundstück an eine beitragsfähige Erschließungsanlage, so richtet sich die Frage nach der Beitragspflicht des Grundstücks nicht etwa nach § 180 Abs. 2, sondern allein nach § 133 BBauG, d. h. für eine Erschlie-

ßungsanlage, die nicht unter § 180 Abs. 2 BBauG fällt und die am 29. 10. 1960 bereits hergestellt war, entsteht die Beitragspflicht am 29. 10. 1960 — § 133 Abs. 4 mit § 189 Abs. 2 BBauG —.

**b)** Vgl. hierzu ferner Hagemann, „Überleitung des Erschließungsbeitragsrechts bei bebauten Grundstücken", DVBl. 1962, 330, Schneider Horst „§ 133 Abs. 4 BBauG und die Überleitung des Erschließungsbeitrags", DVBl. 1962, 50, Finkler „Die Überleitung des Erschließungsbeitragsrechts" DVBl. 1962, 707 und Süß „Zur Anwendbarkeit des § 180 Abs. 2 BBauG in Bayern", BayBgm. 1963, 63.

## § 181

### *Fortgeltung von Rechtsverordnungen*

**Die vor dem Inkrafttreten dieses Gesetzes auf Grund des § 34 Abs. 2 des Baulandbeschaffungsgesetzes vom 3. August 1953 (Bundesgesetzbl. I S. 720) erlassenen Vorschriften gelten als auf Grund des § 159 Abs. 2 erlassen.**

§ 34 Abs. 2 BauLBG ermächtigte hinsichtlich der örtlichen Zuständigkeit der Baulandkammern bei den Landgerichten die Landesregierungen, Baulandkammern (statt bei jedem Landgericht) auch für die Bezirke mehrerer Landgerichte bei einem Landgericht zu bilden; ferner konnten die Landesregierungen diese Ermächtigung auf die Landesjustizverwaltung übertragen. Diese Vorschriften würden mit dem Inkrafttreten des BBauG aufgehoben werden, da nach § 186 Abs. 1 Nr. 20 das BauLBG seine Wirksamkeit in diesem Zeitpunkt verliert. Um zu verhindern, daß diese landesrechtlichen Vorschriften formell außer Kraft treten und erneut auf Grund des § 159 Abs. 2 erlassen werden müßten, bestimmt § 181, daß die vor dem Inkrafttreten des BBauG auf Grund des § 34 Abs. 2 BauLBG erlassenen Vorschriften als auf Grund des § 159 Abs. 2 BBauG erlassen gelten. Die Weitergeltung dieser landesrechtlichen Vorschriften (auch soweit sie von den Landesjustizverwaltungen getroffen wurden) ist damit sichergestellt.

## § 182

### *Fortbestand von Umlegungsausschüssen*

**Soweit auf Grund landesrechtlicher Vorschriften vor dem Inkrafttreten dieses Gesetzes Umlegungsausschüsse und Obere Umlegungsausschüsse eingerichtet worden sind, gelten sie als auf Grund des § 46 Abs. 2 eingerichtet, es sei denn, das die Landesregierungen durch Rechtsverordnungen etwas anderes bestimmen.**

Damit in den Ländern, in denen bereits Umlegungsausschüsse bestehen, kein Stillstand in der Tätigkeit dieser Ausschüsse bis zum Erlaß einer Rechtsverordnung nach § 46 Abs. 2 eintritt, hat der federführende Ausschuß (vgl. zu Drucksache 1794, Begründung zu § 220 a) einem Wunsch des Bundesratsausschusses für Wiederaufbau und Wohnungswesen entsprochen, eine besondere Überleitungsvorschrift für Umlegungsausschüsse zu beschließen. Es ist selbstverständlich, daß diese Vorschrift auch für Obere Umlegungsausschüsse gilt, soweit solche bestehen. Der Vorbehalt zugunsten einer abweichenden landesrechtlichen

Regelung war erforderlich, weil die Einrichtung von Umlegungsausschüssen und Oberen Umlegungsausschüssen in den landesrechtlichen Vorbehalt fällt.

## § 183
### *Änderung des Bundesfernstraßengesetzes*

**Das Bundesfernstraßengesetz vom 6. August 1953 (Bundesgesetzbl. I S. 903) wird wie folgt geändert:**

**1. § 9 Abs. 7 erhält folgende Fassung:**

**„(7) Die Absätze 1 bis 5 gelten nicht, soweit das Bauvorhaben den Festsetzungen eines Bebauungsplanes entspricht (§§ 9, 173 Abs. 3 des Bundesbaugesetzes vom 23. Juni 1960 (Bundesgesetzbl. I S. 341), der mindestens die Begrenzung der Verkehrsflächen enthält und unter Mitwirkung des Trägers der Straßenbaulast zustande gekommen ist. Absatz 6 gilt nicht in Ortsdurchfahrten."**

**2. § 17 Abs. 3 enthält folgende Fassung:**

**„(3) Bebauungspläne nach § 9 des Bundesbaugesetzes vom 23. Juni 1960 (Bundesgesetzbl. I S. 341) ersetzen die Planfeststellung nach Absatz 1. Ist eine Ergänzung notwendig, so ist die Planfeststellung insoweit zusätzlich durchzuführen."**

**3. § 17 erhält folgenden Absatz 8:**

**„(8) In den Fällen des Absatzes 3 gelten die §§ 40, 41 des Bundesbaugesetzes. Absatz 7 ist nicht anzuwenden."**

Die Vorschrift enthält die notwendige Anpassung des FStrG an das BBauG.

**a)** § 9 Absätze 1—5 FStrG enthalten Bauverbote und Zustimmungsvorbehalte für Bauten, die innerhalb eines bestimmten Bereichs längs der Bundesfernstraßen errichtet werden sollen. Nach der Neufassung des § 9 Abs. 7 FStrG (Nr. 1) gelten nun diese Bestimmungen nicht, soweit das Bauvorhaben den Festsetzungen eines Bebauungsplans entspricht (§§ 9, 173 Abs. 3 BBauG), der mindestens die Begrenzung der Verkehrsflächen enthält (§ 9 Abs. 1 Nr. 3 BBauG) und unter Mitwirkung des Trägers der Straßenbaulast zustande gekommen ist.

Die Bestimmung des § 9 Abs. 6 FStrG, wonach Anlagen der Außenwerbung den Hochbauten grundsätzlich gleichstehen, findet in Ortsdurchfahrten keine Anwendung (über den Begriff „Ortsdurchfahrten" vgl. Marschall, FStrG, Anm. 4 zu § 5).

**b)** Die Neufassung des § 17 Abs. 3 FStrG (Nr. 2) war erforderlich durch die Regelung über den Bebauungsplan in §§ 8 ff. BBauG. Ein Bebauungsplan nach § 9 BBauG ersetzt die in § 17 FStrG vorgeschriebene Planfeststellung im Fall des Baues oder der Änderung von Bundesfernstraßen.

**c)** Der durch Nr. 3 neu eingefügte Abs. 8 des § 17 FStrG schreibt vor, daß in den Fällen des (neu gefaßten) Abs. 3 (s. Anmerkung b) an Stelle des Abs. 7 (Folgen der Nichtdurchführung des festgestellten Plans) die §§ 40 und 41 BBauG gelten. Dies bedeutet, daß sich die Pflicht zur Entschädigung in Geld oder durch Übernahme oder die Entschädigung bei Festsetzungen von unbebauten Grundstücken und von Schutzflächen nach den angeführten Vorschriften des BBauG regeln. Abs. 7 paßt für die Fälle des neu gefaßten Abs. 3 nicht, da er von einem automatischen Außerkrafttreten des Planes spricht, das aber nach den Vorschriften des BBauG nicht möglich ist (vgl. § 2 Abs. 7).

## § 184

### *Änderung sonstiger Vorschriften*

**(1) Die Dritte Verordnung des Reichspräsidenten vom 6. Oktober 1931 (Reichsgesetzbl. I S. 537, 551) in der Fassung der Verordnung zur Änderung von Vorschriften über Kleinsiedlungen und Kleingärten vom 26. Februar 1938 (Reichsgesetzbl. I S. 233) und des Zweiten Wohnungsbaugesetzes vom 27. Juni 1956 (Bundesgesetzbl. I S. 523) Vierter Teil Kapitel II wird mit Ausnahme der §§ 2, 3, 5 und 20 aufgehoben.**

**(2) In § 1 Nr. 7 der Verordnung über Preisbildung und Preisüberwachung nach der Währungsreform vom 25. Juni 1948 (Gesetz- und Verordnungsblatt des Wirtschaftsrates des Vereinigten Wirtschaftsgebietes S. 61) in der Fassung der Anordnung PR Nr. 144/48 vom 27. Dezember 1948 (Mitteilungsblatt der Verwaltung für Wirtschaft des Vereinigten Wirtschaftsgebietes Teil II S. 199) entfallen die Worte „Grundstücke sowie".**

Die Vorschrift in **Abs. 1** bedeutet vor allen den Fortfall der Bestimmungen über die Enteignung von Grundstücken für Kleingärten; hierfür kommt jetzt vor allem § 9 Abs. 1 Nr. 8 BBauG in Frage.

Die in **Abs. 2** vorgenommene Änderung der Anordnung vom 25. Juni 1948 ist eine Folge der Vorschriften des § 185.

## § 185

### *Aufhebung der Preisvorschriften für den Verkehr mit Grundstücken*

**Auf den Verkehr mit Grundstücken sind die Verordnung über das Verbot von Preiserhöhungen vom 26. November 1936 (Reichsgesetzbl. I S. 955) sowie Preisvorschriften, die auf Grund der §§ 2, 3 des Preisgesetzes vom 10. April 1948 (Gesetz- und Verordnungsblatt des Wirtschaftsrates des Vereinigten Wirtschaftsgebietes S. 27) in der jeweils geltenden Fassung erlassen worden sind, nicht mehr anzuwenden.**

**a)** Voraussetzung für eine Normalisierung des Bodenmarktes war nach Ansicht des federführenden Ausschusses die Aufhebung der bisher noch bestehenden Preisbindungen für den Grundstücksverkehr. Der Preisstopp stellte kein geeignetes Ordnungsinstrument mehr dar, da er aus einer gänzlich anderen wirtschaftlichen Situation stammt. Die Preisbindung bei Grundstücken hat in der Praxis dazu geführt, daß die Grundstückseigentümer entweder ihre Grundstücke vom Markt zurückhielten, weil sie sie nicht unter dem tatsächlichen Wert veräußern wollten, oder daß sie sich beim Verkauf über die Preisvorschriften hinwegsetzten und Überpreise vereinbarten. Nachdem die Preisvorschriften für b e b a u t e Grundstücke bereits im Jahr 1952 aufgehoben worden waren, glaubte der Ausschuß, daß nun auch die Aufhebung des Preisstopps für u n b e b a u t e Grundstücke unerläßlich sei, um den Grundstücksmarkt wieder funktionsfähig zu machen. Um unberechtigte Preissteigerungen zu verhindern, sollten gleichzeitig die vorgesehenen Maßnahmen zur Ordnung des Bodenverkehrs wirksam werden, insbesondere die Vorverlegung des Fälligkeitszeitpunktes der Erschließungsbeiträge (§ 133 Abs. 2), die Einführung der Baulandsteuer (§ 172) und die Einrichtung von Gutachterausschüssen und Kaufpreissammlungen (§§ 136, 143). Ob sich das gesteckte Ziel der Normalisierung des Bodenmarktes durch die vorgesehenen Maßnahmen wenigstens einigermaßen erreichen läßt, muß die Zukunft zeigen.

**b) Rechtsprechung**

BGH, U vom 29. 1. 1964 (VIII ZR 86/62) ZMR 1964, 180.

Zur Frage, ob ein Makler deshalb schadensersatzpflichtig gemacht werden kann, weil er seinen Auftraggeber bei Vermittlung eines Grundstücksverkaufs im Dezember 1959 nicht davon unterrichtete, daß nach dem damals schon geplanten Bundesbaugesetz mit der (dann ab 19. 10. 1960 tatsächlich erfolgten) Aufhebung des Preisstopps auch für unbebaute Grundstücke zu rechnen sei.

## § 186

### *Aufhebung sonstiger Vorschriften*

**(1) Vorschriften, deren Gegenstände in diesem Gesetz geregelt sind oder die ihm widersprechen, treten mit dem Inkrafttreten der einzelnen Teile dieses Gesetzes außer Kraft. Es treten insbesondere außer Kraft:**

**1. Die Verordnung zur Behebung der dringendsten Wohnungsnot vom 9. Dezember 1919 (Reichsgesetzbl. I S. 1968),**

**2. die preußische Verordnung zur Ausführung der Verordnung der Reichregierung über die Behebung der dringendsten Wohnungsnot vom 14. Februar 1921 (Preußische Gesetzsammlung S. 315),**

**3. die II. preußische Verordnung zur Ausführung der Verordnung der Reichsregierung über die Behebung der dringendsten Wohnungsnot vom 2. Mai 1925 (Preußische Gesetzsammlung S. 55),**

**4. die bayerische Verordnung betr. den Vollzug der Reichsverordnung zur Behebung der dringendsten Wohnungsnot vom 13. August 1921 (Bayerischer Staatsanzeiger Nr. 195),**

**5. die Verordnung des Württembergischen Staatsministeriums betreffend Bestimmungen der Landeszentralbehörde im Sinne der Reichsverordnung zur Behebung der dringendsten Wohnungsnot vom 18. Mai 1920 (Württembergisches Regierungsblatt S. 369),**

**6. die badische Verordnung zur Behebung der dringendsten Wohnungsnot vom 14. Januar 1920 (Badisches Gesetz- und Verordnungsblatt S. 43) in der Fassung der Verordnung vom 3. Februar 1938 (Badisches Gesetz- und Verordnungsblatt S. 5),**

**7. das Gesetz über Enteignungsrecht von Gemeinden bei Aufhebung oder Ermäßigung von Rayonbeschränkungen vom 27. April 1920 (Reichsgesetzbl. I S. 697),**

8. die Beamten-Siedlungsverordnung vom 11. Februar 1924 (Reichsgesetzbl. I S. 53) in der Fassung des Gesetzes vom 30. April 1938 (Reichsgesetzbl. I S. 455),
9. die Zweite Verordnung des Reichspräsidenten zur Sicherung von Wirtschaft und Finanzen vom 5. Juni 1931 (Reichsgesetzbl. I S. 279) in der Fassung des Gesetzes zur Änderung der Notverordnung über Enteignungen auf dem Gebiet des Städtebaues vom 31. März 1939 (Reichsgesetzbl. I S. 649), Sechster Teil Kapitel III,
10. das Gesetz über die Aufschließung von Wohnsiedlungsgebieten vom 22. September 1933 (Reichsgesetzbl. I S. 659) in der Fassung des Gesetzes vom 27. September 1938 (Reichsgesetzbl. I S. 1246),
11. die Verordnung zur Ausführung des Gesetzes über die Aufschließung von Wohnsiedlungsgebieten vom 25. Februar 1935 (Reichsgesetzbl. I S. 292),
12. die bayerische Verordnung zu § 2 Satz 3 des Wohnsiedlungsgesetzes vom 6. Juni 1956 (Bereinigte Sammlung des bayerischen Landesrechts Band II Seite 430),
13. die niedersächsische Verordnung zur Durchführung des Wohnsiedlungsgesetzes vom 3. Juli 1959 (Gesetz- und Verordnungsblatt S. 87),
14. das Gesetz über einstweilige Maßnahmen zur Ordnung des deutschen Siedlungswesens vom 3. Juli 1934 (Reichsgesetzbl. I S. 568),
15. die Verordnung über die Regelung der Bebauung vom 15. Februar 1936 (Reichsgesetzbl. I S. 104),
16. das Gesetz über die Zahlung und Sicherung von Anliegerbeiträgen vom 30. September 1936 (Reichsgesetzbl. I S. 854),
17. die Verordnung über die Zulässigkeit befristeter Bausperren vom 29. Oktober 1936 (Reichsgesetzbl. I S. 933),
18. das Gesetz über die Neugestaltung deutscher Städte vom 4. Oktober 1937 (Reichsgesetzbl. I S. 1054) und die dazu ergangenen Ausführungsvorschriften,
19. die Verordnung über Neuordnungsmaßnahmen zur Beseitigung von Kriegsfolgen vom 2. Dezember 1940 (Reichsgesetzbl. I S. 1575) in der Fassung der Verordnung vom 14. Juli 1942 (Reichsgesetzbl. I S. 462),
20. das Baulandbeschaffungsgesetz vom 3. August 1953 (Bundesgesetzbl. I S. 720),
21. das preußische Gesetz betr. die Anlegung und Veränderung von Straßen und Plätzen in Städten und ländlichen Ortschaften vom 2. Juli 1875 (Preußische Gesetzsammlung S. 561) in der Fassung der Gesetze vom 1. August 1883 (Preußische Gesetzsammlung S. 237), vom 28. März 1918 (Preußische Gesetzsammlung S. 23) und der Verordnungen vom 3. September 1932 (Preußische Gesetzsammlung S. 283) und vom 30. Januar 1939 (Reichsgesetzbl. I S. 106),

22. das preußische Gesetz betr. die Umlegung von Grundstücken in Frankfurt a. M. vom 28. Juli 1902 (Preußische Gesetzsammlung S. 273) in der Fassung des Gesetzes vom 8. Juli 1907 (Preußische Gesetzsammlung S. 259),
23. das württemberg-badische Gesetz Nr. 329 (Aufbaugesetz) vom 18. August 1948 (Regierungsblatt für Württemberg-Baden S. 127),
24. das württembergische Gesetz über die Erschließung von Bauland durch Umlegung und Grenzregelung (Baulandgesetz) vom 18. Februar 1926 (Württembergisches Regierungsblatt S. 43) in der Fassung der Bekanntmachung Nr. 351 des Innenministeriums Württemberg-Baden vom 24. September 1948 (Regierungsblatt für Württemberg-Baden S. 157),
25. das badische Aufbaugesetz vom 25. November 1949 (Badisches Gesetz- und Verordnungsblatt 1950 S. 29),
26. die Landesverordnung zur Durchführung des badischen Aufbaugesetzes vom 1. Oktober 1951 (Badisches Gesetz- und Verordnungsblatt S. 155),
27. das württemberg-hohenzollernsche Gesetz über die Erschließung von Bauland (Baulandgesetz) vom 28. November 1949 (Regierungsblatt für das Land Württemberg-Hohenzollern 1950 S. 1),
28. das bayerische Gesetz über die Erschließung von Baugelände vom 4. Juli 1923 (Bereinigte Sammlung des bayerischen Landesrechts Band II S. 419),
29. Artikel I Buchstabe A Nr. 17 des bayerischen Gesetzes, die Zwangsabtretung für öffentliche Zwecke betr., vom 17. November 1837 (Bereinigte Sammlung des bayerischen Landesrechts Band I S. 203),
30. das Gesetz über die städtebauliche Planung im Lande Berlin (Planungsgesetz) vom 22. August 1949 in der Fassung vom 22. März 1956 (Gesetz- und Verordnungsblatt für Berlin S. 272),
31. das Berliner Baulandumlegungsgesetz vom 3. März 1950 (Verordnungsblatt für Groß-Berlin I S. 71),
32. das bremische Umlegungsgesetz vom 21. Dezember 1929 (Gesetzblatt der Freien Hansestadt Bremen S. 293) in der Fassung der Bekanntmachung vom 17. April 1934 (Gesetzblatt der Freien Hansestadt Bremen S. 143) und der Gesetze zur Änderung des Umlegungsgesetzes vom 12. November 1937 (Gesetzblatt der Freien Hansestadt Bremen S. 205) und vom 5. Juli 1949 (Gesetzblatt der Freien Hansestadt Bremen S. 146),
33. das hamburgische Bebauungsplangesetz vom 31. Oktober 1923 (Hamburgisches Gesetz- und Verordnungsblatt S. 1357) mit den nachträglichen Änderungen,
34. das hamburgische Gesetz über den Aufbau der Hansestadt Hamburg vom 11. April 1949 (Hamburgisches Gesetz- und Verordnungs-

blatt S. 45) in der Fassung vom 12. April 1957 (Hamburgisches Gesetz- und Verordnungsblatt S. 241),

35. die Erste Verordnung zur Durchführung des Gesetzes über den Aufbau der Hansestadt Hamburg vom 9. August 1949 (Hamburgisches Gesetz- und Verordnungsblatt S. 178) in der Fassung der Verordnung vom 10. Juni 1958 (Hamburgisches Gesetz- und Verordnungsblatt S. 194),
36. die Zweite Verordnung zur Durchführung des Gesetzes über den Aufbau der Hansestadt Hamburg (Verordnung über Zwangsverbände) vom 9. August 1949 (Hamburgisches Gesetz- und Verordnungsblatt S. 182),
37. die Dritte Verordnung zur Durchführung des Gesetzes über den Aufbau der Hansestadt Hamburg vom 3. Juli 1951 (Hamburgisches Gesetz- und Verordnungsblatt S. 101),
38. das hessische Gesetz über den Aufbau der Städte und Dörfer des Landes Hessen (Aufbaugesetz) vom 25. Oktober 1948 (Gesetz- und Verordnungsblatt für das Land Hessen S. 139) in der Fassung des Gesetzes vom 23. November 1949 (Gesetz- und Verordnungsblatt für das Land Hessen S. 164),
39. die Erste Verordnung zur Durchführung des Gesetzes über den Aufbau der Städte und Dörfer des Landes Hessen (Aufbaugesetz) vom 16. März 1950 (Gesetz- und Verordnungsblatt für das Land Hessen S. 56),
40. das braunschweigische Umlegungsgesetz vom 24. Januar 1920 (Braunschweigisches Gesetz- und Verordnungsblatt Nr. 39 S. 125),
41. das niedersächsische Gesetz zur Durchführung der Ortsplanung und des Aufbaues in den Gemeinden (Aufbaugesetz) vom 9. Mai 1949 in der Fassung vom 20. Dezember 1957 (Niedersächsisches Gesetz- und Verordnungsblatt Sb. I S. 398),
42. die Erste Durchführungsverordnung zum Gesetz zur Durchführung der Ortsplanung und des Aufbaues in den Gemeinden (Aufbaugesetz) vom 17. Juni 1949 (Niedersächsisches Gesetz- und Verordnungsblatt Sb. I S. 406),
43. die Zweite Durchführungsverordnung zum Gesetz zur Durchführung der Ortsplanung und des Aufbaues in den Gemeinden (Aufbaugesetz) vom 26. Juni 1950 in der Fassung vom 30. September 1958 (Niedersächsisches Gesetz- und Verordnungsblatt Sb. I S. 410),
44. die Vierte Durchführungsverordnung zum Gesetz zur Durchführung der Ortsplanung und des Aufbaues in den Gemeinden (Aufbaugesetz) vom 11. Juli 1951 (Niedersächsisches Gesetz- und Verordnungsblatt Sb. I S. 411),
45. Gesetz für den Landesteil Oldenburg betr. Anlegung oder Veränderung von Straßen und Plätzen in den Städten und größeren Orten

vom 25. März 1879 in der Fassung der Bekanntmachung vom 16. Mai 1927 (Oldenburgisches Gesetzblatt Bd. 45 S. 167),

46. das nordrhein-westfälische Gesetz über Maßnahmen zum Aufbau in den Gemeinden (Aufbaugesetz) vom 29. April 1952 (Sammlung des bereinigten Landesrechts Nordrhein-Westfalen S. 454),
47. die Erste Verordnung zur Durchführung des Gesetzes über Maßnahmen zum Aufbau in den Gemeinden (Aufbaugesetz) vom 13. Juni 1950 (Sammlung des bereinigten Landesrechts Nordrhein-Westfalen S. 462),
48. die Zweite Verordnung zur Durchführung des Gesetzes über Maßnahmen zum Aufbau in den Gemeinden (Aufbaugesetz) vom 9. Oktober 1951 (Sammlung des bereinigten Landesrechts Nordrhein-Westfalen S. 465),
49. die Dritte Verordnung zur Durchführung des Gesetzes über Maßnahmen zum Aufbau in den Gemeinden (Aufbaugesetz) (Verordnung über Zusammenlegungsverbände) vom 14. Mai 1952 (Sammlung des bereinigten Landesrechts Nordrhein-Westfalen S. 466),
50. die Vierte Verordnung zur Durchführung des Gesetzes über Maßnahmen zum Aufbau in den Gemeinden (Aufbaugesetz) vom 9. August 1952 (Sammlung des bereinigten Landesrechts Nordrhein-Westfalen S. 469),
51. die Fünfte Verordnung zur Durchführung des Gesetzes über Maßnahmen zum Aufbau in den Gemeinden (Aufbaugesetz) vom 9. Juni 1958 (Gesetz- und Verordnungsblatt für das Land Nordrhein-Westfalen S. 277),
52. das Landesgesetz des Landes Rheinland-Pfalz über den Aufbau in den Gemeinden (Aufbaugesetz) vom 1. August 1949 (Gesetz- und Verordnungsblatt der Landesregierung Rheinland-Pfalz S. 317) in der Fassung des Landesgesetzes vom 23. Dezember 1949 (Gesetz- und Verordnungsblatt der Landesregierung Rheinland-Pfalz S. 623),
53. die Landesverordnung zur Durchführung des Landesgesetzes über den Aufbau in den Gemeinden vom 21. März 1950 (Gesetz- und Verordnungsblatt der Landesregierung Rheinland-Pfalz S. 129),
54. das Gesetz über Planung und Städtebau im Saarland vom 30. Juni 1948 (Amtsblatt des Saarlandes S. 1198) in der Fassung der Gesetze vom 7. Juli 1954 (Amtsblatt des Saarlandes S. 898) und vom 8. Juli 1957 (Amtsblatt des Saarlandes S. 670),
55. die Erste Verordnung zur Ergänzung und Ausführung des Gesetzes über Planung und Städtebau im Saarland vom 23. November 1948 (Amtsblatt des Saarlandes S. 1494) in der Fassung der Verordnung vom 2. Oktober 1953 (Amtsblatt des Saarlandes S. 673),
56. das Gesetz zur Ergänzung des Gesetzes über Planung und Städte-

bau im Saarland vom 12. Januar 1951 (Amtsblatt des Saarlandes S. 220),

57. das saarländische Gesetz über die Umlegung von Baugelände vom 2. Mai 1950 (Amtsblatt des Saarlandes S. 379),
58. das saarländische Gesetz zur Beschaffung von Baugrundstücken in bebauten Ortslagen vom 31. Januar 1950 (Amtsblatt des Saarlandes S. 185),
59. das saarländische Gesetz zur Beschaffung von Bauland für den sozialen Wohnungsbau vom 2. Februar 1952 (Amtsblatt des Saarlandes S. 197),
60. das saarländische Gesetz über die Beschaffung von Bauland zur Förderung des Wohnungsbaues für Vertriebene, Flüchtlinge und notaufgenommene Deutsche vom 27. Juni 1959 (Amtsblatt des Saarlandes S. 1075),
61. die §§ 66 und 67 des lübeckischen Ausführungsgesetzes zum Bürgerlichen Gesetzbuch, zum Handelsgesetzbuch und zur Wechselordnung vom 30. Oktober 1899 (Sammlung der Lübeckischen Verordnungen und Bekanntmachungen, Band LXVI 1899 Heft IV Nr. 67 S. 150),
62. das Gesetz über den Aufbau in den schleswig-holsteinischen Gemeinden (Aufbaugesetz) vom 21. Mai 1949 (Gesetz- und Verordnungsblatt für Schleswig-Holstein S. 93),
63. die Zweite Durchführungsverordnung zum Gesetz über den Aufbau in den schleswig-holsteinischen Gemeinden (Aufbaugesetz) — Straßenkostenbeiträge — vom 31. August 1951 (Gesetz- und Verordnungsblatt für Schleswig-Holstein S. 159),
64. die Dritte Durchführungsverordnung zum Gesetz über den Aufbau in den schleswig-holsteinischen Gemeinden (Aufbaugesetz) — Umlegungsverfahren — vom 13. Februar 1953 (Gesetz- und Verordnungsblatt für Schleswig-Holstein S. 11),
65. die Verordnung über die Preisüberwachung und die Rechtsfolgen von Preisverstößen im Grundstücksverkehr vom 7. Juli 1942 (Reichsgesetzbl. I S. 451),
66. die Verordnung PR Nr. 75/52 über die Aufhebung der Preisvorschriften für den Verkehr mit bebauten Grundstücken vom 28. November 1952 (Bundesgesetzbl. I S. 792),
67. die Verordnung PR Nr. 1/55 über die Aufhebung von Preisvorschriften für die Veräußerung von Grundstücken im Wege der Zwangsversteigerung vom 17. April 1955 (Bundesanzeiger Nr. 75 vom 20. April 1955).

(2) Soweit in Gesetzen und Verordnungen des Bundes und der Länder auf die nach Absatz 1 außer Kraft getretenen Vorschriften verwiesen ist, treten an ihre Stelle die entsprechenden Vorschriften dieses Gesetzes.

**(3) Unberührt bleiben die Vorschriften der Verordnung über Garagen- und Einstellplätze vom 17. Februar 1939 (Reichsgesetzbl. I S. 219) in der Fassung des Erlasses vom 13. September 1944 (Reichsarbeitsbl. S. I 325), soweit sie nicht den Bestimmungen dieses Gesetzes entgegenstehen.**

a) Eines der wesentlichsten Ziele des BBauG war die Vereinheitlichung und Zusammenfassung des gesamten Baurechts, soweit die Zuständigkeit des Bundes gegeben ist. Daher verlieren die bisherigen einschlägigen Vorschriften des Bundes und der Länder mit dem Inkrafttreten des Gesetzes ihre Wirksamkeit. Die Aufzählung in Abs. 1 ist nicht erschöpfend. Vorschriften, die nicht aufgezählt sind (auch etwaige Ortsvorschriften), treten außer Kraft, soweit ihre Gegenstände im BBauG geregelt sind oder soweit sie diesem Gesetz widersprechen. Hinsichtlich des Außerkrafttretens der einzelnen Vorschriften ist darauf zu achten, daß die einzelnen Teile des BBauG zu verschiedenen Zeitpunkten in Kraft getreten sind.

Da die RGaO sowohl planungsrechtliche als auch bauordnungsrechtliche Vorschriften enthält, war es notwendig, durch Abs. 3 klarzustellen, daß die bauordnungsrechtlichen Regelungen der RGaO, die der Gesetzgebungskompetenz der Länder unterliegen, durch das BBauG nicht berührt werden.

Hinsichtlich der RGaO ist noch auf folgendes Rechtsproblem hinzuweisen: Ihre Rechtsgrundlage, das Gesetz über einstweilige Maßnahmen zur Ordnung des deutschen Siedlungswesens vom 3. Juli 1934 wurde durch Abs. 1 Nr. 14 aufgehoben. Die Weitergeltung des erhaltenen Teils der RGaO dürfte aber dadurch nicht in Frage gestellt sein.

Während die Bauregelungsverordnung durch Abs. 1 Nr. 15 aufgehoben wurde, erfolgte für die Verordnung über Baugestaltung vom 10. November 1936 (RGBl. I S. 938 — siehe Anhang Nr. 1) keine Aufhebung. Abgesehen von dem oben bezüglich der Weitergeltung der RGaO erörterten Problem erhebt sich die Frage, ob und gegebenenfalls inwieweit diese V durch Abs. 1 Satz 1 („Vorschriften deren Gegenstände in diesem Gesetz geregelt sind oder die ihm widersprechen, treten ... außer Kraft") betroffen sein könnte. Diese Frage dürfte zu verneinen sein, da die genannte Verordnung wohl durchwegs Bauordnungsrecht enthält. Die Fassung in § 2 Abs. 1 BaugestV „zur Verwirklichung der Ziele dieser Verordnung, vor allem zur Durchführung bestimmter städtebaulicher Absichten, ..." kann im Hinblick auf Abs. 2 aaO nicht als planerische Bestimmung angesehen werden, die durch § 186 Abs. 1 Satz 1 BBauG aufgehoben wäre.

**b) Rechtsprechung**

BayVGH, U vom 5. 11. 1964 (Nr. 148 IV 63) BayVBl. 1965, 23 = BayBgm. 1964, 275.

§ 62 Abs. 1 bis 7 BayBO 1901 ist durch § 186 Abs. 1 in Verbindung mit § 189 Abs. 2 BBauG mit Ablauf des 29. 6. 1961 außer Kraft gesetzt worden.

## § 187
### *Geltung in Berlin*

**Dieses Gesetz gilt nach Maßgabe des § 12 Abs. 1 und 5 sowie des § 13 Abs. 1 des Dritten Überleitungsgesetzes vom 4. Januar 1952 (Bundes-**

**gesetzbl. I S. 1) auch im Land Berlin. Rechtsverordnungen, die auf Grund dieses Gesetzes erlassen werden, gelten im Land Berlin nach § 14 des Dritten Überleitungsgesetzes.**

## § 188
### *Sonderregelung für einzelne Länder und das Gebiet des Siedlungsverbandes Ruhrkohlenbezirk*

**(1) In den Ländern Berlin und Hamburg entfallen die in § 6 Abs. 1, §§ 11, 16, 17 und 25 vorgesehenen Genehmigungen oder Zustimmungen; das Land Bremen kann bestimmen, daß diese Genehmigungen oder Zustimmungen entfallen.**

**(2) Die Länder Berlin und Hamburg bestimmen, welche Form der Rechtssetzung an die Stelle der in diesem Gesetz vorgesehenen Satzungen tritt. Das Land Bremen kann eine solche Bestimmung treffen. Die Länder Berlin, Bremen und Hamburg können eine von §§ 12 und 16 Abs. 2 abweichende Regelung treffen.**

**(3) Das Land Bayern kann zu § 6 Abs. 2 und § 11 weitergehende Versagungsgründe festlegen.**

**(4) Die Senate der Länder Berlin, Bremen und Hamburg werden ermächtigt, die Vorschriften dieses Gesetzes über die Zuständigkeit von Behörden und den Sitz der Gutachterausschüsse (§ 137 Abs. 1) dem besonderen Verwaltungsaufbau ihrer Länder anzupassen.**

**(5) Im Land Nordrhein-Westfalen bleiben für das Gebiet des Siedlungsverbandes Ruhrkohlenbezirk die bestehenden Zuständigkeiten anderer als der in diesem Gesetz genannten Stellen bis zu einer anderen landesrechtlichen Regelung unberührt. Soweit deren Zuständigkeiten auf Vorschriften beruhen, die durch dieses Gesetz aufgehoben werden, treten die enstprechenden Vorschriften dieses Gesetzes an ihre Stelle.**

**(6) Die Freie und Hansestadt Hamburg gilt für die Anwendung dieses Gesetzes auch als Gemeinde.**

**Zu Abs. 3.** Bayern hat bisher von der Ermächtigung keinen Gebrauch gemacht. Bzgl. Siedlungsvorstand Ruhrkohlenbezirk vgl. Anhang (III).

## § 189
### *Inkrafttreten*

**(1) Die Vorschriften dieses Gesetzes treten unbeschadet der Absätze 2 und 3 vier Monate, die Vorschriften des Ersten bis Dritten Teiles ein Jahr nach der Verkündung in Kraft.**

**(2) § 133 tritt für öffentlich-rechtliche Beiträge, die auf Grund landesrechtlicher Vorschriften für Erschließungsanlagen erhoben werden können, vier Monate, die übrigen Vorschriften des Sechsten Teiles treten ein Jahr nach der Verkündung in Kraft. Die Landesregierungen können durch Rechtsverordnung bestimmen, daß diese Vorschriften zu einem früheren Zeitpunkt in Kraft treten.**

**(3) Vorschriften, die zum Erlaß von Rechtsverordnungen ermächtigen oder den Erlaß von Landesgesetzen vorsehen, sowie die Ermächtigungen zum Erlaß von Satzungen in §§ 25 und 132 treten am Tage nach der Verkündung in Kraft.**

Das Verkündungsdatum des BBauG ist der 29. Juni 1960. § 189 setzt für einzelne Teile und Bestimmungen des BBauG verschiedene Zeitpunkte des Inkrafttretens fest. Folgende Zusammenstellung soll einen Überblick über die einzelnen Daten geben:

1. Am 30. Juni 1960 (Tag nach der Verkündung — vgl. **Abs.** 3) sind in Kraft getreten die Vorschriften, die zum Erlaß von Rechtsverordnungen ermächtigen oder den Erlaß von Landesgesetzen vorsehen, ferner §§ 25 und 132, soweit sie Ermächtigungen zum Erlaß von Satzungen enthalten, im einzelnen also:

a) § 2 Abs. 3 und 10
b) § 9 Abs. 2
c) § 19 Abs. 6
d) § 25 Abs. 1
e) § 39 Satz 2
f) § 46 Abs. 2
g) § 104 Abs. 2
h) § 119 Abs. 4
i) § 124
k) § 128 Abs. 2 Satz 2
l) § 132
m) § 141 Abs. 4
n) § 143 Abs. 6
o) § 144
p) § 147
q) § 155
r) § 159 Abs. 2
s) § 172 Abs. 1
t) § 173 Abs. 2 und 4
u) § 174 Abs. 1 Satz 2 und Abs. 2, Satz 2 zweiter Halbsatz
v) § 180 Abs. 6
w) § 182
x) § 188
y) § 189 Abs. 2 Satz 2

2. Vier Monate nach der Verkündung, d. i. am 30. Oktober 1960 sind in Kraft getreten:
a) Vierter Teil (Bodenordnung);
b) Fünfter Teil (Enteignung);
c) Siebenter Teil (Ermittlung von Grundstückswerten);
d) Achter Teil (Allgemeine Vorschriften; Verwaltungsverfahren);
e) Neunter Teil (Verfahren von den Kammern und Senaten für Baulandsachen);
f) Zehnter Teil (Änderung steuerrechtlicher Vorschriften);
g) Elfter Teil (Übergangs- und Schlußvorschriften);
h) § 133 (Gegenstand und Entstehung der Beitragspflicht).

3. Ein Jahr nach der Verkündigung, d. i. am 30. Juni 1961 sind in Kraft getreten:
a) Erster Teil (Bauleitplanung);
b) Zweiter Teil (Sicherung der Bauleitplanung);
c) Dritter Teil (Regelung der baulichen und sonstigen Nutzung);
d) Sechster Teil (Erschließung) mit Ausnahme des § 133 (siehe oben 2 h).

Die Landesregierungen konnten durch Rechtsverordnung bestimmen, daß diese Vorschriften zu einem früheren Zeitpunkt in Kraft treten (§ 189 Abs. 2 Satz 2), haben aber keinen Gebrauch hiervon gemacht.

# II.
# AUSFÜHRUNGSVORSCHRIFTEN DES BUNDES

## 1.
## Verordnung über Grundsätze für die Ermittlung des Verkehrswertes von Grundstücken

Vom 7. August 1961
(BGBl. I S. 1183)

Auf Grund des § 141 Abs. 4 des Bundesbaugesetzes vom 23. Juni 1960 (Bundesgesetzbl. I S. 341) verordnet die Bundesregierung mit Zustimmung des Bundesrates:

### Teil I
### Allgemeine Vorschriften

#### § 1
#### Anwendungsbereich

Bei der Ermittlung des Verkehrswertes von Grundstücken nach dem Siebenten Teil des Bundesbaugesetzes sind die Vorschriften dieser Verordnung anzuwenden.

#### § 2
#### Grundlagen der Wertermittlung

(1) Gegenstand der Wertermittlung ist das Grundstück einschließlich seiner Bestandteile, insbesondere der Gebäude, und des Zubehörs, soweit dieses den Verkehrswert des Grundstücks beeinflußt. Maßgebend ist der Zustand des Grundstücks in dem Zeitpunkt, auf den sich die Ermittlung bezieht (Wertermittlungsstichtag).

(2) Bei der Wertermittlung sind alle den Verkehrswert des Grundstücks beeinflussenden tatsächlichen, rechtlichen und wirtschaftlichen Umstände zu berücksichtigen. Aufwendungen, die aus Anlaß der Veräußerung des Grundstücks entstehen, wie Abstandszahlungen, Ersatzleistungen, Steuern oder Gebühren, sowie sonstige Umstände, die nur den Preis im einzelnen Falle beeinflussen, namentlich besondere Zahlungsbedingungen, bleiben bei der Wertermittlung unberücksichtigt.

#### § 3
#### Wertermittlungsverfahren

(1) Der Verkehrswert ist nach dem Preis zu bestimmen, der am Wertermittlungsstichtag im gewöhnlichen Geschäftsverkehr nach den Eigenschaften, der sonstigen Beschaffenheit und der Lage des Grundstücks ohne Rücksicht auf ungewöhnliche oder persönliche Verhältnisse zu erzielen wäre.

(2) Soweit es möglich ist, ist der Verkehrswert durch Preisvergleich zu ermitteln (Vergleichswertverfahren, §§ 4 bis 6). Dies gilt insbesondere für die Ermittlung des Bodenwertes.

(3) Wenn das Vergleichswertverfahren nicht ausreicht oder aus sonstigen Gründen nicht in Betracht kommt, ist der Verkehrswert mit Hilfe des Ertragswertverfahrens (§§ 7 bis 13) oder des Sachwertverfahrens (§§ 14 bis 18) zu ermitteln. Bei der Auswahl des Verfahrens sollen die bei der Wertbeurteilung im gewöhnlichen Geschäftsverkehr bestehenden Gepflogenheiten berücksichtigt werden.

## Teil II

## Ermittlung des Verkehrswertes nach dem Vergleichswertverfahren

### § 4

### Heranziehung von Vergleichspreisen

(1) Soll der Verkehrswert durch Preisvergleich ermittelt werden, so sind Kaufpreise geeigneter Vergleichsgrundstücke in ausreichender Zahl heranzuziehen.

(2) Die Vergleichsgrundstücke sollen hinsichtlich der ihren Wert beeinflussenden Umstände mit dem zu bewertenden Grundstück soweit wie möglich übereinstimmen. Insbesondere sollen sie nach Lage, Art und Maß der baulichen Nutzung, Bodenbeschaffenheit, Größe, Grundstücksgestaltung und Erschließungszustand sowie nach Alter, Bauzustand und Ertrag der baulichen Anlagen einen Vergleich zulassen.

(3) Kaufpreise, bei denen anzunehmen ist, daß sie durch ungewöhnliche oder persönliche Verhältnisse beeinflußt worden sind, dürfen zum Preisvergleich nur herangezogen werden, wenn sie bei der Aufnahme in die Kaufpreissammlung (§ 143 Abs. 2 des Bundesbaugesetzes) berichtigt worden sind.

### § 5

### Heranziehung von Richtwerten zur Ermittlung des Bodenwertes

Soll der Bodenwert durch Preisvergleich ermittelt werden, so können neben oder an Stelle von Vergleichspreisen auch geeignete Richtwerte (§ 143 Abs. 3 des Bundesbaugesetzes) herangezogen werden. Die Richtwerte sind nur dann geeignet, wenn sie entsprechend den örtlichen Verhältnissen unter Berücksichtigung von Lage, Art und Maß der baulichen Nutzung, Erschließungszustand und jeweils vorherrschender Grundstücksgestaltung aufgegliedert sind.

### § 6

### Ermittlung des Verkehrswertes

(1) Soweit die herangezogenen Vergleichsgrundstücke hinsichtlich der ihren Wert beeinflussenden Umstände von dem zu bewertenden Grundstück abweichen, oder soweit sich die Lage auf dem Grundstücksmarkt seit der Veräußerung der Vergleichsgrundstücke geändert hat, ist dies durch angemessene Zu- oder Abschläge zu den Kaufpreisen zu berücksichtigen. Satz 1 gilt sinngemäß, wenn Richtwerte herangezogen werden.

(2) Der durch Preisvergleich ermittelte Wert ist als Verkehrswert anzusetzen.

## Teil III

## Ermittlung des Verkehrswertes nach dem Ertragswertverfahren

### § 7

### Ermittlungsgrundlagen

(1) Soll der Verkehrswert nach dem Ertragswertverfahren ermittelt werden, so ist vom Ertragswert des Grundstücks auszugehen.

(2) Der Ertragswert im Sinne dieser Verordnung umfaßt den Bodenwert und den Gebäudeertragswert.

(3) Der Bodenwert ist in der Regel durch Preisvergleich (§§ 4 bis 6) zu ermitteln.

(4) Der Gebäudeertragswert ist der um den Verzinsungsbetrag des Bodenwertes verminderte und sodann unter Berücksichtigung der Restnutzungsdauer der baulichen Anlagen kapitalisierte nachhaltig erzielbare Reinertrag des Grundstücks. Er ist nach den §§ 8 bis 10 zu ermitteln.

## § 8
## Ermittlung des Gebäudeertragswertes

(1) Bei der Ermittlung des Gebäudeertragswertes ist von dem nachhaltig erzielbaren jährlichen Reinertrag auszugehen. Der Reinertrag ergibt sich aus dem Rohertrag abzüglich der Bewirtschaftungskosten.

(2) Der Reinertrag ist um den Betrag zu vermindern, der sich durch angemessene Verzinsung des Bodenwertes ergibt (Verzinsungsbetrag des Bodenwertes). Der Verzinsung ist ein Zinssatz zugrunde zu legen, der dem bei der Kapitalisierung zugrunde gelegten Sollzinssatz entspricht. Ist das Grundstück wesentlich größer, als es einer den baulichen Anlagen angemessenen Nutzung entspricht, so ist bei der Berechnung des Verzinsungsbetrages nur der Bodenwert einer solchen Fläche anzusetzen, die der Nutzung angemessen ist.

(3) Der um den Verzinsungsbetrag des Bodenwertes verminderte Reinertrag ist mit dem sich aus Anlage 1 dieser Verordnung ergebenden Vervielfältiger zu kapitalisieren. Maßgebend ist derjenige Vervielfältiger, der nach der Restnutzungsdauer der baulichen Anlagen und nach dem zugrunde gelegten Sollzinssatz in Betracht kommt. Der Sollzinssatz ist nach der Art der baulichen Anlagen und nach der Lage auf dem Grundstücksmarkt zu bestimmen.

(4) Als Restnutzungsdauer ist die Anzahl der Jahre anzusehen, in denen die baulichen Anlagen bei ordnungsmäßiger Unterhaltung und Bewirtschaftung voraussichtlich noch wirtschaftlich genutzt werden können.

## § 9
## Rohertrag

(1) Der Rohertrag umfaßt alle bei ordnungsmäßiger Bewirtschaftung nachhaltig erzielbaren Einnahmen aus dem Grundstück, insbesondere Mieten und Pachten einschließlich Umlagen und Vergütungen, soweit sie die Nutzung des Grundstücks und seiner baulichen Anlagen betreffen.

(2) Für Grundstücke oder Grundstücksteile, die eigengenutzt oder ungenutzt sind oder unentgeltlich oder zu einem vom Üblichen abweichenden Entgelt überlassen sind, sind die bei einer Vermietung oder Verpachtung üblicherweise erzielbaren Einnahmen zugrunde zu legen.

## § 10
## Bewirtschaftungskosten

(1) Bewirtschaftungskosten sind die Abschreibung, die Verwaltungskosten, die Betriebskosten, die Instandhaltungskosten und das Mietausfallwagnis. Die Abschreibung ist durch Einrechnung in den bei der Kapitalisierung nach § 8 Abs. 3 anzuwendenden Vervielfältiger berücksichtigt.

(2) Verwaltungskosten sind die Kosten der zur Verwaltung des Grundstücks und seiner baulichen Anlagen erforderlichen Arbeitskräfte und Einrichtungen, die Kosten der Aufsicht sowie der Wert der vom Eigentümer persönlich geleisteten Verwaltungsarbeit. Zu den Verwaltungskosten gehören auch die Kosten für die gesetzlichen oder freiwilligen Prüfungen des Jahresabschlusses und der Geschäftsführung.

(3) Betriebskosten sind die Kosten, die dem Eigentümer durch das Eigentum am Grundstück oder durch den bestimmungsmäßigen Gebrauch der baulichen Anlagen laufend entstehen, jedoch nicht die Hypothekengewinnabgabe.

(4) Instandhaltungskosten snd die Kosten, die während der Nutzungsdauer zur Erhaltung des bestimmungsmäßigen Gebrauchs der baulichen Anlagen aufgewendet werden müssen, um die durch Abnutzung, Alterung und Witterungseinwirkung entstehenden baulichen Schäden ordnungsgemäß zu beseitigen.

(5) Mietausfallwagnis ist das Wagnis einer Ertragsminderung, die durch uneinbringliche Mietrückstände oder Leerstehen von Raum, der zur Vermietung bestimmt ist, entsteht. Es dient auch zur Deckung der Kosten einer Rechtsverfolgung auf Zahlung, Aufhebung eines Mietverhältnisses oder Räumung.

(6) Die Verwaltungskosten, die Instandhaltungskosten und das Mietausfallwagnis sind nach Erfahrungssätzen, die den Grundsätzen einer ordnungsmäßigen Bewirtschaftung entsprechen müssen, anzusetzen. Die Betriebskosten sind unter Berücksichtigung der Grundsätze einer ordnungsmäßigen Bewirtschaftung nach ihrer tatsächlichen Höhe, soweit diese sich nicht ermitteln läßt, nach Erfahrungssätzen anzusetzen.

### § 11
### Abweichende Ermittlung des Ertragswertes

Verbleibt bei der Verminderung des Reinertrags um den Verzinsungsbetrag des Bodenwertes nach § 8 Abs. 2 kein Anteil für die Ermittlung des Gebäudeertragswertes, so ist abweichend von § 7 Abs. 2 als Ertragswert des Grundstücks nur der Bodenwert anzusetzen. Dabei sind erforderlichenfalls Umstände, die einer Erzielung des Bodenwertes entgegenstehen, angemessen zu berücksichtigen.

### § 12
### Berücksichtigung sonstiger wertbeeinflussender Umstände

Soweit besondere den Verkehrswert beeinflussende Umstände, wie Abweichungen vom normalen baulichen Zustand, Aufwendungen für einen bevorstehenden Abbruch des Gebäudes, die Nutzung von Gebäudeflächen für Reklamezwecke oder die Beeinflussung der Ertragsverhältnisse durch eine besondere Finanzierungsweise, bei der Ermittlung nach den §§ 8 bis 11 noch nicht erfaßt sind, sind sie durch Zu- oder Abschläge zu berücksichtigen.

### § 13
### Ermittlung des Verkehrswertes

Der Verkehrswert ist auf der Grundlage des sich nach den §§ 8 bis 12 ergebenden Ertragswertes nach der Lage auf dem Grundstücksmarkt zu ermitteln. Dabei kann unterstützend auch der nach den §§ 14 bis 17 ermittelte Sachwert herangezogen werden.

## Teil IV
## Ermittlung des Verkehrswertes nach dem Sachwertverfahren

### § 14
### Ermittlungsgrundlagen

(1) Soll der Verkehrswert nach dem Sachwertverfahren ermittelt werden, so ist vom Sachwert des Grundstücks auszugehen.

(2) Der Sachwert im Sinne dieser Verordnung umfaßt den Bodenwert und den Bauwert.

(3) Der Bodenwert ist in der Regel durch Preisvergleich (§§ 4 bis 6) zu ermitteln.

(4) Der Bauwert ist der Herstellungswert der Gebäude sowie der Außenanlagen und der besonderen Betriebseinrichtungen nach Anlage 2 dieser Verord-

nung unter Berücksichtigung der technischen Wertminderung. Er ist nach den §§ 15 und 16 zu ermitteln.

### § 15
### Ermittlung des Herstellungswertes

(1) Der Herstellungswert der Gebäude ist vorbehaltlich des Absatzes 4 durch Vervielfachung der gewöhnlichen Herstellungskosten je Kubikmeter umbauten Raumes (Normalherstellungskosten) mit der Anzahl der Kubikmeter umbauten Raumes zu ermitteln; der umbaute Raum ist nach Anlage 3 dieser Verordnung zu berechnen. Soweit eine Berechnung nach Kubikmeter umbauten Raumes keine geeignete Ermittlungsgrundlage bildet oder einzelne Bauteile nicht mit umfaßt, können die gewöhnlichen Herstellungskosten ohne Beziehung auf den Kubikmeter umbauten Raumes zugrunde gelegt werden.

(2) Zu den gewöhnlichen Herstellungskosten gehören auch die Baunebenkosten; Baunebenkosten sind die Kosten der Architekten- und Ingenieurleistungen, der Verwaltungsleistungen und der Behördenleistungen sowie sonstige Nebenkosten. Soweit die gewöhnlichen Herstellungskosten im Einzelfall durch Nacht- oder Feiertagsarbeiten, Auslösungen oder ähnliche außergewöhnliche Leistungen überschritten worden sind, sind die Mehrkosten nicht zu berücksichtigen; unberücksichtigt bleiben ferner außergewöhnliche Kosteneinsparungen, insbesondere durch eigene Sach- und Arbeitsleistungen.

(3) Die Normalherstellungskosten sind nach Erfahrungssätzen anzusetzen. Sind in den Erfahrungssätzen die Baunebenkosten nicht enthalten, so sind diese gesondert anzusetzen. Für Gebäude, die vor dem 1. Januar 1919 hergestellt worden sind, können Erfahrungssätze des Jahres 1913, für Gebäude, die in der Zeit vom 1. Januar 1919 bis zum 31. Dezember 1944 hergestellt worden sind, Erfahrungssätze des Jahres 1936 und für Gebäude, die nach dem 31. Dezember 1944 hergestellt worden sind, Erfahrungssätze des Jahres 1958 zugrunde gelegt werden. Die Normalherstellungskosten des zugrunde gelegten Zeitpunktes sind auf die Preisverhältnisse des Wertermittlungsstichtages umzurechnen; dabei ist der letzte vor diesem Zeitpunkt veröffentlichte Baupreisindex des Statistischen Bundesamtes mit der Bezugsgrundlage 1958 gleich 100 zugrunde zu legen. In geeigneten Fällen kann unmittelbar von den Normalherstellungskosten des Wertermittlungsstichtages ausgegangen werden.

(4) Der Herstellungswert kann in geeigneten Fällen auch nach den tatsächlich entstandenen Herstellungskosten ermittelt werden, wenn diese den gewöhnlichen Herstellungskosten entsprechen. Absatz 2 gilt sinngemäß.

(5) Für die Ermittlung des Herstellungswertes der Außenanlagen und der besonderen Betriebseinrichtungen gelten die Absätze 1 bis 4 sinngemäß.

(6) Absatz 3 Satz 4 gilt im Land Berlin mit der Maßgabe, daß der Baupreisindex des Statistischen Landesamtes Berlin zugrunde zu legen ist.

### § 16
### Technische Wertminderung

(1) Technische Wertminderung ist die Minderung des Herstellungswertes wegen Alters, Baumängel oder Bauschäden.

(2) Die Wertminderung wegen Alters bestimmt sich nach dem Alter und der angenommenen Lebensdauer der baulichen Anlagen. Sie ist in einem Vomhundertsatz des Herstellungswertes auszudrücken. Dabei ist je nach Art und Nutzung des Gebäudes von einer gleichmäßigen oder von einer mit zunehmendem Alter allmählich steigenden Wertminderung auszugehen. Haben Instandsetzungsarbeiten zu einer Verlängerung der gewöhnlichen Lebensdauer geführt, so ist ein entsprechend vermindertes Alter zugrunde zu legen.

(3) Die Wertminderung wegen Baumängel oder Bauschäden ist nach Erfahrungssätzen oder nach den für ihre Beseitigung am Wertermittlungsstichtag erforderlichen Kosten zu bestimmen.

§ 17
Berücksichtigung sonstiger wertbeeinflussender Umstände

(1) Besondere, den Verkehrswert beeinflussende Umstände, die bei der Ermittlung nach den §§ 14 bis 16 noch nicht erfaßt sind, sind durch Zu- oder Abschläge zu berücksichtigen.

(2) Als wertmindernde Umstände kommen insbesondere unwirtschaftlicher Aufbau (Grundriß, Geschoßhöhen, Raumtiefen, Konstruktion usw.), zeitbedingte oder persönliche Baugestaltung, verminderte Nutzungsmöglichkeit oder Zweckentfremdung in Betracht.

§ 18
Ermittlung des Verkehrswertes

Der Verkehrswert ist auf der Grundlage des sich nach den §§ 14 bis 17 ergebenden Sachwertes nach der Lage auf dem Grundstücksmarkt zu ermitteln. Dabei kann unterstützend auch der nach den §§ 7 bis 12 ermittelte Ertragswert herangezogen werden.

## Teil V
## Schlußvorschriften

§ 19
Geltung in Berlin

Diese Verordnung gilt nach § 14 des Dritten Überleitungsgesetzes vom 4. Januar 1952 (Bundesgesetzblatt I S. 1) in Verbindung mit § 187 des Bundesbaugesetzes auch im Land Berlin.

§ 20
Inkrafttreten

(1) Diese Verordnung tritt einen Monat nach der Verkündung in Kraft.

(2) Soweit vor dem Inkrafttreten dieser Verordnung der Verkehrswert von Grundstücken nach dem Siebenten Teil des Bundesbaugesetzes ermittelt worden ist, bleiben diese Wertermittlungen unberührt.

### Anlage 1
(zu § 8 Abs. 3)

**Vervielfältiger zur Ermittlung des Gebäudeertragswertes**

(berechnet unter Zugrundelegung eines Abschreibungszinssatzes in Höhe von 2,5%)

| Bei einer Restnutzungsdauer von | bei einem Sollzinssatz in Höhe von | | | | | | | | |
|---|---|---|---|---|---|---|---|---|---|
| ... Jahren | 3 % | 3,5 % | 4 % | 4,5 % | 5 % | 5,5 % | 6 % | 6,5 % | 7 % |
| 5 | 4,5 | 4,4 | 4,3 | 4,3 | 4,2 | 4,1 | 4,0 | 3,9 | 3,8 |
| 10 | 8,4 | 8,1 | 7,7 | 7,5 | 7,2 | 6,9 | 6,7 | 6,5 | 6,3 |
| 15 | 11,7 | 11,0 | 10,4 | 9,9 | 9,5 | 9,0 | 8,6 | 8,3 | 8,0 |
| 20 | 14,5 | 13,5 | 12,6 | 11,9 | 11,2 | 10,6 | 10,1 | 9,6 | 9,2 |
| 25 | 16,9 | 15,6 | 14,4 | 13,5 | 12,6 | 11,9 | 11,2 | 10,6 | 10,1 |
| 30 | 19,0 | 17,3 | 15,9 | 14,8 | 13,7 | 12,9 | 12,1 | 11,4 | 10,8 |
| 35 | 20,7 | 18,8 | 17,2 | 15,8 | 14,7 | 13,7 | 12,8 | 12,0 | 11,3 |

| Bei einer Restnutzungs-dauer von ... Jahren | bei einem Sollzinssatz in Höhe von | | | | | | | | |
|---|---|---|---|---|---|---|---|---|---|
| | 3 % | 3,5 % | 4 % | 4,5 % | 5 % | 5,5 % | 6 % | 6,5 % | 7 % |
| 40 | 22,3 | 20,1 | 18,2 | 16,7 | 15,4 | 14,3 | 13,4 | 12,5 | 11,8 |
| 45 | 23,7 | 21,2 | 19,1 | 17,5 | 16,1 | 14,9 | 13,8 | 12,9 | 12,2 |
| 50 | 24,8 | 22,1 | 19,9 | 18,1 | 16,6 | 15,3 | 14,2 | 13,3 | 12,5 |
| 55 | 25,9 | 22,9 | 20,6 | 18,6 | 17,1 | 15,7 | 14,6 | 13,6 | 12,7 |
| 60 | 26,8 | 23,6 | 21,1 | 19,1 | 17,4 | 16,0 | 14,9 | 13,8 | 12,9 |
| 65 | 27,6 | 24,2 | 21,6 | 19,5 | 17,8 | 16,3 | 15,1 | 14,0 | 13,1 |
| 70 | 28,3 | 24,8 | 22,0 | 19,8 | 18,1 | 16,6 | 15,3 | 14,2 | 13,3 |
| 75 | 28,9 | 25,2 | 22,4 | 20,1 | 18,3 | 16,8 | 15,5 | 14,4 | 13,4 |
| 80 | 29,4 | 25,6 | 22,7 | 20,4 | 18,5 | 16,9 | 15,6 | 14,5 | 13,5 |
| 85 | 29,9 | 26,0 | 23,0 | 20,6 | 18,7 | 17,1 | 15,8 | 14,6 | 13,6 |
| 90 | 30,3 | 26,3 | 23,2 | 20,8 | 18,9 | 17,2 | 15,9 | 14,7 | 13,7 |
| 95 | 30,6 | 26,6 | 23,5 | 21,0 | 19,0 | 17,4 | 16,0 | 14,8 | 13,8 |
| 100 | 31,0 | 26,8 | 23,6 | 21,1 | 19,1 | 17,5 | 16,1 | 14,9 | 13,8 |

## Anlage 2
(zu § 14 Abs. 4)
## Außenanlagen und besondere Betriebseinrichtungen

### Außenanlagen

Zu den Außenanlagen gehören
1. Entwässerungs- und Versorgungsanlagen vom Hausanschluß ab bis an das öffentliche Netz oder an nichtöffentliche Anlagen, die Daueranlagen sind; außerdem alle anderen Entwässerungs- und Versorgungsanlagen außerhalb der Gebäude, Kleinkläranlagen, Sammelgruben, Brunnen, Zapfstellen usw.;
2. Befestigungen für Höfe und Wege, Einfriedungen, nichtöffentliche Spielplätze usw.;
3. Gartenanlagen und Pflanzungen, die nicht mit einem Gebäude verbundenen Freitreppen, Stützmauern, festeingebauten Flaggenmaste, Teppichklopfstangen, Wäschepfähle usw.;
4. sonstige Außenanlagen, z. B. Luftschutzaußenanlagen.

### Besondere Betriebseinrichtungen

Zu den besonderen Betriebseinrichtungen gehören
1. bei Wohngebäuden: Personen- und Lastenaufzüge, Müllbeseitigungsanlagen, Hausfernsprecher, Uhrenanlagen, gemeinschaftliche Wasch- und Badeeinrichtungen usw.;
2. bei öffentlichen Bauten, Anstalten und Gebäuden für Sonderzwecke: Anlagen und Einrichtungen, die für die Zweckbestimmung des Gebäudes notwendig sind, z. B. Einrichtungen für Lehr- und Hörsäle, Meldeanlagen, Einrichtungen für Archive und Büchereien, Einrichtungen für Kassen- und Tresoranlagen, Tankanlagen;
3. bei gewerblich genutzten Gebäuden usw.: Anlagen und Einrichtungen, die für die Zweckbestimmung des Gebäudes notwendig sind, z. B. Schankanlagen, Back-, Koch-, Kühlanlagen, Hebevorrichtungen, Gleisanlagen, Förderanlagen.

## Anlage 3
(zu § 15 Abs. 1)
## Ermittlung des umbauten Raumes für ausgeführte Hochbauten

Der umbaute Raum ist in $m^3$ anzugeben.

1 Voll anzurechnen ist der umbaute Raum eines Gebäudes, der umschlossen wird
1.1 seitlich von den Außenflächen der Umfassungen,
1.2 unten
1.21 bei unterkellerten Gebäuden von den Oberflächen der untersten Geschoßfußböden,
1.22 bei nichtunterkellerten Gebäuden von der Oberfläche des Geländes. Liegt der Fußboden des untersten Geschosses tiefer als das Gelände, gilt Abschnitt 1.21;
1.3 oben
1.31 bei nichtausgebautem Dachgeschoß von den Oberflächen der Fußböden über den obersten Vollgeschossen,
1.32 bei ausgebautem Dachgeschoß, bei Treppenhausköpfen und Fahrstuhlschächten von den Außenflächen der umschließenden Wände und Decken. (Bei Ausbau mit Leichtbauplatten sind die begrenzenden Außenflächen durch die Außen- oder Oberkante der Teile zu legen, welche diese Platten unmittelbar tragen),
1.33 bei Dachdecken, die gleichzeitig die Decke des obersten Vollgeschosses bilden, von den Oberflächen der Tragdecke oder Balkenlage,
1.34 bei Gebäuden oder Bauteilen ohne Geschoßboden von den Außenflächen des Daches, vgl. Abschnitt 3.5

2 Mit einem Drittel anzurechnen ist der umbaute Raum des nicht ausgebauten Dachraumes, der umschlossen wird von den Flächen nach Abschnitt 1.31 oder 1.32 und den Außenflächen des Daches.

3 Bei den Ermittlungen nach Abschnitt 1 und 2 ist
3.1 die Gebäudegrundfläche nach den Rohbaumaßen des Erdgeschosses zu berechnen;
3.2 bei wesentlich verschiedenen Geschoßgrundflächen der umbaute Raum geschoßweise zu berechnen;
3.3 nicht abzuziehen der umbaute Raum, der gebildet wird von
3.31 äußeren Leibungen von Fenstern und Türen und äußeren Nischen in den Umfassungen,
3.32 Hauslauben (Loggien), d. h. an höchstens zwei Seitenflächen offenen, im übrigen umbauten Räumen;
3.4 nicht hinzuzurechnen der umbaute Raum, den folgende Bauteile bilden:
3.41 stehende Dachfenster und Dachaufbauten mit einer vorderen Ansichtsfläche bis zu je 2 $m^2$ (Dachaufbauten mit größerer Ansichtsfläche siehe Abschnitt 4.2),
3.42 Balkonplatten und Vordächer bis zu 0,5 m Ausladung (weiter ausladende Balkonplatten und Vordächer siehe Abschnitt 4.4),
3.43 Dachüberstände, Gesimse, ein bis drei nicht unterkellerte, vorgelagerte Stufen, Wandpfeiler, Halbsäulen und Pilaster,
3.44 Gründungen gewöhnlicher Art, deren Unterfläche bei unterkellerten Bauten nicht tiefer als 0,5 m unter der Oberfläche des Kellergeschoßfußbodens, bei nichtunterkellerten Bauten nicht tiefer als 1 m unter der Oberfläche des umgebenden Geländes liegt (Gründungen außergewöhnlicher Art und Tiefe siehe Abschnitt 4.8),
3.45 Kellerlichtschächte und Lichtgräben;
3.5 für Teile eines Baues, deren Innenraum ohne Zwischendecken bis zur Dachfläche durchgeht, der umbaute Raum getrennt zu berechnen, vgl. Abschnitt 1.34;
3.6 für zusammenhängende Teile eines Baues, die sich nach dem Zweck und

deshalb in der Art des Ausbaues wesentlich von den übrigen Teilen unterscheiden, der umbaute Raum getrennt zu berechnen.

4 Von der Berechnung des umbauten Raumes nicht erfaßt werden folgende (besonders zu veranschlagende) Bauausführungen und Bauteile:

4.1 geschlossene Anbauten in leichter Bauart und mit geringwertigem Ausbau und offene Anbauten, wie Hallen, Überdachungen (mit oder ohne Stützen) von Lichthöfen, Unterfahrten auf Stützen, Veranden;

4.2 Dachaufbauten mit vorderen Ansichtsflächen von mehr als 2 $m^2$ und Dachreiter;

4.3 Brüstungen von Balkonen und begehbaren Dachflächen;

4.4 Balkonplatten und Vordächer mit mehr als 0,5 m Ausladung;

4.5 Freitreppen mit mehr als drei Stufen und Terrassen (und ihre Brüstungen);

4.6 Füchse, Gründungen für Kessel und Maschinen;

4.7 freistehende Schornsteine und der Teil von Hausschornsteinen, der mehr als 1 m über den Dachfirst hinausragt;

4.8 Gründungen außergewöhnlicher Art, wie Pfahlgründungen und Gründungen außergewöhnlicher Tiefe, deren Unterfläche tiefer liegt als in Abschnitt 3.44 angegeben;

4.9 wasserdruckhaltende Dichtungen.

## 2.

## Verordnung PR Nr. 7/61 des Bundesministers für Wirtschaft über die Aufhebung von Preisvorschriften für Erschließungsbeiträge

Vom 16. Oktober 1961
(Bundesanz. Nr. 201/1961)

Auf Grund von § 2 des Preisgesetzes vom 10. April 1948 (Gesetz- und Verordnungsblatt des Wirtschaftsrates des Vereinigten Wirtschaftsgebietes S. 27) / 3. Februar 1949 (Gesetzblatt der Verwaltung des Vereinigten Wirtschaftgebietes S. 14) / 21. Januar 1950 (Bundesgesetzbl. S. 7) / 8. Juli 1950 (Bundesgesetzbl. S. 274) / 25. September 1950 (Bundesgesetzbl. S. 681) / 23. Dezember 1950 (Bundesgesetzbl. S. 824) und 29. März 1951 (Bundesgesetzbl. I S. 223) in der sich aus § 37 des Gesetzes über die Investitionshilfe der gewerblichen Wirtschaft vom 7. Januar 1952 (Bundesgesetzbl. I S. 7) ergebenden Fassung wird verordnet:

§ 1

Auf Erschließungsbeiträge im Sinne des Sechsten Teiles, Zweiten Abschnittes des Bundesbaugesetzes vom 23. Juni 1960 (Bundesgesetzbl. I S. 341, 372) sind Preisvorschriften nicht anzuwenden.

§ 2

Diese Verordnung tritt mit Wirkung vom 30. Juni 1960 in Kraft.

## 3.

## Verordnung über die bauliche Nutzung der Grundstücke (Baunutzungsverordnung)

Vom 26. Juni 1962
(BGBl. I S. 429)

### Vorbemerkung

Die Baunutzungsverordnung stellt, wie es in § 2 Abs. 10 Nr. 1 BBauG heißt, eine Vorschrift über Darstellungen und Festsetzungen in den Bauleitplänen bzgl.

der Art und des Maßes der baulichen Nutzung einschließlich seiner Berechnung, der Bauweise und der überbaubaren Grundstücksfläche dar. Die §§ 17—21 BauNV geben höchstzulässige Werte (in Schlüsselzahlen) an; über die Mindestgröße (vgl. § 2 Abs. 10 Nr. 1 Buchstabe d) bringt die BauNV keine Vorschriften. Ziff. 2 des Abs. 10 von § 2 BBauG ist im Ersten Abschnitt der BauNV, Ziff. 3 a. a. O. im Vierten Abschnitt der BauNV enthalten. Ziffer 4 a. a. O. wird in der BauNV nicht berührt.

Über die Frage der Verfassungsmäßigkeit des zweiten Abschnitts siehe Anm. 7 zu § 2 BBauG.

Die den Bestimmungen der BauNV entsprechenden landesrechtlichen Vorschriften (d. h. auch Ortsrecht) sind außer Kraft getreten. Wie schon verschiedentlich bemerkt, hat die BauNV sehr weitgehende Bestimmungen, deren Verfassungsmäßigkeit nicht unzweifelhaft ist — auch gegen die Ermächtigung nach § 2 Abs. 10 Nr. 2 werden bezüglich ihrer Verfassungskonformität (Art. 80 GG) verschiedentlich Bedenken angemeldet —. Im Zusammenhang mit der Bestimmung des Abs. 5 von § 173 treten insbesondere Schwierigkeiten im Hinblick auf die §§ 24 Abs. 1 und 2 sowie 25 BauNV auf. Zwar finden allgemeine Vorschriften der landesgesetzlichen Bauverordnungen und des Ortsrechts über Art und Maß der baulichen Nutzung, wie sie nunmehr in §§ 2—10 und 12—14 BauNV hinsichtlich der Art und in § 16 BauNV hinsichtlich der Art und baulichen Nutzung enthalten sind, nicht mehr Anwendung (u. E. allerdings nur insoweit, als es sich um Planungs- und nicht um Bauordnungsrecht, also Landesrecht — BVerfGE 3, 407 ff. —, handelt), weil an ihre Stelle nunmehr die BauNV getreten ist, doch greift die BauNV in die auch § 173 Abs. 3 übergeleiteten Rechtsvorschriften und Pläne nur mangels vorhandener verbindlicher Festsetzungen ein (vgl. insbesondere § 24 Abs. 2 BauNV, s. hierzu U. des OVG Lüneburg v. 31. 8. 1961, DVBl. 1961, 824, Anm. 6 B 2). Der vereinzelt vertretenen Meinung (vgl. Schoer, DVBl. 1963, 616), nur die überörtlichen Vorschriften seien durch die BauNV abgelöst und allein ortsrechtliche Normen, in die allgemeine Festsetzungen ausdrücklich aufgenommen sind, seien übergeleitet, kann nicht gefolgt werden.

**Rechtsprechung zur BauNV**

A. Höchstrichterl. Rspr.

BVerwG B v. 29. 12. 1964 (I C 97.63) DVBl. 1965, 203.

Anlagen der Außenwerbung, die keine baulichen Anlagen sind, fallen nicht unter untergeordneten Nebenanlagen im Sinne des § 14 BauNV.

B. Andere Gerichte

1. OVG Münster U vom 5. 3. 1963 (VII A 1294/62) DVBl. 1963, 638.

Zur Frage der Beeinträchtigung nachbarlicher Interessen durch Überschreiten der Geschoßflächenzahl. Kein Nachbar hat ein Recht darauf, daß eine Norm um ihrer selbst willen oder im öffentlichen Interesse eingehalten wird.

2. HessVGH U vom 5. 7. 1963 (OS IV 3/62) BBauBl. 1964, 355.

a) In einem reinen Wohngebiet stellen die mit dem Betrieb einer Gastwirtschaft regelmäßig verbundenen Geräusche eine nicht unwesentliche Beeinträchtigung der Nachbarschaft dar.

b) Eine Gastwirtschaft ist kein „Betrieb des Beherbergungsgewerbes" im Sinne von § 3 BauNV.

3. VGH Bad.-Württ. U vom 20. 1. 1964 (II 612/63) DÖV 1964, 388.

a) Zur Auslegung des § 24 Abs. 2 und 3 BauNV.

b) Der Nachbar hat nach § 24 Abs. 3 BauNV ein Recht auf Berücksichtigung seiner Interessen. Dieses Recht entsteht, sobald ein Bauvorhaben die Vorschriften verletzt, die nach § 24 Abs. 2 BauNV anzuwenden sind.

OVG Münster U vom 6. 2. 1964 (VII A 644/63) DÖV 1964, 788.

Steht ein Gebäude oder ein Grundstück nach seiner Nutzung in deutlichem Gegensatz zu der übrigen vorhandenen Bebauung, so ist es als Fremdkörper des Baugebiets anzusehen und bei der Bestimmung der Art des Baugebiets nicht zu berücksichtigen, sofern von ihm nicht Wirkungen ausgehen, die der Umgebung ein bestimmtes Gepräge aufdrücken.

**Schrifttum zur BauNV**

Abreß, Hauptprobleme der BauNV, BayBgm. 1965, 56.
Meyer, Zur Geltung des § 24 BauNV, DVBl. 1964, 516.

## Inhaltsübersicht

### Erster Abschnitt
### Art der baulichen Nutzung



### Zweiter Abschnitt
### Maß der baulichen Nutzung

Auf Grund des § 2 Abs. 10 Nr. 1 bis 4 des Bundesbaugesetzes vom 23. Juni 1960 (Bundesgesetzbl. I S. 341) wird mit Zustimmung des Bundesrates verordnet:

## Erster Abschnitt
## Art der baulichen Nutzung

### § 1
### Gliederung in Bauflächen und Baugebiete

(1) Im Flächennutzungsplan sind, soweit es erforderlich ist, die für die Bebauung vorgesehenen Flächen (§ 5 Abs. 2 Nr. 1 Bundesbaugesetz) nach der allgemeinen Art ihrer baulichen Nutzung (Bauflächen) darzustellen als

1. Wohnbauflächen (W)
2. gemischte Bauflächen (M)
3. gewerbliche Bauflächen (G)
4. Sonderbauflächen (S).

(2) Soweit es erforderlich ist, sind die Bauflächen nach der besonderen Art ihrer baulichen Nutzung in Baugebiete (§ 5 Abs. 2 Nr. 1 Bundesbaugesetz) zu gliedern, und zwar:

1. die Wohnbauflächen in
   a) Kleinsiedlungsgebiete (WS)
   b) reine Wohngebiete (WR)
   c) allgemeine Wohngebiete (WA)
2. die gemischten Bauflächen in
   a) Dorfgebiete (MD)
   b) Mischgebiete (MI)
   c) Kerngebiete (MK)
3. die gewerblichen Bauflächen in
   a) Gewerbegebiete (GE)
   b) Industriegebiete (GI)
4. die Sonderbauflächen in
   a) Wochenendhausgebiete (SW)
   b) Sondergebiete (SO).

(3) Im Bebauungsplan sind, soweit es erforderlich ist, die in Absatz 2 bezeichneten Baugebiete festzusetzen. Durch die Festsetzung werden die Vorschriften

der §§ 2 bis 10 und 12 bis 14 Bestandteil des Bebauungsplanes, soweit nicht auf Grund der Absätze 4 und 5 etwas anderes bestimmt wird.

(4) Im Bebauungsplan kann festgesetzt werden, daß Ausnahmen, die in den einzelnen Baugebieten nach den §§ 2 bis 9 vorgesehen sind, ganz oder teilweise nicht Bestand des Bebauungsplanes werden.

(5) Im Bebauungsplan kann festgesetzt werden, daß Anlagen, die in den einzelnen Baugebieten nach den §§ 2 bis 9 ausnahmsweise zugelassen werden können, in dem jeweiligen Baugebiet ganz oder teilweise allgemein zulässig sind, sofern die Eigenart des Baugebietes im allgemeinen gewahrt bleibt.

## § 2
## Kleinsiedlungsgebiete

(1) Kleinsiedlungsgebiete dienen vorwiegend der Unterbringung von Kleinsiedlungen und landwirtschaftlichen Nebenerwerbsstellen.

(2) Zulässig sind
1. Kleinsiedlungen, landwirtschaftliche Nebenerwerbsstellen und Gartenbaubetriebe,
2. die der Versorgung des Gebietes dienenden Läden, Schank- und Speisewirtschaften sowie nicht störende Handwerksbetriebe

(3) Ausnahmsweise können zugelassen werden
1. sonstige Wohngebäude mit nicht mehr als zwei Wohnungen,
2. Anlagen für kirchliche, kulturelle, soziale, gesundheitliche und sportliche Zwecke,
3. Tankstellen,
4. nicht störende Gewerbebetriebe.

## § 3
## Reine Wohngebiete

(1) Reine Wohngebiete dienen ausschließlich dem Wohnen.

(2) Zulässig sind Wohngebäude.

(3) Ausnahmsweise können Läden und nicht störende Handwerksbetriebe, die zur Deckung des täglichen Bedarfs für die Bewohner des Gebietes dienen, sowie kleine Betriebe des Beherbergungsgewerbes zugelassen werden.

(4) Im Bebauungsplan kann festgesetzt werden, daß in dem Gebiet oder in bestimmten Teilen des Gebietes nur Wohngebäude mit nicht mehr als zwei Wohnungen zulässig sind.

## § 4
## Allgemeine Wohngebiete

(1) Allgemeine Wohngebiete dienen vorwiegend dem Wohnen.

(2) Zulässig sind
1. Wohngebäude,
2. die der Versorgung des Gebietes dienenden Läden, Schank- und Speisewirtschaften sowie nicht störende Handwerksbetriebe,
3. Anlagen für kirchliche, kulturelle, soziale und gesundheitliche Zwecke.

(3) Ausnahmsweise können zugelassen werden
1. Betriebe des Beherbergungsgewerbes,
2. sonstige nicht störende Gewerbebetriebe,
3. Anlagen für Verwaltungen sowie für sportliche Zwecke,
4. Gartenbaubetriebe,
5. Tankstellen,
6. Ställe für Kleintierhaltung als Zubehör zu Kleinsiedlungen und landwirtschaftlichen Nebenerwerbsstellen.

(4) Im Bebauungsplan kann festgesetzt werden, daß in bestimmten Teilen des Gebietes nur Wohngebäude mit nicht mehr als zwei Wohnungen zulässig sind.

§ 5
Dorfgebiete

(1) Dorfgebiete dienen vorwiegend der Unterbringung der Wirtschaftsstellen land- und forstwirtschaftlicher Betriebe und dem Wohnen.

(2) Zulässig sind
1. Wirtschaftsstellen land- und fortwirtschaftlicher Betriebe,
2. Kleinsiedlungen und landwirtschaftliche Nebenerwerbsstellen,
3. Wohngebäude,
4. Betriebe zur Verarbeitung und Sammlung land- und forstwirtschaftlicher Erzeugnisse,
5. Einzelhandelsbetriebe, Schank- und Speisewirtschaften sowie Betriebe des Beherbergungsgewerbes,
6. Handwerksbetriebe, die der Versorgung der Bewohner des Gebietes dienen,
7. sonstige nicht störende Gewerbebetriebe,
8. Anlagen für örtliche Verwaltungen sowie für kirchliche, kulturelle, soziale, gesundheitliche und sportliche Zwecke,
9. Gartenbaubetriebe,
10. Tankstellen.

§ 6
Mischgebiete

(1) Mischgebiete dienen dem Wohnen und der Unterbringung von Gewerbebetrieben, die das Wohnen nicht wesentlich stören.

(2) Zulässig sind
1. Wohngebäude,
2. Geschäfts- und Bürogebäude,
3. Einzelhandelsbetriebe, Schank- und Speisewirtschaften sowie Betriebe des Beherbergungsgewerbes,
4. sonstige nicht wesentlich störende Gewerbebetriebe,
5. Anlagen für Verwaltungen sowie für kirchliche, kulturelle, soziale, gesundheitliche und sportliche Zwecke,
6. Gartenbaubetriebe,
7. Tankstellen.

(3) Ausnahmsweise können Ställe für Kleintierhaltung als Zubehör zu Kleinsiedlungen und landwirtschaftlichen Nebenerwerbsstellen zugelassen werden.

§ 7
Kerngebiete

(1) Kerngebiete dienen vorwiegend der Unterbringung von Handelsbetrieben sowie der zentralen Einrichtungen der Wirtschaft und der Verwaltung.

(2) Zulässig sind
1. Geschäfts-, Büro- und Verwaltungsgebäude,
2. Einzelhandelsbetriebe, Schank- und Speisewirtschaften, Betriebe des Beherbergungsgewerbes und Vergnügungsstätten,
3. sonstige nicht störende Gewerbebetriebe,
4. Anlagen für kirchliche, kulturelle, soziale und gesundheitliche Zwecke,
5. Tankstellen,
6. Wohnungen für Aufsichts- und Bereitschaftspersonen sowie für Betriebsinhaber und Betriebsleiter.

(3) Ausnahmsweise können Wohnungen, die nicht unter Abs. 2 Nr. 6 fallen, zugelassen werden.

§ 8
**Gewerbegebiete**

(1) Gewerbegebiete dienen vorwiegend der Unterbringung von nicht erheblich belästigenden Gewerbebetrieben.

(2) Zulässig sind
1. Gewerbebetriebe aller Art, Lagerhäuser, Lagerplätze und öffentliche Betriebe, soweit diese Anlagen für die Umgebung keine erheblichen Nachteile oder Belästigungen zur Folge haben können,
2. Geschäfts-, Büro- und Verwaltungsgebäude,
3. Tankstellen.

(3) Ausnahmsweise können zugelassen werden
1. Wohnungen für Aufsichts- und Bereitschaftspersonen sowie für Betriebsinhaber und Betriebsleiter,
2. Anlagen für kirchliche, kulturelle, soziale, gesundheitliche und sportliche Zwecke.

(4) Die Gewerbegebiete einer Gemeinde oder Teile eines Gewerbegebietes können im Bebauungsplan nach der Art der Betriebe und Anlagen gegliedert werden.

§ 9
**Industriegebiete**

(1) Industriegebiete dienen ausschließlich der Unterbringung von Gewerbebetrieben und zwar vorwiegend solcher Betriebe, die in anderen Baugebieten unzulässig sind.

(2) Zulässig sind
1. Gewerbebetriebe aller Art, Lagerhäuser, Lagerplätze und öffentliche Betriebe
2. Tankstellen.

(3) Ausnahmsweise können zugelassen werden
1. Wohnungen für Aufsichts- und Bereitschaftspersonen sowie für Betriebsinhaber und Betriebsleiter,
2. Anlagen für kirchliche, kulturelle, soziale, gesundheitliche und sportliche Zwecke.

(4) Die Industriegebiete einer Gemeinde oder Teile eines Industriegebietes können im Bebauungsplan nach der Art der Betriebe und Anlagen gegliedert werden.

§ 10
**Wochenendhausgebiete**

In Wochenendhausgebieten sind ausschließlich Wochenendhäuser als Einzelhäuser zulässig. Ihre Grundfläche ist im Bebauungsplan, begrenzt nach der besonderen Eigenart des Gebietes unter Berücksichtigung der landschaftlichen Gegebenheiten festzusetzen.

§ 11
**Sondergebiete**

(1) Als Sondergebiete dürfen nur solche Gebiete dargestellt und festgesetzt werden, die sich nach ihrer besonderen Zweckbestimmung wesentlich von den Baugebieten nach §§ 2 bis 10 unterscheiden, wie Hochschul-, Klinik-, Kur-, Hafen- oder Ladengebiete.

(2) Für Sondergebiete ist die Art der Nutzung entsprechend ihrer besonderen Zweckbestimmung darzustellen und festzusetzen.

§ 12
**Stellplätze und Garagen für Kraftfahrzeuge**

(1) Stellplätze und Garagen sind in allen Baugebieten zulässig, soweit sich aus den Absätzen 2 und 3 nichts anderes ergibt.

(2) In Kleinsiedlungsgebieten, reinen Wohngebieten, allgemeinen Wohngebieten und Wochenendhausgebieten sind Stellplätze und Garagen nur für den durch die Nutzung verursachten Bedarf zulässig.

(3) Unzulässig sind
1. Stellplätze für Garagen und Lastkraftwagen und Kraftomnibusse in reinen Wohngebieten und Wochenendhausgebieten,
2. Stellplätze für Garagen und Kraftfahrzeuge mit einem Eigengewicht von über 3,5 Tonnen in Kleinsiedlungsgebieten und allgemeinen Wohngebieten.

§ 13
Räume für freie Berufe

Räume für die Berufsausübung freiberuflich Tätiger und solcher Gewerbetreibender, die ihren Beruf in ähnlicher Art ausüben, sind in den Baugebieten nach §§ 2 bis 9 zulässig.

§ 14
Nebenanlagen

(1) Außer den in §§ 2 bis 13 genannten Anlagen sind auch untergeordnete Nebenanlagen und Einrichtungen zulässig, die dem Nutzungszweck der in dem Baugebiet gelegenen Grundstücke oder des Baugebietes selbst dienen und die seiner Eigenart nicht widersprechen. Im Bebauungsplan kann die Zulässigkeit solcher Nebenanlagen und Einrichtungen eingeschränkt oder ausgeschlossen werden.

(2) Die der Versorgung der Baugebiete mit Elektrizität, Gas, Wärme und Wasser sowie zur Ableitung von Abwasser dienenden Nebenanlagen können in den Baugebieten als Ausnahme zugelassen werden, auch soweit für sie im Bebauungsplan keine besonderen Flächen festgesetzt sind.

§ 15
Allgemeine Voraussetzungen
für die Zulässigkeit baulicher und sonstiger Anlagen

(1) Die in den §§ 2 bis 14 aufgeführten baulichen und sonstigen Anlagen sind im Einzelfall unzulässig, wenn sie nach Anzahl, Lage, Umfang oder Zweckbestimmung der Eigenart des Baugebietes widersprechen. Sie sind insbesondere unzulässig, wenn von ihnen Belästigungen oder Störungen ausgehen können, die für die Umgebung nach der Eigenart des Gebietes unzumutbar sind.

(2) Absatz 1 gilt auch für die Änderung, Nutzungsänderung und Erweiterung baulicher und sonstiger Anlagen innerhalb der festgesetzten Baugebiete.

(3) Bei der Anwendung der Absätze 1 und 2 dürfen nur städtebauliche Gesichtspunkte berücksichtigt werden.

Zweiter Abschnitt
**Maß der baulichen Nutzung**

§ 16
Allgemeine Vorschriften

(1) Soweit es erforderlich ist, im Flächennutzungsplan das allgemeine Maß der baulichen Nutzung darzustellen, genügt die Angabe der Geschoßflächenzahl oder der Baumassenzahl nach Maßgabe des § 17.

(2) Bei der Festsetzung des Maßes der baulichen Nutzung im Bebauungsplan sind die Vorschriften des § 17 einzuhalten. Das Maß der baulichen Nutzung wird bestimmt durch Festsetzung

1. der Geschoßflächenzahl oder der Baumassenzahl,
2. der Grundflächenzahl oder der Grundflächen der baulichen Anlagen und
3. der Zahl der Vollgeschosse.

(3) Von einzelnen der in Absatz 2 Satz 2 genannten Festsetzungen kann abgesehen werden, wenn die getroffenen Festsetzungen zur Bestimmung des Maßes der baulichen Nutzung im Rahmen des § 17 ausreichen. Auf die Festsetzung der Zahl der Vollgeschosse darf jedoch nicht verzichtet werden, wenn dadurch die Gestaltung des Orts- und Landschaftsbildes beeinträchtigt werden kann.

(4) Im Bebauungsplan kann das Maß der baulichen Nutzung für Teile des Baugebietes oder für einzelne Grundstücke unterschiedlich festgesetzt werden.

## § 17
## Zulässiges Maß der baulichen Nutzung

(1) Das Maß der baulichen Nutzung darf höchstens betragen

| 1 | | 2 | 3 | 4 | 5 |
|---|---|---|---|---|---|
| Baugebiet | | Zahl der Vollgeschosse (Z) | Grund-flächenzahl (GRZ) | Geschoß-flächenzahl (GFZ) | Baumassen-zahl (BMZ) |
| in Kleinsiedlungsgebieten (WS) | bei: | 1 | 0,2 | 0,2 | — |
| | | 2 | 0,2 | 0,3 | — |
| in reinen Wohngebieten (WR) allg. Wohngebieten (WA) Mischgebieten (MI) | bei: | 1 | 0,4 | 0,4 | — |
| | | 2 | 0,4 | 0,7 | — |
| | | 3 | 0,3 | 0,9 | — |
| | | 4 und mehr | 0,3 | 1,0 | — |
| in Dorfgebieten (MD) | bei: | 1 | 0,4 | 0,4 | — |
| | | 2 und mehr | 0,4 | 0,6 | — |
| in Kerngebieten (MK) Gewerbegebieten (GE) | bei: | 1 | 0,8 | 0,8 | — |
| | | 2 | 0,8 | 1,2 | — |
| | | 3 | 0,6 | 1,6 | — |
| | | 4 und mehr | 0,6 | 2,0 | — |
| in Industriegebieten (GI) bei Stufe I | | — | 0,7 | — | 3,0 |
| bei Stufe II | | — | 0,7 | — | 6,0 |
| bei Stufe III | | — | 0,7 | — | 9,0 |
| in Wochenendhausgebieten (SW) | | 1 | 0,1 | 0,1 | — |

(2) In Gebieten, die für eine Bebauung mit eingeschossigen Wohngebäuden mit einem fremder Sicht entzogenen Gartenhof, wie Gartenhof- und Atriumhäuser, vorgesehen sind, können im Bebauungsplan eine Grundflächenzahl und eine Geschoßflächenzahl bis 0,6 festgesetzt werden.

(3) In Gebieten, für die keine Baumassenzahl angegeben ist, darf bei Gebäuden, die Geschosse von mehr als 3,50 m Höhe haben, eine Baumassenzahl, die das Dreieinhalbfache der zulässigen Geschoßflächenzahl beträgt, nicht überschritten werden.

(4) Wird im Bebauungsplan die Zahl der Vollgeschosse festgesetzt, so ist sie entweder als zwingend oder als Höchstgrenze festzusetzen.

(5) Im Bebauungsplan kann vorgesehen werden, daß im Einzelfall von der Zahl der Vollgeschosse eine Ausnahme zugelassen werden kann, wenn die Grundflächenzahl und die Geschoßflächenzahl nicht überschritten werden.

(6) Auf Grundstücke, die im Bebauungsplan ausschließlich für Stellplätze, Garagen oder Schutzraumbauten festgesetzt sind, sind die Vorschriften über die Grundflächenzahl nicht anzuwenden. Als Ausnahme kann zugelassen werden, daß die nach Absatz 1 zulässige Geschoßflächenzahl oder Baumassenzahl überschritten wird.

(7) Für Sondergebiete ist das Maß der baulichen Nutzung entsprechend ihrer besonderen Zweckbestimmung darzustellen und festzusetzen. Dabei dürfen als Höchstwerte eine Grundflächenzahl von 0,8, eine Geschoßflächenzahl von 2,0 und eine Baumassenzahl von 9,0 nicht überschritten werden. Die Höchstwerte gelten nicht für geschlossene Hafengebiete.

(8) In überwiegend bebauten Gebieten können im Bebauungsplan die Höchstwerte der Spalten 3 bis 5 des Absatzes 1 und des Absatzes 7 überschritten werden, wenn städtebauliche Gründe dies rechtfertigen und sonstige öffentliche Belange nicht entgegenstehen.

(9) Das Maß der baulichen Nutzung kann in Industriegebieten unterschiedlich entsprechend den Werten der Tabelle nach Absatz 1 festgesetzt werden.

## § 18
## Vollgeschosse

Als Vollgeschosse gelten Geschosse, die nach landesrechtlichen Vorschriften Vollgeschosse sind oder auf ihre Zahl angerechnet werden.

## § 19
## Grundflächenzahl, zulässige Grundfläche

(1) Die Grundflächenzahl gibt an, wieviel Quadrameter Grundfläche je Quadratmeter Grundstücksfläche im Sinne des Absatzes 3 zulässig sind.

(2) Zulässige Grundfläche ist der nach Absatz 1 errechnete Anteil des Baugrundstücks*), der von baulichen Anlagen überdeckt werden darf.

(3) Für die Ermittlung der zulässigen Grundfläche ist die Fläche des Baugrundstücks maßgebend, die im Bauland und hinter der im Bebauungsplan festgesetzten Straßenbegrenzungslinie liegt. Ist eine Straßenbegrenzungslinie nicht festgesetzt, so ist die Fläche des Baugrundstücks maßgebend, die hinter der tatsächlichen Straßengrenze liegt oder die im Bebauungsplan als maßgebend für die Ermittlung der zulässigen Grundfläche festgesetzt ist.

(4) Auf die zulässige Grundfläche werden die Grundflächen von Nebenanlagen im Sinne des § 14 nicht angerechnet. Das gleiche gilt für bauliche Anlagen, soweit

* Baugrundstück im Sinn des § 19 Abs. 2 und 3 ist das nach öffentlichen Vorschriften bebaubare oder schon bebaute Grundstück (vgl. Abreß, BayBgm. 1965; 56/59).

sie nach Landesrecht im Bauwich oder in den Abstandsflächen zulässig sind oder zugelassen werden können.

(5) In Kerngebieten, Gewerbegebieten und Industriegebieten können eingeschossige Garagen und überdachte Stellplätze ohne Anrechnung ihrer Grundflächen auf die zulässige Grundfläche zugelassen werden. In den übrigen Baugebieten werden solche Anlagen auf die zulässige Grundfläche nicht angerechnet, soweit sie 0,1 der Fläche des Baugrundstücks nicht überschreiten. Absatz 4 findet keine Anwendung.

### § 20
### Geschoßflächenzahl, Geschoßfläche

(1) Die Geschoßflächenzahl gibt an, wieviel Quadratmeter Geschoßfläche je Quadratmeter Grundstücksfläche im Sinne des § 19 Abs. 3 zulässig sind.

(2) Die Geschoßfläche ist nach den Außenmaßen der Gebäude in allen Vollgeschossen zu ermitteln. Werden im Dachraum oder in Kellergeschossen Aufenthaltsräume zugelassen, so sind deren Flächen einschließlich der zu ihnen führenden Treppenräume und einschließlich ihrer Umfassungswände mitzurechnen.

(3) Balkone sowie bauliche Anlagen und Gebäudeteile, deren Grundflächen nach § 19 Abs. 4 und 5 nicht angerechnet werden, bleiben bei der Ermittlung der Geschoßfläche unberücksichtigt.

### § 21
### Baumassenzahl, Baumasse

(1) Die Baumassenzahl gibt an, wieviel Kubikmeter Baumasse je Quadratmeter Grundstücksfläche im Sinne des § 19 Abs. 3 zulässig sind.

(2) Die Baumasse ist nach den Außenmaßen der Gebäude vom Fußboden des untersten Vollgeschosses bis zur Decke des obersten Vollgeschosses zu ermitteln. Aufenthaltsräume, die im Dachraum oder in Kellergeschossen zugelassen werden, sind einschließlich der zu ihnen führenden Treppenräume und einschließlich ihrer Umfassungswände und Decken der Baumasse hinzuzurechnen. Bei baulichen Anlagen, bei denen eine Berechnung der Baumasse nach Satz 1 nicht möglich ist, ist die tatsächliche Baumasse zu ermitteln.

(3) Baumassen über Flächen, die nach § 19 Abs. 4 und 5 auf die zulässige Grundfläche nicht angerechnet werden, bleiben unberücksichtigt.

## Dritter Abschnitt
## Bauweise, überbaubare Grundstücksfläche

### § 22
### Bauweise

(1) Im Bebauungsplan ist, soweit es erforderlich ist, die Bauweise als offene oder geschlossene Bauweise festzusetzen. Ist die Bauweise nicht festgesetzt, so sind die Vorschriften über die offene Bauweise anzuwenden.

(2) In der offenen Bauweise werden die Gebäude mit seitlichem Grenzabstand (Bauwich) als Einzelhäuser, Doppelhäuser oder als Hausgruppen mit einer Länge von höchstens 50 m errichtet. Im Bebauungsplan können Flächen festgesetzt werden, auf denen nur Einzelhäuser und Doppelhäuser oder nur Hausgruppen zulässig sind.

(3) In der geschlossenen Bauweise werden die Gebäude ohne seitlichen Grenzabstand errichtet, es sei denn, daß die vorhandene Bebauung eine Abweichung erfordert.

(4) Im Bebauungsplan kann eine von Absatz 1 abweichende Bauweise festgesetzt werden.

§ 23
Überbaubare Grundstücksfläche

(1) Die überbaubaren Grundstücksflächen können durch die Festsetzung von Baulinien, Baugrenzen oder Bebauungstiefen bestimmt werden.

(2) Ist eine Baulinie festgesetzt, so muß auf dieser Linie gebaut werden. Ein Vor- oder Zurücktreten von Gebäudeteilen in geringfügigem Ausmaß kann zugelassen werden.

(3) Ist eine Baugrenze festgesetzt, so dürfen Gebäude und Gebäudeteile diese nicht überschreiten. Ein Vortreten von Gebäudeteilen in geringfügigem Ausmaß kann zugelassen werden.

(4) Ist eine Bebauungstiefe festgesetzt, so gilt Absatz 3 entsprechend. Die Bebauungstiefe ist von der tatsächlichen Straßengrenze ab zu ermitteln, sofern im Bebauungsplan nichts anderes festgesetzt ist.

(5) Wenn im Bebauungsplan nichts anderes festgesetzt ist, können auf den nicht überbaubaren Grundstücksflächen Nebenanlagen im Sinne des § 14 zugelassen werden. Das gleiche gilt für bauliche Anlagen, soweit sie nach Landesrecht im Bauwich oder in den Abstandsflächen zulässig sind oder zugelassen werden können.

## Vierter Abschnitt

§ 24
Anwendung der Verordnung in den Fällen der §§ 33, 34 Bundesbaugesetz

(1) In den Fällen des § 33 Bundesbaugesetz sind die Vorschriften dieser Verordnung entsprechend dem Stand der Planungsarbeiten anzuwenden.

(2) In den Fällen des § 34 Bundesbaugesetz sind, soweit Festsetzungen, die Gegenstand dieser Verordnung sind, nicht bestehen, die Vorschriften dieser Verordnung entsprechend der vorhandenen Bebauung sinngemäß anzuwenden. Dabei ist das Baugebiet nach der tatsächlichen Eigenart der näheren Umgebung zu bestimmen. Die in § 17 Abs. 1 genannten Höchstwerte für die Grundflächenzahl und die Geschoßflächenzahl dürfen, bezogen auf die in der Umgebung überwiegend vorhandene tatsächliche Geschoßzahl, nicht überschritten werden.

(3) In den Fällen des Absatzes 2 kann von den Vorschriften dieser Verordnung mit Zustimmung der höheren Verwaltungsbehörde oder der von der Landesregierung bestimmten Behörde (§ 147 Abs. 2 Bundesbaugesetz) abgewichen werden, wenn die sinngemäße Anwendung zu einer offenbar nicht beabsichtigten Härte führen würde und die Abweichung auch unter Würdigung nachbarlicher Interessen mit den öffentlichen Belangen vereinbar ist, oder wenn Gründe des Wohls der Allgemeinheit die Abweichung erfordern. Die nach Satz 1 zuständige Behörde kann für genau begrenzte Fälle allgemein festlegen, daß ihre Zustimmung nicht erforderlich ist.

## Fünfter Abschnitt
**Übergangs- und Schlußvorschriften**

§ 25
Fortführung eingeleiteter Verfahren

Für Bauleitpläne, deren Aufstellung oder Änderung bereits eingeleitet ist, sind die dieser Verordnung entsprechenden bisherigen Vorschriften weiterhin anzuwenden, wenn die Pläne bei dem Inkrafttreten dieser Verordnung bereits ausgelegt sind.

§ 26
Berlin-Klausel

Diese Verordnung gilt nach § 14 des Dritten Überleitungsgesetzes vom 4. Januar 1952 (Bundesgesetzblatt I S. 1) in Verbindung mit § 187 Bundesbaugesetz auch im Land Berlin.

§ 27
Inkrafttreten

Diese Verordnung tritt am 1. des übernächsten Monats nach der Verkündung in Kraft.*)

4.

## Verordnung über die Erstattung von Grundsteuer nach § 12 a Abs. 5 des Grundsteuergesetzes

Vom 22. März 1963
(BGBl. I S. 166)

Auf Grund des § 12 a Abs. 5 Satz 3 des Grundsteuergesetzes in der Fassung vom 10. August 1951 (Bundesgesetzbl. I S. 519), zuletzt geändert durch das Gesetz zur Änderung grundsteuerlicher Vorschriften vom 12. April 1961 (Bundesgesetzbl. I S. 425), wird im Einvernehmen mit dem Bundesminister für Wohnungswesen, Städtebau und Raumordnung und mit Zustimmung des Bundesrates verordnet:

§ 1
Verlängerung des Erstattungszeitraumes

Die in § 12 a Abs. 5 des Gesetzes bestimmte Frist von zwei Jahren wird für solche Grundstücke, die bei Eintritt in die Steuerpflicht nach § 12 a Abs. 2 des Gesetzes im Eigentum des Bauherrn standen, auf vier Jahre verlängert.

§ 2
Anwendung im Land Berlin

Diese Rechtsverordnung gilt nach § 14 des Dritten Überleitungsgesetzes vom 4. Januar 1952 (Bundesgesetzbl. I S. 1) in Verbindung mit § 187 des Bundesbaugesetzes auch im Land Berlin.

§ 3
Inkrafttreten

Diese Verordnung tritt am Tage nach ihrer Verkündung in Kraft.**)

5.

## Verordnung über die Ausarbeitung der Bauleitpläne sowie über die Darstellung des Planinhalts (Planzeichenverordnung)

Vom 19. Januar 1965
(BGBl. I S. 21)

Auf Grund des § 2 Abs. 10 Nr. 4 des Bundesbaugesetzes vom 23. Juni 1960 (Bundesgesetzbl. I S. 341) wird mit Zustimmung des Bundesrates verordnet:

---

*) d. i. der 1. August 1962.

** d. i. der 31. März 1963. Diese Verordnung ist im Hinblick auf die Aufhebung des § 12 a GrStG durch Gesetz vom 10. 6. 1964 (BSBl. I S. 347) nur noch übergangsweise anwendbar.

§ 1

**Planunterlagen**

(1) Als Unterlagen für Bauleitpläne sind Karten zu verwenden, die in Genauigkeit und Vollständigkeit den Zustand des Plangebietes in einem für den Planinhalt ausreichenden Grade erkennen lassen. Die Maßstäbe sind so zu wählen, daß der Inhalt der Bauleitpläne eindeutig dargestellt oder festgesetzt werden kann.

(2) Aus den Planunterlagen für Bebauungspläne sollen sich die Flurstücke mit ihren Grenzen und Bezeichnungen in Übereinstimmung mit dem Liegenschaftskataster, die vorhandenen baulichen Anlagen, die Straßen, Wege und Plätze sowie die Geländehöhe ergeben. Von diesen Angaben kann insoweit abgesehen werden, als sie für die Festsetzungen nicht erforderlich sind.

§ 2

**Planzeichen**

(1) Als Planzeichen in den Bauleitplänen sollen die in der Anlage zu dieser Verordnung enthaltenen Planzeichen verwendet werden. Die Darstellungsarten können miteinander verbunden werden.

(2) Soweit Darstellungen oder Festsetzungen in Bauleitplänen erforderlich sind, für die in der Anlage keine Planzeichen enthalten sind, können Planzeichen sinngemäß aus den angegebenen Planzeichen entwickelt werden. Das gleiche gilt, wenn in besonderen Fällen die angegebenen Planzeichen für eine eindeutige Darstellung oder Festsetzung nicht ausreichen.

(3) Die Planzeichen sollen in Farbton, Strichstärke und Dichte den Planunterlagen so angepaßt werden, daß deren Inhalt erkennbar bleibt.

(4) Die verwendeten Planzeichen sollen im Bauleitplan erklärt werden.

§ 3

**Übergangsvorschrift**

Die bisherigen Planunterlagen und Planzeichen können weiterhin verwendet werden

1. für Bauleitpläne, deren Aufstellung, Änderung oder Ergänzung die Gemeinde vor Inkrafttreten dieser Verordnung beschlossen hat,
2. für Bauleitpläne, die innerhalb eines Jahres nach Inkrafttreten dieser Verordnung nach § 2 Abs. 6 des Bundesbaugesetzes ausgelegt werden,
3. für Änderungen oder Ergänzungen von Bauleitplänen innerhalb von acht Jahren nach Inkrafttreten dieser Verordnung.

§ 4

**Berlin-Klausel**

Diese Verordnung ist nach § 14 des Dritten Überleitungsgesetzes vom 4. Januar 1952 (Bundesgesetzbl. I S. 1) in Verbindung mit § 187 des Bundesbaugesetzes auch im Land Berlin.

§ 5

**Inkrafttreten**

Diese Verordnung tritt am ersten Tage des dritten Monats nach der Verkündung in Kraft.*)

---

*) verkündet am 16. Februar 1965, in Kraft somit seit 1. Mai 1965

# Anlage zur Verordnung über die Ausarbeitung der Bauleitpläne sowie über die Darstellung des Planinhalts (Planzeichenverordnung)

## PLANZEICHEN FÜR BAULEITPLÄNE

1. Art der baulichen Nutzung
(§ 1 Abs. 1 bis 3 der Baunutzungsverordnung vom 26. Juni 1962
— Bundesgesetzbl. I S. 429 — BauNVO —)

1.1. Wohnbauflächen
§ 1 Abs. 1 Nr. 1 BauNVO

1.1.1. Kleinsiedlungsgebiete
§ 2 BauNVO

1.1.2. Reine Wohngebiete
§ 3 BauNVO

1.1.3. Allgemeine Wohngebiete
§ 4 BauNVO

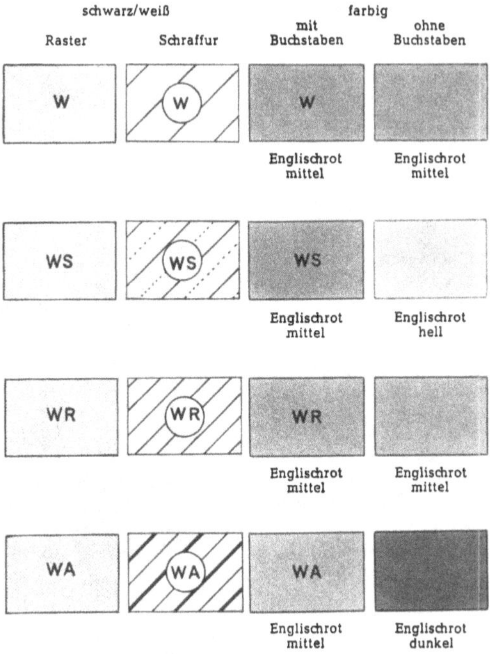

schwarz/weiß: Raster — Schraffur; farbig: mit Buchstaben — ohne Buchstaben

1.2 Gemischte Bauflächen
§ 1 Abs. 1 Nr. 2 BauNVO

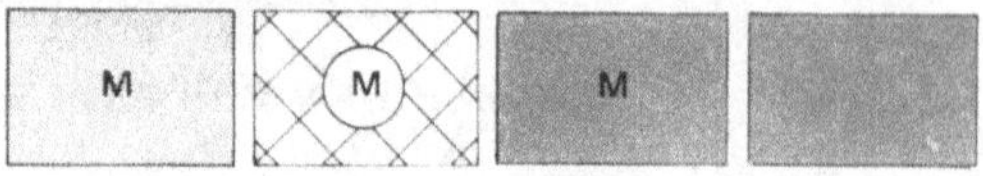


Sepia col. mittel — Sepia col. mittel

1.2.1. Dorfgebiete
§ 5 BauNVO

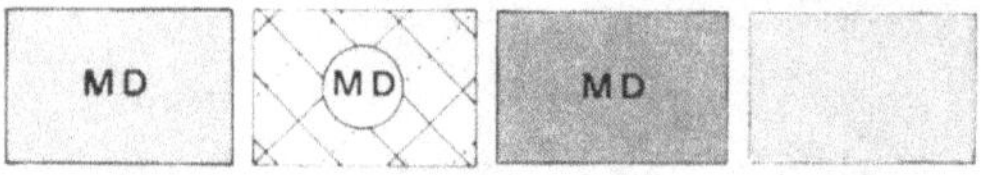


Sepia col. mittel — Sepia col. hell

1.2.2. Mischgebiete
§ 6 BauNVO

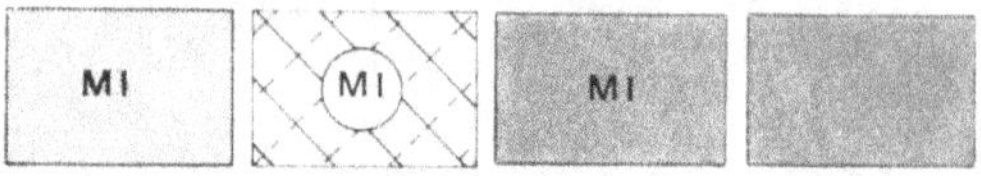


Sepia col. mittel — Sepia col. mittel

1.2.3. Kerngebiete
§ 7 BauNVO

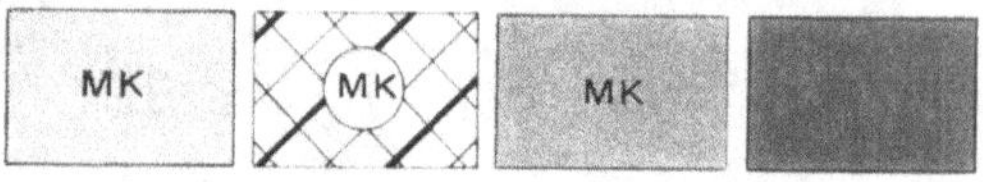


Sepia col. mittel — Sepia col. dunkel

1.3. Gewerbliche Bauflächen
§ 1 Abs. 1 Nr. 3 BauNVO

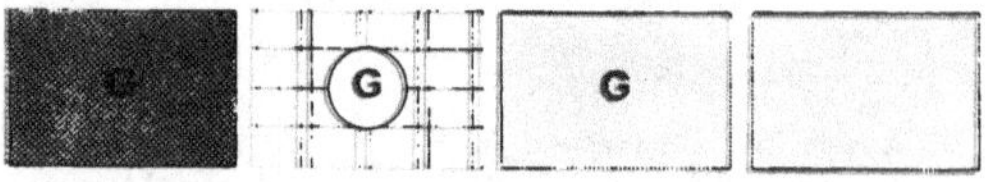


Paynesgrau hell — Paynesgrau hell

1.3.1. Gewerbegebiete
§ 8 BauNVO

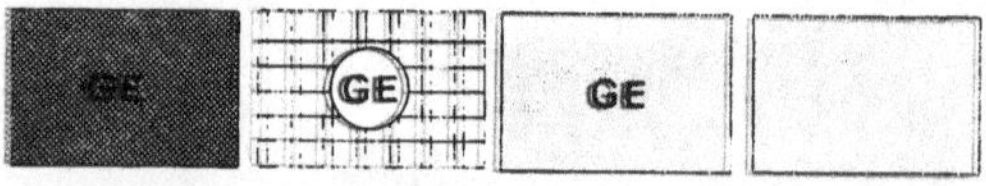


Paynesgrau hell — Paynesgrau hell

1.3.2. Industriegebiete
§ 9 BauNVO

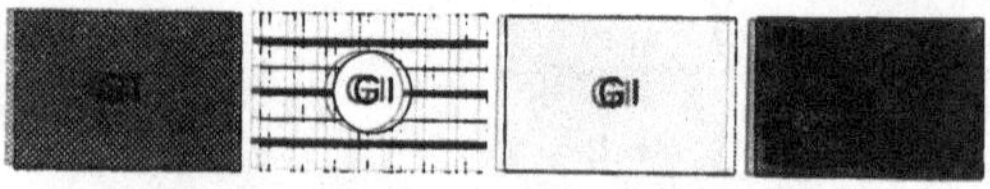


Paynesgrau hell — Paynesgrau dunkel

| | schwarz/weiß | | farbig | |
|---|---|---|---|---|
| | Raster | Schraffur | mit Buchstaben | ohne Buchstaben |

**1.4.** Sonderbauflächen
§ 1 Abs. 1 Nr. 4 BauNVO

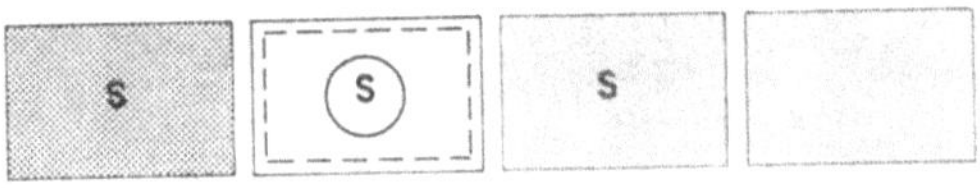


Echtorange hell — Echtorange hell

1.4.1. Wochenendhausgebiete
§ 10 BauNVO

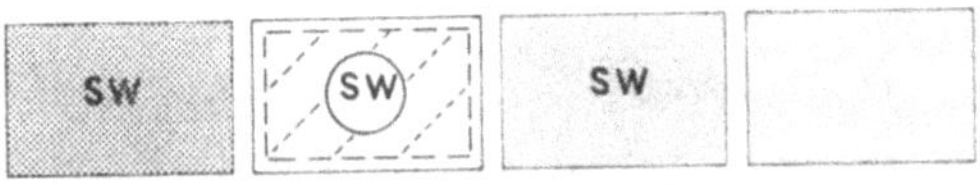


Echtorange hell — Echtorange hell

1.4.2. Sondergebiete, z. B. Hochschul-, Klinik-, Kur-, Hafen- oder Ladengebiete
§ 11 BauNVO

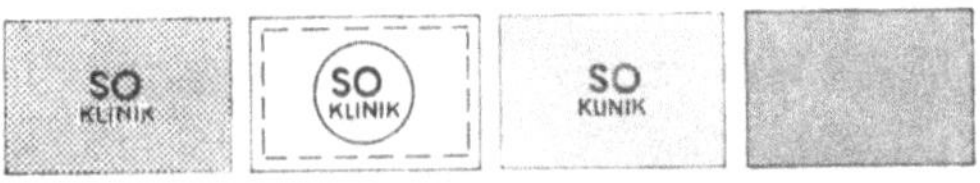


Echtorange hell — Echtorange dunkel

Im Bebauungsplan brauchen die Planzeichen für die Baugebiete nicht das gesamte Baugebiet zu überdecken, wenn dessen Grenzen aus dem Bebauungsplan eindeutig ersichtlich sind.

2. Maß der baulichen Nutzung
(§ 5 Abs. 2 Nr. 1 und § 9 Abs. 1 Nr. 1 Buchstabe a des Bundesbaugesetzes — BBauG — sowie §§ 16 und 17 BauNVO)

2.1. Zahl der Vollgeschosse (Z)

| | |
|---|---|
| als Höchstgrenze | röm. Ziffer, z. B. **III** |
| zwingend | röm. Ziffer in einem Kreis, z. B. (III) |

| | |
|---|---|
| 2.2. Grundflächenzahl | Dezimalzahl, z. B. **0,4**<br>oder **GRZ** mit Dezimalzahl,<br>z. B. **GRZ 0,4** |
| 2.3. Geschoßflächenzahl | Dezimalzahl im Kreis, z. B. (0,7)<br>oder **GFZ** mit Dezimalzahl,<br>z. B. **GFZ 0,7** |
| 2.4. Baumassenzahl | Dezimalzahl im Rechteck, z. B. [3,0]<br>oder **BMZ** mit Dezimalzahl,<br>z. B. **BMZ 3,0** |

3. **Bauweise, Baulinien, Baugrenzen**
(§ 9 Abs. 1 Nr. 1 Buchstabe b BBauG und §§ 22 und 23 BauNVO)

3.1. Offene Bauweise — o

3.1.1. nur Einzel- und Doppelhäuser zulässig

3.1.2. nur Hausgruppen zulässig

3.2. Geschlossene Bauweise — g

3.3. Baulinie — Zinnoberrot

3.4. Baugrenze — Ultramarinblau

4. **Bauliche Anlagen und Einrichtungen für den Gemeinbedarf**
(§ 5 Abs. 2 Nr. 2 und § 9 Abs. 1 Nr. 1 Buchstabe f BBauG)

Flächen oder Baugrundstücke für den Gemeinbedarf

Karminrot Karminrot

Für Darstellung oder Festsetzung der jeweiligen Art der baulichen Anlagen und Einrichtungen durch Planzeichen sollen die nachstehenden Zeichen verwendet werden:

Verwaltungsgebäude 

Kirche 

Schule 

Hallenbad 

Krankenhaus 

Kindertagesstätte Kindergarten 

Theater 

Schutzraum 

Jugendheim Jugendherberge 

Feuerwehr 

Post 

Im Flächennutzungsplan können vorstehende Zeichen zur Kennzeichnung der Lage auch ohne Flächendarstellung verwendet werden.

5. **Flächen für den überörtlichen Verkehr und für die örtlichen Hauptverkehrszüge**
(§ 5 Abs. 2 Nr. 3 BBauG)

5.1. Autobahnen oder autobahnähnliche Straßen

Goldocker

5.2. Sonstige überörtliche oder örtliche Hauptverkehrsstraßen

Goldocker

6. **Verkehrsflächen**
(§ 9 Abs. 1 Nr. 3 BBauG)

6.1. Straßenverkehrsflächen

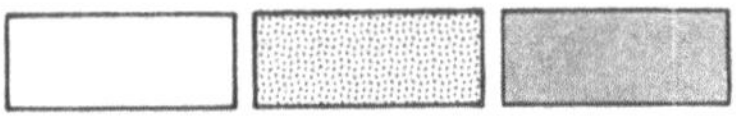

Goldocker

6.2. Öffentliche Parkflächen

Goldocker

6.3. Straßenbegrenzungslinie, Begrenzung sonstiger Verkehrsflächen



Permanentgrün hell

Der Farbstreifen kann entfallen, wenn die Begrenzungslinie mit einer Baulinie oder Baugrenze zusammenfällt.

7. **Flächen für Versorgungsanlagen oder für die Verwertung oder Beseitigung von Abwasser oder festen Abfallstoffen**
(§ 5 Abs. 2 Nr. 4 und § 9 Abs. 1 Nrn. 5 und 7 BBauG)

Flächen oder Baugrundstücke für Versorgungsanlagen oder für die Beseitigung von Abwasser oder festen Abfallstoffen

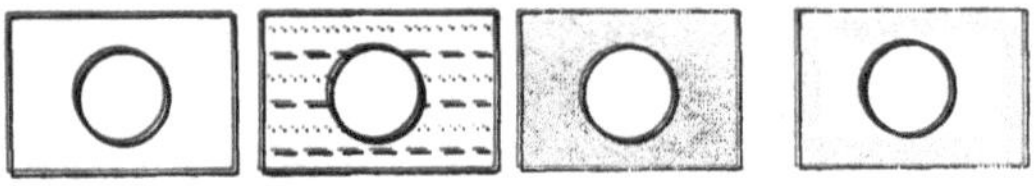

Kadmiumgelb hell

Kadmiumgelb hell

Für Darstellung oder Festsetzung der jeweiligen Art der Anlagen durch Planzeichen sollen die nachstehenden Zeichen verwendet werden:

Elektrizitätswerk 

Fernheizwerk 

Gaswerk 

Wasserwerk 

Wasserbehälter 

Umspannwerk 

Umformerstation 

Brunnen 

Pumpwerk 

Kläranlage 

Müllbeseitigungs-anlage 

Im Flächennutzungsplan können vorstehende Zeichen zur Kennzeichnung der Lage auch ohne Flächendarstellung verwendet werden.

8. Führung oberirdischer Versorgungsanlagen und Hauptabwasserleitungen
(§ 5 Abs. 2 Nr. 4 und § 9 Abs. 1 Nr. 6 BBauG)

9. Grünflächen
(§ 5 Abs. 2 Nr. 5 und § 9 Abs. 1 Nr. 8 BBauG)

Grünflächen

Zinnobergrün hell — Zinnobergrün hell

Für Darstellung oder Festsetzung der jeweiligen Art der Grünflächen durch Planzeichen sollen die nachstehenden Zeichen verwendet werden:

Parkanlage 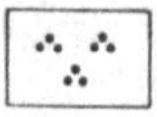

Dauerkleingärten 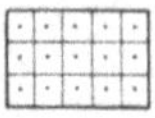

Zeltplatz 

Sportplatz 

Badeplatz 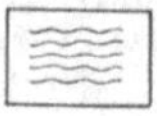

Spielplatz 

Friedhof 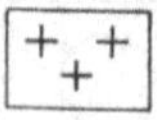

Im Flächennutzungsplan können vorstehende Zeichen zur Kennzeichnung der Lage auch ohne Flächendarstellung verwendet werden.

10. **Wasserflächen und Flächen für die Wasserwirtschaft**
(§ 5 Abs. 2 Nr. 6 BBauG)

10.1. Wasserflächen, Häfen

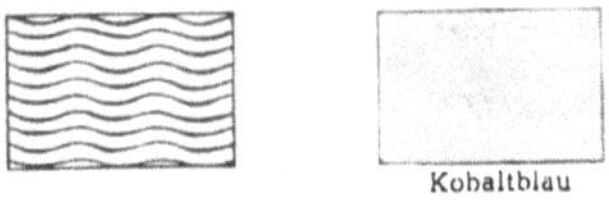

Kobaltblau hell

10.2. Flächen für die Wasserwirtschaft

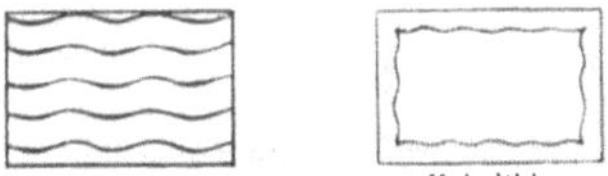

Kobaltblau hell

Die Planzeichen brauchen nicht die gesamten Flächen zu überdecken.

11. **Flächen für Aufschüttungen, Abgrabungen oder für die Gewinnung von Bodenschätzen**
(§ 5 Abs. 2 Nr. 7 und § 9 Abs. 1 Nr. 9 BBauG)

11.1. Flächen für Aufschüttungen

11.2. Flächen für Abgrabungen oder für die Gewinnung von Bodenschätzen

12. **Flächen für die Landwirtschaft und für die Forstwirtschaft**
(§ 5 Abs. 2 Nr. 8 und § 9 Abs. 1 Nr. 10 BBauG)

12.1. Flächen für die Landwirtschaft

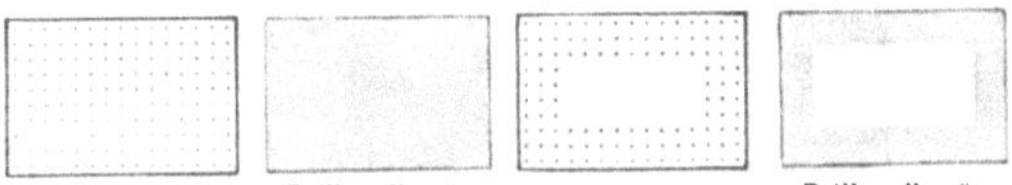

Brill. gelbgrün hell — Brill. gelbgrün hell

12.2. Flächen für die Forstwirtschaft

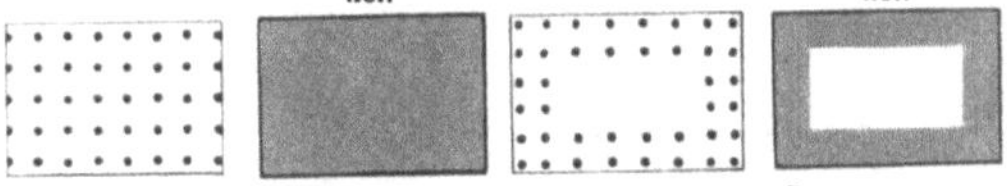

Permanentgrün dunkel — Permanentgrun dunkel

12.3. Flächen für Land- oder Forstwirtschaft

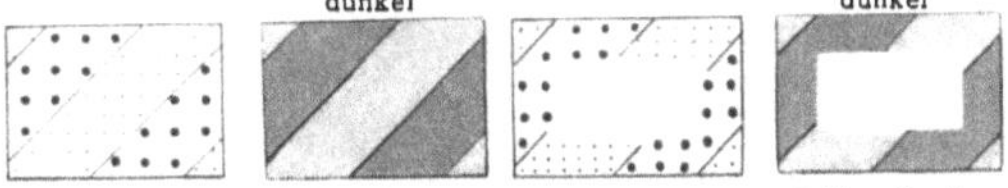

Brill. gelbgrün hell, Permanentgrün dunkel — Brill. gelbgrün hell, Permanentgrün dunkel

13. **Sonstige Darstellungen und Festsetzungen**

13.1. Flächen für Stellplätze oder Garagen
(§ 9 Abs. 1 Nr. 1 Buchstabe e und Nr. 12 BBauG)

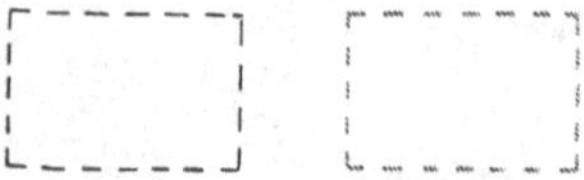

Kadmiumrot dunkel

Für Festsetzungen der jeweiligen Art der Anlagen durch Planzeichen sollen die nachstehenden Buchstaben verwendet werden:

Stellplätze **St** Gemeinschaftsstellplätze **GSt**

Garagen **Ga** Gemeinschaftsgaragen **GGa**

13.2. Baugrundstücke für besondere bauliche Anlagen, die privatwirtschaftlichen Zwecken dienen
(§ 9 Abs. 1 Nr. 1 Buchstabe h BBauG)

Kennzeichnung der Fläche entsprechend dem Baugebiet

13.3. Mit Geh-, Fahr- und Leitungsrechten zu belastende Flächen
(§ 9 Abs. 1 Nr. 11 BBauG)

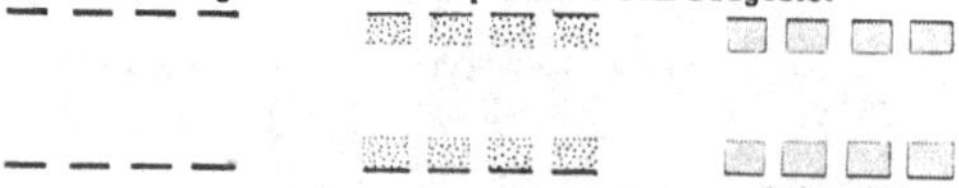

Lichter Ocker hell

13.4. Von der Bebauung freizuhaltende Grundstücke
(§ 9 Abs. 1 Nr. 2 BBauG)

13.5. Abgrenzung unterschiedlicher Nutzung, z. B. von Baugebieten, oder Abgrenzung des Maßes der Nutzung innerhalb eines Baugebietes
(§ 16 Abs. 4 BauNVO)

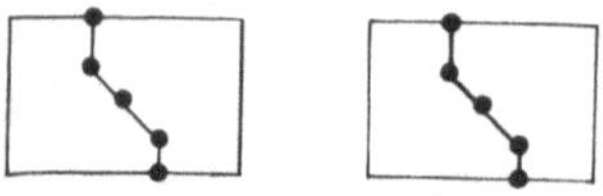

Sepia col.

13.6. Grenze des räumlichen Geltungsbereiches des Bebauungsplanes
(§ 9 Abs. 5 BBauG)

Neutraltinte hell

13.7. Von der Bebauung freizuhaltende Schutzflächen
(§ 9 Abs. 1 Nr. 14 BBauG)

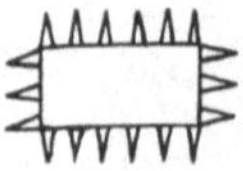

14. Kennzeichnungen und nachrichtliche Übernahmen

14.1. Umgrenzung der Flächen, die dem Natur- oder Landschaftsschutz unterliegen (§ 5 Abs. 5 und § 9 Abs. 4 BBauG)

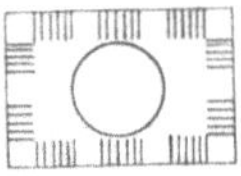

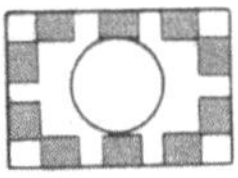

Hookersgrün dunkel

Für die Kennzeichnung der jeweiligen Art des Schutzes durch Planzeichen sollen nachstehende Zeichen verwendet werden:

Naturschutzgebiet

Dem Landschaftsschutz unterliegende Flächen

14.2. Umgrenzung der Flächen mit wasserrechtlichen Festsetzungen (§ 5 Abs. 5 und § 9 Abs. 4 BBauG)

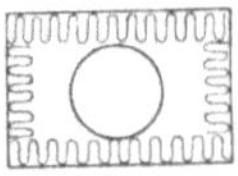

Ultramarinblau

Für die Kennzeichnung der jeweiligen Art der wasserrechtlichen Festsetzungen durch Planzeichen sollen die nachstehenden Zeichen verwendet werden:

Wasserschutzgebiet

Quellenschutzgebiet

Überschwemmungsgebiet

14.3. Umgrenzung der Sanierungsgebiete (§ 5 Abs. 4 BBauG)

Kadmiumgelb mittel

14.4. Umgrenzung der Bauflächen, für die eine zentrale Abwasserbeseitigung nicht vorgesehen ist (§ 5 Abs. 2 Nr. 1 BBauG)

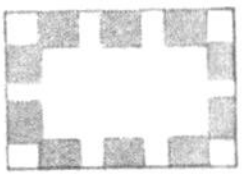

Kadmiumgelb mittel

14.5. Umgrenzung der Flächen, bei deren Bebauung besondere bauliche Vorkehrungen oder bei denen besondere bauliche Sicherungsmaßnahmen gegen Naturgewalten erforderlich sind, sowie Flächen, unter denen der Bergbau umgeht oder die für den Abbau von Mineralien bestimmt sind (§ 5 Abs. 3 und § 9 Abs. 3 BBauG)

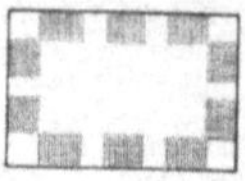

Lampenschwarz mittel

14.6. Flächen für Bahnanlagen (§ 5 Abs. 5 und § 9 Abs. 4 BBauG)

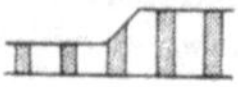

Echtviolett hell

14.7. Umgrenzung der Flächen für den Luftverkehr (§ 5 Abs. 5 und § 9 Abs. 4 BBauG)

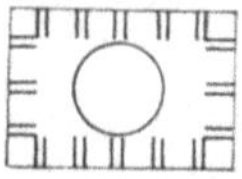

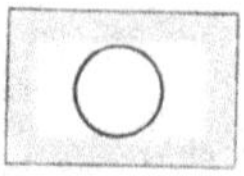

Echtviolett hell

Für die Kennzeichnung der jeweiligen Art der Anlagen durch Planzeichen sollen die nachstehenden Zeichen verwendet werden:

Flughafen  Landeplatz 

Segelfluggelände 

## 6.

## Rundschreiben des Bundesministers für Wohnungswesen, Städtebau und Raumordnung zum Bundesbaugesetz

### a)

### Rundschreiben des Bundesministers für Wohnungswesen, Städtebau und Raumordnung hier: Auslegung des § 19 Abs. 3

Vom 28. März 1962
(BBauBl. S. 248)

Wie ich erfahren habe, bestehen Zweifel bei der Auslegung der Vorschrift des § 19 Abs. 3 BBauG. Vorbehaltlich einer anderweitigen Entscheidung der Gerichte darf ich Ihnen dazu im Einvernehmen mit dem Herrn Bundesminister der Justiz meine Ansicht mitteilen.

Die Vorschrift des § 19 Abs. 3 BBauG stimmt wörtlich mit § 2 Abs. 1 der Ausführungsverordnung zum Wohnsiedlungsgesetz überein. Bei der Auslegung des § 19 Abs. 3 BBauG kann daher von der Auslegung dieser entsprechenden früheren Vorschrift ausgegangen werden. Aus diesem Grunde darf ich auf den Erlaß des Reichsarbeitsministers vom 26. Februar 1935 (RABl. I S. 99) verweisen, in dem zu dem Begriff „Teilung“ Stellung genommen wurde.

Nach meiner Auffassung ist die Vorschrift des § 19 Abs. 3 BBauG weit auszulegen, um dem Eigentümer durch eine frühere Entscheidung der Genehmigungsbehörde unwirtschaftliche Aufwendungen zu ersparen. Es ist davon auszugehen, daß nicht die rechtliche Teilung selbst, sondern eine dieser vorausgehende Erklärung des Eigentümers der Genehmigung bedarf. Für diese Erklärung ist die behördliche Genehmigung schon erforderlich, wenn sie lediglich „erkennbar macht“, daß eine rechtliche Teilung vorgenommen werden soll. Vor allem ist unter einer „sonstwie erkennbar gemachten Erklärung“ auch eine Erklärung gegenüber einer anderen Behörde als dem Grundbuchamt, also z. B. gegenüber dem Katasteramt, zu verstehen.

Im einzelnen darf ich folgendes ausführen:

1. Der Antrag an das Katasteramt auf Vermessung eines abzutrennenden Grundstückteils kann nur als „Teilung“ im Sinne des § 19 Abs. 3 BBauG angesehen werden, wenn der Eigentümer gleichzeitig zu erkennen gibt, daß die Zerlegung des Grundstücks zum Zwecke einer vom Grundbuchamt durchzuführenden rechtlichen Teilung vorgenommen werden soll. Das ergibt sich aus dem 2. Halbsatz des § 19 Abs. 2 BBauG. Dann kommt es nicht darauf an, ob der Eigentümer sich einem anderen gegenüber schon verpflichtet hat, die rechtliche Teilung des Grundstückes vorzunehmen.

2. Auch der Antrag des Eigentümers an die Genehmigungsbehörde, die beabsichtigte Grundstücksteilung zu genehmigen, kann die Teilungserklärung im Sinne des § 19 Abs. 3 BBauG enthalten, auch wenn er vor dem Antrag an das Katasteramt gestellt wird. Aus dem Antrag muß sich jedoch ergeben, daß der Eigentümer die Genehmigung zur beabsichtigten rechtlichen Teilung beantragt. Gerade durch

diesen frühzeitig gestellten Antrag bleiben dem Eigentümer unwirtschaftliche Aufwendung für die Vermessung des Grundstückes und die notariellen Verträge für den Fall erspart, daß eine Genehmigung nicht erteilt werden kann.

3. Aus dem gleichen Grunde ist auch die von einem Notar vorgenommene Mitteilung des Verpflichtungsgeschäftes an die Genehmigungsbehörde mit dem Antrag, die dort vorgesehene Grundstücksteilung zu genehmigen, als „Teilungserklärung" nach § 19 Abs. 3 BBauG anzusehen. Denn durch diese Erklärung des Notars gibt der Eigentümer der Genehmigungsbehörde zu erkennen, daß die grundbuchmäßige Abschreibung und Eintragung nach dem obligatorischen Vertrag durchgeführt werden soll.

## b)
## Rundschreiben des Bundesministers für Wohnungswesen, Städtebau und Raumordnung betr. BBauG; hier: Ausnahmen von der Bodenverkehrsgenehmigung nach § 19 Abs. 5 Nr. 2 und 3

Vom 29. Juni 1962
(BBauBl. S. 358)

Wie mir vom Deutschen Städtetag mitgeteilt wurde, haben vereinzelt Stellen, die nach § 19 Abs. 5 Nr. 2 und 3 BBauG von der Bodenverkehrsgenehmigung befreit sind, Grundstücksgeschäfte abgeschlossen, denen im Falle der Genehmigungspflicht die Bodenerverkehrsgenehmigung nach § 20 BBauG hätte versagt werden müssen. Als Beispiel wurde die Parzellierung einer größeren Fläche und die Veräußerung der einzelnen Grundstücke zur Bebauung mit „Einfamilienhäusern" genannt. Nach den Bauleitplänen war eine derartige Bebauung an dieser Stelle unzulässig.

Dazu möchte ich folgendes bemerken:

Nach § 19 Abs. 5 Nr. 2 und 3 BBauG bedürfen der Bund, die Länder, Gemeinden und bestimmte öffentlich-rechtliche Körperschaften, Anstalten oder Stiftungen, mit den Rechten einer Körperschaft des öffentlichen Rechts ausgestattete Religionsgesellschaften oder den Aufgaben einer solchen Religionsgesellschaft dienende rechtsfähige Anstalten, Stiftungen und Personenvereinigungen für ihre Grundstücksgeschäfte nicht der Bodenverkehrsgenehmigung.

Der Gesetzgeber ging bei der Festlegung der Ausnahmetatbestände davon aus, daß ein Schutz dieser in § 19 Abs. 5 Nr. 2 und 3 genannten Stellen bei Grundstückskäufen durch die Bodenverkehrsgenehmigung nicht erforderlich sei. Er war der Ansicht, daß bei ihnen vorausgesetzt werden könne, daß sie sich beim Grundstückskauf rechtzeitig über die Bebaubarkeit oder die Zulässigkeit der sonstigen Nutzung vergewissern würden.

Andererseits war der Gesetzgeber der Meinung, daß diese öffentlichen Stellen bei der Teilung und beim Verkauf von Grundstücken selbst darauf achten würden, ob die mit dem Rechtsvorgang bezweckte Nutzung mit den Festsetzungen des Bebauungsplanes oder der vorhandenen Bebauung bzw. mit einer geordneten städtebaulichen Entwicklung vereinbar ist. Es wurde angenommen, daß private

Grundstückskäufer deshalb auch bei diesen genehmigungsfreien Rechtsvorgängen gegen Fehlinvestitionen geschützt seien.

Ich würde es begrüßen, wenn Sie die Behörden und sonstigen öffentlichen Stellen auf die dargelegten Gesichtspunkte in geeigneter Form hinweisen würden.

## c)

## Rundschreiben des Bundesministers für Wohnungswesen, Städtebau und Raumordnung betr.: Baunutzungsverordnung; hier: Anlagen für kirchliche Zwecke in Kleinsiedlungsgebieten und reinen Wohngebieten (§§ 2, 3)

Vom 26. Oktober 1962
(BBauBl. S. 596)

Nach der Verordnung über die bauliche Nutzung der Grundstücke (Baunutzungsverordnung) sind Anlagen für kirchliche Zwecke in Kleinsiedlungsgebieten nur ausnahmsweise zulässig und in reinen Wohngebieten nicht erwähnt (§§ 2 und 3 der Verordnung). Ein Antrag, derartige Anlagen in Kleinsiedlungsgebieten generell zuzulassen, fand im Bundesrat keine Mehrheit. Daraus darf jedoch nicht gefolgert werden, daß den kirchlichen Belangen in Kleinsiedlungsgebieten nicht ausreichend Rechnung getragen ist.

Nach § 1 Abs. 5 Bundesbaugesetz haben die Gemeinden in den Bauleitplänen die von den Kirchen festgestellten Erfordernissen für Gottesdienst und Seelsorge zu berücksichtigen. Es handelt sich hierbei insbesondere um Kirchen, Kapellen, Gemeindehäuser und Kindergärten. Die Flächen für derartige Grundstücke sind nach § 5 Abs. 2 Nr. 2 BBauG Baugrundstücke für den Gemeinbedarf. Sie werden im Regelfall im Flächennutzungsplan bereits dargestellt und nach § 9 Abs. 1 Nr. 1 Buchstabe f) im Bebauungsplan gesondert festgesetzt.

Die Baunutzungsverordnung konnte und wollte in dieser gesetzlichen Regelung nichts ändern. Sie befaßt sich in den genannten Vorschriften vielmehr nur mit den in § 9 Abs. 1 Buchstabe a) genannten Festsetzungen über die Art der baulichen Nutzung, d. h. mit den Baugebieten. In den §§ 2 bis 11 der Baunutzungsverordnung sind die baulichen Anlagen aufgeführt, die auf jedem Grundstück unabhängig von seiner Lage im Baugebiet errichtet werden dürfen oder die ausnahmsweise zugelassen werden können. Die Festsetzung der Baugrundstücke für den Gemeinbedarf wird durch diese Regelung nicht berührt. Wird im Bebauungsplan ein solches Baugrundstück für den Gemeinbedarf festgesetzt, so scheidet es damit aus dem umgebenden Baugebiet aus. Infolgedessen finden die genannten Vorschriften der Baunutzungsverordnung auf dieses Baugrundstück für den Gemeinbedarf keine Anwendung.

Wenn in der Baunutzungsverordnung von Anlagen für kirchliche, kulturelle, soziale, gesundheitliche und sportliche Zwecke gesprochen wird, so handelt es sich hier in erster Linie um Anlagen, die — etwa wegen ihres geringen Umfanges oder aus sonstigen Gründen — in den Bauleitplänen nicht ausdrücklich als Baugrundstücke für den Gemeinbedarf festgesetzt sind. Man könnte bei den Anlagen für kirchliche Zwecke mit geringerem Umfang in diesem Zusammenhang an die

Kirchenkanzlei, die Pfarrbücherei, Beratungsstellen und dergleichen denken. Diese Anlagen können in bestimmten Baugebieten an jeder Stelle errichtet werden, ohne daß damit der Gebietscharakter verändert wird. Deshalb sind sie in allgemeinen Wohngebieten, Dorfgebieten, Mischgebieten und Kerngebieten generell zugelassen. Bei Kleinsiedlungsgebieten sollten dagegen derartige Anlagen nicht in beliebiger Zahl und nicht auf jedem Grundstück zugelassen werden, um zu gewährleisten, daß das Land in den Kleinsiedlungsgebieten auch tatsächlich im weitestmöglichen Umfang den Kleinsiedlern und der landwirtschaftlichen Nebenerwerbssiedlung vorbehalten bleibt. Durch die Aufnahme dieser Anlagen in § 2 Abs. 3 der Verordnung ist jedoch sichergestellt, daß im Einzelfall auch diese Anlagen im Kleinsiedlungsgebiet je nach den örtlichen Verhältnissen und Bedürfnissen errichtet werden können.

In reinen Wohngebieten, die ausschließlich dem ruhigen Wohnen gewidmet sind, wird die Sicherung der Erfordernisse für Gottesdienst und Seelsorge dadurch gewährleistet, daß in dem Gebiet selbst oder am Rande des Gebietes Baugrundstücke für den Gemeinbedarf festgesetzt werden.

## d)

## Rundschreiben des Bundesministers für Wohnungswesen, Städtebau und Raumordnung betr. Bundesbaugesetz; hier: Zulässigkeit von Vorhaben im Außenbereich (§ 35 Abs. 2)

Vom 28. März 1963

— I B 2 — 2320-00/8/63 —

An die
für das Bau-, Wohnungs- und Siedlungswesen zuständigen
Herren Minister (Senatoren) der Länder

Wie ich aus zahlreichen Eingaben entnehme, wird die Vorschrift des § 35 Abs. 2 BBauG über die Zulässigkeit von Vorhaben im Außenbereich in der Pratis teilweise in einer dem Sinn und Zweck der gesetzlichen Regelung widersprechenden Weise gehandhabt. Das gilt vor allem für ländliche Gemeinden, in denen innerhalb der im Zusammenhang bebauten Ortsteile Baugrundstücke nicht mehr zur Verfügung stehen und neue Baugebiete noch nicht ausgewiesen sind. Ich hatte bereits in der Ministerkonferenz am 20. Dezember 1962 Gelegenheit, auf diese Frage hinzuweisen und darf Ihnen meine Auffassung nochmals übermitteln.

Nach dem System der baurechtlichen Vorschriften ist die bauliche Entwicklung der Gemeinden grundsätzlich durch Bauleitpläne vorzubereiten und zu leiten. In diesem Rahmen kommt der Vorschrift des § 35 die Funktion zu, in Gebieten, die baulich nicht entwickelt werden sollen, im allgemeinen nur solche Bauvorhaben zuzulassen, die ihrem Wesen nach in diesen Außenbereich gehören. Das Bundesbaugesetz hat insoweit nur einen Rechtsgedanken übernommen, der seit Jahrzehnten dem Baurecht geläufig ist. Dieser Grundsatz ist durch das Bundesbaugesetz dahin konkretisiert worden, daß im Außenbereich nur für bestimmte Vorhaben ein Rechtsanspruch gewährt wird (§ 35 Abs. 1), während sonstige Vorhaben im Einzelfall zugelassen werden können, wenn ihre Ausführung oder Benutzung öffentliche Belange nicht beeinträchtigt (§ 35 Abs. 2).

Soweit Bauleitpläne nicht oder noch nicht aufgestellt sind, richtet sich die Entscheidung über die Zulässigkeit von Bauvorhaben außerhalb der im Zusammenhang bebauten Ortsteile ausschließlich nach § 35 BBauG.

Bei der Entscheidung über die Zulässigkeit eines Vorhabens, das nach § 35 Abs. 2 zu beurteilen ist, ist zu beachten, daß die Anwendung dieser Vorschrift im praktischen Ergebnis nicht zu einem generellen Verbot jeder Bautätigkeit im Außenbereich führen darf. Eine derartige Auslegung würde die Grenzen der verfassungsrechtlich zulässigen Eigentumsbildung überschreiten und der Zielsetzung des Bundesbaugesetzes zuwiderlaufen, das die Durchführung der Bauvorhaben nicht erschweren, sondern im Rahmen einer geordneten städtebaulichen Entwicklung ermöglichen will. Eine verfassungskonforme Anwendung gebietet daher, diesen tatsächlichen und rechtlichen Besonderheiten dadurch Rechnung zu tragen, daß bei der Prüfung, ob durch das Vorhaben wirklich öffentliche Belange beeinträchtigt werden, besonders sorgfältig auf die im Einzelfall gegebenen tatsächlichen Verhältnisse abgestellt wird. Insbesondere ist in Betracht zu ziehen, ob das Vorhaben in der freien Landschaft oder in unmittelbarer Nähe der geschlossenen Ortslage durchgeführt werden soll. Unter dem Gesichtspunkt der geordneten baulichen Entwicklung des Gemeindegebietes wird vielfach ein Vorhaben in der freien Landschaft, insbesondere auch zur Verhinderung einer städtebaulich unerwünschten Streubebauung, eher öffentliche Belange beeinträchtigen als ein solches in Ortsnähe. Im übrigen genügt es nicht, wenn die Versagung der Zulässigkeit eines Vorhabens lediglich mit der Anführung eines der in § 35 Abs. 3 beispielhaft genannten Begriffe ohne Angabe von konkreten Tatsachen begründet wird.

Öffentliche Belange stehen einem Vorhaben nach dem Gesetz auch dann entgegen, wenn die Erschließung nicht gesichert ist. Der Umfang der erforderlichen Erschließungsmaßnahmen wird durch das Bundesbaugesetz nicht festgelegt. Auch hier wird von Bedeutung sein, ob das Vorhaben in der freien Landschaft oder in Ortsnähe durchgeführt werden soll. In der freien Landschaft wird lediglich die Sicherung einer ausreichenden Erschließung gefordert werden können. Es ist daher vornehmlich auf solche Maßnahmen abzustellen, die zur Befriedigung des durch das Einzelvorhaben ausgelösten Erschließungsbedürfnisses erforderlich sind. Demgemäß sind im allgemeinen geringere Anforderungen zu stellen als bei der Zulassung eines Vorhabens, das im Anschluß an vorhandene Baugebiete ausgeführt werden soll. Im letzteren Falle kann damit gerechnet werden, daß das Grundstück in absehbarer Zeit im Zuge der weiteren Entwicklung der Gemeinde in die Ortslage einbezogen wird. Anforderungen an die Erschließung aus dem Landesrecht, insbesondere dem Bauordnungs- und dem Wasserrecht sind durch das Bundesbaugesetz nicht berührt.

Um die Durchführung von Bauvorhaben sachlich und rechtlich zu erleichtern, sollten in Gemeinden, in denen innerhalb der im Zusammenhang bebauten Ortsteile keine Baugrundstücke bereitgestellt werden können, nach Möglichkeit neue Baugebiete ausgewiesen werden, die günstig zum Ortskern liegen und relativ leicht zu erschließen sind. In kleinen Gemeinden, in denen die Bautätigkeit gering ist, wird die Aufstellung eines Bebauungsplanes vielfach entbehrlich sein. Um eine geordnete Entwicklung auch dieser Gemeinden zu gewährleisten, dürfte es aber zweckmäßig sein, wenigstens einen Flächennutzungsplan aufzustellen, der sich auf die für die bauliche Entwicklung wesentlichen Darstellungen beschränkt und damit einen Anhalt für die Beurteilung der Zulässigkeit von Vorhaben bietet. Ich wäre dankbar, wenn Sie Ihre nachgeordneten Verwaltungsbehörden und die Gemeinden veranlassen würden, die angeführten Gesichtspunkte bei der Entscheidung über die Zulässigkeit von Vorhaben im Außenbereich zu berücksichtigen.

# III.
# ANHANG



## A
## Durchführungsbestimmungen der Länder

BADEN-WÜRTTEMBERG

1. Erste Verordnung der Landesregierung zur Durchführung des Bundesbaugesetzes vom 22. 11. 1960 (GBl. S. 174).
2. Erste Verordnung des Innenministeriums zur Durchführung des Bundesbaugesetzes vom 9. 11. 1960 (GBl. S. 178).
3. Verordnung der Landesregierung zur Durchführung des Grundsteuergesetzes vom 18. 4. 1961 (GBl. S. 139).
4. Zweite Verordnung der Landesregierung zur Durchführung des Bundesbaugesetzes vom 27. 6. 1961 (GBl. S. 208).
5. Zweite Verordnung des Innenministeriums zur Durchführung des Bundesbaugesetzes vom 30. 6. 1961 (GBl. S. 212).
6. Verordnung der Landesregierung zur Durchführung des § 19 Abs. 6 des Bundsebaugesetzes vom 18. 7. 1961 (GBl. S. 221).
7. Verordnung der Landesregierung zur Änderung der Verordnung zur Durchführung des § 19 Abs. 6 BBauG vom 22. 1. 1963 (GBl. S. 14).

BAYERN

1. Verordnung über die Zuständigkeit zur Bestimmung von gemeinsamen Landgerichten in Verfahren nach dem Bundesbaugesetz vom 21. 9. 1960 (GVBl. S. 224).

2. Verordnung über die örtliche Zuständigkeit der Landgerichte in Verfahren nach dem Bundesbaugesetz vom 7. 10. 1960 (GVBl. S. 242).
3. Verordnung über die Gebiete mit geringer Wohnsiedlungstätigkeit im Sinne des § 12 a Abs. 7 des Grundsteuergesetzes vom 23. 12. 1960 (GVBl. 1961 S. 1) siehe auch Nr. 5.
4. Verordnung über die Gutachterausschüsse und die Kaufpreissammlungen nach dem Bundesbaugesetz vom 18. 1. 1961 (GVBl. S. 28).
5. Erste Verordnung zur Änderung der Verordnung über die Gebiete mit geringer Wohnsiedlungstätigkeit im Sinne des § 12 a Abs. 7 des Grundsteuergesetzes vom 22. 6. 1961 (GVBl. S. 161).
6. Verordnung über Festsetzungen im Bebauungsplan vom 22. 6. 1961 (GVBl. S. 161).
7. Verordnung über die Gebiete ohne Genehmigungspflicht für den Bodenverkehr vom 22. 6. 1961 (GVBl. S. 162).
8. Verordnung über die Umlegungsausschüsse und das Vorverfahren in Umlegungs- und Grenzregelungsangelegenheiten vom 18. 1. 1961 (GVBl. S. 27).
9. Gesetz über die grunderwerbssteuerliche Behandlung von Erwerbsvorgängen aus dem Bereich des BBauG vom 26. 10. 1962 (GVBl. S. 280).
10. Verordnung über die Richtwerte von Grundstücken vom 17. 10. 1963 (GVBl. S. 193).
11. Gesetz über die Zuständigkeit der Regierung nach § 17 Abs. 2 des Bundesbaugesetzes vom 21. 12. 1964 (GVBl. S. 254).
12. Verordnung zur Änderung der Verordnung über Gutachterausschüsse und Kaufpreissammlungen nach dem BBauG vom 27. 1. 1965 (GVBl. S. 2).

BERLIN

1. Gesetz zur Übernahme des Bundesbaugesetzes vom 8. 7. 1960 (GVBl. S. 665).
2. Gesetz zur Ausführung des Bundesbaugesetzes vom 21. 10. 1960 (GVBl. S. 1080).
3. Erste Verordnung zur Ausführung des Bundesbaugesetzes vom 31. 10. 1960 (GVBl. S. 1094).
4. Verordnung zur Änderung der Ersten Verordnung zur Ausführung des Bundesbaugesetzes vom 21. 7. 1964 (GVBl. S. 805).

BREMEN

1. Verordnung zur Durchführung des Bundesbaugesetzes vom 3. 1. 1961 (GBl. S. 1).
2. Verordnung über die Gutachterausschüsse nach dem Bundesbaugesetz vom 21. 2. 1961 (GBl. S. 49).
3. Verordnung zur Überleitung städtebaulicher Pläne gemäß § 173 Abs. 4 BBauG vom 21. 2. 1961 vom 5. 12. 1961 (GBl. S. 238).
4. Verordnung über den Inhalt des Bebauungsplans vom 5. 12. 1961 (GBl. S. 239).
5. Gesetz über den Wegfall von Genehmigungen und Zustimmungen nach dem BBauG vom 22. 2. 1962 (GBl. S. 55).
6. Gesetz über die grunderwerbssteuerliche Behandlung von Erwerbsvorgängen aus dem Bereich des BBauG vom 22. 11. 1962 (GBl. S. 217).

HAMBURG

1. Verordnung zur Durchführung des Enteignungsverfahrens und des Bodenordnungsverfahrens nach dem Bundesbaugesetz (1. DVO/BBauG) vom 8. 11. 1960 (GVBl. S. 442).
2. Verordnung zur Ermittlung von Grundstückswerten nach dem Bundesbaugesetz (2. DVO/BBauG) vom 8. 11. 1960 (GVBl. S. 443).
3. Gebührenordnung für das Enteignungsverfahren nach dem Bundesbaugesetz vom 8. 11. 1960 (GVBl. S. 444).
4. Verordnung über die Bauleitplanung nach dem Bundesbaugesetz (3. DVO/BBauG) vom 24. 5. 1961 (GVBl. S. 173).
5. Gesetz über die Feststellung von Bauleitplänen und ihre Sicherung vom 3. 7. 1961 (GVBl. S. 232).
6. Verordnung über Vorkaufsrechte der Freien und Hansestadt Hamburg nach dem Bundesbaugesetz (4. DVO/BBauG) vom 18. 7. 1961 (GVBl. S. 244).
7. Verordnung über Veränderungssperren nach dem Bundesbaugesetz (5. DVO/BBauG) vom 25. 7. 1961 (GVBl. S. 247).
8. Gesetz über die Kommission für Bodenordnung vom 22. 12. 1960 (GVBl. S. 473); Änderungsgesetz hierzu vom 16. 3. 1962 (GVBl. S. 70).
9. Erste Verordnung zur Änderung der Verordnung über Veränderungssperren nach dem BBauG (5. DVO/BBauG) vom 14. 5. 1963.
10. Verordnung zur Änderung der 5. Durchführungsverordnung zum BBauG (6. DVO/BBauG) vom 19. 1. 1965 (GVBl. S. 6).

HESSEN

1. Erste Verordnung zur Durchführung des Bundesbaugesetzes vom 15. 11. 1960 (GVBl. S. 219).
2. Erste Verordnung über Gebiete mit geringer Wohnsiedlungstätigkeit im Sinne des § 12 a Abs. 7 des Grundsteuergesetzes vom 15. 2. 1961 (GVBl. S. 45).
3. Verordnung über die zur Verfolgung von Ordnungswidrigkeiten nach § 156 des Bundesbaugesetzes zuständigen Behörden vom 19. 6. 1961 (GVBl. S. 86).
4. Zweite Verordnung über Gebiete mit geringer Wohnsiedlungstätigkeit im Sinne des § 12 a Abs. 7 des Grundsteuergesetzes vom 20. 6. 1961 (GVBl. S. 83).
5. Erste Verordnung über die Freistellung von der Bodenverkehrsüberwachung vom 20. 6. 1961 (GVBl. S. 84).
6. Zweite Verordnung zur Durchführung des Bundesbaugesetzes vom 20. 6. 1961 (GVBl. S. 86).
7. Dritte Verordnung über Gebiete mit geringer Wohnsiedlungstätigkeit im Sinne des § 12 a Abs. 7 GrStG vom 2. 3. 1962 (GVBl. S. 137).
8. Dritte Verordnung zur Durchführung des BBauG vom 7. 6. 1963 (GVBl. S. 87).
9. Vierte Verordnung zur Durchführung des BBauG vom 16. 7. 1963 (GVBl. S. 105).
10. Verordnung zur Änderung der Zweiten und Dritten Verordnung zur Durchführung des Bundesbaugesetzes vom 18. 3. 1965 (GVBl. S. 63).

NIEDERSACHSEN

1. Verordnung über die Zuweisung der Baulandsachen an bestimmte Landgerichte vom 4. 10. 1960 (GVBl. S. 278).

2. Verordnung über die Bildung von Gutachterausschüssen und über die Anlegung von Kaufpreissammlungen vom 29. 12. 1960 (GVBl. S. 293).
3. Verordnung über Gebiete mit geringer Wohnsiedlungstätigkeit vom 7. 3. 1961 (GVBl. S. 104); Änderungsverordnung hierzu vom 31. 10. 1962 (GVBl. S. 219).
4. Verordnung über Bauleitpläne vom 28. 6. 1961 (GVBl. S. 156).
5. Verordnung über die Freistellung von Gebieten von der Überwachung des Bodenverkehrs vom 11. 7. 1961 (GVBl. S. 167).
6. Verordnung über die Bildung von Umlegungsausschüssen sowie das Vorverfahren in Umlegungs- und Grenzregelungsangelegenheiten vom 14. 12. 1961 (GVBl. S. 376).

NORDRHEIN-WESTFALEN

1. Verordnung über die Zusammenfassung der Baulandsachen bei bestimmten Langerichten vom 29. 11. 1960 (GVBl. S. 430).
2. Erste Verordnung zur Durchführung des Bundesbaugesetzes vom 29. 11. 1960 (GVBl. S. 433).
3. Zweite Verordnung zur Durchführung des Bundesbaugesetzes vom 29. 11. 1960 (GVBl. S. 436).
4. Gesetz über die Befreiung von der Grunderwerbssteuer bei Grunderwerb nach dem BBauG vom 25. 6. 1962 (GVBl. S. 347).
5. Dritte Verordnung zur Durchführung des BBauG vom 1. 8. 1962 (GVBl. S. 520).
6. Vierte Verordnung zur Durchführung des BBauG vom 23. 7. 1963 (GVBl. S. 254).
7. Verordnung über die Richtwerte von Grundstücken vom 23. 7. 1963 (GVBl. S. 254).

RHEINLAND-PFALZ

1. Landesverordnung über die gerichtliche Zuständigkeit in Baulandsachen vom 10. 11. 1960 (GVBl. S. 257).
2. Zweite Landesverordnung über die gerichtliche Zuständigkeit in Baulandsachen vom 25. 11. 1960 (GVBl. S. 259).
3. Erste Landesverordnung zur Durchführung des Bundesbaugesetzes vom 20. 1. 1961 (GVBl. S. 23).
4. Zweite Landesverordnung zur Durchführung des Bundesbaugesetzes vom 20. 1. 1961 (GVBl. S. 24).
5. Dritte Landesverordnung zur Durchführung des Bundesbaugesetzes vom 20. 1. 1961 (GVBl. S. 26) siehe auch Nr. 7 und 8.
6. Vierte Landesverordnung zur Durchführung des Bundesbaugesetzes vom 28. 6. 1961 (GVBl. S. 151).
7. Landesverordnung zur Änderung der Dritten Landesverordnung zur Durchführung des Bundesbaugesetzes vom 24. 8. 1961 (GVBl. S. 189).
8. Zweite Landesverordnung zur Änderung der Dritten Landesverordnung zur Durchführung des BBauG vom 23. 5. 1962 (GVBl. S. 49).
9. Landesgesetz über die Grunderwerbssteuerbefreiung bei Durchführung des BBauG vom 19. 12. 1962 (GVBl. 1963 S. 1).

SAARLAND

1. Bekanntmachung des Saarländischen Ministers für öffentliche Arbeiten und Wohnungsbau betreffend die Regelung von Zuständigkeiten zum Vollzug des Bundesbaugesetzes vom 26. 7. 1960 (ABl. S. 569).
2. Verordnung über Gebiete mit geringer Wohnsiedlungstätigkeit im Sinne des Grundsteuergesetzes vom 7. 3. 1961 (ABl. S. 145).
3. Erste Verordnung zur Durchführung des Bundesbaugesetzes über die Bildung von Umlegungsausschüssen und eines öffentlichen Umlegungsausschusses sowie über das Vorverfahren in Umlegungs- und Grenzangelegenheiten vom 28. 2. 1961 (ABl. S. 149).
4. Zweite Verordnung zur Durchführung des Bundesbaugesetzes über die Ausarbeitung von Bauleitplänen und die Weitergeltung von bestehenden baurechtlichen Vorschriften und festgestellten städtebaulichen Plänen vom 9. 5. 1961 (ABl. S. 293).
5. Gemeinsamer Ministerialerlaß zum Vollzug des BBauG vom 21. 6. 1961 (ABl. S. 361).
6. Erlaß des Ministers für öffentliche Arbeiten und Wohnungsbau betreffend den Vollzug des Bundesbaugesetzes, hier Eintragung der öffentlichen Lasten im Grundbuch nach § 64 vom 15. 7. 1961 (ABl. S. 443).
7. Dritte Verordnung zur Durchführung des Bundesbaugesetzes über die Bildung von Gutachterausschüssen und die Anlage von Kaufpreissammlungen vom 18. 7. 1961 (ABl. S. 485).
8. Gemeinsamer Ministerialerlaß betreffend Anpassung der Bauleitplanung an die Ziele der Raumordnung und Landesplanung (§ 1 Abs. 3 BBauG) vom 15. 6. 1962 (ABl. S. 439).
9. Verordnung zur Änderung der Verordnung über Gebiete mit geringer Wohnsiedlungstätigkeit im Sinne des Grundsteuergesetzes vom 15. 10. 1962 (ABl. S. 729).
10. Vierte Verordnung zur Durchführung des Bundesbaugesetzes (Richtwerteverordnung) vom 31. 8. 1964 (ABl. S. 979).

SCHLESWIG-HOLSTEIN

1. Verordnung zur Übertragung der Ermächtigung zur Bestimmung der gerichtlichen Zuständigkeiten nach dem Bundesbaugesetz vom 19. 10. 1960 (GVBl. S. 188).
2. Verordnung über die Zuständigkeit der Landgerichte nach dem Bundesbaugesetz vom 26. 10. 1960 (GVBl. S. 190).
3. Erste Verordnung zur Durchführung des Bundesbaugesetzes vom 9. 12. 1960 (GVBl. S. 198).
4. Zweite Verordnung zur Durchführung des Bundesbaugesetzes über die Freistellung von Gebieten von der Genehmigungspflicht für den Bodenverkehr und von der erhöhten Grundsteuer vom 27. 3. 1961 (GVBl. S. 35).
5. Dritte Verordnung zur Durchführung des Bundesbaugesetzes vom 30. 3. 1961 GVBl. S. 45).
6. Vierte Verordnung zur Durchführung des Bundesbaugesetzes über die Bildung von Umlegungsausschüssen und das Vorverfahren in Umlegungs- und Grenzregelungsangelegenheiten vom 30. 3. 1961 (GVBl. S. 45).

7. Fünfte Verordnung zur Durchführung des Bundesbaugesetzes über die Bestellung von Beisitzern der Enteignungsbehörde vom 16. 6. 1961 (GVBl. S. 108).
8. Sechste Verordnung zur Durchführung des Bundesbaugesetzes über die Weitergeltung von Aufbauplänen vom 14. 6. 1961 (GVBl. S. 108).

## B

## Verordnung über Baugestaltung

Vom 10. November 1936

(RGBl. I S. 938)

Vorbemerkung

Die Baugestaltungsverordnung gilt als Landesrecht noch in denjenigen Ländern, die sie nicht — sei es durch besonderes Gesetz oder im Rahmen ihrer seit 1962 erlassenen Bauordnungen — förmlich außer Kraft gesetzt haben.

Auf Grund des *Gesetzes über einstweilige Maßnahmen zur Ordnung des deutschen Siedlungswesens* vom 3. Juli 1934 (RGBl. I S. 568) wird verordnet:

§ 1

Bauliche Anlagen und Änderungen sind so auszuführen, daß sie Ausdruck anständiger Baugesinnung und werkgerechter Durchbildung sind und sich der Umgebung einwandfrei einfügen. Auf die Eigenart oder die beabsichtigte Gestaltung des Orts-, Straßen- oder Landschaftsbildes, auf Denkmale und bemerkenswerte Naturgebilde ist Rücksicht zu nehmen.

§ 2

(1) Zur Verwirklichung der Ziele dieser Verordnung, vor allem zur Durchführung bestimmter städtebaulicher Absichten, können durch Ortssatzung oder Baupolizeiverordnung für die Errichtung oder Änderung baulicher Anlagen besondere Anforderungen gestellt werden. Ortssatzungen sind im Einvernehmen mit der für den Erlaß von örtlichen Baupolizeiverordnungen zuständigen Polizeibehörde zu erlassen, Baupolizeiverordnungen im Einvernehmen mit der Gemeinde (Gemeindeverband).

(2) Die Anforderungen nach Abs. 1 können sich vor allem beziehen auf die Lage und Stellung der baulichen Anlagen, die Gestaltung des Baukörpers und der von außen sichtbaren Bauteile, besonders des Daches (einschließlich der Aus- und Aufbauten) und der Außenwände, sowie auf die Gestaltung der Grundstückseinfriedigung.

(3) Anforderungen nach Abs. 1 und 2 können innerhalb der Ortssatzung oder Baupolizeiverordnung auch in Form von Plänen (Aufbauplänen) gestellt werden.

§ 3

(1) Ortssatzungen oder Baupolizeiverordnungen nach § 2 bedürfen der Genehmigung der höheren Verwaltungsbehörde. Im übrigen regeln sich Zuständigkeit und Verfahren nach den landesrechtlichen Bestimmungen.

(2) Werden Ortssatzungen oder Baupolizeiverordnungen nach § 2 trotz dringendem Bedürfnis nicht oder unzulänglich erlassen, so kann die höhere Verwaltungsbehörde den Erlaß oder die Abänderung der Vorschriften verlangen. Ebenso kann sie die Abänderung von Vorschriften, die bei Inkrafttreten dieser Verordnung gelten, fordern.

(3) Die oberste Landesbehörde bestimmt, ob die Anforderungen nach § 2 im Wege der Ortssatzung oder Baupolizeiverordnung zu stellen sind.

§ 4

(1) Solange bei einem Bauvorhaben den Vorschriften des § 1 oder den besonderen Anforderungen nach § 2 nicht Rechnung getragen ist, ist die baupolizeiliche Genehmigung zu versagen.

(2) Die Rechtsmittel bestimmen sich nach den Landesgesetzen.

§ 5

Für Bauführungen, die einzeln oder zusammengenommen eine erhebliche Veränderung einer baulichen Anlage darstellen, kann die Baugenehmigung auch davon abhängig gemacht werden, daß gleichzeitig die durch die Ausführung an sich nicht berührten Teile der baulichen Anlage, soweit sie den nach §§ 2 und 3 erlassenen Vorschriften widersprechen, mit diesen in Übereinstimmung gebracht werden. Die durch entsprechende Auflagen entstehenden Mehrkosten müssen jedoch in einem angemessenen Verhältnis zu den Kosten der beabsichtigten Änderungen stehen.

§ 6

Weitergehende landesrechtliche Vorschriften bleiben unberührt.

# C

## 1.

## Verordnung über Garagen und Einstellplätze (*Reichs*garagenordnung — RGaO)

Vom 17. Februar 1939
(RGBl. I S. 219)

Vorbemerkung

Die Reichsgaragenordnung ist in großen Teilen nunmehr Landesrecht und in einzelnen Ländern auch insoweit bereits förmlich außer Kraft gesetzt und durch neue Vorschriften ersetzt worden (vgl. z. B. Art. 109 Abs. 1 Nr. 15 der Bayer. Bauordnung vom 1. 8. 1962, BayGVBl. S. 179, und bayerische Garagenverordnung vom 1. 8. 1962, BayGVBl. S. 207).

Das **BVerwG** hat zu den Rechtsfragen der RGaO, insbesondere zu der Frage, inwieweit sie Landesrecht geworden ist, in verschiedenen Entscheidungen Stellung genommen:

U vom 26. 5. 1955 (I C 86.54) Buchholz BVerwG 406.42 RGaO Nr. 1

Die Reichsgaragenordnung steht mit bundesrechtlichen oder besatzungsrechtlichen Vorschriften nicht im Widerspruch. § 2 RGaO ist Landesrecht.

B vom 26. 9. 1955 (I C 85.55) Buchholz BVerwG 406.42 § 1 RGaO Nr. 1

§§ 1 und 15 RGaO sind Landesrecht.

B vom 15. 6. 1955 (I B 58,54) Buchholz BVerwG 406.42 § 11 RGaO Nr. 1

§ 11 Abs. 1 Satz 1 RGaO erster Satzteil ist Bundesrecht.

B vom 26. 9. 1955 (I C 116,55) Buchholz BVerwG 406.42 § 11 RGaO Nr. 2

§ 11 Abs. 2 RGaO ist Bundesrecht. Die Vorschrift gilt für alle in den Gebieten zulässigen Bauten.

B vom 21. 6. 1956 (I B 72.56) Buchholz BVerwG 406.42 § 12 RGaO Nr. 1

§ 12 RGaO bezieht sich nicht auf die vor der Baulinie liegenden Grundstücksteile.

Inhaltsübersicht

**Verordnung über Garagen und Einstellplätze**

... Die Zunahme der Kraftfahrzeuge im Straßenverkehr erfordert, daß die öffentlichen Verkehrsflächen für den fließenden Verkehr frei gemacht und möglichst wenig durch ruhende Kraftfahrzeuge belastet werden. Zu diesem Zweck müssen die Kraftfahrzeuge dort, wo sie regelmäßig längere Zeit stehen, außerhalb der öffentlichen Verkehrsflächen ordnungsgemäß eingestellt werden. Zur Förderung der Motorisierung ist diese Unterbringung der Kraftfahrzeuge so weit zu vereinheitlichen, zu erleichtern und zu verbilligen, wie es mit den Forderungen der Sicherheit, der Schadensverhütung und des Gemeinschaftsfriedens zu vereinbaren ist. Es wird daher auf Grund des *Gesetzes über einstweilige Maßnahmen zur Ordnung des deutschen Siedlungswesens* vom 3. Juli 1934 (Reichsgesetzbl. I S. 568) im Einvernehmen mit den zuständigen Reichsministern verordnet:

## Abschnitt I
## Begriffe

### § 1

(1) Einstellplätze sind unbebaute oder mit Schutzdächern versehene, weder dem ruhenden noch dem fließenden öffentlichen Verkehr dienende Flächen, die zum Einstellen von Kraftfahrzeugen bestimmt sind.

(2) Garagen sind bauliche Anlagen oder Räume, die zum Einstellen von Kraftfahrzeugen bestimmt sind.

(3) Nebenräume sind betriebsmäßig zu Garagen gehörige Räume, wie überbaute Zu- und Abfahrten, Waschräume, Werkstätten, Lagerräume, Büroräume, Räume für die Gefolgschaft u. dgl.

(4) Feuergefährdete Räume sind Garagen und die Nebenräume, in denen brennbare Gase oder Dämpfe auftreten können.

(5) Zubehöranlagen sind die Nebenräume und die zu Garagen und Einstellplätzen gehörigen sonstigen Anlagen, wie Zu- und Abfahrten, Wendeplätze, Waschplätze u. dgl.

(6) Stellplatz ist die Standfläche eines einzelnen Kraftfahrzeugs auf dem Einstellplatz oder in der Garage.

(7) Zu- und Abfahrten sind die Wege zwischen der öffentlichen Verkehrsfläche und dem Stellplatz.

(8) Einstellplätze und Garagen sind bei einer Fläche
a) bis 100 Quadratmeter Kleinanlagen (Kleingaragen, Kleineinstellplätze),
b) über 100 Quadratmeter bis 400 Quadratmeter Mittelanlagen (Mittelgaragen, Mitteleinstellplätze),
c) über 400 Quadratmeter Großanlagen (Großgaragen, Großeinstellplätze).

Maßgebend ist die lichte Grundfläche einschließlich der feuergefährdeten Nebenräume.

## Abschnitt II
## Pflicht zur Schaffung von Einstellplätzen oder Garagen

### § 2
Schaffung von Einstellplatz

(1) Wer Wohnstätten, Betriebs- und Arbeitsstätten oder ähnliche bauliche An-

lagen errichtet oder Um- und Erweiterungsbauten ausführt, die den Wert solcher baulichen Anlagen erheblich steigern, hat für die vorhandenen und zu erwartenden Kraftfahrzeuge der Bewohner, des Betriebes und der Gefolgschaft Einstellplatz in geeigneter Größe, Lage und Beschaffenheit samt den notwendigen Zubehöranlagen auf dem Baugrundstück oder in der Nähe zu schaffen.

(2) Wenn durch die Errichtung baulicher Anlagen voraussichtlich ein erheblicher zusätzlicher Zu- und Abgangsverkehr entstehen wird, ist Einstellplatz auch für die nach Art des Betriebes gleichzeitig anwesenden Kraftfahrzeuge der Besucher und Benutzer zu schaffen, soweit es die hiernach zu erwartenden Verkehrsverhältnisse erfordern.

(3) Durch örtliche Bau*polizei*verordnung oder Ortssatzung kann für das ganze Gemeindegebiet oder für Teile bestimmt werden, daß auch bei bestehenden Wohnstätten, Betriebs- und Arbeitsstätten oder ähnlichen baulichen Anlagen Einstellplatz nach Abs. 1 für die vorhandenen Kraftfahrzeuge der Bewohner, des Betriebes und der Gefolgschaft gefordert werden kann, wenn auf dem Grundstück die benötigte Fläche in geeigneter Lage und Größe vorhanden ist.

(4) Statt des Einstellplatzes oder eines Teiles davon können entsprechend große Garagen geschaffen werden*).

### § 3
### Garagenbaupflicht

Wenn in den Fällen des § 2 Abs. 1 zu befürchten ist, daß durch das Einstellen mehrerer Kraftfahrzeuge die Verkehrs- oder Feuersicherheit gefährdet oder das Wohnen und Arbeiten in den umliegenden Gebäuden durch Lärm oder Gerüche erheblich gestört wird, kann die Baugenehmigungsbehörde verlangen, daß statt des Einstellplatzes oder eines Teiles davon Garagen geschaffen werden. Dies gilt auch bei den im § 2 Abs. 1 genannten Um- und Erweiterungsbauten, wenn der erforderliche Einstellplatz nicht gewonnen werden kann.

### § 4
### Luftschutzraumgaragen

Die Pflicht zur Schaffung der durch die §§ 2 und 3 geforderten Einstellplätze oder besonderen Garagen entfällt in dem Umfang, in dem Umfange, in dem Luftschutzräume gleichzeitig auch als Garagen genehmigt werden.

### § 5
### Sicherung des nachträglichen Garagenbaues

Durch örtliche Bau*polizei*verordnung oder Ortssatzung kann für das ganze Gemeindegebiet oder für Teile bestimmt werden, daß in den Fällen des § 2 Abs. 1 die Möglichkeit des späteren Garagenbaues offengehalten und in den dem Baugenehmigungsantrag beizufügenden Unterlagen dargestellt wird.

### § 6
### Größe des Einstellplatzes und der Garage

(1) Über die Mindestgröße des Einstellplatzes, der Garage und der Zubehöranlagen entscheidet die Baugenehmigungsbehörde im Genehmigungsverfahren.

(2) Bei Um- und Erweiterungsbauten sind Einstellplatz und Garage nach dem Bedarf für die bauliche Anlage in ihrem neuen Zustand zu bemessen.

---

*) § 2 ist nach dem Urteil des BVerwG vom 26. 5. 1955 (Nr. I C 86.54), BVerwGE 2, 122, L a n d e s recht.

§ 7
Fristgewährung

Die Baugenehmigungsbehörde kann für die Herstellung des Einstellplatzes oder der Garage für zu erwartende Kraftfahrzeuge eine angemessene Frist gewähren.

§ 8
Freihaltung der für Einstellplätze oder Garagen bestimmten Flächen

Auf den für Einstellplätze oder Garagen bestimmten Flächen ist die Errichtung anderer, auch bau*polizeilich* nicht genehmigungspflichtiger baulicher Anlagen unzulässig.

## Abschnitt III
## Städtebauliche Vorschriften

§ 9
Einstellplätze und Garagen in den Bebauungsplänen

In den für die Bebauung maßgebenden Plänen kann für den jetzigen und den künftigen Bedarf die Anordnung von Einstellplätzen und Garagen sowie ihrer Einfahrten einheitlich geregelt werden.

§ 10
Gemeinschaftsanlagen

Zur Schaffung von Gemeinschaftseinstellplätzen oder Gemeinschaftsgaragen für mehrere Grundstücke kann in den dafür in Betracht kommenden Plänen eine gemeinsame Einstell- oder Garagenfläche ausgewiesen werden. Die Schaffung von Einstellplätzen und Garagen auf den einzelnen Baugrundstücken ist dann in der Regel nicht zuzulassen.

§ 11
Zulässigkeit in den Baugebieten

(1) Einstellplätze, Garagen und ihre Nebenanlagen sind als Zubehör zur Wohnung, zum Arbeitsplatz und zum Betrieb grundsätzlich in allen für die Bebauung bestimmten Gebieten zulässig; sie müssen jedoch so angeordnet und ausgeführt werden, daß ihre Benutzung die Verkehrs- und Feuersicherheit nicht gefährdet, die Gesundheit nicht geschädigt sowie das Arbeiten und Wohnen, die Ruhe und die Erholung in der Umgebung durch Lärm oder Gerüche nicht erheblich stört. Zu diesem Zweck kann die baupolizeiliche Genehmigung für solche Anlagen namentlich in der Nähe von Erholungsstätten, Krankenhäusern, Heilanstalten, öffentlichen Gebäuden, Schulen und Kirchen u. dgl. versagt oder von besonderen Auflagen abhängig gemacht werden.

(2) In den Gebieten, die nach den bestehenden Bauvorschriften einen besonderen Schutz gegen Störung genießen, wie z. B. reine Wohngebiete, sind Einstellplätze und Garagen nur für Kraftfahrzeuge mit weniger als 3,5 Tonnen Eigengewicht zulässig, und nur soweit sie dem Bedürfnis der Bevölkerung in diesen Gebieten dienen. Mittel- und Großanlagen sollen von Wohngebäuden einen angemessenen Abstand haben.

§ 12
Ausnutzung der Grundstücke

(1) Einstellplätze ohne Schutzdach gelten als unbebaute Flächen im Sinne der bestehenden Bauvorschriften; die von der Bebauung frei zu haltenden Flächen sollen jedoch nur so weit für Einstellplätze beansprucht werden, daß sie ihrem eigentlichen Bestimmungszweck, der Belichtung, der Belüftung und dem Feuer-

schutz der Gebäude sowie der Erholung der Bewohner zu dienen, in der Hauptsache erhalten bleiben.

(2) Im Gebiet der offenen Bauweise wird die Grundfläche von nichtgewerblichen Garagen und Schutzdächern nicht als bebaute Fläche angerechnet, wenn

a) die Traufe nicht höher als 2,50 Meter über dem Gelände liegt,
b) bei der Schaffung von mehr als zwei Stellplätzen die Zahl der Stellplätze die Zahl der Vollgeschoßwohnungen auf dem Grundstück nicht übersteigt,
c) die in den bestehenden Bauvorschriften geforderte Zuführung von Licht und Luft zu Wohnungen und Arbeitsräumen nicht gemindert wird und
d) die hiernach entstehende Gesamtbebauung des Grundstücks das nach den bestehenden Bauvorschriften zulässige Maß um nicht mehr als 80 Quadratmeter überschreitet.

(3) In ausgebauten Gebietsteilen der halboffenen und der geschlossenen, höchstens dreigeschossigen Bauweise, kann die Baugenehmigungsbehörde für die nachträgliche Errichtung von nichtgewerblichen Garagen und Schutzdächern für Kraftfahrzeuge eine größere Flächenausnutzung zulassen, als in den bestehenden Bauvorschriften vorgesehen ist.

(4) Bei Grundstücken und Gebäuden, die ausschließlich für Einstellplätze oder Garagen und deren Zubehöranlagen bestimmt sind, kann die Baugenehmigungsbehörde eine größere bauliche Ausnutzung des Grundstücks zulassen, als in den bestehenden Bauvorschriften vorgesehen ist.

## § 13
## Anordnung der Einstellplätze und Garagen auf den Grundstücken

(1) Einstellplätze und Garagen sollen möglichst nahe an den öffentlichen Verkehrsflächen liegen und von dort auf möglichst kurzem und geradem Wege zu erreichen sein. In den Gebieten, die nach den bestehenden Bauvorschriften einen besonderen Schutz gegen Störung genießen, wie z. B. in reinen Wohngebieten, sollen Einstellplätze und Garagen möglichst im Innern der Baublöcke liegen. Bei geschlossener Bauweise und bei Zeilenbauweise sollen in solchen Gebieten Einstellplätze und Garagen im Innern der Baublöcke und zwischen den Zeilen nur zugelassen werden, wenn und soweit dies in den für die Bebauung maßgebenden Plänen vorgesehen oder sonst einheitlich geregelt ist.

(2) Die Einstellplätze und Garagen benachbarter Grundstücke sollen möglichst zusammengefaßt und einheitlich gestaltet werden.

(3) Die Baugenehmigungsbehörde kann Kleineinstellplätze ohne Schutzdächer auch zwischen der seitlichen Nachbargrenze und vorhandenen oder nach den bestehenden Bauvorschriften noch zulässigen Gebäuden zulassen, wenn der erforderliche Zugang zu den baulichen Anlagen nicht erschwert und die Benutzung der Lösch- und Rettungsgeräte der *Feuerschutzpolizei* und der Feuerwehren nicht gehindert wird.

(4) Die Baugenehmigungsbehörde kann die Errichtung von Kleingaragen und von Schutzdächern über Kleineinstellplätzen auch in folgenden Fällen zulassen:

a) an der Nachbargrenze. Sollen die Anlagen zwischen der seitlichen Nachbargrenze und vorhandenen oder nach den bestehenden Bauvorschriften noch zulässigen Gebäuden errichtet werden, so ist der Zwischenraum entweder in voller Breite zu überbauen oder es ist ausreichender Seitenabstand zu halten; die Baugenehmigungsbehörde kann in jedem einzelnen Baufall oder allgemein das Höchstmaß für die Höhe der Garage oder des Schutzdaches festsetzen,
b) in Vorgärten, wenn sie für spätere Straßenverbreiterung nicht in Betracht kommen und die Errichtung von Schutzdächern oder Garagen aus städtebau-

lichen Gründen erwünscht ist oder durch sonstige besondere Umstände gerechtfertigt wird.

(5) Die Baugenehmigungsbehörde kann die Baugenehmigung nach Abs. 4 auch gegen den Einspruch des Nachbarn oder trotz Verweigerung seiner Zustimmung erteilen.

## Abschnitt IV
## Bauvorschriften mit den Erleichterungen für Kleinanlagen

### § 14
### Äußere Gestaltung

Garagen, Schutzdächer und ihre baulichen Zubehöranlagen sind bauliche Anlagen im Sinne der Verordnung über Baugestaltung vom 10. November 1936 (Reichsgesetzbl. I S. 938).

### § 15
### Zu- und Abfahrten

(1) Zu- und Abfahrten müssen gute Übersicht gewähren; bei Ein- und Ausfahrten an öffentlichen Verkehrsflächen muß die Übersicht sowohl nach der Straße wie zum Baugrundstück gesichert sein; Ein- und Ausfahrten haben den Anforderungen der Verkehrssicherheit auf den öffentlichen Verkehrsflächen zu entsprechen.

(2) Zu- und Abfahrten müssen so gestaltet und bemessen sein, daß sie für die Kraftfahrzeuge und — soweit erforderlich — auch für die Lösch- und Rettungsgeräte *der Feuerschutzpolizei und* der Feuerwehren sichere und reibungslose Durchfahrt gewähren.

(3) Soweit an Verkehrsstraßen die Errichtung von baulichen Anlagen verboten ist oder verhindert werden kann, gilt dies auch für Ein- und Ausfahrten bei Einstellplätzen und Garagen.

### § 16
### Außenrampen

(1) Rampen zu Einstellplätzen und Garagen müssen so angelegt werden, daß die Verkehrssicherheit auf den öffentlichen Verkehrsflächen und auf dem Grundstück gewahrt ist.

(2) In Vorgärten, die für spätere Straßenverbreiterung in Betracht kommen, dürfen Rampen nicht angelegt werden; in anderen Vorgärten sollen sie in der Regel nicht zugelassen werden.

### § 17
### Wände

(1) Wände, die Garagen samt ihren feuergefährdeten Nebenräumen einschließen, sowie alle sonstigen tragenden Teile, wie Stützen und Unterzüge, müssen feuerbeständig sein. Nichttragende Zwischenwände müssen feuerhemmend oder aus nicht brennbaren Stoffen hergestellt sein.

(2) Bei Kleingaragen bis 60 Quadratmeter Fläche, die frei stehend oder an oder in Gebäuden der offenen Bauweise errichtet werden, genügt für die Wände und die sonstigen tragenden Teile feuerhemmende Ausführung, soweit sie nicht die Garagen oder feuergefährdeten Nebenräume von Treppenhäusern oder von solchen Räumen trennen, die den einzigen Ausgang aus Räumen zum dauernden Aufenthalt von Menschen oder zur Lagerung leicht brennbarer Stoffe bilden.

(3) Bei frei stehenden eingeschossigen Kleingaragen bis zu 60 Quadratmeter Fläche werden an Wände und Zwischenwände keine Forderungen gestellt, wenn

sie allseits von vorhandenen oder auf dem Nachbargrundstück nach den bestehenden Bauvorschriften noch zulässigen Gebäuden mindestens 5 m entfernt sind. Auch bei eingeschossigen Kleingaragen bis 60 Quadratmeter Fläche an oder neben Brandmauern werden an Wände und Zwischenwände keine Forderungen gestellt.

(4) Bei frei stehenden eingeschossigen Kleingaragen mit über 60 Quadratmeter Fläche genügt feuerhemmende Ausführung, wenn die Voraussetzung im Abs. 3 Satz 1 erfüllt ist oder wenn die Garagen an oder neben Brandmauern errichtet werden. Beträgt die im Abs. 3 bezeichnete Entfernung mindestens 10 m, so werden an Wände und Zwischenwände keine Forderungen gestellt.

(5) Die Baugenehmigungsbehörde kann Ausnahmen zulassen.

### § 18
### Decken

(1) Wenn nach § 17 an die Wände keine Forderungen gestellt werden, gilt dies auch für die Decken. Im übrigen müssen die Decken von Garagen und feuergefährdeten Nebenräumen mindestens feuerhemmend sein.

(2) Garagen und feuergefährdete Nebenräume, für deren Wände im § 17 feuerbeständige Ausführung vorgeschrieben ist, müssen auch feuerbeständige Decken erhalten:

a) wenn die Garagen mehrgeschossig oder Kellergaragen sind,
b) wenn darüber sich Räume befinden, die zum dauernden Aufenthalt von Menschen oder zur Lagerung leicht brennbarer Stoffe dienen, oder
c) soweit die Decken von Öffnungen der im Buchst. b bezeichneten Räume weniger als 5 m entfernt sind.

Maßgebend sind die Öffnungen in vorhandenen und auf dem Nachbargrundstück nach den bestehenden Bauvorschriften noch zulässigen Gebäuden.

(3) Glasdächer können zugelassen werden, wenn sie von den im Abs. 2 bezeichneten Öffnungen mindestens 5 m entfernt sind.

(4) Die Baugenehmigungsbehörde kann Ausnahmen zulassen.

### § 19
### Erleichterungen für Garagen besonderer Art

Die Vorschriften der §§ 17 und 18 gelten nicht für Garagen, in denen eingestellt werden:

a) nicht mehr als zwei Krafträder,
b) nicht mehr als fünf Krafträder unter folgenden Voraussetzungen:
   1. die Garagen dürfen keine Feuerstätten oder sonstigen Zündquellen und keine unmittelbare Verbindung zu Räumen mit Feuerstätten haben,
   2. sie dürfen nicht den einzigen Ausgang aus Räumen bilden, die zum dauernden Aufenthalt von Menschen bestimmt sind, und
   3. sie müssen von Räumen feuerhemmend getrennt sein, die zum dauernden Aufenthalt von Menschen oder zur Lagerung leicht brennbarer Stoffe bestimmt sind,
c) elektrisch angetriebene Fahrzeuge,
d) Kraftfahrzeuge, die mit flüssigem Kraftstoff mit einem Flammpunkt über 55° C (Dieselkraftstoffe) angetrieben werden,
e) Generator-Kraftfahrzeuge.

### § 20
### Verbindung der Garagen mit ihren feuergefährdeten Nebenräumen

(1) Garagen dürfen mit ihren feuergefährdeten Nebenräumen durch Öffnungen verbunden werden, Türen sind nicht erforderlich.

(2) Für die unmittelbare Verbindung mit Werkstätten gilt außerdem:

a) die Zwischenwände müssen der Forderung im § 17 Abs. 1 entsprechen und
b) die Werkstätten müssen einen gesicherten Ausgang oder Ausstieg ins Freie haben.

§ 21
Verbindung der Garagen und ihrer feuergefährdeten Nebenräume mit anderen Räumen

(1) Garagen und ihre feuergefährdeten Nebenräume sollen möglichst mit anderen Räumen nicht verbunden werden.

(2) Kellergaragen dürfen nicht unmittelbar mit Treppenhäusern verbunden werden.

(3) Garagen und ihre feuergefährdeten Nebenräume dürfen nur dann mit anderen Räumen verbunden werden, wenn
a) eine Sicherheitsschleuse, d. h. ein besonderer, feuerbeständig umgrenzter Raum, eingeschaltet wird, der keine Feuerstätten oder sonstigen Zündquellen enthält, und
b) die anschließenden Räume einen gesicherten Ausgang ins Freie haben; bei ebenerdigen Anlagen genügt auch ein Ausstieg.

(4) Kleingaragen und ihre feuergefährdeten Nebenräume dürfen durch feuerhemmend schließbare Öffnungen mit anderen Räumen unmittelbar verbunden werden:
a) die keine Feuerstätten oder sonstigen Zündquellen oder keine leicht brennbaren Stoffe enthalten,
b) die nicht den einzigen Ausgang von Räumen bilden, die zum dauernden Aufenthalt von Menschen bestimmt sind, und
c) in denen nicht mit offenem Feuer oder Licht umgegangen wird.

(5) Durchgangsstellen von Einrichtungen zur Kraftübertragung, von Heizrohren oder anderen Leitungen in Wänden, Decken und Fußböden sind so auszuführen, daß Feuer nicht nach anderen Räumen übertragen werden kann.

§ 22
Tore, Türen, Fenster, Oberlichte

(1) Tore, Türen, Fenster und Oberlichte müssen so angeordnet und ausgestaltet werden, daß sie den Erfordernissen des Feuerschutzes entsprechen.

(2) Sind Öffnungen in den vorgeschriebenen feuerhemmenden oder feuerbeständigen Zwischenwänden oder Decken, die Garagen oder ihre feuergefährdeten Nebenräume von anderen Räumen trennen, zugelassen, so müssen sie ebenfalls feuerhemmend oder feuerbeständig oder in ähnlicher Weise wirksam schließbar sein. Die Erleichterung im § 21 Abs. 4 bleibt unberührt.

§ 23
Feuerstätten und Heizung

(1) Garagen und ihre feuergefährdeten Nebenräume dürfen keine Feuerstätten oder sonstigen Zündquellen enthalten. Schornsteinreinigungsöffnungen und feuergefährdeten Nebenräume liegen.

(2) Die Heizung in Garagen und feuergefährdeten Nebenräumen muß so beschaffen sein, daß Treibgase oder brennbare Dämpfe sich nicht daran entzünden und Kraft- oder Schmierstoffe sowie Flaschen mit Speichergas nicht unzulässig erwärmt werden können.

(3) Die Vorschriften der Abs. 1 und 2 gelten nicht für die im § 19 Buchst. c, d und e genannten Garagen.

§ 24
**Lüftung**

Die Garagen und ihre feuergefährdeten Nebenräume müssen ausreichend entlüftbar sein.

§ 25
**Elektrische Anlagen**

(1) In Garagen und ihren feuergefährdeten Nebenräumen sind zur künstlichen Beleuchtung nur elektrische Glühlampen zulässig. Bei der Ausführung elektrischer Anlagen sind die zum Schutz gegen Entzündung brennbarer Gase oder Dämpfe notwendigen besonderen Maßnahmen zu treffen.

(2) Die Vorschriften des Abs. 1 gelten nicht für die im § 19 Buchst. c, d und e genannten Garagen.

§ 26
**Benzinabscheider**

(1) Wo bei Einstellplätzen oder Garagen Kraftfahrzeuge aus Tankanlagen mit Kraftstoffen versehen oder mit brennbaren Flüssigkeiten gereinigt werden, müssen Benzinabscheider in die gefährdeten Entwässerungsleitungen eingebaut werden.

(2) Es dürfen nur solche Benzinabscheider eingebaut werden, die ein Prüfzeugnis einer vom *Reichsarbeitsminister* anerkannten Stelle erhalten haben.

§ 27
**Schutzdächer**

Schutzdächer über Einstellplätzen und deren Nebenanlagen dürfen den erforforderlichen Zugang zu baulichen Anlagen nicht erschweren und die Benutzung der Lösch- und Rettungsgeräte der Feuer*schutzpolizei* und die Feuerwehren nicht hindern.

(2) Schutzdächer sollen mindestens 3 Meter entfernt sein:

a) von Öffnungen solcher Räume, die zum dauernden Aufenthalt von Menschen oder zur Lagerung leicht brennbarer Stoffe dienen und
b) von weder feuerbeständigen noch feuerhemmenden Bauteilen, die solche Räume einschließen.

Maßgebend sind die Öffnungen und Bauteile der vorhandenen und der auf dem Nachbargrundstück nach den bestehenden Bauvorschriften noch zulässigen Gebäude.

(3) Im übrigen gelten für Schutzdächer mit mehr als einem Wandabschluß die Bauvorschriften für Garagen.

(4) Die Vorschriften des § 27 gelten nicht für Schutzdächer der im § 19 Buchst. c, d und e genannten Kraftfahrzeuge.

§ 28
**Weichgedeckte Gebäude**

An oder in weichgedeckten Gebäuden oder in einem Abstand bis zu 10 Meter dürfen nur Kleinanlagen bis 60 Quadratmeter Fläche geschaffen werden. Die Decken und Wände sind feuerbeständig auszuführen. Über den Türen und Fenstern der in weichgedeckten Gebäuden eingebauten Garagen sind andere Öffnungen unterhalb des Dachüberstandes unzulässig.

§ 29
**Weitere Forderungen für Sonderfälle**

(1) Bei Schaffung von Einstellplätzen und Garagen in oder nahe bei baulichen Anlagen mit erhöhten Gefahren, wie Theatern, Schulen, Versammlungsstätten,

Geschäfts-(Waren-)Häusern u. dgl., können besondere Forderungen zum Schutz gegen die erhöhten Gefahren gestellt werden.

(2) Unter Räumen zum dauernden Aufenthalt von Menschen dürfen keine Garagen für Kraftfahrzeuge eingebaut werden, die mit hochverdichtetem Gas angetrieben werden.

## Abschnitt V
## Zusätzliche bauliche Anforderungen an Mittel- und Großanlagen

### § 30
### Zu- und Abfahrten

(1) Ist für die Zu- und Abfahrt je eine besondere Fahrbahn vorgesehen, so soll zwischen ihnen an der Einmündung in die öffentliche Verkehrsfläche ein Streifen von mindestens 0,80 Meter Breite zur Sicherheit der Fußgänger auf dem öffentlichen Gehsteig freigehalten werden.

(2) Bilden bei Mittelanlagen die Zu- und Abfahrten auch die einzigen Zugänge für Fußgänger, so ist neben der Fahrbahn ein erhöhter Gehsteig von genügender Breite anzulegen.

(3) Bei Großanlagen dürfen die Zu- und Abfahrten nicht unmittelbar neben den Zugängen für die Fußgänger und den Zufahrten liegen, die nicht zum Einstellplatz oder zur Garage gehören.

(4) Bei Großanlagen mit über 2500 Quadratmeter Fläche sollen:
a) getrennte Fahrbahnen für Zu- und Abfahrten angelegt werden,
b) die Hauptzu- und -abfahrten auch auf dem Grundstück und in der Garage so geführt werden, daß sie sich nicht kreuzen.

(5) Die Zu- und Abfahrten und die Wege für Fußgänger müssen mit Beleuchtungseinrichtungen versehen werden.

### § 31
### Innenrampen und Aufzüge

Innenrampen und Aufzüge für Kraftfahrzeuge müssen so angeordnet, bemessen und ausgestaltet sein, daß der Verkehr der Kraftfahrzeuge sich zwischen den Geschossen sicher und reibungslos abwickeln kann, daß aber auch das Übergreifen eines Brandes von einem Geschoß auf das andere verhindert wird.

### § 32
### Decken

(1) Die Decken von Garagen und feuergefährdeten Nebenräumen müssen abgesehen von den Fällen des § 18 Abs. 2 feuerbeständig sein, soweit die Garagen weniger als 5 m von vorhandenen oder auf dem Nachbargrundstück nach den bestehenden Bauvorschriften noch zulässigen Gebäuden entfernt sind und nicht an oder neben Brandmauern errichtet werden.

(2) Glasdächer können zugelassen werden, wenn die im Abs. 1 genannte Entfernung mindestens 5 m beträgt.

### § 33
### Verbindung der Räume

(1) Bei mehrgeschossigen Garagen müssen die Geschosse voneinander feuerbeständig oder in ähnlicher Weise wirksam getrennt sein.

(2) Garagen oder feuergefährdete Nebenräume dürfen mit zum Garagenbetrieb gehörenden Treppenhäusern unmittelbar verbunden werden. Die Verbindungsöffnungen sind durch feuerbeständige Türen zu sichern.

(3) Die Baugenehmigungsbehörde kann für die unmittelbare Verbindung von Werkstätten mit Garagen zu den Vorschriften des § 20 Abs. 2 zusätzliche Forderungen stellen.

§ 34
Brandabschnitte

(1) Großgaragen müssen durch Brandmauern in Abschnitte von höchstens 2500 Quadratmetern unterteilt werden. Öffnungen in diesen Brandmauern müssen feuerbeständig oder in ähnlicher Weise wirksam schließbar sein. Eine solche Unterteilung ist nicht erforderlich, wenn die Ausbreitung eines Brandes durch unbebaute Geländestreifen ringsherum oder durch besondere Sicherheitseinrichtungen verhindert wird.

(2) Die Baugenehmigungsbehörde kann im Einzelfalle zur Abwendung von Gefahren kleinere Brandabschnitte fordern. Bei Großgaragen im Keller dürfen die Brandabschnitte höchstens 1000 Quadratmeter groß sein.

§ 35
Rückzugswege

Großgaragen und ihre feuergefährdeten Nebenräume müssen besondere sicher benutzbare und deutlich bezeichnete Rückzugswege für Personen haben. Bei Mittelgaragen können sie gefordert werden.

§ 36
Rauchabzug

Bei Großgaragen ist in oder nahe an der Decke die Möglichkeit des Rauchabzugs zu schaffen.

§ 37
Feuerlösch- und Feuermeldeanlagen

Die Baugenehmigungsbehörde kann ortsfeste Feuerlöschanlagen und Feuermeldeeinrichtungen fordern, wenn Lage und Art der Einstellplätze oder Garagen es notwendig machen.

§ 38
Notbeleuchtung

Bei Großgaragen mit mehr als 2500 Quadratmeter Fläche oder bei schwer übersichtlichen Anlagen kann die Baugenehmigungsbehörde die Einrichtung einer Notbeleuchtung fordern.

§ 39
Tankstellen bei Einstellplätzen und Garagen

Tankstellen für flüssige Kraftstoffe mit einem Flammpunkt bis zu 55° C (Vergaserkraftstoffe, z. B. Benzin, Benzol, Spiritus und deren Gemische) sollen zu ebener Erde und möglichst im Freien angelegt werden. In Kellergaragen und auf ihren Rampen dürfen Tankstellen nicht angelegt werden. In den übrigen Geschossen kann die Baugenehmigungsbehörde sie unter geeigneten Sicherheitsauflagen zulassen.

§ 40
Arbeitsgruben, Drehscheibengruben

Arbeitsgruben sollen außerhalb der Garagen angelegt werden; wenn sie in Garagen liegen, müssen sie leicht zugänglich und ausreichend entlüftbar sein. Das gleiche gilt für die Gruben von Hebebühnen und Drehscheiben, deren Konstruktionshöhe (lichte Höhe) 0,70 Meter überschreitet.

§ 41
Schallkammern

Schallkammern, in denen Motoren geprüft werden, sind so anzulegen, daß die Nachbarschaft möglichst wenig belästigt wird. Schallkammern sind mit besonderen Einrichtungen für die Ableitung der Gase auszustatten.

§ 42
Räume für die Gefolgschaft

(1) Bei Großanlagen sind für die Gefolgschaft außer Aborten auch Waschgelegenheiten und Umkleidemöglichkeiten vorzusehen; erforderlichenfalls sind besondere Aufenthalts-, Wasch- und Umkleideräume zu schaffen.

(2) Bei Großanlagen des Berufsverkehrs sind diese Einrichtungen auch für die Benutzer vorzusehen.

§ 43
Weitere Forderungen der Verkehrs- oder Feuersicherheit

Die Baugenehmigungsbehörde kann aus Gründen der Verkehrs- oder Feuersicherheit im Einvernehmen mit der Verkehrspolizei oder der Feuerschutzpolizei weitere Forderungen stellen.

§ 44
Kenntlichmachung

Großanlagen, die sich bei einer baulichen Anlage nach § 2 Abs. 2 befinden oder die gewerblich betrieben werden, sind durch gut lesbaren dauerhaften Hinweis kenntlich zu machen. Erforderlichenfalls gilt dies auch für die Zufahrtswege.

## Abschnitt VI
## **Behelfsmäßige Einstellung**

§ 45
Behelfsmäßige offene Einstellung

(1) Kraftfahrzeuge dürfen auch außerhalb der Einstellplätze und der Garagen auf unbebauten Flächen von Grundstücken eingestellt werden, wenn sie den Zugang zu Gebäuden nicht erschweren und die Benutzung von Lösch- und Rettungsgeräten *der Feuerschutzpolizei und* der Feuerwehr nicht behindern.

(2) Die *Polizei*behörde kann die Zahl der außerhalb der Einstellplätze und Garagen einzustellenden Kraftfahrzeuge beschränken, ihren Mindestabstand von den Gebäuden bestimmen und andere Forderungen stellen.

(3) Zugmaschinen und Lastkraftfahrzeuge mit 3,5 Tonnen Eigengewicht und mehr dürfen in den Gebieten, die nach den bestehenden Bauvorschriften einen besonderen Schutz gegen Störung genießen, wie z. B. reine Wohngebiete, auch außerhalb der Einstellplätze und Garagen nicht eingestellt werden.

§ 46
Behelfsmäßige Einstellung in Räumen, Durchfahrten und unter Schutzdächern

(1) Räume, die nicht als Garagen bau*polizeilich* genehmigt sind, dürfen zur regelmäßigen oder dauernden Einstellung von Kraftfahrzeugen nicht benutzt werden, zur vorübergehenden nur dann,

a) wenn sie nicht den einzigen oder einen durch besondere Vorschriften geforderten Ausgang aus Räumen zum dauernden Aufenthalt von Menschen bilden,

b) wenn sie keine benutzten Feuerstätten und keine leicht brennbaren Stoffe enthalten,

c) wenn sie keine unmittelbare Verbindung zu Räumen mit benutzten Feuerstätten haben und
d) wenn die in ihnen eingestellten Fahrzeuge die Zufahrt sowie die Benutzung der Lösch- und Rettungsgeräte der *Feuerschutzpolizei* und der Feuerwehren nicht behindern.

(2) Räume, die nicht als Garagen bau*polizeilich* genehmigt sind, dürfen gewerbsmäßig auch zur vorübergehenden Einstellung nicht zur Verfügung gestellt werden.

(3) In Räumen, wo Kraftfahrzeuge vorübergehend eingestellt sind, ist verboten: das Rauchen und die Benutzung von offenem Feuer oder Licht, das Füllen oder Entleeren der Kraftstoffbehälter, das Ausproben der Motoren und das Reinigen der Kraftfahrzeuge mit brennbaren Flüssigkeiten.

(4) In Räumen, die nicht als Garagen bau*polizeilich* genehmigt sind, dürfen ein oder zwei Krafträder regelmäßig oder dauernd eingestellt werden, indessen nicht in Treppenhäusern und Verschlägen unter Treppen und nicht in Räumen, die benutzte Feuerstätten, leicht brennbare Stoffe oder leere Kraftstoffbehälter enthalten.

(5) Zugmaschinen und Lastkraftfahrzeuge mit 3,5 Tonnen Eigengewicht und mehr dürfen in den Gebieten, die nach den bestehenden Bauvorschriften einen besonderen Schutz gegen Störung genießen, wie z. B. reine Wohngebiete, auch vorübergehend nicht eingestellt werden.

(6) Diese Vorschriften gelten auch für Schutzdächer, die nicht als Schutzdächer über Einstellplätzen baupolizeilich genehmigt sind, und für Durchfahrten.

## Abschnitt VII
## **Betriebsvorschriften**

### § 47
### Allgemeine Betriebsvorschriften für Einstellplätze, Garagen, feuergefährdete Nebenräume und sonstige Nebenanlagen

(1) Einschränkung der Garagenbenutzung

a) Garagen dürfen nur von Kraftfahrzeugen solcher Art benutzt werden, für die sie nach § 56 Abs. 2 baupolizeilich genehmigt sind.
b) *Garagen, die nur für die im § 19 Buchst. c, d und e genannten Kraftfahrzeuge mit den dafür vorgesehenen Erleichterungen gebaut und ausgestattet sind, müssen in ihrem Innern einen augenfälligen dauerhaften Anschlag mit folgender Beschriftung haben:*

*„Kraftfahrzeuge mit Benzin- oder Gasantrieb dürfen hier nicht eingestellt werden.“*)*

(2) Verkehrssicherung

Die Zu- und Abfahrten und die Wege für Fußgänger sind ständig freizuhalten und bei Dunkelheit während des Betriebes zu beleuchten. Ausgänge und Rückzugswege dürfen nicht verstellt werden.

(3) Lärmverhütung

In den offenen Teilen der Anlagen ist das Hupen, das Ausproben und geräuschvolle Laufenlassen der Motoren sowie sonstiger Lärm verboten.

(4) Laden von Batterien

Fahrzeug-, Licht- und Starterbatterien dürfen innerhalb der Garagen nur dann geladen werden, wenn für ausreichende Entlüftung gesorgt ist.

---

*) Vgl. die Neufassung vom 13. 9. 1944, abgedruckt unter 2.

(5) Entwässerung
Es ist unzulässig, in die Entwässerungsanlagen, in Wasserläufe und Gewässer Öl sowie sonstige brennbare Flüssigkeiten einzuleiten.

(6) Tanken, Reinigen der Kraftfahrzeuge
Kraftfahrzeuge dürfen auf Grundstücken mit Anschluß an öffentliche oder private Entwässerungseinrichtungen nur dann mit Kraftstoff aus Tankanlagen versehen oder mit brennbaren Flüssigkeiten gereinigt werden, wenn in die gefährdeten Entwässerungsleitungen außer den erforderlichen Sinkkästen Benzinabscheider eingebaut sind. Brennbare Flüssigkeiten mit einem Flammpunkt unter 21° C (z. B. Benzin, Benzol, Spiritus oder deren Gemische) dürfen zum Reinigen der Kraftfahrzeuge innerhalb der Garage und ihrer feuergefährdeten Nebenräume nicht verwendet werden.

(7) Putzwolle und Putzlappen
Gebrauchte Putzwolle und öl- oder fetthaltige Putzlappen sind in dicht schließenden, nicht brennbaren Behältern aufzubewahren.

(8) Beseitigung feuergefährlicher Stoffe
Sägemehl, das zum Aufsaugen von öl- oder anderen fetthaltigen oder leicht brennbaren Stoffen benutzt worden ist, ist danach umgehend auf gefahrlose Weise zu beseitigen. Das gleiche gilt für gebrauchte Putzwolle und für die Rückstände der Benzinabscheider.

## § 48
## Besondere Betriebsvorschriften für Garagen mit Kraftfahrzeugen, die durch flüssigen Kraftstoff mit einem Flammpunkt bis zu 55° C (Vergaserkraftstoffe, z. B. Benzin, Benzol, Spiritus oder deren Gemische) angetrieben werden

(1) Brandverhütung

a) Das Rauchen sowie die Benutzung von offenem Feuer oder Licht ist in den Garagen und ihren feuergefährdeten Nebenräumen verboten. Auf dieses Verbot ist durch augenfälligen, dauerhaften Anschlag hinzuweisen. Der Anschlag muß folgenden Wortlaut haben:
**„Feuer und Rauchen polizeilich verboten."**
Bei Mittel- und Großgaragen muß dieser Anschlag außen und innen angebracht werden.

b) Ortsbewegliche elektrische Geräte oder Maschinen dürfen nur verwendet werden, wenn sie so beschaffen sind, daß im Raum befindliche brennbare Gase oder Dämpfe sich nicht daran entzünden können.

(2) Schutz gegen Vergiftung

a) Die Garagen und ihre feuergefährdeten Nebenräume müssen ausreichend entlüftet werden.

b) In den Garagen dürfen die Motoren längere Zeit nur dann laufen, wenn die Verbrennungsgase durch das geöffnete Tor oder durch besondere an den Auspuff anzuschließende ausreichend weite Rohre unmittelbar ins Freie geführt werden.

c) Das Ausproben der Motoren ist nur in solchen Räumen zulässig, in denen für ausreichende Entlüftung gesorgt ist (Schallkammern).

d) *In jeder Garage ist durch augenfälligen dauerhaften Anschlag auf die Vergiftungsgefahr hinzuweisen. Der Anschlag muß folgenden Wortlaut haben: „Vorsicht beim Laufenlassen der Motoren! Vergiftungsgefahr!"*

(3) Feuermelder
Ist bei Mittel- und Großanlagen kein eigener Feuermelder vorhanden, so ist auf den Standort des nächsten Feuermelders durch augenfälligen dauerhaften Anschlag hinzuweisen.

(4) Feuerlöschgerät

a) In Kleingaragen genügt als Feuerlöschgerät ein Behältnis mit mindestens 6 Liter trockenem Sand und eine Handschaufel.

b) In Mittel- und Großgaragen sind geeignete Handfeuerlöscher an leicht zugänglichen Stellen bereit zu halten, und zwar bis zu 10 Kraftfahrzeugen ein Handfeuerlöscher, bis zu 20 Kraftfahrzeugen zwei Handfeuerlöscher, darüber für je 30 Kraftfahrzeuge ein weiterer Handfeuerlöscher. In diese Zahlen sind die Handfeuerlöscher nicht einzurechnen, die an den Kraftfahrzeugen selbst angebracht sind.

c) Für Mittel- und Großgaragen können nach Lage und Art der Garagen weitere Löschgeräte vorgeschrieben werden.

d) Im Freien angebrachte Handfeuerlöscher müssen gegen Einwirkung von Feuchtigkeit und Frost gesichert sein. Das Feuerlöschgerät muß sofort greifbar innerhalb der Garage oder außerhalb in der Nähe der Zufahrt angebracht und ständig betriebsfähig sein.

(5) Aufbewahrung von Kraft- und Schmierstoffen

a) Für jedes Kraftfahrzeug darf ein explosionssicherer Kraftstoffbehälter (Kanister) bis zu 15 Liter*) Fassungsvermögen, leer oder gefüllt, untergebracht werden. Darüber hinaus dürfen Kraftstoff und Kraftstoffbehälter in Garagen nicht aufbewahrt werden.

b) Undichte Kraftstoffbehälter der Kraftfahrzeuge (Tanks) müssen entleert werden, bevor die Kraftfahrzeuge in die Garagen oder feuergefährdeten Nebenräume gebracht werden.

c) Schmierstoffe dürfen in Einstellräumen bis zur Höchstmenge von 50 Kilogramm je Kraftfahrzeug in gut verschlossenen Behältern vorrätig gehalten werden.

d) Lose Gasflaschen dürfen in Garagenräumen nicht aufbewahrt werden (vgl. Ziff. 32 der Technischen Grundsätze zur Druckgasverordnung).

(6) Aufbewahrung von sonstigen brennbaren Stoffen

*Brennbare Stoffe, die nicht mit der Einstellung von Kraftfahrzeugen im Zusammenhang stehen, dürfen in Garagen nur in unerheblichen Mengen aufbewahrt werden**).*

### § 49

### Erleichterungen für Garagen mit drei bis fünf Krafträdern

In Garagen für drei bis fünf Krafträder, die mit den Erleichterungen im § 19 Buchst. b errichtet sind, gelten nur folgende Beschränkungen:

Es ist unzulässig:

a) das Rauchen und die Benutzung von offenem Feuer oder Licht,

b) das Lagern von leicht brennbaren Stoffen überhaupt oder das Lagern von größeren Mengen brennbarer Stoffe,

c) das Füllen und Entleeren der Kraftstoffbehälter sowie das Lagern von gefüllten oder leeren Kraftstoffbehältern oder

d) das Ausproben der Motoren und das Reinigen der Krafträder mit brennbaren Flüssigkeiten.

### § 50

### Besondere Betriebsvorschriften für Garagen mit Kraftfahrzeugen anderer Betriebsart

(1) Garagen für Kraftfahrzeuge, die durch flüssigen Kraftstoff mit einem Flammpunkt über 55° C (Dieselkraftstoffe) angetrieben werden:

*) Landesrechtlich teilweise auf 20 Liter erhöht.

**) Vgl. die Neufassung, abgedruckt unter 2.

a) Von den Vorschriften des § 48 gelten nur die im Abs. 2 und Abs. 5 Buchst. b und c.
b) Bis zu 200 Liter flüssige Kraftstoffe mit einem Flammpunkt über 55° C (Dieselkraftstoffe) dürfen in der Garage gelagert werden.

(2) *Garagen für Kraftfahrzeuge, die durch Speichergas angetrieben werden (Propan, Butan, hochverdichtetes Gas):*
*a) Es gelten sämtliche Vorschriften des § 48.*
*b) Kraftfahrzeuge, die mit hochverdichtetem Gas angetrieben werden, dürfen unter Räumen zum dauernden Aufenthalt von Menschen nicht untergebracht werden.*

(3) *Garagen mit Kraftfahrzeugen, die elektrisch angetrieben werden (Akkumulatoren oder Oberleitung): Die Vorschriften des § 48 finden keine Anwendung.*

(4) *Garagen mit Kraftfahrzeugen, die durch Generatorgas angetrieben werden (mit oder ohne Hilfsbehälter für brennbare Flüssigkeiten):*
*Von den Vorschriften im § 48 gelten nur die in den Abs. 2, 3 und 5. Wird der Generator innerhalb der Garage in Betrieb gesetzt, so sind die Gase ins Freie abzuführen.*

(5) *Garagen, in denen Generatorfahrzeuge neben Kraftfahrzeugen mit Speichergas oder Kraftfahrzeugen mit flüssigem Kraftstoff mit einem Flammpunkt bis zu 55° C (Vergaserkraftstoffe, z. B. Benzin, Benzol, Spiritus und deren Gemische) gemeinsam eingestellt werden:*
*a) Das Feuer der Generatorfahrzeuge darf innerhalb der Garage nicht entzündet werden.*
*b) Vor dem Einfahren in die Garage ist das Feuer zu löschen; die Luftzufuhr zum Generator muß spätestens nach dem Einstellen des Fahrzeuges abgesperrt werden.*
*c) In der Garage ist an gut sichtbarer Stelle durch dauerhaften Anschlag auf die Einhaltung der Vorschriften in Buchst. a und b hinzuweisen*

### § 51
### Betriebsvorschriften für Werkstätten

In den Werkstätten, die nach § 20 Abs. 2 mit Garagen unmittelbar verbunden sind, darf nicht mit offenem Feuer oder Licht umgegangen werden.

### § 52
### Reinigung der Benzinabscheider

Die Benzinabscheider sind rechtzeitig zu entleeren und zu reinigen.

## Abschnitt VIII
## **Zuständigkeit, baupolizeiliche Genehmigungspflicht und Verfahren**

### § 53
### Zuständigkeit

(1) Die Durchführung dieser Verordnung obliegt der Bau*polizei* mit Ausnahme der §§ 45 bis 52, deren Durchführung der *Ordnungspolizei* obliegt.

(2) Die Zuständigkeit für die Aufstellung städtebaulicher Pläne nach den §§ 9 und 10 bleibt unberührt.

(3) Wo die Ausübung der *polizeilichen* Befugnisse hinsichtlich der Entwässerungsanlagen und hinsichtlich der Beseitigung feuergefährlicher Stoffe anderen Stellen übertragen ist, obliegt diesen die Durchführung der Vorschriften im § 47 Abs. 5, 6, 7 und 8 und im § 52.

---

*) Vgl. die Neufassung, abgedruckt unter 2.

(4) Bei Garagen, die gewerblich betrieben werden oder die Teile gewerblicher Betriebe sind, bleibt die Zuständigkeit der Gewerbeaufsichtsbehörde für die Durchführung des Arbeiterschutzes unberührt.

§ 54

Genehmigungspflicht

(1) Der bau*polizeilichen* Genehmigung bedarf:

a) wer Garagen, Schutzdächer für Einstellplätze, bauliche Zubehöranlagen oder solche Zubehöranlagen, die die Erdoberfläche verändern, schaffen oder verändern will,

b) wer für Einstellplätze und Garagen Ein- und Ausfahrten an öffentlichen Verkehrsflächen schaffen oder verändern will,

c) *wer Kraftfahrzeuge in Räumen, die noch nicht als Garagen baupolizeilich genehmigt sind, regelmäßig oder dauernd einstellen will; ausgenommen ist die Einstellung von nicht mehr als zwei Krafträdern gemäß § 46 Abs. 4*)*.

(2) In den Fällen des § 2 Abs. 1 und 2 ist mit der für die bauliche Anlage durch die bestehenden Bauvorschriften geforderten baupolizeilichen Genehmigung auch Genehmigung für den Einstellplatz und seine Zubehöranlagen einzuholen.

§ 55

Baugenehmigungsantrag

Die durch die bestehenden Bauvorschriften geforderten Unterlagen müssen die zeichnerischen und schriftlichen Angaben enthalten, die zur Beurteilung des Vorhabens nach den Vorschriften dieser Verordnung notwendig sind.

§ 56

Genehmigungsverfahren

(1) Das baupolizeiliche Genehmigungsverfahren richtet sich nach den bestehenden allgemeinen Vorschriften.

(2) *Die Baugenehmigungsbehörde hat bei der Genehmigung von Garagen die für die Einstellung zugelassene Art von Kraftfahrzeugen in der Baugenehmigungsurkunde (Bauschein oder dgl.) zu vermerken, soweit hierfür besondere Bau- und Betriebsvorschriften gelten*)*.

(3) Die Baugenehmigungsurkunde ist auf dem Baugrundstück zur Einsicht für die Beauftragten der Durchführungs- und Überwachungsbehörden bereit zu halten.

§ 57

Widerrufliche Genehmigung

Die Baugenehmigungsbehörde kann die Errichtung von Garagen und von Schutzdächern für Kraftfahrzeuge widerruflich oder befristet genehmigen, wenn eine endgültige Genehmigung nicht möglich ist und wenn für den Fall des Widerrufs die Beseitigung des ordnungswidrigen Zustandes gesichert ist. Auch für Einstellplätze sowie für Ein- und Ausfahrten an öffentlichen Verkehrsflächen kann widerrufliche oder befristete Genehmigung erteilt werden. Entschädigungsansprüche sind ausgeschlossen.

§ 58

Ausnahmen und Befreiungen

(1) Die Baugenehmigungsbehörde kann Ausnahmen von den nicht zwingenden Vorschriften dieser Verordnung und von allen Bestimmungen der auf Grund

---

*) Vgl. die Neufassung, abgedruckt unter 2.

dieser Verordnung erlassenen örtlichen Bau*polizei*verordnungen und Ortssatzungen gewähren, soweit sie nach § 53 zuständig ist.

(2) Von den zwingenden Vorschriften dieser Verordnung, für die nach § 53 die Baupolizei zuständig ist, kann Befreiung erteilt werden, wenn die öffentlichen Belange die Abweichung erfordern oder wenn die Durchführung der Vorschriften im Einzelfalle zu einer offenbar nicht beabsichtigten Härte führen würde, die Abweichung mit den öffentlichen Belangen vereinbar ist und keine wesentliche Beeinträchtigung der Belange Beteiligter mit sich bringt.

(3) Zur Erteilung der Befreiung ist die höhere Bau*polizei*behörde zuständig. Wenn nach Landesrecht für Befreiungen Zuständigkeit und Verfahren anders geregelt sind, kann die oberste Landesbehörde bestimmen, daß diese Regelung auch für die bau*polizeiliche* Behandlung der Einstellplätze und Garagen sowie deren Zubehöranlagen gilt**).

## Abschnitt IX
## Schlußbestimmungen

### § 59
### Anwendungsbereich

(1) Diese Verordnung gilt nicht:

a) für Ausstellungs-, Verkaufs- und Fabrikräume, wenn dort nur Kraftfahrzeuge mit leeren Kraftstoffbehältern eingestellt werden,

b) für Werkstätten, außer wenn sie feuergefährdete Nebenräume von Garagen sind.

(2) (Gegenstandslos)

### § 60
### Andere gesetzliche Bestimmungen und Vorschriften

Die bestehenden Bauvorschriften bleiben unberührt, soweit diese Verordnung nichts anderes bestimmt. Entgegenstehende Vorschriften des Landesrechts über den Bau und Betrieb von Garagen treten außer Kraft. Die Arbeiterschutzbestimmungen und die Vorschriften über den Verkehr mit brennbaren Flüssigkeiten bleiben unberührt.

### § 61
### Rückwirkung

Soweit die Verkehrs- oder Feuersicherheit gefährdet ist oder soweit erhebliche Gesundheitsschädigungen zu befürchten sind, kann die Baugenehmigungsbehörde nach Anhören der Verkehrs*polizei*, der Feuerschutz*polizei*, der Gewerbeaufsichtsbehörde oder des Gesundheitsamts verlangen, daß rechtmäßig bestehende Anlagen in Einklang gebracht werden mit den Vorschriften in § 11 Abs. 1, §§ 15 bis 19, § 20 Abs. 2, §§ 21 bis 26, 28 bis 43 oder daß die bestehenden Mängel auf andere Weise wirksam beseitigt werden.

### § 62
### Anwendungen auf ländliche Gemeinden

Der Landrat kann diejenigen ländlichen Gemeinden bestimmen, in denen auf die Erfüllung der Forderungen im § 2 Abs. 1 und 2 bis auf weiteres verzichtet wird. Die Bestimmung kann jederzeit eingeschränkt oder aufgehoben werden.

---

*) Vgl. die Neufassung, abgedruckt unter 2.

**) § 58 ist nach dem Urteil des BVerwG vom 26. 5. 1955 (Nr. I C 86.54), BVerwGE 2, 122, Landesrecht.

§ 63

Zusätzliche örtliche Regelung

Durch örtliche Bau*polizei*verordnung oder durch Ortssatzung und, soweit die Zuständigkeit der *Ordnungspolizei* gegeben ist, durch örtliche Polizeiverordnung kann für das ganze Gemeindegebiet oder für Teile zusätzliche Regelung nach Maßgabe der Ausführungsbestimmungen getroffen werden.

§ 64

Straf- und Vollzugsbestimmungen

(1) Wer Vorschriften dieser Verordnung oder zu ihrer Ausführung erlassenen Anweisungen vorsätzlich oder fahrlässig zuwiderhandelt, wird — soweit nicht nach anderen Bestimmungen eine höhere Strafe verwirkt ist — mit Geldstrafe bis zu 150 Reichsmark oder mit Haft bestraft.

(2) Bis zum Ergehen *reichs*rechtlicher Vollzugsbestimmungen bleibt es bei den bestehenden *reichs*- und landesrechtlichen Vorschriften.

§ 65

Wirksamkeitsbeginn

Diese Verordnung tritt am 1. April 1939 in Kraft.

2.

## Änderung der *Reichs*garagenordnung

Runderlaß des ehem. Reicharbeitsministers vom 13. September 1944
IV a 5 Nr. 8676/531/44 (RArbBl. Nr. 26/27)

I

Auf Grund besonderer Ermächtigung bestimme ich ..., daß bis auf weiteres folgende Vorschriften der *Reichs*garagenordnung v. 17. 2. 39 (RGBl. I S. 219) in der nachstehenden Fassung anzuwenden sind:

§ 47 Abs. 1 b

Im Innern jeden Garagenraumes ist mindestens ein augenfälliger, dauerhafter Anschlag anzubringen, auf dem in deutlicher Schrift angegeben ist, welche Arten von Kraftfahrzeugen eingestellt werden dürfen; maßgebend ist die Baugenehmigung (§ 56 Abs. 2).

§ 48 Abs. 4 e

(Gegenstandslos)

Abs. 5 d

Lose Gasflaschen dürfen in Garagenräumen nicht aufbewahrt werden (vgl. Ziff. 32 der Technischen Grundsätze zur Druckgasverordnung).

Abs. 6

Aufbewahrung von sonstigen brennbaren Stoffen

Brennbare Stoffe, die nicht mit der Einstellung von Kraftfahrzeugen in Zusammenhang stehen, dürfen in Garagenräumen nur in unerheblichen Mengen aufbewahrt werden.

§ 50 Abs. 2

Garagen für Kraftfahrzeuge, die durch Speichergas angetrieben werden (Propan, Butan, hochverdichtetes Gas):

a) Es gelten sämtliche Vorschriften des § 48.

b) Kraftfahrzeuge, die mit Speichergas angetrieben werden, dürfen unter Räumen zum dauernden Aufenthalt von Menschen nicht eingestellt werden.
c) Sofort nach dem Einstellen des Kraftfahrzeuges sind bei Flüssiggas die Flaschen- und Hauptabsperrventile, bei Hochdruckgas (hochverdichtetem Gas) nur das Hauptabsperrventil zu schließen.
d) Innerhalb von Garagenräumen ist der Flaschenwechsel verboten.
e) Der Explosions- und Vergiftungsgefahr im Garagenraum ist durch besondere Sorgfalt bei der in § 48 Abs. 2 a geforderten Entlüftung zu begegnen.

§ 50 Abs. 4

Garagenräume für Kraftfahrzeuge, die durch Generatorgas angetrieben werden (mit oder ohne Hilfsbehälter für brennbare Flüssigkeiten):
a) Es gelten die Vorschriften des Abs. 2 e und des § 48 Abs. 2 bis 6.
b) Wird der Generator innerhalb des Garagenraumes in Betrieb gesetzt, so sind die aus dem Ausblaserohr austretenden Gase durch ein auf den Ausblasestutzen aufgestecktes besonderes Rohr unmittelbar ins Freie abzuführen und die Garagentore während des Anheizens — auch im Winter — vollständig offen zu halten.
c) Das Öffnen der angeheizten Generatoren sowie das Entaschen darf nur im Freien vorgenommen werden.
d) Kraftstoff mit einem Flammpunkt unter 55° C darf in Garagenräumen und in den mit ihnen verbundenen Nebenräumen weder in Zapfstellentanks gefüllt noch getankt werden, solange ein Generator in Betrieb ist.
e) An festen Kraftstoffen dürfen im Einstellraum höchstens aufbewahrt werden: Für das erste eingestellte Kraftfahrzeug der Dreitagesbedarf, für jedes weitere Kraftfahrzeug je ein Tagesbedarf.
f) In dem Garagenraum ist an gut sichtbarer Stelle durch dauerhaften Anschlag auf die Einhaltung der Vorschriften unter a bis e hinzuweisen.

§ 50 Abs. 5

Garagenräume, in denen Generatorfahrzeuge neben Kraftfahrzeugen mit flüssigem Kraftstoff mit einem Flammpunkt unter 55° C (Vergaserkraftstoff, z. B. Benzin, Benzol, Spiritus und deren Gemische) gemeinsam eingestellt werden:
a) Es gelten die Vorschriften des Abs. 2 e, des Abs. 4 b bis e und des § 48.
b) Das Feuer im Generatorherd darf innerhalb des Garagenraumes nur entzündet werden, wenn dessen Tore völlig geöffnet sind. Zur Entzündung sind nach Möglichkeit Lunten zu verwenden, bei denen ein Funkenflug ausgeschlossen ist.
c) Die Vornahme der Flammprobe ist innerhalb des Garagenraumes verboten.
d) Das Arbeiten an Kraftstoffleitungen und Vergasern innerhalb der Garage ist verboten, solange ein Generator in Betrieb ist.
e) In der Garage ist an gut sichtbarer Stelle durch dauerhaften Anschlag auf die Einhaltung der Vorschriften unter a bis d hinzuweisen.

§ 50 Abs. 6

Die gemeinsame Einstellung von Generatorfahrzeugen und Speichergasfahrzeugen ist verboten.

**§ 54 Abs. 1 d**

**d) Wer Kraftfahrzeuge einstellen will, für die der Garagenraum nicht zugelassen ist.**

§ 56 Abs. 2

Die Baugenehmigungsbehörde hat bei der Genehmigung in der Baugenehmigungsurkunde (Bauschein o. dgl.) zu vermerken, welche Arten von Kraftfahrzeugen für die einzelnen Garagenräume zugelassen oder nicht zugelassen sind und welchen Wortlaut der Anschlag nach § 47 Abs. 1 b haben muß.

II

Die *kriegsbedingte* Umstellung von Benzin auf andere Treibstoffe und der damit verbundene vermehrte Einsatz von Generator- und Speichergasfahrzeugen zwingt dazu, die *Reichs*garagenordnung den geänderten Verhältnissen anzupassen.

Da ein großer Teil der neuen Vorschriften zwar für die einzelnen für die Einstellung von Kraftfahrzeugen bestimmten Garagenräume (Boxen oder Hallen) gilt, nicht aber für die gesamte Garagenanlage mit allen ihren Nebenräumen und Zubehöranlagen, mußte nunmehr eine in der *Reichs*garagenordnung bisher nicht getroffene Unterscheidung zwischen dem einzelnen Garagenraum und der Garagenanlage als Ganzes gemacht werden.

Um den Vollzug der für die Speichergasfahrzeuge gegebenen neuen Vorschriften zu erleichtern, wird als Anlage eine Erläuterung über die Merkmale der Flüssiggas- und Hochdruckgasfahrzeuge beigegeben.

### Anlage

### Flüssiggas- und Hochdruckgas-Kraftfahrzeuge

Flüssiggas (Treibgas) besteht aus den Gasen Butan und Propan. Es wird in besonderen Flaschen geliefert. Der Gasdruck in der Flasche ist abhängig von der Außentemperatur und kann bis zu 17 kg/cm² betragen.

#### Merkmale der Flüssiggas-Kraftfahrzeuge

Die Gasflaschen sind mit wenigen Ausnahmen auswechselbar am Fahrzeug angebracht, meist je eine Flasche auf jeder Wagenseite unterhalb der Ladefläche, seltener senkrecht mit dem Ventil nach unten.

Außendurchmesser der Gasflaschen 321 mm, Gesamtlänge ohne Ventil 1204 mm. Flaschenfuß stets viereckig ausgebildet.

Verbindung der Gasflaschen mit der Rohrleitung fast immer durch Gummischläuche.

Als Hochdruckgase (permanente Gase) gelten die zum Antrieb von Kraftfahrzeugen verwendeten hochverdichteten Gase, wie Stadtgas (Leuchtgas), Koksofengas, Klärgas, Methan. Das Gas wird durch Pumpen oder Kompressoren besonderer Gastankstellen mit einem Druck von 200 kg/cm² in die Gasflaschen gepreßt.

#### Merkmale der Hochdruckgas-Kraftfahrzeuge

Die Gasflaschen sind meist waagerecht unter der Ladepritsche fest am Fahrzeug angebracht und normalerweise nicht auswechselbar.

Außendurchmesser der Flaschen durchweg 229 mm, Gesamtlänge ohne Ventil etwa 1600 bis 1900 mm.

Flaschenfuß in der Regel nicht vorhanden, keine Gummischlauchverbindungen, sondern direkter Anschluß der Gasleitung aus Stahlrohr an den Gasflaschen.

Ein am Fahrzeug angebrachtes Schild von 105 × 148 mm Größe enthält Angaben über die Gasart (Stadtgas, Methan o. dgl.), Fülldruck, Zahl und Rauminhalt der Gasflaschen (Behälter).

# D

# Raumordnungsgesetz

Vom 8. April 1965
(BGBl. I S. 306)

## Vorbemerkung

### 1. Allgemeines

Das Raumordnungsgesetz (RaumOG) des Bundes wurde am 12. 2. 1965 vom Bundestag und am 5. 3. 1965 vom Bundesrat gebilligt. Die jahrelangen Bemühungen um eine bundesrechtliche Regelung (siehe Vorbemerkung vor § 1 BBauG, 3 a) ergaben eine Kompromißlösung, die sich in den dreizehn Paragraphen des Gesetzes niederschlägt. Der Begriff Raumordnung ist — wie einer der Schöpfer dieses Gesetzes, Staatssekr. Prof. Dr. Ernst, selbst zugeben muß (Das Bundesraumordnungsgesetz, BBauBl. 1965, 94) — undeutlich. Letzten Endes war er aber durch Art. 75 Nr. 4 GG vorgezeichnet; dort wird die Rahmengesetzgebung für die Raumordnung dem Bund zugewiesen. Verschiedene wesentliche Veränderungen im Hinblick auf die Verteilung der Wohn- und Arbeitsstätten, der Struktur der Erwerbsarten, im Bevölkerungsaufbau sowie in den Arbeits- und Lebensbedingungen der Menschen in der Bundesrepublik war der vornehmliche Anlaß für die Bundesregierung, über das Länderabkommen vom 16. 12. 1957 hinaus die Raumordnung in den Griff des Bundesgesetzgebers zu bringen. Ob dies mit diesem Gesetz gelingen wird, kann erst die Zukunft lehren. Jedenfalls ist nach § 2 Abs. 1 RaumOG Ziel des Gesetzes ‚vor allem Förderung der Rückstandsgebiete, Schaffung und Erhaltung gesunder Lebens- und Arbeitsbedingungen in starken Verdichtungsgebieten, Förderung der Leistungskraft der Zonenrandgebiete. Die Länder sollen nach den geltenden Landesplanungsgesetzen zusammenfassende Programme und Pläne für ihr ganzes Land oder für Regionen aufstellen. „Der Bund erkennt auch dort, wo er Träger besonderer Hoheitsaufgaben und Planungsbefugnisse ist, die Landesentwicklungsprogramme für sich als verbindlich an, soweit ihm das nicht die Durchführung seiner Aufgaben unmöglich macht“ (Ernst a. a. O.). Über die Grundsätze einer klaren Abgrenzung von Länder- und Bundeshoheit hinaus ist kein Bundesentwicklungsplan (= programm) Rechtens.

Die im BRaumOG niedergelegten Grundsätze binden in erster Linie den Bund, aber auch die Länder, und zwar insoweit, als sie nach den im Gesetz niedergelegten Grundsätzen ihre Landes-(Regional-)Entwicklungsprogramme und -Pläne aufstellen, die hinwiederum für die gemeindliche Bauleitplanung verbindlich sind. Die Koordinierung der einzelnen Maßnahmen der Bundesministerien und Bundesbehörden auf dem Gebiete der Raumordnung erfolgt in einem Kabinettsausschuß für Raumordnung.

### 2. Besonderheiten der endgültigen Fassung

Das Gesetz ist in mehrfacher Hinsicht gegenüber den früheren Entwürfen von Bedeutung:

a) Der allgemeine, bisher gesetzlich nicht verankerte Grundsatz, daß sich die Ordnung der Einzelräume in die Ordnung des Gesamtraumes einfügt, andererseits aber auch die Ordnung des Gesamtraumes die Gegebenheiten und Erfordernisse seiner Einzelräume berücksichtigen soll, ist jetzt gesetzlich geregelt worden (§ 1 Abs. 4).

b) Die Grundsätze der Raumordnung erfassen im Gegensatz zu der Regierungsvorlage nicht mehr nur die in ihrer Struktur gefährdeten Gebiete, sondern erstrecken sich auf das ganze Bundesgebiet (§ 1 Abs. 1).

c) Es ist eine für alle Gebiete geltende Konzeption für den Verdichtungsprozeß gefunden worden (§ 2 Abs. 1 Nr. 2).
Die Forderung für den Ausbau zentraler Orte ist in den Grundsätzen gesetzlich festgelegt worden.
d) Die besondere Situation des Zonenrandgebietes ist deutlich hervorgehoben. Die Leistungskraft des Zonenrandgebietes ist bevorzugt mit dem Ziel zu stärken, daß in allen seinen Teilen Lebens- und Arbeitsbedingungen sowie eine Wirtschafts- und Sozialstruktur geschaffen werden, die denen im gesamten Bundesgebiet mindestens gleichwertig sind (§ 2 Abs. 1 Nr. 4).
e) Die Bindungswirkung der Grundsätze gegenüber den Ländern ist durch den zwischen Ministerpräsident Dr. Meyers und Bundesminister Lücke ausgehandelten Kompromiß zwar in ihrem Geltungsbereich eingeschränkt, dürfte aber vielleicht doch für eine gemeinsam von Bund und Ländern getragene Raumordnungspolitik ausreichen. Das Schwergewicht der Raumordnungspolitik ist auf die Länder übertragen worden. Sie haben im Rahmen der Grundsätze des Gesetzes in ihren Landesentwicklungsprogrammen und -plänen die Zielsetzung des Gesetzes zu verwirklichen. Erst durch sie tritt die Bindung des kommunalen Bereiches ein. Vgl. §§ 4, 5.
f) Die Mitwirkung der Gemeinden und Landkreise an der Aufstellung der Landesentwicklungsprogramme und -pläne und bei der Regionalplanung ist bundesrechtlich gewährleistet (§ 5 Abs. 2). Die Länder haben Rechtsgrundlagen für eine Regionalplanung zu schaffen, wenn diese für Teilräume des Landes geboten erscheint. Entsprechend § 7 BBauG sind auch die Fachplanungsträger des Bundes in die Festsetzung der Landes- und Regionalplanung einbezogen worden (§ 6).
g) Es sind eine Bund-Länder-Konferenz für Raumordnung (§ 8) und ein Beirat für Raumordnung (§ 9) geschaffen worden.

## § 1
## Aufgaben und Ziele der Raumordnung

(1) Das Bundesgebiet ist in seiner allgemeinen räumlichen Struktur einer Entwicklung zuzuführen, die der freien Entfaltung der Persönlichkeit in der Gemeinschaft am besten dient. Dabei sind die natürlichen Gegebenheiten sowie die wirtschaftlichen, sozialen und kulturellen Erfordernisse zu beachten.

(2) Das Ziel der Wiedervereinigung des gesamten Deutschlands ist zu berücksichtigen und seine Verwirklichung zu fördern. Dabei ist der räumliche Zusammenhang der Gebiete zu beachten und zu verbessern.

(3) Die Raumordnung im Bundesgebiet hat die räumlichen Voraussetzungen für die Zusammenarbeit im europäischen Raum zu schaffen und sie zu fördern.

(4) Die Ordnung der Einzelräume soll sich in die Ordnung des Gesamtraumes einfügen. Die Ordnung des Gesamtraumes soll die Gegebenheiten und Erfordernisse seiner Einzelräume berücksichtigen.

Anmerkung:

Unter den „natürlichen Gegebenheiten" (Abs. 1 Satz 2) sind entsprechend den Feststellungen des federführenden 24. Bundestagsausschusses (Ausschuß für Wohnungswesen, Städtebau und Raumordnung) — zu Drucksache IV/3014, BT 4. Wahlperiode — auch die aus der Landschaft sich ergebenden natürlichen Lebensbedingungen, ihre Zusammenhänge und Abhängigkeiten zu verstehen, was auch die dabei gebotene Rücksichtnahme auf die vorhandenen Bodenschätze einschließt.

**Abs. 4 Satz 2 stellt eine Schutzvorschrift für die Kreise und Gemeinden dar.**

## § 2
### Grundsätze der Raumordnung

(1) Grundsätze der Raumordnung sind:

1. Die räumliche Struktur der Gebiete mit gesunden Lebens- und Arbeitsbedingungen sowie ausgewogenen wirtschaftlichen, sozialen und kulturellen Verhältnissen soll gesichert und weiter entwickelt werden.
In Gebieten, in denen eine solche Struktur nicht besteht, sollen Maßnahmen zur Strukturverbesserung ergriffen werden.
Die verkehrs- und versorgungsmäßige Aufschließung, die Bedienung mit Verkehrs- und Versorgungsleistungen und die angestrebte Entwicklung sind miteinander in Einklang zu bringen.
2. Eine Verdichtung von Wohn- und Arbeitsstätten, die dazu beiträgt, räumliche Strukturen mit gesunden Lebens- und Arbeitsbedingungen sowie ausgewogenen wirtschaftlichen, sozialen und kulturellen Verhältnissen zu erhalten, zu verbessern oder zu schaffen, soll angestrebt werden.
3. In Gebieten, in denen die Lebensbedingungen in ihrer Gesamtheit im Verhältnis zum Bundesdurchschnitt wesentlich zurückgeblieben sind oder ein solches Zurückbleiben zu befürchten ist, sollen die allgemeinen wirtschaftlichen und sozialen Verhältnisse sowie die kulturellen Einrichtungen verbessert werden.
In den Gemeinden dieser Gebiete sollen die Lebensbedingungen der Bevölkerung, insbesondere die Wohnverhältnisse sowie die Verkehrs- und Versorgungseinrichtungen allgemein verbessert werden. In einer für ihre Bewohner zumutbaren Entfernung sollen Gemeinden mit zentralörtlicher Bedeutung einschließlich der zugehörigen Bildungs-, Kultur- und Verwaltungseinrichtungen gefördert werden.
4. Die Leistungskraft des Zonenrandgebietes ist bevorzugt mit dem Ziel zu stärken, daß in allen seinen Teilen Lebens- und Arbeitsbedingungen sowie eine Wirtschafts- und Sozialstruktur geschaffen werden, die denen im gesamten Bundesgebiet mindestens gleichwertig sind. Die Bildungs-, Kultur-, Verkehrs-, Versorgungs- und Verwaltungseinrichtungen sind vordringlich zu schaffen.
5. Es sind die räumlichen Voraussetzungen dafür zu schaffen und zu sichern, daß die land- und forstwirtschaftliche Bodennutzung als wesentlicher Produktionszweig der Gesamtwirtschaft erhalten bleibt. Die Landeskultur soll gefördert werden.
Für die landwirtschaftliche Nutzung gut geeignete Böden sind nur in dem unbedingt notwendigen Umfang für andere Nutzungsarten vorzusehen. Das gleiche gilt für forstwirtschaftlich genutzte Böden.
Für ländliche Gebiete sind eine ausreichende Bevölkerungsdichte und eine angemessene wirtschaftliche Leistungsfähigkeit sowie ausreichende Erwerbsmöglichkeiten, auch außerhalb der Land- und Forstwirtschaft, anzustreben.
Nummer 3 Sätze 2 und 3 finden entsprechende Anwendung.
6. In Verdichtungsräumen mit gesunden räumlichen Lebens- und Arbeitsbedingungen sowie ausgewogener Wirtschafts- und Sozialstruktur sollen diese Bedingungen und Strukturen gesichert und, soweit nötig, verbessert werden.
Der Verdichtung von Wohn- und Arbeitsstätten, die zu ungesunden räumlichen Lebens- und Arbeitsbedingungen sowie zu unausgewogenen Wirtschafts- und Sozialstrukturen führt, soll entgegengewirkt werden. Wo solche ungesunden Bedingungen und unausgewogene Strukturen bestehen, soll deren Gesundung gefördert werden.
Maßnahmen zur Erreichung dieser Ziele sind eine vorausschauende örtliche und regionale Planung, die Verbesserung der Verkehrsverhältnisse und der

der Versorgung der Bevölkerung dienenden Einrichtungen sowie die Entwicklung von Gemeinden zu Entlastungsorten für die Aufnahme von Wohn- und Arbeitsstätten in angemessener Entfernung. Art und Umfang dieser Maßnahmen sollen die Verwirklichung der Grundsätze nach den Nummern 1 bis 5 in den anderen Gebieten nicht beeinträchtigen. Sie sollen auch der Erhaltung der den Verdichtungsräumen zugeordneten Landschaft dienen.

7. Für die Erhaltung, den Schutz und die Pflege der Landschaft einschließlich des Waldes sowie für die Sicherung und Gestaltung von Erholungsgebieten ist zu sorgen.
   Für die Reinhaltung des Wassers, die Sicherung der Wasserversorgung und für die Reinhaltung der Luft sowie für den Schutz der Allgemeinheit vor Lärmbelästigungen ist ausreichend Sorge zu tragen.
8. Die landsmannschaftliche Verbundenheit sowie die geschichtlichen und kulturellen Zusammenhänge sollen berücksichtigt werden.
9. Die Erfordernisse der zivilen und militärischen Verteidigung sind zu beachten.

(2) Die Grundsätze sind von den in § 3 genannten Stellen im Rahmen des ihnen zustehenden Ermessens gegeneinander und untereinander nach Maßgabe des § 1 abzuwägen.

(3) Die Länder können weitere Grundsätze aufstellen, soweit diese dem Absatz 1 und dem § 1 nicht widersprechen.

Anmerkung:

Unter „gesunden Lebens- und Arbeitsbedingungen" (Abs. 1 Nr. 1) ist die Gesamtheit aller Lebensbedingungen, die sich aus der Nutzung des Raumes und seiner strukturellen Gestaltung ergeben zu verstehen und nicht etwa nur klimatisch gesunde Bedingungen (vgl. 4. BT zu DS IV/3014 S. 3, 4).

Abs. 3 macht deutlich, daß es sich um ein Rahmengesetz handelt.

## § 3
## Geltung der Grundsätze

(1) Die Vorschriften des § 2 Abs. 1 und 2 sowie die auf Grund des § 2 Abs. 3 aufgestellten Grundsätze gelten unmittelbar für die Behörden des Bundes, die bundesunmittelbaren Planungsträger und im Rahmen der ihnen obliegenden Aufgaben für die bundesunmittelbaren Körperschaften, Anstalten und Stiftungen des öffentlichen Rechts bei Planungen und sonstigen Maßnahmen, durch die Grund und Boden in Anspruch genommen oder die räumliche Entwicklung eines Gebietes beeinflußt wird (raumbedeutsame Planungen und Maßnahmen).

(2) Die Grundsätze des § 2 gelten unmittelbar für die Landesplanung in den Ländern. In den Ländern Berlin, Bremen und Hamburg gelten die Grundsätze des § 2 Abs. 1 für die Flächennutzungspläne nach § 5 des Bundesbaugesetzes vom 23. Juni 1960 (Bundesgesetzbl. I S. 341). Aufgaben und Zuständigkeiten der Landesplanung bestimmen sich mit der Maßgabe nach Landesrecht, daß sich die Wirkung der Programme und Pläne nach § 5 Abs. 1 auch auf die raumwirksamen Investitionen erstreckt. Weitergehende landesrechtliche Vorschriften über die Geltung der Grundsätze, die Aufgaben und die Zuständigkeiten der Landesplanung bleiben unberührt.

(3) Die Grundsätze des § 2 Abs. 1 und 3 haben dem einzelnen gegenüber keine Rechtswirkung.

Anmerkung:

Abs. 1 enthält die verbindliche Feststellung, das die Grundsätze des § 2 Abs. 3 den Bund unmittelbar binden.

Aufgaben und Zuständigkeiten der Landesplanung richten sich nach der Landeswahl (siehe die nachfolgend abgedruckten Landesplanungsgesetze); die Programme und Pläne der Landesplanung bilden zudem den Rahmen für raumwirksame Investitionen. Mit Abs. 2 Satz 3 wurde den Ländern die Möglichkeit eröffnet, die Aufgaben und Zuständigkeiten der Landesplanung weiter zu erstrecken. Für die drei Stadtstaaten bedurfte es einer ihrer Eigenart entsprechenden Regelung bezüglich der Flächennutzungspläne (§ 5 BBauG).

Abs. 3 besagt, daß die Grundsätze des § 2 Abs. 1 und 3 weder den einzelnen Staatsbürgern gegenüber bindende Wirkung haben noch Rechtsansprüche bezüglich der Gestaltung der Raumordnungspläne, -programme und -maßnahmen noch hinsichtlich der Gewährung von Entschädigungen oder Förderungsmaßnahmen der öffentlichen Hand haben.

## § 4
## Verwirklichung der Grundsätze

(1) Der für die Raumordnung zuständige Bundesminister wirkt unbeschadet der Aufgaben und Zuständigkeiten der Länder auf die Verwirklichung der Vorschriften des § 2 hin, insbesondere durch Abstimmung der raumbedeutsamen Planungen und Maßnahmen nach § 3 Abs. 1 einschließlich des Einsatzes der raumwirksamen Investitionen. Er stellt die langfristigen und großräumigen raumbedeutsamen Planungen und Maßnahmen nach § 3 Abs. 1 zusammenfassend dar.

(2) Die Bundesregierung hat darauf hinzuwirken, daß die juristischen Personen des Privatrechts, an denen der Bund beteiligt ist, im Rahmen der ihnen obliegenden Aufgaben die §§ 1 und 2 beachten.

(3) Die Länder sichern im Rahmen der Landesplanung (§ 3 Abs. 2) die Verwirklichung der Vorschriften des § 2 insbesondere durch die Aufstellung von Programmen und Plänen nach § 5.

(4) Die Länder haben bei raumbedeutsamen Maßnahmen darauf Rücksicht zu nehmen, daß die Verwirklichung der Grundsätze in benachbarten Bundesländern und im Bundesgebiet in seiner Gesamtheit nicht erschwert wird.

(5) Die Behörden des Bundes und der Länder, die Gemeinden und Gemeindeverbände, die öffentlichen Planungsträger sowie im Rahmen der ihnen obliegenden Aufgaben die bundesunmittelbaren und die der Aufsicht des Landes unterstehenden Körperschaften, Anstalten und Stiftungen des öffentlichen Rechts haben ihre Planungen und Maßnahmen aufeinander und untereinander abzustimmen. Das gilt vor allem für Maßnahmen zur Verbesserung der Agrarstruktur und die Bauleitplanung. Die Länder regeln die Mitwirkung der für die Raumordnung zuständigen Landesbehörden bei der Abstimmung.

Anmerkung:

Die Mitwirkung des Bundesministers für Wohnungswesen, Städtebau und Raumordnung wurde vom federführenden Ausschuß gefordert; das gleiche gilt für Abs. 2.

Die den Ländern in Abs. 3 auferlegte Verpflichtung entspricht im wesentlichen dem § 3 Abs. 2, diejenige des Abs. 4 war im Regierungsentwurf nicht enthalten.

Die in Abs. 5 festgelegte Koordinationspflicht entspricht einem Gebot der Praxis. Satz 3 trägt dem föderativen Grundsatz Rechnung.

### § 5
### Raumordnung in den Ländern

(1) Die Länder stellen für ihr Gebiet übergeordnete und zusammenfassende Programme oder Pläne auf. Die Aufstellung räumlicher und sachlicher Teilprogramme und Teilpläne ist zulässig. Die Länder bezeichnen die in § 2 Abs. 1 Nrn. 3, 4 und 6 Sätze 2 und 3 genannten Gebiete. Für diese Gebiete sollen vordringlich räumliche oder sachliche Teilprogramme und Teilpläne aufgestellt werden. In den Ländern Berlin, Bremen und Hamburg ersetzt ein Flächennutzungsplan nach § 5 des Bundesbaugesetzes die Programme und Pläne.

(2) Die Programme und Pläne nach Absatz 1 müssen unbeschadet weitergehender bundes- und landesrechtlicher Vorschriften diejenigen Ziele der Raumordnung und Landesplanung enthalten, die räumlich und sachlich zur Verwirklichung der Grundsätze nach § 2 erforderlich sind. Bei der Aufstellung von Zielen der Raumordnung und Landesplanung sind die Gemeinden und Gemeindeverbände, für die eine Anpassungspflicht begründet wird, oder deren Zusammenschlüsse zu beteiligen; das Nähere wird durch Landesrecht bestimmt.

(3) Die Länder schaffen Rechtsgrundlagen für eine Regionalplanung, wenn diese für die Teilräume des Landes geboten erscheint. Soweit die Regionalplanung nicht durch Zusammenschlüsse von Gemeinden und Gemeindeverbänden zu regionalen Planungsgemeinschaften erfolgt, sind die Gemeinden und Gemeindeverbände oder deren Zusammenschlüsse in einem förmlichen Verfahren zu beteiligen; das Nähere wird durch Landesrecht bestimmt. Ist eine Regionalplanung über die Grenzen eines Landes erforderlich, so treffen die beteiligten Länder die notwendigen Maßnahmen im gegenseitigen Einvernehmen.

(4) Ziele der Raumordnung und Landesplanung sind von den in § 4 Abs. 5 genannten Stellen bei Planungen und allen sonstigen Maßnahmen, durch die Grund und Boden in Anspruch genommen oder die räumliche Entwicklung eines Gebietes beeinflußt wird, zu beachten. § 3 Abs. 1 und 2 bleiben unberührt.

Anmerkung:

§ 5 enthält die wichtigsten Rahmenvorschriften für die Länder. Die Pflicht zur Beteiligung der Gemeinden und Gemeindeverbände (Abs. 2 Satz 2 und Abs. 3 Satz 2 ist über die Regierungsvorlage hinaus neu eingefügt worden.

### § 6
### Anpassung besonderer Bundesmaßnahmen

(1) Bei Vorhaben des Bundes oder bundesunmittelbarer Planungsträger,

a) deren besondere öffentliche Zweckbestimmung einen bestimmten Standort oder eine bestimmte Linienführung erfordert, oder

b) die auf Grundstücken durchgeführt werden sollen, die nach dem Gesetz über die Landbeschaffung für Aufgaben der Verteidigung vom 23. Februar 1957 (Bundesgesetzbl. I S. 134), zuletzt geändert durch das Gesetz vom 23. Dezember 1963 (Bundesgesetzbl. I S. 1012), oder nach dem Gesetz über die Beschränkung von Grundeigentum für die militärische Verteidigung vom 7. Dezember 1956 (Bundesgesetzbl. I S. 899) in Anspruch genommen sind, oder

c) über die in einem Verfahren nach dem Bundesfernstraßengesetz in der Fassung vom 6. August 1961 (Bundesgesetzbl. I S. 1741), dem Bundesbahngesetz vom 13. Dezember 1951 (Bundesgesetzbl. I S. 955), dem Telegraphenwege-Gesetz vom 18. Dezember 1899 (Reichsgesetzbl. S. 705), dem Luftverkehrsgesetz in der Fassung vom 10. Januar 1959 (Bundesgesetzbl. I S. 9), zuletzt geändert durch das Zweite Gesetz zur Sicherung des Straßenverkehrs vom 26. November 1964 (Bundesgesetzbl. I S. 921), oder dem Personenbeförderungsgesetz vom 21. März 1961 (Bundesgesetzbl. I S. 241) zu entscheiden ist, gilt § 5 Abs. 4 nur, wenn die zuständige Behörde oder der bundesunmittelbare Planungsträger beteiligt worden ist und innerhalb angemessener Frist nicht widersprochen hat.

(2) Der Widerspruch ist zulässig, wenn die Ziele der Raumordnung und Landesplanung

1. mit den Grundsätzen des § 2 nicht übereinstimmen oder
2. mit der Zweckbestimmung des Vorhabens nicht in Einklang stehen und das Vorhaben nicht auf einer anderen geeigneten Fläche durchgeführt werden kann.

Macht eine Veränderung der Sachlage eine Abweichung erforderlich, so kann sich die zuständige Behörde oder der bundesunmittelbare Planungsträger mit Zustimmung der nächsthöheren Behörde innerhalb angemessener Frist hierauf berufen.

Anmerkung:

Der Widerspruch im Sinn des Abs. 1 und 2 ist nicht mit dem in § 7 Abs. 2 genannten Widerspruch nach der VwGO identisch. Es handelt sich um ein Sonderverfahren, das nicht zur Anfechtungsklage führen kann, da es sich um behördeninterne Vorgänge handelt.

## § 7
## Untersagung raumordnungswidriger Planungen und Maßnahmen

(1) Ist die Aufstellung, Änderung, Ergänzung oder Aufhebung von Zielen der Raumordnung und Landesplanung eingeleitet, so kann die für die Raumordnung zuständige Landesbehörde raumbedeutsame Planungen und Maßnahmen, die Behörden oder sonstige Stellen im Sinne des § 4 Abs. 5 beabsichtigen, für eine bestimmte Zeit untersagen, wenn zu befürchten ist, daß die Durchführung der Ziele der Raumordnung und Landesplanung unmöglich gemacht oder wesentlich erschwert wird. Dies gilt nur für solche Planungen und Maßnahmen, die von der Rechtswirkung der Ziele der Raumordnung und Landesplanung nach § 5 erfaßt würden.

(2) Widerspruch und Anfechtungsklage gegen eine Untersagung haben keine aufschiebende Wirkung.

(3) Das Nähere, auch die Entschädigung für die Folgen einer Untersagung, regeln die Länder; die Höchstdauer der Untersagung darf zwei Jahre nicht überschreiten.

Anmerkung:

Abs. 1 entspricht den §§ 14 und 15 BBauG. Die nach § 80 Abs. 1 VwGO grundsätzlich eintretende aufschiebende Wirkung der genannten Rechtsbehelfe ist für die Untersagung nach Abs. 1 beseitigt. Die Wiederherstellung der aufschiebenden Wirkung kann nach den Vorschriften der VwGO (§ 80 Abs. 5) beantragt werden.

Widerspruch und Klage im Sinn des Abs. 2 können nur selbständige Rechtsträger (insbes. Gemeinden und Gemeindeverbände), nicht aber die dem Land zugehörigen landeseigenen Behörden erheben; ein solcher Insichprozeß wäre unzulässig.

Den Ländern obliegt nach Abs. 3 die Einzelregelung, die auch die Entschädigung umfaßt. Eine Verlängerung der Höchstdauer der Untersagung über zwei Jahre hinaus ist ausgeschlossen.

§ 8
## Gemeinsame Beratung

(1) Grundsätzliche Fragen der Raumordnung und Landesplanung und Zweifelsfragen sollen von der Bundesregierung und den Landesregierungen gemeinsam beraten werden. Hierzu gehören insbesondere:

1. die Merkmale für die Bestimmung der Gebiete nach § 2 Abs. 1 Nrn. 3, 4 und 6 Sätze 2 und 3 sowie die Abgrenzung dieser Gebiete nach § 5 Abs. 1 Satz 3,
2. Zweifelsfragen bei der Anwendung der Grundsätze nach § 2 bei wesentlichen raumbedeutsamen Planungen und Maßnahmen des Bundes und der Länder,
3. Zweifelsfragen bei der Abstimmung von raumbedeutsamen Planungen und Maßnahmen (§ 4 Abs. 5) und über die Berechtigung des Widerspruchs einer Behörde des Bundes oder eines bundesunmittelbaren Planungsträgers gegen Programme oder Pläne der Raumordnung und Landesplanung in den Ländern (§ 6),
4. Zweifelsfragen über die Folgen der Verwirklichung der Grundsätze in benachbarten Bundesländern und im Bundesgebiet in seiner Gesamtheit (§ 4 Abs. 4).

(2) Eine gemeinsame Beratung nach Absatz 1 oder deren Möglichkeit steht der Einleitung und Durchführung gesetzlich geregelter Verfahren nicht entgegen. Soll die Berechtigung eines Widerspruchs nach § 6 beraten werden und hat das Land oder die Gemeinde eine andere Fläche für das Vorhaben bezeichnet, so darf mit der Verwirklichung erst begonnen werden, wenn die Beratung stattgefunden hat; nach Ablauf von 3 Monaten seit Erhebung des Widerspruchs steht die Möglichkeit einer Beratung der Verwirklichung des Vorhabens nicht entgegen.

Anmerkung:

Mit dieser Bestimmung wird eine Bund-Länder-Konferenz gebildet, deren Zusammentritt in den Fällen des Abs. 2 Satz 2 im Hinblick auf die Rechtsfolgen des letzten Halbsatzes notwendig ist.

§ 9
## Beirat für Raumordnung

(1) Bei dem für die Raumordnung zuständigen Bundesminister ist ein Beirat zu bilden. Er hat die Aufgabe, den Bundesminister in Grundsatzfragen der Raumordnung zu beraten.

(2) Der Bundesminister beruft im Benehmen mit den zuständigen Spitzenverbänden in den Beirat neben Vertretern der kommunalen Selbstverwaltung Sachverständige insbesondere aus den Bereichen der Wissenschaft, der Landesplanung, des Städtebaues, der Wirtschaft, der Landwirtschaft, der Forstwirtschaft, der Arbeitgeber und Arbeitnehmer.

Anmerkung:

Der Beirat für Raumordnung hat rein beratende Funktion.

§ 10
## Mitteilungs- und Auskunftspflicht

(1) Die Behörden des Bundes, die bundesunmittelbaren Planungsträger und die bundesunmittelbaren Körperschaften, Anstalten und Stiftungen des öffentlichen Rechts sind verpflichtet, der Bundesregierung die erforderlichen Auskünfte zu geben. Der für die Raumordnung zuständige Bundesminister unterrichtet die für die Raumordnung zuständigen obersten Landesbehörden über Vorhaben des Bundes und der bundesunmittelbaren Planungsträger von wesentlicher Bedeu-

tung. Die Unterrichtungspflicht gilt nicht, soweit andere bundesgesetzliche Vorschriften bereits eine Unterrichtung der für die Raumordnung zuständigen obersten Landesbehörden vorsehen.

(2) Die für die Raumordnung zuständigen Landesbehörden informieren den für die Raumordnung zuständigen Bundesminister über

1. die in ihren Ländern aufzustellenden und aufgestellten Programme und Pläne,
2. die beabsichtigten oder getroffenen sonstigen landesplanerischen Maßnahmen und Entscheidungen von wesentlicher Bedeutung.

(3) Die Länder regeln Inhalt und Umfang der Mitteilungs- und Auskunftspflicht über beabsichtigte Planungen und Maßnahmen, soweit diese für die Landesplanung Bedeutung haben oder erlangen können. Dies gilt unbeschadet anderweitiger bundesgesetzlicher Regelungen nicht für die in Absatz 1 Satz 2 genannten Vorhaben.

(4) Bund und Länder sind verpflichtet, sich gegenseitig alle Auskünfte zu erteilen, die zur Durchführung der Aufgaben der Raumordnung und Landesplanung notwendig sind. Weitergehende vertragliche Regelungen bleiben unberührt.

Anmerkung:

Die gegenseitige Konsultationspflicht ist eine unerläßliche Grundlage für die notwendige Abstimmung von Raumordnungsmaßnahmen. — Die Verpflichtung der Länder nach Abs. 3 ist so gehalten, daß die Regelungen nicht nur im Verordnungswege zu ergehen brauchen; es genügen Verwaltungsvorschriften.

## § 11
## Unterrichtung des Deutschen Bundestages

Die Bundesregierung erstattet in einem Abstand von zwei Jahren, erstmalig im Jahre 1966, dem Bundestag einen Bericht über

1. die bei der räumlichen Entwicklung des Bundesgebietes zugrunde zu legenden Tatsachen (Bestandsaufnahme, Entwicklungstendenzen),
2. die Auswirkungen zwischenstaatlicher Verträge auf die räumliche Entwicklung des Bundesgebietes, in Sonderheit dessen regionale Wirtschaftsstruktur,
3. die im Rahmen der angestrebten räumlichen Entwicklung durchgeführten und geplanten Maßnahmen.

## § 12
## Geltung im Land Berlin

Dieses Gesetz tritt nach Maßgabe des § 13 Abs. 1 des Dritten Überleitungsgesetzes vom 4. Januar 1952 (Bundesgesetzbl. I S. 1) auch im Land Berlin.

## § 13
## Inkrafttreten

Dieses Gesetz tritt am Tage nach seiner Verkündung in Kraft.

Anmerkung:

Das Gesetz ist im Bundesgesetzblatt Nr. 16 vom 21. April 1965 verkündet worden und demnach am 22. April 1965 in Kraft getreten.

# E
# Landesplanungsgesetze

## 1.
## BADEN-WÜRTTEMBERG
## Landesplanungsgesetz

Vom 19. Dezember 1962
(GBl. Bad.-Wttb. 1963 S. 1)

Der Landtag hat am 13. Dezember 1962 das folgende Gesetz beschlossen, das hiermit verkündet wird:

### Abschnitt I
### Gegenstand und Aufgabe der Landesplanung

§ 1

(1) Die Landesplanung soll dazu beitragen, dem Menschen die freie Entfaltung seiner Persönlichkeit in der Gemeinschaft zu sichern.

(2) Gegenstand und Aufgabe der Landesplanung ist die übergeordnete, überörtliche und zusammenfassende Planung für eine den sozialen, kulturellen und wirtschaftlichen Erfordernissen entsprechende Raumordnung im Lande.

### Abschnitt II
### Organisation der Landesplanung

1. Landesplanungsbehörden

§ 2
Arten

(1) Oberste Landesplanungsbehörde ist das Innenministerium.

(2) Nachgeordnete Landesplanungsbehörden sind die Regierungspräsidien.

§ 3
Aufgaben

(1) Die oberste Landesplanungsbehörde hat, soweit in diesem Gesetz nichts anderes bestimmt ist, die erforderlichen Entwicklungspläne (§ 13) zu erarbeiten und im Rahmen dieses Gesetzes für deren Beachtung zu sorgen. Sie hat die beteiligten Ministerien und den Landesplanungsrat (§ 4) über die Planungen zu unterrichten, die für die Landesplanung von Bedeutung sein können. Können sich Maßnahmen der Landesplanung über den Bereich des Landes hinaus auswirken, so hat die oberste Landesplanungsbehörde die mit den Behörden anderer Länder und des Bundes erforderlichen Verhandlungen zu führen.

(2) Die nachgeordneten Landesplanungsbehörden haben die oberste Landesplanungsbehörde bei der Erarbeitung von Entwicklungsplänen zu beraten und im Rahmen dieses Gesetzes für deren Beachtung zu sorgen.

---

*) Vgl. auch für Niedersachsen: Gesetz zur Ordnung des Großraumes Hannover (GrRG) vom 14. Dezember 1962 (GVBl. NS S. 235 = BBaubl. 1963, 94).

## 2. Landesplanungsrat

### § 4
### Bildung und Aufgaben

(1) Bei der obersten Landesplanungsbehörde ist ein Landesplanungsrat zu bilden.

(2) Der Landesplanungsrat hat die Landesplanung durch Gutachten, Anregungen und Empfehlungen zu fördern, die oberste Landesplanungsbehörde in grundsätzlichen Fragen zu beraten und insbesondere nach Maßgabe dieses Gesetzes bei der Aufstellung und Verbindlichkeitserklärung von Entwicklungsplänen sowie der Unbedenklichkeitserklärung von Regionalplänen mitzuwirken.

### § 5
### Organisation

(1) Mitglieder des Landesplanungsrats sind

1. der Innenminister als Vorsitzender,
2. vier Vertreter der anerkannten regionalen Planungsgemeinschaften,
3. vier Vertreter der kommunalen Landesverbände,
4. ein Vertreter der Arbeitsgemeinschaft der Industrie- und Handelskammern,
5. ein Vertreter des Landesverbandes der Badisch-Württembergischen Industrie,
6. ein Vertreter der Handwerkskammern,
7. ein Vertreter der Arbeitsgemeinschaft der Fremdenverkehrsverbände in Baden-Württemberg,
8. drei Vertreter der Baden-Württembergischen Bauernverbände,
9. ein Vertreter der Forstkammer Baden-Württemberg,
10. ein Vertreter der Arbeitsgemeinschaft Bad.-Württ. Arbeitgeberverbände,
11. drei Vertreter der Arbeitnehmerverbände,
12. drei Vertreter der Kirchen und der sonstigen als Körperschaften des öffentlichen Rechts anerkannten Religion- und Weltanschauungsgemeinschaften,
13. ein Vertreter der Hochschulen,
14. drei Vertreter der in Baden-Württemberg tätigen Heimat-, Wander- und Naturschutzbünde,
15. ein Vertreter der Bundesarbeitsverwaltung,
16. ein Vertreter der Bundesverkehrsverwaltung.

Die in den Nummern 2 bis 14 genannten Mitglieder und ihre Stellvertreter werden vom Ministerpräsidenten auf Vorschlag der Organisationen, die sie vertreten, auf vier Jahre berufen. Sie sind ehrenamtlich tätig. Die Mitgliedschaft endet, wenn ein Mitglied aus der von ihm vertretenen Organisation oder Verwaltung ausscheidet.

(2) Die Mitglieder der Landesregierung und ihre Beauftragten, die Regierungspräsidenten und die Vertreter des Statistischen Landesamts haben zu den Sitzungen des Landesplanungsrats Zutritt und müssen jederzeit gehört werden.

(3) Bei der Behandlung von Angelegenheiten, die eine regionale Planungsgemeinschaft berühren, sind Vertreter dieser regionalen Planungsgemeinschaft zu hören.

(4) Der Landesplanungsrat gibt sich eine Geschäftsordnung.

### § 6
### Ausschüsse

(1) Der Landesplanungsrat kann beratende Ausschüsse bilden.

(2) Mitglieder können auch andere als die in § 5 Abs. 1 bezeichneten Personen sein.
(3) § 5 Abs. 2 und 3 gelten entsprechend.

### 3. Regionale Planungsgemeinschaften

§ 7

(1) Die regionalen Planungsgemeinschaften wirken nach Maßgabe dieses Gesetzes bei der Landesplanung mit.
(2) Zu regionalen Planungsgemeinschaften können sich Gemeinden und Landkreise zusammenschließen. Als weitere Mitglieder können ihnen sonstige Körperschaften, Anstalten und Stiftungen des öffentlichen Rechts, natürliche und juristische Personen und andere Vereinigungen angehören, die an der regionalen Planung Anteil haben.
(3) Regionale Planungsgemeinschaften sind durch die oberste Landesplanungsbehörde anzuerkennen, wenn die räumliche Abgrenzung ihres Planungsgebiets den Gesichtspunkten der Landesplanung entspricht und die gewählte Organisation die Erfüllung ihrer Aufgaben gewährleistet. Vor der Anerkennung ist der Landesplanungsrat zu hören.

## Abschnitt III
## **Mittel der Landesplanung**

### 1. Allgemeines

§ 8
Vorbereitung

Zur Vorbereitung von Maßnahmen der Landesplanung haben alle Planungsträger den Landesplanungsbehörden auf Verlangen Auskunft über die von ihnen beabsichtigten Planungen zu erteilen, soweit diese für die Landesplanung von Bedeutung sein können.

§ 9
Arten

Mittel der Landesplanung sind
1. Beratung von Planungsträgern (§§ 10 bis 12),
2. Entwicklungspläne (§§ 13 bis 16),
3. Regionalpläne (§§ 17 bis 20),
4. Vorläufige Anordnungen (§§ 21 und 22).

### 2. Beratung von Planungsträgern

§ 10
Beratung staatlicher Planungsträger

(1) Die oberste Landesplanungsbehörde hat die übrigen Ministerien bei Planungen, die für die Landesplanung von Bedeutung sein können, zu beraten. Sie hat darauf hinzuwirken, daß die Planungen der Ministerien miteinander in Einklang stehen und den in Betracht kommenden landesplanerischen Gesichtspunkten entsprechen.
(2) Die Ministerien haben die oberste Landesplanungsbehörde über Maßnahmen oder Planungen, die für die Landesplanung von Bedeutung sein können, rechtzeitig zu unterrichten.

§ 11
Beratung der Träger der Bauleitplanung

Die nachgeordneten Landesplanungsbehörden haben die Träger der Bauleitplanung zu beraten. Sie haben die Träger der Bauleitplanung auf Anfordern über die in Betracht kommenden landesplanerischen Gesichtspunkte zu unterrichten.

§ 12
Beratung sonstiger Planungsträger

Die Landesplanungsbehörden haben die regionalen Planungsgemeinschaften und die sonstigen Planungsträger zu beraten. Sie haben die regionalen Planungsgemeinschaften auf Anfordern über die in Betracht kommenden landesplanerischen Gesichtspunkte zu unterrichten.

3. Entwicklungspläne

§ 13
Arten

(1) Entwicklungspläne sind
1. der Landesentwicklungsplan,
2. Gebietsentwicklungspläne,
3. fachliche Entwicklungspläne.

(2) Der Landesentwicklungsplan ist für das ganze Land aufzustellen.

(3) Gebietsentwicklungspläne können für Teile des Landes aufgestellt werden.

(4) Fachliche Entwicklungspläne können für einen Fachbereich oder mehrere Fachbereiche aufgestellt werden.

§ 14
Aufstellung

(1) Landesentwicklungsplan und Gebietsentwicklungspläne werden von der obersten Landesplanungsbehörde im Einvernehmen mit den beteiligten Ministerien aufgestellt. Fachliche Entwicklungspläne werden von dem zuständigen Ministerium im Einvernehmen mit der obersten Landesplanungsbehörde aufgestellt.

(2) Bei der Aufstellung sind die Gemeinden, die übrigen Träger der Bauleitplanung, die Landkreise, die sonstigen der Aufsicht des Landes unterstehenden Körperschaften, Anstalten und Stiftungen des öffentlichen Rechts, die regionalen Planungsgemeinschaften und die Bundesbehörden zu beteiligen, soweit sie unmittelbar berührt werden.

(3) Nach der Aufstellung sind die Entwicklungspläne der Landesregierung vorzulegen.

(4) Vor der Bekanntmachung (§ 15) sind die Entwicklungspläne dem Landesplanungsrat zuzuleiten. Der Landesplanungsrat soll innerhalb von zwei Monaten Stellung nehmen.

§ 15
Bekanntmachung

(1) Aufgestellte Entwicklungspläne sind nach Zustimmung der Landesregierung öffentlich bekanntzumachen. Sie sind nach der Bekanntmachung bei der obersten Landesplanungsbehörde und bei der nachgeordneten Landesplanungsbehörde zur Einsichtnahme für jedermann niederzulegen.

(2) Will eine Behörde des Landes, eine Gemeinde, ein anderer Träger der Bauleitplanung, ein Landkreis, eine sonstige der Aufsicht des Landes unterstehende Körperschaft, Anstalt oder Stiftung des öffentlichen Rechts oder eine regionale Planungsgemeinschaft von einem bekanntgemachten Entwicklungsplan

abweichen, so ist die nachgeordnete Landesplanungsbehörde unverzüglich zu unterrichten; Ministerien unterrichten die oberste Landesplanungsbehörde.

(3) Für Änderungen bekanntgemachter Entwicklungspläne gelten § 14 und Absatz 1. Werden die Grundzüge der Planung nicht berührt, so kann von der Zuleitung an den Landesplanungsrat abgesehen werden.

§ 16
Verbindlichkeitserklärung

(1) Bekanntgemachte Entwicklungspläne können für verbindlich erklärt werden.

(2) Vor der Verbindlichkeitserklärung sind die Entwicklungspläne dem Landesplanungsrat zuzuleiten. Der Landesplanungsrat soll innerhalb von zwei Monaten Stellung nehmen.

(3) Die Verbindlichkeit wird erklärt durch

1. Beschluß der Landesregierung, wenn der Entwicklungsplan nur für die Behörden des Landes verbindlich sein soll,
2. Gesetz, wenn der Entwicklungsplan auch für die Gemeinden, die übrigen Träger der Bauleitplanung, die Landkreise sowie die sonstigen der Aufsicht des Landes unterstehenden Körperschaften, Anstalten und Stiftungen des öffentlichen Rechts verbindlich sein soll.

(4) Weicht ein nach Abs. 3 Nr. 1 für verbindlich erklärter Entwicklungsplan von dem zuvor bekanntgemachten Entwicklungsplan ab, so ist er insoweit erneut bekanntzumachen.

(5) Für Änderungen für verbindlich erklärter Entwicklungspläne gelten die Absätze 2 bis 4.

(6) Soweit ein Entwicklungsplan verbindlich ist, darf keine Planung aufgestellt, aufrechterhalten, genehmigt oder durchgeführt werden, die mit dem Entwicklungsplan nicht in Einklang steht.

4. Regionalpläne

§ 17
Ausarbeitung

(1) Die regionalen Planungsgemeinschaften können für ihr Planungsgebiet oder Teile ihres Planungsgebiets Pläne ausarbeiten (Regionalpläne).

(2) Bei der Ausarbeitung sind die Behörden des Landes, die Gemeinden, die übrigen Träger der Bauleitplanung, die Landkreise, die sonstigen der Aufsicht des Landes unterstehenden Körperschaften, Anstalten und Stiftungen des öffentlichen Rechts und die Bundesbehörden zu beteiligen, soweit sie unmittelbar berührt werden.

(3) Regionalpläne müssen mit bekanntgemachten oder für verbindlich erklärten Entwicklungsplänen im Einklang stehen.

§ 18
Unbedenklichkeitserklärung

(1) Ausgearbeitete Regionalpläne können auf Antrag der regionalen Planungsgemeinschaft für unbedenklich erklärt werden. Die oberste Landesplanungsbehörde kann bestimmen, daß Regionalpläne vor der Unbedenklichkeitserklärung bei der von ihr bezeichneten Stelle zur Einsichtnahme für jedermann niederzulegen sind.

(2) Ist die Unbedenklichkeitserklärung eines Regionalplans beantragt, so ist dieser von der obersten Landesplanungsbehörde der Landesregierung vorzulegen.

(3) Vor der Unbedenklichkeitserklärung sind die Regionalpläne von der

obersten Landesplanungsbehörde dem Landesplanungsrat zuzuleiten. Der Landesplanungsrat soll innerhalb von zwei Monaten Stellung nehmen.

(4) Die Unbedenklichkeit wird von der obersten Landesplanungsbehörde im Einvernehmen mit den beteiligten Ministerien erklärt.

§ 19
Bekanntmachung

(1) Für unbedenklich erklärte Regionalpläne sind öffentlich bekanntzumachen. Sie sind nach der Bekanntmachung bei der nachgeordneten Landesplanungsbehörde zur Einsichtnahme für jedermann niederzulegen.

(2) Will eine Behörde des Landes, eine Gemeinde, ein anderer Träger der Bauleitplanung, ein Landkreis oder eine sonstige der Aufsicht des Landes unterstehende Körperschaft, Anstalt oder Stiftung des öffentlichen Rechts von einem bekanntgemachten Regionalplan abweichen, so ist die nachgeordnete Landesplanungsbehörde unverzüglich zu unterrichten; Ministerien unterrichten die oberste Landesplanungsbehörde.

(3) Für Änderungen bekanntgemachter Regionalpläne gelten die §§ 17 und 18 sowie Abs. 1. § 15 Abs. 3 Satz 2 ist anzuwenden.

§ 20
Übernahme in einen Entwicklungsplan

Wird ein bekanntgemachter Regionalplan in einen Entwicklungsplan übernommen, ohne daß die Grundzüge der Planung geändert werden, so kann von einer erneuten Beteiligung und Zuleitung an den Landesplanungsrat (§ 14 Abs. 2 und 4) abgesehen werden.

5. Vorläufige Anordnungen

§ 21
Vorläufige Verbindlichkeitserklärung

(1) Liegt ein für verbindlich erklärter Entwicklungsplan nicht vor und droht die Gefahr, daß die Verwirklichung landesplanerischer Zielsetzungen durch die Ausführung eines Vorhabens unmöglich gemacht oder wesentlich erschwert wird, so kann die Landesregierung einen bekanntgemachten Entwicklungsplan durch Rechtsverordnung vorläufig für verbindlich erklären.

(2) Vorläufige Verbindlichkeitserklärungen sind zu befristen; die Frist darf vierundzwanzig Monate nicht überschreiten.

(3) Vorläufig für verbindlich erklärte Entwicklungspläne treten in jedem Fall außer Kraft, wenn ein nach § 16 Abs. 3 Nr. 2 für verbindlich erklärter Entwicklungsplan in Kraft tritt.

§ 22
Sicherungsanordnung

(1) Liegt ein bekanntgemachter Entwicklungsplan nicht vor und droht die Gefahr, daß die Verwirklichung landesplanerischer Zielsetzungen durch die Aufstellung eines Bauleitplanes unmöglich gemacht oder wesentlich erschwert wird, so kann die Landesregierung durch Rechtsverordnung anordnen, daß ein Bauleitplan vorläufig nicht aufgestellt werden darf (Sicherungsanordnung).

(2) Sicherungsanordnungen sind zu befristen; die Frist darf sechs Monate nicht überschreiten. Sie können nach Anhörung des Landesplanungsrats wiederholt werden, wenn die Voraussetzungen für ihren Erlaß fortbestehen.

(3) Sicherungsanordnungen treten außer Kraft, wenn ein Entwicklungsplan bekanntgemacht wird. Sie treten spätestens zwölf Monate nach ihrem ersten Erlaß außer Kraft.

## Abschnitt IV
**Ersatzleistung**

§ 23

(1) Mußte eine Gemeinde einen Dritten nach den §§ 40 bis 44 des Bundesbaugesetzes entschädigen, weil sie einen Bebauungsplan auf Grund eines bekanntgemachten oder für verbindlich erklärten Entwicklungsplanes geändert oder aufgehoben hat, so ist ihr vom Land Ersatz zu leisten, sofern die Gemeinde der nachgeordneten Landesplanungsbehörde rechtzeitig von der beabsichtigten Änderung oder Aufhebung Kenntnis gegeben hat.

(2) Absatz 1 gilt nicht, wenn die Gemeinde von einem Begünstigten Ersatz verlangen kann.

(3) Absatz 1 gilt entsprechend, wenn der Gemeinde selbst an ihrem Eigentum ein Schaden entstanden ist.

## Abschnitt V
**Übergangs- und Schlußvorschriften**

§ 24

Anerkennung bestehender regionaler Planungsgemeinschaften

Die bei Inkrafttreten dieses Gesetzes bestehenden regionalen Planungsgemeinschaften sind unter den Voraussetzungen des § 7 Abs. 3 Satz 1 ohne Anhörung des Landesplanungsrats anzuerkennen.

§ 25

Durchführungsvorschriften

(1) Das Innenministerium regelt im Einvernehmen mit dem Finanzministerium durch Rechtsverordnung die Aufwandsentschädigung sowie den Reisekostenersatz für die ehrenamtlichen Mitglieder des Landesplanungsrats (§ 5 Abs. 1 Satz 2 und 3) und seiner Ausschüsse (§ 6 Abs. 2).

(2) Das Innenministerium erläßt im Einvernehmen mit den beteiligten Ministerien die zur Durchführung dieses Gesetzes erforderlichen Verwaltungsvorschriften.

§ 26

**Inkrafttreten**

Dieses Gesetz tritt mit seiner Verkündung in Kraft.

## 2.
## BAYERN
## Gesetz über die Landesplanung (Landesplanungsgesetz)

Vom 21. Dezember 1957
(GVBl. Bay. 1957 S. 323)

Der Landtag des Freistaates Bayern hat das folgende Gesetz beschlossen, das nach Anhörung des Senats hiermit bekanntgemacht wird:

Artikel 1

(1) Aufgabe der Landesplanung ist es,

1. die übergeordnete zusammenfassende Planung für eine den wirtschaftlichen, sozialen und kulturellen Erfordernissen entsprechende Ordnung des Raumes aufzustellen und die Planung der Entwicklung fortlaufend anzupassen,
2. die Planungen der einzelnen Geschäftsbereiche der staatlichen Verwaltung

(Fachplanungen), die Planungen der Selbstverwaltungskörperschaften und sonstigen Planungsträger unter Gesichtspunkten der Raumordnung aufeinander abzustimmen.

(2) Die in Abs. 1 Ziff. 2 genannten Planungsträger haben bei Aufstellung ihrer Planungen den Belangen der Raumordnung Rechnung zu tragen. Ihre Zuständigkeiten bleiben unberührt.

Artikel 2

Landesplanungsbehörde ist das Staatsministerium für Wirtschaft und Verkehr (Landesplanungsstelle). Bezirksplanungsbehörden sind die Regierungen (Bezirksplanungsstelle).

Artikel 3

Zur Mitarbeit an der Landesplanung werden die „Landesplanungsgemeinschaft Bayern" als Beirat des Staatsministeriums für Wirtschaft und Verkehr — Landesplanungsstelle — und die Bezirksplanungsgemeinschaften als Beiräte der Regierungen — Bezirksplanungsstellen — gebildet.

Artikel 4

(1) Die Landesplanungsgemeinschaft Bayern und die Bezirksplanungsgemeinschaften haben die Aufgabe, an der Erstellung von Raumordnungsplänen und bei grundsätzlichen Fragen der Landesplanung und Landesentwicklung durch Gutachten, Anregungen und Anträge mitzuwirken.

(2) Die Landesplanungsgemeinschaft und die Bezirksplanungsgemeinschaften sind nach Bedarf, mindestens aber vierteljährlich, einzuberufen; sie sind auch einzuberufen, wenn mindestens die Hälfte ihrer Mitglieder es beantragt.

Artikel 5

(1) Als Mitglieder des Landesplanungsgemeinschaft beruft der Staatsminister für Wirtschaft und Verkehr Vertreter von Verbänden der Selbstverwaltungskörperschaften und von Organisationen des wirtschaftlichen, sozialen und kulturellen Lebens. Ihre Tätigkeit ist ehrenamtlich.

(2) Die Landesplanungsgemeinschaft kann im Einvernehmen mit dem Staatsministerium für Wirtschaft und Verkehr weitere Vertreter von Verbänden sowie sachkundige Personen, die an der Landesplanung wesentlichen Anteil nehmen, zur Mitarbeit heranziehen. Die Berufung erfolgt durch den Staatsminister für Wirtschaft und Verkehr.

(3) Die Staatsministerien können zu den Beratungen der Landesplanungsgemeinschaft Vertreter entsenden.

(4) Den Vorsitz in der Landesplanungsgemeinschaft führt der Staatsminister für Wirtschaft und Verkehr oder ein von ihm bestimmter Vertreter.

Artikel 6

Die Landesplanungsgemeinschaft gibt sich eine Geschäftsordnung. Diese bedarf der Genehmigung durch das Staatsministerium für Wirtschaft und Verkehr.

Artikel 7

(1) Als Mitglieder der Bezirksplanungsgemeinschaft beruft der Regierungspräsident Vertreter aus den in Artikel 5 Abs. 1 genannten Kreisen. Ihre Tätigkeit ist ehrenamtlich.

(2) Der Regierungspräsident kann die jeweils beteiligten nachgeordneten Fachbehörden zu den Beratungen der Bezirksplanungsgemeinschaft einladen. Die

beteiligten Selbstverwaltungskörperschaften sind zu diesen Beratungen heranzuziehen.

(3) Den Vorsitz in der Bezirksplanungsgemeinschaft führt der Regierungspräsident oder ein von ihm bestimmter Vertreter.

Artikel 8

Ist in einer Frage keine Übereinstimmung zwischen der Landesplanungsbehörde und der Landesplanungsgemeinschaft zu erzielen, so entscheidet der Staatsminister für Wirtschaft und Verkehr.

Artikel 9

(1) Die Staatsministerien haben alle innerhalb ihrer Geschäftsbereiche beabsichtigten oder zu ihrer Kenntnis gelangten Maßnahmen, die für die Ordnung des Raumes von Bedeutung sein können, dem Staatsministerium für Wirtschaft und Verkehr — Landesplanungsstelle — so frühzeitig mitzuteilen, daß der Landesplanungsstelle die Wahrnehmung der Belange der Landesplanung noch möglich ist.

(2) Zu entsprechenden Mitteilungen sind die den Staatsministerien nachgeordneten Behörden gegenüber den Regierungen — Bezirksplanungsstellen — verpflichtet.

(3) Wirtschaftsunternehmungen und Privatpersonen sind verpflichtet, auf Verlangen den Behörden der Landesplanung über Planungen, die für die Landesplanung von Bedeutung sind oder werden können, Auskunft zu erteilen.

Artikel 10

Zur Abstimmung der den Raum beeinflussenden Planungen der einzelnen Planungsträger (Artikel 1 Abs. 1 Ziff. 2) mit den Belangen der Landesplanung (Artikel 1 Abs. 2) führen die in Artikel 2 bezeichneten Behörden, soweit im Einzelfalle erforderlich, ein Raumordnungsverfahren durch. Das Staatsministerium für Wirtschaft und Verkehr trifft hierüber im Einvernehmen mit den beteiligten Staatsministerien nähere Bestimmungen.

Artikel 11

Zur Durchführung der Aufgaben gemäß Artikel 1 Abs. 1 kann das Staatsministerium für Wirtschaft und Verkehr im Benehmen mit der Landesplanungsgemeinschaft, den beteiligten Dienststellen und Selbstverwaltungskörperschaften Raumordnungspläne für das gesamte Staatsgebiet oder seine Teile aufstellen. Raumordnungspläne sind Pläne, die die Nutzung des Bodens unter den Gesichtspunkten der Landesplanung in den Grundzügen regeln.

Artikel 12

(1) Durch Verordnung der Staatsregierung können Raumordnungspläne ganz oder in Teilen für verbindlich erklärt werden, um die Durchführung von Planungen übergeordneter Bedeutung sicherzustellen.

(2) Die Verbindlichkeit ist befristet; sie kann sich auf einen Zeitraum bis zu fünf Jahren erstrecken.

(3) Die Verbindlichkeitserklärung hat zur Folge, daß Behörden keine Planungen aufstellen, bestehen lassen, genehmigen oder durchführen dürfen, die mit dem für verbindlich erklärten Raumordnungsplan nicht in Einklang stehen oder zu bringen sind.

Artikel 13

Die Durchführungsbestimmungen zu diesem Gesetz erläßt das Staatsministerium für Wirtschaft und Verkehr im Benehmen mit den beteiligten Staatsministerien und mit der Landesplanungsgemeinschaft.

Artikel 14

Das Gesetz tritt am 15. Oktober 1957 in Kraft. Gleichzeitig tritt die Verordnung über die Organisation der Landesplanung vom 6. Juni 1956 (GVBl. S. 103, BayBS IV S. 4) außer Kraft.

## 3.
## HESSEN

# Hessisches Landesplanungsgesetz

Vom 4. Juli 1962
(GVBl. Hess. 1962 S. 311)

Übersicht



§ 1
Aufgabe der Landesplanung

(1) Die Planung für eine den sozialen, kulturellen und wirtschaftlichen Erfordernissen entsprechende Raumordnung des Landes Hessen ist Aufgabe des Landes sowie der kreisfreien Städte und der Landkreise nach Maßgabe dieses Gesetzes.

(2) Der Erfüllung dieser Aufgabe dienen
1. das Landesraumordnungsprogramm,
2. die regionalen Raumordnungspläne,
3. der Landesraumordnungsplan.

§ 2
Landesraumordnungsprogramm

(1) Das Landesraumordnungsprogramm stellt die Grundsätze und Ziele der Landesplanung dar. Die Belange der Gemeinden und Landkreise sind zu berücksichtigen.

(2) Das Landesraumordnungsprogramm enthält insbesondere
1. die auf lange Sicht aufgestellten Ziele der Landesplanung und die raumpolitischen Grundsätze, die bei allen die Gesamtentwicklung des Landes beeinflussenden Maßnahmen zu beachten sind;
2. die die Gesamtentwicklung des Landes beeinflussenden Planungen und Maßnahmen der einzelnen Geschäftsbereiche und deren Verhältnis zueinander;

3. die Bestimmung von Gesichtspunkten, die bei der Aufstellung von regionalen Raumordnungsplänen zu beachten sind.

(3) Das Landesraumordnungsprogramm wird durch Gesetz festgestellt.

§ 3
Träger der Regionalplanung

(1) Die Aufstellung der regionalen Raumordnungspläne wird den kreisfreien Städten und den Landkreisen zur Erfüllung nach Weisung übertragen. Die regionalen Raumordnungspläne sind im Rahmen der gesetzlichen Bestimmungen aufzustellen.

(2) Die kreisfreien Städte und die Landkreise können Planungsgemeinschaften bilden. Die Landkreise können sich für Teile ihres Gebiets anderen Planungsgemeinschaften anschließen. Die oberste Landesplanungsbehörde hat der Planungsgemeinschaft die Aufstellung des regionalen Raumordnungsplans zur Erfüllung nach Weisung zu übertragen, wenn ihre Organisationsform, Satzung und räumliche Abgrenzung die Erfüllung der Aufgabe sicherstellen.

§ 4
Regionale Raumordnungspläne

Die regionalen Raumordnungspläne dienen der sozialen, kulturellen und wirtschaftlichen Entwicklung des Planungsraums. Die Fachplanungen sollen in die regionalen Raumordnungspläne aufgenommen werden. Die Träger der Regionalplanung haben die kreisangehörigen Gemeinden zu hören und ihre Belange zu berücksichtigen.

§ 5
Aufstellung der regionalen Raumordnungspläne

(1) Die Träger der Regionalplanung haben die regionalen Raumordnungspläne binnen zweier Jahre nach Verkündung des Landesraumordnungsprogramms aufzustellen. Die Frist kann durch die oberste Landesplanungsbehörde um höchstens zwei Jahre verlängert werden.

(2) Wird der regionale Raumordnungsplan nicht fristgerecht vorgelegt, stellt ihn die obere Landesplanungsbehörde auf. Liegt der Planungsraum in verschiedenen Regierungsbezirken, stellt ihn die oberste Landesplanungsbehörde auf. Die beteiligten kreisfreien Städte und Landkreise sind zu hören.

§ 6
Feststellung der regionalen Raumordnungspläne

(1) Die oberste Landesplanungsbehörde kann den vom Träger der Regionalplanung vorgelegten Plan beanstanden und ihn mit Vorschlägen zur Änderung oder Ergänzung zurückgeben.

(2) Lehnt es der Träger der Regionalplanung ab, den Plan zu ändern oder zu ergänzen, oder faßt er über die Beanstandung binnen sechs Monaten nach Zustellung der Beanstandung keinen Beschluß, entscheidet die oberste Landesplanungsbehörde.

(3) Die oberste Landesplanungsbehörde legt den regionalen Raumordnungsplan der Landesregierung zur Feststellung als Teil des Landesraumordnungsplans vor.

(4) Die oberste Landesplanungsbehörde macht die regionalen Raumordnungspläne nach Feststellung im Staats-Anzeiger für das Land Hessen bekannt. In der Bekanntmachung kann auf öffentlich ausgelegte Texte, Zeichnungen und sonstige Bestandteile des Plans verwiesen werden.

§ 7
Landesraumordnungsplan

(1) Der Landesraumordnungsplan besteht aus den festgestellten regionalen Raumordnungsplänen.

(2) Soweit sich die Ziele des Landesraumordnungsprogramms nicht unmittelbar aus den regionalen Raumordnungsplänen ergeben, sind diese durch eine besondere Darstellung zu ergänzen.

§ 8
Landesplanungsbeirat

(1) Bei der obersten Landesplanungsbehörde wird ein Landesplanungsbeirat gebildet. Er wirkt bei der Vorbereitung des Landesraumordnungsprogramms und bei der Feststellung der regionalen Raumordnungspläne beratend mit.

(2) Dem Landesplanungsbeirat gehören insbesondere Vertreter der kommunalen Spitzenverbände, Vertreter der öffentlich-rechtlichen Körperschaften der Wirtschaft und der Landwirtschaft sowie Vertreter der Arbeitnehmer und der Arbeitgeber an.

§ 9
Regionaler Planungsbeirat

(1) Bei dem Träger der Regionalplanung wird ein regionaler Planungsbeirat gebildet. Er wirkt bei der Aufstellung der regionalen Raumordnungspläne beratend mit.

(2) Dem regionalen Planungsbeirat sollen insbesondere Vertreter der kreisangehörigen Gemeinden, der öffentlich-rechtlichen Körperschaften der Wirtschaft, der Land- und Forstwirtschaft sowie der Arbeitnehmer und Arbeitgeber angehören; die Träger der Regionalplanung der angrenzenden Planungsräume sollen zu den Beratungen des Planungsbeirates zugezogen werden.

§ 10
Änderungen

(1) Für Änderungen des festgestellten Landesraumordnungsprogramms gilt § 2, für Änderungen der festgestellten regionalen Raumordnungspläne, die von der obersten Landesplanungsbehörde verlangt werden, gelten die §§ 5 und 6, für die übrigen gilt § 6 sinngemäß.

(2) Die Frist nach § 5 Abs. 1 kann durch die oberste Landesplanungsbehörde verkürzt werden.

§ 11
Kosten

(1) Zur teilweisen Abgeltung der Kosten für die erstmalige Aufstellung der regionalen Raumordnungspläne zahlt das Land den Trägern der Regionalplanung (§ 3) Pauschbeträge. Die Pauschbeträge werden auf Grund von Durchschnittssätzen berechnet, die von der Landesregierung gestaffelt nach Einwohnerzahl und Gesamtfläche des regionalen Planungsgebiets festgesetzt werden. Als Pauschbetrag erhalten die Träger der Regionalplanung 50 vom Hundert der Durchschnittssätze nach Satz 2 in zwei gleichen Jahresraten nach der Verkündung des Landesraumordnungsprogramms.

(2) Wird der regionale Raumordnungsplan nicht fristgerecht aufgestellt, kann der Pauschbetrag ganz oder teilweise aberkannt oder zurückverlangt werden. Darüber hinaus kann der Träger der Regionalplanung verpflichtet werden, dem Land für die Aufstellung des regionalen Raumordnungsplans einen Betrag bis zu 50 vom Hundert des Durchschnittssatzes nach Abs. 1 zu zahlen. Die Entscheidung trifft die Landesregierung.

(3) Die Kosten der Träger der Regionalplanung für die Änderung regionaler Raumordnungspläne und für die sonstige Mitwirkung bei der Landesplanung werden im Rahmen des Finanzausgleichs zusätzlich abgegolten.

§ 12
Entschädigung

(1) Muß infolge von Maßnahmen der Landesplanung nach § 2, § 6 Abs. 4 oder § 10 ein Bauleitplan geändert, ergänzt oder neu aufgestellt werden, sind der Gemeinde die dadurch entstandenen Kosten vom Land zu ersetzen, soweit sie 500 Deutsche Mark übersteigen.

(2) Aufwendungen für Entschädigungen, die Gemeinden oder anderen Planungsträgern zur Erfüllung von Rechtsansprüchen Dritter unmittelbar dadurch entstehen, daß sie ihre rechtsverbindlichen Planungen dem Landesraumordnungsprogramm oder den festgestellten Raumordnungsplänen anpassen müssen, hat das Land zu erstatten; dies gilt nicht, soweit die Gemeinden oder anderen Planungsträger gegen begünstigte Dritte Rückgriff nehmen können und von diesen Ersatz erhalten.

(3) Dient eine Maßnahme der Landesplanung in erster Linie dem Interesse eines bestimmten Begünstigten, kann das Land vorweg verlangen, daß der Begünstigte die sich aus Abs. 1 und 2 für das Land ergebenden Entschädigungsverpflichtungen übernimmt.

§ 13
Ausführungsvorschriften

Die Landesregierung erläßt die zur Ausführung dieses Gesetzes erforderlichen Rechtsvorschriften.

§ 14
Inkrafttreten

Dieses Gesetz tritt am Tage nach seiner Verkündung in Kraft.

4.
NORDRHEIN-WESTFALEN

a)
## Landesplanungsgesetz

Vom 7. Mai 1962
(GVBl. NW 1962 S. 229)

Der Landtag hat das folgende Gesetz beschlossen, das hiermit verkündet wird:

Inhaltsverzeichnis

**I. Aufgabe und Organisation der Landesplanung**

## Abschnitt I
## Aufgabe und Organisation der Landesplanung

### § 1
### Allgemeine Aufgabe der Landesplanung

(1) Gegenstand und Aufgabe der Landesplanung ist die übergeordnete, überörtliche und zusammenfassende Planung für eine den sozialen, kulturellen und wirtschaftlichen Erfordernissen entsprechende Raumordnung.

(2) Die Landesplanung soll die Gestaltung des Raumes in der Weise beeinflussen, daß unerwünschte Entwicklungen verhindert und erwünschte Entwicklungen ermöglicht und gefördert werden.

(3) Die Landesplanung ist nach näherer Bestimmung dieses Gesetzes eine gemeinschaftliche Aufgabe von Staat und Selbstverwaltung.

### § 2
### Landesplanungsbehörde

(1) Oberste Landesbehörde für die Landesplanung (Landesplanungsbehörde) ist der Minister für Landesplanung, Wohnungsbau und öffentliche Arbeiten.

(2) Die Landesplanungsbehörde hat die Aufgabe,

a) die Ziele der Landesplanung für die räumliche Gestaltung des Landesgebietes zu entwickeln,
b) dafür zu sorgen, daß diese Ziele bei den Fachplanungen der obersten Bundesbehörden und obersten Landesbehörden und bei solchen Vorhaben, die für der obersten Landesbehörden miteinander in Einklang gebracht werden,
c) darauf hinzuwirken, daß die Planungen und raumbedeutsamen Maßnahmen der obersten Landesbehörden miteinander in Einklang gebracht werden.
d) darauf hinzuwirken, daß Meinungsverschiedenheiten über Fragen der Landes-

planung unter den Landesplanungsgemeinschaften (§ 7) sowie zwischen den Landesplanungsgemeinschaften und den von ihnen zu beteiligenden Stellen ausgeglichen werden.

§ 3

Bezirksplanungsbehörden

(1) Höhere Landesbehörden für die Landesplanung (Bezirksplanungsbehörden) sind die Regierungspräsidenten und die Landesbaubehörde Ruhr.

(2) Die Bezirksplanungsbehörde hat dafür zu sorgen, daß die Ziele der Landesplanung bei behördlichen Maßnahmen und bei solchen Planungen und Vorhaben, die für die räumliche Gestaltung des Planungsbezirks von Bedeutung sind, beachtet werden.

§ 4

Planungsaufsicht im Landkreis

Der Oberkreisdirektor als untere staatliche Verwaltungsbehörde hat dafür zu sorgen, daß die Ziele der Landesplanung bei behördlichen Maßnahmen, bei Planungen und Vorhaben im Landkreis beachtet werden.

§ 5

Landesplanungsbeirat

(1) Bei der Landesplanungsbehörde wird ein Landesplanungsbeirat gebildet.

(2) Mitglieder des Landesplanungsbeirates sind

a) der ständige Vertreter des Ministers für Landesplanung, Wohnungsbau und öffentliche Arbeiten als Vorsitzender,
b) die Regierungspräsidenten und der Leiter der Landesbaubehörde Ruhr,
c) die Vorsitzenden der Landesplanungsgemeinschaften,
d) die Vorsitzenden der Verwaltungs- und Planungsausschüsse der Landesplanungsgemeinschaften und je ein weiteres Mitglied der Verwaltungs- und Planungsausschüsse der Landesplanungsgemeinschaften,
e) die Landesplaner.

(3) Stellvertreter der Mitglieder des Landesplanungsbeirates sind deren Vertreter im Amt; der Verwaltungs- und Planungsausschuß jeder Landesplanungsgemeinschaft benennt den Stellvertreter für das von ihm entsandte weitere Mitglied.

(4) Die Landesminister können an den Sitzungen des Landesplanungsbeirates teilnehmen oder zu den Sitzungen Beauftragte entsenden.

(5) Der Landesplanungsbeirat gibt sich eine Geschäftsordnung, die der Genehmigung der Landesplanungsbehörde bedarf.

§ 6

Aufgaben des Landesplanungsbeirates

Der Landesplanungsbeirat hat die Aufgabe, die Landesplanungsbehörde in grundsätzlichen Fragen der Landesplanung zu beraten und an ihrer Planung nach näherer Bestimmung dieses Gesetzes mitzuwirken.

§ 7

Landesplanungsgemeinschaften

(1) Im Lande bestehen die Landesplanungsgemeinschaften Rheinland, Westfalen und Siedlungsverband Ruhrkohlenbezirk. Für die Landesplanungsgemeinschaft Siedlungsverband Ruhrkohlenbezirk gilt das Gesetz betreffend Verbandsordnung für den Siedlungsverband Ruhrkohlenbezirk vom 5. Mai 1920 in der geltenden Fassung (Pr.GS. NW. S. 29), soweit in diesem Gesetz nichts anderes bestimmt ist.

(2) Die Landesplanungsgemeinschaften sind Körperschaften des öffentlichen Rechts.

(3) Mitglieder der Landesplanungsgemeinschaften sind, soweit sich die Gebiete oder Bezirke wenigstens teilweise mit ihrem Gebiet decken,
a) die Landschaftsverbände,
b) die kreisfreien Städte, die Landkreise und die kreisangehörigen Gemeinden mit mehr als 30 000 Einwohnern,
c) die Regierungspräsidenten und die Landesbaubehörde Ruhr. Die Landesregierung kann den Kreis der Mitglieder durch die Bestimmung von weiteren Landesbehörden und von solchen Bundesbehörden, die der Bund als Mitglieder vorschlägt, erweitern; die Bestimmung wird durch Rechtsverordnung getroffen.

(4) Als freiwillige Mitglieder können auf ihren Antrag in die Landesplanungsgemeinschaften insbesondere aufgenommen werden:
a) Landwirtschaftskammern,
b) Industrie- und Handelskammern,
c) Handwerkskammern,
d) Gewerkschaften und Arbeitgeberverbände,
e) gemeinnützige Siedlungsgesellschaften und Heimstättengesellschaften,
f) Unternehmen und Verbände des Wohnungswesens, der Landwirtschaft, der Forstwirtschaft, der Industrie, des Bergbaus, des Verkehrs, der Energiewirtschaft und der Wasserwirtschaft,
g) Organisationen der Landschafts- und Heimpflege,
h) wissenschaftliche Einrichtungen.

(5) Organe der Landesplanungsgemeinschaften sind
a) die Mitgliederversammlung,
b) der Verwaltungs- und Planungsausschuß,
c) der Landesplaner.

(6) Die Landesplanungsgemeinschaften können Sonderplanungsausschüsse für räumlich begrenzte Planungsaufgaben bilden und ihnen bestimmte Befugnisse des Verwaltungs- und Planungsausschusses übertragen.

(7) Die Landesplanungsgemeinschaften sind berechtigt, von ihren Mitgliedern Beiträge zu erheben. Der Beitrag der Bundes- und Landesbehörden wird durch den Landeszuschuß abgegolten.

(8) Die Landesplanungsgemeinschaften Rheinland und Westfalen richten am Sitz der Bezirksregierungen Bezirksplanungsstellen ein. Bei den Bezirksplanungsstellen sind Bezirksplanungsbeiräte zu bilden. Die Landesplanungsgemeinschaft Ruhrkohlenbezirk nimmt zugleich die Aufgaben einer Bezirksplanungsstelle wahr.

(9) Die Rechtsverhältnisse der Landesplanungsgemeinschaften werden, soweit durch Gesetz und Rechtsverordnung nichts anderes bestimmt ist, durch Satzungen und Beitragsordnungen geregelt, die der Genehmigung der Landesplanungsbehörde bedürfen.

(10) In den Satzungen der Landesplanungsgemeinschaften ist sicherzustellen, daß auch die kreisangehörigen Gemeinden, soweit sie nicht unter Absatz 3 Buchstabe b bereits berücksichtigt sind, in den Verwaltungs- und Planungsausschüssen, den Bezirksplanungsbeiräten und den Sonderplanungsausschüssen angemessen vertreten sind.

§ 8

Aufgaben der Landesplanungsgemeinschaften

Die Landesplanungsgemeinschaften haben die Aufgabe,
a) nach den übergeordneten Gesichtspunkten für die Raumordnung des Landes die Ziele der Landesplanung für die räumliche Gestaltung ihres Planungsgebietes in Zusammenarbeit mit allen beteiligten Behörden und Stellen zu entwickeln,
b) die Landesplanungsbehörde zu beraten,

c) durch Beratung ihrer Mitglieder darauf hinzuwirken, daß die Ziele der Landesplanung beachtet werden.

§ 9
Aufsicht

(1) Die Aufsicht über die Landesplanungsgemeinschaften übt die Landesplanungsbehörde aus.

(2) Die Landesplanungsbehörde kann sich jederzeit über die Angelegenheiten der Landesplanungsgemeinschaften unterrichten. Sie kann insbesondere zu den Mitgliederversammlungen und zu den Sitzungen der Verwaltungs- und Planungsausschüsse und der Sonderplanungsausschüsse Beauftragte entsenden.

(3) Die Aufsicht der Landesplanungsbehörde erstreckt sich darauf, daß die Landesplanungsgemeinschaften im Einklang mit den Gesetzen und ihren Satzungen handeln. Im übrigen gelten für die Aufsicht der Landesplanungsbehörde die §§ 109 und 110 der Gemeindeordnung für das Land Nordrhein-Westfalen vom 28. Oktober 1952 (GS. NW. S. 167) entsprechend.

§ 10
Genehmigung der Haushaltspläne

Die Haushaltspläne der Landesplanungsgemeinschaften sind der Landesplanungsbehörde vorzulegen. Erhebt diese binnen einem Monat keine Einwendungen, so gelten sie als genehmigt.

Abschnitt II
**Ziele der Landesplanung**

§ 11
Darstellung der Ziele der Landesplanung

Die Ziele der Landesplanung werden im Landesentwicklungsprogramm, in Landesentwicklungsplänen und in Raumordnungsplänen dargestellt.

§ 12
Landesentwicklungsprogramm und Landesentwicklungspläne

(1) Das Landesentwicklungsprogramm enthält die Ziele der Landesplanung für die räumliche Gestaltung des Landesgebiets.

(2) Das Landesentwicklungsprogramm wird in Landesentwicklungsplänen entfaltet und zeichnerisch dargestellt.

§ 13
Aufstellung

(1) Das Landesentwicklungsprogramm und die Landesentwicklungspläne werden von der Landesplanungsbehörde erarbeitet und nach Anhörung des Landesplanungsbeirates im Einvernehmen mit den beteiligten Landesministern aufgestellt.

(2) Das Landesentwicklungsprogramm und die Landesentwicklungspläne können jederzeit in dem Verfahren, das für die Aufstellung gilt, geändert oder ergänzt werden; sie sollen spätestens nach zehn Jahren erneut aufgestellt werden.

(3) Das Landesentwicklungsprogramm und die Landesentwicklungspläne werden mit ihrer Bekanntgabe Richtlinien für alle behördlichen Entscheidungen, Maßnahmen und Planungen, die für die Raumordnung Bedeutung haben. Soll dabei von dem Landesentwicklungsprogramm oder einem Landesentwicklungsplan abgewichen werden, so ist die Landesplanungsbehörde rechtzeitig zu beteiligen.

§ 14
Raumordnungspläne

(1) Raumordnungspläne enthalten die Ziele der Landesplanung für die räumliche Gestaltung des Gebiets einer Landesplanungsgemeinschaft.

(2) Raumordnungspläne sind der Gebietsentwicklungsplan und der Flächensicherungsplan.

§ 15
Gebietsentwicklungsplan

Der Gebietsentwicklungsplan ist ein übergemeindlicher Plan, nach dem sich die künftige Struktur des Gebiets und die geordnete Nutzung des Bodens in den Grundzügen richten sollen, insbesondere im Hinblick auf die Erfordernisse der Siedlung, der Land- und Forstwirtschaft, der Wasserwirtschaft, der Industrie, der Energiewirtschaft, der Gewinnung von Bodenschätzen, des Verkehrs, des Schutzes des Heimatbildes und der Erholung.

§ 16
Aufstellung und Genehmigung

(1) Der Gebietsentwicklungsplan wird von der Landesplanungsgemeinschaft unter Mitwirkung aller beteiligten Behörden, Gemeinden und Gemeindeverbände erarbeitet. Dabei ist ein Ausgleich der Meinungen anzustreben.

(2) Der Gebietsentwicklungsplan wird alsdann von der Landesplanungsgemeinschaft aufgestellt und der Landesplanungsbehörde mit einem Bericht darüber vorgelegt, ob über ihn Einigkeit erzielt ist oder welche abweichenden Meinungen bestehen.

(3) Der Gebietsentwicklungsplan bedarf der Genehmigung der Landesplanungsbehörde. Wenn er gegen die abweichende Stellungnahme einer beteiligten Behörde, einer Gemeinde oder eines Gemeindeverbandes aufgestellt worden ist, wird über die Genehmigung im Einvernehmen mit den fachlich zuständigen Landesministern entschieden.

(4) Der Gebietsentwicklungsplan kann räumlich und sachlich in Teilabschnitten aufgestellt werden. Die Landesplanungsbehörde kann räumliche und sachliche Teile eines aufgestellten Gebietsentwicklungsplanes vorweg genehmigen.

(5) Der Gebietsentwicklungsplan kann jederzeit in dem Verfahren, das für seine Aufstellung gilt, geändert oder ergänzt werden; er soll spätestens zehn Jahre nach seiner Genehmigung erneut aufgestellt und zur Genehmigung vorgelegt werden.

(6) Mit der Bekanntgabe der Genehmigung wird der Gebietsentwicklungsplan eine Richtlinie für behördliche Entscheidungen, Maßnahmen und Planungen, die für die Raumordnung Bedeutung haben.

§ 17
Befugnisse der Landesplanungsbehörde

(1) Die Landesplanungsbehörde kann die Landesplanungsgemeinschaft anweisen, einen Gebietsentwicklungsplan für bestimmte räumliche oder sachliche Teilabschnitte innerhalb einer angemessenen Frist aufzustellen oder zu ändern und zur Genehmigung vorzulegen.

(2) Hat die Landesplanungsbehörde die Genehmigung eines Gebietsentwicklungsplanes mit der Begründung abgelehnt, daß er dem Landesentwicklungsprogramm oder einem Landesentwicklungsplan widerspreche, so ist sie befugt, bei der erneuten Vorlage einen solchen Plan zum Zwecke der Anpassung zu ändern und in der geänderten Form zu genehmigen; vor der Änderung ist der Landesplanungsbeirat zu hören.

## § 18
### Anpassung der Bauleitpläne

(1) Die Gemeinden sollen sich bei der Bauleitplanung nach dem Landesentwicklungsprogramm, den Landesentwicklungsplänen und den Gebietsentwicklungsplänen richten.

(2) Um die Bauleitpläne den Zielen der Landesplanung anzupassen, hat die Gemeinde bei Beginn ihrer Arbeiten zur Aufstellung oder Änderung eines Bauleitplanes unter allgemeiner Angabe ihrer Planungsabsicht bei der Bezirksplanungsstelle anzufragen, welche Ziele für den Planbereich bestehen.

(3) Äußert sich die Bezirksplanungsstelle nicht innerhalb eines Monats auf die Anfrage der Gemeinde, so kann die Gemeinde davon ausgehen, daß landesplanerische Bedenken nicht erhoben werden.

(4) Wenn die Bezirksplanungsstelle es für geboten hält, sind die Planungsabsichten der Gemeinde mit ihr zu erörtern. Kommt in einem wiederholten Erörterungstermin ein Einvernehmen über den Entwurf des Bauleitplanes nicht zustande, so befindet die Landesplanungsgemeinschaft über die nicht ausgeräumten Bedenken. Sie kann die Feststellung treffen, daß der Entwurf des Bauleitplanes den Zielen der Landesplanung nicht angepaßt sei; dabei sind die Abweichungen im einzelnen zu bezeichnen.

(5) Trifft die Landesplanungsgemeinschaft eine solche Feststellung, so hat sie der Landesplanungsbehörde über den Sachverhalt zu berichten. Der Gemeinde ist Gelegenheit zu geben, zu dem Bericht Stellung zu nehmen.

(6) Die Landesplanungsbehörde entscheidet im Einvernehmen mit den beteiligten Landesministern über die von der Landesplanungsgemeinschaft getroffene Feststellung, indem sie die Feststellung bestätigt oder aufhebt. Sie teilt ihre Entscheidung der höheren Verwaltungsbehörde mit, die über die Genehmigung des Bauleitplanes zu entscheiden hat.

(7) Ist die Bezirksplanungsstelle bei der Aufstellung eines vorbereitenden Bauleitplanes beteiligt worden, so bedarf es bei der Aufstellung eines daraus entwickelten verbindlichen Bauleitplanes ihrer erneuten Beteiligung nicht.

## § 19
### Flächensicherungsplan

(1) Besteht die Gefahr, daß die räumliche Gestaltung eines Gebietsteiles sich so entwickelt, daß die Ziele der Landesplanung nicht mehr oder nur mit wesentlichen Schwierigkeiten erreicht werden können, so ist ein Flächensicherungsplan aufzustellen.

(2) Der Flächensicherungsplan umfaßt nur die räumlichen und sachlichen Planteile, deren Festlegung geboten ist. Gegenstand und Begrenzungslinien des Planes müssen eindeutig bestimmt sein.

(3) Der Flächensicherungsplan wird von der Landesplanungsgemeinschaft aufgestellt. Er ist nach der Aufstellung zur Einsicht für jedermann offenzulegen. Die Offenlegung ist öffentlich bekanntzumachen mit der Aufforderung, etwaige Bedenken und Anregungen gegen den Plan innerhalb einer Frist, die mindestens einen Monat betragen muß, bei der Landesplanungsgemeinschaft vorzubringen. Die Landesplanungsgemeinschaft befindet über die Bedenken und Anregungen und beschließt über die Vorlage des Flächensicherungsplanes an die Landesplanungsbehörde.

(4) Wird der Flächensicherungsplan auf Grund von Bedenken und Anregungen geändert, so bedarf er der erneuten Offenlegung. Soweit die Landesplanungsgemeinschaft den Bedenken und Anregungen nicht stattgibt, teilt sie diese Bedenken und Anregungen mit ihrer Stellungnahme der Landesplanungsbehörde bei der Vorlage des Flächensicherungsplanes mit.

(5) Der Minister für Landesplanung, Wohnungsbau und öffentliche Arbeiten kann den Flächensicherungsplan im Einvernehmen mit den beteiligten Landesministern durch Rechtsverordnung für verbindlich erklären.

(6) Die Verbindlichkeit kann befristet werden. Räumliche und sachliche Teile des Flächensicherungsplanes können vorweg für verbindlich erklärt werden.

(7) Die Verbindlichkeitserklärung hat die Wirkung, daß die Behörden des Landes sowie die Gemeinden und Gemeindeverbände keine Planungen aufstellen, bestehen lassen, genehmigen oder durchführen dürfen, die mit dem für verbindlich erklärten Flächensicherungsplan nicht im Einklang stehen; auch vor der Anpassung der Planungen dürfen behördliche Entscheidungen und Maßnahmen, die dem für verbindlich erklärten Flächensicherungsplan widersprechen, nicht getroffen werden.

§ 20

Befugnisse der Landesplanungsbehörde

(1) Die Landesplanungsbehörde kann die Landesplanungsgemeinschaft zur Vorlage eines Flächensicherungsplanes zum Zwecke der Verbindlichkeitserklärung auffordern.

(2) Die Aufforderung kann mit der Bestimmung einer angemessenen Frist für die Vorlage des Flächensicherungsplanes verbunden werden.

(3) Kommt die Landesplanungsgemeinschaft der Aufforderung innerhalb der gesetzten Frist nicht nach oder widerspricht der vorgelegte Plan dem Landesentwicklungsprogramm oder einem Landesentwicklungsplan, so kann die Landesplanungsbehörde den Flächensicherungsplan selbst aufstellen und offenlegen. Die Vorschriften des § 19 Abs. 1 bis 4 finden entsprechende Anwendung.

§ 21

Widerspruch und landesplanerische Veränderungssperre

(1) Liegen die Voraussetzungen vor, unter denen ein Flächensicherungsplan aufzustellen ist, so kann die Bezirksplanungsbehörde auf Antrag der Landesplanungsgemeinschaft oder von Amts wegen einen auf längstens 12 Monate befristeten Widerspruch gegen bevorstehende Planungen, Entscheidungen und Maßnahmen von Gemeinden und Gemeindeverbänden erheben, soweit es zur Sicherung der Ziele der Landesplanung erforderlich ist. Wenn besondere Umstände es erfordern, kann diese Frist um weitere 12 Monate verlängert werden. Die Bezirksplanungsbehörde trifft in Verbindung mit dem Widerspruch die Anordnung, welche Planungen, Entscheidungen oder Maßnahmen die Gemeinde oder der Gemeindeverband zu unterlassen hat.

(2) Die Regierungspräsidenten und die Landesbaubehörde Ruhr können zur Durchsetzung des Widerspruchs durch Rechtsverordnung eine landesplanerische Veränderungssperre erlassen.

(3) Die landesplanerische Veränderungssperre ist vor dem Ablauf ihrer Geltungsdauer aufzuheben, wenn die Voraussetzungen für ihren Erlaß weggefallen sind, insbesondere wenn ein Flächensicherungsplan für das betroffene Gebiet für verbindlich erklärt und ein entgegenstehender gemeindlicher Plan dem verbindlichen Flächensicherungsplan angepaßt ist.

(4) Auf die landesplanerische Veränderungssperre finden die Vorschriften der §§ 14 und 17 Abs. 1 bis 3 des Bundesbaugesetzes vom 23. Juni 1960 (BGBl. I S. 341) mit der Maßgabe entsprechende Anwendung, daß an die Stelle der Gemeinde die Bezirksplanungsbehörde tritt.

§ 22

Zurückstellung von Baugesuchen

Die Regierungspräsidenten und die Landesbaubehörde Ruhr können zur

Durchsetzung des Widerspruchs die Baugenehmigungsbehörde anweisen, die Entscheidung über die Zulässigkeit baulicher Anlagen im Einzelfall für einen Zeitraum bis zu zwölf Monaten auszusetzen.

§ 23
Verkündung und Bekanntmachung

(1) Rechtsverordnungen, durch die ein Flächensicherungsplan für verbindlich erklärt wird, werden im Gesetz- und Verordnungsblatt verkündet.

(2) Rechtsverordnungen, durch die eine landesplanerische Veränderungssperre erlassen wird, werden im Regierungsamtsblatt verkündet.

(3) Das Landesentwicklungsprogramm, die Aufstellung von Landesentwicklungsplänen und die Genehmigung von Gebietsentwicklungsplänen werden im Ministerialblatt bekanntgemacht.

(4) Der in der Verkündung oder Bekanntmachung bezeichnete Plan wird bei der Landesplanungsbehörde und den Bezirksplanungsbehörden sowie bei den Landkreisen und kreisfreien Städten, auf deren Bereich sich die Planung erstreckt, zur Einsicht für jedermann niedergelegt; in der Verkündung oder Bekanntmachung wird hierauf hingewiesen.

Abschnitt III
**Besondere Regelungen**

§ 24
Unterrichtung des Landtags

Die Landesregierung berichtet zu Beginn eines jeden Jahres vor dem Landtag über Stand, Maßnahmen und Aufgaben der Landesplanung.

§ 25
Entschädigung

(1) Wird eine Entschädigungspflicht dadurch begründet, daß auf Grund der Verbindlichkeitserklärung eines Flächensicherungsplanes ein Bauleitplan aufgestellt, geändert oder aufgehoben wird, so trägt das Land an Stelle der Gemeinde oder des Gemeindeverbandes die Entschädigung.

(2) Der Berechtigte kann den Anspruch nach seiner Wahl gegen die Gemeinde oder den Gemeindeverband, durch deren Eingriff die Entschädigungspflicht begründet ist, oder unmittelbar gegen das Land richten. Das Recht der Gemeinde oder des Gemeindeverbandes, Rückgriff gegen das Land zu nehmen, bleibt unberührt.

(3) Das Land entschädigt die Gemeinden und Gemeindeverbände für Vermögensnachteile, die ihnen als Eigentümern von Grundstücken durch die Anpassung von Bauleitplänen an einen für verbindlich erklärten Flächensicherungsplan entstehen und ersetzt ihnen die Aufwendungen für Erschließungsanlagen, soweit diese infolge der Anpassung nicht mehr erforderlich sind. Verwaltungskosten sind nicht zu ersetzen.

(4) Dient die Verbindlichkeitserklärung eines Flächensicherungsplanes den Interessen eines Begünstigten, so trägt er gegenüber dem Land, der Gemeinde oder dem Gemeindeverband die Entschädigung, wenn er mit der Verbindlichkeitserklärung oder dem auf Grund der Verbindlichkeitserklärung aufgestellten, geänderten oder aufgehobenen Bauleitplan einverstanden war.

(5) Dauert eine landesplanerische Veränderungssperre länger als 4 Jahre über den Zeitpunkt ihres Beginns oder der ersten Zurückstellung eines Baugesuches nach § 22 hinaus, so hat das Land den Betroffenen für dadurch entstandene Vermögensnachteile eine angemessene Entschädigung in Geld zu leisten; Veränderungssperren oder Zurückstellungen von Baugesuchen nach dem Bundesbau-

gesetz werden bei der Berechnung der Frist angerechnet. Die Vorschriften über die Entschädigung im Zweiten Abschnitt des Fünften Teiles des Bundesbaugesetzes gelten sinngemäß.

(6) Dient die landesplanerische Veränderungssperre den Interessen eines Begünstigten, so trägt er gegenüber dem Land die Entschädigung, wenn er mit der landesplanerischen Veränderungssperre einverstanden war.

§ 26
Mitteilungs- und Unterrichtungspflicht

(1) Die obersten Landesbehörden haben alle von ihnen beabsichtigten oder zu ihrer Kenntnis gelangten Maßnahmen und Vorhaben, die für die Raumordnung Bedeutung haben können, der Landesplanungsbehörde so frühzeitig mitzuteilen, daß ihr die Wahrnehmung der Belange der Landesplanung noch möglich ist.

(2) Zu entsprechenden Mitteilungen sind die nachgeordneten Landesbehörden, die Gemeinden, Gemeindeverbände und die sonstigen Körperschaften, Anstalten und Stiftungen des öffentlichen Rechts gegenüber der Bezirksplanungsbehörde, die kreisangehörigen Gemeinden auch gegenüber dem Oberkreisdirektor als unterer staatlicher Verwaltungsbehörde, verpflichtet.

(3) Die Landesplanungsbehörde und die Bezirksplanungsbehörde unterrichten über wichtige Planungsvorhaben die Landesplanungsgemeinschaft, diese unterrichtet ihre von einer Planung betroffenen Mitglieder und die betroffenen Gemeinden.

(4) Maßnahmen und Vorhaben, die eine Mitteilungs- oder Unterrichtungspflicht begründen, sind insbesondere beabsichtigte Neugründungen, Errichtung von Zweigbetrieben, Standortverlegungen, Betriebserweiterung und Betriebsstillegung größerer Wirtschaftsunternehmen sowie eine beabsichtigte Zweckentfremdung größerer landwirtschaftlicher Flächen.

§ 27
Auskunftspflicht

Der Landesplanungsbehörde, der Bezirksplanungsbehörde, dem Oberkreisdirektor als unterer staatlicher Verwaltungsbehörde und den Landesplanungsgemeinschaften ist auf Verlangen über Planungen Auskunft zu erteilen, die für die Raumordnung Bedeutung haben können.

§ 28
Erlaß von Rechtsverordnungen und Verwaltungsvorschriften

(1) Die Landesregierung wird ermächtigt, zur Durchführung dieses Gesetzes durch Rechtsverordnung zu regeln

a) die Erweiterung des Kreises der Mitglieder der Landesplanungsgemeinschaft durch die Bestimmung von weiteren Landesbehörden und von solchen Bundesbehörden, die der Bund als Mitglieder vorschlägt,
b) die Zusammensetzung der Organe der Landesplanungsgemeinschaften und ihrer Bezirksplanungsbeiräte (§ 7 Abs. 5, 6 und 8),
c) die räumliche Abgrenzung der Landesplanungsgemeinschaften,
d) die Form der Darstellungen und Festlegungen in dem Landesentwicklungsprogramm, den Landesentwicklungsplänen und den Raumordnungsplänen,
e) die Abgrenzung des Kreises der Beteiligten und das Verfahren der Beteiligung bei der Erarbeitung des Gebietsentwicklungsplanes (§ 16 Abs. 1),
f) das Verfahren bei der Offenlegung des Flächensicherungsplanes (§ 19 Abs. 3, § 20 Abs. 3),
g) die Weitergeltung von Plänen der Landesplanungsgemeinschaften, die auf Grund der bisherigen Vorschriften aufgestellt sind.

(2) Die zur Ausführung dieses Gesetzes erforderlichen Verwaltungsvorschriften erläßt der Minister für Landesplanung, Wohnungsbau und öffentliche Arbeiten im Einvernehmen mit den zuständigen Landesministern.

§ 29
Sondervorschriften für den Siedlungsverband Ruhrkohlenbezirk

(1) Bis zur Neufassung des Gesetzes betreffend Verbandsordnung für den Siedlungsverband Ruhrkohlenbezirk vom 5. Mai 1920 gilt für den Siedlungsverband Ruhrkohlenbezirk als Landesplanungsgemeinschaft Abschnitt I dieses Gesetzes mit Ausnahme der §§ 7 Abs. 3, Abs. 4, Abs. 7, Abs. 9, 9 und 10 mit folgender Maßgabe:

1. Die Verbandsversammlung des Siedlungsverbandes Ruhrkohlenbezirk ist Mitgliederversammlung im Sinne dieses Gesetzes.
2. Der Verbandsausschuß des Siedlungsverbandes Ruhrkohlenbezirk ist Verwaltungs- und Planungsausschuß im Sinne dieses Gesetzes.
3. Der Verbandsdirektor des Siedlungsverbandes Ruhrkohlenbezirk ist Landesplaner im Sinne dieses Gesetzes.
4. § 9 Abs. 2 des Gesetzes betreffend Verbandsordnung für den Siedlungsverband Ruhrkohlenbezirk ist nicht anzuwenden, soweit es sich um die Bildung von Sonderplanungsausschüssen im Sinne des § 7 Abs. 6 dieses Gesetzes handelt.

Abschnitt IV
**Schlußvorschrift**

§ 30
Inkrafttreten

Dieses Gesetz tritt am 1. Juli 1962 in Kraft. Gleichzeitig treten das Landesplanungsgesetz vom 11. März 1950 und die Erste Verordnung zur Durchführung des Landesplanungsgesetzes vom 28. Juni 1950 (GS. NW. S. 449) außer Kraft.

b)

## Gesetz über die Gesamtplanung im Rheinischen Braunkohlengebiet

Vom 25. April 1950
(GVBl. NW 1950 S. 71)

Der Landtag von Nordrhein-Westfalen hat am 13. April 1950 folgendes Gesetz beschlossen:

§ 1
Plan

(1) Im Rahmen der Landesplanungsgesetzgebung für das Land Nordrhein-Westfalen und als Teil der Landesplanung ist zur Sicherstellung einer geordneten Raumgestaltung des Rheinischen Braunkohlengebietes für dieses Gebiet ein Gesamtplan aufzustellen.

(2) Der Gesamtplan umfaßt:

a) die Festlegung der Räume, in denen bergbauliche und sonstige Industriebetriebe angelegt werden können und der Gebiete, die für land- und forstwirtschaftliche Benutzung vorbehalten bleiben sowie Festlegung der Siedlungsgebiete,
b) die Festlegung der Ortschaften, Ortschaftsteile oder einzelner Gebäude, die im Interesse des Bergbaues zu beseitigen, und der Stellen, an die die Bewohner umzusiedeln sind,

c) die Festlegung der Räume, in denen Verkehrswege, Bahnen aller Art, Energie- und Wasserleitungen angelegt oder verlegt werden können sowie in denen sie zu beseitigen sind,
d) die Gestaltung der Gewässer,
e) die land- und forstwirtschaftliche und allgemeine Landschaftsgestaltung unter Berücksichtigung der Denkmal-, Natur- und Landschaftspflege.

§ 2

Grenzen des Plangebietes

(1) Das Plangebiet umfaßt:

**Im Regierungsbezirk Köln:**

a) den Kreis Bergheim,
b) aus dem Landkreis Köln:
die Gemeinden Stommeln, Geyen, Sinnersdorf, Pulheim, Brauweiler, Lövenich, Frechen, Hürth und Brühl,
c) aus dem Landkreis Bonn:
den Teil der Gemeinde Sechtem westlich der Straße Schwadorf—Kardorf,
d) aus dem Kreis Euskirchen:
die Gemeinden Kierdorf, Liblar, Bliesheim, Weilerswist, Metternich, Müggenhausen, Vernich, Niederberg, Borr, Friesheim, Erp, Dorweiler, Pingsheim, Lechenich, Dirmerzheim und Gymnich,
e) aus der Stadt Köln:
das Gebiet nördlich der Militärringstraße zwischen Niehl und Bickendorf.

**Im Regierungsbezirk Aachen:**

a) aus dem Kreise Düren:
die Gemeinden Weisweiler, Frenz, Lammersdorf, Pier, Lucherberg, Luchem, Geich-Obergeich, Echtz, aus den Gemeinden Derichsweiler und Gürzenich den Teil nördlich der Straßen Düren—Aachen, ferner die Gemeinden Mariaweiler-Hoven, Birkesdorf, Merken, Selhausen, Huchem-Stammeln, Arnoldsweiler, Niederzier, Oberzier, Ellen, Morschenich, Merzenich, Golzheim, Girbelsrath, Eschweiler ü. Feld, Oberbolheim, Nörvenich, Rath und Wissersheim,
b) aus dem Kreise Jülich:
die Gemeinden Hambach, Steinstraß, Inden, Dürwiß, Lohn, Laurenzberg und Langweiler,
c) aus dem Landkreis Aachen:
die Gemeinden Kinzweiler und den Teil der Gemeinde Eschweiler nördlich der Straße Düren—Aachen,
d) aus dem Kreise Erkelenz:
die Gemeinden Holzweiler, Immerath, Borschemich, Keyenberg, Kückhoven und Lövenich.

**Im Regierungsbezirk Düsseldorf:**

aus dem Kreise Grevenbroich die Gemeinden Garzweiler, Hochneukirch, Jüchen, Elfgen, Bedburdyk, Grevenbroich, Gustorf, Frimmersdorf, Neurath und Rommerskirchen.

(2) Das Plangebiet kann durch den Ministerpräsidenten als Landesplanungsbehörde geändert werden. Die Änderung erfolgt auf Vorschlag des Planungsausschusses (Braunkohlenausschuß), den der zuständige Regierungspräsident als Leiter der Bezirksstelle der Landesplanungsgemeinschaft weiterreicht.

§ 3

Aufstellung und Verbindlichkeitserklärung des Planes

(1) Der Plan wird durch den „Planungsausschuß für das Rheinische Braun-

kohlengebiet" (Braunkohlenausschuß) aufgestellt. Der Braunkohlenausschuß ist ein Sonderausschuß der Landesplanungsgemeinschaft Rheinland; er hat die Dienststellen zu beteiligen, zu deren Zuständigkeit die Ausführung der planerisch festgelegten Maßnahmen gehört. Der Plan ist zur Einsicht für die Beteiligten offenzulegen. Die Offenlegung ist öffentlich bekanntzumachen mit der Aufforderung, etwaige Einwendungen gegen den Plan innerhalb einer festzusetzenden Frist beim Braunkohlenausschuß geltend zu machen. Sofern der Braunkohlenausschuß den Einwendungen nicht stattgibt, werden diese Einwendungen mit der Stellungnahme des Braunkohlenausschusses dem Ministerpräsidenten bei der Einreichung des Planes vorgelegt.

(2) Der Ministerpräsident als Landesplanungsbehörde erklärt den Plan im Einvernehmen mit den zuständigen Fachministern für verbindlich. Kann ein Einverständnis nicht erreicht werden, so entscheidet die Landesregierung. Der Plan ist für alle Behörden und öffentlich-rechtlichen Körperschaften des Plangebiets verbindlich.

(3) Der Plan kann im gleichen Verfahren geändert werden, wenn die Verhältnisse es erfordern.

(4) Die Aufstellung und Verbindlichkeitserklärung des Planes kann zeitlich, räumlich und sachlich in Teilabschnitten erfolgen.

(5) Die im Plangebiet ansässigen Personen sowie die Inhaber und Leiter von Betrieben und Anlagen im Plangebiet sind verpflichtet, dem Braunkohlenausschuß oder einem von ihm beauftragten Ausschußmitglied die für die Aufstellung und Änderung des Planes erforderlichen Auskünfte zu erteilen und Unterlagen zugänglich zu machen, soweit solche Auskünfte und Unterlagen, die den Bergbau betreffen, nicht von der zuständigen Bergbehörde gegeben werden können. Behörden und öffentlich-rechtliche Körperschaften haben die Aufstellung des Planes in jeder Hinsicht zu fördern.

(6) Betriebspläne der im Plangebiet gelegenen bergbaulichen Betriebe sowie die Flächennutzungs- und Bebauungspläne der Gemeinden sind mit dem Gesamtplan in Einklang zu bringen.

### § 4
### Planungsausschuß für das Rheinische Braunkohlengebiet (Braunkohlenausschuß)

(1) Mitglieder des Ausschusses sind:
a) die Regierungspräsidenten in Köln, Aachen und Düsseldorf,
b) der Berghauptmann in Bonn,
c) der Landesplaner der Landesplanungsgemeinschaft Rheinland,
d) der Präsident der Landwirtschaftskammer Bonn,
e) ein Vertreter des Rheinischen Landwirtschaftsverbandes e. V. im Plangebiet,
f) der Leiter des Landessiedlungsamtes,
g) drei Vertreter der Braunkohlen-Bergbautreibenden,
h) drei Vertreter der Industriegewerkschaft Bergbau,
i) fünf Vertreter der Landkreise,
k) drei Vertreter der Landwirtschaft,
l) ein Vertreter des Handwerks und Gewerbes,
m) ein Vertreter der Energiewirtschaft,
n) ein Vertreter der Steinzeugindustrie,
o) ein Vertreter der Industriegewerkschaft Chemie, Papier, Keramik.

Die Leiter der Bergämter Köln 1 und Aachen-Süd und der Regierungsforstämter Köln und Aachen sowie ein Vertreter des Landeskulturamts und des Verkehrsministeriums nehmen als Sachverständige an den Beratungen des Braunkohlenausschusses teil.

(2) Außerdem sind für die Planung der einzelnen Gebiete und die Behandlung von Einzelmaßnahmen Unterausschüsse zu bilden. Zu diesen gehört je ein Vertreter der jeweils betroffenen Gemeinden und ein Vertreter der jeweils betroffenen Grube.

(3) Die nichtbeamteten Mitglieder des Ausschusses werden durch die Entsendekörperschaften nach Maßgabe der Durchführungsverordnung berufen und abberufen.

(4) Die Behördenleiter können sich durch ein Mitglied ihrer Behörde vertreten lassen. Für die übrigen Mitglieder ist ein Stellvertreter zu berufen.

(5) Die Mitglieder des Braunkohlenausschusses sind durch den Vorsitzenden auf die gewissenhafte Erfüllung ihrer Obliegenheiten durch Handschlag zu verpflichten. Es gelten die Bestimmungen der Verordnung gegen Bestechung und Geheimnisverrat nichtbeamteter Personen in der Fassung vom 22. Mai 1943 (RGBl. I S. 351).

### § 5
### Tagungen und Geschäftsführung des Braunkohlenausschusses

(1) Der Ministerpräsident bestellt den Vorsitzenden. Er soll den Regierungspräsidenten bestellen, in dessen Bezirk sich das Schwergewicht der Rekultivierung befindet. Der Vorsitzende beruft mindestens zweimal jährlich eine Tagung ein. Außerdem ist der Ausschuß einzuberufen, wenn mindestens $^{1}/_{5}$ der unter § 4 Abs. 1 a—o genannten Mitglieder dies beantragen.

(2) Der Ausschuß bedient sich zur Erledigung der laufenden Geschäfte einer Bezirksplanungsstelle.

(3) Der Ausschuß gibt sich eine Geschäftsordnung. Sie muß insbesondere Bestimmungen enthalten über die Aufgaben, Organisation und Sitz der Geschäftsstelle.

### § 6
### Sonstige Befugnisse des Ausschusses

Der Ausschuß hat das Recht und die Pflicht, sich laufend von der ordnungsmäßigen Einhaltung des Planes zu überzeugen und festgestellte Mängel unverzüglich den zuständigen Stellen beschwerdeführend vorzutragen sowie Ordnungsstrafen zu beantragen.

### § 7
### Landbeschaffung

(1) Auf die infolge der Gesamtplanung notwendigen Enteignungen von Grundeigentum finden die geltenden gesetzlichen Bestimmungen Anwendung.

(2) Bei der bergrechtlichen Grundabtretung nach §§ 135 ff. des Allgemeinen Berggesetzes für die Preußischen Staaten vom 24. Juni 1865 (Pr. G. S. S. 750 ff.) und bei Enteignungen nach dem Gesetz über die Enteignung von Grundeigentum vom 11. Juni 1874 (Pr. G. S. S. 221 ff.) ist auf Antrag des Entschädigungsberechtigten für die Entziehung des Grundeigentums an Stelle der Geldentschädigung die Bereitstellung von Ersatzland anzustreben oder aufzuerlegen, soweit die Gesetzgebung dieses zuläßt.

### § 8
### Zwangsbefugnisse

(1) Wer es trotz schriftlicher Aufforderung unterläßt, innerhalb der festgesetzten Frist die für die Aufstellung, Änderung und Einhaltung des Planes erforderlichen Auskünfte zu erteilen oder Unterlagen den zuständigen Stellen vorzulegen (§ 3 Abs. 5), oder dafür allein oder mit anderen die Verantwortung trägt,

kann auf Antrag des Braunkohlenausschusses durch den zuständigen Regierungspräsidenten mit einer Ordnungsstrafe bis zu 50 000 DM, im Wiederholungsfalle bis zu 100 000 DM bestraft werden.

(2) Durch die vorstehenden Bestimmungen werden die zuständigen Behörden nicht gehindert, nach § 132 des Landesverwaltungsgesetzes vom 30. August 1883 (Pr. G. S. S. 195) Zwangsmittel zur Erzwingung einer Handlung oder Unterlassung anzudrohen und festzusetzen. Der Braunkohlenausschuß ist berechtigt, entsprechende Anträge zu stellen.

§ 9

Beschwerde

(1) Gegen die Anordnungen und Entscheidungen auf Grund des § 3 Abs. 5 sowie der §§ 6 und 8 dieses Gesetzes findet das Rechtsmittel der Beschwerde an den Ministerpräsidenten des Landes Nordrhein-Westfalen statt.

(2) Die Beschwerde muß in einer Ausschlußfrist von einem Monat — im Falle des § 8 innerhalb der festgesetzten Frist — seit der Zustellung des mit Gründen versehenen Bescheides beim zuständigen Regierungspräsidenten eingereicht werden. Sofern dieser der Beschwerde nicht abhilft, entscheidet der Ministerpräsident des Landes Nordrhein-Westfalen nach Anhörung des Fachministers.

§ 10

Ausführung des Gesetzes

Der Ministerpräsident des Landes Nordrhein-Westfalen erläßt im Einvernehmen mit den zuständigen Ausschüssen des Landtages die zur Ausführung dieses Gesetzes erforderlichen Rechtsverordnungen. Er kann damit auch andere Minister beauftragen.

§ 11

Inkrafttreten

Dieses Gesetz tritt mit dem Tage nach seiner Verkündung in Kraft.

## 5.
## SCHLESWIG-HOLSTEIN

## Gesetz über die Landesplanung (Landesplanungsgesetz)

Vom 5. Juli 1961
(GVBl. Schl.-H. 1961 S. 119)

Der Landtag hat das folgende Gesetz beschlossen:

§ 1

Aufgaben und Ziele der Landesplanung

(1) Aufgabe der Landesplanung ist es,

a) die übergeordnete zusammenfassende Planung für eine den wirtschaftlichen, sozialen, kulturellen und landschaftlichen Erfordernissen im Sinne des Gemeinwohls entsprechende Ordnung des Raumes aufzustellen und die Raumordnungspläne fortlaufend der Entwicklung anzupassen,

b) die Planungen der einzelnen Geschäftsbereiche der Landesregierung (Fachplanungen) sowie die Planungen der Gemeinden und Gemeindeverbände und anderer Planungsträger gemäß den Erfordernissen der Raumordnung im Sinne von Buchst. a abzustimmen.

(2) Zur Durchführung dieser Aufgabe sind Programme für die räumliche Entwicklung (Raumordnungsprogramme) und Raumordnungspläne für das Land oder

für die Teilgebiete (Regionalpläne) aufzustellen, die die Ziele der Landesplanung enthalten. In diesen Raumordnungsprogrammen und Raumordnungsplänen ist die anzustrebende geordnete Entwicklung des Raumes unter Berücksichtigung der natürlichen Gegebenheiten insbesondere im Hinblick auf die Bevölkerungs- und Siedlungsstruktur, die Land- und Forstwirtschaft, die gewerbliche Wirtschaft, die Energieversorgung, die wasserwirtschaftlichen Verhältnisse, den Verkehr und den Schutz der Landschaft in den Grundzügen und in Abstimmung sich überschneidender Raumansprüche darzustellen.

§ 2

Landesplanungsbehörde

Landesplanungsbehörde ist der Ministerpräsident. Der Landesplanungsbehörde obliegen die Aufgaben der Landesplanung gemäß § 1. Regionalpläne (§ 1 Abs. 2) können außer durch die Landesplanungsbehörde auch durch regionale Landesplanungsverbände sowie durch die Kreise gemäß den Bestimmungen des § 5 aufgestellt werden. Stellt die Landesplanungsbehörde Regionalpläne auf, so haben die in dem betreffenden Teilgebiet belegenen Kreise und kreisfreien Städte mitzuwirken.

§ 3

Landesplanungsrat

(1) Zur Mitwirkung an den Aufgaben der Landesplanung wird ein Landesplanungsrat gebildet.

(2) Der Landesplanungsrat hat die Aufgabe, die zusammenfassende übergeordnete Landesplanung zu fördern und die Landesplanungsbehörde bei grundsätzlichen Fragen der Landesplanung und bei der Aufstellung der Raumordnungspläne zu beraten; er hat ferner die Aufgaben gemäß § 8 Abs. 2 und § 9 Abs. 3 wahrzunehmen.

§ 4

Organisation des Landesplanungsrates

(1) Die Gesamtzahl der Mitglieder des Landesplanungsrates soll 30 nicht übersteigen.

(2) Dem Landesplanungsrat gehören an

a) je ein Vertreter der politischen Parteien, die durch eine Fraktion im Landtag vertreten sind,
b) 2 Vertreter der kreisfreien Städte,
c) 4 Vertreter der Kreise,
d) 3 Vertreter der kreisangehörigen Städte,
e) 3 Vertreter der Landgemeinden,
f) je 1 Vertreter der Industrie- und Handelskammern,
g) je 1 Vertreter der Handwerkskammern,
h) 3 Vertreter der Landwirtschaftskammer.

Die unter a genannten Mitglieder werden auf Vorschlag der Parteien, die unter b bis e genannten Mitglieder auf Vorschlag der kommunalen Landesverbände, die unter f bis h genannten auf Vorschlag der Kammern vom Ministerpräsidenten berufen.

(3) Weitere Mitglieder können von dem Ministerpräsidenten in den Landesplanungsrat berufen werden.

(4) Die Berufung des Landesplanungsrates erfolgt auf 4 Jahre. Wiederberufung ist zulässig. Die Tätigkeit ist ehrenamtlich.

(5) Der Landesplanungsrat kann Sachverständige hinzuziehen; er kann für die Behandlung von Fragen der regionalen oder der fachlichen Planung Ausschüsse bilden.

(6) Vorsitzender des Landesplanungsrates ist der Ministerpräsident.

(7) Die Landesminister können an den Sitzungen des Landesplanungsrates und seiner Ausschüsse teilnehmen oder zu diesen Sitzungen Vertreter entsenden.

(8) Der Landesplanungsrat soll in der Regel halbjährlich zusammentreten; er kann von dem Vorsitzenden jederzeit einberufen werden; er muß einberufen werden, wenn wenigstens ein Drittel seiner Mitglieder es beantragt.

§ 5

Regionale Landesplanung

(1) Aufgaben der regionalen Landesplanung können auch regionalen Landesplanungsverbänden oder einzelnen Kreisen übertragen werden; die Abgrenzung des Planungsgebiets muß landesplanerischen Notwendigkeiten entsprechen; die Gewähr für eine sach- und fristgerechte Erfüllung der Aufgaben muß gegeben sein.

(2) Regionale Landesplanungsverbände können sich auf der Grundlage von öffentlich-rechtlichen Vereinbarungen oder nach Maßgabe des Zweckverbandsgesetzes vom 7. Juni 1939 (Reichsgesetzbl. I S. 979) bilden durch den Zusammenschluß von Kreisen und kreisfreien Städten. Unter den Voraussetzungen des § 3 des Zweckverbandsgesetzes können auch andere Planungsträger, deren Aufgaben durch die regionalen Planungen betroffen werden, den Landesplanungsverbänden beitreten.

(3) Kreise und kreisfreie Städte können an Stelle der Bildung eines regionalen Landesplanungsverbandes gemäß § 13 des Zweckverbandsgesetzes vereinbaren, daß einer der Beteiligten die ihnen gemäß Abs. 1 übertragenen Aufgaben erfüllt.

(4) Kreisangehörige Gemeinden, für deren Entwicklung die Aufstellung eines Regionalplanes von besonderer Bedeutung ist, wirken bei der Aufstellung des Regionalplanes mit. Ihre Stellungnahmen sind der Landesplanungsbehörde im Genehmigungsverfahren nach § 9 mitzuteilen.

(5) Die Landesplanungsbehörde teilt den regionalen Landesplanungsverbänden und den Kreisen die ihr Planungsgebiet betreffenden Ziele der Landesplanung mit. Die regionalen Landesplanungsverbände oder die Kreise unterrichten die Landesplanungsbehörde über den Verlauf und das Ergebnis ihrer Arbeit.

(6) Regionalpläne, die von regionalen Landesplanungsverbänden oder Kreisen aufgestellt werden, bedürfen der Genehmigung der Landesplanungsbehörde.

§ 6

Auskunftspflicht

Gemeinden, Gemeindeverbände, öffentlich-rechtliche Körperschaften, Anstalten und Stiftungen des öffentlichen Rechts sowie Wirtschaftsunternehmungen und Privatpersonen sind verpflichtet, auf Verlangen der Landesplanungsbehörde über beabsichtigte Maßnahmen Auskunft zu erteilen, die für die Landesplanung von Bedeutung sind oder werden können.

§ 7

Beachtung der Erfordernisse der Landesplanung

Die Fachplanungen sowie die Planungen der Gemeinden und Gemeindeverbände und der anderen Planungsträger (§ 1 Abs. 1 Buchst. b) haben den Zielen der Landesplanung Rechnung zu tragen. Die fachlichen Zuständigkeiten der Planungsträger bleiben unberührt.

§ 8

Raumordnungsverfahren

(1) Werden durch Planungen eines Planungsträgers zugleich die Interessen anderer Planungsträger beeinträchtigt, so führt die Landesplanungsbehörde, so-

weit sie es für erforderlich hält oder eine dieser Stellen es beantragt, ein Raumordnungsverfahren durch, das der Abstimmung der Interessen dient.

(2) Kann über den Ausgleich der Interessen im Raumordnungsverfahren Einvernehmen nicht erzielt werden, so hat die Landesplanungsbehörde der Planung, durch die das Raumordnungsverfahren ausgelöst worden ist, zu widersprechen. Der Widerspruch hat aufschiebende Wirkung. Über den Widerspruch entscheidet die Landesregierung nach Anhörung des Landesplanungsrates.

### § 9
### Wirkung der Raumordnungsprogramme und Raumordnungspläne

(1) Raumordnungsprogramme sind Richtlinien für die Planungen der Behörden des Landes, der Gemeinden und Gemeindeverbände sowie der der Aufsicht des Landes unterstehenden Körperschaften, Anstalten und Stiftungen des öffentlichen Rechts.

(2) Raumordnungspläne sind rahmensetzende Leitpläne mit der Wirkung, daß die Behörden des Landes, die Gemeinden und Gemeindeverbände sowie die der Aufsicht des Landes unterstehenden Körperschaften, Anstalten und Stiftungen des öffentlichen Rechts keine Planungen aufstellen, bestehen lassen, genehmigen oder durchführen dürfen, die mit den Raumordnungsplänen nicht in Einklang stehen.

(3) Vor der Feststellung von Raumordnungsplänen und Regionalplänen durch die Landesplanungsbehörde und vor der Genehmigung von Regionalplänen (§ 5 Abs. 6) ist das Benehmen mit den fachlich beteiligten Landesministern sowie dem Landesplanungsrat herbeizuführen. Das gleiche gilt für die Änderung von Raumordnungs- und Regionalplänen.

(4) Aufwendungen, die den Gemeinden und anderen Planungsträgern zur Erfüllung von Rechtsansprüchen Dritter dadurch entstehen, daß rechtskräftig genehmigte Planungen festgestellten Raumordnungsplänen angepaßt werden müssen, hat das Land zu erstatten.

### § 10
### Landesplanung und Bauleitplanung

(1) Die Gemeinden haben der Landesplanungsbehörde die beabsichtigte Aufstellung eines Bauleitplanes mitzuteilen; die Landesplanungsbehörde hat den Gemeinden und der für die Genehmigung der Bauleitpläne zuständigen Behörde in einem landesplanerischen Gutachten die bei der Aufstellung der Bauleitpläne zu beachtenden Ziele der Raumordnung und Landesplanung (§ 1 Abs. 3 des Bundesbaugesetzes vom 23. Juni 1960 — Bundesgesetzblatt I S. 341 —) bekanntzugeben.

(2) Vor der Genehmigung von Flächennutzungsplänen nach § 6 des Bundesbaugesetzes hat die zuständige Behörde bei der Prüfung, ob die Voraussetzung des § 1 Abs. 3 des Bundesbaugesetzes erfüllt ist, die Landesplanungsbehörde zu beteiligen; das gleiche gilt bei der Genehmigung von Bebauungsplänen in den Fällen des § 2 Abs. 2 des Bundesbaugesetzes.

### § 11
### Inkrafttreten

Dieses Gesetz tritt mit seiner Verkündung in Kraft.

Das vorstehende Gesetz wird hiermit verkündet.

## Stichwortverzeichnis

Die fettgedruckten arabischen Zahlen geben die Paragraphen des BBauG (Teil I des Kommentars) an, die normalgedruckten Zahlen und Buchstaben die Anmerkungen; fettgedruckte römische Zahlen (zusammen mit normalgedruckten arabischen Ziffern und Buchstaben) verweisen auf die anderen Teile (und Unterteilungen) des Kommentars.

## D



## E

## H



## I, K

P, Qu



R



S

## W

## SAMMLUNG GUTTENTAG *von A-Z*

Abzahlungsgesetz/CRISOLLI-OSTLER DM 38,— Band 34

Aktiengesetz/GODIN-WILHELMI DM 52,— Band 205

Aktienrechtsreform, Kleine/WILHELMI-FRIEDRICH DM 18,— Band 205/a

Berggesetz/EBEL-WELLER DM 132,— Band 257

BGB mit Nachtrag 1963/ACHILLES-GREIFF DM 46,— Band 38/39 a

Binnenschiffahrts- und Flößereirecht/VORTISCH-ZSCHUCKE DM 72,— Band 36

Börsengesetz/MEYER-BREMER DM 36,— Band 41

Depotgesetz/OPITZ DM 48,— Band 203

Disziplinargesetz der evangelischen Kirche in Deutschland/ARNIM DM 16,— Band 251

Ehegesetz/GODIN-GODIN DM 22,— Band 230

Eisenbahn-Verkehrsordnung/WEIRAUCH-HEINZE DM 38,— Band 91

Freiwillige Gerichtsbarkeit mit Ergänzung/JANSEN DM 48,— Band 46/a

Genossenschaftsgesetz/LANG-WEIDMÜLLER Im Druck Band 29

Handelsgesetzbuch/HEYMANN-KÖTTER DM 18,— Band 4

Handwerkerversicherungsgesetz/JORKS DM 35,— Band 258

Haushaltsrechtliche Bestimmungen/GREUNER DM 18,— Band 240

Jugendarbeitsschutzgesetz/MONJAU-WOLFF DM 18,— Band 254

Jugendgerichtsgesetz/GRETHLEIN DM 42,— Band 249

Kammerrecht der Wirtschaft/BREMER DM 42,— Band 253

Kostenrecht in Sozialsachen/TSCHISCHGALE DM 40,— Band 250

Mitbestimmungsgesetz/KÖTTER DM 16,— Band 238

Mitbestimmungsergänzungsgesetz. Holdingnovelle/KÖTTER DM 22,— Band 247

Pachtkreditgesetz/SICHTERMANN DM 10,— Band 243

Patentgesetz/BUSSE 1964. DM 76,— Band 244

Personenbeförderungsgesetz/SIGL DM 22,— Band 256

Pflichtversicherung für Kraftfahrzeughalter. Mit Nachtrag 1964/FROMM DM 58,— Band 223/a

Recht des Schiffskredits/PRAUSE DM 58,— Band 242

Staatsangehörigkeitsrecht, das deutsche/SCHÄTZEL DM 38,— Band 245

Strafgesetzbuch/KOHLRAUSCH-LANGE DM 38,— Band 2

Vermögensrechnung des Bundes/HELMERT-KÖNIG DM 48,— Band 241

Viehgewährschaftsrecht/LERCHE DM 29,40 Band 50

Warenzeichengesetz mit Nachtrag/BUSSE DM 54,— Band 246/a

Wasser- und Bodenverbandrecht/BOCHALLI-LINCKELMANN DM 10,— Band 212

Wechselgesetz/STRANZ DM 32,— Band 5

Wehrstrafgesetz mit Nachtrag/RITTAU DM 18,60 Band 196/a

Wettbewerbsrecht/GODIN-HOTH DM 28,— Band 37

Zivilprozeßordnung mit Nachtrag/WIECZOREK Band 252/a

WALTER DE GRUYTER & CO · BERLIN 30

MEYER-THIEL-FROHBERG

**Enteignung von Grundeigentum**

Kommentar von OTTO MEYER †. 5. Auflage, neubearbeitet von Dr. FRITZ THIEL, Präsident des Landesverwaltungsgerichts Aachen und Rechtsanwalt Dr. GÜNTHER FROHBERG, Düsseldorf.

Oktav. XVI, 291 Seiten. 1959. Ganzleinen DM 34,—

(Sammlung Guttentag Band 248)

Der vorliegende Kommentar schließt eine wirkliche Lücke zu einem Gesetz, das nicht nur in den norddeutschen preußischen Nachfolgeländern einschließlich Berlin, sondern auch in Hessen, Rheinland-Pfalz, Baden-Württemberg und im Saarland in Kraft ist. Die Erläuterungen zum preußischen Enteignungsgesetz verbinden wissenschaftliche Gründlichkeit mit praktischer Brauchbarkeit.

Alles in allem stellt der Kommentar ein in sich abgerundetes, hohen Ansprüchen genügendes Werk dar. Staats-Anzeiger für das Land Hessen

HESSE-SAAGE-FISCHER

**Grundbuchordnung**

nebst Ausführungsverordnung, Grundbuchverfügung, den wichtigsten ergänzenden Vorschriften und Sachregister. 4. Auflage, völlig neubearbeitet von Ministerialrat Dr. ERWIN SAAGE, Regierungsdirektor FRITZ RIEDEL, Dr. NORBERT FISCHER.

Oktav. XXIX, 898 Seiten. 1957. Ganzleinen DM 38,—

(Sammlung Guttentag Band 42)

... bietet dem Benutzer eine Erläuterung nicht nur der Grundbuchordnung, sondern auch der Verordnung zur Ausführung der Grundbuchordnung und der Grundbuchverfügung. Im Anhang sind 81 ergänzende Vorschriften bundes- und teilweise auch landesrechtlichen Inhalts abgedruckt. So entspricht das Werk schon in der Anlage in besonderer Weise den Bedürfnissen und Wünschen der Praxis. Die umfassenden Anmerkungen sind sehr klar und übersichtlich gegliedert.

Das Werk wird so den hervorragenden Platz in der Literatur zum Grundbuchrecht behaupten. Landesgerichtsrat Wagner in Justizblatt des Saarlandes

ERICH PRITSCH

**Gesetz über das Wohnungseigentum und das Dauerwohnrecht**

erläutert von Professor Dr. ERICH PRITSCH.

Lexikon-Oktav. VI, 121 Seiten. 1956. DM 14,—

(Sonderdruck aus BGB-Reichsgerichtsrätekommentar Band VI)

Die Kommentierung von Prof. Dr. Pritsch arbeitet in konzentrierter Darstellungsform die wichtigen Begriffe heraus und umreißt die Bedeutung der einzelnen Gesetzesbestimmungen. Damit wird der Kommentar zu einem wertvollen Ratgeber für die Bauherrn und für die einzelnen Wohnungseigentümer.

Wohnungswirtschaft und Mietrecht, Neuwied

---

Walter de Gruyter & Co · Berlin

MEIKEL-IMHOF-RIEDEL

## Grundbuchrecht

Kommentar zur Grundbuchordnung. 6., neubearbeitete Auflage von Staatsbankdirektor Dr. WILHELM IMHOF und Landgerichtsrat Dr. HERMANN RIEDEL.

Lexikon-Oktav. 3 Bände. Ganzleinen.

Band I. Gesetzestexte Einleitung, Kommentierung §§ 1—12 GBO. XXIV, 1017 Seiten. 1965. DM 208,—

Das Erscheinen der weiteren Bände in Lieferungen ist für 1965/1966 vorgesehen.

In aller Breite angelegt, ist dieser Kommentar namentlich für die wissenschaftliche Arbeit völlig unentbehrlich. Für die Praxis bildet er eine unausschöpfbare Fundgrube. In ihm ist wahrlich alles verarbeitet, was aus Gesetz, Rechtsprechung und Schrifttum für das Grundbuch- und das Grundstücksrecht, in weitestem Sinne verstanden, irgendwie von Bedeutung ist.

Bezirksnotar Karl Haegele, Neuenstadt/K., in NJW

PIKALO-BENDEL

## Grundstückverkehrsgesetz

Kommentar von Dr. ALFRED PIKALO und Dr. BERNOLD BENDEL.

Oktav. XXIV, 1262 Seiten. 1963. Ganzleinen DM 120,—

Wer sich über eine der in der Praxis gemeinhin auftretenden Fragen informieren will, findet schnell alles, was er benötigt: die sorgfältig begründete Ansicht des Kommentars sowie Schrifttum und Rechtsprechung vollständig. Der Kommentar wirkt nicht nur äußerlich wie ein Lehrbuch, er kommt auch einem solchen inhaltlich sehr nahe: er stößt, wie ebenfalls beabsichtigt, bis zu den jeweils maßgebenden Grundsätzen vor. Das dürfte seine beste Empfehlung sein. Monatsschrift für deutsches Recht

KIEFERSAUER-GLASER

## Grundstücksmiete

Wohnungsmietrecht — Mieterschutz — Wohnraumbewirtschaftung — Mietzinsbildung. 10. Auflage, völlig neubearbeitet und erweitert von Oberlandesgerichtsrat Dr. HUGO GLASER.

Oktav. XV, 717 Seiten. 1965. Ganzleinen DM 68,—

Während in den Vorauflagen im Mittelpunkt des Kommentars die Erläuterungen zum Mieterschutzgesetz und zum Wohnraumbewirtschaftungsgesetz gestanden haben, bringt die Neuauflage zusätzlich die Vorschriften des sozialen Dauermietrechts des Bürgerlichen Gesetzbuches in der ab 1. August 1964 in den sogenannten weißen Kreisen gültigen Fassung mit kurzen Erläuterungen unter Verwertung der inzwischen schon ergangenen Rechtsprechung.

Für die Vermieter und Mieter in den sogenannten schwarzen Kreisen ist die Kommentierung des Mieterschutzgesetzes und des Wohnraumbewirtschaftungsgesetzes auf den neuesten Stand der Rechtsprechung gebracht. Die Ausgabe enthält außerdem das neue Wohngeldgesetz vom 23. März 1965.

J. Schweitzer Verlag · Berlin

ÜNTHER SEUFERT

## Bayerisches Enteignungsrecht

Kommentar zum Zwangsabtretungsgesetz vom 17. 11. 1937 und zum Gesetz über die Enteignung aus Gründen des Gemeinwohls vom 1. 8. 1933 mit ergänzenden bundes- und landesrechtlichen Vorschriften von Rechtsanwalt Dr. GÜNTHER SEUFERT.

Oktav. XVI, 405 Seiten. 1957. Ganzleinen DM 42,—

Die eingehende Kommentierung, der klare Stil, die übersichtliche Darstellung und nicht zuletzt auch das sorgfältig bearbeitete Sachverzeichnis machen das Werk zu einem wertvollen und zuverlässigen Hilfsmittel vor allem für den bayerischen Juristen. Wegen der allgemein bedeutsamen Ausführungen über Eigentumsbegriff, Enteignungsbegriff, Enteignungsrecht und Entschädigung ist der Veröffentlichung aber auch eine weite Verbreitung außerhalb Bayerns zu wünschen.

Bundes-Baublatt, Wiesbaden

MEISNER-STERN-HODES

## Nachbarrecht im Bundesgebiet (ohne Bayern) und in Westberlin

4., verbesserte und erweiterte Auflage von Oberlandesgerichtsrat Dr. FRITZ HODES.

Oktav. XXVII, 837 Seiten. 1964. Ganzleinen DM 88,—

Auch die 4. Auflage zeichnet sich durch ihre Gemeinverständlichkeit und die umfassende Behandlung der einschlägigen Probleme aus. Das Werk ist geeignet, den Gemeinden wertvolle Dienste zu leisten. Die Anschaffung des Werkes kann nur empfohlen werden.

Nachrichten des Gemeindetages Rheinland-Pfalz

MEISNER-RING

## Nachbarrecht in Bayern

5., neubearbeitete und vermehrte Auflage. (Früher Meisner, Das in Bayern geltende Nachbarrecht). Bearbeitet von Oberstlandesgerichtsrat Dr. JOSEF RING.

Oktav. XX, 704 Seiten. 1961. Ganzleinen DM 54,—

Der ‚Meisner-Ring' ist in vielfach schwierigen Fragen des Nachbarrechts und seinen Grenzgebieten ein hervorragendes Hilfsmittel. Er zeichnet sich durch eine äußerst übersichtliche Anordnung und perfekte Beherrschung des Stoffes sowie die präzise Sprache und erschöpfende Behandlung der täglich auftauchenden Probleme aus.

Zeitschrift für das gesamte Wohnungswesen in Bayern

HODES

## Hessisches Nachbarrecht

erläutert von Oberlandesgerichtsrat Dr. FRITZ HODES.

Oktav. XVI, 162 Seiten. 1963. DM 26,—

Das Werk ist vorbehaltlos eine gründliche, allen Ansprüchen der Praxis gerechtwerdende Darstellung des Hessischen Nachbarrechts zu nennen. Es kann allen Gerichten und anderen Behörden, vor allem auch Gemeinde- und Baubehörden, allen Rechtsanwälten und Notaren zur Anschaffung uneingeschränkt empfohlen und dringend angeraten werden, darüber hinaus dank seiner trotz aller Wissenschaftlichkeit leicht faßbaren Formulierungen aber auch allen anderen Personen, die von Berufs wegen oder als Eigentümer oder Nutzungsberechtigte eines Grundstücks mit nachbarrechtlichen Problemen befaßt werden.

Neue Juristische Wochenschrift

---

J. Schweitzer Verlag · Berlin

FSC
www.fsc.org
MIX
Papier | Fördert gute Waldnutzung
FSC® C083411

Kolibri 360 GmbH
Ferdinand-Jühlke-Straße 7
99095 Erfurt, Deutschland
produktsicherheit@kolibri360.de